Reise Know-How

USA der große Süden

Reiseziel Südstaaten

Washington DC und Umgebung

Am Mississippi

1 1 6

Vorbereitung und Organisation der Reise

Auf der Appalachenroute nach Süden

Von Memphis durch Tennessee und Alabama nach Atlanta

2 2 7

Unterwegs in den Südstaaten

Südwärts entlang der Atlantikküste

Südstaatenwissen und -information

3 3

Rundreise durch Florida

4

Atlanta und Routen nach Süden

In der Klappe links:
Übersicht über die in diesem Buch beschriebenen Routen

Reise Know-How im Internet

Mehr zu unseren Titeln zu
Nordamerika/Mallorca/Teneriffa u.a.
Newsletterabonnierung, aktuelle und Sonderthemen,
Fahrzeugvermittlung USA/Canada, Buchshop,
viele Links zu nützlichen Internetseiten u.v.a.m.
finden Sie auf unserer Verlagshomepage:

www.reisebuch.de

Aktuelle Reisetips und Neuigkeiten
zu fast allen Reisezielen der Erde,
Ergänzungen nach Redaktionsschluß
Büchershop und Sonderangebote:

www.reise-know-how.de

Dr. Hans-R. Grundmann GmbH
Verlagsgruppe Reise Know-How

Hans-R. Grundmann
Margit Brinke, Peter Kränzle

USA der große Süden

Hans-R. Grundmann
Margit Brinke, Peter Kränzle

USA - der große Süden

1. Auflage 2007
mit separater **Straßenkarte der US-Südstaaten**

ist erschienen im
Reise Know-How Verlag

ISBN-10: 3-89662-175-0
ISBN-13: 978-3-89662-175-7

Gestaltung
Umschlag:
M. Schömann/Köln, Peter Rump/Bielefeld + Carsten Blind/Asperg
Satz & Layout: Hans-R. Grundmann, Carsten Blind / Asperg
Fotos: siehe Nachweis auf Seite 681
Karten: map solutions/Karlsruhe
Internetrecherche: Burghard Bock/Bremen

Druck
Druckerei W. Zertani KG
28199 Bremen

Dieses Buch ist in jeder Buchhandlung
in Deutschland, Österreich und der Schweiz erhältlich.
Die Bezugsadressen für den Buchhandel sind

- Prolit Gmbh, 35463 Fernwald
- AVA Buch 2000, CH-8910 Affoltern
- Mohr Morawa GmbH A-1230 Wien
- Barsortimenter

Wer im lokalen Buchhandel Reise Know-How-Bücher nicht findet, kann diesen und andere Titel der Reihe auch im Buchshop des Verlages im Internet bestellen: **www.reisebuch.de**

Zu diesem Reiseführer

Dieses Buch wendet sich in erster Linie an Leser, die den Süden der USA **auf eigene Faust** entdecken und erleben möchten. Es stellt praktische Fragen, wie sie sich bei Reisevorbereitung und unterwegs ergeben, in den Vordergrund.

Neben wichtigen Basisinformationen zu den Südstaaten als Reiseziel ist im ersten Kapitel des Allgemeinen Teils viel Raum zunächst Überlegungen gewidmet, die man noch vor der eigentlichen Planung anstellt oder anstellen sollte, damit die Reise wunschgemäß verläuft und »bringt«, was man sich von ihr erwartet. Dazu gehören auch Themen, denen Reiseführer oft keine besondere Aufmerksamkeit schenken, wie etwa die – hier auf den US-Süden zugeschnittene – Abwägung der Vor- und Nachteile verschiedener Reiseformen.

Sind Jahreszeit, Zeitraum und Art des Reisens (mit Wohnmobil, Pkw und Motel oder Zelt oder mit öffentlichen Verkehrsmitteln) bestimmt, findet der Leser in weiteren Kapiteln alle Informationen zur optimalen Durchführung seiner nun konkreten Reisepläne und zahlreiche Tipps und Hinweise zur Vermeidung von unnötigen Ausgaben, Zeitverlust und Ärger.

Der Reiseteil bietet im großen Gebiet der Südstaaten einschließlich Florida zwischen Washington DC, Nashville/Memphis, New Orleans und Miami ein **dichtes Netz von Routen** (siehe die Übersicht in der Umschlagklappe vorne), deren Teilabschnitte sich bei Bedarf auch anders als hier beschrieben zusammensetzen lassen. Spezielle Routenvorschläge für Reisen unterschiedlicher Länge zu verschiedenen Jahreszeiten finden sich im Internet des Verlages: http://reisebuch.de/nordamerika/buecher.

Apropos **Internet**: Für die Zwecke dieses Buches wurden mehrere tausend Webadressen auf ihren Informationsgehalt geprüft; davon sind im folgenden weit über 1000 an jeweils geeigneter Stelle genannt. Neben der Mehrheit der rein informativen Websites z.B. der *National* und *State Parks*, aller nennenswerten Orte, von Hotels und manchen Restaurants etc., finden sich auch viele überaus originelle Adressen, die sich anzusehen – vor und während der Reise – lohnt und auf die man so ohne weiteres nicht kommen würde. Ebenfalls im Internet des Verlages steht eine ausgewählte Websiteliste, von der man ohne erneute Eingabe direkt zum Adressaten durchklicken kann.

Weiter erleichtert wird die Reiseplanung dadurch, daß Sehenswürdigkeiten, Streckenabschnitte und Quartiere – wo immer möglich – nicht nur allgemein erläutert bzw. aufgelistet, sondern mit **Wertungen** versehen sind.

Details zu **Konzeption und Aufbau des Reiseteils** auf den **Seiten 174-177**.

Nicht unmittelbar die Reisepraxis betreffendes Wissen zu Historie und Kultur der Südstaaten der USA sowie weitere Angaben zu Informationsmöglichkeiten vor Ort wie im Internet finden sich in einem abschließenden Teil 3. Ein umfangreicher alphabetischer **Index** erleichtert das Finden der »richtigen« Seite.

Die **Karten** im Buch und die separate **Übersichtskarte mit Kurzlexikon Englisch-Deutsch** für unterwegs sind eng auf den Text abgestimmt.

Eine gute Reise wünscht Ihnen

Hans-R. Grundmann

TEIL 1 PLANUNG, VORBEREITUNG UND DURCHFÜHRUNG einer Reise durch den Süden der USA

TEIL 2 REISEN DURCH DIE SÜDSTAATEN DER USA

H/Motel/ B&B — Camping/ RV+Zelte — Camping/ nur Zelte — Restaurant — Fast Food/ Snack — Wanderung/ Spaziergang — Baden/ Strand

TEIL 3 SÜDSTAATENWISSEN UND -INFORMATION

Zeitungsverkauf USA

INFORMATIVE ESSAYS

KURZTHEMEN

1 Reiseziel Südstaaten

Planung, Vorbereitung und Durchführung

einer Reise durch den SÜDEN der USA

1.1 Definition der Südstaaten

1.1.1 Historische und geographische Abgrenzung

Die Südstaaten der USA, wie sie hier beschrieben werden, umfassen einen Bereich, der sich von Washington DC im Norden bis hinunter nach Florida und von der Atlantikküste bis an den Mississippi erstreckt (➪ Karte in der vorderen Umschlagklappe). Sie lassen sich weniger geografisch als vielmehr **durch ihre regionalen Eigenarten und die gemeinsame Geschichte** vom Rest der USA abgrenzen. Dabei spielt auch die ***Mason-Dixon-Line*** entlang des 39. Breitengrades, eine bereits 1767 gezogene Trennlinie zwischen den sklavenhaltenden und sklavenfreien US-Staaten, eine bis heute gültige Rolle (➪ Seite 662).

Deep South

Am besten ist der Süden nach historischen Gesichtspunktenzu definieren: Im weitesten Sinne gehören dazu alle ehemals sklavenhaltenden Bundesstaaten, nach allgemeinem Sprachgebrauch jedoch nur die elf Staaten, die sich während des Bürgerkrieges auch tatsächlich zu den ***CS (Confederate States)***, den Konföderierten Staaten von Amerika, zusammengeschlossen hatten: Virginia, North und South Carolina, Tennessee, Georgia, Florida, Alabama, Mississippi, Arkansas, Louisiana und Texas. Unter dem »Alten« bzw. »Tiefen Süden«, dem ***Deep South***, versteht man die Kernregion, das ***Heart of Dixie***, mit **South** und **North Carolina, Georgia, Alabama, Tennessee, Mississippi** und **Louisiana**, außerdem den kulturell und geographisch zugehörigen **Nordteil Floridas**. Das Gebiet dieser Staaten, erweitert um Virginia und den Süden Floridas, entspricht dem oben skizzierten Bereich, für den dieser Reiseführer geschrieben wurde.

Dixieland

Über die Herkunft der Bezeichnung *Dixieland* scheiden sich die Geister: Es gibt manche, die behaupten, der Begriff leite sich vom Schlachtlied der konföderierten Armee ab, dem von *Daniel D. Emmett* 1859 komponierte ***Dixie's Land***, andere verweisen auf **10-Dollar-Noten**, auf die in Louisiana lange Zeit außer »*Ten*« auch französisch »*Dix*« gedruckt war.

Costal Plains

Die Geographie des Südostens wird durch die **Küstenebenen** am Golf von Mexiko und am Atlantik einschließlich der Halbinsel Florida (*Gulf Coastal* und *Atlantic Coastal Plains*) und das **Appalachen-System** geprägt, das im Westen vom Mississippi begrenzt wird. In den meisten Gebieten des Südens herrscht subtropisches Klima, und so wundert es nicht, dass man diese Region als ***Sun Belt***, Sonnengürtel, bezeichnet.

Entstehung

Die Golfküstenebene verschmilzt im Osten mit der Atlantischen Küstenebene. Es handelt sich um zeitgeschichtlich junge Aufschüttungsebenen mit geringem Gefälle, die in der Küstenzone des Südens durch Sümpfe, Lagunen und Nehrungen charakterisiert sind. Das trifft vor allem für den Süden Louisianas sowie für die Halbinsel Florida zu, wo wegen mangelnder Entwässerung großflächige **Sumpfgebiete** entstanden sind.

Atlantische Küstenebene

Die ***Atlantic Coastal Plains*** reichen von Cape Cod im Nordosten der USA bis Florida, sie sind nur selten über 100 m hoch. Das ***Lowland***, wie diese Küstenregion genannt wird, bietet sowohl Dünengebiete und lange Strände als auch ausgedehnte Marschlandschaften, teilweise - vor allem in Georgia – auch Sümpfe.

Golfküsten ebene

Die ***Gulf Coastal Plains*** beginnen an den Südausläufern der Appalachen und reichen hinauf bis Saint Louis am Zusammenfluss von Missouri und Mississippi und westwärts bis zur Südwestspitze von Texas. Das Kerngebiet dieser Region ist geprägt vom ***Ol' Man River***, in dessen Mündungsdelta riesige **Sümpfe** – durchsetzt von sogenannten *Bayous* (Altwassern, ➪ Seite xxx) – existieren. Dort herrscht ein **tropisches Klima** mit hoher Luftfeuchte und im Sommer unerträglichen Temperaturen (samt Moskitos).

Sümpfe und Strände

Die Sumpfgebiete Louisianas setzen sich über die Küste von Mississippi (wenngleich dort großenteils trockengelegt und durch riesige Sandstrandaufspülungen verdrängt) bis Alabama fort. Östlich der Mobile Bay (Alabama) und an Floridas *Panhandle* ist die Küste gekennzeichnet durch unendliche natürliche Strände – unübertroffen ist der **schneeweiße kristalline Sand** zwischen den *Gulf Shores* von Alabama und Panama City. Zwischen der St. Joseph Peninsula im Nordwesten Floridas und Clearwater zeigt sich die Golfküste wieder sumpfig, bevor erneut Strände – bis hinunter nach Naples – die Küstenlinie prägen. Südlich von Naples beginnt das Gebiet der bekanntesten Sümpfe der USA, der ***Everglades***.

Schneeweißer Sand und türkisfarbenes glasklares Wasser sind Kennzeichen der Strände des Florida Panhandle

Appalachen

Die Appalachen, einer der längsten und ältesten Gebirgszüge der Welt, sind ein **Faltengebirge**, das durch Gesteinsbewegungen und Erosion stark zerteilt und eingeebnet wurde. Diese Mittelgebirgsformation erstreckt sich über fast 4.000 km in Nord-Süd-Richtung weitgehend parallel zur Atlantikküste vom äußersten Nordwesten der Insel Neufundland in Kanada durch die Neu-England-Staaten weiter südwärts durch Virginia, North Carolina, Tennessee und Georgia bis nach Alabama.

Blue Ridge Parkway

Während in Virginia die Appalachen eher einer sanft geschwungenen, grünen Hügellandschaft entsprechen, werden sie nach Süden zu, vor allem in North Carolina, rauher und damit auch touristisch attraktiver. Dort beeindrucken die Höhen des ***Mount Mitchell*** (2.038 m), der größten Erhebung östlich des Mississippi, und des ***Clingmans Dome*** (2.026 m) in den *Great Smoky Mountains*. Durch die üppige Flora der östlichen Appalachenhänge und dabei häufig entlang der Kammlinie verbindet die Höhenstraße ***Blue Ridge Parkway*** die beiden Nationalparks ***Shenandoah*** in Virginia und ***Great Smoky Mountains*** in North Carolina/Tennessee.

Tennessee Hills

Westlich der Appalachen erstreckt sich die Hügellandschaft des *Cumberland Plateau*, das über weite Teile Tennessees bis zur Mississippi-Ebene reicht und auch als ***Blue Grass Country*** bekannt ist. Südöstlich der Appalachen fällt das Vorgebirgsland, das sog. ***Piedmont***, rasch zum *Lowland* hin ab.

Indian Summer in den Blue Ridge Mountains am gleichnamigen Parkway

1.1.2 Zum Klima in den Südstaaten (➪ im Detail Seiten 47/48ff)

Ähnlich vielseitig wie mit der Geographie verhält es sich auch mit den Klimabedingungen: vom rauhen Gebirgs- bis zum feucht-tropischen Klima ist alles vertreten.

Mittelgebirge

Naturgemäß liegen die Temperaturen in der Höhe der Appalachen niedriger als an der Küste oder im Mississippital. Die Luftfeuchtigkeit ist dort geringer und die Tag-Nacht- und jahreszeitlichen Schwankungen sind größer. In den Bergen kommt es bis in den Mai hinein und bereits früh im Herbst zu Nachtfrösten.

Sümpfe

In den Sumpfgebieten der Küstenebenen beträgt die Luftfeuchte im Sommerhalbjahr über 90% bei Temperaturen von oft über 30°C. Im Mississippi-Delta im Süden Louisianas herrscht dieses feucht-heiße Klima fast ganzjährig. Den dort schwer erträglichen Lebensbedingungen stehen indessen lange, üppige Wachstumsperioden gegenüber.

Wirbelstürme Die **Küstenregionen** sind klimatisch begünstigter. Trotz beständigen Sonnenscheins während der Sommermonate sorgt dort der Wind für Abkühlung. In den Herbst-, aber auch Frühjahrsmonaten kommt es an den Küsten regelmäßig zur Ausbildung von Wirbelstürmen (***Hurricanes***). Sie sind durchweg tropischen Ursprungs und drehen bei Annäherung an Florida, Golf- oder Atlantikküste, wenn sie auf die dortige Windzone treffen, meist Richtung offener Ozean ab. Gelegentlich aber richten sie verheerende Schäden an.

Temperaturen Ein – außer im Hochsommer – starkes **Temperaturgefälle** existiert in Nord-Süd-Richtung. Während es im Norden (Virginia, North Carolina) im Frühjahr und Herbst spürbar kühler wird, wird/bleibt es südlich der Appalachen früh/später warm. In Florida, speziell im Süden, überwiegt ganzjährig ein subtropisches Klima.

Sonneneinstrahlung Das Leben im Süden wird stark von der **Sonne** bestimmt. Sie sorgt dafür, dass viele Regionen der Südstaaten fast ganzjährig ein gutes Reiseziel sind. Die mittlere Jahrestemperatur schwankt dabei zwischen 24°C (Miami), 21°C (New Orleans) und 15°C (Knoxville/Tennessee).

Niederschläge In manchen Gegenden ist **Regen** durchaus keine Seltenheit. Zumeist handelt es sich um heftige, aber nur kurz andauernde Regenschauer und Gewitter. Östlich des Mississippi, im Bereich zwischen New Orleans und Mobile, werden über 1.000 mm Niederschlag pro Jahr registriert, vor allem in den Monaten März bis September. An der Ostküste und jenseits der Appalachen, weiter im Landesinneren, sind in erster Linie die Winter regenreich.

Weitere Details zum Wetter in den Südstaaten, insbesondere zu für Touristen wichtigen Aspekten ➪ Abschnitt 1.3.2, Seite 47ff.

Vegetation in den Südstaaten

***Kudzu** ist keine neue asiatische Kampfsportart und auch kein exotischer Cocktail, sondern ein unkrautartig wucherndes Gewächs, das einen auf einer Reise durch den Süden der USA auf Schritt und Tritt begleitet. In seinem beständigen Bemühen, Straßen und Bäume, ja selbst Häuser, zu überwuchern, ist diese Pflanze aus der Familie der Bohnengewächse inzwischen von einer Gottesgabe zur Plage geworden. Aus Asien stammend, von den Chinesen für Gesundheitstees oder zum Kochen verwendet, wurde das Kraut 1876 in den USA eingeführt. Man weiß den Zeitpunkt deshalb so genau, weil anlässlich der Philadelphia Centennial Exposition der japanische Pavillion damit begrünt war und für Aufsehen sorgte. In den 20er-Jahren des letzten Jahrhunderts erhielten Landwirte sogar staatliche Zuschüsse für den Anbau von Kudzu, um Erosion auf brachliegenden Flächen zu verhindern und für Bodenfruchtbarkeit sorgen. »Cotton isn't king here anymore, Kudzu is king«, lautete damals das Motto. Erst allmählich stellte man fest, wie schwer es war, einmal angelegte Kudzuflächen wieder zur Raison zu bringen und dieses alles überwuchernde Kraut zu bändigen.*

Live Oak mit Spanish Moss

Genauso typisch und auffällig, doch zum Glück völlig harmlos ist ein anderes allgegenwärtiges Südstaatengewächs – silbrig-grau, bevorzugt von den Ästen großer Bäume herabhängend: **Spanish Moss***. Der Name trügt, mit Moos hat das überhaupt nichts zu tun und aus Spanien stammt es auch nicht. Es handelt sich vielmehr um ein epiphytisch wachsendes Bromeliengewächs, dessen Ausläufer eine Länge von mehreren Metern erreichen können. Es liebt vor allem den Kontakt zu einer weiteren »Leitpflanze« des Südens, der immergrünen Eiche.*

Eine **Live Oak** *hat mit ihren kleinen hellgrünen Blättchen auf den ersten Blick wenig mit ihrem urdeutschen Pendant gemein. Wurde dieser anspruchslose Baum früher rigoros abgeholzt, um Schiffsholz zu gewinnen, erholt sich der Bestand mittlerweile wieder, da das harte Holz weder als Bau- noch als Möbelholz besonders taugt. Orangenbäume, Hickory, Cedar, Pinien, Palmen, Gummibäume und Nussbäume (Pecan, Walnuss) sind ebenfalls weit verbreitet.*

In der langen Gartentradition des Südens wurden seit jeher großblättrige immergrüne Pflanzen favorisiert, so dass die **Magnolie** *(magnolia grandiflora) eine dominierende Stellung einnimmt. Diese beeindruckenden, großwüchsigen Bäume gelten als Symbol der Südstaatenromantik und des Plantagenlebens, denn unter »Moonlight and Magnolias« ließen sich die Southern Belles gerne von ihren Kavalieren verwöhnen.*

Camellia *und* **Azalee** *stammen aus Asien und gelangten im 19. Jahrhundert über Europa nach Amerika. Auf die von Oktober bis April andauernde Blüte der Camellien beginnen die Azaleen (Rhododendren) ihre vielgestaltige und -farbige Pracht zu entfalten und verleihen Küstenstädten wie Mobile, Savannah oder Charleston bis Mai/Juni ein überaus attraktives Aussehen. Blühen dann noch Gardenien, Myrten, Taglilien, Mimosen oder Jasmin, dann ist die Luft erfüllt von einem betörenden Duft und das Auge hat Mühe, die tausenderlei Farbnuancen zu unterscheiden.*

1.2 Touristenattraktion Südstaaten

1.2.1 Kennzeichnung

Unterschiede

Der Süden der USA hat viele Gesichter; eine zutreffende Charakterisierung der Gesamtregion fällt allein schon geographisch schwer. Zu unterschiedlich sind die Landschaften, zu spezifisch ihre Eigenarten. Steht der US-Westen für die meisten als Synonym für Naturerlebnis, Abenteuer und Wildwest, assoziiert man mit dem Süden der USA eher Geschichte, speziell des amerikanischen Bürgerkriegs, Kultur und Tradition.

»Neuer« und »alter« Süden

Atlanta und **New Orleans** mit **Charleston** und **Savannah** sind Verkörperungen von ***New*** und ***Old South***. Letztere drei rufen Erinnerungen an *Gone with the Wind* wach, *Blues* und *Jazz*, den Mississippi und Alligatoren.

Historie

Man stößt aber auch im US-Süden häufig auf Spuren der indianischen Urbevölkerung, lernt die – teilweise rekonstruierten – ersten Siedlungen der Europäer (Colonial Williamsburg/Virginia, Roanoke Island und New Bern/North Carolina, St. Augustine/Florida) wie auch zahlreiche herrschaftliche Anwesen der Plantagenbesitzer der »Ante Bellum« Zeit kennen und findet allerorten – akribisch konservierte – Spuren des Bürgerkriegs.

Naturerlebnis & Kommerz

Auch **Freizeitspaß** und **Abwechslung** kommen in den Südstaaten nicht zu kurz: die Atlantikküste mit ihren vorgelagerten Inseln und die Golfküste von Florida bis Mississippi bieten endlose Strände, Naturschutzgebiete und ungewöhnliche Sumpflandschaften. Vergnügungsparks gibt es nicht nur in Florida, sondern z.B. auch bei Atlanta und – in kleinerem Maßstab – in Küstenorten wie Virginia und Myrtle Beach oder in Panama City, **Spielkasinos** an der Mississippi Golfküste, in New Orleans und auf *Riverboats* am Ufer des Mississippi bis hinauf nach Saint Louis.

Sport

Überall in der Appalachen-Region, aber auch in vielen ***State Parks*** der Südstaaten abseits dieses Mittelgebirges finden **Wanderer** unzählige reizvolle ***Trails*** – darunter den *Appalachian Long Distance Trail* von Georgia bis hinauf nach Maine – und ***Outdoor-*Enthusiasten** hervorragende Reviere für alle möglichen Sportarten.

Kajakfahren ist auf Flüssen und unzähligen Küstengewässern ausgesprochen populär; hier bei Beaufort/South Carolina

Südstaaten Cityflair

Zwischen Appalachen und Küsten erstreckt sich das Agrarland des Südens, das bis heute vom Anbau von Baumwolle, Sojabohnen, Erd- und Pecan-Nüssen geprägt ist. Mittendrin symbolisieren **Großstädte** wie Atlanta oder Charlotte den Aufbruch des Südens in die Moderne. Beschaulichere **Städte** wie Macon, Athens, Columbus (alle Georgia), Montgomery (Alabama), Columbia (South Carolina), Winston-Salem oder Raleigh (beide North Carolina) konnten sich hingegen noch viel von ihrem alten **Südstaatenflair** erhalten.

Am Mississippi

In den alten Südstaatenhochburgen **Natchez, Vicksburg**, beide am Ufer des Mississippi, oder **St. Francisville** scheint die Zeit stehengeblieben zu sein, während Memphis oder New Orleans voller Leben und Musik sind. Eine besuchenswerte Enklave ist das ***Cajun Country***, das sich westlich New Orleans bis Texas` Südosten erstreckt. Hier leben die Nachfahren französischer Vertriebener aus Kanada, die stolz auf ihre Andersartigkeit sind.

Florida

Nicht nur geographisch ist **Florida** »anders«: Ähneln der Norden und das Landesinnere des Sonnenstaates durchaus noch dem Bild der »klassischen« Südstaaten, fallen die Küstenstriche und Urbanisationen um Jacksonville, der Großraum Miami und die dichtbesiedelte südliche Küste am Golf von Mexiko, besonders aber die Vergnügungspark-Metropole Orlando ziemlich aus dem Rahmen.

Sog. Tourist Trolleys verkehren in allen Orten von touristischem Belang und fahren die Standardsehenswürdigkeiten ab

1.2.2 Lebendige Kultur und Geschichte

Museen

Kunstmuseen

Von den Kunstmuseen, den ***Art Museums***, sind jene besonders interessant, die hauptsächlich Südstaatenkunst präsentieren. Musterbeispiele hierfür sind das ***North Carolina Museum of Art*** in Raleigh, das ***Reynolda House Museum of American Art*** in Winston-Salem, das ***Morris Museum of Ar***t in Augusta/Georgia. Auch die Kunstsammlungen in **St. Petersburg** (*Museum of Fine Arts*), **Atlanta** (*High Museum of Art*), **New Orleans** (*Museum of Art*), **Montgomery** (*Museum of Fine Arts*) und speziell in **Washington** (Museen der *Smithonian Institution*) lohnen einen Besuch.

High Museum of Arts in Atlanta

Geschichtsmuseen

Zahlreiche kleine und große ***History Museums*** berichten in unterschiedlichster Art von Land und Leuten im geschichtlichen Ablauf. Die Palette reicht von Sammelsurien, die eher an einen Flohmarkt erinnern (z.B. im *Oren Dunn Tupelo City Museum*/Mississippi), über konventionell gestaltete Ausstellungen bis hin zu großzügig angelegten Freilichtmuseen, ***Living History Museums***, wie vor allem ***Colonial Williamsburg***/Virginia. Auch die im folgenden beschriebenen *Plantations* und *Historic Homes* sind im Prinzip Geschichtsmuseen.

Wissenschaftsmuseen

Science Museums haben selten etwas mit trockener Wissenschaft zu tun, sondern bieten vielmehr jede Menge ***Hands-on-Exhibits***, Exponate und Vorrichtungen, an denen Jung und Alt selbst experimentieren und spielerisch angewandte Wissenschaft betreiben dürfen. Zu den besten Beispielen dieser Art gehören das *Fernbank Museum of Natural History* in Atlanta, das *Exploris* in Raleigh/North Carolina oder das *Museum of Science and History* in Jacksonville/Florida.

Thematische Museen

Viele **Spezialmuseen** widmen sich unterschiedlichsten Aspekten des Lebens: so die ***Sports Halls of Fame*** (Sportmuseen, wörtlich »Ruhmeshallen«, z.B. die *Women's Basketball Hall of Fame* in Knoxville/Tenessee, oder *Daytona USA* am *Daytona International Speedway* in Florida), ***Space Center*** (Raumfahrtmuseen, z.B. in Cape Canaveral oder – ebenso bemerkenswert – in Huntsville/Alabama), ***Maritime* Museen** (*Naval Shipyard Museum* in Portsmouth/Virgina, *USS North Carolina Battleship Memorial* in Wilmington, *USS Alabama Battleship Memorial Park* in Mobile/ Alabama oder *Ships of the Sea Museum* in Savannah), und **Transportmuseen** (wie das *Wright Brothers National Monument* bei Kitty Hawk/North Carolina, in Chattanooga der *Choo-Choo*.und die *Ten nessee Valley Railroad* oder das *Historic Depot* in Huntsville/Alabama).

Plantations

Auf den weitläufigen Geländen alter Baumwoll-, Reis- oder Indigo-Plantagen aus der Zeit vor dem Bürgerkrieg stehen immer noch viele mehr oder weniger gut erhaltene ***Plantation Homes*** oder ***Mansions***. Herrenhäuser dieser Art sind nicht nur typisch für die Südstaaten, sondern in zahlreichen Fällen zugleich **architektonische Schmuckstücke** (meist im *Greek-Revival*-Stil, ➪ Seite 671) mit sehenswerter prunkvoller Innenausstattung. Eine große Zahl kann samt Nebengebäuden und oft sehr schönen Gartenanlagen – meist im Rahmen von geführten Touren – besichtigt werden. Besonders lohnend ist es, sich zumindest einmal während einer Südstaatenreise, den Luxus einer Übernachtung in einem dieser zu ***Bed & Breakfast Hotels*** umfunktionierten *Mansions* zu gönnen. Die Zimmereinrichtungen sind nicht selten authentisches 19. Jahrhundert, edel und elegant, und der Service hervorragend. Im Preis enthalten ist bisweilen nicht nur das Frühstück, sondern häufig auch der *Afternoon Tea* oder ein Umtrunk am Abend. Manche *Plantations* verfügen über ein Restaurant, das oft zu den Toplokalen der jeweiligen Region zählt.

Auf Bed & Breakfast Places in alten Villen stößt man überall in den Südstaaten. Man zahlt dafür aber meist mehr als in der gehobenen H/Motel-Mittelklasse, *➪ Seite 128*

Historic Homes

Kennzeichnung

Ähnlich sehenswert wie ***Plantations*** sind andere ***Historic Homes***, worunter im Süden alle Gebäude fallen, die nicht als Plantagen-Herrenhaus dienten. ***Antebellum-Mansions***, Gebäude und Villen aus der Zeit vor dem Bürgerkrieg, existieren noch in erstaunlich großer Zahl, oft mit original zeitgenössischer Möblierung. Während sogenannter ***Home & Garden Tours*** öffnen viele, sonst nicht zu besichtigende Privatwohnhäuser ihre Türen und Gärten.

Besonders viele *Historic Homes* gibt es in Charleston, Savannah und Beaufort/Georgia, in Mobile/Alabama, St. Francisville/Louisiana, Natchez und Vicksburg/Mississippi, Nashville/Tennessee, Huntsville/Alabama und in Madison/Georgia (➪ Seite 511).

Präsidentenvillen

In den Südstaaten befinden sich auch viele einstige **Wohnsitze historisch bedeutender Persönlichkeiten**, die zur Besichtigung offenstehen – z.B. der US-Präsidenten *George Washington* (Mount Vernon) und *Thomas Jefferson* (Monticello/Virginia) oder des Südstaatenpräsidenten *Andrew Jackson* (Ermitage/Nashville).

Prominentenhäuser

Auch Geburts- oder Wohnhäuser mancher Prominenter der jüngeren Zeitgeschichte wie *Elvis Presley* (Memphis und Tupelo/Mississippi), *Margaret Mitchell* (Atlanta), *Robert Edison* und *Henry Ford* (Ft. Myers/Florida), *William Faulkner* (Oxford/Mississippi) oder *Ernest Hemingway* (Key West) lohnen den Besuch. Sie vermitteln lebensnahe Bilder von Person, Werk und Zeit ihrer Bewohner.

Gartenanlagen

Die üppige Vegetation im Süden der USA sorgte für die Entstehung prächtiger Parks und Gärten, die – neben ihrer informativen Funktion – auch Oasen der Ruhe und Beschaulichkeit sind. **Ungewöhnliche Gartenanlagen** finden sich besonders in Florida (z.B. *Villa Vizcaya Museum & Gardens* oder *Fairchilds Tropical Garden* in Miami), aber auch in anderen Regionen des Südens, wie z.B. die kommerziellen Anlagen rund um Charleston einschließlich des *State Park Charlestown Landing*, ➪ Seite 365.

Herausragende **Botanische Gärten** sind die ***Callaway Gardens***, südwestlich von Atlanta, die Gartenfreunde nicht auslassen sollten, ebensowenig wie den ***Tennessee Botanical Garden*** in Nashville (in Verbindung mit dem *Cheekwood Mansion*, ➪ Seite 632).

Civil War Battlefields (➪ auch Seite 34)

Eine für uns ungewöhnliche Attraktion sind die einstigen **Schlachtfelder des Bürgerkriegs**, die heute großenteils unter Verwaltung der Nationalparkbehörde stehen. Mit ihnen wird eindrucksvoll und immer pathetisch und voller Heldenverehrung die Erinnerung an dieses dunkle Kapitel der US-Geschichte wachgehalten.

Oft besteht ein altes Schlachtfeld nur aus Grünflächen mit ein paar Kanonen, Schautafeln und überwachsenen Wällen und Gräben, aber auf den wichtigeren Kriegsschauplätzen gibt es zahlreiche Gedenktafeln, Statuen und Obelisken, wieder aufgebaute Stellungen und Befestigungen entlang weitläufiger Auto-Rundkurse. Aufwendige ***Visitor Center*** mit Waffen-, Kriegsgerät- & Uniformen, Fotosammlungen, Schlachtdarstellungen etc. erläutern das mittlerweile über 140 Jahre zurückliegende Geschehen.

In vielen Fällen werden die Besucher zurück in die Zeit des Bürgerkriegs versetzt, wenn in ***Sound & Light Shows***, Dia- und Filmspektakeln die Ereignisse wieder lebendig werden, wie z.B. in **Gettysburg**, **Chattanooga**, **Vicksburg** und besonders im ***Cyclorama*** des ***Civil War Museum*** in Atlanta (➪ Seite 506). Noch eindrucksvoller geschieht das während sog. ***Re-enactments***, nachgestellten Kriegsgetümmeln mit vielen Teilnehmern in historischen Uniformen, die im Sommer auf vielen größeren Schlachtfeldern stattfinden.

Vor allem besuchenswert sind die ***Battlefields*** von ***Gettysburg*** in Pennsylvania und ***Antietam*** in Maryland nordwestlich von Washington DC, die Schlachtfelder rund um **Richmond/Virginia**, die Kampfstätten ***Chickamauga-Chattanooga*** an der Grenze zwischen Tennessee und Georgia und bei ***Vicksburg*** am Mississippi.

Das große Buch der Heldentaten in Bronze auf dem Gettysburg Battlefield

Living History Museums

Friedlicher geht es in ***Living*** (***History***) ***Museums*** zu: In wiederaufgebauten und/oder restaurierten authentischen Dörfern, öffentlichen Bauten oder Farmkomplexen aus dem 18. und 19. Jahrhundert wird das Leben der früheren Bewohner in zeitgenössischen Kostümen demonstriert. Besonders sehenswert sind in den Südstaaten ***Vermilionville*** und ***Acadian Village***, französische Siedlungen im Sumpfgebiet Süd-Louisianas bei Lafayette, und vor allem ***Colonial Williamsburg*** zwischen Richmond und der Küste, wo einst mit Virginia die erste englische Kolonie auf amerikanischem Boden entstand.

Weitere Freilichtmuseen dieser Art sind das ***Frontier Museum*** in Staunton/Virginia, das ***Alabama Constitution Village*** in Huntsville und ***Living History Village*** beim *Atlanta History Center*.

Discounts

Fast alle hier beschriebenen Attraktionen kosten **Eintritt**. Und zwar nicht zu knapp, soweit der Spaß privatwirtschaftlich organisiert ist. Spitze bei der Preisgestaltung ist traditionell ***Disneyworld*** in Orlando mit mittlerweile $72 inkl. 6,5% Steuern für den Tagespass für Besucher ab 12 Jahren, auf den es nur beim Kauf eines Mehrtagestickets eine kleine Ermäßigung gibt. Ansonsten sind *Discounts* gang und gebe. Amerikaner zahlen an der Kasse von ***Amusementparks*** und anderer Sehenswürdigkeiten in Privathand selten den vollen Preis, weil sie sich vorher ***Discount Coupons*** besorgt haben. Die erhält man überall: frei verteilt in der nächsten ***Visitor Information***, bei der Autovermietung oder im Hotel, auf den letzten Seiten von Straßenatlanten und Campingführern, zum Ausschneiden in der Tageszeitung und Herunterladen im **Internet**. Die Abschläge vom Originalpreis können 25% und mehr betragen.

1.2.3 Festivals, Spielkasinos & Family Fun

Musikfestivals

Die Südstaatler feiern gern und ausgiebig, und ihre Feste gehen stets einher mit reichlichem Essen und viel Musik. **Musikfestivals** und **Open-air-Konzerte** gibt es im Sommer fast in jedem größeren Ort. Nirgendwo ist die Musikpalette so reich wie im Süden (➪ Seite 677f). Sie reicht je nach Region von *Bluegrass* über *Country* zu *Blues* oder *Jazz* bis zu *Cajun Music* und *Zydeco* (➪ Seite 545).

Das herausragende Ereignis ist das alljährlich im April/Mai in New Orleans stattfindende ***Jazz & Heritage Festival***. Greenville (Mississippi) ist für das ***Delta Blues Festival*** im September weithin bekannt. Dem *King of Rock'n'Roll* wird beim ***Elvis Presley Festival*** in seiner Geburtsstadt Tupelo/Mississippi gehuldigt. In Lafayette/ Louisiana locken ***Zydeco Extravaganza*** und in Lake Charles die ***Contraband Days*** Besucher in hellen Scharen an.

Re-enactments gibt es auch für die Schlachten des Unabhängigkeitskrieges gegen England, hier in Yorktown/ Virginia

Re-enactments

Was in Deutschland Ritterspiele und Mittelalterfeste sind, sind in den US-Südstaaten ***Civil War Re-enactments*** (➪ links oben). Sie dauern häufig ein ganzes (Sommer-) Wochenende mit Zeltlagern und Lagerfeuerromantik. Vor allem werden Gefechte und das Leben der Soldaten mit Detailtreue nachgestellt. Auch wenn das alles nur wie Spiel und Spaß aussieht, sind die Beteiligten mit Ernst bei der Sache, nicht zuletzt, um die – immer noch zum Leidwesen vielen Südstaatler – untergegangenen Konföderierten Staaten von Amerika nicht in Vergessenheit geraten zu lassen.

Spielkasinos

Bis 1988 gab es Spielkasinos in den USA nur in Nevada und Atlantic City. Seitdem erlaubt ein neues Bundesgesetz ***Gambling*** auf indianischen Territorien. Viele Stämme machten das Glücksspiel zur Haupteinnahmequelle (so die *Big Cypress Seminole* in Florida oder die *Cherokee* in North Carolina, ➪ Seiten 256 und 462). In einigen Bundesstaaten fand man weitere Möglichkeiten, das generelle Glücksspielverbot zu umgehen: So ist etwa in Mississippi und Louisiana ***Gambling* auf Schiffen** erlaubt, auch wenn diese am Kai festgemacht und fahruntauglich sind oder – als Neukonstruktion für den schwimmenden Kasinobetrieb – nie echte Schiffseigenschaft besaßen. Entlang der Mississippi-Golfküste und auf dem Lake Charles im westlichen Louisiana und am Mississippi und Red River ist ***Gambling*** in den letzten Jahren zum Wirtschaftsfaktor geworden.

Spielkasinos bestehen nie ausschließlich aus Spielhallen; zum Komplex gehören in der Regel Showbühnen, Restaurants, oft ein Hotel und sogar Campingplätze. Besonders in der Golfküstenstadt **Biloxi** (nach Zerstörung durch Hurrikan »*Katrina*« 2005 bereits überwiegend wieder repariert/rekonstruiert) in **Natchez, Vicksburg** und im Nest **Tunica** am Mississippiufer, außerdem in **New Orleans** locken die Kasinos Besucher in Scharen an.

IMAX/ Omnimax

Meist in Verbindung mit Planetarien, Science- und Raumfahrtmuseen stehen ***IMAX-*** oder ***Omnimax***-Filmtheater. Überdimensionale Leinwände und rundum plazierte Lautsprecher vermitteln den Zuschauern das Gefühl, Teil des Geschehens zu sein. Dabei überwiegen aus Flugzeugen aufgenommene Landschaften, Raumfahrtszenen, dramatische Naturereignisse und mit ihnen verbundene Abenteuer. Eine Variante ist ***Circle Vision***, bei der die »Leinwand« im Vorführraum einen vollen Kreis beschreibt.

Amusementparks

Kaum eine große nordamerikanische City verfügt nicht über zumindest einen *Amusementpark*. In meist parkähnlicher Anlage mit *Rollercoasters* (Achterbahnen), Riesenrädern und allen erdenklichen Fahrgeschäften. Restaurants, Souvenirshops, Showbühnen und allerhand sonstige Besucherattraktionen ergänzen das Vergnügen. Dabei existieren **viele Varianten**, z.B. in Kombination mit Zirkusakrobatik, Zoo, Oktoberfest, Delphin-Show, Wildwestszenen, historischen Eisenbahnfahrten und anderem. Der Besuch der *Amusementparks* ist nicht billig, der Tagespass zum Fixpreis und beliebig freien Fahrten – mit der Folge langer Wartezeiten an Tagen mit gutem Besuch – allgemein üblich. Die meisten *Amusementparks* des US-Südens stehen bekanntlich in vielen Varianten in Florida, speziell in Orlando, aber z.B. auch bei Atlanta, Williamsburg und am *Blue Ridge Parkway*.

Wahnsinns-Rollercoaster in den Universal Studios/ Adventure Island in Orlando

Planschparks

Anlagen für den großen Wasserspaß haben sich in den letzten 20 Jahren von den Südstaaten aus über die ganzen USA ausgebreitet. Ihren Ausgang nahmen sie unter Bezeichnungen wie ***Wet 'n Wild*** oder ***Big Water Adventure*** in Florida. Kaum übertreffen (auch preislich) lassen sich *Disney Worlds* ***Typhoon Lagoon*** und ***Blizzard Beach*** und vor allem ***Adventure Island*** auf dem Gelände der *Universal Studios*. Ihr wichtigster Bestandteil sind riesige Wasserrutschen. Leider gelten überall gepfefferte Eintrittspreise; sie liegen selten unter $20 bis weit über $30 (für Kinder meist nur gering ermäßigt), egal wie lange man bleibt. Bei Ankunft am Spätnachmittag gibt's gelegentlich Tickets zu reduziertem Tarif.

1.2.4 National und State Parks – National Forests

National Park System

Mit der Einrichtung des ***Yellowstone National Parks*** im Jahr 1872 begann man in den USA, außergewöhnliche Landschaften, Naturwunder und anderweitig bedeutsame Stätten vor Zerstörung und kommerzieller Ausbeutung zu bewahren, den (kontrollierten) Zugang jedoch zu ermöglichen. Aber nicht nur Landschaften und Natur, auch viele historische Stätten sind ins Nationalpark-System einbezogen, ➪ oben *Battlefields*. Die vielen Bezeichnungen sind etwas verwirrend. Neben ***National Parks*** gibt es ***National Monuments***, ***Historic*** und ***Military Sites***, ***Historical Parks***, ***Memorials*** und ***Battlefields***, ***National Recreation Areas*** und ***National Lake wie Seashores***. Sie alle unterliegen der Verwaltung des ***National Park Service***.

Im **Internet** erfährt man alles dazu unter:

www.nps.gov (offizielle Website des *National Park Service*)
www.AmericanParkNetwork.com (gute kommerzielle Website)

Nationalparks etc. im Süden der USA

Naturerlebnis spielt im Süden der USA zwar nicht dieselbe dominierende Rolle wie in den Weststaaten oder im Nordosten, aber den Süden zeichnet nichtsdestoweniger eine – von manchen vielleicht kaum erwartete – landschaftliche Vielfalt aus.

Die wichtigsten Nat`l Parks im Süden

Es gibt dort auch eine Reihe bedeutender Nationalparks wie ***Shenandoah*** (➪ Seiten 226f) und ***Great Smoky Mountains*** (➪ Seiten 260ff) in den Appalachen samt dem – die beiden Parks verbindenden – ***Blue Ridge Parkway*** (➪ Seiten 236) und das riesige Sumpfgebiet der ***Everglades*** in Florida (➪ Seiten 453f).

Bei uns weniger bekannt sind die ***Gulf Islands National Seashore*** (➪ Seiten 483) mit ihren fantastisch weißen Stränden am *Florida Panhandle*. Mangrovensümpfen und einsamen vorgelagerten Inseln und die Unterwasserwelt des ***Key Biscayne National Park*** (➪ Seite 452) südlich Miami. Auch der ***Natchez Trace Parkway*** (➪ Seiten 591) gehört zum Nationalparksystem.

Nationalküsten und -inseln

Hervorhebenswert sind ebenfalls **die Küsten** unterschiedlichster Prägung, die zum Teil als ***National Seashores*** unter Schutz stehen. Besonders die **vorgelagerte Inselkette** am Atlantik, die von Jupiter Island unmittelbar oberhalb des Großraums Miami/Palm Beach über Amelia Island in Floridas Norden und die *Golden Isles of Georgia* und Hilton Head Island (SC) bis hinauf zu den*Outer Banks* von North Carolina reicht, bietet mit seinen Stränden, Dünenketten, Lagunen und dem ***Intracoastal Waterway*** zwischen Inseln und Festland Abwechslung. Streckenweise ist der Küstenstreifen zwar dicht besiedelt und nicht überall leicht zugänglich, aber weite Bereiche blieben naturbelassen und einsam.

National Battlefields und Military Parks

Wie bereits vorher im Zusammenhang mit *Re-enactments* und musealen Attraktionen erläutert, ist eine Besonderheit des Südens die große Zahl an ***National Battlefields*** und ***Military Parks (NBP*** bzw. ***NMP)***. Fast alle im Bürgerkrieg bedeutenden Orte und Schlachtfelder, aber auch Schiffe oder Friedhöfe, wurden ganz oder teilweise dem ***National Park Service*** unterstellt. Herausragend sind ***Gettysburg*** (➪ Seite 218) und ***Vicksburg*** (➪ Seite 598), von denen man mindestens einen gesehen haben sollte.

Auf weitere weniger bekannte Schlachtfelder und Militärparks stößt man in den Südstaaten auf Schritt und Tritt; so u.a. ***Kenneshaw Mountain NBP*** (bei Atlanta, ➪ Seite 286), ***Chickamauga & Chattanooga NMP*** (➪ Seite 284), ***Richmond NBP*** (➪ Seite 306), ***Fredericksburg & Spotsylvania NMP*** (➪ Seite 292), ***Mannassas NBP*** bei Washington DC, ***Antietam NBP*** in Maryland und das ***Yorktown Battlefield***, das sich indessen auf die letzten Kämpfe des Unabhängigkeitskrieges gegen England bezieht (➪ Seite 316). Eine Besonderheit ist der ***Andersonville NHS*** in Georgia, ein Gefangenenlager des Südens (➪ Seite 515).

Eintritt National Parks

Einzeleintritt

National Parks kosten überwiegend Eintritt; in der Regel gilt ein Pauschalpreis für das Fahrzeug (Pkw/Minivan/Campmobil) mit Insassen bis zu einer unterschiedlich maximalen Personenzahl. **Ermäßigte Tarife gibt es oft für Senioren** ab 55-65 Jahren. Anders ist es bei – z.B. historischen – Stätten, die man nicht durch Einfahrt mit dem Auto besucht. Dort ist Eintritt pro Person fällig.

Die Parks und sonstigen Einrichtungen des NPS im Süden kosten **$3-$10 Eintritt/Wagenladung**. Radfahrer und Busreisende zahlen überwiegend $1-$5/Person.

Jahrespass

Wer im Rahmen seiner Reise oder innerhalb eines Jahres (in 12 Kalendermonaten) einschließlich weiterer Reisen mehrere Nationalparks besucht, spart meist Geld mit einer **Jahreskarte**, dem ***National Parks Pass*** ($50). Aktuelle Details gibt`s dazu im Internet unter www.nps.gov – einfach die Passabbildung anklicken. Der Pass kann im Internet erworben werden (+$7 für Europa).

Typischer Hinweis auf einen State Park. State Park Wegweiser haben in den gesamten USA dieselbe braune Farbe

State Parks

Ungewöhnliche Naturphänomene, historisch interessante Orte und sehenswerte Landschaften gibt es außer auf Bundesland auch auf Ländereien der einzelnen US-Staaten. Wie der Bund verfügen sie über Verwaltungen, die für ***Parks***, ***Historic Sites*** und ***Monuments***, ***Beaches*** und ***Recreational Areas*** zuständig sind.

Carakteristik der Parks

Obwohl der Parkgedanke in den verschiedenen Staateneine unterschiedliche Auslegung erfährt, signalisieren *State Parks* immer das Vorhandensein einer gepflegten öffentlichen Anlage, mindestens mit **Picknickplatz** und in sehr vielen Fällen großzügig angelegten ***Campgrounds*** (⇨ Seite 133). Oft sind Badestrände, Bootsanleger und Angelstellen vorhanden. Im US-Süden handelt es sich in erster Linie um attraktive Wald-, Küsten-, Seen- und Flusslandschaften (z.B. ***Chattahochee***, ***Suwannee*** oder ***Tennessee River***), aber auch ***State Beaches***, besondere Naturphänomene wie **Sümpfe** (z.B. *Okefenokee Swamp*, ⇨ Seiten 397f), einige **Süßwasserquellgebiete** Floridas oder den Felsmonolithen ***Stone Mountain*** bei Atlanta.

In vielen *State Parks* gibt es außerdem Wanderpfade, Kanurouten und andere Möglichkeiten für ***Outdoor*-Aktivitäten**.

Florida Keys

Eine Sonderstellung nehmen die ***Florida Keys*** ein, eine teilweise stark bevölkerte, aber an anderer Stelle traumhafte, dank mehrerer *State Parks* geschützte Inselwelt am Südende des nordamerikanischen Kontinents. Bekannt ist dort in erster Linie der **Unterwasserpark *John Pennekamp*** wegen seiner vorgelagerten Korallenriffe.

Florida Beach Parks

An der Westküste Floridas gehen die Sümpfe der *Everglades* etwa **ab Naples** in **Strände** über, die immer länger und einladender werden, je weiter man sich der *Tampa Bay* nähert. Sowohl an der Küste als auch im Hinterland sorgen u.a. wieder *State Parks* für den Schutz der gefährdeten Natur. Ebenso weiter nördlich, wo Waldgebiete bis ans Wasser reichen, bevor wiederum Dünen und – ab Panama City – schneeweißer Sand über Hunderte von Kilometern die Golfküste Nordfloridas und Alabamas kennzeichnen. Ohne *State Parks* und die *Gulf Islands National Sea Shore* wären die Strände dort alle schon lange kommerzialisiert worden.

Eintritt

In *State Parks* schwankt die Höhe des Eintritts in der Regel zwischen $3 und $10 *per party* (pro Privatfahrzeug einschließlich aller Insassen), je nach Staat und Bedeutung etc. des jeweiligen Geländes. Gelegentlich gilt der einmal entrichtete Eintritt für eine Reihe aufeinanderfolgender Tage oder mehrere Parks eines Staates. Manchmal ist der Eintritt frei, etwa im Fall bestimmter *State Historic Sites* oder in der Vor- oder Nachsaison, wenn ein Teil der Service-Einrichtungen außer Betrieb ist.

Information und Einrichtungen

Besucherzentren

Im Eintritt eingeschlossen ist in ***National*** wie ***State Parks*** etc. regelmäßig ein Faltblatt mit einer Karte und Basisinformationen zu Geschichte, Entstehung und sonstigen spezifischen Einzelheiten. Oft aufwendig gestaltete ***Visitor Center*** ergänzen die gedruckte Information durch Bildmaterial, wissenschaftliche Präsentationen und Ausstellungen. In stärker frequentierten Parks gehören Filme, Dia-Shows und Vorträge zum Standardprogramm der Besucherzentren. Gelegentlich findet man sogar Unterlagen in deutscher Sprache.

Ranger

In vielen Parks gibt es ***Interpretive Walks***, geführte Spazier-/Rundgänge durch Natur oder historische Stätten, und ***Campfire Programs***, meist Film- oder Diashows (auf englisch). In allen Einrichtungen sind uniformierte ***Park Ranger*** für die Parkprogramme und Besucherbetreuung zuständig. Viele von ihnen sind Experten für Natur und Geschichte des Gebietes. Die ***Ranger*** haben zugleich Polizeifunktion auf den Straßen der Parks, achten auf die Einhaltung der Parkregeln und überwachen die Campingplätze.

National Forests

Charakteristik

Landschaftliche Attraktivität und unberührte Natur findet man durchaus nicht nur in Einrichtungen des *National Park Service* oder in den *State Parks*. Namentlich einige **Nationalforste** stehen ihnen kaum nach. Allerdings sind *National Forests* keine Naturschutzgebiete im engeren Sinn. In ihnen ist kommerzielle Nutzung durchaus üblich (Holzwirtschaft, Jagd und Fischfang). In den Südstaaten konzentrieren sich die Nationalforste zwar in erster Linie auf die Appalachenregion, aber kein Staat ist ohne weitere *National Forests* in anderen Bereichen. Über besonders attraktive Waldgebiete verfügt **Florida**, u.a. im zentralen Bereich nördlich Orlando mit idyllischen Quellflüssen und Klarwasser-Badeseen.

Picknick & Camping

Die Straßenverläufe durch die Wälder zeichnen sich oft durch eine besonders schöne Streckenführung aus und sind überwiegend gering frequentiert. **Camping**- und **Picknickplätze** in den *National Forests* gehören meist zur Einfachkategorie, bieten dafür aber überwiegend Natur pur.

State Forests

In einigen Staaten gibt es neben den *National* auch *State Forests*, die ebenfalls über ausgebaute Wanderrouten, Picknick- und Campingplätze verfügen.

American Football im Superdome von Atlanta

1.2.5 Zuschauersport

Sportfans sollten sich während der Reise die Gelegenheit nicht entgehen lassen, Sportveranstaltungen zu besuchen. Das ist insofern eine spannende Angelegenheit, als in Amerika Sport einen ganz anderen Stellenwert einnimmt als hierzulande und der Besuch einer Sportveranstaltung dem eines Theaters oder Konzerts gleichkommt. Ein Sportspektakel bietet neben dem reinen Sport stets auch Unterhaltung (Show- und Musikeinlagen etc.) für die ganze Familie.

Die Palette der Sportarten ist breit. Und auch in den Südstaaten agieren zahlreiche Teams auf hohem Niveau (➪ jeweilige Stadt für genauere Hinweise).

Amerikanische Nationalsportarten

Im ***Spectator Sports***, dem Zuschauersport, unterscheidet man in den USA zwischen Profi- und Collegesport. Letzterer ist vor allem in kleineren Universitätsstädten von Bedeutung.

Die erste Geige in den Südstaaten spielt ***American Football***, gefolgt von ***Basketball*** und dem amerikanischen Nationalsport ***Baseball***. In den Metropolen findet man erstklassige **Profiteams** der jeweiligen Ligen, der *NFL (National Football League)*, *NBA (National Basketball League)* oder *MLB (Major League Baseball)*.

Zunehmender Begeisterung erfreut sich seit einigen Jahren **Eishockey**, in vielen Großstädten gibt es inzwischen ein Team der *NHL (National Hockey League)*. Zudem hat sich in fast jeder größeren Stadt ein Profiteam aus einer der sog. *Minor Leagues* – regional begrenzte »untere« Profiligen – angesiedelt.

Speziell bei Frauen und Jugendlichen beliebt ist ***Soccer*** (Fußball), aber auch bei den männlichen Südstaatlern wächst die Begeisterung für Fußball stetig.

Zu den Sportarten im Einzelnen

Football

Der Süden ist ***American-Football*-Hochburg**; es heißt sogar, dort sei Football wichtiger als die Kirche – das will im gottesfürchtigen und bibelfesten Süden 'was heißen! Neben den Teams der ***NFL*** in New Orleans, Atlanta, Charlotte, Nashville, Washington, Tampa, Jacksonville und Miami begeistert die Südstaatler vor allem der ***College Football***. Vor dem Spiel, zur Halbzeit und nach dem Spiel finden ***Tailgate Parties*** statt, während der sich die Fans auf den Parkplätzen treffen, um beim BBQ oder Picknick zu fachsimpeln und zu feiern. Die Bezeichnung geht zurück auf heruntergeklappte Heckklappen von Kombis und Jeeps, den *Tailgates*, die man gerne als Tische oder Sitzgelegenheiten nutzt.

Baseball

Auch wenn ***Baseball***, der eigentliche **Nationalsport der Amerikaner**, im Süden unterrepräsentiert erscheint, weil es nur in Atlanta, Tampa Bay (St. Petersburg) und Miami Profiteams der beiden Topligen gibt, darf man sich nicht täuschen lassen: Gerade die Südstaaten gelten als Zentrum des sog. ***Minor League Baseball***. In drei Leistungsstufen werden die Talente für die MLB-Teams ausgebildet. So hat jede größere Stadt eine Profimannschaft, die beinahe Tag für Tag (etwa 70 Heimspiele pro Sommer!) die Fans in die – teils sehr attraktiven Stadien – lockt. Herausragende Beispiele sind die Arenen in Memphis oder Durham/North Carolina. Für viele Amerikaner ist kaum etwas schöner, als einen lauen Sommerabend im Kreis gleichgesinnter Fans bei *Hot Dogs* und Bier in einem Baseballstadion zu verbringen.

Basketball

In einigen Regionen im Süden, zuvorderst in Tennessee und North Carolina, steht dagegen Basketball in der Gunst ganz oben. Überhaupt erleben die ***College-Basketball-Teams*** im Süden mehr Zuspruch als die Profis der ***NBA***, die in Washington, Charlotte, Atlanta, Orlando, Miami und Memphis zu finden sind. Selbst die kleinste Uni leistet sich eine Basketballmannschaft.

Eishockey

Kurioserweise erlebt seit einigen Jahren **Eishockey** gerade in den Südstaaten einen **Boom**, besonders – wie, gesagt – im zweitklassigen *Minor-League*-Bereich. Fast jede Stadt mit einer modernen Sporthalle strebt nach einer *Franchise* in einer der zahlreichen kleinen Profiligen. Im Süden ragt die ***ECHL*** *(East Coast Hockey League)* heraus, von Fachleuten nach der Topliga ***NHL*** und deren Aufbauliga ***AHL*** *(American Hockey League)* als drittbeste Nordamerikas eingestuft. Zwischen Richmond/Virginia und Ft. Myers/Florida, Charleston und Lafayette/Louisiana tummeln sich derzeit 21 Teams der Südstaaten in der ECHL. Darüber hinaus sorgen ***CHL*** *(Central Hockey League)*, ***UHL*** *(United Hockey League)* und ***WPHL*** *(Western Pro Hockey League)* für Abwechslung. Inzwischen hat auch die ***NHL*** fest Fuß gefasst: *NHL*-Teams füllen in Atlanta, Raleigh/North Carolina, Nashville, Ft. Lauderdale/Miami und Tampa regelmäßig die Hallen.

1.3 Zur Reiseplanung

Welche **Motive** stehen im Vordergrund der geplanten Reise in die Südstaaten der USA? Kultur und Historie, wofür diese Region prädestiniert ist? Naturerlebnis und Abenteuer? Strandurlaub verbunden mit dem Besuch von *Amusement Parks* und *Shopping Malls*? Oder auch »von jedem etwas«?

Ist das ungefähr klar, fragt sich: Kommt den eigenen Vorstellungen auch ein Pauschalprogramm nahe oder ist eine Reise auf eigene Faust per Mietwagen oder im Campmobil, eventuell mit öffentlichen Verkehrsmitteln am besten geeignet? Wie viele Kilometer oder Fahrtstunden in Auto, Bus oder Eisenbahn möchte man sich in der zur Verfügung stehenden Zeit maximal zumuten? Wann ist der günstigste Reisetermin für die individuellen Pläne unter Berücksichtigung der amerikanischen Feriensaison und klimatischer Bedingungen? Die Antworten darauf sind bedeutsam für die Wahl von Transportmittel und Art der Übernachtung, den geeigneten Zielflughafen und einiges mehr.

1.3.1 Transport und Übernachtung

Pauschal oder individuell?

Pauschalprogramme sind zwar bequem und durchorganisiert, lassen dafür aber keinen (im Fall von Busreisen) bis wenig Freiraum.

Bei Bustouren werden fast immer **erhebliche Entfernungen** zurückgelegt. Der meist dichte Zeitplan mit vorgeplanten Stopps erlaubt nur selten Besseres als das Abhaken von **Standardsehenswürdigkeiten** und führt kaum zu intensiven Reiseerlebnissen, wie sie individuell möglich sind. Nicht zuletzt wegen der damit meist verbundenen höheren Hotelkategorie und Reiseleiterbegleitung sind Busreisen obendrein **ziemlich teuer**.

Zu den Pauschalprogrammen gehören auch **Pkw-Rundreisen** mit reservierten Unterkünften auf einer vorgegebenen Route. Sie sind im Tagesablauf variabler als Busreisen, einmal unterwegs gibt es aber für Änderungswünsche kaum Möglichkeiten. Und die kommen unterwegs ganz sicher, wenn das Wetter mal nicht recht mitspielt oder ein Zwischenziel sich als so attraktiv erweist, dass man gern länger bleiben würde.

Daher sollte überlegt werden, ob nicht eine **individuelle, weitgehend flexible Reise** den persönlichen Interessen viel eher entspräche, als ein fertig gestricktes Programm. Denn **auf eigene Faust zu reisen** ist in den USA dank einer perfekten touristischen Infrastruktur selbst ohne besondere Englischkenntnisse **kein Problem**, lässt Freiheit bei Zeiteinteilung und Routenwahl und kann außerdem sogar die kostengünstigste Alternative sein. Eine Busreise für zwei Personen kommt im allgemeinen schon teurer als dieselbe unabhängig durchgeführte Reise mit Mietwagen bei Übernachtung in gleichwertigen Hotels, die man dann jedoch selbst suchen und reservieren muss. Wer statt im Mittelklassehotel auch mal preiswerter logiert – etwa in einem Motel 6 oder im *Hostel*, ggf.

sogar auf dem Campingplatz – oder Spezialangebote vor Ort nutzt (➪ Seite 124), wird mit zwei Personen definitiv weniger ausgeben.

Ein für viele nicht hoch genug zu bewertender **Vorteil jeder Individualreise** ist, dass Pläne nach Lust und Laune geändert und klimatischen Gegebenheiten angepasst werden können.

Bus oder Auto und Quartiersuche

Selbst im relativ dicht besiedelten und daher mit öffentlichen Verkehrsmitteln vergleichsweise gut erschlossenen Süden der USA lassen sich viele Sehenswürdigkeiten und Naturschönheiten abseits der Städte ohne Auto gar nicht oder nur schwer erreichen. Ohne die mit einem Fahrzeug vorhandene Bewegungsfreiheit wird die Lösung der **Übernachtungsfrage** oft mühsam und leicht teurer als kalkuliert, gleich, ob man Hotel, Motel, *Hostel*, *B&B* oder Campingplatz sucht.

Daher gibt für eine individuelle Amerikareise zum gemieteten Fahrzeug eigentlich keine rechte Alternative.

Camping Fort de Soto in St. Petersburg/ Florida, unter Palmen am Wasser

Alternative Camping

Camping ist in den USA generell **sehr erwägenswert**. Die meisten der überwiegend großzügig angelegten *Campgrounds* verfügen über weit mehr Platz als bei uns; viele liegen herrlich an See, Fluss oder Strand und bieten Lagerfeuer-Romantik für Zelter ebenso wie Komfortanschluss fürs Campmobil. **Für die Südstaaten, speziell Florida, gilt allerdings, dass sommerliche Hitze verbunden mit hoher Luffeuchtigkeit und teilweise auch Mückenplage, vor allem ein Zeltcamping ab Mitte Juni bis Mitte September nicht besonders empfehlenswert macht**. Alles weitere zum Thema Camping findet sich ab Seite 131ff.

Pkw-Miete + Zelt oder Campermiete

Die Kombination Mietauto und Zelt steht ab zwei Personen in den USA für die mit Abstand **billigste Form des Reisens**. Bei ungünstiger Witterung und in Städten kann man in ein ***Hostel*** oder ins Motel/ Hotel ausweichen und dennoch im Schnitt die Übernachtungskosten gering halten. Wer keine Lust hat, eine ganze Campingausrüstung mitzuschleppen (bei **46 kg Freigepäck/Person** auf den meisten Flügen aber an sich kein Problem), kann die nötigen Utensilien in Kaufhäusern bei einem Dollarkurs um €1=$1,20 auch noch drüben relativ preiswert erstehen (***K-Mart, WalMart, Target, JC Penney***). Zelt und Schlafsack im Kofferraum bieten dazu den Vorzug, zur Not eine Nacht überbrücken zu können, wenn einmal alles ausgebucht oder zu teuer sein sollte.

Beurteilung Campmobil

Wohnmobile sind die komfortablere, wenn auch kostspieligere Lösung. Anders als im dünn besiedelten Westen der USA wird man in den Südstaaten auf vielen kleinen Straßen, in Orts- und Stadtdurchfahrten vor allem mit großen Typen nicht sehr glücklich sein. Sie erfordern bei dichtem Verkehr viel Konzentration und verursachen ggf. Parkprobleme. In Städten ist man dadurch weniger flexibel. Neben der eingebauten Bequemlichkeit ist andererseits ein **Vorteil** des Campmobils gegenüber anderen Reisealternativen der Entfall des täglichen Kofferpackens, gegenüber dem Zelt auch noch des Auf- und Abbaus.

Da die Mehrzahl der Campingplätze mit Strom-, Wasser- und Abwasseranschluss optimal für die sogenannten ***Recreational Vehicles*** (***RV***s) hergerichtet sind, ist es kein Wunder, dass USA-Ferien im Campmobil sich großer Beliebtheit erfreuen – trotz der hohen Miettarife, die – besonders in der jeweiligen Hochsaison – zu Urlaubskosten über denen einer Reise mit Pkw und Hotelübernachtung führen können (⇨ auch Seiten 84f). Dennoch hat der Camperfahrer nach anstrengender Tagestour nicht einmal ein aufgeräumtes Zimmer und muss selbst seine Betten machen.

Typisches Haus der Jameson-Kette. Sieht gediegen aus, ist aber »nur« gehobene Mittelklasse mit Tarifen von $60-$100

Pkw-Rundreise und Motel-/Hotelübernachtung

Eine **Pkw-Rundreise** für 2 Personen **mit Übernachtung in Hotelzimmern** kommt **in vielen Fällen billiger** als eine Reise im Campmobil. Generell ist es zwar nicht schwierig, unterwegs ein Zimmer zu finden, aber immer auch mit ein bisschen Suche, Auswahl und Entscheidung verbunden. Diese ggf. tägliche Notwendigkeit ist der – im allgemeinen kleine – Preis für die größere Flexibilität und die Chance, **schöne Quartiere mit individueller Note** zu finden.

Bed & Breakfast Place in Plains/ Georgia, Heimat des ehemaligen Präsidenten Jimmy Carter

Entlang der in diesem Buch beschriebenen Strecken findet man viele attraktive ***Bed & Breakfast Inns*** und **historische Hotels**. Sie liegen oft in Ortszentren und bieten dann den nicht überall selbstverständlichen Vorzug eines Bummels durch Geschäftszonen und Kneipen in Fußgängerdistanz. Viele kleinere Ortschaften sind aber am Abend wie ausgestorben; Bars und Restaurants finden sich dort nur an den Ausfallstraßen. Das Abendprogramm liefert dann der Fernseher, sofern man nicht in einem besseren Quartier mit hausinterner Unterhaltung unterkommt.

B & B oder obere Mittelklasse

Wer ohnehin Hotels ab obere Mittelklasse bucht und die Kosten für das eine oder andere ***Bed&Breakfast*** oder **Luxusquartier** nicht scheut, reist **in den USA nicht teurer als** bei gleichem Verhalten **in Europa**. Bei richtiger Routenwahl kann man mit der **Kombination »Pkw und Unterkunft«** gerade in den Südstaaten eine wunderbare, nicht übermäßig kostspielige Reise machen.

City Hopping per Flugzeug und Pkw-Miete

Wenn man im Süden weiter auseinanderliegende Ziele – eventuell in relativ kurzer Zeit – besuchen möchte, sollte erwägen, mehrere Cities nacheinander anzufliegen und dann von dort mit dem Verkehrsmittel seiner Wahl die Umgebung zu erkunden. In Frage kämen z.B. Ziele wie **New Orleans**, **Orlando** und **Washington DC** mit Aufenthalten in Louisiana/am Mississippi, in Florida und im Großraum Washington mit Virginia. Man vermeidet damit teure Einwegmieten und lange Autofahrten, hat aber ggf. auch einige Zusatzkosten füt Transfers etc. In den meisten Fällen ist eine **Pkw-Rundreise die preiswerteste Alternative**, zumal die dabei gesparten Transferzeiten letztlich einen Großteil zusätzlicher Fahrzeiten im Auto wieder wettmachen. Nur bei einem extremen ***City Hopping*** kommen hier die ***Coupon Tickets*** in Frage (⇨ Seite 90f). In vielen Fällen (bis zu vier Städten) sollte man besser kostenlose (meist nur einer) oder gegen Aufpreis buchbare *Stopover* und/oder Gabelflüge wählen, wobei man das fehlende Stück per Bus, Mietwagen oder ein drüben gekauftes Flugticket überbrückt.

Moderner Greyhound Reisebus

Bus und Eisenbahn

Für **Alleinreisende** gibt es keine preiswertere Alternative zum ***Greyhound* Ameripass** (➪ Seite 87f). In den Südstaaten existiert zwar ein **vergleichsweise dichtes Netz** von Überland- und Regionallinien, aber Ziele außerhalb von Ortschaften wie z.B. *State Parks* sind per Bus selten erreichbar. Busreisende müssen neben langen Fahrzeiten, Umsteigen und Warten auf Anschlussverbindungen oft auch Übernachtungen in Unterkünften in der Nähe der Station in Kauf nehmen, die nicht gerade zur ersten Wahl gehören und dennoch teuer sein können. Bei hohen Außentemperaturen und Luftfeuchte wird der Transport im Bus, wiewohl klimatisiert, und vor allem der Weitertransport mit Gepäck zur Unterkunft usw. in vielen Situationen auch ziemlich beschwerlich.

Einzelreisende über 25 Jahre sollten trotz des zunächst preiswerter erscheinenden Busses genau rechnen und überlegen, ob sie mit einem kleinen Pkw und Zelt bzw. Billigunterkunft nicht doch besser bedient wären. Das gilt auch für die Altersgruppe 21-24, für die es preiswerte **»*Under 25*«-Wochenpakete** gibt. Aber **für junge Leute unter 21**, die keinen Mietwagen erhalten bzw. »Jugendaufschläge« zahlen (um $20/Tag, ➪ Seite 73), ist der **Bus möglicherweise die einzige erschwingliche Transportalternative**. Ab zwei Personen lohnt sich aber vielleicht trotz ggf. anfallender Zusatzkosten der Mietwagen.

Das **Eisenbahnnetz** der Passagierzüge ist heute dünner denn je und besteht aus wenigen Schienensträngen, die überdies nur mit geringer Frequenz bedient werden, ➪ Seite 89.

Zwar ist die halbstaatliche **Personen-Eisenbahngesellschaft Amtrak in den Südstaaten keine echte Transportalternative**, doch auch ohne spezifische Vorliebe fürs Bahnfahren und/oder den Wunsch, einmal den ***Sunset Limited*** oder ***City of New Orleans*** persönlich kennenzulernen, kann die Eisenbahn eine lohnende und bequeme Transportform sein. Erwägenswert wäre **Amtrak zur Verbindung von Teilzielen**, etwa zwischen Washington und

Atlanta/New Orleans, Washington und der Atlantikküste bzw. Florida oder Florida und New Orleans, ähnlich wie fürs ***City Hopping*** per Flugzeug beschrieben.

Trampen und Auto-Transport

Der Vollständigkeit halber seien hier auch noch die beiden total »alternativen« Fortbewegungsmöglichkeiten erwähnt:

Trampen, in Amerika als ***Hitchhiking*** bezeichnet, ist heute in den USA unüblich und nur für eine kleine Minderheit eine bedenkenswerte Möglichkeit. Auf *Freeways* (Autobahnen) ist es generell verboten. Die mit dem Trampen zusammenhängenden Risiken sind bekannt und in den USA unkalkulierbar.

Das ***Auto Drive-Away***, der Transport von Fahrzeugen von A nach B, für die sich auch der Tourist als Gelegenheitsfahrer bewerben kann und bei Anstellung lediglich die Benzinkosten trägt, kommt ebenfalls nur für relativ wenige USA-Reisende in Frage; und dann eher in Ergänzung zu anderen Transportmitteln (➪ Seite 109). Abgesehen von den knapp bemessenen Überführungszeiten müssen gewisse Voraussetzungen erfüllt sein – Referenzadresse, Kaution, Mindestalter

Information dazu unter www.autodriveaway.com

Amerikareise mit Kindern

Kinder auf eine Amerikareise mitzunehmen, stellt kein Problem dar. Denn die USA sind in fast jeder Beziehung kinderfreundlicher als Deutschland, Östereich oder die Schweiz. Wichtig zu wissen ist folgendes:

Zunächst zum Flug: wer **Kleinkinder** im Alter von unter zwei Jahren mitnimmt, zahlt ohne Anspruch auf einen Sitzplatz je nach Airline 10% des vollen Tarifs oder einen geringen Fixbetrag bis maximal €100.

Möchten Eltern vermeiden, genervt anzukommen, bleibt nichts übrig, als den Kindertarif »2-11« mit Sitzplatzanspruch auch fürs Baby zu bezahlen. **Kinder zwischen 2 und 11 Jahren** kosten je nach Airline 50% oder 67%-75% des entsprechenden Tarifs für Erwachsene.

Abgesehen von den Kosten fürs **Flugticket** und **Eintrittsgelder** für (leider von Jahr zu Jahr überdurchschnittlich teurer werdende) ***Amusementparks*** etc. erhöhen Kinder die Amerika-Reisekosten nicht proportional, sofern die Familie per Auto unterwegs ist. Denn der **Leihwagen** bzw. **-camper** kostet einen festen Tagessatz unabhängig von der Belegung. Das Gros der **Hotelzimmer** verfügt über zwei Doppelbetten, wobei der Übernachtungspreis nur geringfügig mit der Anzahl der Personen im Zimmer steigt (➪ Seite 122). In vielen Fällen braucht für Kinder (bis zum Jugendlichenalter, variiert im Einzelfall) im Zimmer der Eltern kein Aufschlag gezahlt zu werden.

Auch auf die **Campingkosten** haben zusätzliche Personen im Wagen nur einen unwesentlichen (kommerziell betriebene Plätze) bis gar keinen Einfluss (staatliche Plätze). Das **Eintrittsgeld** in ***National*** und ***State Parks*** per Pkw/Camper erhöht sich durch die Kinder nicht.

Restaurantkosten lassen sich mit Kindern in den USA besser in Grenzen halten als bei uns, da viele preiswerte *Fast Food* Lokale ohnehin den Geschmack der Kinder treffen und in anderen Restaurants Kinderteller und -menüs zu kleinen Preisen erhältlich sind. **Kindersitze** stehen fast immer für die Kleinen bereit.

Dass die Attraktion vieler **Sehenswürdigkeiten** und möglichen **Aktivitäten** in Amerika auch für Kinder groß ist, bedarf keiner besonderen Erläuterung. Egal, welche Reiseroute die Eltern sich zurechtgelegt haben (sofern der Nachwuchs noch nicht mitentscheiden kann), an praktisch jeder Strecke gibt es auch für die Kinder genug zu sehen und zu erleben. **Museen** kombinieren viel häufiger als bei uns in Kinderabteilungen Lernen und Vergnügen. Das gilt auch für eine Reihe von *Amusement Parks*. Dort wie in anderen Besucherattraktionen und in *National* wie *State Parks* sind **Kinderkarren** eine Selbstverständlichkeit und häufig kostenfrei.

Selbst im kleinsten Ort finden sich **Parks**, die sich zum Ballspielen und Austoben eignen. Häufig verfügen sie auch über einen **Spielplatz**. Praktisch an langen Fahrtagen sind die kompakten, gleichwohl oft groß dimensionierten Kinderspielplätze der *Fast Food* Ketten ***Burger King***, ***McDonald's*** u.a. An ihnen führt mit Kindern im Alter zwischen 3 und 10 Jahren kaum ein Weg vorbei. Ob man nun die jeweilige *Fast Food* Auswahl schätzt oder nicht, bei *McDonald's & Co.* lassen sich Zwischenmahlzeit, »Pinkelpause« und die Notwendigkeit, den Bewegungsdrang der Kinder zu kanalisieren, sinnvoll verbinden. Dort wie anderwo finden sich oft auch Wickeltische.

Sofern gecampt wird, finden Kinder auf vielen Plätzen Möglichkeiten zum Spielen und Toben, besonders auf ***Campgrounds*** in *State Parks/Forests* und *National Forests*, ➪ Seiten 35ff und 132ff..

Nur das **Krankwerden** kann in Nordamerika ein Problem darstellen, denn Arztsuche und -findung ist oft schwieriger als bei uns, ➪ Seite 153. Das gilt jedoch nicht für dringende Not- und Krankenhausfälle. Sind die Kinder an sich gesund, birgt eine Amerikareise keine unkalkulierbaren Risiken. Eine Auslandsreise-Krankenversicherung, welche eventuell ausgelegte Behandlungskosten erstattet, ist natürlich auch für die Kinder unabdingbar, ➪ Seite 62.

Typischer Spielplatz in einem öffentlichen Park

1.3.2 Die konkrete Planung der eigenen Reise

Klima und Reisezeiten

In Anbetracht der unterschiedlichen geographischen und klimatischen Zonen (➪ Seiten 21f) liegt auf der Hand, dass für Reisen in den Südstaaten je nach Schwerpunktsetzung die optimalen Reisetermine voneinander abweichen. Die wichtigsten Aspekte sind im folgenden – nach Regionen unterteilt – zusammengefasst.

Atlantikküste

Die **Atlantikküste** mit ihren endlosen Sandstränden auf den vorgelagerten Inseln von Virginia bis hinunter nach Miami zeichnet sich auch in den nördlicheren Abschnitten (von Virginia Beach bis Charleston/South Carolina) durch viel Sonnenschein und hohe Sommertemperaturen aus. Dank frischer Brisen vom Atlantik sind sie dort aber selbst im **Juli und August** im allgemeinen angenehm bis gut auszuhalten. Je weiter man nach Süden kommt, um so höher steigt indessen das Quecksilber. Wer nicht nur reinen Badeurlaub machen möchte, wird im **Hochsommer** schon die Küstenstreifen in Georgia und Nordflorida als zu heiß empfinden – zumal in Verbindung mit der vorherrschenden Luftfeuchte. Von Südflorida nicht zu reden.

Beste Reisezeit für den nördlichen Bereich ist Mitte Mai bis Mitte Juli, dann wieder September bis in den Oktober hinein. Die Wassertemperaturen im Atlantik sind dort erst ab Sommer badefreundlich. Weiter südlich – in Georgia und Florida – kann man noch etwas früher und später im Jahr mit günstigen Witterungsbedingungen rechnen. Von November bis einschließlich März – und länger weiter nördlich – zeigt das Klima in der Atlantikküstenregion seine rauhen Seiten. Selbst das freundlichere Südflorida ist im Bereich des Atlantik dann nicht durchgehend immer nur Schönwettergebiet.

Südflorida bis Key West

Florida südlich von Miami einschließlich der Keys unterliegt eindeutig subtropischen Klimabedingungen. Während der **Sommermonate** machen Temperaturen bis über 40°C das Reisen dort beschwerlich. Starke Regenschauer sind obendrein keine Seltenheit. Die Monate Juni bis September gelten daher als touristische Nebensaison. Ein gut erträgliches – aus unserer Sicht – hochsommerliches Klima überwiegt im April, Mai und Oktober. Das Klima der dort besonders teuren Wintermonate entspricht in etwa dem eines trockenen Sommers in unseren Breiten, hin und wieder unterbrochen durch kühlere Witterung. **Beste Reisezeit** sind dort für uns die Monate Oktober, November und März bis Mai.

Florida Golfküste

Generell milder und wärmer als am Atlantik ist es entlang der **Florida-Golfküste** zwischen Fort Myers und Clearwater/Tampa/St. Petersburg, und damit ist auch die Touristensaison ausgedehnter. Die Region des ***Florida Panhandle*** bis zur ***Mississippi Gulf Coast*** unterliegt bereits wieder anderen Einflüssen. An den fantastischen weißen Stränden von **Panama City bis Alabama** dauert die Saison von Mai bis Mitte Oktober. Früher und später im Jahr kann es dort schon mal empfindlich kühl sein – ähnlich wie an der Atlantikküste. In den heißen Sommermonaten sorgen dort Meeresbrisen für gerade noch erträgliche Temperaturen.

In den Herbst-, aber auch Frühjahrsmonaten werden **beide Küsten** regelmäßig durch **Wirbelstürme** (***Hurricanes***) heimgesucht. Dank der heute bestehenden Vorwarnzeiten und ggf. Evakuierungen besteht für Touristen im allgemeinen keine Gefahr, »versehentlich« in akut gefährdete Gebiete zu geraten. Außerdem gilt, dass die jeweils stark betroffenen Zonen geographisch begrenzt sind.

Trotz der vielen Sonnentage und hohen Sommertemperaturen gehört die **Golfküste** zwischen New Orleans und Mobile/Alabama gleichzeitig zu den **regenreichsten Regionen der USA**.

Appalachen

Angenehm **warme** und **sonnige Sommer** und **Schönwetterperioden** im **Herbst**, die eine **farbenprächtige Laubfärbung** (*Indian Summer*) bewirken, kennzeichnen das Klima der Appalachen-Region (➪ Seite 21). Eine Fahrt auf dem ***Blue Ridge Parkway*** (➪ Seite 236ff) ist auch und gerade im Hochsommer empfehlenswert. Das Thermometer zeigt dann tagsüber immer 20°C und mehr an, aber die Nächte sind angenehm kühl. Im Mai/Juni und im Herbst (ab Mitte September) kann es auch tagsüber noch bzw. schon recht frisch bleiben. Frostnächte sind bis in den Mai hinein und ab Oktober keine Seltenheit.

Das Frühjahr ist in den Appalachen bekannt für Wetterstürze; in raschem Wechsel können ersten warmen Sonnentagen durchaus noch Wochen später wieder Kälte, Regen und Schnee folgen. Ab November bis einschließlich April sind die klimatischen Bedingungen in den Nationalparks der Appalachen und angrenzenden Gebieten daher eher ungünstig.

Südliche Ebenen

Hitze und hohe Luftfeuchtigkeit verbunden mit einem häufig bedeckten Himmel belasten das **Sommerklima** in den weiten Ebenen südlich der Appalachen zwischen Mississippi und den Küsten und auch die gesamte **Mississippiniederung** einschließlich der **Sumpfgebiete** im Süden Louisianas. Vor allem dort kann die **Insektenplage** außerordentlich lästig sein. Reisen in diesen Regionen sind ab Mitte Juni bis Ende August weniger empfehlenswert.

Da jedoch die Küste oder kühlere Waldgebiete mit Badeseen nie weit entfernt sind, ist von Reisen im **Hochsommer** durchaus nicht völlig abzuraten. Eine Fahrt etwa auf dem ***Natchez Trace Parkway*** (➪ Seiten 591) durch das nördliche Mississippi, Nord-Alabama und Tennessee kann einschließlich einiger Abstecher durchaus auch im Juli/ August angetreten werden. Sie wäre klimatisch mit einer Sommerreise durch Südfrankreich oder Norditalien vergleichbar.

Saisonzeiten im Süden der USA

Die Saisonzeiten in den USA sollten ein wesentlicher Gesichtspunkt der eigenen Reiseplanung sein, weil dann Nationalparks, Badeorte und andere typische Brennpunkte des Tourismus wie Charleston/South Carolina und die Vergnügungsparkmetropole

Spring Break

In bestimmten Küstenstädten – Lauderdale Beach, Daytona Beach, Clearwater Beach, Panama City (alle Florida) und auch Myrtle Beach/South Carolina – ist für eine Woche **Ende März/Anfang April** (je nach Lage von Ostern) der Bär los. Denn an den *Colleges* und *Universities* ist ***Spring Break***, eine traditionelle Frühjahrs-Unterrichtsunterbrechung, anlässlich der es nicht nur Studenten aus Florida, sondern aus dem ganzen Süden an die Strände im Südosten zieht. Dort beherrschen Studenten zu Zehntausenden die Szene. Motels und Campingplätze, Bars und Kneipen sind während dieser Zeit überfüllt. Bis in die tiefe Nacht geht es besonders an den ***Beaches*** hoch her. Ungestraft fließt in aller Öffentlichkeit der Alkohol in Strömen, was es sonst nur im *French Quarter* von New Orleans gibt. Wer nicht dazu gehört und nicht neugierig auf diese ganz spezielle Saison ist, sollte um die ***Spring Breakers*** eher einen großen Bogen machen und auch nicht gerade fürs Ende des *Spring Break* einen inneramerikanischen Flug umbuchen wollen. Alle *Domestic Flights* aus Florida heraus sind zu dieser Zeit hoffnungslos ausgebucht.

Springbreak Girls in aufreizender Pose am Motel-Pool

Orlando extrem stark besucht werden. Zwar sind ferienbedingte Verkehrsstaus wie auf europäischen Autobahnen weitgehend unbekannt und Warteschlangen vor Parkzufahrten und an Kassenhäuschen lediglich in Ballungsräumen und an großen Attraktionen spürbar. Aber ausgebuchte Unterkünfte, bereits früh am Tag vollbesetzte Campingplätze und überhaupt *High Life* bestimmen zur jeweiligen Saison die Situation in vielen Orten. Damit einher gehen höhere Preise und die Notwendigkeit, früh zu reservieren.

Hauptsaison

Nun sind die Zeiträume, auf die diese Kennzeichnung voll zutrifft, glücklicherweise relativ kurz, obwohl in den **USA** generell rund drei Monate von ***Memorial Day*** (letzter Montag im Mai) **bis *Labor Day*** (erster Montag im September) als touristische **Hauptsaison** gelten. Sie entspricht den üblichen Universitätsferien zwischen zwei akademischen Jahren. Auch die Sommerferien der Schulen fallen mit unterschiedlicher Länge in diese Periode.

Hochbetrieb

Erfahrungsgemäß beginnt der amerikanische **Ferienboom** aber erst richtig im Juli, nimmt in der zweiten Augusthälfte spürbar ab und endet schlagartig mit dem *Labor Day*. An **Wochenenden** jedoch ist im Zeitraum von *Memorial* bis *Labor Day Weekend* an touristisch attraktiven Zielen mit reichlich Betrieb zu rechnen.

Sonderfall Florida und die Golfküste

In den Südstaaten muss die Sommerhauptsaison aber etwas differenziert betrachtet werden, da sie für die besonders heißen Regionen abseits der Küsten nur bedingt gilt. Daher ist in **Florida** in den Sommermonaten insgesamt weniger los als im Frühsommer, Herbst und Winter; es ist dann einfach zu heiß dort. In Südflorida findet man selbst im Wasser kaum noch Abkühlung. Auch im Bereich des Mississippi einschließlich New Orleans hält sich die Zahl der Sommertouristen ziemlich in Grenzen. Apropos **New Orleans**: Spitzensaison sind dort die Tage des ***Mardi Gras*** im Februar, selbst in 2006, nur wenige Monate nach den desaströsen Überschwemmungen und Zerstörungen nach »Katrina«.

Saison Südflorida

In **Südflorida** ist der Winter **Hauptsaison**, wenn die ***Snowbirds***, die »Schneevögel« aus dem Norden, die Kälte und Schnee hinter sich lassen möchten, von Mitte Dezember bis Ostern einfliegen. Saisonaler Höhepunkte sind jeweils zwei Wochen über Weihnachten /Neujahr und Ostern. Dann gelten für alles weitaus **höhere Preise** als den ganzen Rest des Jahres. Extrem ausgeprägt ist das auf den **Florida Keys**, speziell Key West. Dort verdoppeln sich in der Wintersaison alle Unterkunftstarife gegenüber der schon nicht billigen Normalsaison und erreichen an Wochenenden, über Weihnachten und Ostern astronomische Werte, z.B. statt $80 dann $300 für Zimmer der Mittelklassehotel. Selbst Campingplätze kosten dann glatt bis zu $100/Nacht.

Situation Amusement-parks

Die **Woche vor Ostern** gehört zu den Perioden mit stärkstem Andrang in den ***Amusement Parks* von Orlando** mit entsprechenden Wartezeiten an allen Attraktionen, ➪ Seiten 422ff. Wettermäßig und was die Besucherzahlen betrifft, sind dort und in weiteren Vergnügungsparks (z.B. *Bush Gardens*/Tampa) und Sehenswürdigkeiten (Cape Canaveral, St. Augustine) die Wochen nach Ostern bis Ende Mai und Ende September bis Mitte November die besten Besuchszeiten. Voll wird`s dann nur kurzzeitig während der britischen (!) Herbstferien im Oktober.

Weitere Aspekte zur Termin-planung

Die Kenntnis der klimatischen und saisonalen Gegebenheiten erleichtert die Festlegung des eigenen Reisetermins. Zu bedenken ist bei der Frage »**Frühjahr/-sommer oder Herbst?**«, dass sich das Frühjahr mit mehr Regenfällen in vielen Regionen launischer gibt als der Herbst, wo längere Schönwetterperioden zu erwarten sind und es im Schnitt tagsüber wärmer ist. Auch die Wassertemperaturen sind später im Jahr angenehmer als im Frühjahr.

Optimal

Andererseits bietet vor allem der **Frühsommer** den großen Vorteil des längeren Tageslichts. Man kann dann auch noch den frühen Abend nutzen und mehr unternehmen als im Spätherbst, wenn schon ab 18 Uhr die Dämmerung beginnt.

Hochsommer/ Klimaanlagen

Für manchen wirken die Ausführungen über Hitze, Luftfeuche und Mückenplage des **Hochsommers** vielleicht zu abschreckend. Wer keine gesundheitlichen Probleme hat, kommt damit im Land der Klimaanlagen aber im allgemeinen gut zurecht; Mietwagen, Busse, Motels und Hotels, Museen und *Shopping Malls* sind stets wohltemperiert. Und gegen die Mücken, so unangenehm die Plage auch sein mag, helfen überall erhältliche Essenzen.

Fazit

Zusammenfassend gilt: Man hat mehr von der Reise und vermeidet obendrein Hochsaisonpreise, wenn es gelingt, außerhalb der jeweiligen Spitzenzeiten unterwegs zu sein. Andererseits ist festzuhalten, dass von der Saison weniger spürt, wer die Top-Sehenswürdigkeiten möglichst an Werktagen ansteuert und sich auch mal abseits der üblichen Hauptpfade hält (➪ Routenbeschreibungen).

Wochenende mit Grillspaß am Strand von Hunting Island in South Carolina Ende Oktober; Lufttemperatur 25°C, Wasser mindestens noch 20°C

Zielflughäfen im Süden

Auch in den Südstaaten wird eine ganze Reihe von Flughäfen direkt von Europa aus angeflogen. Welcher dieser *Airports* sich als Ausgangspunkt am besten eignet, hängt von den Reiseplänen ab.

Aspekt Campermiete

Während alle großen **Autovermieter** an sämtlichen Flughäfen Vertretungen besitzen, gibt es nur in wenigen Städten Stationen der international operierenden **Campmobilvermieter** (außer in Florida nur in Atlanta, New Orleans und Washington DC). Lediglich in Florida findet man neben den Stationen des Branchengrößten ***Cruise America*** (Miami, Orlando, Tampa) auch die Konkurrenz (***El Monte*** in Orlando und ***Moturis*** in Fort Lauderdale).

Atlanta

Atlantas ***William B. Hartsfield Airport*** ist der wichtigste und größte Flughafen der Südstaaten. Er wird von vielen Transatlantik-Linien non-stop von Europa aus bedient und bietet eine dichtes Netz von Verbindungen zu allen wesentlichen Städten im

Süden. Atlanta eignet sich am besten als **Start-/Endpunkt für eine Rundreise** durch die südlichen Südstaaten ohne Florida. Dafür käme auch **New Orleans** gut in Frage; die Stadt ist aber nur über Umsteigverbindungen erreichbar und daher weniger praktisch.

Washington

Washingtons *Dulles International Airport* auf dem Territorium von Virginia nordwestlich der Hauptstadt wird – wie Atlanta – von mehreren *Airlines* ex Europa non-stop angeflogen. Viele der weiterführenden inneramerikanischen Flüge starten aber vom citynäheren *Reagan National Airport*. Zum Erreichen von Umsteigzielen ist der *Dulles Airport* daher im allgemeinen weniger günstig als *Atlanta Hartsfield*.

Ansonsten ist **Washington** – neben seiner Attraktion als Hauptstadt – sehr gut geeignet als **Ausgangs-/Endpunkt** für Reisen zu den historischen Stätten des Bürgerkriegs, durch Virginia und die nördlichen Südstaaten, speziell auch für kombinierte Appalachen-/Südostküsten-Rundfahrten.

Darüberhinaus eignet sich **Washington DC auch gut als Start- und Zielpunkt für One-way-Reisen** nach und von Florida oder nach/von Atlanta/New Orleans/Memphis.

Charlotte/NC

Letzteres gilt im Prinzip auch für den ***Charlotte/Douglas International Airport*** in North Carolina, wenn der Schwerpunkt der Reise noch stärker südlich orientiert und ein Besuch der Hauptstadt von Washington nicht geplant ist. Indessen liegt Charlotte abseits der besten hier beschriebenen Routen und bietet als Stadt, wiewohl ansehnlich, nichts Besonderes. **Charlotte** wird nur von ***US Airways*** direkt ab Europa (Frankfurt) bedient.

Orlando

Am ***Orlando International Airport*** geht kein Weg vorbei, wenn ***Disneyworld*** und andere *Amusement Parks* der Region und ***Cape Canaveral*** besucht werden sollen. Auch unter dem Aspekt einer entspannten Ankunft ist Orlandos angenehmer Flughafen ein geeigneter Start-/Zielpunkt für eine Rundreise oder auch für einen One-way-Trip, der Florida mit einschließt. Orlando wird ab Zentraleuropa nur von ***Virgin Atlantic*** (ab London) und Chartergesellschaften direkt angeflogen (***LTU, Condor***), aber auch von ***Icelandair*** via Reykjavik (⇨ Seite 69). Verbindungen über amerikanische Umsteigflughäfen gibt es bei alle großen *Airlines*.

Miami & Fort Lauderdale

Die nur gut 50 km voneinander entfernten ***International Airports*** von ***Miami*** und ***Fort Lauderdale*** sind erste Wahl, wenn Florida einschließlich der *Keys* den Schwerpunkt der Reise bilden soll. Beide Flughäfen werden von diversen Linien non-stop ab Europa bedient.

Fort Myers

Der kleine und überschaubare Flughafen von ***Fort Myers*** an Floridas Westküste ist Direktziel der Charterflieger ***LTU*** und ***Condor***. Für eine in Florida beginnende Rundfahrt bildet Fort Myers ebenfalls einen sinnvollen Ausgangs-/Endpunkt. Im Gegensatz zu den *Airports* in Miami und Fort Lauderdale, wo man sich sogleich auf vielspurigen, gewöhnungsbedürftigen Autobahnen wiederfindet, ist dort der Einstieg in den amerikanischen Straßenverkehr und die erste Orientierung leichter zu meistern.

Karten und weiterführende Informationen

Rand McNally Road Atlas

Für eine vorbereitende Planung der Reise leisten die Karten dieses Buches, insbesondere die separate Straßenkarte bereits ausreichend gute Dienste. Bei höherem Informationsbedarf, auch was Nebenstrecken betrifft, ist der Jahr für Jahr neu aufgelegte ***Rand McNally Road Atlas*** **USA/Canada/Mexico** eine gute Ergänzung zu genaueren Karten. Es gibt ihn hierzulande in vielen geographischen Buchhandlungen und in Globetrott-Shops für ca. €20 im Original (USA $13) oder als **Hallwag USA-Atlas** mit deutschsprachigem Serviceteil.

Internet-service

Im Internet ist die Adresse www.mapquest.com erste Wahl. Damit kann man am Bildschirm Routen planen, ausdrucken und sich blitzschnell Entfernungen ausrechnen lassen.

Staatliche Road Maps

Sich bereits hier teure Regionalkarten anzuschaffen, lohnt kaum. Die meisten US-Staaten verteilen ihre **Straßenkarten gratis** oder gegen eine geringe Gebühr, ➪ unten *Visitor Information Center*.

AAA Karten & Tourbooks

In den Vertretungen des amerikanischen Automobilclubs **AAA** (als ***Triple A*** bezeichnet) gibt es **Straßenkarten**, **Stadtpläne** und sog. ***Tourbooks*** für Mitglieder, d.h. auch Mitglieder europäischer Clubs, **kostenlos**. Es gibt sie für alle US-Staaten, teilweise als Sammelband für mehrere Staaten, z.B. »Louisiana, Alabama, Mississippi« und »Georgia, South & North Carolina«. *Tourbooks* sind eine Art Reiseführer mit Betonung kommerzieller Attraktionen; sie enthalten außerdem umfangreiche **Motel- und Hotelverzeichnisse** für Häuser ab der unteren Mittelklasse, Preisbereich ab ca. $50-$60. Wer einigermaßen Englisch versteht, wird Tourbooks unterwegs als zusätzliche Informationsquelle zu schätzen wissen (aktuelle Öffnungszeiten/Eintrittspreise, Ermäßigungen für Clubmitglieder etc.).

Campbooks

Darüberhinaus veröffentlicht der AAA ***Campbooks***. Sie enthalten zwar bei weitem nicht alle Campingplätze, leisten aber in Ergänzung der Empfehlungen in diesem Buch für eine Urlaubsreise von einigen Wochen mehr als ausreichende Dienste.

Tour- & Campbooks hier besorgen

Tour- wie *Campbooks* können sich Mitglieder schon vor der Reise beim heimischen Club besorgen, müssen für diesen Service aber im Gegensatz zur Beschaffung in den USA bezahlen (*Tourbooks* €5,00, *Campbooks* €3,50 plus Versandkosten): **Fax 089/ 76764319** oder im Internet unter www.adac.de/ReiseService.

AAA Büros

Vertretungen des AAA gibt es in fast jeder Stadt, in den Cities mehrere davon. Ihre Adressen kennt jeder Polizist und Taxifahrer. Sie lassen sich auch erfragen unter © **1-800-222-4357** (AAA-HELP).

Zur Routenplanung

Vor Reiseantritt kann gar nicht genug darauf hingewiesen werden, dass man sich nicht zuviel vornehmen sollte.

Man unterschätzt leicht die Entfernungen. Bei einer Reise im Pkw oder mit dem Camper sind 185 mi (bzw. 300 km) pro Tag das absolute Maximum dessen, was man sich – Ruhetage nicht mitgerechnet – im Schnitt zumuten sollte. Das sind bei einem 3-Wochen Urlaub mit 20 Unterwegstagen gute 6.000 km; weniger wäre besser. **Optimal ist eine Planung, die in 20 Tagen rein rechnerisch (Kartendistanzen) 2000 mi/3600 km nicht überschreitet**. Daraus werden im Endeffekt zwar leicht 4500 km und mehr, da die Entfernungsangaben in Tabellen und Straßenkarten Mehrkilometer für Umwege, Stadtverkehr, Abstecher, Anfahrten zum Campingplatz oder ein Verfahren usw. nicht berücksichtigen. Bei einer derartigen Planung verbleibt noch genügend Spielraum für spontane Entscheidungen, wie Aufenthalte an einem besonders schönen Ort, zunächst nicht geplante Abstecher und Umwege und die Teilnahme an Veranstaltungen.

Oben wurde bereits auf die Website www.mapquest.com hingewiesen, die sich sehr gut für Routenplanung und Entfernungsberechnung eignet.

Generell macht es Sinn, an einigen Standorten etwas länger zu verweilen und kleine Rundfahrten zu machen, als jeden Tag aufs Neue die Koffer zu packen.

AAA Card

Gegen Vorlage des heimischen Mitgliedsausweises bzw. der Extra-Karte ***Show Your Card*** & ***Save*** gibt es alle gewünschten Unterlagen – wie gesagt – gratis. Clubmitglieder können diese Karte kostenlos bei ihrem Automobilclub in der Heimat besorgen. Sie sichert zusätzlich bei Vorlage in ganz Nordamerika Gleichbehandlung des Touristen mit AAA-Mitgliedern bei der Gewährung von *Discounts* und Sondertarifen in Motels, Parks etc.

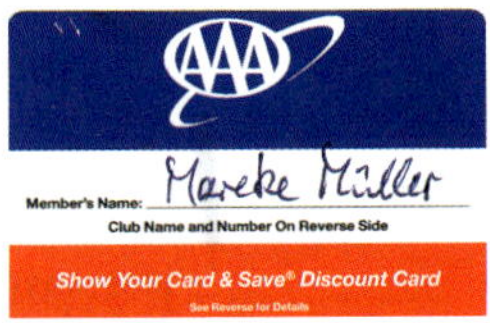

Tourist Information

Nicht zu verfehlen sind beim »Grenzübertritt« auf Hauptverkehrsstraßen zwischen den Staaten die oft sehr aufwendigen ***Visitor*** oder ***Tourist Information Center***, manchmal auch ***Welcome Center*** genannt. Man erhält dort neben der jeweiligen **Straßenkarte** (fast) jede gewünschte touristische Information, oft auch einen ***Accomodation Guide*** mit *up-to-date* Preisen und Telefonnummern der Hotels und Motels des Staates, oft ergänzt um ein **Campingverzeichnis**. In einigen Staaten gibt es ***Camping Guides*** separat. Zur Selbstbedienung liegt immer eine Fülle von Material der regionalen Tourismusindustrie bereit, darunter auch **Coupon-Hefte** für ermäßigte Hotel/Motelübernachtungen (➪ Seite 124).

Lokale und **regionale *Visitor*** und ***Tourist Information Center***, bisweilen auch als Infobüro der ***Chamber of Commerce*** (Handelskammer) gibt es bis hinunter in den kleinsten Ort. ***Visitor Center*** existieren in gleicher Funktion auch in den **Nationalparks**, hier und dort verfügen sie sogar über deutschsprachige Broschüren.

Im **Anhang** (➪ ab Seite 679) stehen die Adressen, Telefonnummern und Websites der **offiziellen Tourismusbüros der Einzelstaaten** im Süden. Die meisten haben Vertragspartner in Deutschland und verschicken auf Anfrage über sie kostenlos oder gegen eine geringe Gebühr Broschüren und Karten.

Literatur

In größeren ***Book Stores*** gibt es – wie bei uns – ein breit gefächertes Angebot an Reise- und Sachbüchern zu allen erdenklichen touristischen und regionalen Themen von der Geologie, Flora und Fauna über Bike- und Kanurouten bis zu lokalen Joggingpfaden und Golfplätzen. Wer eine Reise mit Hotel-/Motelübernachtung plant und nicht zu sehr auf den Dollar schaut, könnte – als Ergänzung zu diesem Buch – einen Spezialführer zu ***Country/ Historic Bed & Breakfast Inns*** kaufen, die viele Kleinode gerade in den Südstaaten detailliert beschreiben.

Eine **Liste mit empfehlenswerter Literatur** für die Südstaaten findet sich im Anhang, Seite 679ff.

Besucherinformation auf Tybee Island bei Savannah/ Georgia

Was kostet die Reise?

Sparmöglichkeiten

Der zeitweise starke Dollar hatte in Deutschland und in der Schweiz die Nachfrage nach USA-Reisen erheblich reduziert, was den Konkurrenzdruck unter den Reiseveranstaltern verschärfte. Obwohl zwischenzeitlich der Dollar wieder billiger wurde, blieb es bei höheren Preisunterschieden. Es lohnt sich daher der **Katalogvergleich**. Interessant ist in diesem Zusammenhang, dass mancher USA-Anbieter im Laufe der Saison Katalognachdrucke mit – bei Kursrrückgang des Dollar – reduzierten Preisen (Pkw-, Campermiete und Hotels) herausbringt. Der Blick ins **Internet** zur Sicherheit garantiert immer die aktuellen Preise.

Besonders achten sollte man auf **Kombinationsangebote Flug und Mietwagen** im Paket, die erhebliche Ersparnisse bedeuten können. Ggf. noch einmal zu überdenken wäre auch, inwieweit bei terminlicher Änderung der Reisepläne **Preisvorteile** (für Flug, Campermiete, Hotels) genutzt werden könnten, die sich aus den Saisonabgrenzungen ergeben.

Dollarkurs und Reisekosten

Der Kurs des Euro hat sich mittlerweile wieder deutlich über der Dollarparität stabilisiert, ein weiterer Anstieg des Euro wird für 2007 von allen Experten erwartet. Aber ob das eintrifft, hängt von vielen unwägbaren Faktoren ab. Beim aktuellen Wechselkurs um $1,27 für den Euro entspricht das generelle **Preisgefüge in den USA alles in allem in etwa dem deutschen**.

Das gilt auch für viele touristisch bedeutsame Kosten wie Restaurants und Campinggebühren etc. und ebenso für viele Produkte im Supermarkt. Höher sind oft Eintrittspreise. Je nach Saison und Region können dafür Hotels/Motels erheblich preiswerter sein als bei uns und das Benzin und Jeans sowieso.

Leider stiegen die **Flugpreise** in den letzten Jahren, obwohl der Dollarkurs nachgab und zwar sowohl als solche wie auch durch exorbitante Aufschläge für Sicherheitsgebühren und Kerosin. Immerhin sanken die Kosten für die **Automiete** mit dem Wiedererstarken des Euro. Leider mit Ausnahme von Campmobilen, da für deren Miete – angesichts steigender Nachfrage durch Amerikaner selbst – die heimischen Tarife in die Höhe geschossen sind.

Übernachtung

Bei den **Hotel-/Moteltarifen** ist die Realität in Kleinstädten und auf dem Land vor allem in den Südstaaten weniger kostspielig als viele Kataloge signalisieren, die vorwiegend besonders beliebte und Häuser ab der oberen Mittelklasse listen. Man kann durchaus für $50/Nacht und Zimmer und darunter auch noch woanders als im Motel 6 akzeptabel unterkommen, sofern es nicht gerade während der Hauptsaison im Umfeld von Touristenattraktionen sein muss oder in Großstädten. Zumal, wenn man auf die *Specials* für Automobilklubmitglieder (➪ ***Show Your Card & Save*** auf Seite 46) achtet und *Discount*angebote (***Coupons***) nutzt, ➪ Seite 124.

Hostels sind im übrigen nicht nur für junge Leute unter 30 eine Alternative. Im Mehrbettzimmer kostet das durchweg $15-$25/Person, selten mehr, ➪ Seite 129f. Teurere **Cityhotels** bucht man heute besser von hier aus. Sie kosten – in Dollar bezahlt – vor Ort im Zweifel mehr.

Ergänzendes Zelt

Nicht schaden kann es, **Zelt und Schlafsack** einzupacken, selbst wenn man eher ein Bett für die Nacht vorzieht. Sollte es mal mit der Quartiersuche gar nicht klappen, findet sich immer noch ein Campingplatz mit einer freien Ecke, ➪ Seite 131ff. Und an manchen Sommerabenden ist das sogar die attraktivste Alternative.

Laufende Kosten/ Versorgung

Die **Kosten unterwegs** lassen sich mit ein wenig Aufmerksamkeit durchaus im Rahmen halten und sollten nicht wesentlich höher ausfallen als bei identischen Verhalten bei uns.

Automieter mit Hotelübernachtung können gut auf **Selbstverpflegung** und ***Fast Food*** setzen, zumal in den USA nichts über **Picknick** geht. *Picnic Tables* stehen unverfehlbar in Stadtparks, an Aussichtspunkten, an oft wunderschönen Stellen in *National* und *State Parks* und besitzen fast immer auch einen **Grillrost**. Und wenn es doch mal ein **Restaurant** sein soll, warum nicht mittags statt abends? Dieselben Gerichte gibt es als *Lunch* meist billiger als zur Dinnerzeit. Gerade in den Südstaaten ist Essengehen noch relativ preiswert, dazu meist gut und reichlich, ➪ Hinweise ab Seite 142ff. Günstig sind auch *All-you-can-eat-Buffets* oder *Early Bird Specials* (*Dinner* 18-20 Uhr), die manches Restaurant führt.

Campgebühren Camper (Zelt wie Campmobil) sparen substanziell bei **Campgebühren**. Es ist möglich, im Schnitt unter $20 auszugeben, aber ohne weiteres auch über $30. Macht bei 3 Wochen $200 Differenz.

Campmobilkosten Unvermeidbar mehr als früher ausgeben müssen **Campmobilmieter**, sie können aber die Kosten bei geschickter Fahrzeug- und Saisonwahl reduzieren, sofern Abstriche bei der Fahrzeuggröße der Urlaubsfreude nicht zuviel Abbruch tun. Auch angesichts der schwankenden Benzinpreise (von unter €0,30 pro Liter noch vor wenigen Jahren auf heute €0,40-€0,50, wobei die Kosten Mitte 2006 auch schon €0,60-€0,70 betrugen) ist es sinnvoll, eher ein kleineres Modell zu buchen. Es fragt sich ggf., ob es wirklich ein spritschluckender RV sein muss, ➪ Kostenvergleich auf Seite 84f.

Fazit Zwar ist eine USA-Reise nicht ganz billig, aber bei einiger Aufmerksamkeit und Nutzung nur eines Teils der angesprochenen Sparmöglichkeiten werden sich Gesamtkosten ergeben, die insgesamt in einer guten Relation zu den dafür erhaltenen Leistungen und zum Urlauberlebnis stehen dürften. Hilfreich ist dabei, dass die Südstaaten momentan **die billigste Region der USA** sind, mit Abstand preiwerter als etwa Kalifornien und vor allem die Neuengland-Staaten.

Konkrete Kostenbeispiele Ende 2006

Hier ein paar Anhaltspunkte für vor Ort anfallende typische Kosten:

- **Unterkunft** pro Nacht und Doppelzimmer; preiswerte Kategorie (z.B. Motelketten wie *Budget* oder *Red Roof Inn/Motel 6*) ca. $45-$55, Mittelklasse $60-$80, ➪ Seiten 122.
- **Camping**: Stellplatz/Nacht ca. $18-$35 pro Auto+Zelt oder Camper
- **Restaurant**: pro Person ab ca. $25 inkl. *tax/tip*, ➪ Seite 145f
- ***Family Restaurant***: pro Person ab ca. $12 inkl. *tax/tip*, ➪ Seite 144
- ***Fast-Food***: Imbiss pro Person ca. $4-$6
(alle Angaben inklusive 1 Getränk – Coke o.ä. oder Bier; Wein teurer)
- **Eintrittspreise**: Museen/historische Gebäude o.ä. ab $5, oft mehr, gelegentlich auch eintrittsfrei. Vergnügungsparks inklusive aller Fahrten $40-$72. Kleinere Themenparks $20-$35.
- **Benzinpreise** schwankten im US-Süden im Oktober 2006 zwischen $1,90 und $2,60 pro Gallone/3,8 l bleifreies Normalbenzin; am billigsten ist ***Gas*** in Alabama, Georgia, Mississippi und Virginia.

Fortsetzung umseitig

Gesamtkosten verschiedener Reiseformen[1]

Mindestkosten[2] eines **Dreiwochenurlaubs** in die Südstaaten für zwei Personen in Euro **während der Hauptsaison** (**Annahme: €1 =$1,25**).

Kleiner Mietwagen und **Billig-Motel oder Hostel**

1. Flugticket Europa-USA-Süden (je €800)	ca. € 1.600
2. 3 Wochen Mietwagen-Standardpaket[3] (Compact)	ca. € 600
3. Benzin (bei 5000 km Gesamtstrecke, 8 l/100 km, $2,30 pro Gallone = ca. €0,50/l)	ca. € 200
4. Übernachtungskosten (20 Nächte à $40)	ca. € 640
5. Selbstverpflegung/*Fast Food* (20 Tage zu je ca. $50)	ca. € 800
Gesamtkosten	**ca. € 3.8430**

Mittelklasse-Mietwagen und **mittlere Unterkünfte**
(unterstellt werden hier auch sonst etwas höhere Ausgaben)

1. Flugticket Europa-USA-Süden (je € 800)	ca. € 1.600
2. 3 Wochen Mietwagen-Standardpaket[3] (Medium)	ca. € 750
3. Benzin (bei 5000 km Gesamtstrecke, 10 l/100 km, $2,30 pro Gallone = ca. €0,50/l)	ca. € 250
4. Übernachtungskosten (20 Nächte à $90)	ca. € 1.440
5. Selbstverpflegung/*Fast Food* (20 Tage zu je ca. $70)	ca. € 1.120
Gesamtkosten	**ca. € 5.160**

Campermiete (Supervan 21 Fuß ab Ft. Lauderdale)

1. Flugticket Europa-USA-Süden (je € 800)	ca. € 1.600
2. 20 Tage Campermiete inkl. Vers., Mehrmeilen etc.	ca. € 2.200
3. Benzin (bei 5000 km Gesamtstrecke, 20 l/100 km, $2,50 pro Gallone = €0,50/l)	ca. € 500
4. Übernachtungskosten (19 Nächte à $30)	ca. € 456
5. Hotelübernachtung Anreisetag (1 Nacht à $125)	ca. € 100
6. Selbstverpflegung/*Fast Food* (20 Tage zu je ca. $50)	ca. € 840
Gesamtkosten	**ca. € 5.696**

---

1) Weitere Kostenvergleiche auf Seiten 84f

2) Die Zahlen geben nur einen Anhaltspunkt. Zusätzliche Ausgaben wie Essen in besseren Restaurants (je ca. mindestens $50-$60 für 2 Personen) sowie Alkoholika, Mitbringsel und Eintrittsgelder, die im kulturell reichen Süden hoch sein können, sind nicht berücksichtigt.

3) Bei Anmietung und Abgabe des Mietwagens in Florida reduzieren sich die Kosten um jeweils rund € 100.

2 Vorbereitung und Organisation der Reise

2.1 Einreise USA, Versicherung und Finanzen

2.1.1 Einreisebestimmungen USA

Einreise in die USA ohne Visum

Wer einen deutschen, österreichischen oder schweizerischen Pass besitzt und **als Tourist nicht länger als 90 Tage** bleiben möchte und ein Rückflugticket besitzt, braucht für die Einreise in die USA **kein Visum**. Von der **Visumspflicht befreit** sind auch Bürger der anderen »alten« EU- und einzelner weiterer Länder. Für sie genügt ein **noch mindestens 3 Monate gültiger Pass**.

Jeder Einreisende muss heute einen maschinenlesbaren Reisepass dabei haben. Das gilt auch für Kleinkinder. Die weinroten seit den 1990er-Jahren in Deutschland ausgestellten Reisepässe entsprechen diesem Erfordernis.

Zusätzliche biometrische Daten

Seit **26. Oktober 2005 müssen ab diesem Datum ausgestellte Reisepässe und nur diese (!) zusätzlich biometrische Daten enthalten**. Es handelt sich (noch) um **kein Erfordernis für alle**. Mit anderen Worten: für die große Mehrheit der Touristen aus den meisten EU-Ländern ändert sich durch diese Anforderungen nichts.

Formblatt zur Vorlage beim Einchecken

Um das Einchecken am Airport zu beschleunigen, wird den Passagieren seit 2005 bereits bei der Buchung vom Reisebüro ein Vordruck mitgegeben, der mit den wesentlichen Personendaten ausgefüllt und mit dem Pass am Schalter vorgelegt werden muss. Wer das Formblatt nicht erhalten hat, kann es sich auch noch im Internet herunterladen unter www.drv.de/download/APISformblatt.pdf oder www.barig.org. Darin muss eine US-Adresse angegeben sein, ggf. des ersten Hotels oder des Autovermieters.

Die Angaben im Formblatt werden mit dem Pass verglichen und dann an das sog. *Department of Homeland Security* in die USA gemailt. Erst nach dem o.k. dieser Behörde für alle Passagiere erhält der Flug Starterlaubnis in Richtung USA – oder auch nicht ..

Visum

Ein **Visum** benötigen alle Bürger aus Ländern, die oben nicht genannt wurden, und Touristen mit Reiseplänen von über 90 Tagen. Beim Visum handelt es sich um eine »Unbedenklichkeitsbescheinigung«, die dem Antragsteller nach einem (heute wieder) persönlichen Interview vom Konsulat in den Pass geklebt wird.

Antrag auf Erteilung

Die Prozedur der **Visa-Beschaffung** ist im folgenden beschrieben. **Sie gilt auch für USA-Reisen unter 90 Tagen Dauer von bei uns lebenden Bürgern jener Staaten, die nicht visabefreit sind**.

Das Visum wird gegen eine z.Zt. auf **€85** festgelegte **Gebühr** von den US-Generalkonsulaten in **Berlin** (Neue Bundesländer und Norddeutschland) und **Frankfurt** (alle anderen Bundesländer) erteilt. Alle Details zur **Gebührenzahlung** finden sich unter der Webseite: www.roskosmeier.de/index3.php

Antragsformulare

Antragsformulare gibt's

- **als Faxabruf** unter der Nummer **0190 85005802** (€1,86/min)
- im **Internet** zum Herunterladen: www.usembassy.de/visa

Neben dem Visa-Antragsformular müssen heute alle **Männer im Alter 16-45 Jahre** zusätzlich das **Formular DS 157** ausfüllen.

Telefonauskunft dazu, i.e. Ansagen unter ✆ **0190/85005800** (€1,86/min). Bei weiteren Fragen kann man ✆ **0190/850055** wählen.

Der ausgefüllte Antrag, ggf. Formular DS 157, farbiges Passfoto, Reisepass und ggf. weitere Unterlagen sind – unter Beifügung eines frankierten größeren Rückumschlags (€1,45) – an das zuständige Konsulat zu senden (**nicht als Einschreiben**):

Konsularabteilung der US-Botschaft in Berlin
(zuständig für norddeutsche und neue Bundesländer)
Clayalle 170, 14195 Berlin

Generalkonsulat Frankfurt
(zuständig für Hessen, NRW und süddeutsche Bundesländer)
Siesmayerstr. 21, 60323 Frankfurt

Botschaft der Vereinigten Staaten in der Schweiz
Non-Immigration-Visa, Jubiläumsstraße 95, 3005 Bern,
Visa-Info: ✆ **0900 878472** (2,50 SFr/min)
Internet: http://bern.usembassy.gov

Botschaft der Vereinigten Staaten in Österreich:
Vias Section: Parkring 12, 1010 Wien
Visa-Info: ✆ **0900-510300** (€2,16/min)
Internet: http://vienna.usembassy.gov

Bearbeitungsdauer

Die **Bearbeitungsfrist** bzw. Wartezeit bis zum Interviewtermin beträgt, so heißt es, in Deutschland bis zu **6 Wochen**. Danach erhält man das Visa per Post oder gar nicht.

Aufenthaltsdauer in den USA

Das Visum berechtigt zu beliebig vielen Einreisen (*multiple entries*) in die USA innerhalb des gewährten Zeitrahmens. Letzte Instanz bei der Einreise ist aber der ***Immigration Officer*** auf amerikanischem Boden. Er gibt Visainhabern die gewünschte Reisezeit, allen anderen in der Regel 90 Tage, eventuell schon mal weniger. Er kann die Einreise ggf. verweigern.

Einreiseformalitäten

Jeder Besucher muss vor der Einreise (im Flugzeug) zwei **Formulare** ausfüllen: Einreisepapier (***Arrival/Departure Record*** – grün für 90 Tage-Touristen, weiß für Visainhaber) und die Zollerklärung (***Customs Declaration*** – weiß):

Departure Record

- Das **Einreiseformular**, das mit dem **Zollformular** bei **Flügen in die USA** beim Einchecken oder im Flugzeug verteilt wird, ist in Blockbuchstaben auszufüllen. Es besteht aus zwei Abschnitten. Der untere, der ***Departure Record***, wird in den Pass gelegt; der obere Teil verbleibt bei der *Immigration*.
- Bei erster **Einreise auf dem Landweg** (z.B. aus Canada) fällt eine **Gebühr von US$6** in bar an – keine Kreditkarte oder kan. $!

Wenn im Rahmen der genehmigten USA-Aufenthaltsdauer ein vorübergehender **Grenzübertritt nach Canada** oder **Mexico** erfolgt, verbleibt das Papier im Pass.

2.1.2 Versicherungen

Kranken-versicherung

Eine Amerika-Reise ohne speziellen Krankenversicherungsschutz anzutreten, wäre in Anbetracht der dort sehr hohen Behandlungskosten leichtsinnig. Nur einige private Krankenversicherer bieten ihren Versicherten weltweiten Vollschutz. Wer nicht mit der Erstattung von in Übersee angefallenen Kosten rechnen kann, ist der Abschluss einer **Auslandsreise-Krankenversicherung** anzuraten.

Die Veranstalter von Auslandsreisen legen ihren Buchungsunterlagen in der Regel **Überweisungsformulare** für den unkomplizierten Abschluss einer Reisekranken- und anderer Versicherungen bei. Man kann sie auch ganz unabhängig von einer bestimmten Buchung in jedem Reisebüro abschließen oder sich direkt an die Agentur einer privaten **Krankenversicherungsgesellschaft** wenden; die meisten bieten auch kurzfristige Auslandsverträge an. **Kreditkartenunternehmen** und **Automobilclubs** offerieren ihren Mitgliedern Vorzugstarife beim Auslandsversicherungsschutz. Im Jahresbeitrag für eine Reihe von **Kreditkarten** ist eine Krankenversicherung für Auslandsreisen bereits enthalten.

Tarif- und Leistungs-vergleich

Grundsätzlich lohnt sich vor Abschluss ein Vergleich nicht nur der erstaunlich unterschiedlichen Tarife, sondern auch der mit dem Vertrag verbundenen Leistungen. Einige Unternehmen verzichten auf jegliche Eigenbeteiligung des Versicherten, bei anderen müssen kleinere Ausgaben selbst getragen werden.

Versicherter Zeitraum

Ein **wichtiger Punkt** bei Auslandsreise-Krankenversicherungsverträgen ist der **maximal versicherte Zeitraum** bei ununterbrochener Abwesenheit. Insbesondere über bestimmte Mitgliedschaften (z.B. Kreditkarte, ADAC o.ä.) »automatisch« Versicherte sind **oft nur bis zu sechs Wochen** je Reise geschützt.

Bei längeren Reisen muss in derartigen Fällen ein gesonderter Vertrag über die **gesamte Reisezeit** abgeschlossen werden.

Kosten

Recht **preisgünstig** sind Verträge bis zu 2 Monaten Gültigkeit. Für kurze Fristen ist auch die Auswahl groß. Das Spektrum der Angebote beginnt bei ganzen €10 für 8 Wochen. Günstige Tarife bietet u.a. die HUK-Coburg, www.huk24.de.

Behandlung und Zahlung

Im Krankheitsfall wird in Nordamerika oft **vor** der Behandlung der **Nachweis der Zahlungsfähigkeit** verlangt. Eine ***Credit Card*** ist dabei hilfreich. Ohne ausreichende Mittel und/oder Kreditkarte muss man sich bei teuren Behandlungen ggf. per Fax oder Telefon an seine Auslandskrankenversicherung wenden und um Vorschuss bzw. Kostenübernahme bitten. Vorsorglich eine **Kopie des Vertrages** und die Telefon- und Faxnummer der Versicherung mitzuführen, kann deshalb nicht schaden.

Erstattung

Falls man Arzt-/Rezeptgebühren vorstreckt, sind für die spätere Erstattung in der Heimat **detaillierte Aufstellungen** mit Datum, Namen des behandelnden Arztes, Behandlungsbericht etc. notwendig. Je vollständiger die Unterlagen, um so reibungsloser und schneller erfolgt die Überweisung des ausgelegten Betrages.

Weitere Reiseversicherungen

Inwieweit man über die Krankenversicherung hinaus weiteren Versicherungsschutz benötigt, hängt von den bereits in der Heimat bestehenden Versicherungen und dem individuellen Risikoempfinden ab. Vor Abschluss einer **Reiseunfall-** oder **Reisehaftpflichtversicherungen** sollte man prüfen, ob nicht ohnehin vorhandene Versicherungsverträge ausreichen.

Gepäckversicherung

Über den Nutzen der vergleichsweise teuren **Reisegepäckversicherung** sind die Meinungen geteilt. Bei sorgfältiger Lektüre des »Kleingedruckten« erkennt man, dass die Fälle des Haftungsausschlusses zahlreich sind. **Camping** etwa gilt versicherungstechnisch als besonders riskant. Und **Wertsachen** sind im allgemeinen nur begrenzt gedeckt.

Reise-Rücktrittskosten-Versicherung

Zumindest bei längerfristiger Vorbuchung sollte immer eine **Reise-Rücktrittskosten-Versicherung** abgeschlossen werden. Die Prämien dafür sind relativ erschwinglich (Elvia, Europäische u.a.). Keine derartige Versicherung benötigt man für Flüge, bei denen die Stornogebühren bis kurz vor Reiseantritt im allgemeinen tragbar sind. Denn damit deckt man nur das Kostenrisiko des Ausfalls während der letzten Tage vor Abreise ab. Nur eine explizit erweiterte Versicherung bietet Kostenersatz auch für den Fall einer Unmöglichkeit, den (bei preiswerten Tickets oft nicht umbuchbaren) Rückflug wahrnehmen zu können.

2.1.3 Finanzielle Disposition für die Reise

Bargeld

Trotz der Dominanz des Plastikgeldes ist Bargeld in den USA durchaus noch nicht abgeschafft. Wegen der Provisionsabzüge bei Kreditkartengeschäften gibt es sogar hier und dort Barzahlungsrabatte. Mit Kreditkarten nichts anfangen kann man oft in ***Fast Food Restaurants*** und auf **Campingplätzen**, bisweilen auch nicht an **Billigtankstellen**.

US-Dollar-Noten – die Scheine lauten auf 1, 2, 5, 10, 20, 50, 100, 500 und 1.000 Dollar – **unterscheiden sich nicht in der Größe** und weisen **dieselbe Farbe** auf: Zahlseite grauschwarz, Rückseite grün. Die neuerdings in Umlauf gebrachten Scheine sind nicht mehr ganz so leicht zu verwechseln wie vordem

Münzen gibt es zu 1, 5, 10, 25 und 50 Cents (alle silberfarben außer dem Penny), sowie eine **goldfarbene $1-Münze**. Die 50-Cents- und $1-Münzen sind im täglichen Zahlungsverkehr indessen recht selten. Folgende Münzbezeichnungen haben sich eingebürgert:

Nickel	5 Cents
Dime	10 Cents
Quarter	25 Cents
Buck	1 Dollar (auch für $1-Scheine)

Die wichtigste Münze ist der *Quarter*, man benötigt ihn zum Telefonieren und für Automaten jeder Art.

Geldwechsel vor Ort

Bargeldumtausch von Euro oder Franken ist in den USA fast nur in großen Airports und in wenigen Banken von *Big Cities* möglich. Die dabei gezahlten Wechselkurse sind extrem ungünstig. Wer auf Reisen in den USA heimisches Bargeld in der Tasche hat, sollte es daher möglichst wieder mit zurück nach Hause nehmen.

Drive-in Bargeldautomat (ATM für ***A****utomatic* ***T****eller* ***M****achine) für Eilige*

Bargeld per Scheckkarte

Mittlerweile kann man auch mit einer **EC-Karte/Bankkarte** aus **amerikanischen Bargeldautomaten** Dollars ziehen (ATM, ➪ Abbildung), sofern sich auf dieser das sog. ***Maestro Logo*** befindet und natürlich nur, sofern man die Geheimnummer im Kopf hat. Die Kosten sind niedriger als bei Bargeld per Kreditkarte.

Kreditkarten

Im täglichen Zahlungsverkehr der USA spielen ***Credit Cards*** eine weitaus stärkere Rolle als bei uns. Mit den international bekannten Kreditkarten, insbesondere ***Master-/Eurocard*** und ***VISA*** kann ein Großteil der laufenden Ausgaben ohne Geldwechsel oder Vorwegbeschaffung von Reiseschecks bestritten werden. Eine übliche Frage in Läden und Tankstellen ist ***Cash or charge?***, »Bargeld oder Kreditkarte?« An den meisten ***Gas Stations*** zahlt man heute an der Zapfsäule mit Karte; lästiges Anstehen an der Kasse, Kartenabfrage und Belegunterschrift entfallen.

Zur Frage, welche Karte man sich zulegen sollte, sind Kreditkartenvergleiche der bekannten Wirtschaftsmagazine (»Capital«, »Euro«, »Finanztest« der Stiftung Warentest) aufschlussreich.

Mit Kreditkarten lässt sich auch Bargeld beschaffen. Mit ***Euro-/Master*** und ***VISA-Card*** erhält man *Cash* unter Vorlage des Reisepasses bei allen angeschlossenen Banken, die man bis ins letzte Dorf findet. Mit Geheimzahl kann man sich an zahlreichen **Bargeldautomaten** (ATM) bedienen. Das ***Cashing*** kostet aber hohe Gebühren (bis ca. 4% der Summe bzw. €2-€5). Bei einigen Kartenunternehmen ist ein Guthaben Voraussetzung für das *Cashing*. Es macht dann Sinn, eine entsprechende Summe vor der Reise auf dem Kartenkonto zu deponieren, um ggf darauf zurückgreifen zu können. **Barentnahmen** werden im Gegensatz zu allgemeinen Ausgaben **umgehend** dem heimischen Konto belastet. Die häufige Entnahme kleiner Beträge ist nicht ratsam, wenn unabhängig von der Summe eine Minimumgebühr anfällt.

Bei **Verlust einer Kreditkarte** ist die Haftung in allen Fällen auf nur €50 beschränkt, gleichgültig, welcher Schaden zwischen Verlust und Benachrichtigung der Organisation effektiv eintritt. Nach der Verlustmeldung entfällt jede Haftung.

Folgende Telefonnummern können in den USA gebührenfrei angerufen werden, sollte eine Kreditkarte verlorengehen (Ersatz innerhalb von 24 Stunden möglich!) oder ein Problem auftauchen:

American Express	1-800-528-4800
Diners Club	1-800-234-6377
Mastercard	1-800-622-7747
VISA	1-800-847-2911

Generell gilt: **Kreditkarten sind für eine USA-Reise außerordentlich hilfreich**, in vielen Situationen (z.B. bei der Pkw-Miete oder einer Hotelreservierung per Telefon) **unabdingbar**. Ihr Vorhandensein sichert darüberhinaus die Zahlungsfähigkeit im Notfall.

Reiseschecks

Kosten

Da es nie ratsam ist, hohe Barbeträge dabeizuhaben, sind neben Kreditkarten **auf Dollar lautende Reiseschecks** nicht nur unter Kostenaspekten (1% Aufschlag auf den Devisenbriefkurs) sinnvoll. *Travelers Cheques* (amerikanische Schreibweise) werden **in den meisten Geschäften** wie Bargeld ohne Abzug akzeptiert.

Bei Einreichung von Reiseschecks bei Banken zur **Bargeldbeschaffung** wird häufig die Vorlage des Reisepasses verlangt, obwohl die Unterschrift ausreichen sollte. Häufig fallen dabei Gebühren an. Einige Banken verweigern sogar das *Cashing*.

Stückelung

Bei Reiseschecks sind **$50-Stückelungen** und kleinere höheren Nennwerten vorzuziehen, sofern man sie auch als Zahlungsmittel (was sinnvoll ist!) und nicht nur zum Umtausch in Bares nutzen will. Nur wer sehr viele Schecks kauft, sollte u.a. die $100-Stückelung wählen. Reiseschecks über $100 Nennwert eignen sich ausschließlich zur Einlösung in Banken.

Verlustfall

Falls Reiseschecks verlorengehen oder gestohlen werden, kann man für sie relativ leicht Ersatz bekommen. Dazu benötigt man die **Seriennummern** seiner Schecks, möglichst zu belegen durch Vorlage der selbst unterschriebenen **Kopie der Empfangsbestätigung**. Letztere sollte deshalb separat aufbewahrt werden. Wichtig ist es, die Nummern der Schecks zusätzlich an einem sicheren Ort zu hinterlegen (zu Hause), falls auch die Empfangsbestätigung abhanden kommt. Die Reisescheckorganisationen besitzen eine **Notrufnummer** für den Verlustfall:

American Express: ✆ **1-800-221-7282**

Thomas Cook: ✆ **1-800-287-7362**

Visa: ✆ **1-800-227-6811**

Gelddisposition für die Reise und Notfall

Die richtige »Mischung«

Die beste Vorsorge für die Reise besteht aus einer **Mischung aller drei Zahlungsmittel**, wobei es darauf ankommt, wie die Reise gestaltet werden soll. Wenn das Fahrzeug für die Reise bereits hier gebucht und weitgehend bezahlt wurde, wäre es für Leute, die überwiegend im Hotel übernachten und bessere Restaurants besuchen sinnvoll, maximal 10% der kalkulierten Ausgaben in bar, weitere 20%-30% in Reiseschecks und den Rest per Karte abzudecken. Bei Campingreisen, auf denen mehr Barausgaben anfallen können (Platzgebühren!), könnte der Reisescheckbestand höher liegen, oder man ersetzt sie durch die EC-Karte, mit deren Hilfe man Bargeld zieht, ➪ oben.

Ein guter **Vorrat an $1-Noten** darf nie fehlen. Die braucht man für den Gepäckkarren am *Airport*, für Trinkgelder und kleine Ausgaben vom Moment an, wo man amerikanischen Boden betritt

Geld ist weg!

Was tun, wenn Reiseschecks und Dollars abhandengekommen sind, ein Ersatz nicht beschafft werden kann und auch Kreditkarten fehlen oder ebenfalls abhanden kamen?

Mit Anruf in der Heimat besteht folgende Möglichkeit für einen raschen Geldtransfer:

Er wird in Deutschland durch **Reisebank** und **Post** in Kooperation mit ***Western Union*** angeboten. *Western Union* ist ein Unternehmen, das in fast allen Städten Nordamerikas ab mittlerer Größe ein Büro unterhält. **Filialen der Reisebank** befinden sich in Bahnhöfen deutscher Großstädte, in Flughäfen und an Grenzübergängen. Nach Einzahlung bei der Reisebank oder am Postschalter kann die Summe nach maximal 30 Minuten in einem *Western Union Office* weltweit in Empfang genommen werden. Die Gebühren dafür sind indessen deftig.

Auskunft in Deutschland unter
✆ **01805/225822**; www.reisebank.de

Western Union in den USA:
✆ **1-800-Call-Cash**; www.westernunion.com

Zur Auslandsvertretung

Wenn alle Stricke reißen, bleibt nur der Gang zum nächsten **Konsulat**, dessen Adresse man durch Anruf bei der Botschaft in Washington oder Ottawa erfährt, ➪ Seite 189. Die Konsulate helfen grundsätzlich nicht mit Bargeld, sondern bezahlen ggf. ein Hotel und das Flugticket in die Heimat, wo das Außenamt natürlich die vorgestreckten Auslagen wieder zurückfordert.

Hinweis zur Gepäckkontrolle bei USA-Flügen

Gepäckstücke werden im Transatlantikverkehr in großen Stichproben geöffnet und durchsucht. Verschlossenes Gepäck »knackt« man einfach. Also entweder alles von vornherein unverschlossen lassen oder – besser – die ***Travel Safe Locks*** verwenden, Zahlenschlösser, die von der amerikanischen Checkinstanz TSA (angeblich nur von dieser) geöffnet werden können. Erhältlich ist das Spezialschloss in vielen Ausrüstungs-, Sport- und Reisegepäckshops für ca. €10/Stück (USA ab $8). Mehr Information über das Produkt findet man auf der Website des Herstellers *Eagle Creek*: **www.eaglecreek.com/41018.html**. Dort gibt es auch eine Liste der Läden in Europa, die *Eagle Creek*-Produkte vertreiben.

2

2.2 Der Transatlantikflug

Situation

Die gängigen Transatlantiktarife der Linien- und Chartergesellschaften gibt's in jedem Reisebüro. Wer jedoch Wert auf ein preisgünstiges Ticket legt, sollte sich umschauen. Flugreise-Agenturen verfügen manchmal über günstigere Angebote. Man findet sie in Großstädten, im Internet und im Anzeigenteil von Zeitungen und Zeitschriften. ***Up-to-date*-Tarife** listen die Vierteljahreszeitschriften ***Clever reisen*** sowie ***Reise & Preise***.

Hier die wichtigsten **Flugalternativen** ab Deutschland oder von einem Flughafen der Nachbarländer über den Atlantik:

Sonderflüge

Beim Charterflug (heute in den meisten Katalogen als Sonder- oder Ferienflug bezeichnet) wählt der Passagier in aller Regel eine **Kombination aus Hin- und Rückflugtermin** bei vorgegebenen Abflugtagen und -zeiten. Der Rückflug erfolgt normalerweise vom Zielflughafen, kann aber ggf. auch von einem anderen *Airport*, den dieselbe Gesellschaft anfliegt, gebucht werden. Diese Möglichkeiten sind für den Süden der USA auf Florida begrenzt.

Komfortklassen

Condor und ***LTU*** bieten eine spezielle Komfortklasse (wie *Business* beim Linienflug) gegen relativ moderate, aber absolut hohe Zuschläge. Im Sommer kosten die bequemeren Sitze bei diesen Airlines €1000-€1500 one-way.

Nachteil

Eine **mögliche Problematik** des Sonderfluges ist die Rückreise. Vor Reiseantritt kann man den Flug gegen Gebühren noch umbuchen. Einmal in den USA, lässt sich am Rückflug kaum mehr rütteln.

Gepäcklimits

Für USA-Flüge gilt auch bei Charterfliegern nicht das sonst übliche **Gepäcklimit** von nur 20 kg. Bei der ***LTU***, bei ***Condor*** und der holländischen ***Martinair*** sind **2 Gepäckteile erlaubt mit maximal je 23 kg** (seit Herbst 2005 nicht mehr 32 kg!)

Neu

Gepäcklimit/Person seit Ende 2005: 2 Gepäckstücke bis je 23 kg

Tarifvergleich

Bei einem Tarifvergleich ist es wichtig, die »Nebenbedingungen« gebührend zu beachten. Das beginnt bei **Umbuchungs- und Stornokosten** bei Datenänderung und eventuellem Rücktritt, die veranstalterabhängig differieren können – sogar bei identischer Airline. Auch errechnen sich versteckte Preisunterschiede für alle, die nicht in der Nähe der Großflughäfen wohnen, aus den Anreisekonditionen und ggf. Abflugzeiten (Übernachtung notwendig?) sowie den Parkgebühren der verschiedenen Airports. Die Tarife etwa der **Lufthansa** (in Kooperation mit ***United*** und ***USAirways*** in der *Star Alliance*), die sich auf jeden deutschen Flughafen beziehen, werden für manchen Kunden preiswerter und auch bequemer sein als ein nominal günstigeres Konkurrenzangebot, das nur ab Frankfurt oder München gilt. Das »richtige« Ticket hängt daher sehr stark vom persönlichen Anspruch ab.

Flugunterbrechungen

Ein wichtiger Unterschied zwischen Ferien- und Linienflug ist die Möglichkeit zu Flugunterbrechungen – auf dem Weg nach Atlanta etwa in New York oder Washington DC. Unterbrechungen sind nur möglich bei amerikanischen oder europäischen Gesellschaften mit Kooperationspartner in Amerika, da nach einer Unterbrechung immer mit Amerikanern weitergeflogen werden muss. Einige ***US-Airlines*** bieten **1 *Stopover*** selbst in Verbindung mit dem preiswertesten Transatlantik-Tarif ohne Aufpreis, weitere gegen moderate Zuzahlung.

Kindertarife

Für Kinder zwischen **2 und 11 Jahren** werden von den meisten Fluggesellschaften **65%-80%** des Vollzahlertarifs berechnet. **Kleinkinder unter 2 Jahren** zahlen ohne Platzanspruch **zwischen €50 und 10%** des Ticketpreises der Eltern. Bei langen Flügen (z.B. Miami ca. 9 Stunden) stellt sich die Frage, ob fürs Baby nicht ein Kinderticket mit garantiertem Sitz gelöst werden sollte.

Abflughalle im Atlanta Hartsfield Airport – atmosphärisch angenehm und großzügig wie die Halle eines Superhotels

Zubringerflüge in Deutschland Während *Lufthansa-* oder *United-*Tarife immer den Zubringerflug nach Frankfurt, München oder Düsseldorf einschließen, gilt dies nur teilweise oder gar nicht für andere Flüge ab Deutschland. Bei vielen ist ein Zuschlag fällig bzw. nur das Zugticket enthalten.

Flüge übers Ausland Viele der günstigeren Angebote beziehen sich auf Flüge mit den *Airlines* einiger Nachbarländer, speziell mit ***KLM***, ***Air France*** und ***British Airways***. Was ist davon zu halten?

Üblicherweise ist der Flug nach Amsterdam, Paris oder London im Ticketpreis eingeschlossen. Wer in der Nähe von Flughäfen lebt, von denen Zubringer starten, sollte diese Möglichkeit erwägen. Denn ob man zunächst von Hamburg nach Frankfurt oder nach Amsterdam fliegt, bleibt sich ziemlich gleich.

BA World Traveller Plus ***British Airways*** offeriert mit der ***World Traveller PlusClass*** *Business*-Sitzkomfort ohne *B-Class-Service* etwa ab €1.300 retour, vor allem bei längerer Flugzeit (Miami) keine schlechte Alternative.

Flüge in den US-Süden Die wichtigsten *Airports* im Süden der USA sind **Washington Dulles**, **Atlanta** und Flughäfen in Florida (**Miami**, **Orlando**, **Tampa**). Sie werden von vielen Airlines wie folgt **nonstop** bedient:

- ***Lufthansa/United Airlines***: von allen deutschen Flughäfen via Frankfurt nach Atlanta, Washington und Miami.
- ***Delta Airlines***: ab München, Stuttgart und Düsseldorf nach Atlanta (Delta-Hauptknotenpunkt, viele Anschlussflüge)
- ***USAirways***: von Frankfurt nach **Charlotte**/North Carolina
- ***Air France***: via Paris nach Atlanta, Miami, Washington DC
- ***KLM***: via Amsterdam nach Atlanta, **Memphis**, Washington DC
- ***British Airways***: via London nach Atlanta, Washington DC, Miami, Orlando und Tampa
- ***Virgin Atlantic***: via London nach Miami und Washington DC
- ***LTU*** ab Düsseldorf nach Orlando, Miami und Fort Myers
- ***Condor*** ab Frankfurt nach Orlando und Fort Myers

Martinair Oft monatelang im Voraus vergeben sind die Flüge des Charterfliegers ***Martinair***, einer Tochterunternehmung der *KLM*. Wer die Reise nach **Amsterdam** mit einem Buszubringer (ab mehreren Großstädten in NRW) oder auf eigene Initiative nicht scheut, fliegt mit *Martinair* preiswert nach **Miami** und **Orlando**.

Icelandair Ab **Berlin**, **München** und **Frankfurt** fliegt ***Icelandair*** via **Reykjavik** u.a. nach **Baltimore/Washington** und **Orlando**.

Gebühren/ Kerosin Zu den reinen Ticketkosten kommen heute bis über **€200 Flughafen- und Sicherheitsgebühren plus Kerosinzuschlag**,.

Abflugzeit und Flugdauer Die Flüge in die USA starten üblicherweise am späten Vormittag bis frühen Nachmittag, so dass man nach Ortszeit am Nachmittag oder frühen Abend am Ziel eintrifft (Zeitdifferenz zu MEZ überwiegend 6 Stunden; Memphis, New Orleans, St. Louis 7 Std.). Die reine Flugzeit vom europäischen Transatlantik-Airport zu den Großflughäfen in den Südstaaten beträgt 8-9 Stunden. Mit

Auf allen Flügen über den Atlantik gilt »No Smoking«!

Umsteigen auf einen Zubringerflug in den USA werden daraus rasch 12 Stunden plus ggf. eine Anreise nach Frankfurt, Paris etc.

Meilenprogramme

Alle großen Fluglinien bieten heute ihren Kunden Vielfliegerprogramme wie *Frequent Flyer, Miles & More* (Lufthansa) etc. Man kann sich dafür bereits vor dem ersten Flug eintragen lassen. Anruf genügt, die Unterlagen kommen ins Haus. Nach Anmeldung wird ein **Bonus-Konto** eingerichtet, auf dem die Meilen gebucht werden. Beim Einchecken weist man einfach seinen kreditkartenähnlichen Ausweis vor. Wer ihn (noch) nicht zur Hand hat, kann mit dem bei ihm verbliebenen Abschnitt des *Boarding Pass* Meilen auch nachmelden. Oft werden schon bei Ausstellung 5.000 Meilen gutgeschrieben, für **Transatlantikflüge** zusätzliche **Prämien**. Infos für die Lufthansa unter www.moremiles.com.

Übersicht Airlines

Die Telefonnummern (in Deutschland) der wichtigsten **Fluggesellschaften im USA-Luftverkehr** findet man in der folgenden Liste, ebenso die **Internet-Adressen**, über die einige Gesellschaften nicht nur allgemeine und Flugplan-Informationen, sondern auch noch kurzfristig **freie Plätze zu Sondertarifen** anbieten.

In diese Seiten hineineinzuschauen, kann sich besonders für Leute mit kurzfristig flexiblem Zeitrahmen bezahlt machen:

Information

Die Telefonnummern der wichtigsten **Airlines im USA-Luftverkehr** findet man in folgender Liste, ebenso deren **Internetadressen**, über die man ggf. auch **Sondertarife** findet:

Airline	Telefon	Internetadresse
Air France	**01805/830830**	www.airfrance.com
American	**01803/242324**	www.americanair.com
Austrian Air	**01803/000520**	www.aua.com
British	**01805/266522**	www.british-airways.com
Condor	**01805/7677570**	www.condor.de
Continental	**01803/212610**	www.flycontinental.com
Delta	**01803/337880**	www.delta-air.com
Icelandair	**069/299978**	www.icelandair.com
KLM	**01805/214201**	www.klm.com
LTU	**0211/9418888**	www.ltu.de
Lufthansa	**01803/8384267**	www.lufthansa.com
Martinair/NL	**01805/100211**	www.martinair.de
SWISS	**01803/000337**	www.swiss.com
SAS	**01803/234023**	www.scandinavian.net
United	**069/50070387**	www.ual.com
USAir	**01803/000609**	www.usair.com
Virgin Atlantic	**0044/870 2909090**	www.virgin-atlantic.com

Rückbestätigung von Flügen

Der Rückflug sollte mindestens 72 Stunden vor dem planmäßigen Abflug rückbestätigt werden. Wer das vergisst, kommt meist auch mit, die *Airline* hat aber das Recht, nicht rückbestätigte Passagiere ohne Entschädigung umzubuchen. Also besser dran denken!

Die ***Reconfirmation*** erledigt man mit einem gebührenfreien Anruf bei der Fluggesellschaft, wobei man das Ticket zur Hand haben muss, um Abflug-/Zielort, Flugnummer etc. angeben zu können. Die wichtigsten ***toll-free numbers*** vor Ort sind:

Air France	1-800-237-2747
American	1-800-433-7300
Austrian Air	1-888-817-4444
British	1-800-247-9297
Condor	1-800-524-6975
Continental	1-800-525-0280
Delta	1-800-221-1212
Icelandair	1-800-223-5500
KLM/Northw	1-800-225-2525
LTU	1-866-266-5588
Lufthansa	1-800-645-3880
Martinair	1-416-364-3672
Northwest	1-800-225-2525
SWISS	1-877-359-7947
United	1-800-241-6522
USAir	1-800-428-4322
Virgin Atlantic	1-800-862-8621

Toll-free numbers sind von jedem US-Telefon aus zu erfragen: ✆ **1-800-555-1212** oder im Internet unter http://inter800.com

Flugbuchung im Internet

Websites bieten von den Flugplänen der Airlines bis zum Tarifüberblick und der konkreten Vakanzanfrage ein überwältigendes Informationsangebot.

Dabei entwickelt sich aber die Suche nach freien Plätzen zu Niedrigpreisen leicht zum zeitaufwendigen Dauersurfen, weil jede Airline ein breitgefächertes Tarifsystem besitzt. Auch wer nicht online bucht, verschafft sich aber auf jeden Fall per Internet eine Marktübersicht und kann im Reisebüros konkrete Preisvorstellungen äußern.

Generell sollten Online-Bucher folgende drei Punkte beachten:

- Nur bei deutschen Internetagenturen kann man sich in Streitfällen auch auf deutsches Recht berufen,
- nur bei Zahlungen gegen schriftliche Rechnung besitzen Kunden einen detaillierten, überprüfbaren Buchungsnachweis
- und nur, wenn die Internetagentur Anschrift und Telefonnummer angibt (ist nicht selbstverständlich), erreicht man bei Problemen bzw. Rückfragen einen konkreten Ansprechpartner.

Weitere Hinweise:

- Wer Flugdaten jeweils um einige Tage verschiebt, kann Sonderpreise finden, die zu anderen Terminen womöglich schon ausgebucht sind bzw. nicht existieren. Dieselbe Flexibilität lohnt sich auch beim Abflugairport. Beispielsweise verschafft man sich zunächst einen Überblick beim Transatlantikflug.; erst anschließend überprüft man die Tarife <u>mit</u> Zubringerflügen.

- Nicht jede Datenbank der Internet-Reisebüros erfasst ein Komplettangebot aller Linien zu sämtlichen US-Airports bzw. alle innerdeutschen Zubringerflüge und/oder (schon garnicht) die preiswertesten Charterflüge. Da Ziele wie Washington DC, Atlanta, Miami und Charlotte von allen US-Airlines und vielen der größeren europäischen Fluggesellschaften unmittelbar oder im *Code-Sharing* angeflogen werden, findet man den passenden Flug oft nur nach einem Surfen durch die *Websites* einer ganzen Reihe von Anbietern.
- Nach der Tariferkundung muss man feststellen, ob zum gewünschten Preis noch freie Plätze existieren, weil die Fluggesellschaften immer nur ein bestimmtes Kontingent zu Sonderkonditionen vergeben. Zudem haben einige Tickets oft nur eine begrenzte Gültigkeit, etwa einen Monat; bei längerfristigen Aufenthalten gelten andere Tarife. **Bei negativer Vakanzanfrage** überprüft man anschließend erst nur den Transatlantikflug ohne Zubringerstrecken. Finden sich dort noch freie Plätze, wählt man bei den Anschlussflügen in Österreich/Deutschland/USA andere Zeiten oder Flughäfen.

Sehr gute Informationsquellen für Buchungen übers Internet mit zahlreichen Angaben bzw. Links zu Airlines, Reisebüros usw. sind die beiden schon erwähnten vierteljährlich erscheinenden Reisemagazine, die sich auch Online erreichen lassen:

Reise & Preise: www.reise-preise.de

Clever reisen: www.fliegen-sparen.de

In der **Schweiz** geht nichts über den
Globetrotter Travel Service: www.globetrotter.ch

Hilfreich sind auch die Websites www.billiger-reisen.de und www.info-reisepreisvergleich.de, die die Suche erheblich erleichtern können.

Internetagenturen für Flugtickets:

www.airline-direct.de
www.expedia.de
www.flugticket.de
www.skyways.de
www.ticketman.de
www.travel-overland.de
www.skyscanner.net/worldwide
www.ebookers.de
www.flug.de
www.mcflight.de
www.opodo.de
www.travelocity.de
www.usareisen.com

Die Unterschiede zwischen den Agenturen liegen dabei in der Art der Aufbereitung und der Geschwindigkeit des Seitenaufbaus. Die letztgenannte Adresse ist mit diversen Buchungsmaschinen verbuchen und vermeidet damit das lästige immer wieder neu Einbuchen bei Weitersuche.

Nicht selten ist das Finden und Buchen eines geeigneten, dazu noch preiswerten Fluges per Eigeninitiative im Internet selbst mit Hilfe solcher Reiseportale ein ziemlich mühsames Geschäft, das sich per Anruf in einer Reiseagentur schneller erledigen lässt und – speziell für vorinformierte Bucher – nicht teurer kommt; eher ist oft das Gegenteil der Fall.

2.3 Die Vorbuchung des Transportmittels

Die Eignung der verschiedenen Transportmittel für eine Reise durch den Süden der USA wurde eingangs bereits erörtert, ➪ Seite 41ff. Hier geht es zunächst um Details der Alternativen, die noch vor der Reise gebucht werden können und/oder sollten:

2.3.1 Die Pkw-Miete

Typen, Kosten, Konditionen

Mindestalter

Voraussetzung der Fahrzeugmiete ist allgemein ein Mindestalter der als Fahrer vorgesehenen Personen von **21 Jahren**. Jüngere Mieter zahlen kolossale Aufschläge.

Für jeden **Fahrer unter 25 Jahren** wird in aller Regel ein **Zuschlag** von $10-$25/Tag (plus Steuern) berechnet. ***Hertz*** akzeptiert Fahrer unter 25 Jahren gar nicht. Junge Leute **von 19/20 Jahren** können zur Zeit bei ***Alamo*** Autos mit einem Aufpreis von mindestens $20/Tag plus Steuern mieten. Aber **21-24jährigen Mietern** bietet *Alamo* pauschal ein »***Under 25*-Paket**«, das – bei Entfall des Tageszuschlags – je nach Wagentyp etwa €30-€40/Woche teurer ist als das Standardpaket für Mieter ab 25 Jahren (Stand 2006).

Verleihfirmen und Buchung

Bei hiesigen Reiseveranstaltern kann man die komplette Palette gängiger amerikanischer Leihwagen vom *Subcompact/Economy/* (Ford Fiesta Klasse) bis zum *Minivan* buchen. Überwiegend wird dabei mit den internationalen Verleihfirmen wie *Avis, Hertz, Budget* und der etwas preiswerteren Firma *Alamo* kooperiert, aber auch mit günstigeren US-Verleihern wie *Dollar Rent-a-Car* u.a.

Ein Vergleich der Kataloge bzw. der Internetseiten von Reiseveranstaltern zeigt keine substanziellen Unterschiede bei den Miettarifen. Das gilt auch für die **Saisonzuschläge** (ca. €20-€40 pro Woche) bei Anmietung im **Juli und August**.

Die Buchung vor der Reise kann außer bei Reiseveranstaltern und den (speziell für Nordamerika) preisgünstigen Mietwagenvermittlern ***holiday autos*** oder ***sunny cars*** (ebenfalls in Reisebüros oder im Internet) auch bei Automobilklubs oder direkt bei den Leihwagenfirmen erfolgen. In Deutschland unterhalten folgende internationale US-Vermieter eigene Büros und Websites:

Alamo	0800/462526	www.alamo.de
Avis	01805/217702	www.avis.de
Budget	01805/244388	www.budget.de
Hertz	01805/938814	www.hertz.de
Holiday*)	01805/179191	www.holidayautos.de
National	0800/464-7336	www.national.de
Sixt/Payless	01805/232222	www.e-sixt.de
(Kooperationspartner)		www.paylesscar.com
Sunny Cars*)	089/82993399	www.sunnycars.de
Thrifty	0203/3485555	www.thrifty.de

*) ***Holiday Autos*** und ***Sunny Cars*** sind Vermittler; über diese Firmen landet man in der Praxis bei verschiedensten Vermietern, aber zum fest vorgegebenen Holiday- bzw. Sunny-Cars-Tarif.

Eine Übersicht über die Tarife diverser Vermieter findet man auch unter www.USA-Mietwagen.de; eine weitere kompetente Adresse für die Automiete **USA** ist www.usareisen.com.

Pkw-Kategorien

Pkw und Vans können ausschließlich nach **Größenklassen** von ***Economy*** bis ***Fullsize/Premium*** und nach **Gattungskriterien** wie ***Convertible*** (Cabriolet), ***Jeep*** oder ***Minivan*** gebucht werden. **Bestimmte Fahrzeugmarken und -typen lassen sich nicht reservieren**. Jedoch ist man vor Ort in der Regel bemüht, Kundenwünschen entgegenzukommen, sollte der bereitgestellte Wagen nicht zusagen. Einige Vermieter führen überwiegend die Autos bestimmter Hersteller (z.B. Avis: *General Motors*, Hertz: *Ford*, usw.).

Wahl

Amerikanische Kraftfahrzeuge sind nach wie vor komfortabler als europäische Wagen vergleichbarer Größe. Leihwagen besitzen immer ein **Automatikgetriebe** und **Klimaanlage** (*Air Condition*). Nichtsdestoweniger hält sich ihr **Treibstoffverbrauch** heute wegen moderner Motoren und der Tempobeschränkungen (⇨ Seite 141) in erträglichen Grenzen.

Tipp

Ideal für Zelturlauber sind die SUVs (*Sport Utility Vehicle*: Bezeichnung für Großraumjeeps mit/ohne 4WD). Sie bieten viel Platz, hohe Sitzposition und ideale Be- und Entladung hinten. Zur Not kann man in ihnen (unbequem) schlafen. Die Kosten liegen €70-€100/Woche über denen mittlerer Pkws.

Bei ***Alamo*** und ***National*** kann man auch die Mittelklasseversion der SUV für unter €300 mieten (»*Equinox*« oder ähnlich, z.B. »*Saturn Vue*«), sehr handliche gute Fahrzeuge mit geringerem Benzindurst. Bei diesen Firmen darf man sich aus dem vorhandenen Bestand vor Ort das Wunschfahrzeug oft aussuchen. In der Regel interessiert es niemanden, ob der »*Equinox*«-Bucher sich lieber einen großen »*Trail Blazer*« greift, der an sich teurer ist; vor Ort gilt SUV = SUV.

Kompakter SUV, wie sie z.B. Alamo anbietet. Hier ein Saturn Vue mit Schiebedach. Kosten pro Woche um die €300. Der Mieter eines Kompakt-SUV kann sich oft vor Ort ohne Aufpreis auch ein Full Size SUV auswählen.

Größe Bei der Wahl der Größe sollte man sich nicht zu sehr vom Preis leiten lassen; die Unterschiede sind bei den Pkw von Größenklasse zu Größenklasse oft kaum der Rede wert (€20-€40 pro Woche!). Ein etwas geräumigerer Wagen bietet den Vorteil, dass der Kofferraum nicht so knapp ist. Ab 4 Personen sollte man – speziell auf längeren Reisen – an einen **Minivan** denken (ab ca. €300 pro Woche inkl. Vollkasko), wenn ein Camper nicht in Frage kommt.

Vans für Behinderte **Minivans** gibt es von *Avis* auch in behindertengerechter Ausführung in vielen wichtigen Städten.

Tarifinhalt Bei **Vorausbuchung** sind mit der Zahlung normalerweise die **Basiskosten** des Mietwagens, **Haftpflicht- und Vollkaskoversicherung** abgedeckt.

CDW/LDW Die – nach unserem Verständnis – **Vollkaskoversicherung**, je nach Gesellschaft *CDW/Collision Damage Waiver* oder *LDW/ Loss & Damage Waiver* genannt, ist – wie gesagt – durchweg in den Tarifen enthalten. Normalerweise entfällt jede Selbstbeteiligung. In Amerika zahlt ein Mieter ohne CDW/LDW (zunächst) **alle** Schäden am Fahrzeug. Solange etwa der Unfallgegner sein Verschulden nicht anerkennt bzw. nicht rechtskräftig schuldig verurteilt ist und effektiv den Schaden trägt, bleibt man ohne CDW selbst auf fremdverursachten Schäden sitzen.

Unlimitierte Meilen/ Kilometer Zumindest bei Vorausbuchung von Fahrzeugen der großen Verleiher ist bei einer Pkw-Miete **in ganz Nordamerika** grundsätzlich ***Unlimited Mileage*** in den Tarifen enthalten.

Einwegmiete

Sonderfall Florida

Alle Tarife gelten zunächst unter der Voraussetzung, dass das Fahrzeug am Ausgangsort zurückgegeben wird. Auch am Flughafen übernommene Autos können bisweilen nicht ohne Zusatzkosten in der City-Filiale derselben Stadt wieder abgegeben werden und umgekehrt (firmen- und ortsabhängig). **Ausnahmen** von dieser Regel bilden der Großraum Washington und **der gesamte Staat Florida**, in dem nicht nur die niedrigsten Miettarife gelten, sondern das Fahrzeug bei den großen Verleihern **ohne Mehrkosten** an einer beliebigen Station wieder zurückgegeben werden kann.

Trotz grundsätzlich zugelassener Einwegmiete kann ein Vermieter einzelne Anfragen ggf. ablehnen. Mit den genannten Ausnahmen wird für die Einwegmiete eine **entfernungsabhänge Pauschale** (***One-way Service Fee***) berechnet, die je nach Vermieter variiert.

Zusatzkosten Neben Sonderkosten für eine Einwegmiete können weitere Kosten anfallen, die vor Ort in Dollar beglichen werden müssen. So z.B. **Aufschläge** für junge/zusätzliche Fahrer, **Zusatzversicherungen** oder die Miete eines **GPS-Geräts**.

Steuern Die lokalen **Steuern** sind bei den hier gebuchten Fahrzeugen im allgemeinen bereits im Tarif enthalten. Bei **Extrakosten**, die vor Ort entrichtet werden, kommen **immer *Taxes*** hinzu: In den **USA** beträgt die *Sales Tax* der Einzelstaaten **4%-7,25%** plus lokaler Zusatzprozentsätze und oft auch noch Sonderaufschläge bei einer Wagenmiete/-rückgabe am *Airport*.

Die Deckungssumme der Haftpflichtversicherung

Übliche Deckung

Es gibt (in den USA vor Ort) immer noch Tarife, die nur die gesetzliche Minimaldeckung beinhalten. Diese kann **im ungünstigsten Fall in den USA bei nur $25.000 (!)** für Personenschäden liegen und darunter bei Sach- und Vermögensschäden. Solche Beträge sind schnell »verbraucht«. Das gilt auch in Staaten mit nominell höheren Summenkombination, etwa $300.000/$100.000, max. $300.000 je Unfall, aber höchsten $100.000 je geschädigter Person. Denn selbst harmloseste Verletzungen können in den USA zu abenteuerlichen Schadensersatzforderungen und bisweilen sogar zu ihrer gerichtlichen Durchsetzung führen. Sach- und Vermögensschäden sind bei solchen Kombinationen meist nur mit $20.000-$50.000 abgesichert.

Aufstockung der Deckung

Derartig geringe Deckungssummen resultieren aus den – in den USA üblichen – personenbezogenen Haftpflichtversicherungsverträgen: Viele Automieter bringen ihre persönliche (oft bessere) Versicherung mit. Sie gilt unabhängig vom Fahrzeug, das der Versicherte gerade fährt. Wer keine derartige Versicherung besitzt, etwa der ausländische Tourist, kann sich eine Aufstockung beim Vermieter kaufen. Sie heißt *Liability Insurance Supplement* oder *Additional Liability Insurance (LIS/ALI)* und kostet ab ca. $10/Tag (plus Steuern) für eine Erhöhung auf $1 Mio. Die **deutschen Reiseveranstalter** bzw. internationalen Vermieter/Vermittler haben die aus der Unterversicherung bzw. den ärgerlichen Zusatzkosten für ALI/LIS resultierende Problematik erkannt und eine **Zusatzversicherung** abgeschlossen, die ihre Kunden mit bis zu **€1,6 Mio.** absichert, sollte die zunächst vorhandene Deckungssumme bei Eintritt eines Haftpflichtschadens nicht ausreichen.

Leistungspakete von Reiseveranstaltern

Diese Zusatz-Haftpflichtversicherung ist seit einiger Zeit in sog. **Leistungspakete** integriert, die entweder einfach »A« und »B« oder auch »Super-Inklusiv«/«Super-Spar« u.ä. heißen. Bereits die preiswertere **Fassung A** bzw. **Super-Spar** sorgt außerdem dafür, dass vor Ort keine Steuern und Sondergebühren mehr anfallen. Das erweiterte, deutlich teurere **Paket B/Super-Inklusiv** enthält zusätzliche Versicherungen, Gebührenentfall für weitere Fahrer und einen vollen Tank »gratis«. Man sollte vor der Entscheidung für letzteres nachrechnen, ob die Mehrkosten sich lohnen.

Aufstockung der Haftpflichtdeckung via Kreditkarte

Inhaber einiger **Goldkarten** genießen teilweise eine **Kfz-Reise-Haftpflicht-Versicherung** (= Aufstockung), sofern sie die Mietkosten per Karte zahlen. Wer die Karte einsetzen möchte und Wert auf die Zusatzhaftpflicht legt, sollte »seine« **Kreditkarten-Bedingungen überprüfen**. Z.B. bietet die **ADAC Visa-Goldcard** eine Aufstockung der Haftpflichtdeckung auf €1 Mio. Mit der **Lufthansa Goldkarte** ist sogar eine Vollkaskoversicherung für Mietwagen verbunden. Voraussetzung ist natürlich die Zahlung der Mietkosten mit Karte. Wichtig ist auf jeden Fall, die jeweiligen Bedingungen im »Kleingedruckten« einzuhalten.

Führerschein

In Nordamerika genügt der nationale Führerschein. Noch-Inhaber der alten »grauen Lappen« und der neuen nur scheckkartengroßen Euro-Führerscheine sollten zusätzlich den **Internationalen Führerschein** dabei haben. Denn Regierungsabkommen und die Vorstellungen eines Sheriffs auf dem Land sind zweierlei. Bei Kontrollen und Unfall leuchtet dem eine ***International Driver's License*** eher ein als ein rein deutschsprachiges Dokument. Da Form und Größe der neuen Führerscheine aber genau den amerikanischen Pendants entsprechen, gibt es damit im Zweifel weniger Probleme als mit der Uraltversion.

Fazit

Vorbuchen oder Eigeninitiative vor Ort?

Vergleicht man die Möglichkeiten der Automiete vor Ort mit Angeboten in hiesigen Katalogen, ist man mit Vorausbuchung im allgemeinen besser beraten, soweit die Mietzeit ab einer Woche beträgt. Zwar gibt es drüben, speziell in großen Cities, durchaus Sondertarife und Discounter (➪ Seite 125), aber dazu muss man sich auskennen und vor Ort Zeit investieren. Nicht übersehen werden darf dabei, dass zu niedrigen Basistarifen meist hohe Versicherungsprämien kommen. Die Sicherheit, dass zum Zeitpunkt der Ankunft der Wagen vollgetankt und versichert bereitsteht und die Suche keinen Stress verursacht, ist so oder so ein Vorteil.

Die Empfehlung ist unabhängig von der Saison. Ein knappes Angebot wie im Fall der Campmobile zu bestimmten Zeiten gibt es nicht. In beiden Ländern stehen zu jedem beliebigen Zeitpunkt Massen an Miet-Pkw zur Verfügung.

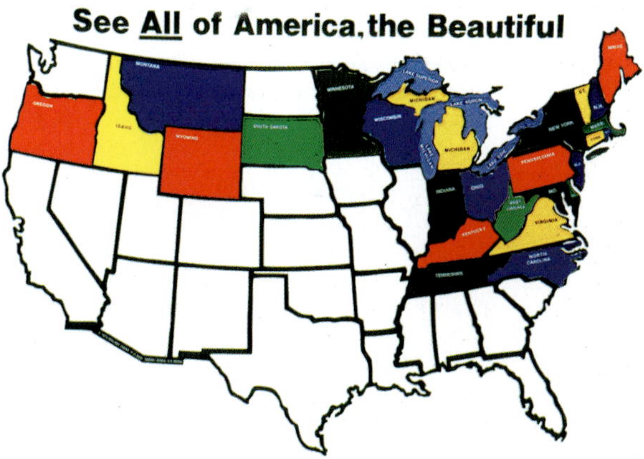

Solche Karten gibt`s bei Campmobil-Vertretungen. Man befestigt sie im Adhesivverfahren am Fahrzeug und markiert die bereits »abgehakten« Staaten – sehr beliebt bei amerikanischen Campereignern

2.3.2 Die Campmobilmiete

Camper, welcher Größe auch immer, dürfen in den USA allesamt mit **Pkw-Führerschein** bewegt werden. Tatsächlich ist das Fahren im Campmobil – zumindest auf breit ausgebauten Straßen – selbst in großen Fahrzeugen einfacher, als es zunächst den Anschein haben mag. Man gewöhnt sich bald an die Größe, die nicht so tolle **Straßenlage** und **leichtgängige Lenkung**. Bei starkem Verkehr und auf engeren Spuren, was beides in den Südstaaten nicht zu selten vorkommt, kann das Fahren im Campmobil dennoch stressig sein.

Im **Gegensatz zum Pkw gibt es im allgemeinen keinen Aufschlag für Fahrer zwischen 21 und 25 Jahren**.

Zu den Fahrzeugtypen

RVs

In den USA gelten Camper vom kleinsten Modell bis zum Riesen-Motorhome als ***Recreational Vehicles*** – Kürzel ***RV*** (sprich: »Arwí«). *RVs* verfügen über einen 8/10-Zylinder-Motoren, automatisches Getriebe, eine vom Motor abhängige und zusätzliche 110-V-Klimaanlage. Damit verbunden ist ein ausgeprägter Benzindurst, der bei den heutigen Literpreisen von €0,50-€0,60 DM die Urlaubskasse ganz schön strapaziert. **Dieselmotoren** in Campmobilen sind bei Mietfahrzeugen bislang selten.

Kategorien

Nimmt man die Angebote der Reiseveranstalter bzw. die der drei in Frage kommenden Vermieter, findet man bei den Stationen im US-Süden nur noch relativ große Campmobiltypen:

- ***Super Van*** (nur *Moturis*)
- ***Compact RV*** (nur *Cruise America)*
- ***Motorhomes Class C***
- ***Motorhomes Class A***

Man kann sich diese Fahrzeuge mit allen Details gut im Internet ansehen und zwar auf den Websites:

www.moturis.com
www.elmonterv.com
www.cruiseamerica.com

Zu den Typen hier einige Anmerkungen:

Super Van

Der *Super Van* ist zwar das kleinste zur Zeit bei international anbietenden Vermietern erhältliche Fahrzeug, aber mit 21 Fuß Länge durchaus nicht »klein«. Von den *Motorhomes* der C-Klasse unterscheidet er sich durch die Tür am Heck (sonst seitlich rechts) und die fehlende weit überhängende »Nase«. Nichtsdestoweniger ist er hoch genug, um innen Stehhöhe zu bieten.

Die Schlafgelegenheiten besteht aus einem langen Klappsofa (für 1 Person) und der abends umzubauenden Sitzecke. Gasherd, Spüle, Kühlschrank, Toilette und ein Minibad mit Dusche (Warmwasserversorgung), und Fernseher sorgen für Rundumkomfort. Nur mit diesem Fahrzeug hat man die Chance, ab und zu auch mal unter 20 l/100 km zu verbrauchen.

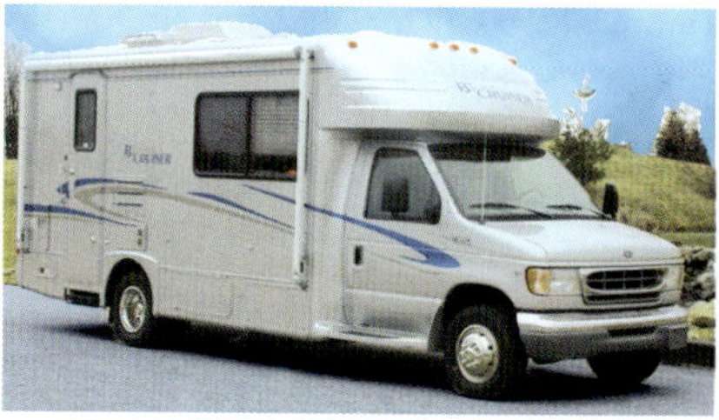

Der Super Van als kleinere Alternative zum C-Klasse-Motorhome für 2 Personen. Nicht so breit und vor allem nicht mit Riesennase über der Windschutzscheibe, die den Blick nach oben nimmt.

Inneneinrichtung des Funcruiser. Nachteilig ist nur der hier unvermeidbare tägliche Bettenumbau. Für Einzelfahrer reicht es, das Sofa umzuklappen. Gute Naßzelle, große Kühlkombination

Der *Super Van* ist für **2 Personen** (ggf. +1 Kind) im streckenweise dicht besiedelten und verkehrsreichen Süden auch wegen seiner Wendigkeit und etwas geringeren Ausmaße auf der Straße insgesamt eine bessere Lösung als ein größeres Fahrzeug. Als nachteilig wird mancher aber empfinden, dass im *Super Van* der Bettenumbau mit Verstauen der Decken etc. in irgendwelchen Schränken anfällt. Bei 2 Personen im *Class C-Camper* ist das mit Nutzung des Alkovenbetts nicht notwendig.

Motorhome Class C

Die **technische Basis** eines Class C-*Motorhome* (22-27/28 Fuß) entspricht weitgehend der des *Super Van*; d.h., Fahrerposition, Motoren, Fahrgestelltechnik und prinzipelle Innenausstattung sind identisch. Aber in ihm gibt es immer einen weit über die Fahrerkabine hinausragenden Dachüberhang, in dem sich ein breites **Doppelbett** verbirgt, das nicht nur zum Schlafen, sondern auch als Stauraum tagsüber praktisch ist (die kleine Kletterpartie nach oben ist für halbwegs gelenkige Mieter selten ein Problem).

Nachteilig ist die durch diese Bauweise **eingeschränkte Sicht nach oben** (im Stadtverkehr wegen höherhängender Ampeln und im Gebirge wegen des Ausblicks). Ab 23/25 Fuß Länge gibt es zusätzlich (zur immer auch zum Bett umzubauenden Sitzecke) ein Doppelbett im hinteren Teil des Wagens und ein etwas geräumigeres »Badezimmer«. Ab 25 Fuß ergänzen Einzelsessel die Inneneinrichtung. Erkauft wird dieser Komfort mit enormen Überständen des Aufbau über die hintere Achse. Bei Fahrzeugen über 25 Fuß wirken die Überhänge abenteuerlich.

Sonderfall Compact RV

Rein äußerlich unterscheiden sich die ***Compact RVs*** von *Cruise America* auf den ersten Blick kaum von gleich großen *Class C-RVs*. Indessen gilt das nur für den Aufbau mit Alkovenüberhang etc. Die Fahrerkabine, eine in sich geschlossene engere *Truck Cabin*, ist niedriger und ohne Durchgang zum Innenraum des Campers. Den etwas geringeren Mietkosten steht ziemliche Unbequemlichkeit gegenüber. Eher weniger empfehlenswert.

Motorhome Class A

Ab30 Fuß Länge wird aus dem typischen *Motorhome* ein **Riesen-Campingbus**, den man *Class A Camper* nennt. Die Überhänge verschwinden zugunsten eines integrierten Cockpits über die volle Breite von ca. 2,50 m mit viel besserer Rundumsicht als in den »kleinen« Modellen. Anstelle eines Alkovenbetts tritt ein Doppelbett, das nachts über den Vordersitzen abgesenkt werden kann. Das Schlafzimmer hinten ist vom Wohnbereich separiert, die Nasszelle angenehm groß. Diese Riesendinger gibt es sogar in ***Slide out***-Version, die den Sitzbereich auf komfortable Wohnzimmergröße ausdehnen, wenn der Campingplatz erreicht ist.

Größenwahl Motorhome

Bei der Entscheidung für die individuell richtige Größe darf man seine eigentlichen Urlaubsabsichten nicht aus dem Auge verlieren. Je größer das *Motorhome,* umso weniger geeignet ist es für Abstecher auf kleinen Straßen zu mitunter besonders reizvollen Zielen und in verkehrshektischen Bereichen (Miami, Orlando, New Orleans, Chaleston, Atlanta etc). Wer mit einem *Super Van* nicht auskommt, sollte deshalb die Miete eines *Motorhome* kleineren Typs erwägen. Es sei denn, ruhiges Reisen mit längeren Verweilperioden und/oder sehr hoher Komfort- und Platzbedarf stehen im Vordergrund.

22-Fuss Camper der C-Klasse; so was heißt in den USA »Mini-Motorhome« (im Ernst!)

Kosten

Zu den Tarifen

Camper sind außer in der Nebensaison – im USA-Osten bzw. Süden generell bis Mitte Juni und ab Ende September, in Florida bereits billiger ab Anfang September, aber teurer im April – ein **ziemlich kostspieliges Vergnügen**. Ein ***SuperVan*** kostet in der Hauptsaison 2007 inklusive 100 mi/Tag z.B. bei *Moturis* in Fort Lauderdale um €68/Tag. Die Tagestarife für ***Motorhomes* ab etwa 22 Fuß Länge** beginnen dann bei ca. €72. Hinzu kommen ggf. Übergabegebühren und Endreinigungskosten (***Preparation Fee***), Pauschalen für den ***Convenience-Kit*** (Bettwäsche, Geschirr, Bestecke) und die Herabsetzung des Selbstbehalts bei selbstverursachten Schäden am Fahrzeug (**VIP**, ➪ unten).

Die Standardtarife pro Tag beziehen sich auf 60 mi oder 100 mi/Tag. Wer mehr fährt, zahlt $0,25-$0,35 extra. Allerdings gibt es bei ***Cruise America*** (Washington DC, Atlanta, New Orleans, Orlando, Miami, Tampa) und bei ***El Monte*** (Orlando) Tarife ohne Meilen, zu denen 500-Meilen- und 1.000 Meilen-Pakete gekauft werden können, die je Meile billiger sind als Zusatzmeilen. Nicht voll genutzte Meilenpakete verfallen indessen

Unbegrenzte **Meilenpauschalen** pro Tag gibt es zur Zeit nur bei ***El Monte*** und ***Cruise America*** zu heftigen Tarifen.

Einige Tarife bieten scharfen Rechnern bei guter Schätzung der voraussichtlichen Fahrtstrecke immerhin Chancen zur Kostenoptimierung (z.B. Frühjahrs- und Herbstspecials, *Value* und *Flex Rates* für Frühbucher). **Weder Meilenpakete noch Pauschalen für unbegrenzte Meilen sind vor Ort verfügbar**.

Zusätzliche Aspekte

Saisonabgrenzungen ändern sich von Jahr zu Jahr und sind vermieterabhängig. Es kann sein, dass Firma X bereits Nebensaisontarife berechnet, aber bei Vermieter Y noch Hochsaisonpreise gelten.

Sogenannte ***Roll-over*** **Tarife** besagen, dass der vereinbarte Preis für die gesamte Mietzeit, d.h.saisonübergreifend gilt; also: keine Zuschläge ab Beginn der Hauptsaison, aber auch keine Abschläge ab Beginn der Nebensaison.

Einweg-gebühren

Unterschiedliche Ankunfts- und Abflug-Airports erlauben häufig attraktivere Reiserouten als die Rückkehr zum Ausgangspunkt. Anders als beim Miet-PKW ist dies bei Campfahrzeugen wegen der wenigen Miet-Stationen nur begrenzt und im allgemeinen zu relativ hohen Kosten möglich. Aber **bei Moturis entfallen in der Wintersaison die Einweggebühren** ganz, beziehen sich im Osten aber nur auf die Stationen New York, Chicago und Ft. Lauderdale.

Konditionen

Haftpflicht-deckung

Die **Haftpflichtdeckungssumme** ist auch bei den Campern ein überaus wichtiger Punkt. Bei direkter Buchung bei einem der US-Vermieter ist das Fahrzeug oft nur mit der gesetzlich minimalen Summe abgesichert. Wie bei der Pkw-Miete erläutert, schützen deutsche Veranstalter deshalb ihre Camper-Kunden automatisch mit einer **Aufstockung der Haftpflicht** auf eine Deckungssumme von €1-€1,6 Mio.

CDW / LDW und VIP

Die **Abkürzung CDW** steht für *Collision Damage Waiver* (manchmal auch **LDW**, L für *Loss*) und suggeriert Freistellung von Kosten im Schadensfall. Sie ist immer in den Tarifen enthalten, beinhaltet aber eine Eigenbeteiligung bei Schäden am Fahrzeug (unabhängig vom Verursacher) und sogar Diebstahl von $2.000 bis $3.000. Bei bestimmten Schäden, die nicht auf einen Straßenunfall im weitesten Sinne oder auf Fahrlässigkeit zurückgehen, haftet der Mieter auch mit CDW gelegentlich unbegrenzt.

Die **Zusatzversicherung** mit der schönen Bezeichnung **VIP** (*Vacation Interruption Policy)* ergänzt CDW/LDW. Sie kostet bis $20/

Tag (plus Steuern). Der Abschluss der VIP-Versicherung reduziert die Selbstbeteiligung bei Schäden am Fahrzeug vermieterabhängig auf \$200-\$300. Über CDW gar nicht abgedeckte Schäden (etwa die Beschädigung der Dachklimaanlage) gehen bei Abschluss der VIP teilweise nur noch bis maximal \$2000/\$3000 zu Lasten des Mieters. Im Fall »unsachgemäßer Behandlung des Fahrzeugs«, wie immer das definiert sein mag, haftet der Mieter auch mit VIP voll. Sollte unterwegs eine Fahrtunterbrechung wegen eines technischen, von ihm nicht zu verantwortenden Defekts unvermeidlich sein, werden dem Mieter mit VIP in gewissem Umfang Hotelkosten ersetzt und ein kleines finanzielles Trostpflaster gewährt.

VIP/ELVIP ist immer optional. Es stellt sich daher oft die Frage: Lohnt sich der Abschluss dieser doch relativ teuren Zusatzversicherung eigentlich? Leider weiß man erst nach Ende der Reise, ob die Ausgabe sinnvoll war. Statistisch lohnt sich VIP nicht, weil die meisten Mieter schadenfrei bleiben. Im Einzelfall jedoch fährt man entspannter mit der VIP. Und es kracht oft gerade dann, wenn man unversichert ist. Also mitbuchen, denn im Schadensfall zahlt der Mieter – zunächst – selbst bei Fremdverursachung.

Kaution

Die **Höhe der Kaution** hängt ab von den abgeschlossenen Zusatzversicherungen. Üblich ist die Blankounterschrift auf einem Kreditkartenbeleg. Man sollte aber darauf bestehen, dass von vornherein »nur« die maximale Kautionssumme eingetragen wird.

Fazit Campermiete

Vorteile Vorbuchung

Nicht zuletzt die erläuterten, relativ komplizierten **Miet- und Haftungskonditionen sprechen für eine Buchung vor der Reise beim heimischen Veranstalter**. Dieser ist dann Vertragspartner (wenn auch nur mittelbar). Bei individueller Buchung vor Ort kann es schwerer sein, ggf. auftretende Probleme sachgerecht zu klären oder Erstattungen zähneknirschend beglichener oder überraschend vom Kreditkartenkonto abgebuchter, ungerechtfertigter Zahlungen durchzusetzen.

Ob die Vorausbuchung auch **kostenmäßig die beste Lösung** ist, hängt vom Dollarkurs ab. Die Preise der Veranstalter werden auf der Basis des Kurses vom Herbst des Vorjahres festgelegt. Sinkt der Kurs im Laufe des Folgejahres, kann es zwar sein, dass eine Campermiete in €uro oder sFr direkt beim Vermieter vor Ort ein bisschen weniger kostet, steigt er aber, ist die Vorausbuchung erst recht die beste Alternative.

Empfehlung

Letztlich gilt: Wer nur über eine begrenzte und datenmäßig festgelegte Urlaubszeit verfügt, tut immer gut daran, hier zu buchen. Ersparter Stress würde sogar gewisse Mehrkosten rechtfertigen. Aber davon kann zur Zeit keine Rede sein; die Buchung vor Ort ist eher teurer (Stand 2006). Am günstigsten fährt, wer sich intensiv in Katalogen/im Internet umschaut und vor der endgültigen (für den Sommer zeitigen!) Buchung Preise vergleicht.

2.3.3 Ein Kostenvergleich: Camper versus Pkw/Zelt und Pkw/Motel

In Anbetracht der hohen Kosten, insbesondere in der **Hochsaison,** wird manch einer trotz Campmobilpriorität vielleicht die Alternativen Miet-Pkw mit Zelt und/oder Motel/Hotel in Betracht ziehen. Tatsächlich ergeben sich im Vergleich interessante, für eine Entscheidung hilfreiche Kostendifferenzen:

Camper & Pkw/Zelt

Ausgangspunkt einer **Vergleichsrechnung sei ein 3-Wochen-Urlaub ab Mitte September ab Miami/Fort Lauderdale**. Dabei mögen 18 Tage Campermiete anfallen und 3 Wochenmieten für einen Pkw. Der Einfachheit halber sei ein fiktiver, aber der Realität ungefähr entsprechender Preis inkl. aller Nebenkosten und Meilen für einen ***Super Van*** oder ein entsprechendes ***Motorhome*** in Höhe von **€2.200** angenommen. Der Camper verbraucht 20 l/100 km; Literkosten ca €0,50. Ein **Pkw mittlerer Größe** kostet inkl. Vollkasko, lokalen Steuern und Haftpflichtaufstockung auf €1,5 Mio. bei den großen Veranstaltern in Florida nur ab €175/Woche als Pauschale ohne Zusatzkosten. Der Verbrauch betrage in Anbetracht der Tempobegrenzungen maximal 10 l/100 km. Beide Wagen fahren 3.000 mi/4.800 km:

Camperkosten in €uro

18 Tage Miete und Nebenkosten	2.200
Benzinkosten	480
Gesamtkosten Camper	**2.680**

Pkw-Kosten in €uro

3 Wochen x 200	525
Benzinkosten	240
Gesamtkosten Pkw	**765**

Hohe Differenz

Die Differenz beträgt über **€1.900**. Auch bei einem preiswerteren Camper-Angebot würde sie kaum unter **€1.500** fallen. Von dieser Summe kann man leicht eine mitgebrachte Campingausrüstung ergänzen, bei schlechtem Wetter im Motel übernachten und dennoch einiges übrigbehalten. Unterstellt ist in beiden Fällen, dass zu ähnlichen Kosten gecampt wird, so dass es darauf zum Vergleich nicht ankommt. Tatsächlich liegen die Campgebühren im Campmobil meistens höher, was die Differenz noch erhöht.

Andere Fahrzeuge

Vergleicht man **einen größeren Camper** z.B. mit der Kombination **Minivan/Zeltübernachtung** (etwa für eine 4-köpfige Familie), ergibt sich eine eher noch höhere Differenz.

Nebensaison

Der **Abstand** zwischen beiden Alternativen **vermindert sich zwar zu anderen Jahreszeiten**, aber auch dann fällt er kaum unter **€1.000**. Es sei denn, man bringt über **Frühbucherrabatt** und/oder zeitweise laufende **Sonderaktionen** die Mietkosten fürs Campmobil deutlich unter den Normalstandard.

Vergleich Fahrzeugkosten plus Übernachtung

Für viele wichtiger ist der Vergleich **Camper** und **Pkw/Motel**. Dabei müssen die oben nicht berücksichtigten **Übernachtungskosten** für die Campingvariante mitgerechnet werden.

Unterstellt man nun im Schnitt H/Motelkosten von $80/Nacht und $30 Campinggebühren soweie eine erste und letzte Nacht im Stadthotel für $125 dann ergibt sich unter der Annahme eines Wechselkurses von €1 = US$1,25:

Camperkosten in €uro

Fahrzeugkosten	2.680
Campingkosten (18 Nächte)	432
Hotelkosten (2 Nächte)	200
Kosten inkl. Übernachtung	**3.312**

Pkw- plus Motelkostenin €uro

Fahrzeugkosten	765
Übernachtungen (18+2 Nächte)	1.352
Kosten inkl. Übernachtung	**2.117**

Der nun geschrumpften Ersparnis im Pkw stehen höhere Kosten für Mahlzeiten gegenüber, da bei der Kombination PKW/Motel die Selbstverpflegung schwieriger ist. Die hier errechneten **€1.200** vermindern sich damit noch, wenngleich wohl nicht gleich um fast €60/Tag. Obwohl man durchaus günstiger als zu $80 unterkommen kann, sollte man diesen Posten nicht zu niedrig ansetzen, da es auch schon mal teurer wird, wenn preiswerte Motels ausgebucht sind und hier und dort vielleicht besonders attraktive, wenn auch leider nicht ganz billige B&B Quartiere reizen. Wer auf gute Unterkünfte Wert legt, kann auch spielend im Schnitt weit über $100 ausgeben, ohne deshalb im Luxus zu schwelgen.

Im Ergebnis bleiben die Gesamtkosten selbst für ein Campmobil kleineren Typs und sogar in der Nebensaison höher als die Variante Pkw und Motel-/Hotelunterbringung außer bei Vergleich mit einem hohen Hotelstandard mit durchschnittlichen Ausgaben von deutlich über $100/Nacht.

Hinweis: Die oben beispielhaft errechnete Differenz ist zu Lasten der Campmobilmiete noch etwas höher zu anderen Saisonzeiten und im Fall von Fahrzeugen größer als *Super Van*.

4 oder mehr Personen im Camper

Indessen **gilt dies nur bei zwei Personen. Wenn sich eine Familie mit 4 erwachsenen Personen** (Kinder im Zimmer der Eltern kosten meist nichts oder wenig; 2 Doppelbetten sind oft vorhanden, ➪ Seite 121) **oder Freunde den Camper teilen, die sonst zwei Zimmer benötigen würden, sieht die Rechnung schon anders aus**. Dann schlagen auch der Selbstverpflegungsaspekt und die Bequemlichkeit während der Fahrt stärker durch.

Wofür man sich letztlich entscheidet, ist in vielen Fällen dann eher eine Frage der persönlichen Präferenzen als der unterschiedlichen Kostenrechnungen.

2.3.4 Utensilien zum Mitnehmen für Fahrzeugmieter

Da es auf der Transatlantik-Strecke kaum Probleme mit dem Gewichtslimit gibt (**max. 2 Gepäckstücke mit je 23 kg/Person**), sollte man für Reisen im Mietfahrzeug, vor allem im Camper, den einen oder anderen der folgenden Gegenstände vielleicht mitnehmen. Vieles lässt sich auch drüben leicht besorgen, aber in vielen Fällen teurer:

- **Auto-Verbandskasten**. In amerikanischen Mietautos befinden sich mangels gesetzlicher Vorschrift meist keine Verbandskästen. In *Drugstores* und Kaufhäusern erhältliche *First Aid Boxes* für $10-$20 wirken sehr dürftig.
- **Basiswerkzeug** (insbesondere bei Campermiete nützlich, denn selten gibt's im Camper mehr als einen Wagenheber, und den nicht immer), i.e. ein paar Schraubenzieher, einen Schraubenschlüsselset, Flachzange, Isolierband etc). Schweizer Offiziersmesser sowieso.
- **Taschenlampe** oder Kabellampe für die Autosteckdose
- **Kurzwellenradio** für Nachrichten der Deutschen Welle. Die Frequenzen für die USA und Canada wechseln in Abhängigkeit von der Tageszeit. Auskünfte über Frequenzen und Programmübersichten gibt's im Internet: www.dwelle.de
- **Automobilklub-Mitgliedskarte** für Straßendienst und Gratismaterial von **AAA** und/oder **CAA**, ➪ Seite 54.
- **Musik-CDs** für den heute im Auto meistens vorhandenen CD-Player (Miet-Pkw sowieso und Mietcamper neuerer Baujahre).
- **Autokindersitz**, der sonst dazugemietet werden muss (bis $5/Tag). Bei Kleinkindern ist der Sitz auch sehr geeignet im Flugzeugsessel, ➪ »Reisen mit Kindern«, Seite 45.

Wer auf Campingreise geht, könnte außer ohnehin selbstverständlichen Utensilien zusätzlich noch einpacken:

- einen **Camping-Gaz-Kocher** (sofern vorhanden; ebenfalls gut ist die Lampe) für blaue Butan-Kartuschen, die im Original und in kompatiblen Marken auch in Amerika erhältlich sind (*Shops* für Camping und *Outdoor Supply)*. Sehr gut zum Draußenkochen/Licht auf dem Campingtisch. Kaum Platzbedarf. Aber: Kartuschen dürfen natürlich nicht ins Flugzeug. Vergleichbare Ausrüstung ist in den USA jedoch preiswerter als bei uns, **daher nicht extra hier anschaffen**.
- eigene **Bestecke** (und ggf. persönliches Geschirr) auch bei Campermiete. Was Verleihfirmen im extra berechneten *Convenience Kit* ihren Kunden bieten, begeistert nicht gerade.
- liebgewordenen **Kleinkram** für die Küche nach individuellem Gusto (z.B. Knoblauchpresse, Schnapsglas, Salatbesteck etc.) Man verliert Geld und Zeit beim Zusammenkaufen solcher Sachen, die nach wenigen Wochen obsolet sind.

- eventuell **eigenen Schlafsack und Bettwäsche**. Die im Miet-Camper vorhandenen Decken (ebenfalls im *Convenience Kit* enthalten) können ebenfalls nicht in allen Fällen befriedigen.
- das **Zelt** aus der Heimat, wenn »richtig« gecampt werden soll. Die preisgünstigeren amerikanischen Kaufhausqualitäten taugen meist wenig und sind oft unpraktisch in der Handhabung. Bessere Ausrüstung gibt es in Fachgeschäften (*Camping World* u.a.), ist aber eher teuer. Die bei uns in Kaufhäusern erhältliche gute Mittelqualität zu günstigem Preis fehlt. Auf Insektensicherheit sollte man achten; sie ist insbesondere im Süden Amerikas extrem wichtig.

Hier liegt alles, was man fürs Zelten unbedingt braucht: Kuppelzelt aus der Heimat $0, Schlafsack für $20; Einflammenkocher für Wegwerf-Gaskartuschen$15, Luftmatraze $18 und ggf. Luftpumpe 12 V für Autobatteriebetrieb $12. Alles zusammen $70

2.3.5 Greyhound Bus

Die Firma ***Greyhound*** (Windhund) besitzt in weiten Teilen der USA das **Busmonopol** für Langstrecken und Städteverbindungen. Auch Regionallinien gehören zum Konzern. Alleinreisende finden – sieht man ab von Autotransport und Trampen (➪ Seiten 109/112) – keine preiswertere Transportmöglichkeit als den *Greyhound*; im US-Osten/-Süden ist das Routennetz relativ dicht. Im Gegensatz zu anderen Landesteilen (Nordosten/Westen) gibt es im Bereich der Südstaaten **keine »alternativen« Buslinien**.

Ameripass

Greyhound berechnet für im Ausland gekaufte Netzkarten, den sog. ***Ameripass***, in Abhängigkeit von dessen Geltungsdauer folgende $-Preise (keine fixen Quotierungen in €).

Ameripass USA	**Nebensaison**	**Hochsaison** (16.05.-30.09.)
4 Tage (nur Mo-Do)	$159	$179
7 Tage	$259	$279
10 Tage	$269	$289

15 Tage	\$309	\$349
21 Tage	\$379	\$419
30 Tage	\$419	\$479
45 Tage	\$469	\$529
60 Tage	\$559	\$639

Studenten und **Senioren** ab 62 Jahren erhalten jeweils 10% Discount auf Hochsaisonpreise, aber nicht in der Nebensaison.

Diese Pässe gelten nicht nur für unbegrenzte Nutzung der *Greyhound* (und *Trailways*) Busse innerhalb der gebuchten Periode, sondern auch für Busse kooperierender Regionallinien, bisweilen mit Zuzahlung. **Ameripässe gibt es als *CanAM Passes* auch für Teilbereiche** inkl. der kanadischen Provinzen.

Ostküsten Pass Der ***Eastern CanAm Pass*** bezieht sich u.a. auf alle Routen durch die Ostküstenstaaten bis hinunter nach Florida, ist aber nur für 10 oder 21 Tage erhältlich

Eastern CanAmPass	**Nebensaison**	**Hochsaison** (16.05.-30.09.)
10 Tage	\$289	\$309
21 Tage	\$369	\$409

Ticketkauf In Deutschland vertreiben mehrer Veranstalter Ameripässe: www.hauns.de/usa/greyhdwi.htm oder www.statravel.de, in Österreich und in der Schweiz www.statravel.at bzw. www.statravel.ch. Prinzipiell kann aber jedes Reisebüro *Greyhound Tickets* besorgen.

Alle Tickets sind unter der Bezeichnung ***Discovery Pass*** auch in Nordamerika für jedermann erhältlich, kosten jedoch – je nach Basispreis – \$20-\$60 mehr als der entsprechende *Pass* für ausländische Reisende: www.discoverypass.com/products.asp; die Abwicklung kann bis 3 Wochen dauern.

Laufzeit Ein Datum für den ersten Geltungstag braucht man bei Kauf in Europa nicht anzugeben. Jeder Pass »läuft« ab dem Tag der ersten Fahrt. Der **4-Tage-Pass** kann nicht Fr-So benutzt werden, erlaubt ist aber eine nicht zusammenhängende Kombination von Tagen, etwa Mi+Do und Mo+Di der Folgewoche.

Information Alle aktuellen **Informationen zu den Routen** (einschließlich eines Streckennetzes zum *Download* – www.discoverypass.com/rtmap.asp) und mehr gibt's über Internet unter www.greyhound.com.

Fahrplaninfo vor Ort unter *toll-free* © 1-800-231-2222 .

Nachteile des Bustransports in den USA Die Frage »Bus als Transportmittel im Süden?« wurde schon auf der Seite 41 angesprochen. Autofahrer können sich besser selbst versorgen und **preiswertere Quartiere** oder **Zeltplätze** finden, die weitab der Busstation liegen; Buspassagiere sind auf **Cafeterias** und ***Fast-Food*** angewiesen und müssen häufig mit überteuerten und/oder schäbigen **Unterkünften im Umfeld der *Terminals*** vorlieb nehmen. Im Schnitt lassen sich im Auto die Übernachtungskosten der Busbenutzer ohne weiteres deutlich unterbieten oder bei besserem Standard zumindest egalisieren.

2.3.6 Eisenbahn-Amtrak

Streckennetz

Von früher zahlreichen **Passagierrouten ist in den USA nicht viel übriggeblieben**. Im Süden der USA gibt es im wesentlichen nur noch Nord-Süd-Verbindungen. Hier eine Übersicht der Linien:

- von New York/Washington über Charleston/South Carolina und Savannah/Georgia nach Florida (Orlando, Tampa, Miami)
- von New York/Washington über Charlotte/North Carolina, Atlanta und Birmingham/Alabama nach New Orleans
- von Chicago mit dem legendären ***City of New Orleans*** am Mississippi entlang über St. Louis und Memphis nach New Orleans
- der ***Carolinian*** verbindet New York/Washington mit Richmond/Virginia und Charlotte/North Carolina
- innerhalb von North Carolina verbindet der ***Piedmont*** Raleigh, Durham, Greensboro und Charlotte miteinander
- der ***Sunset Limited*** fährt von Miami via Orlando, Jacksonville und Mobile nach New Orleans und weiter bis Los Angeles

Railpässe

Bahnfahren per Einzelticket ist in den USA ein Vergnügen, das ähnlich teuer wie Flugreisen ist. **Für Ausländer** gibt es aber ***Rail Passes***, ausgestellt von der halbstaatlichen Personen-Eisenbahngesellschaften ***Amtrak***. Die Pässe beziehen sich auf das rund 25.000 mi umfassende Amtrak-Netz bzw. Teile davon. Wer sich per Bahn im wesentlichen den **Süden der USA** erschließen möchte, kann dafür einen ***Eastern Rail Pass*** kaufen, mit dem das gesamte Netz östlich des Mississippi von Neu-England bis Florida befahren werden darf. Einen speziellen *Southern Pass* gibt es nicht.

Der Railpässe kosten für das ganze Netz in der **Hauptsaison**: (26.05.-04.09) **$455 für 15 Tage** und **$565 für 30 Tage**. In der **Nebensaison** reduzieren sich diese Preise auf **$305/$395**. Der ***Eastern Pass*** für das östliche Netz kostet **$335/$415** in der Hauptsaison, sonst **$215/$280**.

Amtrak Superliner

Erwerb

Bei uns können die Pässe u.a. erworben werden bei:

- **CRD Int'l North America Travel House** Stadthausbrücke 1-3, 20355 Hamburg, ✆ 040/300616-0, www.crd.de/amtrak.
- **Austria Reiseservice**, Hessgasse 7, A-1010 Wien, ✆ 01/3107441
- **Kuoni Travel**, Neue Hard 7, CH-8037 Zürich, ✆ 01/2774583

Wichtig zu wissen ist, dass es sich beim ***Rail Pass*** **noch nicht um den Fahrausweis** handelt; vielmehr muss sich der Inhaber die Tickets für die Teilstrecken gegen Vorlage von *Rail Pass*, Reisepass und Reservierung einzeln ausstellen lassen.

Fahrplaninformationen vor Ort unter ✆ 1-800-872-7245.

Aktuelle Fahrpläne und weitere Informationen lassen sich gut auf der **Website** von Amtrak direkt abfragen: www.amtrak.com.

Unterwegs per Bahn

Für Bahnfahrten ist Zeit und Vorausplanung nötig, da für Züge (im Gegensatz etwa zum Bus, aber wie im Flugzeug) **Reservierungspflicht** besteht. Die Mehrzahl der Amtrak-Züge verkehrt nur einige Male pro Woche, höchstens einmal am Tag. Für späte oder gar spontane Entschlüsse bleibt daher meist kein Raum.

Das **Standardticket** umfasst einen bequemen Sitzplatz mit ausklappbarer Fußstütze und variabler Lehne in großzügig dimensionierten Abteilen. Nachts gibt es kaum Störung durch ein- oder aussteigende Passagiere, deren Plätze von vornherein nach Reisezielen reserviert werden. Der Service ist zuvorkommend, das Essen – sei es in der *Dining Car* oder aber in der *Lounge* (Cafeteria) – sein Geld wert. Höchsten Luxus bietet ein Schlafwagenabteil, in dessen Kosten gleich die Vollpension mit eingeschlossen ist.

2.3.7 City-Hopping per Flugzeug

Kennzeichnung

Eine weitere Möglichkeit, die USA zu entdecken, bieten Rundflugtickets. Ob man sich nun ohnehin überwiegend für Cities interessiert und/oder sie als Ausgangspunkte für Kurzreisen betrachtet, ein Trip mit Rundflugticket kann eine Alternative zur Rundreise per Auto »an einem Stück« sein. Besonders bei weit auseinanderliegenden Schwerpunkten der Reise spart ein ***City Hopping*** lange Auto- oder Bus-/Bahnfahrten. Für Alleinreisende kann das sogar preiswerter sein als eine Automiete plus Benzinkosten.

»Echte« Rundflugtickets beinhalten überwiegend **mindestens drei Flüge** innerhalb der USA; also z.B. bei Ankunft in Washington DC per Transatlantikticket *ein* Weiterflug nach Atlanta/Charleston/Miami und von dort zurück nach Europa. Denkbar sind auch einfache Rundstrecken, die sich z.B. mit einer Flugunterbrechung und einem Zusatzflugschein oder mit 2 zusätzlichen Teilstrecken bewerkstelligen ließen, etwa nach Amerika über Washington bis Atlanta und weiter nach Miami mit Zusatzflugschein oder zunächst nur bis Washington mit Rückflug von Miami und zwei gesondert gekauften Teilstrecken. Für derartige Erweiterungen bedarf es also nicht unbedingt eines speziellen Rundflugtarifs, sondern lediglich eines oder zweier Zusatztickets.

Rundflug-tickets

Ab drei Teilstrecken innerhalb der USA sind Rundreisetickets zu erwägen, die alle großen amerikanischen Airlines anbieten. Voraussetzung des Erwerbs ist oft, dass der Flug über den Atlantik mit derselben Gesellschaft oder einem europäischem Kooperationspartner erfolgt (z.B. mit *Staralliance Lufthansa/USAir/United).* Bei »fremden« Transatlantikflügen gibt's die Rundflugtickets nicht, oder sie kosten mehr. Rundflugtickets kann man nur vor Abflug in Europa erwerben. Sie enthalten sog. **Coupons** (3 bis maximal 12), die jeweils für eine Flugstrecke gelten.

Couponsystem

Für jede einzelne Flugstrecke, die im voraus bestimmt werden muss, aber – bis auf die Notwendigkeit, den ersten Flug definitiv bis 7 Tage vor Ankunft in den USA festzulegen – gegen Zuzahlung von jeweils $25 bis $50 wieder geändert werden kann, erhält man einen **Flugcoupon**.

Netzdichte im US-Süden

Unter dem Gesichtspunkt besonders dichter Flugnetze im Osten und speziell Südosten der USA kommt heute in erster Linie ***United*** in Frage. *United* kooperiert über ***Staralliance*** im *Codesharing* mit ***USAirways***, und ist damit auch kapitalmäßig verflochten. Beide Linien zusammen bedienen im Süden der USA mit Abstand die meisten Ziele und Routen). Ein ebenfalls ziemlich engmaschiges, für die meisten Reisenden ebenfalls geeignetes Netz im Süden betreibt ***Delta Airlines***.

Kosten der Coupons

Die ersten drei *Coupons* in der Hochsaison (Juni-August) kosten bei der ***Staralliance*** €549, die nächsten Coupons jeweils plus €110 bis €150 bis maximal 10 Tickets. Bei ***Delta*** zahlt man lediglich €409 für die ersten drei Tickets und €549 für jeden zusätzlichen Coupon. Außerhalb der Sommersaison wird es etwas billiger (3 Coupons bei *Delta* €359, bei *Staralliance* €459).

Das »richtige« Couponticket

Das am besten geeignete Ticket für die eigenen Reisepläne auszuwählen, ist nicht unbedingt einfach. Die Kosten sind nicht das einzige Kriterium. Die genauen Konditionen, Flugnetz und -plan wollen ebenfalls studiert sein. Denn was nützt das schönste Netz, wenn zu bestimmten Zielen nur zwei Flüge wöchentlich gehen?

Dank Internet ist es heute einfach, die aktuellen Preise und Bedingungen zu vergleichen, z.B. www.travel-overland.de, www.reiseland.de, www.ssr.ch und andere. Auf den Websites der Airlines muss man teilweise nach den Rundflugtickets lange suchen und findet am Ende bestenfalls Dollartarife.

Delta Airlines Maschinen im neuen Outfit in Atlanta

Pool des Renaissance Concourse Hotel Atlanta Airport mit Blick auf die Rollbahn auch von Zimmern und den Restaurants aus; prima Wahl in Atlanta nicht nur für die erste oder letzte Nacht (ab ca. $100)

2.4 Vorbuchung von Unterkünften

Situation

In den USA ist es in der Regel nicht sonderlich schwierig, unterwegs spontan eine Unterkunft zu finden. Zwar sind in den letzten Jahren die Hotel- und Moteltarife generell stark gestiegen, aber trotzdem halten sich die **Übernachtungskosten im Süden der USA** – im Gegensatz etwa touristisch beliebten Regionen im US-Westen und Nordosten – noch in einem erträglichen Rahmen. Außerhalb von Großstädten und touristischen Attraktionen kann man dort durchaus noch für $50-$60 akzeptabel unterkommen. (Doppelzimmer/Nacht). Die meisten »besseren« Quartiere liegen im Preisbereich $80-$100. USA-Reiseveranstalter und Vermittlerportale bieten vor allem diese obere Mittelklasse und Häuser der gehobenen Kategorie zur Buchung bereits vor der Reise an.

Wichtige Aspekte

Die Frage ist, ob und inwieweit es Sinn macht, für eine individuell geplante Reise, die Unterkünfte bereits vor der Reise zu reservieren. Völlig unabhängig von Kostenüberlegungen ist festzuhalten, dass die Vorab-Festlegung von Übernachtungen einen Großteil der mit Mietwagen, aber auch der mit *Greyhound Ameripass* an sich verbundenen Flexibilität wieder zunichte macht.

Mit einer Vorausbuchung sind mit bestimmten Ausnahmen (z.B. nicht ausgelastete Cityhotels) keine generellen Kostenvorteile verbunden. Je nach Kursentwicklung zwischen Buchung/Zahlung hier und Übernachtungsdatum kann (sofern man über einen hiesigen Veranstalter und nicht via Internet im Dollarraum reserviert) gelegentlich zudem ein Vorteil damit verbunden sein, aber auch das Gegenteil ist (bei steigenden Euro) möglich.

Wann vorbuchen?

Grundsätzlich ist die Buchung von Unterkünften nur in folgenden Fällen bereits vor Reisebeginn ausdrücklich zu erwägen:

- **Für die erste(n) Nacht/Nächte** in der Ankunftscity. (Mieter von Campmobilen **müssen** mindestens eine Übernachtung zwischen Transatlantikflug und Übernahme legen.)
- Für besonders beliebte oder spektakuläre Hotels w.z.B. den ***Jekyll Island Club*** auf der gleichnamigen Insel, in denen man überhaupt nur bei langfristiger Voranmeldung unterkommt, bekannte historische ***B&B*-Häuser** etc. (➪ die entsprechenden Hinweise im Reiseteil).
- Bei speziellen **Großveranstaltungen** wie .z.B *Mardi Gras* oder *Jazz & Heritage Festival* in New Orleans, und ganz allgemein Sportgroßereignissen oder Messen und Tagungen, soweit deren Daten im Vorwege bekannt sind.
- Am ***Memorial Day-*** und ***Labor Day Weekend*** sowie um den Unabhängigkeitstag herum (**4. Juli,** ➪ Seite 156). Dann ist ganz Amerika auf den Beinen, und Quartiere aller Art sind trotz der dann hohen Preise ausgebucht.
- Für **Wochenendübernachtungen** in und im Umfeld von Touristendestinationen – wie New Orleans, Charleston, Natchez, Orlando, Key West, Stone Mountain und allen Nationalparks – zur jeweiligen Saisonzeit.
- Für die **letzte Nacht** vor dem Abflug in Airportnähe, damit am Ende der Reise nichts mehr schiefgeht. Andererseits starten Flüge nach Europa von Großflughäfen selten am Vormittag, was ein teures Airporthotel häufig unnötig macht. Ein etwas weiter entferntes Quartier zu moderaterem Preis tut es dann auch. Sollte der Rückflugtermin auf einen Samstag oder Sonntag fallen, übernachtet man indessen gerade im Airportbereich oft preiswert, da dann häufig *Weekend Specials* gelten.

Hotelpässe

Viele der großen **Hotelketten** sind mit ihren Häusern in ganz Nordamerika vertreten. Sowohl für einzelne Ketten als auch für Häuser verschiedener Ketten bieten Reiseveranstalter Übernachtungsgutscheine zu festen Einheitspreisen an (www.welcomepass.com, www.libertyhotelpass u.a.).

Dies Gutscheine sind immer mit Restriktionen verbunden und selbst dann, wenn sich gegenüber den offiziellen Tarifen Ersparnisse ergeben, nicht immer vorteilhaft, denn

- häufig akzeptieren nicht alle Hotels/Motels der beteiligten Ketten die Gutscheine, berechnen (zeitweise) Aufschläge oder verlangen pro Übernachtung 2 Gutscheine.
- die **Anzahl** der in Frage kommenden Häuser kann im eigenen Reisegebiet gering und die **Dichte** unterschiedlich sein.
- vor allem außerhalb der Hauptsaison gibt es auch schon mal ***Special Rates***, die günstiger sind als die Gutscheinpreise.
- man legt sich weitgehend fest und gibt damit ohne jede Not die **Flexibilität** auf, vor Ort ggf. auch andere Häuser zu buchen.
- **Rückgabe** unbenutzter Gutscheine kostet happige Abzüge

2

Bei Vorausreservierung sieht man außerdem erst bei Ankunft, was genau man da gebucht hat. Im übrigen besteht die Möglichkeit, dass man nicht immer wie geplant unterkommt und auch deshalb Gutscheine zurückbehält, was mit Verlusten verbunden ist. Gehen Gutscheine verloren, fällt der Gegenwert sogar ganz unter den Tisch. Wer dagegen mit Kreditkarte bezahlt und die Karte verliert, haftet höchstens bis €50.

Nachteile

Einmal die Gutscheine in der Tasche, wird man zur Vermeidung ökonomischer Nachteile auch möglichst in einem der in Frage kommenden Häuser übernachten, selbst wenn gegenüber ein noch so schönes *Bed & Breakfast Inn* Platz hätte oder ein gleichwertiges Motel am Wege weniger kostet als der Gutschein. Kurz, die Pässe besitzen eingebaute Nachteile, aber keine ersichtlich überzeugenden Vorteile. Ob man im Schnitt vor Ort in denselben oder vergleichbaren Quartieren ohne den Pass wirklich nennenswert höhere Kosten hätte, ist nicht einmal gesagt.

Hotel-/ Motelketten

Zur Kenntnis der Verteilung (Standorte) und offizieller Vor-Ort-Tarife, aber auch vieler Häuser im Einzelnen macht es Sinn, sich bereits vor der Reise schon mal auf den Internet Portalen der zahlreichen Hotel- und Motelketten Nordamerikas umzusehen. Dafür tippt man ganz einfach nach dem »www« die Bezeichnung der Kette ein und fügt das übliche ».com« dahinter ein, also z.B.

Best Western: www.bestwestern.com
Hilton: www.hilton.com
Days Inn: www.daysinn.com
etc.

Die wichtigsten Ketten sind auf Seite 126 gelistet. Eine wesentliche Ausnahme bei dieser Art der »Website-Findung« bilden die Häuser des sog. *Choic*e-Verbundes, zu der zur Zeit die Häuser von 9 Ketten gehören; sie alle erreicht man über das *Choice*-Portal:

Choice Hotels: www.choicehotels.com
(Comfort Inn/Suites, Quality Inn, Sleep Inn, Clarion, Rodeway, Econolodges, Suburban, Main Stay und *Cambria Suites*)

Eine weitere Besonderheit bei der Internetadresse betrifft die

Holiday Inn-Gruppe: www.ichotelsgroup.com
(Holiday Inn und *Holiday Inn Express, Intercontinental* und *Crown Plaza Hotels, Candlewood Suites u.a)*

Alle diese Hotels können u.a. auch über die Hotelbuchungsplattformen www.hrs.de oder www.hotels.de reserviert werden, oft zu Tarifen, die günstiger als bei Direktkontakt sind. Besonders übersichtlich mit Alternativen in allen Kategorien öffnet sich nach Angabe beliebiger Reservierungsdaten und des Ortes eine Liste mit Details unter www.orbitz.com.

Alle weiteren Informationen zu Preisen, Buchung und Reservierung etc. von Hotels und Motels während der Reise liefert Kapitel 3.4 im Unterwegs-Teil (ab Seite 120ff).

2.5 Was sonst noch wichtig ist

Vor jeder Reise fragt sich, was unbedingt eingepackt werden muss, was ggf. noch zu Hause beschafft werden sollte und was vielleicht günstiger im Ferienland zu erstehen wäre. Nur auf Fahrzeugmieter und Zelt-Urlauber bezogen waren bereits die Hinweise im Abschnitt 2.3.4. Hier geht es um Punkte, die jeden USA-Reisenden betreffen. Zunächst zum Thema

2.5.1 Foto- und Video

Fotografieren mit Digitalkameras

Speicherchips für Digitalkameras sind nicht preiswerter, eher teurer als bei uns, u.a. zu finden in den Fotoabteilungen der Kaufhäuser wie *Walmart*, *K-Mart*, *Target* und in den überall vorhandenen Läden der Elektronik-Kette ***Radio Shack***. Wer digital fotografiert, sollte daher besser genug Chips für die Reise mitnehmenn oder einen externen Speicher bzw. den Laptop, um darauf das »Tagespensum« abzuladen und den Chip wieder frei zu haben.

Indessen kann man sich unterwegs mehr und mehr für ein paar Dollar Daten vom Speicherchip auf eine CD brennen lassen und derart den Speicher für mehr Fotos wieder freizumachen.

Benutzer konventioneller Kameras sollten Folgendes wissen:

Diafilme

Diafilme sind in den USA immer schwerer aufzutreiben (insbesondere andere als Standardempfindlichkeiten von 64/100 ASA), seitdem mehr und mehr digital fotografiert wird. Sie sind obendrein teurer als bei uns. Wer noch Dias macht, sollte daher ausreichend Filmmaterial mitnehmen. Das gilt speziell für andere Marken als Kodak. Sie sind drüben kaum noch zu finden, gelegentlich in Fotoshops ggf. noch Dia-Filme von *Fuji*.

Wenn der Vorrat an mitgebrachten Filmen dennoch ausgeht, empfiehlt sich ein Nachkauf von Filmen der ***Kodak-Ektachrome***-Serie. Viele Labors entwickeln sie auch bei uns preisgünstig.

Negativfilme

Negativfilme sind im Gegensatz zu Diafilmen wie bei uns billiger geworden, aber selten so preiswert wie hierzulande. Dank Schnellservice lassen sich Filme in manchen Supermärkten und Fotoshops schon unterwegs entwickeln.

Kamera-/Objektivkauf?

Kameras (konventionell und digital) und Objektive sind beim Kurs um $1,20 für den Euro nicht billiger als in Fotoläden oder Elektronikmärkten bei uns. In den **Großstädten** und in manchen *Shopping Malls* gibt es zwar überquellende ***Shops***, die alle gängigen Marken führen und preiswerten Einkauf signalisieren. Aber man darf sich nicht täuschen lassen: echte Schnäppchen bedingen, dass man sich auskennt. Wer sich füs aktuelle Preisniveau interessiert, sollte sich bei www.radioshack.com einloggen oder mal bei www.ebay.com nachsehen, wie es in den USA aussieht.

Videokassette

Wer seine Videokamera mitnimmt, kann zusätzlich benötigte Kassetten (**Video-8** und **VHS-C**) durchaus nachkaufen. Hi8-Kassetten sind aber bisweilen schwer aufzutreiben.

»Fertige« Videos und DVDs

Achtung auch beim Kauf fertiger Video-Kassetten! In vielen Nationalparks z.B. gibt es ausgezeichnete **Dokumentarfilme** zu Flora, Fauna und den spezifischen Phänomenen des Parks. Wenn ein Video aber dem VHS/NTSC-Standard für Amerika und Japan entspricht, muss es bei uns für viel Geld konvertiert werden.

Bei **DVDs** gibt es ähnliche Probleme; und zwar muss auf der DVD der *Regional* oder *Country Code* 2 stehen. Mit *Country Code* 1 laufen die Scheiben auf einem Standardplayer bei uns nicht. Die Frage PAL oder NTSC stellt sich genaugenommen auch, aber die meisten neueren DVD-Player können NTSC-Signale verarbeiten.

Die Firma Belz ist einer der großen Betreiber von Outlet Malls in den USA

2.5.2 Was muss mit, was nicht?

In den Reisekoffer gehört eigentlich nichts, was man nicht auch für den gewohnten Urlaub in Europa mitnehmen würde – klimabezogen und aktivitätsabhängig. Die USA haben den Vorteil, dass sich vieles, was vielleicht vergessen wird, leicht nachbeschaffen lässt. **Bei einem Eurokursniveau um +/- US$1,25 außerdem für viele Produkte zu Preisen ähnlich wie bei uns**.

Bekleidung

Bekleidung einschließlich Kindersachen ist preiswert, aber nur soweit es sich um markenlose Ware in Kaufhäusern handelt. Markenware ist nicht mehr teurer als bei uns. In den *Factory Stores* der ***Outlet Malls*** bezahlt man für vergleichbar gute Qualitäten bzw. identische Ware sogar durchweg weniger als in Europa. Namentlich Markenwäsche und **-jeans sind erstaunlich billig**: ***Wrangler*** gibt's ab US$18, ***Levis*** und ***Lee*** ab US$25. **Sportartikel** – Textilien, Schuhe und Ausstattung aller Art – gehören ebenfalls zu den durchweg vorteilhaften Käufen.

Steckdosen-Adapter

Föhn und Rasierapparat lassen sich nur benutzen, wenn sie auf **110/125 V** umschaltbar sind. Aber auch dann benötigt man einen Adapter für das amerikanische Steckdosensystem. Der ist hierzulande problemlos in *Travel Shops*, in größeren Elektroläden und auch in Kaufhäusern erhältlich. Die Suche danach in den USA bzw. in Canada bereitet erhebliche Mühe.

Drogerie-Artikel Ziemlich **teuer** sind erstaunlicherweise **Toilettenartikel** wie Seife, Zahnpasta, Haarshampoo, Sprays, Nivea-Creme u.ä., sofern man von – eher seltenen – Eigenmarken der Supermarktketten absieht. Man sollte seinen Reisebedarf komplett samt Zahnbürsten und Rasierer mitbringen. Kaltwaschmittel z.B. gibt's gar nicht.

Medikamente Seine Reiseapotheke kann man in Amerika in *Drugstores* und Supermärkten **per Selbstbedienung** mit rezeptfreien Medikamenten zu ähnlichen Preisen wie bei uns komplettieren, ➪ Seite 153.

Wer rezeptpflichtige Medikamente benötigt, sollte dafür besser nicht auf amerikanische Ärzte angewiesen sein, sondern einen für die Reisezeit ausreichenden Vorrat dabei haben. Außer in Notfällen ist es für durchreisende Touristen mühsam, kurzfristig einen Termin zu bekommen, ➪ Seiten 153 und 160.

Mückenspray Da in den USA immer irgendwelche Viecher beißen und stechen, packt mancher ein Mückenspray ein. Unsere Essenzen helfen gegen amerikanische Moskitos und andere Quälgeister kaum.

Und Anti-Insektenmittel zum Sprayen oder Einreiben kauft man besser in den USA. Das dort erstandene Zeug ist garantiert wirksam, wenn auch weder billig (am wenigsten in der Nähe oder in Brennpunkten des Tourismus) noch sonderlich haut- und umweltverträglich.

2

Zu bedenken vor Reiseantritt

- Für **Versicherungsschutz im Krankheitsfall** sorgen, d.h. Auslandsreise-Krankenversicherung bzw. Reise-Notfall-Versicherung abschließen
- **Chronisch Kranke** sollten einen Gesundheitspass mitnehmen, ebenso alle benötigten Medikamente in ausreichenden Mengen
- **Kreditkarte** rechtzeitig beantragen und sich nach Notfallhilfen und Sperrmodalitäten erkundigen, Notruf-Telefonnummern notieren und genügend Geld auf dem Kartenkonto deponieren
- Bei der Hausbank die Möglichkeiten der **Geldüberweisung im Notfall** klären und ggf. Verwandten/Freunden eine Bankvollmacht erteilen. Einer Vertrauensperson Adressen, Versicherungsnummern etc. hinterlassen
- **Kopien aller wichtigen Dokumente** (Pass, Versicherungsscheine, Führerschein, Flugticket etc.) anfertigen und Nummern dieser sowie Scheck-, Pass-, Karten- und Notrufnummern sorgfältig notieren. Einen Satz Kopien getrennt von den Originalen mitnehmen, einen zu Hause hinterlegen
- **Originaldokumente** sicher verstauen, am besten am Körper (Brustbeutel, Gürteltasche o.ä.) tragen oder, wenn möglich, im Hotelsafe deponieren
- Soweit möglich, **Wertgegenstände**, Dokumente und Karten zwischen zwei Personen austauschen, keinesfalls alles in einer Brieftasche mitführen.
- »**Notfall-Pass**« mit persönlichen Daten, Adresse, Kontaktperson/-adresse, Notruf-, Versicherungs-, Sperrnummern, Nummern der verschiedenen Dokumente, Schecks, Tickets usw. anfertigen.

Capt.
CRABS
GATOR
BAND
THE CRAB SHACK

3 Unterwegs in den Südstaaten

3.1 Ankunft in den USA

3.1.1 Einreise, Zoll und Transfer

Ankunft/ Formales

Grüne Formulare für visafreie Einreise und gleichartige weiße Vordrucke für Visainhaber sowie Zollformulare werden während des Fluges ausgeteilt (teilweise erhält man sie auch schon beim Einchecken). Sie müssen (in Druckschrift und Großbuchstaben) für jeden Reisenden einzeln bzw. pro Familie ausgefüllt werden. In ihnen wird außer den üblichen persönlichen Daten auch nach der **Adresse in den USA** gefragt, eine Zeile, die man nicht frei lassen darf, auch wenn man als »rundreisender« Tourist keine feste Anschrift hat. Ersatzweise gibt man wie bereits auf dem beim Einchecken vorzulegenden Formblatt (➪ Seite 60) die Adressse des Autoverleihers (z.B.: c/o *Eastern Car Rentals, 4567 Westpoint Ave, Atlanta GA 12345*) oder des ersten gebuchten Hotels an, sollte keine Privatadresse (von Freunden/Bekannten) zur Hand sein (Achtung: hier nichts anderes eintragen als vorher auf dem Formblatt!).

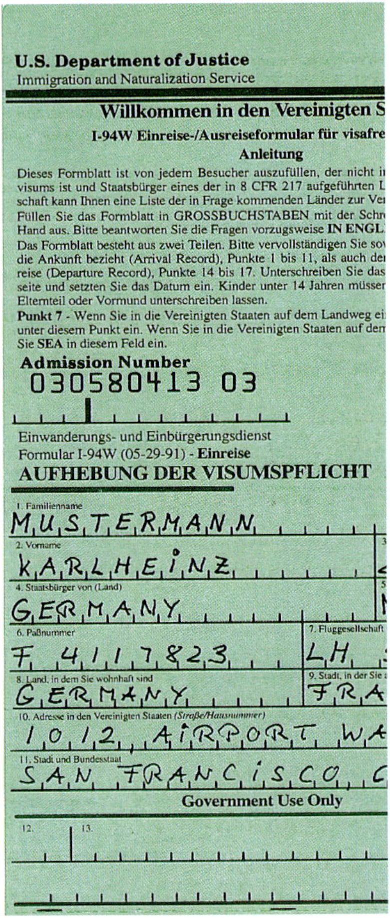
U.S. Department of Justice
Immigration and Naturalization Service
Willkommen in den Vereinigten S
I-94W Einreise-/Ausreiseformular für visafre
Anleitung
Dieses Formblatt ist von jedem Besucher auszufüllen, der nicht i visums ist und Staatsbürger eines der in 8 CFR 217 aufgeführten L schaft kann Ihnen eine Liste der in Frage kommenden Länder zur Ve Füllen Sie das Formblatt in GROSSBUCHSTABEN mit der Schr Hand aus. Bitte beantworten Sie die Fragen vorzugsweise IN ENGL Das Formblatt besteht aus zwei Teilen. Bitte vervollständigen Sie so die Ankunft bezieht (Arrival Record), Punkte 1 bis 11, als auch de reise (Departure Record), Punkte 14 bis 17. Unterschreiben Sie das seite und setzten Sie das Datum ein. Kinder unter 14 Jahren müsser Elternteil oder Vormund unterschreiben lassen.
Punkt 7 - Wenn Sie in die Vereinigten Staaten auf dem Landweg ei unter diesem Punkt ein. Wenn Sie in die Vereinigten Staaten auf den Sie SEA in diesem Feld ein.
Admission Number
030580413 03
Einwanderungs- und Einbürgerungsdienst
Formular I-94W (05-29-91) - Einreise
AUFHEBUNG DER VISUMSPFLICHT
1. Familienname
MUSTERMANN
2. Vorname
KARLHEINZ
4. Staatsbürger von (Land)
GERMANY
6. Paßnummer
F 4117823
7. Fluggesellschaft
LH
8. Land, in dem Sie wohnhaft sind
GERMANY
9. Stadt, in der Sie
FRA
10. Adresse in den Vereinigten Staaten (Straße/Hausnummer)
1012 AIRPORT WA
11. Stadt und Bundesstaat
SAN FRANCISCO C
Government Use Only
12. 13.

Angekommen am ersten (nicht unbedingt Ziel-) Flughafen in den USA erwarten den Reisenden ***Immigration*** (Passkontrolle) und ***Customs*** (Zoll). Bei der Passkontrolle wird zwischen *Residents* (allen, die in den USA leben) und *Non-Residents* unterschieden. **Seit 2004 werden biometrische Daten erfasst (digitale Abdrücke beider Zeigefinger und Foto)**, was nur ca. 15 sec dauert, währenddessen der *Officer* schon mal den Pass prüft (Ein **Lesegerät** gibt Auskunft über vorherige Einreisen und dabei ggf. gespeicherte negative Kontakte mit der US-Obrigkeit).und Fragen zu Reiseabsichten, Kontakten in den USA etc.pp. stelllt. Mit der Biometrie wollen die US-Behörden sicherstellen, dass der/die Ausreisende der-/dieselbe wie bei Einreise ist bzw. die Person, die im Pass steht. Auch bei Ausreise sollen daher die digitale Kontrolle und ein automatischer elektronischer Abgleich mit den bei Einreise erfassten Daten erfolgen. Die Technik wird z.Zt. erprobt.

Aufenthaltsdauer

Normalerweise wird eine **Aufenthaltsdauer** von maximal drei bzw. sechs Monaten bewilligt (ohne bzw. mit Visa/unabhängig von den effektiven Reiseplänen) und Einreise- und letztes Ausreisedatum in den Pass gestempelt. Außerdem verbleibt der untere Abschnitt des Einreiseformulars (***Departure Record)*** im Pass. Bei der Ausreise wird er beim Einchecken wieder entnommen.

Zollbestimmungen

Neben den Einreiseformularen muss pro Familie (gleicher Familienname ist maßgeblich) nur ein **Zollformular** ausgefüllt werden. Die Einfuhr von Alkohol und Tabak (1 Liter bzw. 200 Zigaretten/ 100 Zigarren) ist eingeschränkt, der Wert von Geschenken darf $100 nicht überschreiten.

Scharf geachtet wird auf Frischprodukte aller Art. Also weder Obst noch eine Salami als Mitbringsel und auch kein übriggebliebenes Wurstbrot dürfen im Gepäck stecken. Folglich muss der Satz »Ich führe kein Obst, Gemüse, Fleischwaren etc. ein und habe kürzlich keinen Bauernhof besucht« auf dem Zollformular klar mit »*yes*« beantwortet werden. Drogen – für regelmäßig benötigte starke Medikamente ist ggf. ein ärztliches Attest sinnvoll – und Waffen sind natürlich absolute Tabus.

Eine Devisenbeschränkung existiert nicht.

Gepäckempfang

Nach der Einreiseprozedur am ersten US-Flughafen muss immer auch das Gepäck in Empfang genommen werden, selbst wenn noch ein Weiterflug ansteht und es im Prinzip »durchgecheckt« worden ist. Vor Verlassen des Zollbereichs durch die Tür mit der Aufschrift »*Nothing to declare*« ist das vom *Immigration Officer* bereits gestempelte Zollpapier abzugeben. Stichproben finden statt.

Anschlußflug

Bei inneramerikanischem Anschlussflug muss das Gepäck neu aufgegeben werden. Dies geschieht in der Regel an einem Schalter und/oder am Laufband für ***Transfer Baggage*** gleich hinter dem Zollbereich. Neue Gepäckanhänger für durchgechecktes Gepäck gibt es nicht. Das System funktioniert auch dann, wenn der Passagier – nur mit Handgepäck – für den Weiterflug das Terminal wechseln muss. Voraussetzung dafür ist, dass man bereits bei Abflug den ***Boarding Pass*** für den Anschlussflug erhielt.

Für den Fall, dass die Reise mit einer ganz anderen *Airline* als dem amerikanischen Partner der Transatlantikgesellschaft (*Lufthansa-United, KLM-Northwest, Air France-Delta* o.ä.) fortgesetzt wird, ist ein ganz neues Einchecken mit Gepäck im Abflug-Stockwerk bzw. -Gebäude (*Departure Level/Building*) notwendig.

Mietwagen

Die Airportschalter der internationalen Autovermieter sind unübersehbar. Überwiegend werden dort nur die Formalitäten erledigt. Oft nicht einmal das, sondern man verweist die Kunden auf die *Shuttle*-Busse zu den Hauptbüros der ***Rental Car Companies***.

Wer erst bei Ankunft ein Auto mieten möchte, findet neben den Schaltern der am Airport vertretenen Firmen oft zusätzliche Werbetafeln und kostenlose Telefone von ***Off-Airport*-Vermietern**, die meist günstige Tarife bieten und ihre Kunden auf Anruf abholen.

Transport zur Unterkunft

Wurde ein **Hotel in Airportnähe** bereits vorgebucht, genügt bei den meisten ein Anruf, um abgeholt zu werden. Bucht man erst bei der Ankunft von einem der Gratis-Reservierungstelefone im *Arrivals Level*, wird die Transportfrage automatisch geklärt.

Die großen Airport-Hotels verfügen überall über einen in kurzen Abständen verkehrenden ***Shuttle Bus***, in den man auch ohne vorherigen Anruf nur einzusteigen braucht, sofern man nicht gerade spät abends eintrifft, wenn der regelmäßige Betrieb eingestellt ist. Die Abfahrtstellen an den mehrspurigen Straßen vor der Ankunftsebene der *Terminals* sind entsprechend gekennzeichnet. Oft ist auch Personal behilflich.

City-Hotels bieten normalerweise keinen Abholservice. Dorthin geht es in Eigeninitiative nur per kostenpflichtigem *City Shuttle*, Taxi oder mit öffentlichen Verkehrsmitteln, sofern vorhanden. Die Alternativen des jeweiligen ***Ground Transport*** sind in den meisten Flughäfen relativ gut gekennzeichnet bzw. mit Hilfe von Service Personal leicht zu finden.

Zeitumstellung

Mit sechs bis sieben Stunden Zeitgewinn erreicht man die meisten Ziele im US-Süden bereits am Nachmittag oder frühen Abend Ortszeit. Hat man die Prozedur am Airport, die Fahrt in Taxi oder *Shuttlebus* bzw. per Mietwagen zum (möglichst) vorgebuchten Hotel endlich hinter sich, ist es nach europäischer Zeit oft schon spät genug fürs Bett.

Doch es wäre wenig sinnvoll, der aufkommenden Müdigkeit nachzugeben, denn sonst liegt man nach 8 Stunden Schlaf mitten in der Nacht wach. Besser macht man noch eine erste Erkundungstour und geht erst zu gewohnter Zeit (nach Ortszeit) ins Bett. Mit dem Ausschlafen bis zum amerikanischen frühen Morgen ist die Zeitumstellung schon weitgehend geschafft.

Typische Hoteltafel, wie man sie in jedem großen Airport gleich hinter der Gepäckausgabe findet, immer auch mit Gratistelefon für den Direktanruf

3.1.2 Übernahme eines vorgebuchten Fahrzeugs

Vorgebuchte **Miet-Pkws/Minivans** können bei Ankunft am Airport übernommen werden. **Camper-Verleiher** holen ihre Kunden im Hotel ab; bei hohem Buchungsaufkommen deutschsprachiger Touristen verfügen sie sogar über **Personal mit Deutschkenntnissen**. Bei den Pkw-Verleihern gibt's nur eine Sprache.

Pkw

Formalitäten

Die Übernahme des vorgebuchten Fahrzeugs geht normalerweise rasch, vorausgesetzt, die Schlange am Schalter ist nicht lang. Vorlegen muss man: **Voucher** vom Reisebüro, nationalen **Führerschein** (internationaler genügt nicht) und **Kreditkarte** für die Belastung von Sonderkosten und Kaution (Blankobeleg ist dabei üblich). Oft wird auch eine zusätzliche ID verlangt, also der **Pass**.

Dank der heute üblichen Paketbuchungen (➪ Seite 76) sind **Zusatzvereinbarungen** – etwa über den gewünschten Versicherungsumfang – nicht mehr nötig. Vorschlägen dieser Art braucht man nicht nachzugeben. Auch Hinweise auf günstige ***Upgrades*** (größeres Auto für einen geringen Aufpreis) sollte man ignorieren. Denn sollte die gebuchte Kategorie nicht mehr vorhanden sein, wird – ohne Aufpreis – sowieso ein Wagen einer höheren Klasse zur Verfügung gestellt. Manche Anbieter verfügen über **Nichtraucher-Autos** – bei Interesse nachfragen.

Tankfüllung

An sich übernimmt man Mietwagen mit vollem Tank und gibt ihn auch mit vollem Tank zurück. Wer das nicht schafft oder vergisst, zahlt drauf, denn der Vermieter kalkuliert dann selbst die Menge nach Tankuhr und errechnet die Kosten mit einem exorbitanten Literpreis. Das tut er in den USA bei Vorbuchung in vielen Fällen schon von vornherein, d.h., er belastet den Mieter trickreicherweise sogleich mit der gesamten Tankfüllung zum hohen Sonderpreis, es sei denn, die erste Tankfüllung wurde über »Super Inklusiv« (➪ Seite 76) bereits vorausbezahlt.

Mietvertrag

Nach mündlicher Klärung aller Punkte wird der **Mietvertrag** ausgedruckt. Der Mieter muss die wichtigen Details noch einmal per *Initial* (Unterschriftskürzel) bestätigen (z.B. Ablehnung/Bestätigung weiterer Zusatzversicherungen) und den Vertrag unterschreiben. Sicherheitshalber sollte man noch einen Blick auf **Rückgabe-Uhrzeit** werfen, dabei schleichen sich gerne »Fehler« ein. Es wird im 24-Stunden-Takt abgerechnet, über 30-60 min **Verspätung** kosten extra! Schlüssel und Vertrag werden in einen Umschlag gesteckt, auf dem Standplatz, Typ, Farbe und Kennzeichen des Autos notiert sind. Je nach Vermieter und Ort, wird man zum Fahrzeug gefahren oder kann selbst dorthin gehen. Oft steckt der Schlüssel auch im Zundschloss/in der Tür. Bei ***National*** und ***Alamo*** darf der Kunde auf größeren Airports aus dem vorhandenen Bestand der gebuchten Kategorie »sein« Fahrzeug selbst aussuchen. Dessen Daten werden erst bei der Ausfahrt registriert.

Inspektion

Bevor es losgeht, kann ein kurzer Check nicht schaden: Beleuchtung, Blinker, Scheibenwischer, Gurte, Fensterheber, Schlösser, Tankanzeige, Hebel zum Öffnen der Motorhaube und eventuell auch des Kofferraums. Ein schlechter äußerer Zustand (ist selten) – Beschädigungen, Reifen, Innenraum – sollte reklamiert werden.

Ausstattung/ Schlüssel

Air Condition, ***Cruise Control*** (Tempomat) und **Radio mit CD-Player** sind Standard. Viele Autos haben neuerdings automatisches **Tages-Fahrlicht**, das sich nicht ausschalten lässt. Achtung: zum Anlasssen muss der Schalthebel auf »P« stehen, ➪ unten.

Leider gibt es üblicherweise **nur einen Schlüssel**. Da man ihn beim täglichen Gepäckaus-/einladen nur zu leicht im Auto oder Kofferraum vergessen kann und sich die Zentralverriegelung in amerikanischen Wagen selbst für die Fahrertür häufig ohne Schlüssel per Knopfdruck aktivieren lässt, von Schlüsselverlust nicht zu reden, beruhigt speziell bei längeren Mietzeiten ein Zweitschlüssel in der Tasche: **Schlüsseldienste** gibt es in vielen *Shopping Malls* und überall in den USA zu findenden *Hardware Stores* (Eisenwarenläden), z. B. der Kette ***True Value***. Rohlinge für neuere Schlüsseltypen sind nicht überall vorhanden.

Bedienungsanleitung

Erläuterungen zur Funktionsweise des Wagens sind nicht vorgesehen. In allen Autos befindet sich aber eine kurze Bedienungsanleitung. Für viele Funktionen – sei es für noch nicht angelegte Gurte oder unvollständig geschlossene Türen – gibt es **Warntöne**.

Automatikgetriebe

Für alle, die Automatikgetriebe nicht gewohnt sind, hier einige Hinweise. Standgas ist oft recht hoch eingestellt. Ohne Fuß auf der Bremse setzen sich die Autos unter R, D, 1+2 in Bewegung.

P ***Park*** - nur in dieser Position kann das Auto gestartet und der Schlüssel abgezogen werden

R ***Reverse*** - Rückwärtsgang

N ***Neutral*** - Leerlauf

D ***Drive*** - normale Fahrposition. Ein eingerahmtes **D** steht für ***Overdrive*** und entspricht einem 5. Gang, der bei Autobahnfahrt und ab ca. 45 mph auf ebenen Landstraßen angebracht ist.

2 Einstellung bei Steigungen und ggf. für Überholvorgänge

1 ein selten gebrauchter 1. Gang für sehr steile Strecken (manchmal auch mit »**L**« bezeichnet für *Low*)

Hinweis: Am besten gleich bei Übernahme die **Autonummer** einprägen bzw. notieren. Beim Einchecken in M/Hotels und auf Campingplätzen wird sie üblicherweise abgefragt.

Rückgabe

Die Rückgabe am *Airport* ist unkompliziert: unübersehbare ***Rental Car Return***-Schilder leiten einen zu den Parkplätzen der Verleihfirmen. Ein Schnelldienst tippt sogleich die Daten in ein Erfassungsgerät. Damit entfällt Papierkrieg am Schalter. Die Prozedur dauert meist weniger als 5 min. Abends ersetzt ggf. ein *Express-Return*-Briefkasten für die Dokumente die Computererfassung. Die Quittung kommt per Post ins Haus. Von der Station geht's wieder per *Shuttle*-Bus oder *Airport*-Bahn zum Abflug-*Terminal*.

Camper

Übernahme

Beim Camper ist alles anders. Eine Übernahme am Airport gibt es grundsätzlich nicht. Außerdem muss zwischen Übernahme und Ankunft aus Übersee mindestens eine Nacht liegen. Die Vermieter holen ihre Kunden im Hotel ab, wobei meistens vorgegeben ist, welche Häuser dafür in Frage kommen. Kunden, die anderswo übernachten, müssen den Transfer zur Station bzw. zu einem der »Abholhotels« selbst arrangieren. Zunächst identisch wie beim Pkw ist das Formale:

Die Kaution bzw. Blanko-Kreditkartenunterschrift deckt hier nicht nur Risiken ab, sondern bezieht sich auf die **Extrakosten** wie Zusatzversicherungen (➪ Seite 81f), Zusatzmeilen, noch nicht bezahlte Gebühren für *Convenience Kits*, Kindersitze, Generator, Steuern und ggf. Schäden; Abrechnung nach Rückgabe.

War es einst bei den Camperverleihern üblich, den Vormittag weitgehend für die Rückgabe einlaufender Wagen zu reservieren und die Neukunden erst ab 11 Uhr abzuholen, ist heute bei den internationalen Anbietern (*Moturis, El Monte, Cruise America*) der morgendliche ***Check-out-Service*** ein übliches Angebot.

Inspektion

Nach Erledigung der Formalitäten erfolgt die **Inspektion des Fahrzeugs** verbunden mit einer **Einweisung** in die Technik. Die Bedienungsanleitungen sind heute durchweg auch auf Deutsch vorhanden und gut verständlich. Wie beim Pkw gibt es nur einen **Schlüsselsatz**, siehe dazu die vorstehenden Hinweise für Pkw.

Im Camper unterwegs

Mieter von Campfahrzeugen müssen bei längerfristiger Miete bzw. Fahrten über 5000 mi ggf. **Ölwechsel** durchführen lassen. Die Kosten dafür trägt der Vermieter. Verrechnung bei Rückgabe. Da es in Amerika überall Spezialfirmen für den schnellen **Ölwechsel zum Fixpreis** einschließlich eines Checks anderer wichtiger Liquide gibt (Getriebe, Bremsflüssigkeit, Servolenkung etc.), macht das kaum Probleme. **Reparaturen** dürfen – wenn sie minimale Kosten übersteigen – **immer erst nach Rücksprache mit der Verleihfirma** ausgeführt werden.

Die Campmobile von Cruise America sind rundherum mit herrlichsten Landschaftsfotos verziert. Das sieht sehr attraktiv aus. Aber ob jeder Mieter begeistert ist, mit einer bunten Reklameschachtel herumzufahren und sich damit schon von weitem als Fahrzeugmieter zu outen, darf bezweifelt werden.

3

Spätestens bei der ersten Panne wird man feststellen, dass es **kaum Bordwerkzeug** gibt. Dahinter steckt Methode: Der Kunde soll gar nicht erst auf die Idee kommen, selbst herumzufummeln. Einige Vermieter entfernen deshalb sogar Wagenheber und Radschlüssel. Der Kunde soll in solchen Fällen lieber den AAA-Straßendienst rufen. In entsprechenden Situationen oft wohl leichter gesagt als getan. Zum Glück sind Reparaturen und selbst Reifenpannen bei den überwiegend ziemlich neuen Fahrzeugen der großen Campervermieter (bis maximal 3 Jahre alt) eher selten.

Rückgabe

Vor der Abreise steht die Rückgabe des Wagens – üblicherweise am Vormittag. Möchte man hohe **Endreinigungskosten vermeiden**, muss der Camper besenrein und mit entleerten Abwassertanks zurückgegeben werden, oft auch mit gefülltem Frischwassertank und – falls man ihn voll übernommen hat – Benzintank. Die Vermieter akzeptieren im allgemeinen äußerlich »normal« verschmutzte Fahrzeuge.

Es wird aber erwartet, dass der Kunde groben Dreck (an einer der zahlreichen Waschanlagen mit Druckreinigern) vor der Rückgab selbst entfernt. Andernfalls bittet man ihn – wieder einmal – kräftig zur Kasse. Ist nichts beschädigt und gab es auch von Kundenseite keine Beanstandungen, ist die Rückgabe keine Problem. **Formalitäten**, Inspektion des Wagens, Abrechnung von Mehrmeilen, Steuern etc. sind auch beim Campmobil rasch erledigt.

Der Vermieter sorgt für den Transport zum Hotel bzw. zum Airport. Bei Planung von **Rückgabe und Abflug am selben Tag** sollte auf reichlich Zeit geachtet werden. Denn gelegentlich entstehen Wartezeiten, etwa auf weitere Kunden, die im selben Bus zu anderen Zielen transportiert werden müssen. Entspannter verläuft auf jeden Fall die Rückgabe einen oder mehrere Tage vor Abflug.

Campermiete in Eigeninitiative vor Ort?

Die recht komplizierten **Miet-, Versicherungs- und Haftungskonditionen sprechen bei Campmobilen mehr noch als beim Pkw für die Buchung vor der Reise**.

Insbesondere bei Reiseabsichten während der gesamten jeweiligen Hauptsaison (generell in den **USA** Anfang Juni bis *Labor Day*, in **Florida** auch noch Mitte Dezember bis Ostern) kann man nicht darauf setzen, noch irgendwo auf die Schnelle das passende Fahrzeug zu finden – und das möglichst auch noch zu einem niedrigen Tarif, vernünftigen Konditionen und gut versichert. Speziell Letzteres ist ein wunder Punkt vieler Angebote.

Die Tarife in den USA liegen – soweit ersichtlich – zur Zeit sogar über denen, die bei uns an die Veranstalter zu zahlen sind. Ein wenig ermunternder Gedanke ist, dass bei Mängeln des Fahrzeugs und eventuellen Schäden eine daraus folgende Auseinandersetzung im fremden Land geführt werden müsste.

3.2 Regelung des Transports vor Ort

Steht am Ankunftsort kein vorgebuchtes Fahrzeug bereit, und ist auch sonst noch keine Vorsorge für die Weiterreise getroffen, muss Eigeninitiative dafür sorgen, dass es in den USA weitergeht. Die Möglichkeiten vor Ort, und was dabei zu beachten ist, werden in den folgenden Abschnitten erörtert.

3.2.1 Pkw-Miete erst in den USA

Voraussetzung

Eine Automiete vor Ort läuft ohne **Kreditkarte** fast nie. Die wenigsten Firmen sind bereit, anstelle einer *Credit Card* Bargeld oder Reiseschecks zu akzeptieren. Für eine verbindliche telefonische Reservierung benötigt man ebenfalls eine Kreditkarte. **Pass** und **Führerschein** (*Driving License*) sind immer vorzulegen.

Die großen ***Rental Car Companies*** vermieten vor Ort **keine Autos an Fahrer unter 21 Jahren**, ➪ auch Seite 73. Nur in *Big Cities* gibt es bisweilen lokale Unternehmen, die sich den Service für Kunden **ab 18 Jahren** mit Höchsttarifen bezahlen lassen. Damit verbunden ist oft die Auflage, Stadtgebiet bzw. einen Radius um die Stadt herum nicht zu verlassen, so dass größere Reisen unmöglich sind. Die Haftpflichtdeckung für junge Leute ist durchweg minimal.

Bei selbständiger Buchung vor Ort sind gute **Englischkenntnisse** zur Vermeidung von Missverständnissen und für »Durchblick« bei den Konditionen fast unabdingbar.

Mieten wo?

Für die **kostengünstige Wagenmiete** meidet man besser die Schalter der bekannten *Rental Companies* im Airport. Billigvermieter sind meist nicht weit. Lokale Telefonnummern finden sich rasch (Telefonbuch; *Car Rental*), sofern nicht sogar ***Courtesy Phones*** (Gratistelefone) **für *Off-Airport* Vermieter** unweit der Gepäckausgabe vorhanden sind (meist neben den Telefonen der Hotels).

Fast überall gibt es **Wochenendtarife** (manchmal ab Donnerstag Mittag) und **Wochenpauschalen** zum 4-5fachen Tagessatz. Automobilklubmitglieder erhalten mitunter ***special AAA rates***.

Die **Vorausreservierung** (telefonisch oder im Internet) spart Mühe und meist auch Kosten. Ein Anruf beim nationalen Reservierungs-Service des jeweiligen Vermieters (auch der *Discounter*) einige Tage vor der geplanten Miete sichert in der Regel die gewünschte Wagenklasse und oft auch einen besseren Preis als direkt am Ort.

Die **gebührenfreien Telefonnummern** und ***Websites*** der wichtigsten Vermieter sind:

Firma	Toll-free	Internet-Adresse
Alamo	1-800-GO ALAMO	www.goalamo.com
Avis	1-800-331-1212	www.avis.com
Budget	1-800-527-0700	www.budget.com
Dollar	1-800-800-4000	www.dollar.com

Enterprise*	1-800-736-8227	www.enterprise.com
Hertz	1-800-654-3131	www.hertz.com
National	1-800-CAR RENT	www.nationalcar.com
Payless*	1-800-PAY LESS	www.paylesscar.com
Thrifty*	1-800-THRIFTY	www.thrifty.com

Die mit einem Sternchen versehenen Firmen haben in der Regel geringere Tarife als die internationalen Marktführer.

Reservierung unterwegs via ADAC

Auch bereits unterwegs in Nordamerika können ADAC-Mitglieder online über www.adac.de zu günstigen Tarifen und Konditionen (inkl. Haftpflichtaufstockung und Vollkasko), wie sie bei uns angeboten werden, ein Fahrzeug buchen. Problemlose persönliche Abwicklung ist auch über Telefon möglich: ADAC Hamburg, ✆ 040-23919291, Frau Paulsen; Email: sina.paulsen@hsa.adac.de

Rent-a-Wreck

Noch billiger als bei den »normalen« Discountern leiht man Gebrauchtwagen von Firmen, die sich ***Rent-A-Wreck, Rent-A-Used-Car, Ugly Duckling***, ***Rent-A-Junk*** oder ähnlich nennen. In ganz Nordamerika gibt es Franchise-Filialen der Firma ***Rent-A-Wreck***.

Unter der gebührenfreien Nummer ✆ **1-800-944-7501** erfährt man die Adressen der Stationen ebenso wie auf der

Website: www.rentawreck.com

Zu beachten

Man frage grundsätzlich nicht nur nach den **Basiskosten pro Tag/Woche**, sondern auch nach den **freien Meilen** (sollte bei Pkw *unlimited* sein), den Zusatzkosten für die Vollkaskoversicherung (***Full Coverage*** oder *Comprehensive Insurance* - CDW) und dem verbleibenden Selbstbehalt. Oft stehen niedrigen Basiskosten hohe Versicherungssätze gegenüber. Diese können zwischen $10 und über $20 pro Tag kosten. Ohne CDW zahlt der Mieter alle an seinem Fahrzeug entstandenen Schäden selbst, auch bei Fremdverschulden bis zur eindeutigen Klärung.

Haftpflicht-deckung

Die Problematik der ggf. zu niedrigen **Haftpflichtdeckungssumme** bei Mietfahrzeugen wurde bereits erläutert, ➪ Seite 76. Die bei großen Vermietern verfügbare Aufstockung heißt ***LIS*** (***Liability Insurance Supplement***) oder ***ALI*** (***Additional Liability Insurance***) und kostet ab ca. $10/Tag (plus *tax*) für die Erhöhung auf $1 Mio.

Inhaber einiger **Gold-Kreditkarten** genießen eine automatische Aufstockung der **Kfz-Haftpflicht-Versicherung** auf meistens 1 Mio. Euro, wenn sie die Mietkosten per Karte zahlen. Voraussetzung solcher Zusatzdeckung ist, dass eine Basisversicherung besteht.

Fazit

Vergleicht man die Möglichkeiten der Automiete vor Ort mit Angeboten der Reiseveranstalter bzw. der Autovermieter hierzulande, ist man mit der Vorausbuchung gut beraten. Bei zusammenhängenden Mietzeiten ab 5 Tagen sind **die bei uns angebotenen Tarife** inklusive aller wichtigen Versicherungen und der Haftpflichtaufstockung **zur Zeit unschlagbar**.

3.2.2 Autokauf/Mitnahme eines Fahrzeugs

Bei mehrere Monaten Reisezeit lohnt sich eventuell der **Kauf eines Fahrzeugs** oder aber die Mitnahme des eigenen Wagens über den Atlantik. Wenn der mit einem selbständigem Vorgehen verbundene Umstand und das Verkaufsrisiko abschrecken, kann man Fahrzeuge auch nach dem System **Kauf mit Rückkaufgarantie** erwerben, und zwar im Osten/Süden der USA bei ***Adventures on Wheels*** in New Jersey bei New York, ✆ (732) 495-0959; www.adventuresonwheels.com, und Miami. Der Campervermieter ***Moturis*** in Fort Lauderdale verkauft Campmobile aus der eigenen Flotte und ist ggf. beim Wiederverkauf behilflich: www.moturis.com.

Alle Aspekte und Details dazu werden ausführlich im **Reise Know-How Band USA/Canada** behandelt, ➪ Werbeseiten hinten. Einen Markt **An- und Verkauf von Reisemobilen** von Tourist an Tourist findet man auf der Internetseite des Verlages: www.reisebuch.de.

Für den Transport des eigenen Fahrzeugs über den Atlantik macht die Firma *Seabridge* seit langem die besten Angebote:

3.2.3 Auto-Drive-Away

Auto Drive-Away

Billig und trotzdem relativ selbständig reisen kann, wer sich auf das sogenannte ***Auto Drive-Away*** einlässt. Es handelt sich um den Fahrzeugtransport im Auftrage von Unternehmen und Privatleuten, die z.B. ihren Wohnsitz an einen anderen Ort verlegen und nicht die Zeit bzw. das Personal haben, alle in ihrem Besitz befindlichen Wagen selbst zu überführen. Vermittlungsfirmen in jeder größeren Stadt betreiben dieses Geschäft und suchen Fahrer, die ohnehin zum vorgesehenen Zielort reisen und damit Ticketkosten für Flugzeug oder Bus sparen wollen. Die Mehrheit der Autotransporte geht über große Entfernungen, deren Bewältigung durchaus mehrere Tage dauern kann, im geographischen Rahmen dieses Buches etwa für Strecken wie **Washington-Orlando** oder **Miami-New Orleans**.

Bedingungen für Drive-away Fahrer

Auch Touristen können Fahrzeug-Überführungen übernehmen; eine Arbeitserlaubnis benötigen sie dafür nicht. Voraussetzung ist ein Alter von **mindestens 21 Jahren** und die Vorlage des Führerscheins. Meistens ist eine **Kaution** zu hinterlegen (mindestens $100). Darüberhinaus fordern manche Unternehmen **Referenzen** (Empfehlungsschreiben von Amerikanern, dass man/frau eine vertrauenswürdige Person sei: *reliable, no criminal record*) und eine Wohnsitzangabe (eventuell die Adresse eines Freundes). Schweizer, Deutsche und Österreicher gelten als zuverlässig, so dass es oft auch ohne Referenzen klappt.

Bei »Anstellung« gehen je nach Fahrtziel und Firma nur die Kosten fürs Benzin voll oder teilweise zu Lasten des Fahrers. Die Firma sorgt für die Versicherung. Das zeitliche Limit wird normalerweise knapp bemessen. Man erwartet, dass der Fahrer **400 bis 500 Meilen pro Tag** schafft. Wer es nicht so eilig hat, sollte nach Fahrzeugen suchen, die nur über Teilstrecken der Wunschroute transportiert werden müssen.

Das *Drive-Away* ist **keine generelle Transportalternative**, sondern eher eine interessante Variante für flexible Leute mit Zeit.

Interessenten finden Adressen und Telefonnummern in den örtlichen Telefonbüchern (gelbe Seiten) unter *Drive-Away* oder *Auto Drive-Away*. Die größten Firmen mit Filialen in vielen Städten sind ***Across America Driveaway***, *toll-free* zu erreichen unter © **1-800-637-8764,** und ***Auto Drive-Away Co***, © **1-800-346-2277**.

Klarste Information unter www.autodriveaway.com

3.2.4 Bus und Bahn

Greyhound und Amtrak

Ohne ***Bus***- oder ***Railpass***, wie auf den Seiten 87ff beschrieben, sind Bus- und Bahnfahrten per **Einzelticket** wie bei uns ein teurer Spaß. Netzkarten können aber ggf. noch in den USA beschafft werden.

Greyhound

Greyhound **Pässe** mit Ausländerdiscount erhält man in den internationalen Schaltern der zentralen Bus-Bahnhöfe in New York und Miami gegen Vorlage des Passes und eines Dokuments (Flugschein, Studentenausweis o.ä.), das beweist, dass man nicht in den USA lebt. **Netzkarten für Amerikaner (*Discovery Passes*)** sind zwar etwas teurer, der Unterschied ist aber nicht dramatisch. Speziell Schüler und Studenten können *Disvovery Passes* zu einem nur etwas höheren Preis kaufen als bei uns Ameripässe.

Im Gegensatz zum Westen der USA und für Routen von Küste zu Küste gibt es **im Südosten beim Fernverkehr keine alternativen Buslinien** zu *Greyhound* und dessen assoziierte Gesellschaften.

Amtrak

Wer sich erst in Amerika zur Fahrt mit der Eisenbahn entschließt, kann ***Amtrak-Pässe*** **für Ausländer** (➪ Seite 89) drüben nicht mehr beschaffen. Die interne US-Variante, die auch jedem Ausländer offensteht, heißt ***Explore America Fare*** und ist ebenfalls kein schlechtes Geschäft. Dieses Ticket erlaubt Rundreisen innerhalb einer oder mehrerer Amtrak-Regionen in einem Zeitraum von maximal 45 Tagen. Dabei muss man die genaue Route im Voraus festlegen und darf nur 3 x unterbrechen.

Fahrpläne und Prospekte bei **Amtrak**, 60 Massachusetts Ave NE, Washington DC 20002, ✆ 1-800-872-7245; www.amtrak.com.

Moderner Busbahnhof für den Stadt- und Regionalverkehr in Charlotte/North Carolina

Öffentlicher Nahverkehr

Situation

Manche nordamerikanische Großstadt lässt sich ganz gut ohne Auto erkunden, z.B. New Orleans, Memphis, Richmond oder Atlanta. In einigen Städten ist ein Mietwagen sogar eher hinderlich, so etwa in Washington DC oder Philadelphia. Gegenbeispiele sind Miami, Fort Lauderdale und Orlando, in denen man ohne Auto »aufgeschmissen« ist. Entgegen weitverbreiteten Vorurteilen verfügt die Mehrheit amerikanischer Metropolen aber über ein zumindest **akzeptables öffentliches Transportsystem**.

Systeme und Tarife

Das Gros des öffentlichen Nahverkehrs wird in Nordamerika mit Bussen abgewickelt. In einer Reihe von Städten gibt es **Untergrund-** oder **Hochbahnen**, in anderen noch – oder neuerdings wieder – **Straßenbahnen** und **Trolleybusse**. Meistens gilt ein **Einheitspreis pro Fahrt** (durchschnittlich $1,50-$2) mit kostenlosen oder billigen *Transfer Tickets* zum Umsteigen. **Tickets** werden **an Automaten** gekauft oder der Betrag dafür direkt **beim Busfahrer** abgezählt in eine Box geworfen. Schalter mit Personal sind selten.

Üblich sind in Großstädten **Ein- oder Mehrtagespässe**, die zur unbegrenzten Nutzung aller öffentlichen Verkehrsträger berechtigen. Wer eine Stadt per Bus/Bahn entdecken möchte, erhält in den Büros der Touristeninformation oder an den Stationen – meist gratis – **Übersichtskarten** für das öffentliche Verkehrsnetz.

Wichtig zu wissen

Bei Bussen und Bahnen wird häufig zwischen ***Express*** und ***Local*** unterschieden. Erstere halten nicht überall und sind schneller. Man steigt üblicherweise vorn ein und hinten aus. Um anzumelden, dass man **aussteigen** möchte, muss an einer Schnur gezogen, eine Druckleiste zwischen den Fenstern oder ein Druckknopf an den Türen betätigt werden.

Bus-Stops sind in den USA überwiegend durch rechteckige Schilder mit spärlichen, oft schwer durchschaubaren Angaben gekennzeichnet. Unterstände zum Schutz vor Regen oder Sonne existieren selten. Haltestellen befinden sich zwar in Abständen von wenigen hundert Metern, aber die Busse halten nur bei deutlich zum Ausdruck gebrachtem Bedarf.

Taxi

Taxen sind relativ preiswert. Im Stadtverkehr gelten Grundgebühr (ab $1,80) plus entfernungsabhängige Tarife (ab $1 pro Meile) plus ggf. Extrakosten für Gepäck und Aufschläge für Fahrten nach außerhalb oder bei Nacht; die aktuellen Basiskosten stehen oft gut sichtbar außen an der Tür. Für Fahrten vom und zum Airport gelten in vielen Fällen fixe Pauschaltarife.

3.2.5 Trampen (Hitchhiking) & Mitfahrgelegenheiten

Trampen ist in den USA unüblich, schwierig und unter Umständen gefährlich. Speziell gilt das im Süden der USA, von Florida bis Kalifornien, wo spektakuläre Vorkommnisse die Furcht vor Überfällen durch *Hitchhiker* schürten. Hinzu kommt, dass auf ***Freeways*** und auf ***Interstates*** Trampen ohnehin offiziell verboten ist.

Nicht ganz einfach ist das Durchqueren speziell der mittelgroßen Städte. Im Einzugsbereich der Großstädte lassen die Freeways (Autobahnverbot wie bei uns) ein Trampen kaum zu.

Zwar dürften dünner **besiedelte Regionen** keine höheren unkalkulierbaren Gefahren bieten als Europa. Aber das gilt nicht für **Großstädte und ihre Einzugsbereiche**. Dort ist größte Vorsicht geboten. ***Let's go USA***, der *US-Insider*-Führer für junge Leute, **rät ganz vom Trampen ab**. Noch stärker gefährdet als in Europa sind auf jeden Fall **Frauen**. **Sie sollten auch zu zweit in Amerika besser nicht trampen**. *Hitchhiking* ohne praktisch verwertbare Englischkenntnisse ist keine sonderlich gute Idee.

Daher sollte man lieber auf eine **Mitfahrgelegenheit**, zudem billiger als der Bus, setzen. Ähnlich wie an europäischen Unis sind ***Rides*** an den **Schwarzen Brettern** von ***Universities*** und ***Colleges***, die es in jeder größeren Stadt gibt, zu finden.

US Airways besitzt im Südosten der USA neben United das dichteste Streckennetz

3.2.6 Flugbuchung in den USA

Über 90% des öffentlichen Personenverkehrs zwischen nordamerikanischen Cities werden per Flugzeug abgewickelt. Auch noch zu kleinsten Städten existieren Liniendienste. Auf bestimmten vielfrequentierten Strecken garantieren stündliche oder häufigere Abflüge selbst ohne Reservierung einen Platz im *Shuttle-Service*.

Möglichkeiten vor Ort im US-Süden

Inneramerikanische Flüge sind nicht eben preiswert, zumal wenn man Tickets kurzfristig kauft und keinen Spezialtarif erhält. Recht kostspielig sind ganz besonders Anschlussflüge zu entlegenen Orten, die nur von einer einzigen regionalen Gesellschaft bedient werden.

Praktisch alle *Airlines* offerieren für Flüge am Abend oder in der Nacht sogenannte ***Night Coach***- oder ***Red Eye***-Tarife, die je nach Strecke und Luftlinie um bis zu 25% ermäßigt sind. Von den großen Fluggesellschaften besitzen die kooperierenden ***USAirways/ United Airlines*** das dichteste Streckennetz im Südosten, gefolgt von ***Delta***, die dort für Kurzstrecken zu Mittelstädten (Schwerpunkt Florida & Georgia) ihre Tochter ***ComAir*** einsetzt.

Es kostet nichts, die Gesellschaften unter ihren ***toll-free* 800-Nummern** selbst anzurufen und das preisgünstigste Ticket für die gewünschte Verbindung – so vorhanden – zu erfragen. Um eine Buchung am Telefon sicherzustellen, muss eine Kreditkarte zur Hand sein. Hier die im Südosten wichtigsten *Airlines*:

- ***American***: ✆ 1-800-433-7300, www.americanair.com
- ***Comair*** (Deltatochter): ✆ 1-800-354-9822, www.comair.com
- ***Continental***: ✆ 1-800-525-0280, www.flycontinental.com
- ***Delta***: ✆ 1-800-221-1212, www.delta-air.com
- ***Northwest***: ✆ 1-800-225-2525, www.nwa.com
- ***United Airlines***: ✆ 1-800-241-6522, www.unitedairlines.com
- ***US-Airways***: ✆ 1-800-428-4322, www.usair.com

Preiswerte Tickets bei »alternativen« Airlines

Billigtickets gibt es bei bei sog. ***Low Cost Carriers***, speziell auf stark frequentierten Routen, etwa von Florida nach New York oder Washington DC und umgekehrt. In erster Linie und mittlerweile etabliert sind das die noch relativ jungen Gesellschaften ***jetBlue Airways*** (www.jetblue.com) und ***airTran Airways***, außerdem der *United* Ableger ***Ted Airlines*** (www.flyted.com). Solche Flüge bucht man, wenn man schon in den USA ist, am besten bei ***Discount Agents***, z.B. bei *STA Travel* mit Agenturen vor allem in Universitätsstädten; zentrales Telefon ✆ 1-800-781-4040; Internet: www.statravel.com.

airTran Airways startet ausschließlich in Atlanta und fliegt von dort nach Washington DC, New York und zu vielen Städten in den Südstaaten einschließlich Florida (aber auch zur Westküste), es gibt keine Quervebindungen. Ab $35 Zuzahlung bietet ***airTRan*** größere Sitzabstände. Weitere Info und Reservierung unter ✆ 1-800-AIR-TRAN und im Internet: www.airtran.com.

3.3 Autofahren in Amerika

Allgemeines

Autofahren ist in Nordamerika einfacher und im allgemeinen weniger stressig als in Deutschland oder der Schweiz. Außerhalb der Ballungsgebiete sind geringe Verkehrsdichte, weitgehend beachtete Tempolimits, Getriebeautomatik der meisten Fahrzeuge und größere Gelassenheit der Amerikaner am Steuer einige Gründe dafür. Das Fahren in großen Städten stellt hingegen Nerven, Geduld und Fahrkünste bei vielspurigen dicht besetzten Autobahnen, stop-and-go-Verkehr und der notorischen Parkplatzproblematik schon eher auf die Probe. Besonders während der *Rush Hours* (7-10 Uhr/16-19 Uhr) kann Autofahren Stress pur bedeuten.

Es wird rechts gefahren, und die wenigen für uns neuen Verkehrszeichen erklären sich durch ihre Symbolik weitgehend von selbst. Ein Umdenken des europäischen Autofahrers ist also nicht notwendig. Aber es gibt eine Reihe von Verhaltensregeln und gewisse Andersartigkeiten, die zu kennen wichtig ist und in bestimmten Situationen sogar unabdingbar sein kann.

3.3.1 Verkehrsregeln und Besonderheiten

Alkohol

Im Innenraum eines Fahrzeugs darf sich keine geöffnete Flasche mit einem alkoholischen Getränk befinden – die nicht geleerte Weinflasche vom Vorabend im Kühlschrank des Campers ist strenggenommen ein Vergehen; im Pkw muss sie im Kofferraum untergebracht sein. Auch trinkende Beifahrer rund um einen nüchternen Fahrer erfüllen bereits den Tatbestand »Alkohol im *Verkehr*«. Gesetzlich gilt zwar die **0,5 Promille-Grenze**, propagiert wird jedoch Null-Promille. Verstöße werden streng geahndet.

Ampeln und Abbiegen

Ampelanlagen hängen hoch mitten über der Kreuzung oder stehen auf der Gegenseite. Sie schalten direkt von Rot auf Grün um. Gelb gibt es nur zwischen Grün und Rot. Bei Staus darf nicht in eine Kreuzung eingefahren werden. **Rechtsabbiegen bei Rot** (im Fall von Einbahnstraßen auch nach links) ist erlaubt, sofern gefahrlos möglich und kein Schild ***No turn on red*** angebracht ist. Im Fall einer gesonderten Abbiegerspur **muss** sogar bei Rot abgebogen werden, solange dies der Querverkehr zulässt.

Auf- und Abfahrten

Auf- und Abfahrten (*Entrance/Exit*) auf Autobahnen sind entweder nach Meilen bis zur jeweiligen Staatsgrenze beziffert oder aber durchnummeriert. Ausfahrten können überraschenderweise auch von der linken Spur abzweigen.

Fahrspuren und Überholen

Während einfach durchgezogene Trennmarkierungen zwischen Fahrspuren zumÜberholen und Abbiegen überfahren werden dürfen, gilt für **Doppellinien** ein **absolutes Überfahrverbot**.

Auf mehrspurigen Straßen, wo der Spurwechsel bei dichtem Verkehr oft nicht ganz einfach ist, hält man sich normalerweise an die einmal gewählte Spur. Für uns ungewohnt und gewöhnungsbedürftig ist das Rechtsüberholen bei mehreren Spuren.

Car Pool Lanes

Car Pool Lanes sind speziell ausgewiesene Spuren für »Fahrgemeinschaften« (meistens bereits ab 2 Personen), Taxis und Busse. Das auf ihnen bessere Vorankommen soll in erster Linie Pendler veranlassen, nicht allein im Auto oder im Bus zur Arbeit zu fahren. Da *Car Pool Lanes* weniger Abfahrten aufweisen, ist ein Spurwechsel oder Abbiegen nur in größeren Abständen möglich.

Geschwindigkeitsgrenzen

Die Geschwindigkeitsgrenzen variieren von Staat zu Staat, die Ausschilderung ist meist unmissverständlich (mph=*miles per hour*):

Stadtgebiet	20-35 mph	30-55 km/h
Landstraßen	55-65 mph	90-105 km/h
Autobahnen	65-75 mph	105-120 km/h

Eine Unterscheidung zwischen Lkw und Pkw gibt es bei *Speed Limits* nur vereinzelt mit der oft unangenehmen Folge, dass ***Trucks*** schneller als der sonstige Verkehr fahren.

Speeding (Rasen) wird wesentlich schärfer überwacht und härter bestraft als hierzulande. Dabei erfolgt die Überwachung durch geschickt am Straßenrand oder auf dem Mittelstreifen verborgene Polizeiwagen mit Radargeräten. Wer zu schnell fährt, hat bald die ***Highway Patrol*** hinter sich, ⇨ unten.

Parken

Parken ist in den meisten Großstädten teuer. Mit Gepäck im Auto sollte man dennoch bewachte Parkplätze oder -häuser vorziehen. Beim Straßenparken muss man auf **Hydranten** achten, zu denen mindestens 5 m Abstand zu halten ist. ***Tow Away-*** bzw. ***No Parking***-Zonen besser nicht missachten. Wenn an Straßen keine Parkuhren (*meters*) stehen, verraten **farbige Kantsteinmarkierungen**, welche Halte-/Parkregelung gilt:

Rot:	Halteverbot
Gelb/Gelb-Schwarz:	Lieferzone, bei Gelb Parken nach 18 Uhr erlaubt
Blau:	Parken nur für Behinderte
Grün:	Maximal 10-Minuten-Parken
Weiß:	Nur Kurzparken zum Ein-/Aussteigen bzw. -laden

Oft sind **Parkvorschriften** auf Tafeln erläutert, die man genau studieren sollte. Ausnahmen vom Parkverbot bzw. von der Parkerlaubnis werden darauf minutiös erklärt (für Straßenreinigung, Markttage und Anwohner-Vorrechte).

Tickets

Parkuhren und -zonen mit Zeitlimits werden kontinuierlich überwacht; die Parkwächter markieren den Stand der Reifen des parkenden Fahrzeugs mit Kreide (Nachwerfen hilft dann nicht) und verteilen Tickets (Strafzettel).

Auf manchen Parkplätzen stehen taubenschlagartige Kästen, die mit der angegebenen Gebühr gefüttert werden wollen! Verstöße gegen Parkvorschriften gehen ins Geld; denn Abschleppen passiert schnell (dann mindestens $120); auch das Anlegen von »Krallen« ist nicht unüblich.

Hat man ein *Ticket* erhalten, können die Dollars bar in einen beigelegten Umschlag gesteckt werden oder per *Money Order* in einer Bank eingezahlt werden. Zahlungsverweigerung nützt nichts, denn ggf. gibt die Autoverleihfirma die Adresse des Kunden weiter bzw. hat dessen Kreditkartennummer und holt sich so das Geld.

Schulbusse

Die gelben **Schulbusse** darf man bei Blinklicht (ringsum) und ausgeklapptem Stopschild **nicht überholen** und auch **nicht in Gegenrichtung passieren**. Für die Vorbeifahrt an Schulen gelten 15 mph Höchstgeschwindigkeit, wenn Warnblinker aktiviert sind.

Jede Schule mit regionalem Einzugsbereich verfügt über einen eigenen Schulbuspark, der nur für den Schülertransport eingesetzt wird.

Vorfahrt

Stopzeichen für alle Fahrtrichtungen an Kreuzungen bedeuten »wer zuerst kommt, fährt zuerst«. Das Anhaltgebot gilt auch bei offensichtlich leeren Querstraßen und wird strikt befolgt. Die Regel ist genauer als »rechts vor links« und in vielen Wohngebieten Standard. Dabei überqueren mehrere sich der Kreuzung nähernde Wagen diese nach kurzem Halt in der **Reihenfolge der Ankunft**. Das gilt auch bei aufgestautem Verkehr (Ankunft **am weißen Balken** auf der Fahrbahn zählt, nicht am Ende der Schlange); die Überquerung läuft dann ringsum einer nach dem anderen. Unklarheiten löst man in aller Regel durch Zuvorkommenheit.

Polizeikontakt

Um einen Autofahrer zu stoppen, überholt die amerikanische Polizei nicht etwa, sondern bleibt hinter ihm und betätigt kurz Sirene und rote Rundumleuchte, das unmissverständliche Zeichen zum »Rechtsranfahren«. ***Nach dem Anhalten wartet man im Wagen****, alles andere könnte falsch gedeutet werden. Es ist auch nicht ratsam, unbedachte Bewegungen zu machen, etwa in der Absicht, die Papiere aus dem Handschuhfach zu holen. Am besten bleiben die Hände auf dem Lenkrad.*

Ein solches Verhalten ist üblich, um der Polizei, die in Amerika mit Schusswaffengebrauch rechnen muss, eine defensive Position zu signalisieren. Polizisten verhalten sich in Kontrollsituationen sachlich-korrekt; nach dem ersten »Abtasten« und kooperativer Haltung des Gestoppten im allgemeinen eher freundlich. Die Eröffnung eines ernsthaften Disputs mit einem ***Sheriff*** *ist in Anbetracht seiner (für uns) erstaunlichen Machtbefugnis nicht sehr ratsam. Die respektvollen Anreden lauten* ***Officer*** *oder* ***Sir.*** *In Nationalparks besitzen die* ***Ranger*** *einen ähnlichen Status wie sonst die Polizei.*

Typisch für die USA: Bei Annäherung an Ortschaften und Ausfahrten sind die Freeways mit Werbung vor allem der Fast Food-Ketten und der H/Motels zugepflastert

3.3.2 Straßensysteme

Highway ist ein übergeordneter Begriff für alle Straßen, er gilt für Autobahnen, US-Bundesstraßen ebenso wie für Staats- oder Kreisstraßen. Nur kleinste Nebenstraßen würde man nicht so bezeichnen. Die wichtigsten Straßentypen sind:

Interstate Highways/Freeways

Wie die Bezeichnung sagt, sind ***Interstates*** Hauptverkehrsverbindungen zwischen den Staaten. Sie sind auffällig gekennzeichnet durch **rot/blaue Schilder** mit weißer Numerierung. Im Sprachgebrauch üblich ist der Buchstabe »I« und die Nummer, also z.B. ***I-10*** für die ***Interstate Nr. 10***.

Für ***Interstate*-Autobahnen** und sonstige autobahnartig ausgebauten Straßen existiert der Begriff ***Freeway*** *(free steht* für »freie Fahrt/ keine Kreuzungen«). *Freeways* sind manchmal **gebührenpflichtig** und heißen ***Turnpike***, ***Thruway***, ***Toll Road*** (*Toll* = Gebühr).

An den ***Interstates*** gibt es in unterschiedlicher Dichte **Rast-** und **Picknickplätze**, immer mit Toiletten, oft mit Info-Ständen der regionalen Hotellerie/Gastronomie, im Umfeld von Großstädten und an den Staatsgrenzen auch mit ***Tourist Information Centers***.

Mit Ausnahmen finden sich direkt **an den *Interstates*** keine **Tankstellen**. Zum Tanken muss man meistens die Autobahn verlassen.

US Highways, State Roads, County Roads

Landstraßen sind überwiegend zweispurig. Es gelten 55 mph, bei vierspurigem Ausbau auch 65 mph. Die ***US Highways*** (Bundesstraßen) erkennt man am weißen Schild in Form eines Wappens und schwarzer Numerierung. Die ***State Roads/Highways*** sind durchweg gekennzeichnet durch Schilder oft in Form der Kontur des Staatsgebietes in unterschiedlichen Farben. Die Beschilderung der ***County Roads*** (Kreisstraßen) und **lokal unterhaltener Straßen** entspricht keinem einheitlichen Bild, sie variiert von Region zu Region.

Nebenstraßen

Alle Straßen sind allgemein in gutem Zustand. Das gilt auch für kleinste Nebenstrecken, es sei denn, sie sind als ***Gravel*** (Schotter), ***Unpaved*** (ungepflastert) oder gar als ***Dirt Road*** (Dreck/Sand) ausgewiesen. Im Südosten sind derartige Straßen eher die Ausnahme bzw. kommen auf touristischen Routen kaum vor. Allerdings sind auch dort manche Zufahrten zu Campingplätzen, speziell in ***State Parks*** und ***National Forests*** geschottert oder haben festgefahrenen Sandbelag. Solche Straßen lassen sich trocken meist gut befahren, sind bei Nässe aber problematisch.

Straßennumerierung

Für die Numerierung von ***Interstate*** und ***US Highways*** gilt: Ungerade ein- und zweistellige Ziffern signalisieren Nord-Süd-, gerade Ziffern Ost-West-Verlauf. Zubringer oder Nebenstrecken tragen korrespondierende dreistellige Nummern (z.B. **I-180** als Zubringer zur **I-80**). Ist dabei die erste Ziffer gerade, handelt es sich um eine Stadtumgehung, ist sie ungerade, um eine Stichstraße, die ins Zentrum hinein bzw. heraus führt.

Viele **Wegweiser** nennen keine Städte, sondern geben nur Straßennummern und die jeweilige Himmelsrichtung als Buchstabe an, so heißt z.B. ein Pfeil mit **US 17 N**, dass es hier zur Bundesstraße No. 17 in **N**ordrichtung geht.

Verkehrsschilder

Generell ist die Verkehrsbeschilderung nicht so dicht wie hierzulande. Dafür sind Verkehrsschilder häufiger beschriftet. Farben signalisieren, welche Art von Hinweis oder Gebot zu erwarten ist:

gelb: Warnung (Kurvengeschwindigkeit, Kreuzung etc.)

weiß: Gebot (Höchstgeschwindigkeit, vorgeschriebene Fahrtrichtung, Abbiegeverbot etc.)

braun: Hinweise auf Sehenswürdigkeiten, Naturparks etc.)

blau: Hinweis auf offizielle und Service-Einrichtungen (Rastplätze, Tourist Information)

Wichtige Beschriftungen auf Verkehrsschildern

- ***Yield***: Achtung, Vorfahrt beachten
- ***Speed Limit/Maximum Speed***: Höchstgeschwindigkeit
- ***Dead End***: Sackgasse
- ***Merge***: Einfädeln (Spuren laufen zusammen)
- ***No U-Turn***: Wenden verboten
- ***No Passing/Do not pass***: Überholverbot

- ***Road Construction*** (***next 8 miles***): Baustelle (nächste 8 mi)
- ***Detour***: Umleitung
- ***Alt Route***: Alternative Route, Umleitungsstrecke
- ***Railroad X-ing***: (*Crossing*): Bahnübergang
- ***Ped X-ing***: (*Pedestrian Crossing)*: Fußgängerüberweg
- ***Gator X-ing***: Alligatoren auf der Fahrbahn möglich (Südflorida und Louisiana)

3.3.3 Tanken, Wartung, Pannenhilfe

Tanken

1 Gallone (3,8 l) Normalbenzin kostete im Süden der USA Ende 2006 $1,90-$2,50. An Autobahnen und entlegenen Routen sowie in Stadtzentren ist ***gas*** am teuersten, an Ausfallstraßen und im Umfeld von Autobahnausfahrten am günstigsten. Neben »normalen« Tankstellen der national wie international verbreiteten Marken (*Exxon, Mobil, Texaco, Shell* etc.) gibt es preiswertere Discount-Tankstellen. Im US-Süden bieten vor allem ***Raceway***, ***Hess*** und ***EZ*** (Florida) niedrigere Preise. Allerdings akzeptieren ***Discount Gas Stations*** gelegentlich keine Kreditkarten.

Super (***Premium/Extra***) ist für Mietwagen selten nötig, bleifrei *(unleaded)* sind alle Sorten. Üblich ist ***self service***, gezahlt wird bar oder mit **Kreditkarte**, **immer häufiger direkt an der Zapfsäule**, was den Gang zur Kasse überflüssig macht. Nach Einschieben der Karte und elektronischer Prüfung wird der Benzinfluss freigegeben und zum Schluss ein Beleg ausgedruckt.

An ***self-serve*** **Stationen** (ohne Kreditkarten-Zapfsäulen) muss oft – vor allem bei Dunkelheit – vor dem Tanken bezahlt werden ***(pay cashier first)***, sei es durch Hinterlegung einer Barsumme oder der Kreditkarte. Normalerweise gilt der **identische Preis für »*Cash*** *or* ***Credit Card*«**. Viele Tankstellen fungieren wie auch bei uns als kleine Super- (und Getränke-)märkte und sind nicht selten rund um die Uhr geöffnet. Das Gros solcher meist mit ***Mini Mart*** **Ketten** verbundenen Stationen fungiert zugleich als *Fast Food-* und *Coffeeshop* für eilige Autofahrer. Die traditionell preiswerteste Kette dieser Art ist ***am/pm*** mit ***Arco Gas***.

Benzin will nicht fließen?

Bevor ein Tropfen fließt, muss nicht nur der Einfüllstutzen von der Tanksäule abgenommen werden wie bei uns. Das Zählwerk stellt sich erst dann auf Null und die Pumpe auf Start, wenn man einen Hebel umlegt oder hochklappt, der seinerseits nur nach Abnahme des Stutzens bewegt werden kann.

Wartung

Druckluft für die Reifen gibt es bei weitem nicht an allen Tankstellen und wenn, dann aus sperrigen langen Schläuchen oder ratternden Münzkompressoren geringer Effizienz. **Wartungsarbeiten** fallen bei Mietwagen normalerweise nicht an, lediglich ein **Nachfüllen von Öl** könnte nötig sein. Das gibt's in Kaufhäusern und jedem Supermarkt zu Literpreisen (1 Quart) von nur $1,50-$3,00. Tankstellen berechnen – wie bei uns – mehr.

Bei **Campmobilen** muss bei längerer Mietdauer bzw. hoher Meilenleistung ggf. auch schon mal ein Ölwechsel vom Kunden veranlasst werden. Servicestationen wie ***Jiffy Lube, Quick Lube*** und ähnliche übernehmen Öl- und Filterwechsel sowie andere Checks ohne Anmeldung preiswert und schnell. Die Kosten dafür werden dem Kunden bei Rückgabe des Campers erstattet.

Pannen- und Notfälle

Landesweite Notrufnummer ist **911**; doch die Vermieter geben ihren Kunden auch noch eigene Telefonnummern für Panne oder Unfall mit auf den Weg (bei größeren *Rental Cars* rund um die Uhr besetzt). Die Verleihfirma schickt – sofern nötig oder möglich – einen Servicewagen. Bei kleinen Defekten werden Mietfahrzeuge an der jeweils nächsten Vermietstation repariert oder – häufiger – anstandslos ausgewechselt.

Bei Pannen hilft auch der **Automobilklub AAA**, der einen ***Emergency Road Service*** unterhält. Einsatzwagen patroullieren wie bei uns auf Autobahnen und vielbefahrenen Strecken. Im Fall des Falles wählt man gebührenfrei **1-800-336-4357** (4357= *HELP*) und erfährt dort die lokale *Emergency Number*.

In Zusammenarbeit von AAA und ADAC besteht ein kostenfreier **Notruf in deutscher Sprache für Urlauber in ganz Nordamerika**:

✆ **1-888-222-1373**

Diese Notrufzentrale ist im Sommerhalbjahr rund um die Uhr, von November bis April 8-18 Uhr *Eastern Time* besetzt.

3.4 Übernachten in Amerikas Süden

3.4.1 Motels, Motor Inns, Hotels und Lodges

Situation

Touristen wird die Suche nach einer geeigneten Unterkunft in den USA leicht gemacht. Außerhalb der jeweiligen Hochsaison und abseits von Touristenzentren und Veranstaltungsorten findet man überall problemlos ein Zimmer. Hotels und Motels konzentrieren sich **unübersehbar** an den Ausfallstraßen von Städten und Ortschaften, an typischen Ferienrouten, in der Nähe der Flughäfen und in bestimmten Bereichen der Cities. *Motels* und *Motor Inns* zeigen mit

Vacancy/No Vacancy,

Welcome/Sorry oder ganz einfach mit **Yes/No**

in Leuchtschrift meist deutlich an,
ob die Frage nach einem freien Zimmer lohnt.

Motels/ Motor Inns

Motels verfügen über ebenerdige oder zweistöckige (selten mehr) – von außen unkontrolliert zugängliche – Zimmertrakte und eine Rezeption, **nicht aber über eine eigene Gastronomie**. Gegen den Durst gibt's Cola- und Eiswürfelautomaten zur Kühlung mitgebrachter Getränke.

Auf dem Lande besteht manches Motel aus einer Ansammlung sogenannter ***Cabins***, zimmergroßen Holzhäuschen mit Bad.

Motor Inns unterscheiden sich prinzipiell kaum vom Motel. In den etwas besseren *Inns* erfolgt der Zutritt zu den Zimmern wie im Hotel über die Rezeption oder Nicht-Gästen verschlossene Eingänge, nicht über ungeschützt außenliegende Türen. ***Motor Inns* der gehobenen Klasse** verfügen oft über Restaurant und Bar.

Hotels

Im Fall der **Hotels** liegen zwischen »Absteigen« und Luxusherbergen aus Glas und Marmor Welten. Gemeinsames Merkmal ist die zum Haus gehörende **Gastronomie** und die Erhältlichkeit von **Alkoholika** an einer Bar. Vor allem Hotels bieten Extras wie Fitneßcenter, Schuhputzservice, Wäscherei/Reinigung, Bügeleisen, Fön, kostenlosen Flughafentransfer etc. Oft wird eine Tageszeitung an die Zimmertür geliefert (überwiegend ***USA Today***). Parken kann in Downtown-Hotels kostspielig werden, da Gäste fürs ***Valet Parking*** (der Portier fährt das Auto in eine Parkgarage) extra zur Kasse gebeten werden und obendrein ein Trinkgeld *(Tip)* anfällt.

Resorts, Lodges

In landschaftlich reizvollen Gebieten und an der Küste nennen sich Hotels gerne ***Resort*** oder ***Lodge*** und signalisieren damit, dass Komfort groß geschrieben wird und **Aktivitäten** wie Surfen, Reiten, Kanufahren, Fischen, *Whitewater Rafting* etc. geboten werden oder im Umfeld möglich sind.

Zur Art der Zimmer

Üblich sind in der Mehrheit der Unterkünfte heute ***smoking or non-smoking rooms***. Für viele bedeutsam ist auch die Entscheidung ***first or second floor***, was in Motels mit Außenkorridoren der Alternativen »gepäckgünstig, da beim Auto im Erdgeschoss« oder »ruhiger im 1. Stock, dafür mehr Gepäckschlepperei« entspricht. ***Connecting Rooms*** (zwei Zimmer mit doppelter Durchgangstür) sind für Familien ideal, können aber sonst (obwohl meist doppelt abschließbar) Abstriche in Sachen Sicherheit und Lärmbelästigung bedeuten.

Ausstattung

Die **Innenausstattung** amerikanischer Hotel- und Motelzimmer zeichnet sich durch große **Uniformität** aus: je nach Größe des Raums ein (großes) *Kingsize Bed* oder zwei (kleinere) *Queensize Beds*, in einer Ecke Sessel/Stühle plus Tischchen. **Eigenes Bad und Farbfernseher** gehören zum preiswertesten Raum, ebenso eine **Klimaanlage** (in preiswerten Motels laute Kästen unter dem Fenster). Unterschiede im Preis drücken sich weniger im grundsätzlich vorhandenen Mobiliar als durch Qualität der Ausstattung und

Historic Inns & Hotels

Besonders in den Südstaaten gibt es viele sog. *Historic* bzw. *Country Inns* sowie *Historic Hotels*. Es handelt sich um Hotels und Gasthäuser, die schon über mehrere Generationen, teilweise seit dem frühen 19. Jahrhundert betrieben werden. In den letzten Jahren haben viele dieser Häuser eine grundlegende Renovierung durchgemacht – z.B. das ***Tutwiler*** in Birmingham – oder wurden wiederentdeckt und komplett neu nachgebaut (***Casa Monica*** in St. Augustine/Florida).

Sie stehen durchweg unter Denkmalschutz und sind in nationalen Verbänden wie ***Historic Hotels of America*** (✆ 1-800-678-8946; www.historichotels.org) zusammengeschlossen. Gäste finden in jedem Hotel Informationen über ähnliche Unterkünfte in anderen Orten.

Solche Unterkünfte sind nie billig – günstigstenfalls zahlt man um die $120. Die Mehrheit derartiger Quartiere kostet $150-$200, teilweise auch mehr.

Grad der Abnutzung aus. Neuere Häuser der Mittelklasse bieten für $70-$100 einen Raumkomfort, der denen in weit teureren Hotels kaum nachsteht.

Manche der vor allem in Florida beliebten ***Suite Hotels*** oder auch abgelegenere ***Lodges*** verfügen über komfortabel ausgestattete **Wohnungen** oder Suiten mit Kochecke samt Mikrowelle.

Service

Gerne geworben wird mit ***free coffee, free continental breakfast*** und ***free movies***. Der **Gratiskaffee** bezieht sich häufig auf eine Kaffeemaschine in der Rezeption oder ein kleines Heißwassergerät im Zimmer plus einige Tütchen Pulverkaffee. **Kontinentales Frühstück** umfasst Kaffee oder Tee aus dem Automaten per Styroporbecher und ein Tablett *Donuts* und *Muffins* zur gefälligen Bedienung. Einige Ketten wie ***Hampton***, ***Fairfield***, ***Holiday Express*** und andere werben mit einem verbesserten Angebot und bieten ein etwas reichhaltigeres Frühstück, wenngleich überwiegend in personalsparender Form mit jeder Menge Verpackungsmüll.

Gratisfilme am laufenden Band (fast) ohne werbliche Unterbrechung gibt es auf den Kanälen des ***Cable-TV (HBO)***, das manche Motels abonniert haben. Bessere Häuser bieten per Hausprogramm eine Auswahl neuerer Produktionen und Softpornos. Nach Einschalten oder ein paar Freiminuten wird eine hohe Gebühr fällig.

Kosten

Die Preise für die Übernachtung unterliegen erheblichen regionalen und saisonalen **Schwankungen**. Sieht man ab von großen Cities und Brennpunkten des Tourismus kommt man in den **Südstaaten einigermaßen preiswert** unter. Es gibt immer noch eine große Zahl einfacher älterer Motels, die auch in der Hochsaison noch unter $50 pro Nacht und Zimmer fordern – vor allem an Wochentagen auf dem Land und in kleinen Ortschaften. **Die Mehrheit der Unterkünfte in der durchaus akzeptablen unteren Mittelklasse liegt in den Südstaaten im Tarifbereich $60-$80**. Bei schlechter Auslastung und in der *Off-Season* sinken die Preise.

Da es keine echten **Einzelzimmer** (*single occupancy*) gibt – mindestens steht ein Bett der Größe *Queensize* (ca. 1,50 m x 2 m) im Raum –, liegt der Preis für eine Person nur wenig unter dem für zwei Personen (*double*) oder ist sogar identisch. In ***Twin Bedrooms*** (mit zwei großen Betten) können **bis zu 4 Personen** übernachten. In vielen Fällen – z.B. Eltern mit Kinder – kostet das Zimmer dadurch nicht mehr.

Alle Preisangaben sind netto; hinzu kommt immer die *Sales Tax* in Höhe von 7%-10%.

Zimmersuche/ Hotelverzeichnisse

Man kann in den USA komplikationslos auch ohne Hotelverzeichnisse und Empfehlungen in Reiseführern täglich eine Unterkunft finden, indem man sich ganz einfach auf die Werbung entlang von Autobahnen, an Ausfallstraßen oder in Flughäfen verlässt. Die Vielzahl der **Hotel-/Motelketten** in allen Kategorien, deren Häuser weitgehend identisch sind, erleichtert zudem die Unterkunftswahl.

Frühstück im Hotel oder Coffee Shop

Continental Breakfast – was ist das bitte? Ein italienisches, französisches oder deutsches Frühstück? Wie immer diese Bezeichnung erklärt werden mag, es ist bei den **Mittelklasse-Hotelketten** immer häufiger im Zimmerpreis enthalten und besteht im einfachsten Fall aus *Muffins* oder *Donuts*, Kaffee, Milch und Saft; manchmal gibt`s dazu auch noch Toast mit Butter, Marmelade, Obst, *Cereals* und Joghurt. Bessere Häuser bieten sogar hier und da ein ***Breakfast Buffet***, wobei zusätzlich zu den Basiselementen des *Continental Breakfast* Eiergerichte, *Hash Browns*, Speck oder Würstchen, Bagels und Frischkäse oder Croissants, *Grits* oder *Porridge* auf den Tisch kommen (zur Bedeutung der kursiv geschriebenen Begriffe ➪ unten)

Die Betreiber von ***Bed&Breakfast Inns*** überbieten sich im Servieren üppiger Frühstücke. Mehrere Gänge, beginnend mit Obst, Toast, Marmelade, Honig, danach ein Soufflé oder eine Quiche, frischgebackene *Muffins* oder anderes Gebäck und frischgepresster Saft – die Varianten sind zahlreich. und oft hält ein solches Frühstück bis zum Nachmittag/Abend vor *(skip-lunch-breakfasts)*.

Ist kein Frühstück im Preis enthalten, verzichten kostenbewusste Gäste auf das Frühstück im hoteleigenen Restaurant, so vorhanden. Denn preiswerter isst man im nächsten ***Coffee Shop***, einer Snackbar, einem Café oder auch in einem *Fast food*-Lokal. Ab $3-$4 gibt es das übliche Eier-Speck-Toast-Frühstück samt Kaffee. Eine Alternative dazu ist die Tasse *Gourmet Coffee* mit Gebäck in einer Filiale von ***Starbucks*** oder einer ähnlichen Kaffeekette, wie man sie vor allem im Innenbereich der Städte heute zahlreich findet. Typisch für die Südstaaten sind Filialen von ***Krispy Kreme***: Dort kosten die leckersten *Donuts* ab $0,75; dazu gibt`s guten Kaffee, ähnlich auch bei ***Dunkin' Donuts***.

Ein echter Luxus sind die tollen Frühstücksbuffets oder ***Brunches*** in Hotels gehobener Kategorie an Wochenenden, wie sie z.B. in vielen Häusern in New Orleans angeboten werden.

Um eine komplette Frühstückskarte zu verstehen, muss man wissen, was sich hinter folgenden Begriffen verbirgt:

Die Frühstückseier kann man ***scrambled*** (Rührei), ***over easy*** (beidseitig gebraten), ***sunny side up*** (Spiegelei), auch ***boiled*** (gekocht) oder ***poached*** (pochiert) haben. Als Beilage stehen ***hush brown(ie)s*** (geriebene Bratkartoffeln), das im Süden allgegenwärtige ***grits*** (Maisbrei), ***porridge*** (Haferbrei), ***ham***, ***bacon*** oder ***sausage*** (Schinken, Speck oder Wurst), ***toast*** *(rye*/Roggen, *wheat*/Weizen u.a.), ***rolls*** (Semmeln) oder ***biscuits*** (lockere Biskuitbrötchen) zur Wahl.

Pancakes (dicke kleine Buttermilchpfannkuchen, mit Sirup und Würstchen), ***waffles*** (Waffeln) oder ***french toast*** (in Eiermilch getauchte ausgebackene Toastscheiben) sind zusätzliche Alternativen bzw. bilden einen weiteren Frühstücksgang, der im Süden häufig durch ***bread pudding*** (wie unser »Armer Ritter«) ersetzt wird. ***Muffins*** (Rührteiggebäck, z.B. mit Blaubeeren), ***Donuts*** (fettgebackener »Krapfen« mit Loch in der Mitte und meist glasiert) oder ***Danish*** (Hefeteilchen mit unterschiedlicher Füllung) sind typische süße Kuchenstückchen. Außer Kaffee *(regular*/mit Coffein oder *decaffinated)* und verschiedenen Teesorten (Aufgussbeutel) gibt es Milch und Fruchtsäfte.

3

Tourbooks

Wer nicht einfach auf sein Glück vertrauen möchte und Wert auf ein gutes Preis-/Leistungsverhältnis bei der Übernachtung legt, sollte sich ***Tourbooks* des AAA** besorgen, die ziemlich umfassende **Unterkunftsverzeichnisse** mit aktuellen Preisen und Daten für Häuser ab der unteren Mittelklasse mit **Discount-Angeboten für Klubmitglieder** enthalten. Auch die in vielen ***Welcome*** oder ***Visitor's Centers*** gratis ausliegenden regionalen oder auch auf den ganzen Bundesstaat bezogenen ***Accommodation/Hotel Guides*** (Unterkunfts-/Hotelführer) sind hilfreich.

Senioren

Nachlässe gibt es oft auch **für Senioren**, wobei man auch schon mal ab 55 Jahren so definiert wird. Ab 65 besteht kein Zweifel mehr am discountberechtigenden Seniorenstatus, ⇨ auch Seite 162.

Internet

Wer sich nicht mit den hier empfohlenen Unterkünften begnügen und sich im **Internet** schon im voraus mit der H/Motelauswahl in bestimmten Städten/Zielen vertraut machen möchte, findet in den folgenden ***Websites*** übersichtliche Listen mit aktuellen Preisen (von der aufgerufenen Seite Staat und Stadt eingeben):

www.all-hotels.com, www.travelnow.com, www.orbitz.com

Die Suchmaschine www.google.de liefert jede Menge regionaler Websites z.B. durch die Eingabe »Florida Hotels«, »Savannah Hotels« usw. und »internationale Suche«.

Discount Coupons

In den Touristeninformationen der US-Staaten liegen fast immer **sog. *Traveler Guides*** oder ***Exit Guides*** voller *Discount-Coupons*. Sie beziehen sich überwiegend auf Häuser der großen Ketten entlang der *Interstate Highways* und rund um touristische Attraktionen. Mit Hilfe der Sonderangebote in diesen Heften versuchen die angeschlossenen Motels freie Kapazitäten zu füllen. Grundsätzlich besteht kein Anspruch auf Einlösung der *Coupons*; es kommt auf die täglich wechselnde Nachfrage an. Die Erfahrung lehrt aber, dass man bei Anrufen bzw. »Auftauchen« nicht zu spät am Tage im allgemeinen gute Chancen hat, zu den annoncierten Tarifen unterzukommen. Sinnvolle Ansprache im Motel/Hotel:

»Do you have a room for tonight?« und nach Bejahung: ***»Do you honor a coupon from the Exit Guide?«***. Das tut er/sie dann meist.

Coupon angebot im Oktober für ein ordentliches Motel der unteren Mittelklasse im Touristenort Natchez. Inkl. Steuern ist man für unter €30 dabei. Wo gibt's sowas in Westeuropa?

Unterwegs Motels und Hotels telefonisch reservieren

Damit eine **Zimmerreservierung per Telefon** reibungslos klappt, benötigt man nicht nur **Sprachkenntnisse**, sondern muss möglichst systematisch vorgehen:

- Bei einem **Direktanruf** im Hotel/Motel sind zunächst die Art des gewünschten Zimmers (*Single/Double Bedroom, Non-Smoker, 1 or 2 Beds* etc.) und die Daten zu nennen. Bei Anruf einer Kette sagt man dem ***Reservationist*** auch noch **Stadt** und **Staat** bzw. **Provinz.** Sind Zimmer frei, wird ein Preis genannt, dem man zustimmt, oder man »handelt«. Die Frage etwa, ob da nicht ein günstigerer AAA-Tarif existiert, führt eventuell schon zu einer Reduzierung. Nach Einigung erhält man eine Reservierungsnummer (***Reservation Code/ Number***) – falls nicht, sollte man danach fragen!
- Nächster Punkt ist die **Ankunftszeit**. Wer nicht vor 18 Uhr (6 pm, bisweilen früher) eintrifft, muss das Zimmer mit Kreditkarte »garantieren«, also auch bei Nichteintreffen zahlen.
- Fragen sollte man auch nach der genauen **Adresse** und der **Anfahrt/Autobahnabfahrt** (*Freeway Exit*) zum gebuchten Hotel/Motel.

Ist ein Quartier **ausgebucht**, hat man eine zweite Chance auf Unterkommen am selben Tag **kurz nach 12 Uhr**! Abreisende Gäste müssen meist spätestens bis *Noon* ihre Zimmer räumen. Oft werden dann noch unerwartet Zimmer frei, die ursprünglich länger gebucht waren.

Sagt man selber eine vorherige Kreditkarten-Buchung ab, ist es wichtig, sich dafür einen ***Cancellation Code*** geben zu lassen. Wird das Konto versehentlich belastet, hat man sonst keine Chance, die ja nur telefonisch erfolgte Absage zu untermauern.

Reservierung von Unterkünften

Dank der gebührenfreien **800/888/877/866-Nummern** fallen bei Reservierungen keine Telefonkosten an. Über solche Nummern verfügen nicht nur Hotelketten, sondern auch viele Einzelunternehmen. Unter den auf Seite 118 genannten *toll-free-numbers* erreicht man die Reservierungszentralen.

Die **Preisgestaltung variiert selbst innerhalb ein- und derselben Kette stark**; die Tarifintervalle in Klammern geben nur einen Anhaltspunkt. An Brennpunkten des Tourismus, in Innenstädten und Airportnähe wird die genannte $-Grenze bisweilen überschritten. Auch ein Budgetmotel kann in einigen Städten und/oder zur Hochsaison leicht $70 und mehr kosten. Andererseits sind Preise in der Nebensaison unter $40 nicht selten.

Die Verteilung und Dichte von Hotels und Motels der verschiedenen Ketten ist sehr unterschiedlich. Die **Ober- und Luxusklasse** konzentriert sich dabei eher auf die **Großstädte**. Auf einige Namen der Mittelklasse (*Super 8, Econolodge, Ramada, Travelodge, Fairfield, Days Inn, Best Western, Holiday Inn/ HI-Express, Comfort/Quality/Sleep Inns*) stößt man allerorten. Auch einige der preiswerteren Kettenmotels sind stark, aber mit regionalen Schwerpunkten vertreten.

Übernachtung und Kriminalität

Motels und Hotels verfügen mehrheitlich über eigene Parkplätze oder Parkhäuser, manchmal gibt es sogar Wachpersonal (*security*). Die Zimmer sind üblicherweise mit Spionen und zusätzlichen Verriegelungen versehen. Das gilt auch für Verbindungstüren zwischen Räumen, die als Familienzimmer genutzt werden können (zu Kriminalität generell ⇨ auch Kasten Seite 159).

Wem Motels und Motor Inns mit von außen letztlich unkontrolliert zugänglichen Zimmern suspekt erscheinen, findet ab der unteren Mittelklasse (z.B. Super 8) genug Häuser, deren Zimmer von Nicht-Gästen nur durch die Rezeption betreten werden können.

Wertgegenstände und Dokumente sollte man im zentralen **Safe** an der Rezeption deponieren, sofern es keine Zimmersafes gibt.

Die wichtigsten M/Hotelketten,
soweit sie auch im Süden der USA vertreten sind:

Obere Preisklasse (ab $100, meist aber weit mehr)

Doubletree	1-800-222-TREE
Hilton	1-800-HILTONS
Hyatt	1-800-233-1234
Marriott	1-800-228-9290
Park International	1-800-437-PARK
Radisson	1-800-333-3333
Residence	1-800-331-3131
Sheraton	1-800-325-3535
Westin	1-800-228-3000

Mittlere Preisklasse ($60-$100)

Tarifabstände beziehen sich auf den Süden der USA, nicht auf andere Regionen

Best Western	1-800-528-1234
Budgetel Inn	1-800-4BUDGET
Clarion Hotel	1-800-CLARION
Comfort Inn	1-800-228-5150
Courtyard	1-800-321-2211
Days Inn	1-800-DAYS-INN
Drury	1-800-325-8300
Econo Lodges	1-800-55ECONO
Fairfield Inn	1-800-228-2800
Hampton	1-800-426-7866
Key West Inn & Suites	1-800-833-0555
Holiday Inn (+Express)	1-800-HOLIDAY
Howard Johnson	1-800-I-GO-HOJO
Jameson+Signature Inn	1-800-526-3766
La Quinta	1-800-531-5900
Quality Inn	1-800-228-5151
Ramada Inn (mit **Ramada Limited**)	1-800-2RAMADA
Shoney's	1-800-222-2222
Sleep Inn	1-800-62 SLEEP
Super 8	1-800-800-8000
Travelodge	1-800-578-7878

Untere Preisklasse ($40-$70)

Budget Host	1-800-BUD HOST
Hospitality Int'l	1-800-251-1962
(Scottish/Red Carpet/Passport u.a.)	
Knights Inn	1-800-418-8977
Masters Inn Economy	1-800-633-3434
Motel 6	1-800-4MOTEL6
Red Roof Inn	1-800-THE-ROOF
Rodeway Inn	1-800-228-2000
Thriftlodge	1-800-525-9055

Neue 800 ✆ oder 888/877/866

Sollte eine Motelkette unter der aufgeführten Nummer nicht mehr erreichbar sein, ruft man – ebenfalls gebührenfrei/***toll-free*** die **Information** an: ✆ **1-800-555-1212**.

Die Ketten sind hier nach **Ober-, Mittel-** und **Untere Preisklasse** aufgeteilt, wobei die Grenzen insbesondere zwischen Unterer und Mittelklasse fließend verlaufen. Ein »Untere-Mittelklasse-Haus« muss nicht unbedingt den Standard einer *Thriftlodge* übertreffen.

Die Häuser ein- und derselben Ketten können abhängig vom Alter des Hauses und seiner Lage, aber auch vom Pächter, sehr unterschiedlich ausfallen. **Brauchbare Motels gibt es im Süden außerhalb der Hauptsaison schon unter $40**. Verbreitet und empfehlenswert sind dort in der unteren Kategorie vor allem die Häuser von ***Hospitality Int'l, Masters*** und ***Red Roof***. In der mittleren Preisklasse bieten ***Key West Inns & Suites*** (12 Häuser in Alabama, Mississippi, Georgia), ***Jameson Inns*** (stark in Georgia & Alabama) und ***La Quinta*** (gut verteilt, stark in Florida) einen guten Gegenwert.

Check-in/ check-out

In **Hotels** und ***Inns*** ist *Check-in* meist erst ab 15 Uhr, *Check-out* 11-13 Uhr, während in ***Motels*** gereinigte Zimmer ganztägig bezogen werden können. *Check-out*-Zeiten sind üblicherweise 10-12 Uhr, wobei meist ein *Late Check-out* ohne Probleme vereinbart werden kann, wenn nicht schon Gäste »auf der Matte« stehen.

Sollte einem das Zimmer nicht zusagen (z.B. Aufzug oder Eismaschine direkt daneben), sollte man auf einer Alternative bestehen.

Bezahlung

In einfacheren Motels muss gleich bei Ankunft gezahlt werden, bar oder per Kreditkarte. Ansonsten erfolgt zunächst nur Prüfung und Registrierung der Kreditkarte und Abrechnung aller in Anspruch genommenen Leistungen (Telefon/*Pay-TV* etc.) bei der Abreise.

Trinkgeld

Ein kleines Problem ist für europäische Touristen die Frage der richtigen **Trinkgeldbemessung**. Da die Angestellten in Hotels und Restaurants in Amerika viel stärker vom Trinkgeld abhängig sind als bei uns, wird bei allen Dienstleistungen im Hotel ein ***tip*** erwartet. Überlässt man es einem ***Attendant***, den Wagen auf dem Parkplatz abzustellen (***Valet Parking***, üblich speziell in Stadthotels ab oberer Mittelklasse), erwartet dieser nicht unter $2. Der ***Bellhop*** (Hotelpage) erhält fürs Koffertragen $1 pro Gepäckstück, der ***Doorman*** (Türsteher) $1 fürs Taxiholen und die ***Room Maid*** $1-$2 täglich, die im Zimmer hinterlassen werden sollten.

3.4.2 Bed & Breakfast

Kennzeichnung

Immer beliebter wird in den USA *Bed & Breakfast* (***B&B***), normalerweise Zimmer mit Frühstück in Privathäusern. Von kleinen Villen mit zwei oder drei Gästezimmern bis hin zu ***B&B Inns*** mit bis zu zehn und mehr Zimmern gibt es unterschiedlichste Varianten. Das qualitative Spektrum reicht von einfachen Häuser mit Familienanschluss über luxuriöse *Inns* in aufwendig restaurierten historischen Häusern – ***Plantations***, ***Antebellum & Victorian Homes*** – bis zu Quartieren, die sich kaum noch vom Hotel unterscheiden.

Kosten und Service

Die Übernachtung in *B&B*s ist im allgemeinen **teurer als in Motels**, teilweise gelten sogar Spitzenpreise (selten unter $100 bis über $300 fürs DZ). *B&B*s bieten jedoch – vor allem im Fall kleinerer Häuser – meist individuell eingerichtete Zimmer (nicht immer nach europäischem Geschmack) und oft eine fast private Umgebung. Oft sind die Besitzer Vermieter aus Passion, kontaktfreudig und ortskundig. Neben einem immer üppigen Frühstück sind manchmal auch Extras wie Nachmittagstee, Abend-Häppchen mit Sherry oder Wein, freie Getränke, Betthupferl etc. und die Möglichkeit zur Nutzung von Gemeinschaftseinrichtungen (wie Bibliothek, Musikzimmer o.ä.) im Zimmerpreis eingeschlossen. Was häufiger fehlt, sind TV und Telefon im Zimmer. Kinder werden oft erst ab einem gewissen Alter akzeptiert.

Hinweis: Bei der Buchung von *B&B*s sollte man frühe Ankunft (vor 16 Uhr) und spätes Eintreffen (nach 20 Uhr) ansprechen.

Wie findet man B&Bs?

Wer von der Anonymität und Gleichförmigkeit der Hotels und Motels genug hat und obendrein die Südstaatler besser kennenlernen möchte, sollte sich ab und zu ein *B&B* gönnen – Hinweise für reizvolle und/oder ihren Preis werte Häuser finden sich reichlich im Reiseteil bei den örtlichen Unterkunftsempfehlungen. **Listen mit allen *Bed & Breakfast Places*** einer Stadt/Region gibt es in den Büros der *Tourist Information*; viele stehen auch in den offiziellen ***Accommodation Guides*** der Einzelstaaten.

Wunderschöne als B&B genutzte Villa in Selma/ Alabama

Besonders zahlreiche ***B&Bs* in alten Südstaatenvillen** findet man am Mississippi zwischen New Orleans und Natchez, außerdem in gut erhaltenen/restaurierten typischen Südstaatenstädten wie Savannah, Beaufort und Charleston samt Umgebung, aber auch in Orten wie Columbus/Missssippi oder Eufala/Alabama.

In größeren *Bookstores* gibt es ***B&B*-Führer** meist in regionaler Gliederung, außerdem Bücher und sogar Bildbände für die teure *Bed & Breakfast* Variante in exzellent gelegenen und/oder architektonisch/historisch besonderen Anwesen.

Eine Übersicht mit vielen Links erhält man auf der Website der ***American Bed & Breakfast Association***: www.abba.com.

3.4.3 Quartiere für junge Leute

Jugendherbergen/ Hostelling International (HI-Hostels)

Das Jugendherbergswesen ist in den USA im Vergleich zu Europa zwar unterentwickelt, aber manche der Herbergen befindet sich in günstiger Lage im Brennpunkt der Cities und in besonders schöner Umgebung. Die Kosten in Häusern der ***American Youth Hostel Federation*** (***HI-Hostels***) variieren, im – mit *Hostels* nicht gerade üppig versorgten – US-Süden (ca. 30 *Hostels*, dabei gar keine in Alabama und Mississippi) zwischen $13 und $25 pro Nacht und Bett. Damit sind sie speziell für Einzelreisende konkurrenzlos billig verglichen mit den jeweiligen Tarifen der lokalen Motels. Bei zwei Personen kommt manches Hostel schon teurer als die untere Motelkategorie. Immer mehr Herbergen bieten auch EZ/DZ an, teilweise sogar mit eigenem Bad zu Kosten der preiswerten Motelkategorie.

Reservierung

Zu den *HI-Hostels* in den USA findet man alle Informationen unter www.hiusa.org. Dort kann auch zentral reserviert werden.

Die *Hostels* sind natürlich auch **telefonisch** zu erreichen. Für alle in diesem Buch genannten Häuser finden sich die Telefonnummern im Reiseteil. Alle weiteren Details entnimmt man dem Internet oder dem ***Hostel Handbook*** (nächste Seite), und zwar auch zu weiteren nicht dem HI-Verband angehörigen Häusern.

Hostels in den Cities und in der Nähe attraktiver Ziele (Nationalparks/Küstenorte) sind Wochen **im voraus zu reservieren**.

YM/WCA

Der Christliche Verein Junger Männer/Frauen – in Amerika **YMCA** beziehungsweise **YWCA** – bietet nur noch ganz vereinzelt Wohnmöglichkeiten für Touristen.

***YMCA* im Internet**: www.ymca.net oder .com

In den Südstaaten kommen männliche Reisende über 21 Jahren nur noch in Tuscaloosa/Alabama und in Atlanta beim YMCA unter. Die Adressen von YMCA-Quartieren mit Telefon und Tarifen findet man unter der Schaltfläche »*About the YMCA*«:

www.ymca.net/about_the_ymca/rooms_for_travelers.html

Frauen kommen im US-Süden bei den Ys gar nicht mehr unter.

3

Alternative Hostels

Eine **Alternative** zu den *Hostels* von *Hostelling International* bieten zahlreiche **unabhängige Unterkünfte**, ebenfalls *Hostels*, aber unter freier Trägerschaft. Im US-Süden sind immerhin 24 der 30 Hostels »frei«. Sie verfügen durchweg über Schlafsaalunterkünfte ($12-$25 pro Bett) und oft auch private Zimmer ab ca. $35. Bei ihnen geht es tendenziell legerer, manchmal aber auch schlampiger zu als in den *Hostels* der Herbergsorganisation. Wie auch in *HI-Hostels* ist der **freie Internetzugang** dort oft inklusiv.

Im Internet findet man solche *Hostels* mit allen Details fast ausnahmslos unter den Reservierungsportalen

www.hostels.com und www.hostelsclub.com

Viele **Informationen und Links** zu diesen Häusern findet man auch auf der ***Website*** des *Hostel Handbook:* www.hostelhandbook.com

Hostel Verzeichnis

Außerordentlich hilfreich und immer ***up-to-date*** ist das ***Hostel Handbook*** für die USA und Canada, das über **500 *Hostels*** und Billighotels ***for the International Traveler*** listet und **jedes Jahr im März** neu erscheint. Es enthält Adressen, Telefonnummern und Tarife sowohl der ***Hostelling International*** (*HI Hostels*) **und aller Häuser in freier Trägerschaft**. Dieses unverzichtbare Büchlein für alle jungen und junggebliebenen Leute, die ihre Übernachtungskosten niedrig halten wollen, gibt es – in jeweils neuester hier verfügbarer Auflage – exklusiv für Reise-Know-How-Leser direkt beim Verlag gegen **Voreinsendung von €5,50** in Briefmarken (inkl. Versand):

Reise-Know-How Verlagsservice
Am Hamjebusch 29

D-26655 Westerstede

Information dazu im Internet:

www.reisebuch.de//nordamerika/buecher/hostel_handbook

(Neuauflagen etwa ab März/April jeden Jahres verfügbar)

Studentenwohnheime

Eine Übernachtungsalternative sind in den Sommermonaten (Mai bis einschließlich August) die dann teilweise leerstehenden Studentenwohnheime, die ***University Residences*** oder ***College Dormitories***. Fast jede Mittelstadt in den USA verfügt über zumindest ein *College*.

Alternative Unterkünfte zwischen Zelt und Motel/Hostel sind auch die **KOA-Cabins**, Blockhütten auf Campingplätzen, ⇨ Seite 134

Die Bedingungen fürs Unterkommen variieren sehr. Während in manchen Fällen Einzelübernachtungen kaum weniger oder sogar mehr als in billigen Motels kosten, liegen woanders die Preise auch schon mal unter $25 pro Nacht. Es handelt sich meist um 2-4-Bett-Zimmer, die man aber auch allein oder als Paar mieten kann; sie haben indessen meist kein eigenes Bad. Oft verstehen sich die Preise inklusive Frühstück, manchmal gibt es Gemeinschaftsküchen. Sie lohnen vor allem bei längeren Aufenthalten in Städten (Wochen-Monats-Rabatt). Das DZ kann zwar bis zu $70 kosten, aber dafür darf man dort das Internet, die Sportanlagen und preiswerte Cafeterias nutzen.

Mitgebrachte Kuppelzelte sind auch in preiswerten Ausführungen besser als in den USA in ähnlicher Preislage erhältliche Zelte. Aber man kann sie auch drüben noch günstig kaufen

3.5 Camping in den USA

3.5.1 Ideale Bedingungen

Situation

Die USA bieten dem Camper alles, was das Herz begehrt, sei es nun Komfortcamping im Wohnmobil oder eher ein Campieren unter einfachen Bedingungen. Die meisten Campingplätze sind großzügig angelegt, und die **Stellplätze** fürs Campmobil oder Zelt beschränken sich nicht auf wenige Quadratmeter, sondern umfassen ein **kleines Areal mit Picknicktisch und Grillrost**, oft auch mit Feuerstelle – letzteres in erster Linie auf staatlichen Plätzen (➪ weiter unten).

Campingführer

Bevor man auf Camping-Tour geht, ist die Beschaffung eines Campingführers sinnvoll, selbst wenn einem der Campervermieter schon den ***KOA-Atlas*** (➪ unten) zugesteckt haben sollte. Die nach Staatengruppen aufgebauten ***Campbooks* des AAA** – obwohl nicht komplett und geographisch etwas unklar – sind die handlichsten Verzeichnisse und auch für Mitglieder europäischer Automobilklubs gratis, ➪ Seite 53. Für eine Reise bis zu sechs Wochen reichen sie – zusammen mit den Hinweisen in diesem Buch und den unterwegs in *Tourist Offices* erhältlichen lokalen und regionalen Listen – völlig aus.

Überall findet man das telefonbuchdicke und -formatige ***Woodall's Campground Directory*** (*Eastern Edition* ca. $15), ein überwiegend auf kommerziell betriebene Plätze ausgerichteter Führer voller Werbung. Sein alphabetischer Aufbau macht die Benutzung oft mühsam; manche staatlichen Plätze – z.B. des *National Forest Service* ➪ folgenden Abschnitt – bleiben unerwähnt.

Schon vor der Reise kann man sich über viele einzelne Campingplätze gut im **Internet** informieren. Auf den offiziellen Tourismus Websites der Einzelstaaten (➪ Seite 678) findet sich durchweg auch das Thema Camping, wo die *State Parks* mit ihren *Campgrounds*, aber auch kommerzielle Plätze vorgestellt sind.

Gebühren

Auf allen **staatlichen Campingplätzen** gilt eine **pauschale Einheitsgebühr (*fee*) pro Stellplatz** unabhängig von der Personenzahl (Obergrenze 4-9 Personen und oft 2 Fahrzeuge). Die Gebühren werden häufig im ***Self-Registering*** Verfahren erhoben: die Camper stecken – nach Eintragung ihrer Daten – Bargeld in einen bereitliegenden Umschlag und werfen diesen in eine ***Deposit Box***

Auf **privaten Plätzen** überwiegt die Berechnung einer Basisgebühr für 2 Personen plus Aufschlag für jeden weiteren Gast, ➪ Seite 134.

Versorgung von Campfahrzeugen

Die meisten kommerziell betriebenen *Campgrounds* und auch viele *State Parks* (➪ unten) verfügen über sog. ***Hook-ups***, Steckdosen, Wasserhahn und Abwasserloch an den Stellplätzen. Häufig sind auch ***Sites***, die nur ***Electricity and Water*** bieten. Sind alle drei Anschlüsse vorhanden, spricht man von einem ***Full Hook-up***. Manchmal gibt es obendrein noch die TV-Buchse für die zentrale Satellitenschüssel oder das Kabelnetz. Naturgemäß kosten Stellplätze mit Voll- oder Teilversorgung mehr als andere ohne solche Annehmlichkeit.

Sogar Campmobilfahrer kommen gut ohnedem aus. Denn auf manchen Rastplätzen und *Campgrounds* ohne *Hook-up*-Einrichtung am Stellplatz sowie in *National-* und *State Parks* befinden sich sog. ***Dump-*** oder ***Sewage- Stations***, wo man – meist gegen Gebühr – Schmutzwasser ablassen und Trinkwasser auffüllen kann. Auch **Tankstellen** und ***Truck Stops*** haben bisweilen eine *Dump Station*. Mit vollen Batterien lassen sich gut 2 Tage ohne **Strom** von außen und neuerliche Aufladung überbrücken.

Wasserqualität

Ein Problem in vielen Städten, aber auch auf Campingplätzen ist die Wasserqualität. Amerikanisches Leitungswasser wird im allgemeinen stärker als bei uns mit Chemikalien behandelt; man riecht und schmeckt es. Für Kaffee und Tee, oft auch zum Kochen empfiehlt sich daher, das Leitungswasser zu meiden und ***Drinking Water*** aus dem Supermarkt zu benutzen. Es wird überall in 1- und 2-Gallonen-Behältern ab $0,60/*Gallon* verkauft.

3.5.2 Alles über Campingplätze

Staatliche Campgrounds

Nationalparks

Campingplätze in ***National Parks***, ***Monuments*** und weiteren Einrichtungen unter Verwaltung des *National Park Service* liegen überwiegend in reizvoller Umgebung und zeichnen sich durch großzügige Aufteilung aus. Die Mehrheit der Plätze verfügt nur über einfache sanitäre Einrichtungen, oft jedoch über zentrale *Dump Stations*. Die Kosten liegen zwischen **$12 und $18 je Nacht** und Stellplatz.

Nationalforste

In Waldgebieten unter Bundesverwaltung, die es in allen Staaten gibt, betreibt der ***National Forest Service*** viele Campingplätze der sanitären Einfachkategorie. Unter ihnen befinden sich auch in den Südstaaten einschließlich Florida hervorragende Anlagen.

Ausstattung und Tarife

NF-Plätze sind nur sporadisch in konventionellen Campingführern verzeichnet, eher schon in *AAA Campbooks*. Markierungen in den **Karten der Bundesstaaten** und im ***Rand Mc Nally Atlas*** zeigen einen Teil davon (selten alle) und deren ungefähre Lage; vor Ort findet man Wegweiser. Die Campgebühren betragen zwischen **$8 und $20** je nach Ausstattung (die über fließend Kaltwasser und Plumpsklos/Chemietoiletten selten hinausgeht) und verkehrstechnischer Lage. Die *NF Campgrounds* unterliegen fast immer der **Selbstregistrierung**.

State Parks

Alle amerikanischen Bundesstaaten unterhalten ***State Parks***. Zu den meisten gehören Campingplätze. Diese weisen von Staat zu Staat und auch innerhalb eines Staates recht unterschiedliche Merkmale auf. Sie verfügen mehrheitlich über hohen sanitären Komfort mit Wasser- und Stromanschluss an vielen Stellplätzen. Lage und Anlage sorgen fast immer für **erfreuliche Campingbedingungen**. Die **Kosten** variieren; sie betragen **$12-$38/Nacht**. **Am teuersten** sind die *Florida* ***State Parks*** an den Küsten und auf den Florida vorgelagerten *Keys*.

State Park Campgrounds sind ausnahmslos in Campingführern verzeichnet und **auf allen Karten** markiert.

CoE/ACE Campgrounds

Die **Pioniere der US-Armee** (***US Army Corps of Engineers/ACE***) sind in Friedenszeiten vornehmlich mit zivilen Projekten befasst, speziell mit Staudammbau und Stauseewartung. Die von ihnen an vielen ***Seen und Flüssen*** – besonders im **Südosten der USA** – angelegten Plätze gehören meist zur preiswerten Einfachkategorie und eignen sich gut für Zwischendurchübernachtungen. Fast immer bieten sie einen See-/Flusszugang mit Badestelle.

County Parks

Einige **Städte** und **Landkreise** unterhalten in eigener Regie Campingplätze sehr unterschiedlicher Qualität und Ausstattung. Die **Kosten** liegen eher auf **moderatem** Niveau.

Umsonst stehen RVs nachts auf den Parkplätzen der meisten Wal Marts. Sofern die auch noch 24 Stunden geöffnet sind, bleiben sogar Toilette und Wasser in Reichweite.

Kommerziell betriebene Campgrounds

Kennzeichnung

Über die kommerziell betriebenen Campinglätze lassen sich **allgemeingültige Aussagen** nur grob machen. Alle bezüglich Komfort und Lage denkbaren Kategorien sind vorhanden. Es überwiegen Anlagen mit ***Hook-up*-Angebot** (⇨ oben) und deutlich knapperem Zuschnitt der Stellplätze als auf staatlichen *Campgrounds*. Die **Preisgestaltung** orientiert sich an Ausstattung und Nähe zu touristischen Reiserouten und -zielen. Die **preisliche Untergrenze** für einfache und/oder abgelegene Privatplätze liegt bei **$15**. Im Umfeld von Attraktionen (Nationalparks, Badeorte etc.) und im Einzugsbereich von Großstädten wird es schnell teurer. Für **über $30/ Nacht und teilweise weit mehr** (Florida Keys bis weit über $50) erhält man dort sein betoniertes Plätzchen, meist sehr saubere Sanitäreinrichtungen, Waschmaschinen, Pool, Minishop, TV-Raum etc., aber oft auch den Nachbarn auf Tuchfühlung.

Nur wenige kommerziell geführte Campingplätze können es bezüglich landschaftlicher Einbettung und Anlage mit der staatlichen Konkurrenz aufnehmen. Sie befinden sich eher in **verkehrstechnisch günstiger Position**, d.h., häufig in der Nähe vielbefahrener (lauter!) Straßen und *Interstate-Freeways*.

Kampgrounds of America

Die Mehrheit der *Campground*-Betreiber ist unabhängig. Aber es gibt auch Campingplatz-Ketten; in erster Linie ***KOA***:

Die ca. **500 *Kampgrounds of America*** sind Mitglieder einer Franchise-Organisation. Sie bieten ihren Kunden allerorten fast identischen Standard und haben 800-Reservierungstelefone.

KOA lockt die Kunden der Campmobilvermieter gerne mit einer gratis ausgeteilten ***Value Card***, die einen 10%-igen Rabatt auf die Übernachtungskosten und ab der 4. Nacht (in Vor- und Nachsaison oft von Anfang an) auf manchen Plätzen sogar 25% garantiert.

Trotz Discount bleibt KOA meist in der preislichen Oberklasse **ab $25** und häufig erheblich mehr. Der Erfolg von KOA lässt sich neben dem guten Marketing der Kette und der Lage der Plätze am besten mit der sanitären Nachlässigkeit der Konkurrenz erklären. Bei KOA kann man sicher sein, dass **Toiletten- und Duschanlagen** einen guten Standard einhalten. Viele Plätze sind sogar vorbildlich.

Internet: www.koakampgrounds.com

Typisch KOA, so und ähnlich sehen alle Service-Gebäude dieser Camping Kette aus

Good Sam

Das gilt ebenfalls für die auch nicht ganz billigen, aber unabhängigen *Campgrounds*, die vom ***Good Sam Club***, einer kommerziellen Camping-Organisation, eine Art Gütesiegel erhalten. Die Qualität der sanitären Einrichtungen und die sonstigen Merkmale sind dort stärkeren Schwankungen unterworfen als bei KOA.

Internet: www.goodsamclub.com

Vor- und Nachteile verschiedener Campgrounds

Die meisten staatlichen Plätze sind privat betriebenen Anlagen unabhängig von Kostenüberlegungen vorzuziehen, sofern der Vollanschluss nicht im Vordergrund der Bedürfnisse steht. Das Campen ist dort meistens erfreulicher. Campmobilfahrer finden genügend Möglichkeiten, die Ver- und Entsorgung ihres Fahrzeugs auch ohne *Hook-up* am Stellplatz zu erledigen. Selbst wenn Duschen auf sonst hervorragenden Plätzen nicht vorhanden sein sollten, ist das zu verschmerzen. Gegen Gebühr kann man unterwegs ggf. die Duschen von Privatplätzen oder *Truck Stops* nutzen.

Den **optimalen Kompromiss** bieten ***State Parks***. Sie sind großzügig angelegt, verfügen in der Regel über gute, oft bessere sanitäre Anlagen als mancher Privatplatz und kosten – sogar mit *Hook-up*, so vorhanden – meistens weniger.

Campingplatzreservierung

State Parks

Die meisten ***State Park Campgrounds*** können reserviert werden, und zwar direkt im jeweiligen Park oder über einen zentralen Service **per Kreditkarte**. Für alle in diesem Buch behandelten Südstaaten existiert ein **zentraler Reservierungs Telefonservice**:

✆ **Alabama**	1-800-ALA-PARK
✆ **Georgia**	1-800-864-7275
✆ **Louisiana**	1-877-226-7652
✆ **Mississippi**	1-800-GOPARKS
✆ **Tennessee**	1-866-TENN-PKS
✆ **Florida**	1-800-326-3521
✆ **South Carolina**	1-866-345-PARK
✆ **Virginia**	1-800-993-7274

Für Florida, Louisiana, South Carolina und Virginia kann die Reservierung auch über das Reservierungsportal

www.reserveamerica.com

abgewickelt werden. Auch wo eine Internet-Reservierung (noch) nicht in Frage kommt, liefern die **Websites** der ***State Parks*** detaillierte Informationen einschließlich Karten der Parks mit Lage der Campingplätze, teilweise auch mit Fotos:

3

Alabama:	www.alapark.com
Florida:	www.dep.state.fl.us/parks
Georgia:	www.gastateparks.org
Louisiana:	www.crt.state.la.us/parks
Mississippi:	www.mdwfp.com – dann auf *Parks*
North Carolina:	www.ils.unc.edu/parkproject/ncparks.html
South Carolina:	www.southcarolinaparks.com
Tennessee:	www.state.tn.us/environment/parks
Virginia:	www.state.va.us/dcr/parks

National Parks

Im ***National Park System*** kann man **einen Teil** der Campingplätze in den populärsten Parks über einen zentralen Service reservieren (alle anderen laufen über *first-come-first-served*). Im Südosten der USA ist das der Fall für ***Everglades***, ***Great Smoky Mountains***, ***Shenandoah***, ***Greenbelt*** (*Campground* an der Ringautobahn um Washington DC) und ***Mammoth Caves***/Kentucky.

Wer sichergehen möchte, in einem dieser Nationalparks unterzukommen, kann **ab dem jeweils 5. eines Monats bis zu fünf Monate im voraus reservieren**:

✆ **1-800-365-CAMP**

http://reservations.nps.gov

NFS und CoE/ACE Campgrounds

Die Belegung der ***National Forest Campgrounds*** erfolgt mehrheitlich nach Reihenfolge der Ankunft. Die populärsten Plätze des *NFS*, vor allem im Bereich von Nationalparks, sind aber reservierbar. Auch die vom ***Corps of Engineers*** (CoE oder ACE für **A**rmy **CoE**) betreuten Plätze können meist reserviert werden.

Die reservierbaren Plätze beider Institutionen sind unter derselben zentralen Telefonnummer und im Internet zu buchen:

✆ **1-877-444-6777**

www.reserveusa.com oder auch www.reserveamerica.com

Auf beiden Portalen erhält man durch Anklicken der jeweiligen Plätze auf der Übersichtskarte den Lageplan und weitere Details.

Kommerziell geführte Campgrounds

Fast alle **privaten Campingplätze** lassen sich telefonisch reservieren. Die Nummern stehen in allen Campingführern und – im Fall einiger besonders empfehlenswerter Plätze – im Reiseteil dieses Buches. Viele kommerziell betriebene Plätze findet man nach Staaten und danach alphabetisch nach Orten gegliedert auch im **Internet** z.B. unter

www.gocampingamerica.com

Wer noch intensiver suchen möchte, findet in der Suchmaschine www.google.de jede Menge regionaler Websites durch die Eingabe von »*Camping Florida*«, »*Camping Tennessee*« usw.

Wie bei den Hotels werden Reservierungen für eine Ankunft nach 18 Uhr garantiert, wenn der Anrufer eine **Kreditkartennummer** nennt. Auch bei Nichterscheinen wird diese dann belastet.

Campen ohne Campingplatz

National Forest

In den ***National Forests*** ist Campen auch abseits offizieller Plätze (sog. ***dispersed camping***) erlaubt, sofern das nicht Verbotsschilder ausdrücklich untersagen. Sich anderswo einfach in die Landschaft zu stellen, ist weder erlaubt noch ratsam.

Privatbesitz (***Private Property***) muss noch viel mehr als bei uns respektiert werden. Ein scheinbar ungenutztes privates Grundstück zum Übernachtungsplatz zu machen, kann bösen Ärger, wenn nicht Schlimmeres, mit sich bringen.

Öffentliche Parks

In Großstädten gibt es oft nur weit vor den Toren der Stadt gelegene, zudem meist teure Campingplätze. Deshalb **in städtischen Parks** zu übernachten, ist dennoch keine gute Idee. Überall in den USA ist das **Übernachten in Campmobilen auf innerstädtischen Plätzen und Straßen untersagt**, die Gefährdung durch **Kriminalität** im Zweifel erheblich. Zudem gehören Parks zu regelmäßig von der Polizei kontrollierten Zonen, so dass man von dort mit Einbruch der Dunkelheit sowieso verscheucht wird.

Rastplätze & -stätten

Speziell bei längeren Autobahnfahrten oder als Ausweichlösung liegt es für **Campmobilfahrer** vielleicht nahe, auf **Rastplätzen an *Interstates*** zu übernachten. Dieses sogenannte. ***Overnight Parking*** ist zwar in einer Reihe von US-Staaten erlaubt, aber die in diesem Buch behandelten Südstaaten gehören nicht dazu.

Truck Stops

Im Campmobil kann man zur Not auch auf den Parkplätzen von ***Truck Stops*** eine Nacht (gratis) überbrücken. Die weit verbreitete Truck-Stop-Kette ***Flying J Travel Plaza*** wirbt um Camper sogar mit ***Dumping Stations***. Der auch nachts auf solchen Plätzen vorhandene Verkehrslärm lässt diese Möglichkeit aber nur ausnahmsweise geeignet erscheinen.

Campground Full?!?

Was tun, wenn man nicht reserviert hat, und statt des romantischen Plätzchens bei Ankunft ein Schild ***Campground Full*** (fast nur auf staatlichen Plätzen) wartet, der nächste Platz weit oder es schon spät ist. Oft klappt`s mit folgenden Strategien:

- Trotzdem 'reinfahren und gucken. Manchmal wird nach dem Schildaushang wieder `was frei, keiner hat`s registriert, oder der *Ranger* hat den letzten freien Platz übersehen.
- Platzinhaber mit viel freier Stellfläche (relativ zur Wagen- bzw. Zeltgröße) fragen, ob man sich dazustellen darf und Gebührenübernahme anbieten (funktioniert fast immer!).

Diese beiden Methoden funktionieren nur bei *self-serve Campgrounds* ohne Schranke; ist die vorhanden und zu, dann

- beim *Camp Host* (Aufsicht) oder im *Visitor Center* (*State/National Parks*) erkunden, ob es ein ***Overflow Camping*** gibt (Reserveplätze ohne Tische/Grill, nicht immer annonciert).

3

3.6 Essen und Trinken

Vorurteile gegenüber amerikanischen Ernährungsgewohnheiten sind nur zum Teil angebracht: Amerikaner ernähren sich durchaus nicht nur von Hamburgern und *Hot Dogs*, von Dosen- und Tiefkühl-Fertigkost, von Billigbier und Coke. Außerdem hat sich in den letzten Jahren das Ernährungsbewusstsein und damit auch das Angebot in Amerika positiv entwickelt. Amerikanische Kost kann sich – speziell im US-Süden – sehen und genießen lassen.

3.6.1 Selbstversorgung

Lebensmittel und Getränke

Selbstversorgung

Auf Rastplätzen, in allen Parks und Freizeiteinrichtungen finden sich Picknicktische, meist auch Holzkohlen-Grillroste. In manchen M/Hotels stehen Mikrowellengeräte in den Zimmern. Das erleichtert die Selbstversorgung und hilft Geld zu sparen. Wer Sonderofferten nutzt, kann andererseits oft so preiswert auf zurückgreifen, dass ein Supermarkteinkauf teurer kommt.

Supermärkte / Öffnungszeiten/ Preisniveau

Immense Warenvielfalt ist das Kennzeichen der amerikanischen Supermärkte. Die meisten sind Filialen von bundesweit oder auch regional operierenden Ketten. Häufig im Süden zu finden sind ***Albertsons***, ***Winn Dixie***, ***Delchamps***, ***Publix***, ***Safeway***, ***Food Lion***, ***Kroger*** und ***Giant Foods***. Selbst in kleinsten Orten findet man noch große Supermärkte. Die meisten ***Food Marts*** sind bis mindestens 21 Uhr, oft bis 24 Uhr oder auch rund um die Uhr und sonntags geöffnet. Ihr Sortiment umfasst auch Schreib- und Haushaltwaren, Drogerieartikel und häufig rezeptfreie Medikamente, aber nicht immer alkoholische Getränke (⇨ Seite 141). Die große Auswahl und das Vorhalten immenser Artikelmengen kostet Geld, und daher sind die großen *Food Mart*-Ketten nicht eben billig, d.h., beim Kurs von $1,25 für den Euro im Schnitt teurer als deutsche Supermärkte. Ketten wie ***Aldi*** (obwohl in Teilen der USA mäßig erfolgreich vorhanden) fehlen im Süden. Mehr und mehr gliedert aber ***Walmart*** seinen Kaufhäusern *Food Marts* mit einem reduzierten Sortiment an (***WalMart Supercenter)***, deren Preise deutlich unter dem der etablierten Supermärkte liegen.

Standorte der Supermärkte

Supermärkte finden sich vorzugsweise – umgeben von riesigen Parkplätzen – an den Ausfallstraßen der Ortschaften und im Umfeld wichtiger Autobahnausfahrten. Häufig sind sie in kleine **Shopping Zentren** integriert, die außer dem *Food Mart* weitere Läden und/oder Dienstleister beherbergen, insbesondere *Liquor Shop*, Reinigung, *Fast food-Eateries*, *Drugstore.* und ggf. ein kleines Kaufhaus wie *K-Mart* oder *Wal Mart* vom Typ *Department Store*.

In **Stadtzentren** sind Supermärkte eher rar, dort finden sich häufiger kleinere ***Convenience Stores*** und ***Delis***, deren Auswahl begrenzter und teuer ist. Dafür haben sie fertig verpackte Sandwiches und andere Snacks sowie *Salad Bars* und Suppentöpfe.

Albertsons ist eine der größten Supermarktketten der USA, regelmäßig von enormen Ausmaßen; und auch im Süden stark vertreten

Mini Marts

Außer in Supermärkten gibt es Lebensmittel, aber kaum Frischprodukte in oft 24 Stunden täglich betriebenen ***Mini Marts*** (*Circle K Stores, K-Food Stores, 7 to 11 Stores, am/pm* u.a.). Sie sind mehrheitlich mit Tankstellen kombiniert und fungieren außerdem mit *Cold Drinks, Coffee, Ice Cream, Popcorn, Hot Dogs* und weiteren Snacks als Versorgungsstationen für Autofahrer.

Wochenmärkte

Farmers' oder ***Green Markets*** sind populär. Fast in jedem größeren Ort findet zumindest einmal wöchentlich (überwiegend samstags) ein Markt an zentraler Stelle statt. Bauern und Produzenten aus dem Umland verkaufen dort die üblichen Produkte

Nettopreise und Steuern

Die Nettopreisauszeichnung in den **USA,** bezogen auf die englische Maßeinheit ***lb*** (= *pound*; ein Pfund entspricht etwa 450 Gramm), lässt Preise leicht niedriger erscheinen, als sie in Wirklichkeit sind. Um den Endpreis für ein Kilo zu erhalten, müssen der *lb*-Preis verdoppelt und 10% aufgeschlagen und ggf. weitere 5%-8% für die Umsatzsteuer (***sales tax***) addiert werden. **In einigen Staaten sind Lebensmittel umsatzsteuerbefreit**.

Kundenservice

An den Kassen (***Express Lanes*** für den kleinen Einkauf) geht es im allgemeinen flott voran; alles wird von einem Helfer oder dem/der Kassierer(in) in Plastik- oder Packpapiertüten gepackt *(paper bags please!)*, während man sich selbst auf Kasse und Bezahlung konzentrieren kann. Amerikaner lassen sich den Einkauf auch gerne – gegen ein kleines Trinkgeld – zum Auto tragen.

Lebensmittel aus dem Supermarkl

Ein paar Anmerkungen zur Auswahl in den *Food Marts*:

Reichlich vorhanden ist **Fleisch**, wenn auch nicht mehr besonders preiswert, immerhin sind und waren die **Steaks** immer BSE-frei.

Regional unterschiedlich findet man den tollsten **Fisch** und **Meeresfrüchte**. Im Bereich der Küsten ist naturgemäß das Angebot am größten, fangfrisch und einigermaßen bezahlbar.

Wurst wird vorwiegend vakuumverpackt verkauft. Eigentlich unterschiedliche Sorten schmecken wegen vieler Zusatz- und Konservierungsstoffe alle ähnlich, besser (und teurer) sind die Waren an der Delikatessentheke. Ähnliches gilt für viele Käsesorten.

3

Produce Das Angebot an **Obst** und **Gemüse** variiert mit der Region und Saison. Die Auswahl schwankt stärker als bei uns, die Präsentation ist dafür meist ansprechender. Speziell aus anderen Landesteilen stammendes bzw. importiertes ***Produce*** ist oft unglaublich teuer. Bereits zerteiltes/geschältes Obst wie auch Gemüsetabletts für den Vitaminsnack werden förmlich »in Gold« aufgewogen.

Cereals Enorme Auswahl besteht bei den ***Cereals***, der Sammelbegriff für alles, was entfernt mit Müsli oder Haferflocken zu tun hat: *Cornflakes, Rice Crispies* o.ä. in allen Farben, Formen und Süßegraden. Qualitativ sehr hochwertig sind die müsliähnlichen *Cereals* der kanadischen Marke ***Quaker***, die sich neben den Produkten des Monopolisten *Kelloggs* in den Regalen behauptet.

Cookies Auch an **Gebäck** (***Cookies***) ist die Auswahl groß, süß und teuer. Sofern Supermärkte über eine hauseigene Bäckerei verfügen, gibt es frisches Brot, Brötchen, *Bagels*, Muffins, *Cookies* und *Donuts*, die der abgepackten Regalware vorzuziehen sind, auch wenn sie die Qualität deutscher Bäckereien selten erreichen.

Salate Eine bei uns im Supermarkt kaum zu findende Spezialität sind ***Salad Bars***, an denen man sich selbst auflädt und an der Kasse pfundweise abrechnet. Auch dampfende **Suppentöpfe** und anderes mehr stehen oft zur Selbstbedienung bereit. An der **Brattheke** gibt's halbe Hähnchen, Lasagna, *Spare Ribs* u.a.m.

Fertiggerichte Die Palette an (preiswerten) **Fertigprodukten**, speziell bei Tiefkühlkost, ist groß. Sie kann im Camper – oder dank Mikrowellengerät im Motel – für Abwechslung und Arbeitserleichterung sorgen.

Alkoholfreie Getränke Neben ganz normaler (teurer) **Vollmilch** gibt es diverse *Non-Fat*- und *Low-Fat*-Sorten, meist mit Vitamin A und D angereichert.

Dank ***Starbucks*** und anderer Kaffee-Ketten hat sich in den letzten Jahren die Kaffeekultur in den USA zwar verbessert, aber der grob gemahlene amerikanische Kaffee und die Pulverkaffeesorten von *Nescafé* und *Folgers* dominieren immer noch die Regale. Es gibt es sogar **Kaffeebeutel** fürs schnelle Aufbrühen.

Die **Teeauswahl** ist außer in wenigen Fachgeschäften dürftig und besteht vor allem aus Teebeuteln einiger großer Hersteller.

Wer seine Kaffee- oder spezielle Teesorte auch im Urlaub nicht missen möchte, sollte den Reisebedarf von zu Hause mitbringen.

Bei nichtalkoholischen Getränken muss man bei den vielen Sprudel- und Brausearten erst herausfinden, was einem schmeckt. Selbst *Sprite, Fanta, Coca-* und *Pepsi Cola* schmecken anders als gewohnt. **Die Amerikaner lieben es süßer**.

Säfte stehen in allen Kategorien von frischgepresst und pur über tiefgefrorenes Konzentrat bis zu limoartigem süßen Gemisch im Regal. Der natürliche Fruchtgehalt von **Fruchtsäften** ist bei den preiswerteren Sorten niedrig. Hundertprozentige Fruchtsäfte gibt es zwar durchaus, aber zu sehr hohen Preisen.

Mineralwasser mit Kohlensäure gibt es als ***Soda Water*** erschwinglich nur in größeren Supermärkten, stilles Wasser überall.

Alkoholika

Alkoholika werden in **Supermärkten** und ***Liquor Store**s* verkauft. In vielen US-Staaten gibt es **Hochprozentiges** nur im *Liquor Store*, manchmal auch Wein nur dort. Das **Preisniveau** liegt höher als in Deutschland, speziell gilt das für Weine besserer Qualität.

Besitz und Konsum von Alkoholika unterliegen erheblichen Beschränkungen: **Alkoholika dürfen nur auf privaten Grundstücken** (dazu gehören der Stellplatz auf dem *Campground* und das *Openair* Lokal an der Straße) **und in Räumen** konsumiert werden. Der **öffentliche Alkoholgenuss** gilt in ganz Nordamerika als Vergehen (*Prohibited by Law* – außer im *French Quarter* von New Orleans). **Verbotsschilder** wie *No Alcoholic Beverages on Beach, in the Park* etc. erinnern nachdrücklich an die restriktive Gesetzgebung.

Ganz untersagt ist Alkoholverkauf nach einer bestimmten Uhrzeit am Abend und – ausnahmslos in allen Südstaatenan – an Sonn- und Feiertagen. Ebenfalls verboten ist die Abgabe von Alkohol an **Personen unter 21 Jahren**; im Zweifel wird man nach dem Ausweis gefragt (***Id**enty Card* oder *Driving License*). Im Passagierraum von Autos dürfen sich keine alkoholischen Getränke befinden, schon gar nicht in angebrochenem Zustand.

Zum Bier

In Sachen Bier hat sich in den letzten Jahren in den USA viel getan: Es ist besser als sein Ruf, wobei der Süden der USA gegenüber dem Westen noch einigen Nachholbedarf hat. Doch auch hier schießen jetzt die sog. ***Microbreweries*** (Kleinbrauereien) wie Pilze aus dem Boden und produzieren Biere, die sogar in Europa Anerkennung finden. **Gängige Marken** in Supermärkten sind leichte Lager-Sorten der Großbrauereien, wie *Miller's, Schlitz, Milwaukee, Schafer* und *Budweiser* in 6-, 12-, 18-oder 24-*packs* (Flaschen und Dosen, immer häufiger als pfandpflichtige Wegwerfflaschen).

Preiswert einkaufen mit Kundenkarte

Mit Kundenkarten können auch Touristen hohen Preisen im Supermarkt ein wenig Paroli bieten und ebenso wie Einheimische schöne Rabatte nutzen. Viele Sonderangebote gelten nämlich nur für »gute« Kunden, die als solche durch Kundenkarten definiert sind. Man erhält sie am *Servicedesk* und muss nur Namen und eine Adresse (die wird sich ja finden lassen) angeben. Nicht nur kennt man dann an jeder Kasse der Kette überall in den USA den Namen des Kunden und kann ihn damit ansprechen, der Zentralcomputer druckt auch gleich – auf der Basis des gespeicherten bisherigen Kaufverhaltens – individualisierte Discountangebote für den nächsten Einkauf auf die Rückseite des Kassenbons. Der Kunde wird zwar mit der ***Discount Card*** zum gläsernen Konsumenten, aber für Amerikaner auf Zeit ist das ja nicht unbedingt besonders störend.

Sixpacks dieser Art **kosten $3-$5** je nach Marke, Region und Laden. Darüber hinaus gibt es die kaum besseren Importbiere wie *Becks, Heinecken,* mexikanische und kanadische Marken, denen man aber den Eigengeschmack dank gesetzlich verordneter Sterilisation weitgehend genommen hat. Und immer häufiger werden auch in Supermärkten Edelmarken wie *Samuel Adam's* (Boston) oder die Produkte lokaler Kleinbrauereien in den Kühltheken angeboten. Für das Mehr an herzhaftem Biergeschmack ist deutlich mehr zu zahlen, ab $6 für ein *Sixpack*.

In den USA wird Bier stets sehr kalt, bisweilen in geeisten Gläsern getrunken. Schaum mag man nicht, daher gibt es üppige Schaumkronen nicht einmal bei frisch gezapftem Fassbier.

Wein

In den USA findet man vorwiegend kalifornische und ausländische Produkte in den Weinregalen. Mit Weinen aus Kalifornien kann man nicht viel falsch machen, sofern man nicht zu preiswert einkauft oder Megaflaschen und Pappschachteln zum Aufstellen mit herausziehbarem Hahn von Billigproduzenten greift.

Allmählich entwickelt sich auch die Weinindustrie im Südosten der USA, besonders in Virginia. Es werden dort mehr und mehr recht gute Weine produziert, die man bei Gelegenheit probieren sollte (Hinweise im Reiseteil).

Leitungswasser

Das Leitungswasser in den USA ist zum Trinken häufig ungeeignet (»Schwimmbadqualität« wegen hoher Chlorbeigaben zur Keimabtötung). Das gilt besonders im Einzugsbereich großer Städte, aber auch in manchen Kleinstädten und auf vielen Campingplätzen. Das Wasser taugt deshalb auch nur selten für Kaffee- oder Teegenuss, gelegentlich gerade noch fürs Spaghetti- oder Kartoffelkochen. Am besten verwendet man in der Küche nur (*Purified*) ***Drinking Water***, das in allen Märkten in 1- bis 2-Gallonen-Containern vorrätig ist und ab $0,70 pro Gallonencontainer kostet.

3.6.2 Imbiss und Fast Food

So vielseitig wie das **Sortiment der Supermärkte** ist auch das Spektrum an unterschiedlichen Typen von Lokalen und Restaurants. Prinzipiell lassen sich drei Kategorien unterscheiden:

Fast-food-Restaurants/Diners für den schnellen Imbiss,

Cafés/Snackbars/Grills/Family Restaurants für preiswertes Essen und »richtige« ***Restaurants*** (mit Alkohollizenz)

Hinter der Bezeichnung ***Café*** verbirgt sich in den USA so gut wie nie ein »Kaffee&Kuchen-Lokal«, sondern ein einfaches Restaurant. Die Qualität der Gerichte ist durchweg zumindest befriedigend, oft sogar viel besser als man wegen des schlechten Rufs der USA in dieser Hinsicht erwartet. Die Verfügbarkeit von Alkoholika ist beschränkter als bei uns, ➪ dazu weiter unten mehr.

Situation

Imbisstände, Supermärkte mit Salatbars und Deli-Theken, Grills, Snackbars, Tankstellen mit *Mini Mart Snacks* und jede Menge *Fast-food*-Lokale allerorten – verhungern wird man in den USA nicht. Letztere überschlagen sich mit Sonderangeboten und spektakulären Werbeaktionen (Mondays: *Burger $0,69*, oder *»pay 1 Cheeseburger, get 2«, McDonalds $1-Meals* o.ä.).

Die amerikanische Schnell-Gastronomie stößt zwar immer wieder auf Kritik, sie hat aber durchaus auch ihr Gutes. Für die Amerikaner selbst, die sich dort rascher und preiswerter außer Haus verpflegen können als wir in Europa, und für Touristen, für die Verpflegung unterwegs in den USA daher kein Thema ist. In den Südstaaten sind die Alternativen im übrigen vergleichsweise vielseitig und gleichzeitig noch relativ erschwinglich.

Food Courts

Food Courts findet man heute in allen größeren *Shopping Malls*, eine Kombination unterschiedlichster Imbissangebote um einen gemeinsamen Sitzbereich herum: *Chinese* und *Thai Food, BBQ-Ribs, Chicken Wings*, Pizza, Gyros, *Tacos, Salad Bars, Hamburger & Hot Dogs, Sandwiches, Cookies* und *Ice Cream*.

Fast-food-Classics

Die Filialen der *Fast-food*-Ketten sind in Stadtzentren eher spärlich, an Ausfallstraßen und Autobahnzubringern zahlreich vertreten. Selbst bei den typischenHamburger-Ketten endet das Angebot nicht mehr beim Basisprodukt (*Wendy's, Burger King, McDonald's, Hardee's, Dairy Queen, Jack-in-the-Box etc*), es gibt auch dort immer wieder Neues. Alternativen zu den Hamburger-Filialen sind *Taco Bell, Long John Silver's* (*Seafood*), *Bojangle's, Wafflehouse* oder das *International House of Pancakes (Ihop)*.

Besonderheiten

Viele *Fast Food*-Lokale verfügen über ***Drive-thru Schalter*** für Eilige und Sprach- bzw. Slangkundige.

Alkohol gibt es nur ausnahmsweise in Lokalen, die bereits Restaurantcharakter haben wie *Pizza Hut, Sizzler, Denny's* o.ä, ➪ unten. **Softdrinks** werden nach Pappbechergröße verkauft. Man füllt sie häufig selbst an Automaten selbst auf. Vielfach dürfen sie gratis nachgefüllt werden dürfen (***free refills***).

Kein Angebot von Anno Dazumal, sondern von 2005. Zwei Tacos sind nicht viel, aber mit vier Tacos ist man bestimmt satt. Ob bei Jack-in-the-Box oder der Taco Bell, es schmeckt meist sogar.

3.6.3 Family Restaurants

Obwohl *Fast Food Places* auch als *Family Restaurants* gelten, bezieht sich der Begriff eher auf ein **Zwischending** zwischen *Fast Food* und *Full Service Restaurant* mit Alkohollizenz. Ein Familienrestaurant ist gekennzeichnet durch Preise, die sich auch **Familien mit Kindern** (preiswerte Kinderteller und Desserts) leisten können, eine große Auswahl **amerikanischer *Items*** und häufig, wiewohl nicht immer, die Abwesenheit von Alkoholika.

Denny's u.a.

Das ***Family Restaurant*** an sich ist ***Denny's***, häufig Tag und Nacht geöffnet. Serviert wird alles vom Frühstück bis zum Nachtisch jederzeit (Bedienung!). Eine Platzierung erfolgt normalerweise nicht. Man kann auch an der Esstheke Platz nehmen.

Generell gilt: bei *Denny's, Shoney's, Perkins* u.a. wird man satt fürs Geld. Eine mengen- und preisreduzierte Speisenfolge wird ***Seniors* ab 55** geboten. **Empfehlenswert** für unterwegs, als Alternative zu *Fast Food* und »richtigen« Restaurants.

Cracker Barrel

Cracker Barrel ist eine authentisch Südstaaten-Restaurantkette, ein *Family Restaurant* mit angeschlossenem Laden *(Old Country Store)*. Serviert wird typische, Südstaatenkost wie *Fried Chicken, Buttermilk Biscuits, Grits, Ham* u.a.

Sizzler, Ponderosa, Bonanza, Red Lobster

Für ein preiswertes Steak und eine ***Salad Bar***, an der auch warme Gerichte zu finden sind, ist z.B. das ***Sizzler Steakhouse*** ideal. Zum Einheitspreis darf man sich an der Bar grenzenlos und wiederholt (***all you can eat***) bedienen. Hauptgericht ist dabei kein Zwang.

Sizzler ist auch gut mit Kindern, da oft gilt: ***Kids eat free with adults***. Aber selbst wenn nicht, immer gibt`s **Kinderteller** und -**auswahl** an der Dessertheke. *Sizzler* praktiziert eine **Mischung aus Selbstbedienung und Service**. Die Platzwahl ist dem Gast überlassen. ***Steaks***, ***Seafood***, heiße Beilagen und Getränke werden gebracht, wofür auch ein Trinkgeld fällig ist.

Die Steakhäuser ***Ponderosa*** (rustikal) und ***Bonanza*** (bürgerlich) und die (sehr gute) *Steak & Seafood-Kette* ***Red Lobster*** gehören im Prinzip in dieselbe Kategorie wie ***Sizzler*** bei kleinen Unterschieden in Philosophie und Einrichtung.

Pizza Hut Flächendeckend vertreten bietet die ***Pizza Hut*** *Pizza* und *Pasta* in großer Vielfalt zu angemessenen Preisen (gelegentlich sogar Bier und Wein). An der Qualität gibt es nichts auszusetzen, aber man muss sich an die ungewohnten **Pizza-Größenkategorien** und das Zuzahl-System für die Garnierung (***Toppings***) gewöhnen, soll die Pizza nicht unerwartet teuer werden. Zur Mittagszeit bietet *Pizza Hut* – wie andere Restaurants auch – günstige ***Lunch-Specials***, ***all you can eat-Buffets*** und preiswerte **Pasta-Gerichte für Kinder**.

Zahlung Im Gegensatz zu den Fast Food-Lokalen, in denen fast ausschließlich bar bezahlt werden muss, akzeptieren die *Family Restaurants* durchweg Kreditkartenzahlung.

3.6.4 Full-Service Restaurants

Viele Amerikaner essen regelmäßig nicht nur in *Fast Food-*, sondern auch in ***Full-Service-Restaurants***. Da komplette Dinner in einem Top-Restaurant sehr teuer kommen, sind vor allem gute Lokale der mittleren Preisklasse abends immer voll. Der Service ist im allgemeinen gut und die Qualität der Gerichte tadellos. Die Portionen sind üblicherweise größer als bei uns.

Basiswissen Wer lange Wartezeiten vermeiden möchte, sollte vor dem abendlichen Restaurantbesuch telefonisch einen Tisch reservieren. Das gilt vor allem an Wochenenden. Man fragt ggf. gleich bei der Reservierung nach dem ***Dresscode***. Denn ist der ***formal***, wird man ohne Jackett und Krawatte nicht eingelassen, lautet die Antwort ***casual*** sind auch Jeans o.k.

Serviert wird nur zu bestimmten Zeiten: ***Lunch*** mittags **von 12 bis 15 Uhr** und ***Dinner*** **ab ca. 18 bis 21/22 Uhr**. Fürs ***Lunch*** gibt es in den meisten Restaurants preiswertere Mittagskarten mit leichten, schnell bereiteten Gerichten oder ***Lunch Specials***.

In den USA sind selbst mehrgängige Menus schnell absolviert. Man bleibt für gemütliche Stunden nach dem Essen nicht im Restaurant sitzen, sondern geht für einen zusätzlichen Drink in eine Bar oder ein *Pub*. Sofern ***Bar*** oder ***Cocktail Lounge*** zum Haus gehören, wechselt man ggf. nur den Raum.

Charthouse Restaurant in Savannah in einer alten Lagerhalle am Hafen. Drinnen und preislich gilt gehobenes Niveau

3

Tax & Tip

Wichtig zu wissen ist, dass zum **Netto-Grundpreis** auf der Speisekarte **immer** noch **Umsatzsteuer (7%-9%)** und ein obligatorisches **Trinkgeld** in Höhe von rund **15%** anfallen. Die Umsatzsteuer auf der Rechnung dient vielen Amerikanern als Anhaltspunkt für die Höhe des Trinkgelds, den ***Tip***. Sie verdoppeln einfach die ***Tax***. Um zu kalkulieren, was mit der Rechnung auf einen zukommt, sind also auf die Nettopreise rund 25% aufzuschlagen.

Platzierung

Es gilt immer das Prinzip »***please, wait to be seated***«: Der Tisch wird zugewiesen, nicht selbst ausgewählt. Bei Ankunft nennt man am ***Reception Desk*** seinen Namen, sofern man vorgebucht hat und wird meist umgehend zum reservierten Tisch geleitet. Ohne Reservierung notiert der/die ***Receptionist***, falls keine Plätze frei sind, Name und Anzahl der Gruppe (*Meier, party of four*) und ruft den Namen bei Freiwerden eines Tisches auf. Das kann dauern, wenn man ein beliebtes Restaurant ausgesucht hat. Die Amerikaner zeigen dabei eine für uns erstaunliche Geduld, sogar in Warteschlangen draußen vor der Tür. Angenehmer ist es, Wartezeiten an der hauseigenen Bar (nicht immer vorhanden) zu verbringen. Der dort noch nicht geleerte Drink kann zum Tisch mitgenommen werden.

Personal

Das Personal in amerikanischen Restaurants lebt überwiegend von Trinkgeldern. Die Aufgaben sind klar verteilt. Der für Reservierungen zuständige Mitarbeiter führt den Gast an den Tisch und überreicht die Speisekarte. Nach kurzer Zeit stellt sich die Bedienung (***waiter/waitress***) namentlich z.B. wie folgt vor: »*Hi, how are you tonight? My name is Jane and I will serve you*«.

Aufgetragen werden die Gerichte oft von weiterem Personal, denn alles soll möglichst gleichzeitig frisch und heiß auf den Tisch. Oft gibt es für das Abräumen des Geschirrs und Nachfüllen von Wasser weitere Hilfskräfte.

Speisenfolge

Die Speisekarte heißt ***menu*** (sprich: »mänjuh«). Ein ***entrée*** hat nichts mit der Vorspeise (***appetizer***) zu tun, sondern ist das Hauptgericht. Ein Salat wird in der Regel als (ggf. zweite) Vorspeise betrachtet und vor dem Hauptgericht serviert. Nach dem ***entrée*** gibt es Nachtisch ***(dessert)*** oder *coffee*, auch *Espresso* oder *Capuccino*.

Die Menüzusammenstellung ist variabel Üblicherweise stehen mehrere frei wählbare Beilagen (***side dishes***) – deren Zubereitung und Vielfalt weit mehr Aufmerksamkeit zugemessen wird als hierzulande –, *Salad Dressings* und Zubereitungsarten sowie ggf. Portionsgrößen zur Wahl. Man mache sich auf einen ganzen Fragenkatalog gefasst. Zusätzlich zu den Gerichten auf der Speisekarte erläutert die Bedienung mündlich oft noch ***Daily Specials***. Außer frischem Brot und Eiswasser gehören manchmal Suppe oder Salat automatisch zum Menü.

Gertränke

Eiswasser ist (mit oder ohne Chlor) kostenlos und wird ständig und unaufgefordert nachgeschenkt; man braucht keine zusätzlichen Getränke zu bestellen. Der »Wein des Südens« ist **Eistee**; auch der wird immer wieder nachgefüllt, gleiches gilt für Kaffee. Die meisten besseren Restaurants haben eine Alkohollizenz, und vor der Bestellung kommt als erstes die Frage nach einem Cocktail bzw. alkoholischen Getränk: *»Do you want something from the bar?«* Bier oder Wein ist zum Abendessen üblich – allerdings gilt oft: *never on sunday*. In guten Lokalen wird nach dem Essen noch ein ***after-dinner drink*** (z.B. Obstbrände, Brandys) offeriert.

Bezahlen / Trinkgeld

Das Einpacken nennenswerter auf dem Teller verbliebener Reste erfolgt beinahe automatisch; selbst in einem Feinschmeckerrestaurant ist die Frage nach einem ***doggy bag***, der Tüte für den Hund, nicht verpönt. Nach der abschließenden, eher rhetorischen Frage, ob alles o.k. war, erhält man unaufgefordert die Rechnung (***cheque***). Manchmal, in einfacheren oder *Family Restaurants*, wird diese an einer Kasse ***(cashier)*** am Ausgang beglichen, meist aber am Tisch.

Bei Barzahlung lässt man das Trinkgeld (ca. 15%) dort zurück. Bei Zahlung per Kreditkarte fügt man auf dem ***Credit Card Slip*** den als ***Tip*** errechneten Betrag (➪ oben) in die vorgesehene Zeile ein. Man kann diese auch leer lassen (und die Endsumme unten noch einmal einsetzen!) und den *Tip* am Tisch als *cash* hinterlassen.

Hier eine beachtliche Mischung aus Restaurant und Sports Bar mit einem moderaten Preisniveau

3.6.5 Pubs und Bars

Musikkneipen

Fast jedes Hotel verfügt über eine Bar. In Städten findet man von Hotels unabhängige *Cocktail Lounges*, *Bars* und *Pubs*. Im Süden handelt es sich vielfach um **Musikkneipen**, in denen *Country Music*, *Blues* oder *Jazz* vom Band oder – meist nur an Wochenenden – *live* ertönt. Eine Hochburg mit unerreichter Konzentration an Musiklokalen ist New Orleans, aber auch Memphis und Nashville haben diesbezüglich einiges zu bieten.

Brew Pubs

Interessante Kneipen findet man oft in revitalisierten Altstadt- oder Fabrikvierteln. Populär wurden in den letzten Jahren ***Brew Pubs***, die hervorragendes Bier aus eigenen Kleinbrauereien ausschenken (***Microbreweries***).

Sports Bars

Eine amerikanische Besonderheit sind ***Sports Bars***, Bierkneipen, in denen sich meist mehrere Fernseher mit Großbildschirmen befinden, die kontinuierlich Sportereignisse zeigen, in erster Linie ***American Football***, ***Baseball***, ***Basketball*** und ***Eishockey***. Billardtische gehören oft auch dazu.

Getränke

Cocktails oder **Bier** sind in Bars die beliebtesten Getränke; Hochprozentiges (*hard liquor*) wird mit Ausnahme von Whiskey selten konsumiert. Auch Wein ist in Bars und *Pubs* nicht üblich. Abgesehen von einer mehr oder weniger großen Zahl an Flaschenbieren (*local* oder *import*) gibt es meist einige Sorten vom Fass *(draft beer)*. Sie sind häufig die bessere Wahl. Bier wird im Glas *(pint*= halber Liter oder *half pint)* oder ***Pitcher*** (Krug/*quart*=1 Liter) ausgeschenkt. Die regulären Preise sind in Bars nicht niedrig, in den *Happy Hours* (üblicherweise 17-19 Uhr) kosten Drinks aber oft nur 50% oder einen herabgesetzten Fixpreis (z.B.: *every drink* $3). Viel frequentiert sind diese Stunden auch deshalb, weil es zu den Getränken manchmal **gratis ein Buffet** mit kleinen Snacks gibt.

Clubs

Viele Kneipen sind als ***Club*** organisiert. Grundsätzlich lassen sich *Blues-* und *Jazz Clubs*, *Comedy/Cabaret/Supper Clubs*, *Dance & Disco Clubs* unterscheiden. Bestimmte Stadtviertel bzw. Regionen sind bekannt für ihre Clubs gleichartiger Musikrichtungen; Nashville natürlich für *Country Music Clubs*, New Orleans für *Jazz Clubs* und Memphis für *Blues Clubs*.

In *Clubs* ist – ggf. zusätzlich zum Eintritt (selten weniger als $10) – ein Minimumverzehr Usus. Alkohol wird erst ab 21 Jahren ausgeschenkt (strikte Einhaltung). Manche Clubs sind nicht täglich geöffnet.

3.7 Einkaufen

Shopping Malls

Shop 'til you drop – Einkaufen bis zum Umfallen – *Shopping* gilt in den USA als Freizeitvergnügen; ***Shopping Malls*** erhalten mehr und mehr Vergnügungsparkcharakter. Das Wort ***Mall*** kennzeichnet das überdachte *Shopping Center, wob*ei die neuesten und größten Komplexe dieser Art oft allein schon durch ihre aufwendige Architektur beeindrucken. Integrierte *Entertainment*-Komplexe mit Programm und Unterhaltung bis in die Abendstunden sowie Restaurants sorgen dort für ***Shopping Fun***. Mindestens aber fungieren *Malls* als Mega-Einkaufs- und Kommunikationszentren mit einer Vielzahl spezialisierter Läden, oft gleich mehreren Kaufhäusern und Dienstleistern vom Schlüsseldienst über Banken und Restaurants bis hin zum Kinocenter.

Outlet Malls

Heute allerorten zu finden sind ***Outlet Malls*** mit ***Factory Stores***, Läden, die Ware direkt ab Hersteller anbieten. Die Preisabschläge für Markenartikel aller Art, in erster Linie Textilien und Schuhe, sind dort oft erstaunlich. Werbezettel für die nächste *Outlet Mall* liegen in Hotels, Motels und Touristeninformationen aus.

Die größte *Outlet Mall* der USA, ***Franklin Mills***, liegt keine zwei Autostunden nördlich von Washington DC im Norden von Philadelphia an der I-95 (➪ Seite 215); ihr läuft die fast ebenso große, aber lichtere und modernere ***Mall Sawgrass Mills*** in Fort Lauderdale in Florida schon länger den Rang ab (➪ Seite 441). ***Potomac Mills*** (➪ Seite 190) bei Washington ist eine der älteren *Malls* dieses Typs. Wer sich dafür näher interessiert, findet Einzelheiten im Internet unter www.millscorp.com. Eine **Hochburg** der *Outlet Malls* ist auch **Orlando/Florida**, ➪ Seite 421.

Department Stores

Außer in *Shopping Malls* gibt es auch in den Zentren der größeren Städte **Textil-Kaufhäuser**, z.B. *Brooks Brothers, Neiman Marcus, Nordstrom* und *Saks* ebenso wie Filialen von Textilketten wie *Banana Republik, GAP, Victoria's Secret, Liz Claiborne* etc. **Komplette Kaufhäuser** mit einem breitem Sortiment sind *Macy's, Sears* oder *J.C. Penney, K Mart* und *Target*. ***WalMart Super Centers*** sind im Süden verbreitet und oft sehr günstig; sie führen neben ihrem Kaufhaus-Sortiment auch sehr preiswert Lebensmittel.

Preisniveau

Beim momentanen Euro-Dollar-Kursverhältnis liegen die Preise in normalen Shopping Arkaden auf einem ähnlichen Niveau wie bei uns, von einzelnen Schnäppchen – speziell bei Textilien – einmal abgesehen. Preiswerter sind aber in *Outlet Malls* vielfach Freizeitkleidung und -artikel, Jeans, Sportschuhe und -ausrüstung.

Sales Tax

Wie schon in vorstehenden Kapiteln erläutert, addiert sich zu den angegebenen Preisen – außer in einigen Staaten bei Lebensmitteln – immer noch die ***Sales Tax***, eine **Umsatzsteuer** in Höhe von 7%-9%. Preisangaben inklusive *Sales Tax* sind nicht üblich.

Steuererstattung

In **Louisiana** erhalten ausländische Touristen dank eines ***Tax Free Shopping Program*** von bestimmten Geschäften *Tax Coupons*. Am *New Orleans International Airport* und im *French Quarter*,

Riverwalk Marketplace, befinden sich sog. ***Refund Offices***, wo man gegen Vorlage der Quittungen samt Kopie des Flugtickets und des Passes die entrichteten Umsatzsteuern zurückerstattet.

Information: © (504) 467-0723; www.louisianataxfree.com

Listen der Läden, die an diesem Programm teilnehmen, gibt es bei der *Tourist Information* in allen Orten Louisianas. Erstattungsanträge können auch schriftlich gestellt werden.

Öffnungszeiten

Es gibt keine Ladenschlussgesetze und damit auch keine verbindlich festgelegten Öffnungszeiten. Dennoch sind die meisten Geschäfte innerhalb von Ortschaften/in Stadtzentren nur ab 9 Uhr oder 10 Uhr bis 18 Uhr geöffnet.

Department Stores und ***Malls*** lassen Kunden im allgemeinen von 10 Uhr bis 19 Uhr, maximal bis 22 Uhr ein. Buch- und Musikläden können oft bis 22 Uhr oder 23 Uhr aufgesucht werden. Das gilt oft auch für alle Arten von *Shops* in touristisch stärker frequentierten Orten oder Vierteln (z.B. *French Quarter* in New Orleans).

An **Sonntagen** öffen im christlichen Süden Geschäfte nicht vor Mittag und schließen dann überwiegend früh gegen 17 Uhr.

Supermärkte, ***Drugstores*** oder **Heimwerkermärkte** bleiben indessen auch sonntags meist länger geöffnet, manchmal selbst an den Wochenenden rund um die Uhr.

Größentabellen

Wer sich in den USA Textilien und Schuhe kauft, muss die gewohnten Größen wie folgt umrechnen:

Herrenbekleidung:

Deutsche Größe (z.B. 50) minus 10 ergibt amerikanische Größe (40)

Herrenhemden:

D	36	37	38	39	40/41	42	43
USA	14	14,5	15	15,5	16	16,5	17

Herrenschuhe:

D	39	40	41	42	43	44	45
USA	6,5	7,5	8,5	9	10	10,5	11

Damenbekleidung:

D	36	38	40	42	44	46
USA	6	8	10	12	14	16

Damenschuhe:

D	36	37	38	39	40	41	42
USA	5,5	6	7	7,5	8,5	9	9,5

Kinderkleidung:

D	98	104	110	116	122
USA	3	4	5	6	6x

3.8 Sportliche Aktivitäten unterwegs

Wer während einer Urlaubsreise nicht nur auf der faulen Haut liegen oder neben dem Besichtigungsprogramm auch etwas für die Kondition tun möchte, findet in den Südstaaten eine breite Palette von Möglichkeiten: Golf und Tennis, Reiten und Wassersport, Skaten, Joggen, Walken und Wandern. Viele große Hotels, insbesondere in Florida, verfügen über eigene Sportanlagen vom Pool über Tenniscourts bis hin zum Golfplatz.

Joggen und Gehen (Walking)

In vielen städtischen **Parks** übertrifft die Zahl der Jogger regelmäßig die anderer Besucher. Der Frauenanteil ist deutlich höher als bei uns. Jogger, die sich unverdrossen zur *Rush-Hour* durch den *Stop-and-go*-Verkehr kämpfen, gehören zum typischen Bild amerikanischer Cities. Wer mitrennen möchte, findet in den Buchhandlungen jeder Großstadt **Führer zu** den besten örtlichen **Joggingpfaden**. Auch in ***National*** und ***State Parks*** und auf Campingplätzen samt Umfeld gibt es geeignete Strecken.

Aber Jogging ist eigentlich schon ***out***. Das sportliche **Gehen/Walking** gewinnt zunehmend an Popularität. In Amerika wurde es zum **Jogging-Substitut**, nachdem viele Laufenthusiasten über die Jahre Gelenk- und Sehnenschäden davontrugen.

Biking / Radsport

In Amerika gibt es keine größere Stadt ohne Fahrradverleihstationen (*Bicycling, Rent-a-Bike, Bikre-Shop* in den gelben Seiten der Telefonbücher). Auch in einigen *National-* und *State Parks* kann man Fahrräder mieten. Viele Städte und Parks lassen sich sogar besser per Fahrrad als mit Mietwagen erkunden, obwohl selten Radwege vorhanden sind.

Reiten

Wer reiten möchte, findet dazu vielfältige Gelegenheiten, besonders in und in der Umgebung von *National* wie *State Parks* und Touristenregionen. Pferde kosten ab $15 die Stunde, die Tagesraten liegen bei $40-$70. Anfänger haben im allgemeinen weniger Probleme als in Europa, da die Pferde anders zugeritten und leichter zu dirigieren sind. Auch ohne Reservierung kann man häufig noch an Ausritten kurzfristig teilnehmen.

Skating

Inline Skating und ***Skate Boarding*** ist nahezu überall möglich. In vielen Städten gibt es *Inline Skating/Skate Board Rinks*. Außerdem wird in Parks mit asphaltierten Wegen gerollt. Großer Beliebtheit erfreut sich das ***Skating*** u.a. **an den Strandpromenaden** der zahlreichen Badeorte an der Atlantikküste (Miami, Myrtle Beach, Virginia Beach u.a.) und an der Golfküste von Fort Myers bis St. Petersburg und von Panama City bis Gulfport/Mississippi.

Schwimmen

Natürliche Gewässer sind in weiten Teilen der USA von einer Sauberkeit und Transparenz, die wir bei uns lange suchen müssen. Selbst Stauseen, so der Wasserstand nicht gerade sehr niedrig ist, verfügen meist über eine gute bis sehr gute Wasserqualität. Die Südstaaten bieten darüber hinaus **endlose Strände**. In Südflorida kann man fast ganzjährig im Meer baden, andernorts zumindest von Frühjahr bis in den späten Herbst.

Sehr populär in den verschilften Küstengewässern sind Kajaks, während man auf Flüssen und in den Sümpfen mehr Kanus findet

Öffentliche Schwimmbäder gibt es dagegen viel seltener als bei uns, und wo man sie findet, ist die Anlage oft klein und wenig einladend. Maschengitter umzäunen oft die Becken, da die Rechtsprechung in den USA Eigentümer von *Swimming Pools* für etwaige Unfälle rigoros verantwortlich macht. Fitnesszentren besitzen größere Schwimmbecken, während viele Hotelpools nur zum Planschen geeignet sind.

Wassersport

An allen Stränden steht Wassersport hoch in Kurs. Vor allem **Surfen** und **Windsurfen** wird fast allerorten praktiziert. Beliebte Windsurf- und Wasserskireviere sind auch die zahlreichen Binnenseen und ruhigen Gewässer des ***Intracoastal Waterway*** zwischen den vorgelagerten Inseln und dem Festland entlang der Ostküste.

Kanusport

Kanus verbindet man eher mit Canada oder den Nordstaaten der USA. Tatsächlich gibt es auch in den Südstaaten schöne Kanureviere. In erster Linie sind das Flussläufe und Seen, an dessen Ufern man oft Kanuverleiher findet. Das Kanu ist auch in Sumpfgebieten beliebt, z.B. in den ***Everglades*** und im ***Okefenookee Swamp***/Georgia, ganz besonders aber auf den Quellflüssen im zentralen Florida, ➪ z.B. ***Homosassa Springs*** und ***Manatee Springs*** (➪ Seite 475), oder weiter nördlich die ***Wakulla Springs*** (➪ Seite 476). Auch wer vorher noch nie im Kanu saß, kommt damit rasch klar. Die Grundinstruktionen erhält man meist an der Verleihstation.

Golf und Tennis

Golf ist in den Südstaaten, speziell in Florida weitverbreitet, dabei weniger exklusiv und preiswerter; es gibt relativ viele öffentliche Golfplätze. Aber auch Clubs und Hotels lassen gegen Gebühr Gäste die Schläger schwingen und verleihen das Zubehör.

Tennisspieler sollten ihre Rackets nicht vergessen. Vielenorts findet man – meistens in öffentlichen Parkanlagen – allgemein zugängliche **gebührenfreie Plätze**. Stark frequentiert werden sie nur in Feriengebieten. Zu größeren Hotels und Resortkomplexen gehören immer Tenniscourts, deren Benutzung für Gäste frei ist.

3.9 Alles Weitere von A bis Z

Apotheken

Reine Apotheken (***Pharmacies***) sind rar, vielmehr ist bestimmten *Drugstores* und großen Supermärkten eine *Pharmacy* zugeordnet. Dort werden rezeptpflichtige Medikamente an einer Sondertheke für ***Prescriptions*** ausgegeben. Ein Grundsortiment an verschreibungsfreien Arzneimitteln auf einem Preisniveau ähnlich dem bei uns gibt es in jedem Supermarkt und Drugstore.

Ärzte und Zahnärzte (➪ auch Seite 62)

Die USA verfügen über ein hochentwickeltes Gesundheitssystem, und an qualifizierten Ärzten besteht kein Mangel. Für schnelle und sachkundige Behandlung bei Krankheit oder Unfall ist also gesorgt, vorausgesetzt, der Patient ist zahlungsfähig.

Namen und Adressen von Ärzten (*Physicians*) oder Zahnärzten (*Dentists*) lassen sich über die Hotelrezeption bzw. die Gelben Seiten der Telefonbücher (*Medical Services, Physicians)* in Erfahrung bringen. Es kann schwierig sein, ohne Fürsprache als Tourist einen Termin zu bekommen. Haus- bzw. Hotelbesuche sind unüblich. In größeren Orten und Städten existieren ***Health Care*** oder ***Family Centers***, Gemeinschaftspraxen, die ggf. auch ohne eine Terminvereinbarung (*walk-in*) weiterhelfen.

Mit **akuten Beschwerden** und **Verletzungen** kann man sich auch unmittelbar zum ***Emergency Room*** (Notaufnahme) des nächstgelegenen Hospitals begeben bzw. die Nummer **911** anrufen.

Bei Problemem hilft ggf. die Touristenorganisation ***Traveler's Aid*** weiter (➪ im lokalen/regionalen Telefonbuch).

Banken (➪ auch Seite 63ff)

Eine Bankfiliale findet sich noch im kleinsten Ort. Die meisten akzeptieren die gängigen **Reiseschecks** und sollten den Nennwert auszahlen, berechnen aber mehr und mehr Gebühren. Gelegentlich gibt es eine **Summenbegrenzung** der Entgegennahme. Üblicherweise muss der Pass vorgelegt werden. Das gilt ausnahmslos für die Auszahlung von Bardollars gegen Kreditkarte ***(Cashing)***. Die Mehrheit der Banken honoriert ***Mastercard*** (***Eurocard***) und ***VISA***. Banken öffnen durchweg Mo-Fr (manchmal auch samstags) um 9 Uhr und schließen bei durchgehender Geschäftszeit bisweilen bereits um 14 Uhr, nur selten später als 16 Uhr. Geldautomaten (***ATM***: ***A****utomated* ***T****eller* ***M****achine)* stehen für Abhebungen mit *Credit Card* oder EC-Karte meist rund um die Uhr zur Verfügung.

Behinderte

Rampen, Lifts, eigene Parkplätze und WCs, spezielle Motelzimmer und Mietwagen, Blindeneinrichtungen, Leih-Rollstühle und mehr erleichtern in den USA ***handicapped people*** das Leben wie das Reisen. Behinderte genießen außerdem viele Ermäßigungen, so z.B. 50% auf den Eintritt in Nationalparks (*Golden-Access-Passport*). Informationen liefert u.a.:

- ***SATH - Society for Accessible Travel & Hospitality***, ✆ (212) 447-7284, Website: www.sath.org

Hilfreich sind folgende Veröffentlichungen in englischer Sprache:

- ***Handicapped Driver's Mobility Guide* des *AAA***
- ***Mobility International USA***, ein jährlich aktualisierter Führer

Botschaften und Konsulate

Die Hilfe von Botschaften und/oder Konsulaten benötigt man nur im Notfall, wenn etwa der Pass verloren oder gestohlen wurde. Bei Verlust von Kreditkarten, Reiseschecks oder Flugtickets helfen die unter »Notfälle« (➪ Seite 160) genannten Stellen weiter.

Von Vorteil ist es, Fotokopien aller Dokumente bei sich zu haben. Mit einer Hilfeleistung verbundene eventuelle finanzielle Aufwendungen holt sich der Staat in der Heimat zurück.

Botschaften

Deutschland: 4645, Reservoir Road NW,
Washington DC 20007
✆ (202) 298-4000; www.germany-info.org

Schweiz: 2900 Cathedral Ave NW
Washington DC 20007
✆ (202) 745-7900; www.swissemb.org

Österreich: 3524 International Court NW
Washington DC 20008
✆ (202) 895-6709; www.austria.org

Konsulate: in Atlanta

German Consulate General,
285 Peachtree Center Ave NE,
Marquis Two Tower, ✆ (404) 659-4760

Consulate General of Switzerland,
1275 Peachtree St NE, Suite 425, ✆ (404) 870-2000

The Austrian Consulate,
4200 Northside Parkway NW, Bldg #1 Suite 300, ✆ (404) 264-9858

in Miami

German Consulate General,
100 N Biscayne Blvd, Suite 2200, ✆ (305) 358-0307

Honorary Consulate of Switzerland,
825 Brickell Bay Dr, Suite 1450, ✆ (305) 377-6700

Honorary Consulate of Austria,
1454 NW 17th Ave, Rerpublic Bldg, Suite 200, ✆ (305) 325-1561

in New Orleans

Honorary Consulate of Germany,
1100 Poydras Street, Energy Center, Suite 1700, ✆ (504) 585-7588

Honorary Consulate of Switzerland,
1620 8th St, ✆ (504) 897-6510

Honorary Consulate of Austria,
755 Magazine St, ✆ (504) 581-5141

Datum

Das Datum wird in Nordamerika in der Reihenfolge Monat-Tag-Jahr angegeben, z.B. **July 20, 2001** oder kurz **7-20-01**.

Elektrischer Strom

Die USA verfügen über ein Wechselstromnetz mit nur 110-125 Volt Spannung und einer Frequenz von 60 Hertz. Apparaten, die sich auf 110/125 V umschalten lassen, schadet der Frequenzwechsel von 50 auf 60 Hertz nicht; Rasierapparate laufen etwas rascher. Zur Adapterbeschaffung ➪ Seite 96.

Elektronische Geräte

Elektronische Geräte sollten nicht im Handgepäck mitgeführt werden, da sie bei der Kontrolle leicht Probleme machen. Bisweilen sind Kameras zu öffnen oder auszulösen. ***Laptops*** sind unproblematisch. Sie dürfen im Flugzeug in aller Regel benutzt werden, sobald die endgültige Flughöhe erreicht ist. **Handys** sind o.k., müssen während des Fluges aber deaktiviert bleiben.

Verlust von Dokumenten und/oder Finanzmitteln

Das ist zu tun:

(• nur bei Diebstahl/Raub: zur Polizei zur Aufnahme eines Protokolls)

- Meldung des Verlustes bei der betreffenden Stelle (**Botschaft**, ➪ nebenstehend; **Airline**, ✆ ➪ Seite 71; **Kreditkartenorganisation**, ***Traveler Cheque*** **Bank**, ➪ Seite 65) mit Nummern bzw. Kopien der entsprechenden Dokumente.

Das passiert:

Botschaften bzw. **Generalkonsulate**

stellen bei Passverlust nach Klärung der Identität – am besten über eine noch vorhandene Passkopie oder den heimischen Personalausweis, sonst nach zeit- und kostenaufwendigen Nachfragen in der Heimat, einen Ersatzpass aus.

Airlines

Die Vorgehensweise ist sehr unterschiedlich und hängt von *Airline* und Tickettyp ab. Im Extremfall kann es heißen »Ticket weg, Flug weg«. Bei den großen Fluggesellschaften und Tickets zu regulären Preisen kann nach Prüfung und Verifizierung der Angaben des Fluggastes die Ausstellung eines Ersatztickets (Gebühr) relativ unbürokratisch erfolgen.

Kreditkarten-/Traveler Cheques-Ausgabeorganisationen

Bei **Kreditkartenverlust** sollte die Sperrung schnell veranlasst werden. Die Haftung für Missbrauch ist aber auch vorher schon auf $50 begrenzt. Das Problem bei Missbrauch ist eher die Rückgängigmachung von erfolgten unautorisierten Abbuchungen, denn das kann lange dauern. Nach einer Verlustmeldung entfallen normalerweise Selbstbeteiligung und Abbuchung. Die Ausstellung einer Ersatzkarte dauert günstigstenfalls 24 Stunden.

Zum Ersatz für ***Traveler Cheques*** ➪ Seite 66.

Email

Unterwegs Emails versenden und empfangen sollte kein Problem sein, ist aber mit »Haken und Ösen« verbunden, ➪ ab Seite 165.

Feiertage

An (Sonn- und) Feiertagen bleiben Banken, Ämter und Behörden geschlossen, ebenso Schulen und Universitäten. Großenteils arbeiten dann auch Dienstleister wie Reparaturwerkstätten, Arzt- und Zahnarztpraxen etc. nicht. Insbesondere Supermärkte, aber auch andere Läden und *Shopping Malls* sind sonn- und feiertags – zumindest begrenzt – geöffnet. Touristische Attraktionen und Museen halten ihre Tore sonn- und feiertags weit offen.

Im ***Bible Belt*** der Südstaaten gilt mit geringfügigen Ausnahmen: **Am heiligen Sonntagvormittag läuft nichts außer Kirche**.

Nationale gesetzliche Feiertage

- 1. Januar: ***New Year's Day***
  (voraus geht ***New Years Eve*** = Silvester)
- 3. Montag im Januar: ***Martin Luther King's Day***, Gedenktag an den ermordeten Prediger
- 3. Montag im Februar: ***President's Day***, Gedenktag zu Ehren aller Präsidenten
- Ende März/April: ***Good Frida***y; der Karfreitag gilt nur bedingt als Feiertag, einen 2. Osterfeiertag (Ostermontag) gibt es nicht.
- letzter Montag im Mai: ***Memorial Day***, Gedenktag zu Ehren der Gefallenen aller Kriege, Start der Sommer-Ferienzeit in Universitäten und in vielen Schulen
- 4. Juli: ***Independence Day***, Unabhängigkeitstag, wichtigster Feiertag der USA mit Paraden, Umzügen und Feuerwerk
- 1. Montag im September: ***Labor Day***, Tag der Arbeit, Ende der Feriensaison
- 2. Montag im Oktober: ***Columbus Day***, Erinnerung an die Entdeckung Amerikas
- 31. Oktober: ***Halloween***, »Gespenster-, Grusel- und Hexentag«, kein offizieller Feiertag, aber oft unterrichtsfrei
- 11. November: ***Veterans' Day***
  Ehrentag für die Veteranen der US-Armee
- 4. Donnerstag im November: ***Thanksgiving Day*** (***»Turkey Day«***), Erntedankfest – großer Familienfeiertag
- 25. Dezember: ***Christmas Day***, der einzige Weihnachtsfeiertag und bedeutsamer als der Heilige Abend (***Christmas Eve***)

In USA werden gesetzliche Feiertage – mit Ausnahme von Karfreitag, Weihnachten und dem Nationalfeiertag 4. Juli – vorzugsweise auf den Montag gelegt, um damit ein zusätzliches verlängertes Wochenende zu schaffen.

Feste und Veranstaltungen

Es fällt schwer, den Überblick zu behalten, denn die Amerikaner und besonders die Südstaatler feiern viel und gern. Alle wichtigen, wiederkehrend stattfindenden Feste und Veranstaltungen sind im Reiseteil erwähnt. Umfassende aktuelle Veranstaltungskalender (***Calendar of Events***) gibt es bei allen Touristenbüros von Städten und Staaten.

Herausragende Südstaatenereignisse sind ***Mardi Gras*** (nicht nur in New Orleans; zwischen Mobile/Alabama und dem *Cajun Country* des südlichen Louisiana gibt es im Februar unzählige Faschingsumzüge), ***Blues-, Jazz- und Countrymusic-Festivals***, die in den Sommermonaten fast an jedem Wochenende irgendwo stattfinden, **kulinarische Feste** und – im Herbst – samstägliche ***College-Football-Spiele***, die auf dem Campus der jeweiligen Universität als Großereignis gefeiert werden.

Fernsehen

Jedes H/Motelzimmer ist mit einem Fernsehgerät ausgestattet. Hinsichtlich Empfang und Zahl der Sender gibt es große Unterschiede, da nicht immer Satellitensender wie ***HBO*** (Spielfilme weitgehend ohne Werbeunterbrechung) oder Kabelsender wie ***ESPN*** (Sport), ***Pay TV*** oder ***Movie Channels*** zur Verfügung stehen. Die scheinbare Vielfalt täuscht, tatsächlich kooperieren Regionalstationen mit einer Handvoll überregional ausstrahlender Sender (*ABC, CBS, NBC, TNT, FOX*).

Manche Sender sind auf bestimmte Genres spezialisiert, z.B. Nachrichten, Sport, Kochen, Kirche, *Soap Operas*, Comics oder Verkaufspräsentationen. Auf Programmschienen im Stundentakt laufen bestimmte Sendungen täglich immer zur selben Zeit oder immer am selben Tag. In den meisten Motel-/Hotelzimmern liegen aktuelle Programmübersichten.

Gesundheit (➪ Apotheken, Ärzte, Jetlag)

Besonderen gesundheitlichen Risiken sind USA-Reisende normalerweise nicht ausgesetzt. Es gibt selten Umstellungsprobleme wegen der (leicht) veränderten Ernährung. Leitungswasser kann – obwohl häufig rabiat desinfiziert (➪ Seite 142) – unbesorgt getrunken werden. Impfungen eigens für die Reise nach Amerika sind nicht erforderlich.

Moskitos

Ein Problem, das man in der touristischen Werbung gerne vergisst zu erwähnen, darf hier nicht verschwiegen werden: Die **Insektenplage** kann besonders für Camper ein arges Kreuz bedeuten. So es nicht Mücken oder Wespen sind, dann die *Black Flies, Horse Flies* oder sog. *No-See-Ems*, fast unsichtbare Kleinfliegen. Irgendetwas sticht oder beißt von April bis zum Spätherbst immer, wobei die **Moskitos** besonders in Florida und in den Gebieten der südlichen *Lowlands* und in der Misssissippi-Niederung verbreitet sind.

Nicht umsonst sind dort Häuser, Wohnmobile und Zelte mit feinmaschigen Netzen verbarrikadiert und ganze Terrassen- und Poolanlagen entsprechend überbaut.

Insektenschutz

Auf Wanderungen, im Kanu, am Lagerfeuer und in weniger insektensicheren Fahrzeugen oder Zelten hilft nur eine Behandlung mit ***Insect Repellent*** und hochgeschlossene Kleidung. Mitgebrachte Essenzen aus Europa nützen kaum. Mit amerikanischen Mitteln wie ***Johnson's Off*** oder ***Deep Woods*** hält man sich dagegen die Biester gut vom Leib. Insektenspray und -lotions wie Antimückenspiralen gibt's noch im kleinsten Shop. Am preiswertesten, wenn auch nie billig, kauft man in *Discount Drugstores*.

Immerhin sind amerikanische **Moskitos** selbst im subtropischen Klima Floridas **keine Malariaüberträger**.

Sonnenbaden

Die in diesem Buch beschriebenen Regionen liegen auf südlichen Breiten, die denen von Mallorca (Washington DC) bis zu den Kanaren (Zentrales Florida) entsprechen. Die **Sonnenintensität** ist dort identisch. Vorsicht beim Sonnenbaden ist also geboten.

Internet unterwegs, ➪ Kasten ab Seite 165

Jetlag (➪ auch Zeitzonen Seite 171)

Hinflug

Da die meisten Flugzeuge am Nachmittag an der Ostküste landen und die Zeitverschiebung »nur« 6-7 Stunden beträgt, ist der *Jetlag* beim Hinflug schnell gemeistert, wenn man:

- im Flugzeug möglichst nicht schläft
- die innere Uhr sofort an die Ortszeit anpasst, d.h., sich trotz des langen Flugtages bsi zum Abend wachhält. Man wacht dann in der Regel recht früh in »unseren« Mittagsstunden auf. .
- weiter in den ersten Tagen selbst bei Müdigkeit nicht zu früh zu Bett geht und sich viel draußen (Tageslicht hilft) aufhält.

Rückflug

Die Tage nach der Rückkehr bereiten mehr Probleme, da man am Morgen oder Vormittag in Deutschland ankommt, was »mitten in der Nacht« in den USA entspricht. Wohl dem, der es geschafft hat, ein paar Stunden im Flugzeug zu schlafen! Zu Hause sollte man dennoch auf Nachmittagsschlaf verzichten und wie gewohnt zu Bett gehen und aufstehen. Mindestens zwei zusätzliche Urlaubstage zu Hause, besser mehr, sollte einplanen, wer die Zeitumstellung ohne Probleme am Arbeitsplatz schaffen möchte.

Klimaanlagen

Hotelzimmer in den Südstaaten sind durchweg klimatisiert; die Fenster vieler großer M/Hotels lassen sich nicht einmal öffnen. In den preiswerteren Kategorien verrichten regelmäßig unter den Fenstern angebrachte ***Air Conditoner*** lautstark ihr Werk. Bei nächtlicher Schwüle hat man nur die Wahl zwischen schweißtreibender Hitze oder dem Lärm der Anlage. Auch *Shopping Malls*, Restaurants und öffentliche Gebäude und Transportmittel sind

Kriminalität in den USA: Gefahr für Touristen?

Vor allem Mordfälle an deutschen Urlaubern in Florida brachten das Problem »Gewaltkriminalität in den USA« vor ein paar Jahren bei uns mehrfach in die Schlagzeilen. Tragische Vorkommnisse sind natürlich nie auszuschließen.

Dennoch sind USA-Reisen mit Aufenthalten in Florida, Großstädten und anderen Regionen an sich keine riskante Angelegenheit.

Die Mehrheit der Gewaltverbrechen findet in Ballungsgebieten statt, und dort überwiegend in bestimmten Bezirken. Zwischen Täter und Opfer besteht meistens eine Beziehung, Zufallsopfer, und dazu gehören auch Touristen, sind eher die Ausnahme. Wichtig zu wissen ist, dass die meisten Gewaltverbrechen, auch weniger spektakuläre ohne tödlichen Ausgang, mit Situationen verbunden sind, in die ein Tourist normalerweise gar nicht erst kommt bzw. die er bei umsichtigem Verhalten vermeiden kann. Wer etwa sein Auto in Problemviertel steuert (*bad neighborhoods* erkennt man schon am äußeren Zustand) oder dort sogar zu Fuß auf Entdeckungstour geht, nimmt unnötig eine höhere Gefährdung in Kauf als beim Bummel durch New Orleans` *French Quarter* oder in *Miami Beach*. Es genügt gesunder Menschenverstand, um das eigene Risiko gering zu halten.

Die touristischen Anziehungspunkte von der *Washington Mall* über Nashville, Charleston und Orlandos Vergnügungsparks bis hinunter nach Key West sind ohnehin nicht bekannt für eine hohe Kriminalitätsrate, wenngleich man auch dort wie überhaupt bei hohem Andrang sowie in öffentlichen Verkehrsmitteln Kamera, Geldtasche und Dokumente fest im Griff haben sollte. *Pick Pockets* (Taschendiebe) gibt es überall. Das Aufsuchen kameraüberwachter Sicherheitsbereiche (*off-hour waiting areas*) in U-Bahn-Stationen und die Nähe zu *Attendants* (Zugbegleiter mit eigenen Kabinen), die Wahl von Bussen oder Tram- statt U-Bahnen sorgen, wenn man nachts unterwegs ist, für mehr Sicherheit.

Zeitweise wurde gewarnt vor – durch Nummernschilder oder Aufkleber erkennbare – Mietwagen. Dabei kann der potentielle Bösewicht gar nicht erkennen, ob es sich um amerikanische Urlauber oder Geschäftsleute handelt oder um einen ausländischen Touristen. Eine Ausnahme stellen kaum zu übersehende Wohnmobile dar, die dennoch offenbar ungefährdet unterwegs sind.

Kurz: es besteht auch für Mietwagenfahrer kein Grund zu Beunruhigung, erst recht nicht, wenn folgende Punkte beherzigt werden:

- Gepäck über Nacht restlos aus dem Wagen herausnehmen.
- bewachte Parkplätze oder -häuser vorziehen.
- Türen bei langsamer Fahrt in Ortschaften verriegeln und Fenster schließen.
- Karten vor Abfahrt studieren und nicht erst während der Fahrt, schon gar nicht nachts.
- Typische Touristen-Accessoires wie Landkarten, Reiseführer, Wörterbücher etc. nicht auffällig im Auto herumliegen lassen.
- Bei Auffahrunfällen nicht aus dem Auto steigen, sofern man selbst unverletzt und der Wagen noch fahrfähig ist, sondern bis zur nächsten Polizeistation fahren. Wenn möglich, Nummer/Fahrzeugtyp des Verursachers dennoch merken
- keine Anhalter mitnehmen

Zur Sicherheit in Hotels/Motels ➪ Seite 126.

3

ausnahmslos mehr oder minder klimatisiert. **Mietfahrzeuge** verfügen immer über Klimaanlagen; ihr Betrieb schluckt mindestens einen Extraliter Benzin pro 100 Kilometer. Einerseits ist ***Air Conditioning*** in Anbetracht der in manchen Regionen enormen Sommerhitze und einer hohen Luftfeuchtigkeit von Frühjahr bis Spätherbst eine Wohltat. Andererseits verursachen die starken Temperaturschwankungen und der Luftzug leicht Erkältungen.

Notfälle

Notfallruf

In Notfällen, gleich ob man einen Arzt, den Unfallwagen oder die Polizei benötigt, ruft man die **Nummer 911** an. Sollte die ***Emergency Number*** ausgefallen sein, wählt man die **»Amtsleitung« 0**. Vor jedem Notfall-Anruf sollte man den eigenen **Standort** exakt kennen und für Rückrufe die Nummer des Apparates, von dem aus man telefoniert, parat haben. In den USA besitzen auch Münztelefone eine Nummer und können angerufen werden.

Pass-/ Geldverlust

Bei Verlust von Pass und oder Kreditkarten/Reiseschecks ➪ Kasten auf Seite 155. Außerdem Seiten 65 und 66.

Notfall-✆ des ADAC für deutsche Urlauber: 1-888-222-1373

Im Notfällen kann ggf. auch die Organisation ***Traveler's Aid*** helfen, die Büros in allen größeren Städten unterhält. Deren Adresse und Telefonnummer stehen im lokalen Telefonbuch.

Öffnungszeiten

Ämter

Übliche Bürozeit (auch für **Ämter**) ist montags bis freitags 9-17 Uhr. **Postämter** öffnen häufig schon ab 8 Uhr bis 17 Uhr und samstags am Vormittag. **Banken** ➪ Seite 153.

Museen etc.

Sehenswürdigkeiten und **Museen** sind mindestens in der Zeit 10-17 Uhr (Einlassschluss bzw. letzte Tour meist 30-60 min vorher) und am Sonntagnachmittag 13-17 Uhr geöffnet. Montags, bisweilen auch dienstags, bleiben Museen und andere Attraktionen häufig geschlossen. An einzelnen Tagen gibt es zusätzliche Abend-Öffnungszeiten für Museen (oft verbunden mit Gratiseintritt).

Läden

In den USA gibt es **keine Ladenschlussgesetze**, ➪ Seite 150.

Alkoholverkauf, egal ob im Supermarkt oder ***Liquor Store***, unterliegt von Staat zu Staat besonderen Regelungen. An Sonntagen ist in den meisten Südstaaten der Alkoholverkauf generell untersagt, ebenso nach einer bestimmten Uhrzeit abends, ➪ Seite 141.

Polizei

Äußeres und Verhalten der amerikanischen Polizei entsprechen auch in der Realität weitgehend dem aus **Fernsehserien** bekannten Bild. Tatsächlich baumelt häufig der Colt am Halfter, und auf dem Lande und in der Kleinstadt steht auf den Autos der Obrigkeit tatsächlich ***Sheriff***. Im Zweifel wird hart durchgegriffen. Das Verhalten der Polizei bei **Verkehrskontrollen** und **Gestopptwerden** nach Übertretungen wurde bereits auf Seite 116 erläutert.

Post

Laufzeiten/ Postämter

Die amerikanische Post funktioniert zuverlässig, aber nicht unbedingt besonders schnell. **Post nach Übersee** geht (mit der Ausnahme von Paketen) automatisch per Luftpost, wenn die dafür vorgesehen ***Air Mail Stamps*** benutzt werden. Für Briefe nach Europa ist mit Laufzeiten von **rund 1 Woche** zu rechnen. Postämter befinden sich auch noch im kleinsten Nest und sind dank der zu den Schalterstunden (Zeiten etwa wie bei uns) immer aufgezogenen **Nationalflagge** selten schwer zu finden.

Postkarten nach Europa: $0,75 (Standardgröße)

Standardbrief bis 28 g: $0,84.

Aerogramme: $0,75

Inlandsbriefe bis 28 g: $0,39, Postkarten $0,24.

Briefmarken gibt es oft auch in **Automaten** in Supermärkten, *Drug Stores* und Einkaufszentren. Dort indessen mit einem Aufschlag, d.h., ein Markenpäckchen mit z.B. $2,50 Nennwert muss mit $3,00 oder ähnlich bezahlt werden.

Paket

Wer drüben zuviel einkauft und Probleme mit seinem Fluggepäcklimit erwartet, findet in **Postsäcken** eine billige und bequeme Versandmöglichkeit. Größere Postämter vergeben sie kostenlos, man muss sie nur vor dem Schalter vollpacken (max. 20 kg). Die Kosten für einen Sack sind geringer als für Pakete desselben Gewichts. So ein Sack überquert den Atlantik in ca. 4-7 Wochen.

Postlagernd

Postlagernde Sendungen werden 30 Tage lang aufbewahrt und können gegen Vorlage des Passes abgeholt werden. Wichtig ist die klare Definition des aufbewahrenden Postamts. Jedes von ihnen ist durch eine Postleitzahl (***Zip-Code***) eindeutig identifiziert, zu finden unter: http://zip4.usps.com/zip4/citytown.jsp.

Das kleinste Postamt der USA steht mitten in den Everglades/ Florida an der Straße #41 (Tamiami Trail)

Radio

Radiostationen sind überwiegend **Lokalsender** mit geringen Reichweiten. In dünner besiedelten Regionen ist das Radio daher 10 Autominuten außerhalb einer Stadt mehr oder weniger tot. Zumindest gilt das für **FM** (=UKW). Auf **AM** (Mittelwelle) findet man zur Not immer noch einen *Country & Western*-Sender und/ oder Stationen mit religiösen Botschaften und Programmen erbaulichen Liedguts. Eine faszinierende Angelegenheit sind landesweit ausgestrahlte politische *Talk Shows*, die vor allem von konservativen bis rechtsradikalen Organisationen gesponsert werden. In die mit aktuellen Tagesereignissen verknüpften Tiraden gegen alles, was nach Liberalismus oder Einschränkung des freien Waffenbesitzes riecht, können sich die Hörer telefonisch einklinken und mitdiskutieren.

Senioren

Der Begriff des ***Senior*** für alle älteren Mitbürger ist eine amerikanische Erfindung, die sich auch bei uns durchgesetzt hat. Wichtig ist, dass es in Amerika für vieles **Seniorenrabatt** (*Senior Discount*) gibt: auf die Eintrittspreise in Museen und Nationalparks, beim Camping, in *Family Restaurants* und auch in vielen Hotels.

Senior ist man in den USA spätestens mit 62, überwiegend ab 60, gelegentlich bereits mit 55. Nachfragen lohnt auf alle Fälle, denn die **Ermäßigungen können substanziell sein**, z.B. in Motels.

Telefonieren in den USA/von den USA nach Europa

System

Nordamerika inklusive Mexiko verfügt über ein einheitliches Telefonsystem. Jeder Bundesstaat besitzt eine dreistellige Vorwahl, den ***Area Code***, einige dichter besiedelte Staaten mehrere davon. Dieser ersten Vorwahl folgt eine **zweite, ebenfalls dreistellige Ziffer**, die sich auf das Dorf, einen Landkreis oder einen Stadtteil bezieht. Die **Apparatnummer ist vierstellig**. Bei Gesprächen über den regionalen *Area Code* hinaus muss eine »**1**« vorweggewählt werden. Das ist auch der Fall bei den gebührenfreien 800-/888-/877-/866-Nummern. Bereits Anrufe beim Nachbarn, der eine abweichende zweite Vorwahl besitzt, sind Ferngespräche.

International

Über die Vorwahl 01, gelegentlich auch 011, öffnet man den Zugang zum internationalen Netz. Mit

49 für Deutschland **41** für die Schweiz **43** für Österreich

und die um die Null reduzierte Ortsvorwahl sind Verbindungen in die Heimat (von Privattelefonen aus) leicht hergestellt.

Münztelefone

In amerikanischen Münzfernsprechern (***Pay-Phones***) ist die direkte Durchwahl, national wie international, nicht möglich, es sei denn via Telefonkarte, ➪ rechts. **Ferngespräche** einschließlich solcher im Nahbereich lassen sich bei **Münzeinwurf nur mit Hilfe eines *Operator***, häufig einer Computerstimme führen, die standardisierte Anweisungen gibt.

Telefonieren mit Münzeinwurf

Wer keine Telefonkarte zur Hand hat, muss für Ferngespräche in *Pay Phones* **jede Menge Kleingeld** bereithalten. Barzahlung in Telefonzellen kostet deutlich mehr als Telefonate von privaten Anschlüssen aus bzw. per *Phone Card*, zumal immer mindestens 3 min (!) zu bezahlen sind. Für Anrufe nach Europa benötigt man **rollenweise *Quarters***. Denn Telefonate nach Übersee gegen bar kosten ab $5 für 3 min. Mit dem *Operator* gibt es dabei selbst bei guten Englischkenntnissen schon mal Verständigungsprobleme.

Phone oder Calling Cards

Solche **Komplikationen** sind aber im Grunde **Schnee von gestern** dank überall (Supermärkte, Tankstellen, Hotels, *Mini Marts* etc.) zu kaufender ***Phone Cards***. Bei den verschiedenen **in den USA angebotenen Karten** sind dabei die **Minutenpreise** verblüffend unterschiedlich und mit Ausnahmen **ziemlich hoch**, wobei der **Schnitt 2006 bei $0,08-$0,15 für Ferngespräche in den USA** lag ($10-$20-Karten von Supermärkten/Warenhäusern). Vergleichsweise preisgünstigere Minutentarife bieten ***Phone Card***s, die man typischerweise z.B. in Automaten in *Truck Stops* kaufen kann. Damit kostete **2006** die Minute innerhalb Nordamerikas günstigstenfalls $0,05, das Gespräch nach Westeuropa $0,10/min. Allerdings sind bei Einsatz am *Pay Phone* fixe Zusatzgebühren pro Gespräch fällig.

Im **Internet** kann man sich dazu intensiv und hochaktuell vorinformieren und gleich die persönlich am meisten zusagende *Phone Card* heraussuchen. Einzelheiten und eine große Kartenauswahl findet man z.B. im ausgezeichneten Portal www.cyberscans.com unter ***Prepaid Phone-Cards*** oder ***Instant PIN Calling Cards***.

Interessant dürfte für viele auch die Seite http://buyprepaidphonetime.com sein mit weltweiten Tarifübersichten.

Funktion

Die ***Calling Cards*** funktionieren in Apparaten ohne Einsteckschlitz wie folgt: 800-Nummer für die gewünschte Sprachansage wählen (selten deutsch) und dann nach Anweisung die Codenummer der Karte eintasten, die Nummer wählen und fertig. Noch verfügbare Restminuten werden jeweils angesagt.

Der **Haken dieser Karten** liegt in ihrer Unterschiedlichkeit; nicht nur variieren die Minutentarife, sondern auch fixe Verbindungskosten bis $0,50 pro Gespräch. Ein paar vergebliche Anrufe zu Anrufbeantwortern, und zack ist die Karte leer.

Öffentliche Telefone nehmen auch in den USA an Zahl rapide ab. Hier stemmt sich der Betreiber mit Sonderofferten gegen die Konkurrenz der Handys (»Cell Phone«) und der Telefonkarten: 10 Minuten für $1 ist nicht schlecht bei 3000 km Distanz von der Ost- bis zur Westküste.

3

Telefonieren mit Kreditkarte

Auch möglich ist ein Anruf bei der Telefongesellschaft **AT&T**: ✆ **1-800-CALL ATT**, dann die Ziffer »1« für Kreditkartengespräche eingeben, dann die übliche Wahl – für Deutschland z.B. 011 49 – Vorwahl ohne Null und Apparatnummer, dann Kartennummer und Verfallsdatum eintippen. Dort, wo Karten eingeschoben werden können, also z.B. in *Airports* oder *Shopping Malls*, lässt sich direkt ohne die Zahlentipperei per Kreditkarte telefonieren. **Die Gebühren für einen *Credit Card Call* sind aber mehrfach höher als bei Nutzung einer preisgünstigen *Phone* bzw. *Calling Card*.**

Tip

Am preiswertesten telefoniert in die Heimat, wer sich einmal für $5 oder $10 eine ***Telephone/Calling Card*** kauft und sie nur nutzt für die Mitteilung der jeweiligen Apparatnummer (auch an allen ***Pay Phones*** vorhanden). Nach dem Aufhängen ruft der Gesprächspartner aus Europa über call-by-call-Vorwahl zurück und zahlt oft nicht einmal 0,03 Euro/min.

Im Hotel

Aufschläge für Telefonate aus Hotels/Motels sind niedriger als in Europa. Bisweilen werben Motels mit Nettogebühren. **Ferngespräche** lassen sich zudem **vom Hotelzimmer aus** bequemer führen als von einem *Pay Phone*. Das gilt auch für Anrufe zum **Nulltarif** bei einer **800-Nummer**, etwa zur Reservierung eines Mietwagens oder Zimmers für die nächsten Nächte per ***Calling Card***.

Für **gebührenfreie** und **Kartengespräche** vom Zimmertelefon aus berechnen Hotels und Motels manchmal nichts, meist aber einen Fixbetrag von $0,50-$1 pro Anruf.

1-800, 1-866, 1-877, 1-888

Bei der Vorwahl 1-800/866/877/888 schaltet sich auch von ***Pay Phones*** aus kein *Operator* ein; die Kosten gehen zu Lasten des Angerufenen. **Vom Ausland aus sind 800/888/877-Nummern ebenfalls zu erreichen – zunächst Vorwahl 001**. Sie kosten normale Gebühren für USA-Gespräche und sind damit durchaus billig; sie funktionieren aber nur »aus der Ferne«, d.h., wenn man sich außerhalb des Vorwahlbereichs befindet.

1-900

Das Gegenteil der 800-Nummern sind **900-Nummern**, für die im Minutentakt eine **Honorierung für den Angerufenen** fällig wird. Sie entsprechen den 0190-Nummern bei uns.

Handy/Email/Internet

Handy-Besitzer ohne Tri-Band können in Nordamerika nicht angerufen werden bzw. nicht mit dem Gerät telefonieren. Alles Weitere zu Handybenutzung, Email und Internet in den USA steht im Kasten rechts.

Temperaturen

In den USA werden Temperaturen in °Fahrenheit gemessen. Die Umrechnungsformel Celsius in Fahrenheit und umgekehrt lautet:

°F = 32° + 1,8 x°C bzw. **°C** = (**°F – 32°**) **: 1,8**

Näherungsformel: °F = 30° + 2 x°C bzw. **°C** = (**°F – 30°**) **: 2**

Celsius	–15°	–10°	-5°	0°	5°	10°	15°	20°	25°	30°	35°	40°
Fahrenheit	5°	14	23°	32°	41°	50°	59°	68°	77°	86°	95°	104°

On the Road und doch am Netz

von Burghard Bock/Bremen

Unterwegs mal im Internet zu surfen und Emails oder Bilder zu empfangen oder zu versenden, ist auf Reisen in Nordamerika relativ einfach.

Und so geht's

Am besten legt man sich erst einmal **ein kostenloses Email-Account** *im Web an. Dorthin kann man (vielleicht schon vorsortierte) Mails von anderen Adressen weiterleiten und weltweit von jedem Internet-Computer aus bearbeiten. Am besten schreibt man sich gleich bei mehreren Anbietern ein, die können nämlich unterschiedliche Dinge gut: www.arcor.de ist der beste Allrounder, mit dem man pro Monat auch ein paar Gratis-SMS und -Faxe in der Heimat verschicken kann. Man bekommt auch eine Telefonnummer mit Frankfurter Vorwahl, die einem Anrufe und Faxe in Dateien wandelt, die dann zugeschickt werden. www.gmx.de hat die ausgefeilteste Verwaltung, bei der das MediaCenter als Online-Festplatte dient. Nicht dumm: Hier kann man gescannte Reiseunterlagen ablegen, falls die Originale mal abhanden kommen. Fotos könnte man auch bei de.yahoo.com ablegen – angeblich mit unbegrenztem Speicherplatz. Klar, Bildbearbeitungswerkzeuge haben die meisten Online-Fotoalben auch. Darüber hinaus sind Kalender und Adressbuch überwiegend Standard, und* mit *www.arcor und www.office.freenet.de kann man sogar seinen* **Personal Digital Assistant (PDA)** *synchronisieren. Für Geld können diese Gratisdienste noch einiges mehr, z.B. Werbung weglassen.*

Wer sich statt zeitversetzt per Mail lieber direkt verständigen möchte, könnte z.B. die Chat-Software von icq.de oder ohne extra Software den Browser-Messenger www.whoisup.de nutzen. Wenn ein Headset zur Hand ist, ist dank der eBay-Tochter skype.com ein gratis Internet-Telefonat kein Hexenwerk mehr. Für all diese Möglichkeiten muss der Gesprächspartner natürlich gleichzeitig online sein, aber man kann beim Einloggen immer in einer »Buddy-Liste« sehen, welcher der Buddies trotz anderer Zeitzone gerade im Netz hängt.

Zugang ohne eigenes Gerät

Abrufen und schreiben kann man Post unterwegs für meist $5-$8/Stunde aus **Internet-Cafés** *(Adressen über* **die Suchmaschinen** *world66.com/netcafeguide, worldofinternetcafes.de und netcafes.com am besten vor der Reise für die geplante Route ausgucken und notieren), in großstädtischen* **Hostels**, **Copy Centers** *wie* **FedEx Kinko's**, *auf den Campussen von* **Colleges** *und* **Universities** *und bisweilen sogar* **gratis** *in öffentlichen* **Bibliotheken**.

Hinweis: **Vorsicht mit Passworten**, *am besten die Autovervollständigen-Funktion abschalten! An öffentlichen Zugängen außerdem die Liste der besuchten Internet-Seiten besser löschen, ebenso ggf. genutzte Speicher. Wer getrennte Systeme schätzt und gerne leicht reist, könnte auch mit einem Gratis-Mailprogramm namens Popcorn kommunizieren, das auf eine Diskette passt: www.tucows.com/preview/333653.*

Mit etwas Glück findet man einen Rechner mit Schnittstellen, über die man die ***Digitalkamera »entladen«*** *und die Bilder an die eigene Mailbox oder das Web-Fotoalbum zum Archivieren oder auch gleich an Freunde und Bekannte schicken kann. Oder Sie nutzen www.pixelnet.de mit angeblich ebenfalls unbegrenztem Speicherplatz, Bildbearbeitung, Diashow für die Leute daheim und natürlich der Hoffnung, Ihnen einige Ausdrucke Ihrer Bilder liefern zu dürfen. Die amerikanischsten Aufdruck-Optionen wären da wohl Elch, Grillschürze, Magic Cup oder die unvermeidliche Baseball-Kappe.*

Mit Laptop auf Reisen

Elektronisch Post aus der Heimat abzuholen ist in Nordamerika auch ohne Internetcafé etc. technisch an sich kein Problem, wenn man seinen Laptop dabei hat, und ideal, um in Ruhe die eigenen Mails zu schreiben oder Fotos zu bearbeiten und aufzubewahren. Allerdings benötigt man dafür ein für den Gebrauch in den USA/Canada konfiguriertes analoges Modem (ISDN-Karten sind in Nordamerika höchstens in Hotels zu gebrauchen) und ein Kabel, das in amerikanische Telefondosen passt. Mitunter kann auch ein Netzwerk-Kabel nützen. Ein Muss außerdem: Stromkabel samt Adapter für die Steckdose, den man auf jeden Fall mitnehmen sollte. Üblicherweise weiß der Laptop von selbst mit der niedrigeren Spannung von 125 V umzugehen.

*Immer mehr Hotels und Motels sind mittlerweile auf die Wünsche von Geschäftsreisenden eingestellt. Ritz-Carlton und Interconti gönnen der Kundschaft sogar einen Cyber-Butler. Ferner stehen viele öffentliche Telefone, speziell an Flughäfen, mit entsprechender Steckdose (**data-jack**) auch für Datenverkehr bereit.*

Ohne Kabelsalat

Steckerprobleme ersparen inzwischen tausende ***Hot Spots*** *für den kabellosen Datenaustausch (**wireless LAN, WLAN oder Wi-Fi**). Diesen Service bietet prominent T-Mobile u.a. bei der Kaffeekette* ***Starbucks*** *und bei* ***Borders Books****. Was der Laptop dafür braucht und wo der nächste Shop ist, lässt sich unter www.locations.hotspot.t-mobile.com herausfinden. Da gibt es sogar einen extra Tarif für eine WLAN-Kamera von Kodak. Weitere Surfgelegenheiten zeigen www.wifihotspotlist.com, www.jiwire.com und per Satellit www.nodedb. com. An Kosten können $6-$18/Stunde anfallen.*

Günstiger geht's bei drahtlosen Gemeinschaften*, die Mitsurfen lassen als soziale Aufgabe verstehen (Verzeichnis unter www.wiki.personaltelco.net/index.cgi/WirelessCommunities) oder man guckt einfach auf dem Laptop, ob man sich gerade in einem offenen Zugang befindet (kleine, teure »Hotspot-Finder«-Kästchen sind überflüssig). Sowas passiert einem am ehesten in Studenten- oder Szene-Vierteln, sogar bei Starbucks: Hauptsache, die Leute trinken Kaffee beim Surfen, da muss nicht auch noch T-Mobile mitverdienen.* ***Onlinebanking*** *ist über WLAN übrigens nicht zu empfehlen.*

*Ohne WLAN müsste man sich per **Handy** einloggen, wenn kein Zugang zum Festnetz verfügbar ist. Oder noch schicker: statt per Laptop mit **PDA**, **Smart Phone** oder **Blackberry** online gehen. Der Wunsch nach ständiger Erreichbarkeit macht das elektronische Nomadentum aber nicht einfacher. Wegen der besonderen US-Mobilfunk-Frequenzen von 850 oder 1900 MHz sind nur **3-**, besser **4-Band-Handys** geeignet, die nicht unbedingt gängig und günstig sind. Auch europäische UMTS-Handys werden jenseits des Atlantiks nur nützen, wenn sie mindestens 3-Band können (übrigens ist »Handy« ein deutsches Wort, die Amerikaner sagen **cell(ular)** oder **mobile phone**). Prima wäre eine **amerikanische Prepaid-SIM-Karte** für das Handy (kann man sich nur von amerikanischen Freunden oder Bekannten **kaufen lassen** – wäre am günstigsten – soll in T-Mobile-Shops angeblich aber auch ohne diesen Umweg funktionieren; oder man kauft bei www.globilo.de oder mietet eine bei www.hirefone.com): gute Kostenkontrolle und keine internationalen Roaming-Gebühren. Wenn Sie damit allerdings mal **international telefonieren** wollen, sollten Sie den etwa **$1/min** sparen, indem Sie zuhause nur klingeln oder eine SMS schicken und sich mit Call-by-Call-Vorwahl für nicht mehr als 0,03 zurückrufen lassen. Außerdem nicht vergessen, die neue Handynummer auf den Anrufbeantworter Ihres üblichen Anschlusses zu sprechen.*

*In den einsamen Regionen der Erdnussfelder Georgias oder der Appalachen bringt das alles jedoch nichts: fürs **ubiquitous computing** muss ein Satellitengerät von www.hirefone.com her. Dann kann man auch schnell noch ein paar Überlebenstricks herunterladen, wenn ein Bär am Baum kratzt.*

3

Kosten

*Leider ist das neue **Handy** für Skype noch nicht auf dem Markt: Nur für lokale Internet-Gebühren und ohne Mobilfunknetz telefonieren, vielleicht auch Daten verschicken! Bis dahin bleibt das Thema komplex: Die Gesamtkosten hängen von Ihrer Mobilfunkfirma, der Unterbringung (im Hotel vorher fragen!) und natürlich vom Internet-Provider ab und sind in Nordamerika ganz schön happig. AOL- und T-Online-Kunden steht in Nordamerika ein dichtes Einwahlnetz zu erträglichen Konditionen zur Verfügung. **Prepaid-Internet** z.B. mit www.maglobe.com oder www.tempestcom. com könnte aber noch günstiger sein.*

*Generell gilt, dass man sich vor der Reise ausführlich über Einwahlknoten, die Prozedur des Verbindungsaufbaus und anfallende Kosten informieren sollte, um unliebsame Überraschungen zu vermeiden: Ihr Handy könnte sich an den Niagara-Fällen automatisch im Netz des Nachbarlandes eingeloggt haben (ist abstellbar), so dass Sie unwissentlich über Canada bzw. die USA telefoniert haben. Kann günstiger sein, muss aber nicht. Oder es hätte preiswerter gewesen sein können, Mails per Handy zu verschicken statt im Café über WLAN. **Sicher ist nur soviel**: die Amerikareise wird bei Nutzung der neuen Kommunikationstechnologien nicht billiger.*

Toiletten

Öffentliche Toiletten zu finden, ist in den USA mitunter ein ähnlich großes Problem wie bei uns. Da aber ***Fast Food Restaurants*** und ***Shopping Malls*** nahezu allgegenwärtig sind, ist das Problem leicht zu lösen. Toiletten gibt es auch an **Tankstellen** (oft Schlüssel notwendig), in Besucherzentren (***Visitor Information/Center*** in Städten, *National-* und *State Parks*, an Autobahnen), in **Museen** und jeder Art von Besucherattraktion. Mit wenigen Ausnahmen (Stadtparks, Tankstellen) werden Sauberkeit und Hygiene großgeschrieben; Toilettenpapier ist meist reichlich vorhanden.

Wer nach Toiletten fragt, sollte das Wort ***toilet*** nicht benutzen! Öffentlich zugängliche Toiletten (Flughäfen, Restaurants, Museen usw.) sind ***Restrooms*** (to rest = ruhen) oder – etwas subtiler – ***Mens*** oder ***Ladies Rooms***. In privaten Häusern und B&Bs handelt es sich selbst bei Gästetoiletten immer um einen ***Bathroom***. Bisweilen begegnet man dem Begriff ***Comfort Station*** (*to comfort* = trösten).

Trinkgeld

Trinkgelder sind in den USA nicht inklusive. Angesichts geringer Löhne sind die Beschäftigten im Dienstleistungsgewerbe weitgehend auf ***tips*** angewiesen.

Es wurde bereits erwähnt, dass es in Restaurants üblich ist, 15% vom Rechnungsbetrag vor Steuern (*tax*) als Trinkgeld zu hinterlassen, ➪ Seite 147. Der gleiche Richtwert gilt fürs Taxi und andere Serviceleistungen. Zu ***tips* in Hotels** ➪ Seite 127.

Uhrzeit

In Amerika werden die Stunden nicht bis 24 durchgezählt, sondern nur bis 12. Daher fügt man »**am**« (*ante meridiem*, vormittags) oder »**pm**« (*post meridiem*, nachmittags) hinter einer Zeitangabe ein:

9 Uhr 9 am – 21 Uhr 9 pm

Besonders zu beachten ist:

12.00 Uhr 12:00 pm oder *noon* – 12.20 Uhr 12:20 pm

24.00 Uhr 12:00 am oder *midnight* – 0.20 Uhr 12:20 am

In **Fahrplänen** werden »am-Zeiten« häufig in Normalschrift, »**pm-Zeiten**« **in Fettschrift** gekennzeichnet.

Sommerzeit (***daylight saving time***) gilt in fast allen Staaten der USA von Ende April bis Ende Oktober.

Zeitungen und Zeitschriften

Zeitungen - Newspapers

Nahezu jede etwas größere Ortschaft hat eine eigene Tageszeitung. **Lokale Zeitungen** befassen sich aber fast ausschließlich mit ebensolchen Themen und sind darüber hinaus reine Werbeträger. Schon der Nachbarstaat bzw. die nächste Provinz ist für sie weit entfernt. Für Touristen liefern sie oft gute Hinweise auf nahe Restaurants, *Shopping Center*, *Nightlife* etc.

Umgangsformen und Verhalten

Begrüßung und Verabschiedung

»How are you today?« – ist ein Universalsatz und neben *»Hi«* *bzw.* im Süden *»Hi Y'all«* oder *»Hello«* als Begrüßung zu verstehen. Man erwidert ein *»Thank you, fine«* unter Hinzufügung der Gegenfrage *»and you(rself)?«*. Händeschütteln ist nicht üblich, dafür werden gleich die Vornamen benutzt. *»Have a nice day (trip)«* gilt ebenso als nette Verabschiedungsfloskel wie *»it was a pleasure« oder »nice to meet you (to have met you)«*. Man bedankt sich für einen Gefallen z.B. mit *»I (really) appreciate(d) it«* oder als Bitte *»I would appreciate it«*. Ein Allerweltsanhängsel im Stile von »nicht wahr« ist *»you know«*. *«See you«* sollte nicht als Einladung missverstanden werden, die Floskel ist nichts weiter als ein legerer Abschiedsgruß.

Anrede

Was die Anrede betrifft, sind die Amerikaner ziemlich altmodisch: Frau *Miller* übernimmt mit dem Ehering nicht nur den Nachnamen ihres Mannes, *Carter*, sondern oft gleich auch noch dessen Vornamen und lässt sich fortan *Mrs. Edwin L. Carter* nennen. Jüngere Frauen verwenden Geburts- und angeheirateten Namen oft nebeneinander. Überhaupt wird ***Mrs.*** (Frau) anders als hierzulande meist nur zu bekanntermaßen verheirateten Frauen (und Müttern) oder verwitweten Damen gesagt. ***Miss*** ist die eigentlich gebräuchliche Anredeform für Frauen unabhängig von Alter und oft auch Stand.

Small Talk

Die Südstaaten sind ein kontaktfreudiger Landstrich, die Menschen sind gesellig und aufgeschlossen. *Small-Talk* gehört zum täglichen Leben, vor allem bei Senioren, sei es über das Wetter, die letzten Sportergebnisse oder Herkunft und Reisen.

Amerikaner und Europäer

Europäer sind durchaus beliebt, war *Good Old Europe* doch schon im 19. Jahrhundert Reiseziel der Reichen. Selbst wenn man den Eindruck gewinnt, jeder Amerikaner hätte schon einmal Heidelberg, das Hofbräuhaus, Berlin oder Neuschwanstein besucht, sind die geographischen Kenntnisse über Europa nicht berauschend – aber sind es die unsrigen über die USA?

Die Mehrzahl der Amerikaner überschreitet nie die Grenzen des gigantischen eigenen Landes und daher sind Fremdsprachenkenntnisse selten und, wenn doch vorhanden, gering; am ehesten wird noch spanisch (regional: französisch) gesprochen.

Mentalität

Die Schlüsseleigenschaften der Amerikaner sind Freundlichkeit, Hilfsbereitschaft, Diskretion, Toleranz und Disziplin. Vordrängeln, Muffigkeit, Agressivität und Hektik sind ziemlich verpönt. Man stellt sich nach britischer Manier gesittet ans Ende von Schlangen und wartet geduldig, bis man an der Reihe ist. Freundliche Gesichter in Läden sind ehrlich gemeint – in den USA ist der Kunde immer König.

3

Rauchen Raucher haben in Amerika nichts zu lachen. So tolerant die Amerikaner bei der Religionsausübung sind, so unerbittlich verhalten sie sich gegenüber dem Blauen Dunst. Absolutes Rauchverbot herrscht in öffentlichen Gebäuden und Verkehrsmitteln, in Büros, Taxen, Geschäften, Theatern, Museen oder Kinos. Auch in Bars und Restaurants ist Rauchen mittlerweile so gut wie gar nicht mehr möglich, nur in immer selteneren ***designated areas***. Und selbst in offenen Sportstadien werden Raucher in die Ecken verbannt. Die ***Non-smoking-Rooms*** dominieren mittlerweile in den meisten Hotels und Motels; die verbliebenen ***Smoking Rooms*** sind meist furchtbar »versifft«. Es gibt auch *non-smoking*-Mietwagen. Sowieso herrscht Rauchverbot auf allen Flügen.

Tischsitten In unseren Augen ungewöhnlich erscheinen manche amerikanische Tischsitten, besonders, was das Hantieren mit Besteck angeht: Amerikaner schneiden z.B. Fleisch mit dem Messer vor und benutzen dann nur noch die Gabel. Es würde einem Amerikaner auch nicht einfallen, Pizza oder Meeresfrüchte mit Messer und Gabel zu essen. Selbst in *Haute-Cuisine*-Toplokalen genießt man Krebse oder Krabben, falls nicht vorher ausgelöst, mit Fingern, für deren Reinigung eine Schüssel Zitronenwasser und überdimensionierte Stoffservietten bereit stehen.

Dress Code Bei festlichen privaten Anlässen und teilweise auch in Restaurants achtet man streng auf Etikette. Generell werden ***formal*** (elegant) und ***casual*** (leger) unterschieden. Oft findet sich eine entsprechende Mitteilung auf der Einladungskarte. Im Zweifel fragt man besser vorher nach.

Trinkgeld Ebenso genau nimmt man es mit dem Trinkgeld: Amerikaner berechnen die üblichen 15% häufig auf den Pfennig genau, manchmal haben sie sogar eigens dafür Tabellen in der Tasche.

USA Today Die einzige überregional weit verbreitete und eine der einflussreichsten Zeitungen der USA ist ***USA Today*** (nur 5 Ausgaben wöchentlich Mo-Fr). Sie kostet $0,75 und ist an nahezu jeder Straßenecke in Automaten erhältlich. Viele Hotels (ab Mittelklasse) verteilen sie gratis an ihre Gäste. Sie bietet eine informative Mischung (auf recht gutem Niveau) aus News und Kommentaren. Dabei liegt der Schwerpunkt fast ausschließlich auf nationalen Geschehnissen. Herausragend ist der Sportteil.

Anerkannt hochwertigere Zeitungen mit internationalem Teil wie ***New York Times***, ***Washington Post*** oder ***Chicago Tribune*** sind ausserhalb ihrer Region nicht ohne weiteres zu finden (nur auf Flughäfen, in großen Hotels, in Großstädten in *News Shops*). Das gilt auch für das ***Wall Street Journal***, trotzdem mit 1,8 Mio Auflage – wegen hoher Abonnentenzahl – eine der größten US-Zeitungen.

Bei den **Zeitschriften** existieren ein breites Sortiment zu allen denkbaren Spezialbereichen und jede Menge Blätter der mehr oder minder seichten Unterhaltun (***Yellow Press***). Darüber hinaus gehen nur ***Newsweek***, ***Time*** und einige Wirtschaftsmagazine wie ***Fortune*** oder ***Business Week***. ***Ebony*** vermittelt einen guten Eindruck von dem, was für Afro-Amerikaner interessant ist. ***Sports Illustrated*** oder ***Sporting News*** bieten dem Sportsfan Stoff.

Insgesamt ist das Zeitungs- wie Zeitschriftenangebot mit der europäischen Vielfalt und unserem Standard im Bereich Kultur und Politik nicht vergleichbar.

Deutsche Presse

Internationale Publikationen gibt es nur in einer Handvoll spezialisierter ***News Shops*** der großen Cities (Gelbe Seiten unter *News*) und ausnahmsweise auch schon mal an den sogenannten ***International News Stands*** in den Flughäfen. Für viel Geld ergattert man dort vielleicht einen »**Spiegel**«, «**Focus**«, den »**Stern**», die »**Die Welt**« oder eine »**Bildzeitung**«. Leider sind deutschsprachigen Medien überteuert und oft mehr oder minder veraltet.

Zeitzonen (➪ auch Jetlag Seite 158)

Die kontinentalen USA erstrecken sich über 4 Zeitzonen:

Eastern Time – Central Time – Mountain Time – Pacific Time

Sie bedeuten eine Zeitverschiebung gegenüber MEZ um 6-9 Stunden. **Im Süden der USA** gilt entweder ***Eastern*** oder ***Central Time***; man hat es also mit **6 oder 7 Stunden Zeitverschiebung** zu tun.

7 Stunden gelten für die in diesem Buch behandelten Regionen nur westlich der Linie Chattanooga/Florida-Columbus/Georgia-Chattanooga-Knoxville/beide Tennessee.

18 Uhr abends in Mitteleuropa entspricht also 12 Uhr mittags in Washington DC bzw. 11 Uhr vormittags in New Orleans.

In fast allen Staaten der USA gilt Sommerzeit (***daylight saving time***) von Ende April bis Ende Oktober. In den kurzen Intervallen unterschiedlichen Sommerzeitbeginns/-endes in Europa und Nordamerika ergeben sich jeweils um eine Stunde verkürzte Zeitverschiebungen.

Zoll

Zum Zoll bei der **Einreise in die USA** ➪ Seite 101

Wer aus Nordamerika **nach Deutschland** oder **Österreich** zurückkehrt, braucht bis zu folgenden Grenzwerten weder Zoll noch Umsatzsteuer zu bezahlen:

Mitbringsel im Wert bis zu **€180**
darin enthalten maximal

500 Gramm Kaffee und

50 Gramm Parfüm und

200 Zigaretten oder 50 Zigarren oder 250 g Tabak und

1 l Spirituosen oder **2 l Wein** (unter 22% Alkohol)

In der **Schweiz** gilt nur 1 l Wein bis 25% oder 0,7 l Hochprozentiges

3

Reisen
durch die
Südstaaten
der USA

ZUR KONZEPTION DES REISETEILS

Zur Routenplanung

Im Süden der USA gibt es wegen der überall großen Straßendichte unendlich viele Möglichkeiten für eine Zusammenstellung der individuellen Reiseroute. Je nach Jahreszeit, geplanter Reisedauer und persönlichen Präferenzen können selbst Reisende mit identischen Hauptzielen auf unterschiedlichsten Strecken unterwegs sein. Ein **Beispiel** dafür ist die Kombination von Cities wie etwa Memphis, Atlanta und New Orleans mit dem Nationalpark *Great Smoky Mountains* und Küstenabschnitten am Atlantik und/oder im nördlichen Florida. Diese und andere populären Eckpunkte lassen sich leicht über Hauptstraßen und Autobahnen erreichen, aber auch über weniger belebte, oft reizvollere Alternativen.

Nun ist nicht jede Hauptverbindung von vornherein eine minder empfehlenswerte Route. Es gibt durchaus stark befahrene Verkehrswege, die sich durch einen attraktiven Verlauf auszeichnen und/oder von denen sich wunderbar Abstecher zu nahen Sehenswürdigkeiten machen lassen.

Das rasche und unproblematische Vorankommen mit Fokus auf wohlbekannten Zielen steht bei vielen Ferienreisenden – insbesondere bei den Amerikanern selbst – aber doch oft (zu) stark im Vordergrund. Das erklärt teilweise, weshalb manche grandios geführten Straßen wie etwa der – geschwindigkeitsbeschränkte – *Natchez Trace Parkway* (➪ Seite 591) selbst zu Ferienzeiten nur mäßig frequentiert werden. Eine Rolle spielt dabei sicher die fehlende Information. Mit dem Straßenatlas vor Augen bzw. mit einer Straßennavigation kann man sicher die verkehrstechnisch beste Route bestimmen, selten jedoch die schönste oder touristisch ergiebigste. Die üblichen Kennzeichnungen in den Karten für eine schöne Streckenführung helfen nur bedingt, da sie – wie es scheint – oft mit der »Gießkanne« verteilt werden.

Empfehlung

Es kann daher gar nicht genug empfohlen werden, **der Routenplanung hohe Aufmerksamkeit** zu **schenken**. Denn nicht nur die angesteuerten »großen« Attraktionen bestimmen die Intensität des Erlebens einer Reise durch den Süden der USA, sondern auch die vielen unterschiedlichen Eindrücke und bisweilen unerwarteten »kleinen« Sehenswürdigkeiten am Weg dorthin.

Aspekte

Bei der **Routenplanung** geht es um drei Aspekte:

- **die Auswahl der Reiseziele im einzelnen**
- **die Verbindungsstraßen zwischen ihnen**
- **die zur Verfügung stehende Zeit**

Streckenauswahl in Reiseführern

In den meisten Reiseführern wird nur dem ersten Punkt ausführlich Raum gewidmet. D.h., je nach Schwerpunktsetzung findet der Leser eine mehr oder minder umfassende Beschreibung der Sehenswürdigkeiten in (für eine Region) kompletter oder ausgewählter Form. Die Verbindung von A nach B nach C etc. ist regelmäßig ein eher untergeordneter Punkt. Angaben dazu gehen über rein technische Daten (Straßennummern, Meilen) selten hinaus. Am ehesten geschieht dies noch dort, wo die Behandlung der Reiseziele nach Maßgabe einer bzw. mehrerer **Vorschlagsrouten** erfolgt. Mögliche **Alternativen** mit ihren Vor- und Nachteilen sind so gut wie nie Gegenstand der Erörterung. Der ungefähre Zeitbedarf für den Besuch von Sehenswürdigkeiten und ggf. für Abstecher wird nur ausnahmsweise genannt, und wenn, dann selten praxisgerecht.

Dieses Buch

Aufbau wie Art und Weise der Behandlung von Reisezielen und -routen in diesem Buch trägt diesen kritischen Anmerkungen und den besonderen Gegebenheiten des individuellen Reisens in den USA, hier speziell in den Südstaaten, Rechnung. Dazu gehört – wie oben angedeutet – der Umstand, dass es nicht nur eine Handvoll idealer Routen, sondern eine Vielzahl von Strecken gibt, die man in unterschiedlichster Weise zur **persönlich optimalen Reiseroute** kombinieren kann.

Routen

Die Erfassung aller besuchenswert erscheinenden Sehenswürdigkeiten und touristisch sinnvollen bzw. schönen Strecken erfolgt ab den wichtigsten Ankunfts-Airports Washington DC, Atlanta und als Möglichkeit auch New Orleans, Memphis oder Nashville. Bei Einbeziehung Floridas in die Reiseroute können auch die von Europa aus direkt angeflogenen Städte – vor allem Miami und Orlando – als Ausgangspunkt dienen, denn sie liegen auf den in diesem Buch beschriebenen Routen.

Diese sind so aufgebaut, dass sie – sofern nicht alternativ – aneinander anschließen. Dadurch können sie besonders leicht zu Rundstrecken kombiniert werden, bei denen man oft nicht einmal von hinten nach vorne lesen muss (➪ Streckenübersicht in der vorderen Umschlagklappe), auch wenn das nicht immer ganz zu vermeiden ist. Sie lassen sich insgesamt oder in Teilabschnitten weitgehend für die eigenen Pläne übernehmen.

Kapitel 1

- Ein **Start in Washington DC** wird manchem, der die Südstaaten besuchen möchte, zunächst als viel zu weit nördlich erscheinen. Tatsächlich beginnen die Südstaaten mit Virgina. Beide Airports der Hauptstadt und ausgedehnte Vororte liegen bereits auf dem Virginia Territorium. Gleichzeitig ist **Washington** die mit Abstand **interessanteste City des US-Südostens**. Ein detailliertes Kapitel mit 27 Seiten Umfang trägt dem Rechnung. Außerdem wird eine Rundstrecke über **Baltimore** und **Philadelphia** als **Abstecher** in den »Norden« beschrieben, die zum ***Gettysburg National Park*** führt und nahtlos in die folgende erste Südstaatenroute übergeht.

Kapitel 2+3

- Prinzipiell gibt es ab Washington DC zwei alternative gleich »gute« Routen nach Süden, und zwar die »**Appalachenroute**« und die »**Küstenroute**«. Wer seine Reise »one-way« plant, muss sich für die eine oder die andere entscheiden. Bei Rückreise ab Washington können beide bestens zu einer besonders abwechslungsreichen Rundreisestrecke kombiniert werden.

Tidal Basin

Südlich gehört das ***Tidal Basin*** – ein See, an dessen Südufern die *Thomas Jefferson* und *Franklin D. Roosevelt Memorial*s liegen – zum Komplex.

Capitol Building

Das Kapitol gilt als Symbol der amerikanischen Demokratie. Der **Hauptzugang** befindet sich an der Ostseite (der *Mall* abgewandt, www.aoc.gov). 30-min-Touren finden Mo-Sa 9-15.45 Uhr statt. Sie sind frei, aber ein Ticket ist nötig, das ab 9 Uhr an einem Kiosk auf der Westseite des Komplexes ausgegeben wird. Es empfiehlt sich, zeitig vor 9 Uhr dort zu sein. Jede Tour läuft mit max. 40 Personen ab ***Visitor Receiving Complex*** auf der Südseite. Zugang für Ausländer nur mit Pass (seit 9/11 strenge Kontrollen).

Herzstück des bombastischen Gebäudes ist die große **Rotunde** mit Darstellungen zur Geschichte Nordamerikas und dem Deckengemälde »Die Apotheose von *George Washington*«, in der der erste Präsident – flankiert von 15 Frauengestalten – gen Himmel steigt.

In der ***Old Senate Chamber***, dem Sitzungssaal des Senats bis 1848 (Rundblick: www.senate.gov/vtour/2.htm), und in der ***Hall of Columns*** (im Erdgeschoss des südlichen *Congressional Building*) stehen 96 Statuen, je zwei aus allen Staaten. Für die ***House*** und ***Senate Chambers*** (die Sitzungssäle des *House of Representatives* und des Senats) gibt es Besuchergalerien, für die man sich ebenfalls anmelden und ausweisen muss.

Library of Congress

Die **Kongressbibliothek** belegt mehrere große Gebäude. In erster Linie sehenswert ist das »Innenleben« des ***Thomas Jefferson Building*** (Baubeginn 1897, www.loc.gov/jefftour) neben dem *Supreme Court* (Mo-Sa 10-17.30 Uhr). 1800 von Präsident *Adams* ins Leben gerufen befand sich die Bibliothek bis 1814 zunächst im *Capitol Building*. Nach Zerstörung der Bestände durch die Briten stiftete *Thomas Jefferson* seine Privatbibliothek – immerhin über 6.000 Bände. Sie bilden den Kern der heute über 130 Mio. (!) Objekte umfassenden größten Bibliothek der Welt, die jährlich um über 1 Mio. neue Veröffentlichungen wächst.

Congress of the United States

Das ***US Capitol*** beherbergt Repräsentantenhaus und Senat. Beide Kammern bilden zusammen den ***Congress of the United States***, die **Legislative**.

Der ***Senate*** besteht aus 100 für jeweils sechs Jahre zeitversetzt gewählte Senatoren, je Bundesstaat zwei; der Vizepräsident steht ihm vor. Zum Aufgabenbereich gehören Abstimmung über außenpolitische Angelegenheiten, Zustimmung zur Ernennung wichtiger Amtspersonen und überregionale Belange.

Das ***House of Representatives*** zählt 435 Mitglieder, die alle zwei Jahre neu gewählt werden. Die Wahl findet zusammen mit den Präsidentschaftswahlen und noch einmal zur Halbzeit dessen Amtsperiode statt. Die Zahl der Repräsentanten pro Staat hängt von der jeweilgen Bevölkerungszahl ab. Den Vorsitz hat der von den Abgeordneten gewählte ***Speaker***, eine dem Bundestagspräsidenten vergleichbare, aber politisch einflussreichere Position.

Auf einen Rundgang durch die zentrale Halle, die als ein Kunstwerk 50 verschiedener Maler und Skulptoren entstand, sollte man nicht verzichten. Der Blick in den 49 m hohen Lesesaal mit einer wunderbaren Lichtkuppel darf dabei nicht vergessen werden (Besuchergalerie im 2. Stock). Lesesaal und Präsenzbibliothek stehen prinzipiell jedermann zur Nutzung offen. Zeiten für **geführte Touren** Mo-Sa stündlich 10.30-15.30 Uhr außer 12.30 Uhr, Sa auch keine Tour um 15.30 Uhr; frei.

Kuppel im Lesesal der Library of Congress

National Museum of the American Indian

An der **Südseite der *Mall*** steht an der 4th Street zwischen Independence Ave und Jefferson Drive der wegen seiner geschwungenen Fassaden architektonisch auffällige Bau des erst 2004 eröffneten größten Indianermuseums der Welt. Das ***National Museum of the American Indian*** (www.nmai.si.edu) beherbergt – von 10.000 Jahre alten Ausgrabungsstücken bis zu Kunstwerken der Gegenwart – 800.000 Objekte aus über 1.000 Indianerkulturen.

Das ***Mitsitam Native Foods Café*** im Museum hat u.a. Originalgerichte nach indianischen Rezepten.

Air & Space Museum

Einen Block weiter thematisiert das ***National Air and Space Museum*** (www.nasm.si.edu) die Geschichte der Luftfahrt, präsentiert die Flugmaschine der *Wright*-Brüder, *Lindberghs »Spirit of St. Louis«*, heutige Jets, Satelliten und Raumkapseln. Ein IMAX-Theater zeigt laufend Weltraum-Filme der NASA (Eintritt).

Ende 2003 öffnete ein Ableger dieses Museums, das ***Steven F. Udvar-Hazy Center***, unweit des *Dulles Int'l Airport* mit einer riesigen Flugzeughalle, dem *James S. McDonnell Space Hangar*, dem *Donald D. Engen Observation Tower* und ebenfalls einem IMAX-Theater seine Tore (14390 Air & Space Museum Parkway, in Chantilly; © 202/633-1000; www.nasm.si.edu/udvarhazy; Anfahrt über Straße #50 oder *Freeways* Richtung *Dulles Airport*). Die Ausstellung dort umfasst u.a. das *Space Shuttle Enterprise*, das Raumschiff *Mercury 15B* und das schnellste jemals gebaute Flugzeug, die *SR-71 Blackbird*. Vom *Observation Tower* überblickt man den *Dulles International Airport*. Zwischen dem *National Air and Space Museum* und der Außenstelle in Chantilly verkehrt ein *Shuttle Bus* ($12 pro Person).

Hirshhorn Museum

Das benachbarte ***Hirshhorn Museum and Sculpture Garden*** (www.hirshhorn.si.edu) bietet beachtliche Werke moderner Kunst. Schwerpunkt sind Gemälde und Skulpturen des 19. und vor allem des 20. Jahrhunderts (*Rodin, Moore, Calder, Hopper, de Kooning, Dubuffet, Matisse, Warhol* u.a.). Im Inneren des nach außen hin abweisenden, bunkerartigen Rundbaus sorgt ein Atrium für viel Licht. Im Garten sind zahlreiche Skulpturen zu bewundern.

Hommage an Elvis in Gold: Büste als römischer Krieger im Hirshhorn Museun

Arts & Industries

Das ***Arts and Industries Building*** (www.si.edu/ai), Veteran unter den Museen der *Smithsonian Institution*, beherbergt ein – aus heutiger Sicht – Sammelsurium von Stücken, die bereits auf der Weltausstellung 1876, die anlässlich der Hundertjahrfeier der USA in Philadelphia stattfand, präsentiert worden waren.

The Castle

Das ***Smithsonian Institution Building*** ist das älteste Gebäude an der *Mall*, (1855, ➪ Foto unten) und beherbergt einen zentrale **Besucherinformation** zu den Museen, aber auch zur Stadt und verfügt über eine Gartenanlage zum Ausruhen. Es wird wegen seiner verwinkelten und altmodischen Bauweise »*The Castle*« genannt; www.si.edu/visit/infocenter/sicastle.htm.

Kunstmuseen

In direkter Nachbarschaft des *Smithsonian Castle* befinden sich außerdem die ***Freer Gallery of Art*** (asiatische und amerikanische Kunst, www.asia.si.edu) und die großenteils unterirdisch angelegten und miteinander verbundenen Räume der ***Sackler Gallery*** (guter *Shop*, www.freersacklershop.com) und des ***Nat'l Museum of African Art*** (www.nmafa.si.edu). Der Hauptakzent dieser beiden Museen liegt auf der (durchweg fantastischen) Präsentation asiatischer und afrikanischer Kunst und künstlerisch gestalteter Objekte. Der Besuch ist lohnenswert, aber ziemlich zeitintensiv.

Museum of American History

Das ***National Museum of American History*** (www.americanhistory.si.edu) an der Nordwestecke der *Mall* ist nicht so herausragend wie es die Kunstmuseen sind. Eigentlich müsste es heißen »Museum für technisch-industrielle Entwicklung der USA« mit zahllosen Ausstellungsstücken aus amerikanischer Manufaktur der letzten 200 Jahre, die in irgendeiner Weise bedeutsam für die US-Geschichte und -Kultur waren.

Museum of Natural History

Das ***National Museum of Natural History*** (www.mnh.si.edu) nebenan trägt einen noch konventionelleren Charakter und wirkt gegenüber neueren Museen dieser Art (z.B. in Atlanta, Raleigh oder Denver) mittlerweile etwas angestaubt.

Gallery of Art

Die ***National Gallery of Art*** gehört nicht zum *Smithsonian*-Komplex (Mo-Sa 10-17, So 11-18 Uhr, www.nga.gov). Sie liegt ein wenig weiter östlich an der *Mall* zwischen Madison Dr und Constitution Ave und ist mit einer Sammlung von 40.000 Gemälden und Skulpturen eines der herausragenden Kunstmuseen der USA. Der Haupttrakt (***West Building***), ein Marmorpalast von 240 m Länge, beherbergt die Ausstellungen europäischer und amerikanischer Kunstwerke bis einschließlich 19. Jahrhundert. Der architektonisch ebenfalls beachtliche Neubau (***East Building/I.M. Pei***), ist moderner Kunst ab 20. Jahrhundert und Wechselausstellungen vorbehalten. Die beiden Flügel sind durch einen unterirdischen Tunnel verbunden, in dem sich **Cafeteria** und der Shop befinden.

Washington Monument

Zu Ehren des ersten Präsidenten, *George Washington*, wurde ein gewaltiger, 169 m hoher **Obelisk** errichtet. Per Fahrstuhl geht es hinauf zur *Observation Platform* in ca. 150 m Höhe, wo ein grandioser Rundblick wartet. Tickets mit Zeitangabe für 30-min-Tour am selben Tag sind für in der Schlange Wartende frei. Telefonische Reservierung möglich, kostet aber $2: © 202/426-6841, www.nps.gov/ wamo; täglich 9-17 Uhr; letzte Tour 16.30 Uhr.

US Holocaust Memorial Museum

Überaus eindrucksvoll ist das von außen an Wachttürme eines Konzentrationslagers erinnernde ***Holocaust Memorial Museum***, 100 Raoul Wallenberg Pl SW, Zugang: 14th St, www.ushmm.org. Über 3 Etagen werden dort die Stationen der organisierten Judenvernichtung gezeigt. Die Gestaltung des Materials, zu dem neben Bildern, Texten, Filmen und Tonaufnahmen auch viele authentische Gegenstände gehören, machen den (geführten!) Rundgang zu einem bewegenden Erlebnis, zumal jeder Besucher anhand einer Identitätskarte das persönliche Einzelschicksal eines Holocaust-Opfers verfolgen kann.

Die Smithsonian Institution

Die *Smithsonian Institution* ist eine staatliche Kulturorganisation. Sie geht auf den britischen Gelehrten *James Smithson* zurück, der 1846 Geld für »die Erweiterung und Verbreitung von Wissen« stiftete. Heute finanziert sich diese Institution aus Steuergeldern, aber auch über Beiträge von Mitgliedern in aller Welt und Spenden. **Sie betreibt 17 Museen und Galerien** sowie den *National Zoological Park*. Allein 10 ihrer Einrichtungen liegen direkt an der *Mall*, die anderen verteilen sich auf das Stadtgebiet bis auf zwei, die sich in New York befinden. Darüberhinaus veranstaltet das *Smithsonian* Kurse und Ausstellungen in den gesamten USA und finanziert auch Forschungsprojekte.

Der **Eintritt in alle Museen ist frei**, geöffnet sind sie fast ausnahmslos täglich 10-17.30 Uhr; © 202/357-2700 oder 357-1729; www.si.edu.

Thomas Jefferson Memorial

Das ***Jefferson Memorial*** (www.nps.gov/thje), ein Marmortempel mit ionische Säulen, steht als Eckpunkt eines gleichschenkeligen Dreiecks in engem Bezug zu Weißem Haus und *Lincoln Memorial* zwischen *Tidal Basin* und Potomac River. Drinnen befindet sich in Bronzeguss ein 6 m großer *Thomas Jefferson*, dritter Präsident der USA, der den genialen *Louisiana Purchase* von 1803 verantwortete und damit die Verdoppelung des damaligen Staatsgebietes realisierte; http://en.wikipedia.org/wiki/Louisiana_Purchase.

Franklin D. Roosevelt Memorial

Das erst 1997 fertiggestellte ***Roosevelt Memorial*** (www.nps.gov/fdrm), ein rotes Granitensemble zwischen *Lincoln* und *Jefferson Memorial* auf der Halbinsel zwischen *Tidal Basin* und Potomac River, ist kein Denkmal der üblichen Art. In die Wände offener Räume eingravierte Zitate aus den Reden des ersten Präsidenten (1933-1945), der regelmäßig übers Radio zum Volk sprach und gleichzeitig als einziger (wegen des 2. Weltkriegs) drei Perioden im Amt blieb, sind dort neben thematisch passenden Skulpturen ein wichtiges Element der Präsentation seiner Amtszeit. Eine Statue des an Polio erkrankten *Roosevelt* zeigt ihn mit Hund, womit seine menschliche Seite gezeigt werden soll. Auch eine Statue der Präsidentengattin *Eleanor* fehlt nicht.

FD Roosevelt selbst ist nur eine der Skulpturen im gleichnamigen Memorial

East Potomac Park

Von Touristen weitgehend unentdeckt ist der ***East Potomac Park*** unterhalb der Brückentrassen der I-395 über den Potomac in Richtung Pentagon City. Der Park besetzt die komplette Landzunge zwischen Fluss, Tidal Basin und Washington Channel und ist bei Sportlern und Picknickern außerordentlich populär (für Jogger: www.rundc.com/Doc/DC/SW/EPotomacPark.htm). An dessen Südspitze, *Hains Point*, steht die Skulptur ***The Awakening***. Von den Einheimischen schlicht als »Der Riese« bezeichnet, zeigt sie einen bärtigen Mann enormer Größe, der sich aus der Erde zu erheben scheint. Es handelt sich um die eigenwilligste Skulptur in ganz Washington DC (Bilder davon: www.beyonddc.com/galleries/HainsPoint). Von ***Hains Point*** hat man im übrigen einen wunderbaren Blick über den Potomac River auf den gegenüberliegenden ***Reagan National Airport*** und die dort in rascher Folge landenden und startenden Flugzeuge.

Korean War Memorial

Dieses *Memorial* im westlichen Potomac Park (nahe dem *Lincoln Memorial*) erinnert an den Koreakrieg (1950-53). 19 bis ins Detail realistische Statuen von Soldaten auf Patrouille durch ein Minenfeld symbolisieren das Kriegsgeschehen. Sie spiegeln sich in einer Granitwand, auf der man bei genauem Hinsehen neben den Namen der 22 UN-Nationen, die am Krieg beteiligt waren, sandgestrahlte Kriegsszenen sieht; www.nps.gov/kwvm.

Korean War Memorial; im Hintergrund das Lincoln Memorial

Abraham Lincoln Memorial

Hoch über dem Potomac steht der enorme, dem griechischen *Parthenon* nachempfundene Marmortempel des ***Lincoln Memorial*** (www.nps.gov/linc) in einer Achse mit *Arlington Cemetery, Washington Monument* und *US Capitol*. Hinter seinen Säulen blickt *Abraham Lincoln* überlebensgroß auf die Besucher herab. Von der Freitreppe (58 Stufen, *Lincolns Alter* bei seinem Tod) überschaut man *Reflecting Pool und* die *Mall* in ganzer Länge – besonders eindrucksvoll im Licht der untergehenden Sonne.

An den Wänden rund um den aus weißem Marmor gemeißelten majestätischen Stuhl des 1865 ermordeten Bürgerkriegspräsidenten hängen Kupfertafeln mit Auszügen aus seinen Reden, darunter die berühmte *Gettysburg Address* (➪ Seite 221; deutscher Text: http://de.wikipedia.org/wiki/Gettysburg_Address). Die 36 Säulen des Tempels stehen für die Staaten, die zu *Lincolns* Zeit der Union angehörten.

Das *Memorial* ist besonders für schwarze Amerikaner ein wichtiger Bezugspunkt. Für sie symbolisiert es den Kampf um Freiheit und Bürgerrechte, zum einen, weil zu *Abraham Lincolns* Amtszeit die Sklaverei abgeschafft wurde, zum anderen auch, weil ***Martin Luther King*** 1963 auf den Stufen des *Memorial* seine berühmte Rede hielt, in der er die Gleichberechtigung der Afroamerikaner forderte. *I have a dream* auf Deutsch und Englisch: www.baptisten.org/efg/Dortmund/Mitte/ mlk.htm.

Das Memorial ist täglich 8-24 Uhr zugänglich.

Vietnam Veterans Memorial

Eine Erinnerungsstätte ganz anderer Art ist das ***Vietnam Veterans Memorial***, rund 200 m vom *Lincoln*-Tempel entfernt. Die Namen von über 58.000 Gefallenen des Vietnam Krieges wurden in schlichte schwarze Granittafeln graviert und nebeneinander entlang eines abgesenkten Parkweges aufgestellt. Nirgendwo sonst gelang ein Antikriegs-Mahnmal vergleichbarer Intensität. Die unendliche Reihe der Namen *in the order, they were taken from us*, dokumentiert die Sinnlosigkeit des Krieges; www.nps.gov/vive, www.virtualwall.org.

Eine Bronzeskulptur »Krankenschwestern und Verwundeter«, das ***Vietnam Women's Memorial***, würdigt die Rolle amerikanischer Frauen imVietnamkrieg; www.vietnamwomensmemorial.org.

Albert Einstein Memorial

Etwas versteckt hinter dichtem Grün steht vor der Akademie der Wissenschaften (nördlich des *Vietnam Memorial*) eine ungewöhnliche Plastik Albert Einsteins. Der berühmte Wissenschaftler sitzt dort entspannt auf drei Stufen, zu seinen Füßen eine Sternenkarte, welche die Konstellation vom 22.4.1979 um 12 Uhr mittags anzeigt, als das Denkmal eingeweiht wurde. Auf dem von Einstein gehaltenen Blatt sind seine wichtigsten Erkenntnisse aufgelistet (u.a. $e=mc^2$; www.answers.com/topic/albert-einstein-memorial).

World War II Memorial

Am östlichen Ende oberhalb des *Rainbow Pool* befindet sich das bombastische ***National World War II Memorial*** (www.wwiimemorial. com), eine – nach 11 Jahren Planung und Bauzeit 2004 endlich eingeweihte – Gedenkstätte für die 400.000 im 2. Weltkrieg Gefallenen und alle über die Kriegsjahre am Einsatz beteiligten 16 Mio. Soldaten. Zwei riesige Bögen, *Atlantic Arch* und *Pacific Arch*, stehen für die beiden Hauptschauplätze des Krieges. 56 Säulen repräsentieren US Staaten, Territorien und den District of Columbia zur Zeit des Krieges. Die in die *Freedom Wall* auf der Rückseite des *Memorial* eingelassenen 4000 goldenen Sterne stehen für je 100 gefallene Amerikaner.

Abraham Lincoln gilt als einer der bedeutendsten Präsidenten der USA. Unter ihm wurde die Sklaverei abgeschafft und der Bürgerkrieg 1865 siegreich beendet, *➪ Seite 197 und unter »Geschichte« auf Seite 663.* *In überdimensionaler Größe schaut er von seinem Memorial über die ganze Mall.*

Bombastisches Jefferson Memorial, ➪ *Seite 196*

White House

Das **Weiße Haus** an der E Street zwischen 15th und 17th Streets ist neben dem Kapitol die Hauptattraktion Washingtons. Aber die Zeiten, in denen man zumindest einen Teil der Schaltzentrale der Nation besichtigen konnte, sind seit 9/11 leider vorbei. Immerhin unterhält der *National Park Service* noch ein ***White House Visitor Center*** an der Ecke 1450 Pennsylvania Ave, 15th/E St NW (NO-Ecke des *White House*, täglich 7.30-16 Uhr, Eintritt frei; © 202/456-7041, www.whitehouse.gov). Dort erfährt man Wissenswertes zu Architektur, Einrichtung und Geschichte des Weißen Hauses, die Präsidenten etc. Außerdem wird laufend ein 30-min-Video gezeigt. Man kann den Komplex auch gut zu Fuß umrunden und dabei noch weitere sehenswerte Gebäude »mitnehmen«.

Treasury

Zwischen Executive Ave und 15th Street in unmittelbarer Nähe des Besucherzentrums lässt sich nördlich der gewaltige Bau des Finanzministeriums (***US Treasury***, www.ustreas.gov) nicht übersehen, der auf der Rückseite des $10-Scheins abgebildet ist.

Hay-Adams Hotel

Noch etwas weiter nördlich steht in Sichtweite des *White House* am Lafayette Square das prachtvolle ***Hay-Adams Hotel*** (www.hayadams.com), das auf die Wohnhäuser von *John Hay* (Privatsekretär *Abraham Lincolns*) und eines *Henry Adams* zurückgeht. Ein Baulöwe erwarb in den 1920er-Jahren die Grundstücke und ließ das Hotel errichten, das in dieser Lage naturgemäß eine der ersten Adressen der Stadt ist.

St. John's Church

Gegenüber an der H Street steht die ***St. John's Church*** (1815, www.stjohns-dc.org), die *Church of the Presidents*. Denn dank der Nähe zum *White House* entwickelte sich dieses eigentlich katholische Gotteshaus zur »Hauskirche« der Präsidenten, egal welcher Konfession sie selbst angehörten.

Weitere historische Gebäude

Folgt man von dort den Straßen westlich um das Weiße Haus herum, passiert man noch eine Reihe mehr oder weniger historisch bedeutsamer Gebäude und das ***Eisenhower Administration Office*** an der 17th Street (www.whitehouse.gov/oa), von dem aus dem *White House* zugearbeitet wird. Kunstinteressierte finden in diesem Bereich mehrere kleine **Kunstgalerien**.

Abseits der National Mall

Union Station

Bei der ***Union Station*** handelt es sich um einen der prachtvollsten historischen Bahnhöfe der USA, vergleichbar mit der *Central Station* in New York. 1909 im klassizistischen Stil erbaut gilt er heute als Idealbeispiel gelungener Restaurierung: In ihm verbergen sich Shoppingarkaden, Restaurants (im Untergeschoss ein großer ***Fast Food Circle***) und außerdem verkehren von hier Nahverkehrszüge, die *Metro* und *Amtrak Cityliner*, www.capitolhillmap.com/union-station.asp.

Postmuseum

Im ***National Postal Museum*** (2 Massachusetts Ave NE, neben der *Union Station*, Zugang: 1st St, www.postalmuseum.si.edu) wird die Geschichte der Postbeförderung in den USA beschrieben und außerdem eine riesige philatelistische Sammlung gezeigt.

National Building Museum

Das ***National Building Museum*** (401 F Street zwischen 4th und 5th Streets, U-Bahn Judiciary Square, © 202/272-2448, www.nbm.org; Mo-Sa 10-17 Uhr, So ab 11 Uhr; frei, aber Spende $5) residiert in einem der bemerkenswertesten Bauwerke Washingtons aus dem Jahr 1887 mit einer bombastischen, von Säulengängen gesäumten Halle. Riesige korinthische Säulen tragen das Dach. Themen des Museums sind alle mit Bauen und Architektur verbundenen Aspekte. Sehr besuchenswert, und sei es nur, um das Gebäude als solches einmal von innen zu sehen.

MCI Center

Das ***MCI Center*** (F/7th Street 2 Blocks weiter westlich als das Baumuseum, Metro: *Gallery Place*, www.mcicenter.com) ist eine der technisch bestausgestatteten Sporthallen der Welt. Hauptsächlich dient sie dem (Eis-) Hockeyteam ***Washington Capitals*** (www.washingtoncaps.com) und den Spitzenmannschaften der Stadt im Basketball (www.nba.com/wizards und www.wnba.com/mystics) als Arena. Aber auch Großkonzerte finden dort statt.

American Art/ Portrait Gallery

Schräg gegenüber (8th/G Street) befindet sich das ***Smithsonian American Art Museum*** (www.americanart.si.edu) mit der ***National Portrait Gallery*** in einem frisch renovierten Gebäudekomplex, täglich geöffnet von 11.30-19 Uhr, Eintritt frei außer bei Sonderausstellungen. Für Europäer besonders lohnend ist dort die Ausschließlichkeit von bei uns kaum bekannten ***Americana***. Neben herrlichen Landschaftgemälden wie z.B. *Yellowstone* und *Grand Canyon* von **Thomas Moran**, hängen im Kunstmuseum viele Werke, die Entwicklung von Geschichte und Gesellschaft der Vereinigten Staaten in besonderer Weise reflektieren (u.a. *Homer, Cassatt, Hopper, Rauschenberg*). Hochinteressant ist auch die Reihe der Portraits aller ehemaligen Präsidenten und ihre unterschiedliche Darstellung in den verschiedenen Epochen in der ***Portrait Gallery***; www.npg.si.edu.

Spionage Museum

In unmittelbarer Nachbarschaft des *National Museum of American Art* befindet sich das ***International Spy Museum*** (800 F Street NW; 202/393-7798; www.spymuseum.org). Es handelt sich um das einizige öffentliche Museum in den USA, das sich ausschließlich mit Spionage befasst. Das Museum ist so konzipiert, dass es sowohl Erwachsene als auch (ältere) Kindern anspricht.

City Museum

Vom *Spy Museum* aus ist es über die 9th Street nicht weit bis zum Mount Vernon Square. Dort befindet sich das ebenfalls noch recht neue

Säulenhalle im National Building Museum

City Museum of Washington **DC** (801 K Street NW; © 202/ 383-1800; www.citymuseumdc.org). Im Mittelpunkt steht darin die Geschichte der Stadt. Mit *Multimedia Theater, Café, Research Library* und *Shop* mit einer enormen Buchauswahl zum Thema.

Women in the Arts

Im ***National Museum of Women in the Arts*** (1250 New York Ave NW, Mo-Sa 10-17, So ab 12 Uhr, www.nmwa.org, U-Bahn *Metro Center*, $5) werden über 1500 beachtliche Werke ausschließlich weiblicher Künstler aus aller Welt präsentiert.

J.F. Kennedy Center of the Performing Arts

Am Ufer des Potomac River liegt das ***Kennedy Center of the Performing Arts*** eingezwängt zwischen Fluss und Abfahrten/Zubringern der *Theodore Roosevelt Bridge*. Der Bau aus Carrara-Marmor fungiert als Denkmal für den ermordeten Präsidenten und als Kulturzentrum (© 202/416-8340, www.kennedy-center.org) mit sechs Theatern. Das *National Symphony Orchestra*, die *Washington National Opera* und das *American Film Institute* sind dort zu Hause (www.kennedy-center.org/nso, www.dc-opera.org und www.afi.com). Eintrittsfreie unterschiedlichste Vorstellungen finden täglich 18 Uhr auf einer der Theaterbühnen statt.

Watergate/ Washington Harbor

Nördlich des *Kennedy Center* liegt das legendäre ***Watergate Building***, untrennbar verbunden mit der gleichnamigen Affäre, die Präsident *Richard Nixon* 1974 zum Abdanken zwang. Von dort sind es nur ein paar hundert Meter zum Komplex ***Washington Harbor*** mit Shops und *open-air-Cafés* unterhalb von Georgetown.

Theodore Roosevelt Island

Das scheinbar westliche Ufer gegenüber dem *Kennedy Center* gehört zur ***Theodore Roosevelt Island*** (www.nps.gov/this), einer Insel im Potomac River mit Spazierwegen durch dichte Vegetation und ein artenreiches Sumpfareal. Eine schlichte Statue erinnert an die Naturschutz- und Nationalparkideen von Präsident *»Teddy« Roosevelt* (1901-1908, nicht zu verwechseln mit *F. D. Roosevelt*). Die Fußgängerbrücke auf die Insel ist nur über den *Washington Memorial Parkway* auf der Westseite des Flusses zugänglich.

Georgetown

Georgetown (www.georgetowndc.com), das Nobelviertel Washingtons zwischen dem Parkstreifen am *Rock Creek* entlang, dem *Glover Archbold Park* und dem Campus der *Georgetown University* (www.georgetown.edu), liegt oberhalb des C&O Canal unweit – wie gesagt – des *Washington Harbor*. Die Kreuzung M Street/Wisconsin Ave markiert den Kernbereich dieser Vorstadt mit vielen guten (und teuren) **Restaurants** und Boutiquen. Einstige Fabrik- und Lagergebäude am Kanal wurden umfunktioniert zu poschen Wohnanlagen und Shopping-Arkaden.

Attraktiv sind in Georgetown besonders die grünen Alleen und engen Wohnstraßen mit Kopfsteinpflasterung im Gebiet zwischen M Street und *Montrose Park* (R Street). Ein Bummel durch diese Nebenstraßen lässt sich gut mit dem Besuch der ***Dumbarton Oaks Gardens*** an der R Street abschließen (nur nachmittags 14-17/18 Uhr täglich, www.doaks.org, Eintritt $5). Die nahen ***Montrose*** und ***Dumbarton Oaks Parks*** bieten Picknick-Tische und (Zugang über die Lovers Lane) einsame Wildnis mitten in der City.

The Old Stone House Wer schon einmal in Georgetown ist, sollte unbedingt auch beim ***Old Stone House*** vorbeischauen (3051 M Street NW östlich der Wisconsin Ave, Höhe 32st St; ✆ 202/895-6070; www.nps.gov/olst; Mi-So 9-17 Uhr, frei). Das Gebäude wurde 1765 errichtet und ist eines der ältesten Häuser in Washington DC. Es wird heute vom *National Park Service* gepflegt und verwaltet. Der zum Haus gehörige *English Garden* ist eine Oase der Ruhe; www.nps.gov/ rocr.

Exorcist Steps Ein Besuch in Georgetown wäre unvollständig ohne Blick auf die ***Exorcist Steps***, jene 75 Stufen einer besonders steilen Treppe, die von der Prospect/36th Street zur M Street hinunterführen (westlich der Wisconsin Ave). Der Treppe kommt in dem bekannten Horrorfilm »Der Exorzist« (1973) große Bedeutung zu; genaueres auf www.thehoya.com/guide/092200/guide1.htm.

Embassy Row Der Nordwestabschnitt der Massachusetts Ave zwischen Sheridan Circle und dem Gelände des *Naval Observatory* führt den Beinamen ***Embassy Row*** (www.embassy.org/embassyrow). Über 100 Botschaften residieren dort in teilweise phänomenalen Anwesen. Nicht so die **Deutsche Botschaft**, ihre – ebenfalls gute – Adresse ist die Reservoir Road im nordwestlichen Georgetown oberhalb der *Georgetown University*; www.germany.info.

Hillwood Museum Das ganz besondere ***Hillwood Museum & Gardens*** liegt einige Meilen nördlich von Georgetown oberhalb des *National Zoo* (4155 Linnean Avenue NW; ✆ 202/686-5807; www.hillwooodmuseum.org; Di-Sa 10-17 Uhr; Reservierung erforderlich; $12, ermäßigt $7/$6; U-Bahn *Van Ness/UDC*; Anfahrt über Connecticut Ave).

Prioritäten in Washington DC

Für die Besichtigung der *Mall* mit ihren *Memorials* samt Besuch von ein oder zwei der individuell als besonders interessant empfundenen Museen benötigt man **mindestens einen vollen Tag**. **Zwei Tage** sind notwendig **für einen intensiveren Besuch** etwa mit einer Capitol-Besichtigung. Da es auch außerhalb der zentralen Attraktion noch einiges zu sehen gibt, sollte man **für Washington mindestens drei Tage** Zeit haben.

Folgende Sehenswürdigkeiten sollten ganz oben in jeder Besuchsliste stehen:

- *US Capitol* und *Library of Congress*
- Spaziergang rund ums Weiße Haus; ggf. Auffahrt *Washington Obelisk*
- *Jefferson, Lincoln, Korea, WW II* und *Vietnam Memorials*

Für die Museen im Mall-Bereich empfehlen sich in erster Linie

- *Hirshhorn Museum & Sackler Gallery* bei starkem Kunstinteresse
- dann auch auf jeden Fall *National Gallery of Art*
- bei eher technischem Interesse das *Air and Space Museum*

Außerdem eine Auswahl aus den mit »Abseits der *National Mall*« gekennzeichneten Zielen (prioritär: *National Building, American Art, Spy Museum, Georgetown*) und das *Arboretum* (umseitig) vor Arlington.

Alle Sehenswürdigkeiten um die Mall herum sind eintrittsfrei!

Das Museum beherbergt die private **Kunstsammlung** von *Marjorie Merriweather Post* (1887-1973), die das herrschaftliche Anwesen 1955 erwarb und beschloss, es in ein Museum umwandeln zu lassen. Allein das Haus ist schon sehenswert, mehr noch die spektakuläre Sammlung französischer und russischer Kunstobjekte. Zum Museum gehören wunderschöne Gärten und ein **Café**.

Abstecher zum Great Falls Park

Rund 15 mi nordwestlich von Georgetown (M Street nach Norden, dann Mac Arthur Blvd) liegt der ***Great Falls Park*** am Potomac River mit einem Teilabschnitt des ***Chesapeake and Ohio Canal*** und dem *Great Falls Tavern Visitor Center* (www.nps.gov/gwmp/grfa). Der einstige Wirtschaftswasserweg, der die Stromschnellen des Potomac umgeht, wurde auf seinen 188 mi von Cumberland nach Washington zum ***National Historical Park*** deklariert. Anziehungspunkte sind die alte Schleuse, nostalgische Kanalboote und das Wildwasser des Potomac, das man am besten vom ***Great Falls Overlook*** aus beobachtet. Dorthin führt ein breiter Weg vom *Visitor Center* über die *Olmsted Island Bridges*.

Schleusenvorführung mit Passagieren auf einem alten Flussboot im Great Falls Park

National Arboretum und Anacostia Park

Brookland

Brookland, eine katholisch dominierte Vorstadt nordöstlich und östlich von Shaw, beherbergt die ***Basilica of the National Shrine of the Immaculate Conception*** (400 Michigan Avenue NE; www.nationalshrine.com) und am äußersten östlichen Rand das oft – trotz seiner Ausdehnung – »übersehene« ***National Arboretum*** (3501 New York Ave NE; © 202/245-2726; www.usna.usda.gov).

National Arboretum

Beim ***Arboretum*** handelt es sich um eine sehr schöne 175 ha große Parkanlage zwischen Bladensburg Road/New York Ave und Anacostia River mit unterschiedlichen Bereichen, von denen der alte und vielfältige Baumbestand des zentralen *Arboretum* überaus eindrucksvoll ist. Wer es einigermaßen einrichten kann, sollte die etwa 2-3 Stunden Minimum für den Besuch »abzweigen«. Die **Anfahrt** erfolgt **am einfachsten ab *Capitol*** über die Maryland Ave, dann Bladensburg Road, von ihr R Street zur Haupteinfahrt. Vom *Capitol Building* sind es gute 2 mi bis dorthin.

Anacostia River Park/ Kenilworth Aquatic Gardens

Jenseits des Anacostia River dehnt sich über Meilen Washingtons größter (gleichnamiger) öffentlicher Park über 500 ha aus. Er steht unter Nationalparkverwaltung und umschließt auch die ***Kenilworth Aquatic Gardens***, eine Marschlandschaft mit großflächigen Wasserlilien- und Seerosenfeldern. Anfahrt ebenfalls über die Maryland Ave ab *Capitol*, dann aber nach Osten auf der Benning Road. Information unter www.nps.gov/anac, www.nps.gov/nace/keaq.

In beiden Parks findet man schöne **Picknickplätze**. Generell gilt aber, dass es ab Dämmerung spätestens östlich der 11th Street Sicherheitsprobleme gibt. Die Parks schließen denn auch sommers wie winters schon um 17 Uhr.

Arlington

Arlington, Nachbarstadt von DC am Westufer des Potomac River in Virginia (www.arlingtonvirginia.com), ist in erster Linie wegen des gleichnamigen Soldatenfriedhofs bekannt, sein Besuch ein »Muss« für patriotisch gesinnte Amerikaner. Er liegt unweit der *National Mall* auf der anderen Seite des Flusses und gehört zum Programm aller Stadtrundfahrten einschließlich der *hop-on-hop-off-Tourmobil*-Runden; www.nps.gov/gwmp/usmc.htm, siehe auch www.arlingtoncemetery.org und -.net (mit Bildern).

Arlington Cementery

Der parkartige ***Arlington National Cemetery*** mit rund 250.000 Gräbern ist mit ca 250 ha Fläche von immenser Größe. **Per Auto** erreicht man den Militärfriedhof über den Kreisverkehr am *Lincoln Monument* und die *Arlington Memorial Bridge*. **Ohne Auto** gelangt man am besten **per Tourmobile** nach Arlington (➪ Seite 185).

Vom Parkplatz bzw. Tourmobilstopp auf das Friedhofsgelände geht es durch ein **Besucherzentrum**, das gratis Übersichtskarte und Informationen bereithält. Man kann sich von dort Rundfahrten mit (allerdings ermüdenden) Erläuterungen anschließen.

Angelegt wurde der Militärfriedhof ab 1864 auf der Plantage des Oberbefehlshabers der Südstaatenarmee, *Robert E. Lee*, als »Strafe« dafür, dass er sich im Bürgerkrieg als Oberst der US-Armee auf die Seite der Konföderierten geschlagen hatte. Außer Militärpersonal samt Ehefrauen sind auf diesem Friedhof »verdiente« Verstorbene aus 49 Nationen (u.a. sogar ein deutscher Kriegsgefangener) und manche Persönlichkeit nicht-militärischer Professionen bestattet, so u.a. ***Joe Louis*** und ***Lee Marvin***.

Die populärsten Zielpunkte auf dem Friedhof sind:

- die schlichten Gräber der ***Kennedy*-Brüder**
- das ***Arlington House*** des Südstaatengenerals *Lee*
- das **Amphitheater** mit dem Grabmal des Unbekannten Soldaten, wo ein Marinesoldat die Wache hält und in regelmäßigen Abständen für die Kameras paradiert

Für einen Rundgang zu Fuß über diese Ziele benötigt man nicht mehr als eine gute Stunde.

Iwo Jima Memorial Nördlich neben dem Friedhof steht das weltbekannte ***Iwo Jima Memorial*** (sprich: »Eiwoh Chiema«, www.iwojima.com), Gedenkstätte für alle gefallenen *US-Marines*: Eine Gruppe von 6 Marinesoldaten richtet nach Eroberung der Insel *Iwo Jima* die *Stars & Stripes* auf.

Pentagon Im Anschluss (südlich) an den Heldenfriedhof erstreckt sich die verantwortliche Institution für all die Toten: das Verteidigungsministerium im fünfeckigen Monsterbauwerk des ***Pentagon*** (www.pentagon.gov). Bei einem Jahresetat von über $400 Mrd im Jahr 2005 (ohne Irak-Krieg!), über 20.000 Angestellten allein in Washington und zahllosen Lobbyisten auf der Lauer nach einem kleinen Stück aus dem großen Kuchen ist es kaum verwunderlich, dass sich rund um das Ministerium die **Pentagon City** als eine deutlich erkennbare Stadt in der Stadt entwickeln konnte. Nach dem Anschlag vom 11. September 2001, der (angeblich? ➪ Kasten) auch das Pentagon betroffen hatte, sind dort »touristische« Besichtigungen nicht mehr möglich.

Direktflug ins Pentagon – und wo blieb die Boeing?

Ein Beitrag von Burghard Bock

Schon von Verschwörungstheorien gehört? Klar, das Internet ist voll davon. Eine der bekanntesten geht so: Bielefeld gibt es gar nicht, sondern steht für den Ort, an dem die CIA Kennedy gefangen hält – der wurde nämlich gar nicht erschossen und soll nicht ausplaudern, dass die Mondlandung gar nicht stattfand, sondern im Filmstudio erfolgte.

Auf dieser Ebene würde die US-Regierung sicherlich gern die Einwände verhandeln, die gegen den offiziellen Bericht über die Ereignisse des **11. September 2001** vorgebracht werden (www.9-11commission.gov/report/911Report.pdf). Man muss jedoch keineswegs überall Komplotte wittern, um den Abschnitt über den Anschlag auf das Pentagon entweder seltsam lückenhaft oder widersprüchlich zu finden. Die beiden Flugzeuge in New York hat jeder im TV hundertfach in die Zwillingstürme fliegen sehen – aber erinnert sich jemand an die Boeing 757, die in das ***Pentagon*** gesteuert worden sein soll, in den vermutlich bestüberwachten Flugraum der ganzen Welt? Natürlich nicht, denn alle Aufzeichnungen von Überwachungskameras der Umgebung wurden eingesammelt. Ein halbes Jahr später wurde immerhin eine Sequenz veröffentlicht, auf der man aber den angeblichen Schatten eines etwa 50 m langen und 18 m hohen Flugzeuges nicht verifizieren kann (http://edition.cnn.com/2002/US/03/07/gen.pentagon.pictures/index.html).

Der Regierungsbericht kann nur eine Interpretation unter anderen darstellen, wenn z.B. auf einleuchtende Zusammenstellungen wie www.loosechange911.com/pentagon.htm oder auf natur- und ingenieurwissenschaftliche Fragen wie unter www.physics911.net/omholt.htm nicht weiter eingegangen wird. Schon eine der ältesten, aus Frankreich stammenden Seiten zum Thema verwirrt einen mit ihren bloß sieben Fragen unter dem Motto *Hunt the Boeing*! (Englisch: www.asile.org/citoyens/numero13/pentagone/ erreurs_en.htm)

Es gibt Bücher zum Thema (z.B. *Michael Moore*: »*Fahrenheit 9/11*«; Andreas v. Bülow: »Die CIA und der 11. September«), aber wir begnügen uns im Folgenden mit ein paar Ungereimtheiten aus dem Internet im Blick auf *American Airlines Flight No 77*, gestartet in Washington/*Dulles Airport*, und dessen behauptetem *Crash* ins *Pentagon*:

- Das Eintrittsloch an der Außenwand ist für eine Boeing 757 viel zu klein und die Zerstörungen sind insgesamt viel zu gering: Tragflächen, Triebwerke und Höhenleitwerk sind weder vorher abgefallen noch können sie sich einfach aufgelöst haben. Bevor die oberen Stockwerke nach längerer Zeit einstürzten, waren direkt benachbarte Außenfenster trotz der angeblichen Explosion eines etwa 100 Tonnen schweren, erst kürzlich gestarteten und also vollbetankten Flugzeuges noch heil.
- Das Austrittsloch am (von außen) dritten Gebäudering, viele Betonwände weiter innen, wirkt erstaunlich scharf gestochen. Das nur gut 2 m große (im Durchmesser) Loch direkt über dem Boden wurde angeblich von der Kunststoffnase des Flugzeugs verursacht, hinter der sich die Radargeräte befinden, und die schon eine Reihe Wände durchstoßen hatte. Aha.
- Die Wrackteile scheinen weder zu einer Boeing noch zu einer Maschine von *American Airlines* zu passen, das Flugzeug soll quasi verdampft sein – daher gibt es vom Flugschreiber und dem Tonbandgerät keine Spur. Oder es wurde nichts davon veröffentlicht.
- Das Flugzeug schlug angeblich in einem Winkel von 45° ein, aber nur ins Erdgeschoss und 1. Stockwerk, und das mit etwa 800 km/h – der Rasen davor blieb jedoch wunderbarerweise völlig unbeschädigt und unverschmutzt, wurde trotzdem wenig später mit Schotter abgedeckt und planiert.
- Die Fahrzeuge auf der zu querenden Autobahn vor dem Pentagon wurden von den Luftströmungen eines tief fliegenden Flugobjekts nicht behelligt; allerdings lagen Laternenpfähle an der Straße wie herausgerupft herum, scheinen jedoch ihrerseits an dem Flugobjekt keine Schäden verursacht zu haben, so dass vor dem Einschlag im Pentagon keine Flugzeugteile herabfielen – sehr, sehr ungewöhnlich, verglichen mit ähnlichen Fällen.
- Zeugen berichten von einem hellen, zischenden Geräusch, das kaum mit einem großen Verkehrsflugzeug zu tun gehabt haben kann.
- Die Explosion, Rauchentwicklung und Menge der Rettungskräfte scheinen nicht zu den Desastern an anderen Orten zu passen, die Flugzeuge vergleichbarer Größe angerichtet haben.

Über diese Fakten recherchieren auch unappetitliche Leute, mit denen man nichts zu tun haben möchte: www.pentagonstrike.co.uk etwa leitet seine in vielen Sprachen erhältliche, professionelle Flash-Animation mit einem O-Ton von Oberverschwörungstheoretiker Hitler ein. Absurd. Auch der Macher von www.infowars.com ist der großen Weltverschwörung auf den Fersen, hat aber dennoch brauchbares Material zusammengetragen.

Was sich wirklich zugetragen hat, werden wir sicherlich nie erfahren, denn manchmal wedelt der Schwanz mit dem Hund, siehe den Film »*Wag the Dog*« mit *Dustin Hoffman* und *Robert de Niro* von 1997. Und Geschichte wird gemacht. Es könnte eben auch alles ganz anders gewesen sein. Also Obacht!

Mount Vernon, Haupthaus und Nebengebäude, wunderbar über dem Potomac River gelegenes Landgut des ersten US-Präsidenten George Washington

1.2 Alexandria und Mount Vernon

Ein – erst bei Aufenthalten ab 3 Tagen prioritär zu erwägender – Ausflug führt nach Mount Vernon südlich der City, dem ehemaligen Landgut von *George Washington* auf einer Anhöhe über dem Potomac River. Die Schnellstraße dorthin, der *George Washington Memorial Parkway*, führt durch wunderbare Parkanlagen am Fluss entlang (ca. 20 mi ab der *Mall*, www.nps.gov/gwmp).

Alexandria

Auf halbem Wege passiert man Alexandria, das auch per ***Metro*** erreicht werden kann (Station King Street, *Blue/Yellow Lines*; http://oha.alexandriava.gov). Das Städtchen wurde gleich nach Bürgerkriegsbeginn von Unionstruppen besetzt und nicht zerstört; daher rührt heute sein nostalgischer Charme. Sehenswert sind dort vor allem die noch aus der Vor-Bürgerkriegszeit stammenden **Stadthäuser** (King St und Nebenstraßen, Bereich *Potomac Riverfront*). Viele Restaurants und gute Kneipen laden zum Verweilen ein. Im ***Art Center***, einer früheren Torpedofabrik am Fluss, vermarkten Künstler aller Couleur ihre Produkte gleich in oder neben ihrer Werkstatt; www.torpedofactory.org.

Info

Ramsay House Visitor Center, 221 King St, www.funside.com.

Mount Vernon

Etwa 7 mi südlich von Alexandria liegt in einem weitläufigen Park hoch über dem Potomac River ***Mount Vernon***, einstiger Landsitz des ersten Präsidenten der USA, ***George Washington*** (✆ 703/780-2000, täglich 9-17 Uhr im Sommerhalbjahr, sonst 9-16 Uhr, $13 www.mountvernon.org). Eine Alternative zur Anfahrt mit Auto oder Rundfahrtbus ist der Bootstrip mit der »***Spirit of Washington***«, einem Ausflugsschiff, das im Sommer Di-So und nach *Labor Day* bis Ende Oktober Fr-So um 8.30 Uhr von der Water Street Pier #4 ablegt; zurück ca. 15 Uhr; Aufenthalt 3 Std. inkl. Eintritt $38; www.spiritcitycruises.com/mtvernon.

Was den Abstecher nach *Mount Vernon* reizvoll macht, sind in erster Linie Anfahrt, Lage und Anlage der einstigen *Plantation* und des umgebenden Parks. Das ***Washington Mansion*** als solches bietet (von innen) keine aus europäischer Sicht besonders sehenswerten Räumlichkeiten, sieht man vom historischen Aspekt einmal ab. Wartezeiten, um sich im Schneckentempo durch die engen Flure schieben und lange und detaillierte Erläuterungen über sich ergehen zu lassen, sollte man daher nur bei großem Interesse in Kauf nehmen. Beachtlicher als das *Washington Mansion* ist im übrigen ***Monticello***, das ehemalige Anwesen des Präsidenten *Thomas Jefferson* bei Charlottesville, etwa 100 mi südwestlich von Washington (www.monticello.org, ➪ Seite 233).

1.3 Abstecher nach Maryland und Pennsylvania

Mögliche Rundtour

Vom Großraum Washington aus lassen sich leicht Tagesausflüge nach Maryland und Pennsylvania unternehmen oder eine kleine **mehrtägige Rundfahrt** einplanen. So könnte man beispielsweise am ersten Tag durch Maryland nach Baltimore fahren, am zweiten nach Philadelphia, am dritten durch das *Pennsylvania Dutch Country* nach Gettysburg, am vierten Tag Gettysburg besichtigen und anschließend durch das Frederick County zurückkehren. **Gettysburg** als Austragungsort einer der wichtigsten und entscheidenden Schlachten im Bürgerkrieg bietet neben Vicksburg (➪ Seite 598) den sehenswertesten der vielen *National Military Parks* des Bürgerkriegs.

Infos Maryland

Maryland Office of Tourism Developement, 217 E Redwood St, Baltimore MD 21202, ✆ 1-800-634-7386, www.mdisfun.org.

1.3.1 Anfahrt nach Annapolis

Baltimore Washington Parkway

Washington und Baltimore sind durch zwei parallele Autobahnen miteinander verbunden, die **I-95** und den vom *National Park Service* (!) verwalteten viel angenehmer zu befahrenden, da schwerverkehrs- und werbetafelfreien, zudem landschaftlich attraktiv eingebetteten ***Anacostia*** bzw. ***Baltimore Washington Parkway***; www.nps.gov/bawa, man kann sich seltsamerweise sogar alle Wegweiser vorher anschauen: www.aaroadtrips.com/md-295.html.

College Park

Noch im Großraum Washington, aber bereits in Maryland innerhalb des ***Capital Beltway*** liegt zwischen den beiden *Freeways* in Richtung Baltimore die Vorstadt College Park. Dort befindet sich das für Flugfans interessante ***College Park Aviation Museum*** (1985 Corporal Frank Scott Drive, täglich 10-17 Uhr, $4, ✆301/864-6029, www.pgparks.com/places/historic/cpam) am *College Park Airport*, dem ältesten kontinuierlich betriebenen Flughafen mit – dank *Wilbur Wright* – der ersten Flugschule der Welt (1911).

Laurel

Wer für die Fahrt nach Baltimore den *Parkway* wählt, passiert etwa auf halbem Weg bei Laurel

- das ***Montpelier Arts Center*** (Straße #197/ Muirkirk Road, ✆ 301/953-1376, www.pgparks.com/places/artsfac/mac.html), ein noch im 18. Jahrhundert erbautes *Plantation Home* mit schöner

Gartenanlage. Das Kulturzentrum mit Werkstätten für künstlerische Arbeiten und einer Galerie mit wechselnden Ausstellungen kann täglich 10-17 Uhr besucht werden (frei). Im Herrenhaus finden nur Do-So 12-15 Uhr Führungen statt ($3). Ein lohnenswerter Abstecher bei nur kurzer Anfahrt vom *Freeway*.

- das 50 km^2 große Naturschutzgebiet des ***Patuxent Wildlife Research Center***. Es dient zwar in erster Linie Forschungszwecken die ausführlich im Besucherzentrum erläutert werden (ebenfalls Straße #197, aber nach Osten, dann Powder Mill Road, täglich. 10-17.30 Uhr, ✆ 301/497-5760, www.pwrc.usgs.gov, frei), ist aber auch öffentlich, verfügt über **Naturlehrpfade** und **Wanderwege** und bietet erläuterte *Tramtours* durch das Areal ($3).

1.3.2 Annapolis und Baltimore

Annapolis

Als Alternative zum direkten Weg nach Baltimore wäre ein kleiner Umweg (*Freeway* #50/301; www.visit-annapolis.org) über Annapolis zu erwägen, einer der charmantesten Hauptstädte des Landes mit dem ältesten Regierungsgebäude, dem ***Maryland State House*** aus dem Jahr 1780 am State Circle (täglich 9-17 Uhr).

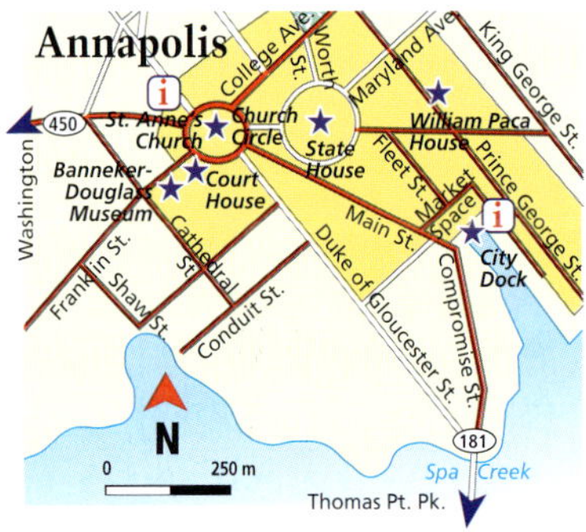

Die Innenstadt voller alter Gebäude im Kolonialstil eignet sich wunderbar zum Bummeln, das ***William Paca House & Garden*** (186 Prince George St; www.annapolis.org/paca-house.html) oder das ***Banneker-Douglas Museum*** (84 Franklin Street; www.bdmuseum.com) zur afro-amerikanischen Geschichte auch zur Besichtigung. Der hübsche kleine Hafen mit ***City Dock*** und dahinter gelegenen ausgedehnten Bootsmarinas hat der Stadt zum Ruf als ***America`s Sailing Capital*** verholfen.

Annapolis ist Sitz der berühmten ***US Naval Academy*** (www.usna.edu), wo Offiziere der US Navy ausgebildet werden (*Visitor Center* am *Gate One* des »Yard«, King George Street/Severn River, 566 Brownson Rd, ✆ 410/263-6933, www.navyonline.com).

Unterkunft

In Annapolis gibt es neben zahlreichen Hotels und Motels hübsche ***B&Bs***, z.B. das

- ***Prince George Inn***, 232 Prince George Street, ✆ 410/263-6418.
- Weitere *Angebote* bei der Annapolis ***B&B Association***, ✆ 410/263-6124.

Von Annapolis sind es nur noch ca. 20 mi bis Baltimore, am besten via Straße #2 (erst Brücke über den Severn River, dann nördlich).

Baltimore

In der Hafenstadt Baltimore (rund 600.000 Einwohner) ist vor allem der Bereich am ***Inner Harbor*** (www.baltimore.to) sehenswert, der in den 1990er-Jahren vom heruntergekommenen Lagerhaus- und Fabrikviertel dank eines »*Urban Renewal Program*« zum attraktiven *Showcase* der Stadt umfunktioniert wurde.

Einen schönen Blick über den *Inner Harbor* und die *City-Skyline* mit beachtlichen Hochhäusern und architektonischen Schmuckstücken hat man vom ***Federal Hill Park*** aus (südlich der Hafenbucht – Warren Ave/Key Hwy; www.baltimore.to/FederalHill).

Infos

Auch das ***Baltimore Area Visitor Center*** befindet sich am *Inner Harbor, Constellation Pier*; ✆ 410/ 837-4636 und ✆ 1-800-282-6632, www.baltimore.org, www.ci.baltimore.md.us.

Unterkunft

Am **Pulaski Hwy #40** (parallel zur I-95 östlich der City) gibt es viele **preiswerte Motels** und noch – im amerikanischen Rahmen – relativ günstige Mittelklasse-Häuser der Ketten wie ***Days Inn*** oder ***Holiday Inn*** auch in *Downtown* (Pratt Street).

Schöne ***Bed & Breakfast Inns*** findet man im Viertel ***Fell's Point***:

- ***Admiral Fell Inn***, 888 South Broadway, ✆ 410/522-7377, www.admiralfell.com
- ***Ann Street B&B***, 804 South Ann Street, ✆ 410/342-5883
- ***Celie's Waterfront B&B***, 1714 Thames Street, ✆ 410/522-2323, www.celieswaterfront.com oder
- ***The Inn at Henderson's Wharf***, 1000 Fells Streeet, ✆ 410/522-7777, www.hendersonswharf.com, mit Garten.

Essen & Trinken

Eine Spezialität Baltimores sind Krabben bzw. ***Crab Cake***s, z.B. im ***Light Street Pavilion*** am *Harborplace* oder an Marktständen entlang Pratt/Light Streets. Weitere Tipps: ***Lexington Market*** mit zahlreichen *Eateries* (400 W Lexington/Eutaw St); ***Obryckie's*** (1727 E Pratt St, ✆ 410/732-639); ***Baltimore Brewing Co.*** (104 Albermarle St, ✆ 410/837-5000); ***Boog's BBQ*** (am Baseballstadion; prima *Spare Ribs*).

Zuschauersport

Ein Beispiel für gelungene Stadionarchitektur ist der nur wenige Blocks vom *Inner Harbor* entfernte ***Oriole Park at Camden Yards***, in dem die Baseballer *Baltimore Orioles* bis zu 48.000 Fans begeistern (333 W Camden Street, www.theorioles.com). In Sichtweite steht das Football Stadion der *Baltimore Ravens*, www.baltimoreravens.com.

Sehenswürdigkeiten in Auswahl

Baltimore wird als Nachbar der alles überstrahlenden Hauptstadt leicht unterschätzt. Kultur und Kunst kommen auch in Baltimore nicht zu kurz, wie die folgende kleine Auswahl der wichtigsten Anlaufpunkte der Stadt zeigt:

- Das ***National Aquarium*** (am *Inner Harbor Piers 3 & 4*, ✆ 410/576-3800, www.aqua.org, Mo-Do 9-18 Uhr, Fr-So bis 20 Uhr, \$18, Kinder bis 11 Jahre \$10) ist eines der besten Aquarien der USA mit Delphin-Vorführungen im *Marine Mammal Pavilion*. Gleich nebenan liegen die Schiffe des

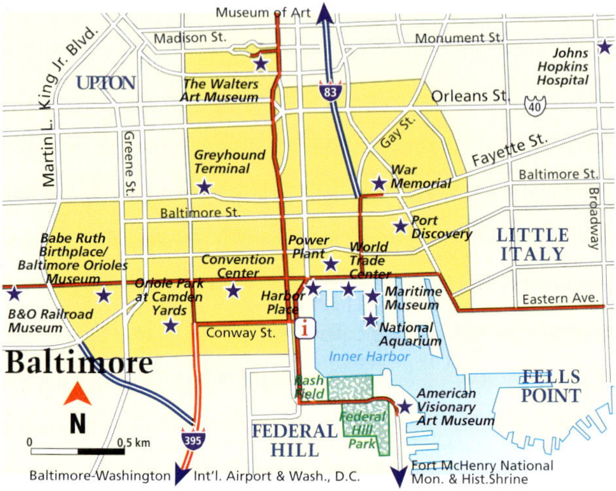

Museen

- ***Maritime Museum*** (ebenfalls Pier 3, www.baltomaritimemuseum.org) mit U-Boot, Küstenwachschiff *Taney*, das Pearl Harbor nahezu unversehrt überstanden hat, und einem schwimmenden Leuchtturm. Am *Pier 1* liegt dazu die ***USS Constellation*** (www.constellation.org), ein letztes Kriegssegelschiff aus der Bürgerkriegszeit. Separater Eintritt je $7; Kinder $4.
- In der ***Power Plant*** (601 E Pratt Street, www.powerplantlive.com), einer umfunktionierten alten Generatorenhalle, findet man Kneipen wie ***ESPN Zone*** (Sportsbar des gleichnamigen Sportkanals, www.espnzone.com/baltimore), Restaurants (***Hard Rock Café***) und viele Shops. Darunter auch eine riesige Filiale des Buchfilialisten ***Barnes & Noble*** samt Café, von dem aus man über den gesamten Hafenbereich blickt.
- Das ***B&O Railroad Museum*** (901 W Pratt St/Poppleton, ✆ 410/752-2490, www.borail.org, täglich 10-17 Uhr, Eintritt $5-$8) auf dem Gelände der nostalgischen ***Mount Clair Station***, dem ältesten Bahnhof der USA, zeigt u.a. über 100 Lokomotiven und Waggons, die teilweise aus den ersten Anfängen der Eisenbahn, also aus den Jahren vor 1850 stammen.
- ***The Walters Art Museum*** (600 N Charles St, ✆ 410/547-9000, www.thewalters.org) verfügt über 20.000 Kunstwerke von der Antike bis zur Neuzeit in fünf Stockwerken. Der Schwerpunkt liegt auf asiatischer Kunst.
- Der Besuch des ***Babe Ruth Birthplace & Baltimore Orioles Museum*** (216 Emory St, ✆ 410/727-1539, www.baberuthmuseum.com, täglich 10-17 Uhr, Eintritt $6, Kinder bis 16 nur $3) ist ein Muss für Baseballfans, aber nicht nur für sie interessant.

- Das ***Baltimore Museum of Art*** (10 Art Museum Dr, N Charles/ 31st St, © 410/396-7101, www.artbma.org, Mi-Fr 11-17 Uhr, Sa-So bis 18 Uhr, $7; unter 19 Jahren frei) hat u.a. Werke von *Monet, Matisse, Picasso, Van Gogh* und *Cézanne.*
- Das ***American Visionary Art Museum*** (800 Key Highway am Inner Harbor Südufer, unweit *Federal Hill Park*, © 410/244-1900, www.avam.org, Di-So 10-18 Uhr, $12/$8) ist ein echter Geheimtipp. Kunstwerke unbekannter Künstler aus Jahrhunderten, abgefahrene Austellung und ebenso die Website.

Fort McHenry

Gut 3 mi östlich des *Inner Harbor* steht das alte ***Fort McHenry***, heute ein *National Monument & Historic Shrine* (Anfahrt über die I-95, *Exit* 5, dann auf die Fort Ave). Diese hervorragend erhaltene bzw. restaurierte Festungsanlage erlebte im Krieg gegen England 1812 seine große Stunde als Bollwerk gegen eine Eroberung von Baltimore. Der Kampf inspirierte einen *Francis Scott Key*, das Gedicht ***The Star Spangled Banner*** zu schreiben, das später vertont und zur Nationalhymne wurde. Im Sommer zugänglich 8-20 Uhr, im Winter bis 17 Uhr. Eintritt $5; www.nps.gov/fomc.

Wer **von Baltimore einen Abstecher zur »Wiege der Nation«** machen möchte, wählt am besten die I-95 (rund 90 mi).

1.3.3 Philadelphia

Geschichte und Information

Philadelphia wurde im späten 17. Jahrhundert von den Quäkern unter *William Penn* gegründet. Nach seinem Wunsch sollten in dieser *»City of Brotherly Love«* religiöse Freiheit und Toleranz herrschen. Im 18. Jahrhundert entwickelte sich Philadelphia sogar zur zweitgrößten englischsprachigen Stadt der Welt.

Da dort am 4. Juli 1776 die Unabhängigkeitserklärung unterzeichnet wurde, gilt »Philly« neben Boston als »Wiege der Nation«. Von 1790 bis 1800 diente Philadelphia sogar als Kapitale der jungen USA. Heute ist Philadelphia eine Millionenstadt und wirtschaftliches wie politisches Zentrum von Pennsylvania wiewohl nicht die Hauptstadt des Staates (das ist Harrisburg).

Infos

- ***Tourist Office***, 1525 John F. Kennedy Blvd/16th St, © 215/636-1666, www.phila.gov/visitors, siehe auch www.gophila.com und auf Deutsch www.pcvb.org/de.
- ***National Park Service Visitors Center***, 3rd zwischen Chestnut und Walnut Streets, © 215/597-8974.

Transport

Southeastern Pennsylvania Transportation Authority (SEPTA, © 215/580-7800, www.septa.com) betreibt zwei U-Bahnlinien, Busse und die S-Bahn zum Flughafen (ca. 20 min); Einheitspreis pro Fahrtstrecke $2, zum Airport $6, Tagespass für Bus und U-Bahn $6 (im *Visitor Center* erhältlich). Zwischen den wichtigen touristischen Attraktionen der Stadt verkehren im 10-min-Takt ***PHLASH***-Kleinbusse 10-18 Uhr, eine Strecke $1, Tagespass $3.

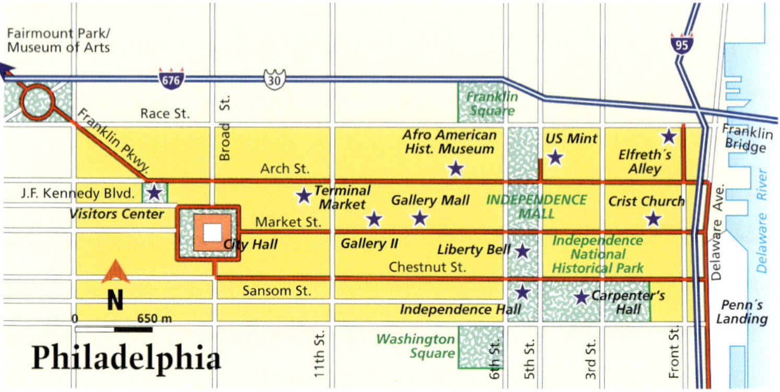

Unterkunft

Philadelphia ist im Innenbereich ein **recht teures Hotelpflaster**. Noch einigermaßen erschwinglich sind die Häuser der Ketten wie *Best Western, Comfort, Holiday* etc. z.B.

- das ***Holiday Inn-Independence Mall***, 400 Arch Street, ✆ 215/923-8660, mitten im Zentrum,
- ebenso das kleine, persönliche ***Latham Hotel,*** 135 S 17th Street, ✆ 215/563-7474, www.lathamhotel.com.
- Preiswerter ist das ***Antique Row B&B***, 341 S 12th St, ✆ 215/592-7802, Fax 592-9692, www.antiquerowbnb.com, ein 180 Jahre altes *Townhouse* nahe der *Antique Row*. Etwa ab $75 gibt es Zimmer mit Frühstück.
- In einem restaurierten ***Guesthouse*** aus dem 19. Jahrhundert befindet sich in der Nähe des historischen Rittenhouse Square das ***Bag & Baggage B&B***, 338 S 19th St, ✆ 215/546-3807, ab $85.
- Das ***International Hostel Bank Street*** (HI), 32 S Bank St, ✆ 215/922-0222, Fax 922-4082, www.bankstreethostel.com, mit moderner Ausstattung in einem alten Bau mitten im historischen Viertel kostet $20-$24.
- ***Chamounix Mansion International Hostel*** (HI) im *Fairmount Park*, ✆ 1-800-379-0017 oder ✆ 215/878-3676, www.philahostel.org, Bett ab $17.

Camping

Der nächstgelegene, ganzjährig geöffnete **Campingplatz** befindet sich an der I-295, Exit 18: ***Timberlane Campground***, 117 Timberlane Road, Clarksboro/NJ, ✆ 609/423-6677, www.timberlanecampground.com, ab $24. Fürs Geld gibt es einen hochkomfortablen Platz mit Pool und viel Baumbestand.

Essen & Trinken

Die lokale Spezialität heißt ***Philly Cheese Steak*** (Rezept zum selber machen: www.patskingofsteaks.com/recipe.htm). Viele einladende Lokale findet man rund um das historische Viertel, etwa in der Sansom St (Bereich 17th/18th St) und in der 2nd St (Chestnut

Market) und natürlich in der ***Chinatown*** (Race/Arch Streets zwischen 8th St und Broadway). Zu empfehlen sind z.B. ***Rib-It*** (52 S 2nd St, © 215/568-1555), ***Dark Horse*** (421 S 2nd St, © 215/928-9307, www.phillytown.com/darkhorse.htm), ein englisches Pub auf dem Society Hill, oder ***Downey's*** (Front/South St, www.downeysrestaurant.com), das irische Pendant mit viel *Seafood.*

Shopping

Eine der größten überdachten ***Outlet Shopping Malls*** der USA ist ***Franklin Mills*** im gleichnamigen nördlichen Vorort, Zufahrt am besten auf der I-95 Richtung New Jersey/New York City (ausgeschildert, www.franklin-mills-mall.com). In der Innenstadt ist die ***Historic Antique Row*** interessant (Pine Street zwisch Broad und 9th Street, www.antique-row.org.

Sehenswürdigkeiten

In *Downtown* Philadelphia unterscheidet man den ***Historic District*** und ***Center City*** (www.ushistory.org/tour, www.centercityphila.org). Ersterer erstreckt sich zwischen Benjamin Franklin Bridge (Race Street) und South Street vom Delaware River bis zur 8th Street, *Center City* ab 8th Street bis zum Schuylkill River. *City Hall* und die *Reading Station* markieren das **Stadtzentrum**.

Independence National Historic Park

Der *Independence Nat'l Historic Park* (www.nps.gov/inde) vereint die wichtigsten historischen Gebäude. Im einzelnen können u.a. besichtigt werden (überwiegend 9-17 Uhr, Eintritt frei):

- ***Independence Hall***, 5th/Chestnut St (www.nps.gov/inde/indep-hall.html). Hier erfolgte die Unabhängigkeitserklärung und Unterzeichnung der Verfassung
- ***Liberty Bell Pavilion***, 5th St/Chestnut St (www.nps.gov/inde/liberty-bell.html). Ein Glaspavillon schützt die 1845 gesprungene und seither stumme Freiheitsglocke, die 1776 die Unabhängigkeit verkündete.
- ***Carpenters Hall***, 320 Chestnut Street (www.ushistory.org/carpentershall), war Tagungsort des ersten Kongresses 1774.

Kanonenboot aus dem spanisch-amerikanischen Krieg (1898) und U-Boot als Museum an Penn`s Landing in Philadelphia

- ***Congress Hall***, 6th/Chestnut Street (www.ushistory.org/tour/tour_cong.htm), wo der Kongress von 1790 bis 1800 tagte, solange Philadelphia Hauptstadt war.
- ***Christ Church***, 2nd/Market St (www.christchurchphila.org). Die einstigen Sitzplätze der Führer der Unabhängigkeitsbewegung sind durch kleine Schilder gekennzeichnet.

Einen Plan mit allen Details und den Zeiten der Führungen erhält man im ***Visitor Center***, 3rd und Chestnut Streets, www.independencevisitorcenter.com. Und wer sich speziell für die amerikanische Verfassung interesssiert, ist im ***National Constitution Center richtig***: www.constitutioncenter.org.

Münzprägeanstalt

Die ***US Mint*** (5th/Arch Street am Nordende der *Independence Mall*, eine der beiden US-Münzprägeanstalten produziert 25.000 Münzen/Minute; Mo-Sa, 9-16.30 Uhr, gratis, www.usmint.gov/mint_tours, www.ushistory.org/tour/tour_mint.htm.

Penn's Landing

Am Delaware River zwischen Market und Lombard St befindet sich ***Penn's Landing*** (www.phillyvisitor.com/pennslanding.php). 1682 soll *William Penn* dort an Land gegangen sein. Zum heute vielfältig genutzten Komplex mit Yachthafen, Restaurantzeilen etc. gehört das ***Independence Seaport Museum*** mit 6 historischen Schiffen, darunter ein einzigartiges Kanonenboot des späten 19. Jahrhunderts, 10-17 Uhr, $8, Kinder $5.

Elfreth's Alley

Nur wenig oberhalb von *Penn's Landing* zwischen *Waterfront* und der *US-Mint* stehen in der ***Elfreth's Alley***, Arch/2nd Street, noch Häuser aus dem 18. Jahrhundert, www.elfrethsalley.org.

Wichtigste Sehenswürdigkeiten im Stadtzentrum sind

Center City

- die ***City Hall***, Broad/Market St, das aufwendigste Rathaus der Vereinigten Staaten (mit 167 m höher als das Capitol in Washington). Schöne Aussicht vom ***Observation Deck***, Fahrstuhl nur Mo-Fr 9.30-16.30 Uhr, frei, aber Spende wird erwartet.

- auf dem ***Reading Terminal Market*** (12th/Arch St, Mo-Sa 8-18 Uhr, www.readingterminalmarket.org), einem *Farmers Market*, gibt es u.a. Spezialitäten der *Amish People* aus dem *Dutch Country* und das legendäre Eis der Firma *Bassett's*.
- das ***Franklin Institute Science Museum*** in der nordwestlichsten Ecke des zentralen Bereichs (20th/Franklin Pkwy, www.fi.edu, 9.30-17 Uhr, $8, Zuatz-/Kombitickets mit IMAX Theater), ein hervorragendes naturwissenschaftliches Museum.

Fairmount Park

Der 34 km^2 große *Fairmount Park* (www.fairmountpark.org) erstreckt sich nordwestlich des Zentrums beidseitig des Schuylkill River. Er beherbergt den ältesten **Zoo** der USA, ein ***Rodin Museum*** (www.philadelphiazoo.org, www.rodinmuseum.org) und das sehenswerte ***Philadelphia Museum of Art*** mit Kunstwerken aus allen Erdteilen, darunter weltbekannte Einzelstücke (Di-So 10-17 Uhr, Mi+Fr bis 20.45 Uhr; $9, bis 18 Jahre $7; www.philamuseum.org). Auf den Stufen dieses Museums trainierte einst *Sylvester Stallone* im Film, der ihn berühmt machte, »*Rocky*«.

1.3.4 Via Valley Forge nach Gettysburg

Valley Forge

In Valley Forge, ca. 15 mi westlich von Philadelphia (I-76, dann Straßen #422, #23/N Gulph Road, www.nps.gov/vafo), überwinterte 1777/78 *George Washington* mit seinen Truppen und ließ sie vom **Preußengeneral *von Steuben*** drillen, was entscheidend für den späteren Sieg über die Engländer gewesen sein soll. Die einstigen Lager- und Übungsgelände bilden heute einen ***National Historical Park***. An der Rundstrecke durch die Parklandschaft stehen Monumente, Schrifttafeln und Kanonen; sonst gibt es aber nicht viel zu sehen. Ein aufwendiges ***Visitor Center*** (9-17 Uhr, frei) informiert bis ins letzte Detail über die Bedeutung von Valley Forge und den von dort aus siegreich fortgesetzten Befreiungskrieg.

Unterkunft

Im Umfeld von Valley Forge stößt man auf eine dichte touristische Infrastruktur: Neben zahlreichen **H/Motels** gibt es ***B&Bs*** und ***Inns***. Reservierungsservice: ***B&B Connection*** (✆ 1-800-448-3619) oder ***Association of B&Bs*** of Philadelphia & Valley Forge, ✆ 610/783-7838 oder ✆ 1-800-344-0123.

Valley Forge Shopping

The Plaza & the Court at King of Prussia Shopping Mall ist eines der größten Einkaufszentren der USA mit über 400 (!) Läden und 9 Kaufhäusern (160 N Gulph Rd, Straße #202/*Pennsylvania Turnpike, Exit* 24, www.kingofprussiamall.com).

Info Ort & Park

Valley Forge CVB, 600 W Germantown Pike, Plymouth Meeting, ✆ 601/834-1550, Website: www.valleyforge.org

Weiter nach Gettysburg

Auf der Weiterfahrt nach Gettysburg auf den Straßen #202 und ab Glenloch #30 durchquert man das ***Pennsylvania Dutch Country***, die Heimat der Mennoniten, Hutterer und *Amish*. Immer mehr Touristen kommen in diese Region und bestaunen die im Stil des 18. Jahrhunderts gekleideten ***Amish***, ➪ Kasten auf der folgenden Seite; www.800padutch.com/atafaq. shtml.

Ausführlichere Info auf der Seite www.religioustolerance.org/amish.htm.

Hauptort ist die Provinzstadt **Lancaster**, http://pavisnet.com/lancaster), etwa 75 mi westlich von Philadelphia.

Von Lancaster nach Gettysburg sind es weitere 60 mi.

Monument in Valley Forge zur Erinnerung an die Entbehrungen der Revolutionstruppen unter Washington im Winter 1777/78

Die Amish im Pennsylvania Dutch Country

Bei den *Amish* handelt es sich um eine Untergruppe der Mennoniten, die heute noch so leben wie zur Zeit ihres Anführers ***Jakob Amann***, nach dem sie benannt sind. Dieser Mennonitenbischof war 1693 mit einer kleinen Gruppe von Anhängern aus Süddeutschland aufgebrochen, um in der neuen Welt seine Vision des gottgefälligen Lebens Wirklichkeit werden zu lassen. Nach seinen Regeln leben die »Amischen« weitgehend noch heute; sie lehnen Elektrizität und andere Errungenschaften moderner Technik ab, benutzen Kutschen statt Autos, Gaslampen statt Glühbirnen und Muskel- anstelle von Maschinenkraft. Wie vor Jahrhunderten arbeiten sie überwiegend als Farmer und sind überzeugte Pazifisten.

Im direkt an der Straße #30 gelegenen ***Amish Farm & House*** ca. 8 mi östlich von Lancaster kann ein altmodischer Hof besichtigt werden, auf dem es weitgehend so zugeht wie in alten Zeiten. Obschon dieses ***Living Museum*** etwas künstlich und touristisch aufbereitet wirkt, ist es eine gute Informationsquelle.

Gelegenheit zu einem *Small Talk* mit den *Amish People* ergibt sich u.a. auf den Märkten, wo *Amish*-Frauen Handarbeiten und landwirtschaftliche Produkte verkaufen. Deutschsprachige Besucher brauchen sich dabei nicht besonders anzustrengen: Die *Amish People* sprechen untereinander noch immer deutsch, wenngleich einen uralten, bisweilen schwer verständlichen Dialekt.

Wer vorab mehr über die *Amish* rund um Lancaster erfahren möchte, findet unter www.padutchcountry.com/attractions/amish.asp detaillierte Informationen.

Gettysburg

Die kleine Stadt Gettysburg steht dank einer der entscheidenden Bürgerkriegsschlachten vor ihren Toren gänzlich im Zeichen des Tourismus. Im Sommerhalbjahr bis über *Labor Day* hinaus ist immer reichlich Betrieb, den Rest des Jahres sind selbst im Winter die Wochenenden noch gut bis ausgebucht. Dabei steht für viele weniger der Besuch des Nationalparks im Vordergrund als vielmehr der nostalgisch-schnuckelige Ort Gettysburg als solcher.

Infos

Die ***Gettysburg Visitors Information*** befindet sich in der 35 Carlisle Street (Straße #15 BR North), © 717334-6274. Ihre Website www.gettysburg.com informiert ausführlich über alles.

Unterkunft

In Gettysburg gibt es alle Unterkunftskategorien: von günstigen Motels wie dem

- ***Budget Host***, 205 Steinwehr Ave, © 1-800-729-6564, www.gettysbg.com/z/budgethost.htm, ab $50,

über die Mittelklasse wie dem

- ***Colonial Inn***, 157 Carlisle St/Straße #15BR nördlich des Zentrums, © 1-800-336-3126, ab ca. $79,

bis zur gehobenen Kategorie w.z.B. der komfortablen

- ***Quality Inn Gettysburg Motor Lodge***, 380 Steinwehr Ave in unmittelbarer Nähe des *Battlefield Visitor Center*, © 717/334-1103, www.gettysburgqualityinn.com, ab $95.

Daneben gibt es nostalgische ***Inns*** und ***B&Bs*** wie das

- ***James Gettys Hotel*** von 1804, 27 Chambersburg St, © 717/337-1334, www.jamesgettyshotel.com, ab $135
- ***The Brickhouse Inn***, ein Haus von 1898, 452 Baltimore Street, © 1-800-864-3464,
- ***Battlefield B&B***, 2264 Emmitsburg Road, © 1-888-766-3897, www.gettysburgbattlefield.com, ab $120, oder das
- ***Baladerry Inn***, 40 Hospital Road, © 717/337-1342, www.baladerryinn.com, ab $127, in einem Bürgerkriegshospital von 1812 mit einem schönen Garten und Tennisplatz.

Camping

Die etwas ortsnäheren Plätze *Artillery Ridge* und *Drummer Boy* sind relativ eng, dagegen überzeugen

- der ***Granite Hill Campground***, ca. 4 mi südwestlich der Stadt Straße #116 (Fairfield Road) in Waldlage mit Pool, großem Teich, Bootsverleih, Tennis und Minigolf, © 1-800-642-TENT, www.granitehillcampground.com.
- der ***Gettysburg KOA*** ca. 6 mi entfernt an der 20 Knox Road (ca. 2 mi abseits der Straße #30 in Richtung Chambersburg), in Waldlage mit großem Pool, *Cottages* zur Miete, © 1-800-KOA-1869, www.gettysburgkoa.com.
- Etwas weiter fährt man bis zum schönen ***Caledonia State Park***, etwa auf halber Strecke in Richtung Chambersburg an der #30 West, www.dcnr.state.pa.us/stateparks/parks/caledonia.aspx.

Essen und Trinken

Neben den üblichen *Fast Food*- und Kettenrestaurant-Angeboten an den Ausfallstraßen gibt es im kleinen Zentrum (dort unverfehlbar) und etwas außerhalb diverse attraktive Restaurants. Die ***Gettysbrew Pub & Brewery*** (248 Hunterstown Rd, © 717/337-1001, www.gettysbrew.com) ist Kneipe und Restaurant in einem in der *Monfort Farm*, die einst als *Civil War Hospital* diente.

Auf und an allen irgendwie bedeutsamen Positionen und Kampfplätzen stehen über die vielen Quadratkilometer des Schlachtfeldes verteilt unzählige Hinweistafeln, Monumente, Skulpturen und vor allem alte Kanonen zuhauf

Der National Military Park

Das ehemalige Schlachtfeld der ***Battle of Gettysburg***, die ab 1. bis 3. Juli 1863 tobte und die endgültige Wende des Krieges zugunsten der Union bewirkte, bildet den größten unter den vielen ***National Military Park*** der USA (www.nps.gov/gett, einen Eindruck vorab bietet www.virtualgettysburg.com).

Besucherzentrum

Erster Anlaufpunkt zu Information und Beschaffung der Parkkarte sollte das ***Visitor Center*** sein (Anfahrt am besten via Steinwehr Ave; unverfehlbar ausgeschildert). Dort wird in kurzen Abständen (je nach Andrang) eine ***Electric Show*** zum Schlachtverlauf gezeigt (täglich 9-17 Uhr, $3, Kinder bis 15 Jahre $2). In Nachbarschaft des Besucherzentrums steht das ***Cyclorama Center***: In einer *Light & Sound*-Präsentation ist dort auf einem 106 m langen Rund-Wandgemälde der Schlachtverlauf dargestellt, der schrittweise beleuchtet und erläutert wird (ebenfalls täglich 9-17 Uhr und Eintritt $3). Letzteres ist nur bei großem Interesse und guten Englischkenntnissen empfehlenswert. Wartezeiten lohnen sich dort eher nicht. Die *Electric Show* ist aufschlussreicher.

Rundfahrt

Vorinformiert versteht man die Bedeutung der Haltepunkte an der 18 mi-Rundstrecke über das Schlachtfeld besser (frei zugänglich, kein Eintritt). Zahlreiche Monumente und Denkmäler, Marker von Schlachtpositionen und -aktionen und massenhaft alte Geschütze säumen den Weg. Glorifizierung der einstigen »Helden« und Pathos ist angesagt. Kritische Betrachtungen zum Bürgerkrieg oder zum Sinn dieser Auseinandersetzung sucht man vergebens.

Für einen lohnenden Besuch muss man nicht die komplette Rundstrecke abfahren. Es genügt das Teilstück unterhalb (südlich) des Besucherzentrums. Für einen »runden« Besuch empfiehlt sich z.B. zunächst eine Fahrt entlang der Parkgrenze auf der Straße #134 (Taneytown Road) in Richtung Süden und eine Rückkehr über die Wright Ave in den Park hinein und dann auf der ausgewiesenen Rundstrecke ab ***Big Round Top*** zurück zum *Visitor Center*. In guten 2 Stunden kann man auf diese Weise die wichtigsten Punkte der Schlacht (#8-#15 auf der Karte des *Park Service'*) abfahren, mehrfach aussteigen, Schrifttafeln studieren und fotografieren.

Beurteilung

Wie immer man diese Form amerikanischer Vergangenheitsbewältigung beurteilen mag, der Gettysburg Militärpark als solcher ist ohne Frage eindrucksvoll und besitzt unter der Vielzahl der als Gedenkstätten für die Ewigkeit konservierten Schlachtfelder des Bürgerkrieges eine Sonderstellung; nur noch der *Vicksburg Military Park* (⇨ Seite 598) kann da »mithalten«.

Vorführungen

Re-enactments der einstigen Kämpfe finden ab dem *Memorial Weekend* (Ende Mai) an jedem Wochenende statt; besonders aber zwischen dem 1. und 4. Juli. Dazu werden Tribünen aufgebaut, und die Schlacht von 1865 wird zum *Family Entertainment* für jung und alt (Info: ✆ 717/338-1525, www.gettysburgreenactment.com), für das man langfristig reservieren muss. Das gilt an allen Sommerwochenenden auch für Hotelzimmer, die dann leicht die doppelten der genannten Tarife kosten; ⇨ www. gettysburg.com.

Eisenhower National Historic Site

Eine weitere, für manchen sicher auch besuchenswerte Sehenswürdigkeit ist der ***Eisenhower National Historic Site*** (www.nps.gov/eise), ein großes Gelände (heute mit Konferenzzentrum) westlich des Militärparks. Es handelt sich um die Farm des Präsidenten der 1950er-Jahre, der einst die Invasion der Allierten in der Normandie befehligt hatte und später Oberbefehlshaber der amerikanischen Truppen in Deutschland war. *Dwight* und seine Frau *Mamie Eisenhower* hatten das nostalgische Anwesen bereits 1950 entdeckt und als Altersruhesitz gekauft. 1967 ging das Haus in Staatsbesitz über.

Tickets zur Besichtigung gibt es nur im *Battlefield Visitor Center*; von dort geht es per *Shuttlebus* zum *Eisenhower House*.

»These dead shall not have died in vain«

Nur zwei Minuten dauerte die Rede von Präsident ***Abraham Lincoln*** am 19.11.1863, mit der er den *National Cemetery* für die Gefallenen der Schlacht von Gettysburg einweihte. Aber seine 272 Worte waren so eindrucksvoll, dass die ***Gettysburg Address*** einen festen Platz in den amerikanischen Geschichtsbüchern erhielt; www.loc.gov/exhibits/gadd. Nur wenige Monate zuvor hatten sich dort im Juli 1863 Konföderierte und Unionstruppen eine der blutigsten Schlachten des Bürgerkriegs geliefert. Von der Niederlage bei Gettysburg erholten sich die Südstaaten physisch und psychisch nicht mehr. Sie markiert den Wendepunkt des Krieges, obwohl der noch 2 Jahre lang weiter tobte.

Bis Gettysburg hatten die konföderierten Truppen unter dem Oberkommandierenden ***General Robert E. Lee*** der Union schwer zu schaffen gemacht und mehrere große Zusammenstöße für sich entscheiden können. Im Juni 1863 holte *Lee* erstmals zu einem Offensivschlag aus und marschierte mit seinen Truppen Richtung Norden in die Staaten Maryland und Pennsylvania ein. Eher durch Zufall stießen *Lees* Truppen und die sie verfolgende Unionsarmee unter ***General George Gordon Meade*** am 30. Juni 1863 bei Gettysburg aufeinander. Die gegnerischen Armeen lieferten sich drei Tage lang erbitterte Kämpfe, was über 50.000 Tote, Verwundete und Vermisste zur Folge hatte und beiden Seiten einen tiefen Schock versetzte.

Nachdem sich *Lees* Truppen zwei Tage lang Vorteile erkämpft hatten, gingen sie am 3. Juli zum Generalangriff über. Nach zweistündigem Kanonendonner griffen 12.000 Südstaatler auf offenem Feld die Verteidigungsgräben der Union an. Die als ***Pickett's Charge*** in die Geschichtsbücher eingegangene Attacke kostete nicht nur in einer einzigen Stunde über 5.000 Soldaten das Leben, sondern endete für die Südstaatler in einem Desaster. Die zurückgeworfene Armee der Konföderierten zog sich am 4. Juli geschlagen und demoralisiert nach Virginia zurück. Der zeitweise Höhenflug der an sich von Anfang an materiell und personell unterlegenen Südstaatenarmee ging damit zu Ende. General ***George Pickett***, dessen Division die Hauptlast des Südstaatenangriffs getragen hatte, verzieh seinem Oberbefehlshaber *Lee* nie die seiner Meinung nach mangelnde Unterstüzung. Auch als sich die Veteranen Jahre nach dem Krieg trafen, klagte er über *Lee:* »Dieser Mann hat meine Soldaten auf dem Gewissen ...«

1.3.5 Frederick County

Der Weg von Gettysburg **zurück nach Washington** führt auf der Straße #15 durch Marylands *Frederick County* und dessen kleine gleichnamige Hauptstadt, ca. 40 mi von DC entfernt.

Emmitsburg

Gleich jenseits der Staatsgrenze zwischen Pennsylvania und Maryland steht bei **Emmitsburg** der ***National Shrine of St. Elizabeth Ann Seton*** (333 S Seton Ave, Emmitsburg, täglich 10-16 Uhr). Diese Kirche ist der ersten Amerikanerin gewidmet, die heilig gesprochen wurde; www.emmitsburg.net/setonshrine.

Fredericksburg

In Fredericksburg befindet sich das ***National Museum of Civil War Medicine***, eine Art Gruselmuseum, das aber auch die Errungenschaften moderner Verletztenversorgung zeigt (48 E Patrick Street/100 Adventist Drive, Mo-Sa 10-17, So ab 11 Uhr, © 301/695-1864, www.civilwarmed.org; Eintritt $7, Kinder bis 16 $5).

In Fredericksburg (www.visitfred.com), lohnt sich auch ein Bummel durch die Altstadt mit vielen historischen Gebäuden, darin Shops und Cafés, sowie dem ***Schifferstadt Architectural Museum*** (1110 Rosemont Ave, Mi-Fr 10-16 Uhr, Sa+So ab 12 Uhr, www.frederickcountylandmarksfoundation.org/schiffer.htm). Dieses älteste Haus der Stadt (1756) geht auf frühe deutsche Siedler zurück.

Weiter zum Shenandoah Nat'l Park

Wer von hier aus die Reise nicht über Washington DC, sondern in Richtung ***Shenandoah National Park/Blue Ridge Parkway*** fortsetzen möchte, fährt ab Thurmont auf der Straße #77 in Richtung Hagerstown. Dort geht's auf die I-81, die durchs *Shenandoah Valley* läuft. Auf den *Skyline Drive* des Nationalparks gelangt man über Front Royal (I-66), www.nps.gov/shen, ➪ Seite 226.

Antietam National Battlefield

Ein weiteres wichtiges Schlachtfeld des Bürgerkriegs ist ***Antietam*** bei **Sharpsburg**, einem verschlafenen Städtchen am Schnittpunkt der Straßen #34 und #65, 12 mi südlich von Hagerstown. Es liegt in einer sanften Wald- und Hügellandschaft, die von Gettysburg/Emmitsburg etwas schwer anzusteuern ist; am besten nimmt man die #15 über Frederick, dann die #40A bis Boonsboro.

Das Hauptareal des ***Antietam National Battlefield*** befindet sich nördlich von Sharpsburg am namensgebenden Flüsschen. Ein kleines Besucherzentrum (9-17 Uhr; © 301/432-5124), www.nps.gov/anti, www.aotw.org) erläutert den Verlauf des blutigsten Tages des Bürgerkriegs (17.09.1862), an dessen Ende 23.000 Soldaten tot oder verwundet waren, ohne dass ein Sieger feststand. Diesem ersten Vorstoß der Konföderierten in den Norden folgte erst 1863 der Marsch auf Gettysburg. Die ***Driving Tour*** durch das *Battlefield* ist aber nicht so interessant wie im *Gettysburg Military Park*.

Sharpsburg

In/bei **Sharpsburg** gibt es nur eine Handvoll **Motels**, aber keinen Campingplatz. Liebhaber von **Militaria** finden dort einen sagenhaften ***Shop*** für originale Objekte aus dem Bürgerkrieg von der ausgebuddelten Patrone über Colts und Gewehre bis hin zu kompletten Uniformen – zu indessen heftigen Preisen. Mehr als alle Worte sagt der Blick ins Internet: www.sharpsburg-arsenal.com.

2 Auf der Appalachenroute nach Süden

2. DIE APPALACHENROUTE:

Vom Shenandoah National Park auf dem Blue Ridge Parkway zum Big Smoky Mountains Park und weiter durch Tennessee nach Atlanta

Routen nach Süden

Von Washington nach Süden gibt es unter touristischem Aspekt für europäische Besucher **zwei beste Routen**: Die erste ist die im folgenden beschriebene »Appalachenroute«, die zweite führt über Richmond und Abstecher nach Old Williamsburg/Virginia Beach ab North Carolina an der Atlantikküste entlang, ➪ Kapitel 3.

2.1 Start und Streckenwahl

Über Front Royal
Karte Seite 227

Bei Reisestart in Washington DC nimmt man entweder die **I-66 bis Front Royal** (www.ci.front-royal.va.us) und fährt von dort in den *Shenandoah National Park* hinein (www.nps.gov/shen, www.visitshenandoah.com), oder man überspringt den nördlichen, weniger attraktiven Bereich des *Skyline Drive* (➪ unten) und wählt die Einfahrt ***Thornton Gap*** bei Sperryville. Anfahrt ebenfalls über die I-66, aber ab Gainesville (30 mi westlich DC) auf der **Straße #211**.

Straße #211 bis Thornton Gap

Wer den *Shenandoah Park* und eventuell erste Teilstücke des *Blue Ridge Parkway* auslassen möchte, erreicht östlich von Front Royal die ***Interstate #81***, die parallel zu und zwischen den Höhenzügen der Appalachen (➪ Karten Seiten 227 & 241) bis Tennessee läuft. Von der I-81 kann man bis etwa Asheville (➪ Seite 248ff) über viele Querverbindungen ggf. leicht, d.h., in 10 min bis maximal 90 min Fahrtzeit, auf die **Strecke der ersten Wahl**, **den *Blue Ridge Parkway***, wechseln. Über eine solche in Europa gar nicht vorstellbare Straße informieren verschiedene gute Websites:

- www.blueridge parkway.org, mit Karten unter www.blueridgeparkway.org/maps.htm,
- www.nps.gov/blri ist die offizielle Seite des *Nat'l Park Service*
- www.virtualblueridge.com ist kommerziell ausgerichtet, auf ihr sind die jährlichen *Photo Journale* (seit 2002) und die *Virtual Tour* Spitze.
- www.virtualblueridge.com/parkway/special/haunted-places.asp teilt dem verblüfften User mit, wo er entlang des *Parkway* mit welchem Spuk zu rechnen hat.

Verlauf I-81

En route passiert man auf der **I-81** durchaus auch einige **Sehenswürdigkeiten** wie die ***Shenandoah Caverns*** und ***Natural Bridge*** (www.shenandoahcaverns.com, www.naturalbridgeva.com), dazu die einen Zwischenstopp werten Städte **Staunton** und **Lexington** (www.staunton.va.us/visitor, www.lexingtonvirginia.com).

Wählen sollte man die *Interstate* dennoch nur, wenn in diesem Bereich schnelles Vorankommen im Vordergrund steht. Die genannten Ziele sind allesamt auch vom *Blue Ridge Parkway* aus per kurzem Abstecher zu erreichen.

Über Charlottesville

Eine ggf. auch bedenkenswerte Variante des Einstiegs in die Appalachenroute wäre ein Start via **Charlottesville** (I-66, dann #211 und ab Warrenton die großenteils als *Freeway* ausgebaute #29, wenn man sich speziell für ***Monticello*** (➪ Seite 233) interessiert. Von Charlottesville sind es nur 20 mi auf der I-64 zum Startpunkt des *Blue Ridge Parkway* bzw. zur Südeinfahrt des *Shenandoah Park*. 12 mi weiter westlich ist man bei Staunton auch schon auf der I-81, soll es zunächst rascher in Richtung Süden gehen.

Manassas National Battlefield

Gleich, für welche dieser **Routenvarianten** man sich entscheidet, auf der I-66 passiert man ca. 25 mi. westlich von Washington DC zunächst das ***Manassas National Battlefield***. Ein kleines ***Visitor Center*** mit Museum, Diashow und Modell des seinerzeitigen Schlachtverlaufs liegt unweit der I-66, *Exit* 47, an der Straße #234 (täglich 8.30-17 Uhr, $3, www.nps.gov/mana). Der Rundweg über das einstige Hauptfeld der ersten Manassasschlacht durch hügeliges Gelände beginnt beim Besucherzentrum und ist in 20 min abgelaufen. Weder dieser noch die beiden längeren 6-mi-*Trails* zu beiden Ereignissen sind sonderlich ergiebig. Nur zur jeweiligen x-Jahresfeier Ende Juli und Anfang August, wenn in ***Re-enactments*** beide Schlachten nachvollzogen werden, ist dort viel Betrieb.

Manassas

Das für die Schlachten namensgebende Städtchen Manassas liegt 5 mi südlich des Kampfgebietes bzw. 3 mi südlich der I-66. Dank der direkten Autobahn- und einer Bahnverbindung mit der Hauptstadt ist Manassas heute ein beliebter Wohnvorort für Washington-Pendler. Im kleinen Zentrum links und rechts der Center St stehen noch viele nostalgische Gebäude aus dem 19. Jahrhundert. Die parallel dazu verlaufende Eisenbahntrasse mit dem alten

Die Battles of Manassas oder Bull Run

Die ***First Battle of Manassas*** am 21.7.1861 am ***Bull Run Creek*** war die erste Feldschlacht zwischen Nord- und Südstaaten nach Bürgerkriegsbeginn im April (➪ Seite 662f). Die *Northerners* glaubten damals, mit den »Rebellen« kurzen Prozess« machen zu können. Deshalb zog halb Washington zum Schlachtfeld wie zu einer Sommerfrische mit Klappstühlen und Picknickutensilien, um das interessante Geschehen mitzuerleben. Alles endete in einer chaotischen Flucht von Unionssoldaten und Publikum zurück ins befestigte Washington, als die Südstaatler sich überraschend als die Stärkeren erwiesen. In dieser ersten Schlacht erwarb sich der legendäre Südstaatengeneral ***Jackson*** dank der Standfestigkeit der von ihm befehligten Brigade den danach seinen Vornamen quasi ersetzenden Beinamen »***Stonewall***«.

Die ***Second Battle of Manassas*** fand im August 1862 statt und endete wiederum mit einem Erfolg der Konföderierten unter ***General Lee***, der den Weg von Virginia ins Territorium der Union öffnete und im September 1862 zur ***Battle of Antietam*** in Maryland führte (➪ Seite 222). Dort wurde *Lees* und *Jacksons* Vormarsch jedoch gestoppt. Der zweite Versuch der Konföderierten, den Krieg in Staaten der Union zu tragen, scheiterte im Juli 1863 in Gettysburg, ➪ Seite 220. Mehr auf der Nationalpark-Website www.nps.gov/mana.

Bahnhof (*Railroad Depot*) ist nicht zu übersehen. Dort residiert auch die örtliche ***Visitor Information***, 9431 West Street, 9-17 Uhr, ✆ 703/361-6599, www.visitpwc.com.

Anfahrt von Gettysburg

Wer von Washington DC zunächst einen Abstecher nach Gettysburg macht, fährt von dort aus bei **Chambersburg** auf die **I-81** bzw. – nach einem möglichen Schlenker über Frederick und das *Antietam Battlefield* – bei **Martinsburg**. Für die weitere Fahrt ergeben sich dann die oben beschriebenen Alternativen mit dem Unterschied der Anfahrt von Norden. Auf der I-81 passiert man nach dem »Grenzübertritt« Maryland/Virginia ein großes ***Virginia Tourist Information Center*** direkt an der *Interstate*.

Große Freifläche Big Meadows auf der Höhe der Shenandoah Mountains beim Byrd Visitor Center des Nationalparks

2.2 Shenandoah National Park www.nps.gov/shen

Rund 70 mi westlich von Washington stößt man auf die Appalachen, den parallel zum Atlantik verlaufenden großen Gebirgszug des Ostens, dessen Formationen von Canada bis hinunter nach Alabama reichen, ➪ Seite 21.

Washington am nächsten sind die **Blue Ridge Mountains**, in denen ein 80 mi langer und 2-13 mi breiter Streifen beidseitig der Kammlinie den ***Shenandoah National Park*** bildet. Eine weitere gute Website zum Park ist neben der oben genannten offiziellen Seite des *Park Service* www.shenandoah.national-park.com.

Geschichte

Der *Shenandoah Park* entstand in den 1920er-Jahren auf bemerkenswerte Weise: nicht, wie sonst üblich, um ein landschaftlich reizvolles oder wegen seiner besonderen Flora und Fauna schützenswertes Gebiet vor dem Zugriff kommerzieller Ausbeutung zu bewahren und als Erholungsareal für alle Bürger zu erhalten, sondern umgekehrt. Rodung und Übernutzung hatten Anfang des Jahrhunderts aus dem einst dichtbewaldeten Mittelgebirge einen verkarsteten Landstrich gemacht. Aber nach Aufkauf von insgesamt 280 mi^2 und Umsiedlung der verbliebenen Bewohner gelang tatsächlich die Rückwandlung der geschädigten Region in den ursprünglichen Zustand.

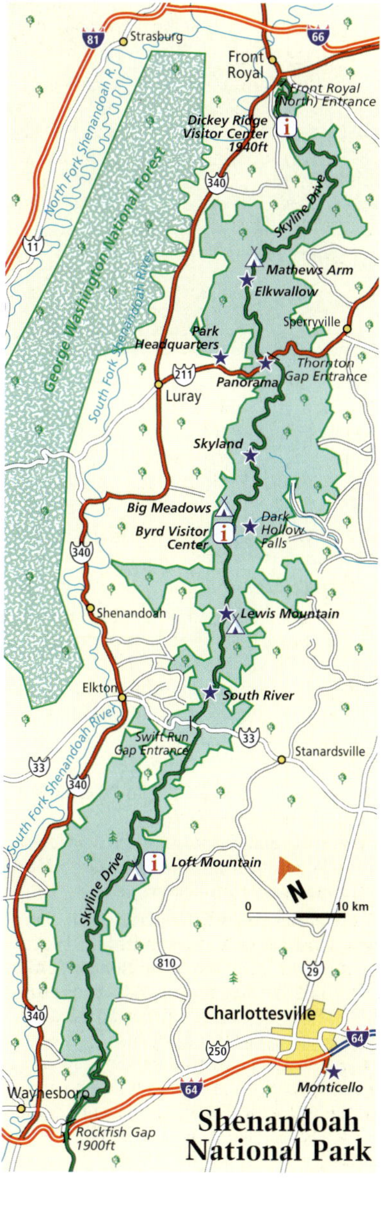

Skyline Drive

Shenandoah bietet indessen nur wenige aus dem Rahmen eines »normalen« Mittelgebirges fallende Besonderheiten, sieht man vom ***Skyline Drive*** ab, einer Kammhöhenstraße zwischen 700 m und 1000 m (**ca. 105 mi Länge; Tempolimit 35 mph**). Sie läuft vom ***Front Royal Entrance*** im Norden bis zum Pass ***Rockfish Gap***, wo die I-64 die Höhen der Blue Ridge Mountains überquert. Da diese Straße ihre attraktiveren Abschnitte zwischen *Thornton Gap Entrance* und dem *Loft Mountain* im Süden besitzt, macht es – wie eingangs bereits erwähnt – Sinn, statt über die I-66 auf der **#211** anzufahren.

4

Information

Bei der Einfahrt erhält jeder Besucher eine Karte des Parks und den ***Shenandoah Overlook***, eine Parkzeitung mit aktuellen Informationen und Hinweisen zu allen wichtigen Aspekten. Prinzipiell ist der Park ganzjährig geöffnet, jedoch schließen die Besucherzentren und Serviceeinrichtungen zwischen Mitte/Ende November und Ende März/Mitte April. Eintritt $10 pro Privatfahrzeug; Biker und Businsassen $5/Person Jeweils 7 Tage gültig. Frei mit *National Parks Pass*, ➪ Seite 34. Der Park verfügt über drei Besucherzentren, von denen das ***Byrd Visitor Center*** im Bereich ***Big Meadows*** mit Museum und Videofilm zur Enstehungsgeschichte des Parks am ergiebigsten ist.

Verlauf Skyline Drive

Vom *Skyline Drive* gewähren zahlreiche **Aussichtspunkte** freien Blick auf das Tal des tief unten meandernden Shenandoah River im Westen und auf die Ebenen der Ostseite. Entlang der Straße findet man zahlreiche **Picknick-** und vier **Campingplätze** und immer wieder Ausgangspunkte für **Wanderungen**. Schöne Ziele sind die Wasserfälle, insbesondere:

Skyline Drive (obere Straße) und Interstate #64 kreuzen sich in der »Delle« Rockfish Gap des Blue Ridge Höhenzuges. Hier beginnt der Parkway in nahtlosem Anschluss an den Skyline Drive

Kurzwanderungen

- ***White Oak Falls***, erreichbar über den *White Oak Canyon Trail* ab Meilenstein 42,6. Rund 8 km hin und zurück, wenn man nur bis zum ersten von 6 Wasserfällen läuft. Wer mehr Zeit und Wanderfreude mitbringt, kann aus dieser Wanderung einen Tagestrip bis zum eigenartig geformten Felsen *Old Rag* machen.
- ***Dark Hollow Falls***, ca. 2,5 km retour, Ausgangspunkt bei Meilenstein 50,7.
- ***South River Falls***, vom Picknickplatz in Straßennähe ca. 4 km hin und zurück, Start bei Meile 62,8.

Unterkunft/Camping

Wer auf den Höhen des *Shenandoah Park* übernachten möchte, findet zwei Hotels (***Skyland Resort***/$64-$267), am höchsten Punkt des *Skyline Drive* und ***Big Meadows Lodge***/$70-$160), das »Dorf« Lewis Mountain mit sog. *Tentcabins*, einfachen Strukturen mit Campingeinrichtung ($26), und 2-4 Zimmer-Häuschen ($74-$119) sowie drei Campingplätze.

Die ***Lodges*** und ***Cabins*** können über ARAMARK Services reserviert werden: ✆ 1-800-778-2851 oder unter www.visitshenandoah.com/lodging.shtml.

Von den Campingplätzen ist nur ***Big Meadows*** ($18) reservierbar: ✆ 1-800-365-CAMP, ➪ Seite 136. ***Lewis Mountain*** und ***Loft Mountain*** (besser) operieren nach ***first-come-first-served***, je $15.

Kennzeichnung

Die (von der Lage her) beste **Übernachtungsalternative** mit Panoramablick-Restaurant (ohne kulinarischen Anspruch) und »Aussichtspool« ist der ***Inn at Afton***an der Passhöhe ***Rockfish Gap*** südlich des *Shenandoah* oberhalb der Kreuzung I-64/Straße #250 mit dem *Skyline Drive/Blue Ridge Parkway*. Tarife $50-$100, ✆ 1-800-860-8559, www.theinnatafton.com.

Wer eher auf Zimmerqualität als auf Lage Wert legt, bucht eines der **Kettenmotels in Waynesboro** (u.a. *Days Inn, Quality Inn, Super 8, Holiday Inn Express*), nur 1-2 mi westlich *Rockfish Gap*. Derart nah am *Skyline Drive*, wiewohl an dessen Südende, liegt kein anderer nennenswerter Ort.

Abstecher zu den Luray Caverns

Ein möglicher Abstecher führt auf der Straße #211 nach Westen zu den ***Luray Caverns***, die auch von der I-81 via New Market leicht zu erreichen sind. Dieses größte Tropfsteinhöhlensystem der Appalachen zieht alljährlich fast 500.000 Besucher an. Nicht zuletzt, weil das Umfeld der Höhle vergnügungsparkartig kommerzialisiert wurde mit allen Zutaten für *Family Fun*. Das ändert indessen nichts daran, dass die *Luray Caverns* sehenswert sind. Im höchsten Raum des Systems, der ***Cathedral Hall***, wurden sogar Stalaktiten ausgehöhlt und als Pfeifen in eine riesige Orgel integriert, die musikalisch einwandfrei funktioniert.

Einstündige Touren finden im Sommer täglich alle 20 min 9-19 Uhr statt, Rest des Jahres frühere Schlusszeiten und geringere Frequenz. Mit $19 Eintritt bzw. $9 für Kinder bis 13 Jahre leider ein recht teures Vergnügen; Info unter www.luraycaverns.com.

Shenandoah & Endless Caverns

Wer auf der I-81 unterwegs ist und sich für Höhlen interessiert, könnte statt der *Luray* auch die ***Shenandoah Caverns*** besuchen. Sie liegen in Autobahnnähe bei Mount Jackson, Ausfahrt #269. Dank farbiger Illumination und Ticketkombination mit *Entertainment-* und Showattraktionen ist der Eintritt meist noch etwas höher als im Fall *Luray*; www.shenandoahcaverns.com.

In den ***Endless Caverns***, 3 mi südlich von New Market (I-81, *Exit* #264, hat man auf Beleuchtungskitsch und sonstigen Schnickschnack verzichtet. Dafür beträgt der Eintritt »nur« $16 bzw. $8; www.endlesscaverns.com.

New Market Battlefield

Unweit der I-81, ebenfalls *Exit* 264, befindet sich der ***New Market Battlefield Historical Park*** mit den Bürgerkriegsmuseum ***Hall of Valor***. Letzteres erklärt wie viele andere dieser Art auch den Verlauf des Bürgerkriegs, setzt hier aber einen besonderen Akzent auf die *Battle of New Market*, in der die jugendlichen Kadetten vom *Virginia Military Institute* aus Lexington (⇨ Seite 244) in die Schlacht zogen, um Reservekräften der konföderierten Truppen gegen eine reguläre Unionsarmee beizustehen. Ewiger Ruhm war der Dank für den Opfermut und Sieg der jungen Helden. Über 140 Jahre später ist diese Art der Überhöhung letztlich sinnloser, aber als patriotisch eingestufter Opfer aktuell wie lange nicht.

Die durchaus besuchenwerte *Hall of Valor* ist täglich 9-17 Uhr geöffnet. Eintritt $9/$5 einschließlich *Battlefield*-Zutritt (nicht besonders aufschlussreich) und des alten *Bushong Farmhouse*, wobei auf die beiden »Zugaben« leicht verzichtet werden kann; www.vmi.edu/newmarket.

Nur ein paar dekorativ in die Landschaft gestellte Kanonen markieren das New Market Battlefield

2.3 Abstecher nach Staunton und Charlottesville

2.3.1 Staunton

Auf der I-81 führt kein Weg an Staunton vorbei. Ein Kurzbesuch der Stadt ist dann allemal drin. Auch wer ab *Skyline Drive* die Fahrt auf dem *Blue Ridge Parkway* fortsetzt, könnte an den kleinen Abstecher denken (auf der I-64 ist man in nur 15 min dort). Damit sich der lohnt, benötigt man aber ein überdurchschnittliches historisches und/oder architektonisches Interesse.

Kennzeichnung

Staunton (www.staunton.va.us/visitor) war während des 19. Jahrhunderts Zentrum des *Breadbasket of the Confederacy*, wie das *Shenandoah River Valley* genannt wurde. Erst nach über zwei Kriegsjahren gelang es der Union, Staunton einzunehmen und damit die Versorgung der Südstaaten-Truppen in Virginia ernsthaft zu gefährden. Da die Eroberung ohne größere Zerstörungen ablief, ist noch manches Gebäude aus der Vorbürgerkriegszeit erhalten, was Staunton in Verbindung mit seiner hügeligen Stadtanlage Attraktivität verleiht. Eine Fahrt durch die nicht zu verfehlende Altstadt und die sie umgebenden *Historic Districts* führt an vielen sehenswerten Bauten vorbei. Besonders stolz ist man auf den alten umfunktionierten Bahnhof, der heute Shops und Lokale beherbergt wie die ***White Star Tavern*** (Jazzkneipe), den ***Mill Street Grill*** (www.millstreetgrill.com) oder das ***Byers Street Bistro*** (www.byersstreetbistro.com). Hauptachse der Stadt ist Beverley Street.

Woodrow Wilson Museum

Das Geburtshaus des 28. Präsidenten der USA, ***Woodrow Wilson*** (geb. 1856) ist die herausragende Sehenswürdigkeit Stauntons, aber mehr für Amerikaner ein Anlaufpunkt als für europäische Touristen. Das unauffällig schlichte Gebäude mit einem kleinen Garten (Coalter/Frederick St, ausgeschildert, täglich 9-17 Uhr, Eintritt $8/$3, www.woodrowwilson.org) dient heute als Museum und vermittelt einen Eindruck vom Leben einer bessergestellten Südstaatenfamilie in der Vorbürgerkriegszeit. **Vorzeigestück** ist dort die ***Pierce-Arrow*** **Präsidentenlimousine** von 1919.

Frontier Culture Museum

Einiges zugute hält sich Staunton auf das ***Frontier Culture Museum*** beim Autobahndreieck I-81/I-64, *Exit* 222, ein *Living History Museum* mit einer Reihe von rekonstruierten Farmhäusern verschiedener europäischer Stile zur Zeit der Erschließung Virginias durch Einwanderer aus Ländern des alten Kontinents. Im Sommer spielen zeitgenössisch kostümierte »Bewohner« darin das reale Leben der *Frontier*-Zeit nach. März-November täglich 9-17 Uhr, sonst 10-16 Uhr. Eintritt $9/$5. Die Anlage ist nett gemacht, aber eher von regional edukativer Bedeutung mit – typischerweise – viel Schulklassenbesuch und keine echte Sehenswürdigkeit wie manches *Living Museum* anderswo. Eine Orientierung gibt die Website www.frontiermuseum.org.

Übernachtung

Speziell entlang der I-81, Ausfahrten #220 und #222, stehen viele Häuser der bekannten Ketten mit moderaten Preisen während der Woche. Das nostalgische Gegenstück zur modernen Einheitshotellerie ist das ***Belle Grae Inn***. Es befindet sich in einem historischen Komplex in der 515 W Frederick Street, © 540/886-5151, www.bellegrae.com (DZ ab ca. $110 mit Frühstück). Zum Haus gehört das gleichnamige **Restaurant**, das als bestes der Stadt gilt. Weitere besondere Übernachtungsmöglichkeiten, speziell ***B & B*** (ab ca. $75), im Internet unter www.stauntonva.org.

Am Middle River bei Verona (I-81 Exit 227, dann #612 und #781 nach Westen) liegt ein guter ***KOA Campground***, © 540/248-2746.

2.3.2 Charlottesville

Kennzeichnung

Ein unbedingt empfehlenswerter Abstecher führt nach Charlottesville, 20 mi östlich der Höhen der Appalachen (*Rockfish Gap*) und ca. 35 mi entfernt von Staunton bzw. der I-81 (I-64 mit schönem Verlauf). Hauptmotiv für den Besuch liefert zwar das ehemalige Anwesen des Präsidenten *Thomas Jefferson*, **Monticello**, einige Meilen südlich, aber auch die Stadt selbst, speziell der Universitätscampus ist einen Umweg wert.

Das Gebäude Monticelllo ist als solches zwar durchaus (speziell innen) ansehenswert, aber nicht sensationell. Monticellos Stärke ist die Gesamtanlage des Anwesens

Orientierung

Die Orientierung durch und in Charlottesville, einer für seine 45.000 Einwohner erstaunlich ausgedehnten Mittelstadt, fällt leicht. Die I-64 bildet in Verbindung mit der – teilweise als *Freeway* ausgebauten – Straße #29 einen fast geschlossenen Autobahnring. Wer sich nur für ***Monticello*** interessiert, hält sich aus jeder Richtung auf der Ringstraße und verlässt die I-64 südlich beim *Exit* #121 und folgt der **Straße #20**.

Praktische Informationen

Unterkunft

Charlottesville ist bei den Übernachtungstarifen kein ganz billiges Pflaster. Häuser der bekannten Ketten ballen sich entlang der Straße #29 gleich nördlich der Ringautobahn (Emmet Street). An der University Ave befinden sich weitere Kettenhotels/-motels. Individueller sind *B&B Places*. ***Guesthouses B&B Inc*** vermittelt Zimmer ab ca. $100, ✆ 434/979-726, www.va-guesthouses.com.

Camping

Ein guter Campingplatz ist hier der **Charlottesville KOA** an der Straße #708 zwischen #20 und #29 ca. 12 mi vom Zentrum entfernt, ✆ 1-800-562-1743, www.charlottesvillekoa.com. Der Platz liegt im Wald an einem Teich und verfügt u.a. über einen großen Pool. Auch Blockhaus-*Cabins* sind vorhanden.

Essen & Trinken

Dank Universität verfügt Charlottesville über eine **ausgeprägte Kneipenszene**. Viele Lokale findet man – wie erwähnt – entlang der *Downtown Mall*. In der ***South Street Brewery***, zwei Blocks entfernt von der *Mall*, gibt es zu asiatisch-karibischen Gerichten Bier aus der Hausbrauerei. An der University Ave gegenüber der *Rotunda* (⇨ unten) sind die studentisch geprägten Lokale nicht zu übersehen. Ein besonders gutes Preis-/Leistungsverhältnis bietet dort der ***Bhuddist Biker*** in der Nebenstraße Elliewood Ave #20, Restaurant und (an einigen Abenden) Musikkneipe.

Information

Das unweit der I-64 etwas erhöht über der Straße liegende ***Monticello Visitors Center*** ist ein unverzichtbarer Anlaufpunkt (März-Oktober täglich 9-17.30 Uhr, sonst bis 17 Uhr). Dabei handelt es sich in erster Linie um ein (ausgezeichnetes) ***Thomas Jefferson***

Museum mit zahlreichen interessanten Exponaten und Darstellungen, in dem sich leicht eine Stunde und mehr verbringen lässt, und man bei ausreichend Zeit auch noch einen Film über den einstigen Präsidenten und Universalgelehrten ansehen kann.

Neben Informationen zu *Monticello* hat dieses Besucherzentrum auch Broschüren für Charlottesville und Umgebung. Im Internet ausführlich informiert www.charlottesvilletourism.org.

Monticello und Ash Lawn Highland

Mitchie Tavern

Nur wenig weiter zweigt die Straße #53 Richtung *Monticello* von der #20 ab. Auf dem Weg passiert man die ***Mitchie Tavern***, ein nostalgisches Gasthaus mit Ursprung im 18. Jahrhundert, in dem Gerichte nach alten Rezepten zu neuen Preisen zu haben sind.

Zugang Monticello

Man erreicht *Monticello* über eine Zufahrtstraße durch dichten Forst. Geparkt wird in gebührendem Abstand zum Gutshaus auf schattigen Plätzen im Wald. Ab Kassenhäuschen und *Entrance Station* zum eigentlichen, zunächst noch nicht sichtbaren Ziel geht es nur per *Shuttlebus*, der in kurzen Abständen verkehrt.

Neben der Hausbesichtigung (nur als Führung!) gibt es eine gesonderte *Garden Tour*. Zurück zum Parkplatz kann man auch zu Fuß laufen (1 km ab der Villa via *Shop* und Friedhof).

Öffnungszeiten täglich 8-17 Uhr März-Oktober, sonst 9-16.30 Uhr; Eintritt $14 bzw. $6 für Kinder bis 11 Jahre. Information unter ✆ 434/984-9822 und www.monticello.org. Gute Bildergalerie auf www.schaetze-der-welt.de/denkmal.php?id=168.

Besonders im Sommer sollte möglichst früh oder spät (ca. 90 min vor Schluss) dort sein, wer lange Warteschlangen vermeiden will.

Jefferson und Monticello

Thomas Jefferson (1743-1826) gilt als eine der interessantesten Persönlichkeiten der amerikanischen Geschichte. Er war nicht nur ein bedeutender Politiker, der zahlreiche Ämter bekleidete (1779-81 Gouverneur von Virginia, 1873-89 Handelsberater und Außenminister in Frankreich, 1790-93 Staatsminister, 1801-09 dritter US-Präsident) und die Unabhängigkeitserklärung verfasst hatte, sondern er war zugleich auch Plantageneigner und Farmer und nebenbei noch ein vielseitig interessierter Hobby-Wissenschaftler und Architekt. Ausführlich widmet sich ihm die *Library of Congress*: www.loc.gov/exhibits/jefferson.

Jefferson vertrat die Ansicht, dass in den USA die Bürger an den politischen Entscheidungen mitwirken müssen. Religiöse Freiheit sei zwar zu garantieren, aber gleichzeitig seien Staat und Kirche voneinander zu trennen. *Jefferson* galt auch als Vordenker des amerikanischen Bildungssystems und schlug schon 1778 den Aufbau von der *Elementary School* bis hin zur *State University* vor.

Größtes Verdienst *Jeffersons* während seiner Präsidentschaft war 1803 der Kauf des riesigen französischen Einflussgebiets westlich des Mississippi von Napoleon, der ***Louisiana Purchase***. *Jefferson* hatte erkannt, wie bedeutend das Gebiet für die junge Nation sein könnte und finanzierte 1804 eine Expedition zur

Erkundung eines durchgehenden Wasserweges von St. Louis an den Pazifik (***Lewis & Clark Expedition***). Er bewies damit erhebliche Weitsicht. Auch wenn die leitenden Offiziere *Meriwether Lewis* und *William Clark* keine schiffbare Verbindung entdecken konnten, kamen Sie doch per Boot immerhin bis ins heutige Montana, weiter auf dem Landweg über die Rocky Mountains und auf dem Columbia River bis nach Astoria in Oregon. Sie ebneten damit den (nördlichen) Weg nach Westen für ungezählte Neusiedler.

Als *Thomas Jefferson* am 4. Juli 1826 starb, exakt 50 Jahre nach der Unabhängigkeitserklärung, war er hoch verschuldet. Seine Erben mußten den Familienbesitz, darunter *Monticello*, verkaufen. 1923 erwarb die ***Thomas Jefferson Memorial Foundation*** das Anwesen und machte es der Öffentlichkeit zugänglich.

Bereits 1768 hatte *Jefferson* den Ausbau des bis dahin nur kleinen Hauses auf der zentralen Anhöhe des *Monticello* Geländes veranlasst. Die Arbeiten kamen aber nur langsam voran, zumal 1782 seine erste Frau starb. 1789 hatte er, aus Frankreich zurückgekehrt, neue Ideen und änderte die Baupläne. Nun sollten statt 9, wie ursprünglich geplant, 21 Zimmer entstehen, Gänge, Kuppeln, Oberlichter, Zisternen und andere europäische Besonderheiten realisiert werden. Erst 1809, nach 40 Jahren Bauzeit, wurde *Monticello* endlich fertiggestellt.

Jefferson hatte für das Wohnhaus den **Grundriss** eines Kreuzes mit Hauptachse und zwei Seitenflügeln gewählt. Die **Eingangshalle** nutzte er schon damals als eine Art Museum mit Karten und Erinnerungstücken von seinen Reisen und der *Lewis&Clark*-Expedition. Auf der **Südseite** liegen die Privaträume, u.a. das Wohnzimmer der Familie, die Bibliothek. (seine 6.700 Bände bilden heute den Kern der *Library of Congress* in Washington, ➪ Seite 192), ein Wintergarten sowie sein Arbeitszimmer, in dem er viele seiner berühmten über 20.000 Briefe schrieb und sich mit den Naturwissenschaften beschäftigte.

Im **Westtrakt** liegen der *Dining Room – Jefferson* galt als Feinschmecker, der sogar einen seiner Sklaven in Frankreich zum Koch ausbilden ließ und einen hochkarätigen Weinkeller besaß –, ein heller *Tea Room* mit Büsten amerikanischen Heroen und befreundeter Persönlichkeiten sowie Gästezimmer.

Im Detail verwirklichte *Jefferson* viele ungewöhnliche Ideen wie den Einbau eines Fahrstuhls zwischen Weinkeller und Speisezimmer.

Um die **200 Sklaven** waren für die Bewirtschaftung Monticellos nötig, und obwohl *Jefferson* die Sklaverei »ein scheußliches Verbrechen« nannte, sah er keineswegs davon ab. Er entließ immerhin etliche Haussklaven in die Freiheit. Sklaven (und freie Arbeiter) lebten in Hütten entlang der *Mulberry Row* südlich des Hauses. Dort befanden sich auch Werkstätten wie Nagel- und Kupferschmiede, Schreinerei und Sattlerei. Lebensmittellager und Weinkeller, Küche, Räucherei und Molkerei, Eishaus, Pferdeställe und Kutschenhaus waren im Untergeschoss der Villa selbst untergebracht.

Ähnlich berühmt wie das Wohnhaus sind ***Monticellos*** **Gärten**. Dank *Jeffersons* genauer Aufzeichnungen war es möglich, einen Teil der seinerzeitigen Bepflanzung und seine naturbezogene Gärtnerei zu rekonstruieren.

Auf dem eigenen ***Graveyard***, nur einige hundert Meter vom Haus entfernt, fanden *Thomas Jefferson*, Familienmitglieder und Freunde die letzte Ruhe.

Ash Lawn-Highland

Gut 2 mi weiter die Straße #53 hinauf, dann ein kurzes Stück auf Straße #795 wartet ein weiteres präsidiales Anwesen auf Besucher. Die Zufahrtsallee ist nicht zu verfehlen und vielleicht das beste daran. ***Ash Lawn-Highland*** war der Wohnsitz von ***James Monroe*** (1758-1831), dem 5. US-Präsidenten 1817-25.

Monroe wurde wegen seiner ***Monroe Doctrine*** bekannt (Nichteinmischung der USA in europäische bei gleichzeitigem Postulat nach Heraushaltung Europas aus allen amerikanischen Angelegenheiten), die bis zum 1. Weltkrieg die Außenpolitik der USA bestimmte; www.loc.gov/rr/program/bib/ourdocs/Monroe.html. *Monroe* hatte im übrigen im Auftrag seines Freundes *Jefferson* Anfang des 19. Jahrhunderts *Napoleon* die Besitzungen Frankreichs in den USA abgehandelt, im Auftrag der US-Regierung den Vertrag unterschrieben und damit erst den ***Louisiana Purchase*** perfekt gemacht, ➪ auch Seiten 531 und 662; www.loc.gov/rr/program/bib/ourdocs/Louisiana.html.

Ash Lawn Highland ist ein – im Vergleich mit dem Nachbarn – eher schlichtes Anwesen in einem hübschen Garten und muss nicht unbedingt auch von innen besichtigt werden. Wer hier nach einem Besuch in *Monticello* Ruhe sucht, findet **Picknicktische mit schönem Blick** über die Landschaft gleich am Parkplatz.

Täglich 9-18/17 Uhr, Eintritt $9/$5; ✆ 434/293-9539, www.ashlawnhighland.org. Im Juli/August großes Opernfestival.

Downtown und die University of Virginia

Charlottesville Downtown

In Charlottesville sind ein Zwischenstopp in der **Altstadt** und ein Spaziergang im **Universitätsviertel** zu empfehlen.

Die gut ausgeschilderte ***Historic Downtown*** erreicht man u.a. via die #250 Business (West Main Street) oder die Monticello Ave/Avon Street, sofern man von *Monticello* kommt. Zentrum der Altstadt ist die ca. 400 m lange ***Mall***, eine Fußgängereinkaufsstraße mit Baumbestand, Straßencafés und Kneipen.

University of Virginia

Die erwähnte Main Street geht weiter westlich in die University Ave über, auf der man automatisch den **Universitätscampus** erreicht, sofern man nicht ohnehin auf der #29 das Areal der *University of Virginia* passiert. Sie wurde 1816 als *Central College* nach Vorstellungen von *Thomas Jefferson* gegründet und nach seinen Entwürfen angelegt (1822-1826). *Jefferson* wollte eine »akademische Kleinstadt« schaffen, in der Studenten und Professoren in direkter Nachbarschaft zur Universität leben sollten, was weitgehend gelungen ist; ➪ www.virginia.edu.

Rotunda

Im Zentrum des alten Campus befindet sich die ***Rotunda*** (University Ave; www.virginia.edu/cgi-local/rcamcgi). Der unübersehbare Rundbau diente als Bibliothek und Vorlesungsstätte. Er wird beidseitig von Kolonnaden flankiert, hinter denen sich Pavillons mit Dozenten- und Studentenwohnungen und Unterrichtsräumen befinden.

Führungen

Wer sich intensiver für die Details dieses Campus' interessiert, kann an einer der kostenlosen Touren ab dem Foyer im Untergeschoss der *Rotunda* teilnehmen (täglich 10, 11, 14, 15 und 16 Uhr außer an Tagen mit Abschlussexamina).

Parken

In diesem Bereich der University Ave, »***The Corner***« genannt, sind Parkplätze rar. Am besten kommt man im **Parkhaus** hinter dem unübersehbaren ***Red Roof Inn*** unter.

Die Rotunda, nostalgisches Zentralgebäude der University of Virginia, das auf einem Entwurf Jeffersons basiert. Stilistische Ähnlichkeiten mit Monticello sind erkennbar

2.4 Blue Ridge Parkway

2.4.1 Zur Route

Für die Weiterfahrt nach Süden ab Charlottesville/*Shenandaoh Nat'l Park*/Staunton sollte man bei ausreichend Zeit dem *Blue Ridge Parkway* den Vorzug vor anderen möglichen Routen geben. Damit sich die Fahrt über die volle Länge des *Parkway* lohnt und nicht zur anstrengenden Hetze ausartet, darf man – mit kleinen Abstechern – möglichst nicht unter drei Tagen ansetzen. Wer weniger Zeit hat, könnte die **I-81 bis zur I-77** nehmen und erst dann auf den *Parkway* stoßen, womit man auch »Längen« umgeht, denn nicht jede Meile der Strecke ist aufregend.

Die letzten 150 mi von Linville Falls bis Oconaluftee sind zugleich die besten. Noch ein bisschen schneller geht's auf der Kombination **I-81/I-181** und ***Freeway* #23 bis Asheville**, wenn man sich mit den letzten 70 mi des *Parkway* zufriedengeben mag. Wer über **Charlottesville** fährt und das erste Teilstück des *Parkway* bis Roanoke sparen möchte, könnte bei fast identischen Meilen und ein wenig mehr Fahrtzeit statt der I-64/I-81 auch die gut ausgebaute Strecke #29/#460 via Lynchburg nehmen.

Die generellen Gegebenheiten des *Blue Ridge Parkway* sind im folgenden gelben Kasten beschrieben. Im laufenden Text geht es um konkrete Hinweise zu Anlaufpunkten am Wege und um empfehlenswerte Abstecher.

Der Blue Ridge Parkway, ein Juwel des Nationalparksystems

Parkways findet man vor allem im Einzugsbereich großer Städte. Es handelt sich um weitgehend kommerzfreie Hauptstraßen durch bessere Viertel und für den Schwerverkehr gesperrte Parallelstrecken zu stark befahrenen Autobahnen wie z.B. den *Washington Baltimore Pkwy* (➪ Seite 209), gelegentlich aber auch um gebührenpflichtige Schnellstraßen, deren landschaftliche Einbettung zu dieser Bezeichnung führte (zur Entstehung der Fernstraßen in den USA siehe www.members.a1.net/wabweb/history/ab-hist-USA.htm). Hier entspricht der »Parkweg« einer – auf voller Länge von **469 mi**, Meilenzählung von Nord nach Süd – ganz dem Privatverkehr vorbehaltenen Straße über die östlichen Höhenzüge der Appalachen durch die Staaten Virginia und North Carolina. Er verbindet *Shenandoah* und *Great Smoky Mountains National Parks*.

Die Idee zum Bau einer reinen Ausflugs- und Touristenstraße geht auf die 1930er-Jahre zurück,wurde aber erst nach und nach realisiert. 1987 konnte das letzte Teilstück dem Verkehr übergeben werden. Die einzige halbwegs vergleichbare, ebenfalls unter Verwaltung des *Nat'l Park Service* stehende Straße ist der *Natchez Trace Parkway*, ➪ Seite 591.

Für den *Blue Ridge Parkway* ist folgendes wichtig zu wissen:

- Die Nutzung des *Parkway* ist **gebührenfrei**; er ist prinzipiell **ganzjährig** befahrbar, im Winter jedoch wetterbedingt ggf. abschnittsweise gesperrt.
- Auf der gesamten Strecke gilt ein ***Speedlimit* von 45 mph** (= 70 km/h). Wegen des kurvenreichen Verlaufs und des im Sommer starken *Sightseeing*-Tourismus' liegt das effektive Durchschnittstempo oft noch erheblich niedriger.
- Direkt am Parkway existiert **keine nennenswerte Infrastruktur** zur Versorgung der Urlauber. Lediglich eine Handvoll mäßig sortierter und teurer Shops, ein paar Tankstellen und ganze **vier *Lodges*** decken den dringendsten Bedarf (***Peaks of Otter Lodge***, Meile 86, ✆ 540/581-1081, www.peaksofotter. com; ***Rocky Knob Cabins***, Meile 169, Blockhütten mit Kochecke, ✆ 540/593-3503, ***Bluffs Lodge*** beim Doughton Park, Meile 241, ✆ 336/372-4499, ab $75, und ***The Pisgah Inn***, Meile 408, ✆ 828/235-8228, www.pisgahinn.com; bis auf *Peaks of Otter* im Winter ab November geschlossen). Für Einkauf, preiswerteres Tanken und Motelsuche muss man den Parkweg daher ab und zu verlassen. Mit Ausnahme weniger ortsnaher Abfahrten ist das ein relativ zeitaufwendiges Unterfangen.
- Die **neun Campingplätze** an der Strecke (keine *Hook-ups*, aber *Dumping Stations*, $16-$18/Nacht) können mehrheitlich nicht reserviert werden. Nur ein Teil der Stellplätze in ***Linville Falls***, ***Price Park*** und ***Mount Pisgah*** ist unter ✆ 1-877-444-6777 bzw. www.reserveusa.com vorzubuchen. Der letztgenannte Platz ist zugleich der schönste; er befindet sich bei Meile 408, südlich Asheville. In der Ferienzeit und an Wochenenden sichert nur eine zeitige Ankunft ein Plätzchen. Alle ***Campgrounds*** sind im Winterhalbjahr ab 1. November bis Anfang Mai geschlossen.
- **12 *Visitor Centers*** versorgen Besucher mit allen erdenklichen Informationen und **Karten**; u.a. verteilen sie den ***Parkway Milepost***, in dem alle Sehenswürdigkeiten, *Campgrounds*, *Trailheads* etc. verzeichnet sind.

2

- Das ***Blue Ridge Parkway Directory*** listet alle Daten der Strecke plus Versorgungsmöglichkeiten in der Umgebung »links« und »rechts« des *Parkway*: **Motels, Hotels, Camping, Restaurants**. Die Besucherzentren sind nur im Fall von ***Humpback Rocks*** (Meile 6), **Peaks of Otter** (Meile 64), ***Museum of North Carolina Minerals*** (Meile 331) und ***Folk Art Center*** (Meile 38) größere Einrichtungen mit Ausstellungen und weitergehenden Informationen zu *Parkway*, Geschichte und Kultur der jeweiligen Region. Wer sich vorinformieren möchte, findet alle Daten und Aktuelles unter www.nps.gov/blri.
- **14 Picknickplätze**, überwiegend in der Nähe der *Visitor Center* warten.
- Wer sich ab und an die Beine vertreten oder auch etwas längere Wanderungen unternehmen möchte, findet am *Parkway* viele kurze und lange **Wanderwege** mit einer Gesamtlänge von mehreren hundert Kilometern. In den Besucherzentren gibt es dafür Karten und Wegbeschreibungen gratis.

Für Überraschungen sorgt mitunter das **Wetter**; es ist im Bereich des *Parkway* auch schon mal mitten im Sommer wechselhaft. Bewölkung im Tal heißt oft: (Wolken-)Nebel, Nässe und Kälte in den Hängen, was zwar gut für die **üppige Vegetation**, aber unerfreulich fürs Reisen ist. Die beste Reisezeit ist der Herbst ab Mitte September bis Ende Oktober. Je nach Höhenlage genießt man die Laubfärbung des ***Indian Summer*** am intensivsten erst ab Oktober bis in den November hinein.

Der *Blue Ridge Parkway* endet offiziell mit Erreichen der südlichen Einfahrt zum *Great Smoky Mountains National Park*. Faktisch schließt sich unter der Bezeichnung ***Newfound Gap Road*** nahtlos eine Fortsetzung an. Von Front Royal bis Gatlinburg/Tennessee jenseits der Great Smoky Mountains existieren damit fast **1000 ununterbrochene *Parkway*-Kilometer** – nur durch Landschaft ohne den sonst in den USA üblichen Kommerz!

Ein Logbuch (***Mile by Mile Parkway Travelogue***) mit allen Deteils der Route kann man sich im Internet ausdrucken unter http://ncnatural.com/Parkway. Auf *NCNaturals* Seiten gibt es auch alle weiterführenden Informationen. Weitere Website zum *Blue Ridge Parkway* ➪ Seite 224.

Spektakuläre Straßenführung des Parkway südlich von Ashville

2.4.2 Rockfish Gap bis Asheville

Naturwunder

Entlang des *Parkway* gibt es viele Haltepunkte an sog. ***Overlooks***, um die Aussicht zu genießen, und ***Trailheads*** (oft bei den *Visitor Centers* und *Campgrounds*), von denen es per pedes zu eintrittsfreien (oft ganz nahen) natürlichen Attraktionen geht (Wasserfällen, Felsformationen, Gipfeln).

Eine Reihe von »Naturwundern« unweit des *Parkway* befindet sich indessen in Privatbesitz. Sie werden kommerziell ausgebeutet. Die **Faltprospekte** mit Werbung für eine Besteigung des ***Grandfather Mountain*** (www.grandfather.com), des ***Blowing*** und ***Chimney Rock***, für die Besichtigung von Höhlen und einer ***Natural Bridge*** etc. findet man allerorten. Derartige Sehenswürdigkeiten sind oft mit irgendeinem Schnickschnack wie Märchenfiguren, Kitschbeleuchtung, Zoo o.ä. befrachtet, kosten hohen Eintritt und sind denselben überwiegend nicht wert.

Sieht man ab von den ohnehin nicht zu übersehenden Aussichtspunkten, Besucherzentren und Kurzwanderungen am Wege, gibt es daher nur wenige ausdrückliche Empfehlungen für eine Fahrtunterbrechung im unmittelbaren Bereich des *Parkway*.

Empfehlenswerte Zwischenstopps
(inkl. Unterkunft/Camping geordnet nach Meilen)

Sherando Lake

Zum Sherando Lake, einem schön gelegenen, warmen **Badesee** mit **Camping- und Picknickplatz** des *National Forest Service*, sind es gleich am Anfang des *Parkway* (Meile 16) auf der Straße #814 etwa 6 mi plus Zufahrt.

Lexington/ Natural Bridge

Für einen Besuch von Lexington und/oder des Besuchermagneten *Natural Bridge* könnte man den *Parkway* bei Humphreys Gap, Meile 46 bzw. 64, Straßen #60 bzw. #501, verlassen und ggf. weiter südlich wieder zurückkehren, z.B. via Straße #43 ab Buchanan (nur 5 mi) oder bei Roanoke, ➪ unten ab Seite 246.

Camping

Bei Meile 71 (*Petite's Gap*) geht es hinunter zum 7 mi entfernten *Forest Campground* ***Cave Mountain Lake***, ➪ unter Seite 245.

Bei Meile 83 beginnt ein schöner Kurzwander-Rundweg zu den ***Fallingwater Cascades*** (ca. 2,5 km, gut zum Beinevertreten).

Den steilen ***Roanoke Mountain Loop*** (4 mi ab Meile 120) hoch zum Aussichtspunkt sollte man unbedingt machen.

Tanken

Wer seinen Tankstopp gut plant, spart gegenüber den Preisen an den *Parkway Gas Stations* besonders in/bei **Roanoke** Geld. Die dem *Parkway* nächsten Tankstellen befinden sich an der **#220**.

Roanoke

Zur Stadt Roanoke ➪ Seite 246. Vom *Blue Ridge Parkway* führen außer den Abfahrten ins Tal hinunter eine breite Straße auf den **Mill Mountain** hoch über Roanoke und auf den **Roanoke Mountain**, östlich des Parkway (ca. 4 mi). Beide Abfahrten beginnen bei Meile 120,5, ➪ Seite 247.

Camping & Unterkunft

Ein guter ganzjährig geöffneter Komfort-Campingplatz ***Meadows of Dan*** (✆ 276/952-2292) und das ***Blue Ridge Motel*** (✆ 276/952-2244) liegen ausnahmsweise nur knapp abseits des *Parkway* an der Straße #58 (Meile 178). Dasselbe gilt für die **Tankstelle** bei *Meadows of Dan*, eine der wenigen, die sich ohne längere Fahrerei weg vom *Parkway* erreichen lassen.

Stone Mountain

Bei Meile 230 kreuzt die Straße #21 den *Parkway*. Der ***Stone Mountain State Park*** liegt nur gute 10 mi östlich und ist den kleinen Abstecher schon allein wegen des namensgebenden enormen Granitblocks von 180 m Höhe wert. Er ähnelt dem noch höheren ***Stone Mountain* bei Atlanta**, ➪ Seite 508, ist jedoch nicht in einen Freizeitpark eingebunden, sondern »naturbelassen« und nur zu Fuß zu besteigen (sehr empfehlenswert!). Ein kleiner Umweg vom *Stone Mountain Trail* führt zu Wasserfällen. Auch ein schöner ***Campground*** ist vorhanden ($15, keine Reservierung). Bilder zum Einstimmen unter www.hikingthecarolinas.com/stone.php.

New River Water Fun

Bei Meile 259 kreuzt den *Parkway* die Straße #16, die über Glendale Springs und den ***New River State Park*** (kein Camping, aber Herzstück des zum *National Scenic River* erklärten Flusses, www.ils.unc.edu/parkproject/visit/neri/home.html) nach Jefferson führt. In den kleinen Orten dieses Bereichs gibt es eine Reihe von Firmen, die **Kanutouren/-verleih** und ***River Rafting*** u.a. auf den beiden Armen des New River anbieten. Im Osten der USA ist das eines der besten Reviere für Wassersportler. An warmen Sommertagen macht dort auch das ***Inner Tubing*** Spaß, das Sich-mit-der-Strömung-treiben-lassen in dicken Schläuchen. Eine von diversen Firmen im Wassersportbusiness ist ***Zaloo's Canoes*** in Jefferson, ✆ 1-800-535-4027, www.zaloos.com. Auch in Blowing Rock kann man Kanus und Touren auf dem New und Watauga River buchen, z.B. bei ***High Mountain Expeditions***, ✆ 1-800-262-9036, www.highmountainexpeditions.com.

Blue Ridge Parkway im Indian Summer, der hier erst Mitte Oktober so richtig losgeht

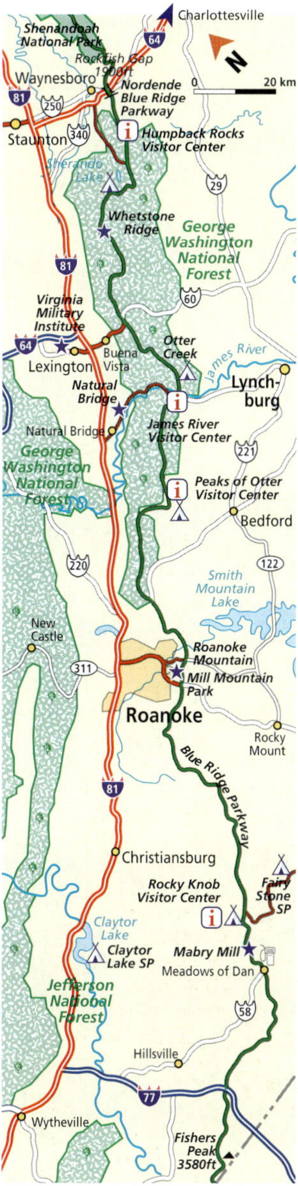

Blowing Rock

Bei Meile 292 erreicht man die Ausfahrt zum einzigen derart nah am *Parkway* gelegenen Touristenort: das schnuckelige **Blowing Rock** mit zahlreichen **Motels/Hotels**, Open-air-Restaurants und Shops für Antiquitäten und Kunsthandwerk (www.blowingrock.com). Im *Moses Cone Memorial Park*, Meile 294, steht das ***Cone Manor House***, ein populäres ***Craft Center***, in dem allerhand Kunstgewerbliches hergestellt und (teuer) verkauft wird; www.mountaintimes.com/autumn /att cone.php3.

Julian Price Park

Am Price Lake im angrenzenden ***Julian Price Memorial Park*** gibt es einen Bootsverleih (Meile 295); bei Meile 297 befindet sich die Einfahrt in den größten ***Campground*** am *Parkway*.

Tweetsie Railroad

An der **Straße #321** zwischen Blowing Rock und Boone westlich des *Parkway* wartet der fest in die Wald- und Hügellandschaft installierte **Vergnügungspark *Tweetsie Railroad*** auf Besucher. Neben den üblichen *Rides* gibt es *Gold Panning* (Goldstaub in der Pfanne garantiert) und die namensgebende *Tweetsie Railroad,* die das Gelände umrundet, Banditen- und Indianerüberfall inklusive. **Für Kinder** ein Hauptspaß: $19, Erwachsene $27, www.tweetsie.com.

Linville Falls

Die ***Linville Falls*** (Meile 316) erreicht man über eine Stichstraße vorbei an der Zufahrt zum ***Campground*** (www.linvillefalls.com). Der Weg zu den Fällen (rund 3 km retour) ist oft stark frequentiert. Die ***Lower Falls*** sind besonders pittoresk; www.ncwaterfalls.com/lin1.htm.

Mineralogie Museum

Bei ***Gillespie Gap*** (Kreuzung mit Straße #226 Meile 331) stößt man auf ein weiteres ***Visitor Center*** und das ***Museum of North Carolina Minerals***. Die Ausstellung zu allen im Staat vorkommenden Edelsteinen im Rohzustand und poliert und verfeinert ist allemal einen Stopp wert. Geöffnet täglich 9-17 Uhr, im Winter Mittagspause 12-13 Uhr, www.mitchellcounty.com/festival/museum.html.

Mount Mitchell

Der ***Mount Mitchell***, Anfahrt via Straße #128 auf steiler Strecke etwa ab Meile 355, ist mit rund 2000 m Höhe **der höchste Berg diesseits des Mississippi**. Vom Parkplatz geht es auf einem kurzen Fußweg über Treppen zum Aussichtssturm. Lohnenswert ist der Aufstieg aber nur bei schönem Wetter und guter Sicht, www.ils.unc.edu/parkproject/visit/momi/home.html.

Folk Art Center

Das ***Folk Art Center***, Meile 382 nordöstlich von Asheville, verkauft tägl. 9-18 Uhr ***Appalachian Folk Art***, stilistisch und handwerklich Qualitätsware zu allerdings (selbst dafür) hohen Preisen. Im auch architektonisch interessanten Holzgebäude befinden sich außerdem ein **Museum** mit Exponaten zu Geschichte und Kultur der Region und ein ***Parkway Visitor Center***, www.asheville.com/news/folk art.html.

Blue Ridge Parkway weiter nach Kapitel 2.4.3, Seite 254.

Aussichtsturm auf der nach Waldbränden kahlen Kuppe des Mount Mitchell

2.4.3 Lexington, Natural Bridge und Roanoke

Lexington

Wer (zunächst) der I-81 den Vorzug gibt, erreicht gute 30 mi südlich von Staunton das kleine Städtchen Lexington, das bei nur 7000 Einwohnern deutlich größer wirkt und mehr zu bieten hat als der nördliche Nachbar. Auch ein Abstecher vom *Blue Ridge Parkway* dorthin (auf Straße #60 ca. 11 mi) wäre erwägenswert, www.lexingtonvirginia.com.

Kennzeichnung

Bei Einfahrt nach Lexington von der I-81 passiert man automatisch das ***Virginia Military Institute***, eine auf einem Hügel vor und über der Stadt liegende Militärakademie, und anschließend in nur geringer Entfernung den Campus der privaten ***Washington & Lee University*** in unmittelbarer Zentrumsnähe. Beide Institutionen leisten ihren Beitrag zum ansehnlichen Erscheinungsbild der Stadt. Mit einem 30 min-Spaziergang erfasst man sowohl den zentralen Abschnitt der Hauptstraßen Main und Washington St als auch den *Downtown* zugewandten Bereich der Universität mit der davor im abschüssigen Rasenterrain liegenden ***Lee Chapel***. Dort fand der Südstaaten-Oberkommandierende *General Robert E. Lee* seine letzte Ruhe. Ein kleines Museum befindet sich im Untergeschoss, Mo-Sa 9-17 Uhr, So 13-17 Uhr, http://chapelapps.wlu.edu.

Lee Chapel

Jackson House

Da Lexington zeitweise Wirkungsstätte des legendären Helden der Konföderierten: ***»Stonewall« Jackson*** war, wurde sein (recht schlichtes) Haus samt Garten in der Washington Street als Museum hergerichtet (Mo-Sa 9-17, So ab 13 Uhr, halbstündlich Führung mit Erläuterung der Heldentaten des Generals, $5, ✆ 540/463-2552, www.stonewalljackson.org). ***Thomas J. Jackson*** war ab 1851 Dozent am *Virginia Military Institute* (➪ unten), bevor er 1861 mit dem Beginn des Bürgerkriegs in den aktiven Dienst ging. Gleich in der ersten Schlacht bei Manassas (➪ Seite 225) erwarb er sich seinen seither notorischen Beinamen. Er starb an den Folgen einer Armamputation nach einer Schussverletzung durch eigenes Feuer am 10. Mai 1863. Sein Grab ist auf dem Friedhof an Lexingtons Main Street, der seinen Namen trägt, zu besichtigen.

Information

In unmittelbarer Nachbarschaft zum *Stonewall Jackson House* befindet sich die lokale ***Visitor Information***, 106 E Washington Street, © 540/463-3777, täglich 9-17 Uhr

Virginia Military Institute

Über einen ganz besonderen Campus auf einem hochgelegenen Plateau verfügt das bereits 1839 gegründete ***Virginia Military Institute***. Im Prinzip handelt es sich dabei um ein *College* mit 14 Fachrichtungen, wo über 1000 Studenten und Studentinnen, die hier »Kadetten« heißen, nach 4 Jahren den *Bachelor Degree* erwerben. Parallel zur fachlichen läuft dort eine militärische Ausbildung, die auf eine Offizierskarriere ausgerichtet ist. Auch der Fachunterricht findet uniformiert statt, ebenso wie das Auftreten der *Cadets* außerhalb des Campus'. Nach 9/11 erstaunlich genug ist das Gelände ohne jede Kontrolle für jedermann zugänglich: Anfahrt ab Jefferson Street über die Letcher Ave (ausgeschildert).

Unterrichtsgebäude, Bibliothek, Kasernen (die festungsartigen *Barracks*) und Wohnhäuser der Akademieleitung gruppieren sich um einen sportplatzgroßen Exerzierplatz (*Parade Ground*), der anlässlich vieler Gelegenheiten eben dazu genutzt wird (u.a. an jedem Samastag Vormittag). Die **Paraden** finden überwiegend in pittoresk historischen Uniformen statt; Information über aktuelle Paradedaten und mehr unter www.vmi.edu.

Museen auf dem VMI Campus

Geführte Touren durch das VMI finden täglich ab ***George C. Marshall Museum & Library*** um 11 Uhr und 15 Uhr statt (ca. 40 min, frei, www.marshallfoundation.org). Das Museum widmet sich der Militärgeschichte des 20. Jahrhunderts und dabei vor allem *General George Marshall*, dem Spiritus Rector des »***Marshall Plan***«, der Europa und vor allem Deutschland nach dem 2. Weltkrieg wieder auf die Beine half. *Marshall* war Absolvent des VMI, während der Kriegsjahre höchster Planungsoffizier (*Chief of Staff*) der US-Streitkräfte, 1947-1949 Außenminister und 1953 Gewinner des Friedensnobelpreises wegen seines *Marshall Plan*.

Wer speziell über das *Virginia Military Institute* und den Bürgerkrieg mehr wissen möchte, besucht das ***VMI Museum*** in der *Jackson Memorial Hall* am Ostende des Campus'. Geöffnet täglich 9-17 Uhr, © 540/464-7334, www.vmi.edu/museum.

Unterkunft

Rund um Lexington an den Straßen #60 und #11, Ausfahrten #188 und #191 von der I-84 stehen die Häuser fast aller gängigen **Hotelketten** bei mittlerem Preisniveau.

Camping

Für komfortables **Camping** bieten sich an der

- ***Glen Maury Park***, Straße #501 zwischen Buena Vista und Glasgow, © 1-800-555-8845, ab $15, www.glenmaurypark.com, und
- KOA-Platz ***Natural Bridge***, 10 mi südlich an der #11, I-81, *Exit* 180, © 540/291-2770, ab $22, www.naturalbridgekoa.com

Ganz wunderbar, aber ziemlich abseits im Bergwald liegt der *Forest Campground* ***Cave in the Mountain Lake*** an einem kleinen See mit Badestrand; Zufahrt über Natural Bridge und die Straßen #759 und #781.

Vermutlich meistfotografierters Motiv auf dem Blue Ridge Parkway ist diese Anzeige des höchsten Punktes der Straße (ca. 1.820 m)

Natural Bridge

Naturphänomen

Der Ort Natural Bridge (Straße #11, ca. 13 mi südlich von Lexington bzw. 15 mi westlich des Parkway auf der Straße #130) ist nach der nahen ***Natural Bridge*** benannt, einem natürlichen Felsbogen über dem Cedar Creek. Der Fluss hat hier den Fels unterspült und einen riesigen Torbogen von 65 m Höhe und 15 m bis 45 m Breite geschaffen. Bereits 1774 erwarb *Thomas Jefferson* das Land um die *Natural Bridge*. Es blieb in Privatbesitz.

Realität heute

Mit der schlichten Bewunderung des Naturphänomens, der umgebenden Landschaft und der kleinen Stromschnellen und Wasserfälle des Flüsschens ist es hier nicht getan. Es gibt auch noch ein künstliches Indianerdorf und allabendlich eine ***Light- and Sound Show*** *(Drama of Creation)*. Und – ähnlich wie im Fall der *Luray Caverns* – wartet im Umfeld eine dichte **kommerzielle Infrastruktur**, die mehr *Fun* und *Action* bietet als ein stummes Felswunder: Wachsmuseum, Spielzeugmuseum und Monstermuseum in einem verhexten Haus, dazu den *Virginia Safari Park*, den *Natural Bridge Zoo*, den *Natural Bridge Speedway*, eine Kartbahn u.a.m. Sogar ein großes *Conference Center* samt Hotel nutzt den landschaftlichen Rahmen.

Foamhenge

Eine neuere Errungenschaft ist ***Foamhenge*** an der Straße #11, das englische *Stonehenge* in Originalgröße, aber – die Bezeichnung sagt es – aus Schaumgummi, letzteres immerhin eintrittsfrei. Aber nicht alle sind begeistert: www.tackytreasures.com/tackyhtml/places-foamhenge.html. Für den Zugang zur ***Natural Bridge*** (d.h., Fußweg am *Creek* entlang, unter der »Brücke« hindurch bis zum *Monacan Indian Village*) samt *Drama of Creation* zahlt man $12, Kinder $6. Verschiedene **Kombitickets** mit diversen Museen sind möglich. Details unter www.naturalbridgeva.com.

Höhlen

Übersehen lassen sich vor Ort auch die ***Natural Bridge Caverns*** nicht, ein Höhlensystem mit unterirdischen Wasserläufen, Stalagtiten und -miten, in das man über viele Stufen bis in ca. 70 m Tiefe gelangt. Touren alle 20-30 min 10-17 Uhr März bis Oktober; Eintritt $10/$6, www.naturalbridgeva.com/caverns.html.

Roanoke

Lage & Kennzeichnung
Karte
Seite 241

Roanoke ist mit 95.000 Einwohnern die mit Abstand größte Stadt im Bereich der *Blue Ridge Parkway* Route. Sie liegt zwischen der I-81 und der I-581/#220 parkwaynah und lässt sich ganz gut als Etappe nutzen. Attraktiv ist Roanoke indessen nicht. Das kleine Zentrum (Ausfahrt Elm Ave von der I-581) wurde renoviert und wirkt sauber und aufgeräumt, besitzt aber trotz der hübschen Bezeichnung ***Market Historic District*** (entlang Market Street zwischen Williamson Road und Jefferson St) kein besonderes Flair. Immerhin ist Benzin in Roanoke billiger als fast überall sonst in Virginia; die Moteltarife sind moderat, www.roanokeva.gov.

Unterkunft

Viele **Motels** liegen im Bereich der Ausfahrten der I-81, Exit 140-146 und im Umkreis der ***Tanglewood Mall*** (Ringstraße #419/ I-581/#220 südlich von *Downtown* nur wenige Kilometer vom *Blue Ridge Parkway* entfernt).

Von außen ein Klotz in rotem Klinker, von innen jedoch edel und das erste Haus am Platz ist das historische ***Patrick Henry Hotel*** im Zentrum (617 S Jefferson St, © 1-800-303-0988, www.patrickhenryroanoke.com). Eine Alternative zum Standard bietet auch das sehr schöne ***Maridor B&B*** (1857 Grandin Road SW/Nähe Brandon Ave = Straße #11, © 1-800-631-1857, $95-$145, www.bbonline.com/va/maridor) im Südwesten der Stadt, in ebenfalls relativ günstiger Lage zum *Parkway*.

Fürs **Camping** im Bereich Roanoke gibt es keinen besseren Platz als ***Roanoke Mountain*** am *Blue Ridge Parkway*.

Information

Roanoke Valley Visitor Center, 114 Market St, © 540/342-6025, 1-800-635-5535, www.visitroanokeva.com.

Downtown Museen

Von *Downtown* war oben schon die Rede. Der historische ***Farmers Market*** am Market Square funktioniert dort seit 1882 Mo-Sa. Gleich nebenan steht das ***Center in the Square*** (www.centerinthesquare.org), ein zum Kulturzentrum umfunktioniertes ehemaliges Lagerhaus u.a. mit ***Art Museum*** ($3), ***History Museum*** ($3) und ***Science Museum of Western Virginia*** ($8). Zeiten weitgehend gleich Di-Sa 10-16/17 Uhr, So ab 13 Uhr (www.artmuseumroanoke.org, www.history-museum.org, www.smwv. org).

Eisenbahn Museum

Als interessantestes Museum der Stadt gilt das große ***Virginia Museum of Transportation***, trotz einiger sonstiger Ausstellungsstücke in erster Linie ein Eisenbahnmuseum, das in einem alten ***Railroad Depot*** unweit des Zentrums untergebracht ist (ausgeschildert: 303 Norfolk Ave/2nd Street, Mo-Sa 10-17, So 12-17 Uhr, $8/$6, www.vmt.org). Auf dem Freigelände steht eine Reihe alter Wagons und Lokomotiven, darunter eine *Streamliner*-Dampflok von 1950, die in Roanoke gebaut wurde. Etwas für Fans.

Mill Mountain Park

Das Beste an Roanoke ist der ***Mill Mountain Park*** hoch über der Stadt mit dem gleichnamigen ***Zoo*** (www.mmzoo.org) und dem nachts angestrahlten 30 m hohen ***Roanoke Star***. Die Auffahrt auf den 1000 m hohen Berg lohnt vor allem wegen der **Aussicht** über das Roanoke Valley. Bei **Anfahrt** aus der Stadt folgt man einfach der Williamson Road nach Süden (Straße #116) und dann der Wegweisung. Vom *Blue Ridge Parkway* aus zweigt bei Meile 120,5 eine Zufahrt direkt zum *Mill Mountain* ab.

Roanoke Mountain

Vom *Blue Ridge Parkway* aus kann man auch der steilen Rundstraße hinauf zum **Roanoke Mountain** folgen (nach Osten) und schon von der Strecke aus weit übers Land blicken.

Weiter nach Asheville

Fortsetzung der Fahrt ab Roanoke auf der I-81

Ab Roanoke entfernt sich die I-81 in Richtung Südwesten immer weiter vom *Blue Ridge Parkway*, so dass ein rascher Wechsel zwischen den beiden Routen eigentlich nur noch via die I-77 möglich ist, die bei Meile 200 den *Parkway* kreuzt. Die Distanz zwischen beiden Routen beträgt dort ca. 20 mi. Per Autobahn-Zubringer kommt man im weiteren Verlauf erst wieder bei Asheville auf den *Parkway* und dessen letzte (attraktive!) 80 mi. Auf der Kombination I-81/I-181 (bis Bristol/Johnson City im östlichen Ausläufer von Tennessee) mit dem *Freeway* #23 sind es von Roanoke bis Asheville rund 240 mi und damit weniger als auf dem kurvenreichen *Blue Ridge Parkway* (ca. 270 mi).

Jonesborough

Wer sich für die schnellere *Interstate*-Route entscheidet, könnte einen Abstecher nach **Jonesborough** (www.jonesboroughtn.org) erwägen: ab *Exit* 38 von der I-181 auf Straße #354, ca. 8 mi. Dieses märchenhafte älteste Städtchen Tenessees in schöner Wald- und Hügellage nennt sich selbst ***Storytelling Capital of the World*** mit Märchenlesungen und Lese- und Musikfestivals. Es gibt sogar ein ***International Storytellung Center***: www.storytellingcenter.net.

Halloween-dekoration an der Straße durch Jonesborough

Warriors Path State Park

Für diesen Bereich gibt's auch noch einen schönen Campingtipp: der ***Campground*** im ***Warriors Path State Park*** liegt wunderbar auf einer Landzung am Holston River; Zufahrt via *Exit* #59 von der I-81; © 1-888-TNPARKS oder © 423/239-6786; $16-$20, www.state.tn.us/environment/parks/WarriorsPath.

Information Asheville & North Carolina

Nach dem »Grenzübertritt« Tenessee/North Carolina passiert man an der #23 ein aufwendiges ***North Carolina Visitor Center***. Gerade für Asheville macht es Sinn, sich über die geografischen Gegebenheiten gut vorzuinformieren, da das Stadtzentrum und die Haupttouristenattraktion ***Biltmore Estate*** relativ weit voneinander entfernt liegen.

2.4.4 Asheville

Geschichte und praktische Informationen

Geschichte

Asheville (heute knapp 70.000 Einwohner) wurde bereits Ende des 18. Jahrhunderts gegründet und gewann mit seiner Wald- und Gebirgslage fern von aller Industrie und dank einiger Schwefelquellen zu Beginn des 19. Jahrhunderts eine Reputation als Kurort für frischluftbedürftige Tuberkulosekranke. Als 1880 durch den Bau der Eisenbahn die »Außenwelt« näherrückte und bald darauf der Finanzmagnat ***Biltmore*** seinen Palastbau bei Asheville begann (➪ unten) erlebte die Stadt ab Ende des 19. Jahrhunderts eine wirtschaftliche Blüteperiode, in der auch viele der bis heute auffälligen Gebäude in der Innenstadt entstanden. Sie endete in der Folge des »Schwarzen Freitag« 1929. Erst der Bau des nahe an Asheville vorbei führenden *Blue Ridge Parkway* sorgte nach dem Weltkrieg und speziell seit dessen Fertigstellung 1987 für Impulse, die sich durch die *Interstate* #40/#240 und die erst kürzlich auf ganzer Strecke zum *Freeway* ausgebaute Straße #23 noch verstärkte.

Anfahrt/ Information

Wer Asheville **via I-81/#23** wie vorstehend beschrieben anfährt, landet zunächst auf der Ringautobahn um die Stadt, der I-240, und über die Ausfahrten #4A-#5A nahezu automatisch in *Downtown* Ashville. Die ***Visitor Information*** & ***Chamber of Commerce***

(*Exit* 4c von der I-240) ist gut ausgeschildert; © 828/258-3858, www.ashevillechamber.org. Ein Stopp lohnt sich aber nur für den Stadtplan samt einer ***Urban Trail Map***, die einen sinnvollen Rundweg durch die Stadt markiert, und ggf. auch bei Suche nach einer *B&B*-Unterkunft. Dieses *Visitor Center* hat eine Übersicht aller ***Bed & Breakfast Places*** mit Bild. Infos über bzw. für das *Biltmore Estate* holt man sich besser im Besucherzentrum dort.

Bei Anfahrt vom ***Blue Ridge Parkway*** aus, ➪ unten.

Unterkunft

Für Übernachtungen nahe am *Biltmore Estate* gibt es an der **Hendersonville Road** zwischen I-40 und *Biltmore Village* eine ganze Reihe von Häusern der Motelketten, vorzugsweise Mittelklasse zu lagebedingten angehobenen Tarifen. Preiswerter sind die **Motels an der Tunnel Road** (Straße #70, *Exit* #7 von der I-240).

Das Besondere gönnt man sich entweder im ***Inn on Biltmore Estate*** (➪ oben, © 1-800-858-4130, www.biltmore.com) oder im ***Grove Park Inn Resort*** (290 Macon Ave nördlich *Downtown, Exit* 5 B von der I-240, dann Charlotte Street, © 1-800-438-5800, www.groveparkinn.com, ab $180), wo schon Präsidenten übernachteten und die **7 (!) Pools** genossen.

Relativ viele ***B&B-Quartiere*** warten in Asheville auf Gäste. Wie erwähnt gibt es eine bebilderte Komplettliste in der *Visitor Information* in Downtown, ➪ oben.

Camping

Parkwaynah campt man bei Asheville im *Pisgah National Forest* am ***Lake Powhatan***. Den gleichnamigen, komfortablen Platz mit Duschen erreicht man via Straße #191 südöstlich von Asheville, von dort beschildert. Anfahrt über die I-40/#26 East (Exit #2) oder *Blue Ridge Parkway*. Badesee und Flüsschen. Reservierung unter © 1-877-444-6777 bzw. www.reserveusa.com, $17.

Powhatan gehört nicht zu den *Parkway Campgrounds*, aber gute 12 mi weiter südlich befindet sich der Platz ***Mount Pisgah***, schönstgelegener Platz am *Parkway* (teilweise reservierbar, $16).

Biltmore House, Prunkbau im Stil französischer Loire-Schlösser und Touristenmagnet No. 1 in North Carolina

2

Downtown Asheville

Orientierung/ Ziele

Da Asheville über einige architektonisch beachtliche Bauten vor allem aus den 1920er-Jahren verfügt, lohnt sich bei Interesse ein kleiner Stadtbummel, ohnedem ist *Downtown* eher unergiebig. Die Orientierung in der überschaubaren Innenstadt fällt auch Ortsfremden leicht. Hauptstraßen sind in Ost-West-Richtung Patton Ave und College Street, in Nord-Süd-Richtung Lexington Ave und Broadway/Biltmore Ave. Hineinfahren ist kein Problem, es gibt reichlich Parkuhren und Parkhäuser.

Als sehenswert werden u.a. empfohlen der ***Grove Arcade Public Market***, eine *Indoor Shopping Mall*, gebaut bereits 1929 und 2002 renoviert (www.grovearcade.com), das ***Bon Marche Building*** von 1923, ein ehemaliges Kaufhaus, aber heute das Domizil des ***Haywood Park Hotel*** (www.haywoodpark.com), und das ***Flat Iron Building*** von 1926, alle in der Battery Park Avenue. **Shoppingbereiche** sind neben der *Grove Arcade* die kurze Wall Street und der zentrale Abschnitt der Patton Ave.

Pack Place: Museen

Von der Ecke Patton Ave/Haywood Street sind es nur zwei Blocks bis zum Broadway und Pack Square, hinter dem sich die Innenstadt zur grünen, aber unspektakulären **City & County Plaza** öffnet. Am Pack Square steht unübersehbar der ***Pack Place*-Komplex** mit *Shops* und Restaurants, Kultureinrichtungen und Museen (www.packplace.org). Wichtigstes ist das ***Asheville Art Museum*** (© 828/253-3227, Eintritt $6, www.ashevilleart.org) mit amerikanischer Kunst des 20. Jahrhunderts. Das ***Colburn Gem & Mineral Museum*** zeigt bemerkenswerte Mineralien und Edelsteine ($4, Kinder $3, www.colburnmuseum.org). ***The Health Adventure*** behandelt das Thema Gesundheit in einer auch Kindern verständlichen Form mit *Hands-on*-Objekten (Eintritt $6, Kinder $5, www.the healthadventure.org). Alle Di-Sa 10-17 Uhr, So ab 13 Uhr.

Thomas Wolfe Home

Literaturkenner werden gerne den ***Thomas Wolfe Memorial State Historic Site*** besuchen wollen (52 North Market Street parallel zum Broadway etwas oberhalb Pack Square, Di-Sa 10-16 Uhr, $1, www.wolfememorial.com). Dort wuchs *Thomas Wolfe* in einem Haus auf, in dem die Eltern Zimmer vermieteten. Es taucht als *Dixieland Boarding House* in *Wolfes* »Schau heimwärts, Engel« wieder auf. Der Roman *Look homeward, Angel!* (1929) mit autobiographischen Zügen gehört zur großen Südstaatenliteratur. Aber die kritisch-satirische Schilderung seiner Geburtsstadt machte ihn dort nicht beliebt.

Zum Biltmore Estate via Downtown

Von der Innenstadt zu Ashvilles Hauptattraktion fährt man die Biltmore Ave hinunter und erreicht nach ca. 2 mi das ***Biltmore Village***, ein »historisches« Dorf als touristische Versorgungsetappe vor der Einfahrt in den Park des *Biltmore Estate* (www.biltmore village.com). Auch wer – von Norden kommend – auf den Stopp in *Downtown* Ashville verzichtet, sollte über Broadway/Biltmore Ave (*Exit* 5A von der I-240) anfahren, die Autobahnroute rund um die Stadt ist sehr lang und viel zeitaufwendiger.

zum Estate ab Parkway

Via ***Blue Ridge Parkway*** nimmt man entweder die #74A/I-240, um zunächst *Downtown* zu besuchen, oder die Hendersonville Road #25, die geradewegs zum *Biltmore Estate* führt (sie geht nördlich über in die Biltmore Ave, ➪ oben).

Einfahrt ins Biltmore Estate durch ein Torhaus wie aus dem Mittelalter

Das Biltmore Estate

Zugang

Aus welcher Richtung auch immer, die Einfahrt zum *Biltmore Estate* ist unverfehlbar ausgeschildert. Sie ist eine Verlängerung der Lodge/Brook Street, welche die Biltmore Ave bzw. Hendersonville Road im rechten Winkel kreuzt. Durch ein altmodisches Torgebäude (links und rechts davor eine Informationsbüro und ein großer Souvenirshop) gelangt man auf enger Straße durch dichten Wald mit mächtigen Bäumen und Bambusstauden zum ***Biltmore Reception & Ticket Center*** (ca. 1 mi). Von dort geht's nur mit Eintrittskarte, aber durchaus im eigenen Fahrzeug weiter. Das *Biltmore House* liegt verborgen vor neugierigen Blicken noch 3 mi entfernt.

Reception Center

Im Besucherzentrum, das auch Unterlagen in deutscher Sprache hat, steht ein großes topographisches Modell des Biltmore Areals. In kurzen Abständen zeigt ein aufschlussreicher Film schon mal einiges von dem, was Ticketinhaber auf einer ***self-guided Tour*** durch *Biltmore Estate* und *House* real zu sehen bekommen. Das *Reception Center* ist täglich geöffnet 8.30-17 Uhr, ✆ 1-800-543-2961. Aktuelle Informationen auch über Veranstaltungen wie Konzerte, spezielle Führungen etc. unter www.biltmore.com.

Eintritt

Der Zutritt zum Gelände kostet einschließlich Rundgang durch den Palast ohne Führung jahreszeit- und programmabhängig heftige **$38-$44**. Kinder 6-16 Jahre zahlen 50%; kleinere Kinder nichts. Neben der Besichtigung von 50 Räumen des *Biltmore House* gibt es dafür noch verschiedene Gärten zu bewundern und ein Tour samt Weinprobe in dem *Estate* eigenen Weingut.

Sonderkosten

Wer mit eigenem Fahrrad herumfahren möchte, was möglich ist, zahlt $5 extra. *Bikerental* $20 für 4 Stunden. Ausritte, Kutschfahrten, Boottrips und besondere Führungen über die allgemein zugänglichen Stockwerke und Räume von *Biltmore House* hinaus kosten kräftig extra. Fast unnötig zu sagen, dass auch diverse **Läden** und **Restaurants** den Besuchern offenstehen. Beliebt ist das tägliche Mittagsbuffet im ***Deerpark Restaurant*** für $16, sonntags als *Brunch* $23. Im ***Inn on Biltmore Estate***, einem schlossähnlichen ****Hotel weitab vom *Biltmore House*, übernachtet man fürstlich zu Tarifen ab ca. $200 bis $450/Nacht.

Lohnenswert?

Die Frage ist hier zumindest für den Originalen in Frankreich und anderswo nahe europäische Besucher: **»Lohnt sich der hohe Eintritt?«** Es gilt: *Biltmore Estate* ist überaus sehenswert, man muss aber die Geldausgabe »vergessen«. Nach unseren Maßstäben bezahlt man diesen Spaß zu teuer. Vielen mögen da der Gratisfilm und die Fotos im *Reception Center* vielleicht schon genügen.

Villenviertel

Ersatzweise könnte man eintrittsfrei und auf eigene Faust eine kleine **Besichtigungstour** toller Anwesen im ***Biltmore Forest Estate*** unternehmen, ein paar hundert Meter unterhalb der Einfahrt zum gebührenpflichtigen *Biltmore Park*. Man fährt an der Kreuzung All Souls Crescent/Hendersonville Road in die Vanderbilt Rd und damit in ein Villenviertel der gehobenen Klasse (mit Wohnmobil nicht erlaubt). Die Zufahrt in diese gepflegte Wald- und Wohnzone ist ebenfalls möglich gegenüber dem *Southeast Forest Shopping Center* etwas weiter südlich. Aber Achtung: private Sheriffs kontrollieren die Straßen und sorgen für Einhaltung des allgemeinen Halteverbots. »Herumspazieren« ist nicht drin.

»Alternative« Gärten

Was die Gärten von *Biltmore* betrifft: im ***Botanical Garden*** bei der *University of North Carolina* am Broadway nördlich *Downtown* (*Exit University* von der #23) kann man die Blütenpracht der jeweiligen Jahreszeit ebenfalls bewundern (www.ashevillebotanicalgardens.org). Und zwar ganz ohne Eintritt wie auch im herrlichen ***North Carolina Arboretum*** am *Parkway*, Exit 2 von der Straße #26, ➪ weiter unten.

Biltmore Village

Eingerahmt von Lodge und Brook Streets im Norden und dem All Souls Crescent sorgen die **Restaurants** und **Shops** im ***Historic Biltmore Village*** für die »Betreuung« der Touristenströme. Auf den ersten Blick ganz attraktiv, bei näherem Hinschauen aber nicht für jeden empfehlenswert, da überkommerzialisiert.

Wer sich selbst versorgen oder ganz in Ruhe einen Happen essen möchte, fährt die Hendersonville Road in Richtung Süden zum ***Southeast Forest Shopping Center***, das sich scheinbar schon weit weg von der touristischen Hektik befindet.

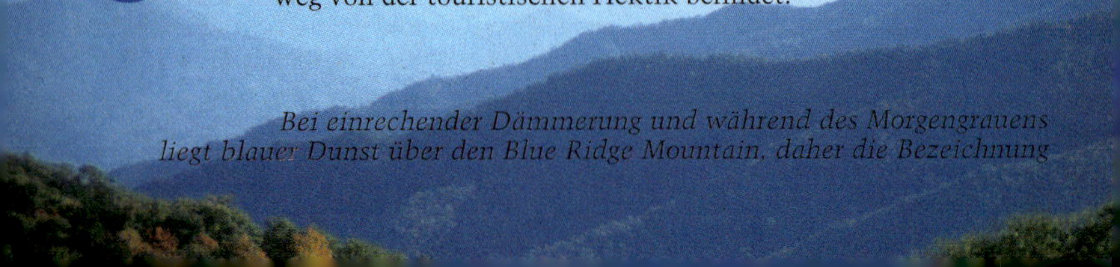

Bei einrechender Dämmerung und während des Morgengrauens liegt blauer Dunst über den Blue Ridge Mountain, daher die Bezeichnung

Die Vanderbilts und das Biltmore Estate

Die Dynastie der *Vanderbilts,* einer der reichsten Familien Amerikas, geht auf den holländischen Einwanderer ***Jan A. van der Bilt*** (1620-1705) zurück. Die Familie wirtschaftete über einige Generationen als Farmer auf Staten Island bei New York, bevor *Cornelius,* Ururenkel des Einwanderers, es 1810 fertigbrachte, sich im Alter von 16 Jahren $100.000 zu leihen. Die verwendete er für für den Kauf von Schiffen, mit denen er einen Fährenservice rund um New York aufbaute. Vom Fährreeder wurde ***Cornelius Vanderbilt*** zum Großreeder, der nach Erfindung der Dampflokomotive auch noch erfolgreich ins Eisenbahngeschäft einstieg. Dessen Sohn ***William Henry Vanderbilt*** schaffte es, das ererbte bereits riesige Vermögen zu verdoppeln. Als er 1885 starb, war sein Nachfolger ***George Washington Vanderbilt*** gerade 23 Jahre alt, aber schon weit herumgekommen, u.a. hatte er viel von Europa gesehen. Während einer Reise 1887 nach Asheville begeisterte er sich für die Schönheit der *Blue Ridge Mountains* und kaufte 1888 nur wenige Meilen südlich der Stadt ein 500 km^2 (!) großes Gelände. Für dessen Gestaltung heuerte er den berühmten Landschaftsarchitekten *Frederick Law Olmsted* (*New York Central Park*) an. Gleichzeitig begann die Planung zum Bau eines die Renaissance Schlösser in Frankreichs Loiretal imitierenden Palastes. Damit hatte der junge Dynastieerbe den Stararchitekten seiner Zeit, *Richard Morris Hunt,* beauftragt. Die Arbeiten am nun als *Biltmore* bezeichneten Anwesen begannen 1890 und dauerten über 5 Jahre, während der bis zu 1000 Arbeitskräfte gleichzeitig mit dem Bau beschäftigt gewesen sein sollen. Zu Weihnachten **1895** wurde das »Haus« eingeweiht und bezogen. Gartenarchitekt *Olmsted* war noch bis zu seinem Tod 1903 mit Landschaft und Gärten des *Biltmore Estate* beschäftigt.

Biltmore House gilt bis heute mit rund 16.000 m^2 »Wohnfläche« als **größtes privates Wohnhaus der USA**. Von insgesamt 250 Räumen, darunter 34 Schlaf- und 43 Badezimmer, werden indessen »nur« noch 22 von den *Vanderbilts* selbst bewohnt, ein Großteil des Palastes ist faktisch ein Museum. Trotz des – den französischen Schlössern abgeguckten – nostalgisch-luxuriösen Interieurs mit einer großenteils aus Europa, Asien und Afrika herbeigeschaften Ausstattung verfügte das Haus schon bei Fertigstellung über viele moderne Errungenschaften. Es gab elektrischen Strom, Zentralheizung, fließend Heiß- und Kaltwasser, Rufanlagen, Aufzüge und Telefone. Auch eine Sporthalle, Swimmingpool und Kegelbahn fehlten von Anfang an nicht. Um das Haus herum entstanden formale und Blumengärten, darüberhinaus diverse Nebengebäude.

Bis heute befindet sich das gesamte *Biltmore Estate* in Familienbesitz. *George W. Vanderbilt* hatte 1898 wohlstandsmehrend *Edith Stuyvesant* aus ähnlich erfreulichen Verhältnissen geheiratet. Aus diese Ehe ging nur eine Tochter hervor, *Cornelia,* deren Eheschließung 1924 mit *John Amherst Cecil* zu einer weiteren Konzentration überreichlich vorhandener irdischer Güter führte. Das zur Zeit in *Biltmore House* residierende Oberhaupt der Familie ist ***George Henry Vanderbilt Cecil***, 1928 geborener erster Sohn von *Cornelia Vanderbilt.*

2.4.5 Nach Cherokee auf dem Parkway oder durchs Waterfall Country

Alternative Routen

Von Asheville zum *Big Smoky Mountains National Park* kann man entweder sofort der **Straße #19** bzw. zunächst der **I-40** folgen und ab Waynesville auf die #19 überwechseln. Bis nach Cherokee, einem sehenswerten Zwischenziel, wo sich gut ein Abend und eine Nacht verbringen lässt, sind es auf diesem Weg ca. 50 mi, die sich in maximal 90 min bewältigen lassen. Die Alternative wäre der ***Blue Ridge Parkway***, auf dem man in einem weiten Bogen in kurvenreichem Verlauf bis Cherokee (ab *Biltmore Village*) locker 80 mi unterwegs ist. Dafür braucht man leicht bis zu 3 Stunden, Fahrtunterbrechungen für Aussichtspunkte etc. nicht gerechnet. Wer genug Zeit hat, diese schönere Strecke zu wählen, sollte das tun. Für die letzten ca. 15 mi kann man dann ggf. die #19 bis Cherokee nehmen, was Fahrer größerer Campmobile ohnehin müssen, da auf dem letzten Stück des *Parkway* 2 Tunnel mit nur ca. 11 Fuß Durchfahrtshöhe warten.

Allerdings verpasst man mit dieser Abkürzung einen besonders attraktiven Streckenabschnitt und die *Balsam Mountain* bzw. die *Heintoga Road*, ⇨ weiter unten, www.balsammountain.com.

Unterkunft/ Camping

Im Bereich **Waynesville** (I-40/#23/74) und **Maggie Valley** (Straße #19) findet man zahlreiche Unterkünfte, darunter auch viele unabhängige, relativ **preiswerte Motels** (www.waynesville.com, www.maggievalley.org). Speziell an der #19 liegen einige **Campingplätze** schön am Jonathans River.

North Carolina Arboretum

Gleich anfangs dieser letzten Etappe auf dem *Blue Ridge Parkway* (Kreuzung mit der Straße #191, Meile 393) ist das ***North Carolina Arboretum*** ein natürliches, von vielen übersehenes Kleinod im *National Forest* unweit des oben empfohlenen Campingplatzes *Lake Powhatan*. Anders als die Bezeichnung vermuten lässt, stehen in diesem Park mit *Experimental Forest* weniger Bäume im Vordergrund, als vielmehr **verschiedenartige Gärten** von *Bonsai* über *Tropical* bis *Formal* (*Quilt Gardens* in Schottenrockmustern angelegt). Geöffnet früh am Morgen bis Dämmerung. Eintritt frei. Info im Internet mit vielen Fotos: www.ncarboretum.org.

Mount Pisgah

Bei Meile 408 unterquert der *Parkway* den zweithöchsten Berg der *Blue Ridge* Formation, den ***Mount Pisgah*** (1.700 m). Aufstieg bis zum Gipfel ab dem *Trailhead* am *Parkway* südlich des *Buck Springs Tunnel* (rund 4 km retour). Einige hundert Meter weiter befinden sich auch das ***Pisgah Inn***, ✆ 828/235-8228, www.pisgahinn.com, und der große ***Pisgah Campground*** mit teilweise »zugewachsenen« Plätzen, www.reserveamerica.com/nrrs/nc/mpis.

Cradle of Forestry

An der Straße #276, 4 mi südöstlich des *Parkway*, liegt das ***Cradle of Forestry in America Visitor Center*** (www.cradleofforestry.com), eine Art forstwissenschaftliches Museum des *Forest Service*, und 6 mi weiter das ***Center for Wildlife Education*** (www.ncwildlife.org, von der #276 auf *Forest Road* #475, ausgeschildert), das sich allem widmet, was im *Pisgah National Forest* und dessen Gewässern wächst, kreucht, fleucht und schwimmt. Beide Einrichtungen sind **eintrittsfrei**.

Baden

Zwischen ihnen passiert man den populären ***Sliding Rock***, eine tolle natürliche Felsrutschbahn mit Pool am unteren Ende (im Sommer mit Aufsicht) und 2 mi weiter die ***Looking Glass Falls***, www.ncwaterfalls.com/sliding_rock1.htm u. /looking_glass1.htm.

Davidson River

Kurz hinter dem Abzweig zum *Wildlife Education Center* stößt die #276 auf den Davidson River und folgt dessen Lauf. Weitere ca. 4 mi sind es bis zur ***Davidson River Recreation Area***, Ausgangspunkt für Wildwassertrips und mehrere **Wanderrouten**. Dessen ***Campground*** verfügt über eine ganze Reihe schöner Stellplätze direkt am Fluss (Reservierung: www.reserveusa.com/nrrs/nc/davi oder © 1-800-280-2267, Duschen, $16).

Waterfall Country

Die #276 kreuzt einige Meilen weiter die Straße #64, streckenweise als ***National Scenic Byway*** ausgeschildert. Sie läuft im äussersten Nordwesten von North Carolina durch das wegen seiner zahlreichen Wasserfälle sog. ***Waterfall Country*** (www.visitwaterfalls.com). Das Kerngebiet liegt dabei zwischen den Straßen #178 und #281 im Landkreis ***Transylvania*** (heißt wirklich so!). Vor Ort in **Brevard** (Touristinfo in der 35 West Main Street, www.brevardnc.com, www.brevardncchamber.org) gibt es Übersichtskarten über die Fälle der Umgebung und *Trail Maps* für Wanderwege dorthin, soweit sie nicht per Straße erreichbar sind.

Wer den **Umweg vom *Parkway* nach Cherokee über Brevard** (Straßen #276, #64/#107 oder #23/#441) in Erwägung zieht, sollte wegen der vielen reizvollen Zwischenstopps mindestens einen ganzen zusätzlichen Tag einkalkulieren, obwohl gegenüber dem *Parkway* nur 20-40 Mehrmeilen zusammenkommen.

Pittoreske Whitewater Falls in Transylvania im Spätherbst (Indian Summer)

Speziell in/bei Brevard ist es – nebenbei – kein Problem, eine passende Unterkunft zu finden. Zahlreiche **Motels** säumen in den Ortsbereichen die Route. **Campen** kann man u.a. wieder gut im *National Forest* zwischen Highlands und Franklin.

Weiter auf dem Parkway

Wer auf dem *Parkway* bleibt, passiert als nächsten interessanten Punkt bei Meile 422 ***Devil's Courthouse***. Ein steiler, ca. 1,5 km langer ausgebauter Weg führt auf die Höhe über exponierten Felsabhängen, von der man einen weiten Blick über die Blue Ridge Mountains hat.

Bei Meile 458 beginnt die attraktive ***Heintoga Road*** auf den **Balsam Mountain**. Bis zum Ende der Asphaltierung an der *Heintoga Ridge Picnic Area* sind es 9 mi. Gleich eingangs dieser Straße liegt sehr schön der privat geführte ***Mile High Campground*** (✆ 828-280-2267, 1 mi ab *Parkway*) und bei Meile 8,5 der einfache ***Nat'l Park Campground Balsam Mountain***.

Nach insgesamt 469 mi auf dem Parkway wird Cherokee erreicht.

Man sieht hier deutlich, wie sich die Wolken auf die Höhen der Great Smoky Mountains schieben und damit den Grund für die Bezeichnung dieser Berge (Blick von der Passhöhe Newfound Gap, *➪ Seite 261)*

2.5 Cherokee und der Great Smoky Mountains National Park

2.5.1 Cherokee Indian Reservation

Sowohl die letzten 15 mi *Parkway* als auch die Straße #19 Richtung Cherokee laufen durch die ***Cherokee Indian Reservation***. Dort leben noch 11.000 *Cherokee*, davon rund 1000 im oder beim gleichnamigen Zentralort am südlichen Rand der Region, www.aboutcherokee.com.

Die Cherokee

Das Siedlungsgebiet der *Cherokee*, des mit geschätzten 250.000 Angehörigen größten Indianervolkes östlich des Mississippi, reichte im 16. Jahrhundert vom heutigen Ohio südwärts bis Georgia und Alabama mit Kernregion in den Great Smoky Mountains; www.cherokeehistory.com.

Die europäischen Siedler, erstaunt, gebildete Ureinwohner vorzufinden – die *Cherokee* waren das einzige indianische Volk mit einer Schriftsprache –, lebten zunächst in friedlicher Koexistenz mit ihnen. Erst als im 18. Jahrhundert in Georgia Gold gefunden wurde und immer mehr Weiße ins Land strömten, waren die Indianer im Weg. Man beschloss, sie nach Westen umzusiedeln. Indianerfreunde wie *David Crockett* und andere setzten sich erfolglos für die Ureinwohner ein. Präsident *Andrew Jackson*, dem *Cherokee Chief Junaluska* 1812 in einer Schlacht das Leben gerettet hatte, blieb nichtsdestoweniger unbeugsam und unterzeichnete 1835 den ***Indian Removal Act***, nachzulesen unter www.loc.gov/rr/program/bib/ourdocs/Indian.html.

Ab 1837 wurden die *Cherokee* und weitere Stämme, die ***5 civilized nations***, in großen Verbänden in Richtung Westen getrieben. Ein Drittel von ihnen starb auf dem ***Trail of Tears*** über fast 2.000 km in neu eingerichtete Reservationen im heutigen Oklahoma; www.rosecity.net/tears und www.rosecity.net/tears/trail/map.html. Die Nachfahren der *Western Band of Cherokee* leben bis heute verstreut im Nordosten des erst 1890 entstandenen Staates Oklahoma, dessen Konstituierung zur Zerschlagung ihrer Reservate führte.

Ein Teil der *Cherokee* hatte sich damals in den Great Smoky und Blue Ridge Mountains verstecken und der Zwangsumsiedelung entgehen können. Ihre Nachkommen leben in der später als Folge des sog. ***Indian Reorganization Act*** eingerichteten ***Cherokee Indian Reservation*** in North Carolina.

Zur Erinnerung an die Vertreibung wurde 1987 ein ***Trail of Tears National Historic Trail*** eingerichtet, der den 150 Jahre vorher eingeschlagenen Zwangsweg nach Oklahoma mit vielen Gedenktafeln entlang der Strecke nachzeichnet.

Im beachtlichen und gut gemachten Cherokee Museum mitten im Ort erfährt man alles über die Geschichte und Kultur des Stammes

Cherokee Township

In Cherokee findet die totale touristische Vermarktung indianischer Geschichte und Kultur statt. Gleichzeitig ist Cherokee die – gegenüber Gatlinburg – unterkunftsmäßig preiswertere Etappe (speziell etwas außerhalb des Zentralbereichs und Mo-Do) für Besucher des nahen Nationalparks. Die Hauptstraße durch den Ort (#441) wird meilenlang gesäumt von Hotels, Motels, Restaurants, *Fast Food Places*, Minigolf- und *Amusement Parks* und jeder Menge Souvenirshops mit einem enormen Angebot an *Indian Handicraft*, darunter reichlich Kitsch. Aber auch der verdient Aufmerksamkeit und sei es zum Staunen.

Entlang der Hauptstraße durch Cherokee stehen 'zig H/Motels: Pageant Hills liegt zentral beim Museum

Praktische Informationen

Information

Das ***Cherokee Visitors Center*** an der Main Street (#441, © 1-800-438-1601, www.cherokee-nc.com, täglich 8-17 Uhr, im Sommer bis 22 Uhr) hat jede Menge Unterlagen zu allen Attraktionen des Ortes und darüberhinaus. Auch eine Liste aller Unterkünfte und Campingplätze des Bereichs ist dort verfügbar.

Unterkunft

Um die 70 Motels und Hotels ballen sich in und um Cherokee. Ein gutes Preis-/Leistungs-Verhältnis bietet das ***Best Western Great Smokies Inn*** an der #441 nördlich des Zentrums ab $85 (© 828/497-2020). Das ***Pageant Hills Motel*** (➪ Foto, © 800/255-5371) liegt im Zentralbereich des weitläufigen Ortes und hat Zimmer ab $55. Noch ein bißchen preiswerter ist das ***Pioneer Motel*** an der #19 südlich des Zentrums. Es liegt schön am Fluss, hat ebenerdige Motelräume, *Cottages* und einen besonders großen Pool im Grünen (© 828/497-2435, www.pioneermotel.net).

Camping

Kurz hinter der Südeinfahrt in den Nationalpark befindet sich der einfache (keine Duschen) ***Campground Smokemont*** ($14-$17), Reservierung übers Internet unter htttp://reservations.nps.gov oder © 1-800-365-2267.

Ein großzügiger **KOA-Platz mit allen Schikanen** liegt in schöner Umgebung zwischen Raven Fork River und Fischteichen wie auf einer Insel an der **Big Cove Road** ca. 4 mi entfernt von der Straße #441 und vom *Blue Ridge Parkway* (unweit des Straßendreiecks vom *Parkway* links/nordöstlich abbiegen); www.cherokeekoa.com, ✆ 828/497-9711 und ✆ 1-800-825-8352; ab $25 für Zeltcamper, Wohnmobile ab $30. Auch zahlreiche Blockhütten sind verfügbar. An Wochenenden und Feiertagen stark erhöhte Tarife.

An der **Big Cove Road** (am Raven Fork River) liegen noch weitere kommerzielle Campingplätze ebenso wie an der **Straße #19** östlich und westlich von Cherokee am Soco River.

Spielkasinos in Indianerreservaten

Seit 1988 ein Bundesgesetz das *High Stake Gambling* auf indianischem Territorium erlaubt, haben viele Stämme das Glücksspiel um Dollars zur Haupteinnahmequelle gemacht. Nach jahrhundertelangem Unrecht und Elend ist es verständlich, dass diese unerwartete Chance zu finanzieller Unabhängigkeit und – damit verbunden – politisch verbessertem Einfluss von den Indianern genutzt wird. Es gibt heute faktisch keinen Stamm mehr, und sei die verbliebene Zahl seiner Angehörigen oder das verbliebene Gelände noch so klein, der nicht wenigstens **ein** Spielkasino betreibt oder betreiben lässt.

Ein Extrembeispiel ist der nicht einmal 300 Mitglieder zählende Stamm der *Pequot*-Indianer in Connecticut, der auf einem knapp 7 km^2 großen Reservatsgelände in Eigenregie das *Foxwoods Casino* mit Hotels, Restaurants, Golfplätzen, einem Vergnügungspark und über 4.000 Angestellten unterhält.

In der (für Gebiete östlich der Rocky Mountains) relativ großen *Cherokee Reservation* hat man der landesweit operierenden Gesellschaft ***Harrah's*** die Lizenz fürs Kasino übertragen. Der Riesenkomplex liegt unübersehbar an der Straße #19 nur wenig östlich von Cherokee.

Sehenswürdigkeiten

Touristische Anziehungspunkte sind neben dem stark besuchten ***Harrah's Cherokee Casino*** (www.harrahs.com/our_casinos/che) an der Straße #19 das ***Museum of the Cherokee Indian***, das ***Mountainside Theater*** und das ***Oconaluftee Indian Village***:

Museum

Das ***Museum of the Cherokee Indian*** steht unübersehbar im zentralen Bereich des Ortes an der #441, davor eine geschnitzte Statue von *Sequoyah*, dem die Cherokee ihre Schrift verdanken. Es thematisiert – die Bezeichnung sagt es schon– die Geschichte der *Cherokee* von 10.000 v. Chr. bis zum *Trail of Tears* (➪ Kasten) in einer sehr guten multimedialen Aufbereitung. Geöffnet täglich 9-17 Uhr, Juni-August bis 20, So bis 17 Uhr, Eintritt $9, Kinder bis 13 Jahre $6, ✆ 828/497-3481, www.cherokeemuseum.org.

Indianerdorf

Im rekonstruierten ***Oconaluftee Indian Village***, einem Indianerdorf wie aus dem 18. Jahrhundert, werden indianische Handwerksfertigkeiten wie Maskenschnitzen, Töpfern, Kanubau, Korbflechten, Töpfern u.a.m. demonstriert. Auch ein botanischer und Kräutergarten mit Lehrpfad ist vorhanden. Insgesamt soll das Dorf ein (gewisses) Bild vom Leben der Indianer vor rund 250 Jahren vermitteln. Mai bis Ende Oktober 9-17.30 Uhr; Eintritt $12, Kinder bis 13 Jahre $5. ✆ 828/497-2315, www.cherokee-nc.com/oconaluftee_main.php. **Kombiticket** Village mit Museum $17 bzw. $9.

Freiluft Theater

Im ***Mountainside Theater***, einer Freilichtbühne mit fast 3000 Plätzen, läuft seit über 50 Jahren von Juni bis August das historische Drama »***Unto These Hills***« zur Geschichte der *Cherokee* seit 1540 bis zur Vertreibung der Stammesmehrheit auf dem ***Trail of Tears*** nach Oklahoma (➪ Kasten). Die Aufführung ist zwar nicht jedermann's Sache, aber doch in ihrer Art samt dem folkloristischen Vorprogramm sehenswert.

Aufführungen Mitte Juni-Ende August, Mo-Sa 20.30 oder 20.45 Uhr, Eintritt $14-$16, Kinder bis 13 Jahren $6, ✆ 828/497-2111, www.cherokee-nc.com/unto_these_intro.php).

Aussichtsturm mit Rollstuhl geeigneter Auffahrt auf den 2024 m hohen Clingmans Dome, dem höchsten Berg der Smoky Mountains

2.5.2 Great Smoky Mountains Nat'l Park www.nps.gov/grsm

Einfahrt

Wer von Cherokee in den *Great Smoky Mountains National Park* fährt, passiert gleich eingangs das ***Oconaluftee Visitor Center*** (✆ 865/436-1200), wo man sich die **Parkkarte** und den zeitungsähnlichen ***Smokies Guide*** mit allen wichtigen generellen und aktuellen Informationen besorgt. Der Zutritt zum »Gebirge des großen Rauchs« ist **eintrittsfrei**.

Kennzeichnung

Der ***Great Smoky Mountains National Park*** (siehe auch www.gsmnp.com) wurde 1934 nach jahrelangen privaten Bemühungen, dieses Teilgebirge der Appalachen unter Naturschutz zu stellen, ins Leben gerufen. Landübertragungen der Staaten North Carolina und Tennessee an den Bund bzw. den *Nat'l Park Service* und Spenden, darunter allein $5 Mio. von *John D. Rockefeller,* für den Kauf von Arealen in Privatbesitz ermöglichten die Arondierung des mit rund 2.100 km^2 (nach den überwiegend unzugänglichen Sümpfen der *Everglades* in Florida) größten US-Nationalparks östlich des Mississippi. Er schützt Flora und Fauna einer Gebirgsregion mit der höchsten Dichte der Appalachen an Gipfeln über 1.500 m vor kommerzieller Ausbeutung. Dank der Lage des Parks an der Grenze zwischen südlicher und nördlicher Vegetation findet man in seinen Tälern und an den Hängen mit über 4000 Arten, darunter 130 Baum- und 200 Pilzarten, eine besonders üppige Pflanzenvielfalt. Auch die Tierwelt ist reich vertreten; allein 200 Vogel- und 65 Säugetierarten, darunter heute wieder 1.500 Schwarzbären, sind in den Smoky Mountains zu Hause.

Trails

Abgesehen von der den Park mittig durchschneidenden #441 ist er nur an seinen Rändern durch Straßen erschlossen. Sein Inneres ist einsam und trotz 9 Mio. Parkbesuchern pro Jahr menschenleer. Nur per pedes oder auf Pferderücken gelangt man dorthin. Ein Wegenetz von 1.400 km erschließt Wanderern das Hinterland, Karten gibt's in den Besucherzentren.

Ein Teilstück des berühmten ***Appalachian Trail*** (www.nps.gov/appa, www.trailplace.com), eines Transkontinentalpfades, der über ca 3400 km von Georgia bis hinauf nach Maine führt, läuft durch den Park großenteils in West-Ost Richtung entlang der Grenze von Tennessee und North Carolina. Ihr Verlauf markiert gleichzeitig die Wasserscheide zwischen zum Atlantik und zum Golf von Mexico abfließende Gewässer.

Newfound Gap Road

Auf der gut ausgebauten ***Newfound Gap Road*** zwischen Cherokee und Gatlinburg (33 mi, #441) ist der Höhepunkt ihres zwar landschaftlich schönen, aber insgesamt unsensationellen Verlaufs die Überquerung der Kammlinie und Wasserscheide (*Newfound Gap*, 1540 m). Von den Aussichtspunkten an der mit großen Parkplätzen gesegneten Passhöhe erkennt man an Tagen mit Niederschlägen auch, wie sich die namensgebenden »Rauchwolken« als nebliger Dunst aus den Hochtälern lösen (➪ Foto Seite 256). Noch besser ist der Weitblick vom ***Clingmans Dome***, dem mit 2.024 m höchsten Berg im Park mit Aussichtsturm. Zufahrt über eine 7-mi-Straße ab *Newfound Gap*, dann noch 800 m zu Fuß.

Sugarlands

Das große ***Sugarlands Visitor Center*** auf der anderen Gebirgsseite im Kreuzungsbereich *Newfound Gap* und *Little River Road* ist zentraler Anlauf- und Informationspunkt, © 865/436-1200.

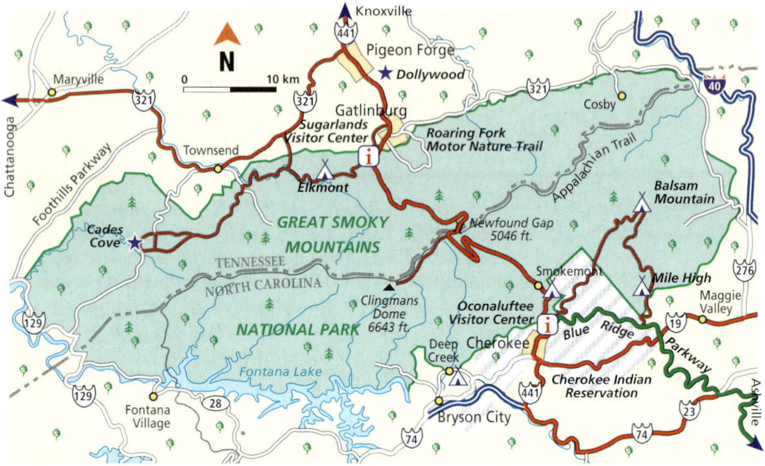

Visitor Center

Eine Ausstellung zu Flora und Fauna und ein Film zur Naturschönheit des Parks ergänzen diese Funktion. Ein gepflasterter, **Naturlehrpfad** an der *Newfound Gap Road* unweit des Besucherzentrums ist auch für Rollstuhlfahrer geeignet.

Trolley nach Gatlinburg

Ein sog. ***Trolley*** verbindet das *Sugarlands Visitor Center* und den Campingplatz *Elkmont* mit Gatlinburg. Wer den *Trolley* nutzt ($1 bzw. $2 retour, www.attractions-gatlinburg.com/trolley_info.html), vermeidet Parkprobleme in Gatlinburg, ➪ Seite 264.

Little River Road

Die ***Little River Road*** von *Sugarlands* in westliche Richtung am gleichnamigen Fluss entlang ist die landschaftlich reizvollste Straße des Parks. In den Pools des mäandernden, glasklaren Flusses kann man herrlich schwimmen. Seine sommers harmlosen Stromschnellen bilden ein ideales Revier für Luftmatrazen- und ***Inner Tubing*** Wasserspaß. Eine bequeme und daher populäre Wanderung führt zu den pittoresken ***Laurel Falls*** (4 km retour ab *Trailhead* an der Straße etwa 4 mi östlich von *Sugarlands*).

Camping

Die *Little River Road* läuft am ***Elkmont Campground*** vorbei bis zum Bereich ***Cades Cove***, einer früheren Siedlung. Der Weg dorthin (über Tremont hinaus) lohnt sich nur bei großem lokalhistorischen Interesse oder zum **Campen**, ggf auch bei beabsichtigter Fortsetzung der Reise in Richtung Süden über die geschotterte ***Parson Branch Road***. Beide hier erwähnten Campingplätze können reserviert werden, ➪ Seite 136 bzw. *Smokemont* weiter oben. Bis auf *Smokemont* (ganzjährig) sind alle **Campingplätze im Nationalpark nur ab ca. April bis Ende Oktober geöffnet**.

Unterkunft

Im Park selbst gibt es bis auf die nur zu Fuß erreichbare ***Le Conte Lodge*** mit rustikalen *Cabins* aus den 1920er-Jahren (✆ 865/429-5704, www.leconte-lodge.com) keine weiteren Unterkünfte.

2.6 All American Getaways

Nördlich des *Great Smoky Mountain National Park* bieten die nur wenige Meilen auseinanderliegenden Ortschaften **Gatlinburg** und **Pigeon Forge** (beide Tennessee) nach Las Vegas und Orlando die drittgrößte und -dichteste touristische Agglomeration der USA. Im Einzugsbereich anderer Nationalparks, und seien sie noch so vielbesucht und berühmt wie etwa *Grand Canyon* oder *Yellowstone*, gibt es nichts Vergleichbares.

2.6.1 Gatlinburg

Kennzeichnung

Unmittelbar angrenzend an den Nationalpark liegt zunächst Gatlinburg, ein 4000-Einwohner-Städtchen in den Ausläufern der Berge. Der Aufstieg vom unbedeutenden Dorf zum ***»Favorite Mountain Getaway«*** des US-Südostens begann 1926 mit dem Bau der Straße #441 und seit 1934 nach Etablierung des Parks. Gatlinburg hat es fertiggebracht, sich von einer Versorgungsetappe für Parkbesucher zu einem eigenen Ferienziel zu entwickeln, in dem die *Great Smoky Mountains* für viele Besucher nur noch eine Nebenrolle – wenn überhaupt – zu spielen scheinen. Das Angebot an kommerzialisiertem »Abenteuer«, an *Family Fun* und *Entertainment,* obendrein *Wedding Chapels* & *Services* für die naturverbundene, romantische Eheschliessung ist enorm.

Tagsüber sind durchaus an den *Outdoors* orientierte, überwiegend teure Aktivitäten wie *Bike Tours, Whitewater Rafting* und *Canoeing* auf den Wildflüssen der Umgebung, geführte Ausritte und Wanderungen von Bedeutung, aber daneben und als Abendprogramm steht eine Vielzahl von konfektionierten *Thrills* zur Auswahl, wobei das teure **Aquarium** mit Hai-Tunnel (www.ripleysaquariumofthesmokies.com) und die Seilbahn zum ***All Seasons Amusementpark*** **Obergatlinburg** (www.obergatlinburg.com), ein Dorf, das im Sommer »Bayern« spielt und im Winter Skipisten bietet, noch zu den positiveren Angeboten gehören. Die *Christus*

Wachsfiguren- und Gruselkabinett mit Harry Potter und Startrek-Helden an der Hauptstraße durch Gatlinburg

Gardens (www.christusgardens.com), das *Mysterious Mansion, Haunted Adventure* oder *Star Cars Museum* (www.starcarstn.com) reizen europäische Besucher eher weniger – zumal bei durchweg hohem Eintritt.

Parken

Gatlinburg liefert auf jeden Fall ein Erlebnis zum Staunen, vorausgesetzt, man hat sich zunächst durch die oft verstopfte Stadt gequält und einen Parkplatz gefunden. Gebührenfreies Parken ist nicht vorhanden, es sei denn auf den Parkplätzen von Hotels und Motels vor allem an der River Road, an der Straße #321und der Ski Mountain Road für Gäste. Die Parkuhren und durchaus vorhandenen -plätze im zentralen Bereich kosten $6/Stunde.

Ortsumgehung

Wer sich nach dieser Einstimmung gar nicht erst auf Gatlinburg einlassen will, nimmt den westlich an der Stadt vorbeiführenden ***Scenic Bypass*** und stößt dann erst in Pigeon Forge unvermeidlich auf den sich dort verstärkt fortsetzenden *Tourist Strip*.

Information

Soweit man sich noch nicht an anderer Stelle (z.B. im *Sugarlands Vistors Center*) Unterlagen für Gatlinburg und Pigeon Forge besorgt hat, sollte man zur Orientierung unbedingt Ortspläne und das Heft »***Discover Gatlinburg***« im lokalen ***Welcome Center*** an der Straße #441, nördliche Ortseinfahrt, beschaffen (✆ 1-800-568-4748; www.gatlinburg.com). Darin sind alle Attraktionen und insbesondere auch alle Unterkünfte (Hotels/Motels/*B&Bs*, Ferienwohnungen und -häuser) mit Telefonnummern gelistet und in einer Ortsübersicht klar markiert. **Weitere *Visitor Information Centers*** befinden sich beim Aquarium an der Greystone Road und am Parkway zwischen den Ampeln #5 und #3.

Trolleys

Neben dem nördlichen *Welcome Center* befindet sich ein ***Park & Ride* Platz**, von dem aus ***Trolleys*** ($0,25) ins Zentrum der Stadt zum ***Mass Transit Center*** (Ampel#5/Aquarium) fahren, dem Ausgangspunkt weiterer Trolleylinien. Sie dienen als Zubringer der weiträumig in und um Gatlinburg verteilten Unterkünfte und Campingplätze. Eine Linie fährt zum *Sugarlands Visitor Center*, zum *Laurel Falls Trailhead* und dem Campingplatz *Elkmont* im Nationalpark ($1 bzw. $2 retour, www.attractions-gatlinburg.com/trolley_info.html). Wer einigermaßen zentral parkt, erreicht alle »Attraktionen« in der Stadt auch leicht zu Fuß.

Essen & Trinken

Das leibliche Wohl sicherzustellen ist in Gatlinburg kein Thema. Man wird dort von unterschiedlichsten *Fast Food*-Angeboten an Ständen, in den üblichen Ketten und *Food Courts* nahezu »erschlagen« ebenso wie von der Vielzahl an Restaurants jedweder Provenienz vom *Steakhouse* über *Seafood* und »Smorgasbord« bis hin zum unvermeidlichen Chinesen.

Unterkunft

Bei Fahrt auf der #441 durch Gatlinburg (innerörtlich *Parkway*) passiert man bereits eine ganze Reihe Hotels und Motels. Das Gros der über 150 Unterkünfte liegt jedoch an der #321 Richtung Osten, an der River und der Ski Mountain Road. Speziell Ferienwohnungen und *Log Cabins* (kleine Blockhäuser) sind rund um den Ort – teilweise in wunderbarer Aussichtslage – zu finden.

Rustikaler Laden für Souvenirs, Textilien und »Old Tyme Portaits«. Dafür wird ein Fundus alter Kostüme bereitgehalten (speziell Can-Can-Girl und Revolverheld sind beliebt)

Eine Besonderheit Gatlinburgs sind tatsächlich schön gelegene ***Lodges*** und ***Chalets*** mit großzügigen Räumlichkeiten mit ***Fireplace*** und ***Whirlpool***, oft direkt im Schlafzimmer und herzförmig, oder *open-air* auf der Terrasse, dem *Deck*. Speziell damit scheint man die *Honeymoon*-Kundschaft locken zu können.

Spezialisten für individuelle Unterkünfte dieser Art sind ***Smoky Mountain Accommodation*** (✆ 1-800-231-2230), ***Mountain Rentals*** (www.mountainchalets.com, ✆ 1-866-482-1044) und ***Smoky Mountain Mall*** (www.smokymtnmall.com, ✆ 1-865-633-9650, auch für Pigeon Forge) für *Cabins*, Ferienhäuser und -apartments.

Im Gegensatz zu Pigeon Forge (➪ Seite 266) ist offene Tarifwerbung auf den Leuchtreklamen der *Motor Inns* und *Motels* in Gatlinburg eher die Ausnahme. Man muss bei Häusern, die freie Zimmer signalisieren, fragen. Ja nach aktueller Auslastung kann man handeln – oder auch nicht. Gerade hier ist der Blick in eines der ***Tennessee Travel Coupon Books*** überaus hilfreich, ➪ auch Seite 124. Wer nicht unbedingt in Gatlinburg übernachten muss, findet günstigere Tarife bei gleichwertiger Qualität in Pigeon Forge, nur ein paar Meilen weiter, einem Ort, für dessen Herbergen besonders viele *Discount Coupons* verfügbar sind.

Camping

Wer komfortabler als im nahen Nationalpark campen möchte, findet mehrere kommerzielle Plätze an der Straße #321 (East Parkway). Dem Zentrum am nächsten (ca. 2 mi) und dennoch komplett im Grünen liegt das

- ***Twin Creek RV Resort***, ein *Five-Star*-Komfortplatz mit den entsprechenden Vor- und Nachteilen, ✆ 1-800-252-8077, www.twincreekrvresort.com. Zeltcamping ist dort nicht möglich, aber wohl im vielleicht noch schöner gelegenen
- ***LeConte Vista RV Resort & Campground***, ca. 2 mi weiter östlich, einem ebenfalls empfehlenswerten Platz zu etwas moderateren Gebühren, ✆ 865/436-5437, www.tnvacation.com/vendors/leconte_vista_rv_campground.

Beide Plätze werden vom ***Trolley Service*** angefahren.

2.6.2 Pigeon Forge

Kennzeichnung/ Orientierung

Sprechen für Gatlinburg bei allem überbordenden Kommerz noch die grüne, von Bergen umrahmte Lage nahe am Nationalpark und ein kompakter langgezogener Ortskern, in dem man sogar ganz gut einen Schaufensterbummel machen kann, lässt sich für den Nachbarn Pigeon Forge keine originäre Attraktivität mehr herbeireden. Er beginnt ohne definierten Kern keine 2 Meilen nördlich des Ortsausgangs von Gatlinburg und zieht sich über lange 5 mi. Der in diesem Bereich gemeinsame Verlauf der **Straßen #441 und #321** erweitert sich mit seinem Eintritt in das breite ebene Flusstal des Pigeon River zu einem 2x3-spurigen Parkway mit parallelen *Business*-Zubringern. Die Orientierung an diesem 50 m breiten Strip erfolgt über die Ampelnummerierung:

Das erste ***Traffic Light*** von Gatlinburg aus trägt die Ziffer 10, das letzte nach 4,5 mi die Ziffer 0. Entlang dieser Strecke reihen sich dicht an dicht Hotels, Motels, Tankstellen, Shops und Restaurants, Banken, Kirchen und ***Amusement Places*** vom thematisch populären Museum (*Elvis, National Freedom, Police, Dinosaur* u.a.m.) bis zu diversen ***Show Theatres***. An Sommerabenden und Wochenenden »kämpfen« sich Blechlawinen über die 6 Spuren von Ampel zu Ampel. Zu Fuß geht hier niemand weiter als vom *Motel/Shop* bis zur Autotür.

Outlet Malls

Damit nicht genug; auch an den **Querstraßen** – speziell ***Old Mill Ave & Area*** und **Wears Valley Road** (#321 nach Westen, die an Ampel #3 abzweigt) – setzt sich der grenzenlose Kommerz weiter fort. In etwa parallel zur Hauptstraße läuft östlich jenseits des Pigeon River ab Ampel #2 bis zur Dollywood Lane die **Teaster Lane**, an der alle großen ***Outlet Malls*** liegen.

Praktische Informationen

Tourist Information

Es kann nicht schaden, sich bereits in Gatlinburg oder spätestens im ***Pigeon Forge Welcome Center*** (2450 Parkway bei Ampel #2) oder ***Visitors Information Center*** (3107 Parkway bei Ampel #5) mit Material einzudecken. Sehr hilfreich ist der aktuelle offizielle ***Travel Planner***, der eine detaillierte Karte zum Ausklappen enthält. Außerdem sind jede Menge *Coupons & Coupon Books* für Motels, Restaurants, Shows & Shops vorrätig. Kontakte unter ✆ 1-800-251-9100, ✆ 865/453-8574 oder ✆ 865/429-7387, im Internet: www.mypigeonforge.com u. www.pigeonforgechamber.com mit *Coupons* bzw. *Travel Guide* zum Download.

Trolleys/ Parken

Ebenso wie in Gatlinburg fahren ***Trolleys*** den Parkway ca. alle 15-20 min 'rauf und 'runter mit vielen Stopps, außerdem bedienen sie *Dollywood* und die Wears Valley Road. Die Verbindung nach Gatlinburg läuft im 30-min-Takt. Fahrpreis in Pigeon Forge $0,25, nach Gatlinburg $0,50. Hier gibt es aber **keine Parkprobleme**.

Essen & Trinken

In Pigeon Force ist die Auswahl an ***Eateries*** kaum zu überschauen, darunter Filialen fast aller bekannten *Fast Food*- und *Family Restaurant*-Ketten der USA. Für den ultimativen Steak-Genuss sei das

Alamo Steakhouse empfohlen (3050 Parkway, www.alamosteakhouse.com), fürs preiswerte Steak mit *Salad Bar* ***Ponderosa*** (4074 Parkway, www.ponderosa-pigeonforge.com) und bei Appetit auf ein frisches Bier dazu ***Rocky River Grille*** mit *Mini Brewery* am 1444 Hurley Drive in Sevierville, 3 mi weiter nördlich, www.yp.bellsouth.com/sites/rockyrivergrille.

Unterkunft

Eine größere Dichte an Motels und Hotels als in Pigeon Forge ist schwer vorstellbar. Die kolossale Konkurrenz hat vor allem So-Do zur Folge, dass man außerordentlich preiswert unterkommen kann. Die Zimmertarife vor den Motels/Hotels der Ketten wie unabhängiger Häuser am Parkway sind nicht zu übersehen, und oft fällt die Wahl schwer, Unterstützung bietet vielleicht www.pigeonforgeonline.com. Bei geringer Auslastung der Bettenkapazitäten kommt man akzeptabel schon für $40/DZ unter. Einfache Zimmer gibt's dann ab $25, bessere ab $50, immer plus *Tax*, oft inkl. einfachem Frühstück. An Wochenenden und im Sommer generell ist aber selbst Pigeon Forge schon mal ziemlich ausgebucht und das Preisniveau um 50%-100% höher.

Camping

Die Zahl der Campingplätze in Pigeon Forge ist ebenfalls nicht leicht zu übertreffen. 15 *RV Resorts* und *Campgrounds* warten auf Kunden. Einige liegen schön am Fluss w.z.B. der ***Riveredge RV Park*** an der Huskey Street (ab Ampel #10 nach Osten, ✆ 1-800-477-1205, www.stayriveredge.com). Gleich **sechs Plätze** (z.T. auch für Zeltcamper, z.B. ***Claboughs*** *und* ***Eagle's Nest***, www.eaglesnestcampground.com) findet man an der Wears Valley Road/Straße #321 in Richtung Westen.

Auch Shopping ist ein großes Thema in Gatlinburg und Pigeon Forge, hier eine der Outlet Malls an der Old Mill Ave in Pigeon Forge

Amusement & Show

Dollywood

Der Aufstieg von Pigeon Forge quasi zu einer **Metropole des konfektionierten** ***Amusement*** ist in hohem Maße ***Dolly Parton*** zu danken, einer überaus populären, knallblonden *Country-Music*-Sängerin, die in der grünen Hügellandschaft ein paar Meilen abseits der Hauptstraße in den 1980er-Jahren ***Dollywood*** installieren ließ, einen ***Open-air Amusement Park*** mit über 20 *Rides*, *Folk*

Flaggenparade in der extrem patriotisch gefärbten Country Tonite Show

Art, Kunsthandwerk der Appalachen, und vor allem Shows, Shows und nochmals Shows, in denen sie auch selbst (immer noch) auftritt. Erst danach entwickelte sich aus dem Übernachtungs-Außenposten für die *Smokies* das heute landesweit als solches bekannte eigenständige Ferien- und Wochenendziel, auf amerikanisch »***The All American Getaway***«.

Splash Country

Vor ein paar Jahren wurde *Dollywood* noch ergänzt durch ***Dollywood's Splash Country***, dem besten Wasserpark der Südstaaten – so die Eigenwerbung. Anfahrt für beide Ziele über Dollywood Lane (ab Ampel #8), aber besser nicht der Ausschilderung »*Dollywood*« folgen, sondern das *Splash Country* ansteuern. Von den Parkplätzen dort kann man ebensogut *Dollywood* besuchen, vermeidet aber den für die *Dollywood*-Hauptzufahrt typischen Stau.

Tickets/ Zeiten

Wer sich *Dollywood* antun möchte, zahlte 2006 fürs Tagesticket heftige $45,70, Kinder bis 11 Jahre $34,55 inkl. Steuern. Die Abkühlung allein im zugegeben tollen Plansch- und Rutschenpark kostet $39 bzw $33,45. Ein für 3 unabhängige Tage (innerhalb einer Woche) gültiges Kombiticket für beide Parks kostet $78,05 bzw. $61,30. Hinzu kommen als »Parkgroschen« $6 pro Fahrzeug.

Dollywood ist **ganzjährig** täglich geöffnet, ***Splash Country*** Juni-August täglich, Mai und September an Wochenenden. Aktuelle Zeiten im Internet: www.dollywood.com, www.dollywoodssplashcountry.com oder © 865/428-9488.

Shows

Wer nicht gleich geschockt weiter fährt und in Pigeon Forge zumindest eine Übernachtung einlegt, sollte sich den Besuch einer der Shows gönnen. Die Preise sind eher moderat; in den meisten Fällen über *Coupons* (➪ Seite 124) oder Internetbuchung noch reduzierbar. Ein Erlebnis für sich sind definitiv »***Country Tonite***« (© 1-800-792-4308, www.countrytonitetheater.com; Showplace Blvd, nördlich von Ampel #1), $24, bis 12 Jahre frei, Jugendliche bis 17 Jahre $15, und die »***Dixie Stampede Dinner Show***« (www.dixiestampede.com, Internetseite auch deutsch) südlich Ampel #8 am Parkway, Kosten inkl. Dinner $35 bzw. $19 plus *tax & tip*.

2.7 Durchs südöstliche Tennessee nach Atlanta

Nach Knoxville?

Bei Weiterfahrt von Gatlinburg/Pigeon Forge in Richtung Knoxville liegt als nächste Ortschaft **Sevierville** am Weg. Auch dort hat sich – in Ausstrahlung der Anziehungskraft der Smokies, Gatlinburg und Pigeon Forge – eine der Ortsgröße nicht entsprechende Infrastruktur entwickelt mit beachtlichem Angebot an Unterkünften und Restaurants, www.visitsevierville.com.

Wer als nächstes größeres Zwischenziel **Nashville** anpeilt, fährt ab Sevierville am besten via Straße #66 auf die I-40 und damit auf jeden Fall durch Knoxville. Besonders viel zu bieten hat Knoxville indessen touristisch nicht. Einen Umweg lohnt die Stadt nur bei ausgeprägtem Interesse an einer der im folgenden Abschnitt beschriebenen Sehenswürdigkeiten.

nach Chattanooga

Bei Zwischenziel Chattanooga brächte ein Abstecher von Gatlinburg/Pigeon Forge nach Knoxville nicht einmal viele Mehrmeilen mit sich und – wegen der I-40/I-75 gegenüber langsameren Landstraßen – eventuell sogar einen Zeitgewinn. Dennoch ist die unter 2.7.2 beschriebene Direktroute, die man statt eine Stippvisite in Knoxville erwägen sollte, die hier favorisierte Alternative.

2

2.7.1 Knoxville

Geschichte

Erst Ende des 18. Jahrhunderts erreichten weiße Siedler die Region nördlich der Smoky Mountains. Und 1791 wurde über dem hohen Ufer des Tennessee River ein kleines Fort errichtet, um das rasch das Städtchen Knoxville entstand. Es wurde mit der Gründung Hauptstadt des sog. *Southwest Territory* zwischen Appalachen und Mississippi. Mit Konstituierung des Staates Tennessee 1796 verlor es diese Funktion 1815 zunächt an Murfreesboro.

Nach dem Bürgerkrieg entwickelte sich Knoxville zum Zentrum von Tabakindustrie und Viehzucht. Eine **Weltausstellung 1982**, die von der Welt nicht recht wahrgenommen wurde, brachte der Provinzstadt einige ansehnliche Bauten, neue Parkanlagen und die perfekte Umzingelung des Zentrums mit Autobahnen. Von den Segnungen des *World's Fair* blieb als **Wahrzeichen der Stadt** der ***Sunsphere Tower*** (www.maasrowe.com/EXPO.html). Knoxville hat heute 174.000 Einwohner, ca. 400.000 im Großraum, und bietet eine für diese Stadtgröße beachtliche *Skyline*.

Orientierung und praktische Informationen

Orientierung

Zur Groborientierung macht es Sinn (aus welcher Richtung auch immer mit Ausnahme einer Anfahrt von Süden über die Straße #441), der I-40 bis zum **James White Parkway** zu folgen (östlich des Autobahnkreuzes I-40/I-275), der als Zubringer zu *Downtown* und zum Uferbereich des Tennessee River dient (Neyland Drive). Die Straße #441 führt über den Fluss als *Chapman Highway* nach *Downtown* auf die Henley Street. Das Zentrum liegt oberhalb (= nördlich) des Flusses und wird westlich begrenzt durch eben diese Straße, die ihrerseits die Innenstadt vom *Convention Center* und

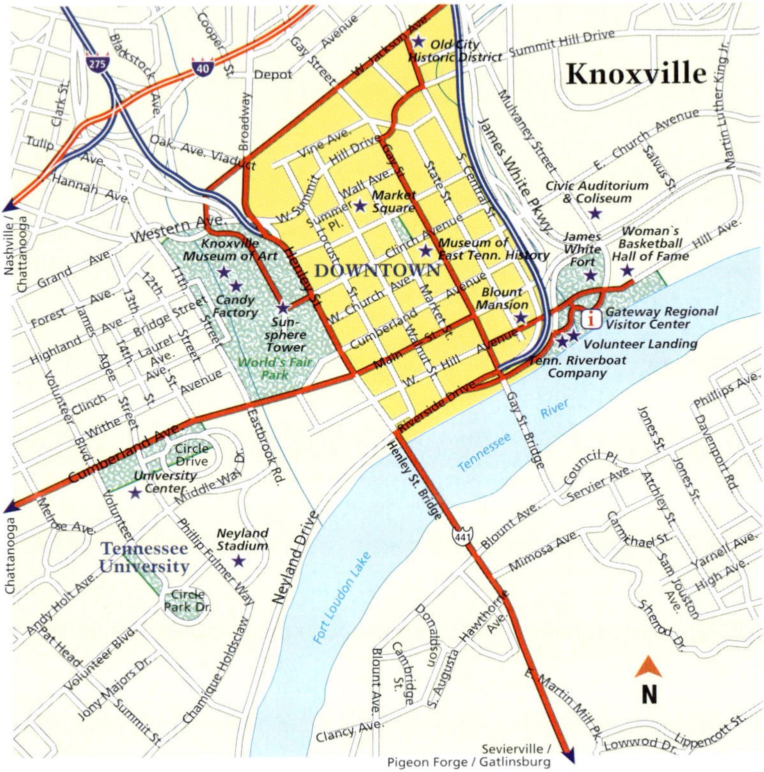

World's Fair Park trennt. Unterhalb des Parks führt die Cumberland Ave (Verlängerung der Main Street durch *Downtown*) in Richtung *University of Tennessee.*

Information/ Volunteer Landing

Eine große Besucherinformation, das ***Gateway Regional Visitor Center*** (Mo-Sa 9-17/18 Uhr, So ab 13 Uhr, ✆ 1-800-727-8045, www.knoxville.org) befindet sich am Uferbereich ***Volunteer Landing***, vom James White Parkway ausgeschildert. Außer den üblichen Unterlagen und Karten gibt es dort weitergehende Informationen zu Knoxville und Umgebung in musealer Aufbereitung.

Restaurants an der Riverside

Populär ist gleich nebenan die ***Riverside Tavern*** (www.riversidetavern.org), ein lichtdurchflutetes Restaurant mit Blick über den Schutzdeich auf den Fluss; leider ist der in Knoxville nicht eben attraktiv. Dennoch gibt's an der *Volunteer Landing* ein *Mississippi Riverboat* (Nachbau) für Kurztrips den Fluss hinauf und hinunter. Direkt am Wasser steht ein paar hundert Meter weiter unten ***Calhoun's Steakhouse***, bekannt für zarte und saftige *BBQ-Ribs*.

Weitere Restaurants

Die Cumberland Ave bis einschließlich Übergang in die Kingston Pike (Straße #11/70 westlich des Zentrums) ist über Meilen ein von der Universität beeinflusster »***Strip***« voller Shops, Cafeterias und Restaurants und studentisch orientierter Szene. Am *Strip* findet jeder, was das Herz begehrt, von einfacher, auch guter *Fast Food* bis zu *First Class Restaurants*.

In ***Downtown*** trifft man sich tagsüber gerne am zentralen ***Market Square***, abends in der ***Old City***, wenn die Dunkelheit die tagsüber sichtbare Schäbigkeit des Distrikts gnädig verdeckt.

Unterkunft

Das Preisniveau der Hotels und Motels in/bei Knoxville ist moderat. Speziell mit *Discount Coupons* kommt man im Großraum Knoxville ab $40 unter. Ab $59 gibt es auch in guten Mittelklasse-Häusern wie *Fairfield*, *Hampton* oder *Best Western* schon Zimmer, es sei denn, es findet gerade ein Kongress oder ein *Football Match* im Neyland Stadium statt. Die meisten Motels findet man im Bereich des gemeinsamen Verlaufs der **I-40/I-75 westlich von Knoxville** und entlang der **I-75 nördlich der Stadt**.

In Knoxville gibt es eines der in Tennessee raren *Hostels* (was mit dem niedrigen Preisniveau der Motels in Tennessee zu tun haben mag): Das ***Knoxville Hostel (HI)*** liegt im Zentrumsbereich in der 404 East 4th Ave, einer nicht so tollen Gegend bei Dunkelheit; © 865/546-8090; $18 inkl. Frühstück und Internetzugang, www.hostelz.com/hostel/2440-Knoxville-Hostel.

Camping

Der Knoxville nächstgelegene Campingplatz ist ***Volunteer Park Campground*** an der I-75 in Richtung Norden, Exit #117, dann Racoon Valley Drive nach Südwesten, dann Diggs Gap Road, © 1-800-238-9644 oder © 865/938-6600, www.volpark.com, $18-$25.

Sehenswürdigkeiten

White's Fort

Allseitig von Hauptstraßen eingeschlossen ist der kleine Park mit einem Nachbau des ***James White's Fort*** an der Hill Ave unmittelbar oberhalb *Volunteer Landing*. Von einfachen Palisaden umgeben stehen dort einige Blockhäuser samt zeitgemäßer Einrichtung und Personal in alten Trachten. Geöffnet März-Oktober Mo-Sa 9.30-17 Uhr, im Winter 10-16 Uhr; Eintritt $5/$2 inkl. Führung, www.discoveret.org/jwf. Das stark beworbene ***Blount Mansion*** von 1792, ein paar hundert Meter weiter die Hill Ave nach Westen, war Wohnhaus des einzigen Gouverneurs des Südwest-Territoriums und besitzt lokalhistorischen Wert, lohnt aber den Eintritt ($5) ebenso wie für das Fort nur bei großem Interesse an regionaler Geschichte, www.blountmansion.org.

Basketball

Gleich gegenüber dem ältesten Gebäudekomplex der Stadt steht mit der ***Womens' Basketball Hall of Fame*** unübersehbar eine der neueren baulichen Errungenschaften der Stadt. Die Einrichtung eines Museums, das der Rolle der Frau im Basketball gewidmet ist, wurde nach dem Gewinn der amerikanischen Basketballmeisterschaften 1997 durch die Damenmannschaft der *University of Tennessee* beschlossen. Wer sich dafür interessiert, erfährt alles zu

Geschichte und Gegenwart des Frauen-Basketballs in den USA. Geöffnet Mo-Sa 10-19 Uhr, So 13-18 Uhr, $8/$6, www.wbhof.com.

Blick aus der Woman's Basketball Hall of Fame auf Downtown Knoxville

Downtown

Im nahen *Downtown* (Main Street bis Summit Hill Drive) gibt es nichts Besonderes zu besichtigen (➪ aber »Restaurants«, Seite 270). Für den ***Old City Historic District***, ein paar Blocks oberhalb des Summit Hill Drive (Jackson Ave/Central Street) wird zwar ordentlich die Reklametrommel gerührt, aber das Ergebnis der Renovierung alter Büro- und Lagerhäuser samt Umfunktionierung in Kneipen, Cafés, Bars und Shops überzeugt weniger als anderswo.

Kunstmuseum

Auf dem früheren Weltausstellungsgelände feiert die Stadt heute im Sommer ihre Feste. Dort befindet sich das ***Knoxville Museum of Art*** mit der offiziellen Adresse 1050 World's Fair Park, ✆ 865/525-6101, Di+Mi 12-20 Uhr, Do+Fr bis 21 Uhr, Sa+So ab 11-17 Uhr, Eintritt $5, bis 18 Jahre frei, www.knoxart.org.

Es gibt dort nur eine kleine Dauerausstellung moderner Kunst, im wesentlichen externe Wechselausstellungen. Inwieweit der Besuch lohnt, hängt vom aktuellen Programm ab. Neben dem Kunstmuseum steht die ***Candy Factory***, ein alter Fabrikbau mit neuen Shops und *Eateries*.

Sunsphere Tower

Der der 80 m hohe ***Sunsphere Tower*** vor dem Kongresszentrum überragt die Stadt heute nicht mehr so wie zum Zeitpunkt seines Baus. Während der Weltausstellung beherbergte die bronzegolden verspiegelte Kugel oben Restaurant und Aussichtsplattform. Beides ist seit geraumer Zeit geschlossen. Der Park drumherum war lange vernachlässigt und wurde vor ein paar Jahren aufgefrischt und erweitert, ist aber für sich kein touristisch interessantes Ziel.

Universitätscampus

Wie in vielen Städten ist auch in Knoxville der Campus der ***University*** (hier: ***of Tennessee***, www.utk.edu) eindrucksvoll. Er beginnt unmittelbar westlich *Downtown* zwischen Tennessee River/Neyland Drive und Cumberland Ave und bildet eine Stadt in der Stadt. Eine Besonderheit sind hier die selbst für amerikanische Verhältnisse kolossalen Sportanlagen mit dem gigantischen ***Neyland Stadium*** (Kapazität 100.000 Zuschauer, Zufahrt über Stadium Drive, http://utsports.cstv.com/genrel/081001aaa.html).

2.7.2 Von Pigeon Forge oder Knoxville nach Chattanooga

Foothills Parkway

Wer ab Gatlinburg/Pigeon Forge in Richtung Chattanooga weiterfährt, sollte bei Verzicht auf Knoxville zunächst die **Straße #321** fahren, die sich in schönem Verlauf als ***Foothills Parkway*** durch die Ausläufer der Smoky Mountains schlängelt.

In Maryville geht es auf die Straße #411, von der man aber in Englewood die #39 über Athens zur *Interstate*-Auffahrt #49 nehmen sollte. Weder lohnt es sich, dem *Foothills Parkway* ab Walland noch weiter zu folgen und via #129/#72 auf die #411 zu stoßen, noch die #411/#40 bis Cleveland zu fahren, um dort die I-75 zu erreichen. Beide Möglichkeiten sind zeitaufwendiger ohne wesentlichen zusätzlichen Gewinn, was die Streckenführung betrifft.

I-75

Einmal in Knoxville gibt es keinen wichtigen Grund, in Richtung Chattanooga eine der parallel zur I-75 verlaufenden Landstraßen zu nehmen. Die Kombination #129/#411 (Details unten) sollte ab Knoxville nur wählen, wer sich durch eine der kleinen Sehenswürdigkeiten am Wege stark angesprochen fühlt. Die auf dieser Route verlorene Zeit lässt sich je nach persönlicher Bewertung anderswo ggf. besser nutzen. Dasselbe gilt für die zum mehrfach aufgestauten Tennessee River parallelen Straßen #27 und #58.

Straße #411/ Sequoyah Museum

Auf der Straße #411 erreicht man 18 mi s üdwestlich von Maryville das Nest Vonore. Zu Ehren ihres großen Stammesmitglieds *Sequoyah* (1776-1843) haben die Cherokee südlich dieses Ortes auf einer Insel mitten im Tellico Lake das beachtliche ***Sequoyah Birthplace Museum*** eingerichtet (Straße #360, Mo-Sa 9-17, So ab 12 Uhr, Eintritt $3, ✆ 423/884-6246, www.sequoyahmuseum.org). *Sequoyah* war es gelungen, für die Laute der Cherokee-Sprache Zeichen so zu definieren, dass man die Sprache schreiben

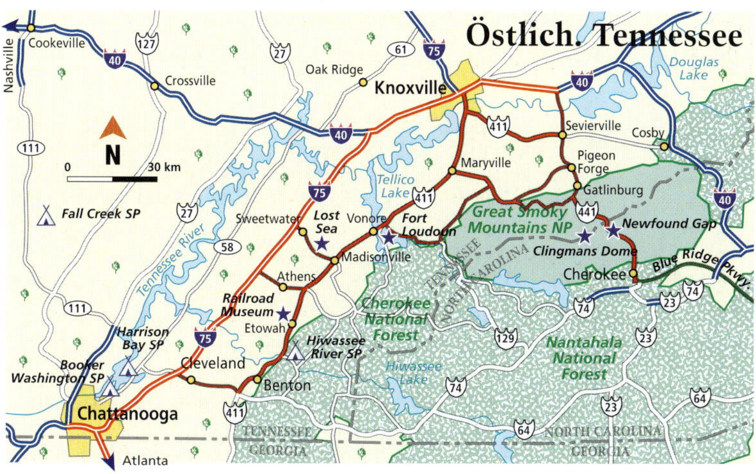

konnte. Es entstanden u.a. eine geschriebene Verfassung, eine Bibelübersetzung und Cherokee-Zeitungen; http://de.wikipedia.org/wiki/Cherokee-Alphabet.

Fort Loudoun

Auf derselben, von der #360 überquerten Insel, etwa eine Meile entfernt vom Museum, steht das eindrucksvoll nachgebaute Palisadenfort ***Fort Loudoun***, eine ***State Historic Area*** (geöffnet täglich 8-16.30 Uhr, frei, www.fortloudoun.com). Das Fort war 1756 einmal der westlichste Außenposten des Britischen Kolonialreichs mitten im Siedlungsgebiet der *Cherokee*; es wurde aber von diesen 1760 erobert.

Geschnitzte Statue des berühmtesten aller Cherokee, Chief Sequoyah

Lost Sea

Südlich Vonore könnte man auf der Straße #68 via Sweetwater auf die I-75 stoßen und damit einige Zeit gewinnen. Für diese Strecke spricht ggf., dass man eine stark beworbene Sehenswürdigkeit »mitnehmen« könnte. Und zwar die ***Lost Sea***, den mit ca. 18.000 m^2 angeblich größten unterirdischen See Nordamerikas. Der Höhleneingang liegt an der #68 bei Christianburg. Eine kleine unterirdische Bootsfahrt mit Blick auf riesige Forellen durch den Glasboden des Schiffes und filigrane Kristallgebilde und Tropfsteine an der Höhlendecke kostet $14, für Kinder bis 12 die Hälfte. Die Touren laufen täglich ab 9 Uhr bis 17 Uhr, im Sommer bis 19 Uhr, im Juli bis 20 Uhr, www.thelostsea.com.

Etowah

Wer bis Etowah fährt und nicht – wie vorgeschlagen – schon in Englewood in Richtung Athens/I-75 abbiegt, könnte einen Zwischenstopp beim ***Etowah Railroad Museum*** einlegen. Das villenartige Gebäude aus dem Jahr 1906 war bis 1968 als Bahnhof in Betrieb und wurde nach Jahren des Verfalls später originalgetreu wieder hergerichtet. Seit 1989 dient der ehemalige Bahnhof als Museum (Tennessee Ave, Di-Sa 9-16.30, So 13-16 Uhr, www.telliquah.com/etowah.htm).

Hiwassee & Ocee Rivers

Etwa 8 mi südlich von Etowah zweigt die Straße #30 von der #411 ab und führt durch den *Cherokee National Forest* am malerischen Hiwassee River entlang. Dieser glasklare Fluss ist dank moderater Schwierig keitsstufen I-II insgesamt nicht sehr schwer zu bewältigen und daher bei Wassersportanfängern besonders populär.

Im ***Gee Creek Campground*** (überwiegend Zeltcamping, keine Reservierung) des ***Hiwassee/Ocoee River State Park*** (www.state.tn.us/environment/parks/parks/Hiwassee) trifft man auf Wildwasserfahrer mit Kajaks und Schlauchbooten.

Ein weiterer *Campground* ist ***Quinn Springs*** des *National Forest Service* Straße #30 unweit der #411.

Die #30 stößt bei Archville auf die Straße #64, die bis Ducktow dem Lauf des **Ocoee River** folgt, dessen Oberlauf Stromschnellen der Schwierigkeitsstufe III-IV aufweist.

Wer sich für ***River Trips*** auf Hiwassee und/oder Ocoee und/oder Kajak-/Schlauchbootverleih interessiert, findet eine ganze Reihe kommerzielle Anbieter sowohl am Hiwassee als auch und vor allem an der Straße #64, z.B.

- ***Ocoee Outdoors***, www.ocee-outdoors.com, ✆ 1-800-533-PROS
- ***Ocoee Adventure Center***, www.ocoeeadventurecenter.com, ✆ 1-888-723-8622

Für Halbtagstrips im Schlauchboot zahlt man $40-$50; Ganztagstrips kosten inkl. *Lunch* $90-$100 pro Person.

2.7.3 Chattanooga

Chattanooga, ganz nah beim Dreistaateneck Tennessee/Alabama/Georgia, ist im Vergleich mit dem ungefähr gleich großen Knoxville die besuchenswertere Stadt, speziell gilt das bei Interesse an Geschichte und Verlauf des Bürgerkriegs.

Geschichte

Ursprünge

Einst war die weite vom Tennessee River gebildete Flussebene zwischen mehreren Höhenzügen der Appalachen **Land der *Cherokee***. Wichtige Verbindungswege der Ureinwohner führten zwischen Racoon Mountains im Westen, Lookout Mountain in der »Mitte« und Missionary Ridge im Osten von hier nach Süden und zwischen Tennessee River und Appalachen nach Nordosten. Die Siedlung der *Cherokee* am Fluss war in den Jahren vor ihrer Vertreibung nach Oklahoma (➪ Kasten Seite 257) zeitweise sogar Zentralort der Indianer. Gleichzeitig lebten schon weiße Siedler in der Region in friedlicher Koexistenz mit den *Cherokee*.

1816 installierte ihr Häuptling *John Ross* die erste Fährstation am Tennessee River, bei der später seine eigenen Leute auf ihrem *Trail of Tears* nach Westen über den Fluss setzen mussten. Auch ein Handelsposten entstand dort bereits in den »*Cherokee*-Jahren«. Der Uferpark ***Ross Landing*** beim *Tennessee Aquarium* erinnert daran. Nach Vertreibung der *Cherokee* gab sich der nun rasch wachsende »weiße« Ort 1838 den Namen »Chattanooga« nach einer indianischen Wort für den Lookout Mountain. Um 1850, als die ersten Eisenbahnschienen von Atlanta durch Chattanooga nach Norden verlegt wurden, zählte das Städtchen 2000 Seelen, zu Beginn des Bürgerkriegs bereits über 5000 Einwohner und war für damalige Verhältnisse eine Stadt nennenswerter Größe.

Bürgerkrieg

Ihre strategisch günstige Lage als »Tor zum Süden« führte im Herbst 1863 zur ersten großen Schlacht bei Chattanooga, der blutigen ***Battle of Chickamauga*** mit 37.000 Opfern in nur 2 Tagen, in der die Konföderierten den Angriff der Union zunächst erfolgreich abwehrten (www.civilwarhome.com/chickama.htm). In der Folge verstärkte sich die Union und kämpfte sich in mehreren Schlachten um Chattanooga, darunter der berühmten ***Battle above the Clouds*** (www.ngeorgia.com/history/batc.html) um den Lookout Mountain, den Weg nach Atlanta frei.

Kanone in historischer Position im Point Park auf dem Lookout Mountain hoch über Chattanooga

Eisenbahnknoten

Dank der Eisenbahn erholte sich Chattanooga relativ rasch vom Krieg. Der Stadtkern expandierte mit deren zunehmender Bedeutung und Chattanoogas als Knotenpunkt. 1880 wurde eine erste regelmäßige Personenzugverbindung Cincinnatti-Chattanooga-Atlanta eingerichtet. Der dabei eingesetzte Lokomotivtyp ging als ***Chattanooga Choo-Choo*** nicht nur in die lokale Historie ein, sondern auch – wiewohl erst Ende der 1940er-Jahre *Glen Miller sei Dank* – in die Musikgeschichte (zum Anhören beim Holiday Inn: www.choochoo.com/downloads/chattchoochoo.mp3).

Zahnradbahn

Auch schon in den 1880er-Jahren wurde der Lookout Mountain zum bevorzugten Wohngebiet und zur frühen Touristenattraktion. Die erste Zahnradbahn auf die monolithische Hochebene über Chattanooga wurde 1887 eingeweiht, eine Schmalspureisenbahn 1889, die zweite bis heute existierende Zahnradbahn 1895.

Industrialisierung

Dank der günstigen Transportwege konnte sich in Chattanooga eine Eisen- und Stahlindustrie entwickeln, die über die Jahrhundertwende und die Jahre des 1. Weltkriegs hinaus der Stadt Wohlstand und den Beinamen **Pittsburgh des Südens** bescherte.

20. Jahrhundert bis heute

In den Niedergang der Schwerindustrie und die Wirtschaftkrise der späten1920er- und 1930er-Jahre fiel die Entdeckung der ***Ruby Falls*** und die Eröffnung der ***Rock City*** auf dem Lookout Mountain. Der Nationalpark war schon 1890 entstanden (➪ Seite 282).

Der damit und mit der Motorisierung aufkommende Tourismus sowie die Gründung der ***Tennessee Valley Authority*** (www.tva.gov/abouttva/history.htm) zur Eindämmung des immer wieder über die Ufer tretenden Tennessee River schafften einen gewissen wirtschaftlichen Ausgleich. Der sich über Jahrzehnte hinziehende Strukturwandel von der Industrie zur Dienstleistung hatte dennoch sichtbare Folgen. 1969 wurde Chattanooga zur »dreckigsten« Stadt der USA erklärt.

Restaurierung

Das danach begonnene Restaurierungsprogramm wurde in der Zwischenzeit weitgehend abgeschlossen. Die noch vor 20 Jahren einschließlich der »*Choo-choo-Station*« desolat wirkende Innenstadt und die Uferbereiche des Tennessee River sind wieder in einem vorzeigbaren Zustand, am besten zu besichtigen am ***Tennessee Aquarium*** (1993) und dem erst 2004 fertiggestellten ***Riverwalk*** vom *Ross Landing Park* hinüber zur Museumszeile und der restaurierten ***Walnut Street Bridge*** von 1891 (nur Radfahrer und Fußgänger). Auf der anderen Seite des Flusses bietet der *Coolidge Park* u.a. open-air Restaurants und einen Blick auf *Downtown*.

Die einst auch als Arbeitsbeschaffungsmaßnahme gegründete *Tennessee Valley Authority* ist heute ein Energieriese und Hauptarbeitgeber der Region. Sie unterhält nicht nur zahlreiche Wasserkraftwerke, sondern mischt über zahlreiche neu entstandene Freizeitareale mit Campingplätzen und Bootsmarinas an den Stauseen auch im Tourismussektor kräftig mit.

Chattanooga hat 155.00 Einwohner und 480.000 im Großraum.

Orientierung und praktische Informationen

Orientierung

Das **zentrale Chattanooga** liegt unterhalb eines Knies des Tennessee River, der es westlich und nördlich begrenzt. Östlich bildete der Höhenzug *Missionary Ridge* eine natürliche Grenze für die Expansion, über die die Stadt aber lange hinausgewachsen ist.

Heute umschließt ein Autobahnring aus der Straße #153, der I-75 und der I-24 das Kerngebiet der Stadt. Touristisch von Interesse ist neben ***Downtown*** in erster Linie der **Lookout Mountain**, der über den Stadtteil St. Elmo südlich der I-24 (*Exit* #178) liegt.

Die Ausfahrt #178 nimmt man auch für die Zufahrt in die City. Man kommt dabei zunächst automatisch auf die **Market Street**, an der die »***Choo-choo-Station***« liegt. Wer über die I-24 anfährt, gelangt über die Ausfahrten #1A-C rasch auf die zentrale Achse **Broad Street**, die nach Norden aufs *Tennessee Aquarium* zuläuft.

Parken/ Transport

Parken in Chattanooga kann problematisch sein, aber im allgemeinen ist Platz im Parkhaus am Choo-Choo-Bahnhof, ebenso auf den *Parking Lots* rund um das Tennesse Aquarium. Zwischen Aquarium und dem Choo-Choo-Bahnhof verkehrt gratis ein ***Shuttle Bus*** im 5-min-Takt Mo-Fr 6-21.30 Uhr, Sa 9 Uhr, So 9-20.30 Uhr. Zahlreiche **Parkuhren** mit moderaten Gebühren säumen im übrigen die Straßen der Innenstadt.

Wer sich Chattanooga zu Wasser und zu Lande zeigen lassen will, bucht eine Rundfahrt mit den *Amphicars* ***Chattanooga Ducks***, Ecke Broad/5th Street, © 423/756-3825, www.chattanoogaducks.com, ➪ auch Seite 185.

Information

Ein großes ***Visitors Center*** befindet sich unübersehbar gegenüber dem ***Tennessee Aquarium*** am Ende der Broad Street; ✆ 1-800-322-3344, täglich 8.30-17.30 Uhr; www.chattanoogafun.com. Neben Informationen, Karten und ggf. Hilfe bei der Reservierung von Unterkünften hat dieses Center auch noch eine museale Funktion mit Ausstellung und Diashow zur Stadtgeschichte. Wer sich für architektonisch bemerkenswerte Gebäude interessiert, findet dort auch einen Vorschlag für eine ***Walking-Tour***.

Essen und Trinken/ Shopping

Ein paar hundert Meter östlich des Aquariums liegt hoch über dem Tennessee River der ***Bluff View Art District*** mit Cafés und Restaurants, die über schöne Terrassen mit Aussicht verfügen. Namentlich empfehlenswert sind das ***Back Inn Cafe*** und ***Rembrandt's Coffee House***. Nur ein paar Schritte vom Aquarium entfernt ist der ***River Grille & Brewing Works*** in der 2222 Broad Street, ✆ 423/267-2739. Dort braut man das ausgeschenkte Bier unübersehbar selbst, serviert *American Pub Food* und hat Billard Tische. Wem nach Riesenportionen von *Spare Ribs* und *French Fries* zumute ist, geht zu ***Sticky Fingers***, ebenfalls Broad Street, 2 Blocks weiter die Straße hinunter, www.stickyfingersonline.com. An der Market Street (Höhe Houston/12th Street) gibt es eine überschaubare ***Outlet Shopping Mall***, die ***Warehouse Row***, mit einem kleinen ***Food Court***.

Die größte ***Shopping Mall*** im Bereich Chattanooga ist ***Hamilton Place*** am gleichnamigen Boulevard, *Exits* #4A oder #5 von der I-75. Neben dem üblichen, hier vielfältigen ***Food Court*** sind weitere 15 Restaurants vertreten wie *Sticky Fingers* (⇨ oben) und die Filialen bekannter Ketten wie *Red Lobster*, *Outback Steakhouse* etc.

Unterkunft

Der Großraum Chattanooga verfügt über zahlreiche Motels und Hotels. Das Tarifniveau ist eher moderat. Die meisten M/Hotels befinden sich an der **I-75 östlich der Stadt** im Umfeld der Ausfahrten #1, #5 und #7 und an der **I-24** im Bereich der *Exits* #174 und #175. Auch *Downtown* ist gut bestückt, aber klar teurer. Dasselbe gilt für die Quartiere am/auf dem Lookout Mountain.

Wenn schon in Chattanooga, warum dann nicht in einem der nostalgischen **Waggons** des ***Choo Choo*** übernachten? Sie gehören zum ***Holiday Inn*** und sind recht komfortabel (1400 Market St, ✆ 423/266-5000 oder ✆ 1-800-TRACK29, www.choochoo.com).

Einen guten Gegenwert für Lage und Qualität bietet das ***Clarion Hotel*** in der 407 Chestnut Street, ✆ 423/756-5150 oder ✆ 1-800-CLARION, www.chattanoogaclarion.com, ab $99. Noch zentraler liegt unweit von Riverfront und Aquarium das moderne ***Hilton Garden Inn***, 311 Chestnut St, ✆ 423/308-9000, ab. ca. $130.

Von der Motels außerhalb empfehlen sich am ***Exit* #5 der I-75**:

- ***Fairfield Inn***, Shallowford Road, ✆ 423/266-5000; ab $64
- ***Marriott Courtyard***, Nams Drive, ✆ 423/499-4400; ab $79
- ***La Quinta***, Shallowford Road, ✆ 423/855-0011; ab $59
- ***Red Roof Inn***, Shallowford Road, ✆ 423/899-0143; ab $44

Außerdem:

- ***Comfort Inn***, Browns Ferry Rd, *Exit* #175/I-24, ✆ 423/821-1499; $49
- ***Hampton Inn***, Cummings Hwy, *Exit* #175/I-24, ✆ 423/821-5500; $69
- ***Chanticleer Inn B & B***, 1300 Mockingbird Lane in St. Elmo unter dem Lookout Mountain, *Exit* #178/I-24, ✆ 706/820-2015, www.stayatchanticleer.com; ab $89 für eine *Cabin*, mit *Fireplace* und an Wochenenden teurer.

Camping

Der beste Campingplatz im Bereich Chattanooga befindet sich im ***Harrison Bay State Park***, 15 mi nordöstlich an der Straße #58 (✆ 423/344-6214, www.state.tn.us/environment/parks/HarrisonBay, $15-$22) am Chickamauga Lake. Er gehört eines großen Freizeitparks mit Badestränden, Bootsverleih, Golfplatz, Tennis, Basketball, Biketrails etc.

Näher an den Attraktionen liegt der schlichtere ***Raccoon RV Park & Campground*** westlich unterhalb des Lookout Mountain am 319 W Hills Drive (ab I-24, *Exit* #174, dann nördlich auf der Straße #41, ✆ 423/821-9403, $14-$24).

Sehenswürdigkeiten in Downtown

Chattanooga Choo-Choo

Weltbekannt wurde Chattanooga durch den *Glen Miller-Song »Chattanooga Choo-Choo«* für den Film *Sun Valley Serenade*. Mit dem Niedergang der Industrie (➪ unter »Geschichte«) ging es auch mit dem Eisenbahnknoten Chattanooga bergab. Der Bahnhof wurde stillgelegt und verkam zunächst. Im Rahmen des Stadterneuerungsprogramms ab den 1980er-Jahren renovierte man das *Choo-Choo-Termina*l und setzte den nun bunt angemalten **Choo-Choo** samt Waggons auf die Gleise eines der alten Bahnsteige. Der Bahnhof ist heute Teil des ***Choo Choo Holiday Inn***, ➪ links.

Genaugenommen ist der *Choo-Choo* nichts weiter als ein hübsches **Fotomotiv**, der Bahnhof an der Market Street indessen, den man leicht von der I-24 aus erreicht, ein guter Ausgangspunkt für einen Stadtbesuch, sei es im **kostenlosen *Shuttle*** in Richtung Aquarium, sei es in Weiterfahrt mit dem eigenen Fahrzeug.

Nur noch ein buntes Fotomotiv, der lange stillgelegte Chattanooga Choo-Choo

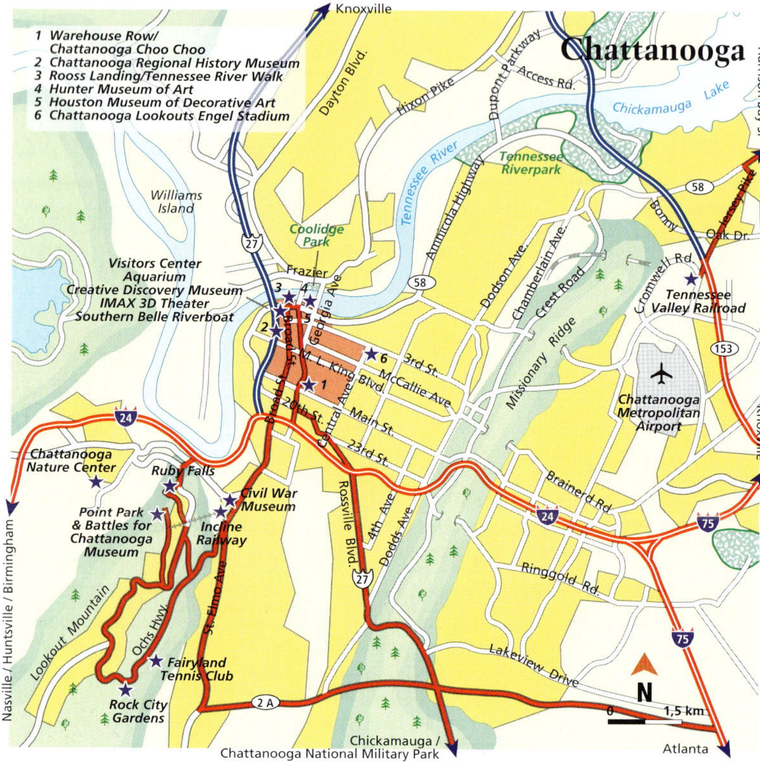

Zentrum

Auf dem Weg zur *Riverside* mit dem *Tennessee Aquarium* passiert man je nach Route eine Reihe architektonisch ganz interessanter Gebäude, speziell gilt das für die Georgia und Broad Street. Explizit hingewiesen sei hier nur auf das ***Tivoli Theatre*** von 1921 (709 Broad). Der *Beaux-Arts*-Bau galt als »*Jewel of the South*«. An der 400 Chestnut Street/Ecke 4th Street, einen Block von der Broad Street entfernt, stehen das ***Chattanooga Regional History Museum*** (Stadtgeschichte multimedial, Mo-Fr 10-16.30 Uhr; Sa+So ab 11 Uhr, www.chattanoogahistory.com, Eintritt $4/$3) und schräg gegenüber das ***Creative Discovery Museum***, überwiegend Kindermuseum mit *Hands-on*-Objekten; täglich 10-17/18 Uhr, So 12-17 Uhr, www.cdmfun.org, $8.

Tennessee Aquarium

Die Broad Street endet am sehenswerten ***Tennessee Aquarium*** im Uferpark *Ross Landing*. Das laut Eigenwerbung bei der Eröffnung 1993 weltgrößte Süßwasseraquarium beeindruckt allein schon durch die ungewöhnliche Geometrie des Gebäudes. Sie ermöglicht enormen Besuchermengen, ohne Gedränge – und von oben beginnend – durch unterschiedlichste aquamarine Lebensbereiche zu bummeln und zu verweilen, wo immer es beliebt. Vorbei am *River Overlook*, mit Blick auf den rund 1000 km langen Tennessee River, folgt der nachgebaute *Cove Forest*, dessen Quellgebiet. Ein paar Stationen bzw. Becken weiter geht es in die Mündungsregion des Mississippi. Weitere Abteilungen gelten den Fischen im Golf von Mexico und den *Rivers of the World*. Geöffnet Mai-Sept. Mo-Do 9-18 Uhr, Fr-So bis 20 Uhr, Rest des Jahres täglich 10-18 Uhr, Eintritt $18, Kinder bis 12 Jahre $10. Aktuelle Info unter © 1-800-262-0695, www.tnaqua.org

In nächster Nähe des Aquariums steht an der Ecke Chestnut/2nd Street ein tolles ***IMAX-3D-Theater*** mit *Digital Surround Sound*; geöffnet täglich 10-18 Uhr, Eintritt $8/$5.50; Kombitickets mit Aquarium $23/$13.50; Kombi auch mit *Discovery Museum*. Info zum aktuellen Programm unter © bzw. www wie oben.

Riverwalk & Walnut Street Bridge

Hinter dem Aquarium läuft der Fuß-/Bikeweg ***Riverwalk*** am bzw. über dem Fluss entlang. Unter der ***Walnut Street Bridge*** führt er bis zum kleinen Kulturpark der Stadt und darüber hinaus. Die 1891 erbaute erste Brücke in Chattanooga über den Fluss war lange für den Verkehr gesperrt, wurde aber restauriert und 1993 als Fußgänger-/Bikerbrücke wieder eröffnet. Sie verbindet die Innenstadt mit dem *Coolidge Park* und Restaurants und Shops in der River Street am Nordufer des Tennessee River. *Riverwalk* und Brücke sind Teile eines noch im weiteren Ausbau befindlichen ***Tennessee River Park***, der irgendwann die gesamten 30 km Ufer des Flusses vom Chickamauga Damm bis zur südlichen Flussbiegung (*Moccasin Bend)* umfassen soll.

Museen im Bluff View Art District

Östlich der *Walnut Street Bridge* liegt am *Bluff View* das ***Hunter Museum of Art*** in einer alten Villa von 1904 mit einer Sammlung amerikanischer Kunst des 19. und 20. Jahrhunderts, darunter bedeutende Werke von Künstlern wie *Adams, Bierstadt, Segal, de Kooning* oder *Calder*. Geöffnet Di-Sa 10-16.30, So ab 13 Uhr, Eintritt $8/ermäßigt $4; www.huntermuseum.org.

Tennessee Aquarium

Gegenüber befindet sich das ***Houston Museum of Decorative Arts*** mit einer umfangreichen und teilweise recht originellen Glas- und Keramiksammlung und anderen Ausstellungsstücken. Im Sommer geöffnet Mo-Sa 9.30-16 Uhr, So ab 12 Uhr, Eintritt \$8/\$3.50; www.thehoustonmuseum.com.

Den östlichen Abschluss des ***Bluff View Art District*** mit diesen beiden Museen, Galerien und Cafés (➪ »Essen & Trinken«) bildet ein kleiner **Skulpturengarten**.

Abstecher für Eisenbahnfans

Mit dem ***Choo Choo*** nichts zu tun hat die ***Tennessee Valley Railroad*** mit einem Museum in der *Grand Junction Station* in Ost-Chattanooga jenseits der Missionary Ridge, am besten zu erreichen über die östliche Stadtumgehung #153, Zufahrt ausgeschildert. Von dort fährt eine Dampfeisenbahn der 1930er-Jahre, der ***Missionary Ridge Local***, mit schwarzer Rauchwolke mehrfach täglich (von April bis Oktober) über Brücken und durch einen langen Tunnel zum *East Chattanooga Depot* in Citynähe und zurück (insgesamt 12 km; 50 min mit Unterbrechung). An Wochenenden von Juni bis *Labor Day* fährt der Zug als ***Downtown Arrow*** vom *Choo-Choo-Terminal* nach Grand Junction und zurück; Info unter: www.tvrail.com.

Lookout Mountain

Kennzeichnung

Trotz aller Erneuerung in der City: die eigentliche Attraktion Chattanoogas ist und bleibt der die Stadt südlich überragende **Lookout Mountain** (www.lookoutmountain.com). Er ist nicht einfach nur eine auffällige Formation mit einer nach Süden hin weit ausgedehnten Hochfläche, die ringsum steil abfällt, sondern besitzt eine militärhistorische Vergangenheit und ungewöhnliche Naturattraktionen und beherbergt die **Lookout Mountain City**, über deren Lage und Lebensqualität jeder Besucher nur vor Neid erblassen kann.

Anfahrt

Es gibt zwei Möglichkeiten, um auf das Plateau zu gelangen:

- Anfahrt über die Broad Street (auch von der I-24, dann *Exit* #178) und in St. Elmo weiter der #58 folgen (Tennessee Ave, St. Elmo Ave, dann Ochs Highway halbrechts).
- Anfahrt wieder Broad Street, aber statt geradeaus Tennessee Ave rechts auf den Cummings Hwy (Straße #41/42/11/64). Unterhalb des Berges scharf links ab auf den ***South Scenic Highway*** (#148) gemäß Ausschilderung »*Ruby Falls*«.

Die nördliche Auffahrt über die *Ruby Falls* nimmt auch, wer über die *Exi*ts #174 oder #175 der I-24 von Westen her anfährt.

Ruby Falls

Die sowieso schon spektakulären und auch noch bombastisch illuminierten ***Ruby Falls***, die sich aus einem unterirdischen Wasserlauf in ein fast 50 m hohes Höhlengewölbe tief im Inneren des

Lookout Mountain ergießen, muss man gesehen haben, wiewohl der Eintritt von $14, Kinder $7, für die in 60 min abgewickelte Besichtigung weh tut. Zudem bleibt ein Zweifel, ob die Story des Zustandekommens stimmt. Angeblich wurde der Wasserfall 1928 »entdeckt«, aber nicht unwahrscheinlich ist die Version, dass sich diese Entdeckung nur auf die Wasserader bezog und der Wasserfall in schöner Voraussicht seiner möglichen Ausbeutung künstlich herbeigeführt wurde. Der Zutritt zum »Wunder« im Berg erfolgt durch burgartiges Gemäuer; als Zugabe ist der Aufstieg auf einen Aussichtsturm im Preis enthalten, für Kinder zusätzlich Spaß im ***Fun Forest***. Täglich 8-20 Uhr, www.rubyfalls.com.

Point Park

Was die Aussicht betrifft, ist die von den Terrassen an der äußersten Nordspitze des Hochplateaus aus noch besser. Sie befinden sich im ***Point Park*** am Ende der East Brow Road, Zutritt $3 oder *National Parks Pass*, da der Park organisatorisch zum *Chickamauga & Chattanooga National Military Park* gehört, ➪ unten, http://ngeorgia.com/tenn/pointpark.html. Der Park wurde in Gedenken der ***Battle above the Clouds*** eingerichtet, in deren Verlauf der für uneinnehmbar gehaltene ***Lookout Mountain*** einst in die Hände der Union fiel. Mit einem Überraschungsangriff im Morgennebel besetzten die Unionstruppen das 700 m hohe Plateau, von dem aus die Konföderierten-Artillerie das *Chattanooga Valley* kontrolliert hatte. Ein ***Visitor Center*** (täglich bis 17/18 Uhr; Park bis Dämmerung) dokumentiert in einer Ausstellung den Verlauf der Schlacht. Wer es noch genauer wissen möchte, besucht nebenan das ***Battles for Chattanooga Museum***, wo die Schlacht mit *Light & Sound* elektronisch und mit 5000 Miniatursoldaten nachvollzogen wird ($7/$5, www.battlesforchattanooga.com). Weitere Details zu den Kämpfen rund um Chattanooga erfährt man im *Visitor Center* des *Chickamauga Battlefield*, ➪ unten.

Eingang zum Point Park, so als ob hier Ritterkämpfe stattgefunden hätten

Zahnradbahn

Nur ein paar hundert Meter vom Point Park entfernt ist die Bergstation der ***Incline Railway***. Die Serpentinenkurverei den Lookout Mountain hinauf kann sich sparen, wer zur Talstation der 110 Jahre alten Zahnradbahn an der St Elmo Ave fährt. In Betrieb ist diese angeblich steilste Bahn dieser Art der Welt (73% Steigung) 8.30-21 Uhr sommers, sonst 9-17 Uhr. Retourtrip $10, © 423/821-4224, http://ngeorgia.com/tenn/theincline.html.

Rundfahrt/ Rock City

Das Beste am Lookout Mountain ist eine Rundfahrt durch die **City of Lookout Mountain** auf der Hochebene. Man folgt einfach zunächst der Straße #148 bzw. Ausschilderung »***Rock City***« und passiert dabei ganz automatisch **märchenhafte Villen** in ebensolcher Lage und eine durchaus auch vorhandene stilgerecht angepasste Infrastruktur aus Shops, Schulen etc. Über die Lula Lake Road und die Straße #157 erreicht man den Parkplatz der ***Rock City Gardens***. Dort hat man die Formationen dieser Ecke des Lookout Mountain wie einen *Balanced Rock* und enge Durchgänge samt exponiertem Aussichtsfelsen in eine Parkanlage eingebunden, dazu einen künstlichen Wasserfall geschaffen und das Ganze dann noch um Souvenirshops und Gastronomie ergänzt. Im Sommer geöffnet 8.30-20 Uhr, sonst flexibel bis Dämmerung, Eintritt $15, Kinder $8. Info unter © 1-800-854-0675, www.seerockcity.com. Für die drei kommerziellen Attraktionen *Ruby Falls, Incline Railway* und *Rock City* gibt es Kombitickets, die auch im Internet ausgedruckt werden können.

Mit oder ohne Investition in die *Rock City* folgt man der Zufahrt ab Besucherparkplatz geradeaus weiter durch phänomenale Wohnlagen und vorbei am – überaus passend – tatsächlich so benannten *Fairyland Tennis Club*, bevor es wieder hinunter in die Niederungen von Normal-Amerika geht.

Chickamauga & Chattanooga National Military Park

Lage/Anfahrt

Der *Point Park* auf dem Lookout Mountain ist eine Art Außenstelle des ***Chickamauga & Chattanooga National Military Park*** (www.nps.gov/chch), dessen Hauptgelände 10 mi entfernt von Chattanooga bereits in Georgia liegt. Vom Lookout Mountain bzw. von St. Elmo unterhalb des Berges gelangt man über die Straße #17, in Georgia #193, und dann weiter auf der #2 dorthin. **Von der I-24**, *Exit* #180B, führt die Straße #27 direkt hinunter zum und durch das *Chickamauga Battlefield*. Ab ***Downtown* Chattanooga** nimmt man am besten auch die I-24 bis zur Ausfahrt #180B. Bei Anfahrt aus Richtung Atlanta verlässt man die I-75 bei *Exit* #350 und folgt der Straße #2 nach Westen.

Chickamauga Battlefield

Zwar sind die Militärparks in Vicksburg (⇨ Seite 598) und Gettysburg (⇨ Seite 220) insgesamt eindrucksvoller, aber auch dieser Park ist unbedingt den Besuch wert. Das einstige ***Chickamauga Battlefield*** der ersten Schlacht um Chattanooga, die den Konföderierten zunächst Vorteile brachte (⇨ »Geschichte«, Seite 275), wurde beidseitig der Straße #27 zu einer Heldengedenklandschaft umgestaltet. Ein 11 km langer Rundkurs führt durch das hier nur leicht hügelige Gelände voller Denkmäler, Bronzetafeln, Statuen und alten Geschützen. Das ***Visitor Center*** im Anbau einer nostalgischen Südstaatenvilla an der Nordeinfahrt des Parks (Straße #27) lässt in einer *Multi Media Show* das Kampfgeschehen anno 1863 noch einmal ablaufen. Mit einer bemerkenswerten Waffensammlung wird außerdem der bereits damals erreichte mörderische Stand der Technik demonstriert. Geöffnet ist das *Visitor Center* täglich 8.30-17 Uhr. Kein genereller Eintritt, aber kleine Gebühr für die Show.

Monumentale Gedenkstätten kennzeichnen auch das Chickamauga Battlefield (Georgia)

2.7.4 Routen ab Chattanooga

Alternativen

Chattanooga war nicht nur früher ein wichtiger Eisenbahnknotenpunkt, sondern ist auch für Reisende heute ein Zwischenziel auf ganz unterschiedlichen Strecken. In Fortsetzung der individuellen Route, die bis hierher im Nordost-Südwest-Verlauf beschrieben wurde, kann man entweder weiterfahren

- nach **Südwesten** und damit an die Route 6 anknüpfen – entweder in **Lynchburg** bei der *Jack Daniels Destillery* (www.lynchburgtenn.com, www.jackdaniels.com; über I-24 Nord, dann ab *Exit* #134 Straßen #41 und #50, ➪ Seite 641) oder in **Huntsville** (www.huntsville.org; ab Chattanooga I-24 Nord, *Exit* #152, dann die Straße/*Freeway* #72, ➪ Karte Seite 287 oder
- nach **Nashville** (www.nashville.net, www.musiccityusa.com; I-24, ➪ Seite 629ff) und ggf. von dort noch weiter nach **Memphis** (www.memphistravel.com; ➪ Seite 612ff) oder
- nach **Atlanta** (www.atlanta.net, ➪ Seite 286) auf der I-75

Weiter nach Atlanta auf der I-75

Zur Strecke

Von Chattanooga sind es auf der I-75 noch ca. 120 mi oder – je nach Verkehrslage – 2-3 Fahrstunden bis Atlanta. Das gilt auch nach einem Besuch des *Chickamauga Battlefield* (➪ oben), von dem man zur Auffahrt #350 der I-75 über die Straße #2 gelangt.

New Echota Cherokee Capital

Bedingt durch die in beiden Richtungen dominante Zielvorgabe bleiben kleine Sehenswürdigkeiten am Weg oft weitgehend unbeachtet, so z.B. der ***New Echota Historic Site*** bei Calhoun, nur eine Meile von der Autobahn entfernt, *Exit* #317, an der Straße #225. New Echota war 1825 bis 1837 **Hauptstadt der *Cherokee***, in der sogar eine eigene Zeitung gedruckt wurde. Wo bis zum Zeitpunkt des *Trail of Tears* eine kleine Stadt existierte, findet man heute eine Ansammlung museal genutzter alter und rekonstruierter Gebäude und eine Besucherzentrum, das alle Details der Bedeutung des Ortes erläutert und auch einen Film zeigt. Geöffnet Di-Sa 9-17 Uhr, So 14-17.30 Uhr; Eintritt $4/$2.50, www.gastateparks.org/info/echota.

Etowah Mounds

Wer sich stark für die Indianerkultur vor Ankunft des »Weißen Mannes« interessiert, könnte bei Cartersville auf ungefähr halber Strecke nach Atlanta auch einen Abstecher zum ***Etowah Indians Mounds Historic Site*** machen, einer einstigen Siedlung für mehrere 1000 Menschen. Mehr zu den *Indian Mounds* generell auf Seite 687. Hier gibt es sechs dieser Erdhügel und ein kleines Museum. Geöffnet Di-Sa 9-17 Uhr, So 14-17.30 Uhr; Eintritt $4/$2.50. Zufahrt ab I-75, Ausfahrt #288, ca. 5 mi auf ausgeschilderter Route; www.gastateparks.org/info/etowah.

Kennesaw Battlefield

Etwa 20 mi nordwestlich von Atlanta, also schon unmittelbar vor den Toren der Südstaatenmetropole liegt der ***Kennesaw Mountain National Battlefield Park***: von der I-75 nördlich Marietta, *Exit* #269, Barrett Parkway und dann über die »alte« Straße #41 zum ***Visitor Center***, Zugang täglich 8-17.30 Uhr, *Visitor Center* bis 18 Uhr. Eintritt $2, Kinder $1, www.nps.gov/kemo. Man kann Mo-Fr mit dem Auto auf den Kennesaw Mountain fahren, Sa+So nuralle 30 min mit einem Shuttle Bus, was sich weniger lohnt.

Am Kennesaw Mountain hatten die Konföderierten ihre letzten Reserven zusammengezogen, um den Vormarsch der überlegenen Unionstruppen unter ***General Sherman*** nach Atlanta aufzuhalten. Nach beiderseitigen Verlusten von 67.000 toten und verwundeten Soldaten musste sich Südstaaten-General *Johnston* geschlagen zurückziehen. Alte Schützengräben und geschützbewehrte Stellungen blieben im Gelände erhalten.

Mörser am Kennesaw Mountain

Trails führen zu den markanten Punkten des damaligen Geschehens. Vom Kennesaw Mountain wartet ein weiter Blick. Die Hauptschlacht fand indessen abseits des namengebenden Berges im Bereich ***Cheatham Hill*** im Süden des Parks statt, zu erreichen über die #120. Über die Details des Schlachtverlaufs informiert das *Visitor Center* u.a. mit einer Diashow.

Unterkunft

Entlang der I-75 gibt es an Ausfahrten und in Ortschaften zahlreiche **Unterkünfte**, in denen man zu erstaunlich günstigen Tarifen unterkommt. Wer teurere Quartiere in Atlanta vermeiden möchte, nutzt die in diesem Bereich besonders wohlfeilen ***Discount Coupons*** (⇨ Seite 124) von Häusern in Atlanta-Nähe.

Luxus

En route kann man sich im ***Barnsley Garden Resort*** bei Adairsville, (I-75 *Exit* #306, 2 mi Straße #140 nach Westen, dann Halls Station Road 5 mi, dann Barnsley Garden Road) etwas ganz Besonderes gönnen, wenn es auf die Kosten weniger ankommt. Dort entstand ein ganzes Dorf im Stil des 19. Jahrhunderts samt Golfplatz, Hotel, Restaurants einschließlich Biergarten mit Spaten Bräu etc.pp. auf einem 500 ha großen Wald- und Parkgrundstück rund um eine *Ante-Bellum*-Ruine herum. Die Luxusnacht kostet ab $265 fürs DZ mit Frühstück (Sommer über $300) und kommt auch für verschwenderische Wellnessanwendungen (Zusatzkosten) in Frage. Reservierung unter © 770/773-7480 oder © 1-877-773-2447; www.barnsleyresort.com.

Camping

Camper können nichts verkehrt machen mit dem ***Red Top Mountain State Park*** am Allatoona Lake (Stausee Chattahoocha River), von der I-75, *Exit* #28, ausgeschildert. Es handelt sich hier um ein großes Freizeitgelände mit allen Schikanen einschließlich einer ***Lodge*** (ab $79) und Restaurant. **Campingplatz** für Zelte und Wohnmobile $19-$24; Reservierung © 1-800-864-7275; www.gastateparks.org/info/redtop.

Downtown Atlanta am Brennpunkt Five Points bei Underground Atlanta (➪ Seite 499)

Umweg über die Georgia Mountains nach Atlanta

Wer Zeit und Lust auf einen ungewöhnlichen Abstecher hat, könnte von Chattanooga aus einen großen Bogen durch die sich in Georgia fortsetzenden *Blue Ridge Mountains* fahren:

Amicalola Falls

Nach nur14 mi auf der I-75 ginge es in Dalton wieder auf die Straße #2 in Richtung Osten und am *Fort Mountain State Park* (Camping) vorbei nach Ellijay. Während die #2 nun weiter nach Nordosten läuft, fährt man auf der Straße #52 weiter in südöstliche Richtung zunächst zum ***Amicalola State Park***, der wegen seiner pittoresken Wasserfälle einer der beliebtesten Naturparks Georgias ist. Neben einer *Lodge*, © 1-800-573-9656, gibt auch es einen kleinen Campingplatz, identische Telefonnummer und www.gastateparks.org/info/amicalola.

Georgia Goldrausch

1828 begann der erste amerikanische Goldrausch in den Bergen Georgias. Zentrum der Aktivitäten war ein Gebiet beim heutigen **Dahlonega** (www.dahlonega.org), ein Städtchen, das einem ***Georgia Gold Rush*** (www.dahlonegagold.com) seine Existenz verdankt. Zwar lenkten enorme Goldfunde in der Sierra Nevada Kaliforniens ab 1848 die Aufmerksamkeit von Dahlonega ab, aber es wurde dort noch weiter geschürft. Erst 1906 schloss auch die größte Goldmine ihren Schacht. Dennoch war es den Bürgern von Dahlonega noch 52 Jahre später möglich, ausreichend Blattgold für die Kuppel des Capitols in Atlanta aufzutreiben und mit Eselskarren in die Hauptstadt zu transportieren. Im ***Dahlonega Gold Museum*** gibt's außer vielen Apparaten zur Goldgewinnung, echtem Goldstaub und Nuggets auch den Film »*Gold Fever*« (Mo-Sa 9-17 Uhr, So ab 10 Uhr, Eintritt \$4/\$2.50, www.gastateparks.org/ info/dahlonega). In der einst geschlossenen ***Consolidated Gold Mine*** erfahren heute Touristen unter Tage alles übers Goldschürfen und -waschen. Touren täglich 10-16 Uhr, im Sommer bis 17 Uhr; \$11/\$7, www.consolidatedgoldmine.com.

Alpine Helen

1969 wäre das Dorf ***Helen***, 30 Straßenmeilen weiter östlich (Straßen #19 Nord, #129 Süd, dann #75), nach der Pleite örtlicher Sägemühlen fast aufgegeben worden. Aber es kam ein *John Kollock*, ein früher in Bayern stationierter US-Soldat, der Helen in ein »bayerisches« Dorf umfunktionierte. Angeblich 750.000 Besucher erleben heute jährlich ***Little Munich in the Mountains***, wie sich ***Alpine Helen*** nun gerne nennt.

Restaurants wie das »*Wurst Haus*«, »*Old Heidelberg*« oder das »*Hofbrauhaus Inn*« bieten Bratwurst, Sauerkraut, Schnitzel und Sauerbraten. Und man nächtigt im *Heidi Motel* oder im *House of Tyrol*. Weder an H/Motels noch *B&Bs* noch Campingplätzen herrscht Mangel, ➪ www.helenga.org, © **1-800-858-8027**.

Nach Atlanta

Weiter **nach Atlanta** geht's von dort am schnellsten via #129 nach Gainesville, dann auf der I-985/I-85 vorbei am *Weekend-* und *Summer-Playground* für Atlanta, dem ***Lake Lanier***.

Die in der Karte rot markierten Strecken entsprechen – neben der von Washington DC ausgehenden kleinen Rundstrecke über Baltimore und Philadelphia nach Gettysburg (Kapitel 1, Seiten 209-222) – den in den Kapiteln 2 und 3 behandelten Routen.

Ebenfalls detailliert beschrieben ist in Kapitel 2 der hier grün gekennzeichnete Blue Ridge Parkway

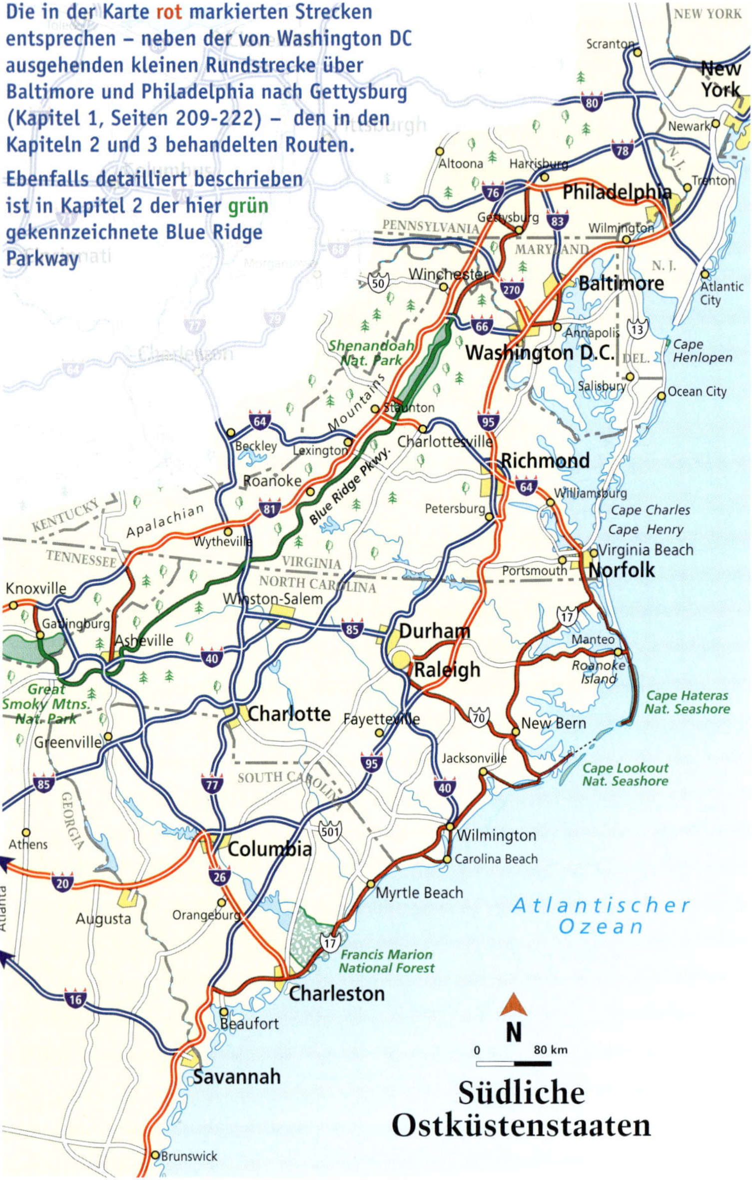

3
Südwärts entlang der Atlantikküste

3. SÜDWÄRTS ENTLANG DER ATLANTIKKÜSTE

Die im folgenden beschriebene Strecke ist eine gleichwertige Alternative zur Route von Washington DC nach Süden via *Blue Ridge Parkway* bzw. eine gute Möglichkeit für die Rückfahrt und damit auch möglicher Teil einer **Rundtour** durch den Südosten. Sie beginnt (oder endet) ebenfalls in Washington DC, führt durch Virginia über Richmond/Colonial Williamsburg und Norfolk/ Virginia Beach an die Atlantikküste und an dieser entlang südwärts durch North und South Carolina und Georgia bis Florida.

3.1 Virginias Osten

Ist der Westen Virginias von den Ausläufern der Appalachen geprägt, ist es im Osten die buchtenreiche **Chesapeake Bay** mit weit ins Land reichenden Zuflüssen wie Potomac, York und James River. **Jamestown**, **Yorktown** und vor allem ***Colonial Williamsburg*** halten in diesem Bereich die Periode von der Ankunft der ersten britischen Siedler bis zur Unabhängigkeit der USA wach.

Bis heute sind vielerorts noch die **Spuren des Bürgerkriegs** nicht nur deutlich sichtbar, sondern werden gepflegt und – wo nötig – restauriert: Gerade das Gebiet zwischen Washington und Richmond (und St. Petersburg), Hauptstadt Virginias und seinerzeit der Konföderierten, war Schauplatz zahlreicher Schlachten zwischen Union und Südstaaten.

Route nach Richmond

Von Washington laufen sowohl die **Straße #1** als auch die I-395 bzw. **ab Alexandria I-95** in Richtung Richmond. Wer am Wege ggf. noch ***Mount Vernon*** (➪ Seite 208) besuchen möchte, stößt 3 mi westlich davon auf die #1 und wechselt von ihr am besten bei Auffahrt #161 auf die I-95. Ein Verbleib auf der #1 kostet unnötig Zeit, es sei denn, man hat ohnehin einen Zwischenstopp in der größten *Outlet Mall* weit und breit vor:

Outlet Shopping

Potomac Mills liegt nur ein paar Meilen weiter bei Dale City an der I-95, *Exit* #156. Von der Straße #1 fährt man auf Straße #638 an (Opitz Boulevard); www.potomacmills.com

Prince William Forest

Nur wenige Meilen weiter südlich passieren I-95 und #1 den ***Prince William Forest Park***, ein Wald- und Hügelgebiet, das noch Zustand und Aussehen der Landschaft Virginias entsprechen soll, wie es die ersten weißen Siedler bei ihrer Ankunft vorfanden. Der Park steht unter Verwaltung des *National Park Service* und ist über die Straße #619, I-95 Exit #150, zu erreichen. Neben Wander- und Radwegen verfügt der Park über einen schön gelegenen **Campingplatz** (mit Duschen, keine Hook-ups, ✆ 703/221-7181, www.nps.gov/prwi; $16).

Ein komfortablerer privat geführter *Campground* liegt an der #234. Für Camper kommt der *Prince William Park* durchaus auch als Standquartier für einen Washington-Besuch in Frage (ca. 30 mi). Nach Fredericksburg sind es von dort noch rund 20 mi.

Battlefield Zeltlager für die »Soldaten« von heute, die in alten Uniformen mit Säbel, Colt und Lafettenkanonen alljährlich die Bürgerkriegsschlachten neu inszenieren

3.1.1 Fredericksburg

Orientierung und praktische Informationen

Orientierung

Fredericksburg, eine Kleinstadt mit heute ca. 20.000 Einwohnern, liegt rund 50 mi südlich von Washington DC. Die I-95 führt in einem weiten Bogen um Fredericksburg herum, die Straße #1 (*Jefferson Davis Highway*) ortsnah am Zentrum vorbei, die #1 *Business* mitten hindurch. Die recht überschaubare ***Old Town*** mit der Caroline Street als zentraler Achse liegt am Rappahanock River (Sophia Street) zwischen Hanover und Fauquier Street.

Battlefields

Historische Bedeutung erlangte Fredericksburg in erster Linie wegen der Bürgerkriegsschlachten in ihrer Umgebung, vor allem der ***Battle of Fredericksburg*** im Dezember 1862, in der die Unionstruppen eine empfindliche Schlappe einstecken mussten. Über den Bürgerkrieg und seine Auswirkungen im Umkreis der Stadt informieren die beiden **Besucherzentren** des ***Fredericksburg & Spotsylvania National Military Park***, im Sommer täglich 8.30-18.30 Uhr, sonst 9-17 Uhr, Sa+So bis 18 Uhr, © 540/373-6122; $4 oder *National Parks Pass*; www.nps.gov/frsp.

Visitor Center

Das ***Fredericksburg Battlefield Visitor Center*** liegt am 1013 Lafayette Blvd (Straße #1 *Business*/Ecke Sunken Road) südwestlich des Zentrums. Anfahrt von Norden am besten über I-95, *Exit* #130, und Straße #3 nach Osten, William Street, dann Sunken Road.

Das ***Chancellorsville Battlefield Visitor Center*** erreicht man ebenfalls auf der #3 (I-95, *Exit* #130), aber nun 8 mi nach Westen.

In beiden Besucherzentren gibt es eine Diashow zu den Ereignissen rund um Fredericksburg. Ein intensives Abfahren der um die Stadt herum verstreuten Schlachtfelder lohnt den dafür nötigen Zeitaufwand nur bedingt. Sie sind im Vergleich mit den *Battlefields* bei Richmond und speziell Petersburg, erst recht bei Vicksburg oder Chattanooga, weniger anschaulich.

Information Stadt Fredericksburg

Das städtische ***Fredericksburg Visitor Center*** befindet sich in der 706 Caroline/Ecke Charlotte Street, geöffnet täglich 9-17 Uhr, © 1-800-678-4748; www.visitfred.com. Dort gibt es Kombitickets für den Besuch von Sehenswürdigkeiten. Der ***Hospitality Pass*** für $24 gilt für alle Museen, Gärten etc., ***Pick Four*** ($16) für 4 beliebige Besichtigungen. Für Kurzaufenthalte (bis zu 1 Tag) lohnt sich ein derartiges Kombiticket aber kaum.

Unterkunft

Auch wenn das ***Colonial Inn*** (1707 Princess Anne Street zentral am Altstadtrand, © 540/371-5666, Zimmer ab $79) etwas in die Jahre gekommen ist, strahlt das alte Hotel immer noch den Glanz vergangener Zeiten aus; www.fci1.com

Zahlreiche **Motels** stehen im Umfeld der Ausfahrten von der **I-95** (am günstigsten ***Exit* 126**) und an der #1 im Stadtsüden.

Mitten in der Altstadt liegt das ***Richard Johnston Inn*** (711 Caroline St, © 540/899-7606), ein teures, aber schönes **B&B** mit nur neun Zimmern in einem *Townhouse* aus dem 18. Jahrhundert; www.therichardjohnstoninn.com

Camping

Der ***Fredericksburg KOA Campground*** an der 7400 Brookside Lane (I-95, *Exit* 126, © 540/898-7252, www.fredericksburg-KOA.com) liegt relativ stadtnah im Süden. Die Campingplätze im/beim ***Prince William Forest Park*** wurden oben schon erwähnt. Etwa 25 mi südwestlich von Fredericksburg befindet sich am Südufer des Stausees Lake Anna der ***Christopher Run Campground*** (I-95, *Exit* 118, dann Straße #208) mit schönen Stellplätzen in Ufernähe, Badestrand, Bootsverleih und allen Schikanen. © 540/894-4744, ab $23 bis über $30, ***Cabins*** für bis zu 4 Personen ab $35, www.christopherruncampground.com. Auch der ***State Park*** am Nordufer verfügt über einen Campingplatz: http://dcr.state.va.us/parks/lakeanna.htm

Essen & Trinken

In ***Old Town Fredricksburg*** gibt es zahlreiche kleine Kneipen, Cafés und Restaurants, vor allem entlang der Caroline Street, z.B. ***Beans in the Bug*** oder die ***Ferry Farm Brewery***. In der William Street empfiehlt sich das ***Virginia Deli***.

Stadtbesichtigung

Belmont

Wer über die Straße #1 nach Fredericksburg fährt, kommt durch **Falmouth**, einen Ort am Nordufer des Rappahannock River. Dort steht auf einem 10 ha-Grundstück über dem Fluss das eindrucksvolle ***Belmont House***, offiziell ***The Gari Melchers Home and Studio*** (224 Washington St, täglich 10-17, So ab 13 Uhr, im Winter nur bis 16 Uhr, © 540/654-1015, Eintritt $7, bis 18 $1). 1916 erwarb der deutschstämmige Maler ***Gary Melchers*** (1860-1932) das im späten 18. Jahrhundert erbaute Landgut. *Melcher* war u.a. Porträtmaler der *High Society*. In Wohnhaus und Studio sind Originalutensilien und einige seiner Hauptwerke zu sehen.

Historische Kneipe

Fredericksburg ist die **Heimat von *George Washington***; mehrere Gebäude erinnern an ihn und seine Familie. So u.a. die ***Rising Sun Tavern*** von 1760 in der 1306 Caroline Street. Dort soll der spätere

Präsident häufig zu Gast gewesen sein. Führungen durch zeitgenössisch kostümierte *Tourguides* etwa halbstündlich täglich 9-17 Uhr, im Winter 10-16 Uhr, Eintritt $5, Kinder bis 18 Jahre $2; www.apva.org/risingsuntavern.

Kenmore Plantation

In der ***Kenmore Plantation*** (1201 Washington Ave, täglich 11-16 Uhr, Dezember bis März nur Sa+So 10-17 Uhr, © 540/373-3381, www.kenmore.org, $8, bis 18 Jahre $4 inkl. Tee und *Cookies*; Betreten des in seiner Verwilderung sehenswerten Gartens ist gratis) steht nur noch eines von einst mehreren *Plantation Homes*.

Mary Washingtons Haus und Grab

In der 1200 Charles Street lebte die Mutter des Präsidenten im ***Mary Washington Home***. An der Washington Street, Höhe Pitt Street, liegen das ***Mary Washington Monument & Grave***. Beide sind für europäische Touristen nicht so spannend.

Alte Apotheke

Wieder zurück in der Caroline Street ist der nostalgische ***Hugh Mercer Apothecary Shop*** mit Touren »durch« die Medizin und Pharmazie des 18. Jahrhunderts ganz interessant (1020 Caroline Street, täglich 9-17 Uhr, © 540/373-3362, $5, bis 18 Jahre $2).

Monroe Museum

An den Politiker *James Monroe* – Minister unter *Washington* und *Jefferson*, Staatssekretär unter *Madison*, Kriegssekretär 1814/15 sowie 5. US-Präsident (1817-1825) – erinnert das ***James Monroe Museum*** (908 Charles St, täglich 9-17 Uhr, © 540/899-4559, Eintritt $5, Kinder bis 18 Jahre $1). *Monroe*, Aushändler und Unterzeichner des *Louisiana Purchase* im Jahre 1803, wurde bekannt durch die ***Monroe Doctrine***, vorgetragen in einer Rede an den Kongress am 2.12.1823, die zum Credo der amerikanischen Außenpolitik werden sollte, ➪ Seite 235. Im Museum belegen Dokumente, persönliche Gegenstände und Möbel das Leben *Monroes* und seiner Familie; www.umw.edu/jamesmonroemuseum

Visitor Center des Fredericksburg & Spotsylvania Nat'l Military Park

3

Herren aus Richmonds Gründerzeit im Sonntagsstaat

3.1.2 Richmond und Umgebung

Geschichte

Colonial Virginia

Bereits kurz nach Gründung der ersten britischen Siedlung Jamestown (➪ unten) gelangte eine erste Expedition am James River entlang in die Region des heutigen Richmond, scheiterte aber zunächst beim Versuch, sich dort zu etablieren, am Widerstand der *Arrohattoc* Indianer. Nur ein paar Jahre später entstand auf einer Halbinsel am James River die Siedlung Henricus. Der ***Henricus Historical Park***, www.henricus.org, ca. 12 mi südlich von Richmonds Zentrum, erinnert daran und erläutert die dann folgende wechselvolle Geschichte (Anfahrt über die I-95, Ausfahrt #61A, dann #10 nach Osten und #732 nach Norden). Erst 1730 wurde Richmond auf Hügeln über dem James River weiter nördlich gegründet. Die neue Siedlung über den unpassierbaren Stromschnellen des Flusses wuchs rasch zur Stadt und übernahm die Kapitalenfunktion der Kolonie Virginia 1780 von Williamsburg. Damals hatte Richmond noch keine 5000 Einwohner.

US-Staat Virginia

Mit der Unabhängigkeit 1789 blieb Richmond **Hauptstadt von Virginia**, nun Bundesstaat der USA. 1835 wurde der Bau des – auf Pläne von *George Washington* zurückgehenden – ***Kanawha Canal*** in Angriff genommen, der zunächst die Fälle unterhalb von Richmond umging und den James River eines Tages mit dem Ohio-Mississippi-System verbinden sollte. Dazu kam es nicht, wohl aber zum Aufbau einer Eisen- und Stahlindustrie, die Erz und Kohle aus den Allegheny Mountains über diesen Kanal bezog. Dank des Flussgefälles entstanden Wassermühlen, die Richmond zu einem der größten Mehlproduzenten der USA machten.

Nicht zuletzt wegen dieser industriellen Kapazität wurde **Richmond 1861 zur Kapitale der Konföderierten Staaten von Amerika** erklärt. Richmonds Fall im April 1865 markierte das Ende des Bürgerkriegs, ➪ Kasten »Der Kampf um Richmond«.

Nach dem Bürgerkrieg

Nach wenigen Jahren der Stagnation ging es mit Richmond wieder aufwärts, speziell die Tabakindustrie boomte. Und mit dem Siegeszug der Eisenbahn und der Straßenbahnen – in Richmond fuhr die erste elektrische *Streetcar* der USA – wuchs der Bedarf an Eisen und Stahl mit der Folge einer starken Expansion Richmonds. So lebten dort um 1900 bereits 80.000 Menschen.

Civil Rights

Schon im 19. Jahrhundert, aber auch in der Entwicklung des 20. Jahrhunderts war Richmond immer wieder Brennpunkt über Fragen der *Black Civil Rights*. In Richmond gab es die ersten von *African Americans* gegründeten bzw. übernommenen Banken. Der Stadtteil **Jackson Ward** galt im 19. Jahrhundert als ***Black Wall Street*** und ist heute der größte mit schwarzer Kulturgeschichte in Amerika verbundene städtische Bezirk des Landes.

Im Großraum Richmond leben heute etwa 800.000 Menschen, in der überschaubaren City of Richmond ca. 200.000.

Orientierung und praktische Informationen

Orientierung

http://map.mapnetwork.com/destination/richmond

In Richmond kreuzen sich die Interstates #95 und #64. Die I-295 bildet als Stadtumgehung einen weiten östlichen Ring um Richmond und das 20 mi weiter südlich gelegene Petersburg, der den Marsch der Unionstruppen 1864 vor der Einnahme beider Städte im April 1865 in etwa nachzeichnet. In seiner Nähe liegen mehrere *Battlefield Parks*, namentlich *Cold Harbor* bei Mechanicsville und *Petersburg*. **Das zentrale Richmond** wird durch den Verlauf der I-95 im Osten und Norden und den südlichen und westlichen Stadtring I-195 markiert. Von dieser »Rundstrecke« aus sind alle Sehenswürdigkeiten schnell zu erreichen.

Für einen ersten Besuch in Richmond macht es aus allen Richtungen Sinn, vom *Exit* #75 (gemeinsamer Verlauf #95/#64 im Norden) über die 3rd Street zunächst zum ***Richmond Region Visitor Center*** in *Downtown*-Nähe zu fahren. Dort kann man sich mit up-to-date Material eindecken, ⇨ unten. ***Downtown*** ist in etwa definiert durch den Autobahnbogen im Osten, durch den James River und die 3rd und Leigh Streets im Westen und Norden.

Parken

Parken in *Downtown* ist nicht sehr problematisch. Überall stehen Parkuhren, und es gibt ausreichend Parkhäuser und -plätze. Mit einem Campmobil in die Stadt zu fahren ist indessen wegen der teilweisen Enge weniger ratsam.

Kennzeichnung

In Richmond wurde zwar im Großbrand zum Ende des Bürgerkriegs vieles zerstört, aber es blieb auch einiges erhalten, wurde wieder aufgebaut oder später restauriert. Speziell zu nennen ist hier die erst in den letzten Jahren vollzogene Umwandlung der ***Riverfront*** am – unter «Geschichte« erwähnten – *Kanawha Canal*, wo lange Industrie- und Hafenbrache die Innenstadt zum Fluss hin unschön abschlossen.

Villenviertel

Unabhängig von der historischen Bedeutung Richmonds und den typischen Anlaufpunkten und Museen kann man den Reiz und die Schönheit dieser Stadt auch durch ein Abfahren und teilweises Ablaufen der ausgedehnten ***Villenviertel*** oberhalb der und um die großen Parks ***William Byrd*** und ***Maymont*** (➪ Seite 304) im Stadtteil **Fan** und weiter westlich im ***West End*** erfassen. Wer dort ohnehin die eine oder andere Sehenswürdigkeit besucht, sollte die Gelegenheit nutzen, abseits der direkten Verbindungswege Richmond für sich ganz individuell zu entdecken.

Information

Richmond Region Visitor Center, 405 N 3rd St im *Convention Center*, ✆ 1-800-370-9004, www.richmondva.org oder www.visit.richmond.com. Geöffnet täglich 9-18 Uhr. Ein zentrales **Infobüro** befindet sich im ***Bell Tower*** in der südwestlichen Ecke des kleinen *Capitol Square Park*.

In beiden gibt es den ***Richmond Region Official Visitors Guide***, der u.a. alle *Hotels, Motels* und *B&Bs* mit aktuellenPreisen listet. Dort hat man auch den ***Richmond City Pass*** für **$15**, der zum Besuch von 5 Museen etc aus einer Auswahl von 19 Sehenswürdigkeiten berechtigt. Passinhaber dürfen außerdem den ***Cultural Connection Shuttle*** gratis benutzen, der zwischen City-Attraktionen einschließlich Shopping- und Restaurantzonen kontinuierlich verkehrt und am *Visitor Center* stoppt. Ohne *City Pass* kostet der Bus aber auch nur $1 pro Person und Tag.

Unterkunft

Die übliche Ballung von *Motels* und *Motor Inns* im Umfeld der Cities erleichtert auch in Richmond die Unterkunftssuche. Besonders viele Quartiere der üblichen Ketten findet man im Bereich der **Ausfahrt #178 der I-64** und bei Weiterfahrt in Richtung Richmond entlang der **Straße #250** (Broad Street), außerdem im Umfeld der **Ausfahrt #61 der I-95** zwischen Richmond und Petersburg (Straße #10). Das Tarifniveau ist relativ moderat.

Zentralere Lagen sind teurer; empfehlenswert ist z.B. das

- ***Linden Row Hotel***, 100 E Franklin/First St, ✆ 804/783-7000, ab $99. Das kleine, aber feine Haus verbirgt sich hinter den Mauern einer Reihe alter Häuser westlich von *Downtown*.
- ***The Jefferson Hotel***, 101 W Franklin/Adams St, ✆ 1-800-424-8014, www.jefferson-hotel.com, ist die optimale Unterkunft für alle, die sich in Richmond etwas Besonderes gönnen möchten, ➪ auch weiter unten im Abschnitt »Stadtbesichtigung«.
- ***Massad House Hotel***, 11 North 4th Street, ✆ 804/648-2893, ab $65, ist die preiswerte Alternative in der Innenstadt.

Camping

Im Umfeld von Richmond bietet der ***Pocahontas State Park*** den schönsten ***Campground*** zwischen Beaver Lake und Swift Creek mit komfortablen *Hook-up*-Stellplätzen, Badesee, *Bike Trails*, Bootsverleih. Zufahrt über Straße #10 südlich Richmond, dann Beach Road (ausgeschildert; zentrale Reservierung ➪ Seite135; www.state.va.us/dcr/parks/pocahont.htm).

Essen & Trinken

Um den ***Farmer's Market*** im Stadtteil Shockoe Bottom und südlich davon konzentrieren sich Bistros und Cafés, z.B.

- ***City Bar & Chop House***, 17th Street/Farmers Market
- ***Havanna 59***, 16 North 17th Street, Fischrestaurant

- ***Bottoms-up***, 1700 Dock Street
- ***Rivah Bistro***, 1417 East Cay Street, für Gourmets

Im einstigen Hafenviertel Shockoe Slip westlich von Shockoe Bottom findet man ebenfalls Restaurants und Kneipen, z.B.

- ***Tobacco Co. Restaurant***, 1201 E Cary, tolles Ambiente:
- ***Richbrau Brewing Co.***, *Brewpub* und Restaurant, 1214 E Cary

www.thetobaccocompany.com – www.richbrau.com

Speziell in ***Carytown*** im Stadtteil **Fan**, Cary Street westlich der Boulevard bis Thompson Street, gibt es Lokale dicht an dicht.

Shopping

Die schon erwähnten Bereiche **Shockoe Bottom & Slip** und ***Carytown*** sind nicht nur Restaurant-, sondern auch Shoppingzonen. Das *Shopping Center* ***6th Street Market Place*** liegt oberhalb der Grace Street.

Stadtbesichtigung

Die Sehenswürdigkeiten in *Downtown* liegen nah beieinander. Ein guter erster Anlaufpunkt ist der ***Capitol Square*** mittendrin:

Virginia State Capitol

Das klassizistische ***Virginia State Capitol*** (Capitol Square Park, Mo-Fr 9-17 Uhr, Sa 10-16 Uhr, So ab 13 Uhr, gratis, Touren, www.virginiacapitol.gov) wird seit 1788 kontinuierlich genutzt. 1785 bat man *Thomas Jefferson* (damals Botschafter in Frankreich), einen geeigneten Architekten zu finden. Das tat er auch, ließ ihn aber eigene Ideen umsetzen. Ein Modell des *Jefferson*-Entwurfs steht im Foyer des Gebäudes.

Erstmals konnte Virginias *General Assembly 1788* im zentralen Teil des Capitol zusammenkommen; die beiden Flügel wurden erst 1904-06 fertig. In der ***Rotunda*** befindet sich eine lebensgroße Statue von *George Washington* in Carraramarmor. Zu sehen sind außerdem Büsten aller sieben in Virginia geborenen Präsidenten – *Jefferson, Madison, Monroe, Harrison, Tyler, Taylor* und *Wilson*. Im kleinen Park nicht zu übersehen sind das ***Executive Mansion*** (seit 1813 Sitz der Gouverneure), der sog. ***Bell Tower*** (mit Tourist-Info) und die **Statuen** von *Edgar A. Poe, »Stonewall Jackson«* u.a.

Thomas Jefferson war verantwortlich für die Architektur des State Capitol

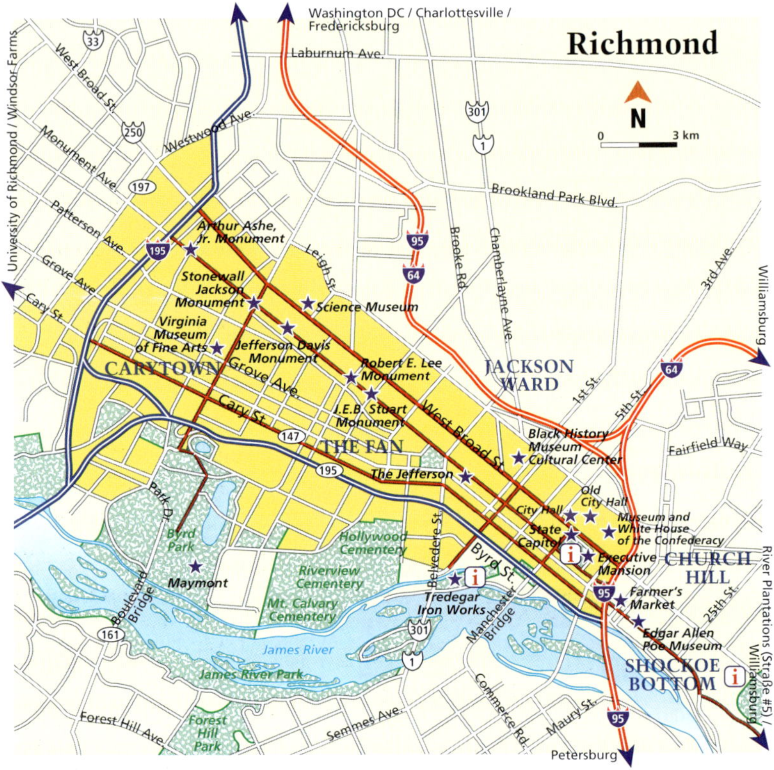

City Halls

Unmittelbar hinter dem Capitol steht auf dem Capitol Square das alte, stilistisch eindrucksvolle Rathaus. Die ***Old City Hall*** ist heute ein privates Bürohaus, man darf sich jedoch bei Interesse durchaus im Erdgeschoss umsehen. Die **neue** unattraktive ***City Hall*** schräg gegenüber (900 E Broad Street) war 1972 das erste Hochhaus in Richmond und ist mit 150 m seither das höchste Gebäude der Stadt. Auf ca. 100 m Höhe verfügt es über ein ***Observation Deck***, von dem man einen tollen Rundblick hat. Täglich 9-17 Uhr, Zutritt frei, aber strenge Kontrolle.

Museum & White House of the Confederacy

Im Mittelpunkt des ***Museum & White House of the Confederacy*** nur 2 Blocks nördlich vom *Capitol Square* (1201 E Clay St, Mo-Sa 10-17, So ab 12 Uhr, Museum $7, bis 18 Jahre 50%, *White House* $7/$4, Kombiticket $10/$5; www.moc.org) steht eine kaum zu überschauende Zahl von Waffen und allen möglichen Originalobjekten wie Flaggen, Uniformen, Dokumenten etc. aus dem Bürgerkrieg. Dabei geht es in Richmond in erster Linie um die Armee der Konföderation, ihre Befehlshaber wie *Lee* und »*Stonewall*«

Jackson sowie Präsident *Jefferson Davis*. U.a. ist dort Thema, dass über 60% der im Bürgerkrieg umgekommenen Soldaten an Krankheiten starben und nicht im Kampf oder dessen Folge.

Im ***White House*** der Südstaaten steht die Verklärung von Person und Position des einzigen Präsidenten der Südstaaten, ***Jefferson Davis***, und der Ziele der im ungleichen Kampf unterlegenen Konföderation im Mittelpunkt. *Davis* war nach dem Krieg im Mai 1865 in Georgia gefangengenommen und nach 2 Jahren Festungshaft frei gelassen worden. Er starb 81jährig 1889 in New Orleans.

Riverfront

Vom ***Shockoe Slip Historical District*** war schon im Zusammenhang mit »Essen & Trinken« und »*Shopping*« die Rede. Dieser aufgepeppte Stadtteil zwischen *Downtown* (unterhalb des *Capitol Square*) und Fluss ist geschützt durch einen Deich, den *James River Floodwall*. Dahinter erstreckt sich der ***Riverside Park*** mit dem ***Canal Walk***, einem Spazier- und Joggingweg am *Kanawha Canal* (⇨ »Geschichte«) und alten Schleusen entlang www.historicrichmond.com/shockoeslip.html)

National Battlefield Park Visitor Center

Im *Riverside Park* etwas weiter westlich stehen die verbliebenen Gebäude der einst großen Eisenschmiede ***Tredegar Iron Works***, die bereits im Bürgerkrieg die Kanonen der Konföderierten goss und dem Militär bis nach dem 2. Weltkrieg verbunden blieb.

Nach Restaurierung der zur Industrieruine verkommenen Anlage richtete vor einigen Jahren der *National Park Service* im verbliebenen Komplex das ***National Battlefield Park & Civil War Visitor Center*** und ein **Museum** ein. **Anfahrt** über die 10th oder 5th Street hinunter in den Park am James River und damit automatisch auf die Tredegar Street. Täglich geöffnet 9-17 Uhr, $4 bzw. *National Parks Pass*; www.nps.gov/rich

Das **Museum** bezieht sich auf die Geschichte der *Tredegar Iron Works* und auf Richmond im Bürgerkrieg. Neben der ausführlichen Dokumentation der Schlachten um Richmond gibt es im ***Visitor Center*** eine Karte mit einer Rundstrecke (*Battlefield Road*) zu den damaligen Schauplätzen. Indessen ist nicht jeder Anlaufpunkt wirklich aufschlussreich, oft bis auf *Historical Markers*

Die restaurierten Tredegar Iron Works unterhalb der City dienen heute als Museum und Informationszentrum für die Battlefield Parks rund um die Stadt

3

Edgar Allan Poe

Die alte Südstaatenhauptstadt Richmond ist untrennbar mit dem Namen *Edgar Allan Poe* verbunden, verbrachte er doch dort die meiste Zeit seines kurzen Lebens. *Poe* wuchs auf und heiratete in Richmond und war Herausgeber des *Southern Literary Messenger*.

Geboren wurde *Poe* am 19.1.1809 in Boston. Nach dem Tod seiner Eltern kam er 1811 nach Richmond – zunächst ins Haus des Kaufmanns *John Allan*. Die Jahre 1815-1820 verbrachte er in Großbritannien. Nach seiner Rückkehr begann er 1826 ein Studium an der *University of Virginia*, trat aber 1827 – nach dem Bruch mit seinem Ziehvater – in den Militärdienst ein. Vier Jahre später wurde er wegen Aufsässigkeit aus der Armee entlassen. Danach wandte sich *Poe* ganz der Schriftstellerei und dem Journalismus zu. Er heiratete 1836 seine gerade 13-jährige Cousine *Virginia Clemm*. Zwei Jahre nach deren Tod starb auch *Poe* am 7. Oktober 1849 in Baltimore.

Trotz seines kurzen Lebens gilt *Edgar A. Poe* – obschon lange in seiner Heimat verkannt – heute als bedeutender Literat und Schriftsteller, sogar als ***America's Shakespeare***, hat er doch immerhin fünf literarische Genres ins Leben gerufen oder ihnen in den USA zum Durchbruch verholfen: der Detektiv-, der Horror- und Kurzgeschichte, der lyrischen Dichtung und Science Fiction. Zusätzlich machte er sich einen Namen als Kritiker und Literaturtheoretiker.

Zu seinen besonders lesenswerten Werken gehören »Die denkwürdigen Erlebnisse des *Arthur Gordon Pym*« (1838), »Der Untergang des Hauses *Usher*« (1839), »Der Doppelmord in der Rue Morgue« (1841) und »Der Rabe« (1845).

mit Einzelheiten zu Geschehnissen nichts weiter zu sehen. Besuchenswert auf dem Rundkurs auch ohne extrem ausgeprägtes Interesse an immer neuen, sich gleichzeitig aber auch vielfach wiederholenden Details zum Bürgerkrieg sind in erster Linie:

- ***Chimborazo Medical Museum***
- ***Cold Harbor Battlefield***
- ***Glendale & Malvern Hill Battlefields***

Außerdem außerhalb dieses Rundkurses das

- ***Petersburg Battlefield***

Chimborazo Museum

Bedingt durch die zahlreichen Schlachten um Richmond fungierte die Stadt als Auffangbasis der kranken und verwundeten Soldaten. Das **Militärhospital *Chimborazo*** auf einer Anhöhe über dem James River (mit schönem Blick auf den Fluss und Richmond) behandelte im Lauf der Jahre über 75.000 Soldaten. Dort befindet sich heute ein Park mit einem ***Visitor Center* & Museum** (3215 E Broad Street, täglich 9-17 Uhr, ✆ 804/226-1981, eintrittsfrei), wo der barbarische Stand der damaligen Medizintechnik und die traurige Situation der Verwundeten plastisch dargestellt werden.

Chimborazo liegt nur ca. 2 mi östlich von *Downtown* und kann daher gut im Rahmen einer Stadtbesichtigung angesteuert werden. Die *Battlefields* liegen außerhalb, ➪ folgenden Abschnitt.

Edgar A. Poe Museum

Ebenfalls östlich der Innenstadt, aber nur eine halbe Meile vom Capitol Square entfernt, befindet sich im *Old Stone House*, dem ältesten erhaltenen Haus der Stadt, das ***Edgar A. Poe Museum*** (1914 East Main Street , Di-Sa 10-17, So ab 11 Uhr, © 804/648-5523, www.poemuseum.org, Eintritt $6, Schüler $5; bis 8 Jahre frei). Zum Komplex gehört u.a. der *Enchanted Garden*, der nach den Poe-Gedichten »*To One in Paradise*« und »*To Helen*« angelegt wurde. Durch das Museum geht es – nach einem einführenden Film – nur auf *Guided Tours*. Beachtlich sind die Sammlung von Originalmanuskripten und Büchern sowie ein Stadtmodell aus dem frühen 19. Jahrhundert.

Westlich Downtown

Zu den Sehenswürdigkeiten westlich von *Downtown* gelangt man am besten über die **Franklin Street**, die ab der Lombard Street zur **Monument Avenue** wird. An der 101 Franklin Street passiert man auf Höhe Adams Street das phänomenale *Jefferson Hotel*:

Jefferson Hotel

Neben etlichen US-Präsidenten haben schon viele illustre Gäste im ***The Jefferson*** genächtigt. Das Luxushotel von 1895 verkam zeitweise Nach Restaurierung erstrahlt das heute zur *Sheraton*-Kette gehörende Haus wieder in alter Pracht. Die ***Palm Court Lobby*** darf man auch als Nicht-Gast betreten. Wer sich zum Bleiben animieren lässt, zahlt ab ca. $250 pro Nacht und Zimmer.

Monument Avenue

Aus gutem Grund heißt die Franklin St westlich der Lombard St ***Monument Avenue***. Sie wird dort zur breiten, an den Kreuzungen mit großen Statuen bedeutender *Viginians* geschmückten Allee. Die Südstaatenhelden ***Robert E. Lee***, ***»Stonewall« Jackson*** und ***Jefferson Davis*** sind hier ebenso vertreten wie anderweitige Berühmtheiten, so z.B. der schwarze Tennisstar ***Arthur Ashe***.

Foyer des Jefferson Hotel

3

Denkmal des Südstaatenhelden »Stonewall« Jackson, eine von vielen an der Monument Avenue

Science Museum

Zwei Blocks nördlich der Monument Ave läuft die Broad Street, eine der wichtigsten Verkehrsachsen von Richmond. An ihr befindet sich auf Höhe Davis Ave in einem ehemaligen Bahnhof das ***Science Museum of Virginia*** mit IMAX-Theater und Planetarium (2500 W Broad St, Mo-Sa 9.30-17 Uhr, So 11.30-17 Uhr; Eintritt $10, Kinder bis 12 Jahre $9, Kombiticket mit IMAX & Planetarium $18/$17; www.smv.org). Mit seinen zahlreichen *Hands-on*-Objekten und Demonstrationen ist das Museum eine Art technischer »Familienspielplatz«. Wegen des Standorts gehört hier noch eine Ausstellung zur Eisenbahngeschichte zum gebotenen Programm.

Children's Museum

Gleich nebenan (2626 Broad) eröffnete erst 2002 ein modernes Kindermuseum. Das ***Children's Museum*** ist die für kleinere Kinder bis ca. 10 Jahre geeignete Variante des *Science Museum*. Di-Sa 9.30-17 Uhr, So ab 12 Uhr; Eintritt $7 für alle; www.cmor.org.

Kunstmuseum

Einige Blocks südlich der Monument Ave die Boulevard Street hinunter an der Grove Ave steht mit dem ***Virginia Museum of Fine Arts*** eines der besten Kunstmuseen der US-Südstaaten (200 N Boulevard St, Mi-So 11-17 Uhr, ✆ 804/340-1400, Eintritt frei, $5 Spende empfohlen, www.vmfa.state.va.us).

Zu den *Highlights* gehören u.a. die ***Mellon Collection*** (englische, amerikanische und französische Malerei des 18.-20. Jahrhunderts, darunter Werke von *Catlin, Renoir und Picasso*), die ***Lewis Collection*** (moderne und zeitgenössische Kunst, z.B. *Kline, Warhol, Estes*), eine bedeutende **Jugendstil- und Art Deco-Sammlung** (*Gallé, Tiffany, Frank L.Wright*) und die ***Pratt Collection*** (u.a. russische *Fabergé*-Ostereier).

Maymont

Fährt man weiter die Boulevard Street (Straße #161) hinunter, stößt man jenseits der I-195 bei der Columbus Statue auf den ausgedehnten **Doppelpark *William Byrd*** und ***Maymont***. Folgt man der Straßennummer 161 weiter, passiert man bald den Turm des Weltkrieg-I-*Memorial* ***Carillon*** und muss dann für einen Besuch von ***Maymont*** links auf den ***Spottswood Entrance*** achten. Namensgebend für den östlichen Parkteil war die ***Villa Maymont*** samt

Gärten (1700 Hampton Street, Zufahrt auch über diese Straße, die den Park östlich begrenzt, täglich 10-17 Uhr, © 804/ 358-7166, www.maymont.org, kein Eintritt, aber »Spende« in Höhe von $5 für eine Hausführung).

Der Millionär *J. Henry Dooley* errichtete ab 1886 diesen wuchtigen 33-Zimmer-Bau und stattete ihn luxuriös aus. Besonders der mit Tiffany-Möbeln ausgestattete *Swan Room* ist sehenswert. In den eintrittsfrei zugänglichen Gärten kultivierten die *Dooleys* von Auslandsreisen mitgebrachte Pflanzen. Der Park insgesamt gewinnt seine Attraktivität nicht zuletzt durch den alten Baumbestand mit Arten aus allen Klimazonen. Ein modernes ***Nature & Visitor Center*** steht unweit des Shields Lake Drive. Dort geht es um die ursprüngliche Landschaft, Flora und Fauna am James River einschließlich eines Zoos mit Fischotter Pool. *Maymont* sollte man sich ansehen.

Agecroft Hall/ Virginia House

Das gilt auch für ***Agecroft Hall***, wenngleich es sich dabei um ein urenglisches Bauwerk handelt. *Agecroft Hall* steht im feinen Wohnviertel ***Windsor Farms*** (westlich der I-195) hoch über dem James River/*Kanawha Canal* und ist erreichbar via Cary Street und/oder Malvern Ave (Straße #197). Über die Canterbury Road gelangt man von dort zur 4305 Sulgrave Road.

Das aus dem 15. Jahrhundert stammende *Tudor*-Herrenhaus wurde 1925 in *Merry Old England* in seine Einzelteile zerlegt, über den Atlantik geschafft und hier wieder aufgebaut. Auch ein formaler Garten und schöner Baumbestand fehlen nicht. Di-Sa 10-16 Uhr, So 12-17 Uhr; Eintritt $8; Schüler $4.; www.agecrofthall.com.

Nebenan (4301 Sulgrave Road) kann man ein weiteres sogar älteres und zumindest von außen noch eindrucksvolleres Herrenhaus englischen Ursprungs besichtigen, das indessen aus mehreren Originalgebäuden zusammengesetzt wurde. Das ***Virginia House*** hat dieselben Öffnungszeiten wie *Agecroft* und kostet $5 bzw. $3 Eintritt. Auch ein Kombiticket mit *Agecroft* ist verfügbar; www.vahistorical.org/vh/virginia_house01.htm

Jackson Ward

Das **Kontrastprogramm** zum »weißen« kulturhistorischen Angebot in Richmond und seinen Villenvierteln liefert ***Jackson Ward***, ein Stadtteil zwischen *Convention Center* und Belvedere Street nördlich der Broad Street (über den Verlauf det I-64/I-95 hinaus). Ende des 19. Jahrhunderts gründeten dort *Afro-Americans* erste »schwarze« Unternehmen und sogar eine »schwarze« Bank, was dem Viertel u.a. den schönen Beinamen ***Birthplace of African-American Capitalism*** einbrachte. Auch »*Little Africa*« und »*Harlem of the South*« sind heute noch geläufige Bezeichnungen.

Neuerdings hat man begonnen, historische Gebäude des zwischenzeitlich heruntergekommenen Viertels zu restaurieren. Das ***Black History Museum & Cultural Center of Virginia*** beleuchtet die Geschichte der Schwarzen in Nordamerika (200 Clay Street, Di-Sa 10-17, So ab 11 Uhr, Eintritt $5, Kinder bis 12 $2, © 804/780-9093, www.blackhistorymuseum.org).

Befestigte Artillerie-stellung auf dem Petersburg Battlefield

Battlefields um Richmond

Cold Harbor Battlefield

Zum *Richmond National Battlefield Park* gehört ***Cold Harbor***, wo *General Grant* Anfang Juni 1864 mit einem weiteren Versuch scheiterte, Richmond zu nehmen. Das ***Visitor Center*** erreicht man am besten über die *Mechanicsville Turnpike* (#360), die man bei Mechanicsville verlässt, um auf der Straße #156 in Richtung Osten weiterzufahren. Im Besucherzentrum gibt es eine *Electric Map*, die das Geschehen demonstriert. Ein Rundweg führt durch die Befestigungen der Konföderierten. *Cold Harbor* ist insofern bedeutsam, als *Grant* von da ab den Angriff aufgab und sich fast ganz auf die Belagerung verlegte, was letztlich zum Erfolg führte.

Glendale/ Malvern Hill/Fort Harrison

Wer stark interessiert an den Kämpfen um Richmond ist, könnte von *Cold Harbor* der (in der Karte des *National Park Service* verzeichneten) *Battlefield Park Road* folgen und nach Süden zum ***Glendale/Malvern Hill Visitor Center*** weiterfahren (ca. 7 mi), wo einer der frühen (fehlgeschlagenen) Attacken auf Richmond 1862 stattfand. Weiter könnte man einen Abstecher zu den Resten des ***Fort Harrison*** machen, das Ende 1864 von der Union genommen wurde, was den Ring um Petersburg und Richmond enger zog.

Bei Fahrt von Richmond nach Williamsburg auf der ***Plantation Road*** (Straße #5) liegt *Fort Harrison* am Weg, ➪ Abschnitt 4.1.3.

Petersburg Battlefield Nat'l Park

Entscheidend war letztlich der Ausgang der ***Battle of Petersburg*** östlich der heute 30.000-Einwohner-Stadt. Dort vollzog sich keine der üblichen Schlachten, sondern ein 10-monatiger Stellungskrieg mit vielen kleineren Zermürbungskämpfen, der mit dem Fall von Petersburg und Richmond endete und zur Kapitulation führte, ➪ nebenstehenden Kasten »Der Kampf um Richmond«.

Der Hauptbereich der meilenlangen Belagerungs- und Kampflinie des ***Petersburg National Battlefield Park*** (www.nps.gov/pete) ist von der I-95 (*Exits* #50D und #52) und I-295 (Exit #9) ausgeschildert. Das zugehörige ***Visitor Center*** liegt unweit der Straße #36.

Eine 4-mi-Fahrt durch die gut erhaltenen bzw. restaurierten Stellungen mit Demonstrationen der damaligen Wehrtechnik gehört zu den lohnenswerteren der vielen im Umfeld von Richmond möglichen *Battlefield Tours*. Man kann die Fahrt entlang der seinerzeitigen Befestigungen noch 16 mi weiter fortsetzen und auch auf dieser Route zum ***Pamplin Park*** gelangen (die schnellere Zufahrt erfolgt über die I-85, ➪ unten).

Pamplin Park & Museum

Ein Besuch des ***Pamplin Park Civil War Site & National Museum of the Civil War Soldier*** in Petersburg (zunächst I-95, dann via *Exit* #51 auf die I-85 und nach ca. 6 mi via *Exit* #63A auf die Straße #1, 6125 Boydton Plank Road, im Sommer täglich 9-18 Uhr, sonst bis 17 Uhr ✆ 1-877-726-7546, www.pamplinpark.org) kostet hohen Eintritt, nämlich $13,50, bis 11 Jahre $7,50. Dafür wird eine Art ***Civil War Theme Park*** geboten mit Multimedia zum Eintauchen in das Leben der gemeinen Bürgerkriegssoldaten mit authentisch aufgebauten Unterkünften und Stellungen samt Besatzung (nur im Sommer) auf einem (echten) Nebenschauplatz der Kämpfe um Petersburg. Im Museum schlüpft der Besucher in die Rolle eines Soldaten und erfährt dessen Schicksal im Verlauf des Krieges. Ein rekonstruiertes *Ante Bellum Plantation Home*, ***Tudor Hall***, kann auch noch besichtigt werden.

Der Kampf um Richmond

Präsident *Lincoln* und seine Generäle waren davon überzeugt, dass die Einnahme Richmonds dem Bruderkrieg ein schnelles Ende bereiten würde. Dennoch gelang es den Unionstruppen trotz erheblicher Anstrengungen und zahlreicher Schlachten im Umfeld von Richmond lange nicht, bis in die Nähe der Stadt vorzudringen, geschweige denn sie zu erobern.

Erst als Unionsbefehlshaber *Grant* Richmond weiträumig umgangen, die Konföderierten in einem 10-monatigen Stellungskrieg zermürbt, geschlagen und am 2. April 1865 Petersburg eingenommen hatte, sah Südstaatengeneral *Lee* keine Chance mehr, die Hauptstadt der *Confederacy* ohne Inkaufnahme seiner weitgehenden Zerstörung verteidigen zu können. Bevor er sich aber vor der anrückenden Unionsarmee nach Westen absetzte (Präsident *Davis* hatte schon früher sein *White House of the Confederacy* verlassen, ➪ Seite 300), ließ er seine Soldaten die Vorrats- und Waffenlager in Brand setzen. Dabei griff das Feuer über; ein Großteil der Stadt ging mit in Flammen auf und konterkarierte die durch den Abzug an sich beabsichtigte Vermeidung der Zerstörung.

Nach letzten Rückzugsscharmützeln zwischen Richmond und Lynchburg gab *General Lee* wenige Tage später endgültig auf. Am 9. April 1865 unterzeichnete er für die *Confederate States of America* nach 4 Jahren Bürgerkrieg bei Appomattox, 25 mi östlich von Lynchburg, die Kapitulationsurkunde.

3

3.1.3 Das Virginia Historic Triangle: Williamsburg, Jamestown und Yorktown

Zur Geschichte

Im Bereich um Jamestown, Williamsburg und Yorktown begann die englische Besiedelung der mittleren Atlantikküste. Die Briten ließen sich 1607 zunächst am James River nieder und riefen 1609 die Kolonie Virginia aus. Erst viel später entstanden Yorktown weiter östlich am York River (1691) und Williamsburg (1699) im sicheren Inland – 2007 wird gefeiert: www.historictriangle.com

Von Richmond nach Colonial Williamburg

Plantation Road

Auf der I-64 oder der dazu parallel verlaufenden Straße #60 sind es von Richmond nach Williamsburg, dem Herzen des ***Virginia Historic Triangle***, nur ca. 50 mi oder ca. 1 Stunde. Empfehlenswerter ist die zeitaufwendigere Fahrt auf der #5, der bereits erwähnten ***Plantation Road*** durch Laubwälder und Farmland, die in einigem Abstand dem Lauf des James River folgt. Die Region am Fluss ist seit dem frühen 17. Jahrhundert ein Tabakzentrum, deren Plantagen den Revolutions- und den Bürgerkrieg überlebten. Ehe die Europäer kamen, befanden sich dort Siedlungen der ***Powhatan***-Indianer, deren Häuptlingstochter ***Pocahontas*** dank des gleichnamigen Zeichentrickfilms über 250 Jahre später zu Weltruhm kam.

James River Plantations

Eine Reihe der alten Plantagen sind – meist von 9 Uhr bis 16.30/17 Uhr – zu besichtigen. Sie liegen alle an oder nur wenig abseits der Straße #5, Eintritt überwiegend $9-$11, Kinder 50%. In Anbetracht der Sehenswürdigkeiten in Colonial Williamsburg, Jamestown und Yorktown, für deren Besichtigung mehr Zeit benötigt wird, sollte man selektieren, empfehlenswert sind in erster Linie *Sherwood* und *Shirley*, ➪ auch www.jamesriverplantation.com.

Shirley Plantation

Diese älteste Plantage Virginias (501 Shirley Plantation Rd) wurde bereits 1613 errichtet. Das heutige Haus (1738) ist großenteils noch im Originalzustand, daher architektonisch sehenswert. Eine gewisse historische Bedeutung besitzt dieser Landsitz, weil dort die Mutter des Südstaaten-Oberkommandierenden *Robert E. Lee* geboren wurde und aufwuchs.

Edgewood/ Berkeley

Die ***Edgewood Plantation*** diente einst als Signalposten für Schiffe auf dem James River. Da *Edgewood* heute als ***B&B Inn*** fungiert (✆ 804/ 829-2962, ab $110), gelten nur begrenzte Besuchszeiten: Di-So 11-15 Uhr; www.edgewoodplantation.com.

In der ***Berkeley Plantation*** (12602 Harrison Landing Road) fand 1619 das erste *Thanksgiving* Virginias statt. Zu besichtigen sind das Haus im Originalzustand von 1726 und formale Gärten. Zum Komplex gehört die ***Coach House Tavern*** mit Südstaatenküche (nur *Dinner*, ✆ 804/829-6003); www.berkeleyplantation.com

Evelynton & Sherwood Forest

Evelynton wurde im Bürgerkrieg zerstört, aber wieder aufgebaut. ***Sherwood Forest***, der ehemalige Wohnsitz von Präsident *John Tyler* (1841-45), stammt aus den 1730er-Jahren.

Plantations als B&B

Belle Air aus dem Jahr 1670, ✆ 804/829-2431, ***Piney Grove*** von 1800 (16920 Southall Plantation Lane, ✆ 804/829-2480) und ***North Bend*** (12200 Weyanoke Rd, ✆ 804/829-5176) sind weitere **empfehlenswerte B&Bs** in dieser Region.

Camping

Einen schön gelegenen Campingplatz, ***Powhatas Resort***, passiert die Straße #5 am Zusammenfluss von Chickahominy und James River, etwa 10 mi westlich von Williamsburg.

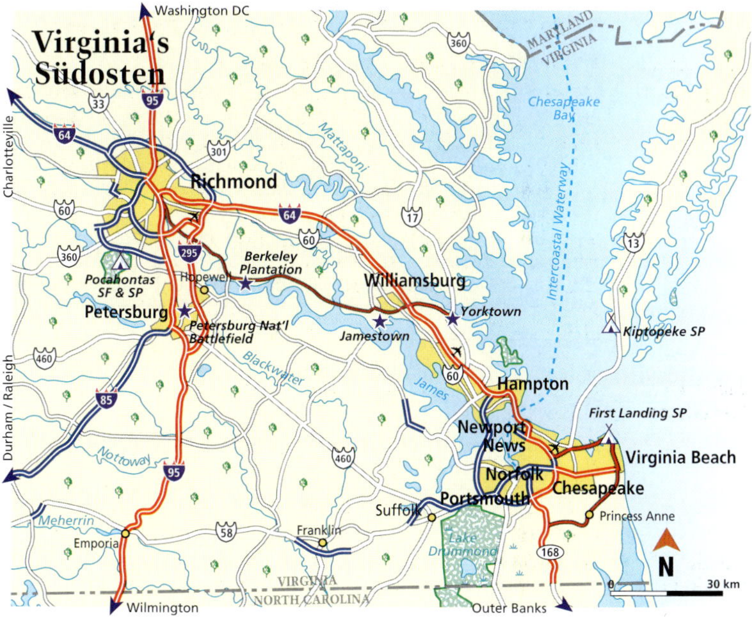

Williamsburg

Zentraler Ort des *Virginia Historic Triangle* ist Williamsburg, ein Städtchen von 12.000 Einwohnern, das seinen historischen Vorläufer ***Colonial Williamsburg*** als *Living Museum* beherbergt.

Colonial Parkway (

Colonial National Historical Park

Dabei ist ***Colonial Williamsburg*** **kein offizieller Teil des *Colonial National Historical Park*** (www.nps.gov/colo), der zum Nationalparksystem der USA gehört. Der *Colonial NHP* umfasst **Jamestown**, Ankunftsstelle der ersten britischen Siedler 1607, **Yorktown**, Ort der entscheidenden Schlacht gegen die Engländer im Unabhängigkeitskrieg, und den zwischen beiden Orten und durch die *Historic Area* von *Colonial Williamsburg* (Unterführung) laufenden 40 mi langen ***Colonial Parkway*** (www.byways.org/browse/byways/60441). Er führt durch dichte Waldzonen mit *Indian Summer*-Laubfärbung im Herbst und jeweils ein Stück entlang James und York River. Wie auch beim *Blue Ridge Parkway* (⇨ Seite 237) ist seine Nutzung durch kommerzielle Fahrzeuge nicht gestattet, die **Höchstgeschwindigkeit beträgt nur 45 mph**. Deshalb herrscht auf dieser Route ausschließlich ruhiger Ausflugsverkehr von Pkw und Campmobilen.

Duke of Gloucester Road in Colonial Williamsburg an einem Herbsttag

Praktische Informationen

Orientierung

Williamsburg nennt sich ***Colonial Capital***, da es – bis zur Unabhängigkeit – Hauptstadt der Kolonie Virginia war. Das nach den historischen Vorgaben neu entstandene *Colonial Williamsburg* grenzt unmittelbar ans kleine Stadtzentrum. westlich der engeren *Historic Area*. Rundherum hat sich weiträumig eine enorme Infrastruktur entwickelt, die kaum vermuten lässt, dass es sich hier einwohnermäßig um eine Kleinstadt handelt. Direkt an Williamsburg vorbei führt die I-64 mit 5 Ausfahrten auf 11 mi. Parallel dazu verläuft durch Williamsburg die Straße #60 (Richmond Road), an der sich das Business meilenlang hinzieht. Eine ***Bypass Road*** umgeht das Zentrum und passiert das *Colonial Williamsburg Visitor Center*, ⇨ unten. Zur Verkehrsentlastung läuft die Stadtumgehung #199 in einem weiten Bogen vom Exit #234 zum *Exit* #242. Der ***Colonial Parkway*** führt kreuzungsfrei durch Williamsburg und sogar unter der *Historic Area* hindurch mit Ausfahrt zum *Colonial Williamsburg Visitor Center*.

Information

Neben dem Besucherzentrum für Alt Williamsburg (⇨ unten) gibt es noch ein ganz normales ***Convention & Visitors Bureau*** in der 421 North Boundary Street ganz zentral 2 Blocks nördlich des Merchants Square unweit der Bus-/Amtrak-Station, ✆ 1-800-368-6511 oder ✆ 757/253-0192, www.visitwilliamsburg.com.

Unterkunft

Zahlreiche Motels, Hotels und *Shopping Malls* säumen in erster Linie die Straße #60 vor allem nördlich (Richmond Road), aber auch östlich der Stadt (Page Street und *Pocahontas Trail*) und die Capitol Landing Road (Straße #143 zwischen der I-64, *Exit* #238, und *Colonial Parkway*.

Tarife & Situation

Das offizielle **Tarifniveau** ist relativ hoch, kommt aber voll nur in der Hochsaison und an Wochenenden zur Anwendung. Dann kann es auch schon mal Engpässe geben. Außer Fr & Sa findet man aber selbst in der Sommersaison normalerweise leicht Zimmer.

Sondertarife bei – in Anbetracht der enormen Konkurrenz häufigen – Minderauslastung der Kapazitäten und für Perioden vor *Memorial* und nach *Labor Day* findet man in jeder Besucherinformation im weitem Umkreis. Auch in den üblichen **Hotel-Couponheften** (➪ Seite 124) ist Williamsburg mit preisgünstigen Angeboten der Kettenmotels speziell für die **Nächte So-Do** stark vertreten. ***B&B Places*** sind in Williamsburg ebenfalls reichlich vorhanden. Einen guten Überblick zu aktuellen Preisen erhält man im Internet unter www.mywilliamsburgvacation.com. Telefonische zentrale Reservierung: ✆ **1-800-899-9462**.

Generell gilt, dass die Tarife in Zentrumsnähe am höchsten sind. Dort stehen auch die attraktiveren Quartiere. Mit der Entfernung von der *Historic Area* sinken die Preise. Wer preiswert unterkommen möchte, findet die günstigsten Motels ab $45-$55 in erster Linie nördlich der Kreuzung #199/#60 an der #60. An »guten« Tagen außerhalb von Saison und Wochenende ist dort sogar die Mittelklasse in diesem Preisbereich zu haben, so z.B. das

- ***Quality Hotel Outlet Mall***, 6493 Richmond Road, ✆ 757/565-1111, www.williamsburgqualityinn.com, ab $49.

Aber auch ortsnäher gibt es jede Menge Mittelklasse zu (außerhalb der Ferien und Wochenenden) akzeptablen Tarifen

- ***Days Inn Historic Area,*** 331 Bypass Rd (#60 W), ✆ 1-800-759-1166, je nach Auslastung $49-$89
- ***Sleep Inn Historic***, 220 Bypass Rd, ✆ 757/259-1700, ab $59
- ***Red Roof Inn***, 824 Capitol Landing Rd, ✆ 757/259-1948, ab $55
- ***White Lion Motel & Motel Rochambeau***, 912 & 929 Capitol Landing Rd, ✆ 757/229-3931, $45-$75

Wer in Williamsburg stilvoll übernachten möchte, bucht unter den sechs *Colonial Williamsburg Hotels* das ***Williamsburg Inn*** oder die ***Colonial Houses*** in der *Historic Area*. Zentrale Reservierung: ✆ **1-800-447-8679**, www.colonialwilliamsburg.org. Die Tarife des *Williamsburg Inn* starten bei über $200; in einem *Colonial House* kommt man für $79-$150 unter. Die anderen vier Hotels sind Häuser mit normalen Hotelstandards, aber teurer als vergleichbare Konkurrenz. Dafür gibt es bei ihrer Buchung Vergünstigungen bei den Tickets für *Old Williamsburg*, ➪ unten.

Unter den ***B&Bs*** ist das zentrumsnahe ***Williamsburg Sampler*** zu empfehlen (922 Jamestown Road, ✆ 757/253-0398, ✆ 1-800-722-1169, ab $95): 4 Gästezimmer und reichliches *Breakfast*.

Camping

Im Umland von Williamsburg gibt es vier Campingplätze. Der größte und schönstgelegene ist der ***Jamestown Beach Campsite*** am James River gegenüber *Jamestown Settlement* (✆ 757/229-7609 und ✆ 1-800-446-9228, ab $22).

Den Attraktionen am nächsten ist der ***Anvil Campground*** (5243 Mooretown Road einen Block von der Richmond Road, ca. 2 mi zum Zentrum, ✆ 1-800-633-4442, ab $28, www.anvilcampground.com), eine weitere Alternative der ***Fair Oaks Campground at the Pottery*** (901 Lightfoot Rd parallel zut #199 Nähe I-64, *Exit* 234, ✆ 1-800-892-0320, ab $20).

Ebenfalls nördlich von Williamsburg, aber östlich der I-64, befindet sich der ***KOA Resort Campground*** (5210 Newman Road/I-64, *Exit* 234, ✆ 757/565-2907, ab $29, www.williamsburgkoa.com).

Essen & Trinken

Vier Restaurants der *Historic Area* bieten authentische Gerichte der Vergangenheit, serviert von zeitgenössisch kostümiertem und agierendem Personal:

- ***King's Arms Tavern***
- ***Shield's Tavern***
- ***Josiah Chowning's Tavern***
- ***Christiana Campbell's Tavern***

Die Preise für Hauptgerichte liegen mittags bis $14, abends über $20. Tischreservierung für alle Restaurants: ✆ 757/229-2141.

Im Umfeld des ***Merchants Square*** und entlang der **Richmond Road** warten zahlreiche *Fast Food Places* und *Eateries* aller Art.

Shopping

Abgesehen von den *Souvenir Shops* rund um den **Merchants Square** dürfen in einem Ort wie Williamsburg die *Outlet Malls* nicht fehlen. Die ***Williamsburg Outlet Mall*** und das ***Berkeley Commons Outlet Center*** liegen beide an der Richmond Road oberhalb und unterhalb der Kreuzung mit der #199.

Altes Virginia Capitol Building in Colonial Williamsburg

Colonial Williamsburg

Geschichte

Williamsburg wurde 1699 um das *William & Mary College* herum eigens als neue Hauptstadt der Kolonie Virginia gegründet. Bis dahin war Virginia von Jamestown aus verwaltet worden. Aber 1780 fiel die Kapitalenfunktion an Richmond, woraufhin Williamsburg in Bedeutungslosigkeit und Verfall geriet. Dank der Hilfe des Finanzmagnaten *John D. Rockefeller* wurde ab 1926 der Originalzustand des historischen Ortes weitgehend so wieder hergestellt wie er einmal im 18. Jahrhundert gewesen war.

Es entstand in jahrzehntelanger Mühe ein ***Living History Museum*** aus originalen, hierher versetzten alten und nach alten Plänen neu errichteten Gebäuden, das die Stadt am Vorabend der amerikanischen Revolution zeigen und mit Architektur, Aktivitäten und *People of the Past* zu neuem Leben erwecken sollte. Aber erst 1960 konnte *Old Town Williamsburg* der Öffentlichkeit zugänglich gemacht werden. Seither wurde es kontinuierlich erweitert.

Orientierung

Die ***Duke of Gloucester Street*** mit nostalgischen Tavernen, Postamt, Druckerei und Werkstätten bildet die Hauptachse der weitläufig angelegten Siedlung, die sog. (autofreie) ***Historic Area***.

An dessen Ende steht das ***Capitol Building***. Sehenswert sind neben Gebäuden und Museen auch die Gärten, welche nach alten Vorlagen und mit früher bevorzugten Pflanzen angelegt wurden.

Unmittelbar westlich des ***Merchants Square***, der sich – mit den in solchen Lagen unvermeidlichen *Shops*, Restaurants und *Fast Food Places* – an die *Historic Area* anschließt, befindet sich das bereits 1693 vom britischen König gegründete *College of William & Mary*, die zweitälteste Hochschule der USA.

Information

Das aus allen Richtungen unverfehlbar ausgeschilderte ***Visitor Center*** sollte in Colonial Williamsburg erster Anlaufpunkt sein. Dort kann man sich über aktuelle Veranstaltungen und Eintrittspreise informieren, einen Ortsplan besorgen und ggf. einen der einführenden Filme ansehen. Das Besucherzentrum ist umgeben von einem riesigen ***Parkplatz***, wo man am besten sein Auto abstellt. Denn im alten Kern von Williamsburg (Zufahrt Straße #132/N Henry Street), der unmittelbar an die *Historic Area* grenzt, sind Parkplätze rar und zeitlich nur kurz limitiert.

Besuchsplanung

Keinen besonderen Nachdruck legt man im *Visitor Center* auf die Information, dass ein Ticket nur für die Nutzung der Shuttle-Busse und die Innenbesichtigung von Gebäuden und Museumsbesuche benötigt wird. Das historische Gelände als solches ist – entgegen dem leicht entstehenden Eindruck – frei zugänglich. Es empfiehlt sich daher, zunächst einen Orientierungsrundgang zu unternehmen, bevor man sich (eventuell) für den Ticketkauf entscheidet. Ein kurzer Fußweg führt vom *Visitor Center* (oder vom Merchants Square/North Henry Street) in die *Historic Area*. Manchen dürfte ein allgemeiner Rundgang ohne Besichtigungen genügen. Dafür benötigt man maximal 2-3 Stunden.

Tickets

Die **Pauschaltickets** für den Eintritt in Museen und Gebäude von Colonial Williamsburg (täglich April-August 8.30-18 Uhr, sonst 9-17 Uhr, © 1-800-447-8679, www.colonialwilliamsburg.org) sind ziemlich teuer (Tickets für einzelne Gebäude sind nicht erhältlich): **$48** bzw. **$24** (bis 17 Jahre) kostet der 2 Tage gültige ***Key-to-the-City-Pass***. Ein wenig preiswerter (**$34/$15**) ist der einen Tag gültige ***Capital City Pass***, der den Eintritt nur für einige der Gebäude, für die *Great Hopes Plantation* und den Shuttle Bus einschließt. Wer länger als 2 Tage bleibt und/oder Abendveranstaltungen besuchen möchte, kauft ggf. den ein ganzes Jahr gültigen ***Freedom Pass*** für **$59/$29**, der zusätzlich 50% Ermäßigung auf Eintrittspreise für Abendprogramme beinhaltet.

Gäste der ***Colonial Williamsburg Hotels*** (➪ oben), genießen den Vorzug spezieller **Gästetickets** (**$29/$15**) für die Dauer des Aufenthaltes mit den Leistungen des *Freedom Pass*. Es ist ein Rechenexempel und eine Frage der persönlichen Bewertung, ob das den teilweise beachtlichen Mehraufwand fürs Hotel lohnt.

Jamestown

Erste Siedlung

Nicht zu verwechseln mit dem vergnügungsparkähnlichen Ambiente des *Jamestown Settlement* (➪ unten) ist der ***Jamestown Original Site***, jener Platz in der Neuen Welt, wo sich 1607 die ersten englischen Siedler niederließen.(täglich 8.30-16.30 Uhr, *Visitor Center* 9-17 Uhr, © 757/229-1733, www.nps.gov/jame; Eintritt **$8** für die Pkw-Wagenladung bzw. *National Parks Pass*, zusammen mit Yorktown **$10**) Ein 15-min-Film und ein kleines Museum mit Funden und Modellen informieren über die Details des Ortes und archäologische Ausgrabungen. *Park Ranger* leiten Touren ab *Visitor Center*. Wer es vorher schon ganz genau wissen will, klicke auf www.virtualjamestown.org.

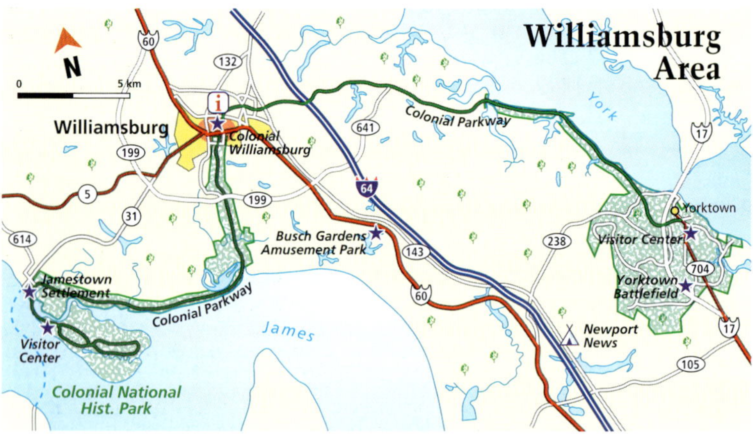

Nachbauten der Schiffe der ersten Einwanderer nach Virgina in Jamestown

Besichtigung

Noch bevor man das *Visitor Center* erreicht, passiert man eine **Glasbläserwerkstatt** in einem Gebäude, das nach einem Bau von 1608 rekonstruiert wurde. Auf dem Freigelände hinter dem Besucherzentrum kann man sich ein Bild von der ersten Siedlung machen. Ein alter Kirchturm, der auf die erste Kirche von 1647 zurückgeht, Denkmäler (wie für *Pocahontas* und *Captain John Smith)*, Ruinen und Grundmauerreste erinnern an den Ort ***New Towne*** der Neusiedler von 1607 und das originale ***James Fort***. Wer stärker an den Ausgrabungen interessiert ist, findet alle Details zum Thema *»Where America began«* unter www.apva.org.

Eine 6 km lange Rundroute auf ***Jamestown Island*** führt durch eine Marsch- und Waldlandschaft, wie sie wohl auch schon Anfang des 17. Jahrhunderts ausgesehen haben mag.

Jamestown Settlement

Neben der Einfahrt in den *Jamestown Colonial NHP* befindet sich das ***Jamestown Settlement*** (täglich 9-17 Uhr, © 757/253-4838, www.historyisfun.org; $12, Kombitickets mit *Yorktown VC* $17), eine Art **historischer Vergnügungspark** wie auch das *Yorktown Victory Center* (➪ unten). Für die große 400-Jahr-Feier 2007 wurde der Komplex bereits erweitert. Nachbauten des Forts der Kolonisten, der drei Schiffe, welche die ersten 104 Siedler hierher brachten, und eines *Powhatan*-Indianerdorfes demonstrieren samt zeitgenössisch kostümierter »Bewohner« das Leben in Jamestown zu Anfang des 17. Jahrhunderts.

Yorktown

Yorktown Victory Center

Kurz vorm östlichen Ende des *Colonial Parkway* befindet sich das ***Yorktown Victory Center*** (täglich 9-17 Uhr; $9, Kombiticke mit *Jamestown Settlement* $17). Hier steht der Kampf der jungen Kolonien um die Unabhängigkeit im Mittelpunkt. Ein Militärlager und sog. *Re-enactments* (➪ Seite 31) illustrieren hier das Soldatenleben in der Revolutionszeit.

Beide kommerziell betriebene *Living History Parks* in Yorktown und Jamestown dienen neben der Geschichtsvermittlung, die in den Besucherzentren des *National Park Service* ebensogut, wenn nicht besser geleistet wird, einem zusätzlichen ***Historical Amusement***. Dafür Zeit und Geld zu investieren, lohnt sich eher mit Kindern und dann nur, wenn beides keine große Rolle spielt.

Historic Yorktown

In Yorktown feierten 1781 die amerikanischen Truppen den entscheidenden Sieg über die Briten. Im nicht zu verfehlenden großen ***Visitor Center*** des *National Park Service* (täglich 9-17 Uhr, **$6** per Auto, mit Jamestown **$10**, © 757/898-2410, www.nps.gov/york) erfährt der Besucher alles über die ***Siege of Yorktown*** (ausgezeichneter Film über die »Belagerung von Yorktown«, Museum, *Bookstore* und Aussichtsterrasse, von Rangern geführte Touren und gelegentlich *Re-enacments*).

Geschichte

Yorktown existierte bereits fast ein Jahrhundert, ehe es in die US-Geschichte einging. Der Oberbefehlshaber der britischen Truppen, *Lord Charles Cornwallis*, ließ das Städtchen zur Festung ausbauen. Während der Belagerung durch die Freiheitskämpfer wurde ein Großteil des Ortes zerstört. 1814 sorgten ein Feuer und später der Bürgerkrieg für eine weitere Dezimierung.

Yorktown heute

Die Zeit scheint dort seither stehengeblieben zu sein; die meisten der verbliebenen Gebäude stammen aus dem 18. Jahrhundert und beherbergen *Souvenir Shops*, **Restaurants** und Tavernen wie ***Waterstreet Landing***, ***Yorktown Pub*** oder ***Duke of York River Room***.

Battlefield von 1781

Über den Austragungsort der letzten Schlacht im Unabhängigkeitskrieg mit seinen alten Befestigungen, Kanonen und Laufgräben geht es ab dem *Visitor Center* per ***Battlefield Driving Tour*** (7 mi Rundstrecke). Auf dem Schlachtfeld standen sich zunächst nur die Truppen des auf Seiten der Amerikaner kämpfenden Franzosen *Marquis de Lafayette* und der Briten unter *Cornwallis* gegenüber. Nachdem *George Washington* zu *Lafayette* gestoßen war, ergaben sich die Briten nach kurzer Belagerung am 19. Oktober 1781. Mit *Cornwallis'* Abzug endete der Unabhängigkeitskrieg – die nordamerikanischen Kolonien waren frei. Die ***Encampment Tour*** (9 mi) durch das Aufmarschgebiet und die Lager der Bezwinger Yorktowns ist weniger interessant.

Veranstaltungen

In Jamestown und Yorktown finden alljährlich attraktive Veranstaltungen mit historischen Spektakeln in alten Kostümen und Uniformen statt. Das jeweils aktuelle Programm kann unter © 757/898-2410 erfragt werden. Man findet es auch im Internet unter www.nps.gov/colo. Besondere Festivitäten plant man 2007 zur 400-Jahr-Feier in Jamestown: www.historictriangle.com

Unterkunft

In Yorktown gibt es mit dem ***Marl Inn*** (220 Church St, © 757/898-3859, ab $95) und dem ***York River Inn*** (Ambler Street nahe dem *Watermen's Museum* am Fluss, © 757/887-8800, ca. $120) zwei schöne ***B&Bs***; www.marlinnbandb.com, www.yorkriverinn.com

Vergnügungsparks

Wem neben Geschichte und Kultur der Sinn auch nach Spaß und Unterhaltung steht, ist im Bereich *Historic Triangle* ebenfalls richtig: *Busch Gardens* und *Water Country USA* bieten *Family Fun*.

Busch Gardens

Die ***Busch Gardens*** liegen schön in Grün eingebettet südöstlich von Williamsburg am Weg nach Hampton Roads (Straße #60 oder I-64, *Exit* 242 A; Öffnungszeiten jahreszeitabhängig täglich 9.30 Uhr bis mindestens 18 Uhr, Tagesticket **$50** (Kinder $43) plus $6 Parken, auch Mehrtages- und Kombitickets mit *Water Country*, © 757/253-3350, www.buschgardens.com). *Busch Gardens* bieten in erster Linie ***Roller Coaster*-Nervenkitzel** mit Anlagen wie *Apollo's Chariot, The Big Bad Wolfe* oder *Wild Mouse, Loch Ness Monster* und *Alpengeist*. Eine neuere Errungenschaft ist ***Curse of Dar Castle***, ein *Ride* durch ein vereistes bayrisches Schloss. Danach geht's zum Oktoberfest, was sonst!

Wasserpark

Ein paar Meilen nordwestlich der *Busch Gardens* (I-64 *Exit* 242) kann man sich an heißen Tagen im ***Water Country USA***, einem großen Plansch- und Wasserrutschenpark, amüsieren und abkühlen. Mai bis September täglich 10 Uhr bis mindestens 18 Uhr, Eintritt **$36** (Kinder $29) plus $6 Parken, auch Mehrtages- und Kombitickets mit *Busch Gardens*; www.watercountryusa.com

3.1.4 Der Bereich Hampton Roads

Kennzeichnung

www.visithamptonroads.com

Das rund 30 mi südöstlich von Williamsburg gelegene, als **Hampton Roads** bezeichnete Städtekonglomerat mit 1,3 Mio. Einwohnern lohnt nur punktuell einen Besuch. Dort dominieren Hafenanlagen und ausgedehnte Stützpunkteinrichtungen der *US-Army* und vor allem der *US-Navy*. Das nach der erweiterten Mündung des James River in die Chesapeake Bay benannte Gebiet ist gekennzeichnet durch zahlreiche tief ins Land geschnittene Buchten, Brücken und Tunnel (der Hampton-Roads-Tunnel der I-64 führt 3 km weit unter der Bay hindurch nach Norfolk; die Straße #13 unter- und überquert die 20 mi breite Chesapeake Bay per Tunnel und Brücken). Die Region besteht aus insgesamt **neun Städten**; die wichtigsten sind Newport News, Hampton, Norfolk, Portsmouth, Suffolk und Virginia Beach.

Newport News und Hampton

Museen in Newport News

Die erste Stadt der Hampton Roads Area nach Williamsburg ist **Newport News** am James River. Besuchenswert dort ist vor allem das ***Mariners' Museum*** inmitten eines ausgedehnten Parks (100 Museum Dr, I-64, *Exit* 258A, Sommer täglich 10-17 Uhr, © 1-800-581-7245, www.marinersmuseum.org, $8/$6), eines der größten Schifffahrtsmuseen der Welt und, auf dem Weg dorthin (Straße #17, dann Clyde Morris Blvd), das ***Virginia Living Museum*** (täglich 9-18 Uhr, $15/$12 inkl. Planetarium), mit *Wildlife Park*, Aquarien, Gärten und Exponaten zu Flora und Fauna Virginias – vor allem für botanisch und biologisch Interessierte; www.thevlm. org

Hampton

In Bereich ***Hampton*** sollen im September 1570 die ersten Europäer, nämlich Spanier, diesen Teil Nordamerikas betreten haben, um sich dann enttäuscht wieder nach Süden abzuwenden.

Virginia Air & Space Center

Die Hauptattraktion der Stadt ist das ***Virginia Air & Space Center*** (Zufahrt gut ausgeschildert: Settlers Landing Road, Mo-Mi 10-17 Uhr, Do-So 10-19 Uhr, im Winter bis 17 Uhr, $9/$7, mit Eintritt ins IMAX-Kino $14/$11, ✆ 757/727-0800, www.vasc.org).

Das Museum fungiert als offizielles *Visitor Center* der NASA, zudem als Forschungs- und Trainingsstation. Im attraktiven Museumsbau werden historische Fluggeräte und Raketen, außerdem NASA-Gerätschaften aller Art gezeigt. Im angeschlossenen IMAX-Theater laufen vor allem Filme zu Raumfahrtthemen.

Im Stadtzentrum ganz in der Nähe des *Virginia Air & Space Center* befindet sich auch ein ***Visitor Information Center*** der Stadt (ebenfalls *Exit* 267 ab I-64, 710 Settlers Landing Road, ✆ 1-800-800-2202, www.hampton.va.us/tourism, täglich 9-17 Uhr).

Norfolk und Portsmouth

Norfolk

Während der Revolutionskriege war Norfolk kurzzeitig Hauptquartier von *Lord Cornwallis*, ehe er nach Yorktown weiterzog. Im Bürgerkrieg fand hier die legendäre Seeschlacht zwischen den beiden Panzerbooten *Monitor* und *Merrimac* statt. *Norfolk Naval Shipyard*, die älteste und gleichzeitig eine der größten Schiffswerften der USA hat ihren Sitz hier.

Nauticus Maritime Center

Wichtigster Anlaufpunkt in Norfolk ist des ***National Maritime Center Nauticus*** (Waterside Drive, ausgeschildert von *Downtown* Norfolk, täglich 10-18 Uhr im Sommer, sonst Di-Sa 10-17 Uhr, So ab 12 Uhr, www.nauticus.org. ✆ 1-800664-1080, Eintritt $10, bis 12 Jahre $7,50; dabei sind *Hampton Roads Naval Museum* und *Battleship USS Wisconsin* eintrittsfrei; www.usswisconsin.org).

Der Bau erinnert in seiner Form an ein am Kai liegendes Schiff. Angeschlossen ist das *Tugboat Museum* ($2). High-tech-Ausstellungen, Filme und virtuelle wie interaktive Darstellungen betonen vor allem die Bedeutung der militärisch orientierten Schiffahrt für diesen Teil Virginias. Unterstrichen wird dieser Aspekt noch durch das neben dem Museum am Kai liegende Ungetüm

Das Nauticus Maritime Center erinnert an das Aussehen eines Flugzeugträgers

der Meere ***USS Wisconsin***, das größte jemals in den USA gebaute Schlachtschiff, das erst in den 1990er-Jahren nach dem 1. Golfkrieg außer Dienst gestellt wurde. Es kann per *self-guided tour* von der Maschine bis zur Brücke erkundet werden. Das integrierte ***Naval Museum*** im oberen Stockwerk des *Nauticus* ist konventioneller Natur und dokumentiert die christliche amerikanische Seefahrt seit den Tagen der Staatsgründung.

Kriegshafen

Den neusten Stand der Kriegsschifftechnik – Flugzeugträger, Atom-U-Boote, *Cruise Missile*-Fregatten etc – kann man auf »**Hafenrundfahrten**« durch die *Norfolk Naval Base* auf der *Victory Rover* per Distanz inspizieren. Abfahrten 2 x täglich ab *Nauticus*.

Einen eher statischen Blick auf die Hafenanlagen der US-Navy erlaubt das ***Iron Whale Cafe***; www.thenmc.org/catering.html

Portsmouth

Westlich von Virginia Beach und südwestlich von Norfolk liegt ***Portsmouth*** (von Hampton: I-664, von Norfolk: I-64; www.visitportsva.com). Sehenswert ist neben dem ***Olde Towne Historic District*** (Middle, North sowie Washington St) das ***Naval Shipyard Museum*** (2 High Street, Di-Sa 10-17 Uhr, So ab 13 Uhr, © 757/393-8591, $2/$1). Dort steht die Geschichte der *US Navy*, besonders der Stützpunkte in der *Hamptons Road Area* im Mittelpunkt der Ausstellungen. Interessant sind die zahlreichen Schiffsmodelle.

Virginia Beach

Kennzeichnung

Wenn Studenten und Soldaten frei haben, tummeln sie sich gern in **Virginia Beach**, einer Art Miami Beach en miniature, das man nicht unbedingt gesehen haben muss. Immerhin aber gibt es dort einen kilometerlangen (graubraunen) Sandstrand, über 12.000 Hotel- und Motelzimmer aller Kategorien, zahllose Shops, Restaurants, *Fast Food Places*, Kneipen und jede Menge *Amusement* von der Spielhölle über Minigolf und Kinderkarussels bis hin zu kleinen Planschparks und Achterbahnen. **Hauptstraße** des *Virginia Beach Life* ist die **Atlantic Avenue** gleich hinter der Strandbebauung. Am Strand entlang führt von der 1st bis 39th Street (ca. 5 mi) eine breite Promenade, der ***Ocean Front Boardwalk*** .

Info

Karten und Informationen gibt's im ***Visitors Information Center*** (2100 Parks Ave/21st St, © 1-800-VA-Beach, www.vbfun.com.

Unterkunft

Eine Unterkunft zu finden, ist in Virginia Beach kein Problem: ***Beach-M/Hotels*** stehen speziell an der Atlantic Ave und Nebenstraßen **dicht an dicht** und unterbieten sich oft zur Kapazitätsauslastung (ab $35) – je weiter weg vom Strand umso preiswerter. Informationen im **Internet** unter www.vabeach-hotels.com.

- ***Belvedere Motel***, 3603 Atlantic Ave, © 757/429-0612, relativ ruhige Lage direkt am Meer, ab $50
- ***Marjac Suites***, 2201 Atlantic Ave, © 757/425-0100, in der Nebensaison ab $40
- ***Seaside Motel***, 2705 Atlantic Avenue, © 757/428-9341, kleines Motel direkt am Wasser, ab $39.

Camping

Der ***Sea Shore Campground*** im ***First Landing State Park*** (2500 Shore Dr, © 757/481-2131, $14-$18) verfügt über mehr als 200 Stellplätze und 20 *Cabins*. Die Ausstattung ist einfach (keine *hook-ups*), doch die Lage besticht. Mehr Komfort bieten

- ***North Bay Shore Cpgrd***, 3257 Colchester Rd, © 757/426-7911
- ***Virginia Beach KOA***, 1240 Gen'l Booth Blvd, © 757/428-1444.

Museum

Eine Hauptattraktion am südlichen Ende der Atlantic Ave ist das ***Virginia Marine Science Museum*** (717 General Booth Blvd, täglich 9-19 Uhr im Sommer, sonst bis 17 Uhr, $10/bis 11 Jahre $6, © 757/425-FISH; www.vmsm.com), das den Lebensraum Atlantik thematisiert (mit IMAX-Kino und Boottrips, © 757/437-2628).

Cape Henry

Nördlich der Amüsiermeilen liegt geschichtsträchtiger Boden. Am ***Cape Henry Memorial Landing Place of the English*** (Straße #60 durch das Gelände des *Fort Story*) betraten 1607 englische Siedler erstmals nordamerikanischen Boden, bevor sie in Chesapeake Bay und den James River hineinsegelten und am 13.Mai 1607 Jamestown gründeten (⇨ oben). Vor dem *Cape Henry* fand 1781 die *Battle of the Capes* zwischen britischer Flotte und französischem Hilfskommando der revoltierenden Kolonien statt.

In Sichtweite des *Landing Place* steht das ***Old Cape Henry Lighthouse*** (tolle Aussicht, täglich 10-17 Uhr, $4, bis 12 Jahre $2) aus dem 18. Jahrhundert, der älteste staatliche Leuchtturm der USA; www.apva.org/capehenry, www.nps.gov/came.

Naturschutzgebiete

Der Großraum Virginia Beach bietet nicht nur *Beachlife* und billigen Kommerz, sondern auch einiges für Naturfreunde. Die ***Back Bay National Wildlife Refuge*** (www.fws.gov/backbay), 15 mi südlich des touristischen Rummels, ist als Vogelbeobachtunggebiet bekannt. Der ***False Cape State Park*** zwischen Back Bay und Atlantikein paar Meilen südlicher, hat Wanderwege und *Bike Trails*.

In der ***North Landing River Preserve***, einem Süßwasser-Marschgebiet, sind seltene Pflanzen und Tiere zu finden; zu bestimmten Zeiten ist dort *Whale* bzw. *Dolphin Watching* möglich.

Bereits überwiegend in North Carolina, aber am besten von Virginia aus erreichbar (Straße #615) liegt das ***McKay Island National Wildlife Refuge***. Es ist Hauptwinterlager für kanadische Schneegänse; im Frühjahr brüten dort zahlreiche verschiedene Vogelarten. Bei einer Wanderung auf dem *Marsh Trail* kann man mit Glück Flussotter sehen und vielleicht sogar einen der seltenen *Bald Eagles* (Weißkopfadler); www.fws.gov/mackayisland

Strand und Ocean Front Boardwalk in Virginia Beach

3.2 Durch North Carolina

Routen ab Hampton Roads und Richmond/ Petersburg

Für eine **Fahrt von Virginia** – ab Großraum Hampton Roads oder Richmond/Petersburg – **nach Süden** bieten sich zunächst die folgenden **Alternativen** an:

- die unten unter »Anfahrt » näher beschriebene **Route über die *Outer Banks* bis Ocracoke** und zurück aufs Festland per Fähre und über Morehead City weiter an der Küste entlang (Straße #70) mit oder ohne **Abstecher** nach **New Bern** (➪ Seite 328).
- nur ein **kurzes Stück** auf Bodie Island **über die *Outer Banks*** und über **Manteo** zurück aufs Festland. Von dort ginge es auf der Straße #64 oder der zeitaufwendigeren #264 durch Sumpfgebiete landeinwärts zur Straße #17 und weiter nach **New Bern**. Mit Standquartier in Manteo oder Nags Head könnte man von dort Abstecher nach Hatteras Island machen.
- die **Inlandsroute unter Auslassung der *Outer Banks***:
  - **von den Hampton Roads** geht es auf der Straße #17 durch endlose Baumwoll- und Sojabohnen-Felder über Elizabeth City, Edenton, Williamston und Washington direkt nach **New Bern**.
  - **Von Richmond/Petersburg** aus bildet die I-95 die erste Wahl. Bei Wilson verlässt man die *Interstate* und fährt via Greenville (Straße #264) nach **New Bern** (Straße #43). Vor allem und, genaugenommen nur, bei Wahl dieser Route kommt ein **Abstecher nach Raleigh-Durham** in Frage (➪ Seite 331).

Ab New Bern oder **Morehead City** (bei Fahrt über die gesamte Länge der Outer Banks) geht es **alternativlos** an der Küste entlang über Wilmington nach Myrtle Beach (bereits in South Carolina).

3

3.2.1 Die Outer Banks

Kennzeichnung

Der Atlantikküste zwischen Maine und Florida sind Ketten von Inseln und Halbinseln vorgelagert. Solche ***Barrier Islands*** ziehen sich auch von der Südgrenze Virginias bis zur Staatsgrenze zwischen North und South Carolina. Ihren nördlichen Abschnitt nennt man ***Outer Banks***, da sich diese langgezogenen Inseln weiter ins Meer hinausschieben als anderswo. Früher hieß dieses Seegebiet nicht ohne Grund ***Graveyard of the Atlantic***, gingen doch unzählige Schiffe wegen gefährlicher Strömungen, Untiefen und Sandbänken dort unter. Heute sind die *Outer Banks* ein bevorzugtes Ziel für Wassersportler und ruhige Familienferien.

Orientierung und praktische Informationen

Information

Outer Banks Visitors Bureau, 704 Highway #64/#264, Manteo, © 1-800-446-6262, © 252/473-2138, www.outerbanks.org.

Anfahrt

Von Virginia Beach/Hampton Roads gelangt man über die Straße #168 (*Freeway* fast bis zur Staatsgrenze) nach North Carolina. Wer **von Richmond/Petersburg** in Richtung *Outer Banks* fahren will, nimmt ab Petersburg die Straße #460 nach Suffolk und erreicht von dort über den südlichen Autobahnring um Portsmouth die #168.

Bei **Barco**, etwa 20 mi südöstlich der Staatsgrenze, stößt man auf die #158, die zu den *Outer Banks* führt. Ab Corolla im Norden verbindet die **Straße #12** alle Ortschaften auf Hatteras und Ocracoke Island bis hinunter nach Ocracoke, von wo es nur per Fähre zurück zum Festland geht. Der größte Teil der *Outer Banks* steht als *National Seashore* voll unter Naturschutz.

National Seashores

Und zwar bildet der südliche Abschnitt von Bodie Island zusammen mit Pea Island, Hatteras Island und Ocracoke Island die ***Cape Hatteras National Seashore***. Sie ist dank der Straße #12 voll erschlossen. Auf Brücken bzw. per Fähre geht es von Hatteras nach Ocracoke Island. Die weiter südlichen Inseln von Portsmouth Island bis zu den Shackleford Banks sind als ***Cape Lookout National Seashore*** völlig autofrei und nur für Fußgänger und Biker über mehrere Fährverbindungen oder mit Privatboot zugänglich. Internet: www.nps.gov/caha bzw.calo

Manteo

Zentraler Eingangsort für die *Outer Banks* ist **Manteo** (www.townofmanteo.com), das sich aber nicht auf den *Barrier Islands*, sondern auf Roanoke Island zwischen den *Outer Banks* und dem Festland befindet. Auf den Inseln selbst ist **Nags Head** (nördliches Bodie Island) der Hauptversorgungsort und zugleich Ferienkolonie.

Fähren

Wer die reizvolle, wenngleich zeitaufwendige Fahrt über die ganze Inselkette wählt, sollte im Sommer die **Fähre zwischen Ocracoke und Cedar Island** unbedingt reservieren. Sonst können in Anbetracht der geringen Kapazität von nur rund 50 Autos pro Überfahrt lange Wartezeiten auftreten. Im Juni-August gibt es 9 Abfahrten täglich zwischen 7 Uhr und 20.30 Uhr, Vor- und Nachsaison 6 Fähren, im Winter nur 4 Fähren; Reservierung Ocracoke unter © 1-800-345-1665; Cedar Island unter © 1-800-856-0343; www.ncferry.org/Schedule mit Fahrplänen/Tarifen aller 8 Fähren an der NC-Küste zum Download. Die Fahrt dauert 2 Std 15 min und kostet für Fahrzeuge bis 20 Fuß Länge $15, über 20 Fuß $30.

Wartezeiten bis zu einer Stunde können bereits vorher am **Hatteras Inlet** auftreten. Die **Fähre** dort ist gratis und verkehrt sommers 5-24 Uhr, dabei 8-20 Uhr halbstündlich, früher/später stündlich, im Winter stündlich auch 5-24 Uhr. Dauer der Überfahrt 40 min. Eine Reservierung ist nicht möglich.

Unterkunft

Motels sind, verglichen mit anderen Destinationen am Atlantik, nicht sehr zahlreich, häufiger findet man ***B&Bs*** und Ferienapartments. Die meisten Unterkünfte drängen sich entlang der Straße #12 bzw. an deren paralleler Umgehung *Bypass BR*158 zwischen Southern Shores und Nags Head sowie im Bereich **Manteo** (dort noch relativ preiswerter). Zu empfehlen sind

- ***Roanoke Island Inn***, 305 Fernando St, © 252/473-5511, ab $70 inkl. Frühstück. Die Zimmer liegen schön am Wasser nahe der *Elizabeth II* (⇨ unten) und *Roanoke Island Festival Park*; www.roanokeislandinn.com
- ***Duke of Dare Motor Lodge***, 100 S Virginia Dare Road/#64, © 252/473-2175, ab $65.

Auf den Inseln nur außerhalb der Hochsaison erschwinglich sind:

- ***Beach Heaven*** in **Kitty Hawk**, 4104 Virginia Dare Trail/#12, Meile 4; © 252/261-4785, ab $70.
- ***Surfside Motel*** in **Nags Head**, 6701 South Virginia Dare Tr/#12, Meile 16, © 252/441-2105, Fax 441-2456, ab $75.

Camping

Die empfehlenswertesten Campingplätze befinden sich in der ***Nat'l Seashore***: ***Oregon Inlet*** am Südende von Bodie Island in der Nähe des Leuchtturms, ***Cape Point*** und **Frisco** westlich von Cape Hatteras und nördlich von **Ocracoke**. Für den letztgenannten Platz sind im Sommer Reservierungen über den ***Nat'l Park Service*** möglich (© 1-800-365-2267, ab $20), auf allen anderen gilt *first come-first served*. Die Plätze sind allesamt nur einfach ausgestattet (Wasser, WC, kalte Duschen), dafür sind sie vergleichsweise großzügig und in schöner Umgebung angelegt; www.nps.gov/caha/planyourvisit/campgrounds.htm)

Private Campgrounds sind zahlreicher und überwiegend deutlich teurer, darunter ***Cape Hatteras KOA*** in Rodanthe, © 252/987-2307, ab $35 im Sommer; preiswerter ist ***Rodanthe Watersports***, © 252/987-1431, ab $16 fürs Zelt. Beide liegen an der Straße #12; capehatteraskoa.com, www.watersportsandcampground.com.

Nördliche Outer Banks

Wright Brothers National Monument

Bei Kill Devil Hills befindet sich das ***Wright Brothers National Memorial*** (am #158 Bypass, ausgeschildert, täglich 9-19/17 Uhr, © 252/441-7430, $3 bzw. *National Parks Pass*; www.nps.gov/wrbr). Hier gelang es den Gebrüdern *Wright* am 17.12.1903 erstmals im Beisein eines Fotografen, ihre Flugmaschine mit selbstkonstruiertem Leichtmotor in der Luft zu halten. Im vierten Versuch blieb *Wilbur Wright* immerhin 59 Sekunden in der Luft und flog 255 m weit. Im *Visitor Center* stehen Reproduktionen dieser Flugmaschinen. Auf einem **Freigelände** kann man die (rekonstruierte) Werkstatt der Brüder und die Startbahn bestaunen.

Nags Head

In **Nags Head** am Strand liegt das historische Schiffswrack der ***USS Huron***, die 1877 in eine schweren Sturm geriet und mit 98 Männern versank (ausgeschildert). Vom ***Nags Head Fishing Pier*** (ebenfalls ausgeschildert) ist bei Ebbe das Wrack des Schleppers ***Explorer*** von 1919 erkennbar; www.townofnagshead.net.

Roanoke Island/ Manteo

Auch wer sich im Prinzip entschieden hat, weiter auf der Straße #12 zu bleiben, sollte den Abstecher nach **Roanoke Island** bzw. **Manteo** machen. Dort hatten die Briten im späten 16. Jahrhundert erstmals versucht, in Nordamerika Fuß zu fassen, bevor sie in einem weiteren »Anlauf« Jamestown gründeten.

Festival Park

Hinter der Bezeichnung ***Roanoke Island Festival Park*** verbirgt sich ein interessantes Gelände (ausgeschildert ab Straße #64, täglich 9-17 Uhr, © 252/475-1506, www.roanokeisland.com, Eintritt $8, bis 18 Jahre $5). Im ***Visitor Center*** wird der 45-Minuten-Film *The Legend of Two Path* (über die *Native Americans* auf Roanoke Island) gezeigt; im Freilufttheater gibt es im Sommer Konzerte und andere Veranstaltungen. Ein **Museum** (mit Shop & Café) thematisiert die Geschichte der Neuankömmlinge und das erste in Nordamerika am 18.08.1587 geborene englische Kind namens ***Virginia***, außerdem die Ureinwohner sowie die Entwicklung von Manteo/ Roanoke zum *Seaside Resort* (seit 1900) und Fischereizentrum.

Im Festival Park zeitgenössisch nachgespieltes Leben der ersten englischen Siedler auf amerikanischem Boden

Elizabeth II

Eine besondere Abteilung bezieht sich auf Piraten, die hier im 18. Jahrhundert ihr Unwesen trieben. Nebenan ist ein Dorf nachgebaut, wie es seinerzeit hier entstanden sein könnte. Am Ufer liegt die ***Elizabeth II.*** vor Anker, eine sehr schöne Rekonstruktion des Schiffes der britischen Siedler, die 1585 hier eine erste Kolonie einzurichten versuchten (➪ Essay »*Lost Colony*«).

Nachbau der Elizabeth II, Schiff der ersten Siedler in North Carolina

Fort Raleigh

Wo sich einst **die erste britische Kolonie** befand, liegt malerisch am Roanoke Sound ***Fort Raleigh National Historic Site*** (Stichstraße ab Straße #64 westlich Manteo). Der **Nachbau des Forts** und die Vorstellungen im toll angelegten ***Open-Air-Waterside***

The Lost Colony

Seit 1562 gab es mehrere Versuche Englands, die Küste Nordamerikas oberhalb von Florida zu erkunden, doch scheiterten diese zunächst. 1564 aber kehrte eine Expedition zurück und schwärmte dermaßen von dem, was man entdeckt und gesehen hatte, daß ***Sir Walter Raleigh*** 1585 sieben Schiffe mit 500 Mann über den Atlantik schickte. Auf **Roanoke Island** gründeten die Neuankömmlinge eine befestigte Siedlung, das ***Fort Raleigh***. Bestand anfangs noch gutes Einvernehmen mit den Indianern, kam es bald – als die Versorgung Probleme aufzuwerfen begann– zu blutigen Auseinandersetzungen. Das Gros der Überlebenden segelte daraufhin heimwärts. Nur 15 Mann blieben im Fort zurück. Unter Führung eines *John White*, der schon beim ersten Mal dabei gewesen war, sandte *Raleigh* 1586 hundert neue Siedler nach Roanoke Island.

Man fand die zurückgelassenen Männer bei Ankunft massakriert vor, musste aber wegen eines frühen Wintereinbruchs dennoch auf dem feindlichen Territorium ausharren. Als wieder Versorgungsengpässe auftraten, begab sich *White* 1587 erneut auf die Reise ins Mutterland. Als er 1590 – viel später als geplant – Roanoke Island zum dritten Mal ansteuerte, fand er keine Spur der Siedler mehr. Eine Suchaktion blieb erfolglos, Anlass für Spekulationen bis heute.

Erst ab 1607 gelang es bekanntlich den Engländern, endgültig auf dem neuen Kontinent (beim späteren Jamestown, ➪ Seiten 314 und 660) Fuß zu fassen und mit Virginia die erste britische Kolonie zu etablieren.

3.2.2 New Bern und Umgebung

Orientierung und praktische Informationen

Lage und Geschichte

New Bern liegt auf einer Landzunge am hier schon sehr breiten Neuse River relativ weit im Landesinneren. Das Städtchen ist ein **relativ unbekanntes Juwel** mit sehenswerten historischen Bauten und zahlreichen Kirchen. Es verdient zu Recht den Beinamen »*Little Charleston*«. Sein Kern gilt als die bedeutendste restaurierte alte Siedlung nach Colonial Williamsburg in Virginia. Bereits 1710 von Deutschen und Schweizern gegründet, war es 1766-76 Hauptstadt der Kolonie North Carolina, ehe Raleigh diese Rolle übernahm. New Bern wandte sich zu Revolutionszeiten energisch gegen die englische Vorherrschaft, ergriff im Bürgerkrieg allerdings für die Union Partei. Schon 1896 wurde New Bern von seiner großen Schweizer Schwester mit der feierlichen Übergabe einer Flagge, die heute noch am Rathaus flattert, als Partnerstadt offiziell anerkannt.

Information

Craven County Visitors Bureau, 314 S Front St, Mo-Fr 8-17 Uhr, Sa ab 10 Uhr, So 11-16 Uhr, © 252/637-9400 oder © 1-800-437-5767, www.visitnewbern.com.

In New Bern ist alles leicht zu Fuß zu erreichen, **Parkplätze** sind reichlich vorhanden.

Touren

Trolley-Tours fahren alle wichtigen Sehenswürdigkeiten ab (333 Middle St, Tickets in den *Trolleys* oder im *Tryon Palace Visitor Center*, April bis Oktober, Do-Sa+Mo 11+14 Uhr, So 14 Uhr, © 1-800-849-7316, $12, bis 12 Jahre $6).

Bootstouren, darunter *Dinner Cruises*, auf dem Neuse River kann man mit der *Belle of New Bern* unternehmen, Anleger beim *Sheraton Grand* an der Middle Street/*Waterfront*.

Unterkunft

Im Zentrum gibt es diverse ***B&Bs*** ab ca. $100 aufwärts, u.a.:

- ***Howard House***, 207 Pollock, www.howardhousebnb.com
- ***Harmony House Inn***, 215 Pollock, www.harmonyhouseinn.com
- ***Aerie***, 509 Pollock, www.aeriebedandbreakfast.com

Die meisten **Hotels&Motels** stehen an den beiden Hauptstraßen, Straßen #70 und #17, außerhalb des Stadtkerns, ganz gut liegt das

- ***Hampton Inn New Bern***, 200 Hotel Dr, © 252/637-2111, ab $85

Camping

Der einzige Platz in Stadtnähe ist der ***Neuse River Campground*** in der Ortschaft Bridgeton auf der Ostseite des Neuse River am Fluss (© 252/638-2556, ab $15).

Ebenfalls ***Neuse River*** heißt der ***National Forest Campground***, 10 mi südlich von New Bern zwischen der #17 und dem dort zum Meeresarm erweiterten Fluss.

Essen & Trinken

Für ein richtiges Dinner empfehlen sich die Restaurants

- ***Harvey Mansion***, 221 S Front Street, © 252/638-3205,
- ***Henderson House***, 216 Pollock Street neben dem *Kings Arm Inn*, © 919/637-4784, klein aber fein

Preiswerter sind

- ***Captain Ratty's***, Middle St/Tyron Palace Dr, Seafood & Salate
- ***The Chelsea Restaurant***, Middle/Broad St, Südstaatenküche

Stadtbesichtigung

Pepsi Cola

Mitten in *Downtown* befindet sich der ***Birthplace of Pepsi-Cola*** (256 Middle/Pollock Street, www.pepsistore.com). Hier wurde 1898 von einem Apotheker namens *Caleb Bradham* ein neues Heil- und Erfrischungsgetränk aus Kolanuss, Vanille und verschiedenen Ölen gemixt. Koffein kam erst später dazu, um mit dem 1886 erfundenen *Coca Cola* mithalten zu können. Die Einheimischen nannten es ***Brad's Drink***.

Bradham selbst gründete 1902 eine erste Fabrik und vermarktete seine Entwicklung als *Pepsi-Cola*. Bis zu einem Brand in den 1930er-Jahren unterhielt er die Apotheke, die 1998 als offizieller Geburtsort von *Pepsi* (mit Souvenirshop und Bar) wiedereröffnet wurde. Der Firmensitz ist heute Purchase in New York State.

Tryon Palace & Historic Homes

Die Hauptattraktion der Stadt sind ***Tryon Palace Historic Sites & Gardens*** am südwestlichen Altstadtrand. Im späten 18. Jahrhundert errichtet, brannte der als schönstes Regierungsgebäude im kolonialen Amerika geltende Palast 1798 vollständig ab. Er wurde in den 1950er-Jahren originalgetreu rekonstruiert und mit zeitgenössischen Möbeln ausgestattet. Kostümierte *Guides* vermitteln ein Bild vom Leben des einstigen englischen Gouverneurs *William Tryon*, der 13 Monate lang die Kolonie North Carolina regierte, und seiner Familie. *Tyons* Nachfolger, zweiter und letzter britischer Gouverneur, wurde 1775 vertrieben.

Auf dem Gelände des *Tryon Palace* befinden sich weitere historische Gebäude, so das elegante ***John Wright Stanley House*** von 1779, in dem schon *George Washington* genächtigt hat. Schräg gegenüber dem Besucherzentrum wartet der *Museum Store* im ***Jones House*** auf Kunden. Ganz in der Nähe an der Eden Street steht das ***Hay House*** aus dem frühen 19. Jahrhundert.

Im Küchenhaus des Tryon Palace Gelände

Startpunkt einer Besichtigung ist das *Visitor Center* (601 Pollock Street, Mo-Sa 9-17 Uhr, So ab 13 Uhr, letzte Tour 16 Uhr, ✆ 252/514-4900, www.tryonpalace.org). Das Kompletticket – $15, bis 12 Jahre $6 – beinhaltet Besichtigungen aller sieben zum Komplex gehörenden Gebäude, was aber sehr zeitaufwendig ist. Denn vier Gebäude können nur per Führung besucht werden (jeweils 30 min plus Wartezeit). Das preisgünstigere Ticket für den Garten, das Küchenhaus und die *New Bern Academy* (dort aber nur nachmittags geöffnet) kostet $8 bzw $3.

Museum

Das ***New Bern Academy Museum*** steht einige Blocks vom *Tryon Palace* entfernt (Hancock/New Street, ✆ 252/638-4196, $5) Es zeigt die Stadtgeschichte von der Gründung (1710) über Bürgerkriegsjahre bis hin zu Schulentwicklung und lokaler Architektur. Ein Besuch lohnt nur bei spezifischem Interesse.

3.2.3 Von New Bern nach Wilmington

Abstecher

Die schnellste Route von New Bern nach Süden läuft über Jacksonville und Wilmington (Straße #17). En route bietet sich ab Maysville ein kleiner Abstecher an: auf den Straßen #58/#172 über **Swansboro** – mit einem restaurierten Zentrum von 1730 – oder ab **Belgrade**, 2 mi weiter südlich, auf der Straße #1434 und dann #172, zum ***Hammock's Beach State Park*** auf Bear Island.

Hammock's Beach Park

Dieser überaus attraktive Park mit hohen Sanddünen und traumhaften Muschelstränden liegt auf **Bear Island**, das nur mit einer Passagierfähre oder privaten Booten erreicht werden kann. Zum Festlandareal des Parks geht es von Swansboro ca. 3 mi nach Westen, dann auf der *Hammond Beach Park Road* an die Küste. Im *State Park*-Eintritt ($5, bis 12 Jahre $3) ist das Ticket für die Parkfähre enthalten. Im Hochsommer verkehrt das Boot Mo-Di 9.30-17.30 Uhr, Mi-So alle 30 min, Mai+Sept. nur Mi-So bis 16.30 Uhr und April+Oktober nur Fr-So, Fahrtdauer 25 min; ✆ 910/326-4881; www.ils.unc.edu/parkproject/visit/habe/home.html.

Wer sein Zelt dabei hat, kann **campen**. Aber es stehen nur 14 Plätze zur Verfügung – *first-come-first-served*. Gebühr $9.

Mehr Strände

Weiter südwestlich erreicht man die vorgelagerten Inseln auch bequem per Straße: #50 nach **Surf City** oder ab Folkstone erst die #172, dann #210 nach **North Topsail Beach**. Dort gibt es kaum hervorhebenswerte Anlaufpunkte. Man passiert ganz einfach weitgehend unberührte Uferstreifen mit sauberen, besonders bei Surfern populären Stränden und Naturschutzgebieten.

Plantation

Ca. 9 mi nordöstlich von Wilmington bei Scotts Hill steht die ***Poplar Grove Historic Plantation***, eine der ersten Erdnussfarmen im Staat (Mo-Sa 9-17, So ab 12 Uhr, $9, bis 15 Jahre $4, ✆ 910/686-4868; www.poplargroveplantation.com). Zeitgenössisch kostümierte *Guides* demonstrieren das Leben auf der Plantage im 19. Jahrhundert. **Weiter auf Seite 330**.

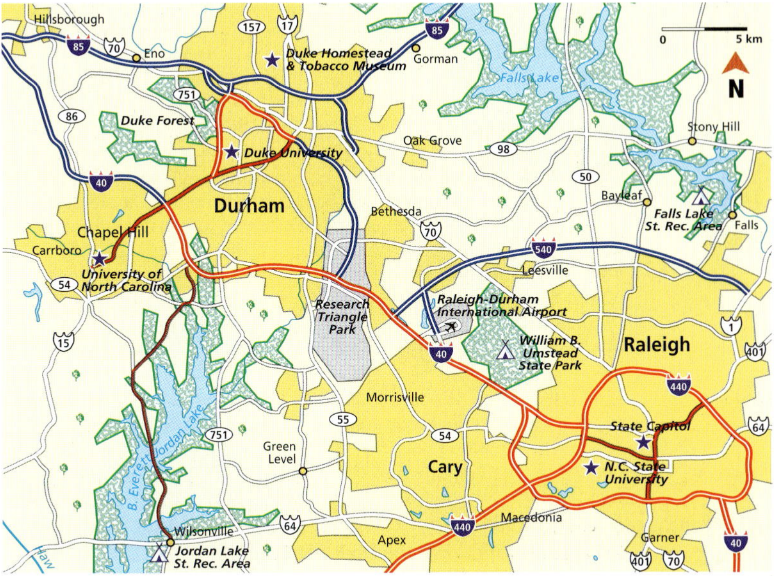

Exkurs Abstecher zum Research Triangle

Research Triangle

Wer auf der I-95 nach Süden fährt, könnte mit 1-2 Tagen Extrazeit einen Abstecher in die Hauptstadt von North Carolina, **Raleigh**, und das sog. ***Research Triangle*** erwägen oder von vornherein ab Petersburg die I-85 nach Durham nehmen. Das »Forschungsdreieck« ist definiert durch Raleigh und die benachbarten Universitätsstädte **Durham** und **Chapel Hill**, ca. 20 mi nordwestlich, mit zusammen rund 600.000 Einwohnern.

Ein *Howard Odum* hatte 1936 die Idee, zur Unterstützung der Wirtschaft ein ***Public Research Institute*** zu schaffen. ***UNC*** sollte zu diesem Zweck mit der ***NC State University*** in Raleigh und der ***Duke University*** in Durham zusammenarbeiten. Heute kooperieren die drei Universitäten mit Industrieunternehmen und staatlichen Organisationen in über 100 Forschungseinrichtungen und beschäftigen mehr als 50.000 Arbeitskräfte.

Raleigh

Orientierung und praktische Information

Die 1792 gegründete und nach *Sir Walter Raleigh* benannte **Kapitale North Carolinas** (ca. 310.000 Einwohner) wurde wegen ihrer Lage zwischen Küste und Hinterland Regierungssitz.

Ringautobahn Aus welcher Richtung auch immer man Raleigh erreicht, man stößt automatisch auf den geschlossenen Autobahnring um die Stadt. Dabei heißt die Raleigh südlich passierende I-40 hier ***Tom Bradshaw Freeway*** und die – die I-40 mit einem Dreiviertelbogen ergänzende – I-440 ***Benson Beltline***. Vom Ring geht es von fast allen Ausfahrten in direkter Linie ins Stadtzentrum.

City ***Downtown*** **Raleigh** ist leicht zu erfassen, denn die Stadtplanung folgte weitgehend einem Schachbrettmuster. Da die meisten Anlaufpunkte in nicht sehr großer Entfernung zueinander in der Nähe des *State Capitol* liegen, kann man in Raleigh gut zu Fuß erkunden. Das ***State Capitol*** mit der **Bicentennial Plaza**, einem Museumsstandort nördlich davon, und der ***Fayetteville Mall*** südlich, an der sich Bürohochhäuser drängen, definiert die Stadtmitte. Rechts von der *Mall* – mit Blick nach Norden – sind alle Straßen *East*, links *West*.

Infos ***Greater Raleigh Visitors Bureau & Capital Area Visitor Center***, 421 Fayetteville Street Mall & 301 Blount Street, © 919/733-3456, © 1-866-246-TGIF, Mo-Fr 8-17 Uhr, www.tgifraleigh.com oder www.visitraleigh.com. Der »***Raleigh & Wake County Visitors Guide***« listet alle Attraktionen & Unterkünfte.

Unterkunft *Motels* und *Motor Inns* ballen sich vor allem entlang der I-440 (*Benson Beltway*) im Stadtnorden im Bereich der Ausfahrten #7, #10 und #11, außerdem im Bereich des Flughafens zwischen Raleigh und Durham an der Airport Road, I-40, *Exit* #284.

Camping Relativ stadtnah zwischen Raleigh und Airport liegt der große ***William Umstead State Park***. Über die Straße #70 erreicht man den *Crabtree Entrance* im Norden, von dem aus es zum einfachen ***Campground*** des Parks.geht – *first-come-first-served*, $15.

An den Ufern des ***Falls Lake***, einem Stausee nördlich von Raleigh, erstreckt sich das Areal der gleichnamigen ***State Recreation Area*** mit zwei Campingplätzen. Am Westufer des Sees (Mietboote, Badestrand) liegt der Komfortplatz ***Rolling View***, erreichbar über die Straße #98, Reservierung © 919/676-1027, www.ils.unc.edu/parkproject/visit/fala/home.html, $15-$20.

Essen & Trinken Zahlreiche Restaurants und Kneipen findet man im ***City Market*** gegenüber dem Moore Square (Blount/Martin, Davie Streets), z.B. ***Greenshields Brewery & Pub*** (www.greenshields.com) und ***Sweet Tea & Grits*** (beide East Martin Street). ***Big Ed's*** (220 Wolfe St) bietet preiswerte Südstaatenkost. ***Yancey's Jazz & Blues Cafe***, 205 Wolfe St, unterhält abends mit *Live Music* zu *Cajun Food*.

Zu den beliebtesten Lokalen der Stadt gehört ***42nd Street Oyster Bar & Seafood Grill*** (508 West Jones/ein Block nördlich des *State Capitol* westlich der Bicentennial Plaza, © 919/831-2811), Bierhallenambiente, aber moderate Preise für riesige Portionen; www.42ndstoysterbar.com.

Shopping

In *Downtown* ist der ***City Market*** ebenso wie bei den Restaurants auch eine gute Shopping-Adresse.

Das größte *Shopping Center* der Region ist die ***Crabtree Valley Mall***, www.crabtree-valley-mall.com, mit 220 Shops und Restaurants an der Glenwood Ave (Straße #70) unweit Exit #7 der I-440 stadtauswärts.

Die *Shopping Mall* ***Triangle Town Center*** mit 130 Läden am Capital Boulevard (Straße #1/ I-540, Exit #17; www.triangle-towncenter.com), besticht durch viel Glas und Licht und ihre Lage direkt an einem Creek mit Restaurantterrassen am Wasser, ist jedoch weit von der Stadt entfernt.

Stadtbesichtigung

State Capitol

Das weithin sichtbare 1833-1840 errichtete ***State Capitol*** (Capitol Square/Edenton Street) kann Mo-Fr 9-17 Uhr, Sa bis 16 Uhr, So 13-16 Uhr besichtigt werden.

Museen

Getrennt durch die Edenton Street stehen dem *Capitol Building* gegenüber auf der Bicentennial Plaza zwei Museen:

Im ***North Carolina Museum of History*** (Di-Sa 9-17 Uhr, So ab 11 Uhr, ✆ 919/715-0200, frei) gilt das Hauptaugenmerk der Geschichte, Kultur und Bevölkerung von North Carolina. Besonders interessant ist die Abteilung zum »Bürgerkrieg in NC«.

Das ***North Carolina Museum of Natural Sciences*** (Di-Sa 10-17 Uhr, So ab 12 Uhr, ✆ 919/733-7450, www.naturalsciences.org, frei) ist architektonisch spektakulär. Sehenswert sind u.a. die nachgestellten *Environments«* wie *»Coastal Carolina«*, *»Mountains to Sea«* oder *»Prehistoric NC«* mit Dinosaurier-Modellen.

Executive Mansion

Besuchenswert ist auch das ***Executive Mansion*** (200 N Blount Street, einen Block östlich der Museumsplaza, Di-Do 9-15 Uhr, stündlich Touren, frei), Wohnsitz des NC-Governeurs.

Raleigh Skyline in der Abendsonne

3

Exploris

Das ***Exploris – Global Experience Center*** (201 East Hargett, Di-Sa 10-17 Uhr, So ab 12 Uhr, www.exploris.org, Eintritt $8, bis 11 Jahre $5,50; Kombiticket mit angeschlossenem IMAX-Theatre $14/$10) steht gleich nördlich des Moore Square, einen Block oberhalb des *City Market*. Dieses interaktiv konzipierte, in vielerlei Beziehung ungewöhnliche »Globalmuseum« ist spannend für Kinder wie Erwachsene.

Kunstmuseum

Das ***North Carolina Museum of Art*** (2110 Blue Ridge Road 4 mi außerhalb der City, Exit #3 von der als verlängerter Stadtzubringer ausgebauten I-40/Wade Avenue, Di-Sa 9-17 Uhr, Fr bis 21 Uhr, So ab 10 Uhr, Touren 13.30 Uhr, frei außer bei Sonderausstellungen; www.ncartmuseum.org) zeigt ein breites Spektrum an Kunststilen und -gattungen von der Antike bis in die Gegenwart. Der umgebende Park dient als Freiluftkino, Theater- und Konzertbühne (April-Oktober).

Durham

Geschichte

Tabak

Durhams Wurzeln liegen in der nach einem *Bartlett S. Durham* benannten Bahnstation **Durhamville** (1869). Unter den damals gerade 'mal 300 Einwohnern befand sich der erste Tabakfabrikant mit dem bis heute bekannten Namen *Robert F. Morris*.

Zigarettenproduktion

Ein anderer Einwohner, *Washington Duke*, war nach dem Bürgerkrieg zu seiner Tabakfarm zurückgekehrt. Seinem Sohn ***James Buccanan Duke*** gelang es erstmals, Zigaretten maschinell herzustellen und sich damit einen erheblichen Wettbewerbsvorteil zu sichern. Die *Duke & Sons Company* war dank dieses Vorsprungs bald in der Lage, die anderen Tabakproduzenten der Region aufzukaufen und zur ***American Tobacco Company*** zu vereinen.

Duke University

In Durham fallen bis heute der Tabakgeruch und die Omnipräsenz des Hauptarbeitgebers ***Duke University*** auf, deren Name auf den Zigarettenkönig *James B. Duke* zurückgeht. Er stiftete 1925 dem einstigen *Trinity College* $6 Mio. und »erkaufte« sich damit die Umbenennung. Die *Duke University* sorgte später für Durhams Beinamen ***City of Medicine USA***.

Praktische Informationen

Information

Durham Visitor Information Center, 101 E Morgan Street (#70 Business nach Durham hinein fahren, dort ausgeschildert), © 919/687-0288, © 1-800-446-8604, www.durham-nc.com mit guten Karten zum *Download*, Mo-Fr 8.30-17 Uhr, Sa 10-14 Uhr.

Unterkunft

Eine Reihe *Motels* und *Motor Inns* stehen zwischen Chapel Hill und Durham im Bereich der Straßen #15/#501. Noch preiswert und o.k. ist dort u.a. das ***Red Roof Inn***, 5623 Chapel Hill Blvd unweit *Exit* #270 von der I-40, © 919/489-9421, ab $55.

Etwas weiter entfernt sind Motels entlang der I-40 an der Airport Road und zwischen I-540 und *Freeway* #147, *Exits* #282 bis #278, im Bereich des *Research Triangle Park (RTP)*:

- ***La Quinta Inn & Suites RTP***, 1910 West Park Drive, *Exit* #278 von der I-40, ✆ 919/484-1422, ab $69.
- ***Wellesley Inn & Suites RTP***, 4919 Miami Blvd, *Exit* #281 von der I-40, ✆ 919/988-0400, ab $59.

Weitere Unterkünfte befinden sich im Umkreis der *Duke University*, aber auch in *Downtown*. Luxus und einen Golfplatz bietet das ***Washington Duke Inn*** in direkter Nachbarschaft des Universitätscampus', 3001 Cameron Blvd, ✆ 1-800-443-3853, www.washingtondukeinn.com, ab ca. $150 für AAA-Mitglieder.

Eine Reihe der werktags von Geschäftsreisenden und Universitätsbesuchern frequentierten Hotels der oberen Mittelklasse wie ***Courtyard, Radisson, Hilton*** u.a. offerieren günstige Wochenendtarife. Aktuelle Angebote bei der *Visitor Information*.

Besichtigung

Altstadt

Die Innenstadt wirkt etwas verschlafen. Am ehesten lohnt ein Besuch im ***Historic District*** (Morgan/Peabody/Loop) mit alten, Tabak-Lagerhäusern. Eine ***Walking Tour Map***, gibt's im *Visitor Center*, ⇨ oben. Auffällig ist der Art-Déco-Bau des ***Carolina Theatre*** (*Civic Center Complex*, Morris Street, www.carolinatheatre.org) mit zwei Kinos und Auditorium.

Duke University

Tabak und Universität hängen, wie schon erläutert, in Durham eng zusammen. Die **Bronzestatue** des Zigarettenkönigs *»Buck« Duke* vor der *University Chapel* unterstreicht dies.

Duke ist eine der Elite-Privathochschulen der USA. Das Gelände der Universität besteht aus dem ***East Campus*** mit georgianisch anmutenden Gebäuden und dem ***Nasher Museum of Art at Duke University***, seit 2005 in neu designten Bauten (Di-Sa 10-17, Do –21 Uhr, So 12-17 Uhr, www.nasher.duke.edu, Eintritt $5 nahegelegt, bis 16 Jahre frei).

Zentrum des von *James Buchanan Duke* finanzierten ***West Campus*** jenseits (= südlich) der Straße #147 ist die ***Duke University Chapel*** (täglich 8-20 Uhr), keine Kapelle, sondern ein beachtlicher Kirchbau mit schönen Glasfenstern. Unweit der Kirche steht der ***Memorial Bell Tower*** (50 m hoch, South Road/Stadium Drive). Die ***Sarah Duke Gardens*** bieten mitten im Campus Ruhe im Grünen ebenso wie der ***Duke Forest***, der unweit westlich des Campus' beginnt; www.hr.duke.edu/dukegardens

Tabakmuseum

Abseits der *University* erfährt man im ***Duke Homestead State Historic Site & Tobacco Museum*** alles über die Anfänge des *Duke*-Imperiums und die Geschichte des Tabaks (2828 Duke Homestead Rd nördlich der I-85, Mo-Sa 9-17, So ab 13 Uhr, Winter verkürzt, ✆ 919/477-5498, frei, www.ibiblio.org/dukehome).

Chapel Hill

Kennzeichnung

Nur wenige Meilen südwestlich von Durham liegt **Chapel Hill**. Schon 1793 richtete man dort die Zentrale der ***University of North Carolina*** (*UNC*) ein. Dank ***UNC*** und der nahen ***Duke University*** besitzt die Bevölkerung in dieser Region den höchsten Bildungsstandard der USA. Nirgendwo sonst im Land gibt es so viele akademisch gebildete Einwohner oder eine Mittelstadt mit einem derartigen Kulturangebot.

Praktische Informationen

Infos

Das ***Downtown Welcome Center*** in der 113 W Franklin Street liegt an der Hauptachse der Stadt, © 919/929-2700, Di-Sa 10-16 Uhr, www.chocvb.org, das ***UNC Visitors Center*** in der West Lobby des *Morehead Planetarium* (⇨ unten), Franklin St, Mo-Fr 10-17 Uhr, © 919/962-1630, www.unc.edu.

Unterkunft

Die Hotel- und Moteltarife sind in/bei Chapel Hill höher als im entfernteren Umfeld der *Interstate*-Autobahnen. Zu den moderateren Angeboten zählen noch

- ***Best Western University Inn***,
  1310 Hwy #54 E (I-40, *Exit* 273) © 919/932-3000, ab $75
- ***Hampton Inn***,
  1740 Hwy #15/#501, I-40 *Exit* 270, © 919/968-3000, ab $79.

Camping

Am Stausee südlich von Chapel Hill befindet sich die ***Jordan Lake State Recreation Area*** mit mehreren Campingplätzen. Der komfortabelste mit allen Anschlüssen, Badestrand, *Boat Ramp* und Amphitheater ist der ***Crosswinds Campground*** an der Farrington Road, 12 mi von der Stadt entfernt ganz nah der Straße #64, Reservierung/Information unter © 919/362-0586.

Essen & Trinken

Besonders an der **Franklin Street** konzentrieren sich Restaurants, *Fast Food Places* und Bars, darunter ein Überbleibsel aus alten Zeiten: ***Sutton's Drugstore*** mit dem *Lounge Counter* (159 W Franklin, © 919/942-3161), wo alle berühmten Absolventen der UNC ein- und ausgegangen sind. Weitere Hinweise:

- ***Carolina Brewery***, 460 W Franklin, © 919/942-1800, www.carolinabrewery.com
- ***Crook's Corner***, 610 W Franklin, gehobene Südstaatenküche
- ***Time-Out Restaurant***, 133 W Franklin/University Square, © 919/929-2425, ebenfalls Südstaatenküche

University of North Carolina

Geschichte

Der Grundstein für die ***University of North Carolina***, die älteste staatliche Universität der USA, wurde im Jahr 1793 gelegt und gleichzeitig Land für eine Siedlung reserviert. Der Lehrbetrieb begann 1795. Um 1900 zählte man in Chapel Hill 1.100 Einwohner, davon 524 Studenten, heute liegt das Verhältnis bei

52.000 Einwohnern, davon 26.000 Studenten (in 14 Fakultäten), immer noch bei 2:1. Die Studierenden stammen vorwiegend aus North Carolina, da sie im eigenen Staat den Vorzug ermäßigter Studiengebühren und Unterbringungskosten genießen.

Auf dem Campus

Viele Denkmäler erinnern an bedeutende Persönlichkeiten, die aus der *UNC* hervorgingen, darunter Basketballstar ***Michael Jordan***.

Tar Heels heißen alle Sportteams dieser Universität, deren Aushängeschild die Basketballer sind. Sie treten im ***Dean E. Smith Center*** mit 21.000 Plätzen an (Tickets: © 919/962-2123), das auch für Konzerte und Veranstaltungen genutzt wird.

Obwohl Kunst an der *UNC* keine wesentliche Rolle spielt, ist das ***Ackland Art Museum*** (S Columbia/Franklin, Mi-Sa 10-17 Uhr, So ab 13 Uhr, © 919/966-5736, frei) mit einer breit angelegten Sammlung von der griechischen Antike bis zur Gegenwartskunst und einer Ausstellung asiatischer Werke ansehenswert; www.ackland.org.

Das ***Morehead Planetarium*** (250 E Franklin, So-Mi 12.30-17, 19-21.45 Uhr, Do-Sa 10-17 Uhr, © 919/962-1236, $5, bis 12 Jahre $3) veranstaltet neben Astronomie- auch *Laser Shows*.

Der ***NC Botanical Garden*** (Old Mason Farm Road ab Straße #15/#501, im Sommer Mo-Fr 8-17 Uhr, Sa 9-18 und So ab 13 Uhr; Rest des Jahres höchstens bis 17 Uhr) ist der größte botanische Garten im gesamten Südosten; www.ncbg.unc.edu.

3

Michael Jordan – »I believe I can fly«

Ein Lächeln auf den Lippen, den Ball fest im Griff und die Zunge herausgestreckt: *Michael Jordan* ist startklar, hebt ab, dreht eine Pirouette um den Gegner und versenkt schließlich mit schlafwandlerischer Sicherheit den Ball im Korb. Staunen und Kopfschütteln bei Teamkollegen, Fans und Gegnern. *»Air« Jordan* begann – nach einer glanzvollen **Amateurkarriere an der *University of North Carolina*** und einem vielbeachteten Auftritt bei den Olympischen Spielen in Los Angeles – seine Profikarriere 1984 bei den *Chicago Bulls*.

Der 1963 in Brooklyn geborene und in **Wilmington** aufgewachsene *Jordan* entwickelte sich danach zur Ikone des Basketballs. Als die Bosse der *Bulls* ihm Mitspieler wie *Scottie Pippen* und *Dennis Rodman* zur Seite stellten, wurde er Spiel für Spiel zum *Topscorer*, waren 40-50 Punkte keine Seltenheit. Den Gegnern erschien er *unstoppable*. Die Fans in Verzweiflung stürzte sein *Baseball*-Intermezzo 1993/94, aber *Jordan* kehrte zurück.

Mit den *Chicago Bulls* holte er insgesamt sechs Meistertitel, zuletzt 1997. Damals verabschiedete er sich mit dem entscheidenden Korbwurf in letzter Sekunde »endgültig« von der Basketballwelt und verschwand zunächst vom Parkett, wenn auch nicht aus den Köpfen. Kein Wunder, daß einmal einer seiner Gegenspieler, der berühmte *Larry Bird*, über *»Air«* meinte: »Als Gott Basketball spielen wollte, kam er als *Michael Jordan* auf die Erde…«

3.2.4 Die Cape Fear Coast

Die **Küstenregion um Wilmington** wird als ***Cape Fear Coast*** bezeichnet. Dazu gehören die Stadt Wilmington und die durch den sog. ***Intracoastal Waterway*** abgetrennten vorgelagerten Inseln, Wrightsville Beach und Pleasure Island mit den Orten Carolina Beach und Kure Beach im Süden der Stadt sowie Naturschutzgebiete wie *Masonboro Island* und *Zeke's Island*. Die Bezeichnung »Küste der Furcht« bezieht sich einerseits auf die gefährlichen Gewässer, andererseits auf die Hurrikangefahr.

Wilmington

Kennzeichnung

Wilmington liegt küstennah am Ostufer des Cape Fear River. Die Wurzeln dieser sauberen Mittelstadt mit rund 76.000 Einwohnern reichen bis ins 18. Jahrhundert zurück. Über 230 registrierte historische Gebäude sorgen im Zentrum für Südstaatenflair. Wilmington nennt sich gern ***Hollywood East*** und steht tatsächlich bei der Anzahl von Filmproduktionen an dritter Stelle nach Los Angeles und New York.

Geschichte

In Wilmington streitet man sich gern mit Charleston um die Ehre, die **älteste englische Kolonie im Süden** gewesen (1664) und damit älter als Charleston zu sein. Tatsächlich war die Stadt vor der Unabhängigkeit führender Seehafen der USA, ab 1743 zudem kurzzeitig Hauptstadt der Kolonie North Carolina. Während des Bürgerkrieges fungierte Wilmington als wichtiger Anlaufpunkt für Blockadebrecher, bis die Stadt im Januar 1865 an die Union fiel. Wilmington erholte sich dank seines Hafens schnell von den Auswirkungen des Krieges.

Neben Tourismus und Filmindustrie blieb er ein wichtiger Wirtschaftsfaktor. In der Stadt befindet sich auch ein Ableger der *University of North Carolina*, ➪ oben unter Chapel Hill.

Basketballsuperstar ***Michael Jordan***, ***Sammy Davis Jr.***, ***Minnie Evans***, ***Woodrow Wilson*** u.a. berühmte Persönlichkeiten stammen aus Wilmington; Schauspielerin ***Kim Basinger*** lebt dort.

Praktisches

Information

Cape Fear Coast Visitors Bureau, 24 N 3rd Street, ✆ 910/341-4029, www.cape-fear.nc.us. Das Hauptbüro befindet sich im ***Old County Courthouse*** (3rd St, Mo-Fr 8.30-17 Uhr, Sa 9-16 Uhr, So 13-16 Uhr), außerdem gibt es einen Infostand an der ***Riverfront*** (Market/Water Street, im Sommer 9-16.30 Uhr).

Unterkunft

Über ***25 B&B-Häuser*** unterschiedlichster Art befinden sich allein in *Historic Downtown*. Besonders elegant sind

- ***Graystone Inn***, 100 S 3rd St, ✆ 910/763-2000, www.graystoneinn.com, ab $160, mit geräumigen Zimmern im Obergeschoss eines restaurierten *Greek-Revival*-Hauses.

- ***Rosehill Inn***, 114 S 3rd St, © 910/815-0250, www.rosehillinn.com, ab $120, EZ $99, mit etwas kleineren Räumen.

H/Motels ballen sich besonders entlang der Straße #17 (zwischen Altstadt und der #132), an der Straße #421 durch Carolina Beach, und in Kure Beach und an der #76 in Wrightsville Beach:

- ***Blockade Runner Resort Hotel & Conference Center*** am Strand von Wrightsville Beach Island, 275 Waynick Blvd; © 1-800-541-1161, ab $100 in der Hauptsaison, www.blockade-runner.com

Preiswert übernachtet man im

- ***Greentree Inn***, 5025 Market Street/Straße #17/#74, © 910/799-6001, ab $46, oder im
- ***Travel Inn***, 4401 Market Street, © 910/763-8217, ab $49.

Camping

Der schönste, wenn auch einfach ausgestattete Campingplatz im Umkreis von Wilmington befindet sich im ***Carolina Beach State Park*** auf Pleasure Island an der nordwestlichen Landspitze zwischen *Cape Fear River* und dem *Intracoastal Waterway*. Die Zufahrt erfolgt auf der Straße #421, ausgeschildert, © 910/458-8206, $15, Duschen vorhanden, www.ncsparks.net

Wer es gern etwas komfortabler hätte, wählt den ***Carolina Beach Family Campground*** an der River Road fast in Sichtweite des *State Park* jenseits des *Intracoastal Waterway*. Zufahrt ebenso über Straße #421, © 910/392-3322, ab $21, Duschen, Pool.

Ein ***KOA-Campground*** liegt an der Straße #17, ca. 7 mi nördlich des Zentrums, © 910/666-7705, $22-$35

Essen & Trinken

An den *Beaches* passiert man viele ***Seafood Restaurants***:

- ***The Oceanic***, 703 S Lumina Ave, Wrightsville Beach, © 910/256-5551, Hauptgerichte ab $15, direkt am Wasser mit Blick, www.oceanicrestaurant.com/oceanic_restaurant.htm
- ***Taste of Country Buffet*** oder ***Reel Café***, www.thereelcafe.net
- ***Dock Street Oyster Bar***, www.dockstreetoysterbar.com
- ***Front Street Brewery***, www.fsbrewery.com.

Roy's Riverboat Landing Restaurant in Wilmington: Originell sind die 2-Personen-Balkons fürs intime Dinner

3

Touren

Auf dem Cape Fear River werden diverse **Bootstouren** angeboten z.B. von ***Captain Maffitt River Cruises*** (✆ 910/343-1611 ab Riverfront Park, Market/Water Street).

Spaziergänge durch die Altstadt verantaltet ***Adventure Walking Tours***, April bis Oktober, 10/14 Uhr, $10, ✆ 910/763-1785).

Veranstaltungen

Zu den Top 100-Festivals der USA zählt das ***Azalea Festival***, Anfang April mit Parade, Straßenfest, Konzerten, *Home & Garden-Tour*, Umzug, Feuerwerk und anderen Events. Darüber hinaus gibt es mehrere Musik- und Strand-Festivals, wie das ***River Fest*** im Oktober oder ein ***Greek Festival*** (✆ 1-800-222-4757; www.ncazaleafestival.org).

Stadtbesichtigung

Rundgang

Bester Ausgangspunkt für einen Rundgang ist das ***Visitor Center***, ➪ oben. Im Bereich des *Old Courthouse* ist der Erfolg von Renovierungsprogrammen, die dem ***Historic District*** mit insgesamt 23 Blocks zu neuem Glanz verhalfen, unmittelbar zu besichtigen.

Burgwin-Wright-Cornwallis House

Privathäuser, die vom Wohlstand der Hafenstadt vor dem Bürgerkrieg zeugen, gibt es noch eine große Zahl. Zu den prächtigsten drei (Kombiticket $21) zählt das ***Burgwin-Wright House & Garden*** (224 Market St, Di-Sa 10-16 Uhr, $8/$4). Es ist ein typisches *Town House* aus der Kolonialzeit (1770) mit einer sehenswerten Gartenanlage. Im Unabhängigkeitskrieg machte der britische ***Lord Cornwallis*** es zu seinem Hauptquartier.

Latimer House

Das ***Zebulon Latimer House*** einer reichen Wilmingtoner Familie dient heute als Archiv und Sitz der *Cape Fear Historical Society* (126 South 3rd Street, Mo-Fr 10-16 Uhr, Sa 12-17 Uhr, www.latimerhouse.org, $8/$4).

Bellamy Mansion

Das tolle ***Bellamy Mansion*** (503 Market St, Di-Sa 10-17, So ab 13 Uhr, $8/$4) fungiert als ***Museum of History & Design Arts***. Da weitgehend unmöbliert, dient es Wechselausstellungen.

Wilmington Riverfront; gegenüber liegt das Schlachtschiff

Cape Fear Museum

Am Rande des Stadtzentrum befindet sich das ***Cape Fear Museum*** (814 Market St, Di-Sa 10-17, So ab 13 Uhr, im Sommer auch Mo, © 910/341-4350, www.capefearmuseum.com, Eintritt $5, bis 17 Jahre $2). Dieses älteste historische Museum North Carolinas wurde bereits 1898 gegründet. Eindrucksvoll ist das 5 m x 6 m große Modell der Stadt 1863.

Highlight der Moderne ist die ***Michael Jordan Discovery Gallery***, vom berühmtesten Sohn Wilmingtons selbst gestiftet, ➪ Kasten

Riverfront

Von der Promenade der ***Riverfront*** überblickt man den ***Cape Fear River*** und auf das ***USS North Carolina Battleship***, ➪ unten. Der eigentliche Hafen befindet sich heute weiter südlich; in die einstigen Lagerhallen und Hafenbüros sind Restaurants, Cafes und Shops eingezogen.

Weltkrieg II-Schlachtschiff

Die Topattraktion der Stadt ist das ***USS North Carolina Battleship Memorial***. Dieses gewaltige Weltkrieg-II-Schlachtschiff, bei Indienststellung 1941 größtes Kriegsschiff der US-Flotte, gehört zu den letzten erhaltenen Exemplaren der einstigen Giganten der Meere (➪ auch *USS Alabama* bei Mobile, Seite 525, und *USS Wisconsin* in Norfolk, Seite 319). Es galt als das erste schnelle Schlachtschiff der *US Navy* und kam im Pazifik zu Ehren. Als es 1960 auf den Schrottplatz wandern sollte, taten sich Wilmingtoner Bürger zur Aktion ***S****ave* ***O****ur* ***S****hip* zusammen. Schon zwei Jahre später wurde die *North Carolina* öffentlich zugänglich. Auch wer mit Waffensystemen solcher Art sonst nicht viel im Sinn hat, wird bei einer Besichtigung über die eingebaute Antriebs- und Vernichtungstechnik staunen, www.battleshipnc.com

Flaggenappell zum 4. Juli auf dem Schlachtschiff »North Carolina«

Anfahrt

Das Schlachtschiff liegt unterhalb der hier als *Freeway* geführten #17/#421 am Westufer des Cape Fear River, Zufahrt von der Stadt via Brücke Straße #17. Von der *Riverfront* pendelt halbstündlich auch ein *Water Taxi* ($2) ans gegenüberliegende Ufer.

Besichtigung (*self-guided tours*) täglich 8-17 Uhr, im Sommer bis 20 Uhr. Man kann sich auch Führungen durch Veteranen anschließen, Info-© 910/350-1817, Eintritt $9, bis 12 Jahre $4,50.

Umgebung von Wilmington

Wrightsville Beach

Wrightsville Beach, ca. 9 mi östlich von *Downtown* Wilmington, ist »**Hausstrand**« der Stadt. Ein endloser Sandstrand kennzeichnet auch hier wieder die vorgelagerte Insel.

Airlie Gardens

Bei Wrightsville Beach befinden sich die ***Airlie Gardens*** (Airlie Road ausgeschildert, Fr-Sa 9-17, So ab 13 Uhr, ✆ 910/798-7700, www.airliegardens. org, Eintritt $5, Kinder $3), eine sehr schöne, ca. 26 ha große Anlage mit prachtvollen Azaleen und der riesigen 400 Jahre alten ***Airlie Oak***. Der Garten wurde ab 1900 zunächst von *R.A. Topel* gestaltet, einem Gärtner des deutschen Kaisers Wilhelm II (!), aber erst 1933 vollendet.

Fort Fisher

Die **Straße #421** durch Wilmington nach Süden endet auf **Pleasure Island** südlich von Kure Beach und Carolina Beach beim ***Fort Fisher*** und der gleichnamigen ***State Recreation Area*** mit Stränden, Picknickplätzen und ATV-Arealen, in denen sich die Besitzer von Dünenfahrzeugen austoben dürfen; http://ils.unc.edu/parkproject/visit/fofi/ home.html

Das überwiegend aus enormen Erdwällen bestehende ***Fort Fisher***, ein ***State Historic Site***, wurde nach Kriegsausbruch 1862 gebaut und diente dem Schutz von Cape Fear und der Einfahrt nach Wilmington, dem größten Häfen der Konföderierten und Heimat der sog. *Blockade Runners*, Schiffen, die die Blockade durch die US Navy durchbrechen konnten und Nachschub brachten. Bevor es die Unionstruppen im Januar 1865 eroberten, waren diverse Angriffe fehlgeschlagen. Alljährlich finden *Re-enactments* dieser Kämpfe um das Fort statt (➪ Seite 31). Im *Visitor Center* gibt es eine Ausstellung und einen Film zu seiner Geschichte, im Sommer Mo-Sa 9-17 Uhr, So ab 13 Uhr, Nov-März Mo geschlossen und Di-So nur bis 16 Uhr, eintrittsfrei und sehenswert; www.ah.dcr.state.nc.us/Sections/HS/fisher/fisher.htm

Aquarium

Auf dem weitläufigen Gelände der Fortanlage steht auch noch das ***North Carolina Aquarium*** (täglich 9-17 Uhr, ✆ 1-866-301-3476, $8/$6). Nach kürzlicher Modernisierung und Erweiterung ist es nun eine Hauptattraktion an der Küste North Carolinas; www.ncaquariums.com/ff/ffindex.htm

Cape Fear Ferry

Für die **Weiterfahrt** ist es nicht nötig, zur Brücke über den Cape Fear River nach Wilmington zurückzufahren, sondern man kann **beim *Fort Fisher* die Fähre** über den hier meeresarmbreiten Fluss **nach Southport** nehmen (7-19 Uhr ca. 16 Fahrten täglich im 45-min-Abstand, $5 für Fahrzeuge bis 20 Fuß und $10 über 20 Fuß Länge, Überfahrt 30 min). Von Southport geht es über die **Straße #211** zurück auf die **#17**, die südwärts durch South Carolina und Georgia bis nach Florida führt.

Brunswick Islands

Auf der #211 und den letzten 30 mi der #17 durch North Carolina passiert man die Zufahrten zu weiteren der Küste vorgelagerten Inseln, den sog. ***Brunswick Islands***. Vor allem ruhiges *Family Beach Life*, *Boating* auf dem *Intracoastal Waterway* zwischen Inseln und Festland und Golfspiel auf einem der 17 Plätze im *Brunswick County* sind dort angesag; www.ncbrunswick.com.

Orton Plantation

Zwischen Wilmington und Southport am Westufer des Cape Fear River liegen bei Winnabow die ***Orton Plantation Gardens*** (Straße #133, dann Orton Road, 8-18 Uhr bzw. Herbst 10-17 Uhr, $9, bis 16 Jahre $3), eine besuchenswerte Anlage, für die man aber keine weiten Umwege fahren sollte, wenn die Reise noch weiter nach South Carolina führt; www.ortongardens.com.

Brunswick Town Site

In nächster Nähe (8884 St. Philipp's Road) befindet sich der ***Brunswick Town State Historic Site*** (Mo-Sa 9-17, So ab 13 Uhr, im Winter jeweils bis 16 Uhr) mit einigen Ruinen, die an die Erstbesiedelung des Gebietes ab 1725 erinnern, und den Resten des einstigen *Fort Anderson* aus dem Bürgerkrieg.

3.3 South Carolinas Küste

3.3.1 Grand Strand und Myrtle Beach

Lage

Die nördlichste der Küste vorgelagerte Insel in South Carolina trägt wegen ihrer unendlichen breiten weißen Strände die Bezeichnung ***Grand Strand***. Sie ist rund 60 mi lang und reicht von der Grenze mit North Carolina bis ungefähr zum Städtchen Georgetown. *Intracoastal Waterway* und Waccamaw River trennen die 2-8 mi breite Insel vom Festland. 5 Brücken sorgen für die Bewältigung erheblicher Verkehrsströme.

Orientierung

Die weiter nördlich und südlich eher landeinwärts verlaufende **Straße #17** schwenkt ein paar Meilen südlich der »Grenze« auf den *Grand Strand* und nutzt fast die volle Länge der Insel, bevor sie bei Georgetown wieder aufs Festland zurückläuft. Den Atlantik sieht man von der #17 aus nicht. Die Strände liegen immer mindestens einen Häuserblock entfernt. Die – mehrfach unterbrochene – Strandstraße zwischen der nördlichen *Cherry Grove Beach* und dem Murrells Inlet beim *Huntington State Park* heißt **Ocean Boulevard**. An ihr stehen zahlreiche riesige Hotelklötze.

Auf dem **Festland** kann man den nördlichen *Grand Strand* Bereich einschließlich zentraler Teile des Ortes Myrtle Beach dank der

Autobahn ***Carolina Bays Parkway #31*** (bis zur #501 oder #544) gut umgehen, sollte die Zeit knapp sein. Auf der #17 mit zahllosen Ampeln und dichtem Verkehr kommt man oft nur langsam voran.

Myrtle Beach

Myrtle Beach ist eine der größten Destinationen des amerikanischen Massenurlaubs mit allen Begleiterscheinungen, wobei die (heute) 22.000-Einwohner-Stadt am Meer erst seit den 1980er-Jahren so richtig boomt. Die »Post geht ab« im März, wenn die Studenten ihre Kurzferien – ***Spring Break*** – haben, und Anfang Juni während des ***Sun Fun Festival***, gleichzeitig Beginn der Sommerferien an Universitäten und vielen Schulen; www.sunfunfestival.com

Kennzeichnung

Im Kernbereich von Myrtle Beach reihen sich an der Haupt- und Durchgangsstraße #17 *Business* die *Shopping Center, Amusement-* und *Waterparks*, Minigolfplätze, *Wedding Chapels, Show Places*, Restaurants, Kneipen und Motels über Meilen fast lückenlos aneinander. Jede Menge Hochhäuser – Hotel- und Apartmentkomplexe – mit unzähligen Betten stehen am parallel verlaufenden ***Ocean Boulevard*** zwischen Straße und Strand.

State Park

Aber nur wenige Meilen südlich von Myrtle Beach ist die Welt wieder weitgehend in Ordnung. Speziell im *State Park Huntington Beach* spürt man so gut wie nichts mehr vom nahen kommerziellen Überangebot. Zahlreiche Golfplätze sorgen für landschaftliche Auflockerung.

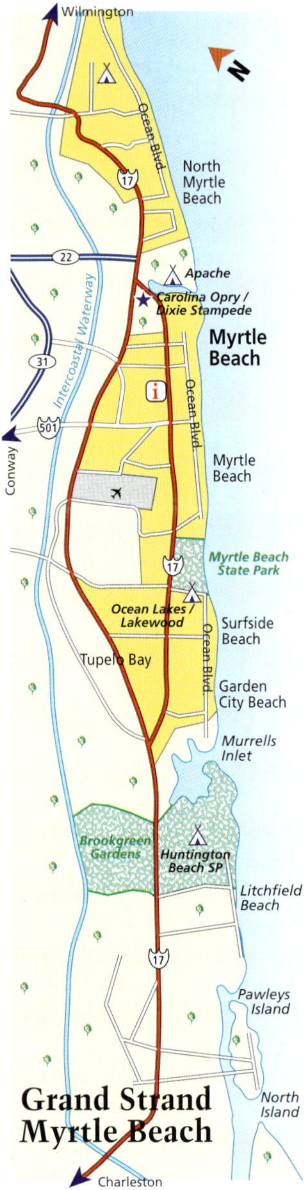

Information

Myrtle Beach Area Chamber of Commerce, 1200 N Oak Street (im zentralen Bereich 1 Block westlich der #17 *Bus*/Kings Hwy), © 843/626-7444, © 1-800-356-3016, www.myrtlebeachlive.com.

Unterkunft

Aus der Kennzeichnung des Ortes geht schon hervor, dass es an Quartieren nicht mangelt. Die Hotel-, Motel- und Apartmentlisten für Myrtle Beach und generell den gesamten Grand Strand sind endlos. Wegen der enormen Bettenkapazität gibt es selbst in *Oceanfront*-Lage außerhalb der Periode *Memorial-Labor Day* Zimmer bereits ab ca. $30-$50, z.B. im Komplex

- ***Coral Beach Resort***,1105 South Ocean Blvd, © 1-800-843-2684, etwas abseits vom verdichteten zentralen Ortsbereich; www.myrtlebeach-resorts.com

Nicht ganz so bombastisch, aber zentraler gelegen sind

- ***Anderson Inn***, 2600 North Ocean Blvd, © 1-800-843-7376, www.andersoninn.com
- ***Days Inn on the Ocean***, 2104 N Ocean Blvd, © 1-800-448-8541

Ruhiger und schöner ist es in North Myrtle Beach und südlich von Myrtle Beach in Surfside/Litchfield Beach oder Garden City.

Camping

In und um Myrtle Beach findet man eine ganze Reihe von Campingplätzen, alle riesig, dafür direkt am oder hinter dem Strand:

- ***Ocean Lakes Family Campground***, 6001 S Kings Hwy zwischen der #17 und dem Ozean südlich des *Myrtle Beach State Park*, © 843/238-5636, ab $25, www.oceanlakes.com
- ***Lakewood Camping Resort***, 5901 S Kings Hwy ebenfalls zwischen der #17 und dem Ozean südlich des *Myrtle Beach State Park*, © 843/238-5161, ab $25, www.lakewoodcampground.com
- ***Apache Family Campground***, am Ende der Lake Arrowhead Rd etwas nördlich der Stadt; in Richtung Küste abbiegen bei der *Galleria Shopping Mall*; © 843/449-7323, ab $23

Bei weitem nicht so ausgedehnt, aber etwas großzügiger in der Aufteilung ist der ***Campground*** des ***Myrtle Beach State Park*** an der #17 etwas abseits des Strandes; © 843/238-5325, ab $17.

Der mit Abstand ***beste Campingplatz*** befindet sich im ***Huntington Beach State Park*** noch ein paar Meilen weiter südlich am Murrells Inlet. Er liegt idyllisch nah am Ozean zwischen Strand, Salzmarschen und Lagunen; © 843/237-4440, $17-$28.

Zentrale Reservierung für *SC-State Parks* ➪ Seite 135

Restaurants & Shopping

Wie bei den Unterkünften ist auch die Zahl der Restaurants und *Fast Food Places* in Myrtle Beach bzw. auf der gesamten Insel nahezu »unendlich«, darunter auch Filialen der Ketten ***Planet Hollywood*** und ***Hard Rock Café***. Wer kein Geld verschenken möchte, besorgt sich bei der *Visitor Information* oder im Hotel **Coupon-Hefte** und -Karten für ***Discounts***: 10-15% oder $5 für 2 Personen sind immer drin. Als konkrete Empfehlung soll hier das ***Sea Captain's House*** am Strand genügen, 3002 N Ocean Blvd, keine Reservierung; faire Preise für *Seafood*; www.seacaptains.com.

Auch die ***Shopping Center*** und ***Outlet Malls*** sind entlang der #17 unverfehlbar, speziell im Bereich zwischen Straße/Brücke #22 und nördlichem Ortsausgang. Für viele Läden gibt's *Discount Coupons*.

Unterhaltung

Neben Strand, Wassersport und *Shopping* sind in Myrtle Beach ***Show*** und ***Amusement*** angesagt. Neben dem in touristischen Zentren üblichen Vergnügungs- und Wasserrutschenparks, Minigolf, Aquarien und Horrorausstellungen (*Ripley's Believe it or not, Haunted Adventure* u.ä.) haben sich Show-Paläste etabliert, für die bereits anderswo erfolgreiche Programme »importiert« wurden, so

- die ***Carolina Opry*** am Straßendreieck #17 Bypass/#17 Business Hauptsaison: Mo-Sa 20 Uhr, sonst 19 Uhr, © 1-800-843-6779, www.carolinaopry.com
- ***Dixie Stampede*** gleich nebenan, © 1-800-433-4401, www.dixiestampede.com. (Näheres dazu auf Seite 268 -Pigeon Forge).

Kneipen und **Musiklokale** ballen sich am ***Celebrity Square*** (Broadway, Bereich Main Street zw. Straße #501)

Brookgreen Gardens

Eine **echte Attraktion**, deren Besuch man nicht auslassen sollte, bilden die ***Brookgreen Gardens***. Sie liegen gegenüber dem *Huntington Beach State Park* zwischen der #17 und dem Waccamaw River; täglich 9.30-17 Uhr, © 843/235-6000 & © 1-800-849-1931, www.brookgreen.org; Eintritt $12, bis 18 Jahre $10. Unter 13 frei.

Der Park wurde 1931 nach dem Vorbild englischer Landschaftsgärten des mittleren 18. Jahrhunderts vom Eisenbahnerben *Archer M. Huntington* und seiner Frau angelegt. Zwischen alten Bäumen, exotischen Pflanzen und Teichen stehen dort fast 600 Skulpturen im wesentlichen amerikanischer Künstler. Außerdem gibt es eine *Indoor Exhibition* mit weiteren Statuen und Objekten. Nebenbei ist *Brookgreen* auch ein **Botanischer Garten** für die Flora des *South Carolina Low Country* und verfügt über Tiergehege sowie ein Naturschutzgebiet für wildlebende Tiere. 45-min-Boottrips durch die ***Wild Life Preserve*** können extra gebucht werden: $7, Kinder bis 11 Jahre $4.

Jede Menge Skulpturen stehen in den Brookgreen Gardens, darunter auch viele skurrile Schöpfungen

3.3.2 Vom Grand Strand nach Charleston

Georgetown

Wieder auf dem Festland läuft die Straße #17 durch das Städtchen Georgetown. Da dort bereits ab 1526 für kurze Zeit Spanier gesiedelt hatten, nennt sich **Georgetown** gern »älteste Siedlung der USA« (heute ca. 9.000 Einwohner). Aber erst 1729 ließen sich Engländer dauerhaft dort nieder. Im Zentrum stehen noch *Antebellum*-Häuser, die von der Blüte der Stadt vor dem Bürgerkrieg zeugen. Zunächst hatten – schon in der Kolonialzeit – Indigoanbau und -handel Wohlstand gebracht; später sorgten dafür Reisproduktion und der Hafen.

Information

Historic District Visitor Center, Front/King Street, und ***Georgetown County Chamber of Commerce*** an der #17, 1001 Front St, ✆ 843/546-8436 oder ✆ 1-800-777-7705; www.seaportgeorgetown.com

Reis Museum

Ganz interessant ist ein Besuch im ***Rice Museum*** (Front/Screven Streets, Mo-Sa 10-16.30 Uhr, $5, bis 12 Jahre $2, ✆ 843/546-7423). Um 1840 kam aus der Gegend um Georgetown fast die Hälfte der amerikanischen Reisproduktion.

Plantations

Von Georgetown sind es noch etwa 70 mi bis Charleston. Am Wege liegen drei Plantagen:

- rund 13 mi südlich von Georgetown unweit der #17 die ***Hopsewee Plantation***, Hopsewee Road, März-Okt Di-Fr 10-16 Uhr, ✆ 843/546-7891, nur Grundstücks-/Gartenbesichtigung ohne Hausführung $5/Auto; Haustour $8/Person.

Hampton SHS

- die ***Hampton Plantation***, ein ***State Historic Site*** etwa 3 mi westlich der #17 (Rutledge Road in den *Francis Marion Nat'l Forest;* http://south-carolina-plantations.com). Die **eintrittsfreie Zufahrt** führte durch alten Eichbaumbestand voller *Spanish Moss*. Das Gebäude (1750) dieser ehemaligen Reisplantage steht mitten im Wald vor einer Rasenfläche. Beim Parkplatz finden sich schattige Picknicktische. Ähnlich dem ***Legare-Waring House*** im *Charles Towne Landing Park* (➪ Seite 366) bei Charleston bietet dieses Haus im Verhältnis zum moderaten Eintritt bzw. gratis kaum weniger als manche der teuren kommerziell vermarkteten *Mansions* in Privathand.

Der Park ist täglich ab 9 Uhr geöffnet bis ca. Dämmerung. Hausbesichtigung nur Do-Mo 13-16 Uhr, im Winter nur Sa-So 13-16 Uhr, © 843/546-9361, Eintritt $4, bis 16 Jahre $3.

Boone Hall

- die ***Boone Hall Plantation***, nur ca. 9 mi östlich von *Downtown* Charleston an der Long Point Road (ausgeschildert ab der #17 nordöstlich des Charleston-Vorortes Mount Pleasant).

Boone Hall ist dank seiner aktiven Pecannuss-Plantage keine reine Touristenattraktion. Das Haupthaus wurde nach alten Plänen erst 1935 errichtet und diente schon mehrfach als Kulisse für Südstaaten-Filme. Sehenswert sind vor allem die Außenanlagen mit einem formalen Garten und der spektakulären Eichenallee, die es glatt mit der berühmten *Oak Alley* bei New Orleans aufnehmen kann (➪ Seite 567, Fotos Seiten 172/3 & 368).

Geöffnet April bis *Labor Day* Mo-Sa 8.30-18.30 Uhr, So 13-16 Uhr, Winter Mo-Sa 9-17 Uhr, So ab 13 Uhr, © 843/884-4371, www.boonehallplantation.com. Eintritt $14,50, bis 12 Jahre $7.

Camping

Im *Francis Marion Nat'l Forest* gibt es mehrere Campingplätze, die meisten relativ weitab von der Hauptstraße. Nur der ***Buck Hall Campground***, ca. 20 mi nördlich von Charleston, liegt (fast) am Ende einer kurzen Stichstraße nahe an der #17 unweit des *Intracoastal Waterway*. Der Platz ist oft voll, aber zu reservieren über www.reserveamerica.com, ➪ Seite 136; $22/Nacht.

Mount Pleasant

Zu Mount Pleasant mit ***Patriot's Point*** und der vorgelagerten Sullivans Island mit dem ***Fort Moultrie*** ➪ Seite 369.

Hampton Plantation mitten im Francis Marion Nat'l Forest

3.3.3 Charleston

Kennzeichnung

Bereits im 18. und beginnenden 19. Jahrhundert galt Charleston als kulturelles Zentrum des Südens und zeitweise Nordamerikas.

Wie in einem zeitgenössischen Reisebericht von 1763 zu lesen ist, gab es schon damals »etwa 1100 Wohnhäuser großteils von auffälligem Äußeren und elegant möbliert«. Sie zeugten von der aufwendigen Lebensweise der englischen »*Carolina Lords*«, die später von der neureichen Oberschicht des US-Südens übernommen wurde. Restaurierung und Erhaltungsbemühungen der nach dem Bürgerkrieg verfallenen oder lange vernachlässigten Bausubstanz setzten erst im 20. Jahrhundert mit sichtlichem Erfolg ein (➪ Kasten folgende Seite). Charleston ist heute mit seinen gepflegten Wohnstraßen, schattigen Alleen, vielen Kirchtürmen und der historischen Altstadt bei (fast) Abwesenheit von Industrie- und Bürohochbauten die **attraktivste Mittelstadt der gesamten USA**.

Neben schönen Villen in beneidenswerten Lagen und geschichtlich bedeutsamen Sehenswürdigkeiten gibt es (mittlerweile) noch eine Reihe weiterer Anlaufpunkte, für deren Besuch sich eine Reise oder ein Umweg nach Charleston lohnt. Insbesondere sind das einige der Herrenhäuser auf altem Plantagenbesitz in der Umgebung, die musealen Kriegsschiffe am *Patriots Point* und das grandiose Aquarium. Ganz nebenbei verfügt Charleston im nahen Umfeld auch noch über lange Strände am Meer.

Charleston kann man auch tanzen

Bei uns ist *Charleston* vielleicht eher als Tanz bekannt als die Stadt, seit *Josephine Baker* 1925 mit ihrem Auftritt im Bananenröckchen das Berlin der Goldenen 20er-Jahre und damit ganz Europa in helle Aufregung versetzte: »Charleston, Charleston, alle Welt tanzt Charleston!« Die Melodie dazu stammt aus dem Broadwaymusical *Running Wild*. Den Tanz brachten aber wohl tatsächlich Hafenarbeiter aus Charleston mit nach New York, von wo aus das wilde Gezucke rund um die Welt ging; www.it-must-schwing.de/tanz.php#charleston.

Geschichte

Gründung

King Charles II. von England hatte 1663 das Land zwischen dem 36. und 31. nördlichen Breitengrad einigen Adeligen übereignet, die daraufhin zusammen mit dem Philosophen *John Locke* eine Art Verfassung für die neu zu etablierende Kolonie »Carolina« erarbeiteten und **1670** erste englische Siedler über den Atlantik schickten. Am Westufer des – von den Ankömmlingen nach einem ihrer »Herren« benannten – Ashley River gründeten sie eine Siedlung nahe der Anlegestelle *Albemarle Point*, der heute im *Charles Towne Landing Park* zu besichtigen ist, ➪ Seite 365.

Das Erbe bewahren

»A Charlestonian paints his door once in fifty years, but polishes the knocker every day« – glücklicherweise, denn hätten nach Ende des Bürgerkrieges die Bewohner mehr Wert auf weiße Wände gelegt und Geld zum Wiederaufbau gehabt, stünde von *Old Charleston* vermutlich nicht mehr viel. So verkamen zwar viele Gebäude über Jahrzehnte zusehends, blieben aber erhalten.

1920 konnte eine vermögende Dame namens ***Susan Pringle Frost*** die Misere nicht mehr mitansehen und beschloss, die Häuser entlang der Tradd Street renovieren zu lassen. Sie initiierte damit die Gründung der ***Preservation Society of Charleston***. Deren erste Großtat war die Bewahrung des *Joseph Manigault House* in der Meeting Street vor dem Abriss. Unterstützung erhielten die rührigen Damen ab 1947 durch die ***Historic Charleston Foundation***. Es wurden *»Historic Home Tours«* organisiert und das eingenommene Geld fortan reinvestiert für Ankauf und Restaurierung weiterer Häuser. Seit 1974 gelten – nach der Verabschiedung eines *Inventory and Historic Preservation Plan* im Stadtrat – strikte Auflagen bezüglich Instandhaltung, Nutzung und Weiterverkauf für alle historischen Gebäude; www.preservationsociety.org.

Zehn Jahre später verlegte man die Siedlung auf die Halbinsel zwischen den beiden Flüssen und nannte sie zu Ehren des Königs **Charles Towne**. Trotz anfänglicher Probleme mit den Indianern, mit Franzosen, Piraten und Epidemien wurde Charles Towne rasch zu einer der wichtigsten Städte in den britischen Kolonien.

Entwicklung

Gegen Ende des 17. Jahrhunderts schuf der Arzt *Dr. Henry Woodward* mit einem Reisimport aus Madagaskar die Grundlage für den späteren Reichtum der Stadt und – dank des sumpfigen Hinterlandes – die Entstehung der sog. **»Reisküste«**. Baumwolle und Indigo wurden in der 1. Hälfte des 18. Jahrhunderts zu weiteren Hauptstützen der frühen Wirtschaft. Der blaue Farbstoff **Indigo** war um 1730 erstmals nach Charles Towne gelangt, und South Carolina erhielt dafür das Handelsmonopol. Ab 1748 brachten Schiffe aus Charles Towne außerdem regelmäßig in den Carolinas geerntete **Baumwolle** ins Mutterland.

Charles Towne wuchs dadurch in den Jahren bis zur Revolution zur fünftgrößten Stadt Amerikas mit dem sechsfachen Pro-Kopf-Einkommen von New York und höherem Güterexport als jede andere Kolonialstadt.

Unabhängigkeit

Als im Laufe des fortschreitenden 18. Jahrhunderts der Ruf nach Unabhängigkeit vom britischen Mutterland immer lauter wurde, spielten die Bürger von Charles Towne zwar keine führende Rolle in der Unabhängigkeitsbewegung, waren aber dennoch wegen der strategischen Bedeutung der Stadt Angriffen durch englische Truppen und Schiffe ausgesetzt. Dies führte letztlich zur britischen Besetzung von 1780 bis 1782.

Nach dem Abzug der Engländer wurde Charles Towne 1783 zu **Charleston** und South Carolina zunächst zu einem Territorium der jungen USA, 1788 Bundesstaat der Union.

Bürgerkrieg und Folgen

Seinen historisch größten und zugleich umstrittensten Auftritt hatte Charleston zwischen 1860 und 1861. Am 20.12.1860 unterzeichneten Politiker aus South Carolina in Charleston die ***Ordinance of Secession*** und damit die Loslösung von den USA; kurz darauf folgten die anderen Südstaaten. Die Beschießung und Eroberung der von Unionstruppen gehaltenen Festung ***Fort Sumter*** im Mündungsdelta der beiden Charleston umschließenden Flüsse löste am 12.4.1861 den Bürgerkrieg zwischen Nord- und Südstaaten aus. Er fand 1865 u.a. mit Bombardierung, Eroberung und teilweiser Zerstörung auch von Charleston sein unerfreuliches Ende.

Ein weiterer schwerer Verlust traf Charleston mit der Niederlage der Konföderation endgültig: Der vor dem Bürgerkrieg florierende Sklavenmarkt, größter der USA, hatte aufgehört zu existieren. Charleston wurde über Dekaden bedeutungslos.

20. Jahrhundert

Vielleicht zum Glück fehlte daher nach dem Bürgerkrieg das Geld, die beschädigten Gebäude abzureißen bzw. zu erneuern (⇨ Essay »Das Erbe bewahren«). Erst nach dem Ersten Weltkrieg begann man ernsthaft mit Wiederaufbau und Restaurierung. Private Initiativen sorgten dafür, dass in der *Old Town* das frühere Stadtbild Charlestons weitgehend erhalten blieb bzw. wiederhergestellt wurde. Der Bau von Hochhäusern unterblieb (fast) ganz, was die touristische Attraktivität Charlestons weiter erhöhte. Vor allem deshalb entwickelte sich Charleston zu einem der Top-Touristenziele des *Old South*.

Der **Tourismus** und das **Militär** – seit dem 2. Weltkrieg okkupiert ein riesiger US-Marinestützpunkt mit Werft die nördlichen Ufer des Cooper River und eine *Air Force* Basis grenzt an den Zivilflughafen – sind für Charleston die **Hauptwirtschaftsfaktoren**.

Orientierung und praktische Informationen

Charleston heute

Charleston ist heute eine 95.000-Einwohner-Stadt mit einem weiträumig dicht besiedelten Umfeld, was den Eindruck einer mindestens dreimal so großen Stadt vermittelt. Tatsächlich hat allein die Vorstadt Mount Pleasant 30.000 Einwohner, und North Charleston, das sich entlang der I-26 meilenweit Richtung Norden erstreckt, zählt eine Bevölkerung von über 70.000.

Anfahrt, Besucherinformation und Transport

Anfahrt

Das **zentrale Charleston** liegt auf einer langen, von Ashley und Cooper River gebildeten Halbinsel. Die gemeinsame Mündung beider Flüsse bildet eine große geschützte Bucht, den *Charleston Harbor*. Die im Raum Charleston als Autobahn ausgebaute Straße #17 (***Crosstown Expressway***) überquert Ashley und Cooper River und läuft mitten durch die Stadt. Sie markiert ungefähr die Trennlinie zwischen der engeren City of Charleston und weiter nördlichen (großenteils beachtlichen) Wohnvierteln. Ins Zentrum gelangt man am besten über diese Straße oder über die *Interstate* #26 (von Nordwesten), die in den *Crosstown Expressway* mündet.

3

Meeting Street, Hauptstraße durch Charleston mit für die ganze Altstadt typischen Fassaden

Altstadt

Haupteinfallstraßen für *Downtown* sind **Meeting** und **King Street**, die bis an die *Battery* (➪ Seite 361) an der Spitze der Halbinsel führen. Die historische **Altstadt** liegt **südlich der Calhoun Street**, etwa auf halber Strecke zwischen *Crosstown Expressway* und der Südspitze der Charleston *Peninsula.*

Parken/ Transport

Parkplätze und Tiefgaragen sind über den gesamten Stadtkern verteilt. Außerdem gibt es viele – wiewohl zeitlich limitierte – Parkuhren. Für Besucher leicht zu finden und erreichbar ist der große **Parkplatz am *Charleston Visitor Center*** mit ***Shuttleservice*** in die Altstadt. Der ***Downtown Area Shuttle*** (***DASH***; eine Fahrt $1, Tageskarte $3, 3 Tage $7) bedient von 8 Uhr bis 23 Uhr fünf verschiedene Innenstadtrouten; Routenplan und Abfahrtzeiten im Besucherzentrum. Wer ein Tagesticket kauft, erhält auf die Parktarife am *Visitor Center* auch noch Rabbatt.

Vororte/ Umfeld

Neben dem zentralen Bereich sind in/bei Charleston noch von Interesse der nordöstliche **Vorort Mount Pleasant** (mit dem Flugzeugträger-Museum ***Patriots Point*** unweit der Straße #17) und die vorgelagerten Strandinseln ***Sullivans*** (dort auch das alte ***Fort Moultrie***) und *Isle of Palms.* Nordwestlich liegen in West Ashley der ***Charles Towne Landing State Historic Site*** und noch weiter westlich an der Ashley River Road/#61, wie Perlen an einer Kette, gleich drei der bekanntesten ***Plantations*** von South Carolina.

Information

Das ***Charleston Visitor Center*** in einem restaurierten Lagerhaus am Rand der Altstadt ist die beste erste Anlaufstation: 375 Meeting Street, täglich 8.30-17 Uhr, ✆ 843/853-8000 oder ✆ 1-800-868-8118 und ✆ 1-800-774-0006. Dort gibt es die sehr hilfreiche Karte ***»Historic Charleston«*** ($5) und – wie üblich – Gratiskarten, Broschüren und Werbeflyer in Hülle und Fülle für das ganze touristische Angebot der Stadt, außerdem den sehenswerten **Film *Forever Charleston*** (dauert 36 min, beginnt alle 45 min, $3).

Internet

Die offizielle Website www.charlestoncvb.com ist mühsam zu bedienen und macht keine große Freude. Hilfreicher sind:

- www.discovercharleston.com
- www.charleston.com, kommerzielle Seite mit aktuellen Angeboten und ebenfalls vielen Infos
- www.charlestonarea.com, auch kommerziell,aber gute Links

Heritage Passport

Im ***Visitor Center*** gibt es den ***Heritage Pass***, ein Kombiticket für die wichtigsten historischen Häuser samt Kunstmuseum und zwei Plantagen in der Umgebung, für $35, bis 12 Jahre $25. Wer das Ticket voll nutzt, spart immerhin ca. 40%. Der Preis zeigt, wie teuer die Einzeleintrittspreise sind, so dass eine bewusste Auswahl auch unter ökonomischem Aspekt angezeigt ist. Damit sich der Kauf lohnt, muss man im übrigen mindestens fünf der sechs darin enthaltenen Häuser wirklich besuchen wollen.

Walking Tours

Charlestons Altstadt kann und sollte man weitgehend zu Fuß erkunden. Wer mehr wissen möchte, als aus diesem Buch und Broschüren des *Visitor Center* zu entnehmen ist und gut Englisch spricht, könnte geführte ***Walking Tours*** buchen (je 2-3 Stunden):

- ***Charleston Strolls*** starten Mo-Sa am *Charleston Place Hotel* um 9.30 Uhr und an weiteren Hotels in Abständen, ✆ 843/766-7080, $17, unter 13 Jahre frei; www.charlestonstrolls.com.
- ***Architectural Walking Tours of Charleston***, Reservierung unter ✆ 1-800-931-7761, starten Mi-Mo 10 Uhr und 14 Uhr am *Meeting Street Inn* (#173) und kosten $16, Kinder bis 12 frei.

Bike Rental

Eine gute Idee in Charleston ist, sich ein Fahrrad zu mieten, da die Entfernungen nicht ganz gering sind und sich im übrigen der Aktionsradius mit Fahrrad merklich erhöht. Bikeverleih z.B. im ***Bicycle Shoppe***, 280 Meeting Street, ab $5/Stunde, ab $20/Tag.

Unterkunft & Camping

Situation

In einer Touristenstadt wie Charleston gibt es naturgemäß eine hohe Bettenkapazität. Das gilt sowohl für die *Old Town* als auch für das Umfeld entlang der Hauptzufahrtstraßen und der I-26. Faustregel ist: je näher am historischen Zentrum, umso teurer.

St. Michael's Church

Man tut hier gut daran, Wochenenden und Ferienzeiten zu vermeiden. So hoch die Tarife dann teilweise sind, so sehr purzeln sie bei freier Kapazität. Beachtliche Sonderangebote gibt es in der Nebensaison ab Oktober bis April. Im ***Visitor Center*** bedient eine **Zimmervermittlung** ausschließlich aktuelle kurzfristige Nachfragen und kann damit *last-minute*-Tarife realisieren. Sollte man ausgerechnet in einer stark gebuchten Situation ohne Reservierung in die Stadt kommen, macht es mehr Sinn, dort vorzusprechen, als selber zu suchen.

Wer im **Internet** selbst vorbuchen möchte, kann zwecks Entscheidungshilfe auch gut auf die genannten Internetadressen unter »Information« zurückgreifen.

City Hotels

In Charleston mitten in der Stadt zu wohnen, hat den Vorzug, abends zu Fuß unterwegs sein zu können, was nur in wenigen Städten der USA sonst möglich oder angezeigt ist. In guter Lage sind außerhalb stark gebuchter Perioden und/oder Wochenenden noch halbwegs erschwinglich:

- ***Days Inn Historic District***, 155 Meeting, ✆ 843/722-8411, $74-$200; großer Motelkomplex mittendrin.
- ***Meeting Street Inn***, 173 Meeting, ✆ 1-800-842-8022, ab $100; kleines Nostalgie-Hotel; www.meetingstreetinn.com
- ***Indigo Inn***, 1 Maiden Lane, ✆ 1-800-845-7639, ab ca. $100; noch ein kleines Nostalgie-Hotel; www.indigoinn.com.
- ***The Francis Marion Hotel***, 387 King Street, ✆ 843/722-0600, ab $119 AAA zu definierten Perioden; Oberklasse-Nostalgie, www.francismarioncharleston.com

Hostels

Definitiv die preiswertesten Übernachtungen bietet das *Notso Hostel* in der nördlichen Ecke von Downtown:

- ***Notso Hostel***, 156 Spring, ✆ 843/722-8383, www.notsohostel.com; $15-$19/Bett, private Räume ab $30. Mehrere schöne alte Häuser wurden hier zum *Hostel* kombiniert. Tarife inkl. Frühstück. Wer sein Zelt dabei hat: $9 Tagestarif im Garten.

Bed & Breakfast

In kaum einer anderen Stadt und Umgebung gibt es derartig viele ***B&Bs*** und ***Historic Inns***. Wie immer sind dafür die Tarife hoch (ab ca. $100 im günstigsten Fall, $250 Fr+Sa in der Hauptsaison im Frühling/Herbst für bessere Quartiere durchaus keine Ausnahme). Eine Liste (fast) aller ***B&Bs*** der Stadt hat man im *Visitor Center*. Ein paar Tipps für Direktbuchung:

- ***Victoria House Inn***, 208 King St, ✆ 1-800-933-5464, ab ca. $120, WLAN inklusive, ein kleines 18 Zimmer Haus Höhe Market Street, www.thevictoriahouseinn.com
- ***Planters Inn***, 112 N Meeting, ✆ 1-800-845-7082, der absolute Nostalgie-Luxus für die etwas größere Brieftasche, ab ca. $180, www.plantersinn.com
- ***Vendue Inn***, 19 Vendue/East Bay, ✆ 1-800-630-2388, ab $140, prima Lage mit Dachterrasse und Blick über Stadt und Cooper River; Wein und Käsehappen im Tarif enthalten

- ***Palmer Home B&B***, 4 East Battery, © 1-888-723-1574, ab $165, aber dafür eines der besten Häuser in Charleston mit freiem Blick über Garten und Wasser, Pool; Tarif inkl. Wein und Käsehäppchen am Nachmittag, www.palmerhomebb.com
- ***Palmer Pickney Inn at the Market B&B***, 19 Pinckney St ein Block vom ***City Market***, © 1-866-722-1733, ab $110; nur 5 Zimmer mittendrin; *Full Breakfast* +$5 im *Palmer Home*
- ***Inn at Middleton Place***, 4300 Ashley River Road 14 mi nordwestlich Straße #61, © 843/556-6020 bzw. © 1-800-543-4774, ein separates modernes Hotel auf dem Gelände der *Plantation*. Ganz anders als all die nostalgischen, teilweise zu kitschigen *B&Bs* in Charleston und anderswo. Architektonisch eher europäisch, Räume mit hohen Fenstern und Blick auf Wald und/oder Ashley River, alle mit Kamin und groß, stilistisch stimmige Einrichtung. Am besten die ***Grand Rooms*** ab $215, sonst ab $160. Der Tarif schließt neben Frühstück Nachmittagsrezeption (Wein, Snacks), Eintritt für die *Plantation* und Kayakfahren auf dem Ashley River ein. Dadurch relativieren sich die Kosten. Helles voll verglastes Restaurant im Park. Dazu **Wellnessangebot** und Möglichkeit zu Ausritten.

  Eines der besten Preis-/Leistungsverhältnisse in/bei Charleston und damit Empfehlung für alle, die sich ab und zu etwas gönnen möchten. Entscheidungshilfe unter www.middletonplace.org.

B&B Zentralen

Auf Charleston spezialisierte **Internet-Vermittlungen** gibt's auch eine ganze Reihe, z.B.

- www.charminginns.com
- www.historiccharlestonbedandbreakfast.com
- www.celebratecharleston.com

H/Motels im Umfeld

Preiswertere Motels und Hotels stehen überwiegend im Westen der Stadt (Straße #17/Savannah Highway), in North Charleston (entlang der I-26 bzw. I-526 im Airport-Bereich sowie Ausfahrten #208 und #2098) und in Mount Pleasant an der #17, z.B.:

- ***Best Western Sweetgras Inn***, 1540 Savannah Hwy/#17 South, © 843/571-6100, die gute Mittelklasse ab $79
- ***Holiday Inn Express***, 1943 Savannah Hwy/#17 S, © 843/402-8300, modernes Haus ab $59 AAA
- ***Sleep Inn Charleston North***, Ashley Phosphate Road, I-26, *Exit* 209, © 843/572-8400, Standard Hotel ab $59
- ***Redroof Inn***, 7480 Northwoods Blvd, I-26 *Exit* 209, © 843/572-9100, untere Mittelklasse, üblicher *Redroof*-Standard ab $49; ein weiteres *Redroof Inn* befindet sich in Mount Pleasant
- ***Shem Creek Inn***, 1401 Shrimp Boat Lane in Mount Pleasant, von der #17 auf die #703 ca. 2 mi; © 843/881-1000 & © 1-800-845-7639, kleines Hotel in prima Lage am Yachthafen ab $79, www.shemcreekinn.com

Camping

Die für Übernachtungen in/bei Charleston in Frage kommenden Campingplätze liegen recht weit weg vom Zentrum:

Zeltcamping auf dem KOA-Platz am Cooper River mit schattigem Picknicktisch und Grill am Wasser

- ***James Island County Park Campground***, gut angelegt in schöner Lage, Einfahrt am Riverland Drive 7 mi von *Downtown* entfernt, Anfahrt via Brücke/Straße #30 nach Süden auf Folly Road (#171), dann Camp Road wieder nördlich zum Riverland Drive, © 843/795-7275, ab $23. Von dort *Shuttle Bus* nach *Downtown* und *Folly Beach*. Alle Einrichtungen des Parks sind nutzbar.
- ***KOA Mt. Pleasant*** jenseits des Cooper River an der #17, ca. 5 mi östlich der I-526, © 843/849-5177, ab $21; sehr gut für Zelte.
- der kleine Campingplatz im weitläufigen ***Givhans Ferry State Park***, gut 20 mi westlich von Charleston (Straße #61 vorbei an drei der bekanntesten *Plantations*, ➪ unten) in wunderbarer Lage am Edisto River, © 843/873-0692, Reservierung ➪ Seite 135, keine Duschen, aber *Hook-up* Wasser+Strom; $12.

Leibliches Wohl und Unterhaltung

Essen & Trinken

In Charleston gibt es jede Menge ***Eateries***, seien es Stände mit Snacks an Brennpunkten der Touristik oder *Fast Food* (z.B. im *City Market* in der östlichen Altstadt) und »richtige« Restaurants aller Kategorien. Empfehlenswert sind z.B.

- ***Original Charleston Crab House***, 31 S Market Street, © 843/853-2900, und 145 Wappoo Creek Drive in James Island am Wasser, Anfahrt via #17/#171/#700, © 843/795-1963, Krabben und Muschelfleisch in jeder Zubereitung. Moderate Preise, www.charlestoncrabhouse.com
- ***Hyman's Seafood Company***, 215 Meeting, täglich 11-23 Uhr, preiswerte frische Fischgerichte, sehr populär, oft Wartezeiten, keine Reservierung möglich
- ***Bubba Gump Shrimp Company***, 99 S Market Street, © 843/723-5665, darf auch in Charleston nicht fehlen. Filiale der bekannten Südstaatenkette für Krabben, Hummer, Ribs und mehr; eine bessere *Fast Food*-Angelegenheit, nicht teuer, www.bubbagump.com

- ***Sticky Fingers***, 235 Meeting, © 843/853-7427, *Ribs* und *Barbecue* für den großen Appetit auf Gegrilltes, mittlere Preise
- ***Barbadoes Room*** im *Mills House Hotel*, 115 Meeting, © 843/577-2400, elegantes Restaurant mit Spezialitäten des *South Carolina Low Country*, schöner Innenhof, höhere Preise
- ***Southend Brewery***, 161E Bay/Vendue St, frisch gebrautes Bier, Pizza und amerikanische Küche, © 843/853-7427, nicht billig, www.southendbrewery.com
- ***O'Reilly's Irish Pub & Seafood***, 288 King St, © 843/577-0406, hat über 15 Biersorten im Anstich einschließlich Guiness, *happy-hour Appetizer* und auch eine gute *Seafood*-Karte

Musik

Live Musik gibt's täglich am Abend im Innenhof des ***Portside Café***, 462 Ann Street, © 843/722-0409, Südstaatenküche

Veranstaltungen

Ein großer *Event* ist das Ende Mai/Anfang Juni stattfindende ***Spoleto Festival*** (© 843/722-2764, www.spoletousa.org). Das mittelalterliche Landstädtchen Spoleto in Italien und Charleston veranstalten in gegenseitigem Austausch (in Italien »*Two Worlds Festival*«) ein Musik-, Tanz-, Theater-, kurz, ein Kulturfest mit Konzerten, Lesungen und Aufführungen in der Altstadt.

Weitere Veranstaltungen sind u.a. das ***Festival of Houses & Gardens*** (März/April) und die ***Fall House & Garden Candlelight Tour*** (Ende September/Oktober), wenn sonst nicht öffentlich zugängliche Privatvillen ihre Türen für Besucher öffnen.

Shopping

Shopping wird natürlich auch in Charleston großgeschrieben. Speziell auf den Laufstrecken des Tourismus King und Meeting Streets gibt es jede Menge Läden. Der *Shopping District* an sich in der Altstadt ist indessen der ***Old City Market*** mit Ständen und Läden für alles und jedes in der Market Street östlich Meeting.

Das größte *Shopping Center* der Stadt ist die ***Northwood Mall*** in North Charleston an der I-26, *Exits* 208 & 209, mit 130 Läden

Filiale von Bubba Gump, Sea Food-Kette mit Openair Terrasse in Charleston

Stadtbesichtigung

Rundgang

Ein möglicher **Ausgangspunkt** für einen Stadtrundgang (2-3 Std, Besichtigungen nicht eingerechnet) ist – wie gesagt – das ***Visitor Center*** an der Meeting Street. Die Reihenfolge der beschriebenen Sehenswürdigkeiten entspricht einer sinnvollen Anordnung im Rahmen eines »konventionellen« Rundgangs. Der Kilometer zwischen dem *Visitor Center* und zentraler Altstadt mit der größten Dichte an Sehenswürdigkeiten kann gut mit dem *Dash-Shuttle* überbrückt werden. Das ist möglicherweise preiswerter ($1/Person) als die hohen Parkgebühren weiter südlich zu bezahlen.

Charleston Museum

Gleich gegenüber dem *Visitor Center* lohnt zunächst ein Blick ins ***Charleston Museum*** (360 Meeting St, Mo-Sa 9-17 Uhr, So ab 13 Uhr, Eintritt $10, bis 12 Jahre $4, auch Kombitickets mit *Manigault* und *Heyward-Washington House*, www.charlestonmuseum.org, © 843/722-2996). Im ältesten Museum der USA (1773) sind Geschichte, Kultur und Natur der Region thematisiert.

Manigault House

Organisatorisch verbunden mit dem Museum ist das ***Joseph Manigault Mansion*** von 1803 (350 Meeting St, Mo-Sa 10-17 Uhr, So ab 13 Uhr, © 843/723-2926, $9, bis 12 Jahre $4). Der dreistöckige Ziegelbau eines der seinerzeit reichsten Männer Charlestons verfügt über eine zweistöckige ***Piazza***, andernorts *Porch* oder Terrasse genannt. Bis zu drei Meter breit reichen solche Veranden in vielen Fällen über alle Hauptetagen des Hauses und dienen der Ventilation und dem Sonnenschutz. Sie sind eine ausgeprägte Besonderheit der in Charleston zu findenden Architektur.

Aiken-Rhett House

Ein kurzer Abstecher nach Osten in die Elizabeth Street führt zum ***Aiken-Rhett House*** (#48, Mo-Sa 10-17, So ab 14 Uhr, Eintritt $10, Kombiticket mit *Nathaniel Russell House* möglich ($16), © 843/723-1159), einem der besterhaltenen und original ausgestatteten Antebellumhäuser der Südstaaten. 1817 erbaut und im Laufe der Zeit mehrfach umgestaltet, diente es im Bürgerkrieg als Hauptquartier der um Charleston stationierten Truppen und später Gouverneur *William Aiken* als Wohnsitz. Nur in diesem Haus sind auch noch frühere **Sklavenquartiere** zu besichtigen, sonst im allgemeinen so gut wie kein Thema mehr in dieser ehemaligen Sklavenhochburg, www.historiccharleston.org/experience/arh.

City Market Bereich

Am Rande der Altstadt, etwas über 1 km die Meeting Street hinunter nach Süden stößt man auf den ***Old City Market*** (doppelte Straßenführung mit breitem Trennstreifen, auf dem sich der Markt nach Osten erstreckt) mit der tempelartigen ***Market Hall*** an der Meeting Street.

Charleston individuell

Eine **Alternative** zur Besichtigung per Rundgang, wie hier vorgeschlagen oder aus Unterlagen des Besucherzentrums zu entnehmen, wäre der Verzicht auf die strukturierte Form. Ein mehrstündiger Bummel, während dessen man sich – nur mit dem Stadtplan in der Hand – einfach von Neugier und den an jeder Ecke sich neu bietenden Eindrücken treiben lässt, kann durchaus ebenso ergiebig sein. Wer im Bereich des ***City Market*** oder am ***Waterfront Park*** startet und sich die südöstlichen Straßenzüge »vornimmt«, wird wenig verkehrt machen. Denn den größten Teil der hier herausgehobenen Anlaufpunkte passiert man fast automatisch. Ob man so, halb oder ganz zielgerichtet unterwegs ist: Es macht durchaus Sinn, die historisch interessanten Gebäude zunächst einmal nur von außen auf sich wirken zu lassen und erst nach einer Ruhepause und einem zusätzlichen informativen Blick ins Buch zu überlegen, wo sich die Investition fürs oft hohe Eintrittsgeld aus persönlichem Blickwinkel besonders lohnen könnte. Leider lassen sich generell gültige Vorschläge im Sinne von »dies unbedingt, jenes eher nachrangig« für die hier vorgestellte, bereits komprimierte Auswahl nur schwer machen. Zu unterschiedlich sind persönliche Präferenzen und Interessen.

Speziell für Charleston kann man zudem sagen: Selbst bei einem kompletten Verzicht auf Museumsbesuche und/oder Gebäudeführungen bietet diese Stadt – per pedes oder Rundfahrt mit Fahrrad (Bikeverleih ➪ oben) erkundet – schon eine ganze Menge fürs Auge. Bei knapper Zeit dürfte es manchen Besucher geben, dem das oder nur eine punktuelle Besichtigung ausreicht, zumal dadurch Zeit (und Geld) etwa fürs Aquarium, für den Bootstrip nach *Fort Sumter*, einen Abstecher zu einer der *Plantations* und/oder nach Mount Pleasant zum *Patriots Point* gewonnen wird, ➪ Seiten 363ff.

In Charleston war einst selbst die Zollbehörde fürstlich in einem Palast untergebracht

Vom *City Market* geht es entlang der Meeting Street in den Kern der Altstadt. Ein kleiner Umweg führt zum ältesten öffentlichen Gebäude der Stadt, dem ***Old Powder Magazin*** von 1713, 79 Cumberland Street, Mo-Sa 10-17 Uhr, So ab 14 Uhr, Spende). Während des Unabhängigkeitskrieges diente es als Munitionsdepot und beherbergt heute ein kleines historisches Museum.

Kunstmuseum

Wieder an der Meeting Street befindet sich zwischen Cumberland und Queen Streets das ***Gibbes Museum of Art*** (135 Meeting St, Di-Sa 10-17 Uhr, So ab 13 Uhr, © 843/722-2706, Eintritt $7, bis 18 Jahre $3), mit einer der bedeutendsten Sammlungen amerikanischer Gemälde im Südosten. Beachtlich sind Miniaturräume, die real existierende Räumlichkeiten filigran nachbilden, und über 300 Miniaturporträts, außerdem wertvolle japanische Drucke.

Dem Museum gegenüber steht die ***Circular Congregational Church*** (1806) mit einem kleinen Friedhof.

Hibernian Hall

Nicht zu übersehen ist auf Höhe Chalmers Street die ***Hibernian Hall*** (1839/40) mit einer zweistöckigen dorischen Säulenhalle.

Fireproof Building

Das ***Fireproof Building*** (100 Meeting), Sitz der *South Carolina Historical Society* ist ein nüchtern-klassizistischer Bau. Er diente als Archiv für wertvolle Dokumente und Akten; daher umgibt ihn ein Park als zusätzlicher Brandschutz.

Four Corners of Law

Die Kreuzung Meeting/Broad Street markiert mit vier Gebäuden den Mittelpunkt des alten Charleston und die sog. ***Four Corners of Law***, nämlich Stadtrecht, Staatsrecht und Bundesrecht, außerdem die Religion als vierte regelnde Instanz. Von Norden kommend sieht man zunächst rechterhand das ***Charleston County Courthouse***. Gegenüber, neben dem Washington Park, liegt die ***City Hall***, ursprünglich errichtet als *The First Bank of the United States* 1801, aber1818 zum Rathaus umfunktioniert. Bundesrecht wird gesprochen im Gebäude des ***US Courthouse*** & ***Post Office***.

Unübersehbar ist die zweitälteste Kirche der Stadt ***St. Michael's Episcopal Church*** (1752-61). Die Uhr im 57 m hohen Turm wurde 1764 angefertigt und funktioniert noch immer einwandfrei.

Nathanial Russell House

Noch eineinhalb Blocks weiter südlich steht das ***Nathaniel Russell House*** (51 Meeting St, Mo-Sa 10-17 Uhr, So ab 14 Uhr, ✆ 843/724-8481, Eintritt $10), ein äußerlich schlichtes Ziegelgebäude mit einem großen Garten, aber voller Luxus und Eleganz im Inneren. Als Prachtstück gilt die freitragende Treppe vom Erdgeschoss nach oben. Alle Räume sind licht und vorwiegend oval geformt.

Villenviertel

Ein Bummel durch die Tradd Street und Nebenstraßen bis zum westlichen Ende und zurück via Battery und/oder Murray Blvd in der südlichen Ecke der Halbinsel führt vorbei an vielen wunderbar restaurierten Wohnhäusern aus der Blütezeit der Stadt vor dem Bürgerkrieg, aber auch an zahlreichen neueren **Prachtvillen** im alten Südstaatenstil insbesondere entlang der Uferlinie. Dieser Bereich gilt als beste Wohnadresse der Stadt. Daher sind dort kaum Häuser zu besichtigen.

Calhoun Mansion

Nachdem es Mitte 2004 für $14 Mio. inkl. Mobiliar den Eigentümer wechselte, ist auch unklar, ob das ***Calhoun Mansion*** in der 16 Meeting Street irgendwann wieder von innen besichtigt werden kann. Ende des 19. Jahrhunderts wurde diese Villa mit einer Wohnfläche von über 2000 m^2, darunter ein 15 m hoher Ballsaal mit Glasdach und ein 25 m hohes überkuppeltes Treppenhaus, für einen Bankier errichtet und vor kurzem aufwändig restauriert.

The Battery

An der Südspitze Charlestons befindet sich der schlichte schattige Park ***White Point Gardens***. Diese Ecke am Zusammenfluss von Ashley und Cooper River nennt sich ***The Battery***, ein beliebter Treffpunkt am Nachmittag und frühen Abend. Rund um die *Battery* läuft nach Westen (Murray Blvd am Ashley River) und hoch

Promenade für Biker und Jogger am Murray Boulevard, der im Südwesten der Halbinsel die Stadt gegen den Ashley River abschließt

3

nach Osten (East Battery und weiter) eine Promenade am Wasser entlang. **Bemerkenswerte Villen** stehen auch an der East Battery und East Bay dicht an dicht.

Als weiteres *Highlight* gilt hier das ***Edmondston-Alston House***, ein dreistöckiges *Upper-Class*-Wohnhaus (21 East Battery, Di-Sa 10-16.30 Uhr, So+Mo ab 13.30 Uhr, © 843/722-7171, Eintritt $10; Kombiticket mit *Middleton Place* möglich, ➪ *Bed & Breakfast* Empfehlungen und weiter unten). Aber auch die Nachbarvillen bis zum Park sind rechte Schmuckstücke.

Heyward-Washington House

Über die Atlantic oder Water Street gelangt man in die Church Street. In diesem Bereich fallen die dörflichen Anfänge Charlestons noch ins Auge. Das ***Heyward Washington House*** in der 87 Church Street ist ein weiteres Gebäude, dessen Innenleben zur Besichtigung offensteht (Mo-Sa 10-17 Uhr, So ab 13 Uhr, © 843/722-0354, $8, bis 12 Jahre $4). Es wurde immerhin schon 1772 errichtet und sah einst *George Washington* als Gast.

Cabbage Row

Nebenan steht das Wohnhaus von *Du Boise Heyward*, Autor des Romans *»Porgy«*, das *George Gershwin* als Vorlage für seine Oper *»**Porgy and Bess**«* diente. Der anschließende, früher heruntergekommene, nur von Schwarzen bewohnte Gebäudekomplex, die ***Cabbage Row*** (89 bis 91 Church Street) ist in *Heywards* Roman bzw. in der Oper die *Catfish Row*.

An der Ecke Church/Queen Streets stößt man auf die ***French Protestant (Huguenot) Church***, eine der größten Hugenotten-Kirchen der USA. Gegenüber befindet sich das heutige ***Dock Street Theater*** (135 Church, Mo-Fr 10-16 Uhr eintrittsfreie Besichtigung) dort, wo im Februar 1736 das erste Theater Nordamerikas eröffnete, www.cr.nps.gov/NR/travel/charleston/doc.htm.

Waterfront Park

Wendet man sich auf der Queen Street nach Osten, sind es von der Ecke Church Street rund 500 m bis zum ***Waterfront Park***, wo man sich unter schattigen Bäumen oder auf der *Fishing Pier* (mit *Fast Food*) auf Schaukelbänken bei einer frischen Brise von Pflastertreterei und Besichtigungsstress erholen kann.

Old Exchange

Wem nach einer Pause der Sinn nach Fortsetzung der Besichtigungstour steht, geht vom *Waterfront Park* die paar Schritte hinüber zur East Bay Street/Ecke Broad Street. Dort steht ***The Old Exchange and Provost Dungeon*** (122 East Bay, täglich 9-17 Uhr, www.oldexchange.com, Eintritt $8, bis 12 Jahre $4), wo 1774 die Wahl der Abgeordneten South Carolinas für den ersten *Continental Congress* und 1787 die Ratifizierung der US-Verfassung stattfand. Daher gilt *The Old Exchange* als eines der historisch wichtigsten Gebäude der USA. ***Provost Dungeon***, einst nur ein Warenlager unter dem *Exchange Building*, diente den Engländern während der Revolution als Gefangenenverließ.

Rainbow Row

An der East Bay Street (#83-#107) befindet sich auch die vielfotografierte ***Rainbow Row***: 14 alte Häuser (ab 1740) markieren mit – heute pastellfarbigen – bunten Fassaden den Verlauf der ***Waterfront*** im 18. Jahrhunderts.

Seeotterbecken im Charleston Aquarium

Aquarium, Fort Sumter, H.L. Hunley und Charles Towne Landing

Liberty Square

Erst vor wenigen Jahren setzte man den bombastischen Kubus des ***South Carolina Aquarium*** direkt ans Ufer des Cooper River (Höhe Calhoun Street, über sie auch die einfachste Anfahrt). Rund um den grünen immer fahnengeschmückten **Liberty Square** an der Concord Street gibt es dort neben dem Aquarium noch ein ***IMAX-Theater***, den Anleger des *National Park Service* für die **Boote zum *Fort Sumter*** samt **Museum** und eine Bootsmarina.

Im Gebäude des IMAX Kinos empfiehlt sich die ***Just Fresh Bakery & Café*** (leichte Snacks, Salate, erträgliche Preise) mit legerem Ambiente, Sonnenterrasse, Sofa-Leseecke und Internetplätzen.

An der Calhoun Street steht 100 m entfernt vom Liberty Square ein riesiges **Parkhaus** mit moderaten Tarifen; man kann auch in den Straßen parken, aber nur an zeitlimitierten Parkuhren.

Aquarium

Das ***South Carolina Aquarium*** ist nicht nur architektonisch und wegen seiner Größe beeindruckend, sondern auch sein Innenleben stellt viele ältere Aquarien in den Schatten. Kernstück ist ein 1200 m^3-Tank voller ozeanischer Meerestiere. Die Präsentation beschränkt sich nicht auf Wasserlebewesen, sondern in nachgebildeten Kleinlebensräumen wird die ganze Fauna (mit Flora) zwischen Blue Ridge Mountains und der Küste gezeigt unter Betonung der Sümpfe und Salzmarschen des *Carolina Low Country*. Täglich 9-20 Uhr im Hochsommer, sonst bis 17 Uhr, ✆ 843/720-1990, www.scaquarium.org. Eintritt $15, bis 11 Jahre $8.

Im **IMAX Theater** nebenan gibt es die üblichen Filme auf Großbildleinwand, $9/$8; Kombitickets mit Aquarium $23/$15.

Fort Sumter National Monument: Überfahrt

Der ***National Park Service*** hat beim Liberty Square ein ***Visitor Education Center***, faktisch ein Museum, samt Anleger für die **Boote zum *Fort Sumter*** an den Cooper River gesetzt, ein eintrittsfreies attraktives Museum, das die Bürgerkriegsgeschehnisse um das Fort anschaulich macht. Eine Stunde Wartezeit lässt sich damit leicht überbrücken; danach geht man gut informiert an Bord. Internet: www.nps.gov/fosu.

Abfahrtszeiten April-November: 9.30, 12.00, 14.30 Uhr; mindestens 30 min vorher dort sein für Ticketkauf und Einchecken.

3

Tickets $12, Kinder bis 11 Jahre $6, **Dauer** der Tour ca. 150 min
Information: ✆ 843/881-7337; www.fortsumtertours.com

Fort Sumter: Lage und Geschichte

Fort Sumter liegt in beherrschender Position auf einer kleinen Insel mitten im *Charleston Harbor*, der gemeinsamen Mündung von Ashley und Cooper River in den Atlantik, ca. 4 mi entfernt von Charlestons Südspitze. Das Fort sah 1861 die ersten Kampfhandlungen zwischen Nord und Süd (➪ Seite 351), nachdem die Besatzung der Festung sich geweigert hatte, den neu ausgerufenen Konföderierten Staaten von Amerika das Fort zu übergeben. Ein 34-stündiger Beschuss durch benachbarte Festlandsforts (u.a. ***Fort Moultrie***, ➪ unten, »Mount Pleasant«) führte zur Kapitulation der Unionsbesatzung am 12.4.1861. In den Folgejahren versuchte die Union mehrfach, auch von See her (➪ U-Boot *Hunley*), das Fort zurückzuerobern, um Charleston absperren zu können. Die Gebäude des Fort wurden dabei komplett zerstört, aber die Südstaatler räumten es erst erst kurz vor Kriegsende im Februar 1865.

Das Fortgelände, heute ein ***National Monument***, wird dominiert von einem bunkerartigen Komplex, der während des spanisch-amerikanischen Kriegs entstand, der *Battery Huger*. ***Park Ranger*** veranstalten innerhalb der nur teilweise restaurierten Mauern des Forts Führungen. Man kann das *Fort Sumter* aber auch ohne Rangerführung auf einer *self-guided tour* besichtigen.

Der Trip ist wirklich empfehlenswert nur bei großem Interesse und Lust auf die Bootsfahrt. Die komplette Historie um *Fort Sumter* erfährt man auch im *Education Center*. Das *Fort Moultrie* auf Sullivan's Island ist die sehenswertere Festung.

U-Boot Hunley

Entwicklung und Einsatz des ersten erfolgreichen Unterseeboots der Welt ist eng mit dem *Fort Sumter* verknüpft, die Story von Bau, Antrieb, Erfolg (ein das Fort belagerndes Kriegsschiff der Union wurde versenkt) und gleich darauf Untergang ebenso abenteuerlich wie die Bergung des Bootes 136 Jahre später (Film dazu).

Liberty Square mit dem Fort Sumter Education Center (gut gemacht); dahinter legen die Boote zur Insel mit dem Fort ab

Die ***H.L. Hunley*** ist ausgestellt im *Conservation Center* der US-Marine; Interstate #26, Exit 216 B, von dort via Cosgrove Ave N und Spruill Ave N auf die MacMillan Ave. Bei Einfahrt auf das US-Navy Gelände muss man den Besuchszweck mitteilen (».. zum *Warren Lasch Conservation Center*, Supply Street«). Besichtigung nur möglich Sa 10-17 Uhr, So ab 13 Uhr; © 1-877-448-6539; www.hunley.org. Eintritt $12+Service. Tickets telefonisch oder im Internet unter www.etix.com; vor Ort *first-come-first-served*.

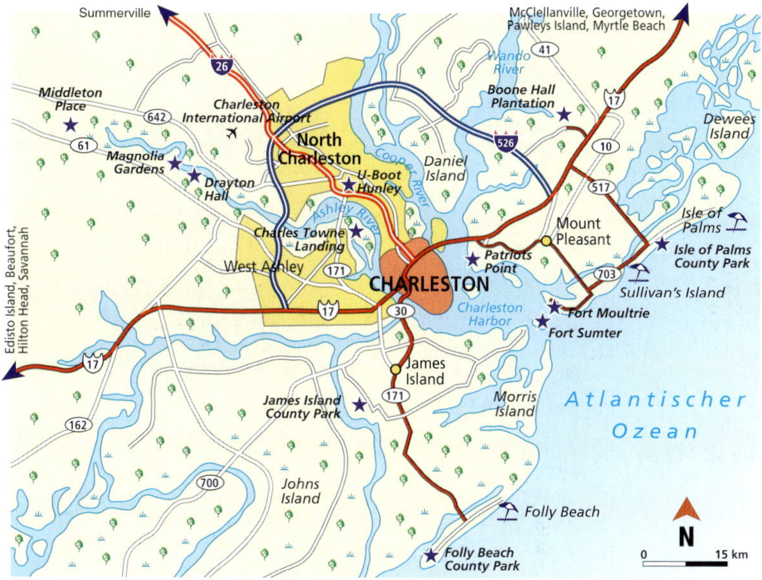

Charles Towne Landing

Etwa 7 mi nordwestlich von *Downtown* Charleston befindet sich am Ort der ersten englischen Siedlung am Ashley River (➪ unter »Geschichte«) der ***Charles Towne Landing State Historic Site***.

Anfahrt aus der Stadt über die westliche Brücke der #17, dann Straße #61 (Ashley River Road), dann #171 (Old Towne Road). Wer von Norden kommt, verlässt die I-26 beim *Exit* 216 und folgt der Straße #7 (Rittenberg Blvd) über den Ashley River, dann #171. Täglich 8.30-18 Uhr Juni-August, sonst bis 17 Uhr, © 843/852-4200, www.charlestowne.org, Eintritt $5/Fahrzeug).

Dieser herrliche Park voller alter mossbehangener Eichen am verschilften Ufer des Ashley River ist ein echter **Geheimtipp**. Zwar sind große Teile des Geländes eher für edukative Zwecke angelegt, so der *Animal Forest*, das rekonstruierte Minidorf *Settlers Life Area* und das *Visitor Center* mit Theater zum Nachspielen der Ankunft der ersten Siedler, und damit ein typisches

Schulausflugsziel. Aber der Park als solcher und der Spaziergang hinüber zum erstaunlich kleinen Nachbau der ***Adventure***, dem Schiff der Ankömmlinge, und vor allem die Eichenallee vorm ***Legare Waring House*** lohnen allein schon den Besuch.

Das ***Legare Waring House*** ist ein *Plantation Mansion* nicht ganz der Oberklasse, aber durchaus recht ansehnlich mit zwei mal täglicher Führung. Ähnlich wie im Fall der weiter oben beschriebenen *Hampton Plantation* (➪ Seite 348) stellt sich hier keine Frage, ob sich das hohe Eintrittsgeld eigentlich lohnt.

Die winzige »Adventure«, mit der die ersten Siedler den Atlantik bezwangen

Plantations bei Charleston

Plantations an der Ashley River Road

Fährt man die Straße #61 nach Norden (Anfahrt ab Charleston zunächst wie zum *Charles Towne Landing Park*, von der I-26 am besten über die Stadumgehung I-526 nach Westen), passiert man in wenigen Meilen Abstand drei stark besuchte und auch täglich von vielen Tourbussen angefahrene ***Plantations***. So unterschiedlich sie im Detail auch sind, gemeinsam ist ihnen allen die leider recht happige Eintrittspreisgestaltung, die zum Teil über den Kauf des ***Heritage Pass*** (➪ Seite 353) gemildert werden kann, hier sind im Pass enthalten *Drayton Hall* und *Middleton Place*.

Drayton Hall

Drayton Hall ist die erste der drei *Plantations* und ca. 10 mi von *Downtown* Charleston entfernt. Puristen gilt sie als prächtiges Beispiel der frühen Kolonialarchitektur (anglo-amerikanische Elemente kombiniert mit italienischen Vorbildern), zumal das Haus seit seiner Errichtung 1738 fast unverändert blieb und drinnen keine Arbeiten für Elektrizität, Wasserleitungen etc. stattfanden. ***Drayton Hall* ist** allerdings **nicht möbliert**.

Täglich 9.30-16/15 Uhr, ca. stündliche Touren, ✆ 843/766-0188, www.draytonhall.org; Eintritt $14, bis 18 Jahre $8, bis 11 Jahre $6. Wer nur die *Gardens* besucht und auf die Hausbesichtigung innen verzichtet, zahlt dafür immerhin $8 Eintritt. Dies wäre das Minimalprogramm für alle, die sich die Mühe der Anfahrt gemacht haben, aber die Ausgaben für Eintrittspreise begrenzen möchten.

Magnolia Plantation

Nur wenige Meilen weiter nördlich liegt der Komplex der ***Magnolia Plantation and Gardens***, die insgesamt wohl eindrucksvollste Plantage im Umkreis von Charleston. Auf dem Gelände gibt es einen 24 ha großen Park, schon fast botanischen Garten, mit vielen hundert Azaleen- und Kamelienarten.

Magnolia ist täglich von 8 Uhr bis zur Dämmerung geöffnet. Letzte Einfahrt im Sommerhalbjahr um 17.30 Uhr, im Winter 16.30 Uhr, ✆ 1-800-367-3517; www.magnoliaplantation.com.

Der Eintritt aufs Gelände kostet $14, bis 12 Jahre $8; geführte Besichtigung des *Plantation House* (ca. 1680, aber rekonstruiert) $7 extra für ca. 30 min. Außerdem kann man eine 45-minütige *Tram Tour* über die gesamte Ausdehnung der Plantage (teilweise Naturschutzgebiet) buchen, ebenso eine Bootstour durch und über alte Reisfelder, beides je $7/$5.

Einen Sonderbereich bildet der ***Audubon Swamp Garden*** mit der für Sümpfe im US-Süden typischen Flora und Fauna. Auch dafür ist wieder gesondert zu zahlen: $7/$5.

Wer *House* & *Gardens* besichtigen und den Sumpf sehen möchte und noch eine der Touren macht, kommt also auf stolze $35.

Magnolia Hall

Middleton Place

Noch weitere 4 mi sind es von der Einfahrt zu *Magnolia* bis zum ***Middleton Place*** mit *»America's oldest landscaped Gardens«*. Diese Gartenanlage wurde schon 1741 nach französischem Muster streng symmetrisch angelegt. Dem schönen Park mit Kamelien, Magnolien, Teichen und uraltem Eichenbestand fehlt jedoch ein Herrenhaus. Seit es im Bürgerkrieg zerstört wurde, dient der ehemalige Gästeflügel von 1755 als Haupthaus (30 min Touren; beachtliche Zusammenstellung von Möbeln, Utensilien und Dokumenten aus der Vor- und Nach-Bürgerkriegszeit). Außer diesem Haus gibt es die sog. ***Stableyards***, in denen alte handwerkliche Fertigkeiten vorgeführt werden.

Täglich 9-17 Uhr, Haustouren Di-So 10-16.30 Uhr, Mo ab 13.30 Uhr, ✆ 843/556-6020, www.middletonplace.org, Eintritt für *Gardens* & *Stableyard* $20 (!), Haustour $10. Wer im *Inn at Middleton Place* nächtigt, hat freien Zutritt, ➪ Seite 355.

Boone Hall

Nördlich von Mount Pleasant liegt die ***Boone Hall Plantation*** (von der Straße #17 auf die Long Point Rd), ➪ Beschreibung Seite 348.

Geöffnet Sept-März Mo-Sa 9-17 Uhr, So 13-16 Uhr, April bis *Labor Day* Mo-Sa 8.30-18.30 Uhr, So 13-17 Uhr; Touren alle 30 min; ✆ 843/884-4371, www.boonehallplantation.com, Eintritt $14,50, bis 12 Jahre $7. Auch Boone Hall ist sehenswert und damit eine erwägenswerte Alternative zu den Anlagen am Ashley River.

Oak Alley der Boone Hall Plantation, eindrucksvoller als die berühmte Oak Alley am Mississippi bei New Orleans (➪ Seite 567 und Foto Seiten 172+3)

Cypress Gardens

Neben Plantagen mit historischen Herrenhäusern gibt es auch reine Gartenanlagen, wie die ***Cypress Gardens***. Dieser Park, ca. 24 mi nördlich von Charleston (Straße #52, dann Cypress Gardens Road), entstand in den späten 1920er-Jahren auf den Feldern einer ehemaligen Reisplantage am Cooper River. Seinen Namen hat er von großen Zypressen, die pittoresk mitten aus dem Wasser eines sunpfigen Sees wachsen, auf dem man auch per Boot selbst herumpaddeln (inklusive) und die Alligatoren stören darf.

Täglich 9-17 Uhr, ✆ 843/553-0515, www.cypressgardens.info, Eintritt $10, bis 12 Jahre $5.

Mount Pleasant und Sullivan's Island

Naval & Maritime Museum

Am ***Patriots Point*** in Sichtweite der Altstadt unmittelbar südlich der *Cooper River Bridge* (Straße #17N, dann Coleman Blvd/#703, Patriots Point Road, täglich 9-17/18 Uhr, ✆ 843/884-2727, www.state.sc.us/patpt, $15, bis 11 Jahre $8), liegt das ***Naval & Maritime Museum*** am Ufer bzw. vor Anker.

Hauptattraktion des Komplexes ist der riesige **Weltkrieg-II-Flugzeugträger *USS Yorktown*** mit 25 Kampfflugzeugen (www.ussyorktown.com). Außerdem sind noch ein Zerstörer, ein U-Boot, ein Flusspatrouillenboot mit Basis aus dem Vietnamkrieg und ein Schiff der Küstenwache zu besichtigen. Wer sich für maritime Kriegsführung interessiert, bekommt hier eine Menge geboten.

Ab *Patriots Point* fahren 2x bis 3x täglich ebenfalls **Boote zum *Fort Sumter***, ➪ oben, Seite 363f.

Sullivan's Island

Die Straße #703 in Richtung *Patriot's Point* läuft weiter über flache Marschen, Sümpfe und den *Intracoastal Waterway* zu den vorgelagerten Inseln **Sullivan's Island** und **Isle of Palms**. Auf beiden erstrecken sich seeseitig ununterbrochene Strände und dichte private Strandbebauung. Eine Ferien- oder Ausflüglerinfrastruktur existiert auf den Inseln nicht. Trotz öffentlicher Strandzugänge ist es dort selbst an Wochenenden relativ ruhig. Die Bürger Charlestons zieht es eher nach ***Folly Island***, ⇨ nächstes Kapitel.

Fort Moultrie

Historische Bedeutung erlangte Sullivan's Island zunächst durch das bereits 1776 (gegen die Engländer) errichtete ***Fort Moultrie***, das durch seine Lage nah an der Hauptfahrrinne die Einfahrt in den *Charleston Harbor* leicht sperren konnte. Da auf der gegenüberliegenden Seite das (heute nicht mehr existierende) *Fort Johnson* weit weg von der Fahrrinne stand, baute man ab etwa 1824 auf einer künstlichen Insel südlich des Tiefwasssers das bombastische *Fort Sumter*, das gerade zu Beginn des Bürgerkriegs vor der Fertigstellung stand und bereits eine erste Besatzung hatte. *Fort Moultrie* nahm 1861 an der Beschießung von *Fort Sumter* und dessen Fall aktiv teil (⇨ Seite 351). Nach dem Bürgerkrieg wurde es nie mehr umkämpft, aber laufend modifiziert und waffentechnisch angepasst, zuletzt im 2. Weltkrieg, www.nps.gov/fomo.

Die Anlage am Westende der Insel ist bestens erhalten. Das ***Visitor Center*** (auf der anderen Straßenseite) des heutigen ***National Monument*** erläutert die Geschichte mit einem Film (alle 30 min) und einer Ausstellung historischer Objekte und Dokumente.

Täglich 9-17 Uhr, Eintritt $3 oder *National Parks Pass*.

Sklavenhandel

Ein dunkles Kapitel der Geschichte Charlestons war der Sklavenhandel. In Charleston existierte bis zum Bürgerkrieg der neben New Orleans größte Sklavenmarkt der USA, was in all den Hochglanzbroschüren und Museen etc. in Charleston bestenfalls verschämt am Rande erwähnt wird. Ebenfalls keine oder kaum Erwähnung findet, dass **Sullivan's Island eine Art Ellis Island für Schwarze** war. Für rund ein Drittel aller über den Atlantik geschafften Schwarzen soll die Insel erste Station ihres Weges in das Sklavendasein in den USA gewesen sein. Nichts blieb mehr übrig von den damaligen Lagern und nichts weist mehr darauf hin.

Touristenattraktion Flugzeugträger USS Yorktown am Patriots Point

3.3.4 Von Charleston nach Savannah

Zur Route

Zur Route

Weiter südwärts zum nächsten Hauptziel der Küstenroute, Savannah, 110 mi von Charleston entfernt, geht es wiederum auf der Straße #17. Sie verläuft hier alternativlos relativ weit landeinwärts, da breite Buchten und Meeresarme tief ins Land hineinreichen. Stichstraßen führen ans Meer bzw. zu vorgelagerten Inseln. An- und Rückfahrten dorthin sind recht zeitaufwendig.

Lohnenswert ist aber allemal der Abstecher nach **Beaufort**, einer Art Charleston en miniature, und – speziell für Camper – darüber hinaus nach Hunting Island mit seinem *State Park*.

Beaches

Der Charleston nächstliegende Strand im Südwesten befindet sich auf **Folly Island** (ca. 20 mi, Straßen #30/#171). 10 km Strand bis zu 500 m Breite sorgten hier seit Anfang der 1990er-Jahre bis über die Jahrtausendwende für einen Immobilienboom, in dem sich die Grundstückspreise verzehnfachten. Dabei ist diese Küste extrem wirbelsturmgefährdet, www.follybeach.com.

Camping

Ursprünglicher und naturnäher ist ***Edisto Island*** mit dem ***Edisto Beach State Park*** (Straße #174). Salzmarschen, Strand und Palmen, ein fast subtropisches Paradies. Delphinbeobachtung gehört hier wie an der gesamtem Südküste South Carolinas zu den populären Aktivitäten. Der ***State Park*** verfügt über zwei schöne **Campingareale** direkt hinter dem Strand und unter mossbehangenen Eichbäumen (✆ 843/869-2756, www.southcarolinaparks.com, Reservierung ➪ Seite 135, $18-$25).

Beaufort (sprich: »Bjufort«)

Orientierung, Geschichte und praktische Informationen

Lage

Die zweitälteste Stadt South Carolinas, Beaufort, liegt 85 mi südlich von Charleston und 35 mi nördlich von Savannah. Von der Hauptroute #17 führt die #21 dorthin (ca. 15 mi ab Gardens Corner) und – über enorme Hochbrücken – weiter bis Hunting Island. Die Altstadt, der *Historic District* voller nostalgischer Villen und mit einer südlichen *Waterfront* samt Geschäftsbereich, besetzt komplett eine vom meeresarmartigen Beaufort River und dem Port Royal Sound umspülte Halbinsel.

Geschichte/ Gründung

Bereits 1562 landeten französische Hugenotten auf einer von der Halbinsel nach Süden ragenden Landzunge und nannten sie Port Royal, gaben aber nach nur 2 Jahren diese erste weiße Siedlung in der Region wieder auf. Es folgten im 17. Jahrhundert schottische und spanische Ansiedlungsversuche, die vor allem am Widerstand der lokalen Indianerstämme zunächst ebenfalls scheiterten. Mit der Etablierung der Kolonie Carolina (➪ unter Charleston) strömten aber immer mehr Einwanderer aus Europa in die *Lowlands* entlang der Küste und gründeten *Plantations*. Dieser Entwicklung hatten die Indianer nichts mehr emtgegenzusetzen, und es kam im

Jahr **1711** zur zweiten offiziellen **Stadtgründung** der Kolonie. Die Siedlung wurde nach einem der »Eigentümer« Carolinas, dem *Duke of Beaufort*, auf eben diesen Namen getauft.

Entwicklung

In der Folge entwickelte sich Beaufort dank der umliegenden Reis- und Indigoplantagen, die mit billiger Sklavenarbeit kolossale Gewinne machten, prächtig. Zur Zeit der Unabhängigkeit der USA hatte Beaufort bereits 4000 Einwohner. Im 18. Jahrhundert stellten die Plantagen auf Baumwolle um und sorgten damit für weiteren Reichtum, der sich in zahlreichen grandiosen Ante Bellum Villen vor allem an Beauforts Uferlinien widerspiegelt.

Bürgerkrieg

Im Bürgerkrieg wurden die vorgelagerten Inseln einschließlich Hilton Head und Beaufort schon sieben Monate nach Kriegsbeginn fast kampflos von Landungstruppen der Union besetzt, was Beaufort das Schicksal ersparte, zerstört zu werden. Die alte Bausubstanz blieb daher erhalten.

20. Jahrhundert

Nach Dekaden des Niedergangs entdeckten Anfang des 20. Jahrhunderts reiche Finanzmagnaten den Küstenstrich bis hinunter nach Brunswick als ideale Jagd- und Freizeitreviere und kauften sich auf den Inseln ein. **Parris Island** unterhalb Port Royal wurde zudem 1915 zum **Trainingscamp fürs *Marine Corps*** der US-Streitkräfte, das dort bis heute jedes Jahr 20.000 Rekruten drillt.

Beaufort heute

Nach dem 2. Weltkrieg begann der Tourismus, der heute in der Region eine große wirtschaftliche Rolle spielt und endgültig wieder Wohlstand in die Region gebracht hat. Beaufort hat heute 13.000 Einwohner plus 4000 in Port Royal, wirkt aber wegen der Ausdehnung weit über die Halbinsel der Altstadt hinaus größer.

Information

Greater Beaufort Chamber of Commerce & Visitors Center, 1106 Carteret/Ecke Congress Street in der Nordwestecke der Altstadt, wo die Straße #21 scharf nach Süden abknickt, © 843/524-3163, www.beaufortsc.org.

Kutschfahrt durch Beauforts verwunschenes Villenviertel (zu buchen bei der nahen Visitor Information)

3

Unterkunft

Vor der Einfahrt in die *Historic Old Town* auf der #21passiert man auf einer langen Meile zahlreiche Motels und Hotels der bekannten Ketten und natürlich die unvermeidlichen *Fast Food Places* ebenso wie eine Reihe guter Restaurants. Weitere Häuser stehen an der Straße #802 Richtung Port Royal/Parris Island. Ein sehr gutes Preis-Leistungsverhältnis bei schöner Lage bietet das

- ***Ramada Limited***, 2001 Boundary Street (=#21 gegenüber der Abzweigung Straße #802, der Ribaut Rd), ✆ 843/524-2144, ab $49

Auch nicht schlecht ist etwas weiter vor den Toren der Stadt

- ***Howard Johnson Express***, 3561 Trask Parkway (Straße #21), ✆ 843/524-6020, $55; relativ neu mit Zimmern zum Fluss.

Unweit der Restaurantzeile an der Waterfront liegt ruhig das

- ***Best Western Sea Island Inn***, 1015 Bay Street, ✆ 843/522-2090, 100 m bis zur Kneipen- und Restaurantzeile am Wasser, ab $99,

In Beaufort gibt es diverse sehr schöne **historische *B&Bs***, z.B.

- ***Twosuns Inn***, 1705 Bay Street mit Blick über den Port Royal Sound, ✆ 843/522-1122, ab $150, www.twosunsinn.com
- ***The Cuthbert House Inn***, 1203 Bay Street ein paar Blocks weiter zum Zentrum hin, ✆ 1-800-327-9275, ebenfalls ab ca. $150 und noch eindrucksvoller; www.cuthberthouseinn.com

Restaurants

Wer an der Zufahrt mit großer Auswahl vor allem an *Fast Food* nicht das Richtige findet, wird an der Bay Street auf der Waterfront-Seite sicher fündig. Alle Restaurants haben dort eine Außenterrasse, wiewohl leider durchweg nur plastikbestuhlt:

- ***Panini's Café***, 926 Bay Street, Italiener, drinnen ganz gemütlich, www.paniniscafe.net
- ***Saltus River Grill***, 802 Bay Street, Seafood, ganz nah am Wasser, www.saltusrivergrill.com
- ***Luthers Rare & Well Done***, 910 Bay St, Steaks & Live Music

B &B Cuthbert House Inn an der Bay Street (➪ Seite 374)

Camping Hunting Island

Gut 15 mi südöstlich von Beaufort belegt der ***Hunting Island State Park*** am Ende der Straße #21 einen Großteil der gleichnamigen Insel, die ähnlich Edisto Island strukturiert ist: Kilometerlange unbebaute Strände, Dünen, Salzmarschen, Mangrovensümpfe. Mittendrin mit vielen Stellplätzen (1-88) unter Palmen gleich hinter dem Strand liegt der große ***Campground***. Ein paar Meilen weiter vermietet der *State Park* sog. ***Cabins***, in Wahrheit ausgewachsene, sehr unterschiedliche **Strandvillen** auf einer langen sandigen Landzunge zwischen Ozean und einer flussartigen Bucht; ✆ 843/838-2011, www.southcarolinaparks.com, Reservierung ➪ Seite 135, campen $18-$25; *Cabins* $89-$172, ermäßigte Wochentarife.

Strandzugang

Zum *State Park* gehört auch ein **Leuchtturm**; dort gibt's öffentlichen Strandzugang und Picknicktische plus einen kleinen Kiosk. Schöner und ruhiger ist die ***Beach*** beim Parkplatz am Beginn der Straße auf die Landzunge (bei den *Cabins* Halteverbot!). Strand und Baden direkt in/bei Beaufort gibt es nicht.

Am Strand von Hunting Island

Ortsbesichtigung

Erster Anlaufpunkt sollte in Beaufort unbedingt das ***Visitors Center*** sein, das an passender Stelle unweit der schönsten alten Villen liegt. Dort hat man u.a. die sehr hilfreiche aquarellähnliche ***Map of Historic Beaufort, Port Royal and Islands***.

Parken/ Bike Rental

Leider kann man dort nicht gleich für ein paar Stunden parken. In den meisten Straßen gilt zudem ein weiträumiges Halteverbot. Ggf. fährt man weiter zum kleinen Geschäftzentrum in der Bay Street über der *Waterfront*. Dort gibt es Parkuhren und Parkplätze. Man kann in der 904 Port Republic Street (parallel zur Bay Street) auch **Fahrräder leihen**, was besonders bei schwüler Witterung eine gute Alternative zum Spazierengehen ist.

Rundgang

Im Grunde braucht man dazu keine Anleitung. Die besten Häuser stehen oft auf »verwunschenen« Grundstücken im Viertel östlich der Carteret Street, also zwischen der #21 und Beaufort River. Das Gebiet ist nicht einmal einen Quadratkilometer groß.

Auf Entdeckungstour ergibt sich alles von alleine. Man steht schnell am Wasser, und dann geht es die nächste Querstraße weiter. In maximal 2 Stunden kann man gemütlich das ganze Viertel ablaufen. Die Häuser stehen dort nicht zur Besichtigung offen. Wer Details wissen und sich nicht nur mit *Sightseeing* zufrieden geben möchte, kann übers *Visitors Center* ***Walking Tours*** oder **Kutschfahrten** buchen.

Nicht schlecht sind auch die Häuser oberhalb (nördlich) der #21, vor allem auf den Ufergrundstücken. In den schachbrettartig angelegten Straßen zwischen der südlichen *Waterfront* und der abknickenden #21 sind sehenswerte Gebäude etwas dünner gesät, ein Abfahren dieser Straßen voller *Live Oak*-Bäume mit *Spanish Moss* ist aber eine hübsche Angelegenheit. Zu Fuß lohnt's nicht.

Bay Street

Unbedingt ablaufen oder mit Bike abfahren muss man dagegen die Bay Street westlich der kommerziellen *Waterfront*. Die Uferlinie setzt sich dort als wunderbar (einseitig) bebaute Allee fort. Einige der Häuser sind ***B&B-Places***, ➪ oben.

Sehenswürdigkeiten

Wer auch mal ein Haus von innen sehen möchte, logiert in einem teuren *B&B-Inn* oder besucht das

- ***George Parsons Elliott House Museum***, 1001 Bay/Charles Street, Mo-Fr 11-15 Uhr, Eintritt $6, bis 12 Jahre $3, ein original ausgestattetes Stadthaus von ca. 1840, und/oder das
- ***John Mark Verdier House*** aus den letzten Jahren des 18. Jahrhunderts, 801 Bay Street, Mo-Sa 10.30-15.30 Uhr, $6/$2.

Das ***Beaufort Arsenal Museum***, 713 Craven Street, Mo-Sa 11-16 Uhr, Eintritt $3, informiert über Historie und Natur der Region, www.historic-beaufort.org.

Wochenendhaus auf dem Wasser mit allen Schikanen, d.h., Angelsteg, Badeplattform, überdachter Bootshangar. Ein wackeliger Steg führt vom Parkplatz an Land hinüber. Das »Anwesen« ist nur knapp 1 km vom Zentrum von Beaufort entfernt.

Gullah Kult

Beaufort ist Zentrum der ***Gullah Culture*** mit eigener Sprache, Kunst, Küche und bizarrer Religion, die sich in Zeiten des Sklavenhandels entwickelte und nur in dieser Ecke von South Carolina bis heute überlebte. Jedes Jahr am letzten Wochenende im Mai findet in Beaufort das ***Gullah Festival*** statt: www.gullahfestival.net.

Eine besonders ungewöhnliche Ausprägung erfährt der Gullah-Kult im ***Kingdom of Oyotunji***, einer Art afrikanischem Dorf mit selbsternanntem »König« (bei Sheldon, Straße #17/#21, dann Bryant Lane/Safari Road, © 843/846-8900). Auch dafür existiert eine Website: www.oyotunjivillage.net. Auf ihr hat sich seit dem Tod von ***King Oba Adefunmi*** Anfang 2005 jedoch nichts mehr getan.

Auf Hilton Head stehen solche Apartmentanlagen reihenweise gleich hinter dem Strand, der nicht halb so schön ist wie z.B. auf Hunting Island

Hilton Head Island

Anfahrt

Von Beaufort erreicht man Hilton Head Island auf etwas verschlungenen Wegen via Straßen#170 und #462, dann auf der vierspurig ausgebauten Inselzufahrt #278. Bis zum südlichen Zentralbereich der Insel sind es gute 50 mi oder mindestens eine Stunde Fahrt. Etwa ebenso weit ist es von Savannah (schnellste Zufahrt über die I-95, dann Straße #278; alternativ auch direkt aus der City Straße #17, dann #170 direkt oder ggf. #46 über Bluffton bis zur #278, ➪ auch unten).

Geschichte

Hilton Head Island ist mit 144 km^2 die zweitgrößte Insel vor der US-Atlantikküste (nach Long Island vor New York), wovon allerdings 34 km^2 auf Wasserfläche entfallen. Schmale Buchten reichen tief ins Innere; der Broad Creek, eher ein Meeresarm teilt die Insel fast in zwei Hälften. Während *Marshland* und Sümpfe die Westseite kennzeichnen, zeigt sich die Ostseite bewaldet mit Dünen vor einer endlosen Strandlinie. Seit ca. 4000 v. Chr. indianisch besiedelt kam die Insel nach kurzen spanischen und französischen Perioden im 17. Jahrhundert unter britische Herrschaft, ➪ Geschichte von Beaufort. Ein *Captain William Hilton*, der Land für Zuckerrohr- und Indigoanbau erschloss, wurde zum Namensgeber. Die erste Plantage auf Hilton Head geht auf das

Jahr 1717 zurück; kurz vor Beginn des Bürgerkriegs 1860 gab es 24 Plantagen. Mit der frühen Besetzung des Gebietes um Beaufort flohen deren Eigner, und nach dem Bürgerkrieg wurde die Insel der Natur und den befreiten Sklaven, den ***Gullah*** (➪ oben) überlassen. Die Plantagen verkamen. Nur Ruinen und ein paar alte Befestigungen sind noch erhalten.

Tourismus

Erst 1956 wurde Hilton Head über eine Brücke mit dem Festland verbunden und durch den Bau erster Ferienanlagen zu einem bis dato kaum bekannten touristischen Ziel.

Heute ist Hilton Head komplett erschlossen durch eine perfekte Infrastruktur aus zahlreichen Golf- und Tennisplätzen, abgeschotteten teuren Ferienresorts, Yachtmarinas und allem, was man für die nunmehr 35.000 mehrheitlich finanzkräftigen Residenten und jährlich über 2 Mio. Urlauber so braucht. Trotz der Expansion in solche Größenordnungen kam es nicht zu Bausünden und Auswüchsen des Billigkommerzes wie anderswo. Ein weiträumiges und großzügig bemessenes Straßennetz und eine zurückhaltende Bebauung verstecken sich hinter und zwischen dichter Vegetation. Die Insel ist die Antwort der amerikanischen Ober- und gehobenen Mittelschicht auf atlantische Rummelplätze wie Myrtle und Virginia Beach und ähnliche Küstenorte in Florida. Entsprechend höher ist hier das Preisniveau.

Abstecher machen?

Das berühmte Ziel reizt natürlich zu einem Abstecher. Aber genaugenommen ist die Insel nichts für Kurzfristbesucher. Ohne eine Resortbuchung und/oder klar vorgeplante Aktivitäten gerade dort bleibt nichts weiter als die Besichtigung erstaunlichen Wohlstands und der Besuch von eher langweiligen Stränden, die es anderswo schöner, ursprünglicher und ohne Parkprobleme gibt (etwa auf Edisto oder Hunting Island, ➪ oben). Natürlich kann man auch auf Hilton Head – außer Golf oder Tennis zu spielen – Bootstouren jeder Art buchen und Wasersport betreiben, wenngleich zu Kosten, die nicht von Pappe sind.

Sightseeing

Um Hilton Head per **Sightseeing** im Auto zu erleben, sollte man sich eingangs rechts halten und auf dem schnellen *Cross Island Parkway* zunächst Richtung Süden fahren. Am Kreisverkehr ***Sea Pines Circle*** hält man sich noch einmal rechts und gelangt auf dem Greenwood Drive bis zum ***Greenwood Circle***. Von da geht's zurück auf dem Northern Sea Pines Drive, dem South Forest Beach Drive und der Pope Ave zum erstgenannten Kreisverkehr und dann auf der Straße #278 in großem Bogen über die Insel wieder zur Festlandsbrücke. Auf dieser Route erhält man mit Stopps und kleinen Umwegen (ggf. bis zum Südende der Insel, nach Harbour Town mit einem pittoresken Leuchtturm über der Marina oder zu den Resten der *Plantations*) schon einen guten Eindruck.

Strandzugang

Im Bereich ***Coligny Circle*** (zwischen North und South Forest Beach Drive) kommt man nach Lösung der Parkproblematik (Parkuhren) am einfachsten an den Strand. Dort ist auch die Infrastruktur aus Shops, Kneipen und Eateries dicht und ganz attraktiv.

Information

Ein ***Welcome Center*** befindet sich eingangs der Insel an der #278. Ein weiteres Büro der ***Chamber of Commerce*** passiert man südlich der *Shelter Cove Plaza an der* #278 mitten auf der Insel, © 1-800-523-3373, www.hiltonheadisland.org. Neben Karten und jeder Menge Werbematerial hat man dort einen ***Official Dining Guide*** mit allen Restaurants der Insel und – für potenzielle Übernachter – einen ausführlichen ***Lodging Guide***.

Unterkunft/ Camping

Auf Hilton Head ist in der Mittelklasse im Sommer unter $100 kaum ein Zimmer zu bekommen, außerdem vermieten manche Resorthotels nur per Woche. Die Website des *Chamber of Commerce* listet eine Fülle von Quartieren aller Kategorien.

Es gibt aber auch eine Handvoll Motels/Inns der unteren Mittelklasse und Einfachkategorie. Vergleichsweise günstig ab ca. $70 im Sommer und ab ca. $55 in der Vor-/Nachsaison sind

- ***Motel 6***, 830 William Hilton Pkwy/#278, © 843/785-2700
- ***Redroof Inn***, 5 Regency Pkwy/#278, © 843/686-6808, in guter strandnaher Lage.

Die beiden privat betriebenen ***Campgrounds*** auf Hilton Head sind oft ausgebucht und kosten ab $38/Nacht und Stellplatz. Lage, Anlage und Komfort des ***Hilton Head Harbor RV Resort direkt*** am *Intracoastal Waterway* bieten dafür immerhin einen relativ guten Gegenwert, 43 Jenkins Road ab Straße #278 unweit der Brücke, © 843/681-3256; keine Zelte, **nur *Motorhomes***.

Bluffton

Einen **Kontrapunkt** zu Sterilität und Kommerz auf hohem Niveau auf Hilton Head Island setzt das fast als »verwunschen« zu bezeichnende Dorf **Bluffton** an der Straße #46, die man zwischen Hilton Head und Savannah ohne Mehrmeilen statt der Hauptroute nehmen kann. Alte Südstaatenvillen in Gärten voller *Live Oak* und *Spanish Moss* am Ufer des May River. Dort scheint die Zeit stehen geblieben zu sein, www.townofbluffton.com.

Holzkirche in Bluffton

3.4 Die Küste Georgias

Zum Staat Georgia

Georgia, der größte US-Bundesstaat östlich des Mississippi, zeigt mehr Gegensätze als die Carolinas: einerseits Südstaatenatmosphäre, z.B. in Savannah und Beaufort, andererseits Big City Hektik in der Metropole Atlanta, dazwischen nur ein paar Mittel- und viele Kleinstädte in beschaulichen Landstrichen mit ausgedehnten Erdnuss-, Pecan- und Baumwollplantagen, Waldgebieten, Sümpfen (vor allem an der Küste) und romantischen Flussläufen und -tälern.

Geschichte

Schon 1540 landete der Spanier *Hernando de Soto* an den Gestaden des heutigen Georgia. Die Franziskaner errichteten im 17. Jahrhundert eine erste Mission. Aber Engländer waren die eigentlichen Pioniere: Ein *James Oglethorpe* gründete 1733 mit Savannah die erste bedeutende Siedlung von Dauer. 1788 wurde aus der britischen Kolonie der 4. Staat der jungen USA. Nach dem Bürgerkrieg folgten lange Jahre des Niedergangs. Voll ins Blickfeld der Nation geriet Georgia in den 1960er-Jahren der Rassenunruhen, positiver dann mit der Wahl *Jimmy Carters* zum Präsidenten 1976, der Etablierung des Nur-Nachrichtensenders CNN in Atlanta ab 1980 und den Olympischen Sommerspielen 1996.

3.4.1 Savannah

Von Norden kommend erreicht man Savannah über die I-95 oder auf der Straße #17. Wählt man letztere, öffnet sich von der mächtigen Hängebrücke ***Great Savannah Bridge*** über den Savannah River ein erster Blick auf die Altstadt.

Stadtanlage

Kennzeichnung

Savannah steht nicht zu Unrecht im Schatten von Charleston. U.a. fehlt der Reiz der Lage am Meer. Die Stadt liegt 15 mi landeinwärts hoch über dem Südwestufer des gleichnamigen Flusses und besitzt überdies einen total anderen Charakter. Der indessen resultiert aus einem (Alt-) Stadtbild, das für sich und ohne den Vergleich mit Charleston – für amerikanische Verhältnisse – ungewöhnlich reizvoll ist. Kennzeichen der historischen Altstadt sind in regelmäßigen Abständen angelegte quadratische Parks (heute 22), die das Zentrum sogenannter *Wards* bilden. Diese Blocks engstehender Stadthäuser unterbrechen die Nord-Süd-Hauptachsen und ebenso deren Querverbindungen. Die Parks wie auch die breiteren Alleen der schachbrettmusterartigen Stadtanlage zwischen Victory Drive (Straße #80) und *Riverfront* stehen voller knorriger, mossbehangener Eichen und sorgen zusammen mit zahlreichen bestens erhaltenen bzw. – in den letzten Dekaden – restaurierten Gebäude aus der Ante Bellum-Periode für Savannahs besondere Atrraktivität.

Literatur

Mit dem Buch ***»Midnight in the Garden of Good and Evil«*** von *John Berendt* und dessen Verfilmung 1997 (Regisseur: *Clint Eastwood*) erfuhr Savannah eine international beachtete literarische Würdigung. Das Buch (deutsch: »Mitternacht im Garten von Gut und Böse«, Goldmann TB 1997) schildert einen abstrusen Kriminalfall. Lesenswert ist es vor allem wegen der genauen Stadtbeschreibung und der brillanten Charakterisierung real existierender Exzentriker Savannahs.

Restaurierung

Der ***Historic Savannah Foundation*** ist es zu verdanken, dass die Altstadt nicht umfassend »modernisiert« wurde. Sieben gut betuchte und engagierte Damen hatten sich 1955, nach Abbruch des alten Markts, vorgenommen, die Planierraupen fortan möglichst aus der Stadt herauszuhalten. Durch Ankauf von Häusern und deren Weiterverkauf an Privatleute mit strengen Auflagen für deren Erhalt und Modernsierung konnten tatsächlich über 1.000 Objekte gerettet werden. Dadurch blieben auch 22 der einst 24 oben beschrieben Plätze *bzw. Squares* weitgehend originalgetreu mit ihrer ursprünglichen Bebauung bestehen.

Geschichte

Gründung

Im Februar **1733** startete der englische General ***James Oglethorpe*** mit 114 Kolonisten ein außergewöhnliches Experiment: Die 13. Kolonie der englischen Krone in der Neuen Welt, Georgia, vor allem deren erste Siedlung, Savannah, sollte »Schuldhäftlingen«

aus dem Mutterland einen Neubeginn ermöglichen. Die gezielte Auswahl der Siedler und gleiche Startchancen für alle waren der Hintergrund für die urbane Planung mit ursprünglich gleich großen Grundstücken innerhalb der *wards.*

Entwicklung

Dank seiner dafür günstigen Lage zwischen Meer und Hinterland entwickelte sich Savannah schnell zum Umschlagplatz für Tabak, Baumwolle, Reis und Holz. Hier erfand 1793 ein *Ely Whitney* die erste Pflückmaschine und revolutionierte damit Baumwollanbau und -ernte im Süden. Zwar kam **Unionsgeneral *William T. Sherman*** 1864 bei seinem Plünderungszug durch Georgia auch nach Savannah, verschonte die Stadt jedoch, um sie *Abraham Lincoln* als »Weihnachtsgeschenk« zu übergeben.

Wirtschaft

Der Zusammenbruch des Baumwollmarktes zu Anfang des 20. Jahrhunderts führte Savannah zunächst ins Fiasko. Erst der Aufbau der Kriegsindustrie während des zweiten Weltkrieges sorgte wieder für einen Aufschwung. Der Hafen, damals größter an der südlichen Atlantikküste, der Flugzeugbauer *Gulfstream*, Zuckerraffinerien und die einst weltgrößte Papiermühle waren neben dem Militär bedeutende wirtschaftliche Stützen.

Heute spielt auch der **Tourismus** eine wichtige Rolle: Über 6 Mio. Besucher zählt die Stadt jährlich, wobei Olympia 1996 (Segelwettbewerbe) und das Buch von *John Berendt* (➪ oben) und seine Verfilmung erheblich zum Ruf Savannahs beigetragen haben.

Praktische Informationen

Information

Das ***Savannah Area Convention & Visitors Bureau***, ✆ 1-877-SAVANNA, www.savannahvisit.com, unterhält drei Informationsbüros. Das größte ist das ***Visitor Center*** im ehemaligen Bahnhof, 301 Martin Luther King Blvd, Mo-Fr 8.30-17 Uhr, Sa-So ab 9 Uhr; ✆ 912/944-0455. Weitere Besucherinformationen gibt es an der River Street (am Fluss) und im *Airport*, zudem auf Tybee Island.

Parken

Das **zentral** am westlichen Rand des historischen Savannah gelegene ***Visitor Center*** ist ein guter Ausgangspunkt für einen Stadtrundgang zu Fuß, zumal man dort und im Umfeld im allgemeinen auch freie Parkplätze findet.

Im Besucherzentrum gibt es auch einen kostenlosen **Reservierungsservice** für Hotels, Motels sowie *B&B*: ✆ 1-877-728-2662.

Historische B&B-Places

Wer sich Luxus und nostalgisches Flair gönnen möchte, findet ***über 30 Historic Inns***. Direktbuchung oder über eine zentrale Reservierung, z.B. ✆ 1-800-791-9393; www.savannahinns.com, Tarife ab minimal $120 bis über $400. Schöne Häuser sind u.a.:

- ***Magnolia Place Inn***, 503 Whitaker St, ✆ 912/236-7674, ✆ 1-800-238-7674, www.magnoliaplaceinn.com, ab ca. $160
- ***Hamilton-Turner Inn***, 330 Abercorn St, ✆ 912/233-1833, ✆ 1-800-448-8849, www.hamilton-turnerinn.com, ab ca. $190
- ***The Marshall House***, 123 E Broughton St, ✆ 912/644-7896, ✆ 1-800-589-6304, www.marshallhouse.com, 68 Zimmer, ab $160

Hotels im Zentralbereich

Aber es gibt auch die ganz normalen Kettenmotels und *Motor Inns* zu moderateren Tarifen. Wobei gilt: je weiter vom Zentrum entfernt, umso preiswerter. Die meisten Hotels der Mittel- bis Oberklasse im Innenbereich stehen entlang Bay Street zwischen Savannah River/*Factors Walk* und der Altstadt, darunter eng beieinander an der **West Bay Street** mit noch relativ erschwinglichen Tarifen ***Best Western***, ***Quality Inn*** und ***Comfort Suites***. In Nachbarschaft zum *Visitors Bureau* liegen ***Hampton Inn*** und eine ***Econolodge***. Dort sind auch die Parkmöglichkeiten besser als anderswo.

Savannah Gateway

Für Besucher ohne Vorausplanung gibt's nichts Besseres als die enorme Motel- und Innkonzentration am ***Savannah Gateway***, Exit #94 von der I-95. Die Ketten der unteren bis mittleren Kategorie sind dort mit relativ neuen Häusern fast komplett vertreten und werden ergänzt durch eine passende *Fast Food*-Gastronomie. Dort kommt man ab $50 gut unter. Nachteil ist die 13-mi-Distanz bis in die City.

Sonstige

Ein gutes Preis-/Leistungsverhältnis in weniger weit von Savannah entfernter Lage (ca. 5 mi) bieten

- ***Masters Inn & Suites***, 7110 Hodgson Memorial Dr, ab Abercorn Street (#204) via Eisenhower Drive, © 912/354-8560, ab $50, www.mastersinn-savannah.com
- ***Best West. Central***, 45 Eisenhower Drive, © 912/355-1000, ab $65

Ein »Geheimtipp«, da abgelegen, aber in schöner Umgebung im Grünen zwischen Airport und City (Exit #102), ist das

- ***Days Inn***, Dean Forest Road (#307), © 912/966-5000, ab $50

Billige Quartiere

Das ***Savannah International Hostel (HI)***, 304 E Hall Street am südlichen Rand der Altstadt, ist mit $35/Bett ungewöhnlich teuer, © 912/236-7744; nur März bis Oktober. Nicht viel mehr zahlt man ggf. für ein ganzes Zimmer in einem der **Billigmotels** entlang der **Ogeechee Road** (Straße #17).

Typisches Straßenbild in Savannah mitten in Downtown (Oglethorpe Ave)

Camping

Direkt im Stadtbereich gibt es keine Campingplätze. Die nächstgelegenen kommerziell geführten Plätze befinden sich auf Tybee Island (⇨ unten) und westlich der I-95: ***Bellaire Woods Campground***, ein schattiger Platz am Fluss, ca. 3 mi ab *Exit* 94 auf der Straße #204 in westliche Richtung, ✆ 912/748-4000, ✆ 1-800-851-0717, www.bellairewoods.com.

Einen guten *Campground* hat der ***Skidaway Island State Park*** (52 Diamond Causeway, ✆ 912/598-2300, 88 Plätze, mit Strand und Pool, ab $22) auf der gleichnamigen Insel, ca. 14 mi südöstlich, http://gastateparks.org/info/skidaway.

Südlich von Savannah (I-95, *Exit* 15, Straße #144) befindet sich im ***Ft. McAllister State Park*** ein weiterer Platz ✆ 912/727-2393, ab $18, *Backcountry* $5, http://gastateparks.org/info/ftmcallister.

Essen & Trinken

Am ***City Market***, Bull und Broughton Streets, findet man eine ganze Reihe beliebter Restaurants wie ***The Lady & Sons*** (www.ladyandsons.com), das ***Bistro Savannah*** (beide W Congress), ***Seasons*** oder ***City Market Café***. Im Bereich ***Riverfront*** kämen u.a. die ***Moon River Brewery*** (Front Street, www.moonriverbrewing.com), ***The Boar's Head*** (1 N Lincoln/River Street) oder das ***Olympic Café*** (5 East River Street, der »Grieche« der Stadt). in Frage. ***Seafood Restaurants*** gibt's besser auf Tybee Island, ⇨ unten. Spezifisch zu empfehlen sind außerdem:

- ***Mrs. Wilkes Dining Room***, 107 W Jones Street, nur ***Lunch*** Mo-Fr 11-15 Uhr, ✆ 912/232-5997, www.mrswilkes.com. Ihre Südstaatenküche *family style* ist ein Muss trotz oft Warteschlange: Fleischgerichte und Beilagen kommen in ständig nachgefüllten Schüsseln an große Tische. Self-service-Pauschalpreis ($13).
- ***Clary's Café*** (404 Abercorn Street) wurde zwar nach *John Berendts* Romanveröffentlichung (⇨ oben) noch bekannter, war aber bereits vorher fest zur Altstadtszene, speziell fürs Frühstück und *Weekend Brunch*, www.claryscafesavannah.com.
- ***The Olde Pink House***, 23 Abercorn/Reynolds Square, ✆ 912/232-4286, gilt als **das** Südstaaten-Feinschmeckerlokal der Stadt, www.frommers.com/destinations/savannah/D35841.html.

Shopping

Einkaufen kann man in Savannah mit Ausnahme der (touristischen) Läden an der Riverfront meist nur bis 17 Uhr. Im *Historic District* wird mancher die Buch- und Antiquitätenläden ganz interessant finden. Viele *Shops* gibt es um den ***City Market*** herum.

Die beiden größten **Einkaufszentren** der Stadt, die ältere ***Oglethorpe Mall*** (7804 Abercorn St) und die neuere helle ***Savannah Mall*** (14045 Abercorn St) liegen an der Straße #204 im Stadtsüden.

Free Shuttle

Catch the Cat Shuttle verkehrt **gratis** durch die historische Altstadt und berührt auf seiner weitläufigen Route die besonders reizvollen Squares und Strecken mit 32 Stopps. Ideal im Wechsel mit Spaziergängen, aber auch für einen Gesamteindruck. Gleichzeitig stellt der *Shuttle* an bestimmten Haltepunkten die Verbindung mit dem lokalen Bussystem (CAT) her.

Touren

Hop-on-hop-off Old Town Trolleys fahren im 20-min-Takt (9-16.30 Uhr, eine komplette Runde in 90 min, ab *Visitor Center, Riverfront* etc., sind aber trotz Erläuterungen arg teuer: $23 mit beliebiger Unterbrechung, bis 12 Jahre $10.

Geführte Touren zu Fuß veranstaltet u.a. ***Historic Walking Tours of Savannah***, 135 Bull Street, © 912/233-0119, ab $16.

Touren auf »Mississippi-dampfern« gehören in den USA auf vielen schiffbaren Flüssen zum touristischen Angebot, so auch an der Savannah Riverfront

Stadtbesichtigung

Orientierung & Parken

Dank der Planung *Oglethorpes* fällt die Orientierung in Savannah nicht schwer: Von der *Riverfront* ausgehend bildet die **Bull Street** die **Nord-Süd-Hauptachse**. An ihr liegen fünf Squares, beginnend mit den beiden ältesten, Johnson und Wright Square. Weitere 17 Squares unterbrechen jeweils östlich und westlich in regelmäßigen Abständen von 4 Blocks (Nord-Süd) bzw. 2 Blocks (Ost-West) den Straßenlauf zwischen diesen Plätzen. Sie sind fast alle nach Persönlichkeiten benannt, deren Denkmäler auf der Platzmitte stehen. Die ohne Unterbrechung durch Squares verlaufenden doppelspurigen **Oglethorpe** und **Liberty Aves** mit breiten Mittelstreifen voller uralter Eichen sind neben dem die Altstadt nach Süden abschließenden Victory Drive die zentralen Ost-West-Achsen.

Kurzparkplätze sind in der Stadt dank zahlloser Parkuhren relativ einfach zu finden, oft werden sie aber knapp. Gute Chancen auf ein freies Plätzchen hat man (für maximal 2 Stunden) zwischen Factors Walk und der West Bay Street möglichst weit westlich. Bewachte Parkplätze gibt es u.a. an der Riverfront.

Die folgende Beschreibung entspricht einem möglichen Stadtrundgang, der alle wichtigen Anlaufpunkte mit einschließt:

Geschichtsmuseum

Im alten Bahnhof befindet sich neben dem *Visitor Center* (301 M.L. King Blvd) das ***Savannah History Museum*** (täglich 9-17 Uhr, © 912/238-1779, $5, bis 12 Jahre $3). Filme, Dioramen, eine Baumwollpflückmaschine, eine alte Dampflok und allerhand weitere Objekte lassen dort die Stadtgeschichte lebendig werden.

Kunstmuseum Wenige Blocks nordöstlich des *Visitor Center* (über Oglethorpe und Barnard St) befindet sich der **Telfair Square** (1883). In seiner Nachbarschaft steht das ***Telfair Museum of Art & Mansion*** (121 Barnard St, Mo 12-17, Di-Sa 10-17, So ab 13 Uhr, © 912/232-1177, www.telfair.org, $9, Kinder 5-12 J. $4). Sehenswert sind speziell der *Oktagonal Room* und die *Rotunda Gallery*. Das Haus beherbergt das älteste Kunstmuseum im US-Südosten mit amerikanischer und europäischer Kunst aus dem 18.und19. Jahrhundert.

City Market Nördlich des Telfair Square liegt unübersehbar der ***City Market*** zwischen Bryan und Congress St. Schon vor Jahren musste der alte Markt großenteils einem Parkhaus weichen. In der verbliebenen Fußgängerzone findet man Souvenirshops, Galerien, Boutiquen mit Kunsthandwerk und *Eateries*.

Maritime Museum Den Franklin Square dominiert die ***First African Baptist Church*** (an der Westseite des Platzes, www.oldestblackchurch.org). Nur ein paar Schritte sind es von dort zum ***Ships of the Sea Maritime***

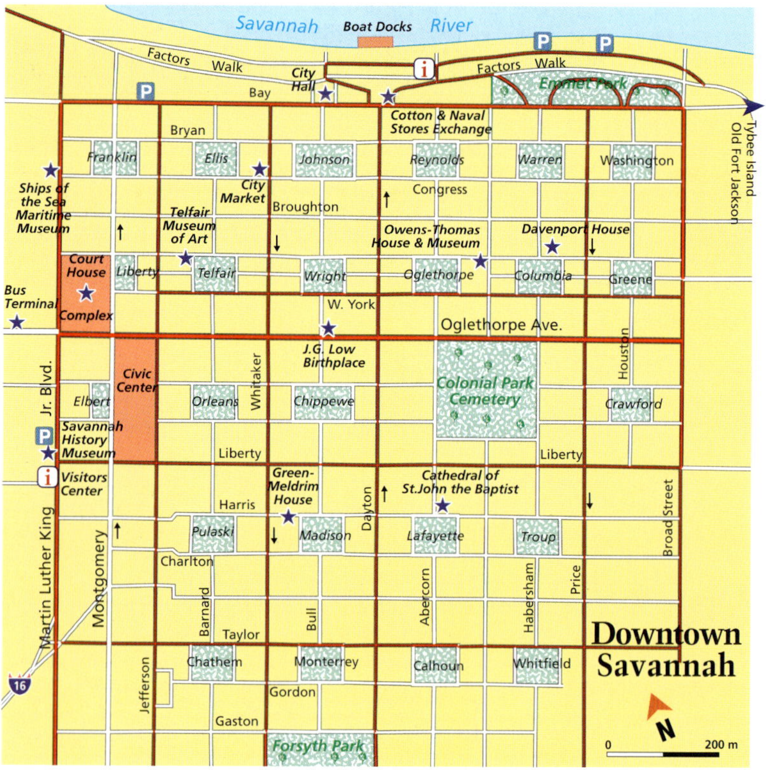

Museum (41 M.L. King Blvd, Di-So 10-17 Uhr, © 912/232-1511, $6, Schüler $4). In diesem umgebauten Lagerhaus sind kunstvoll gearbeitete Schiffsmodelle und Objekte wie Kompasse, Anker, Gallionsfiguren ausgestellt, alles in allem eher etwas für Kenner.

Factor's Walk

Das Ende des *Historic District* markiert die Bay Street. An ihrer Nordseite steht – auf Höhe Bull Street – die beachtliche ***City Hall***; links und rechts dahinter verlaufen die ***Factor's Walks West*** und ***East*** (dort zwängt sich auch noch der Emmet Park dazwischen), Promenaden hinter alten Lagerhäusern, die vom Fluss bis hinauf zum hohen Ufer reichen. Sie beherbergten einst unten die zu verschiffenden Güter, hier vor allem Baumwolle, während sich in den oberen Stockwerken die Büros befanden. Über Treppen und Stege verband man die einzelnen Gebäude und schuf damit zugleich einen ebenerdigen Zugang zur Stadt. Heute sind dort vor allem Shops und Restaurants untergebracht.

Riverfront

Zwischen den alten Lagerhallen führen einige steile Kopfsteinpflasterstraßen und Stufen zur River Street hinunter; auch Fahrstühle sind vorhanden (15 m Höhenunterschied maximal). Unten setzt sich die Reihe der Läden und Restaurants mitsamt ein paar Open-air Terrassen fort. Auch ein Büro der ***Tourist Information*** residiert dort. Am Kai warten Raddampfer und andere Boote auf Passagiere für hier eher »witzlose« *Cruises*. Ein Bootsshuttle verkehrt zum *Congress Center* und *Westin Hotel* am gegenüberliegenden Ufer. Immerhin erfasst man von unten besonders gut die Ausmaße des neuen Wahrzeichens der Stadt, die ***Great Savannah Bridge***, eine 600 m lange Hängebrücke 125 m über dem Fluss. Insgesamt ist die Riverfront alles in allem nicht eben aufregend.

Washington & Johnson Square

Von der East Bay Street gelangt man über die Houston Street zum **Washington Square** mit Wohnhäusern aus dem 18. und 19. Jahrhundert. Weiter geht es westlich via **Warren** zum **Reynold's Square**, an dessen Westende das ***Olde Pink House*** von 1790 steht. Der **Johnson Square** an der Bull Street, der schon 1733 angelegt wurde, bildete das Zentrum der Stadt in ihren Anfängen. Er wird von der ***Christ Episcopal Church*** überragt.

Wright Square

Vom Johnson Square geht es auf der Bull Street nach Süden. Der **Wright Square** stammt ebenfalls aus der Zeit der Stadtgründung und wurde nach dem letzten britischen Gouverneur benannt. Dort steht neben dem ***Old Post Office*** (das neue liegt zwei Blocks westlich am Telfair Square) und dem ***County Courthouse*** die ***Lutheran Church of the Ascension***. Die protestantische Sekte der »Salzburger« ließ sie 1778 errichten.

Bull Street & Oglethorpe Ave

Nur wenig südlich des Wright Square steht an der Bull Street das ***Juliette Gordon Low Birthplace & Girl Scout National Center*** (142 Bull/Oglethorpe Ave, Mo/Di, Do-Sa 10-16, So 12.30-16.30 Uhr, © 912/233-4501, $8, bis 18 J. $7). Das Gebäude mit sehenswerter Innenausstattung ist das Geburtshaus der Namensgeberin, die im Jahr 1912 die Organisation der ***Girl Scouts of America*** ins Leben gerufen hatte, www.girlscouts.org/who_we_are/birthplace.

James Oglethorpe & Tom Hanks

Nach Überquerung der – dank seiner Eichen und *Spanish Moss* malerischen – Oglethorpe Ave erreicht man zwei Blocks weiter den **Chippewa Square**. Auf dessen Mitte steht in Bronze der allgegenwärtige *James Oglethorpe* mit gezücktem Säbel.

An eben diesen Platz hat man später die Parkbank gestellt, auf der ***Tom Hanks*** zu Beginn des Films ***Forrest Gump*** auf den Bus wartete. Die Bank ist jetzt im *Savannah History Museum* zu bewundern; http://de.wikipedia.org/wiki/ Forrest_Gump.

Forsyth Park

Den Endpunkt der Platzfolge bildet der **Monterey Square** (1847). Er wird vom Tempel ***Mickve Israel*** beherrscht, einer Synagoge (http://mickveisrael.org). Der sich anschließende ***Forsyth Park*** markiert das Südende des Zentrums.

Lafayette Square

Auf der Nord-Süd-Achse Abercorn Street liegt der ***Lafayette Square*** mit dem ***Hamilton-Turner Mansion*** (330 Abercorn St, heute ein eindrucksvolles ***B&B*** mit schönem Garten, ➪ Empfehlungen Seite 380). Gegenüber kann man mit dem ***Andrew Low House*** ein ähnliches Gebäude besichtigen (329 Abercorn, Mo-Mi, Fr/Sa 10.30-16, So ab 12 Uhr, © 912/233-6854, Eintritt $8, Kinder bis 12 $4,50, www.andrewlowhouse.com).

An der Nordostecke des Platzes streckt die ***Cathedral of Saint John the Baptist*** ihre spitzen Türme hoch in den Himmel, die Kirche der ersten römisch-katholischen Gemeinde Georgias.

Zwei Blocks weiter stößt man auf den ***Colonial Park Cemetery***. Der 1750-1853 genutzte Friedhof ist Ruhestätte großer Persönlichkeiten der Stadt und heute eine besondere Art Park, www.graveaddiction.com/colopark.html.

Über die Oglethorpe Ave nach Osten, dann Houston Street, erreicht man **Greene** und – zurück über State Street – den **Columbia Square**. Dort passiert man das ***Davenport House***, ein weiteres besonderes Schmuckstück der Stadt (324 E State, Mo-Sa 10-16, So ab 13 Uhr, © 912/ 236-8097, $8, bis 18 Jahre $5, www.davenporthousemuseum.org). Das im *Federal-Style* erbaute *Mansion* wurde 1955 als erstes

Cathedral of St. John the Baptist

Objekt überhaupt vorm Abbruch gerettet und restauriert. Von außen wirkt es mit seiner schlichten Ziegelfassade eher bescheiden, besticht aber im Inneren mit doppelt geschwungenen Treppen und sehenswerter stilechter Einrichtung.

Oglethorpe Square

Auch der letzte Platz auf diesem Rundgang, der **Oglethorpe Square** hat mit dem ***Owens-Thomas-House and Museum*** (124 Abercorn Street, Mo 12-17, Di-Sa 10-17, So ab 13 Uhr, © 912/233-9743, $9, bis 12 Jahre $4, Schüler $6) noch etwas zu bieten.

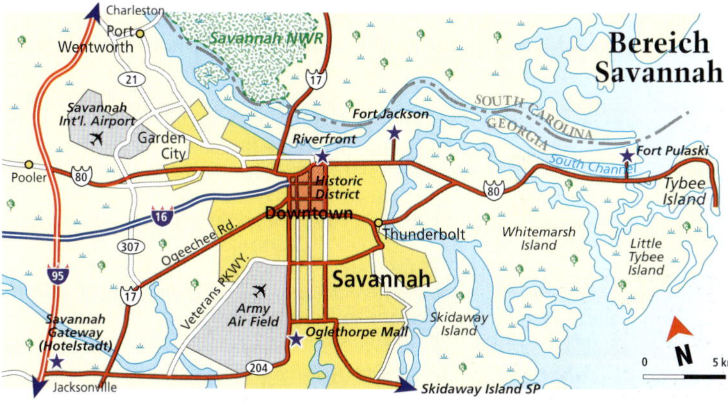

Abstecher nach Tybee Island

Anfahrt

Ein Besuch Savannahs wäre nicht komplett ohne einen kurzen Abstecher Richtung **Tybee Island** an der Mündung des Savannah River in den Atlantik. Von der Bay Street/*Riverfront* führt die verlängerte President Street als ***Island Expressway*** zur Insel. Ebenso gelangt man nach Tybee Island über die Verlängerung des **Victory Drive** (die breite Hauptstraße #80, die im Stadtbereich fast ganz von *Live Oak* und *Spanish Moss* überwachsen ist und unbedingt mal abgefahren werden sollte). Sie vereinigt sich 6 mi östlich von Savannah mit dem *Island Expressway* und führt weiter durch eine von Wasserläufen durchzogene pittoreske Marschlandschaft. Über eine letzte **Hochbrücke** erreicht man nach fast 20 mi Tybee Island, Naherholungsgebiet der Bürger Savannahs.

Zwei alte **Festungen** am Wege verdeutlichen die einst große strategische Bedeutung Savannahs und der vorgelagerten Inseln:

Fort Jackson

Zum stadtnäheren ***Old Fort Jackson***, ab 1808 erbaut, gelangt man über die Stichstraße Fort Jackson Road (ca. 1 mi), die 3 mi östlich der Riverfront vom *Island Expressway* abzweigt. Das alte Backsteinfort am Fluss ist die weniger spektakuläre der beiden gut erhaltenen bzw. restaurierten Anlagen und nur bei klarem Wetter und Weitblick über die Flusslandschaft besuchenswert (kleines *Visitor Center*, 9-17 Uhr, © 912/232-3945, $4/$2,50).

Fort Pulaski

Interessanter ist ein Besuch im hervorragend instandgesetzten ***Fort Pulaski*** auf der künstlichen Insel Cockspur Island, einem ***National Monument*** ca. 15 mi von Savannah entfernt (im Sommer täglich 8.30-18.45 Uhr, sonst bis 17.15 Uhr; © 912/786-5787, www.nps.gov/fopu, $3/Auto+Insassen oder *National Parks Pass*).

Geschichte

An der Anlage wurde ab 1829 über 18 Jahre lang gebaut. Ihr Name geht zurück auf ***Casimir Pulaski***, einen aus Polen stammenden Befehlshaber in der amerikanischen Revolutionsarmee, der 1779 beim vergeblichen Versuch fiel, Savannah von den Engländern zu befreien. Die meterdicken Mauern der Festung galten als unzerstörbar durch weiter als 1000 Fuß entfernte Artillerie. Wegen neuer Kanonen mit gezogenem Lauf und durchschlagsstärkerer Granaten hielt das Bollwerk 1862 dem Bombardement durch eine Expeditionstruppe der Union auf Tybee Island nur 30 Stunden stand.

Situation heute

Cockspur Island ist heute über eine Brücke per Auto erreichbar. Das von Wassergräben und Außenbefestigungen umgebene Fort liegt inmitten eines grünen Parks. Der Zugang erfolgt durch ein ***Visitor Center***. In dem als Fünfeck errichteten Bauwerk befindet sich – außer den Quartieren der Mannschaft, Pulverkammer etc.– ein ausgedehntes Gangsystem zwischen und unter den Batterien. Vor allem auf dem offenen Obergeschoss (schöner Weitblick über die Mündung des Savannah River) stehen noch zahlreiche Kanonen auf ihren alten Drehgestellen.

Beach House mit Fast Food und Fishing Pier am südlichsten Zugang des meilenlangen Tybee Island Strandes

Tybee Island

Tybee Island, die nördlichste der der Georgia-Küste vorgelagerten *Barrier Islands*, verfügt über einen ununterbrochenen breiten und hellen Strand. Leider wurde die Küste ziemlich zugebaut.

Das ***Visitor Center*** kann man am Ortseingang an der Hauptstraße #80 nicht übersehen. Dort ist man auch bei einer Quartiersuche behilflich, © 1-800-868-BEACH, www.tybeevisit.com.

An der Nordspitze steht unübersehbar der alte **Leuchtturm** von 1773 (Aussichtsplattform in 45 m Höhe) mit einem – mäßig interessanten – Regionalmuseum, ***Tybee Museum & Lighthouse***.

Geöffnet täglich 9-17.30 Uhr, © 912/786-5801, kombinierter Eintritt $6, www.tybeelighthouse.org. Gleich dahinter erstreckt sich ein sehr breiter Strandabschnitt. Parken ist dort kein Problem.

Von der Hauptroute Butler Ave führen kurze Stichstraßen in Richtung *Beach*. An deren Ende findet man Fußwege durch die Dünen zum Strand. Oft ist dort aber der Parkraum rar; mehr Platz steht auf Höhe der Seebrücke (*Fishing Pier*) im Süden zur Verfügung.

Fazit

Ein ergiebiges touristisches Ziel ist die Insel zu keiner Zeit; vor *Memorial* und nach *Labor Day* ist es auf ihr an Wochentagen auch extrem ruhig, daher vielleicht für manchen gerade attraktiv.

Unterkunft & Camping

Mit Quartieren ist Tybee Island gut bestückt. Viele der **H/Motels** liegen an der Zufahrtstraße und im Bereich der Butler Ave. Neben Kettenmotels wie ***Howard Johnson*** oder ***Super 8*** (um $100 April, Mai und September, im Sommer darüber) stehen u.a. zur Wahl:

- ***Lighthouse Inn***, 16 Meddin Dr, © 1-866-786-0901, ab $125; netter kleiner *B&B Place*, www.tybeebb.com
- ***DeSoto Beach***, 212 Butler Ave, © 1-877-786-4542, $90-$200, modernes *Beach Motel*, www.desotobeachhotel.com
- ***Savannah Beach Inn***, 21 Officers Row, © 1-800-844-1398, ab $150 historisches Haus, originell, www.savannahbeachinn.com

Ein Campingplatz fehlt ebenfalls nicht: der ***River's End Campground & RV Park*** liegt am Nordende (gleich hinter der Brücke nach links in die Polk Street abbiegen) mit Strandzugang und Pool, © 1-800-786-1016, ab $30, www.riversendcampground.com

Restaurant

Überaus originell ist ***The Crab Shack*** *(at Chimney Creek)*, Estill Hammock Road, hinter der Brücke gleich rechts ab, © 912/786-9857, www.thecrabshack.com. Dort sitzt man schattig und rustikal am Wasser und überschaut die Marschlandschaft von wackligen Plastikstühlen aus. Nichtsdestoweniger wird dort *Seafood* mit dem besten Preis/Leistungsverhältnis weit und breit serviert. Auch für den Krabbencocktail und ein Bier lohnt der kleine Abstecher (ausgeschildert). Auf keinen Fall auslassen!.

»The Crab Shack«. Wer nach Tybee Island fährt, darf an diesem originellen Seafood Restaurant auf der Marschseite der Insel auf keinen Fall ohne Stopp vorbeifahren

Gebäude im liebevoll rekonstruierten Palisadenfort King George

3.4.2 Von Savannah über die Golden Isles nach Jacksonville

Zur Route

Abstecher

Die Weiterfahrt von Savannah nach Jacksonville im Norden Floridas kann nach wie vor auf der #17 erfolgen, schneller geht's aber nun auf der I-95 (155 mi). Ob #17 oder I-95, einen Abstecher zu den ***Golden Isles*** (➪ unten) wird man nicht bereuen. Wer nicht ohnehin auf der (unspektakulären) #17 unterwegs ist, verlässt bei Darien die *Interstate* (*Exit* 47) und setzt die Fahrt auf der #17 fort. **Darien**, eine schottische Gründung von 1736 und heute ein Zentrum des *Shrimp-Fishing*, liegt an einem Wasserlauf des verzweigten Mündungsdelta des Altamaha River. Die Darien und nördlich davon vorgelagerten *Barrier Islands* (z.B. Woolfe, Sapelo, Blackbeard Island) sind nur per Privatboot erreichbar.

Fort King George

Unweit südlich des Ortes befindet sich der ***Fort King George State Historic Site*** (ausgeschildert ab Straße #17, Di-Sa 9-17 Uhr, So 14-17.30 Uhr, ✆ 912/437-4770, $5), eine sehenswert nach alten Plänen neu errichtete britische Befestigung aus der Mitte des 18. Jahrhunderts mit Palisaden auf Erdwällen, alten Kanonen, einigen Blockhäusern und Museum im *Visitor Center*. 1721 bis 1736 war dies der südlichste Außenposten der englischen Kolonialmacht in Nordamerika.

Hofwyl-Broadfield

Ein paar Meilen weiter südlich liegt die ehemalige Reisplantage ***Hofwyl-Broadfield Plantation***, ein weiterer ***State Historic Site***, mitten in den Sümpfen des Altamaha Mündungsdelta (5556 Straße #17 N, Di-Sa 9-17, So 14-17.30 Uhr, ✆ 912/264-7333, $5). Zur Blütezeit bewirtschafteten dort über 300 Sklaven rund 3000 ha Anbaufläche. Das Herrenhaus beherbergt heute eine Ausstellung zu Plantagenleben und Reisanbau. Eine gute Besichtigungsalternative zu den oft zu teuren *Plantations* in Privatbesitz.

Brunswick

Golden Isles

Etwa 15 mi südlich von Darien (via Straße #17 oder I-95, *Exit* 36) erreicht man die Stadt Brunswick (16.000 Einwohner), die sich gern mit als ***Gateway to the Golden Isles*** schmückt. Die »Goldenen Inseln« umfassen – als Teil der *Barrier Islands* vor der gesamten Atlantikküste – die gesamte Inselwelt vor Georgias Küste von Tybee Island im Norden bis hinunter nach Cumberland Island an der Grenze zu Florida. Über Brücken mit dem Festland verbunden sind nur drei von ihnen: **St. Simons Island**, **Sea Island** und **Jekyll Island**, alle in der Umgebung von Brunswick.

Information

Brunswick & Golden Isles Visitors Bureau, 4 Glynn Ave, © 912/265-0620 und © 1-800-933-2627, täglich 9-17 Uhr, www.bgivb.com. ***Welcome Center*** an der I-95 zwischen *Exits* 29 und 36.

Unterkunft

Entlang der I-95, vor allem zwischen *Exit* 47 (Darien) und #36 (Brunswick) befinden sich zahlreiche H/Motels (ab $39), u.a.

- ***Super 8***, I-95 *Exit* 47, Darien, © 912/437-6660, ab $45
- ***Baymont Inn***, 105 Tourist Drive, I-95 *Exit* 36A, Brunswick, © 912/265-7725, ab $48
- ***Sleep Inn***, 5272 New Yesup Hwy, I-95 *Exit* 36B, Brunswick, © 912/261-0670, ab $50 mit Frühstück

Die preiswerteste Alternative zur Unterkunftsfrage ist im Raum Brunswick das ***Hostel in the Forest***, 3901 Straße #82, © 912/264-9738, $15/Person im Mehrbettzimmer, www.foresthostel.com.

In Brunswicks Altstadt gibt es mehrere *B&Bs*, z.B.:

- ***Brunswick Manor***, 825 Egmont Street, © 912/265-6889, ab $90, www.brunswickmanor.com; schönes Haus und Grundstück, Einrichtung etwas überladen
- ***Waters Hill B&B***, 728 Union St, © 912/264-4262, ab $85, www.watershill.com; auch gut, aber etwas kitschige Einrichtung

Camping

Verkehrsgünstig und schön liegt der komfortable, gut angelegte ***Blythe Island Regional Park & Campground***, 6616 Blythe Island Hwy, ab I-95 *Exit* 29, dann #17 0,5 mi, dann #303N 3 mi, © 1-800-343-7855, $19. Sogar eine *Swimming Beach* ist vorhanden.

Essen & Trinken

Zu empfehlen sind in dieser Region vor allem Fischlokale:

- ***Jinright's Seafood House***, 2815 Glynn Ave, © 912/267-1590
- ***Captain Joe's Seafood***, 3303 Glynn Ave, © 912/262-9878, www.captainjoesseafood.com
- ***Wilson's Seafood***, 3848 Darien Hwy, © 912/267-0801
- ***The Georgia Pig***, I-95/Straße #17 S, © 912/264-6664) hat (angeblich) das beste BBQ zwischen Maine und Miami

Old Town Brunswick

Viktorianische Architektur aus dem späten 19. Jahrhundert prägt das Straßenbild in der kleinen verkehrsberuhigten ***Old Town Brunswick*** (zwischen London/Prince u. Albany/Ellis Streets). Das bedeutendste Gebäude ist das ***Mahoney-McGarvey House*** (1709 Reynolds St) gegenüber dem *Courthouse* (Union/G-H St).

Waterfront

Obwohl sich Brunswick mit der schönen Bezeichnung ***Shrimp Capital of the World*** schmückt, gibt es bei den *Shrimp Docks* (Bay Street am Brunswick Harbor) nicht viel zu sehen. Schon gar keine Fischerhafenidylle wie etwa auf Tybee Island.

St. Simons Island

The Village

www.stsimonsguide.com

Östlich Brunswick liegt ***St. Simons Island***, die zweitgrößte Insel der *Golden Isles* nach Cumberland. Gleich hinter dem Ende des ***Torras Causeway*** (*Toll*) führt nach rechts der Kings Way zum Hauptort der Insel, **The Village**. Im Bereich der Mallory Street/ Kings Way und Ocean Blvd gibt es Shops und einige Lokale. Eine Pier ragt am Ende der Mallory St in den St. Simons Sound.

Information

St. Simons Island Visitors Center, 530 Beachview Drive am *Neptune Park*, Mo-Fr 9-17, Sa 10-14 Uhr, © 912/638-9014.

Am Ostende des sich anschließenden ***Neptune Park*** steht unübersehbar der Leuchtturm. Das ***St. Simons Island Lighthouse Museum***, 101 12th Street, Mo-Sa 10-17 Uhr, So ab 13.30 Uhr, Eintritt $5, bis 11 J. $2,50, vermittelt Details der lokalen Geschichte.

Shopping/ Restaurants

Ein weiteres kommerzielles Zentrum (Shopping und Restaurants) auf der dicht mit Privatvillen bebauten Insel befindet sich im Kreuzungsbereich der Frederica und Demere Road (verlängerte Fortsetzung des *Torras Causeway*) unmittelbar nördlich des Flughafens (***Redfern & Retreat Villages***). Dort steht auch das rechts empfohlene ***Quality Inn***.

Fort Frederica

General Oglethorpe (➪ Geschichte Savannah, Seite 379f) hatte bereits 1736 mit dem ***Fort Frederica*** auf St. Simons Island einen ersten Militärposten in Georgia gegründet. Nach einem vergeblichen Angriff der Briten unter *Oglethorpe* auf St. Augustine versuchten die Spanier 1742, die damals größte britische Festungsanlage in Nordamerika einzunehmen. Die ***Battle of Bloody Marsh*** endete in einem Debakel für die Spanier. Nachdem 1758 die um das Fort entstandene Ortschaft durch Feuer weitgehend zerstört wurde, unterblieb ihr Wiederaufbau.

Das heutige ***National Monument*** erreicht man auf der Frederica Road nach Norden (ca. 5 mi ab Kreuzung *Redfern Village*, täglich 9-17 Uhr, www.nps.gov/fofr; $4 oder *National Parks Pass*). Es ist wegen seiner schönen Lage am Frederica River einen Abstecher mit Spaziergang übers Gelände wert, obwohl es neben erodierten Erdwällen, ein paar Grundmauern und einigen alten Kanonen nicht viel zu sehen gibt.

Unterkunft

Auf St. Simons Island sind die Quartiere nicht ganz billig, empfehlenswert folgende Häuser, so z.B.

- ***Queen's Court Motel***, 437 Kings Way, © 912/638-8459, ab $69, www.queenscourtmotel.com
- ***Sea Gate Inn***, 1014 Ocean Blvd, © 912/638-8661, www.seagateinn.com, ab $170. Apartments am Strand plus Pool.
- ***Quality Inn Island House***, 411 Longview Plaza (Frederica Road), © 912/634-0660, ab $82; schönes Motel mit Indoor Pool.

Campingplätze existieren nicht auf der St. Simons Island-Gruppe.

Sea und Little St. Simons Islands

Cloister Hotel

Über den *Sea Island Causeway* (ab oberer Frederica Road südlich der Fortanlage). geht es von St. Simons nach **Sea Island**. Ein Großteil der Insel befindet sich in Privatbesitz, so dass kaum Serviceeinrichtungen existieren. Der öffentliche Zugang zum Strand ist faktisch kaum möglich, weil überall – einschließlich der kurzen Stichstraßen an den Strand – Halteverbote gelten. Für normale Sterbliche lohnt sich die Anfahrt nur zur Bewunderung des hier versammelten Immobilienbesitzes.

International bekannt ist das ***Cloister Resort Hotel***, ein Riesenkomplex gleich eingangs der Insel. Es ist eine der besten Luxusadressen der USA (© 912/638-3611, www.seaisland.com, 286 Zimmer, ab ca. $500). Hier nächtigten schon die *Queen of England* und fast jeder US-Präsident.

Little St. Simons Island

Little St. Simons ist komplett in Privatbesitz. Nur 24 Besucher pro Tag bzw. Nacht sind auf der Insel zugelassen (Bootsverkehr auf Anmeldung ab *Hampton River Club Marina* an der Nordecke von St. Simons Island, Lawrence Road, © 912/638-3611, © 1-888-733-5774). So blieb das Eiland ein Naturparadies. Die Inselverwaltung (Infos im *The Lodge*, ➪ unten) bietet botanische Touren mit Jeep oder zu Fuß über die Insel an.

Unterkunft

Das *Cloister Resort* auf Sea Island (➪ oben) ist schon nicht für jeden Geldbeutel geeignet. ***The Lodge on Little St. Simons Island*** sorgt mit Tagestarifen ab ca. $700 für noch mehr Exklusivität in romantisch-luxuriös ausgestatteten Hütten (einschließlich Vollpension, Drinks an der Bar und Inselprogramm, © 1-888-733-5774, www.littlestsimonsisland.com).

Hochbrücke der Straße #17 über den Brunswick River

Jekyll Island Club Hotel auf der dem Festland bzw. den Sümpfen zugewandten Seite der Insel

Jekyll Island

Geschichte

Ende des 19. Jahrhunderts schlossen sich betuchte »*Yankees*« wie *Rockefeller, Pulitzer* oder *McCormick* zusammen, kauften die nur 23 km^2 große Insel für ganze $125.000 und gestalteten sie zu ihrer Privatspielwiese um. Nach der Weltwirtschaftskrise in den 1930er-Jahren wurden Club und Insel von der *High Society* aufgegeben. 1947 kaufte der Staat Georgia Jekyll Island für $650.000 und stellte Teile davon unter Naturschutz. Heute ist die Insel ein beliebtes Mittelklasse-Ferienziel. Zwar logieren Bessergestellte immer noch im traditionsreichen *Jekyll Island Club*, aber das Gros der Unterkünfte bilden einige Mittelklassehotels am Beach View Drive hinter dem 16 km langen Strand und vor allem zahlreiche relativ preiswert als Ferienhäuser vermietete Anwesen rund um die Insel.

Anfahrt

Verlässt man Brunswick auf der #17 Richtung Süden, zweigt gleich nach der Hochbrücke über den Brunswick River der ***Jekyll Causeway* #520** ab. Nach einer Fahrt (8 mi) durch die Marschlandschaft rund um die Mündung des Flusses passiert man zunächst das

Information

Jekyll Island Welcome Center, täglich 9-17 Uhr, © 1-877-933-5955. Dort gibt es Inselkarte und -information; www.jekyllisland.com

Strand

Nach Überquerung des Jekyll River (*Toll*) stößt man geradeaus (Ben Fortson Parkway) automatisch auf die breite Strandstraße **Beachview Drive** hinter der Küstendüne. Auf ihr kann man die ganze Insel umrunden, lediglich die Bezeichnung der Straße ändert sich auf der Westseite in Riverview Drive.

Jekyll Island Club Hotel

Der bereits 1886 gegründete exklusive ***Jekyll Island Club*** legte sich auf der Westseite der Insel nördlich der Brücke ein großes Clubgebäude zu, das den Mitgliedern auch als Gästehaus diente. Später bauten die sich eigene Villen rund um das Clubgelände, und aus dem einstigen Club wurde das ***Jekyll Island Club Hotel,*** in dem heute die besseren Zimmer nicht unter $250 kosten (© 912/635-2600, www.jekyllclub.com, ab ca. $150).

Millionaire's Village

Von alten Zeiten zeugt der ***Jekyll Island Club Historic District*** mit dem ***Millionaire's Village***, über 30 Villen der Gründer. *Tramtours* starten ab dem *Museum Orientation Center* an der Stable Road, die hinter dem Club Hotel um das Viertel herum läuft; © 912/635-2762, $12 (Museum Di-Sa 9-21, So+Mo bis 17 Uhr). Wer auf Erläuterungen verzichten mag, kann sich die Villen der Millionäre auch auf einem Spaziergang oder per Fahrrad ansehen.

Fahrradverleih

Fahrräder leiht man direkt im *Club Hotel* (Rezeption) oder bei ***Wheel Fun Rentals*** am 60 S Beach View Drive (beim *Days Inn*).

Und sonst noch?

Radtouren rund um die Insel oder Teilbereiche davon sind ebenfalls recht populär. Per Rad, mit Auto sowieso, liegen auch die **Picknickplätze** an beiden Enden der Insel in Reichweite. Ein kleines ***Shopping Center*** steht am Beachview Dr/Ben Fortson Pkwy. Und der ***Summer Waves Water Park*** wartet im Sommer mit seinen Rutschen auf Besucher. Trotz der geringen Größe von Jekyll Island gibt's gleich drei **Golfplätze** und einen ***Fishing Lake***.

Unterkunft & Camping

Günstiger als im *Jekyll Island Club Hotel* kann man in mehreren Häusern direkt am Atlantikstrand nächtigen, z.B.:

- ***Days Inn***, 60 S Beachview Dr, © 912/635-9800, ab $60, auf der Atlantikseite mit Balkon/Terrasse ab $70. Gute Anlage
- ***Clarion Resort***, 975 N Beachview Dr, © 912/635-2531, ab $82, großzügiger Komplex am Meer.

Apartments und **Ferienhäuser** mietet man (wochenweise) unter www.parker-kaufman.com/jekyll, © 1-888-453-5955.

Am Nordende unweit des Atlantik und von viel Grün umgeben liegt der komfortable ***Jekyll Island Campground*** (North Beachview Drive, © 912/635-3021 oder © 1-866-658-3021, ab ca. $22).

»See you later, alligator«

Der Alligator ist in den Südstaaten allgegenwärtig und fast schon ein Maskottchen. Zur Familie der Krokodile gehörend, hat er, anders als diese, eine breite Schnauze mit einer speziellen Tasche im Oberkiefer, um den vergrößerten unteren vierten Zahn aufzunehmen. *Gators* leben in den Marschregionen und Sümpfen des US-Südens von Florida bis hoch nach South Carolina und entlang Golfküste und Mississippi. Wer dort unterwegs ist, hat gute Chancen, ein paar Alligatoren »in freier Wildbahn« zu Gesicht zu bekommen.

Weibchen werden meist nicht länger als 3 m, Männchen bis 4 m – einige Exemplare bringen es auf 5 m Länge. Im späten Frühjahr legen die Weibchen 50 bis 100 Eier in ein Nest, in dessen Nähe sie bleiben, bis nach 65-70 Tagen die etwa 20 cm langen Jungen ausschlüpfen. Sie sind rasch selbständig und gehen ihrer eigenen Wege, doch nur wenige überleben die ersten Jahre. Die *Mini-Gators* wachsen anfangs noch etwa 30 cm pro Jahr, danach nur mehr 15-20 cm. Ein Gator kann 50 Jahre alt werden und ist bei der Ernährung nicht wählerisch: Fische, Vögel, Kleintiere, auch Aas stehen auf dem Speiseplan. In der Ruhephase zwischen Oktober und Frühsommer wird jedoch gefastet.

Man sollte sich von den scheinbaren Schwerfälligkeit dieser Kaltblütler nicht täuschen lassen; sie können sich auf kurzen Distanzen blitzschnell fortbewegen. Daher tut man gut daran, sich ihnen nicht leichtfertig zu näher. In der Regel nehmen sie vor Menschen reißaus und gelten nicht als angriffslustig.

Nachdem die *Gators* vor Jahren fast ausgerottet wurden, haben sich die Bestände in letzter Zeit erholt. Hin und wieder soll eine streng vom Staat überwachte Jagd dafür sorgen, daß die Tiere nicht überhand nehmen. Häute und Fleisch der offiziell getöteten Tiere dürfen zwar verkauft werden, aber sonst herrscht Artenschutz. Nur Farmalligatoren gelangen ohne Restriktionen in den Handel oder auf die Speisekarte. Vor allem im *Cajun Country* in Louisiana und am Tamiami Trail in Florida wird Gator-Fleisch (von Zuchtfarmen) als Spezialität angeboten, die man durchaus probieren sollte.

Cumberland Island

Anfahrt

Cumberland Island steht überwiegend als ***National Seashore*** unter Naturschutz (www.nps.gov/cuis). Nur eine Fähre der Nationalparkbehörde ab **St. Mary's** in der äußersten Südostecke von Georgia (8 mi südöstlich der I-95) sorgt für die Verbindung zum Festland ($15, Kinder bis 12 $10; plus $4 Nationalparkgebühr pro Person, im Sommerhalbjahr täglich 9/11.45 Uhr, zurück 10.15/16.45 Uhr, Oktober bis April nur Do-Mo, Reservierung unter © 1-877-860-6787). Ein ***Visitor Center*** steht an St. Mary's *Waterfront*.

Lediglich 300 Besucher sind pro Tag zugelassen (je 150 pro Schiff, keine Autos), so dass besser reserviert werden sollte. Aktuelle Information unter © 1-888-817-3421 bzw. unter www.nps.gov/cuis.

Kennzeichnung

Auf der größten und südlichsten der *Barrier Islands* in Georgia, fast in Sichtweite Floridas, erwarten den Besucher neben vielseitiger Küstenflora und -fauna (von Wildpferden bis zu **Alligatoren**) lange weiße Sandstrände hinter Dünen. Eine Marschregion bietet zahlreichen Tieren, darunter den ***Loggerhead Turtles*** (seltenen Schildkröten), Unterschlupf. Über die Insel verteilt finden sich die auch als Ruinen noch beachtliche Millionärsferiensitze.

Unterkunft & Camping

Noch immer von Mitgliedern der *Carnegie*-Familie, früher einmal Eigentümerin eines Großteils der Insel, wird das eindrucksvolle, nostalgische ***Greyfield Inn*** betrieben, ✆ 912/261-6408 & ✆ 1-866-410-8051, www.greyfieldinn.com, ab $350/Tag und DZ und Vollpension etc. für alle, die nicht auf den Dollar schauen.

Erschwinglichere Quartiere gibt es in **St. Mary's**, z.B.:

- ***Cumberland Island Inn***, 2710 Osborne St, ✆ 912/882-7490 und ✆ 1-800-768-6250, ab $60; modernes Mittelklasse-Motel.
- ***Spencer House B&B Inn***, 200 Osborne St, ✆ 912/882-1872, www.spencerhouseinn.com, ab $115.
- ***Goodbread B&B*** , 209 Osborne St, ✆ 912/882-7490, www.goodbreadhouse.com, ab $135.

Camping

Wer sein Zelt dabei hat, darf auf Cumberland Island im ***Sea Camp*** ($4) unweit des Fähranlegers oder auf einfachen *Campsites* im Hinterland (mit *Permit* für $2) übernachten – vorherige Reservierung beim *National Park Service* nötig, ✆ wie Fähre.

Auf dem Festland liegt wunderbar am namensgebenden Wasserlauf der ***Crooked River State Park*** ca. 4 mi nördlich der Straße #40 nach St. Mary's mit einem guten Campingplatz (ab $20), *Cottages* bis 6 Personen (ab $85) und einem großen Swimmingpool, ✆ 912/882-5256, http://gastateparks.org/info/crookriv, Reservierung ➪ Seite 135.

Exkurs

Abstecher zum Okefenokee Swamp

Von Brunswick bzw. von St. Mary's aus ist es nur noch ein Katzensprung bis Florida (ca. 35 mi bzw. 12 mi).

Anfahrt

Ein Abstecher zum *Okefenokee Swamp* (offiziell: ***Okefenokee National Wildlife Refuge and Wilderness Area***) wäre vorher noch zu erwägen. *Okefenokee* ist eines der größten und sehenswertesten Sumpfgebiete der Südstaaten außerhalb Floridas. Den **Nordzugang** des *Okefenokee* erreicht man über **Waycross**, gute 50 mi westlich von Brunswick (Straße #82). Wer auf den Besuch von Waycross verzichtet, kann die Anfahrt zum Sumpf abkürzen. Die Straße #177 durch den oberhalb des *Okefenokee* gelegenen ***Laura Walker State Park*** führt über den *Waycross State Forest* zum Nordeingang des *Okefenokee Park*.

Waycross

Das 15.000-Einwohner-Städtchen hat zwar einen historischen Kern, ist aber insgesamt nicht attraktiv. Das ***Tourism Bureau & Visitors Center*** befindet sich im *Train Depot* (Bahnhof) von Waycross an der Plant Ave (ausgeschildert, täglich 9-17 Uhr, ✆ 912/283-3744, www.swampgeorgia.com).

Über Geschichte, Kunst und Natur der Region informiert das ***Okefenokee Heritage Center*** nordwestlich der Stadt (Straße #1/#23 Augusta Ave, Di-Sa 10-17, So 14-17 Uhr, ✆ 912/285-4260, $3). In der Anlage stehen u.a. eine Dampflok und alte Waggons. Dennoch nicht nur etwas für Eisenbahnfans.

Unterkunft

Waycross verfügt über reichlich Bettenkapazität. Die Häuser der **Motelketten** liegen mehrheitlich im Kreuzungsbereich des South Georgia Parkway #82 mit der #1/#23 bzw. etwas weiter diese Straße hinunter in Richtung Jacksonville:

- ***Hampton Inn***, 1720 Brunswick Hwy, © 912/285-5515, ab $69
- ***Holiday Inn***, 1725 Memorial Dr, © 912/283-4490, ab $60
- ***Jameson Inn***, 950 City Blvd, ab der #1, © 912/283-3800, ab $58

Für alle diese Häuser kann man unter www.swampgeorgia.com ***10%-Discount Coupons*** herunterladen und ausdrucken.

Camping

- Camper sind im ***Laura S. Walker State Park*** am besten aufgehoben. Der *Campground* des Parks liegt sehr schön am See mit 11 »Premium«-Stellplätzen direkt am Wasser; Wanderwege, Bootsverleih; © 912/287-4900; $18-$21, http://gastateparks.org/info/lwalker.
- ***Okefenokee Pastimes*** an der #121, 8 mi südlich von Folkston, gegenüber der Zufahrt zum ***East Entrance*** in den *Okefenokee*, © 912/287-4900, www.okefenokee.com. Auch einfache Blockhäuser und *Cabins* stehen dort zur Verfügung (ab $45).
- Über einen *Campgound* mitten im Sumpfgebiet verfügt der ***Stephen C. Foster State Park*** (© 912/637-5274, $17-$22, auch *Cabins*, http://gastateparks.org/info/scfoster), der aber nur von Südwesten ab Edith/Fargo (Straßen #94/#441) auf 18 mi Stichstraße (#177 S) zu erreichen ist, ⇨ unten.

Essen & Trinken

Zahlreiche Restaurants und *Fast Food Places* befinden sich in/bei Waycross entlang des Memorial Park Drive/#82 und an der Straße #1/#23 sowie im Zentrum nahe dem *Visitor Center*.

Okefenokee Swamp

Der indianische Name eines der ältesten und mit über 2.000 km² größten subtropischen Sumpfgebiete der USA bedeutet »**Bebende Erde**«. Eine ständig wachsende, aus abgestorbenen Pflanzen entstandene Torfschicht, die schwimmende und üppig bewachsene Inseln bildet, ist für die Existenz dieses riesigen Sumpfgeländes 40 m über dem Meeresspiegel verantwortlich. Der Sumpf ist zugleich ein enormer **Wasserspeicher**, der zwei Flüsse speist. Der romantisch verklärte, vielbesungene ***Suwannee River*** mündet in den Golf von Mexiko, während der ***St. Mary's River*** die Grenze zwischen Georgia und Florida markiert und zum Atlantik fließt.

Neben sehenswerter Flora in »Wasserprärien« aus Seerosen, Lilien oder Hyazinthen sind die Vogelvielfalt, die zahlreichen Amphibien und besonders die **Alligatoren** hervorhebenswert.

Okefeenoke Swamp Park

Besucher mit begrenzter Zeit könnten einen Besuch des kommerziell betriebenen ***Okefenokee Swamp Park*** erwägen, 13 mi südlich von Waycross, einer Mischung aus Freizeitpark, Naturschutzgebiet und Zoo (Straße #177, ab Straße #1 ausgeschildert, täglich 9-17.30 Uhr, © 912/283-0583, www.okeswamp.com,

Eintritt $12, Kinder und AAA $11; Bootstouren 30 min-2 Std. $16-$30; $3 *Discountcoupon* zum *Download* im Internet).

Auch wenn der Park schon etwas in die Jahre gekommen ist, bietet er dem Besucher doch einen Einblick in Flora und Fauna der Sumpflandschaft. Bootstouren finden nur bei ausreichendem Wasserstand statt. Das gilt auch für Leihkanus; sie kosten hier $18/Tag und Person.

East Entrance (Hauptzugang)

Auf der Fahrt von Waycross nach Jacksonville (Straße #1/#23) stößt man in Folkston auf die #121. Von dieser zweigt 8 mi südlich Folkston eine Zufahrt zum ***East Entrance*** zur ***Suwannee Canal Recreation Area*** der *Okefenokee Wilderness* ab (Straße geöffnet täglich im Sommer 7-19.30 Uhr bzw. im Winter 8-18 Uhr, ✆ 912/496-3331). Das dortige ***Visitor Center*** informiert mit Ausstellung und Film über die Sümpfe. An einem Rundweg (*Boardwalk* 1,5 mi weitgehend über Wasser/Aussichtsturm) lernt man den Sumpf auf Tuchfühlung kennen.

Bei ***Okefenokee Adventures*** kann man Kanus, Kayaks und Motorboote samt Ausrüstung mieten und den Sumpf auf eigene Faust erkunden (schöner 6 mi Rundkurs, Alligatoren garantiert) und sogar mittendrin campen (Zelten für Kanu- und Kajakfahrer im Sumpfgelände an ausgewiesenen Plätzen nur mit *Permit*, Info und Reservierung bis 2 Monate im voraus unter ✆ 912/496-7156 oder im Internet unter www. okefenokeeadventures.com); Man dort auch geführte Touren durch die Sumpfkanäle buchen, ebenso beim nahen *Outfitter* ***Okefenokee Pastimes***, www.okefenokee.com, an der Straße #121.

Eine 8 mi-Rundkurs existiert für Auto- und Radfahrer.

Foster State Park

Ebenfalls bereits erwähnt wurde die dritte Zufahrt in den *Okefenokee* zum ***Stephen C. Foster State Park*** von Südwesten aus. Bevor man sich auf die lange Hin- und Rückfahrt auf der Stichstraße #177 macht, liegt unabweisbar der Besuch im grandiosen ***Suwannee River Visitor Center*** in Fargo an. Dort kann man sich im Zweifel noch Entscheidungshilfe holen, siehe im Internet unter http://gastateparks.org/info/scfoster.

Auch in diesem *State Park* gibt es einen Bootsverleih, außerdem von Rangern geführte Touren. Auch die erwähnte Firma ***Okefenokee Pastimes*** (➪ oben) liefert Mietboote zum *Foster State Park* bzw. holt sie dort ab bei *one-way rentals* von/nach der *Suwannee Canal Recreation Area.*

Vom ***Campground*** am sumpfigen Wasserlauf war schon die Rede (➪ oben). Die lange Anfahrt auf die Westseite lohnt sich aber eigentlich nur für Besucher, die nicht von der Küste aus anreisen und dafür einen extremen »Schlenker« fahren müßten.

Nach Jacksonville

Vom *Okefenokee* (bzw. ab Waycross) sind es auf der #1/#23 noch gut 40 mi bis zur Grenze zwischen Georgia und Florida und weitere 40 mi bis Jacksonville.

4 Rundreise durch Florida

Savannah
GEORGIA
Valdosta
Okefenokee Swamp
Tallahassee
Fernandina Beach
Amelia Island
Yulee
Osceola National Forest
Jacksonville
Capps
Live Oak
Perry
Lake City
Medart
Green Cove Springs
Branford
Starke
St. Augustine
Salem
Gainesville
St. Johns River
Palatka
Manatee Springs
Chiefland
Williston
Ocala National Forest
Lake George
Otter Creek
Ormond Beach
Barberville
Daytona Beach
Cedar Key
Ocala
De Leon Springs
New Smyrna Beach
Hernando
Eustis
Deltona
Homosassa Islands
Homosassa
Leesburg
Sanford
Titusville
Brooksville
Orlando
Kennedy Space Center
Spring Hill
Clermont
Disney World
Cape Canaveral
Kissimmee
Merrit Island
Tarpon Springs
Lakeland
Melbourne
Clearwater
Winter Haven
Lake Wales
Kenansville
St. Petersburg
Tampa
Bartow
Sebastian
Vero Beach
Avon Park
Bradenton
Zolfo Springs
Fort Pierce
Bradenton Beach
Hutchinson Island
Longboat Key
Lake Placid
Okeechobee
Stuart
Arcadia
Sarasota
St. Lucie Inlet
Lake Okeechobee
Venice
West Palm Beach
Jupiter
Punta Gorda
Palm Beach
Pahokee
Gasparilla Island
Charlotte Harbor
Fort Myers
Belle Glade
Lake Worth
Fort Myers Beach
Boca Raton
Sanibel Island
Fort Lauderdale
Naples
Miami Beach
The Everglades
Marco Island
Everglades City
Miami
Coral Gables
Homestead
Biscayne National Park
Everglades National Park
Florida City
J. Pennekamp Coral Reef State Park
Flamingo
Florida Bay
Key Largo
Islamorada
N
0
50 km
Dry Tortugas National Park
Pine Islands
Marathon
Florida Keys
Key West
10
75
95
1
90
98
19
4
27
41
275

FLORIDA

4. RUNDREISE DURCH FLORIDA

Zur Route

Die hier vorgeschlagene Route ist eine mögliche Fortsetzung der Strecke von Virginia bis vor die Tore von Jacksonville (⇨ Kapitel 2). Sie umrundet Florida im Uhrzeigersinn entlang der Küsten und stößt bei Mobile/Alabama auf die weiter unten beschriebene Route von Atlanta nach New Orleans. Einige interessante Abstecher führen ins Landesinnere, speziell nach Orlando.

Information Florida

Deutschland (auch für Österreich und die Schweiz): ***Visit Florida***, Pela Touristikservice, 63798 Kleinostheim, ✆ 06027/9796981; **Info Hotline**: ✆ 0621/5615442, www.international.visitflorida.com/deutsch. **In den USA**: ***Visit Florida***, ✆ 850/488-5607, www.visitflorida.org oder .com oder www.flausa.com.

4.1 Der Nordosten

4.1.1 Jacksonville

Kennzeichnung

Kaum hat man die Staatsgrenze zwischen Georgia und Florida auf der I-95 (von den *Golden Isles* kommend, ⇨ Seite 390ff) bzw. der Straße #1 (vom *Okefenokee Swamp* aus, ⇨ Seite 399) überquert, erreicht man bald die ersten Ausläufer von Jacksonville. Flächenmäßig handelt es sich um eine der größten Städte der USA, wenn auch die Metropole am St. Johns River selbst »nur« etwa 700.000 Einwohner hat. Obwohl die Region eher für ihre Strände – besonders *Jacksonville Beach* und *Amelia Beach* – bekannt ist, lohnt auch das kleine Stadtzentrum durchaus einen Besuch. Der relativ jungen Stadt fehlt aber das nostalgische Flair der alten Küstenstädte weiter nördlich und speziell des nahen St. Augustin.

Praktische Informationen

Information

Jacksonville and the Beaches CVB, 201 E Adams St, ✆ 904/798-9111 oder ✆ 1-800-733-2668, Fax 798-9103, www.jaxcvb.com.

Unterkunft

Im Großraum Jacksonville gibt es ein Überangebot an H/Motels (⇨ *Jacksonville Beach* und *Amelia Island*), vor allem entlang der *Interstates* #10, #95 und #295.

Tipps für Budgetbewusste (alle ab ca. $50):

- ***Red Roof Inn Airport***, 14701 Airport Entrance Rd, I-95 *Exit* 363, ✆ 904/741-4488, Fax 741-4493
- ***Days Inn South***, 5649 Cagle Rd, I-95 *Exit* 346B, ✆ 904/733-3890
- ***Microtel Inn***, 4940 Mustang Rd, I-95 *Exit* 344, ✆ 904/281-2244, www.microtelinn.com

Direkt im Zentrum befinden sich an der *Jacksonville Landing*

- ***Radisson Riverwalk Hotel***, 1515 Prudential Dr, ✆ 904/396-5100, Fax 396-8007, ab $100 mit hervorragender Aussicht
- ***Omni Hotel***, 245 Water St, ✆ 904/355-6664, ab $120

Empfehlenswerte ***B&Bs*** sind:

B & B

- ***House on Cherry Street***, am St. Johns River, 1844 Cherry St, ✆ 904/384-1999, Fax 384-5013, ab $75, modernes, großzügiges Haus in schöner Lage; www.1bbweb.com/cherry.
- ***St. Johns House***, 1718 Osceola Street im Historic District, ✆ 904/384-3724, ab $85, auch schön und großzügig

Camping

➪ weiter unten, **Fernandina Beach** und **Fort George Island**

Essen & Trinken

Am Nordufer des St. Johns River erstreckt sich ***Jacksonville Landing*** (2 Independent Drive) mit diversen Lokalen, darunter zwei ***Microbreweries*** (*The Mill, Southern Brewery & Smokehouse*), Bars, Cafés und ***Food Court***. In *Downtown sind zu* empfehlen

- ***Blue Diner***, 416 Julia, ✆ 904/632-1270
- ***Flamer's Charbroiled Burgers***, 126 W Adams, ✆ 904/632-1997

Zuschauersport

Die ***Jacksonville Jaguars*** spielen in der *National Football Leagu* in einem riesigen Stadionam Innenstadtrand. Tickets unter ✆ 904/633-6000, www.jacksonvillejaguars.com.

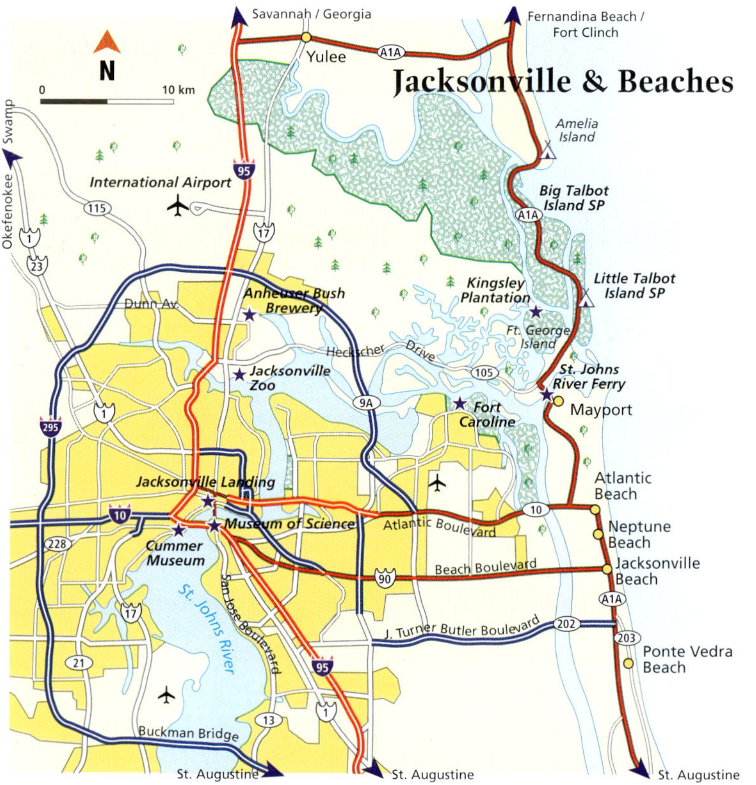

Jacksonville Skyline

Stadtbesichtigung

Historisches

Wo heute Jacksonville liegt, befand sich ursprünglich nur eine von den Indianern benutze Furt über den St. Johns River. Die Engländer benannten den Platz ***Cowford***, doch erst nach 1822 entwickelte sich ein richtiger Ort. Bereits im 19. Jahrhundert war die Region dank ihrer Strände ein beliebtes Urlaubsziel.

Einkaufszentrum

Jacksonville Landing am Independent Drive, ein architektonisch und auch von der Lage her ansehnliches Einkaufszentrum, bildet das Herz der Stadt im ***Northbank Riverfront District***. Gegenüber, per Wassertaxi erreichbar, erstreckt sich der sog. *Riverfront District* mit dem ***Southbank River Walk***. Von dort aus fällt der Blick auf die Skyline der Stadt. An der über 3 km langen Promenade passiert man drei Museen: das ***Jacksonville History Center*** (Mo-Sa 11-17 Uhr, So ab 17 Uhr, frei), das ***Jacksonville Maritime Museum*** (Mo-Sa 10.30-15.30 Uhr, So 13-17 Uhr, www.jaxmarmus.com, Spende) sowie das ***MOSH***.

MOSH

Der Besuch im ***Museum of Science and History***, einer gelungenen Mischung aus Wissenschafts-/Geschichtsmuseum für Erwachsene und *Hands-on-Museum* für Kinder, lohnt den Eintritt (1025 Museum Circle, Mo-Fr 10-17 Uhr, Sa bis 18 Uhr, So 13-18 Uhr, ✆ 904/396-766742, www.themosh.org, $8, bis 12 Jahre $5).

Cummer Museum of Arts & Gardens

Das ***Cummer Museum of Art & Gardens*** (829 Riverside Ave, Di/Do 10-21 Uhr, Mi/Fr/Sa 10-17 Uhr, So 12-17 Uhr, ✆ 904/356-6857; www.cummer.org, Eintritt $8, Kinder & Studenten $5) ist eines der interessanteren Kunstmuseen Floridas, das Werke von der Renaissance bis ins 20. Jahrhundert aus vielen Weltregionen präsentiert. Hervorhebenswert sind die Sammlung von Meissener Porzellan und Gemälde bekannter amerikanischer Maler (u.a. *Thomas Hart Benton* und *Thomas Moran*). Auch große Europäer sind mit Werken vertreten. Die **Gartenanlage** wird von einer über 400-jährigen immergrünen Eiche überragt.

4.1.2 Amelia und Fort George Islands

Anfahrt

Wer zunächst einen Abstecher nach Amelia Island machen möchte, folgt von der I-95 (*Exit* #373) bzw ab Callahan/Straße #1 dem Hauptzubringer #A1A nach Osten. **Von Jacksonville aus** geht es alternativ zur I-95 auch über den Heckscher Drive/Straße #105; er zweigt nördlich der City von der I-95 ab (*Exit* 358A) und führt über die *Dames Point Bridge* zunächst nach Fort George Island, ➪ weiter unten. Auf der Insel stößt die #105 auf die Ostküstenstraße #A1A, die von Miami Beach bis Amelia Island läuft und den Anschluss an die #1 in Callahan findet.

Historisches

Engländer, die hier erste Plantagen gründeten, benannten die Insel nach *Princess Amelia*, der Tochter von König *George II*. Heute ist Amelia Island mit seinen endlosen Sandstränden und -dünen ein beliebter Ferienort. Nebenbei fangen die Fischer der Insel jährlich über 1.000 t Shrimps.

Information

Amelia Island Tourist Development Council, 102 Centre St, Fernandina Beach, ✆ 1-800-2-AMELIA, www.ameliaisland.org.

Unterkunft

Amelia Island ist ein teures Pflaster.

- Wer sich etwas Besonders gönnen möchte, ist mit dem noblen ***Ritz Carlton*** (4750 Amelia Island Pkwy, ✆ 904/277-1100, www.ritzcarlton.com) bestens bedient. Jedes der Zimmer (ab $149) hat Meerblick. Shops, *Fitness Center* und zwei Pools, Tennisplätze, 18-Loch-Golfplatz, Fahrradverleih und Privatstrand.
- Die ***Elisabeth Point Lodge*** liegt direkt am Meer (98 S Fletcher, ✆ 904/277-4851, ab $140), ebenso das romantische
- ***The 1735 House B&B***, 2160 C. Sadler Road, ✆ 904/277-9702, www.1735house-bb.com, ab $100
- Die ***Amelia Island Plantation*** (Straße A1A nahe der Südzufahrt zur Insel, ✆ 904/261-6161, ww.aipfl.com, ab $140) bietet unterschiedliche Quartiere und Ferienaktivitäten.

Etwas billiger übernachtet man z.B. im

- ***Hampton Inn***, 2549 Sadler Rd, ✆ 904/321-1111, ab $80
- ***Inn at Fernandina Beach***, 2707 Sadler Rd, ✆ 904/277-2300, ab $60.

Essen & Trinken

Im ***Ritz Carlton*** befindet sich das ***Café 4750*** mit *Deli*, *Brunch Buffet* und frischgebackenem Brot. Das Toprestaurant des Hotels, ***The Grill***, zählt zu den besten der USA.

Fernandina Beach

Am nördlichen Inselzipfel liegt mit Fernandina Beach der Hauptort von Amelia Island mit einem ***Historic District***. In seinen viktorianischen Häusern findet man – vor allem entlang der Centre Street – Läden, kleine Cafés und Kneipen.

Im ***Fort Clinch State Park*** (am Ende der Atlantic Ave, www.floridastateparks.org/fortclinch) steht noch das alte Fort von 1847, das während der Seminolenkriege und im Bürgerkrieg eine Rolle spielte. Das Parkareal steht unter Naturschutz und bietet Strände, Wanderwege und zwei Campingplätze:

Camping Beide – der kleinere ***Beach*** und der ***Amelia River Campground*** (✆ 904/277-7274, $22) – liegen idyllisch an der Insel-Nordspitze.

Touren Beliebt auf Amelia Island sind **Kajaktouren** durchs Marschland auf der Westseite der Insel, z.B. *Kayak Amelia* (✆ 1-888-30-KAYAK, Einzelkajak bis 4 h $25, über 4 h $40; geführte Touren pro Person $55, www.kayakamelia.com). *Fishing* und sonstige *Boat Trips* gibt's ab *Fernandina Harbor Marina*.

Fort George Island Amelia und Fort George Island sind über eine *Toll Bridge* miteinander verbunden. Auf der #A1A nach Süden passiert man den ***Little Talbot Island State Park*** mit Strandzugang und dem ***Myrtle Creek Campground*** (schattige Stellplätze unter Eichen; ✆ 904/251-2320, $19). Auch ein **Kanu- und Fahrradverleih** befindet sich im Park, www.floridastateparks.org/littletalbotisland.

Kingsley Plantation Eine 5 km-Zufahrt führt durch eine Dschungel- und Marschlandschaft zur ***Kingsley Plantation*** inmitten der ***Timucuan Ecological & Historic Preserve*** am Ufer des St. Johns River. Sie gilt als älteste Plantage Floridas. Zu besichtigen sind das (eher schlichte und nicht mehr möblierte) Wohnhaus, das Küchenhaus, Plantagengarten und Scheune. Von den einstigen Sklavenquartieren gibt es noch Ruinen; www.nps.gov/timu.

Fähre Nur wenig südlich der Zufahrt zur *Kingsley Plantation* erreicht man den Anleger der Fähre über den St. John`s River nach Mayport (verkehrt alle 30 min, $4/Pkw; www.stjohnsriverferry.com). Im Umkreis von **Mayport** laden etliche ***Seafood Shacks*** zum maritimen Imbiss ein.

Fort Caroline Ein ganz interessantes Ziel liegt keine 2 mi Luftlinie westlich von Mayport, erfordert aber eine Anfahrt von fast 12 mi. Nicht viel weiter ist es dorthin von *Downtown* Jackson, ➪ Karte. Das ***Fort Caroline National Memorial*** (12713 Fort Caroline Road, täglich 9-17 Uhr) ist ein Nachbau des Forts, das 1562 von französischen Hugenotten errichtet wurde und die spanische Krone zur Gründung von St. Augustine veranlasste. (www.nps gov/foca).

Fort Caroline National Memorial am St. John's River

4

4.1.3 Jacksonville Beaches

Barrier Islands

Vom Festland durch den *Intracoastal Waterway* separiert, reihen sich auch in Florida von Amelia Island bis hinunter nach Miami eine vorgelagerte Insel oder Halbinsel an die andere. Bei Jacksonville heißen die Küstenkommunen mit teilweise wieder traumhaften Stränden **Atlantic**, **Neptune**, **Jacksonville** und **Ponte Vedra Beach**. Dort gibt es nur wenige große Hotelkomplexe, vielmehr überwiegen Ferienwohnungen; man findet auch einige *B&Bs*.

Unterkunft

Das ***Pelican Path B&B***, ein neueres, modern ausgestattetes Haus (11 N 9th Ave, Jacksonville Beach, © 1-888-749-1177, www.pelicanpath.com, ab $125) liegt direkt am Strand. Der ***Oceanfront Room*** hat Meerblick, ebenso der ganz verglaste Frühstücksraum.

Preiswerter sind

- ***Comfort Inn Mayport***, 2401 Mayport Road/A1A, © 904/249-0313, ab $69
- ***Days Inn Ocean Front Resort***, 1031 S 1st St, Jacksonville Beach, © 904/249-7231, ab $74
- ***Sea Horse Oceanfront Inn***, 120 Atlantic Blvd, Neptune Beach, © 904/246-2175, www.seahorseoceanfrontinn.com, ab $79

Straße A1A

Die schnellste Route entlang der Atlantikküste Floridas stellt die I-95 dar, empfehlenswerter ist hingegen die **Fahrt auf der A1A**, die bis Miami fast durchgehend küsten- und strandnah auf den vorgelagerten Inseln verläuft. Von Jacksonville nach St. Augustine sind es auf dieser Route ca. 40 mi.

4.1.4 St. Augustine

Kennzeichnung

Neben Charleston und Savannah ist der **Besuch von St. Augustine** auf einer Reise durch den Südosten der USA **ein weiteres Muss**. St. Augustine steht für das spanische Erbe des US-Südens und ist die älteste dauerhafte europäische Siedlung Nordamerikas.

Geschichte

Spanische Wurzeln

Auf der Suche nach einem Jungbrunnen landeten Spanier unter Führung von *Juan Ponce de León* bereits im April 1513 erstmals in der Nähe von St. Augustine, blieben aber nicht lange. Erst im Herbst 1565 wurde die Siedlung St. Augustine gegründet. Entlang der Golfküste – u.a. in Pensacola, Mobile und New Orleans – entstanden weitere spanische Posten, und St. Augustine wurde zum Verwaltungssitz des spanischen Einflussgebiets. Da Franzosen und Briten laufend für Unruhe sorgten, entschloss sich Spanien 1672, nördlich der Siedlung die Festung ***Castillo de San Marcos*** zu errichten, an der sich die Engländer später mehrfach die Köpfe einrennen sollten. Bei derartigen Attacken erlitt die Stadt immer wieder schwere Zerstörungen, und es gelang nicht – im Gegensatz zum heutigen Südwesten der USA –, die spanische Herrschaft dauerhaft zu etablieren.

USA ab 1821

1776-1783 überließ Spanien Florida mehr und mehr den Engländern, die mit Hilfe von Neusiedlern aus Menorca, Italien und Griechenland erste Plantagen gründeten. Nach erneutem spanischen Intermezzo übernahmen schließlich 1821 die USA ganz Florida. Bis dahin hatten die Spanier – was Architektur, Sprache und Küche angeht – bis heut e sichtbare Spuren hinterlassen.

Entwicklung

St. Augustine erreichte in der Folgezeit nie Größe und Reichtum anderer Küstenstädte, sondern blieb ein relativ bedeutungsloser militärischer Außenposten, der nur noch einmal (um die Mitte des 19. Jahrhunderts während der Seminolenkriege, ➪ Seite 459) – als wichtiger Stützpunkt diente. Später entdeckten Nordstaatler St. Augustine und die Strände der Ostküste Floridas als **Ferienziel**, nicht zuletzt dank der Eisenbahn, die der Magnat *Henry M. Flagler* 1894 hatte bauen lassen. Die ***Florida East Coast Railroad*** lief damals von Jacksonville über St. Augustine bis Palm Beach und weiter über Miami bis nach Key West.

Praktische Informationen

Information

Das ***Visitor Information Center*** (an der #A1A/San Marco Ave, täglich 8.30-17.30 Uhr, ✆ 904/825-1000) ist idealer erster Anlaufpunkt. Dort gibt es Informationsmaterial und einen kurzen Film zur Stadt, außerdem einen Kinderspielplatz. *Old Town, Plaza* und *Castillo* sind von dort aus gut zu Fuß zu erreichen. In der Innenstadt sind Parkplätze rar.

Vorabinfos gibt es bei der ***St. Augustine & St. John's County CVB***, ✆ 904/829-1711,im Internet unter www. oldcity.com.

Unterkunft

Die Übernachtungspreise imZentrum sind hoch, sinken aber mit wachsender Entfernung zu *Downtown*. Relativ günstige, noch stadtnahe Ketten-H/Motels an der Straße #1 bzw. #A1A sind z.B.

- ***Super 8 Motel***, 3552 N Ponce de Leon Blvd/#1, © 904/824-6399, ab $69
- ***Best Western Historical Inn***, 2010 N Ponce de Leon Blvd, © 904/829-9088, ab $60
- ***Days Inn Historic***, 2800 N Ponce de Leon Blvd, © 904/829-6581, ab $55.

Gediegen nächtigt man im zentralen ***Casa Monica Hotel*** (95 Cordova Street, © 1-800-648-1888, www.casamonica.com, ab $145).

Unter den zahlreichen ***B&Bs*** der Stadt ist u.a. das ***St. Francis Inn*** von 1791 empfehlenswert (279 St. George, © 1-800-824-6062 oder © 904/824-6068, www.stfrancisinn.com, ab $100).

In **St. Augustine Beach** (Straße #A1A *Business*) haben manche Häuser direkten Strandzugang, z.B.

- ***Edgewater Inn***, 2 St. Augustine Blvd, ab #A1A, © 904/825-2697, www.stayatedgewater.com, ab $49
- ***Anastasia Inn***, 218 Anastasia Blvd/#A1A, © 904/825-2879, www.anastasiainn.com, ab $60.

Camping

Die schönsten Campingplätze befinden sich an der #A1A, z.B. in Vilano Beach (nördlich St. Augustine), z.B. der ***Ocean Sand Motor Inn & RV Park*** mit eigenem Strandabschnitt (3465 Coastal Hwy/ A1A, ©/Fax 904/824-1112, Motel ab $59, Stellplätze ab $19).

Weitere Plätze liegen in und um St. Augustine Beach:

- ***Cooksey's Camping Resort***, 2795 SR 3, ausgeschildert ab #1, © 904/471-3171, ab $13, ruhig, aber nicht direkt am Strand
- ***St. Augustine Beach KOA Kampground***, 525 W Pope Road, © 904/471-3113, ab $26 mit allem Komfort nahe am Strand
- ***Indian Forest Campground***, 1505 Straße #207 in einem Wald an einem kleinen See, ab I-95 *Exit* 311, © 904/824-3574, ab $17.

Essen & Trinken

An der St. George Street sind Shops, Cafés, Restaurants, Imbiss- und Eisbuden zahlreich. Besonders empfehlenswert sind die **spanische Bäckerei** im ***Salcedo House*** (#42), außerdem das ***Columbia Restaurant*** von 1905 (#98). Im ***Fiddler's Green*** gibt's das Dinner direkt am Wasser (www.thefiddlersgreen.com)und an der #A1A (San Marco Ave) sind ***Harry's*** oder ***Le Pavillon*** hervorhebenswert. ***Ale Works*** (Avenida Menendez/King St) gilt als eine der besten ***Microbreweries*** in Florida; zum Bier gibt's auch Snacks (Mo-Fr 16-19 Uhr *Happy Hour*, www.a1aaleworks.com).

Touren

Gegenüber dem großen Parkplatz vorm *Castillo* starten **Stadtrundfahrten** per **Pferdekutsche** oder ***Trolley*** *(St. Augustine Sightseeing Trains*, 170 San Marco Ave, © 904/829-6545). **Bootstouren** starten ab der *Municipal Marina* (Avenida Menendez) und fahren durch die Matanzas Bucht; außerdem gibt es ***Dinner Cruises*** mit dem Raddampfer *The Anastasia* (© 903/824-1806).

Veranstaltungen

Die meisten Feste und Veranstaltungen drehen sich um die spanische Periode. Von ***Menendez Day*** im Februar über die ***Fiesta España*** im September oder das ***St. Augustine Maritime Festival*** zu Anfang Oktober ist immer was los (Details im *Visitor Center)*.

Rundgang durch Spanish St. Augustine

Castillo de San Marcos

Die erste, beim Einfahren über die San Marco Ave oder über die A1A von Süden nach St. Augustine nicht zu übersehende Attraktion ist das ***Castillo de San Marcos*** in strategisch günstiger Lage am Ufer der Mantanzas Bay (Avenida Menéndez, täglich 8.45-16.45 Uhr, © 904/829-6506, www.nps.gov/casa, $5, bis 16 $2). Es handelt sich um die älteste Steinfestung der USA und dem einzigen dort erhaltenen Beispiel von Militärarchitektur des späten 17. Jahrhunderts (erbaut 1672-1695 aus Muschelkalkstein). Mit 64 Kanonen und 3,60 m bis 2,40 m starken und über 10 m hohen Mauern bewährte es sich bei zahlreichen britischen Angriffen in der ersten Hälfte des 18. Jahrhunderts. 1821 übernahmen es die Amerikaner und machten daraus 1924 ein ***National Monument***, dessen Besuch man auf keinen Fall auslassen solllte.

Altes Stadttor von St. Augustine

St. George Street

Durch die ***City Gates*** (Castillo Dr/St. George St.) gelangt man in das ***Spanish Quarter*** (großenteils Fußgängerzone). Entlang der Hauptachse und Flanierallee, der St. George Street, finden sich zahlreiche restaurierte Fassaden in spanischem Stil; die meisten beherbergen Läden oder Restaurants und haben oft schöne Innenhöfe. Die erste Sehenswürdigkeit ist das ***Oldest Wooden Schoolhouse*** (14 St. George, 9-17 Uhr, $5, Kinder $3; es genügt, sich das Haus von außen anzusehen).

Spanish Quarter

Das ***Colonial Spanish Quarter*** (29-33 St. George, 9-17.30 Uhr, © 904/825-6830, www.historicstaugustine.com/csq/history.html, $7, bis 18 Jahre $4; Familienticket $14) ist ein Höhepunkt der Altstadt. Die Gebäude aus spanischer Kolonialzeit sind möbliert und vermitteln eine Vorstellung vom Leben »damals«. Zeitgenössisch kostümierte »Bewohner« sorgen für Authentizität.

Ältester erhaltener Schulbau der USA in Holzbauweise im Spanish Village

Spanish Quarter

In der ***Casa del Hidalgo*** (St. George/Ecke Hypolita St) von 1750 befindet sich ein **Museum**. Im Mittelpunkt der Ausstellung steht das Leben in der spanischen Kolonie des frühen 17. Jahrhunderts.

Für Kinder und Sammler eine Entdeckung ist das ***Rodriguez-Avero-Sanchez House*** (#52) aus dem Jahr 1702, in dem altes Spielzeug gezeigt wird.

Government House

Vorbei an Shops, einer kleinen *Mall* und einigen Cafés erreicht man mit der Plaza de Constitución das Ende der Fußgängerzone und dort das ***Government House*** (48 King St, $3/$1,50). Anfang des 17. Jahrhunderts erbaut, diente es dem Gouverneur bis 1821 als Verwaltungssitz und Wohnung. Heute beherbergt das Haus u.a. eine **Ausstellung zur Stadtgeschichte**.

Plaza de la Constitución

Der alte Hauptplatz, die ***Plaza de la Constitución*** (Cathedral Place/ King St) fungierte kurzzeitig unter englischer Herrschaft auch als Sklavenmarkt. Sein Ostteil ist heute wieder öffentlicher Markt. Von dort überblickt man Matanzas River und Bucht mit der *Bridge of Lions*, einer sich halbstündlich öffnenden Zugbrücke.

Beherrscht wird der Platz von der ***Cathedral of St. Augustine***, dem Sitz der ältesten katholischen Gemeinde der USA. 1793-1797 erbaut, wurde die Kirche nach einem Brand 1887 neu errichtet.

Grand Hotels

Geht man die King Street nach Westen, stößt man auf gleich drei Grand Hotels der Jahrhundertwende: das ***Alcazar***, gegenüber das ***Ponce de Leon*** und als drittes die ***Casa Monica***, heute als einziges wieder in der ursprünglichen Funktion genutzt.

Lightner Museum

Direkt gegenüber steht das zweite ehemalige Hotel, das ***Alcazar***, in dem heute das ***Lightner Museum*** (75 King, 9-17 Uhr, ✆ 904/ 824-2874, www.lightnermuseum.org; Eintritt $8, bis 18 Jahre $2) und die ***City Hall*** untergebracht sind. 1948 veranlasste der damalige Besitzer, *Otto C. Lightner* aus Chicago, die Umwandlung des Hotels in ein Museum, das er dann der Stadt vermachte. Sehenswert ist es wegen seiner kolossalen Vielfalt an Kunstwerken, Möbeln, Porzellan (speziell Jugendstil) und einer einmaligen Musikinstrumenten- und -automatensammlung.

Flagler College

Das einstige ***Ponce de León Hotel*** wurde 1885 von ***Henry Flagler*** in Auftrag gegeben, um der Welt zu zeigen, dass es möglich ist, tropische Sanddünen in einen »Garten Eden« zu verwandeln. Es entstand ein Prachtkomplex, funktional und luxuriös ausgestattet: Strom wurde selbst erzeugt, und Wassertürme dienten als Feuerschutz. Die Eingangshalle ist 24 m hoch; Wandmalereien und Leuchter von *Tiffany* sorgten für weltstädtisches Ambiente. Heute ist hier das private ***Flagler College*** zu Hause (Besichtigung gratis, www.flagler.edu).

Casa Monica

Das dritte der *Grand Hotels*, die ***Casa Monica***, restauriert und erst 1999 wieder eröffnet, besitzt bis heute den Glanz der Epoche, während der St. Augustine Tummelplatz der *High Society* war.

Zorayda Castle

Einen Block vom *Flagler College* entfernt weht über dem ***Zorayda Castle*** (83 King Street) ein Hauch von Andalusien. Der skurrile Bau ist einem Flügel der Alhambra in Granada nachgebildet.

Oldest Store Museum

Zurück in der St. George Street geht es weiter südwärts. Vorbei am *St. Joseph's Convent* erreicht man das ***Oldest Store Museum*** (4 Arvilla Lane, 9-17 Uhr, So nur nachmittags). In diesem Nachbau eines Ladens aus dem späten 19. Jahrhundert finden sich über 100.000 Objekte aus jener Zeit und viele Souvenirs.

Old St. Augustine Village

Eine neuere Attraktion ist das ***Old St. Augustine Village*** (Zugang: 250 St. George, ✆ 904/823-9722, www.old-staug-village.com, täglich 9-17 Uhr, Eintritt $8, bis 11 Jahre $5). Auf dem Gelände dienen restaurierte alte Gebäude als *Village Orientation Center und* Museen zu unterschiedlichen Aspekten der Stadtgeschichte .

Oldest House

Vorbei am ***St. Francis Inn*** (St. George/St Francis), einer Pension des frühen 18. Jahrhunderts (heute *B&B*, ➪ oben), ist es nur ein Katzensprung auf der St Francis Street zum ***Oldest House/Gonzalez-Alvarez House*** (271 Charlotte, täglich 9-17 Uhr, ✆ 904/824-2872, www.oldcity.com/oldhouse, $6/$4). Bei diesem schlichten Gebäude soll es sich um das älteste noch bewohnte Haus in den USA handeln, ein Attribut, mit dem sich indessen landesweit noch ein paar weitere Häuser schmücken.

Nombre de Dios & Fountain of Youth

Ein großes **Metallkreuz** markiert die Stelle, an der einst *Pedro Menendez de Avilés* am 8. September 1565 landete. Später stand hier die nicht mehr erhaltene Missionskirche ***Nombre de Dios***.

Nebenan liegt der ***Ponce De León's Fountain of Youth Archaeological Park***, wo *der Spanier* am 3 April 1513 angelegt haben soll (11 Magnolia/S Marco Ave, www.fountainofyouthflorida.com, 9-17 Uhr, $7, bis 12 Jahre $4). Eine Ausstellung zur spanischen Kolonialisierung, eine indianische Begräbnisstätte und auch die legendäre Quelle, die *de León* 1513 tatsächlich entdeckt hatte, sind zu sehen. Die erhoffte ewige Jugend schenkte sie ihm nicht.

St. Augustine Beach

Anastasia Island

Verlässt man St. Augustine in Ost-, dann Südrichtung auf der #A1A über die eindrucksvolle *Bridge of Lions*, gelangt man nach St. Augustine Beach auf ***Anastasia Island***. Dieser Stadtteil ist nicht nur wegen seiner (von Motels gesäumten und mit Autos befahrbaren) Strände einen Stopp wert.

Alligator Farm

Am Weg dorthin passiert man den ***St. Augustine Alligator Farm & Zoological Park***, einen Spezialzoo, in dem u.a. über 20 Arten von Krokodilen und Alligatoren sowie Schlangen in großer Zahl gehalten werden (Anastasia Island, #A1A S, täglich 9-17 Uhr, ✆ 904/824-3337, www.alligatorfarm.com, $18, bis 11 Jahre $10). Außerdem gibt es Kleintiere (Affen, exotische Vögel, Schildkröten etc.). Fütterungen und stündliche Alligator-/Reptilien-Shows. Interessant und lehrreich, aber relativ teuer.

Leuchtturm

Einen weiten Blick über Stadt und Umgebung hat man von der oberen Plattform des alten Leuchtturms von 1874. Im ehemaligen Haus des Leuchtturmwärters ist das ***Lighthouse Museum of St. Augustine*** untergebracht (Anastasia Island, 81 Lighthouse Ave, tägl. 9-17 Uhr, hohe $8, bis 11 Jahre $5, inkl. Turmaufstieg).

Auf ***Anastasia Island*** befindet sich auch der gleichnamige ***State Park*** hinter schneeweißen Badestränden und Dünen.

Camping

Der Campingplatz der ***Anastasia State Recreation Area*** liegt etwas zurück in einem Wäldchen (✆ 1-800-326-3521, $25, www.floridastateparks.org/anastasia) und ist sehr populär, daher oft voll.

Weiter landeinwärts mitten in subtropischer Vegetation liegt der ***Faver-Dykes State Park***, den man über die #1 erreicht (ab Crescent Beach zurück aufs Festland auf der #206). Von der Hauptstraße (auch I-95, *Exit* 298; ausgeschildert) geht es dorthin auf einem Sandweg mehrere Meilen durch trockengelegte Sümpfe. Dort ist es seltener voll, die Gebühren sind moderat (ab $15, www.floridastateparks.org/faver-dykes).

Fort Mantanzas

15 mi südlich von St. Augustine passiert man auf der #A1A das *Visitor Center* des ***Fort Matanzas National Monument*** (Zufahrt ausgeschildert, täglich 8.30-17.30 Uhr, ✆ 904/471-0116, www.nps.gov/foma, frei). Von 9.30 Uhr bis 16.30 Uhr legt stündlich eine Fähre nach Rattlesnake Island ab, auf der das *Fuerte de Matanzas* steht. Die 1740 von den Spaniern errichtete Befestigung ähnelt dem *Castillo de San Marcos* in St. Augustine und ging ebenso 1821 in den Besitz der Amerikaner über.

Marineland of Florida

Zu den maritim orientierten, dazu den ältesten *Amusementparks* dieser Art zählte bis 2004 ***Marineland of Florida*** (20 mi südlich St. Augustine, 9507 Ocean Shore Blvd/#A1A, Mi-So 9.30-16.30 Uhr, ✆ 904/460-1275, www.marineland.net). Nach Konkurs wurde daraus ein ***Dolphin Conservation Center***, in dem man für $5 Eintritt (Kinder bis 12 die Hälfte) ganz einfach Delphinen zuschauen oder auch teure Programme mit Delphinkontakt oder sogar Delphinschwimmen buchen kann.

4.2 Die zentrale Atlantikküste mit Orlando

Zur Route

Zwischen St. Augustine und Daytona Beach läuft die Straße #A1A weiter am Meer entlang. Die Strände sind unendlich; sie werden nur von einigen nicht sonderlich großen Orten und Feriensiedlungen unterbrochen. Camper finden u.a. schön gelegene ***State Park Campgrounds*** an der Strecke. Vorbei an Beverly & Flagler Beach, Ormond-by-the-Sea & -Beach erreicht man Daytona Beach.

4.2.1 Daytona Beach

Kennzeichnung

In Daytona Beach überwiegt kommerzieller *Fun* von früh bis spät, speziell im Frühjahr, wenn ***Springbreakers***, Studenten auf Kurzurlaub, dort einfallen und Billigmotels, Bars und Kneipen okkupieren. Zu anderen Zeiten fühlen sich an den kilometerlangen Sandstränden, auf denen Autos zugelassen sind und auf Einbahnspuren verkehren, offenbar auch Familien wohl.

NASCAR Racing www.nascar.com

Stock Car Racing nennt sich das Spektakel, in dem ein paar Männer in scheinbar stinknormalen Autos um eine 2,5 km lange ovale Betonpiste donnern. Diese typisch amerikanische Variante von Autorennen wurde in den 1930er-Jahren geboren, als das Auto in den ländlichen Regionen des Südens endgültig das Pferd ablöste. Damals, zur Zeit der Prohibition, frisierten Alkoholschmuggler, sog. »***Liquor Runners***«, ihre Wagen, um der Polizei leichter entwischen zu können. Erst unfreiwillig, dann organisiert, kam es zu regelrechten Wettrennen, und die Begeisterung für das *Stock Car Racing* war entfacht.

1947 wurde schließlich **NASCAR**, die ***National Association of Stock Car Auto Racing***, gegründet, die Regeln aufstellte und diese auch überwacht. Nachdem 1950 in Darlington/SC die erste NASCAR-Rennbahn große Erfolge verzeichnete, gab es rasch Nachahmer. Mittlerweile existieren 21 große *Racetracks* in den USA, acht davon in den Südstaaten. Die 34 Rennen um den *sog.* ***Winston Cup*** locken zwischen Februar und November Millionen an die Rennstrecken und vor den Fernseher.

Vor allem die Autoindustrie, Brauereien und Tabakkonzerne sind Hauptsponsoren der etwa 40 Rennställe. Die Fahrer werden beinahe kultisch verehrt. Sie entstammen meist der einfachen weißen Landbevölkerung und sind in den Südstaaten Identifikationsfiguren. Schon die Kids kennen Fahrer wie ***Dale Earnhardt***, den siebenmaligen *Winston Cup*-Sieger, der beim Daytona 500 im Februar 2001 tödlich verunglückte, *Bill Elliott*, *Dale Jarrett* oder *Jeff Gordon*.

Dreck, Lärm, schwere Autos und flotte Frauen verbinden so einen (männlichen) Teil der Südstaatenbevölkerung und repräsentieren den »*Southern Way of Life*«, der in NASCAR-Mekkas wie Daytona Beach oder Talladega (in Alabama ⇨ Seite 652) zelebriert wird. ***Daytona USA*** oder die ***International Motorsports Hall of Fame in Talladega*** belegen die wichtige Rolle des *NASCAR Racing* in den USA und speziell in den Südstaaten.

Praktische Informationen

Information

Daytona Beach Area Convention & Visitors Bureau, 126 E Orange Ave, © 904/255-0415; www.daytonabeach.com.

Unterkunft

Zahlreiche preiswerte H/Motels (bei geringer Auslastung ab $35) finden sich entlang der #A1A in Ormond und Daytona Beach, z.B.

- ***Sun Viking Lodge***, 2411 S Atlantic Ave, Daytona Beach Shores, © 904/252-6252, www.sunviking.com, ab $60
- ***Ocean Villa,*** 828 N Atlantic Ave, © 904/252-4644, www.ocean-villa.com, ab $39
- ***Capri***, 832 N Atlantic Ave, © 904/252-4644, www.capri-motel.com, ab $39
- ***Casa Marina Motels***, 837 N Atlantic Ave, © 904/252-4644, www.casamarina.com, ab $39

Camping

Zwischen Beverly und Daytona Beach passiert man eine ganze Reihe von Campingplätzen direkt am Strand, z.B.

- ***Beverly Beach Camptown RV Resort*** (2816 North Ocean Shore Road/ A1A, © 904/439-3111, www.beverlybeachcamptown.com, ab $35
- ***Gamble Rogers Memorial State Rec. Area*** nahe Flagler Beach, 3100 S Straße #A1A, © 904/439-2474, www.floridastateparks.org/gamblerogers, Strandcamping $18
- ***Encore Superpark Daytona Beach North*** (1701 N Straße #1, © 904/672-3045, ab $25, komfortabel
- ***Tomoka State Park***, 2099 N Beach St, © 904/676-4050, www.floridastateparks.org/tomoka, ab $20; einfache, aber großzügig geschnittene Plätze.
- ***Daytona Beach Campground*** mit allem Komfort, aber mitnichten strandnah, 4601 Clyde Morris Blvd, I-95 *Exit* 260A, © 904/761-2663, www.rvdaytona.com, ab $25

Daytona International Speedway

Neben dem Strandleben bildet der ***Daytona International Speedway*** die Hauptattraktion der Stadt (4 mi westlich des Strandes via Straße #92). An mindestens acht Wochenenden im Jahr finden dort Auto- bzw. Motorradrennen statt, z.B. im Februar das legendäre ***Daytona 500***.

Daytona USA (1801 W International Speedway Boulevard, täglich 9-19 Uhr, www.daytonausa.com, Eintritt $22, bis 12 Jahre $16 plus Steuer) gleich neben dem *Speedway* ist eine Mischung aus **Themenpark** und **Rennsport-Museum**. Dort erfährt man alles zur Geschichte der Rennbahn und zum *NASCAR*-Rennsport, kann mitmachen in interaktiven Ausstellungsbereichen und Simulatoren und darf Rennwagen im Original bewundern. Mutige setzen sich ganz ohne Versicherung in einen NASCAR-Rennwagen und brettern für über $100 drei Runden selbst auf dem Speedway.

Rennsport-museum Daytona USA

Von Daytona nach Cape Canaveral oder Orlando

Rund 60 mi südlich von Daytona Beach befindet sich der Weltraumbahnhof ***Cape Canaveral*** (➪ 434f). Da die Küstenstrecke von Daytona Beach dorthin über weite Strecken gleichzeitig der Straße #1 auf dem Festland entspricht, ist sie auf diesem Abschnitt weniger attraktiv als weiter nördlich und wiederum südlich von Cape Canaveral. Es bietet sich daher an, einen ggf. geplanten **Abstecher nach Orlando von Daytona Beach aus** (nicht erst ab Cape Canaveral) zu machen. Auf der I-4 sind es ca. 56 mi. Von Orlando ist es dann nur ein Katzensprung (ca. 40 mi bzw. 50 min Fahrt auf dem gebührenpflichtigen *Bee Line Expressway*) zurück an die Küste nach Cape Canaveral.

4.2.2 Metro Orlando

Kennzeichnung

Die Stadt Orlando gilt als das **Touristenziel No.1 in Florida** und **Topattraktion der USA**. Dabei kennt so mancher Besucher am Ende zwar viele Vergnügungsparks, hat aber von Orlando gar nichts gesehen. Das liegt daran, dass die meisten Parks, speziell *Disneyworld*, und die Mehrheit der Hotels/Motels meilenweit entfernt von Orlando südwestlich der Stadt liegen. **Wer per Flugzeug anreist** und direkt vom Airport im Stadtsüden in Richtung Parks fährt, bemerkt ebenfalls so gut wie nichts von der Stadt. Das gilt auch bei **Anreise per Auto** aus allen Himmelsrichtungen mit Ausnahme von Besuchern, die auf der I-4 von Norden kommen. Nur bei einer Nord-Süd-Fahrt passiert man Orlandos relativ kleines Zentrum, bevor einige Meilen weiter südlich die ersten *Amusementparks* ins Blickfeld geraten.

Orientierung und praktische Informationen

Orientierung

Die **Vergnügungsparks** und die touristische Infrastruktur aus Hunderten von Hotels, Motels, Restaurants und Shoppingzonen befinden sich – wie gesagt – überwiegend südlich der Stadt im Bereich der ***Interstate #4*** und der dazu mehr oder weniger parallel verlaufenden Businessmeilen des **International Drive** und der **Straße #192** (Kissimee und westlich davon durch den Südteil des Disneyschen Areale). Dort und im jeweiligen Umfeld konzentriert sich eine unübersehbare Zahl von Hotels, Motels, *Shopping Centers*, Restaurants und *Fast Food Places.*

Informationen

- ***Orlando/Orange County Visitors Bureau***, © 407/354-5509, www.go2orlando.com; ***Visitors Center***: 8723 Int'l Drive bei der***Mercado Mall*** (I-4, *Exit 72*), 8-19 Uhr, © 407/363-5872
- Vertretung für Deutschland/Österreich/Schweiz: ***AKB Marketing Services***, A.K. Herzberg, Uferstr. 47, 55116 Mainz, © 06131/627740.

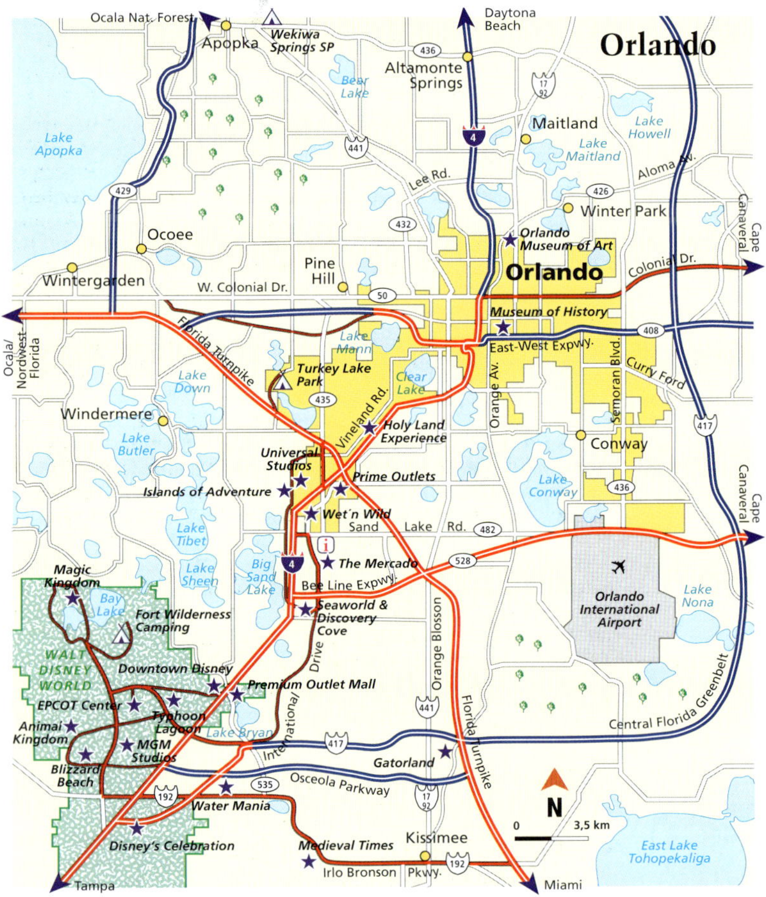

Unterkunft

Hotel- und Motelzimmer sind im Umfeld von Orlando – mit Ausnahme der *Disney* eigenen Hotels und anderer Häuser im sog. *Walt Disney World Village* – weder sonderlich teuer noch schwierig zu finden. Hilfreich für eine Vorauswahl sind die Hotelübersichten im ***AAA TourBook Florida*** (➪ Seite 35) und ***Florida-Coupon-Books*** (➪ Seite 124, http://goflorida.about.com/od/orlando couponsdiscounts). Im ***Visitor Center*** am **International Drive** hilft man bei der Suche nach einer geeigneten Unterkunft und informiert über aktuelle Sondertarife.

Lage

Die teuersten Unterkünfte findet man innerhalb *Disney World*. Erheblich preiswerter sind die **Hotels** und **Motels** an den Ausfallstraßen rund um die Parks und in der Stadt, besonders an der **Straße #192** (***Irlo Bronson Memorial Highway***, östlich und westlich der I-4 auf einer Länge von ca. 15 mi) und am ***Int'l Drive***.

Wer zunächst im **Airportbereich** unterkommen möchte, hat neben dem feinen ***Hyatt Airport*** im Hauptterminal (ab ca. $160) und der preislichen Oberklasse wie ***Sheraton*** und ***Doubletree*** die Wahl unter diversen Mittelklasse-Häusern (z.B. ***Hampton***, ***Courtyard***, ***Quality***, ***La Quinta***); deren **800-Nummern** stehen auf Seite 126.

Preisniveau

Zu Zeiten geringerer Auslastung werben selbst Hotels der Mittelklasse mit Preisen ab $49 fürs Doppelzimmer; einfache Motels gibt es dann unter $40. Die Angebote sind vor allem entlang der #192 unübersehbar. Dort ist es oft auch kein Problem, prima Zimmer in einer der attraktiven Resortanlagen ab $80-$100 zu finden (nicht in *Disney World*).

In Orlando im Vorwege reservieren sollte nur, wer hochsaisonale Auslastung befürchtet oder in ganz bestimmten Häusern, vor allem auf dem *Disney World*-Gelände unterkommen möchte.

Disney

Disneyeigene Hotels sind ausnahmslos hochpreisig. Preiswerter, aber ebenfalls teurer als vergleichbare Häuser außerhalb *Disney World* sind die Großhotels anderer Betreiber im ***Disney World Village*** in der Nähe des Lake Buena Vista (Pleasure Island). Bei ggf. kurzfristiger Buchung vor Ort zahlt man dort leicht mehr als bei Buchung im voraus über Reiseveranstalter bei uns. Das Gros der Gäste dort hat Pauschalreisen gebucht, die Anreise, Tickets etc. enthalten und sich dadurch rechnen. Auch in Veranstalterkatalogen bei uns findet man ***Disney-Packages***. Sie lassen sich auch ***online*** **buchen** unter www.disney world.com, ✆ 407-W-DISNEY.

Unterkünfte im einzelnen

Aus dem nahezu unüberschaubaren Angebot an Quartieren außerhalb von *Disney World* hier einige Beispiele:

- In der Innenstadt von Orlando ist die ***Travelodge*** (409 N Magnolia Avenue, ✆ 407/423-1671, ab $60) eine ordentliche Wahl.

An der #192 zahlt man in folgenden Häusern ggf. unter $40:

- ***Key Motel***, 4810 W Highway 192, ✆ 407/396-6200
- ***Casa Rosa Motel***, 4600 W Highway 192, ✆ 407/396-2020
- ***Park Inn International***, 4960 W. Highway 192, ✆ 407/396-1376
- ***EconoLodge***, 4985 W. Highway 192, ✆ 407/396-4343

Weitere Quartiere

Ostern, Weihnachten oder an Wochenenden mit hoher Nachfrage können die Preise jedoch erheblich höher sein. Generell teurer als im Bereich Kissimee und entlang der #192 sind Unterkünfte am International Drive. Aber auch dort sind Zimmerkosten ab ca. $50 ohne weiteres drin. Ein Vorteil ist, dass diese Häuser fast immer einen *Shuttle Service* zu den wichtigsten Parks bieten, z.B.:

- ***Days Inn***, 7200 International Drive, ✆ 407/351-1200
- ***Holiday Inn Express***, 6323 Int'l Drive, ✆ 407/351-4439
- ***Howard Johnson***, 6603 International Drive, ✆ 407/351-2900
- ***Best Western***, 8738 International Drive, ✆ 407/345-8195

Im Bereich Lake Buena Vista direkt bei *Disney World* ist noch relativ erschwinglich und gut für Familien mit Kindern geeignet:

- ***Holiday Inn SunSpree Resort***, Lake Buena Vista,13351 #535, ✆ 407/239-4500, www.kidsuites.com, ab $99.

Camping Disneyworld

Von seiner Qualität wie der Lage her ist Disney's ***Fort Wilderness Campground*** nicht zu schlagen. Service, Komfort und parkartige Gestaltung sind vorbildlich. *Fort Wilderness* besteht aus Teilarealen, von denen die meisten rund um einen zentralen Bereich liegen mit großem Pool, *Shop*, Bootsverleih und *Open-air*-Kino, wo jeden Abend ab Dunkelheit Disney-Filme laufen. Busse sorgen für kostenlosen Transport zu den *Theme Parks* bzw. zur Anlegestelle des Schiffs in Richtung *Magic Kingdom*. Zwar kosteten die Stellplätze je nach Saison und Komfort 2006 **$38-$89**), bieten aber einen hohen Gegenwert. Reservierung ist unabdingbar:

✆ **(407) 934-7639** oder online: http://disneyworld.disney.go.com.

Dort auf Schaltfläche »*Where to Stay*«, dort »*Select Resort Hotels*« durchscrollen bis unten: »*Disney's Fort Wilderness Campground*«.

Weitere Campgrounds

Von den preiswerteren *Campgrounds* zu gerade einem Drittel bis zur Hälfte des Disneytarifs liegt der in jeder Beziehung hervorragende und gar nicht so stark frequentierte

Restaurant Planet Hollywood im Disney Village Marketplace

- ***Turkey Lake Park*** mit großen Pools, Abenteuerspielplatz und viel Platz auch für Zeltcamper nur 20 Autominuten von *Disney World* und 5 min von den *Universal Studios* entfernt: I-4 *Exit* 75B, dann nördlich #435, dann links Conroy Windermere, dann rechts Hiawassee Rd. Aber Ankunft vor 17 Uhr nötig, sonst ist das Tor zu; Camper erhalten Schlüssel. Reservierung unter © 407/299-5581 oder -5594; Zelte $9; Campmobile ab $17.
- Recht nah an *Disney World* liegt das ***Racoon Lake Camp Resort***: I-4 *Exit* 64B, 8555 Bronson Mem. Hwy, © 407/239-4148, ab $19. Pool, Boots- und Kanuverleih, Minigolf, Restaurant.
- Ein großer ***KOA Campground*** befindet sich in Kissimmee an der #192 (4771 W Bronson Memorial Hwy), © 1-800-562-7791, http://koa.com/where/fl/09329, ab $26. ***Cabins*** für 2 ab $54. Der KOA-Platz bei Orlando (vom *Bee Line Expressway Exit* 13) ist weniger ansprechend.
- Ebenfalls an der #192 liegt das ***Tropical Palms Resort*** (von der I-4 *Exit* 64A, 2650 Holiday Trail, © 407/396-4595, www.tropicalpalms.com, ab $25). Der Platz eignet sich in erster Linie für Wohnmobile.

Weitere Plätze liegen etwas näher an *Disney World* an der I-4, sind aber wegen der Autobahn lärmgeplagt.

Shopping

Im Bereich des mittleren **International Drive** stehen die Gebäude der ***Premium Outlet Mall*** (110 Shops, I-4, *Exit* 68, vom Int'l Drive abbiegen in die Vineland Ave, www.premiumoutlets.com) und weiter nördlich eine der größten *Malls* dieser Art in den USA, die ***Prime Outlet Mall*** (170 Shops unweit *Wet'n Wild*, I-4/*Exit* 75A, vom Int'l Drive abbiegen in die Oakridge Road, www.primeoutlets.com). Ein »normales« Einkaufszentren ist ***Mercado*** (8445 S International Dr bei der Tourist Information). An der #482 (vom International Blvd in Richtung Flughafen) befindet sich die ***Florida Mall*** mit über 100 Läden, *Fast Food* und Restaurants (empfehlenswert hier: ***California Café Bar & Grille***).

In Kissimmee warten über 70 Shops im ***Old Town Shopping Center*** (5770 W Irlo Bronson Memorial Hwy/#192*)*. Wer *Disneyworld*, die *Universal Studios* u.a. besucht, wird auch in den Parks »erschlagen« von den Shopping-Angeboten, auf die ***Disney Village Marketplace*** und ***Citywalk*** (*Universal)* noch »eins draufsetzen«.

Disneysiedlung Celebration

Eine neue **Spielart des Erlebniseinkaufs** bietet die disneyeigene Wohnsiedlung ***Celebration*** mit seiner »***Market Street at Celebration***« (Celebration Ave, I-4, *Exit* 64A, dann #192E, Mo-Sa 10-21 Uhr, So 12-18 Uhr, www.celebrationfl.com). In dieser Musterstadt wohnen ausschließlich »Besserverdienende«, die technische Annehmlichkeiten, traditionelle Architektur, peinliche Ordnung und Sauberkeit, aber auf keinen Fall Individualität möchten. Eine Siedlungsform, die zu besichtigen allein schon den Abstecher wert ist. Außerdem warten in der *Market Street*, einer blitzblanken künstlichen **Einkaufsstraße**, zahlreiche Shops und Restaurants.

Stadt Orlando

Das ungemein weitläufige Orlando besitzt nur ein kleines, im Vergleich zu den Dimensionen der Vergnügungsparks bescheidenes Zentrum unmittelbar östlich der I-4 (*Exit* 84) durch die Stadt.

Nachdem die populäre *Church Street Station* im alten Bahnhof geschlossen wurde, blieben in Orlandos Innenstadt als Sehenswürdigkeiten nur noch einige Museen:

Museen

Ausgezeichnet ist das ***Orange County Regional History Museum*** (Ecke Central Blvd/Magnolia Avenue, Mo-Sa 9-17 Uhr, So 11-17 Uhr, www.thehistorycenter.org, $7, Kinder bis 12 Jahre $4). Hier geht es um die Geschichte Zentralfloridas, um die Indianer, die Zitrusindustrie und den Tourismus, insbesondere darum, wie und warum die Vergnügungsparks nach Orlando kamen und welche Auswirkungen dies hat.

Für den kulturellen Kontrapunkt zum vielen *Amusement* sorgt im ***Orlando Museum of Art*** eine außergewöhnlich gute Sammlung amerikanischer Kunstwerke von *O'Keeffe, Warhol, Johns, Hassam* u.a. Außerdem gibt es Abteilungen mit präkolumbischer und afrikanischer Kunst (2416 N Mills Ave nördlich des Zentrums am Loch Haven Park, Di-Sa 9-17, So ab 12 Uhr, ✆ 407/896-4231, www.OMArt.org, $8/$5)

4.2.3 Die Orlando Vergnügungsparks

Von den mittlerweile rund 30 verschiedenen Vergnügungsparks und sonstigen Einrichtungen für Spiel, Spaß und Kurzweil im Großraum Orlando sind nachfolgend nur die wichtigsten beschrieben. Da der Komplex *Disney World* der mit Abstand wichtigste ist, wird ihm der ausführlichste Raum gewidmet.

Disney World

Trotz aller Konkurrenz ist und bleibt *Disney World* unangefochtenes Zugpferd der *Amusementparks*.

Kennzeichnung

Nachdem Filmproduzent und Zeichentrickmogul *Walt Disney* bereits 1955 ***Disneyland*** im kalifornischen Anaheim (Los Angeles) eröffnet und seither mit großem Erfolg betrieben hatte, erstand er in den 1960er-Jahren südwestlich von Orlando ein 111 km^2 großes Sumpfgelände. Dort sollte ein neues, noch attraktiveres »Reich der Fantasie« entstehen.

Um zu vermeiden, dass sich rundherum – wie einst in Anaheim geschehen – wieder im Nu eine unerwünschte Infrastruktur billiger Motels und *Fast-Food Eateries* ausbreitet, wurde von vornherein nicht nur der Vergnügungspark geplant, sondern eine gigantische Ferienlandschaft mit Unterkunft, Transport, Verpflegung, *Fun* und Programm. Heute zählt *Disney World* weit über 30 Mio. Besucher jährlich mit steigender Tendenz. Aber der Vater der Micky Maus erlebte die Realisierung seiner »Vision« nicht mehr, er starb Ende 1965.

Anfahrt

Man erreicht *Disney World* über die ***Interstate #4, Exits #64A/B oder #65***, den ***Central Florida Greenway #417/Intern'l Drive #536*** oder über **die Straße #192** (***Irlo Bronson Memorial Hwy***). Die Anfahrt zu den verschiedenen Parks ist innerhalb des Geländes narrensicher ausgeschildert. *Disney World* verfügt über ein eigenes, extrem großzügig ausgebautes Straßennetz.

Magic Kingdom

Keimzelle der Entwicklung war das 1971 eröffnete ***Magic Kingdom***, die Kopie des kalifornischen *Disneyland* und nach wie vor beliebtester der vier Themen-Parks. Vor dem Einlass in das magische Königreich steht die Fahrt vom Parkplatz ($8, Campmobile $9, für *Disneyworld*-Hotelgäste frei) per Raddampfer über die »Lagune der sieben Meere« oder mit der *Monorail* zum eigentlichen Eingang. **7 Bereiche** warten mit zahlreichen ***Attractions*** und ***Rides*** und können angeblich bis zu 100.000 Besucher pro Tag »verdauen«. Auch wenn es »nur« mal 50.000 oder weniger sind, ergeben sich vor vielen Attraktionen oft lange **Wartezeiten**.

Die folgenden Empfehlungen erleichtern die Auswahl:

Main Street

Die nostalgische ***Walt Disney Railroad*** zur Umrundung des gesamten Komplexes, gut, um sich einen Überblick zu verschaffen

Adventureland

- ***Pirates of the Caribbean***, technisch wie atmosphärisch perfekter *Ride* durch die karibische Nacht nach Piratenüberfall
- ***Jungle Cruise***, Bootsfahrt durch tropischen Urwald
- ***Swiss Family Tree House***, Baumhaus voll sprühender Einfälle

Frontierland

- ***Splash Mountain***, im Baumstamm über Stromschnellen
- ***Country Bear Jamboree***, urkomische Show singender Bären
- ***Big Thunder Mountain Railroad***, prima Achterbahn
- ***Diamond Horseshoe Revue***, witzig gemachte Wildwest-Show

Liberty Square

- ***The Haunted Mansion***, phänomenale Geisterbahn

Fantasyland

- ***It's a Small World & Peter Pan's Flight*** (beides für/mit Kinder(n)
- ***Legend of the Lion King***, Show mit den Tieren des Films

Im Magic Kingdom mit dem »Vater« der Micky Maus Walt Disney

4

Mickey's Toontown Fair Nur etwas für die ganz Kleinen, die in ***Duckburg*** (Entenhausen) alle bekannten Disney-Charaktere »persönlich« treffen können

Tomorrowland
- ***Space Mountain***, schneller Rollercoaster im Weltall

Paraden Außerdem gibt es viele ***Shows*** und eine **Parade** jeden Nachmittag um 15 Uhr. Höhepunkt ist das allabendliche Feuerwerk ***Fantasy in the Sky*** über dem Märchenschloss. Aktuelle **Programmdetails** mit Zeiten in der »***City Hall***« gleich beim Eingang.

Epcot Center

Kennzeichnung Epcot ist Kürzel für ***E****xperimental* ***P****rototype* ***C****ommunity* ***O****f* ***T****omorrow*. Dieser Park, noch von Disney selbst konzipiert, sollte zukunftsweisende Lebens- und Arbeitsmodelle unterhaltsam und verständlich präsentieren. Das Ergebnis ist eine Mischung aus Vergnügungspark (*Future World*) und die Manifestation amerikanischer Klischees vom Leben anderer Völker (*World Showcase*).

Future World Die von *Sponsoring* beherrschte ***Future World*** erinnert zunächst eher an die Gegenwart. *Exxon, Coca Cola, Kodak, General Motors* u.a. präsentieren belehrend unterhaltende Ausstellungen und Zeitrafferfahrten durch die Entwicklungsgeschichte der Energie, des Transports, der Kommunikation, der landwirtschaftlichen Nutzung der Erde etc. Die teilweise mit der Bezeichnung des Gebäudes, in dem sie stattfinden, übereinstimmenden *Rides* sind überwiegend gut gemacht, interessant und manchmal sogar spannend.

Folgende ***Shows/Rides*** sind auch Anstehen wert:

Shows & Rides
- ***Spaceship Earth,*** Reise durch Zeit und Raum
- ***Ellen's Energy Adventure*** im ***Universe of Energy***, unterhaltsame, typisch amerikanische *Show & Ride* zum Thema »Energie«
- ***Body Wars*** im *Wonders of Life Pavilion*, trickreich simulierte, aber zu reichlich action-betonte »Kurzreise« durch die Blutbahnen des menschlichenKörpers
- ***Horizons***, Trip in die (imaginäre) Zukunft der Menschheit
- ***Journey into Imagination***, bunte Fahrt durch Formen und Farben. In der Show *Honey, I Shrunk the Audience* werden die verblüfften Zuschauer scheinbar auf Zentimetergröße verkleinert.
- ***The Living Seas***, »Unterwasserstation«, die vom größten Salzwasseraquarium der Welt umgeben wird.
- ***Test Track***, eine Teststrecke, auf der man Hindernisse umfährt, scharfe Kurven und wechselnde Wetterverhältnisse meistert.
- ***Innoventions*** ist ein Bereich, in dem IT-Firmen ihre segensreichen Produkte präsentieren und Mühe haben, dem technischen Fortschritt zeitnah auf der Spur zu bleiben.

World Showcase Im Disneyschen Schaufenster der Welt, dem ***World Showcase*** rund um einen See, wurden für elf Nationen **Länderpavillons** errichtet. Im Mittelpunkt stehen die jeweils »typischen« **Produkte** und landesspezifische Restaurants. ***Germany*** findet als Bayern in Form eines Mittelalterstädtchens à la Rothenburg und Oktoberfest *all year long* seine Würdigung.

Öffnungszeiten & Eintrittspreise der Disneyparks

Drei der *Theme Parks* sind ganzjährig täglich ab 9 Uhr in Betrieb (für *Disneyworld*-Logiergäste Sondereinlass ab 8 Uhr), *Animal Kingdom* ab 8 Uhr; Einlass ist bereits eine halbe Stunde vor Programmbeginn/Start der *Rides*. Schluss ist unterschiedlich je nach Jahreszeit; im Sommer, an Wochenenden und um Weihnachten/Ostern erst in den späten Abendstunden. Die überall in Orlando verfügbare Broschüre ***Disney: Times & Information*** enthält alle aktuellen Zeiten mit Sonderzeiten wegen Veranstaltungen etc.

Das nur für jeweils einen Park gültige Tagesticket kostet für **alle Besucher ab 10 Jahren einheitlich $71,36** und **für Kinder** von drei bis neun Jahren **$59,64** unabhängig vom Park; **Kinder unter 3 Jahren** brauchen kein Ticket. Im Gegensatz zu vielen anderen *Amusementparks* gibt es keine Discounts und Rabatte.

Wer länger als drei Tage bleibt hat die Wahl zwischen 1-Park-pro-Tag-Tickets und *Park Hopping*. Dafür gelten jeweils andere Preise. Eine exakte Tabelle kann man im Internet auf http://disneyworld.disney.go.com in dem Kasten »*Quote Your Trip*« mit einem Klick auf *View Ticket Prices* ansteuern.

Dabei ist interessant, dass nur Aufenthalte von einem bis zu drei Tagen die Ticketkosten spürbar, wenn auch degressiv erhöhen. Ab 4 Tagen bezahlt man kaum noch weniger als andere für ein 7-Tage-Ticket.

Wer mit dem Gedanken spielt, im Disneygelände zu übernachten, kann sich ein **Pauschalangebot** im Internet ausrechnen lassen – Quartier nach Wahl plus Tickets plus ggf. Mahlzeiten in 100 beliebigen Restaurants. Den besten Deal machen hier Campmobilisten, die obendrein den besonderen Vorzug genießen, sich nach dem »Vergnügungsparkstress« des Tages in die Ruhe der grünen *Fort Wilderness*-Oase zurückziehen zu können. Hotelübernachter freuen sich ggf. je nach Saison über weiteren Trubel in Unterkunft und Restaurants.

Wichtig zu wissen ist, dass Disney nicht nur Jahr für Jahr die Preise erhöht, sondern auch die Konditionen für Mehrtages- und *Parkhopper-Tickets* mitunter extrem verändert. So geschehen z.B. im Jahr 2005. Was hier beschrieben wurde, ist komplett anders als noch in den Vorjahren, will sagen: Nicht wundern, wenn diese Angaben 2007 und später ggf. als völlig falsch erscheinen.

Alle Preise inklusive 6,5% *Florida Sales Tax.*

Eindrucksvoller sind **Filme** im chinesischen, kanadischen (beide *Circle Vision*), norwegischen und französischen Bereich, bemerkenswert die **Architektur** des japanischen und marokkanischen Pavillons. Der einzige echte (kurzweilige) *Ride* in diesem Bereich ist ***El Rio del Tiempo***, eine Reise durch die Zeit, im **Mexico-Pavillon**. Und in **Norwegen** geht's per Wikingerboot im ***Maelstrom*** durch die Welt der Fjorde und Trolle. Gesehen haben muss man das ***American Adventure***, eine glorifizierte Geschichte der USA.

IllumiNations Nach Einbruch der Dunkelheit finden allabendlich über der ***World Showcase Lagoon*** zu klassischen Klängen ***IllumiNations*** statt, eine *Sound&Light Show* mit Lasereffekten und tollem Feuerwerk.

Disney-MGM Studios

Konzeption

Der dritte Disney-Park ist der Welt des Films gewidmet und war einst eine Kampfansage an den Konkurrenten *Universal*, der seit Jahren in Los Angeles die Vermarktung des Themas »Hinter den Kulissen der Filmproduktion« betrieb. Für die modifizierte Realisierung des weitgehend gleichen Konzepts hat sich die *Disney Corporation* eigens mit dem Filmriesen MGM verbündet.

Es geht hier auf der ***Backstage Studio Tour***, in vielen **Shows** und **Effektvorführungen** um Film, Fernsehen und Stars in Vergangenheit, Gegenwart und Zukunft.

Konnte der MGM-Park lange Jahre guten Gewissens eigentlich nur ausgesprochenen Kino-Freaks empfohlen werden, ist die Situation heute anders. MGM hat von seiner *Show-* und *Ride-*Attraktivität her EPCOT klar hinter sich gelassen.

Shows & Rides

Folgende Attraktionen sind besonders ansehenswert:

- ***The Great Movie Ride***, Fahrt durch Szenen der Filmgeschichte
- ***Indiana Jones Epic Stunt Spectacular***, furiose Stunt-Show
- ***Star Tours,*** »Krieg der Sterne« hautnah nacherlebt
- ***Studios Back Lot Tour***, Ausflug per *Tram*/zu Fuß durch Filmkulissen mit Schreckensintermezzo im »Katastrophencanyon«

Zwei **Rides** haben mit Film nur indirekt zu tun:

- ***The Twilight Zone Tower of Terror:*** Im Fahrstuhl »reißt« das Zugseil, und der Kasten rast mit 'zig Besuchern abwärts
- ***The Rock'n Roller Coaster***, die musikalische Achterbahn durch eine kalifornische Nacht

Außerdem gibt's »***Who wants to be a Millionaire***?«, das Vorbild für Günter Jauchs deutsche Quizshow. Wer hier mitmacht und eine Million Punkte schafft, ist noch kein Dollarmillionär, darf aber am echten ABC-Fernsehquiz in New York teilnehmen und dort vielleicht reich werden.

Fantasmic

Und zum Abschluss zaubern die *MGM* Studios jeden Abend ***Fantasmic*** auf und über eine Felsinsel mit See für 10.000 Zuschauer im *Hollywood Hills Amphitheater*, eine absolut spektakuläre ***Disney Laser- und Lightshow***. Sie dauert zwar nur 25 Minuten, ist aber eindrucksvollster Programmpunkt in ganz Disneyworld.

Animal Kingdom

Kennzeichnung

Das ***Animal Kingdom***, der neueste und mit 200 ha flächenmäßig größte Themenpark, ist allen Tieren gewidmet, den lebenden, den ausgestorbenen wie den Dinosauriern und den Tieren der Fantasie, wie Disney sie geschaffen hat. Sagenhaft sind in diesem Park Anlage und Bepflanzung sowie der zentrale Baum des Lebens auf ***Discovery Island***. Der riesige ***Tree of Life***, eine Kreation, in dessen Wurzeln, Stamm und Ästen sich Hunderte von Tierskulpturen verbergen, ist hier zusammen mit dem sehenswerten **3-D-Film »*It's tough to be a Bug*«** unter seinem Wurzelwerk die alles überragende Attraktion.

Der Park ist unterteilt in die Bereiche ***Discovery Island*** mit *Camp Minnie-Mickey*, ***Africa***, ***Rafiki's Planet Watch***, ***Asia*** und ***Dinoland USA***. Daneben gibt es eine Show »***Festival of the Lion King***«.

Camp Minnie-Mickey ist nur etwas für kleine Kinder, in ***Rafiki's Planet Watch*** geht es mehr um die lehrreichen Seiten eines Zoos, Artenschutz und Tierliebe. Vergnügungsparkcharakter haben nur die drei übrigen Bereiche. Dort ragen folgende Angebote heraus:

Asia

- ***Maharajah Jungle Trail***, Weg durch exotische Flora und Fauna
- ***Kali River Rapids***, nasse Tour über Stromschnellen
- ***Flights of Wonder***, mit dem Phönix durch die Lüfte (*Show*)

Africa

- ***Forest Exploration Trail*** durchs afrikanische Dschungelhabitat
- ***Kilimanjaro Safari*** durch ein fast perfekt nachgebildetes Klein-Afrika (oft lange Wartezeiten!)
- ***Pangani Forest Exploration Trail*** zu Gorillas und Nilpferden

Dinoland USA

- ***Dinosaur***, eine Zeitreise zu den Dinos in technischer Perfektion

Das ***Rainforest Café*** im dunklen Plastikdschungel ist das im *Animal Kingdom* beliebteste Restaurant.

Der Baum des Lebens, vielleicht das Beste am ganzen Animal Kingdom

Spaßbäder

Ein Planschpark der Extraklasse mitten in *Disneyworld* ist die ***Typhoon Lagoon*** mit hohen Wellen am künstlichen Strand, Wasserrutschbahnen durch zerklüftete Felslandschaft, Schnorchelbekken und Wasserspaß in subtropisch bepflanzter Umgebung.

Blizzard Beach ist ähnlich gestaltet, aber die Rutschen sind noch höher und nervenkitzelnder. Für beide gilt ein Eintritt von jeweils $36, Kinder bis 9 Jahren $30.

Wie in den Parks sind **Warteschlangen** auch in den Planschparks oft ein Problem. Es macht Sinn, sich für den Besuch Randstunden am Morgen oder vor Schluss auszusuchen.

Abendunterhaltung

Wer auch nach Besuch der Themen- und Wasserparks noch Energien hat, wird in *Disneyworld* am Abend nicht allein gelassen:

Disney Village Marketplace, Pleasure Island und ***West Side*** an der ***Buena Vista Lagoon*** sorgen – schick und attraktiv – für ein volles Abendprogramm mit ***Shops, Restaurants, Showplaces (Cirque du Soleil)***, Großkino mit 24 Leinwänden (***West Side***), **Discos** und weiterem *Amusement*, wie ***Disney Quest***, einem elektronischen, interaktiven *Entertainment Center* ($35/$29).

In der **Discozone *Pleasure Island*** zahlt abends einmalig $23 für den Zutritt zu allen Tanzschuppen, wer mindestesn 18 Jahre alt ist, hat aber erst mit 21 Jahren Zutritt zu allen Discos.

Fotomotiv Hai, eine besondere Attraktion im Bereich Amity der Universal Studios

Universal Studios, Islands of Adventure und Citywalk

Anfahrt, Eintritt & Information

Anfahrt

Die *Universal Studios* und *Islands of Adventure* befinden sich westlich der Kreuzung der ***Florida Turnpike*** mit der **Interstate #4** und damit noch im Bereich der südwestlichen Vororte Orlandos. Bestgeeignete Abfahrten sind **#75A und #75B** von der I-4, dann Universal Blvd, möglich auch ***Exit* #74A**, dann Sandlake Road zum »Hintereingang«.

Parken

Wer mit dem Auto kommt (Einheitsparkgebühr $10), taucht schon beim Parken ein in die Welt des Films. Die Parkhausbereiche sind nach Filmen benannt. Für Campmobile und andere hohe Fahrzeuge ($11) gibt es eine Freifläche.

In den Park gelangt man durch einen tagsüber eintrittsfreien Restaurant- und Discobereich ***City Walk***. Danach trennen sich die Wege für *Islands of Adventure* (links) und *Universal Studios*.

Eintritt Discounts, Zeiten

Universal passt sich mit seinen offiziellen Eintrittspreisen an die *Disney World*-Tarife an: Ein Tagesticket für Erwachsene kostet **$67**, für Kinder bis 9 Jahre **$56**, jeweils **plus 6,5% *tax***. *Discounts* gibt es bei Online-Kauf (spart $4, wenn man sich sein Ticket selber ausdruckt oder es mit Kreditkarte und *confirmation number* abholt) oder in Form von ***Flex Tickets***, die 4-5 Tage gültig sind und neben *Universal* und *Adventure Island* auch für *Seaworld*, *Wet'n'Wild* und ggf. *Busch Gardens* in Tampa gelten ($190-$235).

Geöffnet täglich ab 9 Uhr, saisonal variierende Schlusszeiten.

Information

Universal Studios Information, 1000 Universal Studios Plaza, ✆ 407/363-8000; www.universalorlando.com.

Universal Studios

Ähnlich wie bei den *Disney Parks* ist das Universal Gelände in verschiedene Bereiche unterteilt:

- ***Production Central***
- ***New York***
- ***San Francisco & Amity Island***
- ***World Expo***
- ***Woody Woodpecker's Kidzone***
- ***Hollywood***

Stuntacular

Außerdem gibt es einen zentralen See, um den sich alles gruppiert. Auf ihm läuft mehrfach täglich eine ***Action Show*** mit Booten, Hubschrauber und viel Geballere.

Production Central

Im ersten Bereich hinter der Eingangsplaza geht es um Techniken der Filmproduktion. Dort können auch die Studios des Kindersenders ***Nickelodeon*** besichtigt werden. Auf einem ***Bone Yard*** stehen alle möglichen Fahrzeuge herum, die in *Universal*-Filmen zum Einsatz kamen. In der Show ***Jimmy Neutrons Blast*** darf das Publikum den Helden auf einer etwas albernen Jagd durch den Weltraum »unterstützen«.

Shrek

Das gegenüberliegende Gebäude ist »***Shrek***« gewidmet. Diesen komplett computeranimierten 3D-Film hat man um eine »vierte«, die *special effects*-Dimension erweitert, die tatsächlich Unglaubliches bewirkt. ***4D-Shrek*** muss man gesehen haben, auch wenn Charaktere und Handlung auf *Jimmy Neutrons* Ebene liegen.

New York/ Tornado

Der nächste Bereich ist trickreich den Straßen New Yorks nachempfunden. In ***Twister ... ride it out*** entgeht das Publikum nur knapp den verheerenden Wirkungen eines vorbeiziehenden Tornados, der Überschwemmungen verursacht, Kühe fliegen lässt, Strommasten umreißt und eine Tankstelle in Brand setzt.

Achterbahn und Mumien

Und wo über Jahre *King Kong* sein Unwesen trieb, verbreitet nun der weltweit schnellste ***Indoor-Rollercoaster*** in ***Revenge of the Mummy*** Angst und Schrecken mit einer Fahrt durch Dunkelheit und Feuer mit furchteinflößenden auferstandenen Mumien.

Blues Brothers

In einer Seitenstraße treten ***The Blues Brothers*** auf und unterhalten das Publikum mit einigen ihrer Songs

San Francisco

In San Francisco läuft eine ***Rock 'n' Roll Graveyard Revue***, eine 20-minütige Monstershow. Beim ***Earthquake – The Big One*** werden die Fahrgäste der U-Bahn von einem Erbeben der Stärke 8,3 durchgerüttelt, fast verschüttet und nur knapp gerettet.

Gleich hinter San Francisco liegt Amity, ein aus dem Film »Der Weiße Hai« bekannter Badeort. Klar, dass derselbe prompt auftaucht und den Passagieren der Tour ***Jaws*** die Zähne zeigt.

Stunt- und Ekel Show

Eine populäre Realty TV-Show in den USA ist ***Fear Factor Live***, wobei – daher die Bezeichnung – »lebende« Freiwillige entweder (scheinbar) extrem gefährliche Stunts absolvieren oder ihren Ekel überwinden müssen, wenn der Cornflakes Teller voller lebender Insekten oder Maden liegt, die zu schlucken sind.

World Expo(sition)

Der vierte Bereich heißt zwar »Weltausstellung«, und es gibt auch einen ***International Food Bazar*** mit Spezialitäten fremder Länder, aber sonst ist alles amerikanisch.

In ***Back to the Future*** geht es bekanntermaßen »zurück in die Zukunft«. Und das sehr populäre ***Men in Black – Alien Attack*** ist eine Art Science Fiction-Ballerspiel, das sich darum dreht, während des *Rides* möglichst viele böse Außerirdische zu erledigen.

Kidzone

Die ***Kidzone*** mit dem tollen Spielplatz ***Fievel's Playland*** wurde speziell für **Kleinkinder** geplant. In ***A Day in the Park with Barney*** können sie mit *Cartoon*-Figuren singen und klatschen. In der harmlosen Achterbahn ***Woody Woodpecker's Nuthouse Coaster*** geht's durch eine Nussfabrik, bei ***E.T. Adventure*** per Fahrrad in Richtung Himmel zur Rettung des kleinen Außerirdischen.

Hollywood

Im letzten Teil der *Studios* lehnt sich die Show bei ***Terminator 2: 3D Battle Across Time*** an den gleichnamigen Film an.

Besonders interessant dürften viele ***The Gory, Gruesome and Grotesque Horror Make-Up Show*** finden, in der Maskentricks mitsamt Filmsequenzen demonstriert werden.

Nasser Hauptspaß im Islands of Adventure Park

Islands of Adventure

Eintritt/ Information Der zweite Vergnügungspark von *Universal* befindet sich direkt neben den *Universal Studios*. Die Eintrittspreise und Öffnungszeiten sind identisch, ebenso ✆ und Website, ➪ oben.

Kennzeichnung Die *Islands of Adventure* sind fünf thematische »Inseln«, die sich um einen See herum gruppieren. Im Prinzip handelt es ich um einen konventionellen *Amusementpark*, wobei ein Teil der *Rides* von Filmen und *Comics* inspiriert wurde, so etwa die Achterbahn ***Incredible Hulk***, die simulierten ***Adventures of Spiderman***, die Fahrt ***Jurassic Park River Adventure*** u.a.m.

Thrill Rides Es geht hier in erster Linie um Extremsituationen in sog. ***Thrill Rides***, die sich durch hohe Geschwindigkeit, extreme Steil- und Kurvenlagen, plötzliche Dunkelheit oder »Stürze« auszeichnen.

City Walk

Der Bereich *City Walk* am Eingang zu den beiden Themenparks ist *Universals* Gegenstück zu *Downtown Disney*. Ein Kino-Center, *Shops*, Restaurants und Clubs sind die Zutaten, darunter ein ***Hard Rock Café***, das ***Motown Café***, die Disco ***The Groove*** und die Kneipen ***Margaritaville*** und ***Pat O'Brien's***.

Die Auswahl ist hier vielleicht noch etwas größer als in *Downtown Disney*. Überdies muss man kein Pauschalticket lösen, kann das aber ($10 oder $14 inkl. Kino + *tax* für einen Abendpass). In den Clubs gilt ohne *Evening Pass* eine ***cover charge*** von $5 bis $8 bei Einzelzutritt.

SeaWorld und Discovery Cove

Sea World Neben den *Universal Parks* ist *Sea World* die Hauptkonkurrenz oder Ergänzung zu den *Disney Parks*.

Kennzeichnung Der ***Sea World Adventure Park*** begann als reiner Marinepark in den 1970er-Jahren, entwickelte sich über die Jahre jedoch zu einem ausgewachsenen Vergnügungspark.

Lage Der *Seaworld-Komplex* liegt auf etwa halbem Weg zwischen *Universal* und *Disney World* zwischen I-4 und International Drive. Bestgeeignete Abfahrt von der I-4 ist der ***Exit #71*** (*Central Florida Parkway*), möglich ist auch ***Exit #72*** (*Beeline Expressway*).

Parken Parken kostet wie bei der Konkurrenz ab $10. Ein *Shuttle Service* sorgt für den Transport zwischen Parkplatz und Eingangsplaza.

Eintritt/ Discounts *Sea World* ist der dritte Park im Bunde der hohen Basispreise, wiewohl man dafür im Internet leicht ermäßigte Tickets findet. Tagesticket für Erwachsene **$61,95**, für Kinder bis 9 Jahre **$49,95**, jeweils **plus 6% *tax***. ***Flex Tickets*** für 4-5 Tage Gültigkeit gibt es für mehrere Parks, ➪ unter *Universal*, Seite 429.

Öffnungszeiten ab 9 bis 19 Uhr täglich, im Sommer länger.

Information ***Sea World Adventure Orlando***, 7007 Seaworld Drive, ✆ 407/363-2200, www.seaworld.com

4

Seelöwenshow in Seaworld

Rides

In *Sea World* gibt es nur drei, dafür beachtliche, *Rides:*

- die in der Eigenwerbung *Water Coaster* genannte ***Journey to Atlantis*** ist ein wilder Trip durch das versunkene Atlantis auf Wildwasserkanälen mit einer abschließenden steilen Abfahrt.
- ***Kraken*** ist ein Riesen-***Rollercoaster***, der alle anderen Achterbahnen in Orlando in den Schatten stellt.
- ***Wild Arctic*** entführt den Besucher per Helikopter zu einer Forschungsstation im ewigen Eis.

Shows

In der ***Shamu Adventure Show*** führen schwarzweiße Killerwale erstaunliche Kunststücke vor. U.a. reiten die Betreuer auf deren Rücken und werden von den Walen in die Luft katapultiert.

Im ***Sea Lion & Otter Stadium*** treten Seelöwen und Otter in einem etwas einfältigen »Theaterstück« auf, in dem es aber nur auf die erstaunlichen Leistungen der Tiere ankommt.

Außerdem gibt es noch ein paar typisch amerikanische Shows und ein abendliches Feuerwerk.

Für Kinder

In sog. ***Touch Pools*** lassen sich Delphine ganz aus der Nähe betrachten, sogar streicheln. Ebenfalls in einem eigenen Teich darf das Publikum sogar Seelöwen mit Fischen füttern. Und der Spielplatz für die Kleinen heißt hier *Shamu's Happy Harbor.*

Discovery Cove

Direkt neben *Sea World* befindet sich ***Discovery Cove***, wo man den Tag an schneeweißen Stränden und felsigen Buchten verbringen und – von Haien nur durch eine Plexiglaswand getrennt – unter Wasser mit Meeresbewohnern auf Tuchfühlung gehen kann.

Tickets & Info

Der Besuch der *Discovery Cove* ist extrem teuer ($259-$279 mit, $159-$179 ohne Delphinschwimmen, keine Kinderermäßigung; Preise inklusive Eintritt für 7 Tage in Seaworld), aber dennoch sind die maximal 1.000 Tickets pro Tag oft ausverkauft. **Reservierung**: © 877/434-7268; www.discoverycove.com.

Weitere Parks bei Orlando

The Holy Land Experience

Bibelpark

Einige Meilen nördlich der *Universal Studios* liegt an der Vineland Road der biblische Themenpark ***The Holy Land Experience*** (I-4, *Exit* 77), © 877/872-2272; www.theholylandexperience.com und – zur Vertiefung – www.zionshope.org.

Eintritt und Zeiten

Eintritt $35, Kinder bis 12 Jahre $23, Auto parken $5. Der Park ist Mo-Sa 10-17 Uhr geöffnet.

Das »Heilige Land« zeigt Nachbildungen von aus der Bibel bekannten Bauwerken und bietet ein »religiöses« Showprogramm. Da fehlen weder die Mauern Jerusalems noch ein Modell der Stadt zu Beginn der Zeitrechnung und das Grab Jesu. Das Personal trägt lange Gewänder und grüßt Besucher mit *Shalom*. Im **Palast des *Herodes*** werden mehrfach täglich bekannte Szenen aus der Bibel nachgespielt, u.a. wäscht tatsächlich *Pilatus* immer wieder seine Hände in Unschuld, während die Zuschauer teure *Goliathburger* und *Milk & Honey Shakes* vertilgen. In kurzen Abständen zeigt man dort außerdem *The Seed of Promise*, einen Film, der im Eilverfahren durch die (biblische) Geschichte der Juden führt.

Beurteilung

Die hier vorgeführte Mischung aus Religion und Kommerz ist ein Erlebnis für sich, das in dieser Form wohl nur im Land der unbegrenzten Möglichkeiten realisiert werden konnte. Erstaunlicherweise wird der Park von der protestantischen (!) ***Zion's Hope*** - Bewegung, nicht etwa von jüdischen Unternehmen betrieben.

Alligatorenbabies im Gatorland

Gatorland

Eintritt, Zeiten & Info

Gatorland ist eine Mischung aus Publikumspark, Zoo und Farm mit über 5000 Alligatoren, Krokodilen und weiteren tropischen Tierarten wie Schlangen, Iguanas, Flamingos und Papageien.

Die Anlage liegt nördlich von Kissimmee östlich der Kreuzung *Central Florida Greenway/Orange Blossom Trail* (Straßen #17/ #92/#441); © 407/855-5496, www.gatorland.com.

Öffnungszeiten 9-17 Uhr täglich, im Sommer länger, Eintritt $20, bis 12 Jahre $13; *Discount Coupons* im Wert von $30 gibt's in der *Visitor Information* und sogar zum *Download* im Internet.

Exotische Tierwelt

Eine Spezialität ist dort wie auch in der oben beschriebenen *Alligator Farm* bei St. Augustine (➪ Seite 414) das so genannte ***Gator Wrestling***, bei dem ein »Dompteur« den Alligator auf den Rücken wirft und ihm unter allseitigem Kamerageklicke den Rachen aufreißt – zur geringen Begeisterung vieler Tierschützer. Ein Besuch entspricht in etwa einem 3-Stunden-Programm.

Wet 'n' Wild

Die Wasserparks in *Disney World* wurden bereits beschrieben (ÿ Seite 427). Ein weiterer Park bietet an heißen Tagen auch außerhalb *Disney World* Abkühlung und Rutschenspaß:

Der erste und einst größte Wasserpark der USA ist ***Wet 'n' Wild*** am oberen International Drive unweit *Universal* (von der I-4 *Exit* #75A). Er verfügt über besonders lange und aufregende Rutschen. Auch ein großes Wellenbad (ohne Strand) und ein nasser Spielplatz mit Wasserkanonen sind vorhanden. Die Gestaltung der Anlage ist nicht ganz so attraktiv wie in den *Disney Parks*. Eintritt $36, bis 9 Jahre $30 plus *tax*. Täglich geöffnet, Zeiten nach Wetter und Saison variabel; www.wetnwild.com/orlando.

Für *Wet 'n' Wild* gibt es – z.B. bei der *Visitor Information* am International Drive – *Discount Coupons* im Wert von $3 und mehr pro Ticket, im Internet ***Discount Tickets***.

4.2.4 Cape Canaveral bis Fort Pierce

Cape Canaveral

Kenn-zeichnung

Wer ***Cape Canaveral*** hört, denkt an Raketen, an NASA und High Tech, kaum jedoch an ein **Naturschutzgebiet**, Alligatoren und seltene Vögel. Tatsächlich liegt das Raumfahrtzentrum auf **Merritt Island**, einer fast vollständig als ***National Wildlife Refuge*** ausgewiesenen Insel. Das **Space Center** ist die Topattraktion des zentralen Küstenabschnitts und nicht zuletzt dank der nur rund 40 mi Entfernung von Orlando vielbesucht (via Straße #50 oder den *Bee Line Expressway* #528, dann #405/***NASA Causeway***).

»Astronauten-tempel«

Ein erster Stopp auf dem Weg zum *Space Center* könnte der ***U.S. Astronaut Hall of Fame*** gelten, wenn genügend Zeit zur Verfügung steht (6225 Vectraspace Blvd, Titusville, ✆ 407/269-6100, täglich 9-17 Uhr, $17, bis 11 Jahre $13).

Dort erfährt man fast alles zur Geschichte der amerikanischen Raumfahrt seit den 1950er-Jahren. Es gibt jede Menge Ausstellungsstücke von Fotos bis hin zu einem *Space-Shuttle*-Nachbau, Simulatoren und interaktive Bereiche. Kernstück dieses Raumfahrtmuseums ist die »**Ruhmeshalle der Astronauten**«, in der *John H. Glenn Jr., Alan B. Shepard, Neil Armstrong, David R. Scott* die bekanntesten Namen sind.

Kennedy Space Center

Vom NASA-Gelände am Cape Canaveral starten die *Space Shuttles* zur international bemannten Raumstation *International Space Station (ISS)*. Anlaufpunkt für Besucher ist der ***Kennedy Space Center Visitor Complex*** (täglich 9 Uhr bis Sonnenuntergang: **Standardticket** inkl. Tour und IMAX-Kino **$31**, bis 11 Jahre **$21**; ***Maximum Access Ticket*** darüber hinaus inkl. Hall of Fame und Raumfahrtsimulator **$38/$28**, ✆ 329/449-4444, www.kennedyspacecenter.com und www.shuttle.nasa.gov.

Im Außengelände des Besucherzentrums befinden sich der ***Rocket Garden*** mit allen wichtigen Raketentypen seit 1958 und die ***Shuttle Plaza*** mit einem Nachbau des *Space Shuttle Explorer*. In der ***Space Flight Gallery*** kann man Raumkapseln und alle möglichen Gerätschaften besichtigen.

Zum Komplex gehören auch ein **IMAX-Kino** mit wechselnden beeindruckenden »Werbefilmen« der NASA, Shop und Cafeteria.

Als Höhepunkt des Besuchs gilt die Bustour durchs ausgedehnte Gelände zu Montagehallen etc. Früher gab es unterschiedliche Rundfahrten, jetzt nur noch eine **Standardtour**, die man an drei Stationen (***Launch Status Center*** unweit der Abschussrampen, ***Saturn V Center*** mit Original-Saturn-Rakete und ***Space Station Center***) unterbrechen und mit einem späteren Bus fortsetzen kann. Die Busse starten in kurzen Abständen zwischen 9.45 Uhr

Rocket Garden im NASA Space Center mit Originalraketen

und 15.30 Uhr. Trotzdem bilden sich oft Warteschlangen. Wie oft er aussteigt und wie lange er jeweils bleibt, ist jedem Besucher selbst überlassen; 2-3 Stunden Gesamtdauer muss man mindestens kalkulieren. So ganz spannend ist die Tour nicht, weil sie an vielem nur vorbeifährt. Im übrigen gibt's die Erläuterungen nur in schnell gesprochenem Englisch. Für Ausländer liegen im *Space Center* Walkmen mit Audiokassette in den wichtigsten Sprachen bereit. Um Abschussrampe und Landebahn aus der Nähe zu sehen, muss man die ***Close-up-Tour*** für zusätzliche $22/$16 buchen. Noch näher dran am Geschehen fühlt man sich vielleicht um 12.15 Uhr beim Lunch mit einem aktiven NASA-Astronauten für weitere $23/$16.

Unterkunft

- Entlang der I-95 findet man Kettenmotels wie das ***Kennedy Space Center Ramada*** (*Exit* 215, 3500 Cheney Highway, © 321/269-5510), ***Days Inn*** (3755 Cheney Highway 3755, © 321/269-4480) oder ***Best Western*** (3455 Cheney Highway, © 321/269-9100).
- Preisgünstigere Motels gibt es in Cocoa und Cocoa Beach, nur wenige Meilen weiter südlich, u.a. ein ***Motel 6*** (in Cocoa Beach, 3701 N Atlantic Ave, © 321/783-3130) und eine ***EconoLodge*** (in Cocoa, 3220 N Cocoa Boulevard, © 321/632-4561). Weitere Motels finden sich u.a. auch im/beim Ort Cape Canaveral.

Camping

- Ein schöner Campingplatz ist ***Manatee Hammock Park*** südlich von Titusville (7275 S Highway #1, © 321/264-5083, www.brevardparks.com/rv_tent/manatee.htm, ab $18).
- Im **Ort Cape Canaveral** liegt der ***Jetty Park Campground*** (400 E Jetty Road, © 321/783-7111, www.portcanaveral.org/funport/parks.htm, ab $24). Kaum Schatten und relativ eng, aber die lange Pier am Hafen soll einer der besten Plätze zum Beobachten von ***Space Shuttle*-Starts** sein.

Auf der A1A über die Barrier Islands

Verlauf der A1A/ Situation

Die Straßen vom *Space Center* nach Osten und südlich zum Ort Cape Canaveral an der #A1A sind für den Publikumsverkehr gesperrt. Über die #1 bzw. die I-95 und dann Autobahn #528 (verlaufsidentisch dort mit #A1A) oder Straße #520 gelangt man auf die vorgelagerte Kette der *Barrier Islands*, über die die **Straße A1A** dann »allein« fast ununterbrochen bis nach Miami läuft.

Im Abschnitt bis über Melbourne Beach hinaus ist die Streckenführung ohne Reiz und wegen starker Verkehrsbelastung mühsam zu befahren. Auch weiter geht es wegen *Speed Limits* und Freizeitverkehr nicht rasch voran, so dass auf dieser Route bis Miami ohne weiteres 2 Tage benötigt, selbst wer keine längeren Zwischenstops einlegt (auf der **I-95** auf dem Festland fährt man in 4-6 Stunden nach Miami).

Leider führt die insgesamt attraktive #A1A trotz gelegentlicher Ausblicke aufs Meer eher selten nah am Ozean entlang. Der verbirgt sich meist hinter Dünen und – immer wieder – Mauern und Hecken von Luxusvillen und teuren Wohnanlagen. Dazwischen liegen aber auch eine Reihe gepflegter Parks, Zugänge zu langen Sandstränden und an den *Intracoastal Waterway*.

Brücken zum nur wenige Kilometer entfernten Festland existieren nur in mehr oder minder großen Abständen.

Unterkunft/ Camping

Wer unterwegs eine **Unterkunft** sucht, findet Motels vor allem im nördlichen Bereich zwischen Cape Canaveral und Melbourne. Weiter südlich sind die wenigen Quartiere auf den Inseln relativ teuer (Ausnahme: Region Vero Beach); es empfehlen sich Übernachtungen auf dem Festland, ➪ unten.

Camper dagegen haben einige sehr schöne Möglichkeiten, u.a. die Campingplätze der ***Sebastian Inlet State Recreation Area*** am Nordende von North Hutchinson Island (✆ 561/589-9659, www.floridastateparks.org/sebastianinlet, ab $15) und des ***Long Point County Park*** (✆ 407/952-4532, www.brevardparks.com/rv tent/longpoint.htm, ab $18) jenseits der Brücke über das Sebastian Inlet. Beide Plätze liegen am *Intracoastal Waterway*.

Sea Turtles

In diesem Bereich der *Barrier Islands* legen die ***Sea Turtles*** von Mai bis August ihre Eier im Sand der Strände ab. *State Park Ranger* veranstalten dort ***Turtle Watch Tours*** zur Beobachtung der Meeresschildkröten und ihrer frisch geschlüpften Jungen. Die ***Pelican Island National Wildlife Refuge*** (www.fws.gov/pelicanisland) zwischen *Sebastian Inlet* und *Wabasso Causeway* wurde eigens zum Schutz dieser bedrohten Tierart eingerichtet. Details zu den *Turtles* und Flora und Fauna der Region erfährt man im ***Environmental Learning Center*** (Wabasso Island Lane, ab Straße #510, Di-Fr 10-16, Sa 9-12, So 13-16 Uhr, www.elcweb.org, frei).

Hutchinson Island

Spätestens bei **Fort Pierce** muss man kurz die *Barrier Islands* verlassen, um ggf. die Fahrt über die Inseln auf Hutchinson Island weiter fortzusetzen. Wer nach der Fahrt bis hierher Hutchinson und Jupiter Island auslässt, um rascher nach Süden zu gelangen, verpasst nichts, was er nicht schon weiter nördlich ganz ähnlich gesehen hätte. Hutchinson Island eignet sich – während einer Fahrt auf der Festlandsroute – gut für einen kurzen **Abstecher an den Ozean** (bis Stuart ca. 15 mi, danach zurück auf die #1/I-95).

Auf dem Festland nach Süden

Auf dem Festland führen die ***Interstate* #95** und die autobahnartig ausgebaute **Küstenstraße #1** in parallelem Verlauf ebenfalls in Richtung Miami, ab Fort Pierce auch die Miami und Orlando verbindende, gebührenpflichtige ***Florida Turnpike***.

4.3 Der Südosten

Rund 50 mi südlich von Fort Pierce beginnt schon der Großraum Miami: 100 mi dicht bevölkerte und weitgehend »zugebaute« Küste. Ab Palm Beach, bei Anfahrt von Norden zugleich erste größere und weltbekannte Stadt, gehen die Städte ineinander über. Mehr und mehr »Betonburgen« verstellen den Blick aufs Meer, und das Vorankommen abseits von Autobahnen wird wegen des dichten Verkehrs immer zeitraubender.

4.3.1 Palm Beach und Fort Lauderdale

Palm Beach und West Palm Beach

Palm Beach, Wohn- und Ferienort der Reichen und Schönen Amerikas, liegt auf einer der *Barrier Islands* vor der Küste und ist über Brücken mit dem Festland verbunden. Anlaufpunkte sind dort die feine **Shoppingzone Worth Avenue** und der **Ocean Boulevard** an der Atlantikküste mit zahlreichen Villen Prominenter.

West Palm Beach auf dem Festland ist größer und eine normale Florida-Stadt mit dem üblichen Bevölkerungsmix, schönen und auch problematischen Vierteln.

Information

Palm Beach Chamber of Commerce, 45 Coconut Row, ✆ 561/655-3282, www.palmbeachchamber.com.

West Palm Beach County Convention & Visitors Bureau, 1555 Palm Beach Lakes Blvd, ✆ 561/471-399; www.westpalmbeach.com

Unterkunft

Palm Beach ist ein teures Pflaster. Selbst in der Nebensaison im Hochsommer findet man kaum Zimmer unter $100, in der Hauptsaison schießen die Preise weiter in die Höhe.

- Wer sich Luxus gönnen möchte, reserviert ein Zimmer im ***The Breakers*** (✆ 561/655-6611, www.thebreakers.com), ab ca. $250.
- Entlang der **I-95** sind die Häuser der **Motelketten** unverfehlbar.

Camping

Über einen schön angelegten *Campground* am Loxahatchee River verfügt der ***Jonathan Dickinson State Park***, gute 15 mi nördlich von Palm Beach, Einfahrt von der Straße #1 (✆ 561/546-2771, www.floridastateparks.org/jonathandickinson, ab $15). Auf dem Fluss kann man durch die Sümpfe paddeln, Kanuverleih vor Ort.

KOA-Camping ➪ unter »*Lion Safari*«.

Flagler Museum

Sehr eindrucksvoll ist das ***Flagler Museum*** in Palm Beach (Ecke Coconut Row und Whitehall Way auf der Festlandseite der Insel, Di-Sa 10-17 Uhr, So 12-17 Uhr, ✆ 561/655-2833, www.flagler.org, Eintritt $15, bis 18/12 Jahre $5/$3). Der Eisenbahnmagnat *Henry Morrison Flagler* ließ bereits 1901 diesen Palast errichten, der zeigt, wie komfortabel schon vor über 100 Jahren das Leben sein konnte, sofern ausreichend Kleingeld vorhanden war.

The Breakers

Das gilt ähnlich auch für das Hotel ***The Breakers*** (1 South County Road), das in den 1920er-Jahren erbaut wurde und bis heute als eines der besten Hotels der USA gilt. Auch Nicht-Gäste dürfen sich die phänomenale Lobby ansehen und mittwochs (um 15 Uhr) an einer einstündigen kostenlosen Führung teilnehmen.

Kunstmuseum

Das ***Norton Museum of Art*** befindet sich in West Palm Beach (1451 S Olive Road zwischen Küste/Lake Worth und der Straße #1, Di-Sa 10-17, So ab 13 Uhr, ✆ 561/832-5196, www.norton.org, $8/$3). Es gehört zu den besten Kunstmuseen im US-Südosten.

Lion Country

Gut 15 mi westlich von Palm Beach (Straße #98) liegt der ***Lion Country Safari Park*** bei Loxahatchee. Ein 4 mi Rundkurs, den man mit dem eigenen Fahrzeug abfahren darf, führt dort durch »Ostafrika« und ganz nah an »wild« lebenden Tieren vorbei. Täglich 9.30-17.30 Uhr, $21; bis 9 Jahre $17, www.lioncountrysafari.com. Verbunden mit dem Park ist ein *KOA-Campground.*

Fort Lauderdale

Kennzeichnung

Fort Lauderdale, gut 30 mi nördlich von Miami, hat zwar nur rund 160.000 Einwohner, dehnt sich aber weit ins Hinterland aus und vermittelt auch mit seinem *International Airport* riesigen Ausmaßes den Eindruck einer dreimal so großen City. Ähnlich wie (West) Palm Beach besteht Fort Lauderdale aus einem zentralen Festlandsbereich mit einem überschaubaren Zentrum und **Lauderdale-by-the-Sea** auf der vorgelagerten Inselkette. Lange, helle **Sandstrände** säumen dort die Ufer. Von Norden läuft auch die Straße #A1A über Lauderdale-by-the-Sea, schwenkt dort aber landeinwärts und erst bei Hollywood wieder zurück auf die Inseln.

Viele Wohlhabende zog es nach Fort Lauderdale an einen der Kanäle, wo zur Villa der Bootsliegeplatz gehört. Die Kanäle – insgesamt 300 km – entstanden, weil vor der Besiedelung des Gebietes die hier vorherrschenden Sümpfe trockengelegt werden mussten. Die Stadt heißt daher nicht zu Unrecht auch ***Venice of America***.

Praktische Informationen

Information

Greater Fort Lauderdale Convention & Visitors Bureau, 1850 Eller Drive, © 954/765-4466, www.ftlchamber.com.

Unterkunft

Im Großraum Ft Lauderdale zwischen West Palm Beach und Hollywood finden sich zahlreiche H/Motels entlang der Straßenverläufe #1 und A1A. Die meisten Quartiere direkt am Strand haben saftige Tarife, aber abseits vom Wasser gibt es außerhalb der Winter-Hochsaison gute Unterkünfte ab ca. $50.

Empfehlung in **Lauderdale-by-the-Sea**:

- ***Seascape Resort Motel***, 4425 N Ocean Dr/A1A, © 954/776-0767
- ***A Little Inn By The Sea***, 4546 El Mar Dr, © 954/772-2450, www.alittleinn.com, 30 Zimmer/Suiten, ab $80 inkl. Frühstücksbuffet. Die meisten der Zimmer und Suiten (mit Küchenzeile) gruppieren sich um den Pool am Sandstrand.

Fort Lauderdale:

- ***Best Inn***, 3711 N Ocean Blvd/A1A, © 954/563-3400
- ***Travelodge***, 4011 N Ocean Blvd/A1A, © 954/563-0660
- ***Wellesley Inn Sawgrass*** beim *Sawgrass Mills Outlet Center*, ➪ unten, © 1-800-444-8888

Fort Lauderdale verfügt über **zwei gut beurteilte *Hostels***:

- Das ***Fort Lauderdale Beach Hostel*** (2115 N Ocean Boulevard, © 954/567-7275, www.fortlauderdalehostel.com, freie Verpflegung, freier Internetzugang) liegt nur 200 m entfernt vom Strand und
- ***Floyd's Hostel & Crew House*** beim Port Everglades, dem Hafen, in dem viele Kreuzfahrtschiffe anlegen, © 954/462-0631, www.floydshostel.com, beide ab $23.

Hollywood:

- ***Shell Motel***, 1201 S Federal Hwy/#1, © 954/923-8085
- ***Richards Motel***, 1219 S Federal Hwy/#1, © 954/921-6418

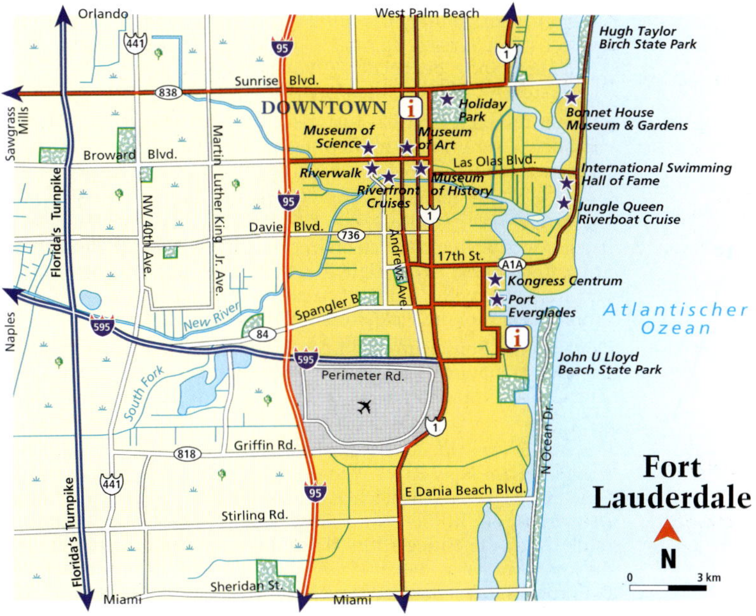

Camping

Im Großraum Lauderdale/Miami gibt es keine Campingplätze in Strandnähe. Westlich von Hollywood liegt in Pembroke Pines (I-95 *Exit* 20) der ***C.B. Smith Park*** (900 N Flamingo Rd, © 954/437-2650, ab $18) am See mit Tennis-, Boot- und Fahrradverleih.

Der komfortable, schattige ***Cozy Kampers RV Park*** in Fort Lauderdale (3631 W Commercial Blvd, *Florida Turnpike Exit* 62/I-95 *Exit* 32, © 954/731-8570, ab $26) liegt 5 mi vom Strand entfernt.

Outlet Shopping

Ein Anziehungspunkt für den gesamten Großraum Miami und auch viele Touristen ist die riesige ***Sawgrass Mills Outlet Shopping Mall*** mit mehr als 270 Läden, etwa 10 mi westlich der I-95 (*Exit* 29) in Sunrise (Straße #838, 12801 W Sunrise Blvd nahe dem *Sawgrass Expressway* #869, Mo-Sa 10-21.30 Uhr, So 11-20 Uhr, www.sawgrassmillsmall.com).

Sehenswürdigkeiten

Natürlich waren die **Strände** ursächlich für den Ruf der Stadt als Ferienresort der (heute) gehobenen Kategorie. Aber neben Wasser, Sand und Sonne gibt es in Strandnähe auch sehenswerte Museen:

Swimming Hall of Fame

- Auf der Höhe der SE 5th Avenue befindet sich die ***International Swimming Hall of Fame*** (1 Hall of Fame Drive, täglich 9-17 Uhr, www.ishof.org, Eintritt $8/$4, Kinder bis 12 Jahren frei), in dem Fans alles über die berühmtesten Schwimmer der Neuzeit – in erster Linie der USA – erfahren, vor allem über die Helden

Johnny Weissmuller, der als d e r Tarzan-Darsteller bekannt wurde (»ich *Tarzan*, du *Jane* ...«) und in Fort Lauderdale lebte, und ***Mark Spitz***, der bei den Olympischen Spielen 1972 in München sieben Goldmedaillen gewann.

Bonnet House

• Weiter nördlich liegt das historische ***Bonnet House***, ein Palast ähnlich *Villa Vizcaya* in Miami (➪ Seite 450), wenngleich kleiner und schlichter (900 N Birch Rd, Fort Lauderdale Beach, ✆ 954/563-5393, www.bonnethouse.org, Mi-Fr 10-14, Sa/So 12-15 Uhr, halbstündig Touren inkl. Film $15/$11, ohne Haustour $9).

Hugh Taylor Park

Noch etwas weiter nördlich erstreckt sich die ***Hugh Taylor Birch State Recreation Area*** (täglich 8-19.30 Uhr) mit Stränden, und Feuchtarealen voller Mangroven und anderer subtropischer Vegetation. Ideal für eine Paddeltour – Kanuverleih vorhanden.

Las Olas Blvd

Der **Las Olas Boulevard** verbindet Strände und Innenstadt und ist zugleich Hauptachse der Stadt. U.a. im Umfeld dieser Straße erstrecken sich die bereits eingangs erwähnten gehobenen Wohnviertel an den für Fort Lauderdale charakteristischen Kanälen.

Riverwalk

Der sog. ***Riverwalk Arts & Entertainment District*** im **Stadtzentrum** liegt am New River. Von dort sind die meisten Ziele in Ft. Lauderdale zu Fuß zu erreichen. Im Mittelpunkt steht die ***Las Olas Riverfront***, ein Komplex mit Shops, *Entertainment* und Restaurants. Auch ein Anleger fürs Wassertaxi und Rundfahrten durch die Kanäle und den Hafen ist vorhanden. Der sog. ***Riverwalk*** läuft über rund 3 km schön am New River entlang.

Kunstmuseum

Ein Block östlich vom *Las Olas Dock* liegt das architektonisch wie von seiner Sammlung her beachtliche ***Museum of Art*** (#1 East Las Olas Boulevard, Mi-Mo 11-19 Uhr, Do bis 21 Uhr, ✆ 954/525-5500, www.moafl.org; Eintritt $6/$3; 2006 bis November frei mit gesponserten Tickets durch BankAtlantic; ggf. Fortsetzung auch 2007). U.a. sind dort Gemälde von *Picasso, Dalí, Matisse, Andy Warhol* und *William Glackens* ausgestellt.

Science Museum

Sechs Abteilungen thematisieren im ***Museum of Discovery & Science*** vor allem Flora und Fauna der Region (401 SW 2nd St, ✆ 954/467-6637, täglich 10-17 Uhr, www.mods.org, $10/$8). Mehr auf Kinder zugeschnitten ist die Umweltabteilung. Mit IMAX-3D-Theater, dafür gesonderter Eintritt.

Strand Fort Lauderdale

Kuba und Mexico dominieren die Calle Ocho in Miami

4.3.2 Miami Metropolitan Area

Kennzeichnung

Die ***Big City of Miami*** (ca. 500.000 Einwohner im engeren Stadtgebiet, über 3 Mio. im Großraum) zieht sich von ihren südlichen Ausläufern über Coral Gables, Key Biscayne, South Miami bis Miami Beach und im Norden bis Hollywood/Fort Lauderdale endlos hin. Da der Wachstumsraum nach Norden und Süden erschöpft ist, dehnt sich die Stadt schon seit Jahren immer weiter nach Westen aus in Richtung auf das Naturschutzgebiet der *Everglades*. Die Distanzen zwischen den touristisch interessanten Zielen sind groß. Zu den langen Strecken kommen oft auch noch verstopfte Straßen und Autobahnen.

Miami besitzt eine überschaubare, lediglich am *Bayside Marketplace* mäßig attraktive **Innenstadt** (zwischen I-95, Biscayne Bay, 5th St und Miami River).

Lateinamerika in USA

Miami gilt als **Brückenkopf zwischen Nord- und Lateinamerika**. Menschen lateinamerikanischer Abstammung, speziell aus Kuba, stellen heute die Mehrheit der Bürger der Stadt. Die meisten politischen Ämter sind von ihnen besetzt, im Geschäftsleben geben sie den Ton an, und die Umgangssprache ist zuallererst Spanisch, nicht Englisch. Dies alles verleiht der Stadt ein **ungewöhnliches südamerikanisch-kubanisches Flair**, trägt aber auch zu den Problemen Miamis bei.

Praktische Informationen

Information

- ***Greater Miami & Beaches Convention & Visitors Bureau***, 701 Brickell Ave, © 305/539-3000, www.miamiandbeaches.com; **Infobüro** am *Bayside Marketplace*, 401 Biscayne Blvd
- ***Miami Beach Chamber of Commerce***, 1920 Meridian Ave, © 305/672-1270 & © 305/674-1300. Gute praktische Infos zu den Airports, Essen & Trinken, Museen plus zahlreiche Links findet man unter www.miamibeachchamber.com.

Flughäfen

Der riesige ***Miami International Airport*** befindet sich nordwestlich von *Downtown* und ist über Autobahnen gut ans Zentrum und Miami Beach angebunden, die Orientierung ab *Airport* daher

4

relativ unproblematisch. Als inneramerikanisch ebenso bedeutender Airport fungiert ***Ft. Lauderdale International***, ca. 25 mi nördlich, der teilweise auch von Europa aus direkt angeflogen wird.

Nahverkehr

Die *Metro-Dade Transit Agency* betreibt mit ***Metrorail***, ***Metromover*** und ***Metrobus*** (✆ 305/770-3131, Ticket $1,50, Express $1,85, *Metromover* gratis, www.co.miami-dade.fl.us/transit) ein dichtes Netz. Die sog. ***Metromover***, kleine Hochbusse, pendeln in *Downtown* zwischen *Financial District*, *Bayfront*, *Art/History Museum*, Sporthallen und *OMNI International*. ***Metrorail*** ist eine Art S-Bahn, die von Hialeah (im Nordwesten) durch *Downtown* nach Coral Gables und South Miami führt.

Unterkunft

Die meisten Hotels und Motels ballen sich in Miami Beach, im Umfeld des *Airport*, in Coral Gables und Coconut Grove. Wer die erste oder letzte Nacht in **Flughafennähe** übernachten möchte, sollte bei einem Veranstalter im voraus buchen; deren Tarife sind oft günstiger. Vor Ort kosten Motels (untere Mittelklasse) ab $50.

Innenstadt

- ***Leamington Hotel***, 307 NE 1st Street, ✆ (305) 536-2208, ab $60
- ***Holiday Inn***, 200 SE 2nd Ave, ✆ 305/374-3000, ab $100
- ***Miami River Inn***, 118 SW South River Dr, ✆ 305/325-0045, www.miamiriverinn.com, ab $80, historisches Hotel, »Miamis einziges B&B«, mit Zimmern in mehreren Gebäuden.

Miami Beach

Preiswert

- Zu den **günstigeren Hotels** zählen das kleine ***Brigham Gardens*** (1411 Collins Avenue, ✆ 305/531-1331, ab $60, im Winter ab $105), das zwei Blocks vom Strand entfernte ***Park Washington Hotel*** (1020 Washington Avenue, ✆ 305/532-1930, ab $69, im Winter ab $139) und das ***Beachcomber Art Deco Hotel*** (1340 Collins Avenue, ✆ 305/531-3755, ab $70, im Winter ab $95).

mittel

- Von den **Hotels der Mittelklasse** liegen am Ocean Drive u.a. das ***Avalon Majestic Hotel*** (700 Ocean Dr, ✆ 305/538-0133, www.avalonhotel.com, ab $90, im Winter ab $130) und das Art-Deco-Hotel ***Cavalier*** (1320 Ocean Drive, ✆ 305/604-5064, ab $130).
- Art Deco bieten auch ***Hotel Leon*** (841 Collins Ave, ✆ 305/ 673-3767, $110, Winter ab $139) und ***Essex House*** (1001 Collins Ave, ✆ 305/534-2700, www.essexhotel.com, $119, Winter $179).

Hostels

Außerdem gibt es in Miami Beach mehrere Hostels, z.B.:

- Das ***Clay Hotel & International Hostel*** (1438 Washington Avenue, ✆ 305/534-2988, www.clayhotel.com, ab $23/Bett, auch EZ/DZ) ist eines der schönsten *Hostels* der USA. Der rosa Bau war mehrfach Drehort in der Fernsehserie *Miami Vice*.
- Das ***International Travelers Hostel*** (236 9th Street, ✆ 305/534-0268, ab $18) einen Block vom Strand ist schon etwas angejahrt.
- Das ***Tropics Hotel & Hostel*** (1550 Collins Avenue, ✆ 305/531-0361, www.tropicshotel.com, ab $24, auch EZ/DZ), liegt ebenfalls in Strandnähe und hat einen großen Pool.

Camping

Neben einem akzeptablen ***KOA-Campground*** in Miami South/ Homestead (SW 162 Ave) gibt es nur einen wirklich empfehlenswerten *Campground* in Metro Miami: den ***L&P Thompson Memorial Park***, der an das Zoogelände grenzt, ohne mit ihm verbunden zu sein: Zufahrt über die *Turnpike* #821 und 184th St in westliche Richtung, ca. 1 mi. Über 200 großzügige Stellplätze warten zu relativ günstigen Tarifen: RV $22, Zelt $10, ✆ 305/232-1049, www.miamidade.gov/parks/parks/larry_penny.asp.

Das ***Southern Comfort RV Resort*** liegt bei Florida City südlich von Miami (345 E Palm Drive, von der #1 in Florida City nach Osten auf den Palm Drive, ✆ 305/245-1345, ab $20, auch Zelte).

Essen & Trinken

Spezialität Miamis sind kubanische Gerichte, interessant die Kombination der Küchen als »*Floribbean*«, »*Tropical Fusion*« oder »*Nuevo Latino*«. Populäre Lokale sind u.a.

- ***Norman's***, 21 Almeria Ave, Coral Gables, ✆ 305/446-6767
- ***Joe's Stone Crab***, 11 Washington Ave, Miami Beach, ✆ 305/673-0365, www.joesstonecrab.com

oder auch ***Jada*** (South Miami), ***The Strand*** (Miami Beach), ***Baleen*** (Grove Isle, www.groveisle.com) und ***Ortanique*** (Miracle Mile).

Preiswert in **Miami Beach** isst man im ***Café Papillon*** (530 Lincoln Rd), im ***Las Americas Restaurant*** (450 Lincoln Rd) oder bei ***Mrs. Mendoza's Tacos al Carbon*** (1040 Alton Rd, www.mrsmendoza.com) und im ***11th Street-Diner*** (1065 Washington Ave).

Shopping

Miami zählt über 20 große *Shopping-Malls*, z.B. ***Bayside Market Place*** (➪ unten), ***Omni Int'l Mall*** (Bayshore Dr/***Venetian Causeway***), ***Mall of the Americas*** (7795 W Flagler St/Palmetto Expressway #826), ***Bal Harbour Shops*** (9700 Collins Ave, Bal Harbour) oder ***Dolphin Mall*** (Autobahn #836/*Florida's Turnpike*).

Spectator Sports

Neben den Basketballern ***Miami Heat*** (*American Airlines Arena*, ✆ 954/835-7000, www.heat.com) sind Profisportler das Footballteam ***Miami Dolphins*** und die Baseballer ***Florida Marlins*** (beide: *Pro Player Stadium*, 2269 NW 199th St, ✆ 954/452-7000, www.miamidolphins.com bzw. ✆ 305/626-7400, www.flamarlins.com).

Ab ca. $250 aufwärts kommt man auch gut im Fontainebleau Hilton unter

Sightseeing

Überblick

Zu den interessanten Zielen in Miamis Süden zählen die beiden Nobelvororte ***Coconut Grove*** und ***Coral Gables*** sowie die vorgelagerte Insel ***Key Biscayne***, im Osten ***Miami Beach*** nordwärts bis ***Bal Harbor***. Innerhalb ***Downtown*** lohnen der ***Bayside Marketplace***, das **Museumszentrum an der W Flagler Street** sowie ***Little Havanna***, das kubanische Viertel.

Bereich Downtown

Bayfront Park

Am ***Biscayne Blvd*** liegt unübersehbar der ***Bayfront Park*** mit dem ***Bayside Marketplace*** (Mo-Do 10-22, Fr-Sa bis 23 Uhr, So 11-20 Uhr). Es handelt sich um einen vielseitig genutzten Komplex mit Rasen- und Sportflächen, 2 Bühnen rund 150 Shops, Kneipen, Cafés und einer Promenade um den Bootshafen ***Miamarina***.

Freedom Tower

Schräg gegenüber dem *Marketplace* steht der ***Freedom Tower*** (Ecke NE 6th Street/Biscayne Blvd), wo früher die Einwanderung kubanischer Flüchtlinge abgewickelt wurde. Südlich des ***Bayfront Park*** beginnt das Finanzzentrum der Stadt mit zahlreichen, architektonisch beachtlichen Hochhäusern. Entlang der ***Brickell Ave***, der **Wall Street Floridas**, reihen sich die Bankpaläste aneinander.

Kulturzentrum

Mitten in *Downtown*, überragt von Wolkenkratzern, befindet sich der bemerkenswerte, einem alten Fort nachempfundene Bau des *Metro Dade Cultural Center*. Das **Kulturzentrum** beherbergt neben der Stadtbibliothek das Geschichts- und Kunstmuseum (beide Di-Fr 10-17, Sa/So 12-17 Uhr, Eintritt je $5, Kombi für beide Museen $6, bis 11 Jahre Geschichte $2, Kunst frei). Das ***Historical Museum of Southern Florida*** (101 W Flagler St, © 305/375-1492, www.historical-museum.org) informiert spannend über Geschichte und Entwicklung Südfloridas. Das ***Miami Art Museum*** (© 305/375-3000, www.miamiartmuseum.org) ist nicht so interessant; es zeigt vor allem zeitgenössische Kunst.

Little Havana

Das Gebiet zwischen Flagler St und SW 12th St ab dem Expressway (I-95) westwärts bis zur SW 27th Ave ist **das kubanische Viertel** mit der zentralen Achse ***Calle Ocho*** (8th Street). Dort gerät

Zigarrenherstellung per Hand in Little Havanna

man in eine andere Welt. ***Little Havanna*** ist weniger zum Bummeln als für eine gemächliche Fahrt mit Stopps hier und da geeignet. Viele kleine Restaurants bieten preiswerte Spezialitäten (z.B. ***Taqueria El Mexicano*** gegenüber *Supermercado Tropicál*, 8th St/5th Ave). Interessant sind speziell Zigarrenshops, wo die Zigarren per Hand hergestellt werden, z.B. ***Tabacalera Popular Cubana*** (1641 SW 8th) oder gegenüber *La Luna* im Haus #1638.

Collins Avenue in Miami Beach

Miami Beach

Anfahrt

Der ***Mac Arthur Causeway*** verbindet *Downtown* Miami mit **Miami Beach**. Nördlich der Brückenstraße fallen Palm, Hibiscus und Star Island (u.a. Wohnsitz von *Gloria Estefan*) ins Auge, Wohninseln der *Upper Class* mit traumhaften Wassergrundstücken und eigenen Yachtanlegern. Sie sind durch den – zur großen Brücke parallel laufenden – *Venetian Causeway* verbunden, der in »Tuchfühlung« zu solchen Anwesen über die sechs ***Venetian Islands*** nach Miami Beach führt. Nach Süden hat man vom *Mac Arthur Causeway* einen spektakulären Blick auf die *Skyline* von *Downtown* und die Luxus-Kreuzfahrtschiffe im *Port of Miami*.

Parrot Island

Auf **Watson Island** eingangs des ***Mac Arthur Causeway*** befinden sich die exotischen Gärten des ***Parrot Jungle Island*** (1111 Parrot Jungle Trail, täglich 10-18 Uhr, © 305/258-6453, Eintritt $28, Kinder bis 10 Jahre $23; Online-Kauf mit jeweils $2 Rabatt, www.parrotjungle.com). Hier kann man neben vielen bunten Pflanzen Papageien (mehrfach täglich *Parrot Show*) und andere tropische Vögel, obendrein ein paar Reptilien, bestaunen.

Miami Beach Bereiche

Miami Beach gliedert sich in vier Bereiche:

- ganz im Süden die ruhigen ***Ocean Beach*** und ***South Point Parks***
- oberhalb des *MacArthur Causeway* (5th Street) entlang Collins/Washington Ave/Ocean Drive und Nebenstraßen bis hinauf zur Lincoln Road der berühmte ***Art Deco District*** mit Unterhaltung und *Fun* rund um die Uhr.

4

- danach bis ***Surfside*** eine endlos erscheinende Aneinanderreihung mal schäbiger, mal luxuriöser Hotel- und Appartmentbauten samt einer darauf abgestimmten kommerziellen Infrastruktur. Von der 21. bis zur 46. Straße läuft zwischen Strand und Küstenbebauung eine 2 mi lange von Joggern, Bikern und Skatern, sogar Fußgängern genutzte ***Beachfront Promenade***.
- ganz im Norden schließlich ***Bal Harbor***, ein riesiger Yachthafen

Strände

Die **Strände von Miami Beach** sind zwar breit aufgespült, aber eintönig, und können mit den meisten anderen Florida-Stränden einschließlich dem auf der nahen Key Biscayne nicht konkurrieren. Das tut aber der Beliebtheit von Miami Beach wenig Abbruch.

Information

Im ***Art Deco Welcome Center*** (1001 Ocean Dr/10th) gibt es mehr Souvenirs als Informationen. Man kann dort 90minütige ***Walking Tours*** buchen (Do 18.30/Sa 10.30 Uhr, © 305/531-3484, www.mdpl.org, $20, Kinder bis 11 frei).

Art Deco District

Entlang des ***Ocean Drive*** ist zu beinahe jeder Tages- und Nachtzeit Betrieb. Die Parole heißt »Sehen und Gesehenwerden«. Vor allem rund um den Lummus Park stehen die pastellfarbigen Hotels aus den 1920er- und 1930er-Jahren wie das ***Casa Grande*** oder ***Waldorf Towers Hotel***. Als **Musterbeispiele des *Art Deco*** gelten außerdem das ***Breakwater Hotel & Café***, ***All Star Café***, das ***Park Central***, ***Cardoso***, ***Berkley Shore***, ***Majestic*** oder ***Cavalier***. Dazwischen gibt es viele ausgeflippte Bars, Cafés und Restaurants.

An der ***Collins Ave*** findet man teure und originelle Boutiquen, an der ***Washington Ave*** preiswertes *Shopping* und *Fast Food*. Die ***Lincoln Ave Mall*** ist eine Fußgängerzone mit Läden gehobener Kategorie, Galerien, vielen Restaurants und Cafés.

Miami Süd

Key Biscayne

Folgt man der Brickell Ave (Straße #1) nach Süden, erreicht man am *Wainwright Park* den *Rickenbacker Causeway* ($1), die Brücke hinüber zur **Key Biscayne** , idyllische Wohninsel der Reichen mit den schönsten, palmengesäumten Stränden Miamis im ***Crandon*** und ***Bill Bags Cape Florida Park***. Auf der kleinen vorgelagerten Insel Virginia Key passiert man zunächst das ***Miami Seaquarium***, die Heimat von Flipper und Co, sowie von seltenen *Manatees*/ Seekühen (#4400, täglich 9.30-18 Uhr, www.miamiseaquarium.com, $32, Kinder bis 9 Jahre $25). Die Shows wertet man durch »*Swim with the Dolphins*« auf (➪ »Discovery Cove« Seite 432). Wer das *Florida Aquarium* in Tampa oder *Sea World* in Orlando im Reiseplan hat(te), kann sich hier das Eintrittsgeld sparen.

Vizcaya Museum & Gardens

Es gibt nicht viele hochklassige *Sights* in Miami, doch eines davon ist die ***Villa Vizcaya***; sie liegt nur wenig südlich der Key Biscayne Brückentrasse (3251 S Miami Ave/Bay Shore Dr, © 305/250-9133, www.vizcayamuseum.org; täglich 9.30-16.30 Uhr, Eintritt $12, Kinder bis 12 Jahre $5). Der palastartige Bau im Renaissance-Stil steht inmitten einer subtropischen Dschungellandschaft an der Biscayne Bay und ist umgeben von einer formalen Gartenanlage,

Miami
N
0 4,5 km
Orlando
Davie
Fort Lauderdale
595
1
75
Hollywood
Miramar
95
821
441
Cooper City
NORTH MIAMI BEACH
N. Miami Beach
Orlando
Florida's Turnpike
826
817
NORTH MIAMI
Bal Harbour
Bay Harbor Island
Opa-Locka
Surfside
27
HIALEAH
7th Ave
Miami Shores
Kennedy Causeway
Collins Ave.
Hialeah Park Race Track
Homestead Extension
Palmetto Expwy
Miami Springs
MIAMI
MIAMI BEACH
Westflorida / Fort Myers / Tampa
195
Miami International Airport
DOWN-TOWN
Parrot Jungle
Art Deco District
East-West Expwy.
836
MacArthur Cswy.
Flagler St.
27th Av.
Little Havanna
Bayside Market
Tamiami Trail
41
Venetian Pool
Fisher Island
CORAL GABLES
Villa Vizcaya
Museum of Science
Virginia Key
Westwood Lakes
Lowe Art Museum
Seaquarium
Cocowalk
South Miami
South Dade Expwy.
COCONUT GROVE
Crandon Park
821
Fairchild Gardens
Key Biscayne
874
Kendall
Matheson Hammock Park
Atlantic Ocean
Bill Baggs State Park
Südflorida Everglades Park und Key West
Cape Florida

4

in der man sich nach Italien versetzt fühlt. Die 34 Zimmer der Villa sind zum Bersten gefüllt mit Kunst und Antiquitäten vom 15. bis 19. Jahrhundert, die der Industrielle *Deering* (Erntemaschinen) um die vorletzte Jahrhundertwende zusammengetragen hat. Auch ohne Besuchsabsicht lohnt die Zufahrt durch tunnelartig gewachsene Mangroven.

Villa Vizcaya

Museum of Science

Zwischen Highway #1 und Bayshore Drive profitiert das ***Miami Museum of Science & Space Transit Planetarium*** (3280 S Miami Ave, täglich 10-18 Uhr, © 305/854-4247, www.miamisci.org, $20, bis 12 Jahre $13) von der Nachbarschaft der populären *Villa Vizcaya*. Das Hauptgewicht liegt dort auf Naturwissenschaft mit interaktiven Objekten und Flora und Fauna Floridas, speziell im *Wildlife Center*. Der Besuch lohnt in erster Linie mit Kindern.

Coconut Grove

Folgt man ab *Villa Vizcaya* dem Bayshore Drive nach Süden, erreicht man nach 2 mi den zentralen Bereich (Main Hwy/Virginia St) des Nobelvororts **Coconut Grove** an der Küste. Die zentralen Achsen heißen ***Grand Ave*** und ***Main Hwy***. An ihnen finden sich kleine Boutiquen, Cafés, Restaurants und die Edel-*Shopping Mall* ***Streets of Mayfair***, die mit ihren maurischen Stilelementen und üppigem Grün ein südländisches Flair besitzt. Einen Block weiter liegt das *open-air-Shopping-* und *Entertainment Center* ***Cocowalk*** an der Ecke Grand Ave/Virginia. Die feine Gegend schlägt dort auch aufs Preisniveau durch.

Coral Gables

In den 1920er-Jahren wurde **Coral Gables** von einem *George Merrick* als – eine damals noch von Miami separierte – »***City Beautiful***« (www.citybeautiful.net) mit Kanälen, kleinen Brücken, Parks, Springbrunnen, Gärten und Gebäuden nach mediterranen Vorbildern angelegt. Für sich und seine Familie baute *Merrick* ein Haus am Coral Way (907, Besichtigung nur Mi und So 13-16 Uhr). Die Giebel des aus Korallengestein konstruierten Baus gaben der Stadt den Namen: *Coral Gables* heißt »Korallengiebel«.

Hauptachse von Coral Gables ist die SW 24th Street, die im Bereich um den Ponce de Leon Blvd und Lejeune Road ***Miracle Mile*** heißt, wo jede Menge feine Boutiquen, teure Restaurants und Hotels zu finden sind. Abseits vom städtischen Trubel steht, von viel Grün umgeben, das ***Biltmore Hotel*** (1200 Anastasia Ave, ✆ 305/445-8066, www.biltmorehotel.com), ein Grandhotel aus den 1920er-Jahren mit Theater, Tennisplätzen und einem riesigen Pool. Ein Kunstwerk eigener Art und noch größer ist der in einen alten Korallen-Steinbruch hineingebaute ***Venetian Pool*** (2701 DeSoto Blvd, saisonabhängige Öffnungszeiten, ✆ 305/460-5356, www.venetianpool.com, $10/$6), ein zum *National Historic Landmark* erhobenes öffentliches Schwimmbad mit Wasserfall und subtropischer Vegetation, das von einer Quelle gespeist wird.

Nicht weit entfernt ist der ***Campus der University of Miami***, auf dem sich das beachtliche ***Lowe Art Museum*** mit einer enormen Kollektion von Kunstwerken vieler Provenienz aus allen Zeiten befindet (1301 Stanford Dr, Di+ Mi+Fr+Sa 10-17, So ab 12, Do 12-19 Uhr, ✆ 305/284-3535, www6.miami.edu/lowe, $7, Kinder frei).

Fairchild Garden

Ein wenig bekanntes Kleinod ist der ***Fairchild Tropical Garden*** (10901 Old Cutler Rd, täglich 9.30-16.30 Uhr, ✆ 305/667-1651, www.ftg.org, $20, Kinder bis 17 Jahre $10). Dieser 34 ha große, leicht hügelige und von raffiniert angelegten Teichen durchzogene »Garten« ist eher ein subtropisches **Arboretum**. Der Eintritt schließt eine sog. *Tramtour* ein. Ein individueller Spaziergang bringt hier – auch ohne Erläuterungen – mehr.

Metrozoo

Ein Besuch im ***Miami Metrozoo*** weit außerhalb der City, westlich der *Florida Turnpike* am Coral Reef Drive ist besonders mit Kindern eine Überlegung wert (12400 SW 152, täglich 9.30-17.30 Uhr, ✆ 305/251-0400, www.miamimetrozoo.com, $12, Kinder bis 12 $7). Flächenmäßig ist dies der größte Zoo der USA. Er wird qualitativ nur übertroffen vom San Diego Zoo. Die Tiere leben in ihrer natürlichen Umgebung, Käfige oder Gehege gibt es nicht.

Flamingos im Parrot Jungle, *➪ Seite 447*

4.3.3 Zum Everglades National Park und nach Key West

Biscayne National Park - www.nps.gov/bisc

Der ***Biscayne National Park*** umfasst Korallenriffe und die nicht per Auto zugänglichen *Keys*. Zur Festlandstation ***Dante Fascell Visitor Center*** (8.30-17 Uhr) mit Anlegestelle für Glasboden- und Tauchtouren fährt man von Homestead auf der SW 328th Street noch ca. 10 mi nach Osten.

Gleich nebenan liegt der ***Homestead County Park*** mit einem großen Yachthafen, sehr schönem Picknickplatz und »besandetem«, speziell für Kinder geeigneten **Badestrand**.

Everglades National Park – www.nps.gov/ever

Anfahrt

Über Homestead, das man sowohl auf der Straße #1 als auch der *Florida Turnpike* erreicht, geht es in Richtung Florida Keys. Ab Florida City führt die Straße #9336 tief hinein in den ***Everglades National Park***. Erst spät erkannte man die Bedeutung der *Everglades* für das Ökosystem Südfloridas. Der Nationalpark wurde 1947 eingerichtet, um rund 6.600 km² subtropischer Wildnis vor der Landgewinnung zu schützen. Er umfasst zusammen mit der angrenzenden ***Big Cypress National Preserve*** den größten Teil der nach Trockenlegung verbliebenen Sumpflandschaft, die einst über ein Drittel der Fläche Floridas bedeckte.

Information

Etwa 10 mi westlich von Florida City liegt unmittelbar vor der Einfahrt in den Park das ***Main Visitor Center*** (© 305/242-7700, zugleich *Park Headquarters;* Eintritt $10 oder *National Parks Pass*). Es informiert über die Entstehung des Feuchtgebietes, seine ökologische Bedeutung sowie die Vielfalt seiner Flora und Fauna.

Trails

Von dort ist es nicht weit bis zu den Lehrpfaden ***Anhinga*** und ***Gumbo Limbo Trail***, die man beide unbedingt ablaufen sollte (zusammen maximal eine Stunde Zeitbedarf).

Camping & Unterkunft

Im Nationalpark gibt es zwei *Campgrounds* (© 305/242-7700, $14)

- ***Long Pine Key***, ca. 5 mi westlich des *Visitor Center* (© 305/242-7700, $14, keine Duschen, Dump), nicht so mückenverseucht.
- ***Flamingo*** am Ende der Straße, viele Moskitos, aber Duschen

Wer ein Bett für die Nacht benötigt, findet in Parknähe in Florida City und Homestead jede Menge Motels, darunter die Häuser fast aller bekannten Ketten, in Florida City, z.B.

- ***Fairway Inn***, 100 SE First Ave, © 305/248-4202, ab $45
- **Rodeway Inn**, 815 N Krome Ave, © 305/248-2741, ab $39

Die ***Lodge* in Flamingo**, © 1-800-600-3813 oder © 941/695-3101, ist oft ausgebucht und teuer (nicht unter $100 in der Saison).

In Florida City gibt es das ***Everglades Int'l Hostel*** (20 SW 2nd Ave, © 305/248-1122, $14/Bett; www.evergladeshostel.com).

Flamingo

Die *Park Road* führt – vorbei an weiteren *Trailheads* und (wenig spannenden) Aussichtspunkten bis ***Flamingo*** mit *Marina, Lodge,* Campingplatz etc. Die Fahrt dorthin lohnt nur bei viel Zeit und der Absicht, dort eine Bootstour zu buchen bzw. auf eigene Faust den Park vom Wasser aus zu erkunden. Kanus ab $30/Tag + ggf. zusätzliche Ausrüstung, © 1-800-600-3813 oder © 941/695-3101.

Kanutour

Der ***Wilderness Waterway*** von Flamingo nach Everglades City läuft durch 160 km Wildnis. Am Wege befinden sich kleine Primitiv-*Campgrounds* und sog. ***Chickees*** (Übernachtungsplattformen auf dem Wasser) weitab der Zivilisation für Leute, die sich 100%ig moskitosicher verpackt haben. Wer das vorhat, benötigt *Permits* (in Flamingo oder im *Visitor Center* erhältlich). Mit Kanu dauert der Trip 4-5 Tage, mit Motor geht's an einem Tag.

Andere Zugänge

Außer auf dieser Route bestehen weitere Zugänge am *Tamiami Trail*/Straße #41 (Shark Valley, ⇨ Seite 459) und bei Everglades City an der Südwestküste Floridas (⇨ Seite 461).

Die Florida Keys

Kennzeichnung

Der Spitze Floridas sind die Keys vorgelagert, eine **Kette kleiner Koralleninseln**, welche quasi die Kontur der Ostküste in einem geschwungenen Bogen fortsetzt. Von Miami bis zur letzten dieser Inseln, Key West, sind es gut 150 mi. Der Eisenbahn- und Ölmagnat *Flagler* erschloss um 1900 die Inselkette durch den Bau einer Eisenbahnlinie, aber die Zerstörung mehrerer Brücken durch einen Hurrikan beendete 1935 dieses Abenteuer. Heute verbinden über 40 Straßenbrücken die Kette der *Keys* mit dem Festland. Ab Homestead verläuft die Straße #1 im wesentlichen zweispurig, was beim immer starken Verkehrsaufkommen die Fahrt erheblich verlangsamt. An einem Tag von Miami nach Key West und zurück, was rein meilenmäßig machbar erscheint, sollte man sich daher besser nicht vornehmen.

John Pennekamp Park

Zunächst bestimmt von Key Largo bis Matacumbe Key dichte Bebauung das Bild; einladende Badebuchten lassen auf sich warten. Auf **Key Largo**, noch vor Erreichen des gleichnamigen Ortes, passiert man linkerhand die Einfahrt zum populären ***John Pennekamp Coral Reef State Park***. Dessen Basis auf Key Largo besteht aus einem Gelände direkt an der Hauptstraße mit ***Campground*** (Reservierung unter © 305/453-4FLY), Marina, kleinen Stränden, Motorboot- und Kanuverleih. Die Attraktion des Parks sind Unterwasser-Korallenriffe etwa 1 km vor der Küste, Schnorchelparadies und Ziel ungezählter Glasbodenboot-Passagiere. Touren finden mehrfach täglich statt; Buchung in der Marina, www.floridastateparks.org/pennekamp, www.pennekamppark.com.

Long Key State Park

Über Lower Matecumbe Key, Craig Key und Fiesta Key erreicht man Long Key mit der gleichnamigen ***Long Key State Recreation Area***. Sie besetzt einen Streifen zwischen Straße und schmalem Strand, der vor allem aus einem **Campingplatz** besteht, auf dem man direkt am Wasser sein Zelt aufschlagen oder den Camper hinstellen kann (kein Strom, Kanuverleih; ab $27, © 305/664-4815, www.floridastateparks.org/longkey). Leider an vielen Stellen wegen der nahen Straße recht laut.

Strand im Bahia Honda State Park

Bahia Honda

Erst am Westende von Lower Matecumbe Key stößt man auf wirklich hellen Sandstrand und auf eine Wassertransparenz, wie man sie in Südflorida sonst nicht findet. So richtig makellos (wenn nicht gerade Algenteppiche antreiben) zeigt sich aber nur die ***Sandspur Beach*** im ***Bahia Honda State Park***: Palmen, weißer Sand, türkisfarbenes Wasser und tauchende Pelikane verleihen dem besten Strand der gesamten Kette einen Hauch von Karibik. Ein kleines ***Nature Center*** mit Aquarium informiert über Flora und Meeresfauna der Florida Keys; , www.bahiahondapark.com.

Im *Bahia Honda Park* kann man auch wunderbar direkt **am Meer campen** (✆ 305/872-2353; bei Reservierung »*Sandspur Beach*« bevorzugen, das andere Areal ist weniger eindrucksvoll). Schnorchelausrüstungen und Kajaks können im Park geliehen werden.

Key West

Kennzeichnung

Am Ende der Fahrt über die *Keys* winkt ein Ziel, das – nach mühsamer An- und Rückfahrt – nicht jeder als lohnend ansehen wird. Moderne Gesichtslosigkeit knabbert um das subtropisch überwachsene Zentrum mit Karibik-Flair am alternativen Image des liberalsten Außenpostens amerikanischer Zivilisation. Zu diesem Ruf hat wesentlich Literaturnobelpreisträger *Ernest Hemingway* beigetragen. Ihm folgten weitere Literaten, Künstler, Aussteiger und immer mehr Touristen. Speziell für Homosexuelle ist Key West eine Hochburg und bevorzugtes Urlaubsziel.

Praktische Informationen

Information

Key West Chamber of Commerce, 402 Wall Street, ✆ 305/294-2587; www.keywestinfo.com oder www.flakeys.com

Unterkunft

M/Hotels sind auf Key West oft nur für über $100 zu haben. Und selbst einfachste Motels kosten in Zeiten der Hochsaison (Weihnachten/Neujahr, Karneval, Ostern) schon mal locker $150. Die meisten Unterkünfte befinden sich im Umkreis der **Truman Ave** sowie im Nordosten am **North Roosevelt Blvd:**

- ***Howard Johnson***, 3031 N Roosevelt Blvd, ✆ 305/296-6595
- ***Econo Lodge***, 3820 N Roosevelt Blvd, ✆ 305/294-5511
- Im alten **Ortskern** gibt es eine große Auswahl kleiner Hotels und *B&Bs*, u.a. ***La Pensione*** (809 Truman Ave, ✆ 305/ 292-9923, im Winter ab $170), ***Southernmost Point Guesthouse*** (1327 Duval St, ✆ 305/294-0715, www.southernmostpoint.com, ab $95), ***Chelsea House*** (707 Truman Ave, ✆ 305/296-4822, ab $130).
- Die mit Abstand preisgünstigste Übernachtungsmöglichkeit in Key West bietet das ***Sea Shell Motel*** (früher geführt als *Int'l Hostel*) in der 718 South Street, ✆ 305/296-5719, ab $28/Bett
- **Vermittler** für Motel- oder Hotelzimmer sind ***Vacation Key West*** (eher für Motels, ✆ 1-800-595-5397, www.vacationkw.com) und die ***Key West Innkeepers Association*** (eher für Hotels und *B&Bs*, ✆ 1-800-492-1911, www.keywestinns.com).

Camping

Auch die Campingkosten sind auf/bei Key West happig. Die Tarife unten beziehen sich auf die Nebensaison Mai-November.

- ***Leo's Campground***, 5236 Suncrest Road (Mile 4,5 an der Zufahrtstraße #1), © 305/296-5260; www.leoscampground.com. Der stadtnächste Platz, nett angelegt und für Key West-Verhältnisse nicht zu teuer; RV ab $44, Zelt ab $30.
- ***Boyd's Key West Campground***, 6401 Maloney Ave, © 305/294-1465, www.boydscampground.com, Zelt ab $50, RV ab $65. Guter Platz am Wasser, daher auch teurer; aber etwas außerhalb noch vor dem eigentlichen Stadtgebiet.

Sightseeing

Mallory Square

Zentraler Anlaufpunkt ist der **Mallory Square** am Wasser. Abends ist es touristische Pflichtübung, der im Meer versinkenden Sonne fürs gelungene Schauspiel zu applaudieren. Sogar Tribünen stehen dafür bereit. Diese seit den Hippie-Zeiten der 1960er-Jahre gepflegte Tradition wird gnadenlos vermarktet. *Fast Food*, Bierausschank und Souvenirstände gehören heute mit zum Bild. Immerhin haben die dort tagsüber anlegenden Kreuzfahrtschiffe den Platz wieder geräumt, um den Blick nach Westen nicht zu stören.

Am Mallory Square starten auch der ***Conch Train*** und der ***Old Town Trolley*** zu Stadtrundfahrten. Die Ausgabe dafür kann man sich aber sparen. Die meisten interessanten Anlaufpunkte sind – außer bei großer Sommerhitze – ganz gut zu Fuß zu erreichen. Oder per **Mietfahrrad oder -moped**, am preiswertesten zu haben im *Seashell Motel*, 718 South Street.

Historic Homes

Die früher allgegenwärtige »Siesta Stimmung« entdeckt man heute noch am ehesten im südlichen Bereich der **Whithead** und Duval Street und in den Querstraßen östlich davon, auch im Besuchermagneten #1, im ***Hemingway House***, Whithead/Ecke Olivia Street, einem von üppiger Vegetation umgebenen Bau (1851). Dass »Papa« *Hemingway* drei Jahrzehnte seines Lebens in Key West verbrachte und soff – vorzugsweise in ***Sloppy Joe's Bar***

Kreuzfahrtschiff amKai von Key West. Blick vom Strand beim Fort Zachary Taylor in der äußersten Südwestecke der Insel

(Duval Street, www.sloppyjoes.com) – wird dort und in ganz Key West gebührend ausgeschlachtet (täglich 9-17 Uhr, © 305/294-1575, www.hemingway home.com, Eintritt $11, bis 12 Jahre $6).

Das Haus des berühmten »Vogelmalers« *John James Audubon* steht ebenfalls in einem tropischen Garten: ***Audubon House & Tropical Gardens*** (205 Whitehead, täglich 9.30-17 Uhr, © 305/294-2116, www.audubonhouse.com, $10/$5).

Beide historische Villen lohnen den Besuch, während man das ***Little White House Museum*** (111 Front, täglich 9-17 Uhr, © 305/294-9911, $10/$5), in dem Präsident *Truman* einst gerne den Winterurlaub verbrachte, nicht unbedingt gesehen haben muss.

Sonstige Sights

Was bleibt ohne *Hemingway*, die Patina der Holzvillen, die Kneipen und den Sonnenuntergang? Ein Paradies für Windsurfer, Taucher und Hochseeangler, auch für ***Gay People***, die nur in San Francisco und New York eine vergleichbare Toleranz genießen.

Bedingt sehenswert sind noch das ***Key West Aquarium*** (Whitehead St/Mallory Square, täglich 10-18 Uhr, © 305/296-2051, www.keywestaquarium.com, $10/ $5) und folgende thematisch ähnlichen Museen:

Museen

Es gibt gleich vier Museen, die sich den Schiffen, die vor den Keys sanken, und Schätzen, die aus ihnen geborgen wurden, widmen; ihr Besuch ist in allen Fällen für das Gebotene recht teuer:

- Im ***Shipwreck Historeum*** (1 Whitehead Street, täglich 9.45-16.45 Uhr, www.shipwreckhistoreum.com, Eintritt $10/$5) gibt's multimediale Shows zur Thematik
- Im ***Mel Fisher Maritime Museum*** schräg gegenüber (200 Greene Street, täglich 9.30-17.30 Uhr, www.melfisher.org, Eintritt $11/$6) kann man echte Schätze bewundern. *Mel Fisher* entdeckte vor Jahren einige bereits 1560 gesunkene spanische Schiffe und barg aus ihnen allerhand Objekte, Münzen, Gold- und Silberschmuck.
- Das ***Wreckers' Museum*** (322 Duval Street, täglich 10-16 Uhr, Eintritt $6/$2) zeigt das Leben in Key West zu den Zeiten, als man dort noch großenteils vom Plündern gesunkener oder gestrandeter Schiffe lebte.
- Erst 2005 eröffnete das ***Pirate Soul Museum*** (524 Front Street, täglich 9-19 Uhr, Eintritt $15, Kinder $9, www.piratesoul.com) mit einer großen Sammlung an Piratenutensilien. Gut gemachte Kampfsimulation auf einem nachgebauten Schiffsdeck.

Beaches

Die **Strände** von Key West (Südseite) sind lang, aber nicht von umwerfender Schönheit. Am saubersten sind der Sand und am klarsten das Wasser an der Beach des ***Fort Zachary Taylor State Park***, Eintritt $3 pro Person im Auto; zu Fuß zahlt man $1,50. Darin eingeschlossen ist die Besichtigung der alten Gemäuer und Kanonen des mächtigen Forts, das einst den äußersten Zipfel der USA, gegen wen auch immer, verteidigen sollte; www.floridastateparks.org/forttaylor, www.fortzacharytaylor.com.

Auf den Dry Tortugas kann unter Palmen am Strand gecampt werden. Im Hintergrund sieht man das alte Fort Jefferson

Dry Tortugas National Park - www.nps.gov/drto

Westlich von Key West liegen die Inselgruppe der **Marquesa Keys** und – gut 100 km von Key West entfernt – sieben kleine Inseln, die wasserlosen ***Dry Tortugas*** voller Schildkröten.

Fort Jefferson

Mitte des 19. Jahrhunderts wurde dort mit dem Bau einer gewaltigen Befestigungsanlage begonnen ähnlich, aber noch größer als *Fort Zachary Taylor* auf Key West. Der Komplex wurde nie ganz fertig und sah auch keine Kampfhandlungen. 1874 zog man die dort stationierte kleine Besatzung ab. ***Fort Jefferson*** blieb dem Zahn der Zeit überlassen, aber seine bis zu 2 m dicken roten Klinkermauern blieben bestens erhalten.

National Park

Seit 1992 sind die ***Dry Tortugas*** Nationalpark der USA, wenngleich der – wenig verwunderlich – am wenigsten besuchte. Er ist nur ab Key West per Flugzeug oder Boot zu erreichen. Der Zutritt auf die Hauptinsel Garden Key mit dem Fort hinter weißern Strand und grünen Palmen kostet $5/Person.

Transport

Zwei Firmen fahren täglich mit Katamaranen zum *Fort Jefferson* (Tarife ab $100; Abfahrt 8 Uhr, Rückkehr ca. 17 Uhr). Der Preis schließt neben dem Transport Frühstück, Mittagsbuffet auf Garden Key, Getränke, Führung durchs Fort und die Benutzung von Flossen, Taucherbrille und Schnorchel ein. Nach Überfahrt und Führung bleibt noch Zeit für Strand und Wassersport.

Information unter:

✆ 1-800-634-0939, www.yankeefleet.com

✆ 1-800-236-7937, www.drytortugas.com

Key West Seaplane Service (✆ 1-800-950-2FLY und ✆ 305/294-0709) ist für ca. $200 (saisonabhängig) schneller hin und zurück, bietet aber weder Verpflegung noch Schnorchelausrüstung.

Camping

Wer Campingausrüstung, Trinkwasser und Verpflegung mitnimmt, kann auf Garden Key zwischen Strand und Fort wunderbar unter Palmen campen: $3/Person; ✆ 305/242-7700.

4.4 Floridas Südwesten

Von Miami fährt man entweder auf der Straße #41, dem sog. ***Tamiami Trail***, oder auf der I-75, der ***Alligator Alley*** (*Toll*), an die Westküste Floridas. Bis Naples sind es 110 mi bzw. 135 mi.

4.4.1 Von Miami nach Naples

Tamiami Trail

Shark Valley

Die als ***Tamiami Trail*** bezeichnete **Straße #41** führt an der Nordgrenze des *Everglades National Park* entlang und durch die *Big Cypress National Preserve*. Im Bereich der *Miccosukee Indian Reservation* zweigt eine Zufahrt zum ***Shark Valley*** des *Everglades Park* ab. Vom ***Visitor Center*** unweit der Hauptstraße geht

Unbesiegte Seminolen

Die *Seminole* Indianer Floridas sind stolz darauf, dass ihre Vorfahren niemals von den Weißen unterworfen wurden. An die 2000 Nachkommen dieser sog. »Unbeugsamen« leben derzeit auf Reservationsland in Florida, vor allem im Gebiet der *Everglades*. Früher war das Sumpfland nicht das einzige Gebiet des Stammes. Im Laufe des 18. Jahrhunderts. waren Gruppen von *Creek* Indianern aus dem Gebiet des heutigen Georgia und Alabama nach Nordflorida eingewandert und hatten vielerorts größere Siedlungen gegründet. Herkunft und Bedeutung der Bezeichnung »*Seminole*« für sie ist unklar.

Weder Spanier noch Briten legten sich mit ihnen an, sondern versuchten ein friedliches Nebeneinander. Erst mit steigendem Bevölkerungsdruck kam es zu Konflikten. Streitigkeiten um Land und der Umstand, dass entlaufene Sklaven bei den Seminolen eine neue Heimat fanden, führten zum ***First Seminole War*** (1816-18), in dem viele Indianer nach Zentral- und Süd-Florida verdrängt wurden. Als 1819 die USA ganz Florida von den Spaniern erwarben, spitzte sich der Konflikt weiter zu, und 1832 wurde den Seminolen der »*Treaty of Payne's Landing*« diktiert, der für sie wie auch schon für die *Cherokee* (➪ Seite 257) eine Deportation nach Oklahoma vorsah.

Doch die *Seminole* gaben nicht klein bei: Der ***2nd Seminole War*** (1835-42) wurde einer der bis dato brutalsten Kriege in den USA. Der erste Guerilla-Krieg der modernen Geschichte fand kein offiziell proklamiertes Ende, sondern er schlief sozusagen ein. Durch den Bruch getroffener Vereinbarungen konnten zwar einige *Seminole*-Führer ausgeschaltet und zahlreiche Indianer zwangsumgesiedelt werden, doch viele Seminolen zogen sich noch tiefer ins Sumpfland zurück und leisteten weiter Widerstand. Auch im ***3rd Seminole War*** (1855-58) wurden sie nicht bezwungen.

Erst im 20. Jahrhundert kam es zu einem Friedensvertrag. Die Nachfahren der »Unbesiegbaren« leben heute vor allem in drei Reservaten: am Lake Okeechobee, bei Hollywood (nördlich von Miami) und im *Big Cypress Swamp*. 1957 wurde der Stamm als ***Indian Nation*** anerkannt, von der sich später die ***Miccosukee*** – die heute am ***Tamiami Trail*** leben – als eigener Stamm trennten.

es per geführter *Tramtour* (ca. 2 Stunden retour; $12 – Abfahrten saisonabhängig) oder mit Fahrrad 8 mi auf gerader Straße durch den Sumpf zu einem *Observation Tower* (*Bike Rental* vor Ort). Der Ausflug lohnt nur bei starkem Interesse am Ökosystem der *Everglades* bzw. des *Big Cypress Swamp*.

Miccosukee Indianer

Im ***Miccosukee Indian Village*** (www.miccosukeeseminolenation.com), einem vermeintlichen Indianerdorf, in Wahrheit einer Touristenfalle, westlich des *Shark Valley*, gibt es (teure) Souvenirshops und Schaukämpfe mit Alligatoren (*Alligator Wrestling*).

Big Cypress Reserve

Noch einmal 10 mi weiter westlich passiert man das ***Visitor Center*** der ***Big Cypress Reserve***, einer Übergangszone zwischen Naturschutzgebiet und Zonen wirtschaftlicher Nutzung. Abseits der Straße befinden sich hier einfache, dafür aber teilweise gebührenfreie **Campplätze** – Unterlagen dazu im Besucherzentrum, ➪ auch unter www.nps.gov/bicy.

Airboats starten von verschiedenen Punkten am Tamiami Trail zu lärmenden Touren durch die Sümpfe außerhalb des Nationalparkgebietes

Airboats

Entlang des *Tamiami Trail* kann man (außerhalb der Parkgrenzen) bei verschiedenen Anbietern ***Airboat Trips*** buchen Die *Airboats* zeichnen sich durch extrem flache Bootskörper und einen Flugzeugpropellerantrieb im Heck aus. Das Vehikel ist exotischer als die durchquerten Sümpfe. DennTiere haben sich lange aus den Kanälen verabschiedet, die von den »Luftbooten« lärmverseucht werden. Für 20-30 Min *Airboat*-Spaß bezahlt man $15-$30.

Am vertrauenerweckendsten unter den Anbietern solcher Trips wirkt ***Wootens*** bei Ochopee, auf deren Booten man meist ohne längere Wartezeit unterkommt (www.wootenseverglades.com). Die im Sumpf seltenen **Alligatoren** schwimmen in der firmeneigenen **Alligator-Farm**, die auch das Fleisch für Alligatorgerichte in der Cafeteria nebenan liefert.

Postamt

Ochopee ist nebenbei Standort für das **kleinste Postamt der USA**, einer Hütte von 3 m² Fläche, ein witziges Fotomotiv; http://com.miami.edu/Parks/ochopee.htm.

Everglades City

Ein Abstecher könnte **Everglades City** (www.florida-everglades.com) gelten, das – knapp außerhalb des Nationalparks – über eine komplette touristische Infrastruktur verfügt. An der Abzweigung der Straße #29 dorthin befindet sich ein ***Info-Center*** mit Werbung für die lokalen ***Motels*** und ***B&Bs*** (gut ist der nostalgische ***Rod & Gun Club***; © 941/695-2101), ***Campgrounds*** (in bester Lage ***Chokoloskee Island Park***; www.chokoloskee.com/Tenting.htm), ***Airboat Tours***, Kanuverleih und Bootsausflüge in die *Ten Thousand Islands* ($18-$30). Everglades City ist auch End-/Ausgangspunkt des ***Wilderness Waterway*** (➪ Flamingo, Seite 453).

Collier Seminole State Park

Beim Straßendreieck #92/#41 liegt der ***Collier Seminole State Park*** (Einfahrt von der Straße #41; *Visitors Center* täglich 8-17 Uhr). Auf den Wasserläufen durch die Mangrovensümpfe des Parks finden von Rangern geführte Bootstouren statt. Man kann auch auf eigene Faust im Leihkanu lospaddeln. Sehr schön gelegen und angelegt ist der ***Campground*** des Parks, © 239/394-3397, $17.

Marco Island

Ein Umweg nach ***Marco Island*** (www.marcoislandonline.com) lohnt sich kaum; die trockengelegte Sumpfinsel ist hinter eher grauen Stränden am leicht trüben Wasser meilenweit mit sterilen Hotel- und Apartmentblocks zugebaut. Es gibt kaum Parkplätze für Tagesbesucher.

Alligator Alley

Die Alternative zum *Tamiami Trail* ist die nördlichere schnurgerade verlaufende I-75. Die *Interstate* durch das Sumpfgebiet trägt nicht ohne Grund den Beinamen ***Alligator Alley*** – am Kanal entlang der Autobahn sonnen sich oft zahlreiche Alligatoren. Noch dichter ist manchmal die Population landeinwärts entlang der Straße #833 in die ***Big Cypress Seminole Reservation***.

Seminole Indianer

Die hier lebenden Seminolen bestreiten heute ihren Unterhalt in erster Linie aus den Einnahmen des stammeseigenen **Spielkasinos** bei Hollywood und des Tourismus', nur noch nachrangig durch Orangenanbau und Viehzucht (www.seminoletribe.com). Ganz aufschlussreich ist ein Besuch des ***Ah-Tah-Thi-Ki Museum*** (*Exit* #49 von der I-75, ca. 20 mi nördlich auf der #833, ausgeschildert, Di-So 9-17, $6/$4, © 863/902-1113; www.ahtahthiki.com).

Die Ausstellung informiert über Geschichte, Kultur und Lebensweise des Stammes. Ein ***Nature Walk*** lädt zum Erkunden von Flora und Fauna ein. Der Weg führt auch zu einer indianischen Begräbnisstätte und einem rekonstruierten alten Dorf.

Naples

Kennzeichnung

Als südlichste Stadt an der Golfküste erreicht man **Naples**, einen von Kanälen durchzogenen Ort mit prächtigen Villen nicht nur an deren Ufern und den ersten echten Stränden nördlich der *Everglades*. Naples ist ein typisches **Rentner- und Pensionärsparadies** für alle, die es sich leisten können, darunter viele Deutsche.

Information

Naples Area Visitors Center, 895 5th Ave, © 941/262-6141, www.naplesflorida.com und www.napleschamber.org.

Unterkunft

Die günstigeren Unterkünfte findet man im Umfeld der hier relativ stadtnahen I-75, *Exits* #101 und #107. Wegen der hohen Bettenkapazität sind in Naples außerhalb der Hochsaison (Weihnachten bis Ende April) schon gute Quartiere ab $60 zu haben.

- ***Comfort Inn on the Bay***, 1221 5th Ave S, © 239/649-5800
- ***Red Roof Inn***, 1925 Davis Blvd, © 239/774-3117, ab $50

Strände

Das Zentrum der Stadt ist der Bereich ***Old Naples*** um die 5th Ave herum mit Galerien, edlen Boutiquen und Straßencafés. Palmen säumen den weißen **Sandstrand** sozusagen mitten in der Stadt, der sich meilenlang fortsetzt. Eine bei Anglern populäre Pier ragt am Ende der 12th Avenue 300 m weit ins Meer hinein.

Attraktionen

Neben Strand und Zentrum könnte man noch besuchen:

- ***Caribbean Gardens***, 1590 Goodlette-Frank Road/Straße #1, © 941/262-5409, www.caribbeangardens.com, Eintritt inkl. einer Bootstour $16, bis 12 Jahre $10. Es handelt sich um eine Mischung aus tropischem Park und afrikanischem Zoo.
- ***Teddy Bear Museum of Naples***, 2511 Pine Ridge Road, Mi-Sa 10-17 Uhr, So 13-17 Uhr, $8/$6, © 941/598-2711, www.teddymuseum.com – etwas für Kinder oder Fans.

Corkscrew Swamp

Das vielgelobte ***Corkscrew Swamp Sanctuary*** mit einem 3 km langen *Boardwalk* durch Sumpf und Zypressenwald befindet sich fast 20 mi nordöstlich von Naples am Ende der Straße #846 (täglich 7-17 Uhr, © 941/348-9151, $9, bis 18 Jahre $4). Dieses Naturschutzgebiet der privaten ***Audubon Society*** (www.audubon.org/local) ist den Umweg aber nur bei großem biologischen Interesse wert. Von der Natur in den Sümpfen sieht man ebensoviel und mehr in den *Everglades* oder im *Collier Seminole Park*, ⇨ oben.

Labor von Thomas A. Edison, *⇨ Seite 464*

4.4.2 Großraum Fort Myers

Kennzeichnung

Der Großraum um **Fort Myers**, zu dem auch **Cape Coral**, eine Rentnerstadt voller Villen entlang zahlloser Kanäle, und **Fort Myers Beach** gehören, zählt zu den bevorzugtesten Wohnlagen Floridas. Fort Myers vorgelagert sind die Ferieninsel **Sanibel Island** und die exklusive **Captiva Island**.

Anfahrt

Von Süden kommend liegt es ggf. nahe, für die Fahrt nach Fort Myers die **Straße #865** nach Fort Myers Beach zu wählen. Entlang dieser Route über **Estero Island** (www.leeislandcoast.com) gibt es durchgehend breite Strände und einen ***State Park*** auf der südlichen kleinen Insel mit dem hübschen Namen ***Lovers Key***. Der verfügt über *Nature Trails* durch Sumpfvegetation, wo sich Flamingos, Reiher und *Sea Turtles* beobachten lassen. Auch noch auf Estero Island passiert man ein Naturschutzgebiet (*Matanzas Pass Wilderness*). Der nördliche Teil der Insel (Fort Myers Beach Bereich), wird von Durchschnittsamerika mit Endloskommerz.

Wer auf der **Straße #41** nach Norden fährt, passiert etwa auf halbem Weg zwischen Naples und Fort Myers den ***Koreshan State Historic Site***, der einen Stopp verdient, ⇨ unten »Camping«.

Fort Myers

Information

- ***Greater Fort Myers Chamber of Commerce***, Lee Street & Edwards Drive, ✆ 239/332-3624 und ✆ 1-800-366-3622, www.floridatravel.com und www.fortmyers-sanibel.com
- ***Fort Myers Beach Area Chamber of Commerce***, 17200 San Carlos Boulevard, ✆ 239/454-7500 und ✆ 1-800-782-9283, www.fmbchamber.com; www.fortmyers-online.com/visitor.htm.

Unterkunft

In der **Fort Myers Area** passiert man an den Ausfahrten der I-75, an der **Straße #41 (Cleveland Ave)** und an der **#865** zahlreiche H/Motels. Am Estero Blvd/#865 in **Fort Myers Beach** sind Häuser der meisten Ketten und zahlreiche unabhängige Motels zu finden.

- ***Baymont Inn***, 2717 Colonial Blvd, I-75 *Exit* #136, ✆ 239/275-3500, ab $59
- ***Ta Ki-ki Motel***, 2631 First St, I-75 *Exit* #141, ✆ 239/334-2135, ab $50
- ***Holiday Inn Riverwalk***, 2220 W 1st Street, ✆ 239/334-3434, am Wasser und in der Nähe sowohl des Zentrums als auch der *Edison & Ford Estates*, ab $90
- ***Guesthouse Inn Mariner's Lodge & Marina***, Fort Myers Beach, 17990 San Carlos Blvd, ✆ 239/466-9700 ab $55
- ***Island House Motel***, Fort Myers Beach, 701 Estero Blvd, ✆ 239/463-9282, ab $55.

Camping

Über einen guten schattigen Campingplatz verfügt der ***Koreshan State Historic Site*** (Straße #41 ca. 15 mi südlich von Fort Myers, Corkscrew Road, ✆ 239/992-0311, www.floridastateparks.org/koreshan, $22), Kanuverleih, ⇨ unten.

Auf **Estero Island** gibt es mehrere (kommerziell betriebene) Campingplätze. Aber nur der ***Red Coconut RV Resort & Campground*** (3001 Estero Blvd, © 239/463-7200, www.redcoconut.com, $25-$55) hat *Beachfront*-Stellplätze unmittelbar am Strand.

Stadtbild

Die Hauptstraße von Fort Myers ist der auf 12 mi Länge von Palmen gesäumte **McGregor Boulevard**. Geschäftszentrum ist der ***Historical District*** im Bereich der Kreuzung Hendry/First Street. Eine attraktive Fußgängerzone flankiert den *Patio de Leon* und die großen Marinas am Caloosahatchee River.

Edison-Ford Winter Estates

Hauptsehenswürdigkeit der Stadt sind die benachbarten ehemaligen Häuser von ***Thomas A. Edison*** und ***Henry Ford*** auf üppig bewachsenen Parkgrundstücken (2350 McGregor Blvd, Mo-Sa 9-16, So ab 12 Uhr, © 941/334–3614, www.edison-ford-estate.com, $20 einschl. 90-minütiger Führung, bis 12 Jahre $11). 1885 hatte der berühmte Erfinder das Terrain am Caloosahatchee River erworben und sich dort eine Winterresidenz bauen lassen. Nach einem Besuch bei *Edison* kaufte der Automobilfabrikant *Henry Ford* 1914 das Nachbargrundstück.

Edison war nicht nur Erfinder der Glühbirne (1879), sondern ein vielseitiges Genie, das über 1.000 Patente erwarb, darunter für Batterien, ein Filmgerät und sogar den Toaster (1910). Seine Erfindungen sind im zugehörigen **Museum** zu sehen, ebenso mehrere Fahrzeuge von *Ford*, darunter das T-Modell von 1914.

Museum

Im ***Southwest Florida Museum of History*** (2300 Peck Avenue, Di-Fr 9-16 Uhr, Sa ab 10 Uhr) geht es u.a. um die Seminolenkriege und *Colonel Myers*, nach dem die Stadt benannt wurde.

Koreshan Historical Site

Der ***Koreshan State Historical Site*** mit einigen gut erhaltenen bzw. restaurierten Gebäuden liegt südlich von Fort Myers zwischen Straße #41 und Estero Bay, Zufahrt über die Corkscrew Road. Die Siedlung geht zurück auf eine ungewöhnlich strenge Religionsgemeinschaft, die sich hier gegen Ende des 19. Jahrhunderts niedergelassen hatte. Zum Park gehören ein Picknick- und ein schattiger ***Campground***, Naturlehrpfade und ein **Kanuverleih**. Auf dem Estero River mit teilweise dschungelartig überwachsenen Ufern kann man ins Landesinnere und in die Bay paddeln.

Estero River mit Kanuanlegestelle im Koreshan Historical Site

Sanibel & Captiva Islands

Orientierung

Vor der Mündung des Caloosahatchee River liegen mehrere große Inseln. Die bekannteste ist **Sanibel Island**, über einen ***Causeway*** mit dem Festland ($3) verbunden (Straße #869). Gleich hinter der Brücke erhält man im ***Visitor Center*** Inselkarte und Info-Material, auch Hotel- und Apartmentbuchungen sind dort möglich. Vorbei an luxuriösen Anwesen und durch subtropische Vegetation führt nur eine durchgehende Straße über die ganze Länge der Insel bis Captiva Island. Wer als *Non-Resident* die Insel besucht (Fußgänger, Motorrad- und Radfahrer dürfen gar nicht erst über die Brücke!) und sein Auto verlassen möchte, wird auf wenige *Public Beaches* mit geringer Parkkapazität verwiesen. Empfehlenswert sind in erster Linie der ***Lighthouse Point*** (Ostende) und die ***Bowman's Beach*** (Nordwesten) mit den attraktivsten Stränden. Kaum sichtbar ist die durchaus vorhandene Infrastruktur aus Tankstellen, *Fast Food Eateries* und *Shopping Centers*. Die Restriktionen sorgen immerhin für ein funktionierendes Nebeneinander von touristischer Nutzung und Naturschutz.

Information

Sanibel Island Chamber of Commerce, 1159 Causeway Boulevard, © 239/395-2233, www.sanibel-captiva.org

Unterkunft & Camping

Der ***Periwinkle Park & Campground*** ist der einzige Campingplatz auf Sanibel Island (ausgeschildert, © 941/472-1433, www.sanibelcamping.com, ab $32). Er ist komfortabel und liegt unweit der *Lighthouse Point Beach*.

Hotels sind teuer auf Sanibel, in der Saison ist unter $150 nichts zu machen. Zu den noch halbwegs erschwinglichen Unterkünften gehören die ***Buttonwood Cottages*** (ausgeschildert ab Durchgangsstraße, © 239/395-9061, 5 Zimmer, in der *off-season* ab $95).

Wildlife Refuge

Die *»Ding« Darling National Wildlife Refuge* (*Visitor Center* 9-17 Uhr, © 239/472-1100, $6/Fahrzeug, www.fws.gov/dingdarling) umfasst etwa ein Drittel der Insel. In diesem sumpfigen Naturschutzgebiet findet sich eine Vielfalt an typischer Südflorida-Fauna, u.a. Reiher, Flamingos, Seeadler, Ottern und Alligatoren. An einem 8 km langen ***Wildlife Drive*** (täglich bis 1 Stunde vor Sonnenuntergang) gibt es etliche Halte- und Aussichtspunkte.

Captiva Island

Captiva Island ist nur durch einen schmalen Kanal von Sanibel getrennt. Im Übergang zwischen den Inseln findet man beidseitig der Brücke schöne **Badestrände**. Im zentralen Bereich gibt es eine Handvoll feiner Restaurants. Die Inselspitze wird vom ***South Seas Resort*** okkupiert, einem teuren Resortkomplex mit Ferien- und Privatvillen, Tennisplätzen und Yachthafen.

Von Captiva Island/McCarthys Marina starten **Bootstouren** (täglich 8-17 Uhr, © 239/472-5300, www.captivacruises.com) u.a. zur Privatinsel Cabbage Key. Das ***Cabbage Key Inn & Restaurant*** hat ein paar Zimmer im historischen *Inn* und *Cottages* auf einem parkartigen Gelände, © 239/283-2278, ab $95, *Cottage* ab $155, www. cabbagekey.com.

4.4.3 Von Fort Myers nach St. Petersburg

Strände

Etwa 50 mi nördlich Fort Myers markiert **Venice** (Venedig, www.venicesun.com) den Beginn der **schönsten Strände an Floridas Westküste**. In Venice selbst ist der öffentliche Zugang schon von den Parkmöglichkeiten her beschränkt, aber auf den vorgelagerten Inseln ***Casey***, ***Siesta***, ***Lido*** und ***Longboat Key*** gibt es herrliche, leicht erreichbare ***Public Beaches***. Am großzügigsten mit schattigen Palmen ist ***Coquina Beach*** im Süden (gleich nördlich der Brücke über den *Longboat Pass*) auf ***Anna Maria Island***. Dorthin führt die Straße #789, die ab Sarasota den *Intracoastal Waterway* überquert.

Sarasota

Sarasota ist eine attraktive, moderne Großstadt am Wasser, die sich über Meilen an der geschützten Sarasota Bay hinzieht.

Information

Sarasota Convention & Visitors Bureau, 655 N Tamiami Trail/#41), ✆ 941/957-1877, www.sarasotafl.org

Unterkunft

Die meisten H/Motels stehen unverfehlbar an der #41, z.B.

- ***Best Western***, alle ab $69:
  Golden Host Resort, 4675 N Tamiami Trail, ✆ 941/355-5141
  Midtown, 1425 S Tamiami Trail, ✆ 941/955-9841, und
  Royal Palms, 1701 N Tamiami Trail, ✆ 941/365-1342,
- ***Days Inn***, 4900 N Tamiami Trail, ✆ 941/455-9721 ab $64
- ***Wellesley Inn***, 1803 N Tamiami Tr, ✆ 941/366-5128, ab $69.

Camping

- Direkte Strandlage hat der ***Gulf Beach Campground*** auf **Siesta Key**, 3 mi südlich der Brücke/Straße #72 auf die Insel am Ende der Midnight Pass Road, ✆ 941/349-3839, www.gulfbeachcampground.com, $29-$49.
- Der ***Myakka River State Park*** liegt 13 mi landeinwärts (Straße #72). Kanuverleih und *Campground*; ✆ 941/361-6511, www.floridastateparks.org/myakkariver, $22.
- Der mit Mangroven durchwachsene Campingplatz des ***Oscar Scherer State Park*** liegt am South Creek unweit der Straße #41, ca. 7 mi südlich von Sarasota. Kleiner Stausee mit Badestelle, außerdem Kanu- und Bike-Verleih; ✆ 941/483-5956, www.floridastateparks.org/oscarscherer, $22.

Ringling Museum

Das ***John & Marble Ringling Museum of Art*** (5401 Bayshore Rd, 5 km nördlich von *Downtown* bzw. der Brücke über die Bay, täglich 10-17 Uhr, www.ringling.org) zeigt in erster Linie Werke der Antike und alter europäischer Meister. Außer dem grandiosen Museumsbau, einem nachgebauten Renaissancepalast mit einem Skulpturengarten zwischen den Gebäudeflügeln, stehen auf dem großen Parkgrundstück an der Sarasota Bay die außergewöhnliche ***Villa Cà d'Zan***, das frühere Privathaus von Zirkusgründer *John Ringling* (1866-1936), und ein ***Circus Museum*** mit nostalgischen Zirkuswagen und vielen Requisiten aus der »*Ringling*-Zeit«. Auffällig sind die – sonst derart ausladend selten zu sehenden – **Banyan-Bäume** zwischen Kunstmuseum und Villa.

Gesamtkomplex täglich 10-17.30 Uhr; Eintritt $15 für Museum, Villa und Circus Museum, Kinder unter 5 frei; Schüler/Studenten $5, ✆ 941/359-1660. Keine Tickets für Teilbereiche.

Classic Cars

Liebhaber alter Autos finden im ***Sarasota Classic Cars Museum*** (täglich 9.30-17.30 Uhr, $9/$5, www.sarasotacarmuseum.org) gegenüber dem *Ringling Estate* eine Kollektion nostalgischer Modelle – darunter Originale aus dem einstigen Besitz der *Ringlings* und der *Beatles*.

Nach Tampa und St. Petersburg

Von Sarasota geht es zunächst auf der #41 und dann entweder auf schnellem Weg über die I-75 oder aber – vorzugsweise – über die ***Sunshine Skyway Bridge*** nach Norden. Sie ist Teil der I-275, die als Alternativroute zur I-75 durch ganz St. Petersburg und Tampa läuft und sich oberhalb Tampa wieder mit der I-75 vereinigt. Die Fahrt über diese kolossale Brücke sollte man sich nicht entgehen lassen. Sie überspannt auf 15 mi Länge die ***Lower Tampa Bay*** und ist genaugenommen eine Abfolge mehrerer Brücken.

Gamble Plantation

Die Straße #41 überquert nördlich von Sarasota den dort kilometerbreiten Manatee River. Die Straße #301 verbindet die #41 mit der I-75. An ihr liegt die ***Gamble Plantation***, eine einstige Zuckerrohr-Plantage und heute ***State Historic Site***. Das Wohnhaus der Plantage ist von weißen Säulen und mit *Spanish Moss* behangenen Eichen umgeben. Es handelt sich um das einzige erhaltene ***Antebellum Mansion*** in Südflorida. Geöffnet Do-Mo 8-16.30 Uhr, Führungen mehrfach täglich; www.floridastateparks.org/gambleplantation.

Manatees – Floridas bedrohtes Maskottchen

Zu den bleibenden Naturerlebnissen in Florida gehört die Beobachtung von *Manatees*, etwa im *Lee County Manatee Park* (10901Straße #80, I-75/*Exit* #141, täglich 8-17/20 Uhr, frei, ✆ 941/432-2004) oder im *Manatee Springs State Park*, ➪ Seite 475.

Manatees gehören zur Gattung *Sirenia* (Seekühe). Einst weit verbreitet, sind sie heute nur noch in tropischen Küstenregionen anzutreffen. *Manatees* haben einen fischförmigen Körper mit Fell, zwei Vorderflossen und einen flachen, mächtigen Schwanz. Ihre Bewegungen sind langsam und ruhig. Beim regelmäßigen Luftschnappen erkennt man gut ihre verschließbaren Nasenlöcher und kleinen Augen. *Manatees* können bis zu 4,5 m lang und 1.600 kg schwer werden. Sie ernähren sich ausschließlich von Meerespflanzen, die sie geduldig abgrasen. Nach etwa einjähriger Schwangerschaft werden im Frühjahr die Jungen geboren, die zunächst von der Mutter gesäugt und betreut werden. Wenn im Winter die Küstengewässer zu kalt werden, ziehen sich die Tiere in die wärmeren Süßwassersysteme im Landesinneren oder in Hafenbecken zurück.

Manatees sind zwar Maskottchen der *Floridians* und Liebling der Touristen, aber dennoch stark bedroht. Die Ausdehnung der Siedlungsflächen sorgt für die Einengung ihrer Lebensräume, und Motorboote verletzen die schlecht hörenden Tiere häufig mit ihren Propellern.

4.5 Tampa Bay und Tri City

Anfahrt von Süden

Über die I-75 sind es von Fort Myers nur zwei gute Autostunden bis zur ***Tampa Bay Area***, Floridas zweitgrößtem Ballungsgebiet nach dem Großraum Miami mit den Großstädten **Tampa**, **Clearwater** und **St. Petersburg**. Auf der Straße #41 kann man dagegen mit einigen Stopps und Abstechern ohne weiteres einen ganzen Tag unterwegs sein, bevor man die meilenlangen ***Sunshine Skyway Bridge*** über die Tampa Bay erreicht.

Tri City

Die »**Dreifach-Stadt**« am Golf von Mexico erstreckt sich rund um den Nordteil der Tampa Bay sowie beidseitig der von Barrier Islands gebildeten **Boca Ciega Bay** und **Clearwater Harbor**. Entlang unendlicher Uferlinien an großen und kleinen Buchten, künstlichen Seen und Kanälen drängen sich Ferienanlagen, Hotels und zahllose Privatvillen. Ein Yachthafen reiht sich an den anderen.

Strände

Die Strände auf den vorgelagerten, ebenfalls überwiegend dicht bebauten Inseln von Egmont Key im Süden bis Honeymoon Island im Norden sind nicht ganz so attraktiv wie die Strände weiter südlich. Am besten sind die ***Pass-A-Grille Beach*** am Südende von St. Pete Beach und die Strände auf ***Treasure Island***.

4.5.1 St. Petersburg

St. Petersburg im Südwesten der Tri City erreicht man von Süden – wie gesagt – über die beeindruckende ***Sunshine Skyway Bridge*** (*Toll*). Gegründet wurde St. Petersburg 1888 von einem Russen, der die Siedlung nach seiner Heimatstadt nannte. Schon bald wurden von dort Schienen nach Tampa verlegt, aber Straßenbrücken über die Tampa Bay entstanden erst in den 1930er-Jahren. Die Stadt entwickelte sich danach rasch zu einer Winterresidenz wohlhabender Nordstaatler, von denen viele im Alter ganz hierher zogen.

Praktische Informationen

Infos

St. Petersburg Area Convention & Visitors Bureau, 100 2nd Ave, © 727/821-4069, www.stpete.org.

Unterkunft

Am **Gulf Boulevard** (Straße #699) entlang der Beach gibt es zahllose Motels und Hotels. Auch die gängigen Motelketten sind vertreten, so etwa ***TravelLodge***, 6300 Gulf Blvd, © 727/367-2979, oder ***Holiday Inn***, 5250 Gulf Boulevard, © 727/360-1811; viele Unterkünfte sind unabhängig, z.B.:

- ***Beach Park Motel***, 300 Beach Drive NE, © 727/898-6325, ab $65
- ***Bayboro House***, 1718 Beach Drive SE, © 727/823-495, eine alte Südstaatenvilla für stilvolle Übernachtungen, ab $159
- das rosafarbene ***Don CeSar Beach Resort and Spa***, 3400 Gulf Boulevard, © 727/360-1881 oder © 1-800-282-1116, www.doncesar.com, ab ca. $290, eines der Luxusquartiere Floridas. Die Besichtigung der Lobby ist auch ohne Buchung möglich.

Tarpon Springs
Intracoastal Waterway
Lake Tarpon
Keystone Lake
Maiden Lake
Lutz
Hillsborough River SP
Honey-moon Island
Palm Hbr.
Caladesi Island
Oldsmar
Carrollwood
University West
Museum of Science
Lake Thonotosassa
Dunedin
Egypt Lake
Busch Gardens
Adventure Island
Clearwater Beach
Rocky Creek
Tampa Intl. Airport
Belleair Beach
Ybor City
CLEARWATER
Old Tampa Bay
Howard Frankland Bridge
Brandon
TAMPA
Florida Aquarium
Largo
Gandy Bridge
Indian Rocks Beach
Alafia
Seminole
Hillsborough Bay
MacDill Air Force Base
Pinellas Park
ST. PETERSBURG
Apollo Beach
Treasure Island
S. Pasadena
TAMPA BAY
Bullfrog
St. Pete Beach
Ruskin
Sun City Center
Don Cesar
Pass-A-Grill-Beach
Ft. de Soto Park
Sunshine Skyway Bridge
Little Manatee River SP
Cabbage Key
Bunce's Pass
Little Long
Mullet Key
Egmont Key
Intracoastal Waterway
Gamble Plantation
Gamble
Anna Maria
Anna Maria Island
Bradenton
Lake Manatee SP
Lake Manatee
Manatee
GOLF VON MEXICO
Bradenton Beach
Cortez
Longboat Key
Sarasota Bay
Braden
Longboat Key
Verna
Ringling Museum
Tri City
Sarasota
Sarasota Springs
Upper Myakka Lake
Siesta Key
Siesta Key
Myakka River State Park
N
0 10 km
Trout
4

Traditionell rosarotes Hotel Don Cesar an der St. Petersburg Beach

Camping

Der schönste Campingplatz der Bay Area (alle Plätze unter Palmen, die meisten direkt am Wasser) liegt im ***Fort de Soto Park*** südlich von St. Petersburg auf Mullet Key (via Straße #682, dann *Pinellas Bayway*, ✆ **727/582-2267**, unbedingt reservieren, ab $22; www.pinellascounty.org/park

Der ***Holiday Campground*** am Lake Seminole zwischen St. Petersburg und den Beaches wäre die zweite Wahl: 10.000 Park Blvd/ Straße #694, ✆ **727/391-4960**; Zelte ab $16, RVs ab $22.

Sightseeing

The Pier

Die ***St. Petersburg Pier***, in Verlängerung der 2nd Ave in die Bucht gebaut, ist ein Shopping-Komplex mit einem eintrittsfreien **Aquarium** (Mo-Sa 10-20, So 12-18 Uhr). Auch eine ***Tourist Information*** befindet sich dort. Untergebracht ist das Ganze in einer fünfstöckigen auf den Kopf gestellten **Pyramide**.

An der Pierzufahrt, der 2nd Ave, liegt das ***Museum of History*** (Mo-Sa 10-17, So ab 13 Uhr, Eintritt $6, bis 17 Jahre $3).

Museum of Fine Arts

Der tempelartige enorme Bau des ***Museum of Fine Arts*** befindet sich ebenfalls unweit der *Pier*, 255 Beach Drive Northeast, Di-Sa 10-17 Uhr, So ab 13 Uhr, ✆ 727/896-2667, www.fine-arts.org, Eintritt $8, bis 18 Jahre $4.

Neben Werken europäischer Maler (*Dürer, Rembrandt, Cezanne, Monet, Rodin*) sind dort Werke bekannter amerikanischer Künstler (*Moran, O'Keefe, Rauschenberg, Stella, Lichtenstein u.a.*), außerdem frühe Indianerkunst aus Süd- und Nordamerika, fernöstliche Werke und griechische und römische Objekte ausgestellt.

Salvador Dali Museum

Das *Highlight* unter den Museen der Tampa Bay, das ***Salvador Dali Museum***, befindet sich am Südrand der Innenstadt (1000 3rd Street, Mo-Sa 9.30-17.30 Uhr, Do bis 20 Uhr, So 12-17.30 Uhr; ✆ 1-800-442-3254, www.salvadordalimuseum.org, Eintritt $15, Kinder bis 9 Jahre $4; bis 18 Jahre $10). Die weltgrößte Sammlung von Werken des skurrilen *Dali* (1904-1989), darunter viele überdimensionale Meisterstücke, gibt es erstaunlicherweise hier.

4.5.2 Clearwater und Beach

Gulf Boulevard

Der Gulf Boulevard/Straße #699 führt über 20 mi von Insel zu Insel bis Clearwater Beach. Dort stößt er auf die #60 bzw. die nördlichste Brückenverbindung der Inselkette mit dem Festland. Die Küstenstraße passsiert immer wieder neue Strandabschnitte mit eigener Bezeichnung, die sich aber kaum voneinander unterscheiden. Die Bebauung auf der gesamten Strecke ist nur selten unterbrochen. Hotels, Motels, Apartmentanlagen, Marinas, Restaurants, Tankstellen, Minigolf, Shopping-Zonen, Parkplätze, *Fishing Piers* und bisweilen auch mal ein *Beach Park* und Palmen besetzen beide Seiten der Durchgangsstraße. Sehenswürdigkeiten gibt es weder hier noch auf dem dahinterliegenden Festland in Clearwater.

Information

Das ***Clearwater Tourist Information Center*** befindet sich in der Lobby des ***Marina Building*** am Causeway Boulevard/Straße #60, ✆ 727/462-653, www.clearwaterbeach.com.

Unterkunft

Am Gulf Boulevard in Clearwater Beach stehen – wie gesagt – zahllose Motels aller Kategorien. Preiswerter sind Quartiere in Nebenstraßen auf der strandabgewandten Seite. Strandlage kostet extra.

Das ***Clearwater Beach International Youth Hostel*** liegt in Strandnähe (606 Bay Esplanade, ✆ 727/443-1211) und hat Mehrbettzimmer (ab $15/Person) und EZ/DZ im ***Sands Motel*** daneben ($45). Angenehm sind Garten, Pool und Kanuverleih.

Camping

Mehrere kommerziell geführte *Campgrounds* liegen an der Straße #19 auf dem Festland und damit nah am Verkehrslärm, z.B.

- ***Travel Town RV Resort*** an der Straße #19 (#29850), ca. 1 mi nördlich der Straße #580; ✆ 727/784-2500, ab $22, auch Zelte.
- Weiter nördlich in Palm Harbor gibt es einen **KOA-Platz** (***Clearwater/Tarpon Springs***), 37061 #19, ✆ 727/937-8412, ab $30.

Aquarium

Im ***Clearwater Marine Aquarium*** (249 Windward Passage am Causeway #60 Richtung Festland, Mo-Fr 9-17 Uhr, Sa bis 16 Uhr, So 11-16 Uhr, www.cmaquarium.org, Eintritt $9, Kinder bis 11 Jahre $6,50) werden kranke oder behinderte Meerestiere »aufgepäppelt«, was dem Aquarium eine emotional besetzte Sonderrolle verleiht. Speziell mit Kindern ist der Besuch daher ggf. eindrucksvoller als im ansonsten großartigen *Florida Aquarium* in Tampa, ➪ Seite unten.

Abstecher nach Tarpon Springs

15 mi nördlich von Clearwate r liegt die kleine Hafenstadt Tarpon Springs, die einst von griechischen Fischern und Schwammtauchern gegründet wurde, da sich dort unmittelbar vor der Küste ausgedehnte Schwammbänke befinden.

Im Hafen kann man kurze (30 min) Fahrten dorthin buchen. Auf den Booten der ***St. Nicholas Boat Line*** am unverfehlbaren *Sponge Dock* führen Schwammtaucher Ausrüstung und Arbeitstechniken vor, 30 min-Tour $7; www.tarponsprings.com/sponge.html.

Wem nach griechischen Spezialitäten a la USA ist, findet in Tarpon Springs auch eine Reihe griechischer **Restaurants**.

4.5.3 Tampa

Kennzeichnung

Größte und namensgebende Stadt an der Bucht ist ***Tampa***, eine typisch amerikanische City von 300.000 Einwohnern (mit Vororten ca. 1 Mio.) mit Hochhäusern und Glaspalästen im Zentrum. Die Wirtschaft basiert dort in erster Linie auf Industrie (Werften, Elektronik), Handel und allgemeinen Dienstleistungen, dabei erst nachrangig Tourismus.

Praktische Informationen

Infos

- ***Tampa/Hillsborough Convention & Visitors Bureau***, 400 N. Tampa Street, ✆ 1-800-448-2672, www.visittampabay.com
- ***Visitor Information Center at Centro Ybor***, 1600 E 8th Avenue, ✆ 813/248-3712; www.ybor.org

Unterkunft

Unterkünfte aller Kategorien ballen sich vor allem in Airportnähe (Ausfahrten Straße #60 und I-275), im Bereich der *Busch Gardens* und an der #60 im Kreuzungsbereich mit der I-75:

- ***Days Inn Airport/Stadium***, 2522 N Dale Mabry Hwy, I-275 *Exit* 41B, ✆ 831/877-6181, ab $69
- ***Econo Lodge Midtown***, 1020 S Dale Mabry Hwy, I-275 *Exit* 41B, ✆ 831/254-3005, ab $65
- ***Value Inn***, 2523 E Busch Blvd, I-275 *Exit* 50, ✆ 831/933-6760, ab $49
- ***Days Inn Busch Gardens North***, 701 E Fletcher Ave, I-275 *Exit* 52, ✆ 831/977-1550, ab $64

Camping

Hillsborough River State Park an der Straße #301, etwa 20 mi nordöstlich von *Downtown*. Anfahrt am besten über I-4, *Exit* 14, und dann weiter auf McIntosh Road; ✆ 813/987-6771, www.floridastateparks.org/hillsboroughriver, ➪ $20). Kanuverleih und *Boardwalk* über die »Schlucht« des Flusses zu Stromschnellen.

Florida Aquarium in Tampa

Sightseeing

Downtown

Tampas Innenstadt zwischen der I-275 und Bayshore Boulevard östlich des Hillsborough River ist ansehnlich und besitzt sogar eine Fußgängerzone, aber von größerem Interesse sind dort in erster Linie das *Henry B. Plant Museum*, das *Museum of Art* und das *Florida Aquarium*:

Henry B. Plant Museum

Das alte ***Tampa Bay Hotel*** ist ein unübersehbarer Bau in einem sagenhaften viktorianisch-maurischen Stil auf dem Campus der *University of Tampa* (401 W Kennedy Blvd/Straße #60, Di-Sa 10-16 Uhr, So ab 12 Uhr, © 813/254-1891, Eintritt $5, bis 12 Jahre $2, www.plantmuseum.com) 1891 vom Eisenbahnmagnaten *Henry B. Plant* erbaut, beherbergt es heute ein **Museum zur Geschichte des Tourismus in Florida** und zur **Stadthistorie**.

Henry B. Plant Museum mit unverwechselbaren Zwiebeltürmen

Kunstmuseum

Das ***Tampa Museum of Art*** liegt unweit des *Plant Museum* am anderen Ufer des Hillsborough River (600 N Ashley Street, Mi-Sa 10-17 Uhr, So ab 11 Uhr, www.tampagov.net/dept museum, Eintritt $8, bis 18 $3). Beachtlich sind Foto-Abteilung *(u.a. Ansel Adams)* und die Sammlung griechischer und römischer Kunst.

Florida Aquarium

Nicht nur beeindruckt ***The Florida Aquarium*** an der *Waterfront* (701 Channelside Drive, © 813/273-4000, www.flaquarium.net, täglich 9.30-17 Uhr, Eintritt $18, bis 11 Jahre $13) durch die Präsentation seines Hauptthemas »Floridas Ökosystem, seine Marschen, Feuchtzonen, Buchten und Strände«, sondern auch durch eine eindrucksvolle Glas-Architektur. In immensen Glascontainern beleuchtet es das marine Leben in den Gewässern Floridas und Weltmeeren. Detailliert wird auch der Weg eines Wassertropfens durch die verschiedenen Ökosysteme nachgezeichnet.

Shopping

In der Nachbarschaft des Aquariums befindet sich der Shopping- und Restaurantkomplex ***Channelside***, an den sich das *Terminal* für Kreuzfahrtschiffe anschließt.

Ybor City

Tampa sucht sein spanisches Erbe in einem Viertel bei der ehemaligen Zigarrenfabrik eines Herrn *Ybor*, daher ***Ybor City***, zu bewahren. *Ybor City* besteht im wesentlichen aus einem Teilstück der 7th Ave zwischen *Crosstown Expressway* #618 und I-4 (hier auch ***La Septima*** genannt) und reicht im Osten bis 22nd Street. Zentrum ist *Ybor Square* mit Läden, Restaurants etc. (www.ybor.org). Ein Bummel lohnt vor allem abends, wenn *La Septima* für den Verkehr gesperrt wird:

- Im ***Jazz Cellar***, 1916 14th Street, gibt's Livemusik.
- In der ***Tampa Bay Brewing Company***, 1812 15th Street, hat man ebenfalls Livemusik plus frisch gebrautes Bier; www.tampabaybrewingcompany.com
- Das ***Columbia Restaurant***, 2117 E 7th Ave, hat eine maurisch wirkende Fassade und gilt als erstes Haus am Platz, zugleich als Floridas ältestes Restaurant; www.columbiarestaurant.com

Busch Gardens

Die Topattraktion Tampas heißt für viele Besucher ***Busch Gardens*** (Busch Blvd/40th St, Anfahrt über I-275, *Exit* 50, täglich 9 Uhr bis Dämmerung; Wochenenden und Ferien länger, exakte Zeiten unter © 1-866-353-8622, www.buschgardens.com).

Wer in Orlando Vergnügungsparks besucht (hat), könnte sich die hohe Ausgabe hier fast sparen, obwohl die Busch-Kombination aus Zoo, Showplace und Rummelplatz durchaus eigenständig ist. Hinzu kommt, dass die Warteschlangen bei einzelnen Attraktionen meist nicht so frustrierend lang sind. Das Leitthema bei Busch ist **»Afrika«**, dem sich hier (fast) alles unterordnet. Selbst der »bayrische« Biersaal heißt ***Timbuktu Festhaus***. Herausragend sind die **Achterbahnen**, darunter ***Kumba***, ***Gwasi*** und vor allem ***Sheikra*** (unbedingt mal das Video im Internet dazu ansehen!) mit irren Geschwindigkeiten, Kurven und Gefällen.

Wenn auch das bei Busch präsentierte Afrika von der Realität weit entfernt sein mag, so ist der afrikanische Zoo in seiner Machart mit Serengeti-Bahn (Tiere auf Distanz) und z.B. *The Edge of Africa* (ganz nah dran an den Tieren) ausgezeichnet.

Eintritt 1 Tag $58, Kinder bis 9 Jahre $48 plus *tax*, aber es gibt *Discount Coupons* in den *Visitor Informations*; Discounts auch für AAA/ADAC/AvD-Mitglieder. Verbilligte ***Flex Tickets*** in Kombination mit Orlando-Parks sind ebenfalls möglich (*Universal*, *Wet'n'Wild* und *Seaworld*, ⇨ Seite 429). **Parken** $8, RVs $11.

Adventure Island

Der Wasserpark ***Adventure Island***, der einst Maßstäbe setzte und immer noch prima ist, liegt ein paar hundert Meter weiter nördlich am Malcolm McKinley Drive/40th Street. Geöffnet Februar bis Oktober; Juni bis August 9-19 Uhr, ansonsten je nach Witterung kürzer; Eintritt $35, bis 9 Jahre $33; Kombi-Ticket mit *Busch Gardens* ⇨ oben.

Manatee Springs

4.6 Von der Tri City durch den »Panhandle«

Der Florida-Pfannenstiel

Florida Panhandle, Pfannenstiel, nennt man den nordwestlichen Ausläufer Floridas, der »unterhalb« des Nachbarstaates Georgia an der Golfküste entlang bis Alabama reicht. Oft wird dieser Küstenbereich abwertend als *Redneck Riviera*, »Riviera der Südstaaten-Unterschicht« bezeichnet, was aber bestenfalls für ein paar Meilen um Panama City Beach passt. Dort sieht es ähnlich aus wie in Virginia Beach, Myrtle Beach/North Carolina oder Daytona Beach am Atlantik: jede Menge Motels, gesichtslose Apartmentblocks, kleine Vergnügungparks mit Achterbahnen, Wasserrutschen und Minigolf, billige Shops und *Fast Food* en masse.

Schneeweiße Strände

Tatsächlich verfügt der *Panhandle* ab Panama City und darüber hinaus die Küste Alabamas hinter einer Dünenkette über **die weißesten Strände der USA** mit türkisfarbenem glasklaren Wasser. Abseits der Rummelzonen findet man dort **traumhafte Strände**, die gegenüber Floridas (viel weniger attraktiven!) Stränden weiter südlich nur den Nachteil der kürzeren Badesaison haben.

4.6.1 Nach Tallahassee

Spring Parks en route

Routen

Die Fahrt von der Tampa Bay nordwärts führt bald ganz weg von der Küste, egal, welche Route man einschlägt. Wer es eilig hat, wählt für die Fahrt nach Norden die I-75 bzw. (ab Lake City) I-10, über die man an einem Tag locker Tallahassee (ca. 280 mi) und/oder die Küste am *Panhandle* erreichen kann.

Wer über Clearwater der Straße #19 folgt, findet hinter Tarpon Springs im ***Howard Beach Park*** letztmalig einen Strand am Golf. Danach versumpft die Küste bis hinauf nach Apalachicola. Die #19 – später #19/#98 – verläuft bald weit abseits der Küste. Stichstraßen führen immer wieder in Richtung Meer, doch nur an wenigen Stellen bis ans Wasser, z.B. auf der Insel ***Cedar Key*** (Straße #24, ca. 20 mi ab Otter Creek). An der Strecke gibt es mehrere schöne *Spring Parks,* Parkanlagen an glasklaren Quellflüssen.

Spring Parks

Während man die kommerziell ausgebeuteten ***Weekie Watchie Springs*** beim gleichnamigen Ort getrost links liegen lassen kann, ist der ***Homosassa Springs Wildlife State Park***, 20 mi weiter nördlich, ebenfalls an der Küstenstraße #19/#98, besuchenswert. Per Boottrip (man kann aber auch zum Parkeingang per Auto fahren) geht es dort zu einem offenen Zoo mit Florida-Tierwelt samt ***Manatees***, die man sonst selten zu Gesicht bekommt. ***Visitor Center*** und ***Boat Dock*** liegen an der Straße, täglich 9-17.30 Uhr, ✆ 352/628-5343, www.floridastateparks.org/homosassasprings, Eintritt $9, bis 12 Jahre $5.

Die ***Manatee Springs*** sprudeln am Suwannee River bei Chiefland (Straße #320, ca 9 mi ab #19/#98). Ein gepflegter ***State Park*** umgibt das Quellflussgebiet mit kleinem Badestrand, Kanuverleih

Träge im Wasser liegender Manatee im Homosassa Springs Park

und *Boardwalk* über Mangrovensumpf zum hier breiten ***Suwannee River***. Der ***Campground***, etwas abseits des Wassers, besitzt viele wunderschön angelegte Stellplätze in dichter Vegetation; www.floridastateparks.org/manateesprings.

Cedar Key

Ein Abstecher auf der Straße #24 ab Otter Creek könnte **Cedar Key** gelten, einer den Küstensümpfen vorgelagerten Insel (ca. 40 mi retour). Cedar Key hat lediglich Ministrände, ein Natur- und Vogelschutzgebiet und ein *State Museum* mit einer tollen Muschelsammlung. Im Hafen von Cedar Key serviert man ausgezeichnet Austern. Information: ***Cedar Key Chamber of Commerce***, © 352/543-5600, www.cedarkey.org.

Nach Tallahassee

Die Weiterfahrt durch Wälder, Sümpfe und landwirtschaftlich genutzte Gebiete ist touristisch nicht ergiebig. In Perry muss man sich entscheiden, ob man die Fahrt auf der #98 nach Westen fortsetzt oder ob man auf der #19 in Richtung Tallahassee bleibt. Ein kleiner Abstecher von der #98 zu den ***Wakulla Springs*** ist indessen auf jeden Fall empfehlenswert.

Wakulla Springs

Der kleine Ort Wakulla liegt zwischen Newport und Tallahassee an der Straße #363. Von dort sind es auf der #267 noch ca. 4 mi in Richtung Westen zum ***Wakulla Springs State Park*** (täglich 9-19/17 Uhr; www.floridastateparks.org/wakullasprings). Ca. 2 Mio. m^3 glasklares Quellwasser treten dort im täglichen Durchschnitt an die Oberfläche. Was sich unter Wasser und an den Ufern des Quellflusses tut, kann man auf einer Fahrt mit einem Glasbodenboot beobachten (45-min-Touren). Am geschützten kleinen Strand gibt's eine alligatorsichere Badestelle. Auch eine ***Lodge*** ist vorhanden, © 850/224-5950 ab $79.

Camping

Ein idyllischer **Campingplatz** befindet sich im ***Ochlokonee River State Park*** an der #319 in Richtung Golfküste (6 mi bis/ab #98, © 850/962-2771); kleiner Badestrand und Kanuverleih am Fluss.

Tallahassee

Geschichte

Die Hauptstadt Floridas hat ca. 140.000 Einwohner. Bereits 1633 errichteten die Spanier hier die ***Misión San Luis***. Die Engländer zerstörten sie 1704 und vertrieben die hier siedelnden Indianer. Nach der Übernahme Floridas durch die USA wurde **Tallahassee** 1824 Hauptstadt des Territoriums und blieb es 1845 nach Proklamation des US-Bundesstaates.

Kennzeichnung

Tallahassee ist eine typische Staatskapitale mit Regierungs- und Verwaltungsbauten und einer großen Universität. Sie ist für ihre schönen Alleen voller alter Eichen mit *Spanish Moss* und zahlreiche typische Südstaaten-Villen bekannt.

Praktische Informationen

Information

Leon County Welcome Center, 106 E Jefferson Street, ✆ 1-800-628-2866, und das ***Visitors Center*** im ***New State Capitol*** (Eingang Duval St). Beide haben Infomaterial/Karten zu Tallahassee und zum Staat Florida; www.seetallahassee.com

Unterkunft

Im Umfeld der Ausfahrten der Autobahn I-10 ballen sich die Häuser der bekannten Motelketten, speziell an der Monroe Street (Straße #27, Ausfahrt #199) und der Thomasville Rd (Straße #61, Ausfahrt #203), die beide direkt ins Stadtzentrum führen. Außer im März/April, wenn die Sitzungsperiode im Capitol läuft, ist es relativ einfach und nicht sonderlich teuer, in Tallahassee unterzukommen. Hier eine Auswahl:

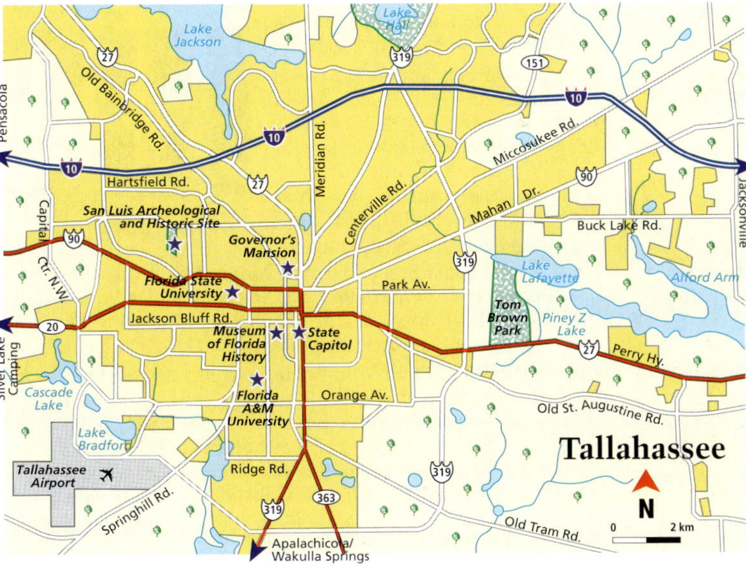

4

- ***Super 8 Motel***, 2702 N Monroe Street, ✆ 850/386-8818, ab $55
- ***American Inn***, 2726 N Monroe Street, ✆ 850/386-5000, ab $49
- ***Calhoun Street Inn***, 525 N Calhoun, ✆ 850/425-5059, ab $65
- ***Governor's Inn***, 209 S Adams, ✆ 850/681-6855, www.thegovinn.com, ab $170, das erste Haus am Platze in Capitolnähe.

Camping

- Am Lake Jackson nördlich der Stadt liegt das ***Red and Sam's Fish Camp***, 5563 North Monroe Street, ✆ 850/562-3083, ab $15
- Im ***Apalachicola National Forest*** gibt es diverse schön gelegene *Campgrounds*; stadtnah ist nur der Platz ***Silver Lake***, Straße #20, ca. 8 mi westlich, ✆ 805/926-3561, $12.

Essen & Trinken

In ***Andrew's Capitol Grill & Bar*** (Ecke Jefferson/Adams, www.andrewsdowntown.com) treffen sich mittags die Politiker, in ***Andrew's 2nd Fact*** im Keller abends (Zugang um die Ecke).

Sightseeing

Capitol Komplex

Überragt wird die Stadt vom ***Florida State Capitol*** (South Adams), in dessen Schatten sich das *Old Capitol* (South Monroe) duckt. Das *Capitol* aus den späten 1970er-Jahren ist ein architektonisch nichtssagender Büroturm mit einem **Aussichtsdeck** im 21. Stock. Sehenswerter ist das ***Old Capitol*** (Mo-Fr 9.30-16.30, Sa ab 10 Uhr, So ab 12 Uhr, frei), das mit seinen Säulen und der Kuppel auch so aussieht wie ein Regierungsgebäude.

Old Capitol Building des Staates Florida

Governor's Mansion

Durchaus interessant ist das ***Governor's Mansion*** (700 N Adams Street), in dem zur Zeit *Jeb Bush* residiert, der jüngere Bruder von Präsident *George W. Bush*. Es kann nur eingeschränkt besichtigt werden (März bis Mai: Mo, Mi, Fr 10-12 Uhr, www.floridagovernorsmansion.com).

Museum of History

Bei Interesse einen Besuch wert ist hinter dem Regierungsviertel das ***Museum of Florida History***, 500 South Bronough Street, Mo-Fr 9-16.30, Sa ab 10, So ab 12 Uhr, ✆ 850/488-1484, www.flheritage.com/museum. Es erläutert anschaulich die Geschichte Floridas.

Mission San Luis

Am westlichen Stadtrand von Tallahassee liegt der ***San Luis Archeological and Historic Site***, 2020 Mission Road, Di-So 10-16 Uhr, Spende. Auf dem Gelände fand man Spuren einer Siedlung der *Apalachee*-Indianer aus dem 17. Jahrhundert und Reste eines Versammlungshauses sowie die Ruinen der namensgebenden spanischen Mission (1633-56). Diverse Gebäude wurden bereits rekonstruiert. Im ***Visitor Center*** zeigt man einen Film zur historischen Bedeutung des Platzes.

4.6.2 Die Panhandle Küste

Bereich Apalachicola und St. Joseph Peninsula

St. George Island

Ab Eastpoint führt eine erst im Februar 2004 eingeweihte neue Brücke (4 mi, gebührenpflichtig) auf die 30 mi lange Insel. Ein Großteil der Strände ist dort in Privatbesitz, aber das Ostende ein *State Park* mit 9 mi ursprünglichem Strand und Dünen. Camping im ***St. George Island State Park*** kostet $21; ✆ 850/927-2111.

Apalachicola

Apalachicola (2.500 Einwohner) an der Mündung des gleichnamigen Flusses verfügt über einen historischen Stadtkern und ist für seine **Austern** bekannt. Im viktorianischen ***Gibson Inn*** (51 Avenue C) kann man stilvoll übernachten, ✆ 850/653-2191, www.gibsoninn.com. Gemütlicher ist ***Brigittes Romantic Retreat B&B*** in der 101 6th St, ✆ 850/653-3270, www.bryanthouse.com, $100.

Preiswerter übernachtet man im ***Rancho Inn***, 230 Hwy #98, ✆ 850/653-9435, www.ranchoinn.com, ab $60.

St. Joseph Peninsula

In Apalachicola gibt es keine Strände, um so mehr auf der St. Joseph Peninsula. Die **Straße #30/#30E** läuft an der Küste entlang bis zur Spitze dieser hakenartigen Halbinsel. Auf der Strecke gibt es immer wieder Strandzugänge. Sand und Wasser sind am schönsten an der äußersten Spitze, die ganz zum ***Stone Memorial-St. Joseph Peninsula State Park*** gehört. Dort kann man gleich hinter der Küstendüne in Strandnähe campen (✆ 850/227-1327, www.floridastateparks.org/stjoseph, $20). Wer dort nicht unterkommt, weicht auf das private ***Cape San Blas Camping Resort*** aus (Straße #30E), ✆ 850/229-6800, ab $19.

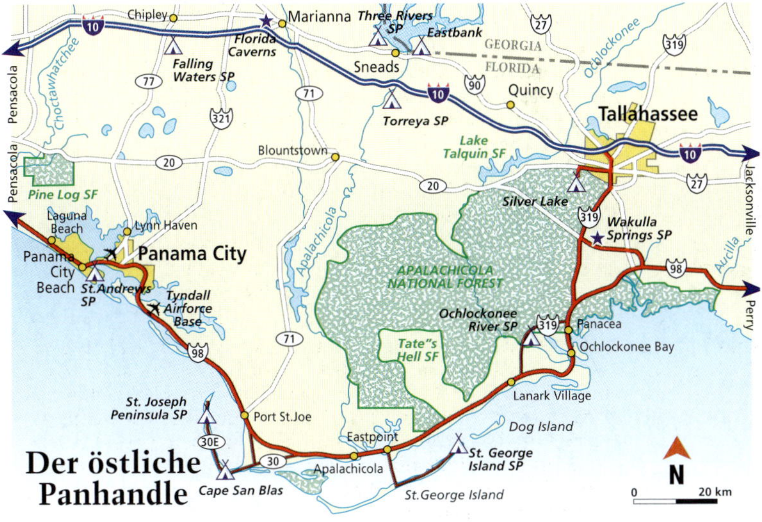

Der östliche Panhandle

Panama City Miracle Strip

Kennzeichnung

Die Straße #98 führt von Apalachicola bis Pensacola immer dicht an der Golf-Küste entlang. Panama City (45.000 Einwohner) liegt etwas landeinwärts abseits der Strände.

Der Vorort **Panama City Beach** gehört trotz seines bildschönen Strandes und türkisfarbenen Klarwassers zur Kategorie »gesichtslose Urlaubsretorte«. Bis über Laguna Beach hinaus ist – nur mit Ausnahme der *St. Andrews State Recreation Area* – die Küste mit Hotels, Motels, Apartmentblocks, Minigolfanlagen und allem, was zu Ferien- und Wochenendfun gehört, ziemlich zugepflastert. Das alles trägt den schönen Namen ***Miracle Strip***. Über Ostern und zwischen *Memorial* und *Labor Day* wird Panama City Beach zu Floridas Urlaubsziel No.1. Es zieht insgesamt mehr Gäste an als bekannte Destinationen wie Miami Beach, denn Panama City Beach ist eine sog. »*Affordable Beach*«, ein »bezahlbarer« Strand, den viele den teureren Zielen im Süden vorziehen.

Information

- ***Panama City Beach Convention & Visitors Bureau***, 12015 Front Beach, © 850/233-5072, www.panamacitybeachfl.com

Unterkunft & Camping

Unterkünfte gibt's in **Panama City Beach** en masse und außerhalb der Saison sehr preiswert, z.B.

- ***Sunset Inn***, 8109 Surf Dr, ©/Fax 850/234-7370, ab $39 am Strand
- ***Andy's Motel***, 8101 W Surf Dr, © 850/230-8999, ab $50

Im Sommer und über Ostern verdreifachen sich die Tarife.

Über 200 wunderbare Stellplätze hinter schneeweißen Stränden auf der Lagunenseite der Halbinsel verfügt der ***Campground*** der ***St. Andrews State Recreation Area*** im äußersten Süden von Panama City Beach, © 850/233-5140, www.floridastateparks.org/standrew, $24. Unbedingt reservieren!

Gulf World

Neben Stränden gibt's in Panama City Beach nur eine wirklich nennenswerte Sehenswürdigkeit: Der ***Gulf World Marine Park*** ist das größte Aquarium im Nordwesten Floridas (15412 Front Beach Road, täglich 9-17 Uhr, © 850/234-5271, www.gulfworld marinepark.com, Eintritt $24, bis 11 Jahre $15). Er hat neben den üblichen Fischtanks einen tropischen Garten mit Wasserlandschaft und typischer Florida-Fauna (Reiher, Flamingos, Alligatoren) ein Delphin-Theater für die üblichen Vorführungen. Man kann dort auch mit Delphinen schwimmen: $150!

Beach bei Panama City in der Nachsaison

Von Panama City nach Pensacola

Ab Panama City bis nach Alabama hinein (➪ Seite 486) wird der Küstenabschnitt wegen seiner weißen Strände und des türkisfarbenen Wassers als ***Emerald (»Smaragd«) Coast*** bezeichnet.

Seaside

Unbedingt einen Stop einlegen sollte man in der makellosen Kleinstadt **Seaside**. Diese **Retortenstadt** reflektiert den Versuch, einen perfekt sicheren und sauberen Ort zu schaffen. One Fehl und Tadel gepflegte, zugleich stereotype Häuser stehen dort Seite an Seite in blitzblanken Straßen. Seaside war schon in diversen Filmen Drehort, so vor allem als »Seahaven« in der phänomenalen ***Truman Show*** mit *Jim Carrey* (http://de.wikipedia.org/wiki/Die_Truman_Show).

Im **Internet** erfährt man mehr: www.seasidefl.com. Sog. ***Cottages*** direkt am Strand sind für Feriengäste vorgesehen, indessen zu exorbitanten Tarifen, ➪ die Website oder ✆ 1-888-SEA-SIDE.

Eden State Park

Nördlich von Seaside steht bei Point Washington im ***Eden Gardens State Park*** (Straße #98, dann 1 mi #395) in einem kleinen Park voller Eichen und Magnolien ein schönes Südstaaten-Herrenhaus. Täglich zugänglich von 8 Uhr bis Dämmerung; Zutritt $3/Auto. Hausbesichtigung 10-15 Uhr stündlich, $2/Person; www.floridastateparks.org/edengardens.

Strände und Camping

In diesem Bereich verfügen gleich **drei *State Parks*** über **wunderschöne Strände**. Wer dort campen möchte, kann alle drei über www.reserveamerica.com oder per Telefon reservieren:

- Die ***Grayton Beach State Recreation Area*** liegt nur ein paar Meilen westlich von Seaside, Zufahrt über den ***Scenic Highway* #30A**. Dünen und schneeweißer Strand kennzeichnen ihn.

4

Der ***Campground*** an einem kleinen See hat wunderbar zugewachsene Stellplätze, $19; © 850/231-4210, www.floridastateparks.org/graytonbeach.

- Die ***Topsail Hill State Preserve*** erreicht man ebenfalls über die die Straße #30A. *Topsail* ist relativ neu und hat 5 km Strand und ein großes Naturschutzgebiet. Camping ist dort komfortabel, aber sehr teuer: $38, © 850/267-0299, www.floridastateparks.org/topsailhill.
- Die ***Henderson Beach State Recreation Area*** liegt ca 3 mi östlich von Destin unweit des Straßendreiecks #98/#293. Zum *State Park* gehören 2 km Strand und ein kleiner *Campground* mit nur 30 Plätzen, © 850/837-7750, www.floridastateparks.org/hendersonbeach, $21.

Destin

Östlich der Einfahrt in die Choctawhatchee Bay liegt das einstige Fischerdorf **Destin**, heute ein beliebter Urlaubsort und vor allem eine Hochburg des Angelsports. An den Stegen der Marinas von Destin liegt eine enorme Flotte von Charterbooten und privaten Yachten vor Anker.

Information

Emerald Coast Convention & Visitors Bureau, 1540 Highway 98E, © 850/651-7131, www.destin-fwb.com

Camping

Camping on the Gulf Holiday Travel Park, 10005 W Emerald Coast Pkwy in **Destin**, © 850/837-6334, www.campgulf.com, ab $50, komfortabler Campingplatz am Strand.

Fort Walton Beach

Auf halben Weg zwischen Panama City und Pensacola liegt ***Fort Walton Beach***, ebenfalls ein in den letzten Dekaden stark gewachsenes Resort mit einer kompletten einschlägigen Infrastruktur für Strandurlaub und Wassersport. Das ***Indian Temple Mound Museum*** zeigt Hinterlassenschaften aus der 10.000jährigen indianischen Besiedelung der Nordwestküste Floridas (139 Miracle Strip Pkwy, im Sommer Mo-Sa 9-16.30 Uhr, So ab 12.30 Uhr, sonst Mo-Sa 10-16 Uhr, © 850/833-9595, $3).

Militärflugzeugmuseum

6 mi nördlich von Walton Beach befindet sich auf dem Gelände der *Eglin Air Force Base*, dem größten Luftwaffenstützpunkt der USA, das ***Air Force Armament Museum*** (Straße #85). 30 Bomber und Kampfjets einschließlich eines SR 71 Spionageflugzeugs sind dort ausgestellt. Täglich 9.30-16.30 Uhr außer an Feiertagen; frei, www.eglin.af.mil/museum.

Santa Rosa Island

Etwa 16 mi westlich von Fort Walton sollte man bei Navarre die Straße #98 verlassen und die Fahrt durch die ***Gulf Islands National Seashore*** fortsetzen, die Teile von **Santa Rosa Island** und die der Mississippi-Küste vorgelagerten Inseln umfasst (www.nps.gov/guis, ➪ auch »Davis Bayou« Seite 527). Erster Anlaufpunkt ist der ***Navarre Beach State Park***: schneeweißer Sandstrand und Dünen, soweit das Auge reicht, und *Fishing Pier*; kein Camping.

Information

Gulf Breeze & Navarre Beaches Tourist Info Center, © 850/939-2691, www.navarrebeachfl.com

Gulf Islands National Seashore/ Fort Pickens

Auf Santa Rosa Island gibt es – außerhalb der ersten Sektion der *National Seashore* – viele Ferienhäuser, Motels und vor allem in Pensacola Beach eine komplette touristische Infrastruktur. Erst westlich des Ortes, in der ***Fort Pickens Area*** der *National Seashore* ($6 oder *National Parks Pass)*, ist Santa Rosa Island wieder reines Naturschutzgebiet. Die Region ist nach einem mächtigen alten Fort (9-17 Uhr) benannt, das früher zusammen mit dem gegenüberliegenden ***Fort Barrancas*** (➪ unten) die Einfahrt in die Pensacola Bay bewachte.

Ein recht komfortabler ***Campground*** (zentrale Reservierung ✆ 1-800-365-2267, ➪ Seite 136, Info ✆ 850/934-2622, www.pensacolasgreatest.com/FtPickensCamp.html, $20) liegt auf der Bayseite der Insel unweit der Strände.

F-16 vorm Museum of Naval Aviation bei Pensacola

Pensacola

Über den Santa Rosa Sound und die *Pensacola Bay* (gebührenpflichtiger *Causeway*) geht es nach Pensacola, Heimat einer **US-Marinebasis**, der größten am Golf von Mexico.

Geschichte

Das Stadtbild Pensacolas ist im Zentralbereich geprägt durch seine wechselvolle Geschichte unter spanischer, britischer und französischer Flagge, dem Südstaatenbanner und den *Stars and Stripes* der USA. Die ***City of Five Flags*** geht auf das Jahr 1559 zurück, als die Spanier eine erste Siedlung gründeten, sie aber bald wieder aufgaben. Erst 1698 interessierte sich Spanien wieder für den natürlichen Hafen in strategisch günstiger Lage und errichtete ein Fort. In den folgenden Jahrzehnten wechselten die Machthaber mehrfach, ehe 1821 die USA Pensacola endgültig übernahmen. Heute hat die Stadt zwischen New Orleans und Jacksonville oder Tampa rund 400.000 Einwohner.

Praktische Informationen

Information

• ***Pensacola Visitors Information Center***, 1401 E. Gregory Street, ✆ 850/434-1234, www.visitpensacola.com

Unterkunft

Viele H/Motels liegen entlang der #98 und I-10/*Exits* #7-13, z.B.

- ***Redroof Inn***, 7340 Plantation Rd, I-10 *Exit* 13, ✆ 850/475-7960, ab $48
- ***Rodeway Inn***, 8500 Pine Forest Rd, I-10 Exit #7, ✆ 850/477-9150, ab $45

Bed & Breakfast-Quartiere finden sich im historischen Zentrum:

- ***The Marsh House B&B***, 205 Cevallos St, ✆ 850/433-4866, ab $90
- ***Yacht House B&B Inn***, 820 Cypress St, ✆ 850/433-3634, ab $90

Wer **Strandnähe** sucht, fährt hinüber nach **Pensacola Beach** auf Santa Rosa Island, ➪ oben. Dort gibt es viele Motels und Hotels an der Strandstraße Via de Luna.

Camping

➪ Oben unter ***Gulf Islands National Seashore***. Wer vom *Aviation Museum* (➪ unten) weiter der Küstenstraße folgt, stößt auf die #292A und erreicht 7 mi weiter die Zufahrt zur ***Big Lagoon State Recreation Area*** mit einem sehr schönen **Campingplatz** am *Intracoastal Waterway* (✆ 850/492-1595, www.floridastateparks.org/biglagoon, $10/$14; kein Strand).

Essen & Trinken

Im ***Seville Quarter Historic District*** ballen sich Kneipen und Restaurants, im selben Gebäudekomplex befinden sich

- der *Saloon* ***Rosie O'Grady's Goodtime Emporium***
- die urige Kneipe ***Lili Marlene's Aviator Pub***

- die ***Palace Oyster Bar***, in der es außer Austern auch noch andere regionale Spezialitäten gibt
- die ***End of the Alley Bar***, wo man in einem hübschen kleinen Innenhof u.a. Cocktails serviert werden
- Für *Seafood* ist das ***Fish House*** am Hafen eine gute Wahl

Sightseeing

Bei Anfahrt von Pensacola Beach (#98/Bayfront Parkway) kann man die Altstadt kaum verfehlen: gleich hinter dem Park an der Marina nach rechts.

Seville Square

Die alte Innenstadt von Pensacola liegt unweit der Pensacola Bay südlich der Straße #98 und der Autobahn I-110. Mehrere **historische Straßenzüge** stehen dort unter Denkmalschutz. Die renovierten Häuser um den ***Seville Square*** erinnern mit schmiedeeisernen Balkonen und Verzierungen ein wenig an die Architektur des *French Quarter* in New Orleans.

Historic Village

Sehenswert ist das ***Historic Pensacola Village*** im Bereich der Tarragona/Church Street, ein verstreuter Komplex von Häusern aus dem 18. und 19. Jahrhundert (320 S Jefferson, Mo-Sa 10-16, Tikkets im *Tivoli House*, 205 E Zaragoza Street, \$6/\$3). Im ***T. T. Wentworth Museum*** (gehört mit zum *Historic Village*/ 330 Jefferson Street, www.historicpensacola.org) in der *City Hall* geht es um Archäologie, Geschichte und Naturkunde Westfloridas. Wer Lust auf weitere Museen hat, kann Lokalgeschichte im ***Historical Museum*** studieren (115 E Zaragossa, Mo-Sa 10-16.30 Uhr). Das ***Pensacola Museum of Art*** (407 S Jefferson, Di-Fr 10-17, Sa bis 16 Uhr, © 850/432-6247, www.pensacolamuseumofart.org) residiert in einem ehemaligen Gefängnis.

MilitärflugzeugMuseum

Top-Sehenswürdigkeit Pensacolas und meistbesuchtes Museum Floridas ist indessen das ***National Museum of Naval Aviation*** südwestlich der Stadt. Zufahrt ab *Downtown* am besten über den Straßenzug Main Street/Barrancas Ave (Straße #292)/Navy Blvd (Straße #295) und dann die Brücke über den Bayou Grande auf das Militärgelände. Das Museum ist täglich 9-17 Uhr geöffnet, © 850/452-3604, www.naval-air.org, frei).

Es ist mit über 170 Militärflugzeugen – darunter ungewöhnliche wie berühmte Maschinen – eines der größten Flugzeugmuseen der Welt. Zum Komplex gehören auch **Flugsimulatoren** und ein **IMAX-Kino** (stündlich u.a. mit aus dem Cockpit der *Blue Angels* heraus gefilmte Flüge). Die *Pensacola Air Force Base* ist Heimat der ***Blue Angels***, der bekanntesten US-Kunstflugformation.

Fort Barrancas

Schräg gegenüber dem Flugzeugmuseum steht das bestens erhaltene, vom *National Park Service* verwaltete ***Fort Barrancas***, ein urspünglich spanisches Fort (täglich 9.30-17 Uhr, www.nps.gov/guis/planyourvisit/fort-barrancas.htm, \$6), das zusammen mit dem ***Fort Pickens*** auf Santa Rosa Island die Hafenzufahrt kontrollierte. Von den Wällen und mächtigen Mauern hat man einen weiten Blick über die Pensacola Bay.

4.6.3 Alabamas Golfküste

Küstenroute ab Pensacola

Die überragende Strandqualität des *Florida Panhandle* setzt sich fort bis Alabama. Wen das lockt: Über die Insel ***Perdido Key*** kann man auf der Straße #292, in Alabama #182, ohne Umwegmeilen weiter der Küste folgen statt über die zwischen Pensacola und Mobile langweilige Interstate #10 zu fahren, hier und dort eine **Strandpause** einlegen und von *Fort Morgan* nach *Fort Gaines* auf Dauphin Island die **Fähre** nehmen. Dauphin Island ist über einen ***Causeway*** mit dem Festland verbunden; über ihn gelangt man auf die Straße #188 und auf ihr auf die I-10 zurück bzw. auf die Straße #90 Richtung Mississippiküste und New Orleans.

Kennzeichnung

Die hinter Küstendünen und Strand verlaufende #182 ist vor allem auf den ca. 15 mi zwischen den Bereichen **Gulf Shores** und **Orange Beach** dicht mit H/Motels, Apartmentkomplexen, Ferienhäusern und der dazugehörigen Infrastruktur besetzt.

Unterkünfte

Auf der Webseite www.gulfshores.com findet eine lange Liste aller Unterkünfte, wer dort vorbuchen möchte. Für die Ferienhäuser gibt es Vermietungsbüros vor Ort, so z.B. ***Romar House*** am 24310 Perdido Beach Blvd (Straße #182), www.romarhouse.com.

Camping

Ein Riesengelände bei Gulf Shores rund um den Lake Shelby belegt der ***Gulf State Park*** mit allen Schikanen, Sportmöglichkeiten inkl. Golfplatz und Bootsverleih und eigenem Strandabschnitt. Die Stellplätze des *Campground* liegen landeinwärts am See, ebenso die geräumigen *Cabins*; © 1-800-252-7275 oder direkt © 251/948-6353; www.ala park.com/parks, Camping für Zelte ab $23, RVs ab $27; Cabins mit 4 Betten ab $111/Nacht bzw. $666 pro Woche.

Restaurants

Fisch und Meeresfrüchte bestimmen die Küche an der Küste; gute einschlägige Restaurants sind z.B. ***The Back Porch*** an der Marina in Orange Beach (1749 Bay La Launch) und ***Bayside Grill*** an der Canal Road (kreolisch-karibisch).

Bon Secour Refuge

Westlich von Gulf Shores liegt an der *Little Lagoon* das Naturschutzgebiet ***Bon Secour Wildlife Refuge***. Die #182 läuft zwar zwischen Strand und Lagune noch Meilen weiter bis Pine Beach, aber um zur Fähre beim Fort Morgan zu gelangen, muss man ab Gulf Shores die strandferne Straße #180 nehmen.

Fort Morgan

Das ***Fort Morgan*** am westlichen Ende der Straße #180 ist eine weitere Backsteinfestung ähnlich den oben beschriebenen *Forts Pickens* und *Barrancas* bei Pensacola. Das Fort sicherte einst die Einfahrt in die Mobile Bay und diente schon im Bürgerkrieg der Sicherung des Nachschubs für die Südstaaten. Unionstruppen eroberten es 1864 in der *Battle of Mobile Bay*. Bis zum 2. Weltkrieg blieb das Fort militärisch aktiv, damals zum Schutz vor befürchteten deutschen U-Boot-Angriffen. Heute ist es ein ***State Historic Park***, zugänglich von 8 Uhr bis – jahreszeitabhängig – 17/18/19 Uhr, Museum 9-17 Uhr; Eintritt $3/$1.

Fähre

Der Anleger für die ***Mobil Bay Ferry*** nach Dauphin Island liegt in direkter Nachbarschaft zum Fort Morgan. Die Zahl der täglichen

Abfahrten ist saisonabhängig (mindestens acht), **keine Reservierung**, Überfahrtzeit ca. 30 min, Info unter © 251/ 861-3000 und www.mobilbayferry.com; Pkw mit Fahrer $14; Motorhome $29; zusätzliche Personen $4). An Wochenenden und im Sommer generell ergeben sich schon mal Wartezeiten, die man zur Besichtigung des *Fort Morgan* nutzen kann.

Dauphin Island

Auch auf **Dauphin Island** setzen sich die hellen **Strände** fort, wenngleich nicht mehr mit derselben Brillanz wie weiter östlich, da hier schon langsam die beginnende Sumpfküste des Festlands die Wasserqualität beeinflusst. Informationen zur Insel findet man unter www.dauphinisland.org und www.dauphinisland.cc.

Neben einer Handvoll Motels und Ferienhäusern, gibt es zwei **Campingplätze**, einer unweit des Fähranlegers (***Port RV Park***, © 251/873-5001), der andere ruhiger im Grünen unter hohen Pinien zwischen Strand und *Mississippi Sound* (***Dauphin Island Camp Ground***, 109 Bienville Blvd, © 251/861-2742; www.dauphinisland.org/camp.htm.

Fort Gaines

Auch auf dieser Seite der Einfahrt in die Bucht steht eine Befestigungsanlage ähnlich *Fort Morgan*. ***Fort Gaines*** (täglich 9-17, $3). wurde ebenso wie .sein Gegenüber 1864 von der Union eingenommen und bis zum 2. Weltkrieg miltärisch genutzt.

Estuarium

Das ***Dauphin Island Sea Lab Estuarium*** (Bienville Ave, Mo-Sa 9-18/17, So 12/13-18/17 Uhr, $6/$3, http://estuarium.disl.org) informiert anschaulich über das Ökosyteme der Golfküste vor Alabama und Mississippi und die vorgelagerte Inselwelt mit Modellen, Terrarien, Aquarium und *Boardwalk* über ein Freigelände.

Bellingrath Gardens

Zurück **auf dem Festland** könnten Gartenfreunde über einen Abstecher (ab der #188 auf #59 in Richtung Theodore) die ***Bellingrath Gardens*** besuchen, einen attraktiven, für seine immer blühenden Blumenmeere bekannten Park rund ums Haus des einstigen Industriellen *Bellingrath*. Park täglich 8-17 Uhr geöffnet, das museale *Mansion* 9-16 Uhr; Eintritt nur in die Gärten $10 (mehr muss hier nicht sein); Kombiticket mit Haus $18.

Fortsetzung der Route in Richtung New Orleans auf Seite 527; zur Stadt Mobile ➪ Seite 524f.

Mobile Bay Ferry nach Dauphine Island (von dort Brücke zum Festland). Im Hintergrund eine Ölförderplattform

5 Atlanta und Routen nach Süden

RBC
Georgia Tech
100 CHANNELS NOW IN THE AIR.
AirTran

5. ATLANTA UND ROUTEN NACH SÜDEN

Reisestart in Atlanta

Sinnvolle Ausgangspunkte für eine Reise durch den Süden der USA sind vor allem per Direktflug aus Europa erreichbare Cities. Dabei ist Atlantas zentrale geographische Position für viele denkbare Reiserouten besonders geeignet, ➪ Routenübersicht in der vorderen Umschlagklappe dieses Buches. Hinzu kommt, dass das Drehkreuz des Südens, *Atlanta Hartsfield Int'l Airport,* auch von den großen europäischer Airlines nonstop bedient wird.

Ideal ist ein Start in Atlanta vor allem dann, wenn die Reise in erster Linie in den »tiefen« Süden gehen soll, dem *Heart of Dixie,* wie auf Seite 12 definiert.

Abstecher nach Atlanta

Wer die Reise nicht in Atlanta beginnt oder beendet, sollte bei der Reiseplanung berücksichtigen, dass die Stadt abseits der reizvollsten Routen liegt, ein Besuch oft mit Umwegen über nur punktuell interessante Strecken verbunden ist.

Die Bewertung der Attraktion Atlantas im Sinne einer Abwägung »lohnt es sich, von den Küsten oder von einer Mississippiroute einen Abstecher nach Atlanta zu machen?« fällt daher nicht ganz leicht. Die folgenden Ausführungen des Kapitels 5 helfen bei der Abwägung.

Routen ab/ nach Atlanta

Dem Citykapitel 5.1 zu Atlanta folgen die Beschreibungen sinnvoller Routen in Richtung Süden, die auch als Anfahrt für Abstecher nach Atlanta in Frage kommen. In den Kapiteln 3 (➪ Seiten 292ff) und 7 (➪ Seiten 612ff) finden sich außerdem Anfahrten von Westen (ab Birmingham/Alabama) und Norden (Chattanooga/ Tennessee) nach Atlanta, die in Gegenrichtung als »Zubringer« zu Reiserouten in Richtung New Orleans und Mississippi oder durch Tennessee dienen können.

5.1 Atlanta und Umgebung

5.1.1 Kennzeichnung, Geschichte und Klima

Touristische Bewertung

Unter touristischem Blickwinkel gehört Atlanta nicht zu den US-Cities, die man unbedingt gesehen haben »muss«. Eine Sehenswürdigkeit erster Ordnung ist strenggenommen nur der ***Stone Mountain*** 30 mi östlich von Atlanta.

In der Stadt selbst gibt es zwar eine ganze Reihe sehenswerter Anlaufpunkte wie z.B. das ***Cyclorama***, das ***Georgia Aquarium***, das ***Fox Theatre***, das ***High Museum of Arts***, den ***Martin Luther King Jr. National Historic Site*** oder die neue ***World of Coca Cola***, aber das Gesamtensemble ist letztlich weniger attraktiv als das manch anderer *Big City* ähnlicher Größe und Ausdehnung. Das mag sich mit der weiteren Realisierung einer bereits angelaufenen »Runderneuerung«, die Teile von *Downtown* zur Zeit erfahren (➪ unter www.atlanta downtown.com), langsam ändern, aber bis zu deren Abschluß dürfte es noch ein paar Jahre dauern.

Atlanta besitzt auch **keine historischen Sehenswürdigkeiten**, nicht einmal eine nennenswerte Zahl »echter« Südstaaten-Villen. Denn die Stadt wurde im Bürgerkrieg fast komplett niedergebrannt (➪ unten). Das heutige Bild basiert auf der Neuanlage Atlantas nach 1864. Im **Stadtwappen** symbolisiert ein aus der Asche steigender Phönix diese »Wiederauferstehung«.

Geschichte

Erste weiße Anwesen waren 1833 in der Nähe des *Cherokee*-Dorfes ***Standing Peachtree*** am Ufer des Chattahoochee River entstanden. Nach Anbindung an das Eisenbahnnetz der *Western & Atlantic Railroad* 1837 wurde daraus eine größere Siedlung mit der Bezeichnung ***Terminus***, später ***Marthasville***. 1845 erhielt sie ihren endgültigen Namen »**Atlanta**«

Ende 1864 zerstörten Unionstruppen unter *General Sherman* und eigene Einheiten auf ihrem Rückzug den damals 10.000 Einwohner zählenden Handels- und Verkehrsknotenpunkt weitgehend. Von 4000 Gebäuden überstanden keine 400 die Brandschatzung. Atlanta wurde jedoch innerhalb weniger Jahre wiederaufgebaut und **1868 zur Hauptstadt Georgias** bestimmt. Bereits 1870 war die Bevölkerung mit 20.000 Menschen doppelt so groß wie vor dem Bürgerkrieg.

Für Atlantas weitere Entwicklung war 1886 ein denkwürdiges Jahr: ***Coca Cola*** war »erfunden« und erstmalig produziert worden. Das Hauptquartier des heute global bekannten Konzerns befindet sich immer noch in Atlanta.

Schon um die Jahrhundertwende galt Atlanta als wirtschaftlich wichtigste Stadt im Südosten der USA. Neben dem damals noch ausschließlich weißen Geschäftszentrum entstand der *Black Business District* ***Sweet Auburn*** unweit des Kernbereichs *Five Points*. In den 1960er-Jahren war Atlanta als **Zentrum** des **von M.L. King inspirierten *Civil Rights Movement*** lange in den Schlagzeilen.

Georgia Capitol in Atlanta

Olympische Spiele

Seit den **1980er-Jahren** boomt Atlanta als Kommunikations- und Dienstleistungszentrum des Südens. Inzwischen haben über 400 börsennotierte US-Firmen eine Niederlassung oder sogar ihren Hauptsitz in Atlanta. Fast 60 Konsulate sprechen für Atlantas weltweite Bedeutung. Die **Olympischen Spiele 1996** sorgten für weltweite Aufmerksamkeit.

Im Großraum Atlanta leben heute rund **3 Mio. Einwohner**, davon aber nur rund **500.000** in der eigentlichen *City of Atlanta*.

M. L. King/ J. Carter

Atlantas berühmteste Söhne sind der Bürgerrechtler ***Martin Luther King***, der hier 1929 geboren wurde, und ***Jimmy Carter***, der es 1976 zum bis dato ersten und nach wie vor einzigen US-Präsidenten aus Georgia brachte.

Klima

Bei einer Höhenlage von 340 m in der sanften Hügellandschaft von Georgias Norden werden Hitzeschübe aus dem Süden zwar ein wenig abgemildert, aber Atlanta gehört mit Temperaturen, die zwischen Juni und September 35°C leicht übersteigen, und hoher Luftfeuchtigkeit im Sommer zu den klimatisch weniger angenehmen Städten. Die Winter sind dagegen mild mit nur seltenem Schneefall, dafür umso mehr Regen. Vor Kälteeinbrüchen wird Atlanta durch die Berge im Norden und Nordwesten weitgehend geschützt. **Beste Besuchszeit** ist der **Herbst ab Ende September**.

5.1.2 Ankunft, Orientierung, Transport und Information

Airport

Der ***William B. Hartsfield-Atlanta International Airport*** (10 mi südlich Downtown, © 404/530-2081; www.atlanta-airport.com) ist nach *Chicago O'Hare* der zweitverkehrsreichste Flughafen der Welt und von enormen Ausmaßen. Eine **U-Bahn** verbindet ihn direkt mit der City. Frequenz je nach Wochentag und Tageszeit alle 10-20 min. Fahrzeit bis Downtown ca. 20 min; $1,75.

Außerdem gibt es Shuttlebusse, die ihre Passagiere direkt zu den größeren *Downtown*-Hotels bringen ($15). Transportfragen klärt man im ***Airport Ground Transport Information Center*** in der Ankunftshalle, Vorinformation im Internet, ⇨ oben.

Bahn/Bus

Die ***AMTRAK Station*** befindet sich an der 1688 Peachtree Street, © 404/881-3062), ca. 3 mi nördlich von Downtown. Jeweils 1 Zug täglich fährt nach New Orleans und New York.

Das ***Greyhound Terminal*** liegt zentral in der Südecke von *Downtown* an der 232 Forsyth Street bei der U-Bahn Station *Garnett*, eine unterhalb *Five Points* (© 404/584-1728).

Orientierung Innenstadt

Downtown **Atlanta** liegt unmittelbar nordwestlich des Schnittpunktes der *Interstate*s #20 und #75/ #85. Letztere umschließt im Norden und Osten dank ihres bogenförmigen Verlaufs *Downtown* und den unteren Teil der nördlich daran anschließenden ***Midtown*** mit einigen auch für Besucher wichtigen Anlaufpunkten (*Fox Theatre, High Museum of Arts u.a.*), vielen Restaurants und Hotels. Die in Süd-Nord-Richtung mitten durch die Innenstadt verlaufende **Peachtree Street** ist **zentrale Verkehrsachse** der Stadt.

Orientierung Großraum

Der **Großraum** des sich aus vielen Unterzentren zusammensetzenden Atlanta wird im wesentlichen beschrieben durch den fast kreisförmigen Verlauf der **Ringautobahn #285**, den ***Perimeter Highway***, der Atlanta weiträumig umfaßt und die strahlenförmig in die City führenden *Freeways* miteinander verbindet. Außerhalb von *Downtown* sollte man sich unbedingt weitmöglichst an ihnen orientieren, da Atlanta ein nur schwer überschaubares Straßennetz europäischen Zuschnitts mit vielen fast identischen Straßennamen besitzt (vor allem ***Peachtree*** in vielen Varianten mit Street, Road, Place, Avenue etc). Das Vorankommen auf den mitunter schlechten Straßen außerhalb der *Freeways* ist zudem wegen langer Ampelphasen ohne Koordinierung mühsam und zeitraubend. **Ohne einen genauen Stadtplan (gratis bei jeder *Visitor Information*) kann man sich leicht »verfransen«.**

Auch ein Ziel wie den ***Stone Mountain Park*** sollte man ab *Downtown Atlanta* nur über den scheinbaren Umweg der Autobahnen I-20 und I-285 (dann #78/*Stone Mountain Parkway*) ansteuern.

Downtown

Im Bereich *Downtown* fällt die Orientierung etwas leichter, das Autofahren wird aber durch Einbahnstraßen erschwert. Zwar gibt es viele Parkuhren, -plätze und -häuser, aber *Motorhome*-Fahrer sollten ihr Fahrzeug besser in U-Bahn-Nähe oder im Bereich des ***Grant Park*** (*Cyclorama*, ➪ unten) stehenlassen.

Nahverkehr: U-Bahn

Die *Metro Atlanta Rapid Transit Authority* ***MARTA*** (✆ 404/848-4711, www.itsmarta.com) unterhält zwei U-Bahnlinien (Süd-Nord und Ost-West), die sich in *Downtown* kreuzen (Station *Five Points*) und sich im Norden und Westen verzweigen. An vielen (größeren) Stationen befinden sich kostenlose Parkplätze. Die Bahnen verkehren Mo-Fr 5-1.30 Uhr und Sa+So 5.30-0.30 Uhr. Automaten für ***Token*** (Einheitsfahrpreis $1,75) stehen an jedem Haltepunkt: Ein **7-Day-Pass** kostet $13 für unbegrenzte Fahrten. Nur Fr-So gültige ***Multi-Day-Visitor Passes*** gibt es für $8-$15.

Busse

Das **Busnetz** ist im Zentrum dicht und in der Frequenz ausreichend, in der Fläche relativ dünn, reicht aber **bis zum *Stone Mountain Park***. Speziell für Besucher Atlantas gedacht sind zwei Rundkurse durch *Midtown* und *Downtown* (***Atlanta Tourist Loops***, die Busse mit diesem Schriftzug sind unverkennbar), die alle nennenswerten touristischen Anlaufpunkte miteinander verbinden. Sie verkehren im 30-Minuten Takt; Kosten ebenfalls $1,75/Strecke.

Sightseeing Touren

In Atlanta gibt es wie anderswo zahlreiche Anbieter für Stadtrundfahrten per Bus mit Erläuterungen und Spezialtouren, von denen die *Gone-with-the-Wind-Tours* und *Ride-the-Duck-Tours* im *Stone Mountain Park* vielleicht die interessantesten sind. Eine komplette Übersicht findet sich unter www.buyatlantatours.com. Vor Ort haben die Besucherinformationen jede Menge Werbung der entsprechenden Anbieter.

Information

Visitor Information Centers (www.atlanta.com) gibt es in der

- ***Peachtree Center Mall*** (233 Peachtree St), oberhalb
- ***Underground Atlanta*** (65 Upper Alabama St), im
- ***Lenox Square Shopping Center*** (3393 Peachtree Rd) und im
- ***Hartsfield Int'l Airport***.

In allen *Visitor Informations* hat man unter anderem die alle zwei Monate neu aufgelegte Zeitschrift »***Atlanta now***« mit Unterkunfts- und Restaurantverzeichnis, Veranstaltungskalender und allen sonstigen touristisch relevanten aktuellen Informationen.

5.1.3 Unterkunft und Camping

Hotels/ Motels

Eine preiswerte Unterkunft zu finden, ist in Atlanta kein besonderes Problem. Alle bekannten Motelketten sind gleich mit mehreren Häusern vertreten. Besonders viele Quartiere der mittleren und gehobenen Kategorie findet man in *Downtown* & *Midtown* und in Buckhead (im Stadtnorden) entlang der sich meilenlang in Nord-Südrichtung durch die Stadt ziehenden Peachtree Street, im Airport-Bereich und entlang der Ringautobahn I-285. Wer ohne Reservierung nach Atlanta kommt und Wert auf moderate Tarife (ab $50) legt, wird am leichtesten in der Nähe der großen **Kreuzungen der *Interstates*** (I-20, I-85, I-75 und I-675) mit dem ***Perimeter Highway*** fündig. Hilfreich bei der Suche sind die überall verteilten ***Exit Guides*** mit *Discount Coupons* (➪ Seite 124), die gleichzeitig die genaue Lage und Anfahrt zu den darin aufgeführten Häusern enthalten. In der Regel befinden sich in deren Nachbarschaft unübersehbar weitere Unterkünfte.

Bereich Airport

In Atlanta sind selbst im sonst oft teureren ***Airport*-Bereich** die Unterkunftskosten nicht sonderlich hoch. Ab $60 gibt's auch dort ordentliche Zimmer in der Mittelklasse. Für $70-$100 kann man guten Standard buchen, z.B.:

- ***Ramada Inn Airport South***, 1551 Phoenix Blvd in College Park südlich des Flughafens, ✆ 770/996-4321, ab $59; gutes Standardhotel in günstiger Airportlage.

- ***Country Inn & Suites***, 1808 Phoenix Blvd in College Park südlich des Flughafens, ✆ 770/991-1099, ab $82. Große Zimmer, gute Lage wie Ramada; Restaurant im Haus; ab ca. $85.
- ***Renaissance Concourse***, 1 Hartsfield Center Parkway unmittelbar nördlich des Flughafens, ✆ 404/209-8995ab $59. Prima **** Hotel hinter den Start- und Landebahnen. Vom Indoor-Pool und vielen Zimmern aus freier Bick auf den Flugverkehr. *Weekend Rates* ab $89, sonst ab $159 (Foto Seite 92).

Zentraler Bereich

In **Down-/Midtown** sind bei mittlerem bis gutem Standard folgende Ketten einigermaßen erschwinglich, wobei die angegebenen Minimaltarife bei Auslastung deutlich höher sein können:

- ***Best Western Inn at the Peachtrees***, 330 West Peachtree Street, ✆ 404/577-6970, ab $79
- ***Travelodge Downtown***, 311 Courtland Street, ✆ 404/659-4545, ab $79
- ***Days Inn Downtown***, 300 Spring Street, ✆ 404/523-1144, ab $69
- ***Fairfield Inn Downtown***, 175 Piedmont Ave, ✆ 404/659-7777, ab $99
- ***Hampton Inn Downtown***, 161 Spring Street, ✆ 404/589-1111, ab $89
- ***Wyndham Midtown***, 125 10th Street St NE beim *Margaret Mitchell House*, ✆ 404/873-4800, ab $109 – angenehmes Hotel, gute Lage

Es gibt auch *Bed & Breakfast* Quartiere, wiewohl nicht billig. Ersteres liegt relativ zentral, *Ansley* in der nördlichen *Midtown*.

- ***Shellmont Inn***, 821 Piedmont Ave fast noch *Downtown*, ✆ 404/872-9290, www.shellmont.com, ab $145;
- ***Ansley Inn***, 253 15th Street St NE, ✆ 404/872-9000, www.ansleyinn.com, ab $125; Haupthaus+*Cottage*

Der runde Turm ist das Westin Peachtree Plaza Hotel, höchstes Hotelgebäude Nordamerikas mit Sun Dial Drehrestaurant im 72. Stock, ⇨ Seite 503.

Sehr verkehrsgünstig und ruhig in *Midtown* liegt das

Hostel

- ***Atlanta International Hostel***, 223 Ponce de Leon Ave in *Midtown*, ✆ (404) 875-9449; ✆ 1-800-473-9449, www.hostel-atlanta.com, schönes Haus ab $19, auch EZ/DZ als *B&B* ab $45.

Camping

Fürs Campen gibt es in Atlanta nichts Besseres als den *Campground* im ***Stone Mountain Park***, der aus mehreren großen Arealen besteht. Bei der Einfahrt in den Park ($8 pro Fahrzeug, ➪ unten) erhält man eine Karte, die den Weg weist. Geöffnet März bis Oktober, teilweise *Hook-up*, Reservierung unter ✆ 770/498-5710 oder ✆ 1-800-385-9807; www.stonemountainpark/lodging-camping; ab $23 für Zelte, ab $28 RVs. An Wochenenden oft früh voll.

5.1.4 Restaurants und Shopping

Essen & Trinken

Im Großraum Atlanta gibt es mehr als 8000 Restaurants und *Fast Food Places* über das gesamte Spektrum amerikanischer wie internationaler Küchen. Nach New York, Chicago, Los Angeles, San Francisco und Seattle gilt Atlanta Gourmets als Topadresse, wobei das Preisniveau in Atlanta im Schnitt deutlich unter dem anderer Großstädte liegt.

Reich bestückt mit *Eateries* für den schnellen Happen und Restaurants sind die ***Shopping Malls Underground Atlanta*** und die ***Peachtree Center Mall*** (➪ unter Shopping).

Fast Food

Als Atlanta-Institution gilt das ***Varsity***, 61 North Ave (unmittelbar östlich an und über der I-85, U-Bahn Station North Ave), **das größte *Drive-in* der Welt** (enormer Sitzkapazität auch drinnen) für kräftige Portionen *Hamburgers, Hot Dogs, French Fries* etc.

Hard Rock

Das Atlanta ***Hard Rock Café*** befindet sich in der 215 Peachtree Street, ✆ 404/688-ROCK.

Southern Food

Für Südstaatenküche sollte man zur ***South City Kitchen*** fahren (1144 Crescent Ave in ***Midtown***, ✆ 404/873-7358, www.fifthgroup.com) oder in ***Downtown Pittypat's Porch*** aufsuchen (25 Int'l Blvd NW, ✆ 404/525-8228, www.pittypats porch.com, nur *Dinner*).

Live Jazz

Sambuca ist ein höherpreisiges Restaurant mit abendlichem ***Live-Jazz*** bei kreativer amerikanischer Küche: *Seafood* und *Steaks* (3102 Piedmont Road NE in Buckhead, ✆ 404/237-5299, www.sambuca restaurant.com). Das Konzept ist unter gleichem Namen auch in anderen Cities erfolgreich. Mitten in der City steht das 210 m hohe ***Westin Plaza Hotel*** mit dem ***Sun Dial*** Drehrestaurant im 73. Stock. Auch dort gibt's *Live Jazz*, ➪ Seite 503.

Minibrauereien

Mit 2 Lokalen ist die national verbreitete Kette ***Gordon Biersch Brewery Restaurant*** in Atlanta vertreten. Neben diversen Biersorten aus der Hausbrauerei stehen amerikanische Gerichte und Pizza auf der Karte. Die Biere von *Gordon Biersch* sind auch in *Liquor Shops* und Supermärkten zu haben:

- 848 Peachtree Street NE in ***Midtown***, ✆ 404/870-0805
- 3242 Peachtree Road in **Buckhead**, ✆ 404/264-0253

Shopping

Bereits erwähnt wurde ***Underground Atlanta***, ein zentraler Shoppingkomplex in *Downtown*, auf den noch im folgenden Abschnitt 5.1.5 näher eingegangen wird. Ebenfalls zentral liegt die ***Mall at Peachtree Center*** (231 Peachtree Street, www.peachtreecenter.com) mit ca. 70 Shops und Restaurants.

Weit außerhalb ist ***Lenox Square*** in Buckhead (3393 Peachtree Road NE, U-Bahn Lenox Station, Anfahrt über die I-85 und die Straße #400) mit heute 240 Shops etc.die größte *Mall* Georgias.

Noch weiter nördlich liegt bei Dunwoody unweit der I-285, *Exit* 29, die ***Perimeter Mall***, ein neuerer Konsumtempel mit ca. 200 Läden, Kaufhäusern und Services.

Spectator Sports

Atlanta ist ein Mekka für Sportfans:

- die ***Atlanta Falcons*** bieten ***American Football*** (NFL, September-Dezember) im ***Georgia Dome***, www.atlantafalcons.com
- die ***Atlanta Braves*** spielen ***Baseball*** (MLB, April-Oktober) auf dem *Turner Field*, www.atlantabraves.com
- die ***Atlanta Hawks*** zelebrieren **Basketball** (NBA, November-April) in der ***Philips Arena***, www.hawks.com

5.1.5 Sightseeing Atlanta

Downtown

Situation 2007

Downtown Atlanta gehört trotz einiger bekannter Anlaufpunkte wie *Underground Atlanta*, *World of Coca Cola* oder dem *CNN Center* und Renovierungsmaßnahmen, die anlässlich der Olympischen Spiele 1996 stattfanden, bislang nicht zu den besonders attraktiven Großstadtzentren der USA. Aber man ist dabei, das zu ändern. Ein langfristiger **Stadtentwicklungsplan** wird zur Zeit schrittweise umgesetzt. Die ersten Erfolge sind bereits zu besichtigen, darunter am auffälligsten das ***Georgia Aquarium*** und die ***New World of Coca Cola*** unmittelbar nördlich des *Centennial Olympic Park*, die 2007 eröffnet wird. Im Rahmen der neuen Konzeption will man die abends ziemlich menschenleere Innenstadt wieder beleben, indem die vorhandenen Arbeitsstätten stärker mit Wohnquartieren gemischt werden. Dafür sind in den nächsten Jahren hohe Investitionen geplant. Diese Pläne zur Belebung der zentralen *Neighborhoods* sehen darüberhinaus die Einrichtung fußgängerfreundlicher, verkehrsberuhigter Zonen, mehr Grünflächen und eine alles verbindende Straßenbahn in der Nord-Süd-Achse Peachtree Street vor.

Bereiche

Für touristische Besucher sind in *Downtown* im wesentlichen zwei Bereiche von Interesse, die gerade einen guten Kilometer und damit in Fußgängerdistanz voneinander entfernt liegen, aber auch per U-Bahn (Stationen *Five Points* bzw. *Peachtree Center*) gut miteinander verbunden werden können:

- ***Five Points/Underground Atlanta***
- ***Centennial Olympic Park***

Bereich Five Points

Five Points

Der Kreuzungsbereich der Straßen Decatur/Marietta, Edgewood und Peachtree nennt sich ***Five Points*** ebenso wie die zentrale U-Bahn-Station, an der sich Ost-West- und Nord-Süd-Linie kreuzen.

Underground Atlanta

In unmittelbarer Nachbarschaft befindet sich zwischen Pryor und Peachtree Street an und unterhalb der (hier verkehrsfreien) **Upper Alabama Street** (dort auch ***Visitor Information)*** das dreistöckige *Shopping-* und *Entertainmentcenter* ***Underground Atlanta*** mit über 130 Läden, Restaurants und Kneipen auf drei Ebenen, von denen zwei »unterirdisch« sind.

Die unterste Ebene entsprach vor dem Bürgerkrieg dem Bahnhof von Terminus (➪ Geschichte) und wurde später einfach überbaut. Nachdem man die in Vergessenheit geratene Fläche wiederentdeckt und erhalten gebliebene Fassaden restauriert hatte, entwickelte sich *Underground Atlanta* zu einem Hauptanziehungspunkt der City nicht nur am Tage, sondern auch am Abend. Unten in der *Kenney's Alley* logieren Musikkneipen und ein Cabaret. Indessen ist die Unterwelt ersichtlich in die Jahre gekommen, *Underground Atlanta* ist heute keine »Sehenswürdigkeit« mehr.

Von der mittleren Ebene aus gibt es einen direkten Zugang zur U-Bahn und durch einen gut sortierten ***Food Court*** zum Vorplatz der (alten) *World of Coca Cola*.

Eingang zum Untergeschoss von Underground Atlanta bei der (alten) World of Coca Cola

Coca Cola

Die ***World of Coca Cola*** an der Ecke Martin Luther King Drive/ Central Street (im Sommer Mo-Sa 9-18 Uhr, So 11–17, Sept.-Mai Mo-Sa bis 17 Uhr, So ab 12 Uhr; $7, Kinder bis 11 Jahre $4; www.woccatlanta.com) ist faktisch ein Firmenmuseum mit »tausend« Objekten rund um das – so heißt es – »beliebteste Erfrischungsgetränk der Welt«. Per *self-guided-tour* geht es durch die thematisch aufbereiteten Galerien vom Obergeschoß hinunter zur nie versiegenden Coca-Cola-Quelle: »*Coke, all you can drink*« ist im Eintrittspreis enthalten. Bei Interesse sollte man zur Vermeidung von Wartezeiten reservieren: © (404) 676-5151. Mitte 2007 wird indessen die viel größere ***New World of Coca Cola*** am *Centennial Park* eröffnet, ➪ Seite 504.

French Cola Wine

Im Jahr 1886 mixte ***John S. Pemberton*** in seiner Apotheke im Provinzstädtchen Columbus ein Getränk zur Aufmunterung depressiver Gemüter zusammen, dessen Geschmack anfangs niemandem zusagte. *Pemberton* nannte es ***French Cola Wine***. Er konnte nicht ahnen, daß dieser »Wein« in unveränderter Rezeptur einmal die bekannteste Limonade der Welt werden würde.

Als das Gebräu als »*Coca Cola*« auch in Atlanta vertrieben wurde, erkannte ein ***Asa Candler*** dessen Potenzial und erwarb 1891 für $2.300 die Rezeptur von *Pemberton*, verkaufte jedoch die Rechte zur Abfüllung wenig später an Geschäftsleute aus Chattanooga weiter. 1919 schließlich erwarb ein ***Ernest Woodruff*** das Unternehmen für damals sagenhafte $25 Mio. *Coca Cola* entwickelte sich unter seiner Ägide zur Weltmarke. Besonders der zweite Weltkrieg förderte die Verbreitung des braunen Sprudels, da die CC-Company gerne der patriotischen »Pflicht« nachkam, den weltweit stationierten Soldaten mit *Coca Cola* ein Stück Heimat zu liefern. Der globale Siegeszug der Marke hatte begonnen.

Coca Cola wird heute in nahezu allen Ländern der Welt abgefüllt, aber der Hauptsitz der Firma blieb Atlanta.

Regierungsgebäude

Von der (alten) *Coca Cola*-Welt nur einen Block entfernt steht im Georgia Plaza Park das ***Georgia State Capitol*** mit *Museum of Georgia History* im 5. Stock (Washington Ave/Mitchell Street, zugänglich Mo-Fr 8-17 Uhr, Führungen um 10, 11, 13 und 14 Uhr; www.sos.state.ga.us). Das Regierungsgebäude mit eindrucksvoller Goldkuppel ist ein Nachbau des Kapitols in Washington.

Unterhalb des *State Capitol* steht die ***Atlanta City Hall***, das Rathaus der Stadt

Martin Luther King NHS

Die »schwarze« *Neighborhood* **Sweet Auburn** erstreckt sich vom *Woodruff Park*, einen Block nördlich *Five Points* zwischen Edgewood Ave und Ellis Street, unter der hier extrem breiten I-75/I-85 hindurch bis zum ***M.L. King Jr. National Historic Site*** an der 450 Auburn Ave. Der Komplex umschließt außer der Kirche, Wohnhaus und einer Gedenkstätte für *Martin Luther King* auch ein wegweisendes *Housing Project*. Nebenan befindet sich das ***Center for Nonviolent Social Change***, ein Forschungsinstitut mit Museum. ***Visitor Center*** im Sommer täglich 9-18 Uhr, Sept.-Mai bis 17 Hr; Eintritt frei. Mehr Infos unter: www.nps.gov/malu

I have a Dream ...

»*I have a dream that one day on the red hills of Georgia, the sons of former slaves and the sons of former slave owners will be able to sit down together at the table of brotherhood. – I have a dream that little children will one day live in a nation where they will be judged not by the color of their skins but by the content of their character.*« – so beginnt die bekannteste Rede des wohl berühmtesten Sohnes der Stadt, ***Dr. Martin Luther King Jr***. Er wurde in den Jahren 1955-1968 zum Symbol der amerikanischen, d.h., schwarzen Bürgerrechtsbewegung.

King, der – wie schon sein Vater und sein Großvater – als Pastor der Baptistengemeinde im »schwarzen« Stadtteil Sweet Auburn vorstand, war ein kluger politischer Taktiker und guter Redner. Unter seiner charismatischen Leitung formierte sich 1957 das ***Civil Rights Movement*** mit der Gründung der ***Southern Christian Leadership Conference*** (SCLC).

Auslöser dafür war ein Vorfall am 1.12.1955 in Montgomery/Alabama gewesen: Die Farbige ***Rosa Parks*** hatte sich geweigert, ihren Platz vorn im Bus einem weißen Mann zu überlassen, der später eingestiegen war. Für diesen Verstoß gegen die sog. *Jim-Crow*-Gesetze wurde sie verhaftet. Eine Welle schwarzer Protestaktionen und Busboykotts war die Folge. Sie schwappten auch auf andere Städte über und hielten bis Ende 1956 an. Aber das war nur der Anfang. In den frühen 1960er-Jahren kochte der aufgestaute Zorn über die Benachteiligung Farbiger wiederum hoch. Protestmärsche, Boykotts und Sit-ins waren an der Tagesordnung, Massenverhaftungen und brutales Vorgehen durch (weiße) Polizei die Folge. Aber *King* predigte »Gewaltlosigkeit« und »christliche Nächstenliebe, er glaubte an die Wirkung friedlicher Demonstrationen.

Im August 1963 initiierte *King* einen Marsch von Birmingham in Alabama nach Washington. Über 200.000 Demonstranten bekundeten während der Abschlußkundgebung mit der mittlerweile berühmten, oben zitierten Rede *Kings* ihre Solidarität mit der Protestbewegung.

Ein Erfolg der Demonstrationen war, dass der damalige Präsident ***Kennedy*** auf die Missachtung der Bürgerrechte, speziell in den Südstaaten, aufmerksam wurde und gesetzliche Schritte zu deren Realisierung auch für Farbige einleitete. Bereits 1964 konnten *King* und das *Civil Rights Movement* mit der Verabschiedung des ***Civil Rights Acts*** unter dem Kennedynachfolger *Johnson* die Früchte ihrer Arbeit ernten. Im gleichen Jahr erhielt *King* den Friedens-Nobelpreis. Es folgte 1965 der ***Voting Rights Act***, der endlich auch das Wahlrecht für Afroamerikaner garantierte.

Aber die Gegner derartiger Entwicklungen waren nicht begeistert. Als es in Städten und Regionen des Südens daher zunehmend zu Gewalttätigkeiten kam und sich im Gegenzug auch viele Schwarze radikalisierten, distanzierten sich *King* und der SCLC von der »Straße« und wandten sich verstärkt politischen Strategien zu.

Ende März 1968 ließ sich *King* noch einmal zur Teilnahme an einem Demonstrationszug von Arbeitern in Memphis überreden. Am 4. April 1968 wurde *M.L. King* während der Planung eines zweiten Protestmarsches auf dem Balkon des *Lorraine Motel* (⇨ Foto Seite 620) im Alter von 39 Jahren erschossen.

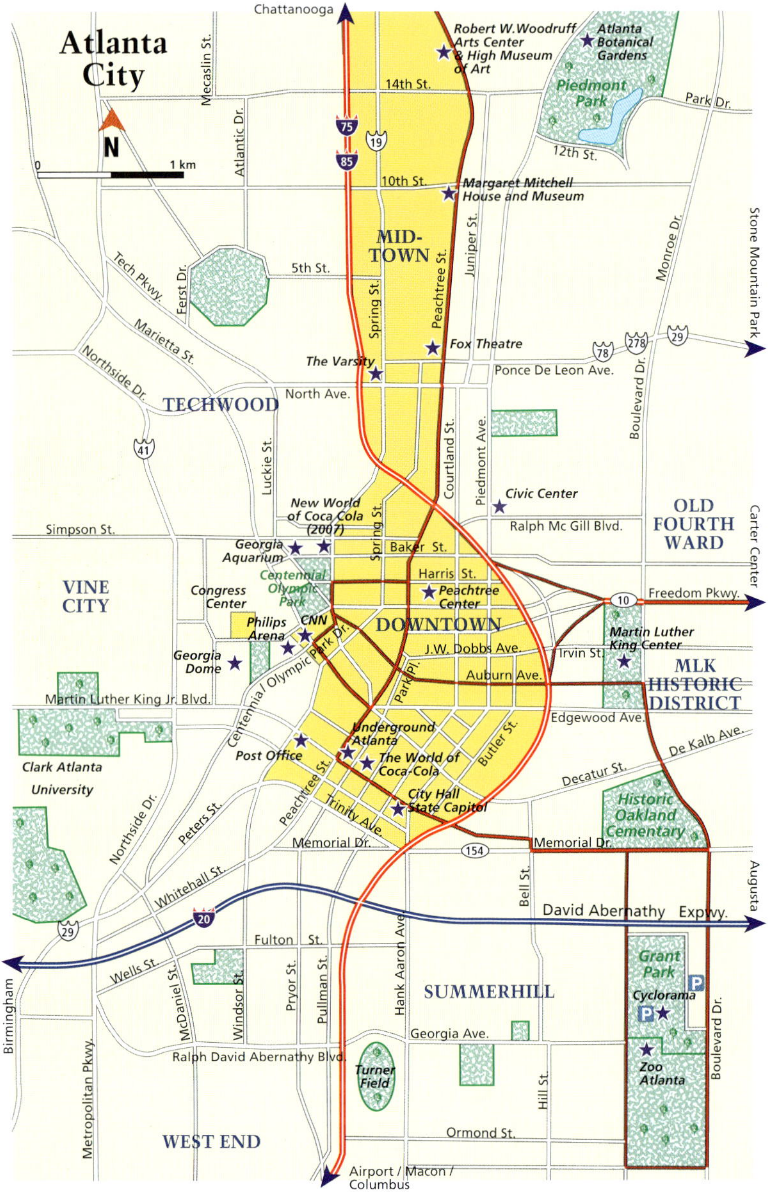
Atlanta City
N
0
1 km
Chattanooga
Robert W. Woodruff Arts Center & High Museum of Art
Atlanta Botanical Gardens
Piedmont Park
14th St.
Park Dr.
12th St.
10th St.
Margaret Mitchell House and Museum
MID-TOWN
5th St.
Mecaslin St.
Atlantic Dr.
Tech Pkwy.
Ferst Dr.
Marietta St.
Northside Dr.
Spring St.
Peachtree St.
Juniper St.
Monroe Dr.
Stone Mountain Park
Fox Theatre
The Varsity
Ponce De Leon Ave.
Boulevard Dr.
North Ave.
TECHWOOD
Luckie St.
Courtland St.
Piedmont Ave.
Civic Center
New World of Coca Cola (2007)
Simpson St.
Ralph Mc Gill Blvd.
OLD FOURTH WARD
Carter Center
Georgia Aquarium
Baker St.
Harris St.
Centennial Olympic Park
Congress Center
Peachtree Center
Freedom Pkwy.
VINE CITY
Philips Arena
CNN
DOWNTOWN
Martin Luther King Center
Georgia Dome
Park Dr.
J.W. Dobbs Ave.
Irvin St.
MLK HISTORIC DISTRICT
Centennial Olympic Park Dr.
Park Pl.
Auburn Ave.
Martin Luther King Jr. Blvd.
Edgewood Ave.
Underground Atlanta
Post Office
The World of Coca-Cola
Butler St.
De Kalb Ave.
Clark Atlanta University
Decatur St.
City Hall State Capitol
Historic Oakland Cementary
Peters St.
Peachtree St.
Trinity Ave.
Northside Dr.
Memorial Dr.
Memorial Dr.
Augusta
Whitehall St.
Bell St.
David Abernathy Expwy.
Fulton St.
Wells St.
Grant Park
Birmingham
McDaniel St.
Windsor St.
Pryor St.
Pullman St.
Hank Aaron Ave.
SUMMERHILL
Cyclorama
Georgia Ave.
Ralph David Abernathy Blvd.
Turner Field
Zoo Atlanta
Boulevard Dr.
Metropolitan Pkwy.
Hill St.
Ormond St.
WEST END
Airport / Macon / Columbus

Peachtree Center & Plaza Hotel

Sechs Blocks nördlich von Five Points stößt man auf die Hochhäuser des ***Peachtree Center*** mit der ***Peachtree Center Mall*** (231 Peachtree Street) und den beiden Hoteltürmen des ***Hyatt Regency*** und des ***Marriott Marquis***. In die tolle Atrium-Lobby des *Hyatt* sollte man mal hineinschauen.

Einen Block weiter stößt man auf den ganz verglasten Turm des ***Westin Peachtree Plaza Hotel*** (210 Peachtree Street, ✆ 404/659-1400), mit 73 Stockwerken und über 200 m Höhe eines der weltweit höchsten Hotels. Im obersten Stockwerk drehen sich ***Sun Dial Restaurant & Bar*** einmal pro Stunde volle 360°. Sie bieten einen tollen Blick über ganz Atlanta und weit darüber hinaus, am Abend aufs Lichtermeer der Stadt, dazu *Live Jazz*, natürlich nicht ganz billig. Reservierung angezeigt unter ✆ 404/589-7506.

Centennial Olympic Park mit überdimensionalen Olymiafackeln, die bei Abendveranstaltungen gerne pittoresk entzündet werden

Bereich Centennial Olympic Park

Am »linken« oberen Rand von Downtown schließt der Centennial Olympic Park Drive Atlantas Zentrum nach Westen hin ab. An ihm liegen die ***Philips Arena*** (u.a. Basketball), das ***CNN Center*** und – darüber – der namensgebende ***Olympic Centennial Park*** (zwischen Andrew Young Int'l Blvd und Baker Street), eine weitgehend offene, modern gestaltete Grünanlage mit einer Fläche voller Wasserfontänen, die von riesigen olympischen Fackeln umgeben ist. Sie wird für Freiluftveranstaltungen aller Art genutzt. Dahinter erstreckt sich westlich der bombastische Komplex des ***Georgia World Congress Center*** mit dem ***Georgia Dome***, einem der größten von einer freitragenden Kuppel überspannten Sportstadien der Welt.

CNN Center

Im ***CNN-Center*** (**C***able* **N***ews* **N***etwork*) gruppieren sich Büros, das *Omni Hotel* und die *CNN Studios* um ein Foyer mit Shops und *Food Court*. Wer mag, kann dort 45-min-Touren durch die ***Studios*** buchen, interessant, aber kein »Muss« (Start alle 10 min mit maximal je 20 Personen; täglich 9-17 Uhr, Reservierung unter ✆ 404/827-2300, www.cnn.com, $10). unter ✆ 827-2300.

5

Georgia Aquarium

Erst 2006 eröffnete oberhalb des *Olympic Centennial Park* (225 Baker Street) das Aquarium, eine Errungenschaft, die man vielleicht Chattanooga abgeschaut hat (➪ Seite 281), wo das in den 1990er-Jahren errichtete Aquarium wesentlich zur Attraktivierung des einst heruntergekommenen Zentrums beitragen konnte. Das **Georgia Aquarium** – wie auch anders – toppte nun die nahe Tennessee-Konkurrenz mit einem Bau, der noch größer und aufwändiger ist und das zur Zeit weltgrößte Aquarium darstellt. Man muss zugeben, es ist genial.

Aufgeteilt in **fünf Bereiche** – Tropische Gewässer, offene Ozeane, Flüsse, kalte Gewässer, Georgia zu Wasser und zu Lande inkl. Reptilien – plus 4-D-Kino (!) bietet dieses Aquarium tatsächlich noch mehr als die ebenfalls beachtlichen Aquarien in San Diego, Long Bach, Monterey, Chicago, San Francisco, Baltimore, Wilmington/Fort Fisher und sonstwo. Toll ist der transparente Tunnel »durch den Ozean«, »irre« das 3-D-Kino mit »interaktiven« Sitzen und virtuellen »Berühreffekten«, die vierte Dimension. Leider hat das alles seinen Preis; das gilt auch fürs ***Café Aquarius***, wo einem die Fische beim Snackvertilgen zuschauen.

Das *Georgia Aquarium* ist täglich geöffnet 9-18 Uhr, an ausgewählten Tagen bis 20 Uhr (steht im Internet: www.georgiaaquarium.org, ✆ 404-581-4000). Eintritt $24, Kinder bis 11 Jahren $18; Senioren ab 55 Jahren $20. Das 4-D-Kino kostet $6/$4 extra.

New World of Coca Cola

Die ***New World of Coca Cola*** war zum Zeitpunkt der Schlußredaktion für dieses Buch noch im Bau. Sie soll im Sommer 2007 eröffnet werden: gleich neben dem Aquarium an der Baker Street.

Midtown und Buckhead

Definition

Unmittelbar an die Downtown schließt oberhalb der Alexander Street/Ralph McGill Blvd die *Midtown* an. Die ***Midtown*** wird in etwa durch den gemeinsamen Verlauf der I-75/I-85 nach Norden beidseitig der Autobahn definiert. Sie endet nach der Trennung der beiden *Interstates* nach Nordwest (I-75) bzw. Nordost (I-85). Oberhalb des Autobahndreiecks liegt zwischen der I-75 und dem *Freeway* #400 die Vorstadt **Buckhead**.

Midtown

Die südliche *Midtown* bildet so etwas wie ein zweites Stadtzentrum entlang der Peachtree Street oberhalb der North Avenue. Wie in *Downtown* gibt es auch dort moderne Hochhäuser, darunter die ***Nations Bank Plaza*** (600 Peachtree Street NE) mit 310 m das höchste Gebäude im Südosten der USA.

Varsity

Ein Unikum ist die bereits unter dem Stichwort »Restaurants« erwähnte *Fastfood Eatery* ***The Varsity*** (61 North Ave NW an der I-75/I85) in einem Bau, der u.a. Elemente des Art-Deco zeigt und draußen zahlreiche *Drive-in* Autoboxen besitzt. Die *Hamburger* und *Hot Dogs* gelten als legendär, wichtiger sei aber, so heißt es, die dort herrschende Atmosphäre. Nun ja ... Einen Umweg muss man für *The Varsity* nicht unbedingt fahren.

Fox Theatre

Einen Kontrapunkt zur Sachlichkeit der Neuzeit setzt draußen und drinnen das ***Fox Theatre*** (Ponce de Leon Ave/ 660 Peachtree Street NE), ein **riesiger Kinopalast** aus den 1920er-Jahren. Das Südstaatenepos »Vom Winde verweht« (»*Gone with the Wind*«) erlebte dort 1939 seine Uraufführung. Das Gebäude war ursprünglich als Moschee geplant worden, aber die islamische Gemeinde kam in finanzielle Schwierigkeiten und vermietete es daher an den Filmmogul *William Fox* als Kino. Als in den 1960 er-Jahren mit dem Fernsehen das große »Kinosterben« begann, mußte auch das *Fox Theatre* seine Tore schließen und verfiel.

Eine Bürgerinitiative konnte 1974 einen Abriss gerade noch verhindern. Nach Restaurierung wird dieser phänomenale Theaterbau heute wieder intensiv genutzt, ➪ die beachtliche Website www.foxtheatre.org

Geführte Touren hinter die Kulissen finden Mo, Mi und Do jeweils um 10 Uhr statt. Sa um 10 und 11 Uhr, $10. Anmeldung notwendig unter ✆ 404/688-3353.

Margaret Mitchell House

Für Fans von »Vom Winde verweht« ist vielleicht auch das Domizil der Autorin, das ***Margaret Mitchell House***, von Interesse (990 Peachtree Street, Ausstellung, Film und Shop, Touren 9-16 Uhr, $10, ✆ 404/249-7012). *Margaret Mitchell* bewohnte in diesem Gebäude das Apartment #1 im Tiefparterre. In den 1990er-Jahren brannte das Haus gleich zweimal ab. Mit *Mercedes Benz* als Sponsor finanzierte man schließlich die Restaurierung.

The Varsity, Atlantas Fast Food Legende

High Museum of Art

Weiter nördlich liefert die ungewöhnliche Architektur des ***High Museum of Art***, eines der großen Kunstmuseen der USA, schon fast allein ein Motiv für den Besuch. Neben das 1983 entstandene mehrfach preisgekrönte Hauptgebäude traten 2003 und 2005 weitere schneeweiße Strukturen, die die Ausstellungsfläche auf über 28.000 m^2 verdoppelten und nun zusammen ein ***Village for the Arts*** bilden. Die schiere Menge der ausgestellten Stücke aus aller Welt und allen Epochen, darunter viele Werke von Künstlern mit großem Namen, ist sagenhaft. Die Website vermittelt bereits ein detailliertes Bild des Museums und seiner permanenten wie Sonderausstellungen: www.high.org.

Der Komplex liegt an der 1280 W Peachtree Street NE oberhalb der 15th Street NE, U-Bahn: *Arts Center*, Di-Sa 10-17 Uhr, Do bis 20 Uhr, So ab 12 Uhr; ✆ 404/733-5000; $15, Kinder bis 17 $10.

Buckhead

Das weiter nördliche ***Buckhead*** nennt sich *»Atlantas Premier Shopping, Dining & Entertainment District«*, bietet aber neben der größten *Shopping Mall* der Region (*Lenox Square*, ⇨ oben) und vielen guten Kneipen und Restaurants noch einiges mehr:

Atlanta History Center

Die ***Atlanta Historical Society*** unterhält in Buckhead auf einem großen Gelände 9 mi nördlich des Zentrums (3101 Andrews Dr NW/Paces Ferry Rd, Mo-Sa 10-17.30 Uhr, So ab 12 Uhr, $10, ✆ 404/814-4000, www.atlhist.org) ein instruktives **Museum** zur Stadt- und Regionalgeschichte und wunderschöne Gärten rund um einige historische Gebäude. Sehr sehenswerte Anlage.

Villenviertel

Ein weiteres, vielleicht das beste Motiv für einen Abstecher in den Vorort **Buckhead und Umgebung** sind die sagenhaften **Wohnbezirke der Wohlhabenden und Reichen**. Eine Fahrt auf der Collier Road, der Peachtree Battle Ave, der Paces Ferry Road und auf den zahllosen Nebenstraßen beidseitig der I-75 durch eine wunderschöne Parklandschaft ausgedehnten Privatbesitzes demonstriert eindrucksvoll die nach wie vor krassen Gegensätze, die auf relativ kurzer Distanz in den USA die Gesellschaft prägen.

Weitere Sehenswürdigkeiten

Grant Park Cyclorama

Südlich des *Martin Luther King District* (unterhalb der I-20) kann man im ausgedehnten ***Grant Park*** noch Schanzen und Geschütze des Bürgerkriegs und Überreste eines *Fort Walker* bewundern. Hauptsächlich aber ist der Park für das ***Cyclorama*** bekannt, ein 122 m langes und 15 m hohes Rundgemälde, das die Schlacht um Atlanta darstellt. Die Besucher betrachten das mit Lichteffekten und Kriegslärm unterlegte und um realistische Gemäldeergänzungen erweiterte Werk von einer Drehtribüne aus. Unbedingt besuchenswert! Die Vorführungen finden im gleichnamigen Gebäude statt, das nebenbei eine Art Bürgerkriegsmuseum ist. Sommer 8.30-16.30 Uhr, sonst ab 9.30 Uhr, Eintritt $6. Kinder bis 12 $4.

Gleich neben dem Museum liegt der Eingang zum ***Atlanta Zoo*** (April bis Oktober, Mo-Fr 9.30–16.30 Uhr; Sa+So bis17.30 Uhr, November bis März täglich 9.30–16.30 Uhr; Eintritt $15/$10).

Eingang zum Museumsbau mit dem Cyclorama

Carter Center

Ein ***Carter Presidential Center*** (*Museum & Library*) darf in Atlanta natürlich nicht fehlen. Es liegt an der Copenhill Ave im Stadtteil Little Five Points, einige Meilen östlich der Innenstadt. Anfahrt über den *Freedom Parkway*, dann Ralph Mc Gill Blvd. Leben und Werk ***Jimmy Carters***, der es vom Erdnussfarmer zum (scheinbar weniger erfolgreichen) US-Präsidenten, dafür aber zum Friedensnobelpreisträger brachte und heute wieder stärker gewürdigt wird, sind im Museum ausführlich dargestellt. Zu sehen sind Filme, Photos, Schautafeln und ein Teil der 27 Mio. Dokumente aus der Amtszeit des heute wieder in seinem Heimatort Plains lebenden *Carter*, ➪ Seite 516.

Öffnungszeiten: Mo-Sa 9-16.45, So 12-16.45 Uhr, Eintritt $7, unter 16 frei, ✆ 404/331-3942, www.jimmycarterlibrary.org.

Fernbank Museum

Ein weiterer Nobelort Atlantas (➪ Buckhead, im vorstehenden Abschnitt) ist Druid Hills noch etwas weiter nordöstlich, Anfahrt ebenfalls über *Freedom Parkway*, dann North Ave und Ponce de Leon Ave (Straßen #29/#78). Druid Hills gilt als Musterbeispiel früherer suburbaner Städteplanung und ist Standort der angesehene *Emory University*.

Nicht weit davon entfernt steht das ***Fernbank Museum of Natural History*** (767 Clifton Road NE, Mo-Sa 10-17 Uhr, So 12-17 Uhr, ✆ 404/378-0127, www.fernbank.edu/ museum, Eintritt$12, Kinder $10; mit IMAX-Kino $15/$12. *Fernbank* ist nach dem *Chicago Field Museum of Natural History* das zweitgrößte Naturkundemuseum der USA. Schwerpunkte sind Erdgeschichte speziell in Georgia und die Ära der Dinosaurier.

Six Flags over Georgia

Einer der sieben, speziell wegen ihrer *Roller Coaster* populären *Six Flags Amusementparks* steht 12 mi westlich von Atlanta (Six Flags Road SW unweit der I-20 auf der Westseite des Chattahochee River). Rund 2 Mio. Besucher ergötzen sich alljährlich an über 100 *Rides*, darunter der Nachbau des legendären *Coney Island Cyclone*, einer Achterbahn im alten Holzbalkendesign. Mitte Mai bis August täglich ab 10 Uhr bis ca. 21/23 Uhr geöffnet. Im Frühjahr und Herbst nur Wochenendbetrieb, in den Wintermonaten geschlossen; Tagespass $45, Kinder unter 1,20 m $25.

5

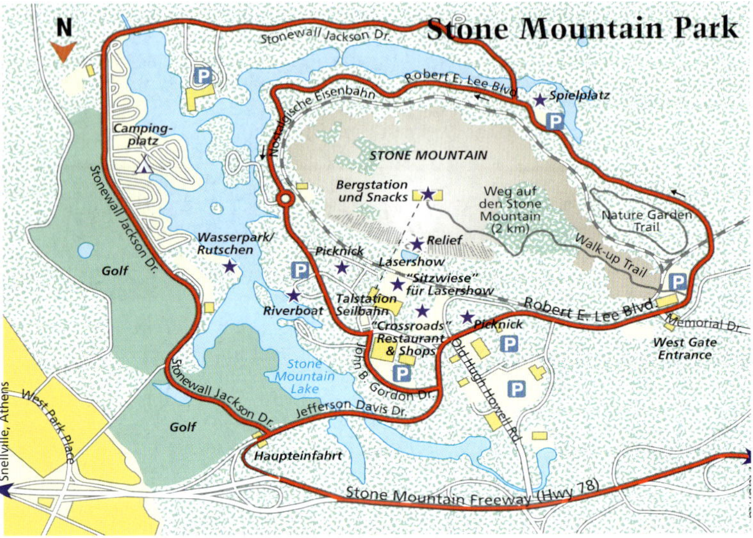

Stone Mountain Park www.stonemountainpark.com

Stone Mountain Park

Atlantas Hauptattraktion für Touristen wie die Einwohner der Region ist der ***Stone Mountain Park***, 16 mi östlich der City (*Stone Mountain Freeway*/Straße #78 oder *Memorial Drive*/Straße #10, die man beide am besten über die Ringautobahn I-285 ansteuert: Ausfahrten #39 bzw. #41). Die Einrichtungen des Parks sind von **Mitte März bis *Labor Day*** normalerweise ab 10 Uhr morgens geöffnet; die Schlusszeiten variieren und hängen auch davon ab, ob *Lasershows* stattfinden. In den Sommermoanten bleiben die Tore des Parks meist 6-24 Uhr geöffnet, an bestimmten Tagen kürzer. Tagesgenaue Zeiten im Internet oder unter © 1-800-317-2006. **Pro Fahrzeug zahlt man bei der Einfahrt $8**.

Relief im Stone Mountain

Im Mittelpunkt der kommerziell genutzten 12 km^2 großen Parkanlage mit Amusementparkkomponenten steht der ***Stone Mountain***, ein 263 m hoher, kuppelförmiger **Granitfelsblock von 8 km Umfang**, in dessen Nordwand ein Relief (Größe 24 m x 55 m) der Helden der Südstaaten – *Jefferson Davis*, einziger Präsident der kurzlebigen Konföderierten Staaten von Amerika, und die Generäle *Jackson* und *Lee* – gemeißelt wurde (Fertigstellung 1970 nach über 57 Jahren Arbeit). Das Südstaaten-Gegenstück zum *Mount Rushmore Memorial* in South Dakota.

Aufstieg und Skyride

Auf die Kuppe des nur zu einem Drittel seiner vollen Größe aus der Erde ragenden Felsmassivs gelangt man von der Westseite des Massivs **zu Fuß** (ca. 2 km Aufstieg, bei normaler Kondition in gut einer Stunde hin und zurück machbar; lohnenswert, aber im

Sommer und an manchen Wochenenden ist eine Art »Völkerwanderung« unterwegs) oder per **Seilbahn** (*Skyride*: $4,50 für eine Strecke, $7 retour). Von oben hat man eine großartige Aussicht über die Umgebung und hinüber nach Atlanta. Wer nicht so gut zu Fuß ist, fährt mit der Seilbahn nach oben und läuft zurück. Der Weg lohnt sich und fällt nur sanft bergab.

Parkeinrichtungen

Im rund um den riesigen Granitblock angelegten Park existieren zahlreiche Sport- und Zerstreuungsmöglichkeiten – Jogging- und Bikepfade, Bootsverleih, Riverboat, Reitställe etc.pp. Wunderbar plazierte **Picknicktische** säumen die Straßen zwischen dem *Stone Mountain* und den ihn umgebenden See. Vom ausgedehnten **Campingplatz** am Wasser war bereits die Rede, ➪ Seite 497.

Eine nostalgische **Eisenbahn** umrundet qualmend den Felsblock, ein Spaß eher für Kinder, aber dennoch ist der Zug voller Erwachsener auch ohne Nachwuchs. Auf der Rückseite des Massivs befindet sich ein ganz hervorragender **Kinderspielplatz**, kostenlos. An ***Shopping*** und leibliches Wohl wurde natürlich auch gedacht: Im **Servicedorf *Crossroads*** gibt's *Fast Food*, »richtige« Restaurants und schnuckelige Läden.

Höhepunkt Lasershow

In den Sommermonaten wird eine Stunde nach Sonnenuntergang die Lasershow ***Night on Stone Mountain*** auf die Felsfläche rund um Helden der Südstaaten projiziert, ein unglaubliches Spektakel voller in Europa nicht mehr gekannten Patriotismus', das allein bereits den Besuch des Parks lohnen würde. Dafür wird kein gesonderter Eintritt erhoben. Das Publikum sitzt derweil auf der großen ansteigenden Rasenfläche vor der Felswand.

Damit die Vorführung ungetrübten Spaß macht, sollte man eine warme Decke und Jacken nicht vergessen! Viele nutzen die Vorführung auch zum Picknick, aber Achtung: keine alkoholischen Getränke, außer sie sind gut getarnt.

Relief der Südstaatenhelden Jefferson Davis, General Lee und Stonewall Jackson im Granit des Stone Mountain

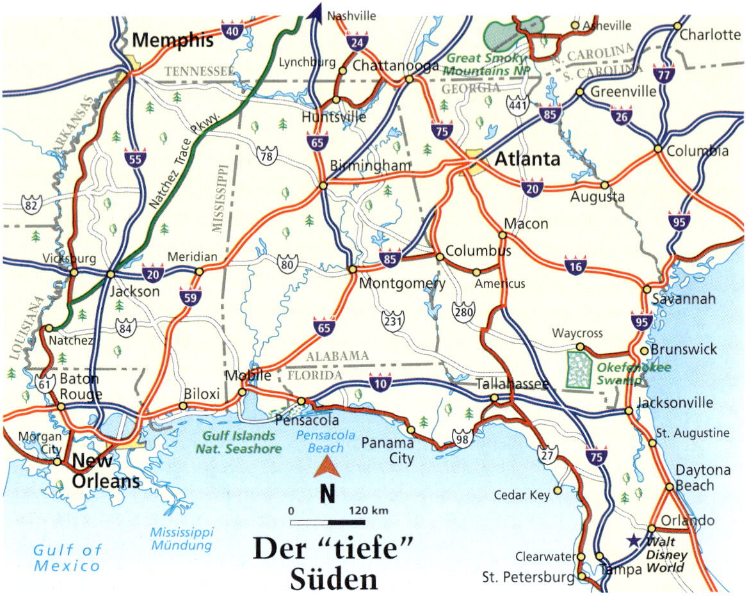

5.2 Routen ab Atlanta

Die Alternativen

Wie bereits eingangs des Kapitels ausgeführt, liegt Atlanta abseits der besten Reiserouten durch die Südstaaten, andererseits nur maximal eine gute Tagesetappe entfernt von den attraktivsten Strecken. Wer in Atlanta ankommt bzw. einen Abstecher dorthin unternimmt, hat prinzipiell zahlreiche Möglichkeiten, die Reise fortzusetzen, um an unterschiedlichsten Punkten auf die anderswo beschriebenen Hauptrouten zu treffen.

Nach Norden

Soweit die **Planung in Richtung Norden** geht, findet sich der am besten geeignete **Anschluß in Chattanooga**. Die Strecke Chattanooga-Atlanta ist samt Abstecher in die *Georgia Mountains* auf den Seiten 286-289 beschrieben.

Nach New Orleans

Wer von Atlanta **über Birmingham** nach New Orleans fahren will, findet die Beschreibung der Strecke bis Birmingham auf Seite 652 und darüberhinaus im Exkurs ab Seite 653.

Die bessere und auch etwas **kürzere Route Atlanta-New Orleans** führt jedoch über die Hauptstadt Alabamas, **Montgomery**, und **Mobile** – ggf. samt Abstecher an die Mississippiküste. Wer etwas mehr Zeit hat, könnte auch via **Macon**, **Tallahassee** und den ***Florida Panhandle*** New Orleans ansteuern.

Zur Florida Golfküste

Das Zwischenziel **Tallahassee** liegt auch bei Fahrten von Atlanta hinunter an die **Florida Golfküste** en route.

An den Atlantik

Wen es von Atlanta an die Atlantikküste zieht, fährt vorzugsweise **via Macon nach Savannah**, zunächst egal, ob es danach in Richtung Süden oder Norden weitergeht. Auf dieser Route sind es bis zum fast unverzichtbaren **Charleston** nur knapp 30 mi mehr (ca. 360 mi) als bei Direktfahrt von Atlanta nach Charleston via Augusta (330 mi). Dabei passiert man dann noch die Südküste von South Carolina mit schönen Zwischenzielen w.z.B. Beaufort.

Bei Fahrtrichtung **Süden** (Florida) und dem Wunsch, Charleston nicht auszulassen, kommt man an der eher langweiligen Anfahrt über **Augusta** nicht vorbei, ➪ Kasten.

Bei Südorientierung (**Florida**) über das **Sumpfgebiet *Okefenokee*** zu fahren (➪ Seite 397), um erst in Brunswick oder Jacksonville auf die Küste zu stoßen, lohnt sich eher nicht, da dadurch Savannah und Umgebung »geopfert« werden müßte.

Nach Charleston via Augusta

Routenwahl

Von Atlanta nach Charleston geht es vorzugsweise auf der *Interstate*-Kombination #20/#26 über Columbia, die Hauptstadt von South Carolina (ca. 330 mi). Die Strecke ab Augusta über die Landstraßen #278 und #78 meilenmäßig abzukürzen, führt zu Zeitverlust ohne Ausgleich etwa durch Landschaftserlebnis. Anders wäre es mit der Abkürzung Straße #178 ab Exit #39 der I-20 bis nach Orangeburg, wo man wieder zurück auf die *Interstate* (I-26) fährt. Die #178 erspart ca. 30 mi Fahrt, und man vermeidet den staugefährdeten Autobahnring um Columbia.

Trotz eines – wie immer – sehenswerten *State Capitol* und einiger ganz ansehnlicher Museen verpaßt nichts von Bedeutung, wer Columbia nicht besucht. Vielmehr bleibt mehr Zeit für lohnenswertere Ziele, vor allem Charleston.

Zwischenstops

Für einen Zwischenstop auf etwa halber Strecke in Augusta, der keinen sonderlichen Umweg erfordert, lassen sich aber ein paar Argumente finden. Einen weiteren Stop könnte man auch schon in **Madison** einlegen, ca. 50 mi östlich von Atlanta und ca. 3 mi von der I-20 entfernt, Ausfahrten #113 und #114.

Madison

Madison galt schon im 19. Jahrhundert als Kleinod amerikanischer ***Small Town*-Kultur**. In dessen pittoreskem ***Historic District*** (www.madisonga.org) stehen zahlreiche schöne Villen aus der Zeit zwischen 1830 und 1860. Unionsgeneral *Sherman* ließ sich – wie in anderen Fällen auch – bei der Einnahme erweichen, den Ort nicht zu brandschatzen; so wurde Madison zur »*town Sherman refused to burn*«.

Augusta

Augusta liegt am Savannah River, ein paar Meilen abseits der I-20. Ins Zentrum an der *Riverfront* gelangt man am schnellsten über den ***River Watch Parkway*** (*Exit* #200 von der I-20). Dort kann man das ***Augusta Welcome Center*** in der *Cotton Row* kaum verfehlen (32 8th Street, www.augustaga.org).

5

Unterkunft

Wer in/bei Augusta ein **H/Motel** sucht, wird an den Ausfahrten der I-20 und der Stadtumgehung I-520 leicht fündig. Ein ordentliches, nicht zu teures *Bed & Breakfast* befindet sich unweit der zentralen Riverfront in 2. Linie: ***Azalea Inn*** (316 Greene St, © 706/724-3454, www.theazaleainn.com, ab ca. $100).

Cotton Exchange

Das ***Welcome Center*** fungiert auch als **Baumwoll-Museum**. Der original restaurierte historische Bau von 1886 beherbergte einst die nach Memphis zweitgrößte Baumwollbörse der Welt.

Riverwalk

Nicht weit ist es von dort zum ***Riverwalk***, einer Promenade und Parkanlage von der 10th Street bis zur *Augusta Marina* (5/6th Street). Das Ende des *Riverwalk* markiert die ***St. Paul's Episcopal Church*** (605 Reynolds Street) von 1750.

Olde Towne Historic District

Der heutige ***Historic District*** (Gordon Hwy/May Park/E Boundary St/Savannah River) ist einer der größten seiner Art in den USA. Er war im 19. Jahrhundert das Nobelviertel der Stadt. U.a. findet man dort mit dem ***Old Medical College of Georgia*** (1835) die erste medizinische Hochschule in Georgia. Gegenüber steht das ***Boyhood Home*** von Präsident ***Woodrow Wilson*** (419 7th St, Ecke Telfair; ⇨ auch unter Staunton, Seite 230).

Morris Museum of Art

Als Aushängeschild der Stadt gilt das ***Morris Museum of Art*** (10th Street/Riverwalk im ***Augusta Riverfront Center***, Di-Sa 10-17.30 Uhr, So 12.30-17 Uhr, © 706/724-7501). Dieses erst 1992 eröffnete Museum vermittelt einen schönen Einblick in die regionale Malerei von den Anfängen des Staates bis zur Gegenwart. Die Schätze aus dem Besitz der lokal prominenten Familie *Morris* hängen und stehen in passend zu den jeweiligen Werken gestalteten Galerien.

5.2.1 Nach Savannah via Macon

Für eine Fahrt von Atlanta nach Savannah (ca. 250 mi) gibt es zur *Interstate*-Kombination I-70/I-16 keine Alternative. Am Wege bildete die 100.000-Einwohner-Stadt Macon eine nur mäßig spannende Etappe, wäre da nicht die *Robins US Air Force Base* mit dem ***Museum of Aviation***, einer fantastisch aufbereiteten Ausstellung unzähliger Militärflugzeuge, die selbst das *National Museum of Naval Aviation* bei Pensacola in den Schatten stellt, ⇨ Seite 485.

Noch vor Macon zweigt von der I-75 die Stadtumgehung I-475 ab, während sich erst im Stadtbereich die I-75 und I-16 trennen.

Unterkunft Macon

Macon ist von Atlanta nur 80 mi entfernt und damit nach einem Besichtigungstag noch in Atlanta ein erwägenswertes Zwischenziel, um preiswerter zu übernachten und am nächsten Morgen – ggf. nach Besichtigung der Stadt und/oder des Flugzeugmueums – die Fahrt fortzusetzen. Bei Macon ballen sich an der I-75, speziell Exit #169, und an der I-475, Exit #3 (Eisenhower Pkwy/Chambers Road) **Häuser fast aller bekannten Motelketten** der unteren Kategorie bis zur oberen Mittelklasse mit moderaten Tarifen.

Macon

Macon wurde 1823 am Westufer des Ocmulgee River gegründet. Vom Bürgerkrieg blieb die Stadt unbeschädigt und avancierte danach rasch zum Wirtschaftsszentrum der Region. Heute macht sie keinen besonders dynamischen Eindruck mehr, aber einige Relikte der prosperierenden Vergangenheit lohnen eine kleine Rundfahrt. Der dafür relevante Zentralbereich liegt zwischen M. Luther King Blvd und Spring Street einerseits sowie Washington Ave/Poplar Street und Walnut Street andererseits (ca. 1 km^2).

Information

Ein örtliches ***Welcome Center*** (www.maconga.org) befindet sich im ehemaligen Bahnhof ***Terminal Station*** an der 5th Street/MLK Blvd (Exit #2 von der I-16). Dort kann man sich Unterlagen und Stadtplan besorgen. Die Orientierung in Macon fällt leicht.

Museen

Gleich beim alten Bahnhof wartet ein neueres Kulturzentrum mit der ***Georgia Sports Hall of Fame***, dem ***Tubman African American Museum*** und der ***Georgia Music Hall of Fame*** auf Besucher. Dort wird dem Sohn der Stadt, ***Otis Redding***, und anderen aus Georgia stammenden Musikern wie *Ray Charles, Little Richard, James Brown* und *den Allman Brothers* der Lorbeerkranz gewunden. Mo-Sa 9-17 Uhr, So ab 13 Uhr; $8, bis 16 $4.

Downtown

Downtown Macon liegt in etwa zwischen First und Spring Streets mit Hauptachse Cherry Street. Sie wird von der neugotischen ***St Joseph's Catholic Church*** überrag. In deren Umfeld befindet sich der attraktive ***Victorian District*** mit schönen historischen Gebäuden. Als sehenswert gilt dort u.a. das ***Sidney Lanier Cottage*** (935 High Street), Außenbesichtigung genügt.

Die Georgia Ave, zwei Blocks weiter östlich, steht für den ***White Columns District*** mit herrschaftlichen, säulengeschmückten Häusern. Dort sind vor allem das tolle ***Woodruff House*** auf einem Hügel an der Ecke Bond Street und das ***Hay House*** sehenswert (934 Georgia Ave, Mo-Sa 10-16.30, So 13.30-16.30 Uhr; $8). Letzteres galt zur Zeit seines Baus 1860 als ***»Palace of the South«***.

Woodruff House in Macon

5

Bäder mit fließend heißem und kaltem Wasser, Gasbeleuchtung, Ventilations- und Heizungssystem, Aufzug, Rufanlage etc. waren damals revolutionäre Neuerungen und höchster Luxus. Heute nagt ein wenig der Zahn der Zeit daran.

Ocmulgee National Monument

Das ***Ocmulgee Nat'l Monument*** jenseits des Flusses gut 2 mi entfernt vom Zentrum sollte sich nur ansehen, wer großes Interesse für die untergegangenen Indianerkulturen Nordamerikas mitbringt (1207 Emery Hwy, täglich 9-17 Uhr, www.nps.gov/ocmu). Am interessantesten ist noch das moderne Museum. Die dicht bewachsene Parkanlage ist zwar gut gepflegt, aber viel zu sehen gibt es nicht. Immerhin hat man von der Freifläche auf dem größten der *Indian Mounds* (➪ Seite 656) einen weiten Blick über die hier schon fast subtropische Vegetation.

Museum of Aviation

Wie schon angedeutet ist dagegen das ***Museum of Aviation***, etwa 10 mi südlich der Stadt (an der Straße #41/129) sensationell. Das Museum besteht aus mehreren Hallen und »Parkplätzen« voller Militärflugzeuge vom 1. Weltkrieg bis heute, faktisch einer lückenlosen Sammlung aller jemals von den USA gebauten Flugzeuge plus ausländische Modelle und Raketen. In einigen Fällen werden ganze Waffensysteme präsentiert. Der gesamte Komplex gehört zur *Robins Air Force Base* und wird auch von freiwilligen Mitarbeitern betrieben, die früher in der *US Air Force* gedient haben.

Der Eintritt ist frei. Geöffnet täglich 9-17 Uhr; www.museumofaviation.org. Auch die Website ist sehenswert.

Martialische Präsentation ganzer Waffensysteme im Museum of Aviation

Von Macon nach Savannah

Von Macon fährt man bis Savannah noch ca. 3 Stunden (170 mi). Wer am Wege noch ein Quartier sucht oder auch nur mal zwei ruhige Tage abseits jeden touristischen Rummels sucht, könnte bei Dublin die Abfahrt #54 nehmen und auf der Straße #19 ein paar Meilen nach Süden fahren. An der 875 James Currie Road betreibt dort ein deutsches Paar ein ***B & B* in ländlichem Ambiente**; ✆ 478/275-8766; www.dublinfarm.com, DZ $85.

Entlang der Strecke bis Savannah gibt es keine wichtigen Gründe für weitere Zwischenstopps.

5.2.2 Nach Florida

Zur Route

Wie gesagt, wäre **auch bei Reiseplänen in Richtung Florida zunächst an eine Fahrt nach Savannah** zu denken, sofern es die Atlantikküste hinunter gehen soll. Wer auf Savannah verzichtet und auf der I-75 nach Süden stürmt, sollte ab Tifton über Waycross und den *Okefenokee Swamp* (⇨ Seite 397) den Weg nach Osten nehmen und nicht bis Jacksonville auf der Autobahn bleiben.

Die I-75 über Macon hinaus zu fahren, macht ansonsten nur Sinn **bei direkter Zielsetzung »Zentrales Florida«** mit Orlando und/ oder Golfküste **oder *Florida Panhandle* über Tallahassee**.

Wer sich für diese Route entscheidet, fährt über Macon wie im Abschnitt 5.1.2 beschrieben.

Demonstration der Verhältnisse in einem Teilnachbau des einst größten konföderierten Gefangenenlagers für Unionssoldaten

Andersonville National Historic Site

Südlich von Macon bietet sich ein Abstecher zum tragisch eindrucksvollen ***Andersonville National Historic Site*** an (Exit #127 von der I-75, dann 20 mi auf Straße #26 nach Westen, dann Straße #49 nach Americus). Bei Andersonville hatten die Konföderierten im Bürgerkrieg ***Camp Sumter*** errichtet, das als Gefangenenlager für ursprünglich maximal 10.000 Unionssoldaten gedacht war, aber bis zu 30.000 »Blauröcke« unter elenden Bedingungen aufnehmen musste. Leiden und Sterben der Gefangenen in Andersonville ist ein besonders düsteres Kapitel des Bürgerkriegs, in dem der aus der Schweiz stammende Kommandant, *Captain Henry Wirz*, die Rolle des Schurken spielte. Er wurde nach Kriegsende in Washington zum Tode verurteilt und hingerichtet. Lange kämpften die Nachfahren Wirz', die Bürger von Andersonville und andere Südstaatler um seine Rehabilitierung. Im Städtchen Andersonville errichtete man 1909 sogar ein **Denkmal für *Wirz***.

Rund um das einstige Lagergelände (*Prison Site*) mit einigen nachgebauten Strukturen in einer fast überdimensionierten extrem gepflegten Parkanlage läuft eine Autostraße mit Haltepunkten und Erläuterungen an markanten Stellen. Noch beeindruckender ist indessen das moderne ***National Prisoner of War Museum*** (täglich 8.30-17 Uhr, www.nps.gov/ande; frei). Die dort ausgestellten

Fotos, Objekte und Szenerien beziehen sich nicht nur auf Andersonville sondern auf das globale Problem »Kriegsgefangenschaft«. Kurz: hier wartet eine ganz andere Art der Bewältigung des Bürgerkriegs als auf den zahlreichen *Battlefields* mit ihrer oft unkritischen Darstellung, sogar Verherrlichung des Kriegsgeschehens.

Civil War Village of Andersonville

Entlang der Hauptstraße von Andersonville stehen Antiquitätenläden und Kirchen – gleich 5 kommen auf nur ca. 300 Bewohner. Das kleine ***Drummer Boy 1-Raum-Museum*** bezieht sich ganz auf den Bürgerkrieg. Die ***Pioneer Farm*** zeigt kleinbäuerliche Idylle der Vor-Bürgerkriegszeit. Im Sommer finden *Civil War Re-enactments* der sog ***Jerry Battle*** statt. Im ***Andersonville Restaurant*** (ausgeschildert) gibt es große Portionen typische Südstaatenkost.

Americus

Auf identischer Strecke oder über das Städtchen **Americus** geht es zurück auf die I-75. Wer über Americus fährt, ein hübsches Städtchen mit einem tollen Nostalgiehotel (***Windsor Hotel*** an der Hauptstraße durch die Stadt im Zentrum, © 1-888-297-9567; www.windsor-americus.com, ab $85) und einem schönen *B&B Place* (***Americus Garden Inn***, 504 Rees Park, © 1-888-758-4749; www.americusgardeninn.com, ab $99) hat es nicht mehr weit (10 mi) nach **Plains**, dem Heimatort des ehemaligen amerikanischen Präsidenten ***Jimmy Carter*** (1978-1982).

Nostalgisches Windsor Hotel in Americus

Plains

Er war nicht nur der 39. US-Präsident, sondern wurde 2002 auch Friedensnobelpreisträger wegen seiner Friedensbemühungen vor allem im Nahen Osten (auch wenn davon nicht mehr viel blieb). In Plains befindet sich seine nach wie vor von ihm und seiner Familie bewohnte Farm (Grundstück nicht einsehbar, weiträumig abgeschirmt) und ein allgemein zugängliches Areal mit seinem unspektakulären Elternhaus (*Boyhood Home*; einmal ganz durch den Ort fahren am westlichen Ende). Letzteres, der unverfehlbare bunte alte Bahnhof (mit Ausstellung) im Ortskern und die *Plains High School* bilden zusammen den ***Jimmy Carter National Historic Site***, www.nps. gov/jica. Die Schule dient als Museum und

Visitor Center; täglich 9-17 Uhr; kein Eintritt. Größere Umwege dürften sich für die meisten nicht lohnen, aber bei Interesse an der Carter-Ära und an dieser Art der Ehrung ehemaliger Präsidenten ist der Abstecher aufschlußreich, ➪ auch Seite 507.

Kirche in Plains, in der bis heute Jimmy Carter predigt

Weiter nach Florida

Wer nun zurückkehrt auf die I-75 (über die Straße #280) und auf ihr weiter nach Florida fährt, findet im Kapitel 4 den Anschluss in Jacksonville oder Orlando.

Mit Zielsetzung ***Florida Panhandle*** ist es sinnvoller, auf der Straße #19 über Albany zu fahren und ab Thomasville der #319 nach Tallahassee zu folgen. Mit Tallahassee trifft man auf die Reiseroute durch Florida, ➪ Seite 477.

Albany/ Moultrie

Gut 40 mi südlich von Americus liegt **Albany**, eine 76.000-Einwohner-Stadt. Die Region um das frühere Baumwollzentrum lebt heute vor allem vom Anbau von Pecannüssen. Eine attraktive Anlage bilden die ***Parks at Chehaw*** (am gleichnamigen See nördlich der Stadtumgehung #19/#82, dann Philema Road/Straße #91 nach Norden, dann Chehaw Park Road; 9-17 Uhr, geringer Eintritt, www.parksatchehaw.org). Diese Anlage verfügt über einen ansehnlichen ***Wild Animal Park*** (Eintritt $7/$4), tolle Kinderspielplätze, Wander- und Bikepfade und einen gut angelegten schattigen **Campingplatz** (✆ 229/430-5277; $15).

Moultrie B & B

Moultrie, ein 2000-Einwohner-Städtchen ca. 35 mi südöstlich von Albany, wäre hier kaum zu erwähnen, beherbergte es nicht eines der makellosesten *B & B* Häuser Georgias. Das ***Barber-Tucker-Crawford Inn*** (704 3rd Street SW, ✆ 912/890-0714, www.moultriebandb.com) ist eine Art »Südstaatenpalast« auf einem Parkgrundstück und bietet vor allem beim ganzen Drumherum gediegenen Luxus für Kosten, die auf dem Niveau weit weniger überdurchschnittlicher *B&B Places* liegen ($120-$170). Dafür lohnt sich ggf. der Umweg von der #19 bzw. von der I-75. Man sollte aber reservieren. Das Haus ist oft ausgebucht.

Thomasville

Das Städtchen Thomasville, 60 mi südlich von Albany, war nach dem Bürgerkrieg zeitweise ein populäres Winterferienziel für »*Yankees*«, bevor Florida zur Urlaubsregion Nummer Eins avancierte. Den Glanz der alten Zeit zeigt vor allem noch die bemerkenswerte ***Pebble Hill Plantation*** (5 mi südlich an der Straße #319, Di-Sa 10-17, So 13-17 Uhr, www.pebblehill.com; $3).

Nach weiteren 35 mi (ab Thomasville) ist Tallahassee erreicht; Fortsetzung der Reise in diesem Buch auf Seite 479.

5.2.3 Nach New Orleans über Montgomery

Von Atlanta nach Mobile

Zur Route

Der schnellste Weg von Atlanta nach New Orleans führt auf der I-85 bis Montgomery, dann weiter auf der I-65 nach Mobile und von dort aus auf der I-10 bis zum Ziel. Von Atlanta erreicht man auf dieser Route bereits nach gut 80 mi Alabama. Dort gewinnt man zunächst eine Stunde, denn man wechselt von ***Eastern*** zur ***Central Time Zone***.

Alabama

Mit der Aufnahme in die Union, 1819, begann die Entwicklung Alabamas zum Baumwollstaat. Bis Anfang des letzten Jahrhunderts galt *King Cotton* als wichtigster Wirtschaftsfaktor Alabamas; dann leiteten eine Ungezieferplage und die Weltwirtschaftskrise 1929 den Niedergang der Monokultur ein. Obwohl die Landwirtschaft, vor allem Fisch- und Viehzucht sowie (immer noch) Baumwoll-, Sojabohnenanbau und Christbaumkulturen (!), nach wie vor das Bild Alabamas prägt, hat sich einiges getan: die einstige reine »Stahlstadt« Birmingham entwickelte sich zu einem modernen Industriezentrum, Huntsville ist Heimat eines *NASA Space Flight Center*, und internationale Firmen wie ***Daimler Chrysler*** produzieren mittlerweile in Alabama.

Der Staat ist aber auch ein Zentrum der **Bürgerrechtsbewegung**, die dort in den 1960er-Jahren ihren Anfang nahm.

Alabama River Lakes

Eine erfreuliche Besonderheit für Naturfreunde und Camper sind die ***Alabama River Lakes***, die durch vielfaches Aufstauen des Flusses entstanden. Da die Dämme vom ***US Army Corps of Engineers*** (ACE) angelegt wurden, steht die gesamte Seeregion vom Norden bis zur Mündung unter dessen Verwaltung.

An seinen Ufern gibt es **35 Parks** mit Picknick- und Spielplätzen, einer auf Wassersport und Freizeit ausgerichteten Infrastruktur und teilweise auch ***Campgrounds*** und ***Cabins*** auf Stelzen über dem Wasser. Viele Gelände weiter südlich sind durch eine dichte, fast subtropische Vegetation gekennzeichnet. Speziell für Camper bieten sie hervorragende Anlaufpunkte, für andere Besucher an heißen Tagen schöne Möglichkeiten zur Abkühlung an den Badestellen: http://al-lakes.sam.usace.army.mil.

nach Montgomery auf der I-85 oder über Columbus

Der ebenfalls in seinem Verlauf mehrfach aufgestaute **Chattahochee River** bildet im südlichen Bereich Alabamas die **Grenze zu Georgia**. Auf der I-85 überquert man den Fluss bei den Ortschaften Lanett und Valley. Von dort sind es noch einmal 80 mi bis nach Montgomery, der Kapitale von Alabama.

Wer einen halben Tag Extrazeit mitbringt, könnte über die noch in Georgia von der I-85 abzweigenden I-185 einen **Abstecher nach Columbus** einplanen. Hauptmotiv für diesen Umweg wäre ein Besuch in den Militärmuseen für ***Naval Civil War*** und ***Infantery***.

Bei Rückkehr auf die I-85 über die Straße #280/#431 ergäben sich 40 mi Umweg, bei Nutzung der Straße #80 parallel zur *Interstate* gerade 20 mi, jedoch mit mehr Zeitaufwand. Auf der Straße #80 fährt man durch **Tuskegee**, eine kleine Universitätsstadt, deren Besuch einem oft empfohlen wird. Tatsächlich ist der Ort ein wenig heruntergekommen und zumindest für ausländische Besucher kein wesentlicher Anlaufpunkt.

Camping

Am Rande des *Tuskegee National Forest* liegt mit ***Chewacla*** ein schöner ***State Park*** am See mit Badestelle und Campingplatz in günstiger Lage für eine Zwischenübernachtung ($10-$18).

Columbus

Kennzeichnung

Columbus ist mit fast 200.000 Einwohnern die zweitgrößte Stadt Georgias. Sie entwickelte sich aus einem *Trading Post*, der um 1827 am Chattahoochee River angelegt worden war. Heute dominiert die riesige **Militärbasis *Fort Benning*** (im Stadtsüden) Columbus und ist Hauptarbeitgeber der Region. Die I-185 beginnt/endet konsequenterweise im Gelände von *Fort Benning*.

Information

Columbus Conventions & Visitors Bureau, 1000 Bay Ave, 9-17 Uhr, © 1-800-999-1613, www.visitcolumbusga.com.

Riverfront

Im Zentrum von Columbus, das man von der **I-185** am besten über die **Wynton** Road erreicht (*Exit* #6), konzentriert sich das Interesse auf den *Historic District* mit einer ganzen Reihe von ansehnlichen alten Gebäuden und die in den letzten Jahren neu gestaltete ***Riverfront*** am Chattahoochee River mit Freilichttheater, Restaurants, *Shops* und dem *Columbus Iron Works Convention and Trade Center* (801 Front Ave), einer umfunktionierten früheren Stahl- und Waffenfabrik. Ein ***Walk*- & Bikeway** führt über 15 mi am Flussufer entlang bis *Fort Benning*. Die *Visitor Information* hat dazu Kartenmaterial.

Pemberton House

Die ***Heritage Corner***, nur einen Block von der *Riverfront* entfernt am Broadway, der Hauptstraße durchs Zentrum, umfasst 5 restaurierte Gebäude aus dem 19. Jahrhundert. Einen Besuch lohnt vor allem das ***Pemberton House*** (11 7th Street). Dort lebte 1855-1860 der **Coca-Cola-Erfinder**, dessen kleine Apotheke man im einstigen Küchengebäude wieder aufgebaut und mit zahlreichen Memorabilien ausgestattet hat.

Coca Cola »Erfinder« Pemberton in seiner musealen Apotheke

Naval War Museum

Erst 2003 erhielt das ***National Civil War Naval Museum*** ein neues Gebäude am Victory Drive südlich von Downtown am Fluss. Was dort ausgestellt ist, wird in dieser Thematik nirgendwo sonst geboten (lediglich teilweise im *USS Cairo Museum* im *Vicksburg Military Park*, ➪ Seite 598): diverse gesunkene, gehobene und teilrestaurierte Flusskampfboote aus dem Bürgerkrieg und jede Menge Objekte, Fotos und Dokumente. Historisch wie kriegstechnisch hochinteressant. Von diesem Museum kann man sogar originalgetreu nachgebaute Kampfboote samt Besatzung in Bürgerkriegsuniformen mieten, die anläßlich von Parties, Jubiläen etc. eine »echte« *Riverbattle* inszenieren: ab $1000 plus Spesen für Anfahrt und Übernachtung der Crews. Details auf der Website: www.portcolumbus.org.

Museum täglich geöffnet 9-17 Uhr; Eintritt $4,50, ermäßigt $3.

Infanteriemuseum

Erdverbundener ist das ***National Infantry Museum*** auf dem *Fort Benning*-Gelände, dem größten Trainingszentrum der *US-Army*. Hier wird die Entwicklung der Infanterie von 1750 bis zum High Tech-Soldaten unserer Tage anhand aller Kriege vorgeführt, an denen die USA beteiligt waren. Auch die Infanterie der Kriegsgegner Nazi-Deutschland und Japan wird mit vielen Originalstücken gewürdigt. Dieses Museum ist eher Besuchern zu empfehlen, die stark an Militaria und Waffensystemen interessiert sind. Weitere Details unter www.infantry.army.mil/ museum.

Das Museum befindet sich im Gebäude #396 in der Baltzell Ave; geöffnet Mo-Fr 10-16.30 Uhr, Sa+So ab 12.30 Uhr. Frei.

Montgomery

Montgomery, 1819 gegründet, ist seit 1846 **Hauptstadt Alabamas**. Im Februar 1861 proklamierten die Konföderierten *Jefferson Davis* dort zu ihrem Präsidenten. Nach dem Bürgerkrieg erholte sich Montgomery relativ schnell. Bekannt wurde die Stadt u.a. durch die Aktivitäten von *Martin Luther King*, der 1954-1960 als Pfarrer in der *Dexter Ave Baptist Church* wirkte. Montgomery hat heute rund 200.000 Einwohner.

Anfahrt und Information

Der zentrale Bereich der Stadt liegt zwischen Alabama River und der I-85 und wird durch die I-65 nach Westen begrenzt. Von der I-85 fährt man am besten von der Ausfahrt #1 ins Zentrum. Wer auf der I-65, anfährt nimmt die Ausfahrt #172 (Clay Street). Speziell von dort (➪ Karte) gelangt man rasch zum ***Visitor Center*** in der bombatischen ***Union Station*** am Rand der Innenstadt über dem Ufer des Alabama River (300 Water Street, © 334/262-0013, www.visiting montgomer.com). In der hohen Halle dieses alten Bahnhofs hat man außerdem eine ansehnliche **Ausstellung zur Geschichte Montgomerys** untergebracht.

Riverfront

Dahinter erstreckt sich die lange vernachlässigte ***Riverfront***, die kürzlich durch neuangelegte Parkgelände mit Promenade, Picknickplätzen etc. atttraktiv aufgemöbelt wurde.

Unterkunft

H/Motels findet man vor allem an den Ausfahrten der I-85 im Osten der Stadt und entlang der Straße #31/#82 (South Blvd) beidseitig der Ausfahrt #168. Ein preiswertes Quartier in der City ist das ***Town Plaza Motel***, 743 Madison Ave, © 334/834-1561; $50. Einen besseren Standard bietet das ***Guest House Inn*** und ist nicht viel teurer, 120 Madison Ave, © 334/834-1561; ab $60.

Das ***Red Bluff Cottage*** ist ein *Downtown* nahes kleines *B&B Inn* (551 Clay Street, © 1-888-551-252; www.redbluffcottage.com) mit Zimmern ab $99 inkl. Frühstück. Schöne, ruhige Lage mit Weitblick von der Terrasse.

Camping

Woods RV Park liegt unweit der City an der Straße #80 östlich der Ausfahrt #168 von der I-65 (4350 Sassafras Circle, © 334-356-1887), verfügt über einen kleinen See und nimmt auch Zelte auf. Ein prima Platz ist ***Gunter Hill*** an einem der Alabama River Lakes, ca. 9 mi auf der Straße #80 nach Westen, dann einige Meilen nach Norden auf der County Road #7; © 333/269-1053; $16.

Essen & Trinken

Ein typisch amerikanische Kneipe ist die ***Montgomery Brewing Company*** in einem alten Lagerhaus in der 12 West Jefferson Street, © 334/269-2739, www.montgomerybrew pub.com). Zum frisch gebrauten Bier gibt's deftige Pubkost preiswert und Live Music.

Alabama State Capitol

Hauptattraktion der Stadt ist das ***Alabama State Capitol*** auf dem Goat Hill an der Bainbridge Street. Auf der Dexter Ave fährt man genau auf das Gebäude zu. Es wurde ab 1851 in mehreren Bauabschnitten errichtet und ist wie viele andere seiner Art dem *Capitol* in Washington nachempfunden, jedoch mit weißer Kuppel.

Eindrucksvolles Alabama State Capitol in Montgomery

First White House of the Confederacy

An der Südseite des Capitols, wo der einzige Präsident der Südstaaten vereidigt wurde, steht das (eher bescheidene) ***First White House of the Confederacy***. Allerdings verbrachte *Jefferson Davis* dort 1861 nur ganze drei Monate bis zum Umzug der konföderierten Regierung nach Richmond in Virginia.

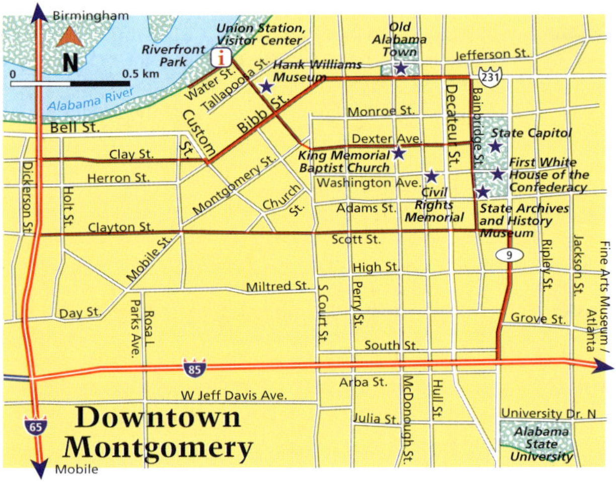

Geschichtsmuseum

Nebenan liegt der riesige Bau des ***State Archives and History Museum*** (624 Washington Ave, Mo-Sa 8.30-16.30 Uhr, ✆ 334/242-4363; Eintrit frei; www.archives.alabama.gov) mit einer umfangreichen Ausstellung zur Geschichte Alabamas und der Südstaaten in einer Aufbereitung, die mehr für Besucher aus der Region als für ausländische Touristen von Interesse ist.

Civil Rights Area

In der Dexter Avenue ***King Memorial Baptist Church*** (454 Dexter Ave, geführte Touren nach Anmeldung, ✆ 334/242-4363) war nicht nur *Martin Luther King* Pfarrer, sondern dort traf sich auch die Gruppe der Bürgerrechtler, die den berühmten von *Rosa Parks* ausgelösten Busboykott planten (kleine Ausstellung). Zu dem Komplex gehört das beeindruckende ***Civil Rights Memorial***.

Hank Williams Museum

Fans der Country Musik interessieren sich vielleicht für das ***Hank Williams Museum*** in der 118 Commerce Street, ✆ 334/262-3600, (www.xaust.com/hank), in dem alles über diese Altstar der Szene aus den 1950er- und 1960er-Jahren zu erfahren ist. Mo-Sa 9-17 Uhr, So 13-16 Uhr; $7.

Old Alabama Town

Nur ein paar Blocks um die Ecke steht die ***Old Alabama Town*** (*Reception Center* in der 301 Columbus Street, www.oldalabama town.com; dort hat man einen Lageplan mit Erläuterungen und kann sich ggf. Führungen anschließen). Es handelt sich dabei um rund 50 restaurierte und nachgebaute Häuser verschiedener Stile und Bauarten, die man hierher versetzt hat und die teilweise ganz normal bewohnt und genutzt werden. Einige davon sind auch von innen zu besichtigen. Ganz nett, aber kein prioritäres Ziel bei knapper Besuchszeit.

Museum of Fine Arts

Das ist anders im Fall des ***Montgomery Museum of Fine Arts*** mit einem großen modernisierten Bau im *Blount Cultural Park* am Woodmere Blvd (Straße #53, Abfahrt #6 von der I-85, dann südlich: 1 Museum Drive, Di-Sa 10-17 Uhr, Do bis 21 Uhr, So ab 12 Uhr, frei, © 334/240-4333, www.mmfa.org). Der Schwerpunkt liegt dort auf amerikanischer Kunst mit etlichen Werken von Künstlern, die auch überregional einen Namen haben wie *Hopper, Sargent, O'Keefe, Russell* oder *Remington*.

Abstecher nach Selma

Selma (www.selmaalabama.com) ein Städtchen mit 20.000 Einwohnern 50 mi westlich von Montgomery (Straße #80), wurde vor allem bekannt als Ausgangspunkt des berühmten Marsches von 25.000 Bürgerrechtlern nach Montgomery über die *Alabama River Bridge*, nachdem der erste Übergang am 7.3.1965, am »*Bloody Sunday*«, mit Gewalt verhindert worden war. Wer sich nicht so intensiv für das ***Civil Rights Movement*** interessiert, dürfte einen Abstecher nach Selma eher als weniger lohnenswert empfinden.

Im ***National Voting Rights Museum & Institute*** sind die damalige Situation und die Folgeentwicklungen dargestellt (1012 Water Street; Mo-Fr 8.30-17 Uhr, © 334/418-0800; www.nvrmi.org, Eintritt $5)

Selma diente im Bürgerkrieg als Nachschubbasis der Konföderierten mit der Folge, dass die Unionstruppen einen Großteil der Stadt 1865 in Schutt und Asche legten. Viele der übrig gebliebenen Strukturen aus der Vor-Bürgerkriegszeit finden sich im leider heruntergekommenen ***Old Town Historic District*** (*Downtown*, etwa 5 Blocks entlang Broad Street und Water Ave). Reizvoller ist die **Selma Ave** mit zahlreichen eindrucksvollen Villen neueren Datums.

Im historischen **St. James Hotel** hoch über dem Alabama River kann man authentisch und relativ preiswert übernachten (1200 Water Street, © 334-872-3234; www.stjameshotelselma.com)

Historisches St James Hotel in Selma

5

Von Montgomery nach Mobile

Von Montgomery sind es auf weitgehend ereignisloser Strecke durch Wald- und Agrarland noch **170 mi bis Mobile** an der gleichnamigen Bucht und ein paar Meilen weiter auf der Straße #287/#59 (Exit #37 von der I-65) bis zur **Alabamaküste mit ihren schneeweißen Stränden**. **Alles dazu steht auf den Seiten 486/7**.

Mobile/Alabama und die Mississippi Golfküste

Mobile

Wer auf dem Weg nach New Orleans nicht nach Mobile hineinfährt (die I-65 umgeht die Stadt westlich und stößt dort auf die Ost-West-***Interstate* #10** von Jacksonville nach Los Angeles), versäumt nicht so ganz viel. **Mobile** wirbt zwar gerne und zu Recht mit seinem Bestand an schönen *Antebellum Mansions* und *Historical Districts*, aber es gibt wenig, was man unbedingt gesehen haben »muss« und nicht anderswo ähnlich (z.B. in New Orleans) und insgesamt noch besser und gepflegter sehen könnte. Nichtsdestoweniger ist Mobile einen Zwischenstopp wert.

Anfahrt via I-10

Für manche dürfte vor allem das *Battleship Alabama* ein Motiv sein, Mobile nicht »links« liegen zu lassen. Indessen liegt der ***Battleship Memorial Park*** 2 mi östlich der Stadt an der dort eng parallel zur I-10 verlaufenden Straße #90. Wer auf der I-65 aus Richtung Norden kommt, spart einige Meilen und Zeit bei Anfahrt über die Straßenkombination #287/#59/#31 (*Exit* 37 von der I-65), die östlich von Mobile die I-10 kreuzt.

Battleship Park in Alabama

Das riesige **Weltkrieg-II-Schlachtschiff *Alabama*** ist Mittelpunkt diese Waffenparks (www.ussalabama.com) mit ausrangiertem U-Boot, B-52-Bomber, A-2-*Blackbird* und weiteren Flugzeugen, Panzerfahrzeugen und Geschützen.

Das waffenstarrende Ungetüm darf von der Kommandobrücke bis zum Maschinenraum auf eigene Faust erkundet werden, ebenso das U-Boot. Täglich im Sommer 8-18 Uhr, sonst bis 16 Uhr; Eintritt $12; Kinder bis 11 Jahre $6; Parken $2.

Schlachtschiff Alabama am frühen Abend

Geschichte

Mobile wurde in strategisch günstiger Position an der Mündung des Mobile River in die später ebenso genannte Bucht von einem *Jean Baptiste Le Moyne, Sieur de Bienville*, 1702 gegründet. Die Siedlung verdankt ihren Namen dem regionalen Stamm der ***Maubilla***-Indianer. Bis 1719 war sie Hauptstadt von Französisch-Louisiana. Sie geriet 1763 kurzzeitig unter englische Herrschaft und fiel 1779 an Spanien, ehe sie 1813 von den jungen USA übernommen wurde. Vor dem Bürgerkrieg war Mobile das südliche Zentrum des Baumwollhandels, was nicht zuletzt der Lage an der geschützten Bucht mit dem einzigen Seehafen Alabamas zu danken war. Als 1865 Unionstruppen Mobile besetzten, nahm die Stadt kaum Schaden, so dass viele Antebellum-Strukturen bis in die Gegenwart erhalten blieben.

Mobile hat heute rund **200.000 Einwohner** und lebt in erster Linie vom Hafen, Werften, Chemie- und Holzindustrie.

Karneval

Mobile gilt als die wahre **Wiege des *Mardi Gras***. Lange vor New Orleans existierten hier bereits Karnevalsgesellschaften und fanden Umzüge statt. Diese Tradition existiert nach wie vor. Anders als in New Orleans, wo *Mardi Gras* leicht in Besäufnis und Gewalt ausartet, ist er in Mobile eher ein Familienereignis.

Information

Das ***Fort Condé Welcome Center*** ist dank Ausschilderung nicht zu verfehlen, ➪ unten, ✆ 1-800-566-2453, www.mobile.org.

Unterkunft

Da Mobile Kreuzungspunkt der I-65 mit der I-10 und Kongressstadt mit einem architektonisch beachtlichen ***Convention Center*** am Mobile River ist (Water Street), gibt es jede Menge Quartiere. Wenn nicht gerade ein Kongress stattfindet, sind daher Motel/Hotelzimmer reichlich und preiswert vorhanden. Sie ballen sich vor allem an Ausfahrten der I-10 westlich von Mobile (*Exit* 15B)

5

und der Stadtumgehung I-65 (*Exit* #3, Airport Blvd) und auch entlang der Government Street (Straße #90, *Exit* #1 von der I-65).

Dank der vielen alten Villen verfügt Mobile über eine ganze Reihe von ***B&B Places***. Eine komplette Liste hat das *Welcome Center*; sie steht auch mit allen individuellen Websites zum Weiterklick im Internet unter www.mobile.org.

Camping

Der kommerziell betriebene ***I-10 Campground*** liegt schattig im Wald ca. 8 mi westlich von Mobile (unweit südlich der *Interstate, Exit* #13; ✆ 1-800-272-1263; ab $22).

Orientierung

Downtown* Mobile** wird umschlossen von einer Ringstraße, gebildet durch Beauregard Street (Norden), Broad Street (Westen), Government Street (Süden) und die Water Street, die am hier sehr breiten Mobile River entlang läuft, der die Stadt nach Osten begrenzt. Hauptachsen im Ost-West-Verlauf sind Dauphin und Government Streets. Der Bienville Square bildet das Herz der Innenstadt. Die I-10 führt im Tunnel unter dem Fluss hindurch und berührt die Innenstadt in ihrer südöstlichsten Ecke. Wer die I-10 an der Ausfahrt #26B, dem ***Water Street Exit verlässt, gelangt fast automatisch zum einst französischen ***Fort Condé*** mit der ***Visitor Information*** (150 S Royal/ Church Street, 9-17 Uhr, Parkplatz).

Fort Condé

Das Fort ist ein idealer Ausgangspunkt für Stadtbesichtigungen, da man von dort aus gut in die Innenstadt laufen (Stadtplan im *Visitor Center*) oder den kostenlosen ***Tour Trolley Modal*** besteigen kann, der eine Rundstrecke durch die Stadt abfährt.

Das alte restaurierte ***Fort*** entspricht dem Zustand von 1735 und ist für sich ein kleines Museum mit Waffenkammer, Unterkünften, vielen Dokumenten, Fotos und Ausgrabungsstücken.

Museum of Mobile

Gegenüber dem Fort, im *Southern Market/Old City Hall* steht das ***Museum of Mobile*** (111 S Royal St, Mo-Sa 9-18, So 13-15 Uhr, $5, www.musueumofmobile.com). In fünf Sälen geht es um das (frühere) Leben in und die Geschichte von Mobile.

Historische Viertel

Die **Dauphin Street** ist die Lebensader der Stadt mit zahlreichen Cafés, Restaurants und Kneipen. Im einstigen Arbeiterviertel ***Church Street East Historical District*** befindet sich der älteste Friedhof der Stadt: *Church Street Cemetry*. Das sehenswerteste Gebäude ist dort das säulenverzierte ***Bragg-Mitchell Mansion*** von 1855 (1906 Springhill Ave).

Das Zentrum des prächtigsten historischen Viertels, des ***Oakleigh Garden Historical District***, findet man um den Washington Square (beliebter Veranstaltungsort für Festivals, Mardi-Gras und Konzerte) und die Government Street herum. Sehenswert sind dort das ***Oakleigh Period House Museum*** von 1833 (350 Oakleigh Place) und das daneben liegende ***Cox-Deasy House***.

Im ***DeTonti Square Historical District*** liegt das ***Richards-DAR House*** (256 N Joachim St), das wegen seiner Arkaden und aufwendigen Gussbalustraden à la New Orleans ins Auge fällt. Im Inneren des Hauses ist Luxus pur zu bestaunen.

Von Mobile nach New Orleans

Nachdem im August 2005 der Hurrikan *Katrina* nicht nur New Orleans, sondern auch die Mississippi Golfküste arg in Mitleidenschaft gezogen hatte (➪ Kasten umseitig), warteten auch im November 2006 noch 100.00 Menschen in Notunterkünften auf ihre Rückkehr an ihre Wohnorte an der *Gulf Coast*, obwohl allein in Mississippi für die Schädenbeseitigung etc. bereits $10 Mrd. ausgegeben wurden, sagt die US-Regierung.

Straße #90

Weitgehend wiederhergestellt ist die Küstenstraße #90, aber ohne die ***St. Louis Bay Bridge***, die noch bis weit nach 2007 hinein außer Betrieb sein wird. Eine Fähre ersetzt sie teilweise. Der Hauptverkehr läuft bis Abschluss der Reparaturen über die I-10. Was die »Tourismusindustrie« angeht, sind zwar viele der Kasinos (!) bereits wieder im Geschäft, ebenso die dazugehörigen Resorthotels, aber ein Teil der sonstigen touristischen Infrastruktur liegt noch am Boden. Ein Problem sind dabei die aufgespültenStrände, deren Sand sich nach *Katrina* an Land auf der Straße #90 wiederfand.

Situation Mississippi

Es wird noch einige Zeit dauern, bis die Mississippi-Küste den früheren Grad der Attraktivität zurückgewinnt, wobei der nie sonderlich hoch war und mit den Alabama- und Florida Stränden nicht konkurrieren konnte.

Trotzdem an die Mississippi Golfküste?

Als Motive, auf der Route Mobile-New Orleans die I-10 zu verlassen und der parallelen Straße #90 an der Golfküste entlang zu folgen, kommen zur Zeit nur in Frage

- **Neugier**, um sich die Spätfolgen von *Katrina* 'mal anzusehen
- die Gelegenheit zum Besuch der **Spielkasinos**
- der Wunsch, die vorgelagerten Inseln der *Gulf Islands National Seashore* zu besuchen (von Gulfport & Biloxi fahren Ausflugsboote nach **Ship Island**)

Gulf Islands Nat'l Seashore

Ohnedem lohnt sich zur Zeit eigentlich nur der Abstecher zum ***Visitor Center*** der ***Gulf Islands National Seashore*** östlich von Ocean Springs an der Straße #90 (von der I-10 Ausfahrt #57). Es liegt pittoresk am ***Davis Bayou***, einem Mangrovensumpfgebiet, das vor der Trockenlegung bewahrt wurde und naturbelassen blieb. Dort warten *Nature-* und *Canoe-Trails* (mit Bootsverleih). Auch ein schöner, aber einfacher ***Campground*** gehört zum Gelände; *first-come-first.served*; $16.

Nach New Orleans

Nach ca. 140 mi ab Mobile ist New Orleans erreicht. Die Einfahrt von Osten ist gekennzeichnet durch spektakuläre Brückenkonstruktionen über zahlreiche *Bayous* und Kanäle.

»Katrina« in Mississippi

Der Staat Mississippi verfügt über eine ca. 130 km lange, ursprünglich komplett versumpfte Küste am Golf von Mexiko. Die Mangrovensümpfe wurden dort großenteils trockengelegt, die Uferzonen dicht besiedelt, breite Strände entstanden durch Aufspülung. Die durch Katrina ausgelöste Flutwelle drang dort stellenweise ungehindert mehrere Meilen ins Land und zerstörte unzählige Häuser zwischen Louisiana und Pascagoula, soweit der Sturm dies noch nicht geleistet hatte. Die bei Biloxi und Gulfport installierten Kasinoschiffe wurden aufs Land geworfen und großenteils irreparabel beschädigt. Lediglich massive Strukturen aus Stein und Beton, darunter Hotels und Spielkasinos wie das *Hard Rock Casino Hotel* samt der weltgrößten Gitarre direkt an der Küste, trotzten Sturm und Wasser.

Aber selbst die Brücke über die Bay St. Louis hielt der Wucht der Wellen nicht stand. Die Fernsehbilder von den (Holz-) Trümmerlandschaften zwischen Biloxi und Waveland an der Küstenroute gehörten anfangs zu den besonders häufig gezeigten. Da sich das Wasser großenteils rasch wieder zurückgezogen hatte, gab es danach wenig zu berichten; das Fernsehen verlor das Interesse an Mississippi und konzentrierte sich auf das überschwemmte New Orleans.

Da hier die Bevölkerung überwiegend rechtzeitig evakuiert worden war, kam es nicht zu vergleichbar hohen Opferzahlen wie beim Tsunami in Asien. Insgesamt wurden in Mississippi »nur« etwas über 200 Tote beklagt. Ohne das Überschwemmungsproblem konnten kurzfristig Aufräumarbeiten und Reparaturen beginnen. Bereits im Oktober 2005 war an Mississippis Küste die gesamte Strom- und Wasserversorgung wieder intakt. Auch die Telefone funktionierten bald darauf. Läden, Supermärkte, Restaurants und Tankstellen sind – soweit nicht zerstört – lange wieder geöffnet. Die meisten Straßen sind wieder frei. Auch die nicht nur durch Trümmer und entwurzelte Bäume, sondern zusätzlich durch großflächige Sandüberspülungen und kaputte Brücken lange unpassierbare #90 ist wieder befahrbar, aber nicht durchgehend, denn die Arbeiten zur Wiederherstellung der Brücke über die Bay St. Louis ziehen sich mindestens bis 2007 hin.

Aktuelle Details findet man im Internet unter www.gulfcoast.org und www.gulfcoastnews.com

6 Am Mississippi

»American Queen«, der zur Zeit größte und luxuriöseste aller Mississippi-dampfer am Anleger in Natchez

6. AM MISSISSIPPI

6.1 Der »Grosse Fluss«

Verlauf

Der Mississippi ist mit ca. **3.700 km** von seinen Ursprüngen im Seengebiet von Minnesota nahe der kanadischen Grenze bis zum Golf von Mexico **der längste Fluss Nordamerikas**. Bis Minneapolis/St. Paul, 1.800 km Luftlinie von der Mündung entfernt, ist er schiffbar. Zusammen mit dem **Missouri**, der sich – aus Montana kommend – bei St Louis mit dem Mississippi vereinigt, gehört dieser Wasserlauf neben dem Nil mit seinen Zuflüssen und dem Amazonassystem zu den längsten der Welt.

Mündungsbereich

Unterhalb von New Orleans hat der sedimentbeladene Mississippi über die Jahrtausende eine ca. **100 km lange Halbinsel** förmlich in den Golf hineingeschoben und an deren Ende ein Mündungsdelta gebildet. Während der Hauptlauf des Stroms heute eingedeicht ist und eine Fahrrinne für Seeschiffe bis New Orleans besitzt, findet sich entlang des Flusses und im Süden Louisianas ein vom wechselnden Lauf des Mississippi über die Jahrmillionen gebildetes Labyrinth von Entwässerungsflüssen und alten Armen, sog. ***Bajous***, Seen, Buchten und Inseln. Marschen, Zypressensümpfe und ein subtropisches Klima kennzeichnen das Gebiet.

Kernland Louisianas

Das dicht besiedelte Kernland Louisianas liegt oberhalb (nördlich) dieser Region mit und **zwischen New Orleans und Baton Rouge**, der Hauptstadt des Staates. Darüber und vor allem westlich des Flusses erstreckt sich ein weiträumiges Hinterland.

Geschichte

1542 erreichte der Spanier ***Hernando de Soto*** als erster Europäer den Fluss, dessen Bezeichnung auf das indianische ***»misi sipi«***, das große Wasser, zurückgeht. Der Franzose ***Robert Cavalier*** erklärte 1682 alles Land am Fluss und westlich davon bis hinauf nach Kanada und an die Grenzen der heutigen Staaten Oregon und Washington (damals britische Kolonien) zu »Besitz« der französischen Krone, seinerzeit unter König Louis XIV., daher der Name ***Louisiana***. 1718 wurde New Orleans gegründet, und etwa ab 1750 begann die »weiße« Besiedelung der Mississippiufer auch ober- und unterhalb der Stadt; insbesondere die Akadier aus Neu-Schottland, die ***Cajuns*** (➪ Seite 568), sorgten ab 1755 für eine größere Einwanderungswelle. 1763 verkaufte Frankreich die Region an Spanien, das sie aber 1800 an Frankreich zurückgab. Nur wenig später erwarben die USA 1803 im ***Louisiana Purchase*** (200-Jahr-Feiern fanden überall am Mississippi, aber speziell in Louisiana 2003 statt) das gesamte von Frankreich beanspruchte Gebiet für ganze $15 Mio. von *Napoleon*. Schon **1812 wurde Louisiana 18. US-Bundesstaat** und zunächst New Orleans die Hauptstadt; www.50states.com/louisian.htm.

200 Jahre Louisiana Purchase wurde 2003 mit großen Feiern überall begangen. Der gelbe Bereich in der Karte im Kreis zeigt das für nur $15 Mio. erworbene riesige Gebiet

Dampfschiffahrt

Bereits im frühen 19. Jahrhundert begann die Dampfschiffahrt auf dem Mississippi und seinen 45 schiffbaren Nebenflüssen. Zu den Frachttransportern gesellten sich bald **nach dem Bürgerkrieg Passagierschiffe**, die für den großen Fluss typischen Flussdampfer mit riesigen Antriebsrädern, sog. ***Sternwheeler*** (*stern*=Heck), und oft luxuriösen Hotelaufbauten. Sie vor allem sorgten neben ***Tom Sawyer*** und ***Huck Finn*** für eine romantische Verklärung des Mississippi. In der Realität gab es eher Gefahren und Entbehrungen. Der Fluss trat vor seiner Eindeichung oft über die Ufer und verursachte riesige Überschwemmungen; bei Schiffsführern galt er als unberechenbar. Oft genug führten Navigationsfehler zum Auflaufen von Schiffen und Kesselexplosionen, die den ***Riverboats*** zum Beinamen **»Schwimmende Vulkane«** verhalfen.

Mississippi heute

Mit dem vermehrten Bau von Bahnstrecken kam die Schiffahrt auf dem Mississippi Anfang des 20. Jahrhunderts zunächst weitgehend zum Erliegen. Erst der spätere Niedergang auch der Eisenbahn brachte eine Renaissance des Flusstransports. Heute gibt es wieder einen regen Frachtverkehr bis hinauf nach St. Paul/Minnesota, und über 7.000 Hochseeschiffe laufen jedes Jahr den Hafen von New Orleans an. Für moderne Raddampfer-Nostalgie sorgt die ***Delta Queen Steamboat Company*** (www.deltaqueen.com), die mit drei riesigen *Sternwheelers* nicht nur den Mississippi 'rauf und 'runter dampft, sondern auch die großen Nebenflüsse Tennessee und Ohio/Cumberland River bis Chattanooga, Nashville, Louisville, Cincinnati und Pittsburgh abfährt.

6.2 New Orleans

6.2.1 »Rebirth« of New Orleans nach Katrina

Hurricane Katrina

Nachdem am 29.August 2005 der **Hurrikan Katrina** über die Golfküste von Louisiana bis Alabama gezogen war und speziell in und um New Orleans und entlang der Küste des Staates Mississippi eine Spur der Verwüstung hinterlassen hatte, glaubte niemand an eine rasche »Wiederauferstehung« von New Orleans. Wiewohl sich die offizielle Tourismusbehörde ***New Orleans Convention & Visitors Bureau*** auf ihrer Website bereits 12 Tage nach der Katastrophe, während 60% der Stadt noch unter Wasser standen, erstmalig an »alte Freunde und Besucher« wandte, die weitgehende Unversehrtheit der Altstadt erläuterte und gleichzeitig die Wiederherstellung der alten Herrlichkeit mit Jazzkneipen und Genüssen kreolischer Küche in naher Zukunft ankündigte.

Comeback of the year 2006

Als im Februar 2006 tatsächlich schon wieder der Karneval ***Mardi Gras***, wenn auch in leicht reduziertem Rahmen, stattfand und im April/Mai ebenso das traditionelle ***Spring Jazz Festival***, machte trotz aller noch bestehenden Probleme das Schlagwort von der »***Rebirth of New Orleans***« die Runde. Untermauert wurde diese Feststellung durch einen bereits im Januar veröffentlichten Artikel »***Comeback of the Year: New Orleans***« der *New York Times*. Und bei uns schrieb im August der *Spiegel*: »***Comeback* mit Pauken und Trompeten**, die *Big Easy* (Große Leichtigkeit) ist zurück«.

Im **folgenden Kasten** sind die wichtigsten Fakten zum Desaster um Katrina beschrieben, außerdem der Stand der Dinge gute fünfzehn Monate danach.

Hurrikan Katrina und die Folgen

Der Hurrikan *Katrina* sorgte in New Orleans und den Küstenregionen von Mississsippi für die schwersten Schäden durch eine Naturkatastrophe in den USA seit dem großen Erdbeben in San Francisco im Jahr 1906. Dabei richteten nicht so sehr die direkten Wirkungen des Sturms den größten Schaden an, sondern die nachfolgenden Flutwellen. Die durch keinerlei Deiche geschützten Küstenstriche Louisianas nordöstlich von New Orleans und Mississippis wurden kurzzeitig von einer Riesenwelle überrollt. Der mit dem Golf von Mexico verbundene Binnensee Lake Pontchartrain (maximale Breite ca. 36 km, Länge ca. 60 km), unter dem sich im wahrsten Sinne des Wortes ein Großteil von New Orleans erstreckt, trat über seine ebenfalls ungeschützten Nordufer und setzte die dort liegenden Orte unter Wasser, zog sich aber im Gegensatz zum offenen Meer nicht wieder binnen kurzem zurück. Gleichzeitig drückte er auf und über die New Orleans schützenden Deiche des Südufers und die Schutzmauern entlang breiter die Stadt durchziehende Entwässerungskanäle und eine Verbindung zum Mississippi. An mehreren Stellen kam es zu Deich- bzw. Mauerbrüchen. Alle unter dem Pegel des Sees liegenden Stadtteile liefen voll Wasser. 160.000 Häuser wurden zerstört oder so ruiniert, dass an Reparatur nicht mehr zu denken ist.

Die Bilder sind dank intensiver Fernsehberichterstattung bekannt; Kommentare und Bewertungen erübrigen sich daher an dieser Stelle; www.cnn.com/SPECIALS/2005/katrina.

In der Zwischenzeit läuft das Leben in den zentralen Bereichen von New Orleans weitgehend normal. Touristische Besucher, die nicht gerade Trips in und durch die zerstörten Stadtteile buchen, bemerken von den Folgen Katrinas nichts bis wenig. Im ***French Quarter/Vieux Carré*** und anderswo sind die Kneipen, Restaurants, Jazzlokale und Shops lange wieder geöffnet. Rundfahrten durch die von der Katastrophe besonders betroffenen Gebiete, die mit Schuttbergen entlang der Straßen und ihren ruinierten Häusern streckenweise immer noch aussehen wie nach einem Bombenangriff, sind der Renner.

Flüge, Bahnen und Fernbusse verkehren – bei einer um etwa 30% verminderten Frequenz – wieder wie vor *Katrina* (ohne verlassene und gesperrrte Stadtteile). Aber die Einwohnerzahl beträgt im Stadtgebiet New Orleans zur Zeit auch nur ganze. 47% der Vor-Katrinazeit (kürzlich erhobene maximal 225.000 gegenüber 485.000 im Juli 2005). Im gesamten Großraum New Orleans sank die Zahl der Einwohner von 1,3 Mio auf 1,1 Mio.

Auch das Gros des lokalen **Busverkehrs** einschließlich der **Straßenbahnen** die Canal Street hinunter und zwischen Kongresszentrum und *French Quarter* ist wieder in Betrieb. Die ***St. Charles Streetcars*** fahren erst wieder 2007.

Autobahnen und alle großen Zufahrtstraßen sind mit ihren Brücken repariert. Und nach offiziellen Angaben gilt das seit Anfang Juni, dem Beginn der Hurrikan-Saison, auch für alle seinerzeit zerstörten **Deiche, Wehre und Pumpstationen**. Es heißt, der Stand der Vor-Katrina-Zeit sei wieder erreicht, wobei die nun erneuerten Strukturen besser und widerstandsfähiger seien. Gleichzeitig wird weitergebaut an Deicherhöhungen und -verstärkungen etc. Die Arbeiten daran werden sich aber noch bis 2010 hinziehen. **Kritische Stimmen** behaupten indessen, die Situation sei weit weniger positiv als offiziell dargestellt, die notwendigen Reparaturen erst zu 80% durchgeführt, so dass ein neuer Sturm der Katrina-Klasse New Orleans ein zweites Mal unter Wasser setzen würde. Kritik erhebt sich auch am Zustand der seinerzeit überfluteten Gebiete. Die Aufräumarbeiten kämen nur schleppend voran; neben Schlamperei und Korruption seien dafür nicht zuletzt politische Ränkespiele und Bodenspekulation verantwortlich. Bestimmte Kreise hätten gar kein Interesse daran, dass ein Großteil der in erster Linie betroffenen schwarzen Unterschicht zurückkehrt.

Die **Innenstadthotels**, aber ebenso **Motels und Hotels** in anderen Bereichen, w.z.B. rund um den Airport, haben wieder geöffnet. Insgesamt heißt es, seien ca. 75% der früheren Bettenkapazität erreicht. In/bei New Orleans unterzukommen ist kein Problem mehr, zumal nach und nach viele Aufbauhelfer abziehen, die ganze Hotels belegten, siehe Website nächster Absatz.

Wer sich selbst ein detaillierteres Bild machen möchte, sollte die offizielle Website der *New Orleans Visitor Information* im Internet aufrufen: www.neworleanscvb.com, die schon länger mit den Slogan »***The Rebirth of New Orleans***« wirbt und dazu schreibt: »*New Orleans is returning stronger and better than ever, and we are eager to welcome you*«.

6.2.2 Geschichte

Gründung und spanische Periode

Ein *Jean-Baptiste le Moyne* gründete **1718 La Nouvelle Orléans**, benannt nach Philip II., Herzog von Orléans. Kern der Siedlung war die heutige *Old Town* am Mississippi, nach seinem Ursprung auch *French Quarter* bzw. *Vieux Carré* genannt. 1763 übernahm Spanien die Herrschaft über die französische Kolonie im Süden Nordamerikas und damit auch über New Orleans. Nachdem die Stadt durch Brände 1788 und 1794 fast vollständig zerstört worden war, entstand die bis heute erhaltene Altstadt. Da sie aus der spanischen Epoche stammt, müsste sie eigentlich *Spanish Quarter* heißen, auch wenn französisch geprägte Stilelemente nicht zu verkennen sind.

Battle of New Orleans

Offiziell fiel Louisiana zwar bereits 1800 an Frankreich zurück, de facto hatte die spanische Verwaltung aber bis 1803 Bestand, als die USA die Region übernahmen (⇨ oben, *Louisiana Purchase*). Wie bereits erläutert, wurde Louisiana 1812 Bundesstaat mit New Orleans als Hauptstadt (bis 1849, danach Baton Rouge). Kurz darauf kam es zu einem letzten Konflikt zwischen den USA und England. In der ***Battle of New Orleans*** schlugen 1815 zusammengewürfelte US-Truppen unter *Andrew Jackson* eine britische Invasionsarmee vernichtend. Zwar erwies sich die Schlacht nachträglich als gegenstandslos, da bereits vorher in London ein Friedensvertrag geschlossen worden war; sie wurde nichtsdestoweniger ein Markstein des amerikanischen Patriotismus'.

Bürgerkrieg

Nach einer Blütezeit – New Orleans wuchs bis 1840 zur viertgrößten Stadt der USA heran – brachen mit dem **Bürgerkrieg** harte Jahre an. Da Louisiana zur Konföderation gehörte, besetzten Unionstruppen schon bald nach Beginn der Auseinandersetzung 1862 die Stadt und sicherten damit für die Kanonenboote der Union den Zugang zum Mississippi.

Neuzeit

Nach dem Krieg verhinderten Gelbfieberepidemien und ungelöste Probleme der Wasserversorgung lange die wirtschaftliche Erholung

Ein Monument, ein paar alte Kanonen und eine leere Südstaatenvilla markieren heute das Schlachtfeld der Battle of New Orleans. Im Besucherzentrum gibt's einen ganz aufschluß-reichen Film zum Geschehen

der Stadt. Erst nach Entdeckung von Ölquellen ging es mit der Region ab 1901 wieder aufwärts. New Orleans entwickelte sich später dank des vertieften *Gulf Tidewater Channel* im Hauptstrom des Mississippi zu einem bedeutenden Industriezentrum und Hafen 100 mi von dessen Mündung entfernt. Industrie- und Hafenanlagen wurden durch ***Katrina*** zwar beschädigt, aber nicht wirklich hart getroffen, und funktionieren lange wieder normal.

6.2.3 Geographie, Klima und Bevölkerung

Lage

New Orleans liegt zwischen **Mississippi** und **Lake Pontchartrain**, einem großen, vom Meer gespeisten Binnensee. Der alte Stadtkern befindet sich in einer weiten sichelförmigen Biegung des Flusses und ist auf einstigem Sumpfgelände errichtet, das großenteils unter den Hochwassermarken von Fluss und See liegt. Entwässerungskanäle und laufend betriebene Pumpanlagen sorgen dort (nach *Katrina* wieder) für trockenes Gelände.

Wer New Orleans mit dem Auto anfährt oder verlässt, wird sie als **Stadt der Brücken** erleben: enorme Konstruktionen überspannen den Mississippi, und im Osten überqueren die I-10 und die Straße #90 zahlreiche Wasserläufe. Die flach über den Lake Pontchartrain geführte Trasse soll mit 25 mi längste Brücke der Welt sein.

Klima

Das Klima in diesem Bereich ist fast **subtropisch** mit Temperaturen von ca. 20°C (max. 26°C, min. 15°C) im Jahresmittel. Die Sommerdurchschnittstemperaturen (Juni-August) betragen 27°C, im Winter liegt der Durchschnitt bei beachtlichen 12°C, in den Frühjahrs- und Herbstmonaten sind es angenehme 21°C. Man beachte, dass es sich hier um 24-Stunden-Durchschnitte handelt.

Weniger angenehm sind eine meist sehr hohe **Luftfeuchtigkeit** und starke **Regenfälle**: rund 1800 mm Niederschlag pro Jahr machen New Orleans zur regenreichsten Großstadt der USA.

Reisezeiten

Soweit die statistischen Werte. Für Besucher ist folgendes wichtig zu wissen: **Tagestemperaturen über 30°C bis zu 40°C** sorgen in Verbindung mit der Schwüle **von Mai bis einschließlich September** für ein Klima, das ohne *Air Conditioning* nur schwer zu ertragen wäre. Nachts sinken die Temperaturen in dieser Zeit selten unter 20°C und bleiben oft deutlich darüber. Gewitter mit den erwähnten sintflutartigen Güssen sind vor allem im Juli und August häufig, wenn fast jeder zweite Tag Regen mit sich bringt. Die **Wintermonate** sind mild mit einer – nach unseren Maßstäben – frühlingshaften bis frühsommerlichen Witterung. Aber Kälteeinbrüche mit Nachtfrösten kommen durchaus vor. **Beste Besuchszeit** sind die Monate **März/April** und **Oktober/November**.

Bevölkerung

Im **Großraum New Orleans** leben heute – nach *Katrina* – etwa **1,1 Mio** Menschen, in der City vor *Katrina* ca. 485.000, im August 2006, ein Jahr später, nur noch 225.000, ca. 47% der Vor-*Katrina*-Zahl. Rund 60% der Bevölkerung waren Afro-Amerikaner. Zur Zeit dürften es nur noch 30%-40% sein.

Die **Kreolen**, Nachkommen der ersten Siedler aus Spanien und Frankreich, bilden die gesellschaftliche Elite der Stadt. Die meisten aus New Orleans stammenden Berühmtheiten waren/sind dunkler Hautfarbe, so *Louis Armstrong*, *Fats Domino*, *Mahalia Jackson*, die *Neville Brothers* oder *Andrew Young*. Über New Orleans hinaus prominente Weiße sind u.a. die Autoren *George Washington Cable* und *Truman Capote* sowie der Musiker *Al Hirt*.

Sprache

Erst mit dem vermehrten Zuzug von Amerikanern wurde Französisch als Hauptsprache 1821 vom Englischen abgelöst. Dennoch haben sich bis heute viele französische Begriffe erhalten, wenn auch oft mit verballhornter amerikanischer Aussprache, etwa wie im Fall des Stadtnamens: »***N'Awlins***« sagen Einheimische.

Die Jungfrau von Orleans ganz in Gold hinter alten Kanonen vor den Flaggen der USA, Frankreichs und Louisianas symbolisieren die Geschichte der Stadt

6.2.4 Praktische Informationen

Info-Centers/ Websites

- ***New Orleans Convention*** **&** ***Visitors Bureau***, 2020 St. Charles Avenue, New Orleans LA 70130, **Hotline**: ✆ 1-800-672-6124.
- In der **529 St. Ann Street** (am **Jackson Square** mitten im *French Quarter*) befindet sich die offizielle ***New Orleans Visitor Information***, ✆ 504-566-5031.
- Das ***Jean Lafitte Visitor Center*** (419 Decatur, ✆ 504-589-2636, täglich 9-17 Uhr) ist in erster Linie auf den *Natonal Historical Park* mit einer Reihe von Gebäuden bezogen (www.nps.gov/jela)
- www.neworleanscvb.com
  www.neworleans.com
  www.neworleansonline.com
  www.neworleansmuseums.com
  www.bestofneworleans.com
  www.discoverneworleans.com
  www.mapneworleans.com

In den Besucherinformationen, aber auch in den Rezeptionen vieler Hotels liegen **kostenlose Stadtmagazine** aus, die über aktuelle Zeiten (Fahrpläne, Museen etc), Preise und Veranstaltungstermine informieren.

Orientierung

Anfahrt

Die meisten im Auto anreisenden Besucher aus westlicher, nördlicher und östlicher Richtung nähern sich New Orleans auf der ***Interstate* #10**. Sie läuft durch die ganze Stadt und besitzt mehrere Ausfahrten in Zentrumsnähe. Die ebenfalls als *Freeway* ausgebaute **Straße #90** überquert den Mississippi zwischen *French Quarter* und *Garden District*. Zum Besuch von *Downtown* verlässt man sie am besten über die Ausfahrt St. Charles Ave.

Bezirke

Downtown umfasst den ***Central Business District*** (Kürzel: *CBD*) und das angrenzende ***French Quarter***. ***Uptown*** oder ***Upriver*** nennt man Stadtteile weiter stromaufwärts, i.e. westlich des *CBD*. Dazu gehören u.a. der ***Garden District***, das Universitätsviertel, der *Audubon Park* und Carrollton. Den großen Bereich zwischen Carollton Ave, Esplanade Ave und Mississippi nennt man auch **Riverside** im Gegensatz zu **Lakeside**, das sich nördlich der I-10/I-610 erstreckt und 2005 weitgehend »abgesoffen« ist.

Parken

Es ist so gut wie unmöglich, im zentralen Bereich von New Orleans kostenlos zu parken. Im ***CBD*** (westlich der zentralen Achse Canal Street) steht eine Reihe gut ausgeschilderter Parkhäuser. Großflächige Parkplätze befinden sich zwischen *French Quarter* und Canal Street (ab $4/Stunde!).

Es gibt zwar in der ganzen Stadt und auch im und rund um das ***French Quarter*** viele **Parkuhrenplätze**, doch die sind meist besetzt; außerdem gelten dort begrenzte Parkzeiten (freie Parkuhren bis 90/120 min findet man noch am ehesten an der Rampart Street oder an der Esplanade Ave, ➪ Karte, Seite 548).

Eine gute Parkoption (nicht für Campfahrzeuge, mit denen man aber ohnehin lieber nicht in die Innenstadt fahren sollte) im zentralen Bereich ist das **Parkhaus über der *Shopping Mall* »*Canal Place*«** am unteren Ende der Canal Street. Zwischen den 3 Stockwerken des *Canal Place* und dem *Wyndham Hotel* in den oberen Etagen ist dort viel Platz, und man steht zu niedrigeren Gebühren als gegenüber auf den rumpeligen Plätzen fürs *French Quarter*. Bei Einkauf im *Canal Place* wird ggf. ein Teil der Gebühr erstattet. **Zufahrt** am besten über die St. Peter Street, dann *Canal Place* passieren und rechts ab in die Iberville Street und wieder rechts Front Street zur Einfahrt (hört sich komplizierter an, als es ist).

Etwas weiter entfernt von der *Old Town* erstreckt sich westlich hinter dem *Riverwalk Marketplace*, einer weiteren *Shopping Mall*, das riesige ***Convention Center*** mit ebenfalls viel Parkkapazität. Von dort verkehrt die rein touristische Straßenbahn ***Riverfront Line*** ins *Vieux Carrée*, aber man kann den etwa einen Kilometer von dort bis zum Jackson Square gut auch auf der Promenade am Mississippi entlang laufen, die am Aquarium beginnt.

Wer einigermaßen zentral übernachtet und einen **Parkplatz am Hotel** hat, sollte das Auto am besten dort stehen lassen, zu Fuß gehen, per Taxi fahren oder öffentliche Verkehrsmittel nutzen.

Blick von Süden auf die Canal Street mit der Canal Street Straßenbahn

Öffentlicher Transport und Führungen

Streetcars

Tatsächlich lassen sich von einem halbwegs günstigen Ausgangspunkt in *Downtown* oder *Garden District* die wichigsten Attraktionen in New Orleans zu Fuß oder per Straßenbahn erreichen.

Die bereits erwähnte ***Riverfront Line*** verkehrt trotz der verheißungsvollen Bezeichnung außer Sichtweite des Mississippi jenseits der Eindeichung ($1,25).

Eine neuere Straßenbahn fährt auf der **Canal Street** von der *Riverfront* bis zum *City Park* (*Museum of Art*).

Uralt und daher eine eigenständige Sehenswürdigkeit sind die grün-schmuddeligen ***St. Charles Streetcars*** ($1,25; ➪ Details auf Seite 558, erst ab ca. Frühsommer 2007 wieder in Betrieb).

Busse

Außerdem gibt es ein relativ gut ausgebautes Netz von Buslinien. Nach Katrina war die Benutzung öffentlicher Verkehrsmittel fast ein Jahr lang gratis. Seit Auguste 2006 gelten wieder die »alten« Tarife: $1,25, Umsteiger (*Transfer*) $0,25; Expressbus $1,50.

Tages-tickets

Es gibt auch wieder **1-Tages-Pässe für $5** und **3-Tage-Pässe für $12** für *Streetcars* und Busse.

Aktuelle Information zu Fahrplänen und Tarifen bei der ***Regional Transit Authority***, ✆ 504/248-3900; www.norta.com/fares.php.

Geführte Touren

In New Orleans wurden und werden wieder zahlreiche geführte Trips angeboten, seien es Stadtrundfahrten oder Ausflüge zu Attraktionen der Umgebung wie den ***Bayous*** und ***Ante Bellum Plantations*** (➪ Seite 564ff). Auch an ***Voodoo-Ritualen*** (➪ Seite 554).und ***Jazz Funerals***, Beerdigungen mit Jazzmusik) kann man teilnehmen. Gemeinsam ist allen Touren ein recht hohes Preisniveau.

Katrina Tours

Zur Zeit und – wie es aussieht – sicher noch eine ganze Weile, haben Touren durch die von den Fluten nach Katrina zerstörten und und verlassenen Stadtteile Konjunktur. Die *Tour Guides* stammen dabei meist aus diesen Gebieten und beschreiben drastisch die Geschehnisse nach dem Landfall des Hurrikans:

- ***Gray Line Katrina Tours***, ca. 3 Stunden im Rundfahrtbus 2x täglich, $35; ✆ 1-800-535-7786; www.graylineneworleans.com.

- ***Tours by Isabelle***, ca. 3-4 Stunden 2x täglich im Van bis zu 12 Personen auch dahin, wo der Bus nicht hinkommt, $53; ✆ 1-877-665-8687; www.toursbyisabelle.com.
- ***Cajun Encounters***, ca. 2-3 Stunden vormittags per Bus mit bis zu 30 Passagieren durch die betroffenen Zonen und über einen der berühmten New Orleans Friedhöfe (➪ Seite 560), $42; ✆ 1-866-928-6877; http://cajunencounters.com.

Walking Tours

Kostenlos und empfehlenswert sind die ab ***Jean Lafitte Center*** (419 Decatur) von Rangern durchgeführten Touren (Ticketausgabe ab 9 Uhr für die ***History of New Orleans Tour***, täglich 10.30-12 Uhr; Reservierungen für die ***Garden-District-Tour*** um 14.30 Uhr). Gut sind auch die ***Friends of the Cabildo Walking Tours*** (Mo 13.30, Di-So 10 und 13.30, ✆ 504/523-3939; sie kosten $10).

Mehrere Veranstalter haben sich spezialisiert, z.B. auf Touren durch den *Garden District* oder über Friedhöfe – z.B. ***Hidden Treasures*** (✆ 504/529-4507) oder ***Historic New Orleans Walking Tours*** (✆ 504/947-2120). ***Haunted History Tours*** (✆ 504/861-2727, www.hauntedhistorytours.com) unternimmt u.a. *Voodoo/Cemetery Combination* oder *Vampire Tours*.

Swamp Tours

Im Umkreis von New Orleans gibt es auch diverse Touren durch die Sümpfe teils mit lauten, aber beliebten ***Airboats***, teils mit umweltfreundlicheren **Ruderbooten** mit großen Gruppen oder nur für ein paar Leute. Angebote bei der *Visitor Information*. Seit Jahren empfehlenswert und auch nach Katrina wieder aktiv sind

- ***Pure Cajun Boardwalk Swamp Tours***, ✆ 504/633-9306; zu Fuß auf einem Holzbohlenweg unter fachkundiger Führung.
- ***Dr. Wagner's Honey Island Swamp Tour*** ab Slidell, ✆ 504/641-1769; mit dem Ökologen Dr. Paul Wagner auf relativ kleinen geräuscharmen Flachbooten, www.honeyislandswamp.com.

Riverboats

Von der *Spanish Plaza/Riverwalk* (Ende der Canal Street) und dem Anleger an der *Jax Brewery* starten mehrere ***Mississippi Riverboats*** (am ansehnlichsten ist die große ***Natchez***, ➪ auch weiter unten) zu kurzen Flussfahrten. Das am weitesten entfernte Ziel ist das Schlachtfeld der ***Battle of New Orleans***.

Wer zum ***Audubon Park/Zoo*** mit der *Street Car* fährt (erst wieder ab Frühjahr 2007), hat bis 4x täglich die Möglichkeit, sich von dort mit dem Raddampfer flussabwärts rasch zurück in die Altstadt befördern zu lassen (➪ auch unter Stadtbesichtigung).

Jazzband auf der »Natchez«

Unterkunft & Camping

Unterkunft im French Quarter

Als touristische Hochburg und Kongressstadt verfügt New Orleans über ungezählte Quartiere in allen Preislagen. Es gilt aber nach wie vor: **je näher am *French Quarter*, umso teurer wird es**. Trotzdem sollte man, wenn irgend möglich, versuchen, in Fußgänger- oder nicht zu ferner Taxidistanz zur Altstadt unterzukommen. Denn erst die **Abende im *Vieux Carée*** machen einen New Orleans Besuch »rund«. Und da ist es praktischer, wenn das Quartier nicht zu weit entfernt liegt. Für das *French Quarter* oder den *Garden District* sprechen auch die dort zu findenden kleinen Hotels mit Nostalgie-Charakter. Natürlich sind sie generell nicht eben billig (ab ca. $100, aber abhängig von Saison und Auslastung kommt man dort bisweilen auch in guten Häusern schon ab $60-$80 unter. In den Info Centers finden sich die entsprechenden Angebote. Dabei sind die Nächte von Sonntag- bis Mittwoch-/Donnerstag-Abend günstiger als Wochenenden. Vor allem aber gibt es dann eher Platz im Wunschquartier.

Außerhalb

In der weiteren Umgebung der Stadt findet man in erster Linie die Häuser der bekannten Motel- und Hotelketten. Wer abends ggf. noch 20 mi oder mehr Fahrt in Kauf nimmt, kommt in und um **Slidell** (I-10/I-59/I-12), bei **Mandeville** und **Covington** (jenseits der Brücke über den Lake Pontchartrain) und westlich des *New Orleans International Airport* in **Metairie** entlang der I-10 zu geringeren Tarifen unter (ab und durchaus unter $60 in der einfachen Kategorie und unteren Mittelklasse) als in *Downtown*.

Steuern

Auf alle Unterkunftsrechnungen wird in New Orleans 12% *hotel tax* und mindestens $1 *room tax* pro Nacht aufgeschlagen.

Allgemeines

Bei der Unterkunftssuche und -reservierung sind auch behilflich

- ***Reserve New Orleans***, 1133,St. Patrick Street, © 504/561-9080, und © 1-866-867-6309, wwwreserveneworleans.com
- ***B&B Reservation Service***, 1021 Moss, © 504/488-4640 und © 1-800-729-4640, www.historiclodging.com
- ***New Orleans B&B* and *Accommodations***, 671 Rosa Ave, © 504/838-0140 und © 1-888-240-0070, www.neworleans bandb.com

Preiswert bis moderat

(Einigermaßen erschwinglich sind:

- ***St. Peter Guest House***, 1005 St. Peter, © 504/524-9232, Fax 523-5198, www.stpeterhouse.com, Bau aus dem 18. Jahrhundert mit hübschen Balkonen und Innenhof; 17 Zimmer, 6 Suiten, ab $65.
- ***Prytania Inns***, 1415/2041 und 2127 Prytania, © 504/566-1515, Fax 566-1518; drei leicht in die Jahre gekommene Antebellum-Häuser mit einfachen kleinen Zimmern (ab $60).
- Im *Garden District* befindet sich das ***Marquette House New Orleans International Hostel***, 2235 Carondelet St., © 504-523-3014, www.hostelz.com/hostel/2407-New-Orleans-Hostel---Marquette-House, das aus mehreren Häusern besteht. Die Nacht im Mehrbettzimmer kostet $18-22, DZ ohne Bad $40, mit Bad bis $70.

- Das ***India House International Hostel***, 124 South Lopez Street, © 504/821-1904; www.indiahousehostel.com, liegt in einer wenig erfreulichen Gegend, aber dafür in Fußgängerdistanz zum *French Quarter*; Bett ab $15, DZ ab $35. Sehr einfach. Pool.

Ein paar Dollar mehr kosten:

Mittlere Preislage

- ***The Frenchmen***, 417 Frenchmen, © 504/948-2166, www.frenchmenhotel.com; zwei kreolische Stadthäuser aus dem 19. Jahrhundert mit Pool und Spa im hübschen Innenhof in ruhiger *French Quarter*-Randlage.
- ***Monteleone Hotel***, 214 Royal, © 504/523-3341, Fax 528-1019, www.hotelmonteleone.com; in günstiger *French Quarter*-Lage, ab $95. Auch bei deutschen Veranstaltern zu finden.
- ***Parc St. Charles*** (*Best Western*), 500 St. Charles Ave, © 504/522-9000, Fax 522-9060; 123 neue, hübsche und komfortable Zimmer in idealer Lage mit kleinem Pool und Café, ab $99.

Höhere Kategorie

- ***Prytania Park Hotel***, 1525 Prytania, © 504/524-0427, www.prytaniaparkhotel.com; Boutique Hotel am *Streetcar*. Verlauf. 56 Zimmer – z.T. in viktorianischer Ausstattung – mit Frühstück ab $120, *Specials* ab $79.
- ***Moreau Townhouse***, 1404 Prytania St, © 1-888-815-5037, Fax 504/593-9079, www.moreautownhouse.com; eine empfehlenswerte Alternative für längere Aufenthalte und größere Brieftaschen (Tarife je nach Dauer) in angenehmer und stadtnaher Lage im *Lower Garden District*. Schöne Suiten mit Balkon oder Dachterrasse und Küche.

Camping

Von Anlage und Ausstattung her zu empfehlen sind Campern die *Campgrounds* der ***State Parks*** im Umfeld von New Orleans. Zentrale Reservierung unter © **1-877-226-7652**. Camping ab $15:

- ***Bayou Segnette***, auf der Westbank, nur ca. 10 mi von der City entfernt, hat nicht nur einen Campingplatz, sondern auch ein Wellenbad und schön am Bayou übers Wasser gebaute Häuschen; bei Redaktionsschluss noch nicht wieder eröffnet.
- ***Fontainebleau*** und ***Fairview Riverside*** liegen beide am Nordufer des Lake Pontchartrain einige Meilen östlich bzw. westlich von Mandeville; Anfahrt über die Brücke über den See.

Vergleichsweise citynah im Stadtwesten liegt der **KOA-Platz *New Orleans West***: 11129 Jefferson Hwy/Straße #48 unweit des Mississippi und des Flughafens (ab I-10/*Exit* 223A), © 504/467-1792, www.neworleansrvcamp.com. Dieser Komfortplatz verfügt sogar über WLAN für seine Gäste. Ein *Shuttle Service* bringt KOA-Gäste in die City und zurück.

Nordöstlich befindet sich der ***Mardi Gras Campground***, 6050 Chef Menteur Hwy (Straße #90) unweit der I-10, Exit 240A Downman Road, © 504/813-8229, www.mardigrasrvparkandmotel.com. Das Gelände wird in Kombination mit dem Motel *Red Carpet Inn* betrieben, nur RV-geeignet; ab $26.

New Orleans kulinarisch

Man nehme Kräuter und Gewürze, Gemüse – am besten Zwiebeln, Sellerie, Paprika, Tomaten – Reis und Meerestiere, oder auch die Fleischreste vom Vortag, Huhn oder Räucherwurst. Das Ganze wird mit Okra, Filé (➪ unten) oder Roux (Mehlschwitze) eingedickt, gekocht – und fertig ist ***Gumbo****. Ganz ähnlich, nur von festerer, eher eintopfartiger Konsistenz und mit Reis als Hauptbestandteil ist* ***Jambalaya****. Auch* ***Bisque*** *(Kraftbrühe) und* ***Etouffée*** *(Ragout) gehören prinzipiell zur selben Familie.* ***Hopping John*** *(Bohnen mit Reis) und* ***Dirty Rice*** *(scharf gewürztes Reisgericht, manchmal mit Innereien) sind weitere Alternativen. Die Zahl der Varianten dieser »****Nationalgerichte****« Louisianas ist beinahe genauso groß wie die der Restaurants, die sie ganz oben auf der Karte führen. Dabei handelt es sich eigentlich um »Arme-Leute-Essen«: Gumbo z.B. soll von französischen Siedlern in Erinnerung an ihre heimische Bouillabaisse kreiert worden sein.*

»Cajun« *steht für »handfest« und »sättigend«, während* ***»Creole«*** *eher mit »fein« und »französisch angehaucht« in Verbindung gebracht wird. Tatsächlich basieren beide auf der französischen Küche und vereinen zudem afrikanische, indianische und spanische Elemente.*

*Für die charakteristischen scharfen Gewürze, Sesam, Melonen, Blattgemüse und Cornbread waren die Sklaven »verantwortlich«, ebenso für ein spezielles Gericht aus Schweinedarm, die »****Chitterlings****«.* ***Filé-Pulver*** *besteht aus den getrockneten und pulverisierten Blättern des heimischen Sassafras-Baumes und dient – wie Okra – als Dickungsmittel. Mais – eine weitere Stütze der Südstaatenküche, bekannt vor allem als* ***Grits*** *(Maisbrei) und* ***Cornbread*** *(Maisbrot) – war ein Hauptelement indianischer Ernährung, ebenso Süßkartoffeln (Yams), Bohnen, Kürbis und Pecannüsse. Die kulinarischen* ***Perlen der New Orleans-Küche*** *sind aber* ***Fische*** *und* ***Meeresfrüchte****: Catfish (Wels), Pompano und Forelle, Red- und Shellfish, Austern und Muscheln, Schnecken Krabben, Langusten und Krebse, und sogar* ***Alligatorfleisch****.*

An Süßem gibt es die legendären ***Beignets*** *(eine Art Krapfen),* ***Pain Perdu*** *(French Toast) und unzählige Variationen von* ***Bread Pudding*** *(Armer Ritter), dazu einen Café Brulot oder au lait.*

Essen & Trinken

Cajun & Creole Cooking

Ein Besonderheit der Region Südost-Louisiana sind die ***Cajuns*** (Käìh-dschns). Das seltsame Wort *Cajun* geht auf eine eigenwillige Aussprache der Bezeichnung *Acadians* für französischstämmige Siedler zurück, die nach der Einnahme der Kolonie Acadia (in etwa die heutigen maritimen Atlantik-Provinzen Canadas) durch die Briten um 1755 in Louisiana eine neue Heimat fanden. In und um New Orleans existiert eine eigene *Cajun Culture*, vom Touristen am ehesten wahrzunehmen auf den Speisekarten der Restaurants: ***Cajun Cooking*** bietet mit ihren Fisch- und Krabbenspezialitäten eine willkommene Abwechslung zum amerikanischen Einerlei der Hamburger-, Steak- und Chickengerichte. Das gilt auch für die ähnliche, aber etwas »feinere« ***Creole Cuisine***, die kreolische Küche, deren Ursprung auf den spanisch-französischen Einfluss der Gründerzeit zurückgeht.

French Quarter

Besonders viele Restaurants konkurrieren im ***French Quarter*** um Gäste, wo ein hohes Preisniveau nicht unbedingt auch überdurchschnittliche Qualität bedeutet. Empfehlenswert bezüglich *Cajun* und *Creole Food* ist **Coops Place**, 1009 Decatur Street, das – soweit saisonal verfügbar – mit allen typischen Spezialgerichten der Region einschließlich Alligatorsteaks aufwartet.

Mit folgenden Lokalen kann man wenig verkehrt machen:

- Ein *Café au lait* mit *Beignets* (süßes Gebäck) im ***Café du Monde*** (800 Decatur/Jackson Square am Rande des *French Market*) gehört zu jedem New Orleans-Besuch; geöffnet rund um die Uhr, ➪ weiter unten, www.cafedumonde.com (witzige Seite). Wer dort keinen freien Tisch findet, hat wenig Mühe, im weiteren Verlauf der Decatur Street in Richtung Esplanade Ave ein anderes gutes Straßencafé zu finden.
- Im ***Gumbo Shop*** (630 St. Peter Street, www.gumboshop.com) gibt es den besten *Gumbo* des *French Quarter* (➪ das nebenstende Essay »New Orleans kulinarisch ...«).
- Im attraktiven, wiewohl ziemlich touristischen ***Court of Two Sisters*** (613 Royal, © 504/522-7261, www.courtoftwosisters.com) ist es immer voll, vor allem während des täglichen *Jazz Brunch Buffet*.
- Das ***Pat O'Brien's*** (718 St. Peter St, Zugang von der Bourbon St, www.patobriens.com) ist bekannt für seine **Cocktails *Hurricane*** und ***Mint Julep***.
- Das ***Old Absinthe House*** (238 Bourbon Street) ist eine Kneipe mit Tradition, die um die Jahrhundertwende maßgeblich daran beteiligt war, Absinth zu einem Modegetränk zu machen, www.oldabsinthehouse.com.

Weitere Hinweise im Abschnitt »Unterhaltung & Nachtleben«.

Garden District

- ***Kelsey's Restaurant*** (3923 Magazine St, © 504/ 879-6722) ist berühmt für kreative Küche, eine Mischung aus *Creole*, *Cajun* und *West Coast* und angenehm ungezwungen
- ***Upperline Restaurant*** (1413 Upperline/Uptown, © 504/891-9822, www.upperline.com), gemütlich klein, guter Service und prima Menüs zu erschwinglichen Preisen.

Außerhalb (Mandeville/ Lacombe)

Wegen seiner ungewöhnlichen kulinarischen Qualität bei einem gleichzeitig moderaten Preisniveau muss man das ***La Provence*** an der Straße #190 zwischen Mandeville und Lacombe jenseits des Lake Pontchartrain (ca. 7 mi ab *Causeway*-Ende in Mandeville) einfach erwähnen. Die **südfranzösische Küche** mit kreolischem Einschlag genießt man am besten im Garten. Drinnen ist das Restaurant eher rustikal. Auf der Website ist die komplette Speisekarte abgebildet (www.laprovencerestaurant.com). Wer bis 18.30 Uhr kommt, kriegt ein prima 3-Gang-Menu mit einigen Wahlmöglichkeiten plus Kaffee für ganze $15; © 985/626-7662.

Unterhaltung

Musik, Jazz

Artisten aller Art und **Straßenmusiker** unterhalten tagtäglich das touristische Publikum rund um den Jackson Square und am kleinen Washington Artillery Park zwischen *Jax Brewery* und *French Market*. Die Bourbon Street, vor allem die Blocks ab Bienville bis St. Ann Street, sind bekannt für ihre dichte **Kneipenszene**, in denen Bier und Cocktails in Strömen fließen. Dort und in ein paar Nebenstraßen fehlen natürlich auch *Gentlemen's Clubs* (= *Strip Bars*) nicht. **Jazz pur** gibt es bekanntlich, aber nicht nur in der ***Preservation Hall***, einer Reihe von Jazzkneipen wie dem ***Krazy Korner***, auf dem Dinnertrip des ***Riverboat Natchez***, ➪ Seite 549, und in einigen großen Hotels.

Empfehlenswerte ***Live Jazz Places*** sind:

- ***Crescent City Brewhouse***, 527 Decatur, ✆ 504/522-0571, www.crescentcitybrewhouse.com; Minibrauerei mit diversen Biersorten, gute *Southern Food*-Karte, aber nicht ganz billig.
- ***House of Blues***, 225 Decatur, ✆ 504/529-1421; eine riesengroße *Dance Hall*, in der nicht nur Blues gespielt wird. Bar und Restaurant. *Cover Charge* $6-$30 je nach Musik und Band, www.hob.com/venues/clubvenues/neworleans.
- ***Preservation Hall***, 726 St Peter, ✆ 504/523-8939, www.preservationhall.com, die unschlagbare Legende ohne Ausschank, ➪ genauer im Text Seite 552.
- ***Krazy Korner***, 640 Bourbon Street/St. Peter, ✆ 504/524-3157, www.krazykorner.com; *Cajun, Rythm & Blues* bis tief in die Nacht; besser reservieren.
- ***Funky Pirate***, 727 Bourbon Street, ✆ 1-800-475-3649, Kneipe mit legendärer Blues-Show, www.tropicalisle.com.
- ***Snug Harbor***, 626 Frenchmen, ✆ 504/949-0696, www.snugjazz.com, einer der besten Jazzclubs der Stadt (für Kenner). Die dort überwiegende Musik trifft aber nicht jedermanns Geschmack.
- das ***Palm Court Jazz Café*** (1204 Decatur Street, ✆ 504/525-0200, www.palmcourtcafe.com) mit kreolischer Küche bei *Old Time Jazz*, aber nur Mi-So 19-23 Uhr geöffnet.
- ***Tipitina's***, 501 Napoleon Ave (Nähe *Garden District*), ✆ 504/558-0204, www.tipitinas.com; bekannter Club mit Bands diverser Stilrichtungen, Mi-So ab 22.30 Uhr; *Cover Charge* $5-$30.

Wem nach Spielkasino à la Las Vegas zumute ist, der findet zwischen Canal und Poydras Street (gegenüber *Convention Center*) den unübersehbaren Rundbau des ***Harrah's Casino***; www.harrahs.com/casinos/harrahs-new-orleans/hotel-casino.

Harrahs Casino zwischen Canal Street und dem Riverwalk

6

Cajun & Zydeco Music Ein Beitrag von Burghard Bock

Alles ganz einfach: Mit dem Begriff ***Cajun*** *belegt man auch (➪ vorstehendes Essay »New Orleans kulinarisch«) die Musik der ursprünglich aus Frankreich stammenden Katholiken, die Mitte des 18. Jahrhunderts vor den Briten aus Ostkanada flohen und sich im Süden Louisianas ansiedelten.* ***Zydeco*** *ist die Musik und auch ein Tanz der frankophonen Leute mit afrikanischen und karibischen Ursprüngen, die im selben Gebiet wohnen. Voilà. Aber was bedeutet das und wie hört es sich an? Jazz ist in New Orleans längst nicht alles, obwohl es außer Marching Bands und Preservation Hall auch eine der kreativsten Szenen für Modern Jazz gibt. Für die Gegend vielleicht noch typischer wäre ein Auftritt einer Cajun oder Zydeco Band, am besten gleich mit Tanzvergnügen: Let the Good Times Roll? – Non:* ***Les Bon Ton Roulet!*** *Zum näher Kennenlernen Louisianas liegt es durchaus nahe, mal zu* ***Jolie Blon*** *einen Walzer zu schieben oder zu* ***Allons à Lafayette*** *zu schwofen.*

Die ***Cajuns*** *brachten außer ihrer Küche auch* ***französische Lieder***, ***Polkas*** *und die* ***Fiedel*** *mit (heute auch in Kanadas Osten nach wie vor prominent). Ende des 19. Jahrhunderts hatten deutsche Einwanderer das* ***Knopfakkordeon*** *und* ***langsame Walzer*** *dabei. Dazu noch zwei* ***Löffel*** *oder ein kleines Eisen ('tit fer:* ***Triangel****) für den Rhythmus, ein Zimmer leergeräumt, und los ging es in die lange Tanznacht. Nebenan schliefen die Kinder, oder vielmehr sollten schlafen. Da hat die Veranstaltung ihren heute noch verwendeten Namen her: »****Fais Do-Do*** *– Geh Schlafen!«*

*Ähnlich stärkten damals die Französisch sprechenden Farbigen ihre Gemeinschaft, als es noch kein Fernsehen und keine CD-Player gab. Die Musik wurde zunächst »****La-la****« genannt, veränderte die französischen Lieder auf afro-amerikanische und karibische Weise und übernahm Elemente aus dem* ***Swamp Blues****. Das Wort* ***Zydeco*** *kam erst nach dem 2. Weltkrieg auf, soll mit Bohnen zu tun und sich aus den ersten Worten des kreolischen Ausdrucks »****Les haricots sont pas salés****« (»die Bohnen sind nicht gesalzen«) abgeschliffen haben. Eine Umschreibung für schlechte Zeiten, was die Musik aber nicht betrifft.*

Auch im Zydeco spielen Geige und vor allem Akkordeon sowie das unvermeidliche ***Waschbrett*** *die Hauptrolle. Nach dem 2. Weltkrieg kamen mit Gitarre, Bass und Schlagzeug weitere Rhythmusinstrumente dazu, und es klang mehr nach* ***Rhythm & Blues****. Inzwischen hört man auch Anleihen aus Soul und Rap und anderer* ***Black Music****.*

Im Cajun ging es eher in Richtung ***Country*** *und* ***Bluegrass****, was aber ein Revival der Vorkriegstradition Ende der 1960er-Jahre durch die* ***Balfa Brothers*** *abbremste. Kultureller Einfluss ist jedoch nie eine Einbahnstraße: Natürlich gibt es längst französische Versionen von »Country Roads«, und das durch Hank Williams und später Fats Domino berühmte »****Jambalaya****«, durch das wir »crawfish pie and-a filé gumbo« aus der Cajun Küche kennen, war vorher ein französisches Stück mit dem Titel »****Grand Texas****«. Weitere Hinweise auf Deutsch im Internet, z.B. unter www.cajunweb.de.*

Shopping

Tax free

Dank des ***Louisiana Tax Free Shopping Program (LFTS***, www.louisianataxfree.com), an dem viele Geschäfte auch in New Orleans teilnehmen (unübersehbare *Tax Free*-Aufkleber im Fenster oder an der Tür), können sich ausländische Besucher – gegen Vorlage des Reisepasses, des Airline-Tickets und der Kaufquittungen plus Voucher, der die gezahlte Umsatzsteuer ausweist – am *New Orleans International Airport* die entrichteten *Sales Tax*-Beträge erstatten lassen. Dies gilt nicht für Dienstleistungen (Umsatzsteuern in Hotels und Restaurants, Mietwagenrechnungen etc.).

Situation

Speziell in den Straßen des ***French Quarter*** und in der **Magazin Street** im Bereich des *Garden District* gibt es ungewöhnlich viele originelle Läden für alles und jedes. Zwischen Decatur und North St. Peters Streets erstreckt sich außerdem der ***French Market*** mit jeder Menge Ständen für Souvenirs, T-Shirts, Schmuck und allem, was man Touristen in New Orleans vielleicht verkaufen könnte.

Shop speziell für Madi Gras Utensilien

Shopping Malls

Wer in Anbetracht von Hitze und meist hoher Luftfeuchtigkeit lieber in klimatisierten *Shopping Malls* einkauft, findet mit der ***Jackson Brewery*** zwischen Jackson Square und Mississippi-Riverfront einen von der Brauerei zum feinen Einkaufs- und Restaurantzentrum umfunktionierten Komplex. Noch distinguierter geht es in den teuren Edelmarken-***Shops at Canal Place*** am unteren Ende der Canal Street zu. Die ***Riverwalk Mall*** unmittelbar am Mississippi westlich der Canal Street mit Haupteingang an der Spanish Plaza erstreckt sich mit rund 150 Läden und Restaurants der mittleren Kategorien samt *Food Court* unter dem *Convention Center* über mehrere hundert Meter Länge. Am Rande der *Downtown* in Nachbarschaft zum *Superdome* steht das 3-stöckige ***New Orleans Centre*** (1400 Poydras) mit viel Glas und Licht, aber ansonsten in der auch sonst üblichen Konzeption mit Filialen großer Kaufhäuser an den Enden.

Eingang zum Riverwalk Marketplace am Mississippi

Veranstaltungen

Gute **Informationsquellen** für aktuelle Veranstaltungen sind die Tageszeitung ***The Times Picayune*** (www.timespicayune.com) oder das Magazin ***offBeat – NO & LA's Music Magazine*** (www.offbeat.com). Die wichtigsten Termine sind:

- **Anfang Januar** im reparierten und wiedereröffneten *Superdome*: ***Sugar Bowl***, eines der wichtigsten *College-Football*-Endspiele
- **6. Januar** bis Faschingsdienstag: ***Mardi Gras*** (➪ Seite 563)
- **März**: ***Tennessee Williams New Orleans Literary Festival***, www.tennesseewilliams.net
- **Anfang April**: ***French Quarter Festival*** am Jackson Square, www.frenchquarterfestivals.org
- **Ende April/Anfang Mai**: ***Jazz & Heritage Festival***, www.nojazzfest.com

Spectator Sports

Die ***Saints*** spielen in der NFL (*National Football League*) und haben bei ihren Heimspielen über 60.000 Fans im – nach Katrina frisch renovierten – *Superdome* (Tickets: ✆ 504/731-1700, www.neworleans saints.com).

Auch die Footballer der ***Tulane University*** (✆ 504/ 861-9283) nutzen den *Superdome*. Die Sporthalle nebenan ist Heimat der Basketballer ***Hornets*** (✆ 504/525 -HOOP, www.hornets.com).

6.2.5 Stadtbesichtigung

French Quarter und Umgebung

Kennzeichnung

Das *French Quarter* oder *Vieux Carré* ist – wie bereits unter dem Abschnitt »Geschichte« erwähnt – eigentlich ein *Spanish Quarter*, denn New Orleans befand sich Ende des 18.Jahrhunderts in spanischem Besitz. Viele Stilelemente der französischen Zeit blieben erhalten bzw. wurden restauriert, vor allem die schmiedeeisernen, oft reich verzierten **Balkon-** und **Arkadengitter** im ersten und zweiten Stock der Gebäude. Die Altstadt ist New Orleans' touristische Hauptattraktion und Vergnügungsviertel.

Orientierung

Die Orientierung im ältesten historischen Stadtkern der USA ist dank des schachbrettartigen Straßenrasters, der überschaubaren Größe (1,5 km^2) und des begrenzenden Mississippiufers kein Problem. Das Zentrum des *French Quarter* bildet der grüne **Jackson Square**. An ihm stehen die *St. Louis Cathedral* und mehrere Museen. Der Platz ist nach *Andrew Jackson* benannt, dem Sieger der *Battle of New Orleans* 1815, ➪ Seite 534. Die Reiterstatue des Generals und späteren Präsidenten der USA ist nicht zu übersehen.

Jackson Square

Der Jackson Square war in französischer und spanischer Zeit Zentrum des politisch- religiösen Lebens der Stadt, später Parade- und Aufmarschplatz. Heute sorgen dort, speziell in der Chartres St vor der Kathedrale Straßenkünstler für Unterhaltung der Touristen.

Kathedrale

Die den Platz überragende weiße ***St. Louis Cathedral*** ist eine französische Gründung; http://stlouiscathedral.org. Nach Zerstörung durch die Brände und Wiederaufbau geht ihr heutiges Aussehen auf das Jahr 1851 zurück. Diese älteste Kathedrale der USA reflektiert den hier starken Katholizismus. Bis heute ist New Orleans die einzige amerikanische Großstadt mit überwiegend katholischer Bevölkerung und Sitz einer Erzdiözese.

Cabildo

Gleich neben der Kirche (Chartres/St. Peter) befindet sich das Ende des 18. Jahrhunderts erbaute ***Cabildo***, einst Regierungssitz des spanischen Gouverneurs. In ihm wurde 1803 das wieder französische Louisiana offiziell an die USA übergeben. Bis 1853 diente es als Rathaus, heute beherbergt es ein ***Museum of History***. Dort erfährt man alles über die Geschichte des Staates Louisiana von der Ankunft der ersten europäischen Siedler über New Orleans' Rolle im Sklavenmarkt und die Zeit des Bürgerkriegs bis heute; http://lsm.crt.state.la.us/cabildo/cabildo.htm.

Presbytère

Auf der anderen Seite der Kathedrale (Ecke Chartres/St. Ann) steht das sog. *Presbytère*, es fungiert als – sehenswertes – ***Mardi Gras-Museum*** zur Entwicklung des Karnevals in Louisiana.

Pontalba Buildings

Die den Platz seitlich flankierenden Gebäude stammen aus den Jahren 1849-51 und gehen zurück auf *eine Baroness de Pontalba*. Diese Dame ließ 16 Apartmenthäuser mit je vier Stockwerken errichten: Unter dem Dach hausten die Sklaven, im Erdgeschoss befanden sich Läden, dazwischen komfortable Wohnetagen mit Gasleitungen, fließend Wasser und WCs, damals hochmodern. Durch das *Lower Pontalba Building*, dem ***1850 House*** (523 St. Ann), finden stündlich Führungen statt, die eine Vorstellung vom Leben der kreolischen Oberschicht vor 150 Jahren vermitteln http://lsm.crt.state.la.us/1850ex.htm.

Louisiana State Museum

Alle genannten Gebäude sind Teil des ***Louisiana State Museum*** Komplexes mit insgesamt 6 Häusern (*Cabildo, Presbytère, Arsenal, Old US Mint, 1850 House* und *Madame John's Legacy*). Alle sind geöffnet Di-So 9-17 Uhr und kosten $3 oder $6 Eintritt, ✆ 504/568-6968, http://lsm.crt.state.la.us.

Moonwalk

Das pralle Leben am Jackson Square setzt sich fort vor der Bühne am kleinen *Artillery Park* zwischen Decatur Street und Mississippi. Dahinter läuft – auf und vor dem Flussdeich mit weitem Blick über den Mississippi und auf die Hochbrücken weiter westlich – die Promenade ***Moonwalk***, die am *Aquarium of the Americas* (➪ Seite 555) vorbei und über die Spanish Plaza bis zur *Shopping Mall Riverwalk Marketplace* reicht.

Mississippi Dampfer

Gleich hinter der *Jackson (Jax) Brewery*, einer ehemaligen Brauerei, die zu einem Edel-*Shopping Center* umgebaut wurde (➪ auch Seite 547), befindet sich der Anleger des hier größten Mississippidampfers, der »***Natchez***«. Wenn ein Mississippitrip in New Orleans (ab $18, Abfahrten mehrfach täglich, www.steamboatnatchez.com), dann mit diesem Boot, in dessen Maschinenraum eindrucksvoll die Funktionsweise des Heckantriebs solcher *Sternwheeler* demonstriert wird. Nicht billig, aber stimmungsvoll sind abendliche ***Buffet Dinner Cruises*** mit einer ausgezeichneten Jazzband im Restaurant, ➪ Foto Seite 539.

Akrobatische Vorführung mit Touristen am Jackson Square

William Faulkner/ Tennessee Williams

Vom Jackson Square führen zwei schmale (Fußgängerstraßen an der Kathedrale und dem dahinterliegenden *St. Anthony's Garden* entlang in Richtung Royal Street. In der Nummer 624 der ***Pirate Alley*** lebte in den 1920er-Jahren *William Faulkner*. Er schrieb hier seinen ersten Roman, *A Soldier's Pay*. *Faulkner* war nicht der einzige Literat, der sich von New Orleans' Flair angezogen fühlte. So schrieb etwa auch *Tennessee Williams* sein Stück ***A Streetcar Named Desire*** im *Vieux Carré*. Die Straßenbahn fuhr früher noch durch das Viertel und trug den Namen ihrer Endstation – »Sehnsucht«. *Das Petit Théâtre de Vieux Carré* (616 St. Peter St) ist jedes Frühjahr Zentrum eines *Tennessee Williams' Festival*.

Apothekenmuseum

Ganz interessant ist das ***New Orleans Pharmacy Museum*** (514 Chartres St, Di-So 10-17 Uhr, $5, © 504/565-8027, www.pharmacymuseum.org). In dieser Apotheke, die 1823 vom ersten lizenzierten Apotheker der USA eröffnet worden war, befindet sich heute eine Ausstellung von altem Apothekenzubehör, *Voodoo*-Artikeln und -Kräutern.

Napoleon House

An der Ecke St. Louis/Chartres steht das ***Napoleon House*** (www.napoleonhouse.com), in dem Napoleon nach seiner Abdankung Zuflucht nehmen sollte. Bekanntlich aber kam es anders.

Royal Street

In der Royal Street ballen sich Kunst- und Antiquitätengeschäfte. Dort könnte man einen Blick in die ***Historic New Orleans Collection*** werfen (533 Royal St, Di-Sa 10-16.45 Uhr, www.hnoc.org, frei), ein historisches Kabinett mit Dokumenten und Gemälden, dazu eine Ausstellung zur Geschichte Louisianas und der Stadt.

Gallier House Museum

Ein Prachtstück unter den Privathäusern ist das ***Gallier House***, das sich der Architekt *James G.* 1857-1860, also noch vor dem Bürgerkrieg, bauen ließ (1118-1132 Royal Street, Mo-Sa 10-15.30

Uhr, Touren stündlich, Eintritt mit Führung $6, ✆ 504/525-5661, www.hgghh.org). Neben sehenswerter zeitgenössischer Möblierung beeindruckt die luxuriöse Ausstattung mit sanitären Anlagen (u.a. fließend k/w-Wasser, WC) und Klimatisierung.

Bourbon Street/ Live Music

Nur einen Block oberhalb der der Royal Street läuft die bekannteste Straße des *French Quarter*. In der **Bourbon Street** befindet sich eine Bar neben der anderen, und abends wälzen sich (wieder!) Massen durch die teilweise verkehrsfreie Straße. Es ist oft schwer, in einem der **Musikclubs**, in denen es nicht nur Jazz, sondern Musik aller Stilrichtungen gibt, überhaupt Platz zu finden. ***Live Music***, speziell **Jazz**, findet man aber nicht nur in der Bourbon Street, sondern in vielen Lokalen des *French Quarter*.

Open-air Alkohol

Im Gegensatz zum gesamten Rest der USA (sieht man vielleicht von Key West an der äußersten Südwestspitze Floridas ab), wo der Konsum alkoholischer Getränke auf öffentlichen Straßen und Plätzen streng untersagt ist, darf man auf der Bourbon Street mit dem vollen Plastikglas oder der Bierdose in der Hand einfach so herumlaufen und zwar ohne Sperrstunde und ohne dass die Polizei einschreitet. Diese Freiheit wird gern genutzt, und so sieht die Bourbon Street frühmorgens auch aus.

Besondere Kneipen

Bei der großen Auswahl an Pubs, Clubs und Restaurants in der Bourbon Street sei hier nur auf zwei historisch besonders beachtliche Kneipen hingewiesen:

- Einer hochprozentigen Mixtur aus Wermut, Anis, Lakritze, Fenchel und Koriander verdankt das ***Old Absinthe House*** an der Ecke Bourbon und Bienville Street seinen Namen, www.oldabsinthehouse.com. Der gelbgrüne Absinth wurde wegen seiner durchschlagenden Wirkung in den USA bereits 1912 verboten, und so gibt's im *Old Absinthe House* (oder in der ***Old Absinthe Bar*** an der Ecke von Bourbon und Conti Street) allenfalls noch *Pernod* oder *Pastis* als erlaubte, aber verwässerte Varianten – obwohl Absinth bei uns seit einigen Jahren ohne das Gift Thujon wieder im Handel ist.

Typische New Orleans Fassade im French Quarter

- Eine der urigsten Kneipen, ***Lafitte's Blacksmith Shop***, liegt am etwas ruhigeren östlichen Ende der Bourbon Street (941, Ecke St. Philip). Das Fachwerkhaus der »Schmiedewerkstatt« soll einst den berüchtigten Piraten *Jean* und *Pierre Lafitte* gehört haben.

Preservation Hall

Von der Bourbon Street sind es nur ein paar Schritte um die Ecke in die 726 St. Peter Street zur ***Preservation Hall***, dem Mekka des traditionellen Jazz. Dort spielt in einem kleinen kargen Raum mit nur wenigen Sitzplätzen tagtäglich bis Mitternacht *The Preservation Hall Jazz Band* mit täglich wechselnder Besetzung und Gastmusikern, dann und wann sogar mit einem Altstar der Szene. Für frühen Einlass muss man lange vor Öffnung der Türen (20 Uhr) anstehen. Oft werden den ganzen Abend die Schlangen nicht kürzer; nachgerückt wird in Schüben. Nach jeweils einer guten halben Stunde wird Platz für neues Publikum gemacht. Spät am Abend geht's schneller, aber um Mitternacht ist definitiv Schluss, von der Zugabe abgesehen. »Spende« $5; www.preservationhall.com.

»Satchmo« Louis Armstrong

Louis Armstrong, geboren am 04. August 1901, wuchs im Hinterbezirk von New Orleans auf. Von der Mutter, einer drogenabhängigen Prostituierten, sah er nicht viel, erst recht nicht vom Vater. Der kleine Louis verbrachte den größten Teil seiner Kindheit in einem Waisenhaus, seine Heimat aber war Storyville, dort wo der Jazz groß wurde, die *Marching Bands* zum St. Louis-Friedhof marschierten und aus den Kneipen Tag und Nacht Musik drang.

Einem Lehrer war es zu danken, dass *Louis'* musikalisches Talent entdeckt und gefördert wurde. Mit 18 Jahren schloss er sich 1919 der Band von *Edward Kid Ory* und verdiente anschließend seine Brötchen als Musiker auf dem *Riverboat »Dixie Belle«*. Wie bereits viele Musiker vor ihm zog er weiter nach Chicago, wurde um 1923-24 Mitglied von *Joe »King« Olivers Creole Jazz Band* und gründete gleichzeitig erste eigene Bands, die *Hot Five* und *Hot Seven*.

Seinen Spitznamen »***Satchmo***« (kurz für »*Satchelmouth*«) erhielt der stets gut gelaunte Louis während einer Europatournee Anfang der 1930er-Jahre in England wegen seiner immer dick aufgeblasenen Backen.

Auf Tourneen durch Afrika (1956) und erneut in Europa (1959) kannte der *Satchmo* entgegengebrachte Jubel kaum Grenzen. Ein Herzanfall bremste nur vorübergehend seine Schaffenskraft: 1964 wurden »*Hello Dolly*« und drei Jahre später »*What a Wonderful World*« zu Tophits. Von *Charlie Parker* und *Miles Davis* verehrt, von *Duke Ellington* als »*The Epitome of Jazz*« und in Musiklexika als »*Greatest Jazz Artist of all Time*« bezeichnet, hält *Satchmos* Einfluss auf den Jazz bis heute an.

Pat O'Briens

Gleich neben der *Preservation Hall* ist ***Pat O'Brien's*** nicht zu übersehen, ein immer volles Lokal und weitere Institution des *Quarter*, ➪ bereits Empfehlung Seite 543.

Voodoo Museum

An der Dumaine Street zwischen Bourbon und Dauphine befindet sich das ***Historic Voodoo Museum***. Dort lassen sich in engen, vollgestopften Räumen Voodooutensilien wie Schrumpf- und Totenköpfe, Schlangen und Knochen, ein Voodooaltar und auch das Portrait der Voodoopriesterin ***Marie Laveau*** bewundern. Geöffnet So-Do 10 Uhr bis Sonnenuntergang, Fr-Sa 10-22 Uhr, $7, www.voodoomuseum.com.

Friedhof No.1

Marie Laveau liegt auf dem ältesten Friedhof der Stadt begraben, dem ***St. Louis Cemetery No. 1*** (Basin/St. Louis Street, einen Block über der North Rampart Street westlich des *Louis Armstrong Park*, www.graveaddiction.com/1stlouis.html), und ist offenbar unvergessen. Vor ihrem Grab finden sich immer wieder neue Opfergaben dankbarer Anhänger, denen die Verstorbene sogar posthum noch Wünsche erfüllen konnte.

Congo Square

Der einst berüchtigte ***Congo Square*** zwischen der St. Ann und St. Peter Street ist heute Teil des ***Louis Armstrong Park***, in dem der berühmteste Sohn der Stadt mit einer Statue geehrt wurde. Auf dem Platz durften sich einst (ausnahmsweise) Sklaven versammeln, die eigene Musik spielen und ihre Religion praktizieren. Im Gegensatz zu anderen Regionen der USA konnten sich daher in New Orleans afrikanische Musiktraditionen öffentlich entfalten; www.nps.gov/archive/jazz/Armstrong%20Park.htm.

Ursulinen-konvent

Das von den Feuersbrünsten im 18. Jahrhundert weitgehend verschont gebliebene Gebäude des ***Old Ursuline Convent*** von 1745, 1114 Chartres Street, ist eines der ältesten Bauwerke in Louisiana. (Touren Di-Fr 10-15 Uhr, Sa-So 11.15-14 Uhr, $5, ✆ 504/529-3040). Es wurde von Ordensfrauen aus Rouen gegründet, die nach New Orleans gekommen waren, um dort soziale Aufgaben zu übernehmen, aber auch die Kinder der kreolischen Aristokratie unterrichteten. Nebenan steht *St. Mary's Catholic Church*.

US Mint

Von dort sind es nur ein paar Schritte auf der Decatur Street bis zur ***Old US Mint***, Eingang 400 Esplanade Ave, einst Münzprägeanstalt (Ausstellung dazu im Untergeschoss), heute Heimat des ***New Orleans Jazz Museum*** voller Fotos und Instrumente. Interessant sind Hörproben von Jazzgrößen wie *Armstrong, Kid Ory, the Original Dixieland Jazz Band, Sidney Bechet* u.a. Geöffnet Di-So 9-17 Uhr, $6, http://lsm.crt. state.la.us/mintex.htm.

French Market

Zwischen US Mint und dem Jackson Square erstreckt sich entlang North Peters und Decatur Streets der ***French Market*** mit Teilbereichen wie ***Farmers*** und ***Vegetable Market***, vor allem jedoch voller Verkaufsstände für New Orleans Souvenirs und 1000 Produkte aus aller Welt; www. frenchmarket.org.

Café du Monde

An der Ecke Jackson Square/French Market ist das ***Café du Monde*** nicht zu übersehen. Dort »muss« man einfach heiße ***Beignets*** und einen ***Café au lait*** bestellen, www.cafedumonde.com.

Jazz und Voodoo

Zwei Begriffe haben die landläufigen Vorstellungen von New Orleans nachhaltig geprägt. Zum einen natürlich der Jazz, die »schwarze« Musik, die von dort, dem Hauptumschlagsplatz des Sklavenhandels, ihren Ausgang nahm. Zum anderen aber auch der undurchschaubare, geheimnisumwitterte Kult des *Voodoo*, den ebenfalls Sklaven mit nach Amerika brachten.

Die **Ursprünge des Jazz** liegen in Afrika. Die aus ihrer Heimat verschleppten Schwarzen bewahrten sich auch in der Gefangenschaft die gewohnten Rhythmen, die sich allmählich mit populärer »weißer« Musik vermischten. Das Ergebnis waren *Spirituals* und *Gospel Songs*, aus denen schließlich, beeinflusst von *Ragtime*, *Folk* und Tanzmusik, der frühe Jazz entstand. Um die Jahrhundertwende entwickelte sich dann der ***New Orleans Jazz***. Es heißt, er sei im damaligen Rotlichtviertel *Storyville* entstanden, aber manches spricht dafür, dass er auf ältere Straßenmusik zurückgeht. Denn nach dem Bürgerkrieg wurden die Instrumente der Militärkapellen billig verkauft. Viele schwarze Musiker gelangten so an Blasinstrumente und schlossen sich zu *Marching Bands* zusammen, die bei Tanzveranstaltungen und Beerdigungen aufspielten. Auf dem Weg zum Friedhof war tragende Musik üblich, aber auf dem Rückweg improvisierte man lebendigere Varianten, die Anfänge des Jazz. Er wurde zunächst vorwiegend von Schwarzen gespielt, bald aber auch von weißen Musikern übernommen und zum *Dixieland* weiterentwickelt. Während der 1930er-Jahre gelangte eine orchestrale Version des Jazz, der *Swing*, zu Weltruhm, ehe sich später überwiegend schwarze Musiker mit dem *Bebop* wieder mehr der Improvisation und den Wurzeln »ihres« Jazz zuwandten.

Auch die Wurzeln des ***Voodoo*** **Kultes** sind afrikanisch. Für die Sklaven ging es darum, ihren urwüchsigen, von Naturgottheiten und Fruchtbarkeitsritualen geprägten Glauben mit dem Christentum in Einklang zu bringen. Der Kult äußerte sich in von wilden Tänzen und Gesängen begleiteten Zeremonien, bei denen Schlangen angebetet und Hühner geopfert wurden. Die weiße Bevölkerung beobachtete das Treiben mit einer Mischung aus Abscheu und Schaulust. Unter ***Marie Leveau***, der berühmtesten Voodoo-Priesterin aller Zeiten, wurde der Kult sogar gesellschaftsfähig; www. neworleansvoodoocrossroads.com.

Central Business & Warehouse District

Canal Street

Die **Canal Street** markiert die **Trennline** zwischen ***French Quarter*** und ***Central Business District***. Sie separierte bis weit ins 19. Jahrhundert hinein den kreolischen und amerikanischen Teil der Stadt und war ursprünglich nicht als Straße, sondern als Kanal zwischen Mississippi und Lake Pontchartrain geplant, was ihre ungewöhnliche Breite von 55 m erklärt. Hauptverkehrsader in diesem Teil der Stadt ist dennoch die Poydras Street mit sehenswerter moderner Hochhausarchitektur.

Mississippifähre gratis

Am Ende der Canal Street geht es abwärts zum Anleger der Autofähre zum Westufer des Flusses nach Algiers. Die ***Canal Street Ferry*** ist für Personen frei und bietet die Möglichkeit, die *Skyline* von New Orleans vom Wasser aus auf sich wirken zu lassen.

Aquarium/ Imax

Unmittelbar am Wasser befindet sich oberhalb der Fährenzufahrt das grandiose ***Aquarium of the Americas*** mit IMAX-Kino am Ende des *Moonwalk*. Geöffnet Di-So 10-17 Uhr, IMAX nur ab Mi. Eintritt $16; Kinder bis 12 Jahre $9,50; IMAX-Kino $8, Kinder $5, Kombitickets verbilligt; www.auduboninstitute.org. Es gibt auch erweiterte Kombinationen in Kooperation mit dem *Audubon Zoo* und dem Fährboot ***Audubon Express*** (7 mi flussaufwärts).

Spanish Plaza

Gegenüber dem Aquarium auf der Westseite der Canal Street steht das Hochhaus des ***World Trade Center***, davor liegt als Aussichtsterrasse über dem Mississippi die ***Spanish Plaza***. Dort legen die *Riverboats »Creole Queen«* und *»Cajun Queen«* an und ab.

Convention Center/ Riverwalk

Dort, wo früher Lagerhäuser das Flussufer säumten, entstand ab Poydras Street in Verlängerung und über der ***Riverwalk Shopping Mall*** (guter *Food Court*; Eingang auch von der Spanish Plaza aus) ein langgestrecktes **Kongresszentrum**, das die Uferlinie bis unter die Hochbrücke (*Freeway* #90) über den Mississippi einbetonierte.

Spielkasino

Zwischen Canal und Poydras Street klemmt sich mit dem vegasähnlichen ***Harrahs Casino*** eine der neueren Errungenschaften der Stadtmodernisierung.

Warehouse & Arts District

Im Lagerhausviertel ***Warehouse District*** zwischen Convention Center Blvd und St. Charles Ave wurden alte Fabrikhallen und frühere Lagerhäuser zu Ateliers und *Lofts* umfunktioniert. Vor allem im Bereich der Julia Street haben sich viele Künstler eingemietet. Die meisten Galerien findet man zwischen Camp Street und Magazine Street.

Auch mehrere Museen sind dort zu Hause, u.a.

- das ***Contemporary Arts Center***, 900 Camp Street, mit wechselnden Exponaten moderner Kunst; www.cayno.org. Auch ein ***Cyber Café*** ist vorhanden, Do-So 11-16 Uhr, Eintritt z. Zt. frei.

Aquarium mit Imax-Kino

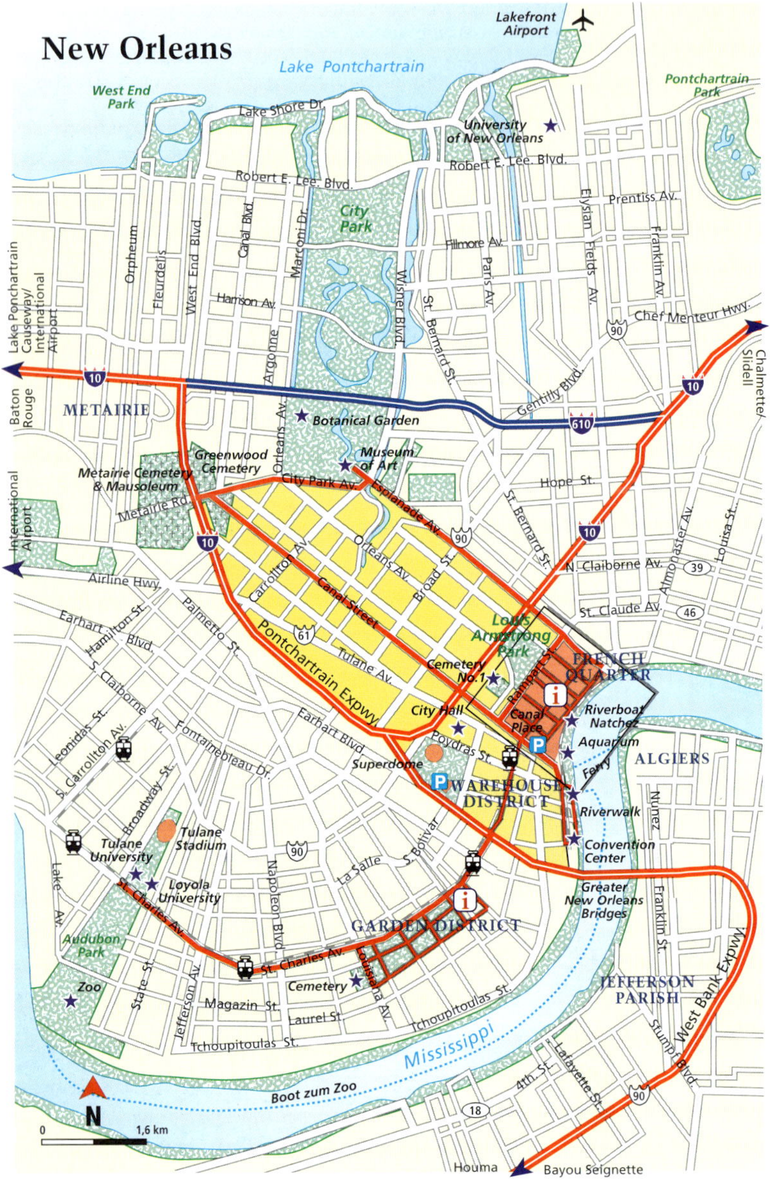
New Orleans
Lake Pontchartrain
Lakefront Airport
West End Park
Pontchartrain Park
Lake Shore Dr.
University of New Orleans
Robert E. Lee. Blvd.
Robert E. Lee. Blvd.
City Park
Prentiss Av.
Elysian Fields Av.
Franklin Av.
Fillmore Av.
Paris Av.
Canal Blvd.
Marconi Dr.
Orpheum
Fleurdelis
West End Blvd.
Harrison Av.
Wisner Blvd.
St. Bernard St.
Chef Menteur Hwy.
Lake Ponchartrain Causeway/ International Airport
Argonne
Gentilly Blvd.
Chalmette/ Slidell
Baton Rouge
METAIRIE
Botanical Garden
Orleans Av.
Museum of Art
Greenwood Cemetery
Metairie Cemetery & Mausoleum
City Park Av.
Esplanade Av.
Hope St.
Metairie Rd.
International Airport
St. Bernard St.
Orleans Av.
Broad St.
N. Claiborne Av.
Almonaster Av.
Louisa St.
Airline Hwy.
Carrollton Av.
Canal Street
St. Claude Av.
Earhart Blvd.
Hamilton St.
Palmetto St.
Pontchartrain Expwy.
Tulane Av.
Louis Armstrong Park
FRENCH QUARTER
S. Claiborne Av.
Cemetery No. 1
Rampart St.
Leonidas St.
S. Carrollton Av.
Fontainebleau Dr.
Earhart Blvd.
City Hall
Canal Place
Riverboat Natchez
Aquarium
Poydras St.
Superdome
ALGIERS
Ferry
WAREHOUSE DISTRICT
Broadway St.
Riverwalk
Nunez
Tulane Stadium
Tulane University
Convention Center
La Salle
S. Bolivar
Lake Av.
Loyola University
Napoleon Blvd.
Greater New Orleans Bridges
St. Charles Av.
GARDEN DISTRICT
Franklin St.
Audubon Park
St. Charles Av.
Louisiana Av.
West Bank Expwy.
Zoo
State St.
Jefferson Av.
Cemetery
JEFFERSON PARISH
Magazin St.
Laurel St.
Tchoupitoulas St.
Stumpf Blvd.
Tchoupitoulas St.
Mississippi
Lafayette St.
4th. St.
Boot zum Zoo
N
0
1,6 km
Houma
Bayou Seignette
10
10
10
10
610
90
90
90
61
39
46
18
90

- die ***Confederate Memorial Hall***, 929 Camp Street in einem ehemaligen Kirchbau, Mo-Sa 10-16 Uhr, Eintritt $5, www.confederate.museum.com. Hier geht es in erster Linie um den Bürgerkrieg mit einer Sammlung von Originalobjekten/-dokumenten.

D-Day Museum

- Erst vor wenigen Jahren eröffnete das von *Tom Hanks* und *Steven Spielberg* gesponserte ***National D-Day Museum*** (945 Magazine St, Di-So 9-17 Uhr, Do 17-19 Uhr reduzierter Eintritt; © 504/527-6012), das in erster Linie der amerikanischen Invasion 1944 in der Normandie gewidmet ist, aber auch die späteren Kriegsschauplätze in Europa und im Pazifik betrachtet. Eindrucksvoll und beklemmend zugleich. Eintritt $14; Kinder bis 12 $6; Studenten $8. Parkplatz $6, www.ddaymuseum.org.

Lee Circle/ Skulpturen

Am ***Lee Circle*** (St. Charles Ave unmittelbar östlich des hier zur Mississippibrücke aufwärts führenden *Freeway*) mit einer Statue des Südstaatengenerals *Lee* auf einer 20 m hohen Säule steht das ***K&B Plaza Building***. Rund um das Gebäude, aber auch drinnen finden sich an die 50 Skulpturen, außerdem Werke von *Renoir, Moore, Calder* und *Segal*. Weitere Skulpturen stehen auf dem Mittelstreifen der Loyola Ave in der Nähe der alten *Union Station*.

Superdome

Nicht zu übersehen und seit *Katrina* als katastrophales Sammellager für obdachlose Flutopfer weltweit bekannt ist der ***Superdome*** noch etwas weiter nördlich zwischen Poydras Street, I-10 und *Freeway* #90. Das Dach dieser riesigen Sportarena wurde von *Katrina* erheblich beschädigt. In der Zwischenzeit ist der *Superdome* wieder repariert und in Betrieb; www.superdome.com.

St Charles Avenue & Streetcar

Die nostalgische ***St. Charles Streetcar***, die dank *Tennessee Williams* und dessen Roman und Film »Endstation Sehnsucht« (*A Streetcar named Desire*, ➪ umseitig) weltweite Bekanntheit erlangte, fährt ab Canal Street auf einer grünen Mitteltrasse über die gesamte Länge der St. Charles und Carrollton Ave durch den CBD, am *Garden District* vorbei und durch den *Audubon Park* mit dem *New Orleans Zoo* und den Universitäten *Loyola* und *Tulane* bis zum Stadtteil Carrollton (Clairborn Ave).

Diese älteste Straßenbahn der Welt wurde ab 1835 von Maultieren, später von Dampfloks gezogen und 1893 elektrifiziert. Sie funktionierte bis *Katrina* prächtig, verkehrte den größten Teil des Tages in kurzen Abständen und war immer gut besetzt, häufig überfüllt. Trotz ihres nostalgischen Charakters wären diese *Streetcars* kaum so populär geworden, führten die Schienen nicht über die sehenswerte St. Charles Ave, eine herrliche Eichenallee, an der man zahlreiche palastartige Villen und parkartige Gärten bewundern kann. Die Fahrt war dadurch praktisch eine ***Sightseeing-Tour* zum Niedrigtarif** (**$1,25**).

Streetcar wieder in Betrieb Anfang 2007

Bahn und Einrichtungen wurden zwar vom Sturm nur mäßig in Mitleidenschaft gezogen, aber man nutzte die Gelegenheit zur Generalüberholung von Bahn, Oberleitungen und Trafos. Das zieht sich hin. Erst 2007 werden die Arbeiten abgeschlossen und die Fahrt mit der ***St. Charles Streetcar*** wieder möglich sein.

St. Charles Streetcar auf der gleichnamigen auf fast ganzer Länge von Eichen beschatteten Avenue

Garden District & Uptown

Garden District

Südlich der St. Charles Ave sind die Blocks zwischen Jackson und Louisiana Ave bis zur Magazine Street als ***Garden District*** definiert, wobei der engere und romantische Bereich zwischen Philip Street und Washington Ave liegt. Dort glaubt man sich in andere Städte des alten Südens wie Natchez oder Charleston versetzt. Gepflegte **Villen** stehen inmitten großzügiger subtropischer Gärten. Da aber die Häuser im *Garden District* ausnahmslos in Privatbesitz sind, können sie nicht von innen besichtigt werden, sieht man von einer 14-tägigen *Spring Fiesta* ab, während der einige Eigentümer ihre Türen für Besucher öffnen.

Aber das macht wenig, denn bereits eine langsame Spazierfahrt, besser noch ein **Spaziergang** durch die Straßen des *Garden District* und ggf. angrenzende Zonen ist für sich bereits lohnenswert. Dabei kommt es nicht unbedingt darauf an, viele Details der jeweiligen Häuser zu kennen. In den New Orleans ***Visitor Informations*** gibt es aber für Interessierte Unterlagen mit Einzelheiten und auch Adressen für geführte ***Walking Tours***.

Zwei Hinweise sollen hier genügen:

Das ***Thomas Toby House*** an der Ecke First/Prytania Street ist das älteste Gebäude des Viertels. Zwei Blocks weiter, an der Kreuzung Chestnut/First Street steht das mit viel Liebe restaurierte Wohnhaus der Autorin ***Anne Rice*** mit einem der schönsten Gärten des Distrikts. *Rice*-Fans finden im *Rink Shopping Center* (Kreuzung Prytania Street/Washington Ave) in der ***Anne Rice Collection*** passende Souvenirs. Dort kann man auch Führungen durch den *Garden District* und zu Schauplätzen von *Rices* Romanen buchen. Ihre Werke sind – teilweise signiert – im *Garden District Book Shop* neben dem *Shopping Center* zu haben.

Friedhof

Der *Garden District* hat seinen eigenen – protestantischen (!) – Friedhof, den ***Lafayette Cemetery*** zwischen 6th Street und Washington Avenue. Die Grabmäler sind hier wie überall in New Orleans überirdisch angelegt und meist wie kleine Häuser gebaut.

Zwar ist dieser Friedhof nicht sehr malerisch, aber dafür nicht kriminalitätsbelastet wie die Großfriedhöfe anderswo; www.graveaddiction.com/1lafayette.html.

Eichenalleen

An die übliche Abgrenzung des *Garden District* muss man sich bei einer Tour durch diesen Bereich durchaus nicht halten. Kaum minder interessant und als Eichenalleen, an denen grandiose Villen stehen, durchaus ähnlich attraktiv wie die St. Charles Ave sind **Louisiana**, **Napoleon** und **Nashville Av**e sowie – westlich des Audubon Park – der **Broadway**.

Shops/Whole Foods Market

Einen originellen **Laden-Strip** findet man an der Magazine Street zwischen Washington und Louisiana Ave, speziell im Bereich Pleasant und Toledano. Eine **Sehenswürdigkeit** für sich ist der ***Whole Foods Market***, eine Art **Bio-Supermarkt** der gehobenen Kategorie, noch etwas weiter westlich an der Magazine Street zwischen Joseph und Arabella; www.wholefoodsmarket.com.

Audubon Place und Park

Entlang der St. Charles Avenue werden die Villen westlich der Napoleon Ave immer größer und repräsentativer. Die nobelsten Privathäuser von New Orleans stehen am ***Audubon Place*** gegenüber dem Audubon Park. Die Zufahrt in diese Straße der Superreichen ist allerdings gesperrt. Der neugierige Normalbürger kann nur aus der Ferne der St. Charles Ave die beachtlichen Fassaden des *Audubon Place* bestaunen.

Der ***Audubon Park***, benannt nach dem Ornithologen *John James Audubon,* verfügt über Teiche, große Spiel- und Picknickrasenflächen und vor allem über mächtige alte Eichbäume voller *Spanish Moss*, über Golf- und Tennisplätze.

Universities

Ebenfalls eindrucksvoll und weitgehend frei zugänglich sind die Gelände der Universitäten ***Tulane*** und ***Loyola***, die sich hier oberhalb des Audubon Park weiträumig zwischen Audubon Blvd und Calhoun Street erstrecken.

Zoo und Bootsfahrt

Der südliche Teil des Parks zwischen Magazine Street und Mississippi gehört dem großzügigen ***Audubon Zoo*** (Di-Fr 10-16 Uhr,

Villa im Garden District

Sa+So bis 17 Uhr; Eintritt $12, Kinder $7; www.auduboninstitute.org. Es gibt auch Kombitickets in Kooperation mit dem *Aquarium* und dem Fährboot ***Audubon Express***. Auch ohne Zoobesuch könnte die Rückfahrt ins Stadtzentrum per Boot erwägen, wer hierher mit der *Streetcar* kam (umgekehrt weniger günstig, da stromaufwärts länger). Abfahrten ab *Audubon Landing* mehrmals täglich; aktuelle Info vor Ort beim Aquarium/IMAX-Kino.

Bereich City Park

City Park

Der älteste und größte Stadtpark reicht bei ca. 1,5 km Breite von der City Park Ave etwas südlich der I-610 bis zum Lee Blvd, also fast bis an den Lake Pontchartrain, und ist doppelt so groß wie der New Yorker *Central Park*. Er wurde von den Fluten nach *Katrina* voll unter Wasser gesetzt, der vor *Katrina* sehenswerte **Botanische Garten** weitgehend ruiniert; www.neworleanscitypark.com/nobg.html.

NOMA

Das ***New Orleans Museum of Art***, kurz *NOMA*, steht am Südrand des Parks (1 Collins Diboll Circle, Mi-So 10-16.30 Uhr, $8, Kinder bis 17 Jahre $4; © 504/488-2631, www.noma.org) auf einer kleinen Anhöhe und wurde daher nicht überflutet. Weder am Gebäude noch an der Sammlung entstanden dank durchgehaltener Klimatisierung mit Notstromaggregaten nennenswerte Schäden. Selbst der **Skulpturengarten** überstand *Katrina* ohne größeren Beschädigungen. Die Wiedereröffnung erfolgte im März 2006.

Das Museum verfügt u.a. über eine beachtliche Sammlung von Werken europäischer Im- und Expessionisten, darunter bekannte Namen wie *Degas, Picasso, Braque, Dufy* und *Miró*. Außerdem zu sehen sind frühe amerikanische Kunst aus präkolumbischer bis zur spanischen Epoche, amerikanische Möbel und Kunsthandwerk des 18. und 19. Jahrhunderts, eine Glassammlung, asiatische und afrikanische Werke.

Longue Vue House

Südwestlich des *City Park* steht nahe der I-10 mit dem ***Longue Vue House and Gardens*** ein weiterer beachtlicher musealer Komplex, das (7 Bamboo Road/Metairie, Mo-Sa 10-17, So 13-17 Uhr; $8 inkl. Führung durchs Haus, Mo+Di nur Gärten zugänglich, © 504/488-5488; www.longuevue.com), das einst kultureller Mittelpunkt der Stadt war. Sehr schön war die Gartenanlage, die von den Fluten aber in Mitleidenschaft gezogen wurde. Im Haus beeindrucken die Räumlichkeiten als solche, das Mobiliar und auch die Sammlung moderner Kunstwerke.

Friedhöfe

Rund um den *City Park* gibt es gleich mehrere weitläufige Friedhöfe, die man ***Cities of the Dead*** (»Totenstädte) nennt, weil sie mit ihren unzähligen Grabmonumenten und Mausoleen und den mit Autos befahrbaren Straßen eher kleinen Städten als – wie sonst – grünen Parkanlagen ähneln. Vor allem der ***Greenwood Cemetery*** (Metairie Road/City Park Ave, www.greenwoodnola.com) und ***Metairie Cemetery*** (Metairie Road) mit ihrer teilweise bombastischen Grabarchitektur sind einen Besuch wert.

Alle Friedhöfe bis auf den *Lafayette Cemetery* (➪ Seite 559) im *Garden District* standen im September 2005 **wochenlang unter Wasser** und wurden erheblich beschädigt. Bei Redaktionsschluss hieß es, ein Besuch sei begrenzt wieder möglich, aber in Anbetracht noch lange nicht abgeschlossener Aufräumarbeiten bis weiteres nicht sonderlich zu empfehlen. Die **Kriminalitätsprobleme** der Vergangenheit, die einen Besuch zu Fuß nur in Gruppen oder im Rahmen geführter Touren ratsam erscheinen ließen, existieren indessen wohl zur Zeit weniger. Man muss die Entwicklung abwarten und die aktuelle Situation vor Ort erfragen.

Weitere Ziele

Lake Pontchartrain/ Lakeshore Drive

Der ***Lake Pontchartrain*** ist 65 km lang und 40 km breit und wird vom ***Lake Pontchartrain Causeway*** (Gebühr) überquert, der mit 40 km längsten Brücke der Welt. Eine lohnende Angelegenheit war bei genügend Zeit ein Abfahren des **Lakeshore Drive**, der – teilweise direkt am Seeufer entlang – durch schöne Wohnviertel führte. Eine solche Fahrt begann man am besten am *Westend Park*, wo sich eine ganz Reihe populärer Fischlokale befand, und folgte dann einfach dem Straßemverlauf vorbei an vielen Yachthäfen, kleinen Parks, den Resten eines alten *Spanish Fort* und dem eindrucksvollen Campus der *University of New Orleans* bis zum *Lakefront Airport*. Während bislang nur wenige der *Westend Park Restaurants* wieder geöffnet sind, ist der Lakeshore Drive aber großenteils befahrbar.

Schlachtfeld der Battle of New Orleans

Am Ufer des Mississippi iegt rund 7 mi östlich *Downtown* das ***Chalmette Battlefield*** als ein Teil des ***Jean Lafitte National Historical Park*** (www.nps.gov/jela), St. Bernard Highway #46 im Stadtteil Arabi; Anfahrt ab Innenstadt über Rampart Street/St. Claude Ave; © 504/589-3882, frei). Dort fand die berühmte ***Battle of New Orleans*** statt, ➪ Seite 534. Es gab zwar außer alten Kanonen und einem Monument nicht mehr ganz viel zu sehen, aber der hervorragende, im kleinen *Visitor Center* gezeigte Film über Hintergründe, Verlauf und Irrsinn dieser Schlacht rechtfertigt den Abstecher. Der Park wurde von *Katrina* zwar stark betroffen, aber in der Zwischenzeit wieder hergerichtet.

Algiers

Vom *French Quarter* und der Riverfront erkennt man auf der anderen Flussseite den Stadtteil ***Algiers*** mit ***Algiers Point*** (www.algierspoint.org), einem restaurierten Stadtviertel mit Gebäuden aus dem 19. Jahrhundert. Mit Auto gelangt man über die (tollpflichtige und staugefährdete) Mississippi-Brücke dorthin, ohne Auto kostenlos per Fähre ab *Canal Street Landing* (mit Auto $1)

Mardi Gras World

Vom Anleger geht es (auch per Gratis-Shuttle) zur wichtigsten Sehenswürdigkeit am jenseitigen Flussufer: ***Blaine Kern's Mardi Gras World*** (#233 Newton, täglich 9.30-16.30 Uhr; $15/$7.50, © 504/361-7821, www.mardigrasworld.com). Nach Einführung und Video erfolgt eine Führung durch die Hallen voller sagenhafter Karnevalsfiguren und -wagen.

Abstecher ins Mississippi River Delta

Straße #23

Es liegt nahe, in New Orleans an eine Fahrt an die Mündung des Mississippi zu denken. Ein Blick auf die Karte zeigt aber, dass es die im gewohnten Sinne gar nicht gibt. Die Küste vor New Orleans besteht aus einem per Straße kaum erschlossenen Sumpfgebiet mit zahllosen Buchten und miteinander korrespondierender Wasserläufen, den *Bayous*. Der Mississippi hat sich mit seiner Sedimentfracht eine eigene weit in den Golf von Mexico vorgeschobene Halbinsel geschaffen, an dessen Ende er sich deltaförmig verzweigt. Zwei Arme – nach Norden und Süden – werden dort für die Schiffahrt freigehalten. Tatsächlich führt eine Straße, die #23 vom New Orleans-Vorort Gretna nach Venice, hinter dem Flussdeich am Mississippi entlang. Sie endet aber gut 10 mi vor dem eigentlichen Mündungsdelta.

Nach Venice

Die Fahrt auf dieser Route, die nach *Katrina* lange nicht möglich war, ist eher eintönig. Die Fahrt lohnt sich eigentlich nur für Angler. Dafür gibt es in Louisiana nämlich kaum einen besseren Ort als Venice (75 mi ab Gretna). Die Fahrt hin und zurück kann man inklusive kurzem *Fishing Trip* durchaus an einem Tag schaffen, aber besser wäre es, dort zu übernachten.

Fishing Trips

Venice am Ende der Straße, das mit der italienischen Namensschwester so gut wie nichts gemein hat, ist beliebter Ausgangspunkt für *Fishing Trips* im *Mississippi River Delta* und im Golf von Mexico. Buchungen bei *Venice Marina Charter Boat Association*, © 1-985-534-3474, www.venicemarina.com. Venice erfuhr durch *Katrina* zwar erhebliche Verwüstungen, aber mittlerweile sind die Hafenanlagenund Stege wieder repariert.

Woodland Plantation

Auf dem Weg (#23) passiert man die ***Woodland Plantation*** (nahe West Point a la Hache; © 1-504-656-9990, www.woodlandplantation.com). Das Haus wurde schon 1834 errichtet und vor ein paar Jahren als *Bed & Breakfast* renoviert. Eine künstlerische Version des Gebäudes schmückt das Etikett von *Southern Comfort*, dem Whiskey-Likör mit Pfirsichgeschmack, der erstmals im späten 19. Jahrhundert zusammengemixt wurde.

Fort Jackson

Etwas weiter südlich liegt das ***Fort Jackson***, das 1822-1832 gebaut wurde, um den unteren Mississippi vor einer möglichen spanischen Invasion zu schützen. Dazu kam es nicht. Die Konföderierte Armee versuchte aber 1862, mit Hilfe von Fort Jackson den Mississippi zu sperren. Doch nach zwölf Tagen unter Beschuss brachen Kanonenboote der Union durch und New Orleans wurde eingenommen. Das Fort bzw. dessen ansehnliche Ruinen können nach Katrina wieder besichtigt werden.

Orangen in Louisiana

Das Mississippi-Delta ist Louisianas wichtigstes Anbaugebiet für Orangen. Im Staat ist es sonst zu kalt für Zitrusfrüchte. Wenn man zur Erntezeit von November bis Januar die Straße #23 entlang fährt, passiert man zahlreiche Verkaufsstände.

Mardi Gras in New Orleans

von Eric Ulken/New Orleans; Übersetzung Burghard Bock

Karneval wird seit Jahrhunderten von Katholiken rund um den Globus gefeiert und hat seine Wurzeln eigentlich in griechischen und römischen Frühjahrsritualen. Das Wort *carnival* stammt vermutlich aus dem Lateinischen: *carne levare* bedeutet »Fleisch beiseite schaffen« und bezieht sich auf Lustbarkeiten und Gelage vor dem Fasten in der Passionszeit, was bis zum Fastnachtsdienstag (***fat tuesday***, franz. **mardi gras**) dauert. Historisch war Karneval ein Feiertag mit wilden Exzessen, eine Art zeitweilige Anarchie, während der die Grenzen des Anstands ungestraft ausgelotet werden konnten.

Etwas weniger heftig lebt dieser Geist in **New Orleans' *Mardi Gras*** fort, dessen bekannteste Eindrücke die lärmenden Massen im *French Quarter* liefern. Das ist jedoch nur das große Finale von Wochen mit eher gedämpften Belustigungen. Obwohl *Mardi Gras* genaugenommen nur den Tag vor Aschermittwoch bezeichnet, wird der Begriff häufig auf die gesamte Karnevalsaison bezogen, die mit dem Epiphaniasfest am 6. Januar startet. Die Feierlichkeiten beginnen langsam und nehmen mehr und mehr an Häufigkeit und Ausmaß bis zum Karnevalsdienstag zu.

Mardi Gras hat vor allem mit Paraden zu tun. Jährlich gibt es im Bereich New Orleans etwa 80 davon. Jede wird von einer *Krewe* organisiert. Die Mitglieder der *Krewes*, die von einem gewählten »König« oder einer »Königin« geführt werden, stehen bei den Paraden auf gewaltigen, thematisch gestalteten Festwagen. Die kostümierten Fahrer werfen beim Vorbeifahren billigen Schmuck wie Plastikperlen und -pokale auf die Schaulustigen. Blasmusik und andere Arten der Unterhaltung runden die Paraden ab. Die Einheimischen kommen vor allem wegen der »*throws*« und sind ziemlich ehrgeizig, sie zu fangen.

Die ***Krewe of Rex*** gilt als Spitze der Karnevalshierarchie, denn ihrem König wird während *Mardi Gras* symbolisch die Herrschaft über die Stadt übertragen. Andere beliebte *Krewes* sind *Endymion*, *Bacchus*, *Orpheus* und *Zulu*.

Bacchus und *Orpheus* haben es sich zur Regel gemacht, Prominente als Könige und Königinnen zu krönen (in der Vergangenheit waren illustre Mitfahrer der Komiker *Bob Hope*, die Schauspieler *Charlton Heston* und *Whoopi Goldberg* sowie der Musiker *Stevie Wonder*), was ihren Paraden ein gewisses Hollywood Flair verleiht. Neben den Paraden veranstalten die *Krewes* aufwändige *Mardi-Gras*-Bälle, die in New Orleans den gesellschaftlichen Winterkalender bestimmen. Dazu haben nur geladene Gäste Zutritt.

Die andere, populärere Seite von Mardi Gras kann man beim alkoholisierten Gedränge beobachten, das am Fastnachtsdienstag und den Tagen davor durch das *French Quarter* wogt. Öffentliche Nacktheit, obwohl offiziell illegal, ist nichts Ungewöhnliches, da Frauen gerne dazu ermuntert werden, im Tausch für Perlen ihre Brüste zu »*flashen*«, also kurz zu zeigen. Filmhersteller, die Videos davon verkaufen, haben *Mardi Gras* zu dem zweifelhaften Ruhm verholfen, den es heute genießt. Wer *Mardi Gras* wie im Fernsehen kennenlernen will, braucht nur am Fastnachtsdienstag ins *French Quarter* zu gehen.

Für ein **echtes New Orleans Karnevalserlebnis** sollte man sich jedoch auf mindestens eine **Parade in *Uptown*** einlassen. Jede Parade folgt zwar einer leicht unterschiedlichen Route (genaue Wege und Zeiten in *The Times-Picayune*, im *Gambit Weekly* oder im Internet unter www.mardigras.com), aber auf der St. Charles Avenue kann man kaum eine der *Uptown*-Paraden verpassen. Man sucht sich einfach einen Platz an der Route und wartet auf die Festwagen.

6.2.6 Ante Bellum Mansions am Mississippi

Plantations

Zwischen New Orleans und Baton Rouge gab es in der Blütezeit der Baumwollplantagen vor dem Bürgerkrieg zahlreiche herrschaftliche Villen der – dank Sklavenarbeit – reich gewordenen Pflanzer. Einige dieser Villen blieben über die Jahre beidseitig des Flusses erhalten und sind heute touristische Anziehungspunkte erster Ordnung. Wer New Orleans besucht, hat meist schon prächtige Fotos von ihnen gesehen und den Wunsch, diese sog. ***Mansions*** oder ***Plantation Houses*** zu sehen.

Besuchsplanung

Dafür kann man sich geführten, zeitaufwendigen und sehr teuren Bustouren anschließen, die überwiegend mehrere der Häuser abfahren, oder den Besuch auf eigene Faust unternehmen, wozu hier unbedingt geraten wird.

Zunächst einmal muss man aber wissen, das **in all diesen *Mansions* $10 Eintritt** fällig sind, Kombitickets gibt es nicht. Dabei ist die Qualität des Gebotenen, sprich: die Attraktivität der Villen und ihrer Gärten und Parks sehr unterschiedlich. Nicht nur auf Fotos, sondern auch in Wirklichkeit geht nichts über ***Oak Alley Plantation*** am Südufer des Flusses. Wer gerne in einer solchen Villa übernachten möchte, was in mehreren möglich ist, sollte in erster Linie die ***Nottoway Plantation*** in Betracht ziehen. Nur dort befinden sich die Zimmer fürs *Bed & Breakfast* im Haupthaus und nicht in irgendwelchen Nebengebäuden (w.z.B. im Fall *Oak Alley*). Dafür ist der Park dort weniger attraktiv.

Tipp Wem $10 Eintritt/Person – speziell bei mehreren Besuchen an einem Tag – zu hoch erscheinen, kann alle Häuser und ihre Parks mehr oder weniger intensiv auch ohne Eintrittsgeld von außen bewundern. Das berühmte **Foto von der *Oak Alley Plantation*** durch die Eichenallee hindurch lässt sich mit einem mäßigen Zoom sogar von der Straße aus durch den Zaun machen.

Hinweis Alle **Führungen** haben den Nachteil, dass sie oft in sehr großen Gruppen erfolgen und ermüdend lange Detailerläuterungen (auf Englisch!) die Regel sind. Richtig lohnenswert sind sie nur bei starkem Interesse an Details des einstigen Plantagenlebens.

Anfahrt Für alle *Plantations gilt:* sie liegen an ***River Roads***, die sich beidseitig des Flusses hinter dem Deich entlangschlängeln und nur selten erfreuliche Verläufe aufweisen, vielmehr geht es häufig an Raffinerien, stillgelegten Fabriken und Verladeanlagen vorbei. Der Mississippi bleibt dem Auge verborgen. Übrigens auch von den *Plantations* aus. Überschauten seine Bewohner im 19. Jahrhundert noch den ungezähmten Fluss, fällt der Blick nun von überall auf hohe Deiche. Was damit gesagt werden soll ist Folgendes: Bloß nicht auf die Idee kommen, zur weiträumigen Anfahrt den *River Roads* zu folgen, auch wenn die unverfehlbar alle *Plantations* einschließlich vieler nicht zur Besichtigung offenstehenden alter Villen passiert. Es sei denn, man hat viel Zeit und liebt endlose Kurverei bei 30-40 mph. Der direkte Weg zum jeweils angepeilten Ziel ist für alle *Plantations* der beste, d.h., *Interstate #10* und dann die nächstliegende Stichstraße in Richtung Mississippi.

Für die besonders empfohlenen *Plantations* ***Oak Alley*** (bei Vacherie, ab dort ausgeschildert) und ***Nottoway*** (Donaldsonville/White Castle, ebenfalls ausgeschildert) ist für Fahrten **ab New Orleans die schnellste Route die I-310 über den Mississippi** und danach die großenteils wie eine Autobahn breit ausgebaute, aber gering befahrene **Straße #3127 nach Westen** (Katastrophenfluchtroute).

Information Eine gute **Karte** mit Auflistung aller *Plantations*, Öffnungszeiten (Führungen in der Regel täglich 9-17 Uhr) und sonstigem Angebot bietet die **Broschüre »*Historic Plantation Country*«**, erhältlich in den Büros der *Louisiana Visitor Information*.

Katrina ohne Auswirkung

Die Region der *Plantation Homes* nordwestlich von New Orleans lag außerhalb der Hauptschneise von *Katrina*. Der dort mit hohen Deichen gut gesicherte Mississippi konnte trotz Hochwassers keinen Schaden anrichten. Die Orte am Fluss wurden nur durch den Sturm in Grenzen in Mitleidenschaft gezogen. Die auf Touristen eingerichteten *Plantations* waren alle schon im Spätherbst 2005 wieder geöffnet. Das reizvollste dieser Häuser, *Oak Alley*, war nie geschlossen (➪ Foto Doppelseite 172+173).

Zunächst zum **Nordufer**, die wichtigsten Häuser dort sind:

Destrehan & Ormond Plantations

die ***Destrehan Plantation*** (13034 River Road/Straße #48 unweit der I-310 über den Mississippi, © 985/764-9315; www.destrehanplantation.org). Das 1787 errichtete Haus wurde 1840 im *Greek-Revival*-Stil umgebaut. Besichtigung täglich 9.30-16 Uhr. Nicht weit entfernt befindet sich die ***Ormond Plantation*** (8407 River Road, © 504/764-8544; www.ormondplantation.com). Sie dient heute als relativ schlichtes ***Bed&Breakfast*-Quartier**, wiewohl in nostalgischer Ausstattung; für $125 nicht gerade preiswert.

San Francisco Plantation

Eine der stilistisch ungewöhnlichsten Mansions ist das ***San Francisco Plantation House***, 2646 River Road/hier Straße #44, © 985/535-2341, täglich 9.30-16 Uhr; www.sanfranciscoplantation.com. Gotische, klassische *Greek Revival* und viktorianische Elemente wurden in diesem Komplex eindrucksvoll kombiniert.

Houmas House

Noch ca. 25 mi weiter westlich steht das von riesigen Säulen umgebene ***Houmas House*** (40136 River Road/Straße #942 bei Burnside westlich der *Sunshine Bridge*, © 504/473-7841. Es ist innen nicht ganz so bombastisch wie *San Francisco*, aber auch stilvoll; Besichtigung 10-17 Uhr im Sommer, im Winter bis 16 Uhr.

Am **Südufer des Mississippi** sind in erster Linie die drei folgenden Häuser sehenswert (alle westlich der *Veterans Memorial Bridge*):

Laura Plantation

Nur ein paar Meilen westlich der Brücke passiert man auf der Straße #18 (führt auch zur *Oak Alley Plantation*) zunächst die ***Laura Plantation***, ein vergleichsweise bescheidenes Anwesen mit alten Sklavenhütten (2247 River Rd/Straße #18, © 1-888-799-7690, www.lauraplantation.com), das aber wegen seiner einstigen kreolischen Besitzerin *Laura Locoul Gore*, die ein Buch »*Memories of the Old Plantation Home*« geschrieben hat, etwas anders bewertet wird als der berühmte Nachbar. Führungen 9-16 Uhr.

Die bei Laura vermerkten $10 Eintritt sind der Einheitspreis für die Besichtigung auch bei anderen Plantations

Oak Alley Plantation
(➪ Foto auf Seite 173/3)

Unmittelbar an der #18 vorm Mississippideich endet die namensgebende 400 m lange auf das Haupthaus des Komplexes zuführende Eichenallee. Die ***Oak Alley Plantation*** (3645 Straße #18, ✆ 1-866-231-664, www.oakalleyplantation.com) ist deshalb wahrscheinlich das meistfotografierte und bestbekannte *Ante Bellum Mansio*n der USA. Tatsächlich findet man ähnliche Eichenalleen auch noch bei Ante Bellum Villen anderswo, aber nirgends so lang, knorrig und alt (300 Jahre) wie hier. Dadurch wirkt das *Mansion* gleich doppelt attraktiv. **Die besten Fotos** von der Eichenallee gelingen am frühen Vormittag oder am späten Nachmittag, Dazwischen steht die Sonne ungünstig. Bedingt durch die große Popularität erfolgen die **Führungen** (9-17 Uhr) hier in besonders großen Gruppen, dafür aber durch Damen in zeitgenössischer Tracht.
Die *Oak Alley Plantation* ist von einem besonders großen und gepflegten Park umgeben. In separaten *Guest Cottages* kann man ***Bed & Breakfast*** buchen (ab $110). **Restaurant**, **Cafeteria** und *Gift Shop* sind in einem separaten Servicekomplex untergebracht.

Hauptgebäude der Nottoway Plantation

Nottoway Plantation

Die ***Nottoway Plantation*** liegt an der Straße #1, noch einmal ca. 30 mi weiter westlich bei White Castle ebenfalls direkt hinter dem Deich des Mississippi. Von der *Sunshine Bridge* sind es noch ca. 15 mi dorthin, ✆ 1.877-688-4376; www.nottoway.com.

Die monumentale schneeweiße Villa eines einstigen Zuckerproduzenten fällt architektonisch ziemlich aus dem Rahmen des Üblichen. (*Greek Revival* und *Italianate Style*). Erbaut 1849-59 zählte *Nottoway* zu den größten und modernsten Privathäusern der Zeit, hatte fließend Warm- und Kaltwasser, mehrere Badezimmer und Gasbeleuchtung. Innen ist die Villa luxuriös und lohnt die Besichtigung unbedingt; Führungen täglich 9-17 Uhr.

***B&B*-Gäste** können hier im Haupthaus wunderbar nostalgisch übernachten, bezahlen dafür aber über $200. In Nebengebäuden ist es etwas preiswerter, aber weniger romantisch: ab $160. Ein **Restaurant** fehlt auch nicht.

6.3 Das Cajun Country

6.3.1 Geschichte der Acadians

Die Cajuns

Das Land der Sümpfe und Bayous westlich von New Orleans reicht bis fast vor die Tore der texanischen Metropole Houston. Es ist das Siedlungsgebiet der französischsprachigen ***Cajuns***. Sie waren aus der einst französischen Kolonie *Acadia*, dann unter britischer Herrschaft Nova Scotia genannt, nach Louisiana geflohen, als sie in der Mitte des 18. Jahrhunderts den Fahneneid auf die englische Krone ablegen sollten, sich aber weigerten und daraufhin verfolgt wurden.

Von New Orleans (oder Baton Rouge) aus erreicht man in wenigen Stunden das Herz des ***Cajun Country*** und befindet sich, hat man den Mississippi erst einmal überquert, bald mittendrin.

»Cajuns«

Die *Cajuns* sind Nachkommen der ersten Weißen, die nach Kanada ausgewandert waren und 1610 eine erste permanente Siedlung begründet hatten, die sie »***L'Acadie***« nannten. Diese französischen Kolonisten lebten in Isolation und pflegten ihre alten Traditionen. Auch nachdem England 1713 endgültig die Macht im nun als Nova Scotia bezeichneten Gebiet übernommen hatte, änderte sich daran zunächst nichts. Als aber 1755 wieder einmal Krieg zwischen England und Frankreich ausbrach, weigerten sich die *Acadians*, den nun geforderten Eid auf die Britische Krone zu leisten, den katholischen Glauben abzulegen und ggf. auf englischer Seite gegen ihr Herkunftsland zu kämpfen. Die Folge war, dass die Engländer 13.000 *Acadians*, soweit sie nicht fliehen konnten, ohne Rücksicht auf Familienzusammengehörigkeit auf Schiffe verluden und sie in alle Winde zerstreuten. Die meisten landeten in südlichen britischen Kolonien, viele aber auch in Louisiana, wo bereits Franzosen siedelten.

Die *Acadians* ließen sich am Mississippi westlich von New Orleans nieder und in den *Wetlands* entlang dem Verlauf des Bayou Lafourche, andere überquerten das *Atchafalaya Basin* und siedelten im Gebiet nahe dem heutigen St. Martinville und Lafayette. Sie lebten in bescheidenen Stelzenhütten oder auf Hausbooten auf den Bayous, arbeiteten am Fluss als Fischer oder als kleine Farmer, bildeten jedoch gemeinsam eine kulturell geschlossene Enklave in Süd-Louisiana. Sie pflegten ihr antiquiertes ***Acadian French*** in unterschiedlichen Regionaldialekten, verwendeten die gewohnten französischen Namen, hielten an Traditionen und Gebräuchen, Küche und Musik (➪ auch Essay auf Seite 545), Religion und Sprache fest. Die Bezeichnung »***Cajun***« ergab sich über die Jahre aus der verballhornten Form »*Cadjien*« für »*Acadians*«.

In den Augen der ***Creoles***, der Nachfahren der französischen und spanischen Ursiedler, die schon seit Anfang des 18. Jahrhunderts in der Gegend um New Orleans siedelten und sich für fein und gebildet hielten, galten die *Cajuns* als ungehobelte und rückgewandte »***Swampbillies***« (etwa: »Sumpftölpel«). Erst allmählich gaben die *Cajuns* die selbstgewählte Isolation auf, und ihr Image besserte sich.

Heute gibt es rund **700.000 *Cajuns in Acadiana***. Sie fahren in *Pick-up-Trucks* statt in den typischen Pirogen (Einbäume), und nur noch wenige weben Stoffe oder flechten Körbe wie früher. Aber viele haben an ihren traditionellen Berufen festgehalten. Sie sind als Bauern, Fischer oder Jäger, Austern- oder Krabbenzüchter tätig und verhalfen Louisiana zur größten gewerblichen Fischereiflotte aller US-Staaten. Nur noch wenige sprechen Französisch. Weitere Einzelheiten gibt es z.B. bei www.cajunculture.com.

6

6.3.2 Bayou und Coastal Acadiana

Anfahrt und Zeitbedarf

Anfahrt

Der schnellste Weg ins *Cajun Country* führt **von New Orleans** über die autobahnmäßig ausgebaute Straße #90. Man kann aber auch – speziell in Verbindung mit einem Besuch der *Mississippi Plantations* – über die Straße #70 (*Sunshine Bridge*) in Richtung Morgan City anfahren oder **ab Plattenville die Straße #1/#308 in Richtung Houma nehmen. Diese Route wird hier beschrieben**.

Von Baton Rouge kann man für eine Rundfahrt durchs *Cajun Country* gleich der #1 folgen, aber auch zunächst der I-10 Richtung New Orleans und dann ab Sorrento der #70 wie beschrieben.

Lohnenswert?

Für eine rasche, nicht zu intensive Tour einschließlich Stopover in Lafayette benötigt man mindestens 2 Tage, aus denen mit ein paar Besichtigungen und Abstechern (z.B. *Grand Isle, Avery Island*) leicht 3 Tage werden können. Bei knapper Zeit und konkurrierenden Routen (z.B. »bis Vicksburg+Memphis statt nur bis Natchez« oder »Abstecher ins *Cajun Country*«?) sollte die Priorität fürs *Cajun Country* – außer bei einem spezifischen, im voraus fixierten Interesse – nicht zu hoch angesetzt werden.

Straße #1

Ein besondere Variante wäre hier, der #1 bis zu ihrem Ende (**Port Fourchon/*Grand Isle State Park***) zu folgen, einem ca. 120 mi (hin und zurück) langen Abstecher an den Golf von Mexico, wo tatsächlich lange Strände, speziell Angelpiers und viel Sumpfnatur (mit *Nature Trails* und Vogelbeobachtung im *State Park*) warten. **Camping** im *State Park* (für Zelte am Strand – 2006 noch geschlossen) und **Motels** in Port Fourchon und Golden Meadow. Ab 2007 dürften die 2005 von *Katrina* in Mitleidenschaft gezogenen Strände wieder zugänglich sein.

Straße #1 bis Thibodaux/Houma

Madewood Plantation

An der Straße bei Napoleonville steht unübersehbar in Alleinlage die ***Madewood Plantation*** (4250 Hwy #1/#308, täglich 10-16.30 Uhr, © 985/369-7151). Dieser prächtige *Greek-Revival*-Bau (1846) nennt sich zwar »*Queen of the Bayou*«, kann aber im hier wenig ansprecheden Umfeld gegen die *Plantations* am Mississippi kaum punkten. Indessen bietet *Madewood* sehr schöne nostalgische ***Bed & Breakfast*-Zimmer** und **-Suiten**, wenn auch zu nicht ganz niedrigen Tarifen ab $230 plus *tax*; www.madewood.com.

Bayou Acadiana

Mit *Madewood* befindet man sich bereits in der **Region *Bayou Acadiana***. Hier ist ein Motorboot oft wichtiger als ein Auto, denn ein unüberschaubares Netz von Nebenarmen der beiden Hauptflüsse Mississippi und Atchafalaya durchzieht das Gebiet; ein Sumpf grenzt an den nächsten. Der wichtigste Wasserlauf ist hier der *Bayou Lafourche*. Er beginnt bzw. mündet bei Port Fourchon.

Coastal Acadiana

Houma ist die größte Stadt der Bayou-Region. Unmittelbar westlich davon beginnt – ohne dass dies optisch auffiele – ***Coastal Acadiana***: Viel Wasser, Zypressen, landwirtschaftlich genutzte Felder, Sümpfe und kleine Flecken prägen auch dort das Bild.

Information

- ***Houma-Terrebonne Tourist Commission*** (✆ 985/868-2732, www.houmatourism.com); ein **Infozentrum** befindet sich in der St. Charles Street/#90 im Stadtwesten.
- ***Lafourche Parish Tourist Commission*** in Raceland (✆ 985/537-5800, www.lafourche-tourism.org).

Unterkunft

Im tiefen Louisiana sollte man sich auch mal ein B&B-Quartier leisten. Sie sind dort relativ erschwinglich. Detailinfos dazu im jährlich neu aufgelegten ***»Louisiana B&B Directory«*** (erhältlich beim *Louisiana Office of Tourism*, ➪ Seite 680.

Touren

- ***Alligator Annie Miller's Swamp & Marsh Tours*** (Houma, ✆ 985/879-3934, ✆ 1-800-341-5441, www.annie-miller.com) bietet Boottrips durch die Bayous und in den Golf.

- Fahrten in die Sümpfe des Atchafalaya River, wo einst **Tarzan-Filme** gedreht wurden, sind mit ***Cajun Jack's Swamp Tour*** möglich; ab Morgan City, © 985/495-7429, http://cajunjack.com.

Laurel Valley Plantation

1 mi südlich von Thibodaux liegt die ***Laurel Valley Plantation*** (Di-So 10-16 Uhr, © 985/447-5216), eine seit 1845 aktive Zuckerrohrplantage samt Fabrik und Resten alter Sklavenquartiere.

Thibodaux

Das 1820 gegründete **Thibodaux** (ca. 15.000 Einwohner), Sitz der *Nicholls State University,* ist bekannt für seine Antiquitätenshops und den historischen Ortskern. Es gibt dafür eine *Historic Downtown Walking-Tour-Broschüre.*

Ein »Muss« ist das ***Wetlands Acadian Cultural Center*** (314 St. Mary Street, Di-Do 9-18 Uhr, Fr-Sa 9-17, Mo 9-19 Uhr, frei, © 985/448-1375), eines der Museen des ***Jean Lafitte National Historical Park & Preserve*** (➪ Seite 536). Hier stehen die *Cajuns* im Mittelpunkt, ihre Mentalität, Geschichte, Sprache, Musik und Architektur etc., aber auch ihr Alltagsleben.

Houma

Rund 20 mi südlich von Thibodaux liegt ***Houma***, das »Venedig Amerikas«, denn 55 Brücken überqueren im Stadtgebiet sieben Bayous, den *Intracostal Waterway* und den *Houma Canal.* Es wurde 1834 von Nachkommen der *Acadians* gegründet. Einst war Houma Zentrum der Zuckerrohrwirtschaft; heute sind Holz- und Petroindustrie sowie Shrimp- und Austernfang wichtiger.

Auch ab Houma gibt es **Touren** in die umliegenden Bayous und Sümpfe und einen ***Historic District***. Er wird dominiert von der *St. Francis de Sales Catholic Church.* Im ***Southdown Plantation House/Terrebonne Museum*** (Straße #311/ St. Charles, Di-Sa 10-15 Uhr, © 985/851-0154, www.southdownmuseum.org), einer *Greek Revival Villa,* sind die Glasfenster, eine Porzellansammlung und das Mobiliar sehenswert; www.houmatourism.com.

Madewood Plantation, *➪ Seite 569*

Von Morgan City nach Lafayette

Bayou Teche

Das St. Mary Parish mit der Hauptstadt ***Morgan City*** liegt in der Region *Bayou-Teche*, ungefähr auf halber Strecke zwischen New Orleans und Lafayette an der #90. Am Bayou Teche reihte sich früher eine Zuckerrohrplantage an die andere.

Die weiten Niederungen des Atchafalaya River bilden hier ein riesiges Sumpfgebiet (*Overflow Swamp*), das einst von *Chitimacha*-Indianern besiedelt wurde. Ein Reservat mit *Interpretive Center und Tribal Museum* befindet sich bei Charenton.

Morgan City

Morgan City liegt am Atchafalaya River und nennt sich *Jumbo Shrimp Capital of the World*. Gleichzeitig ist es aber auch ein Zentrum der Ölförderung in Louisiana, www.cityofmc.com.

Einen guten Blick über den Hafen hat man von der ***Great Wall*** (Front Street), einem 7 m hohen Damm. Auch hier existiert ein kleiner *Historic District*, darin das ***Turn-of-the Century House & Mardi Gras Collection*** (715 2nd Street) und das *Rig Museum* (Front Street). Wer die ***Swamp Gardens*** besucht (725 Myrtle Street), kann nachvollziehen, warum man als Drehort für die ersten Tarzanfilme 1917 gerade diese Gegend gewählt hat.

Franklin

Franklin entstand fünf Jahre nach dem *Louisiana Purchase* (1803) durch Ansiedelung zahlreicher »*Easterners*« aus Virginia und den Carolinas. An die Blütezeit der Zuckerrohrindustrie erinnert das alte Stadtzentrum mit über 400 historischen Gebäuden, konzentriert an der East Main Street. Am sehenswertesten sind die ***Arlington Plantation*** und das ***Grevemberg House Museum*** (Straße #322/City Park), ein Stadthaus ohne den Prunk der *Plantations*.

Etwa 3 mi nordwestlich von Franklin steht an der Straße #182 das schneeweiße wunderschöne ***Oaklawn Manor*** (3296 East Oaklawn Dr/Irish Bend Road, täglich 10-16 Uhr; Eintritt $6, ✆ 985/828-0434), ein weiteres *Greek-Revival*-Herrenhaus, das heute dem Gouverneur von Louisiana zu repräsentativen Zwecken dient.

New Iberia

Unweit der »Hauptstadt« Lafayette liegt die vielleicht schönste Stadt des *Cajun Country*, **New Iberia**. Die »*Queen City of the Teche*« hat eine attraktive Innenstadt mit ***Historic District*** (Main, Weeks, St. Peter Streets) und – kurioserweise – eine **antike Hadriansstatue** hinter Glas in der 301 East Street, Ecke St. Peter, www.cityofnewiberia.com/visitorinfo.html.

Shadows-on-the-Teche

Shadows-on-the-Teche ist eine alte Pflanzervilla (317 East Main, täglich 9-16.30 Uhr, $6, ✆ 337/369-6446, www.shadowsontheteche.org) und ein weiteres *Highlight* der Region, das schon so illustre Gäste wie *Henry Miller* und *Cecil B. DeMille* beherbergte.

Reismühle

In der ***Conrad Rice Mill - Konrico*** (307 Ann Street, Mo-Sa 9-17, ✆ 1-800-551-3245; www.conradricemill.com) erfährt man während einer Führung durch **diese älteste Reisfabrik der USA** – am besten wochentags, wenn die Maschinen in Betrieb sind – alles Mögliche über Reis, seinen Anbau und seine Verarbeitung und kann hinterher im gut sortierten Shop Reisgerichte probieren.

Avery Island

Südwestlich von New Iberia liegen inselartige Geestrücken mitten in den Sumpfgebieten. Unter einer dünnen Erdkrume verbergen sich dort kilometertiefe Salzpfropfen. Eine dieser »Inseln« ist **Avery Island** – Anfahrt von der #90 über die #14, dann noch 7 mi nach Westen auf Straßen #329/#320 (ausgeschildert). Sie gehört der Familie ***McIlhenny***, die schon vor dem Bürgerkrieg mit der Salzgewinnung begann. Nach dem Krieg baute *Edmund McIlhenny* auf dem fruchtbaren Boden Pfefferschoten an und mischte beides zur heute weltbekannten **Tabasco Sauce**, ➪ Essay; www.tabasco.com/info_booth/faq/avery_visit.cfm.

Und weil das Ganze mittlerweile historischen Charakter besitzt, hat man sich des ersten Tabascolabors von *Sir Edmund* erinnert und führt den Besuchern wissenschaftlich begleitete »Ausgrabungen« der einstigen Experimentierstätte vor.

Tabasco Produktion

Die scharfe Spezialität kommt immer noch fast ausschließlich aus der – mittlerweile modernen – Produktionsanlage auf Avery Island; man schaue beim nächsten Einkauf (auch bei uns!) mal auf das Etikett. Besucher der **Tabasco-Fabrik** dürfen einen Blick auf die Abfüllanlagen werfen und erfahren in einem Film alles über Geschichte und Herstellung der heute in diversen Varianten hergestellten Sauce (Mo-Fr 9-16, Sa 9-12 Uhr, frei, aber Brückenzoll $1, ✆ 337/365-8173; www.tabasco.com). Im *Tabasco Country Store* gibt es sogar Liter- und Gallonenflaschen zu günstigen Preisen und andere Mitbringsel rund um die Tabasco Sauce.

Tabasco und Avery Island

Als ***Edmund McIlhenny***, Bankier schottisch-irischer Abstammung, Gourmet und Fan der *Cajun*-Küche, begann, mit Pfefferschoten aus seinem Garten herumzuexperimentieren, konnte er nicht ahnen, dass ihm das Ergebnis seiner Versuche zu einem Welterfolg verhelfen sollte.

Er hatte die Schoten der Capsicum-Pflanzen in einem Fass zerstampft, Salz vom heimischen Salzstock dazugetan und den Brei dann drei Jahre lang ziehen lassen. Dannach war der Fermentierungsprozess abgeschlossen, und er goss das Ganze in einen größeren Bottich, versetzte es mit französischem Essig und ließ es noch einmal 30 Tage stehen. Nachdem die Schotenreste ausgesiebt worden waren, blieb ein extrem scharfes rotes Gebräu übrig, das er zunächst in Parfümfläschchen abfüllte (1868). Diese hatten den Vorzug, dass die Flüssigkeit leicht tropfenweise dosiert werden konnte. Die Pfeffersauce fand sofort großen Anklang. 1870 wurde das Rezept patentiert und seither beinahe unverändert und ohne Konservierungsstoffe angewandt, wenn auch die Fermentierung heute – immer noch über 3 Jahre – in großen Eichenfässern abläuft. Täglich werden rund 400.000 der bekannten kleinen Flaschen – neben mittlerweile größeren Gebinden und Varianten der Sauce – auf Avery Island abgefüllt und in über 100 Länder der Erde verschickt.

Jungle Gardens

Auf dem mehrere Quadratkilometer großen Inselgelände befinden sich außerdem die ***Jungle Gardens* & *Bird City*** (9-17 Uhr täglich, $6). Diese wunderschöne subtropische Gartenanlage ließ *E. Avery McIlhenny* anlegen, der Sohn des Tabascoerfinders, der sich als Privatgelehrter einen Namen gemacht und exotische Pflanzen aus aller Welt importierte. In den *Jungle Gardens* gibt es alle möglichen Tiere; vor allem aber dient der Park als Reservat für Silberreiher, die Anfang des 20. Jahrhunderts fast ausgerottet waren und zu Tausenden in McIlhennys ***Bird City*** heimisch wurden.

Live Oak Gardens

Ein ähnlich reizvoller, gepflegter semi-subtropischer Park sind die ***Live Oak Gardens*** am Lake Peigneur (Bootstouren/*Café-by-the-Lake*) auf Jefferson Island ganz in der Nähe (5505 Rip van Winkle Road – ab #90 dann zunächst #14 – täglich 9-17 Uhr, $9, © 1-800-725-5625). Das ansehnliche ***Joseph Jefferson House*** dort dient als ***B&B*-Quartier** und hat auch ein Restaurant.

St. Martinville

St. Martinville, ein Städtchen nördlich von New Iberia an der Straße #31 (www.cityofsaintmartinville.com), wurde 1760 von französischen Trappern gegründet. Es entwickelte sich zur »spirituellen« Hauptstadt der *Cajuns* und diente während der französischen Revolution Adeligen als Zuflucht. Daher auch der Beiname »*Le Petit Paris*«. Bekannt wurde der Ort durch *Henry Wadsworth Longfellows* Ballade ***Evangeline***, einer akadianischen Liebesgeschichte mit tragischem Ausgang: www.theotherpages.org/poems/books/longfellow/evangeline00.html.

Vieles im Ort erinnert daran: z.B. die ***Evangeline Oak*** und die ***St. Martin de Tours Catholic Church*** (Main Street). Neben dieser ältesten Kirche Louisianas (1765 und 1832 nach einem Brand wieder aufgebaut) steht ein Denkmal der *Evangeline*. Im ***Old Castillo B&B*** von 1827 (220 Evangeline Blvd, © 337/394-4010, www.oldcastillo.com) kann man wie damals speisen und übernachten.

State Park

Im ***Longfellow Evangeline Historic Site***, dem ältesten *Louisiana State Park* etwas außerhalb von St. Martinville *an der #31* (1200 North Main, täglich 9-17 Uhr; $2, © 337/394-3754, www.crt.state.la.us.parks/ilongfell.aspx), dokumentieren das zentrale *Visitor Center* mit Ausstellung und allerhand erhaltene restaurierte Gebäude das frühe Plantagenleben.

Marker zur Erläuterung der Evangeline Oak

6.3.3 Lafayette – Capital of French Louisiana

Geschichte

1822 stiftete ein *Jean Mouton* Land für die Kirche *St. John the Evangelist of Vermilion*, und um diese herum entstand *Vermilionville*. 1844 wurde daraus – nach dem *Marquis de Lafayette*, einem Helden des amerikanischen Unabhängigkeitskrieges – der heutige Name. **Lafayette** entwickelte sich zum wichtigsten Zentrum der französischsprachigen Einwanderer und einer Stadt mit 100.000 Einwohnern, die gern ***»Capital of French Louisiana«***, aber auch ***»Cajun Capital«*** genannt wird.

Information

Lafayette Parish Convention & Visitors Commission, © 337/232-3808 oder © 1-800-346-1958, www.lafayettetravel.com. Ein ***Info-Center*** steht unweit südlich der I-10, *Exit* 103A/Autobahnkreuz I-10/I-49 (1400 NW Evangeline Thruway/#90, vom 9-17 Uhr).

Motels

M/Hotels gibt es in Lafayette in allen Preisklassen, viele Kettenhäuser vor allem südlich des Autobahnkreuzes I-10/I-49 (***Jameson, La Quinta, Super 8, Fairfield, Travel Host*** u.a.). Ein gutes ***Red Roof Inn*** steht nah an der I-10 *Exit* 101, 1718 N University Ave, © 337/ 233-3339, ab $55.

B & B

Ein zentral gelegenes, nicht zu teures ***B&B*** ist ***Bois Des Chênes*** in der 338 N Sterling Street/Ecke Mudd Ave (etwa Höhe Stadtzentrum südlich der *Visitor Information*), © 337/233-7816, http://hometown.aol.com/boisdchene/bois.htm.

Hostel

Das ***Blue Moon Guesthouse & Saloon*** (215 East Convent St/ I-10 *Exit* 103A, © 337/234-2422, www.bluemoonhostel.com) ist eine *Hostel*-Legende mit Musikkneipe. Bett $18, EZ/DZ $45-$60.

Camping

Der städtische ***Acadiana Park Campground*** liegt zentrumsnah an der East Alexander Road (Anfahrt über Louisiana Blvd, © 337/ 291-8388, www.naturestation.org) und ist relativ preiswert. Gut angelegt und angenehmer ist der *Campground* des ***Acadian Village***, ⇨ weiter unten.

Essen & Trinken

Im ***Prejean's*** (3480 Straße #167 N, I-49 *Exit* 2, © 337/896-3247, www.prejeans.com) herrscht die Atmosphäre einer bayerischen Bierhalle, aber die Küche ist besser. Die fast 300 Plätze sind am Wochenende brechend voll; die Preise moderat, die Portionen gigantisch und die Musik dazu ist gratis.

Veranstaltungen

Zu den wichtigsten der zahlreichen Festivals der Stadt gehören ***Mardi Gras*** (Februar, http://swmardigras.com), das ***Ragin' Cajun Spring Fest*** im März, die ***Zydeco Extravaganza*** (Mai), die ***Fête des Acadiens*** zum Nationalfeiertag der *Acadians* am 15. August, und im Oktober das ***Cajun Heritage & Music Festival***.

Downtown

In der Innenstadt fallen *Courthouse* und *City Hall*, besonders aber die ***Murals*** (Wandbilder) in der Jefferson und West Vermilion Street ins Auge. Vor der *Cathedral of St. John the Evangelist & Oak Tree* (914 St. John) steht eine **Eiche**, die mit ihren über 450 Jahren eine der ältesten und größten der USA sein soll (Stammumfang rund 8 m, Höhe ca. 40 m und Kronenumfang über 60 m.

Kulturzentrum

In Lafayette befindet sich ein weiteres zum *Jean Lafitte National Historical Park* gehörendes ***Acadian Cultural Center*** (501 Fisher Rd, täglich 8-17 Uhr, © 337/232-0789, ➪ auch Thibodaux, Seiten 571 und 536). Es beschreibt Geschichte und Leben der *Cajuns* in der Region und ihrer alten Heimat Nova Scotia.

Vermilionville Village

Im benachbarten ***Vermilionville Living History Museum & Village*** (300 Fisher Road, Di-So 10-16 Uhr, $8, © 337/233-4077, www.vermilionville.org), einem rekonstruierten Dorf, wird das Leben der *Cajuns* zu Beginn des 19. Jahrhunderts durch zeitgenössisch kostümierte »Bewohner« demonstriert.

Acadian Village

Beim ***Acadian Village*** (200 Greenleaf Drive, südwestlich an der #167, täglich 10-17 Uhr, $5, © 337/981-2364, www.acadianvillage.org) handelt es sich ebenfalls um eine *Cajun*-Siedlung aus dem 19. Jahrhundert. Dort legte man mehr Wert auf Authentizität.

6.4 Das Louisiana Plantation Country

Kennzeichnung

Von Lafayette fährt man auf der I-10 in gerade mal einer Stunde nach Baton Rouge und mitten hinein ins ***Plantation Country***. Zu Beginn des 18. Jahrhunderts begannen dort Franzosen und Briten mit Zuckerrohr-, Indigo-, Tabak- und Baumwollanbau, machten damit viel Geld und bauten sich prachtvolle Herrenhäuser. Ein Großteil davon ist im Bürgerkrieg zerstört worden, einige aber überstanden die Kriegsjahre und dienen heute als Museen und/oder *Bed&Breakfast Inns*. Speziell in der Region um Louisianas Hauptstadt Baton Rouge, entlang der alten *River Road* zwischen New Orleans und Baton Rouge (➪ Abschnitt 6.2.6, Seite 564ff) und im Norden um St. Francisville blieben relativ viele *Plantations* bzw. *Ante Bellum Mansions* erhalten.

Bombastisches Stadion der Louisiana State University (»LSU Tigers«)

6.4.1 Baton Rouge

Geschichte

Eine erste Siedlung entstand hier am Ufer des Mississippi 1719. Die Bezeichnung ***Baton Rouge*** geht auf eine Legende zurück, nach der zwei rivalisierende Indianerstämme ihre Grenze mit einem blutbeschmierten Zypressenstamm markiert haben sollen.

Nachdem die USA 1803 die französischen Besitzungen in Nordamerika übernommen hatten, blieb Baton Rouge spanisch (!), da das Gebiet als Teil New Mexicos betrachtet wurde. Nach einem kurzen Zwischenspiel als »*Republic of West Florida*« übernahmen 1810 aber auch hier die USA das Kommando. Nach der Staatsgründung 1812 wurde zunächst New Orleans Hauptstadt von Louisiana, gab die **Kapitalenfunktion jedoch 1849 an Baton Rouge** ab, heute die zweitgrößte Stadt des Staates.

Wirtschaft

In Baton Rouge beginnt der ***Chemical Corridor***, der bis New Orleans reicht. Baton Rouge liegt aber auch im Herzen einer ehemals wohlhabenden Agrarregion, in der nach wie vor **Zuckerrohr** eine wichtige Rolle spielt. Die Stadt ist Sitz der ***Louisiana State University*** und der afro-amerikanischen ***Southern University***.

Information

- ***Baton Rouge Area CVB***, 730 North Boulevard, © 225/383-1825, www.batonrougetour.com
- ***Capitol Complex Visitor Center***, 959 3rd Street im *State Capitol*, Di-Sa 10-16, So 13-16 Uhr, © 225/383-1825.

Unterkunft

Viele Unterkünfte aller Kategorien findet man entlang der durch die Stadt führenden *Interstate*-Autobahnen I-10 und I-12; z.B.

- ***Red Roof Inn***, I-12 *Exit* 4, 11314 Boardwalk Drive, © 225/275-6600, ab $60, oder
- ***Super 8***, I-12 *Exit* 4, 11444 Reulet Ave, © 225/275-8878, ab $69.
- Etwas abseits, aber ruhig und angenehm liegt das ***Best Western Chateau Louisianne Suite Hotel***, 710 North Lobdell Avenue, © 225/664-7281, ab $95.

Camping

Ein ***KOA Campground*** wartet an der 7628 Vincent Road/I-12 *Exit* 10/Denham Spring, großer Pool, © 225/ 664-7281, © 1-800-562-5673, www.koa.com/where/la/18105; RVs ab $32; auch ***Cabins***.

Essen & Trinken

An Lokalen und Bars herrscht kein Mangel, beliebt sind:

- ***Juban's Restaurant*** (3739 Perkins Road, © 225/346-8422), mit kreativer kreolischer Küche in guter Atmosphäre,
- ***Mansur's French Creole Cuisine*** (3044 College Drive, © 225/ 923-3366) und die
- Filiale der *Cajun*-Lokalkette ***Mulate's*** in der 8322 Bluebonnet Road, © 225/767-4794.

Veranstaltungen

Die beiden herausragende Veranstaltungenin Baton Rouge sind ***Bonne Fête*** mit Musik, Veranstaltungen u.a. im März (© 225/927-8645) und das ***Baton Rouge Blues Festival***, Anfang September.

Riverfront

Die ***Riverfront*-Promenade** am Mississippi verbindet Museen, den *Riverside Centroplex* und ein Kasinoboot.

USS Kidd

An der ***Riverside Plaza*** liegt die ***USS Kidd***, ein Weltkrieg-II-Zerstörer. Das Schiff ist Teil des *Louisiana Nautical Center*, zu dem an Land das **Louisiana Naval War Museum** gehört. mit vielen Modellen und allerhand maritim orientierten Ausstellungsstücken (täglich 9-17 Uhr; $7/$4, © 225/342-1942, www.usskidd.com).

Old State Capitol in Baton Rouge

Old State Capitol

Gleich **zwei *State Capitols*** beherrschen das Stadtbild: das neue ist mit 135 m das höchste Gebäude in Baton Rouge und das ***Old State Capitol*** ein überaus ausgefallenes Bauwerk (100 North Blvd/River Road, Di-Sa 10-16, So 12-16 Uhr; $5, © 225/342-0500). Bis 1932 fungierte das 1849 vollendete »*Louisiana Castle*«, wie es wegen seines festungsartigen Aussehens genannt wurde, als Regierungssitz. Heute ist es ***Center of Political and Governmental History*** mit Ausstellungen zur Geschichte des Staates.

Essen & Trinken

Dahinter liegt das ***Old Governor's Mansion*** (502 N Blvd, Touren Sa 10-16, So 13-16 Uhr), das der legendäre Gouverneur *Huey P. Long* 1930 bewusst ähnlich wie das *White House* bauen ließ.

Das ***Louisiana Arts and Science Museum*** (100 S River Road, Di-Fr 10-16, Sa 10-17, So ab 13 Uhr, $6, © 225/344-9463, www.lasm.org), schräg gegenüber dem *Old Capitol*, ist im ehemaligen Bahnhof untergebracht und besteht aus **Kunstgalerie** mit Ausstellungen regionaler Künstler und den üblichen naturwissenschaftlichen *Hands-on*-Versuchsanordnungen im ***Science Center***.

State Capitol

Das ***Louisiana State Capitol*** ist mit 34 Stockwerken **das höchste Regierungsgebäude Amerikas** (State Capitol Dr, täglich 8-16 Uhr, frei, *Observation Deck* im 27. Stock). Der 135 m hohe *Art Decó*-Bau wurde 1931/2 während der Depression als Arbeitsbeschaffungsmaßnahme geplant. Der dafür verantwortliche Gouverneur *Long* fiel 1935 ebendort einem Mordanschlag zum Opfer. Er wurde in den *State Capitol Gardens* beerdigt und mit einer Statue vor dem Kapitol geehrt.

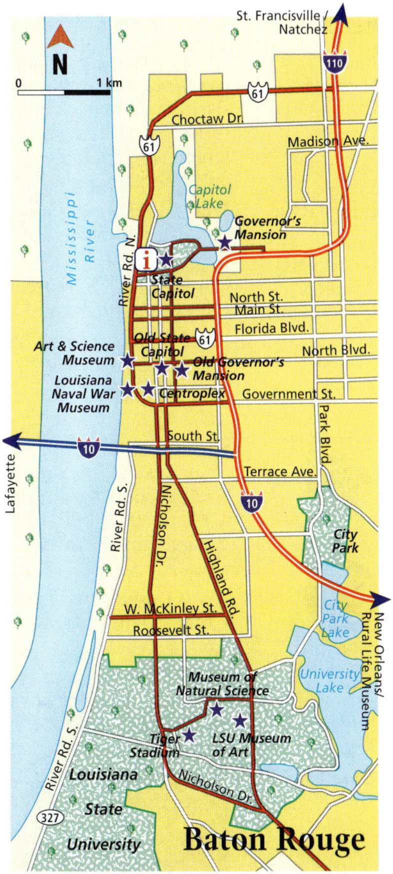

Hinter dem Regierungsgebäude (nördlich) erstreckt sich der Capitol Lake, an dessen jenseitigem Ufer das heutige ***Governor's Mansion*** steht, die Replik eines *Antebellum Mansion.*

LSU

Der überaus weitläufige Campus der ***Louisiana State University*** (ca. 35.000 Studenten) ist eine Stadt für sich. Er belegt ein riesiges Gelände südlich der I-10 zwischen Mississippi und künstlich angelegtem See im Osten. Vom zentralen Stadtbereich sind es dorthin gut 3 mi auf dem Nicholson Drive (Straße #30).

Die Universität verfügt über ein eigenes ***Visitor Info Center*** (Highland Road/Dalrymple Drive, www.lsu.edu). Sehenswert ist das bombastische ***Tiger Stadium*** mit 70.000 Plätzen Wenn die Universitätsmannschaft ***LSU Tigers*** *(American Football)* von September bis November antritt, ist die ganze Region auf den Beinen.

Auch zur LSU gehört das ***Rural Life Museum*** mit ***Windrush Garden*** einige Meilen östlich des Campus' (4560 Essen Lane/I-10, *Exit* 160, tägl. 8.30-17 Uhr, $7/$4, © 225/765-2437, http://rurallife.lsu.edu). Dieses Freilichtmuseum mit restaurierten und original hierher versetzten Gebäuden verschiedener Stile und Zeiten zeigt Leben und Arbeit auf den Plantagen im 18. und 19. Jahrhundert.

Nature Center

Ein Naturschutzgebiet am Südostrand der Stadt ist das ***Bluebonnet Swamp Nature Center***, *wo* Flora und Fauna der Sümpfe Lousianas erläutert werden (10503 N Oak Hills Pkwy,ab Bluebonnet Blvd/I-10, *Exit* 162, dann vorbei am ***Shopping Center »Mall of Louisiana«***, Di-Sa 9-17, So ab 12 Uhr; $2, © 225/273-6405).

6.4.2 Von Baton Rouge nach Natchez

Blues Highway

Der Straße #61 durch das ländliche Louisiana und Mississippi, der sog ***Blues Highway***, führt in einiger Distanz zum östlichen Mississippiufer zunächst durch die Region ***West Feliciana*** in das historische Städtchen ***St. Francisville*** und weiter nach ***Natchez***, einem der populärsten Ziele am *Ol' Man River*. Bis St. Francisville ist der Straßenverlauf eher langweilig, er gewinnt weiter nördlich.

Information

West Feliciana Parish Tourist Information in St. Francisville, täglich 9-17 Uhr, ✆ 225/635-6330, www.stfrancisville.net oder .us

Unterkunft/ Camping

In *West Feliciana* gibt es mit Ausnahme der nostalgischen *Cabins* des ***3 V-Tourist Court*** keine Motels, dafür eine ganze Reihe schöner ***B&B-Häuser***:

- ***3-V Tourist Court***, 5689 Commerce Street, ✆ 1-877-313-5540, ab $75, restaurierte Holzhäuschen von Anno Dazumals.
- ***St. Francisville Inn & Restaurant***, 5720 Commerce St, ✆ 225/ 635-6502, www.stfrancisvilleinn.com, $69-$105. Pool & Garten.
- 13 mi nördlich kurz vor der Grenze Louisiana/Mississippi liegt das ***Lake Rosemond Inn*** auf einer Landzung inselartig am See, ausgeschildert von der #61, 10473 Lindsay Lane, ✆ 225/635-3176, $80-$130. Wunderbares Haus in einmaliger Lage. Küchenbenutzung, einige Zimmer mit Whirlpool und Kamin.

Einer der wenigen Campingplätze in diesem Bereich ist der ***Green Acres Campground*** an der Straße #965 beim Audubon Park; etwa 4 mi östlich St. Francisville, ✆ 225/635-4903, mit Angelteich.

Ärmlich idyllische ehemalige Sklavenquartiere im Audubon SHS

Tipp: Audubon State Historic Site

John J. Audubon, berühmter Maler von Vogelbildern, verbrachte 1821 vier Monate als Zeichenlehrer der Tochter des Hauses in der ***Oakley Plantation***, dem heutigen ***Audubon State Historic Site***, ca. 4 mi östlich der #61 an der Straße #965. Mitten Wald – wunderbare Zufahrt vor allem im Herbst – steht dort das an sich nicht sensationelle Haus in einer »verwunschenen« Umgebung. Im *Visitor Center* am Parkplatz wird das frühere Leben auf der Plantage erläutert. Romantische Spazierwege führen durch das

Gelände zu weiteren Gebäuden und den einfachen alten Sklavenunterkünften. Unbedingt dafür eine halbe Stunde Zeit nehmen, www.crt. state.la.us/parks/iaudubon.aspx.

Im *Oakley House* befindet sich eine **Ausstellung** zu Leben und Werk *Audubons*. Seine Begeisterung für die hier üppige Flora und Fauna war so groß, dass er nach dem ersten Aufenthalt mehrfach zurückkehrte und hier 80 Zeichnungen für den bekannten Band »*Birds of America*« anfertigte. Geöffnet täglich 9-17 Uhr, © 1-888-677-2838; Eintritt $3. Besser als manche *Plantation* für $10.

St. Francisville

St. Francisville entstand am Ort einer alten Siedlung der *Houma*-Indianer. Zu Beginn des 18. Jahrhunderts ließen sich dort Franzosen nieder. 1785 folgte der namensgebende Bau eines Kapuzinerklosters. Zeitweise spanischer ***»Distrito de Nueva Feliciana«*** wurde St. Francisville 1810 Hauptstadt der ***Free and Independant Republic of West Florida***, die aber nur 74 Tage Bestand hatte, ehe sie im *Louisiana Territory* der Amerikaner aufging.

St. Francisville verfügt über einen sehenswerten zentralen Bereich um die Commerc/Ferdinand/Royal Streets herum mit 'zig historischen Gebäuden. Man kann gut herumfahren oder -laufen und braucht dabei nur der Ausschilderung »*Historic Homes*« zu folgen. Im ***Historical Society Museum*** (Ferdinand Street, Mo-Sa 9-16, So ab 12 Uhr) gibt es eine Karte mit Erläuterungen.

Besichtigung

Der einstige Reichtum der Region spiegelt sich in einer Reihe prächtiger Herrenhäuser wider, von denen sieben zu besichtigen sind (überwiegend 9-17 Uhr, Eintritt je um $10).

Rosedown

Am sehenswertesten ist die ***Rosedown Plantation and Gardens*** von 1835 (12501 Straße #10, einige Meilen östlich des Ortes, © 225/635-3332, www.cr.nps.gov/nr/travel/louisiana/ros.htm, mit ***B&B***). Die Erbauer statteten es mit »Mitbringseln« von vielen Reisen aus. Zentrale Achse des Parks ist eine Eichenallee ähnlich *Oak Alley*. Der Besuch ist unverzichtbar, es genügt aber die Beschränkung auf den Park ohne Hausführung. Das kostet nur $5.

Oak Alley der Rosedown Plantation

Myrtles

Viel Werbung macht die ***Myrtles Plantation*** (am nördlichen Ortsausgang von St. Francisville an der Straße #61) mit ihren ***History*** und – an Wochenenden – ***Mystery Tours*** durch das Haus. Es ist umgeben von 150 mächtigen Eichen und nennt sich »*America's Most Haunted House*«. Die Teilnehmer der *Mystery Tours* werden mit Geistern der Vergangenheit, mysteriösen Geräuschen und Erscheinungen traktiert. Das verteuert auch die *B&B*-Tarife dort. Nett nur für Amerikaner; www.myrt lesplantation.com.

Butler Greenwood

Das ***Butler Greenwood Historic House*** .(8345 Straße #61, noch etwas nördlicher, Besichtigung nur So 13-17 Uhr, ✆ 225/35-6312; www.butlergreenwood.com) aus dem späten 18. Jahrhundert liegt inmitten einer großzügigen Grünanlage mit alten Eichbäumen. Auf dem Grundstück stehen außerdem unterschiedliche ***Cottages*** die als ***B&B*-Quartiere** dienen; ab $135.

Weitere Mansions in Louisiana

Weiter nördlich findet man an der Stichstraße #66 nach Tunica weitere schöne ***Ante Bellum Mansions*** wie die ***Green Springs Plantation*** (7463 Tunica Trace, ✆ 225/635-4232) aus dem frühen 19. Jahrhundert, die ***Highland Plantation*** und die ***Greenwood Plantation*** von 1830 (beide Highland Road; www.highlandplantation.com und www.greenwoodplantation.com).

Wieder auf der Hauptstraße #61 passiert man in Richtung Natchez noch in Louisiana die ***Afton Villa Gardens***, eine sehenswerte Gartenanlage um die Ruinen einer 1963 abgebrannten Villa von 1848 (www.aftonvillagardens.com), die ***Catalpa Plantation*** und die ***Cottage Plantation*** (10528 Cottage Lane, ✆ 225/635-3674, www.catalpaplantation.com und www.cottageplantation.com), letztere eine der ältesten und größten Plantagen des Staates (1795-1850), die heute ebenfalls als ***B&B Inn*** betrieben wird.

Erhaltenes Originalstück des Natchez Trace. Wie man sieht, handelte es sich um nichts weiter als um einen – wiewohl 750 km langen – Waldweg, ➪ *Seite 591*

Natchez Trace heute, ➪ Seite 591f

6.5 Mississippi River Route und Natchez Trace

Zur Strecke

Für eine Fahrt von New Orleans bzw. Baton Rouge nach Memphis (➪ Seite 612ff) kommen **im Staat Mississippi unter touristischem Aspekt zwei sinnvolle Routen** in Frage. Das ist einmal die bereits ab Baton Rouge beschriebene Straße #61, der ***Blues Highway***, der weitgehend – wenn auch meistens in respektvollem Abstand – dem Lauf des Mississippi folgt. Und zweitens gibt es als schöne Alternative ab Natchez und/oder Vicksburg/Jackson den ***Natchez Trace Parkway***, von dem man sich ab Tupelo im Nordosten von Mississippi wieder nach Westen wendet. Auf ihm kann man aber auch bis Nashville (➪ Seite 609) weiterfahren oder den Anschluss an andere Routen suchen (➪ Seiten 604 und 643).

6.5.1 Blues Highway und Highway #1

Von St. Francisville in Richtung Norden folgt man auch im Staat Mississippi zunächst alternativlos der Straße #61. Sie trägt die Bezeichnung ***Blues Highway***, da sie durch das Kernland des Blues läuft und New Orleans, Baton Rouge und Natchez mit dem Blueszentrum Memphis verbindet. Überwiegend führt sie durch ländliche Regionen mit kleinen Ortschaften, in denen die Zeit stehengeblieben zu sein scheint. Letzteres gilt mehr noch für die flussnäher verlaufende **Straße #1**, die 40 mi nördlich von Vicksburg in Rolling Fork von der #61 ihren Ausgang nimmt und dem Lauf des Mississipi für 150 mi nach Norden folgt, bevor sie den Strom kreuzt und sich in Arkansas vom Fluss entfernt.

Rosemont

Die **Strecke von St. Francisville bis Natchez** ist in Mississippi zwar attraktiver als der Straßenverlauf in Louisiana, aber unspektakulär. Das gilt auch für die einzige historische Sehenswürdigkeit bei Woodville. Gut 1 mi östlich des Ortes steht die ***Rosemont Plantation***, der einstige Familiensitz des Präsidenten der Südstaaten *Jefferson Davis*; ✆ 601/888-6809; www.rosemontplantation.com. Touren Di-Sa 10-16.30 Uhr; $8/$4; etwas für besonders an der Bürgerkriegsgeschichte der Südstaaten Interessierte.

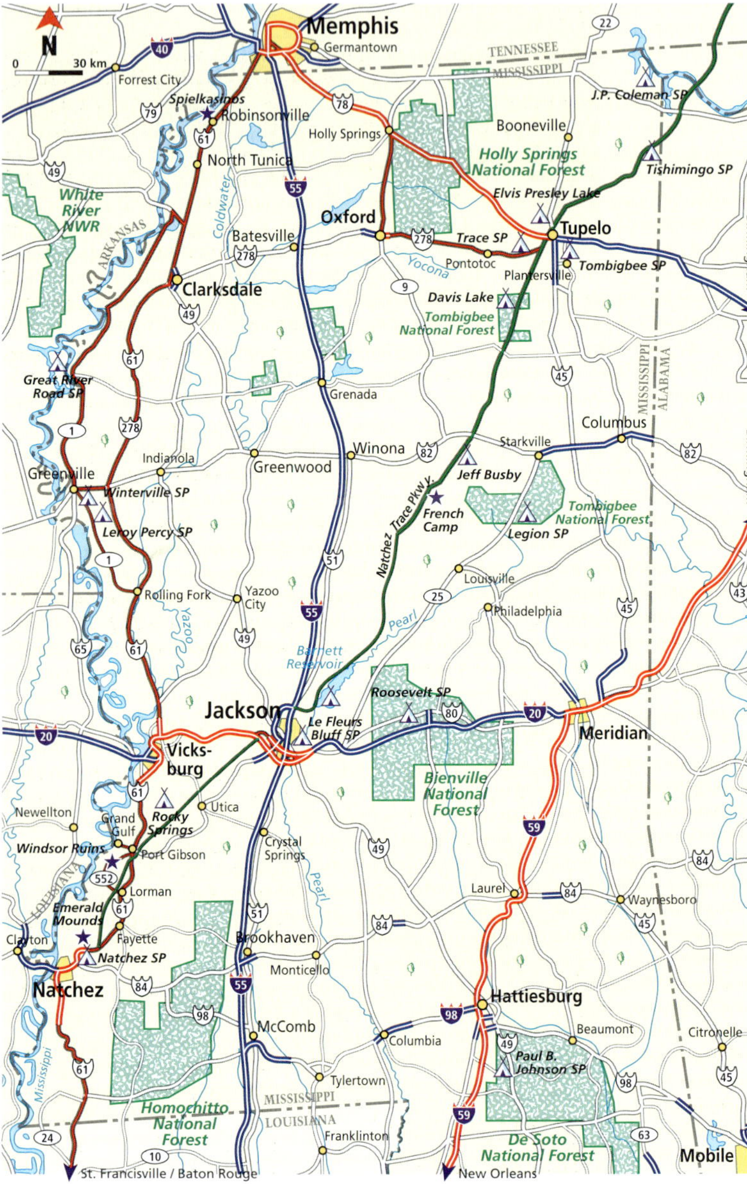
N
0 30 km
Memphis
Germantown
Tennessee
Mississippi
Forrest City
Spielkasinos
Robinsonville
North Tunica
Holly Springs
Booneville
J.P. Coleman SP
Holly Springs National Forest
Tishimingo SP
White River NWR
Arkansas
Coldwater
Elvis Presley Lake
Oxford
Tupelo
Batesville
Trace SP
Pontotoc
Yocona
Tombigbee SP
Plantersville
Birmingham
Clarksdale
Davis Lake
Tombigbee National Forest
Great River Road SP
Grenada
Mississippi
Alabama
Columbus
Starkville
Winona
Indianola
Greenwood
Greenville
Winterville SP
Jeff Busby
French Camp
Natchez Trace Pkwy.
Tombigbee National Forest
Legion SP
Leroy Percy SP
Louisville
Rolling Fork
Yazoo City
Philadelphia
Yazoo
Pearl
Barnett Reservoir
Jackson
Roosevelt SP
Le Fleurs Bluff SP
Meridian
Vicksburg
Bienville National Forest
Newellton
Grand Gulf
Rocky Springs
Utica
Crystal Springs
Windsor Ruins
Port Gibson
Louisiana
Lorman
Pearl
Emerald Mounds
Laurel
Waynesboro
Clayton
Fayette
Natchez SP
Brookhaven
Monticello
Natchez
Hattiesburg
McComb
Columbia
Beaumont
Citronelle
Paul B. Johnson SP
Mississippi
Tylertown
Homochitto National Forest
Mississippi
Louisiana
Franklinton
De Soto National Forest
Mobile
St. Francisville / Baton Rouge
New Orleans

6.5.2 Natchez

Historie

Natchez liegt knapp 170 mi nordwestlich von New Orleans am steilen Ostufer über dem Mississippi. Es wurde 1716 als *Fort Rosalie* gegründet. 1729 zerstörten es die Natchez-Indianer, die später in einer Vergeltungsaktion von Franzosen und *Choctaw-Indianern* fast ausgerottet wurden. Danach geriet Natchez unter wechselnde Herrschaft: 1763 kamen die Briten, 1779 wurde Natchez spanisch und schließlich 1798 amerikanisch.

In der ersten Hälfte des 19. Jahrhunderts entwickelte sich Natchez dank Hafen und Baumwolle zu einer der reichsten Städte der USA, wo die Hälfte aller Millionäre des Landes lebte. Zahlreiche Herrenhäuser wurden dort entgegen den Gepflogenheiten der Zeit abseits der Plantagen auf relativ engem Raum in der Stadt errichtet.

Da Natchez weder per Eisenbahn erreichbar, noch strategisch bedeutsam war, blieben größere Zerstörungen im Bürgerkrieg aus. Rund **500 *Antebellum*-Häuser** existieren dank laufender Pflege und – in den letzten Dekaden – in vielen Fällen auch Restaurierung heute noch in Natchez. Sie legen Zeugnis vom hohen Wohlstand der Region vor rund 150-200 Jahren ab, wenngleich an mancher Ecke der Stadt durchaus sichtbar ist, dass sie vielleicht auch schon bessere Jahre gesehen haben mag.

Praktische Informationen

Infos

- ***Natchez Visitor Reception Center***, Straße #84/Canal St, täglich 8.30-18/17 Uhr, So 9-16 Uhr, http://ncvb.natchez.ms.us
- ***Natchez Pilgrimage Tours***, Canal Street Depot, Canal/State St (*Downtown*), © 601/446-6631 Mo-Sa 9-17 Uhr, www.natchezpilgrimage.com.

Unterkunft

Ein ganze Reihe der alten Stadtvillen wurde zu mehr oder weniger komfortablen ***Bed & Breakfast Inns*** (ab ca. $90, **zentrale Reservierung aller *B&Bs* über *Natchez Pilgrimage Tours***, © 1-800-647-6742 bzw. die Webadresse oben). Besonders empfehlenswert sind ***Linden***, ***The Burn***, ***Monmouth*** und ***The Briars*** mit Blick über den Mississippi. Speziell letztere beiden sind teuer (ab $170, die richtig guten Zimmer bis $400), aber dafür Spitze. ***Linden*** und ***The Burn*** bieten ein schönes Ambiente zu moderaten Tarifen ab $100.

Billiger kommt man in einem der vielen Motels unter. Die Häuser der **Motelketten** und preiswertere Unabhängige findet man vor allem im Südosten an den Straßen #61/#84 (St. Catherine St - Devereux Drive) mit Sonderpreisen bis unter $40 in der Woche und außerhalb der Touristensaison.

Tipp

Unübertroffen in Natchez ist indessen das ***Ramada Inn Hilltop*** südlich vor der *Mississippi River Bridge*. Zufahrt über Straße #84. Von den Zimmern des Motels in der ersten Gebäudereihe und vom Poolbereich überschaut man Fluss und Stadt; absolut tolle Lage bei guter Mittelklassequalität für $69-$79; Ramada Drive, © 601/446-6311 bzw. *toll-free* © 1-800-272-6232.

Camping

- Ein sehr schöner Campingplatz befindet sich im ***Natchez State Park*** am gleichnamigen See, etwa 10 mi nordöstlich von Natchez bei Stanton an der #61 (✆ 601/442-2658 oder 1-800-GO-PARKS, Zelte $10; Hook-up ab $14).
- Auch nordöstlich an der #61, aber stadtnäher, liegt der kommerzielle ***Natchez Traceway Campground***, ✆ 601/445-8278, ab $16.
- Jenseits des Mississippi säumt das Gelände des ***River View RV Park*** das Flussufer, in Vidalia ca. 1 mi südlich der Brücke, ✆ 318/336-1400; www.riverviewrvpark.com. Auch Zelte.

Essen & Trinken

- Stimmungsvoll ist das ***Carriage House Restaurant*** in der *Stanton Hall* (401 High Street, ✆ 601/446-6631.
- Im ***Liza's*** (657 South Canal, ✆ 601/446-6368) kreiert ein französischer Küchenchef die Gerichte zu dafür moderaten Preisen.
- Preiswerter sind ***Depot Deli*** (Canal St) und ***Clara Nell's Downtown Deli*** (412 Main St).
- Am urigsten sitzt man im ***Wharfmaster Restaurant*** an verwitterten Holztischen *under the Hill* (Silver Street) am Mississippi. Gut gewürzte Südstaatengerichte – mal probieren: ***Blackened Fish***. Wer kein Bier trinkt, darf seine mitgebrachte Weinflasche entkorken oder die rauhe Kehle mit eigenem Whiskey spülen.

Touren

- ***Natchez Carriage Co.*** veranstaltet halbstündige Kutschfahrten durch *Downtown* (ab *Natchez Eola Hotel*, 110 N Pearl Street oder Canal Street Depot, $12, ✆ 1-800-647-6742).
- Touren durch die Altstadt bieten ***Natchez Tours*** (✆ 601/446-7441) oder ***Custom Tours of Natchez*** (✆ 1-800-354-2352).

Auch für die sehenswerten Villen außerhalb des Zentrums gibt es geführte Besichtigungstouren, wiewohl zu ziemlich hohen Tarifen.

Antebellum Homes

Die meisten der ***Antebellum Homes*** – von denen bei weitem nicht alle eine Sehenswürdigkeit darstellen – befinden sich im zentralen Bereich der Stadt zwischen Broadway, Washington, Union und High Streets. Viele können das ganze Jahr über besichtigt werden (je $6 Eintritt, Dreierticket $15, überwiegend geöffnet 9-16.30 Uhr, So ab 13/13.30 Uhr, alle 30 Minuten halbstündige Touren). Einige Häuser kann man aber nur während der sog. ***Pilgrimages*** besichtigen. Kein Haus gleicht dem anderen und in manchen lässt sich, wie gesagt, auch stilvoll übernachten.

Besichtigung

Die Häuser im Kern von Natchez bzw. in dessen Nähe erkundet man am besten zu Fuß. Das Zentrum und den Bereich *Under-the-Hill* am Mississippi verbindet ein *Shuttle-Bus*. Die etwas außerhalb gelegenen Villen sind leicht per Auto abzufahren, Touren dorthin nicht notwendig. Man kann dann vor Ort entscheiden, welches Haus man auch von innen besichtigen möchte. Die Empfehlungen unten leisten dafür Hilfestellung.

In der *Visitor Information* bzw. bei den *Natchez Pilgrimage Tours* gibt`s genaue Karten, in der alle sehenswerten Gebäude eingetragen sind. Außerdem erfährt man dort alle sonst noch wichtigen Details wie Öffnungszeiten, Tourbeginn und Eintrittspreise.

Veranstaltungen

Natchez Pilgrimage Tours veranstaltet Anfang März bis Anfang April die ***Natchez Spring Pilgrimage*** und im Oktober die ***Fall Pilgrimage***. Beide sind vielbesuchte Großereignisse mit einem nostalgischen Rahmenprogramm. Im täglichen Wechsel stehen dann vormittags und nachmittags unterschiedliche Häuser (von denen einige sonst nicht zugänglich sind, ➪ oben) für eine Besichtigung offen. Es gibt dann Kombitickets für jeweils 3-5 Häuser.

Sightseeing

Im Stadtzentrum

Rundgang

Im zentralen Bereich ballen sich zwar die *Antebellum Mansions*, aber nur wenige von ihnen gehören zu den wirklich sehenswerten. Für einen gemütlichen Spaziergang durch das schachbrettartig angelegte Zentrum (begrenzt etwa durch Washington und High, sowie Rankin und Canal Streets) benötigt man einschließlich Fotozeit, aber ohne Hausbesichtigung, die ohnehin nur teilweise möglich ist (wechselnde Einzelheiten aktuell vor Ort erkunden), kaum länger als eine Stunde. Folgende Häuser sollte man dabei auf jeden Fall beachten:

- ***Rosalie*** (1820) in der südwestlichen Ecke der Innenstadt (Canal Street/South Broadway, www.rosaliemansion.com) hoch über dem Mississippi. Dort stand früher das Palisadenfort *Rosalie*.
- ***Magnolia Hall*** (1858), ein Musterbeispiel für *Greek Revival*, an der Ecke Washington und Pearl Streets. Besucherinnen haben im kleinen ***Costume Museum*** im Obergeschoss Gelegenheit, in *Scarlett O'Haras* Kostüme zu schlüpfen; www.natchez garden club.com/mag.htm.
- ***The Bankers House*** (1838), 107 Canal Street, *Greek Revival*
- ***House on Ellicott's Hill*** (1798), Canal Street Ecke Jefferson, großes Haus in etwas erhöhter Lage. Unverkennbar ist die Ende des 18. Jahrhunderts noch etwas schlichtere Bauart.
- ***Cherokee*** (1858), ein schneeweißer, in seinem Grundriss aus dem üblichen Rahmen fallender *Greek Revival*-Bau an der Ecke High/Wall Streets in ebenfalls erhöhter Lage; schöner Garten.
- ***Stanton Hall*** (1857) steht 2 Blocks höher an der 401 High Street zwischen Pearl und Commerce Streets, eines der größten und eindrucksvollsten ***Antebellum Mansions*** nicht nur in Natchez; www.stantonhall.com.

Stanton Hall steht in Fußgänger-distanz zum Zentrum

- Drei Blocks weiter nördlich die Union Street (712) hinauf steht schon etwas außerhalb des hier umrissenen Bereichs ***The Burn*** (1836) in einem parkartigen Garten, www.theburnbnb.com, ➪ auch die vorstehenden *B&B*-Empfehlungen.

Natchez Under-the-Hill

Nur ein paar hundert Meter entfernt vom Zentrum befindet sich die alte, mittlerweile restaurierte Anlegestelle am Missippiufer ***Natchez Under-the-Hill***, Zufahrt über die Silver Street. Einst galten die paar Kneipen dort unten als »*Sodom of the Mississippi*«, wie *Mark Twain* formulierte. *Under-the-Hill* diente u.a. im Film »*Huckleberry Finn*« in den 1980er-Jahren als Kulisse. Damals sah es dort noch etwas uriger aus. Heute warten mehrere Lokale (➪ Restaurantempfehlungen) und Souvenirshops auf Gäste, ebenso das Riverboat-Kasino ***Isle of Capri***.

Spielkasinos in Mississippi

Erst Anfang der 1990er-Jahre wurden im Staat Mississippi **Spielkasinos** erlaubt, und zwar zunächst nur auf Schiffen, wie in einigen anderen Mississippi-Anrainerstaaten auch. Bald tauchten die ersten eigens dafür konstruierten Kasino-*Riverboats* in den Städten am Großen Fluss auf. Diese Mississippidampfernachbauten wurden nur einmal auf dem Wasser bewegt, nämlich per Schlepper von der Werft zum vorbereiteten Liegeplatz mit riesigen Parkplätzen. Und nicht nur am Mississippiufer machten die schwimmenden Kasinos fest, sondern auch an der **Golfküste** (➪ Seite 527). Zwischenzeitlich kam es zu einer Lockerung der wassergebundenen Regelung, aber in Ufernähe muss es nach wie vor sein. Heute stehen in **Natchez**, **Vicksburg**, **Greenville** und vor allem bei **Tunica/Robinsonville** (im Nordwesten des Staates unweit Memphis) mehr Kasinos an Land als noch auf dem Mississippi dümpeln.

Die einzige Ausnahme weitab großer Gewässer sind zwei Kasinos in der ***Choctaw Indian Reservation*** bei Philadelphia an der Straße #16 nordöstlich von Jackson. Denn ein neues Gesetz bescherte den Indianern 1988 die Freiheit, in ihren Reservaten – unabhängig von der jeweiligen Bundesstaatsgesetzgebung – ihre Angelegenheiten weitgehend selbst, d.h. auch abweichend von »weißer« Gesetzgebung zu bestimmen. Prompt richteten viele Indianerstämme Kasinos ein. In manchen Fällen wurden die Gewinne aus deren Betrieb zur Haupteinnahmequelle des Stammes. Über 200 der anerkannten 558 *Indian Nations* betreiben heute Spielkasinos mit allen Schikanen von Roulette über *Black Jack* (17+4) und Poker bis zu und vor allem »Daddelautomaten« (*Slot Machines*) einschließlich **Show** und *Entertainment à la Vegas*.

Sehenswürdigkeiten in den Außenbereichen

Zahlreiche weitere Herrenhäuser liegen rund um das zentrale Natchez in den Außenbezirken; hier die besten:

The Briars

- Ein schönes Beispiel für Architektur im *Southern Plantation Style* ist das ***The Briars*** (1814) mit großem Garten.in herrlicher Lage oberhalb des Mississippi hinter dem oben empfohlenen *Ramada Inn*. Zugänglich indessen – außer bei den *Pilgrimage Days* – ist *The Briars* nur für gebuchte *B&B*-Gäste, © 1-800-634-1818; www.thebriarsinn.com.

Longwood

- Vorbei am Einkaufszentrum *Natchez Mall* geht es auf der #84 weiter nach Osten und dann rechts ab in die Lower Woodville Road an *Hawthorne* (1814) vorbei zum bemerkenswerten Palast ***Longwood*** (1860), der nie ganz fertiggestellt wurde. Im unvollendeten Hauptgeschoss setzte der Architekt auf die achteckige Basis eine orientalische Kuppel mit Zwiebelturmdach.

Elms Court

- ***Elms Court*** (1835-40), noch etwas weiter südlich an der #84 (bzw. John R. Junkin Drive) erinnert mit schmiedeeisernen Balustraden an den kreolischen Stil der Häuser in New Orleans.

Auburn

- Die hübsche *Hope Farm* (1775), 147 Homochitto/Duncan Ave; *B&B*, liegt am Wege zum auffälligeren ***Auburn*** (1812) in der 400 Duncan Ave, einem Ziegelbau mit weißen Säulen.

Dunleith Mansion, eine der eindrucksvollsten Villen in Natchez

Dunleith

• ***Dunleith*** (1856) in der 84 Homochitto Street, © 601/446-8500, www.dunleith.com (*B&B*), ein prachtvoller weißer Bau, zählt mit seinen 26 Säulen zu den ganz besonderen Villen.

Von Dunleith fährt man die Winchester Rd und dann die Auburn Ave bis zum John Quitman Parkway und passiert auf ihr rechts

Monmouth

• die ***MonmouthPlantation*** (1818), 36 Melrose Ave/John A. Quitman Pkwy, © 601/442-5852; www.monmouthplantation.com, die absolute Luxusherberge der Stadt (*B&B*, ➪ oben).

Linden

• Das in der Melrose Ave schräg gegenüberliegende ***Linden*** (1800) ist ebenfalls ansehnlich, wiewohl insgesamt schlichter. Dafür ist B&B dort bei weitem nicht so teuer; © 601/445-5472, www.lindenbandb.com. Das Eingangsportal von *Linden* spielte im Film »*Gone with the Wind*« eine Rolle.

Montaigne

• Sozusagen um die Ecke an der Liberty Road steht ***Montaigne*** (1855), eine – bis auf die Säulen – fast modern wirkende Villa.

Devereux

• Am Devereux Drive (Straße #61) um zwei weitere Ecken herum ist auch ***Devereux*** (1840) sehenswert, ein weiterer weißer Säulenpalast ähnlich dem *Dunleith Mansion*.

Natchez National Historical Park

Ein Sonderfall ist ***Melrose Estate***, Hauptbestandteil des ***Natchez National Historical Park***, der aus *Melrose*, dem schlichten *Johnson House* an der 210 State Street und dem noch nicht entwickelten Standort des ehemaligen *Fort Rosalie* besteht. Der 30 ha große Park und das **palastartige *Melrose Mansion*** (1848) sind der einzige nicht in Privathand befindliche *Ante Bellum*-Besitz in Natchez. Der Zugang ist frei, nur die Führung durchs Haus kostet. *Melrose Estate* liegt recht zentral an der gleichnamigen Straße unweit *Monmouth* und der Straße #61 (St. Catherine St/Devereux Drive, www.nps.gov/natc); Gelände offen täglich 8.30-17 Uhr; Hausbesichtigung 9-16 Uhr; $5; mit *National Park Pass* $2,50. Schon der Besuch des Parks mit Außenbesichtigung des Hauses lohnt und sollte prioritär zum Natchezprogramm gehören.

Grand Village of the Natchez Indians

Den Ureinwohnern gewidmet ist das ***Grand Village of the Natchez Indians*** (400 Jefferson Davis Blvd, Mo-Sa 9-17, So 13.30-17 Uhr, © 601/446-6502, www.mdah.state.ms.us/hprop/gvni.html; frei). Bekannt wurden die *Natchez* in Europa durch den gleichnamigen Roman von *Francois-René de Chateaubriand*, ➪ Seite 656.

Die (rekonstruierte) Hauptsiedlung des regionalen Indianerstammes war etwa ab Mitte des 16. Jahrhunderts entstanden und wurde Anfang des 18. Jahrhunderts von den Franzosen zerstört. Im *Visitor Center* sind Ausgrabungsfunde ausgestellt; auf dem Freigelände steht eine Handvoll Natchez-Hütten. Das Dorf ist zwar informativ, aber nicht besonders sehenswert.

6.5.3 Von Natchez nach Vicksburg

Natchez Trace

Für die Weiterfahrt von Natchez nach Vicksburg gibt es für die erste Hälfte der Strecke neben der Straße #61 den 9 mi nordöstlich von Natchez beginnenden ***Natchez Trace Parkway***. Sie läuft von Beginn an durch eine schöne, lichte Waldlandschaft und ist meist nur relativ schwach befahren, ➪ Fotos Seiten 582 und 583.

Der Natchez Trace Parkway

Geschichte

Indianerpfad

Der für den kommerziellen Verkehr nicht zugelassene und auf 50 mph geschwindigkeitsbeschränkte ***Natchez Trace National Parkway*** führt über 444 mi quer durch Mississippi und Alabama bis fast nach Nashville/Tennessee. Diese Straße steht – wie der *Blue Ridge Parkway* (➪ Seiten 237ff) – unter Nationalparkverwaltung und kommt entlang ihres Verlaufs gänzlich ohne Werbetafeln am Straßenrand aus. Sie folgt weitgehend einem ehemaligen über 8000 Jahre alten Indianerpfad durch das Land der *Choctaw-* und *Chickasaw*-Indianer. *Hernando de Soto*, der erste europäische »Südstaatenreisende«, entdeckte diesen *Long Distance Trail* bereits Mitte des 16. Jahrhunderts. Erstmals auf Karten verzeichnet wurde er 1733.

Weiße Besiedlung

Als sich 1785 Siedler im *Ohio River Valley* niederließen, diente der *Natchez Trace* als Überlandroute von dort nach Natchez, von wo es per Schiff weiter nach New Orleans ging. Aus dem Indianerpfad entwickelte sich schließlich eine **Postroute** mit Gasthäusern am Wege. Mit Aufkommen der Dampfschiffahrt verminderte sich im Laufe des 19. Jahrhunderts die Nutzung derart, dass der *Natchez Trace* in Vergessenheit geriet.

Ausbau zum National Parkway

Erst im 20. Jahrhundert erinnerte man sich wieder an die historische Verbindung und begann in den 1930er-Jahren, entlang des alten Weges zwischen Natchez und Nashville eine Straße mit Nationalparkcharakter anzulegen bzw. bereits dem einstigen Verlauf folgende Straßenstücke in den *National Parkway* einzubeziehen, indem man Umgehungsstraßen für die Umleitung des kommerziellen Verkehrs baute. Eingeweiht wurde der

»neue« ***Natchez Trace* bereits 1938**, obwohl er zunächst bei weitem noch nicht durchgehend als kommerzfreier *Parkway* fertig war. Heute fehlen immer noch 15 mi rund um Jackson und die ersten Meilen ab Natchez.

Information An diversen Stellen im Verlauf des *Natchez Trace* gibt es ***Information Stations***, so gleich am Anfang bei Natchez. Ein ***Natchez Trace Visitor Center*** befindet sich bei Tupelo im Nordosten Mississippis. Dort dokumentiert ein **Museum** die Geschichte der Straße sowie Flora und Fauna in den Regionen, die sie durchquert. Entlang der Route stehen immer wieder Hinweisschilder (*Marker*), die historische Ereignisse und spezielle, mit der Geschichte dieser Route verbundene Orte und Persönlichkeiten beschreiben. In Plänen und Broschüren wird ihr jeweiliger Standort in Meilen ab Natchez angegeben.

Offizielle Website des *National Park Service* ist www.nps.gov/natr; weitergehende Informationen unter www.scenictrace.com.

Unterkunft Es gibt nur ein Hotel direkt am *Parkway*, das ***French Camp*** (Meile 180,8), ein historisches *Inn* von 1812 (*B&B*, © 601/547-6835). Aber es ist kein Problem, in den Orten und Städten in kurzer Distanz zum *Natchez Trace* unterzukommen.

Picknick & Camping Entlang der Strecke gibt es zahlreiche gut angelegte Picknickplätze, aber nur drei einfach ausgestattete ***Campgrounds***, die vom *National Park Service* unterhalten werden: ***Rocky Springs*** (Meile 55), ***Jeff Busby* Park** (Meile 193) und den Platz im ***Meriwether Lewis National Monument*** (Meile 386).

Tempelhügel Gleich eingangs des *Natchez Trace* (Meile 10,5) passiert man linkerhand die Zufahrt zu den ***Emerald Mounds***, einer großen Hügelanlage der *Natchez* Indianer. Zwar gehören diese Tempelhügel zu den größten ihrer Art in den USA, aber zu sehen gibt es wenig, auch die Erläuterungen sind im Netz fast anschaulicher als vor Ort: www.cr.nps.gov/archeology/feature/emerald.htm. Zum Besichtigen ergiebiger sind da die *Winterville Mounds* nördlich von Vicksburg, ➪ Seite 601.

Historisches Gasthaus Das einzige erhaltene Gasthaus aus der Hochzeit des *Natchez Trace* heißt ***Mount Locust*** und liegt bei Meile 15,5. Es wurde entsprechend seinem Aussehen um 1820 restauriert und vermittelt eine gute Vorstellung vom *Frontier Life* in diesem Teil Amerikas zu Beginn des 19. Jahrhunderts (geöffnet täglich 8.30-17 Uhr; www.natchezbelle.org/adams-ind/locust.htm).

Picknick Nur wenige Meilen weiter passiert man den wunderbar am hohen Ufer über einem Bach gelegenen Picknickplatz ***Cedar Creek***.

Straße #61 Etwa 2 mi südlich von Port Gibson kreuzt der *Parkway* die Straße #61 und läuft landeinwärts Richtung Jackson. Abgesehen davon, dass das Teilstück des *Natchez Trace* bis Jackson weniger attraktiv ist als sein erster Abschnitt, geht kein Weg an Vicksburg vorbei. Wer in diesem Teil der USA unterwegs, muss Vicksburg gesehen haben und daher den *Parkway* bei Lorman oder spätestens am Kreuzungspunkt mit der #61 verlassen. Für potenzielle Camper gilt: der *Campground Rocky Springs* am *Natchez Trace* weiter nördlich gehört nicht zu den herausragenden Plätzen.

Windsor Ruins

Folgt man vom *Parkway* bzw. von Lorman der **Straße #552** nach Westen, gelangt man in einem weiten Bogen (insgesamt ca. 23 mi) in Port Gibson wieder zurück auf die Straße #61. Am Weg liegen die beeindruckenden ***Windsor Ruins***. Wo heute nur noch an eine griechische Tempelruine erinnernde 23 hohe Säulen stehen, befand sich einst das größte jemals in Mississippi gebaute *Antebellum Mansion*. Es wurde nicht etwa im Bürgerkrieg zerstört, sondern 1890 durch eine weggeworfene Zigarette in Brand gesetzt.

Abgesehenvon diesem *Highlight* empfiehlt sich der Umweg (maximal plus eine halbe Stunde) auf der #552 auch wegen der Strecke als solcher. Speziell im Bereich der Ruinen gibt es eindrucksvoll dicht überwachsene Einschnitte in die Hügellandschaft.

Grand Gulf Military Monument

Von **Port Gibson** – einem hübschen Städtchen, das weitgehend ungerupft den Bürgerkrieg überstand, es war *too beautiful to burn* – sind es noch 6 mi bis zur Kreuzung #61/#462, von dort weitere 7 mi nach Westen zum ***Grand Gulf Military Monument***; © 601/437-5911; www.grandgulfpark.state.ms.us.

Grand Gulf war einst ein wichtiger Hafen am Fluss, der im Bürgerkrieg in Brand geschossen und von den Konföderierten aufgegeben wurde. Zwei Sperrforts auf der Anhöhe über dem Fluss spielten dort eine Rolle beim Versuch, den Angriff der Unions-Kanonenboote zu stoppen. Ein kleines Museum und Schrifttafeln im Gelände erläutern Details und Hintergründe des Geschehens. Im Umfeld der Militärrelikte existiert ein kleiner Park mit *Trails, Observation Tower* und einem komfortablen, gut angelegten ***Campground*** im Grünen (*RVs* mit *Hook-up* $16; Zelte nur $5).

Nur die Säulen blieben vom einst größten Mansion am Mississippi, das 1890 abbrannte: Windsor Ruins

6.5.4 Vicksburg

Geschichte

Gut 75 nördlich von Natchez liegt ebenfalls (fast) am Mississippi Vicksburg. Es gab dort bereits im 18. Jahrhundert Militärposten der Franzosen, Spanier und – ab 1798 – Amerikaner. Aber erst zu Beginn des 19. Jahrhunderts entwickelte sich daraus eine Siedlung mit Hafen. Im Bürgerkrieg spielte das ***Gibraltar of the Confederacy***, so US-Präsident *Lincoln*, zunächst eine gewisse Rolle. Aber nach einer 47 Tage dauernden Belagerung nahmen die Unionstruppen unter *General Ulysses Grant* im Juli 1863 Vicksburg ein, ➪ weiter unten und Essay, Seite 599.

Hatte *Grant* noch vergeblich versucht, den Mississippi umzuleiten, änderte der unberechenbare Fluss 1876 ganz von selbst seinen Lauf und ließ die Stadt »im Trockenen« zurück. 1895-1903 wurde daher zwecks Rückholung des »*River Feeling*« der *Yazoo Diversion Canal* angelegt.

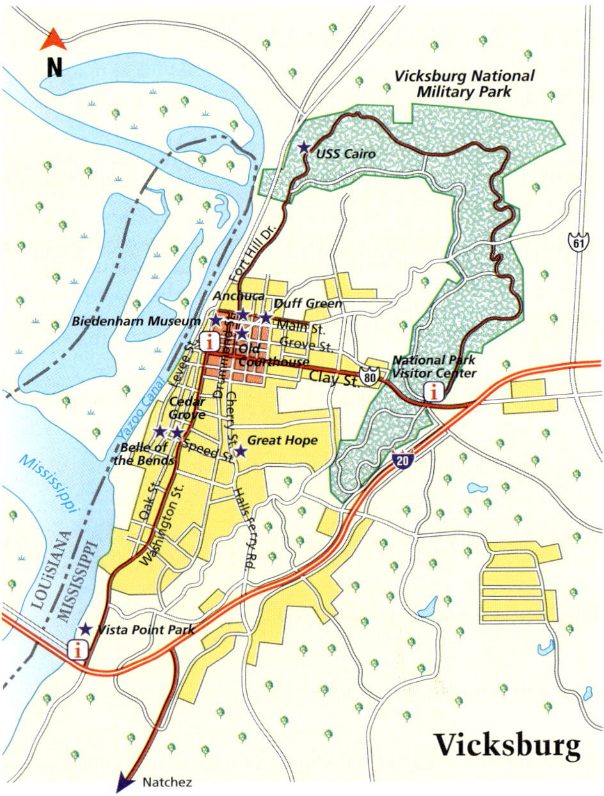

Gegenwart

Vicksburg hat heute rund 28.000 Einwohner und präsentiert sich vielgestaltig. Das einstige Schlachtfeld der *Battle of Vicksburg*, heute ein **Nationalpark**, zahlreiche ***Historic Mansions*** ähnlich wie in Natchez, wenngleich weniger zahlreich und weniger prächtig, und – seit Beginn der 1990er-Jahre – einige **Spielkasinos** sorgen für einen kontinuierlichen Besucherstrom.

Praktische Informationen

Infos

- ***Vicksburg Tourist Information Center***, Clay Street gegenüber dem *Military Park Visitor Center*, EI-20, *Exit* 4.
- ***Vicksburg Convention & Visitors Bureau Center***, Ecke Washington/Clay Streets im Zentrum; ✆ 601/636-9421 und ✆ 1-800-221-3536, www.vicksburgcvb.org.
- ***State of Mississippi Welcome Center*** an der Washington Street gleich neben der Autobahn I-20, *Exit* 1A (hoch über dem Fluss).

Unterkunft

Viele **H/Motels** finden sich im Bereich der I-20, *Exits* 4+3, z.B. das gute ***Jameson Inn*** (*Exit* 4A, 3975 S Frontage Road, ✆ 601/619-7799, ab $65) oder die preiswerte ***Econolodge*** (*Exit* 4B, 3330 A Clay Street, ✆ 601/634-8766, ab $45). Günstige Tarife bis unter $30 bieten die Hotels der Kasinos am Mississippi.

Ein unabhängiges Hotel mit großem Pool in nächster Nähe zum Nationalpark ist das ***Battlefield Inn***, Clay Street/Frontage Road; ✆ 1-800-359-9363; www.battlefieldinn.org, ab $59.

Wie auch in Natchez gibt es in Vicksburg eine Reihe attraktiver ***Antebellum Mansions*** als ***B&B Inns*** (ab ca. $100), z.B.:

- Das schönste *B&B* ist das ***Cedar Grove Mansion*** (2200 Oak, ✆ 601/636-1000, 20 Zimmer/Cottages, ab $155, www.cedargroveinn.com). Garten mit Brunnen, Tennisplatz und Pool, nostalgisch gestaltetetes Restaurant und Pianobar.
- Außen wie innen deutlich weniger luxuriös, dafür auch billiger ist ***The Belle of the Bends***, 508 Klein Street hinter dem *Cedar Grove*, ✆ 601/634-0737, ab $110, www.belleofthebends.com.
- Etwa auch gleichem Niveau (ab $115) liegen ***Anchuca House***, 1010 First East Street, ✆ 1-888-688-0111, www.anchucamansion.com, und das ***Duff Green Mansion*** einen Block weiter, ✆ 1-800-992-0037; www.duffgreenmansion.com.

Camping

Bei Vicksburg gibt es nur privat geführte Campingplätze:

- ***Vicksburg Battlefield Campground***, 4407 Frontage Rd zwischen I-20 und *Military Park*, ✆ 601/636-2025, $12 (Zelte) bis $20. Der angenehmste Platz mit schattigem Baumbestand; auch preiswerte **Motelzimmer** ab $29.
- ***River City RV Park***, 211 Miller St, *Exit* 1B von der I-20, dann Straße #61 ein Stück nach Süden, ✆ 601/631-0388, Pool, ab $18
- ***Isle of Capri RV Park***, 725 Lucy Bryson Street beim gleichnamigen Kasinokomplex, auch *Exit* 1A, ✆ 1-800-843-4753, ab $15

Essen & Trinken

- Südstaatengerichte gibt es im ***Round Table Restaurant*** (1214 Adams/Clay, Mo-Fr 11-21, So bis 14 Uhr, © 601/638-4910) bis 14 Uhr am großen Tisch zum Pauschalpreis, sonst à la Carte.
- ***The Biscuit Company Cafe*** (1100 Washington St, © 601/631-0099) in einem ehemaligen Lagerhaus mit Flussblick hat durchaus nicht nur »Kekse«, sondern serviert gute Southern Seafood.

Veranstaltungen

Während der ***Vicksburg Spring Pilgrimage*** (Ende März/Anfang April) sind neun sonst teilweise öffentlich nicht zugängliche *Antebellum Homes* zu besichtigen, ➪ Erläuterung der *Pilgrimage* in Natchez, Seite 587. Anfang Juli ist das ***Civil War Weekend*** ein Besuchermagnet, wenn die Belagerung von Vicksburg in *re-enactments* nachgespielt wird (➪ Seite 31).

Kasinos

In Vicksburg gibt es gleich vier Kasinos, hier warten ***Harrah's***, ***Isle of Capri*** und das ***Riverboat Ameristar*** an der *Vicksburg Waterfront* und ***Rainbow*** jenseits der I-20 auf Besucher (➪ zu den Spielkasinos am Mississippi unter Natchez, Seite 589).

Spielkasino Isle of Capri am Ufer des Mississippi in Vicksburg

Stadtbesichtigung

Orientierung

Vicksburg wird im Westen von Mississippi und Yazoo River, dem oben erwähnten künstlichen Nebenarm des Mississippi, und südlich wie südöstlich von der den Mississippi überquerenden I-20 begrenzt. Im Norden und Nordosten bilden die Hügel des *Vicksburg Battlefield National Military Park* eine natürliche Stadtbegrenzung. Im **Zentrum** ist die Clay Street die Ost-West-Hauptachse, parallel zum Fluss verläuft die Washington Street als Hauptachse in Nord-Süd-Richtung.

Die Stadt gliedert sich in drei Bereiche:

- ***Historic Downtown***
- ***Garden District***
- ***Military Park***

Während das alte Zentrum und der kleine *Garden District* gut zu Fuß erkundet werden können, ist der *Military Park* wegen seiner kolossalen Ausdehnung nur mit dem Auto abzufahren.

Historic Downtown

An und im Bereich der Washington Street mit Nebenstraßen finden sich die meisten Shops, Galerien, Cafés und Restaurants. Außerdem stehen bzw. liegen dort drei der vier Kasinos, ➪ unten.

Museen

Von den Museen der Stadt (alle Mo-Sa 9-17, So 13.30-16/17 Uhr, $4) ist das ***Biedenharn Museum*** of Coca Cola Memorabilia (1107 Washington) am originellsten. In einem originalgetreu rekonstruierten alten *Candy Store* füllte *Joseph Biedenharn* 1894 erstmals Coca Cola in Flaschen ab. Der ***Corner Drugstore*** nebenan ist eine kuriose Mischung aus Shop und Museum; www.biedenharncoca-colamuseum.com.

Old Court House

Über die Cherry Street gelangt man in den Nordteil der Innenstadt mit dem ***Old Court House Museum*** (1008 Cherry, Mo-Sa 8.30-16.30, So ab 13.30 Uhr, $5/$3, ✆ 601/636-0741, www.oldcourthouse.org).

Das bombastische mit ionischen Säulen bestückte Gerichtsgebäude stammt aus dem Jahr 1858. Im Bürgerkrieg als Gefängnis genutzt, entging es der Bombardierung durch Unionstruppen. Der heute als Museum genutzte Bau birgt eine erstaunliche Fülle an unterschiedlichsten Ausstellungsstücken – vom Teddy von *Theodore Roosevelt* über die Krawatte von *Jefferson Davis* bis zur Jagdtrophäe von *Robert E. Lee*. Es verfügt zudem über eine große Sammlung an Bürgerkriegsmemorabilia.

Historic Homes

Wie eingangs schon angemerkt, ist Vicksburg, was die *Antebellum Mansions* betrifft, nicht vergleichbar mit dem herausragenden Natchez; hier die ansehnlichsten:

- An der Ecke Cherry/First East Street steht mit ***Anchuca House*** (1830) eines der auffallendsten Häuser der Stadt. Der *Greek-Revival*-Bau mit Garten, Innenhof und alten Sklavenquartieren dient heute als *B&B Inn*, ➪ oben, www.anchuca mansion.com.
- Letzteres gilt auch für das ***Duff Green Mansion*** (1856), 1114 First East Street, ➪ oben, www.duffgreenmansion.com; 9-17 Uhr, $5.
- Das ***Great Hope Manor*** (1904), 2011 Cherry Street, ist zwar kein *Antebellum Mansion*, aber wegen des typisch englischen Tudor Stils ebenfalls sehenswert. Beeindruckend auch von innen. Besichtigung unklar, da 2006 zum Verkauf für $3 Mio.
- Hauptattraktion im *Garden District* ist das unter B&B-Empfehlungen genannte ***Cedar Grove Mansion*** (1840), 2200 Oak, Touren täglich 9-11 & 13-16 Uhr, $6. Es gilt als das größte und schönste Anwesen in Vicksburg; www.cedar groveinn.com.
- Nach einem *Riverboat* benannt wurde das ebenfalls bereits erwähnte ***The Belle of the Bends*** (1876). Die Villa beeindruckt innen u.a. mit Holzschnitzereien; 508 Klein Street, Touren 11-12, 13-16 Uhr, ✆ 601/634-0737, www.belleofthe bends.com.

Vom ***Vista Point Overview*** ein klein wenig weiter die Washington Street hinunter in Richtung I-20 überblickt man sehr schön Mississippi und Yazoo River.

Vicksburg National Military Park

Vicksburg National Military Park

Höhepunkt eines Vicksburgbesuchs ist der ***National Military Park*** (geöffnet täglich ab 8 Uhr, letzte Einfahrt und Schluss im Besucherzentrum 17 Uhr, $5 oder *National Parks Pass*, © 601/636-0583, www.nps.gov/vick), des neben *Gettysburg*/Pennsylvania eindrucksvollsten Bürgerkriegsparks der USA. In Vicksburg, ihrer letzten Bastion am Mississippi, erlitt die Konföderation im Sommer 1863 fast gleichzeitig mit ihrer Niederlage bei *Gettysburg* einen zweiten schweren Schlag, ➪ Kasten.

Die Zufahrt zum riesigen Gelände liegt an der Clay Street (Straße #80; ab I-20 *Exit* 4B) im Nordosten der Stadt. Im ***Visitor Center*** wird der Verlauf der Geschehnisse im Sommer 1863 durch eine plastische Ausstellung und einen Film dokumentiert. Wem die Hinweistafeln an der Strecke nicht genügen, kann eine CD oder Kasette kaufen ($6).

Rundfahrt

Eine Rundstrecke führt 17 mi durch eine licht bewaldete Hügellandschaft voller Geschütze in alten Positionen und vorbei an einer unendlichen Zahl von Gedenktafeln, Statuen, Obelisken und Monumenten für die Regimenter und Führerpersönlichkeiten beider Seiten. An vielen Haltepunkte stehen *Marker* zu einzelnen Etappen, Stellungen und Kampflinien, beteiligten Truppen und Offizieren der *Battle of Vicksburg*.

Kanonenstellung im Vicksburg Military Park hinter alten Erdwällen von 1863

USS Cairo

Hochinteressant ist das ***USS Cairo Museum*** in der äußersten nordwestlichen Ecke des Geländes (täglich 8.30-17 Uhr, im Sommer bis 18 Uhr) mit dem vom Grund des Mississippi gehobenen und teilweise restaurierten **Dampf-Kanonenboot *USS Cairo***. Die Kombination von erster Dampfschifftechnik und fast noch mittelalterlichen Kanonen hinter der Stahlpanzerung auf Holzrahmen, die modernen Stealth-Konstruktionen ähnelt, hat Einmaligkeitscharakter. Vergleichbares hat es in Europa nicht gegeben; www. nps.gov/archive/vick/cairo/cairo.htm.

Die Belagerung von Vicksburg

»Vicksburg ist der Schlüssel und der Bürgerkrieg kann erst dann entschieden werden, wenn wir den in der Tasche haben«, soll ***Präsident Abraham Lincoln*** *gesagt haben. In der Tat war die Kontrolle des Mississippi ein zentrales Anliegen der Militärs beider Lager. Es galt, die rund 1.000 mi zwischen Illinois und dem Golf von Mexiko zu beherrschen, denn der Wasserweg war für die Union als Nachschubweg überaus wichtig. Seine Kontrolle ermöglichte zugleich, die westlichen Mitglieder der Konföderierten Staaten – Texas, Arkansas und Louisiana – vom Rest weitgehend zu isolieren und damit die Resourcen des Südens zu beschneiden. Die Konföderierten ihrerseits versuchten, genau das zu verhindern, und »sicherten« den Fluss mit Befestigungen. Nachdem die Unionstruppen ziemlich am Anfang des Krieges am Mississippi entlang und auf dem Wasser mit Kanonenbooten (➪ Foto folgende Seite) von Norden und Süden vorrücken konnten, waren den »Grauröcken« schon 1862 nur noch Vicksburg und Port Hudson als Stützpunkte geblieben.*

Im Oktober 1862 erhielt ***General Ulysses S. Grant*** *das Oberkommando und den Auftrag, den Widerstand der Konföderierten zu brechen. Etwa zur gleichen Zeit wurde der West Point-Absolvent* ***General John C. Pemberton*** *zum Befehlshaber der konföderierten Armee bei Vicksburg ernannt. Der Plan der Union, die Südstaatler vom Mississippi aus wirkungsvoll zu bekämpfen, ging trotz einiger Teilerfolge (➪ oben »Grand Gulf«) nicht auf. Die Versenkung des seinerzeit revolutionären Kanonenboots »Cairo« am 12.12.1862, das den ersten Minen der Kriegsgeschichte zum Opfer fiel, belegt das Scheitern der Strategie. Grant entschloss sich daraufhin, Vicksburg landseitig anzugreifen.*

In einer großangelegten Umgehungsaktion marschierten die Unionstruppen ab März 1963 auf dem westlichen (dem Louisiana-) Ufer des Mississippi nach Süden, überquerten bei Bruinsburg den Fluss und richteten sich wieder nordwärts zunächst gegen die Mississippi-Hauptstadt Jackson. Drei Versuche der Konföderierten, Grants Vormarsch zu stoppen, scheiterten, und am 12. Mai 1863 zog er in Jackson ein. Der Unionsgeneral zögerte nicht lange, sondern wandte sich umgehend westwärts, schlug fliehende Einheiten der Konföderation bei Champion Hill und Big Black River Bridge und stand bereits am 18. Mai vor den massiven Befestigungen von Vicksburg.

Im Glauben, die Niederlagen hätten Widerstand und Moral des Gegners gebrochen, startete Grant sofort einen Angriff auf die Stadt. Vier Tage lang stürmten die Unionstruppen unter großen Verlusten die Verteidigungsanlagen, ohne voranzukommen. Grant änderte seine Strategie und zog einen Belagerungsring um Vicksburg. Über einen Monat bombardierten danach Geschütze von Land und Kanonenboote vom Mississippi aus die Stadt. Nicht nur das Bombardement tat seine Wirkung, auch und vor allem setzten Versorgungsprobleme und die Sommerhitze den Verteidigern zu. Letztlich blieb nur die Kapitulation.

Am 3. Juli 1863 begannen Verhandlungen zwischen Grant und Pemberton. Die von Grant geforderte bedingungslose Kapitulation lehnte Pemberton ab. Erst einen modifizierten Kapitulationsentwurf, der zwar die Aufgabe, aber keine Gefangenschaft für die Südsoldaten vorsah, unterzeichnete er. Zur großen Überraschung der Verlierer zogen die Unionstruppen friedlich in die Stadt ein, und halfen – statt zu plündern und Siegesfeiern zu veranstalten – den Hungernden und Kranken.

Das **Museum** zeigt bereits Fotos von den Lebens- und Kampfbedingungen auf diesen waffentechnischen Ungetümen sowie Werkzeuge, Geschirr und Gebrauchsgegenstände, die großenteils aus dem Wrack geborgen werden konnten.

Friedhof

Im *National Cemetery* (Connecting/Union Ave) fanden 17.000 gefallene Soldaten ihre letzte Ruhe.

Restauriertes Dampfkanonenboot USS Cairo, das speziell für den Einsatz auf den flachen Flüssen des Südens konstruiert worden war

6.5.5 Mississippi Delta

Kennzeichnung

Eine Fahrt durch das sog. ***Missisippi Delta*** (nicht zu verwechseln mit dem Mündungsdelta südlich von New Orleans), sei es auf dem ***Blues Highway*** (Straße #61) oder alternativ auf der ab Rolling Fork parallel verlaufenden ***River Road*** (Straße #1) hält keine großen Attraktionen bereit, hat aber ihren spezifischen Reiz. Denn dort, in einer der ärmsten Regionen der Südstaaten, scheint die Zeit seit dem Bürgerkrieg streckenweise stehengeblieben zu sein. Die Straßen im Delta führen durch unendliche Baumwoll- und Sojabohnenfelder und an *Catfish*-Farmen vorbei.

Leroy Percy State Park

Am Wege – zwischen James und Hollandale – liegt mit ***Leroy Percy*** der älteste *State Park* Mississippis und gleichzeitig einer der attraktivsten. Das große Gelände um den Alligator Lake und **heiße Quellen** zeichnet sich neben üppiger Flora durch ein Reservat für Alligatoren aus. Ein großzügig angelegter ***Campground*** verfügt über Plätze für Zelte und RVs mit *Hook-up* ($10-$16); man kann dort auch ***Cabins*** mieten (ab $39); © 662/827-5436, www.mdwfp.com/PARKVIEW/PARKS.ASP?ID=3825.

Greenville und Umgebung

Greenville ist bekannt für das ***Delta Blues Festival*** am dritten Samstag im September (Information: © 662/335-3523, www.deltablues.org). Viel zu bieten hat das Städtchen am Lake Ferguson ansonsten nicht; sehenswert ist nur ein Block in der Main Street, die ***Cotton Row***.

Winterville State Park

Der nahe ***Winterville Indian Mounds State Park***, ca. 3 mi nordwestlich auf der #1, bildet mit seinen 15 *mounds*, darunter ein sechs Hausetagen hoher Tempelhügel, eine der größten indianischen Hügelanlagen der sogenannten ***Mississippi Culture***. Im Gegensatz zu den *Emerald Mounds* am Beginn des *Natchez Trace Parkway* erfährt man hier in einem **Museum** genauer, was es mit den *Mounds* auf sich hat (Mi-Sa 8-17, So ab 13 Uhr, ✆ 662/334-4684, www.mdah.state.ms.us/hprop/ winterville.html).

Information

Greenville Area Chamber of Commerce, 915 Washington Ave, 8-17 Uhr, ✆ 662/378-3141.

Clarksdale

Gute 70 Straßenmeilen nördlich von Greenville liegt **Clarksdale**, das **Zentrum des *Blues*** und **Geburtsort von *John Lee Hooker***, dem 2001 verstorbenen, neben *B.B. King* bedeutendsten Bluesmusiker unserer Zeit. Nicht versäumen sollten Jazzfans dort den Besuch des ***Delta Blues Museums*** im renovierten Güterbahnhof der Stadt (One Blues Alley/John Lee Hooker Lane, Mo-Sa 9-17 Uhr, frei, ✆ 662/627-6820, www.deltabluesmuseum.org). Dort wird die Geschichte des *Blues* mit Fotos, Dokumenten, Erinnerungsstücken, alten Tonaufnahmen und Videos anschaulich gemacht. Speziell an Wochenenden finden ***Live Performances*** statt (oft gratis). Mit Glück kann man an anderen Tagen dem Nachwuchs beim Üben im angeschlossenen Saal zuhören. Im kleinen Shop gibt es alles, was irgendwie mit *Blues* zu tun hat.

Kasinos

Von Clarksdale aus sind es nach Memphis weitere 70 mi ohne große Sehenswürdigkeiten am Wege, sieht man ab von den Spielkasinos im Bereich **North Tunica**, einem Ort, der sich ***The South's Casino Capital*** nennt, ➪ Kasten auf Seite 589. Nahe des Mississippi erstrecken sich dort die Riesengelände von gleich 10 Kasinokomplexen à la Nevada mit enormen Hotelkapazitäten und RV-Plätzen für Wohnmobilisten.

Die Vegetation im Bereich des Mississippi ist ungewöhnlich dicht und grün, hier in der Nähe der Windsor Ruins, *➪ Seite 593*

6.6 Über Jackson und Natchez Trace nach Memphis

Nach Jackson

Wer – von Natchez kommend – auf den Besuch von Vicksburg verzichtet, gelangt am einfachsten auf dem *Natchez Trace Parkway* nach Jackson bzw. auf die I-20, einige Meilen westlich der Stadt (*Exit* 34). Die Strecke von Port Gibson bis dorthin ist eher langweilig und in ca. 60 min locker durchfahren (ca. 48 mi). Von Vicksburg benötigt man auf der I-20 bis zum *Exit* 34 bei zügiger Fahrweise nur wenig mehr als 30 min. Durch Jackson bleibt man zunächst auf den *Interstates*. Der noch im Bau befindliche Abschnitt des *Natchez Trace* umgeht die Stadt westlich. Nach der Fahrt durch Jackson stößt man auf die Fortsetzung des *Parkway* bei **Ridgeland** nördlich von Jackson (I-55, *Exit* 103 via Straße #51).

6.6.1. Jackson – Mississippis Hauptstadt

Historisches

Das nur mäßig spannende Jackson (ca. 200.000 Einwohner) wurde nach *Andrew Jackson* benannt, General und 7. US-Präsident. Die Stadt entwickelte sich aus einem *Trading Post* am *Natchez Trace* zur Hauptstadt Mississippis. Ihr Spitzname ist ***Chimneyville***, er bezieht sich auf den Qualm aus drei Brandschatzungen durch Unionstruppen im Bürgerkrieg kurz hintereinander.

Praktische Informationen

Information

Jackson Convention & Vistors Bureau, 921 N President Street. ✆ 601/960-1891 oder ✆ 1-800-354-7695, www.visitjackson.com.

Unterkunft

Motels und Hotels aller Kategorien finden sich vor allem entlang der Straße #80 parallel zur I-20 (geballt zwischen den Ausfahrten #42 und #43) und im Bereich der I-55 zwischen den Ausfahrten #100 und #104, z.B.:

- ***Days Inn***, I-20 *Exit* 42B, 2355 Hwy #80 West, ✆ 601/948-0680-3900, ab $55
- ***Red Roof Inn***, I-55, *Exit* 103, 828 Hwy 51 North, ✆ 601/956-7707, ab $49
- ***La Quinta Inn***, I-55, *Exit* 102A,616 Briarwood Drive, ✆ 601/373-6110, ab $59

Die Tarife sind in/bei Jackson relativ moderat.

Empfehlenswerte ***B&Bs*** sind das

- ***Fairview House***, 734 Fairview St, ✆ 601/948-3429, www.fairviewinn.com, ab $120
- ***Millsaps Buie House,*** 628 N State, ✆ 601/352-0221, www.lanierbb.com/inns/bb2801.html, ab $110

Camping

Im Bereich Jackson campt man am besten im schön am kleinen Mayes Lake angelegten

- ***LeFleur's Bluff State Park***, *Exit* 98 B von der I-55, auf dem Lakeland Drive nach Osten; dann Einfahrt rechts in den Riverside Drive, ✆ 601/987-3923, $9-$16, oder am

- ***Ross Barnett Reservoir*** weiter nordöstlich im ***Timberlake Campground***, Timberlake Drive (vom Lakeland Drive nach ca. 5 mi auf die Old Fannin Road nach links), © 601/992-9100, www.rossbarnettreservoir.org.

Essen & Trinken

- Populär ist ***Frank's World Famous Biscuits*** für *Breakfast, Lunch* und *Dinner*; 219 North President Street in der Nähe des *State Capitol*, © 601/354-5357.
- Schräg, preiswert und originell ist das ***930 Blues Cafe***, 930 Congress Street, © 601/948-3344, www.jesdablues.com, *Soul Food* und *Live Blues* täglich.

Sehenswürdigkeiten

Downtown-Rundgang

Der ***»One-Mile-Walk«***, ein auf dem Boden markierter Rundgang durch *Downtown*, führt zu allen Sehenswürdigkeiten. Auch für Ausländer sehswert sind:

Old Capitol Museum

The Old Capitol (100 S State Street, Mo-Fr 8-17, Sa 9.30-16.30, So 12.30-16.30 Uhr, © 601/359-6981; www.mdah.state.ms.us) war zwischen 1839 und 1903 Sitz der Regierung. Der *Greek Revival*-Bau dient seit 1961 als ***State Historical Museum*** mit Ausstellungen zur lokalen Geschichte und Wirtschaft.

City Hall

Die ***Jackson City Hall*** von 1846, (219 S President Street/Ecke Pascagoula, Mo-Fr 9-16 Uhr). Das Rathaus ist eines der wenigen im Bürgerkrieg nicht zerstörten Gebäude. Auf der *Garden Plaza* vor dem Bau steht eine Statue von *Andrew Jackson*.

Governor's Mansion

Besonders ansehnlich ist das ***Governor's Mansion***, ebenfalls ein *Greek-Revival*-Bau, 300 E Capitol, Di-Fr 9.30-11 Uhr; halbstündige Touren. Seit 1842 dient es den Gouverneuren als Wohnsitz; es blieb ebenfalls von Zerstörung im Bürgerkrieg verschont.

Mississippi State Capitol

Das (neue) ***State Capitol*** (400 High, Mo-Fr 8-17 Uhr; Einstündige Touren zur vollen Stunde 9-11 Uhr; nachmittags 1.30, 2.30, 3.30 Uhr) gehört zu den eindrucksvollsten Regierunggebäuden der US-Staaten. Der Bau (1901-1903) ist dem Capitol in Washington nachempfunden.

Mississippi State Capitol

MS Art Museum & Planetarium

Das ***Mississippi Museum of Art*** (201 E Pascagoula, Mo-Sa 10-17, So 12-17 Uhr, $5/$2, © 601/960-1505, www.msmuseumart.org) überrascht mit der Qualität seiner Ausstellungen internationaler, nationaler und regionaler Kunst. Nebenan steht das ***Planetarium*** mit dem ***Space Theater***, 201 East Pascagoula, Programme zu Astronomie und Wissenschaft, NASA-Filme und *Laser Shows* täglich, aber wechselnde Zeiten, © 601/960-1550.

Slums

Fast übergangslos grenzen (schwarze) slumartige Viertel nördlich und westlich an die Innenstadt. Der Kontrast zur kleinen Insel des Regierungsviertels mit pompösen Nostalgiegebäuden und einigen modernen Bürohochhäusern könnte größer nicht sein.

MS Agriculture and Forestry Museum

Im Nordosten befindet sich das ***Mississippi Agriculture and Forestry Museum*** (1150 Lakeland Dr, Mo-Sa 9-17, $5, © 601/354-6113, www.mdac.state.ms.us). Dort wird die technische und wirtschaftliche Entwicklung vor allem des US-Südens dokumentiert. Neben dem Museum mit 1:1-Modellen und originalen alten Gerätschaften und Fahrzeugen liegt das Freigelände ***Heritage Park***, wo eine alte Farm mit Tieren das Landleben und eine kleine, rekonstruierte Stadt *Smalltown USA* zu Beginn des 20. Jahrhunderts lebendig werden lassen.

6.6.2. Nach Tupelo

Natchez Trace Parkway bis Tupelo

Haltepunkte

Gleich zu Beginn der *Natchez Trace*-Fortsetzung am Barnett Reservoir entlang passiert man das im Jahr 2006 erweiterte ***Mississippi Crafts Center*** in Ridgeland (ca. Meile 101,5 täglich 9-17 Uhr, © 601/856-7546, www.mscraftsmensguild.org/locations.cfm), wo die handwerklichen Fähigkeiten der frühen Siedler und der indianischen Urbevölkerung demonstriert werden. Die Produkte sind nicht ganz billig, aber hochwertig.

Bei Meile 181 liegt das ***French Camp Pioneer Village***, eine Rekonstruktion der hier 1812 gegründeten gleichnamigen Siedlung (Mo-Sa 9-17 Uhr, frei). Hier steht auch das erwähnte, einzig erhaltene historische Hotel am *Parkway*, das ***French Camp Inn*** (*B&B*, © 601/547-6835; $75 – *no alcohol, no smoking*, www.frenchcamp.org/NatchezTrace site/bedbreakfast.html).

Touristisches Interesse dankt Tupelo vor allem seinem berühmtesten Sohn Elvis Presley; hier sein Geburtshaus mit Gedenktafel

Camping Noch einige Meilen weiter nördlich liegt der hübsch angelegte Campingplatz ***Jeff Busby*** direkt am *Parkway*. Etwa 20 mi vor Tupelo bietet der ***National Forest Campground Davis Lake*** eine schöne Anlage mit Badestelle im kleinen Stausee. Man verlässt den *Parkway* bei Meile 243 nördlich von Van Vleet und fährt 4 mi westlich (ausgeschildert).

Tupelo

Kennzeichnung Das Städchen ***Tupelo*** liegt im einstigen Kernland der *Chickasaw*-Indianer und ist allen *Elvis-Presley*-Fans ein Begriff, erblickte ihr Idol doch in Tupelo das Licht der Welt. Tupelo war früher ziemlich verschlafen, gilt heute jedoch als eine Stadt im Aufwind: hervorhebenswert sind das *Bancorp South Center*, eine Veranstaltungs- und Sporthalle, und ein komplett neues Stadtviertel samt Rathaus im *Fairpark District* (East Main Street), wo sich vorher heruntergekommene Straßenzüge befunden hatten.

Infos ***Tupelo Tourist Information*** beim *Bancorp South Center*, 399 E Main Street, © 1-800-533-0611, www.tupelo.net.

Natchez Trace Parkway Center Tupelo ist – wie bereits im Kasten Seite 592 erwähnt – Standort eines ***Natchez Trace Parkway Visitor Centers*** (Meile 266, täglich 8-17 Uhr, © 662/842-1572). Dort erfährt man alles zu Geschichte und Gegenwart des Parkways.

Unterkunft Die Mehrheit der üblichen ***Ketten-H/Motels*** von preiswert (*Redroof, Amerihost Inns*) bis gehobene Mittelklassse (*Marriott Courtyard*) findet sich rund um den Kreuzungsbereich den Straßen *Old US Highway* #78/McCullough Blvd und #145/North Gloster St bzw. an diesen etwas weiter westlich/südlich.

Bed & Breakfast bietet das ***Mockingbird Inn*** (305 N Gloster, © 662/841-0286, www.bbonline.com/ms/mockingbird, ab $80 erschwinglich) mit sechs unterschiedlich eingerichteten Zimmern und üppigem Frühstücksbuffet.

Camping

- Der stadtnächste ***Campground*** liegt im Wald am ***Elvis Presley Lake*** im gleichnamigen fast 4 Quadratkilometer großen Park mit allen Wassersportmöglichkeiten, *Bike*- und *Hiking Trails*. Lage nordöstlich des Zentrums am Veterans Blvd, etwas nördlich der Straße #78, © 662/840-5172.
- Ein schöner ***Campground*** befindet sich am Lake Lee im ***Tombigbee State Park*** (Straße #6 nach Süden; Zufahrt in östliche Richtung, © 662/842-7669, www.mdwfp.com/parkView/parks.asp?ID=1817, $10-$16, auch *Cabins*).
- Ein weiterer ***State Park*** ist ***Trace Lake*** mit großzügig angelegtem *Campground*. Er liegt 5 mi westlich des *Parkway* und 9 mi entfernt von Tupelo: Straße #6/#278 nach Westen, © 662/469-2958.

Essen & Trinken Speziell in der Main Street und Gloster Road ballen sich jede Menge Restaurants aller Art einschließlich der Filialketten.

Für *Catfish* und Südstaaten-Hausmacherkost geht nichts über das stets voll besetzte ***Estes's Catfish & Steaks*** in Plantersville, ca. 6 mi südlich von Tupelo an der Straße #6 (2450 State Park Rd, © 662/842-5599, Mi-So ab 16.30 Uhr).

Elvis Festival

Das ***Elvis Presley Festival*** Anfang August, »***a hometown tribute to the King of Rock 'n Roll***«, ist das herausragende Ereignis des Jahres mit vielen Konzerten, Shows, Parade u.v.a.m. Details unter der Internetadresse www.tupeloelvisfestival.com.

Elvis Presley Birthplace & Museum

Das ***Elvis Presley Birthplace, Center & Museum*** ist ein größerer Komplex an der Straße #6 östlich des Zentrums (Zufahrt am besten über die Main Street). Er besteht aus einem Besucherzentrum mit Museum, dem Geburtshaus und einer Kapelle; 306 Elvis Presley Blvd, Mo-Sa 9-17.30 Uhr, So 13-17 Uhr, \$7/\$3,50; bzw. \$2,50/\$1,50 nur Geburtshaus, © 662/ 841-1245; www.elvispresleybirthplace.com. Auf dem Freigelände (mit Picknickplatz) befindet sich das winzige, kaum 30 m² große **Geburtshaus**, das der Vater des Rockstars 1934 für ganze \$180 gekauft hatte. Dort wurde *Elvis* am 8.1.1935 geboren. Die Familie zog 1938 in das Viertel *The Hill* um und ging später nach Memphis. Die von *Elvis*-Fans finanzierte ***Elvis Presley Memorial Chapel*** am anderen Ende des Parks wurde erst 1979 errichtet. Alles in allem ist der Besuch nur etwas für eingefleischte *Presley*-Bewunderer.

Tupelo Hardware

Ein nostalgisches Kuriosum ist die ***Tupelo Hardware Co***. In diesem seit seiner Gründung 1926 fast unveränderten Laden an der 114 West Main Street kaufte *Elvis* seine erste Gitarre, nachdem ihn die Mutter vom ursprünglich gewünschten Gewehr abgebracht hatte, www.tupelohardware.com.

Oren Dunn Tupelo City Museum

Eine ungewöhnliche, einem Sammelsurium ähnliche Kollektion hat das ***Oren Dunn Tupelo City Museum*** in einer ehemaligen Molkerei (Straße #6 West Main Street am James L. Ballard Park, Di-Fr 8-16, im Sommer auch Sa-So 13-17 Uhr, \$1, © 662/841-6438). Die Ausstellung reicht von Indianer-Artifakten und Elvis-Andenken über landwirtschaftliche Geräte bis hin zu stadtgeschichtlichen Objekten. Auf einem Freigelände stehen u.a. nostalgischer *Diner*, Eisenbahnwagons, andere alte Fahrzeuge und Maschinen.

Automobile Museum

Eine neuere Errungenschaft ist das ***Automobile Museum*** am Otis Blvd unweit des *Bancorp South Center*, © 662/842-4242; www.tupeloautomuseum.com; Di-So 10-18 Uhr, \$10/\$5. Auf über 1000 Quadratmeter Fläche sind 'zig tolle Oldtimer ausgestellt, darunter ein *Lincoln Mark IV*, den *Elvis* persönlich 1976 gekauft hatte.

Buffalo Park

So weit östlich gibt es sonst keine Buffalos zu sehen, die einst die Prairien es mittleren Westens zu Millionen bevölkerten, aber der ***Tupelo Buffalo Park*** beherbergt gleich 250 Exemplare dieser Spezies und eine ganze Reihe afrikanischer Tiere auf einem fast einen Quadratkilometer großen Gelände. Es befindet sich in der Nähe des Regionalflughafens an der North Coley Road, ab Mc Cullough Blvd; © 1-866-272-4766, www.tupelobuffalopark.com.

6.6.3 Von Tupelo über Oxford nach Memphis

Zur Route

Der direkte Weg von Tupelo nach Memphis entspricht der als Autobahn ausgebauten Straße #78. Die ca. 110 mi dorthin sind auf dieser Route locker in zwei Stunden zu schaffen. Wer ein bisschen mehr Zeit mitbringt, sollte jedoch über Oxford fahren, ca. 50 mi westlich von Tupelo (Straßen #6 und #278, dann I-55).

Kennzeichnung Oxford

Oxford ist wie das Namensvorbild in England eine Universitätsstadt, wobei hier ganze 11.000 Einwohner über 12.000 Studenten gegenüberstehen. 1836 gegründet, wurde in Oxford schon 1848 die ***University of Mississippi***, kurz ***Ole Miss***, ins Leben gerufen.

Berühmtester Sohn der Stadt ist der Schriftsteller ***William Faulkner***. Mit ***John Grisham*** setzte einer der bekanntesten modernen Autoren der USA Oxfords literarische Tradition fort. Seit kurzem macht mit dem ehemaligen Feuerwehrmann ***Larry Brown*** ein weiterer Autor aus Oxford von sich reden.

William Faulkner

Information

Oxford Tourism Info Center am 107 Courthouse Square in der City Hall, © 662/234-4680, © 1-800-758-9177, www.oxfordms.com; www.touroxfordms.com.

Unterkunft

Empfehlenswert, aber nicht ganz billig ist das komfortable ***Downtown Oxford Inn*** in einem nostalgischen Bau einen Block vom Zentrum entfernt (400 N Lamar, © 662/ 234-3031, ab $90).

Camping

Stadtnah liegt der einfache ***Puskus Lake Campground*** im *Holly Springs National Forest* (© 662/236-6550, ca. 7 mi auf der Straße #30). Zwei ***State Parks*** sind in etwa gleich entfernt von Oxford, ***Wall Doxy***, ca. 20 mi nördlich auf der Straße #7 und 7 mi Zufahrt, und ***John Mc Kyle*** am *Sardis Reservoir* via I-55, *Exit* 252, dann Straße #325. Beide verfügen über großzügige Campanlagen am See, © 662/252-4231 bzw. © 662/487-1345, $9-$16.

Essen & Trinken

- ***Dos Panchos*** (512 Jackson Ave East) ist ein kleiner Familienbetrieb für Südstaatenküche mit spanisch-karibischem Einschlag.
- Erschwinglich ist das ***City Grocery Restaurant*** am Courthouse Square (Spezialität: *Shrimp & Grits*).

- Andrang kennzeichnet ***Abner's Famous Chicken*** (University/ South Lamar, www.abnerschicken.com).

Studentenkneipen zu finden, ist kein Problem, speziell in der University Ave gibt es eine ganze Reihe davon.

Courthouse Square

Downtown Oxford ist typisch für Landstädte im Süden: Um den zentralen **Courthouse Square** gruppieren sich Geschäfte und Büros. Dort stehten auch das ***Lafayette County Courthouse*** und die ***Oxford City Hall***. Südlich und nördlich des Zentrums erstrecken sich Wohnviertel mit sehenswerten *Antebellum Mansions*. Ein Bummel lässt die Erinnerung an die Romane von *Faulkner* wach werden. Auf dem Friedhof *St. Peter's Cemetery* befindet sich das *Faulkner*-Familiengrab.

Rowan Oak

Vielbesuchte **Hauptattraktion** von Oxford ist ***Rowan Oak***, ein großes Plantagenhaus aus dem mittleren 19. Jahrhundert in der Old Taylor Road. Der Nobelpreisträger 1949 für Literatur, ***William Faulkner*** (1897-1962) hatte es 1930 erworben und mit seiner Familie bis zu seinem Tod bewohnt. Besichtigung Di-Sa 10-12/ 14-16, So 14-16 Uhr, $6, © 662/234-328, www.olemiss.edu/depts/u_museum/rowan_oak/interactive.html. Dort unbedingt die *Virtual Tour* machen. Das erspart fast den Besuch.

»Ole Miss« – University of Mississippi

Die damals gerade 16 Jahre existierende ***University of Mississippi*** wurde 1864 von Unionstruppen weitgehend zerstört. Die Studenten erlangten im Bürgerkrieg als ***University Grays*** Ruhm, da sie bei der Schlacht von Gettysburg tief in die Linien der Union vorgedrungen waren und sich durch besondere Tapferkeit ausgezeichnet hatten. Bekannt wurde die Hochschule, als dort 1963 mit *James Meredith* der erste Afro-Amerikaner graduierte. Lange war sie die einzige Volluniversität Mississippis und ist heute die angesehenste Hochschule des Staates; www.ole miss.edu.

Die Farley Hall beherbergte früher die juristische Fakultät, heute das ***Ole Miss Blues Archive*** *mit der weltweit größten Sammlung an Blues Musik und allem was mit Blues zu tun hat. U.a. findet sich dort auch die große persönliche Sammlung von B.B. King (geöffnet Mo-Fr 8-17 Uhr)*

Der Natchez Trace Parkway wird vom National Park Service unterhalten und gepflegt

6

6.7 Natchez Trace Parkway – Nordabschnitt bis Nashville

Kennzeichnung

Wer nicht nach Memphis fährt, sondern von Tupelo dem *Natchez Trace Parkway* weiter nordwärts in Richtung Nashville folgt, durchquert Wälder, Agrargebiete und bald die ersten flachen Ausläufer der Appalachen. Es geht überwiegend gemächlich durchs ländliche, etwas verschlafene Provinzamerika.

Nördlich von Tupelo passiert man bei Meile 278 den ***Twentymile Bottom Overlook*** und kurz darauf die ***Pharr Mounds*** (ca. Meile 287), weitere indianische Begräbnisstätten, www.cr.nps.gov/nr/travel/mounds/pha.htm.

Camping

Eine letzte Gelegenheit zum *Campen* in einem der hervorragenden an Seen gelegenen ***Mississippi State Parks*** bietet ***Tishomingo*** (© 662/438-6914, am *Parkway*, ehe man beim ***Freedom Hills Overlook*** (Meile 317) den Bundesstaat **Alabama** erreicht.

Alabama

Highlight des kurzen, aber landschaftlich reizvollen Abschnitts durch Alabama ist die Überquerung des **Tennessee River**. Früher verband eine Fähre die Ufer des mittlerweile kilometerbreiten, weil mehrfach aufgestauten Flusses. Am alten Fähranleger ***Colbert Ferry Landing*** entstand ein schöner Uferpark mit Picknickplatz und Badestelle - Abfahrt vom *Parkway* bei Meile 343,5.

Tennessee

Der Verlauf des *Natchez Trace Parkway* in **Tennessee** verflacht, was seinen landschaftlichen Reiz angeht. Etwa auf halber Strecke nach Nashville passiert man das ***Meriwether Lewis National Monument*** (Meile 386, kleines *Visitor Center* täglich 8-17 Uhr), mit **Camping- und Picknickplatz** und Wanderwegen.

Meriwether Lewis und *William Clark* erschlossen im Auftrag des Staates ab 1803 die erste Nordwestroute von St. Louis bis an den Pazifik. *Lewis* wurde später Gouverneur des frisch erworbenen Louisiana Territoriums. Er erschoss sich, geplagt von Depressionen, im Jahr 1809 im ***Grinders Inn***, einem einst an der Stelle des heutigen Monuments befindlichen Gasthaus. Die Gedenkstätte errichtete man bereits 1848, dazu kam später ein Blockhaus mit einer musealen Ausstellung zu *Lewis*` Taten und Entdeckungen. 1925 wurde die Stätte zu einem *National Monument* erweitert.

Über den letzten Abschnitt des *Parkway* erreicht man südlich von Nashville das Ende bzw. den Beginn des *Natchez Trace*. Empfehlenswerte Haltepunkte auf den letzten 70 mi sind ***Jackson Falls*** (Meile 405) und der ***Water Valley Overlook*** (Meile 412).

Space and Rocket
Center in Huntsville

7 Von Memphis nach Atlanta

7. VON MEMPHIS DURCH TENNESSEE UND ALABAMA NACH ATLANTA

Zur Route

Das Markenzeichen des westlichen Tennessee zwischen Memphis und Nashville ist die Musik. Stehen in Memphis der ***Blues*** und sein »Sprössling«, der ***Rock'n'Roll***, im Vordergrund, ist es in Nashville die ***Country Music***. Beide Städte sind durch die I-40, den ***Music Highway***, miteinander verbunden. Wer es eilig hat, kann von Nashville über Chattanooga auf direktem Weg nach Atlanta fahren (➪ Seite 286). Mit mehr Zeit wäre ein Umweg durch das ***Whiskey Land*** im südlichen Tennessee (Lynchburg) und von dort oder auch von Chattanooga aus **durch das nördliche Alabama** (Huntsville, Birmingham, Talladega) empfehlenswert.

7.1 Von Memphis über Nashville nach Lynchburg

7.1.1 Memphis – Hauptstadt des Blues

Kennzeichnung

Memphis an der Einmündung des Wolf River in den Mississippi ist die größte Stadt Tennessees (ca. 670.000 Einwohner bzw. 1,2 Mio. im Großraum) und kommerzielles Zentrum für den zentralen Süden der USA. Musik machte die alte Baumwoll-Metropole als ***Birthplace of Rock'n'Roll*** oder ***Home of the Blues*** berühmt. Von Memphis aus traten beide Musikrichtungen, die – mehr oder weniger direkt – von den Liedern der schwarzen Baumwollarbeiter abstammen, ihren Siegeszug in alle Welt an. Er begann, als ***W.C. Handy*** einen Song für den Bürgermeisterkandidaten komponierte, der als ***Memphis Blues*** zum Tophit wurde und *Handy* zum »Vater des *Blues*« machte. Er war und ist jedoch nicht der einzige große Musiker der Stadt. Aus Memphis stammen auch ***Aretha Franklin***, ***B.B. King***, ***Otis Redding***, ***Johnny Cash*** und der dort allgegenwärtige ***Elvis Presley***.

Bürgerrechtsbewegung

Memphis spielte auch eine Rolle im **Kampf um die Bürgerrechte**. Unrühmlicher Höhepunkt der Rassenkonflikte war 1968 die Ermordung von ***Martin Luther King Jr.*** in Memphis.

Nummernschild als Souvenir und Dekoration anstatt einer in den USA meist nicht gesetzlich erforderlichen Autonummer an der Frontseite des Wagens

Elvis lebt - ein Beitrag von Burghard Bock

Wer weiß schon sicher, ob *Elvis Presley* am 16. August 1977 im 43. Lebensjahr seines Wandels auf Erden tatsächlich verschieden ist? Oder haben Sie noch nie darüber nachgedacht, warum auf www.elvis.com so sachlich der Frage nachgegangen wird, warum man das Obergeschoss des *Graceland Mansion* nicht gezeigt bekommt? Na, warum wohl? Die Antwort liegt auf der Hand.

In sicherlich unbeabsichtigt biblischer Tradition schaffen es mediale Größen immer wieder, dass sie gar nicht für tot gehalten werden bzw. darauf gehofft wird, dass sie bald wiederkommen. Der Wahrheitsgehalt von *Lady Di's* Ableben z.B. ist noch lange nicht abschließend geklärt.

Der für manche Leute ernste Hintergrund geht dabei oft genug verloren, wenn etwa auf der Website www.weeklyworldnews.com, die die Öffentlichkeit mit einem einschlägigen Nachrichtenpotpourri versorgt, alle paar Monate »Beweisfotos« aus *Graceland* mit *Elvis* im Rollstuhl gezeigt werden. Ähnliches bietet www.elvislebt.com: Jeden Monat seit Sommer 2000 neues Beweismaterial. Versierter gehen da schon amerikanische Fans vor: 2006 endete eine zweieinhalbjährige Untersuchung, die ergab, dass 1977 nicht *Elvis*, sondern ein Vetter von *Elvis'* Manager gestorben war und nur eine Wachspuppe beerdigt wurde. *Elvis* tut seither als Spitzen-Geheimagent für die USA (unerkannt!) Gutes.

Im übrigen muss man sich klar machen, dass die Wörter *Elvis* und *lives* aus denselben Buchstaben bestehen Auf www.elvislives.net erfährt man denn auch: Es gibt sogar eine CD vom *King* aus dem Jahr 2002 mit Liedern, die vor 1977 noch gar nicht komponiert waren. Na also, das sind doch gute Nachrichten.

7

Geschichte und Wirtschaft

Gründung und Name

Schon früh hatten die ***Chickasaw*-Indianer** die strategisch günstige Lage der Hügel am Mississippi-Ufer erkannt und auf ihnen eine Siedlung angelegt. Der erste Europäer, der hier auftauchte, war ***Hernando de Soto*** im Jahr 1541. 1673 erklärte *Robert Cavelier de la Salle* die Region zum französischen Interessengebiet. Nichtsdestoweniger errichteten 1739 die Engländer ***Fort Assumption***. Aber erst mehrere Generationen später kam es zu einer dauerhaften amerikanischen Siedlung.

Den späteren US-Präsidenten General *Andrew Jackson* und seinen Freund *John Overton* erinnerte der für die Anlage eines Hafens am Mississippi ausgewählte Platz an die Topographie der einstigen ägyptischen Hauptstadt. Den Strom betrachteten sie als eine Art »amerikanischen Nil«. So kam die Stadt zu ihrem Namen »Memphis«. Die zur 175-Jahr-Feier 1993 errichtete ***Great American Pyramid*** knüpft an diesen Zusammenhang an.

Wirtschaftsentwicklung

Memphis entwickelte sich aufgrund der günstigen Lage schnell zum Baumwollzentrum, größten Inlandshafen und wichtigen Sklavenmarkt, erlebte aber nach dem Bürgerkrieg einen lang anhaltenden Niedergang. Ein neuer Aufschwung ließ bis in die 2. Hälfte des 20. Jahrhunderts auf sich warten. ***Federal Express*** (*Fed Ex*), einer der bedeutendsten amerikanischen Paketzusteller, der inzwischen zweitgrößte Inlandshafen der USA und ein neu erblühender Baumwollmarkt sorgten aber in den letzten Dekaden wieder für bessere Geschäfte.

Heute läuft fast die Hälfte aller US-Baumwolle durch die Stadt; daneben haben Hartholzhandel und Soyabohnenanbau an Bedeutung gewonnen. Der **Tourismus**, gefördert durch umfassende Restaurierungsprogramme in der Beale Street, am Mississippi-Ufer und in der Innenstadt (Fußgängerbereich), wurde zu einem wichtigen Wirtschaftsfaktor. Auch die **Musikindustrie** spielt – dank zwei Dutzend Studios mit *Independent Labels* – weiter eine beachtliche Rolle.

Orientierung und praktische Informationen

Information

Ein ***Tennessee Welcome Center*** befindet sich am Mississippi (119 N Riverside Dr, ✆ 901/543-5333) mit Parkplatz am Zugang zu Mud Island (täglich 24 Stunden geöffnet, besetzt 9-17 Uhr), das offizielle ***Memphis Visitor's Center*** am 3205 Elvis Presley Boulevard; www.memphistravel.com. Ein weiteres ***Visitor's Center*** mit Shop befindet sich in der **200 Beale Street**.

Orientierung

Memphis ist, gemessen an seiner Einwohnerzahl, sehr ausgedehnt. Die Stadt besitzt einen hochgelegenen überschaubaren *Downtown* Bereich zwischen Mississippi bzw. der Uferstraße Riverside Drive und dem Danny Thomas Blvd, der in Memphis die Straßen #51, #64, #70 und #79 aufnimmt. Nördlich begrenzt die über den Mississippi führende I-40 die zentrale Innenstadt. Dank des von I-40 und I-240 gebildeten Autobahnrings, der südwestlich um einen »Schlenker« der Nord-Süd-*Interstate* #55 ergänzt wird (mit Mississippi-Brücke nur 1,5 mi südlich der I-40) ist *Downtown* Memphis sehr gut über *Freeways* anzusteuern. Den zentralen Teil von *Downtown* bildet die ***Main Street Mall***, ein Abschnitt der Main Street zwischen Gayoso und Adams Ave. An der *River Center Plaza* mit dem *Confederate Park* öffnet sich diese Fußgängerzone zum Mississippi hin. Von dort überschaut man den Fluss und Mud Island, eine vorgelagerte Insel, die sich nur zu Fuß

Bescheidenes Holzhaus des »Father of Blues« W.C. Handy; *➪ Seite 619*

oder per *Monorail* erreichen lässt. Die – größtenteils nummerierten – ***Streets*** laufen von Norden nach Süden in etwa parallel zum Fluss; sie werden gekreuzt von ***Avenues***, die von Osten nach Westen führen. Sehr attraktiv mit altem Baumbestand und vielen schönen Südstaatenvillen sind die Stadtviertel östlich der Innenstadt (und der I-240) entlang der Central und Poplar Ave.

Graceland (➪ unten) liegt rund 9 mi südlich von *Downtown* Memphis westlich der *Interstate* #55 Richtung New Orleans und ist auch am besten über die I-55 erreichbar.

Der ***International Airport*** befindet sich ganz in der Nähe von *Graceland* und damit relativ citynah im Dreieck zwischen I-55 und dem südlichen Verlauf des Autobahnrings I-240.

Transport

In der Innenstadt verkehrt der ***Main Street Trolley***, eine Art Straßenbahn im Stil der 1920er-Jahre, die an Sehenswürdigkeiten wie der Pyramide am Flussufer und dem *Civil Rights Museum*, aber auch an der *Central Station* hält ($0,60, Tagespass $2, Mo-Do 6.30-0.00 Uhr, Fr+Sa bis 1 Uhr, So 10-18 Uhr). Sie fährt aber nicht nach ***Graceland***, das man am besten per Auto erreicht. Insgesamt ist das öffentliche Verkehrssystem in Memphis eher schlecht.

Fahrten auf dem Mississippi sind mit dem **Schaufelraddampfer *Memphis Queen*** möglich (Monroe Ave, © 901/527-5694, www.memphisriverboats.net, ab $18). Da das Mississippiufer in der Umgebung von Memphis aber nicht sonderlich attraktiv ist, sind solche Trips nur bedingt zu empfehlen.

Unterkunft

In und bei Memphis gibt es mehr als 14.000 Hotelzimmer. Häuser der gängigen Ketten-H/Motels befinden sich konzentriert außerhalb des Stadtzentrums, an der I-40/240 (z.B. **I-240/*Exit* 5B**), gehäuft östlich des Zentrums, außerdem im Umfeld der I-55 im Kreuzungsbereich mit der I-40. Dank *Graceland* ballen sich Hotels und Motels auch am **Elvis Presley Blvd** und entlang Brooks Rd und Winchester Rd zwischen *Graceland* und *Airport*. Die preiswertesten Motels findet man in West Memphis jenseits des Mississippi. Sie sind nach Querung der Brücken nicht zu übersehen.

In der Innenstadt gilt das

- ***Peabody Hotel*** als erste Adresse nicht nur wegen der berühmten Enten (➪ unten): 149 Union Ave, © 901/529-4000 oder © 1-800-PEABODY, www.peabodymemphis.com, 468 Zimmer, mehrere Restaurants, ab $180.

Auch sehr zentral mitten in der Stadt liegen

- ***Sleep Inn at Court Square***, 40 N Front St, © 901/522-9700 ab $60 bis $89 inkl. Frühstück.
- ***Comfort Inn Downtown***, 100 N Front St, © 901/526-0583 ab $60-$89 inkl. Frühstück; Pool auf dem Dach, Fitness Raum

Ein Muss für Elvis-Fans ist das

- ***Heartbreak Hotel*** gegenüber *Graceland*, Elvis Presley Blvd, © 901/332-1000, www.heartbreakhotel.net, ab $95.

In der Nähe von *Graceland* sind preisgünstiger u.a.

- ***Motel 6***, 1117 Brooks Rd/E. Presley Blvd, © 901/346-0992, ab $39
- ***Days Inn***, 3839 E. Presley Blvd, © 901/346-5500, ab $59.

Bed & Breakfast wird in Memphis von **2 Agenturen** vermittelt: © 1-800-458-2421 oder © 1-800-336-2087, ab $75/DZ.

Camping

Nur 3 Blocks von Graceland entfernt ist der ***Memphis-Graceland RV Park & Campground*** am 3691 Elvis Presley Blvd, © 901/396-7125, © 1-866-571-9236, www.memphisgracelandrvpark.com.

In schönerer Umgebung und preiswerter übernachten Camper auf dem etwas abgelegenen *Campground* des ***T.O. Fuller State Park*** (ab Elvis Presley Blvd ca. 8 mi auf dem Mitchell Blvd nach Westen, © 901/543-7581, http://state.tn.us/environment/parks/TOFuller; ab $19).

Essen & Trinken

In der Beale und im Umkreis der Main Street gibt es ein Riesenangebot an Shops, Bars und Lokalen, z.B. die ***Breckenridge Brewery*** (145 S Main/Peabody Pl, © 901/524-1080) im historischen *Majestic Theater* von 1914 und das ***Blues City Café*** (www.bluescitycafe.com) gegenüber ***B.B. King's*** in der Beale Street, das bekannt für seine *Ribs* ist. Das ***Hard Rock Cafe*** ist sowieso unvermeidlich (315 Beale Street, www.hardrock.com).

Zwei weitere Tipps aus dem enormen Angebot:

- ***The Rendezvous***, 52 2nd Street, © 901/523-2746, www.hogsfly.com, ist seit 1948 eine Institution in Memphis und bekannt für seine großen Portionen preiswerter *Charcoal-Broiled Pork Ribs*. Dazu gehört dort traditionell ein *Pitcher of Beer*.
- ***Arcade Restaurant***, 540 S Main Street, © 901/526-5757, ist das älteste Restaurant der Stadt (seit 1919). Auch Elvis soll dort schon sein Lieblingssandwich »*Fried Peanut Butter & Banana*« verdrückt haben. Lunch ab $7.

Beale Street bei Tag

Beale Street am Abend

Nachtleben

Zentrum des Nachtlebens ist die ***Beale Street***, deren Hauptmagnet ***B.B. King's Blues Club*** (#143, © 901/524-5464, http://memphis.bbkingclubs.com) mit täglicher Livemusik, Südstaatenküche, Barbetrieb und Memorabilia. In manchen der anderen Clubs sorgen sich die Bands eher um den aktuellen Publikumsgeschmack als um den Ruf der Stadt als Bluesmetropole. Besonders beliebt sind u.a. noch ***Alfred's*** (#197, www.alfredsonbeale.com) und das ***Rum-Boogie Café*** (#182, www.rumboogie.com).

Tagsüber wirkt die Beale Street ruhig und enttäuscht vielleicht sogar. Abends wird sie zur **Fußgängerstraße**. Mo-Do ist meist nicht viel los. Freitag und Samstag Abend geht »die Post ab«.

Im ***Orpheum Theater*** (203 S Main/Ecke Beale St, © 901/252-7800, www.orpheum-memphis.com), einem alten *Vaudeville*-Palast, finden neben *Broadway-Shows* auch andere Konzerte statt.

Shopping

Von der **Fußgängerzone** in der Innenstadt war bereits die Rede. Das größte *Shopping Center* der Stadt, die ***Southland Mall*** mit Kaufhäusern und 60 Shops plus Restaurants liegt unweit der I-55 im Süden der Stadt einige Meilen »unterhalb« von Graceland am Southland Mall Drive. Ungewöhnliche Souvenirs gibt es z.B. bei ***Schwab*** (163 Beale, ⇨ unten) oder im ***Historic Woodruff-Fontaine House*** (680 Adams Ave, Mo-Sa 10-16 Uhr, So 13-16 Uhr).

Veranstaltungen

Musik und kulinarische Genüsse stehen fast immer im Mittelpunkt der vielen Festivals, die großenteils auf oder im Umkreis der Beale Street stattfinden, z.B. im Februar das ***Zydeco Festival***, im Mai das ***May International Festival*** (www.memphisinmay.org mit *BBQ Cooking Contest* und *Beale Street Music Festival*), Anfang September das ***Memphis Music & Heritage Festival*** (www.southernfolklore.com), ein allgemeines ***Jazz Festival*** im Oktober oder das ***Blues Festival*** zu Ehren *W.C. Handys* im November.

Um den 8. Januar herum, dem **Geburtstag von *Elvis***, finden in *Graceland* jede Menge Veranstaltungen zu Ehren des *»King«* statt, und in der zweiten Augustwoche feiert die Stadt eine ***Elvis Tribute Week***, vgl. www.elvis.com.

Memphis
N
0
100 m
The Pyramide
Auction Avenue
North Parway
Overton Avenue
Jackson Av.
Main Street
3rd. Street
40
Mud Island
River
Park
River Museum
Amphitheater
Mississippi River
Wolf River
Welcome Center
Monorail and Walkway
Convention Center
Market Avenue
2nd. Street
Exchange Avenue
Poplar Avenue
City Hall
Front Street
Washington Avenue
Mallory-Neely House
Magevney House
Adams Avenue
Jefferson Davis Park
Confederate Park
Fußgängerzone / Main Street Mall
Court Square
Jefferson Avenue
Historic Woodruff-Fontaine House
Court Avenue
4th Street
Center Lane
Madison Avenue
Carter Seed Store
Monroe Avenue
AutoZone Park
Memphis Music Hall of Fame
Union Avenue
Peabody Hotel
Gayoso Avenue
Peabody Place
Riverside Drive
Peabody Place Museum & Gallery
Beale Street
Handy Park
W.C. Handy Museum
BB King Blues Club
Schwab's
Police Museum
Tom Lee Park
Lt. George W. Lee Avenue
Robert Church Park
Memphis Rock'n'Soul Museum
Linden Avenue
Tennessee Street
Wagner Street
Front Street
Main Street
Mulberry Street
2nd Street
Pontotoc Avenue
Danny Thomas Boulevard
3rd Street
Vance Avenue
Hernando Street
Abel Street
Butler Avenue
National Civil Rights Museum / Lorraine Motel
Calhoun Avenue
61

Stadtbesichtigung

Bereich Beale Street

In Memphis bietet es sich an, einen Rundgang in der Beale Street (www.bealestreet.com), zu beginnen, dem ***Home of the Blues***.

Handy und der Blues

William Christopher Handy (1873-1958), der ***Father of Blues***, lebte dort in einem bescheidenen Holzhaus (#352), das heute als **Museum** fungiert (Di-Sa 10-17 Uhr, $3, ✆ 901/522-1556, ➪ Foto Seite 614). *Handy* sorgte 1909 mit einem Werbesong anlässlich der Bürgermeisterwahl für den Durchbruch des Blues. In der Folgezeit entwickelten sich die *Beale Street Clubs* zum Mekka für junge Bluesmusiker aus der Mississippi Region. In den Nachkriegsjahren war sie Heimat berühmter Musiker wie *B.B.King* – dessen Club unübersehbar ist – und *Muddy Waters*. Einer über zwanzigjährigen Phase des Niedergangs ab Ende der 1960er-Jahre folgten Restaurierungsmaßnahmen ab Mitte der 1980er-Jahre. Heute erstrahlt die Beale Street am Abend wieder (oder noch?) in altem Glanz, tagsüber wirkt sie nach wie vor eher flau.

Schwab's

Nach Osten wird die zentrale Beale Street durch den *R. Church Park* begrenzt, der 1899 vom einem schwarzen Millionär als Treffpunkt für Afroamerikaner angelegt wurde. Ein Kuriosum besonderer Art, das einen kostenlosen Zeitsprung ins 19. Jahrhundert erlaubt, ist ***A. Schwab's Dry Goods Store*** (#163), ein angestaubt-chaotisches Kaufhaus von 1876, in dem das Motto gilt: »*If you can't find it at Schwab's, you're better off without it*«.

Weitere Anlaufpunkte

An der 203 South Main Street steht das nostalgische ***Orpheum Theatre*** von 1928; ➪ oben unter »Nachtleben«. Der ***Handy Performing Arts Park*** (Beale Street zwischen 3rd und 4th Street) mit einer Statue des Musikers ist eine Grünfläche samt Bühne mit Platz für Straßenfeste und dem ***Beale Street Market***, jeweils Fri-So Abend. Ein Kuriosum war das ***Police Museum*** (Beale Street #159, 7-22 Uhr), in dem sich die Besucher hinter Gittern ablichten ließen. Aber das war den Diensthabenden wohl doch zuviel. So ist das Gebäude seit Ende 2005 wieder (nur) noch Polizeistation.

Asiatische Kunst

Dank des *Outlet Center*-Königs *Jack Belz* als Mäzen ist unweit der Beale Street eine hochkarätige Sammlung chinesischer Kunstwerke zu bewundern. Das ***Peabody Place Museum & Gallery*** befindet sich im Büroturm ***Peabody Place*** (mit *Food Court, Shops* etc., Pembroke Square/119 S Main, Di-Fr 10-17.30, Sa/So 12-17 Uhr, ✆ 901/523-ARTS, www.belz.com/peabody, $5, Kinder $4).

Rock'n' Soul

Ein Block südlich der Beale Street steht das ***Rock'n'Soul Museum*** (145 Lt. George W. Lee Ave/3rd St, täglich 10-19 Uhr, einstündige Touren $9/$6, ✆ 901/205-2533, www.memphisrocknsoul.org). Das Museum stellt lokale Legenden wie *Elvis Presley, Otis Redding, B.B. King* oder *Jerry Lee Lewis* zwar in den Vordergrund, ist aber auch eine gute Quelle zur Geschichte der Musik des amerikanischen Südens und ähnlich interessant wie die *Country Music Hall of Fame* in Nashville.

Civil Rights Museum

Neben Beale Street und *Graceland* ist das ***National Civil Rights Museum*** (450 Mulberry Street, Mo&Mi-Sa 10-17/18 Uhr, So ab 13 Uhr, © 901/521-9699, www.civilrightsmuseum.org, $12/$9) für viele ein weiterer wichtiger Anlaufpunkt. Es befindet sich einen guten Kilometer entfernt von der Beale Street die 2nd oder Main Street hinunter zwischen beiden. Das Museum ist im ehemaligen ***Lorraine Motel*** untergebracht, auf dessen Balkon am 4. April 1968 *Martin Luther King Jr.* erschossen wurde.

Nach einem Einführungsfilm beeindruckt eine interessant gemachte Präsentation der Geschichte der Bürgerrechtsbewegung mit Dokumenten, Fotos, Texten (oft etwas lang), Tonbändern, Objekten und Videos. Den Abschluss der Besichtigung bildet das Motelzimmer, in dem *King* vor seiner Ermordung übernachtete.

Lorraine Motel, Schauplatz der M.L. King-Ermordung 1968, mit passenden Autos aus der Zeit

Downtown und Mud Island

Cotton Row

Auf der Rückseite des ***Cotton Row Walk*** (Riverside/Union Ave), dem ehemaligen Zentrum des Baumwollhandels, wo sich heute noch die Baumwollbörse befindet, bringt der ***Carter Seed Store*** aus der Pionierzeit (85 S Front Street) die Kunden zum Staunen: dort werden seit 1912 Pflanzen, Gewürze und Samen verkauft.

Peabody Hotel

Eine Attraktion der Innenstadt ist das altehrwürdige ***Peabody Hotel*** von 1869 (149 Union Ave, www.peabodymemphis.com). Es avanciert zweimal täglich zum Publikumsmagneten. Unbeeindruckt vom Auflauf der Neugierigen und den Blitzlichtern watscheln Punkt 11 Uhr die ***Peabody Ducks***, fünf gewöhnliche Hausenten, begleitet vom *King Cotton March* und zwei uniformierten Lakaien, auf einem roten Teppich vom Aufzug zu einem kleinen Brunnen im Foyer und um 17 Uhr zurück in ihren *Duck Palace* auf dem Dachgarten des Hotels, der – wie das Foyer – ebenfalls öffentlich zugänglich ist. Das etwas skurrile, aber werbewirksame Ritual der ***Duck Ceremony*** wird schon seit 1930 praktiziert.

Memphis Music Hall of Fame

Vom *Father of Blues* zum *King of Rock'n'Roll* heißt das Motto der etwas angestaubt-engen ***Memphis Music Hall of Fame*** (97 S 2nd St, Mo-Do 10-18 Uhr, Fr-Sa bis 21 Uhr, So 12-18 Uhr, ✆ 901/525-4007, $8), gegenüber dem *Peabody Hotel*. Mit Originalstücken aller Art (Instrumente, Persönliches der Stars) wird dort die Erinnerung an die beiden Legenden *Handy* und *Elvis P.* wachgehalten.

Peabody Place Entertainment

Im Zentrum um das Peabody Hotel schossen nach der Jahrtausendwende neue Gebäude wie Pilze aus dem Boden, darunter das ***Peabody Place Entertainment Center*** (mit Kinos, IMAX, Shops und Restaurants, Bowlingbahn u.a., www.belz.com/peabody) und das Baseballstadion ***AutoZone Park***, das nicht nur für die Einheimischen, sondern auch für viele (amerikanische) Besucher eine Attraktion darstellt.

Mud Island

Vom Mississippi-Flussufer beim *Welcome Center* (119 Riverside Drive, Ende Jefferson St) oder von der Front Street gegenüber der *City Hall* geht es hinüber zum ***Mud Island River Park*** (April-Oktober täglich 10-17 Uhr, ✆ 901/576-7241, www.mudisland.com, $8/$5). Die Insel beherbergte früher einen Flughafen und wurde zu einem Freizeit- und Museumspark umgestaltet. Sie ist über eine Fußgängerbrücke und – an Wochenenden und im Sommer täglich – per ***Monorail*** mit der City verbunden. Die Fahrt mit der Bahn ist im Eintrittspreis für den Park enthalten. Auf Mud Island wartet zunächst das sehenswerte ***Mississippi River Museum*** mit unterschiedlichsten Abteilungen. Prunkstücke sind 1:1-Modelle des Raddampfers *Belle of the Bluffs* aus dem 19. Jahrhundert und eines Kanonenboots. Der Clou im Freigelände ist ein **begehbares Modell des Mississippi** vom Ohio River bis zur Mündung in den Golf von Mexiko, letzterer als Pool ausgebildet mit Tretbootverleih. Dämme, Schleusen, Brücken und die am Fluß liegenden Städte sind entlang des 1,5 km langen ***Riverwalk*** maßstabgetreu ausmodelliert und entsprechen 1.600 km Flusslauf.

Nasser Sommerspaß in Downtown Memphis am Courthouse Square

The Pyramide

Ein bereits weiter oben erwähntes neueres Wahrzeichen der Stadt ist unübersehbar ***The Pyramid*** (seit 1993, www.pyramidarena.com). Es steht einen knappen Kilometer nördlich des zentralen Bereichs zwischen Wolf River und Front Street. Die 32 Stockwerke hohe Pyramide aus Stahl und Glas verbirgt eine Mehrzweckhalle, die u.a. von der Basketball-Mannschaft der *University of Memphis* genutzt wird. Davor steht als »Gründervater« der ägyptische *Pharao Ramses*.

Außerhalb von Downtown

Victorian Village

Besser mit dem Auto erkundet man ein Juwel am Rande von *Downtown*: den unter Denkmalschutz stehenden ***Victorian Village Historic District*** um die Adams Avenue nordöstlich der Beale Street. Hier stehen drei der besterhaltenen Häuser aus dem 19. Jahrhundert: Das kleine ***Magevney House*** (198 Adams Ave, www.memphismuseums.org/magevney.htm, Eintritt frei) wurde als ältestes 1836 erbaut. Sehenswert ist ferner das ***Mallory-Neely***

House (652 Adams), das als das schönste Haus des Viertels gilt und in seinen 25 Zimmern großenteils noch original eingerichtet ist. 1870 wurde das ***Woodruff-Fontaine House*** (680 Adams) im viktorianischen Stil errichtet. Öffnungszeiten: Di-Sa 10-16 Uhr, So 13-16 Uhr; Eintritt je $6/$4.

Museen östliche Vororte

Eine Weiterfahrt auf Poplar und/oder Central Ave und Querstraßen durch die östlich des Zentrums gelegenen Vororte lohnt sich schon allein wegen der dort zu sehenden Villen auf oft wunderschönen Grundstücken. Besuchenswert sind dort zwei Museen:

- das ***Memphis Pink Palace Museum***, 3050 Central Ave, Mo-Sa 9-17 Uhr, So ab 12 Uhr, ✆ 901/320-6320, Eintritt $8,50, Kinder $6, mit IMAX-Film $13/$9, www. memphismuseums.org. Das Museum wurde so benannt nach dem rosafarbenen Marmorbau. Es präsentiert ein buntes Konglomerat verschiedener natur- und kulturgeschichtlicher Ausstellungsstücke, u.a. Zeugnisse des Lebens in Memphis im frühen 20. Jahrhundert, Dinosaurier-Fossilien, eine Mineraliensammlung und eine Replik des originalen *Piggly Wiggly Store*. Mit dem Slogan »*Get a basket and serve yourself*« hatte ein *Clarence Saunders* im Jahr 1916 für die Revolution des Einkaufens gesorgt: Er eröffnete mit ***Piggly Wiggly*** den ersten Selbstbedienungsladen, Vorläufer heutiger Supermärkte. Als er später Konkurs machte, fiel seine rosafarbene Villa an die Stadt.
- das ***Memphis Brooks Museum of Art***, 1934 Poplar Ave im **Overton Park**, Di-Fr 10-16 Uhr, Sa 10-17, So 11.30-17 Uhr, ✆ 901/544-6200, www.brooksmuseum.org, $7/$3, mit der ältesten Kunstsammlung in Tennessee. Das Museum besteht aus vier Gebäuden und beherbergt u.a. Teile der *Kress Collection* (Kunstwerke der Renaissance und des Barock) und amerikanische Kunst aus dem 19. und frühen 20. Jahrhunder, sowie Werke flämischer Meister und Impressionisten.
- der ***Memphis Zoo***, 2000 Galloway Ave im nördlichen **Overton Park**, täglich 9-18 Uhr, im Winterhalbjahr bis 17 Uhr, Eintritt $13, Kinder $8, www.memphiszoo.org, ist bereits 100 Jahre alt und empfängt Besucher mit einer bombastischen Eingangsplaza. Mit weit über 3.000 Tieren, darunter Eisbären, Schwarzbären und Pandas gehört er zu den besten Zoos der USA.

Sun Studio

Für Musikkenner ein *Highlight* ist das 1950 vom Radiotechniker und Bluesfan *Sam Phillips* eröffnete und ab 1952 als eigenes *Label* betriebene ***Sun Studio*** (706 Union Ave, täglich 10-18 Uhr, ✆ 901/521-0664, stündlich Touren, $10, schon mal rocken lassen: www.sunstudio.com). Auf den ersten Blick handelt es sich »nur« um ein altes Tonstudio, doch während der Führungen (mit seltenen Tonaufnahmen und Fotos) in diesem ***Birthplace of Rock'n'Roll*** geht man auf Zeitreise und kann sich vorstellen, wie hier *Elvis* im Juni 1953 – auf eigene Kosten für $4 – seine erste, zunächst unbeachtete Platte »*That's All Right Mama*« aufnahm. *Phillips'* Sekretärin konnte ihren Chef erst Monate später von *Elvis'* Talent überzeugen, und am 5. Juli 1954 fand hier die erste professionelle Aufnahme des späteren *King of Rock'n'Roll* statt. Als »*That's all right*«, eine Mischung aus *Blues* und *Country*, dann erstmals im Radio ausgestrahlt wurde, schlug der Song ein wie eine Bombe. *Elvis* erhielt einen 3-Jahres-Vertrag, wurde jedoch nach 18 Monaten für $35.000 von *Phillips* an *RCA* »verkauft«. Für die kleinen, regional beschränkten *Sun Records* war er zu schnell berühmt geworden. Auf *Elvis* folgten andere Stars bei *Sun Studio* wie *Carl Perkins, Johnny Cash, Roy Orbison, Jerry Lee Lewis* u.a.

1959 hatte das alte Studio ausgedient, ein neues wurde gebaut, und 1969, als *Phillips* in Rente ging, wurde das *Label* eingestellt. Erst als sich 1980 die noch lebenden Altstars von 1955 hier trafen, wurde das *Revival* des Studios initiiert.

Im Sun Studio. Auch dort: Elvis über alles

Graceland

Anfahrt

Ohne Besuch der *Elvis Presley*-Pilger- und Kultstätte ***Graceland*** darf man Memphis natürlich nicht verlassen.Man erreicht sie von *Downtown* am schnellsten über die I-40/240 und weiter auf der I-55, dann *Exit* 5B auf den **Elvis Presley Boulevard** (#3797, Mo-Sa 9-17, So 10-16 Uhr, © 901/332-3322, www.elvis.com).

Situation

Der mehrere Gebäude umfassende Komplex mit diversen großen *Giftshops*, Restaurants und eigenem Postamt zählt jährlich um die 700.000 Besucher, im Sommer bis zu 4.000 pro Tag. Je nach Interessenlage kann man nur das Wohnhaus oder das komplette Programm namens ***Platinum Package*** buchen. Letzteres kostet heftige $30, für Kinder $15 (von Warteschlangen kann man sich per ***VIP Tour*** für $55 freikaufen). Es umfasst alle *Sights* auf dem Gelände: *Elvis'* Wohnhaus, seine beiden nur von innen bemerkenswerten Flugzeuge und zwei Museen. Der Film *Walk a Mile in my Shoes* wird im Kino des Komplexes immerhin gratis gezeigt.

Elvis Presley – King Forever

Geboren am 8. Januar 1935 in Tupelo im ländlichen Mississippi (ca. 100 mi südöstlich von Memphis) als Sohn einer armen Farmerfamilie, gestorben als kranker, einsamer und verschuldeter *»King«* am 16.8.1977 an Medikamentenmissbrauch – so lauten die Rahmendaten eines unvergessenen Stars. Von Vater *Vernon*, Hans-Dampf in allen Gassen, sah *Elvis* während seiner Kindheit nur wenig. Um so enger war das Verhältnis zu seiner Mutter *Gladys*, einer Näherin, unter deren Obhut sich Elvis zu einem »Mamasöhnchen«entwickelte, unbeliebt unter Gleichaltrigen, kränkelnd und labil, und aufgrund seiner androgynen Erscheinung dem Vorwurf ausgesetzt, homosexuell zu sein. Nach dem Umzug der Familie nach Memphis 1948 sollte sich bei Elvis wenige Jahre später der Traum jedes einfachen Jungen vom Lande realisieren, etwas Großes zu erreichen. Nach dem Schulabschluss 1953 beschloss er, Sänger zu werden. Er kreierte die »Entenschwanz-Frisur« mit Koteletten und Stirntolle und entwickelte eine Vorliebe für auffällige Kleidung. 1954 ließ Elvis in *Sam Phillips Sun Studio* auf eigene Kosten seine erste Platte aufnehmen, doch erst Monate später wurde *Phillips* auf ihn aufmerksam.

»Ich singe alles mögliche und ich singe überhaupt nicht wie irgendwer sonst« – Presley gelang es, mit einer Synthese aus *Blues*, *Gospel*, *Country* und Boogie-Woogie alles bisher Dagewesene zu überbieten und schwarzen *Rhythm & Blues* mit weißem *Rock'n'Roll* zu vereinen. Dabei konnte *Elvis* weder selbst Texte schreiben noch Noten lesen. ***»That's All Right, Mama«***, die Rock'n' Roll-Cover-Version eines alten Blues-Songs (zu hören auf der Website www.sunstudio.com), wurde zu seinem ersten Hit, *Elvis* über Nacht zum Star. Ende 1955 schloss er einen Vertrag mit RCA, der damals größten amerikanischen Plattenfirma. Es folgten große Songs wie ***»Blue Suede Shoes«***, ***»Heartbreak Hotel«*** und ***»Love Me Tender«***. Doch das neue Idol gab sich nicht mehr mit Gesang allein zufrieden, sondern drehte zusätzlich in rasanter Folge **Filme**

(*Love Me Tender, Loving You, Jailhouse Rock* und *King Creole*). Zwischen 1956-68 entstanden über 30 Spielfilme, künstlerisch meist so wertlos wie kommerziell erfolgreich. Elvis glaubte auf den Spuren seines Vorbilds *James Dean* zu wandeln und hielt sich auch für ein schauspielerisches Naturtalent.

In September 1958 hielt der »Neue Gott der Halbwüchsigen« (Der Spiegel 1956) triumphal Einzug in Deutschland. Dort absolvierte er – Sonderprivilegien ablehnend – bis zum März 1960 seinen Wehrdienst. Nach der Rückkehr in die Staaten bzw. nach Memphis konnte Elvis erstaunlich schnell wieder an seine Erfolge der 1950er-Jahre anknüpfen.

1967 heiratete der Star ***Priscilla Beauville***, die er während seiner Stationierung in Deutschland kennengelernt hatte; neun Monate später war Tochter ***Lisa Marie*** auf der Welt. Immer auf Achse und als Mensch, der die Nacht zum Tage und den Tag zur Nacht machte, spielte *Presley* als Ehemann und Vater – den harmonischen veröffentlichten Familienfotos zum Trotz – keine sonderlich glückliche Rolle. Es kam daher zur Trennung.

Nach der letztlich unbefriedigenden Filmkarriere setzte der »King« 1968 auf ein Bühnen-Comeback und feierte 1970-75 noch einmal große Triumphe mit ausverkauften Konzerten, anerkannten Dokumentarfilmen wie ***»Elvis on Tour«*** (1972) und Songs wie ***»Amazing Grace«*** (1971) oder ***»Promised Land«*** (1973), heimste Gold- und Platinplatten, *Grammies* und Rekorde in den *Charts* ein.

Seine Scheidung, das stressige Leben *on the road* und Schulden, die er teils seiner eigenen finanziellen Ungeschicklichkeit und Verschwendungssucht, teils seinem Manager *Parker* zu verdanken hatte, aber wohl auch einer ausbeuterischen »Memphis-Mafia«, die seine Großzügigkeit schamlos ausgenutzt hatte, brachten ihn an den Rand des Ruins. Elvis Presley, einst ganz oben in der amerikanischen Popszene, wurde in wenigen Jahren zum menschlichen Wrack, übergewichtig und stark aufgeschwemmt. Er starb im Jahr 1977 in *Graceland* vermutlich an einer Überdosis gleich mehrerer Medikamente.

Über 300 Fanklubs in aller Welt und nicht zuletzt die Unternehmung »***Graceland***« halten die Erinnerung an ihn wach.

Im Meditation Garden vor dem Pool werden die täglich neuen Fan-Kränze abgelegt. Neben Elvis liegen dort weitere drei Familienmitglieder begraben

Graceland Mansion

Elvis' Haus ist Teil der ***Graceland Mansion Tour*** (Audiotour, Nov-Februar nur Mi-Mo 10-16 Uhr; $22, Kinder bis 12 Jahre $9). Er erfüllte sich mit diesem Haus 1957 – erst 22jährig – einen Kindheitstraum und erwarb für $100.000 das von den Vorbesitzern *Graceland Farm* genannte Anwesen. Äußerlich ist das Haus zwar eine ansehnliche, wiewohl konventionelle Südstaatenvilla, aber innen zunächst weniger spektakulär als man vielleicht erwartet. Speise-, Wohn-, Musikzimmer und Küche im Erdgeschoss sind typische Beispiele des Zeitgeschmacks, erst der Keller zeigt sich ausgeflippter: Im »Dschungelraum« nahm *Elvis* Platten auf; und auch Billard- und TV-Raum fallen aus dem Rahmen. Am Pool vorbei geht es zur *Racquetball Hall*, wo der Star kurz vor seinem Tod noch am Piano saß. Endpunkt ist der ***Meditation Garden*** mit der Grabstätte von Elvis (er starb 1977) und seiner engeren Familie.

Auf dem Freigelände stehen die beiden Flugzeuge des Stars: die nach seiner Tochter benannte ***Lisa Marie*** und die ***Hound Dog II***. 22 Fahrzeuge aus einstigem *Elvis*-Besitz, darunter der berühmte ***Pink Cadillac*** von 1955 und *Harley-Davidson*-Maschinen, kann man im ***Automobile Museum*** bestaunen.

Sincerely Elvis schließlich ist ein kleineres Museum mit Privatgegenständen von *Elvis*, Video Clips, Kleidung und anderen Memorabilia.

Chucalissa Archeological Museum

Südlich der Stadt, malerisch in einem Waldstück in den Mississippi-Auen liegt – als Teil des zum Campen empfohlenen ***T.O. Fuller State Park*** – das ***Chucalissa Archeological Museum*** (1987 Indian Village Dr, Di-Sa 9-17 Uhr, So ab 13.30 Uhr, © 901/785-3160, http://chucalissa.memphis.edu; $5/$3) mit einem rekonstruierten Indianerdorf aus präkolumbischer Zeit. An eigenen Ständen offerieren die *Choctaw*-Indianer indianisches Kunsthandwerk und Souvenirs. Leider fehlt es ein bisschen an der nötigen Pflege der Anlage.

Man erreicht Chucalissa am besten über den Mitchell Blvd, der einige Blocks nördlich von *Graceland* den Elvis Presley Blvd kreuzt (von dort ca. 8 mi westlich).

Planschpark

Zur Abkühlung an heißen Tagen richtig ist der ***Adventure River Water Park***, 6880 Whitten Bend Cove am östlichen Stadtrand (unweit I-40, *Exit* 14), *Memorial-Labor Day* 10-20 Uhr, $19.

7.1.2 Auf dem Music Highway nach Nashville

Vor einigen Jahren gab man der *Interstate* #40 offiziell den Beinamen ***Music Highway***, stellt sie doch die Verbindung her zwischen der **Hauptstadt des *Blues*** und der **Metropole der *Country Music***. Im Umfeld der I-40 stößt man auf viele *Heritage Sites* (Stätten zur Erhaltung des kulturellen Erbes) und die Geburtsorte bekannter Musiker. In den Städtchen finden etliche **Musikfestivals** statt (*Blues, Bluegrass, Jazz*). *Marker* (Hinweistafeln) und Monumente erinnern an berühmte Namen wie *Patsy Cline*, *Minnie Pearl* (Centerville) oder *Loretta Lynn* (ihre *Ranch* in Hurricane Mills umfasst Museum und eine Art Freizeitpark). Beim Ort **Nutbush** (Straße #19, 12 mi nördlich von Brownsville; Exit #56 von der I-40) wissen Fans, dass dort jährlich Mitte Juni die ***Wild Onion Ridge Blues Heritage Celebration*** zu Ehren von ***Tina Turner*** (»*Tribute to Tina*«) stattfindet. Der Ort bietet ansonsten nichts.

Casey Jones

Etwa auf halbem Weg zwischen Memphis und Nashville befindet sich in ***Jackson/TN*** das ***Casey Jones Home & Railroad Museum*** (I-40/ Straße #45, Exit 80A, 8-20 Uhr im Sommer, sonst 9-17 Uhr, www.caseyjones.com), womit dem legendären, weil in einer Ballade verherrlichten Lokomotivführer ***Casey Jones***, ein Denkmal gesetzt wurde, der sein Leben zur vergeblichen Verhinderung eines Unglücks einsetzte. Neben allerhand alten Waggons und einer großen Modelleisenbahn steht dort auch ein Nachbau der Lokomotive des Helden.

Information

Die **Broschüre »*Tennessee Music Highway 40*«** ist auch beim deutschen Büro von *Tourism Tennessee* in Bielefeld vorrätig, ✆ 0521/9860415; www.tennesseetourism.de.

Camping

Etwa auf halber Strecke durchquert die I-40 den ***Natchez Trace State Park***, in dem sich u.a. ein schöner Campingplatz befindet (*Exit* 116, Straße #114, ✆ 901/968-3742).

7.1.3 Nashville – Heimat der Country Music

Kennzeichnung

Nashville, die Hauptstadt von Tennessee und Heimat des 7. US-Präsidenten *Andrew Jackson* sowie des Texas-Gründers *Sam Houston*, ist mit 550.000 Einwohnern eine veritable Großstadt. Ihre Wurzeln als ***Music City USA*** gehen zurück auf das Jahr 1925, als im *Ryman Auditorium* das erste *Opry*-Radioprogramm ausgestrahlt wurde (mehr dazu ➪ unten). Es entstand der legendäre ***Nashville Sound***, und zahlreiche Musikproduzenten sorgten für den Ruf der Stadt als **Mekka der *Country Music***. Dennoch rangiert die Musikbranche als soche in ihrer lokalen wirtschaftlichen Bedeutung hinter dem Finanz- und Verlagswesen und dem Tourismus. Dabei kommen über 7 Mio. Besucher jährlich überwiegend wegen der *Country Music* und dem damit verbundenen »Drumherum« nach Nashville.

Kultur & Geschichte

Religiöses Zentrum/ Universitäten

Eine wichtige Rolle spielt Nashville auch als **religiöses Zentrum**: Mit über 700 Kirchen und zentralen Sitzen vieler protestantischer Religionsgemeinschaften sowie zahlreichen Bibel-Verlagen erwarb sich die Stadt zwei weitere Beinamen: ***Buckle*** (=Schnalle) ***of the Bible Belt*** und ***Protestant Vatican***. Der vierte, mehr selbst verliehene Beiname der Stadt, ***Athens of the South*** (➪ unter *Parthenon*), betont die Stellung Nashvilles als **kulturelles Zentrum des Südens**. Mehr als 15 höhere Lehranstalten, darunter die renommierten *Vanderbilt* und *Fisk Universities*, letztere eine der ältesten schwarzen Privatuniversitäten des Landes, tragen zu diesem Selbstbewusstsein bei.

Historie

Indianer der *Missippian Culture* lebten bereits um 1000-1400 n. Chr. in der Region, später zogen Angehörige der Stämme *Cherokee*, *Chickasaw* und *Shawnee* durch das Gebiet. Französische Pelzhändler gründeten um 1710 einen ersten Handelsposten, ehe englische Siedler sich am Cumberland River niederließen und 1779 eine Siedlung und ***Fort Nashborough*** errichteten.

Country Music Collage

Die Siedlung wuchs und nannte sich ab 1784 **Nashville**. Nachdem Tennessee 1796 gegründet und schon 1797 als 16. Bundesstaat in die Union aufgenommen worden war, entwickelte sich der Ort rasch zu einem Handelszentrum. Nach Knoxville bis 1815 und Murfreesboro wurde Nashville 1843 endgültig **Hauptstadt**. Dank der 1854 erfolgten Anbindung ans Schienennetz spielte Nashville im Bürgerkrieg eine strategisch wichtige Rolle als Eisenbahnknotenpunkt. Während der *Battle of Nashville* wurde die Stadt 1864 teilweise zerstört. Nach dem Bürgerkrieg dauerte es Jahrzehnte, bis sie sich wirtschaftlich erholt hatte.

Praktische Informationen

Orientierung

Nashville am – in weiten Kehren mäandernden – Cumberland River wird umringt und durchzogen von einem einigermaßen verwirrenden System von *Freeways*, das im Muster einer unregelmäßigen Blumenblüte ähnelt. Denn gleich drei *Interstate*-Autobahnen (I-24, I-40, I-65) kreuzen sich in Nashville und bilden samt der weiträumigen Stadtumgehung *Briley Parkway* und der I-440 im Süden mehrere Kreise rund um einen zentralen Ring aus den drei *Interstates*. Das Gros der **Sehenswürdigkeiten** von Nashville liegt **innerhalb dieses Rings** und im ***Music Valley*** zwischen der nordöstlichen Schleife des Cumberland River und dem *Briley Parkway* (#155). Die meisten weiteren hier beschriebenen Ziele befinden sich im südlichen Stadtwesten.

Information

Das ***Nashville's Visitors Bureau*** (© 615/259-4747, www.nashvillecvb.com) residiert im *Gaylord Entertainment Center* (5th Street/ Broadway, © 615/259-4747) mit umfassendem Service und Shop, geöffnet im Sommer täglich 8.30-19 Uhr, sonst bis 17.30 Uhr.

Ein weiteres ***Information Center*** existiert im ***Music Valley*** (➪ unten), 2416 Music Valley Drive, © 615/871-4005 oder © 1-800-847-9102. Geöffnet im Sommer Mo-Sa 8-18 Uhr, sonst bis 17 Uhr.

Transport & Touren

Der öffentliche Nahverkehr wird durch ***MTA*** auf einigen wenigen Routen Mo-Fr ca. 1x/Stunde, Sa+So mit geringerer Frequenz abgewickelt (ca. 5.30-23 Uhr; stündlich; $1,50/$1,75 pro Strecke). ***Nashville Trolley Co***. (© 615/242-4433) betreibt einige Touristenlinien in der Innenstadt, zur *Music Row* und zum *Opryland*.

Walking Tours durch das *Historic Downtown* veranstaltet ***City Walk*** (© 615/259-4747). Trips mit dem Raddampfer ***Belle Carol*** auf dem Cumberland River starten an der Music Valley Road und am *Riverfront Park* in *Downtown* im Sommer wochentags 15.30 Uhr, sonst nur Wochenenden; © 615/244-3430). Das ***General Jackson Showboat*** (2812 Opryland Drive, ausgeschildert, © 615/871-6100, www.generaljackson.com) bietet ebenfalls Flussfahrten und *Dinner Tours* am Abend.

Unterkunft

Östlich des Zentrums, zwischen Flughafen und Opryland, finden sich an den *Exits* der **I-40** (z.B. # 215, Briley Parkway) zahlreiche H/Motels. Auch entlang der ***Interstate*** **Stadtumrundung I-65/ I-40/I-24** wird man an allen großen Ausfahrten leicht fündig:

An den Interstates

- ***Cumberland Inn***, Trinity Lane, I-65/*Exit* 87A, ✆ 615/226-1600, ab $49
- ***Hampton Inn***, Trinity Lane, I-65/*Exit* 87B, ✆ 615/226-3300, ab $69
- ***Days Inn Coliseum***, 211 N First, I-65/*Exit* 85B, ✆ 615/254-1551, ab $59
- ***Ramada Limited at the Stadium***, 303 Interstate Drive, I-24/*Exits* 48 & 49, ✆ 615/244-6690, ab $59

Mehr Komfort zu Luxustarifen bieten

Komfortabel

- ***Sheraton Nashville Downtown***, 623 Union St, sehr zentral, ✆ 615/259-2000, ab ca. $140
- ***The Hermitage Hotel***, ein nostalgisches Grandhotel im Herzen der Stadt in Nachbarschaft zum *War Memorial Building*, 231 6th Ave N, ✆ 615/244-3121, ✆ 1-888-888-9414, www.thehermitagehotel.com, ab $195

Music Valley Quartiere

Im Bereich Music Valley stehen vor allem Häuser der Ketten, u.a.:

- ***Red Roof Inn***, 2460 Music Valley Drive, Briley Parkway *Exit* 12, ✆ 615/889-0090, ab $54, das preiswerteste Quartier dort
- ***Comfort Inn***, 2516 Music Valley Drive, Briley Parkway *Exit* 12, ✆ 615/889-0086 ab $59
- ***Fairfield Inn***, 211 Music City Circle, Briley Parkway *Exit* 12, ✆ 615/871-8939 ab $69
- ***Fiddlers Inn Music Valley***, 2410 Music Valley Dr, ✆ 615/885-1440, ✆ 1-877-223-7621, www.fiddlers-inn.com, kein Kettenhaus, mit moderaten Preisen ab $59.

Absolute Spitze, erst kürzlich neu gestaltet und mit einer Indoor-Parklandschaft ergänzt, ist die *Music Valley*-Nobelherberge

- ***Gaylord Opryland Hotel***, 2800 Opryland Dr/Briley Pkwy *Exits* #11+ #12, ✆ 1-877-877-456-6779, www.gaylordhotels.com, ab $169, ***Special Packages*** für 1-3 Nächte verfügbar.

Opry Mills und Discounts

Besonderheit in Nashville sind Hotelübernachtungen im Zusammenhang mit **Opry Mills Shopping**: Unter der Bezeichnung »***Shop & Stay Getaway Packages***« bietet eine ganze Reihe guter Häuser beachtliche Discounttarife; Einzelheiten in Leporellos in den *Visitor Informations* und im Internet unter www.oprymills.com.

Über viele der *B&Bs* in Nashville und Umkreis informiert ***Bed & Breakfast Tennessee***, ✆ 615/331-5244, www.bbonline.com/tn.

Camping

Kommerzielle *Campgrounds* gibt es in Nashville und Umgebung reichlich. Wenn Nashville, dann doch am besten nah bei Opryland am **Music Valley Drive**, wo 3 Plätze nah beieinander liegen:

- ***KOA Nashville***, ✆ 615/889-0282, www.nashvillekoa.com, ab $25, etwas eng
- ***Two Rivers Campground***, ✆ 615/883-8559, www.tworiverscampground.com, ab $32
- ***Nashville Holiday Travel Park***, ✆ 615/889-4225, ab $28

Dank der beiden Stauseen *Old Hickory Lake* und *Priest Lake* östlich der Stadt campt man preiswerter, ruhiger und schöner auf den Plätzen des ***Corps of Engineer***. Am nächsten sind ***Anderson Road*** und ***Cook Recreation Areas*** am **Priest Lake**; nur im Sommer Mai bis *Labor Day*, ab $13; Reservierung unter ✆ 1-877-444-6777 oder im Internet: www.reserveusa.com, direkte Telefone ✆ 615/361-1980 und ✆ 615/ 889-1096. Zufahrt für beide über die I-40 East:

- ***Anderson***: Abfahrt #219,
  dann Belle Road, Smith Springs Road, Anderson Road
- ***Cook***: Abfahrt #221B, dann Old Hickory Blvd,
  Bell Road, New Hope Road, Stewarts Ferry Pike.

Essen & Trinken

- ***Wild Boar***, 2014 Broadway, Mo-Sa Dinner, ✆ 615/329-1313, www.wildboarrestaurant.com, heißt das Toprestaurant der Stadt mit enormer Weinkarte.
- ***Mario's Ristorante***, 2005 Broadway, ✆ 615/327-3232, www.mariosfinedining.com, bietet norditalienische Küche
- ***Big River Grille & Brewing***, 111 Broadway/Ecke 2nd Ave, sechs Sorten selbstgebrautes Bier, gute *Pub Food*, Terrasse draußen.
- ***Jimmy Kelly's***, 217 Louise Ave, Mo-Sa Dinner, ✆ 615/329-4349, www.jimmykellys.com, seit 1934 wegen seiner Steaks populär.
- ***Sunset Grill***, 2001 Belcourt Ave, ✆ 615/386-3663, www.sunsetgrill.com, preiswert.

Immer o.k. ist auch in Nashville das

- ***Hard Rock Café***, 2nd Ave/Broadway in *Downtown*

Eine der tollsten Kneipen ist

- ***The Flying Saucer***, 111 10th Ave S, hinter dem *Union Station Hotel*, ✆ 615/259-3039, mit über 80 Biersorten vom Fass, Biergarten und TV-Großbildschirm.

Veranstaltungen

Eine Hauptattraktion sind die Aufführungen im wiederbelebten ***Ryman Auditorium*** (116 5th Ave, ✆ 615/889-3060, www.ryman.com), die sich längst nicht mehr auf *Country Music* beschränken. Außer *Weekend Shows* gibt's in der ***Grand Ole Opry*** (2804 Opryland Dr, ✆ 615/889-6611, www.opry.com) Konzerte aller Musikrichtungen, u.a. im Juni/Juli am Donnerstag *Bluegrass Night*.

Weiter Bühnen befinden sich vor allem am **Music Valley Drive** – so das ***Nashville Nightlife Dinner Theater*** (#2620, ✆ 615/885-5201, www.nashvillenightlife.com), der ***Nashville Palace*** (#2400, ✆ 615/885-1540, www.nashvillepalace.net) und das ***Texas Troubador Theatre*** (#2416, ✆ 615/758-0098), ➪ Seite 638.

Das ***TNN/The Nashville Network*** (2806 Opryland Dr, ✆ 615/883-7000), die ***Prime Time Country Music Station***, gibt für seine Shows Mo-Do Gratistickets aus: ✆ 615/457-PTC4.

Nightlife

Von zahlreichen Clubs und Kneipen mit *Live Music* seien folgende empfohlen (➪ auch weiter unten unter »*Music Valley*«):

- ***Barbara's*** oder ***Bourbon Street Blues & Boogie Bar*** in der 207 bzw. 220 Printers Alley, www.bourbonstreetblues.com

- ***Wildhorse Saloon***, 12th Ave, © 615/902-8200, www.wildhorsesaloon.com, ein legendärer *Dance Club*, der abends Besucher scharenweise anlockt, nicht zuletzt, weil das in *Hotel Packages* für Nashville enthalten ist. Am Wochenende ist immer besonders viel los dort mit *Lessons* für *Square Dance* und mehr.
- ***Station Inn***, 402 12th Ave, das Kontrastprogramm hinter schäbiger Fassade. Urige *Hillbilly* Musik, preiswertes Bier und Pizza in Selbstbedienung, © 615/255-3307, www.stationinn.com
- ***Tootsies Orchid Lounge***, 422 Broadway, eine der ältesten Bars, © 615/726-0463, www.tootsies.net, etwas »Touristenfalle«

Nashvilles bekanntestes Country Lokal

- ***Douglas Corner Café***, 2106A 8th Ave South, © 615/298-1688, www.douglascorner.com
- ***Bluebird Café***, 4104 Hillsboro Road weiter außerhalb, aber dennoch populär, © 615/383-1461, www.bluebirdcafe.com
- ***12th & Porter***, 114 12th Ave N, © 615/254-7236, www.12thandporter.net hat vor allem lokale Rockbands.

Shopping

Souvenirshops finden sich vor allem am Music Square Park (Denombreun St westlich des Zentrums) und Broadway, z.B. ***Robert's Western World*** (416 Broadway) oder ***Hatch Show Print*** (316 Broadway), ein *Postershop* von 1879. Lohnende Viertel zum Shopping-Bummel sind außerdem ***The District*** (2nd Ave/Broadway/ Printers Alley), ***8th Ave Antique District***, ***Music Valley Village*** (mit *Ernest Tubb Record Shop* und *Boot Country*) und die Fußgängerzone ***Nashville Arcade*** (4th-5th Ave N).

Die größte und beste *Shopping Mall* ist ***Opry Mills*** am gleichnamigen Drive in der Südecke des ***Music Valley*** (➪ dort) mit über 200 *Shops* auf 400.000 m². Eine weitere *Mall* ist das ***Bellevue Center*** (7620 Hwy 70 South).

Spectator Sports

Bestimmten früher nur die Teams der ***Vanderbilt University*** die Sportszene, ist Nashville heute ein wichtiges Zentrum des Profisports. Die *Footballer* ***Tennessee Titans*** sind Lieblinge der Stadt (*Adelphia Coliseum*, © 615/565-4000, www.titansonline.com).

Stadtbesichtigung

Bereich Downtown

State Capitol

Unübersehbar überragt das ***State Capitol*** die Innenstadt (Charlotte Ave/6th-7th, Mo-Fr 9-16 Uhr, ✆ 615/841-2692, frei). In 14 Jahren Bauzeit 1845-59 im *Greek-Revival*-Stil errichtet ist es einer der eindrucksvollsten Regierungssitze der USA. Am Vorder- - eingang befinden sich das Grab von US-Präsident *James Polk* und ein Reiterstandbild des Präsidenten *Andrew Jackson*.

Bicentennial Capitol Mall

Hinter dem Capitol erstreckt sich der ***Bicentennial Capitol Mall State Park*** (www.state.tn.us/environment/parks/Bicentennial). Ein Weg schlängelt sich dort durch alle Landkreise des Staates. Brunnen symbolisieren dort die Flüsse Tennessees. Außerdem gibt es ein *Visitor Center*, ein *World War-II-Memorial* und ein Amphitheater.

War Memorial Plaza & Bldg.

Schräg gegenüber dem Kapitolgebäude (jenseits der Charlotte St) steht das bombastische ***War Memorial Building***, davor liegt die gleichnamige Plaza. Der Bau beherbergt vor allem die Büros der Abgeordneten des *Tennessee House of Representatives*, deren Sitzungssaal sich im gegenüberliegenden Capitol befindet. Außerdem befindet sich in dem Gebäude eine ausgelagerte Abteilung des *State Museum*, die – für Militaria-Interessierte – sehenswerte ***Military History Branch***, Di-Sa 10-16 Uhr, frei.

Geschichts-Museum

Im ***Tennessee State Museum*** zur Geschichte des Staates im – an die Plaza angrenzenden – *James Polk Building* östlich gegenüber dem *War Memorial Bldg* (5th Ave/Union, Di-Sa 10-17, So ab 13 Uhr, ✆ 615/741-2692, www.tnmuseum.org, frei) gibt es u.a. eine Ausstellung zu den aus Tennessee stammenden US-Präsidenten *Polk, Jackson und Andrew Johnson*. Vorm Museum fällt der Blick auf die ***St Mary's Church*** von 1844, älteste Kirche in Nashville.

Printers Alley

Geht man von dort die Union Street hinunter in Richtung Cumberland River, passiert man die ***Printers Alley***, vor hundert Jahren noch Sitz von 13 Verlagshäusern und 10 Druckereien und in den 1940er-Jahren einmal Zentrum des Nachtlebens.

Nashville Skyline

2nd Ave

Quasi »um die Ecke« der Church Street beginnt der ***2nd Ave Historic District***, das einstige Handelszentrum der Stadt. Viktorianische Lagerhäuser, in die mittlerweile Shops und Kneipen eingezogen sind, stammen großenteils aus der Zeit von 1870-90. Waren wurden in der Front Street am Cumberland River angenommen und am Vordereingang in der Market Street, wie die 2nd Avenue damals noch hieß, verkauft.

Riverfront

Im *Riverfront Park* am Fluss bzw. an der First Ave steht das ***Fort Nashborough***, ein nicht sonderlich aufregender Nachbau der ersten Befestigungsanlage von 1780. Am Park befindet sich auch die Anlegestelle für *Riverboats*.

Ryman Auditorium

Zwischen Commerce Street und Broadway steht das ***Ryman Auditorium*** (116 5th Ave N, Zugang: 4th Ave, www.ryman.com), Heimat der ***Grand Ole Opry*** von 1943-74. Vom Dampferkapitän *Tom Ryman* 1892 als *Union Gospel Tabernacle* erbaut diente das Auditorium erst als Versammlungshalle und Theater, in dem u.a. *Enrico Caruso, Isadora Duncan, Charlie Chaplin* und *Gene Autry* auftraten, bis Countrymusiker die Halle entdeckten und sie zur ***Mother Church of Country Music*** machten. Die Wurzeln reichen bis in das Jahr 1925 und auf die WSM-Radiostation zurück, die immer samstagabends die Sendung »*The WSM Barn Dance*« ausstrahlte. Ab 1943 fand diese Show im *Ryman Auditorium* statt, und erst nach über 30 Jahren zog man 1974 in die neue *Grand Ole Opry* um (➪ Opryland).

Gaylord Center

Ein noch relativ neues Wahrzeichen am Broadway/Ecke 5th Ave ist die ***Nashville Arena***, die Eishockeyhalle mit einem weithin sichtbaren *Tower*, die offiziell ***Gaylord Entertainment Center*** heißt. Dort residiert auch die ***Visitors Information***, ➪ oben.

Country Music Hall of Fame

Einen Block weiter befindet sich die bombastische, auf keinen Fall zu versäumende neue ***Country Music Hall of Fame*** (seit 2001), eine Art **Multimedia-Museum** der Stilrichtung. Dort geht es auch wieder um die *Grand Ole Opry*, Arten der *Country Music* wie *Bluegrass, Cowboy, Cajun, Honky-Tonk, Rockabilly, Western Swing* etc., um *Gibson*-Gitarren und um Stars, Filme und Auszeichnungen. Originalkostüme, Instrumente und andere persönliche

Country Show auf der Bühne der Grand Ole Opry

Gegenstände – darunter *Elvis'* Massivgold-Cadillac von 1960 – halten die Erinnerung an die Stars der Vergangenheit auf drei Stockwerken am Leben. Unter den diversen Museen in Nashville zum Thema«*Country Music*« ist dieses das mit Abstand beste und als einziges auch für »Nicht-Country-Fans« interessant und (222 5th Ave South, täglich 9-17 Uhr, © 615/416-2001, www. countrymusichalloffame. com, $17, Kinder bis 15 Jahre $9).

Wer sich für die Details der Produktion von *Country Music* interessiert, kann ab der *Hall of Fame* eine Tour ins **RCA Studio B** am Music Square Park buchen (Abfahrten mehrmals täglich, $11/$9).

Music Valley

Entwicklung

Hauptanziehungspunkt im ***Music Valley***, einer Niederung zwischen Cumberland River und *Briley Parkway* gut 10 mi nordöstlich von *Downtown* Nashville, war seit 1976 bis in die 1990-Jahre der ***Amusement Park Opryland USA***, in den man die ***Grand Ole Opry*** mit ihren *Country Music Shows* verlegt hatte. Als der Vergnügungspark Ende der 1990er-Jahre Konkurs machte, waren dessen parkartiges Gelände am Cumberland River, die *Grand Ole Opry* und die an beiden orientierte touristische Infrastruktur aus Motels, Showkneipen etc. und dem enormen *Gaylord Opryland Hotel* nichtsdestoweniger vorhanden. In einem Kraftakt entwickelte man nun das *Music Valley* ohne den bis dato dominierenden *Amusement Park* – nach einer kurzen Zeit des Niedergangs – mit einem erweiterten Fächer von Attraktionen zu einem heute wieder stark besuchten Tourismusbereich.

Grand Ole Opry

Dabei blieb die ***Grand Ole Opry*** (2804 Opryland Drive, Tickets: © 615/889-3060, www.opry.com) als »Kernattraktion« erhalten. Dort finden von Mai bis Oktober Di (19 Uhr) + Fr (18.30 Uhr) + Sa (18.30 und 21.30 Uhr) *Country Music Shows* statt; Eintritt ab $25. Gleich nebenan liegt das ***Grand Ole Opry Museum*** zur Historie der *Country Music* in Nashville (Mo-Sa 10-19 Uhr, bei Konzerten in der Grand Ole Opry länger, © 615/889-3060, frei). Es zeigt u.a. auch Nachbauten von Alt-Nashville in Originalgröße.

Opryland Hotel

Das ***Gaylord Opryland Hotel & Conference Center***, 2800 Opryland Drive/Briley Pkwy *Exits* 11+12, ✆ 1-877-877-456-6779, www.gaylordhotels.com, wurde bei den Unterkunftsempfehlungen bereits genannt. Der riesige Komplex mit fast 3000 Zimmern und einer 36.000 m^2 großen wintergartenartig überdachten Parkanlage mit Wasserläufen und -fällen ist eine Sehenswürdigkeit für sich, der man unbedingt einen Besuch abstatten sollte. Natürlich fehlt auch hier ***Live Entertainment*** nicht: in der *Cascades Terrace Lounge* (im Park) und im *Jack Daniel's Saloon*.

Opry Mills Shoppertainment

Shopping kombiniert mit *Entertainment* ist Programm in der ***Opry Mills Mall*** (www.oprymills.com). U.a. gehören ein *IMAX-Theatre* und Indoor-Kletterfelsen zum Komplex. Natürlich gibt es neben den über 200 Shops – darunter viele *Outlet Stores* – auch viele Restaurants, u.a. ein ***Rainforest Café***. Sehenswert ist die vor einigen Jahren teilweise hierher verlegte »gläserne« Banjo- und Mandolinenproduktion des Herstellers ***Gibson***.

Opry Mills liegt im Süden des *Music Valley* am gleichnamigen Drive, *Exit* 11 Briley Parkway; Mo-Sa 10-21.30 Uhr, So 11-19 Uhr.

Weitere Attraktionen

Zwar gibt es kein *Opryland* mehr, aber nichtsdestoweniger einen Vergnügungspark: ***Valley Amusement Park*** mit beachtlichen *Roller Coasters* am Valley Park Drive. Zwischen Orpry Mills Drive und Fluss liegt das ***General Jackson Showboat***, ein typischer »Mississippidampfer«, der den Cumberland River 'rauf und 'runter fährt. *Lunch* und *Dinner Buffet* zur jeweiligen *Show*; tagsüber $39, abends $65, Kinder 50%.

Abendshows/ Dancing

Wenn die *Grand Ole Opry* kein Programm bietet oder danach ist im Music Valley der ***Nashville Palace*** angesagt (2400 Music Valley Drive, 17-01 Uhr, *Dinner* bis 23 Uhr, www.nashvillepalace.net), dort geht oft »die Post ab«: immer ***Live Entertainment***, Eintritt unterschiedlich.

Elvis Presley Fans werden Ihre Freude haben an »*A Tribute to the King*« im ***Texas Troubadour Theatre***, 2416 Music Valley Drive, $34, Kinder $16, ✆ 1-615-758-0098. Die Show läuft schon seit einigen Jahren und stand auch noch 2006 auf dem Programm. Jeweils Samstag Abend um Mitternacht findet das ***Ernest Tubb Midnite Jamboree*** statt, eine Fortsetzung der seit 1925 laufenden *WSM 650 Radio Show* (⇨ oben unter »*Ryman Auditorium*«).

Country-Western-Shows mit und ohne *Dinner* bietet das ***Nightlife Dinner Theater***, 2620 Music Valley Drive; $32 mit Dinner, $19 nur Show; ✆ 1-800-308-5779, www.nashvillenightlife.com.

Museen

Zu guter Letzt und der Vollständigkeit halber seien hier auch noch die thematisch passenden Museen im ***Music Valley*** genannt. Sie liegen allesamt am Mc Gavock Pike:

- ***Music Valley Car Museum***
- ***Music Valley Wax Museum***
- ***Willie Nelson & Friends***

Mansions

Parthenon

Das außergewöhnlichste Bauwerk von Nashville steht westlich *Downtown* im *Centennial Park:* ***The Parthenon*** (Zugang: West End Ave, Di-Sa 9-16.30 Uhr, So im Sommer 12.30-16.30 Uhr, © 615/862-8431, www.nashville.gov/parthenon, $5, Kinder bis 17 Jahre $2,50). Es handelt sich um ein detailgetreues 1:1-Modell des Tempels auf der Akropolis in Athen, der Nashville als ***Athens of the South*** symbolisieren soll. Der Bau war zunächst als Denkmal zur 100-Jahr-Feier von Nashville 1897 aus Gips und Holz errichtet und im Stadtpark aufgestellt worden. Er wurde 1921 durch den aktuellen Sandsteinkomplex ersetzt. Im unteren Geschoss des Tempels befinden sich Galerien für Wechselausstellungen sowie die ***Cowan Collection of American Art***. Im Obergeschoss steht eine 13 m hohe, mit Blattgold belegte **Statue der Göttin Athena**.

Die Westend Ave, an der das *Parthenon* liegt, führt weiter außerhalb durch ausgedehnte **Villenviertel** des Nashville Geldadels und wird zur **Harding Road**. An ihr, vielen kleinen Querstraßen und im **Belle Meade Blvd**-Bereich passiert man zahlreiche fantastische Anwesen. Einige Paläste des 19. Jahrhunderts, z.T. aus der Vor-Bürgerkriegszeit sind zu besichtigen, z.B. das 1853 fertigestellte

Belle Meade

Belle Meade Mansion, ein Herrenhaus im *Greek-Revival*-Stil. Es schmückt sich mit dem Beinamen »***Queen of Tennessee Plantations***«, obwohl ihr manche andere alte Villa auch in Tennessee durchaus das Wasser reichen kann. Es liegt etwa 8 mi südwestlich des Zentrums an der Harding Road (#5025). Besichtigung Mo-Sa 9-17 Uhr, So 11-17 Uhr, Touren alle 30 min bis 16 Uhr, Eintritt $11, Kinder bis 12 Jahre $5, © 615/356-0501, www.bellemeadeplantation.com. Auf dem Grundstück sind neben dem Haupthaus noch Blockhütte, Kutschenhaus von 1890 und Stallungen zu sehen. Ein **Café** ist auch vorhanden (Mo-Sa 11-14 Uhr *Lunch*, Do-Sa 17.30-22 Uhr *Dinner*, So 11-15 Uhr *Brunch*).

Cheekwood

Höhepunkt der Fahrt in dieses Villenviertel (ca. 9 mi vom Zentrum entfernt) ist das ***Cheekwood Art Museum*** im ***Tennessee Botanical Garden***. Das namensgebende ***Cheekwood Mansion*** (Forest Park Drive, vom Ende Belle Meade Blvd nach rechts, www.cheekwood.org) liegt in einem großen Gartenkomplex inmitten einer schönen Parklandschaft. Nicht so sehr die einzelnen Elemente der Anlage und die – nicht sonderlich hochkarätige – Kunstausstellung, sondern die harmonische Gesamtkomposition machen den Besuch von *Cheekwood* lohnenswert; Di-Sa 9.30-16.30 Uhr, So ab 11 Uhr, Eintritt $10, bis 17 Jahre $5.

Wer nur wenig Zeit hat, sollte sich für einen Abstecher zum *Cheekwood Mansion* entscheiden.

Belmont

Das ***Belmont Mansion*** auf dem Campus der *Belmont University* (1900 Belmont Blvd, Mo-Sa 10-16 Uhr, So ab 13 Uhr, © 615/460-5459, www.belmontmansion.com, $8, Kinder bis 12 $3) liegt nur ca. 3 mi südlich von *Downtown* an der Ecke Belmont Blvd/Acklen Ave. Diese Villa gehörte der einst reichsten Frau der USA,

Adelicia Acklen, und deren Mann *Joseph*, beide große Kunstsammler. 1850 ließen sie sich von einem italienischen Architekten in einem riesigen Gelände ein Sommerhaus mit Garten und Zoo errichten und aufwendig mit Kegelbahn und Kunstgalerie gestalten. Seit 1887 ist das Haus im Besitz des *Belmont College*.

Vanderbilt Gallery

Wenige Schritte vom *Belmont College* entfernt liegt die 1873 gegründete und ein Jahr später nach dem New Yorker Magnaten *C.C. Vanderbilt* benannte Privathochschule. Die ***Fine Arts Gallery*** der ***Vanderbilt University*** arrangiert jedes Jahr mehrere Ausstellungen mit Werken aus der Sammlung *Vanderbilt*; Mo-Fr 12-16 Uhr, Sa+So 13-17 Uhr, www.vanderbilt.edu/gallery.

The Hermitage

Zwar liegt ***The Hermitage***, ein Farmkomplex mit einst 170 ha Baumwollfeldern, etwa 12 mi östlich von Nashville und damit an ganz anderer Stelle als die vorstehenden *Mansions*, doch die Villa des 7. Präsidenten der USA, ***General Andrew Jackson*** ist den Abstecher wert (4580 Rachels Lane, ab Straße #70 oder über I-40, *Exit* 221A, täglich 9-17 Uhr, $14, Schüler bis 18 $10, Kinderbis 12 $6, ✆ 615/889-2941, www.thehermitage.com).

Jackson war 1788 als junger Rechtsanwalt aus North Carolina gekommen, in die Politik eingestiegen und 1828-37 Präsident der USA. Das Wohnhaus (*Greek-Revival*) stammt aus dem Jahr 1836. Bis heute entspricht sein Zustand inkl. Möblierung dem Aussehen dieser Periode. Neben dem Haus befindet sich ein Garten mit den Familiengräbern. Außerdem stehen auf dem Gelände Nebengebäude und die Reste einstiger Sklavenquartiere.

Kleine Whiskeykunde

Die Wurzeln der Whiskeyherstellung liegen bekantlich in **Schottland**, wo man zwischen ***Malt Whisky*** (Urwhisky ausschließlich aus Gerstenbrand) und ***Scotch*** *(Blended)*, einem Gemisch aus bis zu 40 unterschiedlichen ***Malts***, und ***Grain Whisky*** (aus verschiedenen Arten von Rohgetreide gebrannt) unterscheidet. In den **USA** heißt der *Malt Whisky* ***Straight Whiskey*** (dort gilt die irische Schreibweise mit »ey«). Den Großteil der *Straight Whiskeys* machen die *Bourbons* aus. Die Bezeichnung ***Bourbon*** nach dem französischen Herrschergeschlecht, das im 18. Jahrhundert das *Bourbon County* in Kentucky besaß, darf ausschließlich für Produkte aus dieser Region benutzt werden. Neben *Bourbon*, der eigentlich ***Corn Whiskey*** heißen müsste, da er zu 51-79% aus Maisbrand besteht, gibt es seltener ***Rye Whiskey*** mit mindestens 51% Roggen (speziell aus Canada, wo er wie in Schottland Whisky geschrieben wird) und viele ***Blends***, Verschnitte aus *Straights* und *Grains*.

Ehe ***Tennessee Whiskey*** in die – innen abgebrannten – Weißeichenfässer gefüllt wird (in den klassischen Whiskeyländern sind es gebrauchte Sherryfässer aus Spanien), muss er 8-12 Wochen durch Holzkohle sickern, die aus Zuckerahorn gewonnen wird. Diese Prozedur, auch noch letzte kleinste Verunreinigunge auszufiltern, verleiht dem Destillat ein dezentes Raucharoma. Bevor das fertige Produkt mit 40%-43% Alkohol in den Handel gelangt, muss es mindestens 2 Jahre gelagert haben. 4 und mehr Jahre sind aber üblich und 8-12 Jahre ideal.

7.1.4 Nach Lynchburg, der Whiskey-Hochburg

Old Stone Fort

Fährt man von Nashville südostwärts in Richtung Chattanooga, passiert man **Manchester**. Westlich der Stadt befindet sich unweit der Straße #41 (*Exits* #110 und #111 von der I-24) mit dem ***Old Stone Fort State Archaeological Park*** eine interessante Ausgrabungsstätte von über 2000 Jahre alten Steinstrukturen oberhalb des Steilufers des Duck River. Auf dem Gelände gibt es Bäche und kleine Wasserfälle, außerdem einen gut angelegten komfortablen ***Campground*** (*first-come-first-served*) und einen Picknickplatz (Zugang täglich ab 8 Uhr bis Sonnenuntergang, www.tennessee.gov/environment/parks/OldStoneFort). Das dazugehörige Museum ist geöffnet Mo-Sa 9-16.30 Uhr.

Anfahrt

Von Manchester geht es auf der Straße #55 über Tullahoma nach **Lynchburg**, das jedem Whiskey-Kenner ein Begriff ist. Statt über die I-24/Manchester könnte man mit ein wenig mehr Zeit auch über schöne ***Tennessee's Backroads*** durch das Hinterland nach Lynchburg fahren (Straßen #41A und #82).

Unterkunft & Camping

In der Region findet man zahlreiche ordentliche und preiswerte ***B&Bs***. Information: ***Bed and Breakfast Tennessee***, © 615/ 331-5244, www.bbonline.com/tn. Empfehlenswert ist u.a. das ***Cedar Lane B&B***, © 931/759-6891, etwas abgelegen an der Straße #55.

Campen kann man außer im ***Old Stone Fort State Park*** auch im ***Tims Ford State Park*** (© 931/967-4457) an der #50 etwas südlich von Lynchburg, der bei Anglern und Wassersportlern beliebt ist.

Lynchburg

Die ***Jack Daniel's Old Time Distillery*** (Straße #55, täglich 9-16.30 Uhr, alle 30 min Gratistouren, © 931/759-6180 oder www.jackdaniels.com) ist die älteste Whiskey-Brennerei der USA und steht unter **Denkmalschutz**. Ihr hat das 800-Seelen-Städtchen Lynchburg einen weltweiten Bekanntheitsgrad zu danken.

Jack Daniels

Führungen starten im alten ***Barrel House*** von 1938. Nach einer kurzen Diashow geht es zunächst vom Fasslager auf den Holzhof, wo Holzkohle aus Zuckerahorn produziert wird, dann zur Quelle, und weiter zum Büro des alten ***Jack Daniel***, dem einzig verbliebenen Gebäude aus der Gründerzeit. In der ***Old Distillery*** brodelt und tropft die Maische aus Mais, Roggen, Gerstenmalz und Quellwasser. In riesigen Bottichen wird die natürliche Gärung eingeleitet, ehe das Gebräu in die Destillierapparate gelangt. Der frisch destillierte Whiskey läuft danach – und das ist das Besondere am *Jack Daniels* – durch eine Schicht Holzkohle, ehe er in speziell abgebrannte Steineichenfässer gefüllt, mehrere Jahre gelagert und erst danach auf Flaschen gezogen und etikettiert wird.

Whiskey Shop

Obwohl es kurioserweise in Lynchburg und Umgebung untersagt ist, hochprozentige Alkoholika zu verkaufen, darf *Jack Daniel's* ausnahmsweise einen winzigen Laden unterhalten, in dem es nichts anderes als Whiskey gibt. Indessen ist es preiswerter, den Whiskey im *Duty Free Shop* in irgendeinem Airport oder in Deutschland statt direkt beim Erzeuger zu kaufen.

Jack Daniels Tennessee Whiskey

Das Nest Lynchburg in den Cumberland Bergen wäre ein unbedeutender winziger Fleck auf der Landkarte, hätte nicht ein gewisser ***Jasper Newton (Jack) Daniel*** als 16jähriger in den 1860er-Jahren per Handschlag und mit Schulden die erste Whiskey-Destillerie in den USA gegründet und sie 1866 als »No. 1« eintragen lassen. Whiskey wurde zum Renner und selbst während der Prohibition blühte der (illegale) Handel. Bereits 1890 war *Jack Daniel* der größte Whiskeyproduzent des Landes.

Die Whiskeyproduktion in den USA geht aufs Virginia des 17. Jahrhunderts zurück. Eine 1791 von George Washington eingeführte Verbrauchssteuer auf Whiskey hatte eine erfolglose »*Whiskey Rebellion*« und den Abzug vieler Brenner nach Kentucky und Tennessee zur Folge. Dort kam zu den bis dato verwendeten Getreidearten (Roggen und Gerste) auch Mais ins Spiel, und so entstand eine neue Rezeptur. Diese blieb bei *Jack Daniel's* bis heute gleich: mineralstoffreiches Quellwasser der *Cave Spring*, Mais, Roggen und Gerstenmalz, denn »was gut ist, kann man nicht verbessern«.

Trotz mittlerweile 350 Mitarbeitern und einer Produktion von 36 Mio. Flaschen pro Jahr wirkt die Firma immer noch recht altertümlich; alles spielt sich auf kleiner Fläche mit antiquiert wirkenden Gerätschaften und Maschinen ab; nur die Abfüllanlage entspricht modernen Anforderungen.

Nichtsdestoweniger ist *Jack Daniel's* mit diesen Zahlen größter Whiskey-Produzent der USA, dabei Deutschland der wichtigste Auslandsmarkt. Neben dem weltweit geschätzten ***Black Label*** (vier Jahre gelagert) werden das preiswertere ***Green Label*** (nur in 26 US-Staaten verkauft) und besondere ***Reserves*** wie »*Gentleman Jack*« (12 Jahre gelagert) produziert.

Whiskeyshop in Lynchburg

»Downtown« Lynchburg

Das beschauliche Lynchburg, mit seinem ***Historic Town Square*** und dem *Moore County Courthouse* ein Nest wie aus dem amerikanischen Bilderbuch, wurde 1833 gegründet. Er steht ganz im Zeichen des Whiskeys. In den *Shops* des Ortes werden in erster Linie *Jack-Daniel*-Souvenirs verkauft. ***Miss Mary Bobo's Boarding House*** in der Main Street existiert seit 1909 und ist **das** Dorfrestaurant (Mo-Fr *Lunch* um 11 und 13 Uhr, Reservierung unbedingt notwendig: © 931/759-7394, www.jackdaniels.com/tennesseetable/boarding.htm).

nach Huntsville

Von Lynchburg aus geht es über die Straßen #50 East/#41A und die I-24 nach Chattanooga (➪ Seite 275ff) oder auf der #50 West und der Straße #10 (ab Alabama #231/#431) nach Huntsville.

7.2 Nördliches Alabama

Dieser Abschnitt ist hier in das Kapitel 7 integriert, kann aber ebensogut als Fortsetzung einer Route über **Chattanooga** in Richtung Südwesten angesehen werden, ➪ Abschnitt 2.7.4, Seite 285.

7.2.1 Huntsville

Das Gebiet nördlich des Tennessee River auf dem Cumberland Plateau (südwestliche Ausläufer der Appalachen) trägt die Bezeichnungen ***Alabama Highlands*** und – nach den dort zahlreichen Flüssen und (Stau-)seen – ***Alabama Mountain Lakes Region***.

Geschichte

Ein *John Hunt* gründete 1805 in dieser Gegend die erste angloamerikanische Siedlung Alabamas. Die Stadt, in der sich 1819 die konstituierende Versammlung des Bundesstaats Alabama traf, ist Geburtsort und Zentrum des US-Raketenprogramms. Erheblichen Anteil an dessen Entwicklung hatte der nach dem 2. Weltkrieg von Peenemünde in die USA verbrachte deutsche Raketenforscher ***Wernher von Braun*** mit dem ***German Rocket Team***, ➪ unten. Huntsville hat heute rund 160.000 Einwohner, im Großraum 270.000 und ist extrem ausgedehnt.

Orientierung und praktische Informationen

Orientierung

Huntsville ist im Kern unübersichtlich, da im zentralen Bereich mehrere zu *Freeways* ausgebaute Straßen auf die vielspurige, mitten durch die Stadt schneidende Interstate #565 treffen. ***Downtown*** **Huntsville** liegt in einem stumpfen Dreieck zwischen den Straßen #431 (Governors Drive) und #231 (Memorial Parkway) und der I-565, die in die #72 Richtung Chattanooga übergeht. Die Zufahrt fällt am leichtesten via #231 und dann Clinton Ave oder über die I-565, Exit #19. Von Interesse ist darüberhinaus in erster Linie nur noch das ***Space & Rocket Center***, das unverfehlbar an der I-565 westlich der Stadt liegt, *Exit* #15.

Information

Alabama Mountain Lakes Tourist Association, ✆ 256/350-3500, www.northalabama.org, und ***Huntsville CVB***, 500 Church St, ✆ 256/551-2230, www.hunts ville.org.

Unterkunft

Viele H/Motels stehen an der I-65, die Huntsville ca. 20 mi westlich passiert, und an den Ausfahrten der Zubringerautobahn I-565, die ins Stadtzentrum hineinführt. Die Tarife sind moderat. Einige gute Mittelklasse-Häuser und ein ***Motel 6*** (ab $39) findet man beim Airport, Ausfahrt #7. Auch an der Straße #20 (Madison Blvd) zwischen Ausfahrten #8 und #14 gibt es einige Quartiere. Zahlreiche preiswerte Unterkünfte ab ca. $39, Mittelklasse-Motels ab $49, liegen an an der Straße #72 West/**University Dr**, etwa 2 mi östlich und westlich des Research Park Blvd, z.B.

- ***Comfort Inn***, 4880 University Dr, ✆ 256/533-3291
- ***Knights Inn***, 4404 University Dr, ✆ 256/864-0388
- ***Extended Stay Lodge***, 3772 University Dr, ✆ 256/534-5203, einfach, aber mit Tarifen ab $33 besonders preiswert

- ***La Quinta Inn***, 3141+4870 University Dr, © 1-800-531-5900 und © 256/533-0756 bzw. © 256/830-2070

Camping

In nächster Nachbarschaft zum Raumfahrtcenter campen Wohnmobilfahrer im ***US Space & Rocket Center RV Campground***, © 205/830-4987, $15 inkl. *Hook-up*) im Grünen auf großzügigen Stellplätzen à la *National Forest*. Ein Fußpfad führt von dort zum *Space Center* (ca. 500 m). Reservierung (9.30-17.30 Uhr) ist sinnvoll, da die Kapazität nur ca. 35 Plätze beträgt.

Einen schön gelegenen *Campground* hoch über der Stadt findet man im ***Monte Sano State Park*** (I-565, *Exit* 17, dann Governors Drive/#431 nach Süden, Ausschilderung, © 256/534-3757, ab $14, auch *Cabins*). Die Alternative dazu ist der ***Lake Guntersville State Park*** (© 256/581-5455, ab $16; auch Hotel ab $59) in guter Lage am gleichnamigen Stausee des Tennessee River, aber 40 mi weit beim pittoresken Guntersville. Beide Plätze (www.alapark.com) können unter © 1-800-ALA-PARK reserviert werden.

Sehenswürdigkeiten

Mansions

Huntsville besitzt mit dem ***Twickenham Historic District*** (östlich des über die Jefferson St leicht anzusteuernden **Court House Square**, speziell Green, Locust, Franklin, Adams, Ecols, Randolph und Lincoln Streets) das größte Antebellum-Viertel Alabamas, das man unbedingt einmal abfahren oder – besser noch – ablaufen sollte. Vorwiegend Gebäude in viktorianischer Architektur (nach dem Bürgerkrieg) findet man im ***Old Town Historic District*** nordöstlich des Courthouse Square (Clinton St und Parallelen).

Museen

In Sichtweite des Courthouse Square steht das multimediale ***Early Works Childen's History Museum*** mit Schwerpunktthema »Die Besiedelung Alabamas« und vielen *Hands-on*-Objekten (404 Madison St, Mo-Sa 9-17 Uhr, © 256/564-8100, www.earlyworks.com; $10, Kinder bis 17 Jahre $8). Kombiticket mit *Constitution Village* und dem Eisenbahnmuseum $14 bzw. $10.

Viel Aufhebens macht man vor Ort vom ***Alabama Constitution Village*** (Franklin St/Gates Ave, $7) beim Courthouse Square quasi »um die Ecke«. Es handelt sich um ein kleines, gerade einen Häuserblock besetzendes künstliches Dorf, das man aus hierher verbrachten oder rekonstruierten Gebäuden des 19. Jahrhunderts zusammengestellt hat. Es kann sicher lokales oder regionales Interesse beanspruchen, der Eintrittspreis ist aber nicht nachvollziehbar. So gesehen lohnt sich auch das ***Historic Huntsville Depot*** (320 Church Street, Di-Sa 9-17 Uhr, $7/$6) nicht für jeden Besucher. Das Eisenbahnmuseum liegt etwa 1 km nördlich des Courthouse Square im alten Bahnhofsgebäude von 1860. Die dort gezeigten Loks und Waggons und die Modelleisenbahn dürften anspruchsvollere Eisenbahnfans nicht sehr beeindrucken.

Living Museum

Das ***Burritt-on-the-Mountain Living History Museum*** am *Round Top Mountain* südlich des *Monte Sano Park* (3101 Burritt Dr, Anfahrt über Straße #431, im Sommer Di-Sa 9-17, So ab 12 Uhr, sonst bis 16 Uhr, Park täglich 7-19 Uhr, © 256/536-2882, www.burrittmuseum.com) umfasst mehrere Gebäude innerhalb eines 60 ha-Parks am Fuß des *Monte Sano* (➪ auch oben unter Camping). Als Museum üblicher Art dient das ***Burritt Mansion***, in dessen Räumen alles mögliche ausgestellt ist. Auf dem Gelände stehen als ***Historic Park*** restaurierte Blockhäuser, die schon anderswo als Farmhaus, Schmiede, Räucherei etc. dienten. *Nature Trails* durch den Bergwald führen zu Aussichtspunkten über der Stadt, zu einer ehemaligen Kohlenmine und *Picnic Grounds*. Der Zutritt aufs Gelände ist frei, Museum und Dorf kosten $6 Eintritt, Kinder $4.

Space and Rocket Center

Die Huntsville-Hauptattraktion ist das ***Space & Rocket Center*** an der I-565 ca. 6 mi westlich der City (*Exit* #15, täglich 9-17 Uhr, © 256/837-3400, www.spacecamp.com, $21/Kinder $16 fürs Kombiticket *Space Museum*, Spacedome-IMAX, *NASA Marshall Flight Center, Rocket & Shuttle Park* © 256/837-3400; ohne IMAX: $16 bzw. $11).

Saturn V vorm US Space & Rocket Center in Huntsville

Das *Huntsville Center* ist fast noch sehenswerter als die »Konkurrenz« in Cape Canaveral (➪ Seite 434) oder Houston. Es präsentiert in der **weltweit größten Ausstellung zur Raumfahrt** fast alle Raketen, Raumkapseln, Mondlandefähren und jede Art von bislang von der NASA verwendeter Ausrüstung im Original oder als Nachbau, außerdem Simulatoren, Computeranimationen u.a. Beeindruckend ist der ***Rocket Park*** mit allen wichtigen Raketentypen von der V 2 bis zur gigantischen Saturn V. Im angeschlossenen ***Space Camp Training Center*** werden Entwicklung und Test neuer Fluggeräte sowie das Astronautentraining durchgeführt.

Unclaimed Baggage Center

In ***Scottsboro***, 30 mi östlich von Huntsville (Straße #72), befindet sich ein **ungewöhnliches Kaufhaus**: das ***Unclaimed Baggage Center*** (509 West Willow Street, Mo-Sa 9-18 Uhr, ✆ 246/259-1525). Was in Flughäfen bzw. in Flugzeugen liegenbleibt und nicht mehr abgeholt wird, also Gepäck und Fracht aller Art, kann dort spottbillig erstanden oder via **Ebay** ersteigert werden. Das Spektrum reicht von Kleidung über Sportartikel, Elektrogeräte und Bücher bis zu oft fast neuen Koffern und Taschen – erstaunlich, was so alles verlorengeht!

Besuch im Internet unter www.unclaimedbaggage.com

Von Huntsville nach Birmingham

Route Wer über die Autobahnen I-565 und I-65 auf direktem Weg nach Birmingham fährt, kann die Strecke in zwei Stunden bewältigen.

Decatur Nur 20 mi westlich von Huntsville liegt **Decatur** am Tennessee River. Das Städtchen besitzt einen hübschen historischen Kern, der einen Abstecher in den Ort hinein wert ist (Ausfahrt #340 von der #72/I-565 geradeaus statt der I-65 nach Süden, dann Straße #31 über den hier wieder aufgestauten Tennessee River).

Cullman Ein wenig östlich von Cullman gibt es auf etwa halber Strecke zwischen Decatur und Birmingham mit der ***Ave Maria Grotto*** eine ungewöhnliche kleine Sehenswürdigkeit. Über 100 »biblische Bauwerke« wurden hier von einem »Bruder Josef« en miniature nachgebaut und in einen kleinen Felspark gesetzt. Gut für einen Umweg: 4 mi ab Exit #308, dann Straße #278/#74 durch Cullman fahren. April-Sept 7-19 Uhr, sonst bis 17 Uhr; $7; Kinder $5; www.avemariagrotto.com.

Rickwood Caverns Der ***Rickwood Caverns State Park***, etwa 30 mi nördlich von Birmingham, ist ein großer Freizeitpark (genereller Eintritt $1/Person) mit Swimmings Pools (Eintritt $3) und Höhlen mit unterirdischem See ($8; 9-17 Uhr, www.alapark.com). Der Park verfügt außerdem über einen kleinen **Campingplatz** (Exit 289, ✆ 205/647-9692, $14).

7.2.2 Birmingham und Umgebung

Geschichte

Kennzeichnung

Mit 244.000 Einwohnern in der City und über 900.000 im Metro-Bereich ist **Birmingham** die größte Stadt Alabamas. »**Pittsburgh des Südens**« wurde sie einst wegen der hier dominierenden Kohle- und Stahlindustrie genannt. Die 1871 inmitten eines Waldgürtels gegründete Stadt verfügt in der Umgebung über reiche Eisenerz-, Kohle- und Kalksteinvorkommen. Heute wird sie nicht mehr vom Smog der Schwerindustrie eingehüllt, und Kohle und Stahl sind nur noch für einen Bruchteil der Arbeitsplätze der Region verantwortlich. Dienstleister (Banken und Versicherungen) und das Medizinische Zentrum der *University of Alabama* sind die wichtigsten Arbeitgeber. Eine »Renovierung«des Stadtbildes brachte ihr Anfang der 1990er-Jahre sogar die – nicht ganz realitätsnahe – Auszeichnung ***America's Most Liveable City*** ein.

Civil Rights

Mit der Schwerindustrie waren Afro-Amerikaner in großer Zahl nach Birminham gekommen, die sich in den 1960er-Jahren im ***Civil Rights Movement*** besonders vehement gegen die Rassentrennung und andere Formen der Diskriminierung zur Wehr setzten. Allein in Birmingham hatte es damals über 50 Bombenanschläge auf schwarze Einrichtungen und Bürger gegeben. »Birmingham« wurde deshalb zu »*Bombingham*« verballhornt.

Vor allem unter dem schwarzen Bürgermeister *Richard Arrington* (1979-1999) hat die Stadt einen starken Wandel erlebt.

Im Civil Rights Institute (➪ Seite 650)

Orientierung und praktische Informationen

Orientierung

Das zentrale Birmingham ist mit seiner schachbrettartigen Anlage leicht zu erfassen. Das **Zentrum** ist definiert durch ein Quadrat unmittelbar unterhalb (südlich) der *Interstate* #20/#59, das links (westlich) durch die Nord-Süd-Autobahn I-65 und rechts durch den *Elton B. Stephens Freeway* (Straßen #31/#280) gebildet wird. Dabei beschränkt sich ***Downtown*** mit dem relativ kleinen Geschäftszentrum mit dennoch beachtlicher *Skyline* weitgehend auf den Bereich 1st bis 8th Ave North und 17th *(Kelly Ingram Park)* bis 24th Street (*Marconi Park*). ***Linn Park*** und ***Birmingham Green*** markieren das »obere« und »untere« Ende von *Downtown*. Die **20th Street** bildet dabei eine **zentrale Achse**, die durchs *Birmingham Green* hindurch zum Kneipen- und Restaurantviertel ***Five Points South*** läuft (11th Ave South). Eisenbahntrassen in Ost-West-Richtung trennen den beschriebenen zentralen Bereich. Oberhalb der Schienen beginnt die Zählung der Avenue als 1st Ave North, 2nd Ave N usw. Südlich der Schienen heißt es dann 1st Ave South etc. Die 8th Ave South nennt sich dort **University Boulevard** und läuft mitten durch den *Birmingham Campus* der *University of Alabama*.

Außerhalb der hier beschriebenen Stadtregion gibt es kaum touristisch nennenswerte Anlaufpunkte.

Information

Am »oberen« Ende von ***Downtown*** befindet sich das ***Greater Birmingham Convention & Visitor's Bureau*** an der 2200 9th Ave N gleich oberhalb nördlich des *Linn Park*, © 205/485-8000, Internet: www.birminghamal.org und www. birminghamchamber.com.

Weitere ***Visitor Centers*** werden unterhalten im ***McWane Center*** an der 200 19th St N zwischen 1st und 2nd Streets, © 205/458-8001, und im ***International Airport*** *Lower Level.*

Unterkunft

Viele Häuser der bekannten H/Motel-Ketten gruppieren sich um Ausfahrten der beiden *Interstates*, nämlich **I-20** (speziell im Airport Bereich *Exits* #129 und #130) und **I-65** (hier speziell zwischen *Exits* #255 und #256 sowie #246). Fündig wird man auch entlang Bessemer Super+Tuscaloosa Hwy (Straße #11 parallel zu I-20 und I-59 südwestlich der Stadt), an dem sich u.a. mehrere Häuser von Billigketten wie ***Motel 6***, ***Masters Economy Inn***, ***Hiway Host*** etc. befinden), und südlich der Kreuzung von I-459 (*Exit* #19) und der Straße #280. Generell sind die **Tarife meist moderat**. Wer zentraler unterkommen möchte, wählt z.B:

- ***Ranchhouse Inn***, 2127 7th Ave South nördlich von Five Points, © 205/322-0691, preiswert, ab ca. $50
- ***Pickwick Hotel***, 808 20th Street South im Bereich Five Points, © 205/933-9555, www.pickwickhotel.com, ab ca. $90
- ***Tutwiler Historic Wyndham Hotel***, 2021 Park Place am *Linn Park*, © 205/322-2100, www.wyndham.com/hotels/BHMTW, ein restauriertes altes Hotel der Oberklasse, dafür und die *Downtown*-Lage mit Tarifen ab $120 o.k.

Camping

Im Umfeld Birminghams campt man am besten im ***Oak Mountain State Park***, ca. 15 mi südlich *Downtown* (I-65 *Exit* 246, dann Straße #119 nach Osten, oder #280 bis Meadowbrook, dann #119 nach Westen). Der ***South Campground*** liegt an einem Badesee (© 205/620-2520, www.alapark.com; ab $12 Zelte; RVs ab $16).

Im ***Tannehill Ironworks Historical State Park*** (12632 Confederate Parkway, I-59, *Exit* 100 oder I-459, *Exit* #1, ca. 25 mi südwestlich von *Downtown* Birmingham, © 205/477-5711), gibt es einen in offiziellen Listen nicht aufgeführten großen ***Campground*** mit Stellplätzen von einfach bis komfortabel. Reservierung nicht möglich. Zu diesem *State Park* ⇨ auch weiter unten Seite 652.

Essen & Trinken

In der bereits erwähnte ***Five Points South Area*** (20th St/11th Ave) unweit der University of Alabama warten viele **Restaurants**, Kneipen und *Nightclubs*. Als das derzeit beste Lokal der Stadt mit kreativer Küche (kalifornisch mit Südstaateneinschlag) gilt ***Highland's Bar & Grill***, 2011 11th Ave South, © 205/939-1400, www.highlandsbarandgrill.com. Etwas für BBQ-Fans ist ***Dreamland***, 1427 14th Ave S, © 205/933-2133, www.dreamlandbbq.com.

Shopping

Größte *Shopping Mall* der Stadt ist die ***Riverchase Galleria*** im südlichen Vorort Hoover (1000 Hwy #31 S; Anfahrt auch über die I-65, *Exit* #252, oder I-459, *Exit* #13) mit mehr als 200 Läden und fünf großen Kaufhäusern, Restaurants und *Food Court*.

Birmingham Museum of Art

Sehenswürdigkeiten

Downtown/ Linn Park/ Parken

Über die u-förmig um die Innenstadt laufenden *Freeways* gelangt man von Norden, Osten und Westen unmittelbar und leicht in die Innenstadt. Wie gesagt bildet dort die 20th Street eine zentrale, grüne Achse zwischen der Straßenerweiterung ***Birmingham Green*** (unterhalb 1st Ave N) und dem ***Linn Park*** voller Brunnen und Bänke zwischen 6th und 8th Ave vor dem ***Birmingham Museum of Art***. An den Parkuhren in der Innenstadt wie auch rund um den *Linn Park* findet sich meist noch ein freies Plätzchen.

Museum of Art

Das Kunstmuseum gehört zu den Hauptattraktionen der Stadt (2000 8th Ave N, Di-Sa 10-17, So ab 12 Uhr, ✆ 205/254-2565, www.artsbma.org, frei). Es verfügt über eine große Sammlung moderner amerikanischer und asiatischer Kunst, eine Porzellanausstellung mit vielen ungewöhnlichen Stücken und einen beachtlich Skulpturengarten hinter dem Gebäude.

Visitor Information/ Sports Hall of Fame

Nur 100 m weiter – man geht auf einem Fußweg unter der I-20/ I-59 hindurch, aber auch die 19th+21st Street führen dorthin – steht jenseits der Autobahn der ***Birmingham-Jefferson Convention Complex*** mit dem ***Visitor Information Center*** und der ***Alabama Sports Hall of Fame & Museum***, 2150 Arrington Junior Blvd N (= 21st Street), Mo-Sa 9-17, So ab 13 Uhr, ✆ 205/323-6665, www.ashof.org, $5, Kinder $3). In diesem Multimedia-Museum erfährt man alles über Alabamas Sportszene und deren Stars, wie *Football Coach Bear Bryant* oder den Boxer *Joe Louis*.

Civil Rights District

Der lokalhistorisch bedeutsame ***Civil Rights District***, ein ehemals rein schwarzes Wohn- und Geschäftsviertel, erstreckt sich westlich der 17th Street zwischen der 2nd und 8th Ave North. Zentrum ist der ***Kelly Ingram Park*** (4th/6th Ave und 16th/17th Street), der als Versammlungs- und Demonstrationsplatz diente. Dort erinnern mehrere Skulpturen an die Bürgerrechtsbewegung der 1960er-Jahre, www.cr.nps.gov/nr/travel/civilrights/al10.htm.

16th Street Church

Zum Symbol der *Civil Rights*-Bewegung wurde die ***16th Street Baptist Church*** (Ecke 6th Ave N und 16th Street). Sie war nicht nur die erste Kirche der Schwarzen in Birmingham, sondern wurde nach einem Bombenattentat im Jahr 1963 durch *Ku-Klux-Klan*-Anhänger, bei dem vier junge schwarze Mädchen ums Leben kamen, zu einer Art Pilgerstätte, www.cr.nps.gov/nr/travel/civilrights/al11.htm.

Civil Rights Institute

Das ***Birmingham Civil Rights Institute*** (520 16th St N, Di-Sa 10-17, So ab 13 Uhr, ✆ 205/328-9696, www.bcri.org, Zutritt $9; Studenten $4; Kinder und Jugendliche bis 17 frei) ergänzt und überschneidet sich mit dem *Civil Rights Museum* in Memphis, ➪ Seite 620, und informiert über das Leben in Zeiten der Rassentrennung z.B. anhand einer Straßenbahn, in der Schwarze und Weiße getrennt sitzen mussten. Die Gewalt- und Einschüchterungspraktiken jener Zeit und Details zur Geschichte der Bürgerrechtsbewegung sind weitere Schwerpunkte.

Jazz Hall of Fame

An der Ecke 4th Ave/17th Street steht das ***Carver Theater***, welches die sehenswerte ***Alabama Jazz Hall of Fame*** beherbergt (Di-Sa 10-17, So 13-17 Uhr, ✆ 205/254-2731, www.jazzhall.com). Sie stellt in erster Linie große Jazzmusiker aus Alabama vor, als da sind *Nat King Cole, Duke Ellington, Lionel Hampton, Erskine Hawkins, Ella Fitzgerald, W.C. Handy, Bessie Smith* u.a.

Arlington Home

Gut 3 mi westlich der Innenstadt (jenseits der I-65) steht mit dem ***Arlington Antebellum Home and Gardens*** ein *Greek-Revival*-Bau in originaler Dekoration und Möblierung des 19. Jahrhunderts (331

Cotton Ave SW/Verlängerung 1st Ave, Di-Sa 10-16, So ab 13 Uhr, ✆ 205/780-5656, www.informationbirmingham.com/arlington, Eintritt $3, Kinder bis 18 Jahre $2).

Vulcan Park

Unbedingt einen kleinen Umweg wert ist der ***Vulcan Park*** rund um den ***Red Mountain***, 20th Street South/Valley Ave, Abfahrt 21st Ave South von der #280/*Elton B. Stephens Expressway*, www.vulcanpark.org. Von dessen Höhe (mit *Observation Plattform*) hat man einen weiten Blick über ganz Birmingham und die weitere Umgebung.

Vor allem aber steht oben auf einem 37 m hohen Sockel der 17 m große ***Iron Man***. Er wurde in Birmingham anlässlich der Weltausstellung 1904 in St. Louis gegossen und stellt *Vulcanus* dar, den römischen Gott des Feuers.

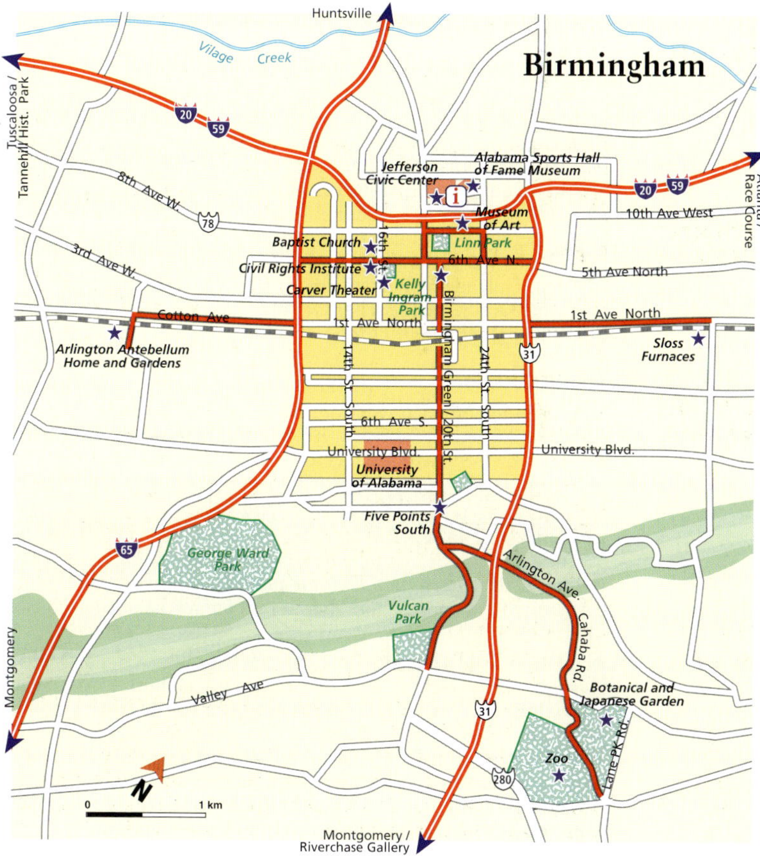

Botanischer Garten

Wer bis zum *Vulcan Park* gefahren ist, könnte von dort aus leicht einen kleinen Schlenker in Richtung ***Zoo*** und ***Birmingham Botanical Garden*** »dranhängen«. Beide Ziele liegen im ***Lane Park*** östlich der #280 in Sichtweite des Aussichtsberges *Red Mountain*. Anfahrt über die Lane Park Road (von der #280 südlich der Trennung von Straße #31). Der **Zoo** bietet mittlere Qualität und Größe (täglich 9-17 Uhr, im Sommer Sa+So bis 19 Uhr; Eintritt $11; bis 12 Jahre $6, www.birminghamzoo.com). Der botanische Garten ist eintrittsfrei. Er verfügt über diverse hübsch angelegte Teilgärten, darunter ein **Japanischer Garten** und ein großes Gewächshaus, www.bbgardens.org. Täglich bis zur Dämmerung.

Industrie-museen

Östlich von *Downtown* befindet sich mit dem ***Sloss Furnaces National Historic Landmark*** (1st Ave N/32nd St N, Di-Sa 10-16, So ab 12 Uhr, ✆ 205/324-1911, www.slossfurnaces.com, frei) ein hochinteressantes **Industrie-Freilichtmuseum** rund um ein stillgelegtes Eisen- und Stahlwerk. Schautafeln erläutern die Details der Eisenverhüttung und Stahlproduktion, die Funktionsweise der Maschinen, von Arbeitsabläufen und -bedingungen.

In diesem Zusammenhang sei auch auf den ***Tannehill Ironworks Historical State Park*** bei McCalla hingewiesen (12632 Confederate Parkway, I-59, *Exit* 100 oder I-459, *Exit* #1, ca. 22 mi südwestlich von *Downtown* Birmingham, täglich 7-21 Uhr, ✆ 205/477-5711, $2/Person, Kinder bis 11 Jahre $1; ➪ auch unter »Camping«), der um die Ruinen der einstigen *Tannehill Furnaces* angelegt wurde, der Geburtsstätte von Birminghams Stahlindustrie. Auf dem Gelände befinden sich das ***Iron and Steel Museum*** und eine ganze Reihe historischer Gebäude aus dem 19. Jahrhundert. Internet: www.tannehill.org.

7.2.3 Von Birmingham nach Atlanta

Von Birmingham nach Atlanta sind es auf der I-20 nur ca. 120 mi oder gute 2 Stunden Fahrtzeit. An der Strecke bieten sich folgende Ziele für Zwischenstopps oder auch Übernachtung an:

Talladega

Der ***Talladega Superspeedway*** (I-20/*Exits* 168 und 173, ✆ 205/362-9064, www.talladegasuperspeedway.com) ist Schauplatz zweier großer NASCAR-Autorennen (➪ Seite 410): Die ***Hard 500*** (Mitte April) und ***Winston 500*** (Mitte Oktober). Motorsport-Fans werden an der ***International Motorsports Hall of Fame*** voller Fahrzeuge und Rennsportmemorabilien ihre Freude haben (Speedway Blvd, täglich 8-17 Uhr, ✆ 205/362-5002, $9, bis 17 Jahre $7).

De Soto Caverns

Rund 15 mi südwestlich von Talladega befindet sich der ***DeSoto Caverns Park*** (Straße #76, 5 mi östlich Childersburg, *DeSoto Caverns Parkway*, Mo-Sa 9-17.30, So ab 13 Uhr im Sommerhalbjahr, sonst bis 16.30 Uhr, ✆ 205/378-7252, www.desotocavernspark.com; Park frei) rund um eine riesige, indessen stark kommerzialisierte Tropfsteinhöhle. Als erster Weißer soll sie 1540 *Hernando de Soto* betreten haben. Die Höhle wurde lange als Onyx-Mine ausgebeutet, daher heißt der größte Raum auch *Great Onyx*

Chamber. In ihm finden bunte ***Laser & Water Shows*** statt. Höhleneintritt inkl. *Show* $15, Kinder bis 11 Jahre $12. Außer der Höhle sind Reste einer *Creek*-Indianer-Siedlung zu sehen. Auch ein **Campingplatz** ist vorhanden, ✆ für Reservierung ➪ oben, $20.

National Forest

Der ***Talladega National Forest*** liegt rund 60 mi östlich von Birmingham. Die I-20 führt mitten hindurch. Die Straßenkombination #281/#49 durch die Wald- und Hügelregion südlich der *Interstate* ist auf 25 mi Länge als ***Scenic Drive*** ausgewiesen. Auf ihm erreicht man den ***Cheaha State Park*** auf dem gleichnamigen höchsten Berg der Region (ca. 750 m), der nicht nur über einen schönen und komfortablen ***Campground*** (ab $16), sondern auch über ein *Resort Hotel, Cabins* und ein **Aussichtsrestaurant** verfügt (zentrales ✆ 256/488-5111; www.alapark.com).

Exkurs

Von Birmingham nach New Orleans/an die Golfküste

(➪ Karte Seite 510)

Zur Routenwahl

Alternative Routen

Wer der beschriebenen Strecke von Norden via Huntsville nach Birmingham gefolgt ist, wird nicht notwendigerweise – siehe den vorstehenden Abschnitt – von Birmingham weiter nach Atlanta fahren wollen. Vielmehr sind individuelle Routen denkbar, die als nächstes

- **New Orleans**,
- **Jackson**/Mississippi und **Vicksburg** oder
- die **Golfküste** in Alabama oder im Florida Panhandle

über Montgomery

zum Zwischenziel haben. Bei Weiterfahrt in **Richtung Golfküste** (Mobile und weiter östlich) liegt es nahe, ab Birmingham weiter der I-65 zu folgen. Bis **Montgomery** sind es nur ca. 90 mi auf relativ uninteressanter Strecke. Die **Haupstadt Alabamas** liegt auf der Hauptstrecke Atlanta-New Orleans, ➪ Seite 521.

über Meridian nach New Orleans

Für alle Ziele weiter westlich nimmt man sinnvollerweise die *Interstate*-Kombination #20/#59 via Tuscaloosa nach **Meridian** in Mississippi. Nach **New Orleans** und zur **Mississippi-Golfküste** geht es von dort auf direktem Durchgang weiter nach Süden. Aber auch bei Zielsetzung **Mobile** kann man entfernungsmäßig ebensogut über Meridian fahren (von dort Straße #45 nach Mobile) wie über Montgomery und wird dabei ungünstigstenfalls eine Stunde länger am Steuer sitzen.

nach Gulfport

Ab Birmingham gelangt man via **Hattiesburg** und die Straße #49 am schnellsten an die Mississippiküste und zu den Spielkasinos im Bereich Gulfport und Biloxi, ➪ Seite 527.

I-59

Am Wege entlang der Autobahn zwischen Tuscaloosa und New Orleans gibt es nichts, was zeitaufwendige Zwischenstopps rechtfertigt, wenn man bedenkt, was New Orleans mit Umfeld

– immer noch bzw. wieder – zu bieten haben. Lieber also dafür mehr Zeit einplanen als die in diesem Bereich unterwegs noch anderweitig zu verbrauchen.

I-20 nach Jackson & Vicksburg

Ab Meridian könnte man aber auch auf der **I-20 via Jackson**, der Hauptstadt Mississipis (➪ Seite 602), und der *River Route* **via Vicksburg** (➪ Abschnitt 6.5.4, Seite 594) in Richtung New Orleans fahren, eine außerordentlich lohnenswerte Route.

Tannehill

Wie auch immer die endgültige Routenentscheidung aussehen mag, bei Weiterfahrt auf der I-20/I-59 liegt der ***Tannehill Ironworks Historical State Park*** am Weg, ➪ oben Seite 652.

Tuscaloosa und Umgebung

Mercedes Benz Werk

Bei ***Vance*** hat die ***Daimler Chrysler Corporation*** eine moderne Fabrik für ihre M-Klasse hochgezogen. Neben preiswertem Baugrund und steuerlichen Vorteilen war ein weiteres Motiv für die Standortwahl das niedrige Lohnniveau in Alabama. Heute ist *Daimler Chrysler* Hauptarbeitgeber der Region. Das Werk verfügt über ein beachtliches ***International Visitor Center*** mit einem kleinen Auto Museum an der I-59/I-20, Zufahrt über *Exit* #89 (Museum frei Mo-Fr 9-17); www.bamabenz.com.

Besichtigungstouren des Werks werden mehrfach täglich angeboten; man muss sich voranmelden unter © 1-888-286-8762 oder Direktruf © 205/507-2253; Gebühr $5 mit AAA-Card $4.

Visitor Center und Automuseum bei Mercedes Benz in Alabama

Tuscaloosa

Rund 50 mi westlich von Birmingham liegt die Universitätsstadt **Tuscaloosa** (78.000 Einwohner). Ein separater Umweg dorthin dürfte den meisten nicht sonderlich lohnenswert erscheinen, ein Zwischenstopp ist jedoch durchaus angebracht.

Geschichte

Zwar hatten 1809 *Creek*-Indianer mit Erlaubnis der US-Regierung die Gegend besiedelt, aber nur, um vier Jahre später wieder vertrieben zu werden. Das kaum den Gründungsjahren entwachsene Tuscaloosa (der Name steht für *black warrior* = *Schwarzer Krieger*) wurde 1826 (bis1846) vorübergehend Hauptstadt von Alabama. Bereits 1831 war in Tuscaloosa die ***University of Alabama*** gegründet worden, die heute über 20.000 Studenten zählt.

Information

Tuscaloosa *Convention & Visitor's Bureau*, 1305 Greensboro Ave, Mo-Fr 8.30-17 Uhr, ✆ 1-800-538-8696, www.tcvb.org

Übernachten, Essen & Trinken

Die meisten **Motels** konzentrieren sich an der I-20/I-59 zwischen den *Exits* #77 und #71, speziell am *Exit* #73 (McFarland Blvd/Straße #82). Eng und teuer wird es nur an Herbstwochenenden, wenn die *Footballer* der Universität Spiele austragen.

Camping

Schön gelegen sind die **Stellplätze für Camper** in **Moundville** am Ausgrabungsgelände (➪ unten).

Komfortabel ist der ***Campground*** im ***Lake Lurleen State Park*** (Schwimmen, Bootsverleih etc.), ca. 8 mi nordwestlich Tuscaloosa bei Coker in einem Waldgebiet am See (ab I-20, Exit #73, durch Tuscaloosa Straße #82/McFarland Blvd, dann die #21/Upper Columbus Road und Lake Lurleen Road, ✆ 205/339-1558, www.alapark.com; ab $14).

Spectator Sports

Sportfans könnten ein *American Football-Match* der Mannschaft der *University of Alabama*, der **Crimson Tides**, erwägen (Sept-Okt im 70.000 Fans fassenden *Bryant-Denny Stadium* auf dem Campus; Tickets: ✆ 205/348-6111, www.rolltide.com). Ansonsten ist es besser, die Stadt während der *Football*-Samstage weiträumig zu umfahren.

Historic Downtown

Der alte Stadtkern besitzt viele interessante Gebäude, wie das ***Battle-Friedman-House*** von 1835 im *Greek-Revival*-Stil (1010 Greensboro Ave/Paul W. Bryant Dr, Di-Sa 10-12/13-16 Uhr, ✆ 205/758-6138, $3). Im ***State Capitol Park*** (2800 6th St) erinnern Reste des einstigen *State Capitol* an griechische Tempelruinen.

Gleich daneben liegt das ***The Old Tavern Museum*** (500 28th Ave, Di-Fr 10-12/13-16 Uhr, ✆ 205/758-2238, frei), das bereits 1827 als Gasthaus und Postkutschenstopp eingerichtet worden war, www.historictuscaloosa.org/tours.html. Im ***Mildred Warner House*** von 1820 (1925 8th Street, Sa+So 13-17 Uhr, ✆ 205/553-6200, frei) befindet sich eine bedeutende Sammlung mit Werken amerikanischer Künstler, z.B. *James Mac Neill Whistler, Edward Hopper* und *John Singer Sargent*.

University

Die Universität (www.ua.edu) wurde im Bürgerkrieg 1865 bis auf wenige Gebäude von Unionstruppen niedergebrannt. Zu besichtigen sind die verbliebenen Antebellumbauten September-Mitte Mai Di-Sa 10-16, sonst Mo-Fr 10-12/13-15 Uhr. Campus-Touren gibt es ab *Rose Administration Building* (am Colonial Drive nördlich des University Blvd werktags 10 Uhr und 14 Uhr, Sa 10 Uhr; Reservierung unter ✆ 205/348-5666).

Moundville Archeological Park

Ca. 15 mi südlich von Tuscaloosa liegt der ***Moundville Archeological Park*** (Straße #69, dann Mound Pkwy, täglich 8-20 Uhr, Museum 9-17 Uhr, ✆ 205/371-2572 oder 2234, Zutritt $5, bis 17 Jahre $3). 20 ungewöhnlich große Erdaufschüttungen (*mounds*) am Black Warrior River, auf denen einst Tempel, Amtsgebäude und Wohnhäuser gestanden haben, sind alles, was vom größten zeremoniellen Zentrum der sog. ***Mississipian Culture*** (➪ Essay) aus der Zeit zwischen 1000 und 1450 n. Chr. übrig blieb. Heute gibt es in der sehenswerten Anlage ein Museum, Rekonstruktionen von Gebäuden mit lebensgroßen Figuren, eine Straße durchs Gelände und sogar einen komfortablen **Campingplatz** (✆ 205/371-4180, 30 Plätze, $12). Weitere Details unter http://moundville.ua.edu.

zurück auf die I-20/I-59

Vom *Moundville Park* ist die Weiterfahrt ein bißchen mühsam, da man erst bei Eutaw wieder auf die Autobahn zurückkommt (Straßen #69, #60 und #14).

Die »Mississippi-Kultur«

Die nordamerikanischen Ureinwohner waren weder unzivilisierte Nomaden noch friedliebende Ackerbauern – die Wahrheit liegt irgendwo dazwischen. Die Erforschung der sog. Mississippi-Kultur, deren Spuren man an vielen Stellen im Südosten der USA bis nach Illinois hinauf entdeckte und die man auf die Periode zwischen 800 und 1500 n.Chr. datiert, ergab folgendes Bild:

Eine relativ hochentwickelte Gesellschaft errichtete große Siedlungen, z.B. in Moundville, Cahokia bei St. Louis oder Toltec bei Little Rock. Es existierte ein komplexes Sozialgefüge, das vom Häuptling an der Spitze der Pyramide über eine Adelskaste, Priester und Krieger bis hinunter zu Handwerkern und einfachen Bauern reichte. Im Zentrum der Orte, die von Palisaden umgeben waren, befanden sich ein zentraler Platz und viele künstliche Hügel, die »***Mounds***«. Die Bewohner lebten in erster Linie vom Ackerbau (Mais), trieben aber auch Handel. Um das religiöse und wirtschaftliche »städtische« Zentrum herum existierten davon abhängige Satellitensiedlungen.

Unklar ist immer noch, was den Untergang dieser Kultur herbeiführte, den die Forschung auf die Zeit kurz vor dem Eintreffen der ersten Europäer (*Hernando de Soto* 1540) ansetzt. Aus unbekannten Gründen lösten sich die sozialen Strukturen anscheinend auf und eine Art »Landflucht« setzte ein. Gleichzeitig drangen Waldlandbewohner aus dem Norden nach Süden.

Die ersten Weißen trafen nur mehr auf Reste dieser Hochkultur und trugen vor allem durch eingeschleppte Krankheiten wie Gelbfieber und Windpocken zu ihrem endgültigen Verschwinden bei. Französische Siedler aus Louisiana stießen noch auf die *Natchez*-Indianer, ein überlebendes Volk der *Mississipi Culture*, das aber bald ebenfalls ausgerottet wurde (➪ Seite 591). Ihnen setzte *Francois-René de Chateaubriand* mit seinem 1826 veröffentlichen Roman »***Les Natchez***« ein Denkmal. Das Buch war Ergebnis einer Amerikareise im Jahr 1771 und übermittelt der Nachwelt zumindest eine vage Vorstellung von dieser untergegangenen Kultur

SÜDSTAATEN WISSEN UND INFORMATIONEN

1. SÜDSTAATEN WISSEN

1.1 Historischer Abriss der US-Südstaaten

Vorgeschichte

Die USA sind nach europäischen Maßstäben ein **junges Land** und dennoch sind die Amerikaner **stolz auf ihre Tradition**. Immerhin reichen die Wurzeln weit vor die Zeitenwende zurück. Bei genauerem Hinsehen ist die Geschichte Nordamerikas ähnlich unterschiedlich wie seine Geographie. Die Südstaaten bilden auch in dieser Hinsicht einen zusammengehörigen Komplex, dessen verbindendes Element nicht allein in der unglückliche Abtrennung von der Union während des Bürgerkriegs 1861-1865 liegt.

Ureinwohner

Die ersten Europäer, spanische Abenteurer wie *Hernando de Soto*, die zu Beginn des 16. Jahrhunderts in das Gebiet der heutigen Südstaaten vordrangen, trafen nicht nur auf »Wilde«, sondern auch auf die Reste einer **indianischen Hochkultur**. Nach vorsichtigen Schätzungen lebten damals zwischen dem heutigen Kanada und Florida um die 150.000 Menschen. Sie fielen weitgehend der europäischen Expansion zum Opfer, ➪ Seite 656. Heute gibt es im Süden der USA nur noch kleine Reservate in North Carolina, Florida, Alabama, Mississippi und Louisiana.

Archaic und Woodland Tradition

Über die Frühphase der Besiedelung des nordamerikanischen Kontinents ist sich die Wissenschaft nicht ganz einig. Sicher scheint nur, dass Gruppen von Jägern in den Eiszeiten vor 10.000 v. Chr. (vielleicht bereits 30.000 v. Chr.) über die damals bestehende Landverbindung zwischen Asien und Alaska – wo sich heute die Meerenge der Beringstraße befindet – in den nordamerikanischen Kontinent einwanderten. Es folgte eine lange **Phase der Sesshaftwerdung**, die nach Funden etwa 1.000 v. Chr. abgeschlossen war. Danach bildete sich im Osten des Kontinents eine Gesellschaft von Ackerbauern, Jägern und Sammlern heraus – man spricht dort von der ***Woodland Tradition*** –, deren Siedlungsgebiet vom Golf von Mexiko bis zu den Großen Seen reichte.

Mississippian Tradition

Ab etwa 900 n. Chr. entwickelte sich – ausgehend von der Region um Mississippi und Ohio River – eine indianische Hochkultur, die ***Mississippian Tradition***. Über das Kerngebiet der heutigen Staaten Kentucky und Tennessee hinaus erstreckte sie sich von Mississippi und Alabama bis nach Georgia. In *Natchez* (Mississippi), *Moundville* (Alabama) oder *Macon* (Georgia) sind Reste davon erhalten (am eindrucksvollsten indessen im *Cahokia Mounda State Historic Park* in der Nähe von Saint Louis auf Illinois Staatsgebiet außerhalb der in diesem Buch beschriebenen Region).

Intensiver Ackerbau charakterisierte die *Mississippians*: Mais, Kürbis, Bohnen, Süßkartoffeln und Tabak waren die wichtigsten Kulturpflanzen, die später von den weißen Siedlern übernommen wurden. Die hierarchisch gegliederte Bevölkerung bildete außergewöhnlich große, von Holzpalisaden umschlossene Siedlungen mit charakteristischen ***Mounds*** im Zentrum. Auf diesen pyramidalen, künstlichen Erdanschüttungen standen die kultischen und weltlichen Machtzentren – Tempel, Fürstensitze und Versammlungsplätze. Das **Ende dieser Kultur** kam mit dem Eintreffen der ersten Europäer. Bereits gegen Mitte des 16. Jahrhunderts waren viele dieser Siedlungen verlassen. Interne Kriege, vor allem aber eingeschleppte Krankheiten hatten die Indianer zu Tausenden dahingerafft.

Nachkommen der Woodland Tradition

In das entstandene Vacuum traten Nachkommen der Bevölkerung der *Woodland Tradition*: ***Cherokee*** in North Carolina, Tennessee und Georgia, ***Creek*** in Alabama, Südgeorgia und Florida, sowie ***Choctaw*** und ***Chickawa*** in Alabama, Tennessee und Mississippi. In den europäischen Kolonien blieb Ihnen zunächst noch ein bedeutender wirtschaftlicher und sogar diplomatischer Einfluß erhalten. Erst die endgültige Machtübernahme der USA und der verstärkte Siedlungsdruck durch Einwanderer in die junge Republik besiegelte das Schicksal der Ureinwohner.

Ausrottung der Indianer

Unter Präsident und Indianerfeind ***Andrew Jackson*** zwang der sog. ***Indian Removal Act*** von 1830 acht Jahre später über 16.000 Indianer zur Umsiedelung in ein Indianer-Territorium westlich des Mississippi (heute Oklahoma). Dieser legendäre ***Trail of Tears*** mitten im Winter kostete Tausenden das Leben und bleibt ein dunkles Kapitel der US-Geschichte. Viele Indianer wehrten sich gegen die Zwangsumsiedlung, besonders die Seminolen, ein Zusammenschluß verschiedener indianischer Gruppen und schwarzer, nach Florida geflohener Sklaven, die drei langjährige Kriege gegen die Amerikaner geführt und sich dann – ungeschlagen – großenteils in die Sümpfe zurückgezogen hatten (➪ Seite 459).

Einige Nachfahren der sog. **»fünf zivilisierten Stämme«** – *Cherokee, Chickawa, Creek, Choctaw* und *Seminole* – konnten später wieder in ihren einstigen Siedlungsgebieten Fuß fassen.

Entdeckungsfahrten und Erstbesiedelung

In der ersten Hälfte des 16. Jahrhunderts war die europäische Welt in Bewegung geraten. Die Entdeckungen der Seefahrer, vor allem der Spanier und Portugiesen, verursachten einen Boom an Expeditionen, darunter auch erste Vorstöße ins südliche Landesinnere der heutigen USA. Die Suche nach *El Dorado*, der Goldstadt, und dem Jungbrunnen – die Indianer hatten in der vergeblichen Hoffnung, so die unliebsamen Gäste wieder los zu werden, sagenhafte Geschichten erfunden – führten ***Juan Ponce de León*** und ***Pánfilo de Narváez*** an die Küsten Floridas. In der Folgezeit versuchten Franzosen wie auch Briten sich in die Expansionspolitik der spanischen Könige Karl V. und Philipp II. einzumischen. **Französische Hugenotten** begannen im spanisch-katholischen Einflußgebiet zu siedeln, Engländer und Niederländer machten als Piraten den Atlantik und die Karibik unsicher. Der Spanier ***Pedro Menéndez de Aviles*** zerstörte eine hugenottische Kolonie beim heutigen Jacksonville in Florida und gründete stattdessen 1565 die **erste dauerhafte Ansiedlung der Europäer** auf nordamerikanischem Boden, **St. Augustine** (⇨ Seite 408).

Der Regierungsantritt von Elisabeth I. und der Untergang der spanischen Armada vor England 1588, öffnete den Briten aber bald endgültig den Atlantik. Schon vier Jahre zuvor hatte ***Sir Walter Raleigh***, berühmter englischer Seefahrer und Pirat, auf der der Küste von North Carolina vorgelagerten Insel Roanoke eine Kolonie **Virginia** gegründet, die jedoch bald wieder aufgegeben wurde. 1606 war dann von dem Nachfolger Elisabeths, Jakob I., zwei Handelskompanien aus London und Plymouth das Recht eingeräumt worden, ***Plantations*** in Virginia anzulegen.

Britische Kolonialisierung

Mit dem Jahr **1607 beginnt die eigentliche Geschichte** der heutigen USA. Die *London Company* gründete in ***Jamestown***, Virginia, an der Chesapeake Bay die **erste dauerhafte englische Siedlung** der Neuen Welt. 1663 erfolgte durch eine Schenkung Karls II. an acht englische Adelige die Gründung der Kolonie **Carolina**, später South und North Carolina. Im 17. Jahrhundert folgten New Hampshire (1622), Maryland (1632), New York, New Jersey, Delaware (alle 1664) und Pennsylvania (1681). Mit dem Beginn der Besiedelung Georgias (1732) war die erste Phase der Landnahme abgeschlossen.

Toleranz und religiöse Vielfalt prägten die 13 Kolonien, ein ebenfalls religiös begründetes **Sendungsbewußtsein** führte aber zugleich zu einer kompromißlosen Abgrenzung Andersdenkender und sozialer Ausgrenzung Andersartiger – vor allem von Indianern und Schwarzen.

Zudem kam es zu einer **Polarisierung der Kolonien**: Während die nördlichen verstädterten und durch Handel und Manufaktur gekennzeichnet waren, entwickelte sich der Süden zu einer Agrarregion mit wenigen Monokulturen wie Tabak und Baumwolle und starker Abhängigkeit vom Export ins Mutterland. An der Küste und in den Flußtälern herrschte Plantagenwirtschaft vor, aber im Appalachenvorland, dem *Piedmont*, in den Bergen selbst sowie auf dem westlichen Hochplateau lebten die Siedler in kleinen Familienfarmen ohne Sklaven. Diese Gebiete galten damals als ***Frontier***, als offenes Grenzland, das sich langsam immer weiter – über die heutigen Staaten Tennessee und Kentucky – nach Westen hinausschob.

Typisches Siedlerhaus des 17. Jahrhunderts

Die Unabhängigkeit

Um die Mitte des 18. Jahrhunderts änderte sich die Politik Großbritanniens in seinen amerikanischen Kolonien. Höhere Steuern und schärfere Gesetze sollten die Machtposition der Kolonialherren demonstrieren. Man erwartete von der Neuen Welt eine **Absicherung des Wohlstands im Mutterland**. Eine Grenzziehung der Briten 1763, die unter anderem eine Westausdehnung über die Appalachen hinaus bis an den Mississippi untersagte, wo der französische Einflußbereich begann, führte zu generellen Protesten gegen Abgaben und Bevormundung. Es häuften sich auf beiden Seiten gewaltsame Übergriffe, die 1775 in der sog. ***Boston Tea Party*** eskalierten, dem historischen Beginn des Unabhängigkeitskriegs gegen England.

Die Stellung der Südstaaten war dabei ambivalent: Einerseits regte sich auch und besonders im Süden der Ruf nach Unabhängigkeit, andererseits hing man vom englischen Markt ab. Nach der **Unabhängigkeitserklärung vom 4. Juli 1776** und dem schwer erkämpften und auch nur mit französischer Hilfe gesicherten Sieg 1783 (Frieden von Paris), begann das Ringen um eine Verfassung. Während der Süden für eine Konföderation plädierte, favorisierten andere Gruppen, angeführt von *George Washington* und *Benjamin Franklin*, eine politische Union und setzten sich 1787 damit durch. 1790 hatten alle 13 ehemaligen Kolonien, nun als Bundesstaaten, die ***Constitution of the United States of America*** unterzeichnet. Sie ist heute die älteste immer noch gültige demokratische Verfassung der Welt.

Entstehung des Old South

Schon vor und während der Unabhängigkeitsbewegung bahnte sich – wie bereits oben angedeutet – der Konflikt zwischen Nord und Süd an. Der Süden setzte nach wie vor auf die Sklavenhalterwirtschaft bei wachsender Abhängigkeit von »König Baumwolle«, dem ***Cotton***. Das schadete zunächst nicht. Denn eine agrarische Boomperiode sorgte dafür, dass die führende Schicht in den Südstaaten auch nach dem offiziellen Verbot der Sklaveneinfuhr (1808) ein Leben in Luxus führen konnte. Das vorhandene Heer von rund 4 Mio. Schwarzen auf den Baumwollfeldern machte es möglich.

Diese Situation, grundsätzlich unterschiedliche Sozialstrukturen und politische Hierarchien führten zu einem kulturellen wie politischen **Auseinanderdriften der Süd- und Nordstaaten**. Da im Süden urbane Zentren und Industrien fast ganz fehlten, blieben der **Plantagenaristokratie** auch viele der sich im Norden entwickelnden modernen politischen Vorstellungen fremd. Das verstärkte nur die ohnehin latente **Furcht vor einer Dominanz des Nordens**.

Konfliktsituation

Die schon in den Jahren 1763-1767 geschaffene Grenzlinie zwischen Pennsylvania und Maryland, nach ihren Vermessern ***Mason-Dixon-Line*** genannt, entwickelte sich mehr und mehr zur **Trennungslinie** in Sachen Sklavenhalterei. Das Gleichgewicht kam immer stärker ins Wanken – neu aufgenommene Staaten und zunehmende Industrialisierung begünstigten ebenso den Norden, wie dessen Polemik gegen die Sklaverei den Süden erboste. Auch der Erwerb Louisianas – 1803 kauften die USA für nur $15 Mio. von Napoleon die Region westlich des Mississippi bis über die Rocky Mountains hinaus (⇨ Seite 531) –, die Übernahme Floridas von Spanien (1821) und die Integration von Texas (1845) sorgten nur vorübergehend für nationale Einigkeit. Der Bruch war absehbar und nicht aufzuhalten.

The *lost cause* – der Bürgerkrieg

Die Sklaverei war dabei nur einer der Streitpunkte der jungen Republik. Der eigentliche Zündstoff entwickelte sich aus den erläuterten wirtschaftlichen Gegensätzen: Dem ins Industriezeitalter eintretenden Norden stand der rein agrarisch strukturierte Süden gegenüber. Als 1860 *Abraham Lincoln*, ein gemäßigter Republikaner und entschiedener Gegner der Sklaverei, zum Präsidenten gewählt wurde, begann eine katastrophale Entwicklung. Obwohl *Lincoln* an sich um Ausgleich bemüht war und die Union retten wollte, radikalisierte sich der Süden zunehmend.

Entstehung der Konföderation

So verließ South Carolina noch im Dezember desselben Jahres die Union. Die anderen Südstaaten schlossen sich an, und bereits 1861 erfolgte ihr Zusammenschluß zu den ***Confederate States of America*** (CS) mit ***Jefferson Davis*** aus Alabama als Präsidenten, der sein Amz zunächst in Montgomery antrat, später aber nach Richmond zog. Eine der ersten Maßnahmen des neuen Staates war die Übernahme aller Militärposten der Union in den Südstaaten.

Kriegsbeginn

Als sich der Kommandeur von ***Fort Sumter*** auf einer Insel vor Charleston weigerte, das Kommando abzugeben, fiel am 12. April 1861 der erste Schuß. Der Angriff konföderierter Soldaten auf das Fort markierte den Beginn des Bürgerkriegs.

Nach Zahlenverhältnissen, nach Qualifikation und Ausrüstung der Soldaten, den Nachschubwegen und der Logistik hätte der Krieg rasch zugunsten der Union beendet worden sein müssen. Die **Stimmung im Norden** war entsprechend euphorisch, und anfangs sahen viele die Auseinandersetzung eher als eine Art sportlichen Wettstreit. Schon die erste **Schlacht bei Manassas** vor den Toren Washingtons (⇨ Seite 225) belehrte die Nordarmee jedoch eines Besseren. Die zusammengewürfelten Truppen der Konföderierten kämpften bravourös und brachten in dieser ersten Schlacht des Krieges die Union überraschend an den Rand einer Niederlage.

Erbitterte Kämpfe

Vier Jahre lang verteidigten die Konföderierten danach ihre Unabhängigkeit. Ihr oberster **Befehlshabers war *Robert E. Lee***, bis zum Kriegsausbruch Oberst der Union. Besonders in Virginia, in den Gebieten um die beiden Hauptstädte Washington DC und Richmond und zwischen Appalachen und Mississippi tobte der Bruderkrieg. Er stellte auf sämtlichen Ebenen der Kriegsführung, von der technischen Ausrüstung über die Höhe der Verluste bis zur militärischen Strategie der »verbrannten Erde«, alles bislang Dagewesene in den Schatten.

Insgesamt kamen 600.000 Menschen ums Leben, davon allein 260.000 Soldaten der Konföderierten. Indessen fielen »nur« 94.000 von ihnen direkt im Kampf. Die große Masse der Soldaten beider Seiten erlag erst später Verletzungen oder starb infolge von Krankheit und Erschöpfung oder der elenden Bedingungen in Gefangenschaft. Die Brutalität des Bürgerkrieges und das Los der Soldaten werden heute beim beliebten »Nachspielen« an den Jahrestagen vieler Schlachten gerne übersehen.

Die Entscheidung

Die größeren Ressourcen des Nordens an Menschen und Material und die Seeblockade waren letztlich entscheidend, zumal sich die Hoffnung der Konföderierten auf ein Eingreifen Frankreichs oder Englands auf ihrer Seite nicht erfüllte. Mit der Einnahme von Vicksburg (➪ Seite 599) und der Schlacht bei Gettysburg (➪ Seite 221) wendete sich das Kriegsglück im Jahr 1863 endgültig zugunsten der Union. Der berühmt-berüchtigte Vernichtungsmarsch der Unionstruppen unter General *William T. Sherman* von Nashville/Tennessee über Chattanooga durch Georgia an die Küste und die Zerstörung der wichtigsten Nachschubbasis der Konföderierten, Atlanta, brach schließlich den Widerstand. Die auseinanderfallende Konföderation **kapitulierte** am 9. April **1865 in Appomattox** nahe der Südstaatenhauptstadt Richmond.

Der Bürgerkrieg ist dank unzähliger kleiner wie großer gepflegter Battlefield und Military Parks bis heute allgegenwärtig.

Zeit der Rekonstruktion

Die Nachkriegszeit (*reconstruction* 1865-1877), prägte den Süden nachhaltig. Nach der **Ermordung von *Lincoln*** am 14.4.1865 folgte die Periode der radikalen Republikaner. *Carpetbaggers*, Geschäftemacher aus dem Norden, *Scalawags*, mit ihnen kooperierende Südstaatler, freie Schwarze und das Nordstaatenmilitär beherrschten das Land – leider häufig mit dubiosen Mitteln. Folgen waren eine **Verarmung der Landbevölkerung** und eine starke **Opposition durch die alte Oberschicht**; der **Klu-Klux-Klan** entstand. Der weitgehend zerstörte Süden fiel in kurzer Zeit ökonomisch auf den Stand der Kolonialzeit zurück.

Eine politische Wende 1876 beendete im Folgejahr die Besetzung und ermöglichte die Rückkehr der Südstaaten in die Union. Sofort begannen die konservativen Kräfte, i.e. die alten Plantagenfamilien unterstützt von einer neuen Schicht von Händlern und Kaufleuten, die Macht an sich zu reißen. Der Grundbesitz wurde nun zwar nicht mehr von Leibeigenen bewirtschaftet, doch den Pächtern, verarmten Weißen und Schwarzen, teils ehemalige Sklaven, ging es häufig nicht viel besser als als jenen zuvor.

Die Konservativen verstanden es, die aufgehobenen Rassenschranken wieder aufzurichten – unter dem Motto ***separate-but-equal*** (getrennt, aber gleich) versuchte man, die Uhr zurückzudrehen.

New South

Ökonomischer Wandel

In der Folgezeit fand ein wirtschaftlicher und sozialer Wandel statt, der bis heute andauert, und den ***New South*** entstehen ließ. Bereits gegen Ende des 19. Jahrhunderts nahmen Industrialisierung und die Entstehung urbaner Zentren ihren Anfang, gleichzeitig verschärfte sich die soziale Problematik, vor allem, was die Ausbeutung der zumeist schwarzen Arbeitskräfte anging. Naturkatastrophen wie der Baumwollkäfer und die Weltwirtschaftskrise beendeten in den 20er-Jahren des vorigen Jahrhunderts die Vorherrschaft des *Cotton* und anderer Monokulturen (Zuckerrohr und Reis) endgültig.

New Deal und Weltkrieg

Das nach der Weltwirtschaftskrise 1929 von Präsident *Franklin D. Roosevelt* initiierte Aufbauprogramm, der ***New Deal***, sorgte schließlich über die Farm-, Sozial- und Arbeitsbeschaffungsprogramme sowie kulturelle Projekte für einen Neubeginn. Und der 2. Weltkrieg bewirkte mit seinem Bedarf an Rüstungsgütern und Menschen für den US-Süden eine Art Wirtschaftswunder, das Industrialisierung und Urbanisierung mit sich brachte. Eine stärker diversifizierte Landwirtschaft war eine weitere Neuerung.

Nachkriegszeit

Die wirtschaftlichen Umwälzungen hatten – vor allem in der Nachkriegszeit – auch **soziale Veränderungen** zur Folge. In den Jahren nach 1960 sorgte die Bürgerrechtsbewegung dank herausragender Persönlichkeiten wie ***Martin Luther King*** für Aufsehen. Der ***Civil Rights Act*** 1964 und der ***Voting Rights Act*** 1965 hoben zumindest auf dem Papier die Rassendiskriminierung auf.

Südstaaten im Aufschwung

In den letzten 20 Jahren traten die alten Industrien, vor allem Bergbau und Stahlproduktion, in den Hintergrund. Dienstleistungen, Computer- und Raumfahrtindustrie gewannen an Bedeutung.

Günstige Voraussetzungen, angefangen beim Klima bis hin zum Angebot an billiger Arbeitskraft und Steuererleichterungen, verhalfen dem heute so bezeichneten ***Sun Belt*** in Nachfolge des ***Cotton Belt*** besonders in jüngerer Zeit zu überdurchschnittlichem Wirtschaftswachstum. Die Cities von Atlanta oder Charlotte, aber auch die neu entstandenen Produktionsstätten z.B. von Mercedes und BMW in Alabama bzw. South Carolina demonstrieren den ökonomischen Aufschwung des Südens.

Speziell die Olympischen Spiele 1996 in Atlanta machten den Süden salonfähig, und auch politisch ist *Dixieland* nicht mehr zweitrangig: Nach *Jimmy Carter* (1977) und *Bill Clinton* (1993) zog mit dem Texaner *George W. Bush* 2001 ein dritter – im weiteren Sinn – Südstaatler nach dem Bürgerkrieg ins Weiße Haus ein und gewann bekanntlich Ende 2004 sogar seine 2. Präsidentschaft. Selbst der unterlegene Gegenkandidat 2001, *Al Gore*, ist ein Südstaatler aus Tennessee.

1.2 Die Southerners

Viele ***Yankees***, Amerikaner aus dem Norden, hegen wenig Sympathie für den südlichen Landesteil. In ihren Augen sind dort immer noch Rassismus, ein Hang zu Gewaltausbrüchen und Kleinkariertheit zu Hause, zudem Faul- und Trägheit. Der Süden gilt ihnen daher als rückständige Region, in der die Zeit stehengeblieben ist. Einiges davon mag einen Funken Wahrheit bergen, doch die Realität sieht, wie so häufig, anders aus.

Weiß und Schwarz

Den höchsten Anteil an schwarzer Bevölkerung – an ***Afro-Americans***, wie es in Zeiten der *political correctness* heißt – haben Louisiana, Mississippi, Alabama, Georgia und South Carolina.

Trotz latenter Rassenproblematik und der wunden Punkte in der Geschichte des Südens ist das Verhältnis zwischen Weiß und Schwarz dort aber besser als im Rest der USA. Mit dem Satz »Im Süden ist es den Leuten egal, wie nahe ihnen Schwarze kommen, solange sie nicht zu hoch aufsteigen; im Norden ist es ihnen egal, wie hoch Schwarze aufsteigen, solange sie ihnen nur nicht zu nahe kommen«, brachten die Soziologen *E. Fawcett* und *T. Tony* in ihrem Buch »Psychogramm eines Volkes im Wandel. Die Amerikaner heute« die Situation auf den Punkt. Andererseits gibt es immer noch den Klu-Klux-Klan, und die weiße Unterschicht, die *»Rednecks«*, haben für rassistische Parolen nach wie vor ein offenes Ohr.

Klischees und Realität

Lost Cause, Old & New South, Southern Belles, Moonlight- und *Magnolia*-Romantik, *Johnny Reb* – der Bürgerkriegsheld – und *Billy Yank*, sein Unionskollege, *Good Ol'Boys* und *Rednecks, Sambo,* der Melonen essende Negerjunge , *King Cotton* und *Jack Daniel* – die Liste an Mythen und Klischées könnte endlos fortgesetzt werden. Sie steht für das facettenreiche Bild von *Dixieland*, das Reisende durch den Süden auf Schritt und Tritt begleitet.

Das Klima des *Sun Belt* hat die Menschen ebenso wie ihre Geschichte geprägt. Die agrarische Struktur und die weitgehende Abwesenheit städtischen Lebens ließen **Familienbanden, Traditionen und Moralvorstellungen** mehr Raum als anderswo. **Loyalität und Freundschaft**, **Aufgeschlossenheit und Gastfreundlichkeit** spielen im Süden noch eine wichtige Rolle. Auch im alltäglichen

Leben sind die Unterschiede zwischen *Southerner* und *Yankee* erheblich, z.B. was die Rolle der Kirche, die Küche, die Gebräuche und Gewohnheiten betrifft. Und wie *BBQ* und *Grits, Football* und Religion wird die Sprache – vielleicht sollte man besser sagen, der Dialekt – als ein Stück Tradition hochgehalten, ➪ Kasten.

Southern Drawl

Hi y'all (gesprochen ha-yool) – Hallo alle zusammen! Die Sprache, die in den Südstaaten der USA gesprochen wird, hat mit dem Amerikanischen wenig und mit dem klassischen britischen Englisch kaum noch etwas gemeinsam. Manche Linguisten sprechen gar von einem eigenen Dialekt oder einer Sprachgruppe, die den Süden deutlicher als alle anderen Sprachvarianten vom Rest der USA abgrenzt.

Bereits Mark Twain behauptete »a Southerner talks music« und mokierte sich über das gestelzte Englisch der Yankees. Bewußt praktiziert der Südstaatler eine gedehnte Sprechweise, den »Southern Drawl« und pflegt spezifische Besonderheiten in Grammatik und Phonetik, seine »Southern Features«. Immerhin paßt die melodische, gedehnte Aussprache zu den Südstaatlern, zu ihrer Vorliebe, Geschichten zu erzählen und Reden zu schwingen, die Zeit schwatzend auf der Terrasse bei Eistee, zu verbringen. Immerhin stammen die besten Erzähler der amerikanischen Literatur aus dem Süden.

Da wären zunächst einmal grammatikalische Unterschiede des Southern Slang zum Hochenglischen, z.B. Verkürzungen wie y'all (für you all), ol` (old), sorter (sort of), `bout (about), lill (little), less (let us) oder doppelte Modalkonstruktion wie in »I may can do that«. Done ist ein beliebtes Wort zur Betonung (I really done saw that) und Verben in der Verlaufsform wird oft ein »a« vorangestellt, dafür entfällt gerne das End- »g« (awaitin` statt waiting).

Phonetisch ist es noch schwieriger: dass das »r« nach Vokalen fehlt (z.B. dahlin` für darling, popla für popular) und Vokale gedehnt werden, ist noch harmlos. Manche Vokale werden komplett anders ausgesprochen als gewohnt, z.B. a wie i oder ee wie a. Think klingt dann wie »thank«, just wie »jest« und car wie »cor«. Das Gesicht (face) spricht man »faiss« und aus dem Wort furniture wird »foinitscha«. Aus that wird oft »dat«, aus and ein »en« und aus would ein »ud«. Scharf voneinander abgegrenzte kurze Konsonanten sind verpönt, so wird das picture (Bild) phonetisch zum »pittscher« (Krug).

Noch eine Besonderheit des Südens sind die Namen. Nirgendwo sonst gibt es derartig prägnante Vorlieben: Da wären zum einen die biblischen Namen wie Jesse oder Jeremiah, dann klassisch-antike wie Augustus, Dionysos oder Atticus. Und schließlich gibt es noch zahlreiche Doppelnamen, Billy Bob oder Bonny Jean und die Verniedlichungsformen auf y oder ie wie in Billy, Ronnie oder Jimmy.

Die Sprache der Südstaaten – eine Wissenschaft für sich? Ja, aber in einem Land, in dem man sogar mit minimalen Englischkenntnissen freundlich und zuvorkommend aufgenommen wird, dennoch kein Problem. Nach kurzer Eingewöhnung kommt man im allgemeinen schon klar. Und schließlich kann man ja auch nachfragen. Bye y`all!

1.3 Die Südstaatenküche

Als erstes sollte jeder Besucher des Südens seine Vorurteile gegenüber der amerikanischen Küche ablegen. Sie besteht nicht nur aus *Hot Dogs* und *Hamburgers*. Im Gegenteil, gerade in den USA erlebt die Kochkunst derzeit einen neuen Höhenflug, und in keinem anderen Land der Welt gibt es ein derart dichtes Netz an guten Restaurants, die oft nicht einmal besonders teuer sind. Auch an den Südstaaten gehen neue Trends nicht vorbei, hinzu kommt dort die **eigenständige kulinarische Tradition**.

Barbecue: BBQ

Neben Religion und *American Football* ist das *BBQ, »bobiku«*, eines der beliebtesten Themen der Südstaatler – kein Wunder, wird doch bei jeder Gelegenheit der Grill angeworfen. Im Süden liebt man Schweineteile, die man nach dem Grillen in Kugelgrills oder alten Fässern kleingeschnitten *(chopped)* mit einer speziellen Sauce übergießt. Auf diese Tunke kommt es an, sie ist die Krönung der Mahlzeit: mit Apfelessig gewürzt oder aber auf Tomatenbasis, mehr oder weniger scharf und dick eingekocht, jeder hat da sein Geheimrezept.

Grits & Cornbread

Grits ist der Haferbrei oder die Polenta des US-Südens und besteht aus einem der Hauptstandbeine der Südstaatenküche, dem Mais. In den Südstaaten verfolgt er den Reisenden vor allem in Form von *Grits* und *Cornbread*. Wer bei ***Grits*** an Grütze denkt, liegt gar nicht so falsch. Es handelt sich um einen Brei aus mehr oder weniger grob gemahlenem, getrocknetem Mais (*hominy*), den bereits die indianischen Ureinwohner Anfang des 17. Jahrhunderts den Kolonialisten als Gastspeise angeboten hatten. Heute wird er in der Regel mit Butter und Käse serviert – gerne zum Frühstück. ***Cornbread***, gebackenes Maisbrot, wird in Scheiben geschnitten und oft angebraten als Beilage gereicht. Es geht in seiner Zubereitungsweise auf die afro-amerikanische (Sklaven-)Tradition zurück und schmeckt besonders zu Eintopfgerichten lecker.

Chicken & Ham

Chicken – am liebsten *fried* (frittiert) – ist ein weiteres Lieblingsgericht der *Southerners*. Mit *biscuits* und *corn* (Maiskolben) serviert und mit *gravy* (Bratensaft) übergossen ist es frisch serviert eine schmackhafte, wenn auch nicht gerade kalorienarme Köstlichkeit. Beliebte Beilage sind Süßkartoffeln, ***Yams*** oder Bataten, aus denen meist ein süßliches Kartoffelpüree bereitet wird. Seltsam in unseren Ohren mag eine weitere Spezialität des Südens klingen: ***Country Ham*** mit Kaffeesoße. Speziell geräuchertes und abgehangenes Schweinefleisch wird im Ganzen gebacken und/oder in Scheiben gebräunt und mit dieser delikaten Sauce (oder einer anderen) schon zum Frühstück verzehrt.

Dessert & Getränke

Pfirsiche aus Georgia, Zitrusfrüchte aus Florida oder vielleicht ein leckeres Stück ***Pie*** – mit Pecannüssen, Obst oder Kürbis gefüllter Mürbeteigboden –, oder die krümelige Version, der ***Cobbler***, oft mit Aprikosen oder Kirschen? Ein schön saftiger ***Breadpudding***? Besonders die Desserts setzen der Südstaatenküche die Krone auf. Für sie sollte man bei jedem Mahl noch Platz lassen.

Coca Cola und Pepsi, mit Stammsitz in Atlanta bzw. New Bern/ North Carolina, sind lokale »Spezialitäten«. Erst durch Erfindung der Eismaschine 1865 in New Orleans war den Sodas aber ihr durchschlagender Publikumserfolg beschert. **Nationalgetränk des Südens** ist dennoch keines der beiden Getränke, sondern der **Eistee**. Ihn gibt es überall und meist wird er übersüß und mit vielen Eiswürfeln geschlürft. Ein weiteres Getränk des Südens ist weltbekannt, ***Bourbon Whiskey*** – wer kennt nicht *Jack Daniel's*?

Auch Fisch- und weitere Seafoodgerichte gehören zur typischen Südstaatenküche. Hier ein paar appetitliche Teller der Seafoodkette »Bubba Gump«

1.4 Gott und der Süden

Der Boom der letzten Jahrzehnte, Migration und eine zunehmende Amerikanisierungstendenz brachten Traditionen ins Wanken, zeigten aber gleichzeitig, dass in den Südstaaten vieles stärker verwurzelt ist als anderswo in den USA. Dazu gehört neben der konservativen Einstellung der meisten *Southerners* – Ausnahme New Orleans – die **starke Religiosität**. Besucher werden rasch feststellen, dass am Sonntag Vormittag, während der Zeit der Gottesdienste, nichts geht: Es öffnet dann kein Museum, Restaurant oder Laden. Im Land der unbegrenzten Möglichkeiten ist der Sonntag immer noch ein heiliger Tag – zumindest in den Südstaaten.

Nashville, der *Protestant Vatican*

Für die Südstaatler sitzt Gott nicht in Rom, sondern in Nashville (➪ Seite 629f). Die Stadt in Tennessee ist nicht nur Zentrum der *Country Music*, sondern zugleich religiöser Mittelpunkt. Wegen ihrer mehr als 700 (!) Kirchen und der Lage mitten im ***Bible Belt***, eines von North Carolina bis Arkansas reichenden Gebietes, wird sie auch als ***Protestant Vatican*** bezeichnet. Die Südstaatler sind die fleißigsten Kirchgänger der USA, und im Süden ist die Bibel das meistgelesene Buch und oberste Autorität in allen Lebenslagen.

Protestantischer Pluralismus

Verblüfft lesen Besucher in den Zeitungen den Gottesdienstkalender: *Episcopal, Baptist, Methodist, Pentecostal, Presbyterian, Roman-Catholics, Latter Day Saints* – und sind verwirrt: So viele verschiedene Religionen? Der Pluralismus entpuppt sich als ein

Bluff, denn eigentlich dominiert allein der Protestantismus den Süden. Dessen Wurzeln reichen in das späte 17. Jahrhundert und hugenottische Siedler in South Carolina zurück. Den 32 Mio. Protestanten stehen nur 5-6 Mio. Katholiken gegenüber und diese konzentrieren sich auf Louisiana, vor allem den Großraum New Orleans. Während im Norden Episkopale, Presbyterianer und Lutheraner dominieren, sind es im Süden die Methodisten und vor allem Baptisten. Im tiefsten Süden regiert die ***Southern Baptist Convention***, eine rigoros fundamentalistische Organisation, die trotz ihrer Weigerung, sich stärker modernen Gegebenheiten anzupassen, kaum an Macht eingebüßt hat. Presbyterianer und Methodisten dagegen gelten als vergleichsweise fortschrittlich.

Informelle Gottesverehrung

Dennoch gibt es Faktoren, welche die protestantischen Richtungen im Süden verbinden: die Allmacht der Bibel, der unmittelbare Zugang zu Gott, ein traditioneller Moralbegriff und eine informelle Art der Gottesverehrung. Dabei sieht man seine Religionszugehörigkeit nicht so eng: Es passiert durchaus, dass ein Methodist nach einem Umzug zum Episkopalen wird, weil deren Kirche näher liegt. Getrennt bleiben in den Kirchen weiterhin Schwarz und Weiß. Manche sagen, die Rassentrennung in den Kirchen sei heute stärker ausgeprägt als in öffentlichen Schulen.

Dienstleistungsinstitution Kirche

Da der Zulauf groß ist, entstanden teilweise Megakirchen, die gleichzeitig viele Dienstleistungen – Kinderbetreuung, Alten- und Krankenpflege, Familien- und Kulturprogramme – offerieren. Die Kirchengemeinden lassen sich diesen vom Staat unabhängigen Service allerdings von den Gläubigen gut bezahlen.

Es gilt der ***Blessing Pact***: Gott liefert den Segen und das Gemeindemitglied das Geld, bevorzugt per Überweisung oder Scheck.

1.5 Kunst und Kultur der Südstaaten

Ein Blick auf die kulturelle Tradition in den Südstaaten sollte auch das letzte Vorurteil gegenüber »hinterwäldlerischen« *Southerners* aus dem Weg räumen. Angesichts der beeindruckenden Architektur der Herrenhäuser oder der Liste bedeutenden Schriftsteller – *Edgar Allen Poe, William Faulkner, Margaret Mitchell, Zora Neale Hurston* oder *Rita Mae Brown*, um nur um einige zu nennen –, stellt man schnell fest, dass die Südstaaten nicht nur historisch, sondern auch kulturell einiges zu bieten haben.

Architektur

Stilrichtungen in der Neuen Welt

In der ersten Hälfte des 18. Jahrhunderts entwickelte sich in der Neuen Welt – noch unter britischem Einfluß – ein eigenständiger architektonischer Stil, der nach dem englischen König ***Georgian Style*** genannt wurde. Basierend auf der Architektur der italienischen Renaissance, die zunächst durch englische Baumeister aufgegriffen worden war, zeigt dieser Stil Schlichtheit und Strenge; es entstanden klar und symmetrisch gegliederte Ziegelhäuser.

Nach der Unterzeichnung der Unabhängigkeitserklärung strebte aber alles nach Erneuerung, und so hieß der traditionelle *Georgian Style* nun plötzlich ***Federal Style***, ohne dass sich Wesentliches verändert hätte. In der repräsentativen Architektur sorgte nach dem Unabhängigkeitskrieg der spätere Präsident *Thomas Jefferson* (1743-1826) für neue Impulse. Auf der Suche nach einer spezifisch amerikanischen Architektur versah er den *Federal Style* mit neuen klassizistisch-antikisierenden Elementen. An seiner Villa in *Monticello* (➪ Seite 233) verwendete *Jefferson* erstmals eine komplette Tempelfront als Bauform. In eine andere Richtung lief die Entwicklung der **Innenarchitektur** um 1770 bis ca. 1820: Der ***Adams Style*** bediente sich romantisch-verspielter dekorativer Details, setzte auf aufwendige Stuckaturen, gewagte Treppenkonstruktionen und ungewöhnliche Raumgrundrisse.

Davenport House in Savannah, ein Musterbeispiel für den Federal Style

Sonderfall Lousiana

Wenngleich sich auch anderswo regionale Besonderheiten herausbildeten, entwickelte sich die Stadt Louisiana zu einer Art **architektonischer Enklave**. Die Jahrzehnte französischer Herrschaft (1682-1763) wirkten sich nachhaltig auf die Architektur aus. Charakteristisch ist z.B. der französische Haustyp im ***French Colonial Style*** (1720-1820), einem Fachwerksbau auf Pfeilern. **Spanische und karibische Einflüsse** (Dachformen) kamen hinzu. Besonderheiten wie weit überstehende, schattenspendende und vor Regen schützende Dächer brachten Vorteile im schwül-warmen Klima Louisianas. Ab Ende des 18. Jahrhunderts (bis 1840) beherrschte der Stil der französischen Einwanderer, der ***Creole Style***, das Bild (*Cottages* wie *Town Houses*). Er ist u.a. gekennzeichnet durch Erker, Fensterläden und reich mit Gitterwerk versehene Balkone (➪ New Orleans, Foto Seite 551).

Greek Revival

Nach Jefferson folgte stilistisch eine Richtung, welche die Architektur des Südens am nachhaltigsten prägen sollte: der ***Greek Revival Style***. Im Zuge archäologischer Entdeckungen und Publikationen sowie der Befreiungskriege der Griechen erfreute sich dieser Stil in etwa zwischen 1830 und 1865 größter Beliebtheit. Er

Carnegie Library in Tallahassie/ Florida im Greek Revival Stil

diente in erster Linie der Selbstdarstellung der Plantagenherren. Prunkvolle Häuser mit einer tempelartigen Vorhalle vor der Hausfassade entstanden. Sie wurden später in den Südstaaten zum **Symbol der Vorkriegszeit**, der ***Antebellum*** Periode.

Der griechische Tempel als Zentralmotiv erfreute sich auch großer Beliebtheit bei Repräsentationsbauten, wobei man allerdings recht unbekümmert mit den Einzelelementen umging; nicht immer paßten Säulen und Gebälk nach antiken Vorstellungen zusammen. Die angestrebte Monumentalität und Würde des Äußeren, das makellose Weiß, spiegelte sich auch im Inneren wider: große hohe Räume beidseitig einer zentralen Eingangshalle mit großzügigen Treppen sowie Nebengebäude wie Küche, Wäscherei, Milch- und Räucherhaus wurden die Regel.

Viktorianische Periode

Obschon *Greek Revival* als dekorative Stilrichtung bis über die Jahrhundertmitte hinaus Liebhaber fand, manifestierte sich zwischen 1850 und 1870 eine Gegenbewegung, die allerdings nie eine ähnliche Bedeutung erlangte: das ***Gothic Revival***. Diese von gotischen Vorbildern in England geprägte Stilrichtung fand in Privathäusern und einigen Plantagen ebenso Anwendung wie im Repräsentativbau, z.B. beim *Louisiana State Capitol* in Baton Rouge.

Nach dem Bürgerkrieg setzte sich eine Richtung durch, die ein Konglomerat verschiedenster Regional- und Revivalstile darstellte: der ***Victorian Style*** (ca. 1860-1900). Dabei trat das ***Italianate Revival*** (ca. 1860-85), das an italienische Landhäuser bzw. Renaissance-Paläste erinnerte, zunächst in den Vordergrund, dann wurde um 1870 (bis 1885) vor allem in Louisiana der ***2nd-Empire-Style*** mit charakteristischen Dachformen populär. In den letzten beiden Jahrzehnten des 19. Jahrhunderts kamen außerdem ***Eastlake-*** und ***Queen-Anne-Style*** in Mode. Den Abschluß der viktorianischen Periode bildet der ***Romanesque Style*** (1895-1910).

Queen Anne

Besonders beliebt war dabei der um 1860 vom Engländer *R.N. Shaw* geprägte ***Queen Anne Style***: Er kam – mit malerischen Türmchen, asymmetrischen Grundrissen, viel Dekorelementen, Buntglas und dunklen Holzverkleidungen im Inneren – der Vorliebe der Südstaatler fürs Pittoreske entgegen.

Darüberhinaus besaß der Baustil den Vorzug, preisgünstig zu sein. Bauteile und Details konnten leicht in Serie produziert werden. Ein *John Pelton* hatte damit die Idee beliebig addierbarer Reihenhäuser mit identischen Hüllen und Grundrissen, aber unterschiedlicher Fassadengestaltung und Dekorelementen ins Leben gerufen.

Moderne Architektur

Das 20. Jahrhundert bot außer der Wiederbelebung von Bekanntem in Gestalt der Revivalstile auch Neues: der ***California-*** oder ***Bungalow Style***, 1910 bis 1940 beliebt, und der mit *F.L. Wright* spektakulär gewordene ***Prairie Style*** fanden auch im Süden vereinzelt Anhänger. Die beiden New Yorker Architekten *Johnson* und *Hitchcock* öffnen um 1930/40 in der Baukunst die Tore zur Moderne: der ***International Style*** erregte Aufsehen. Der Grundstein für die in der Folgezeit entstehenden stromlinienförmigen Glaspaläste, funktional und von eleganter Schlichtheit, war gelegt – wir finden sie z.B. in Birmingham und Atlanta ebenso wie in New Orleans. Neue Impulse erhielt die Architektur in den 1970er-Jahren durch die postmoderne Architektur und Künstler wie *Charles Moore* (z.B. in der *Piazza d' Italia*, New Orleans). Der neue Eklektizismus rief wiederum Reaktionen hervor: Architekten (büros) wie SOM, *J.M. Pei*, *Burgee-Johnson* oder *Roche, Dinkeloo & Associates* begründeten eine neue Moderne.

Malerei

dass es neben der charakteristischen Architektur eine **eigenständige Südstaatenmalerei** gibt, dürfte weniger bekannt sein, zumal die erste Ausstellung zu diesem Thema erst 1960 stattfand.

Anfänge

Anfang des 19. Jahrhunderts war Charleston das Kunstzentrum des Südens. Bereits 1820 wurde dort die Kunstakademie gegründet, aber es gab zunächst keinen eigenständigen Südstaatenstil. Erst Mitte des Jahrhunderts begann New Orleans, Charleston den Rang abzulaufen. In der Folge entwickelte sich allmählich eine **Südstaatenkunst**. Porträtisten ließen sich in New Orleans nieder, darunter der Bayer *Franz Fleischbein* (schwarze Freigelassene als Bildthema) und *George Catlin* (Seminolen und *Cherokee*). Die **Landschaftsmalerei** blühte auf: *T.A. Richards* z.B. befaßte sich mit Charleston und *James Cameron* mit Tennessee-Landschaften. Vögel standen im Zentrum des populären Werkes des gebürtigen Haitianers ***John James Audubon*** (1785-1851) *»The Birds of America«*. Sie fehlen bis heute, wenn auch nur als Druck, in kaum einem Wohnzimmer der Südstaatenbevölkerung.

Nach dem Bürgerkrieg

Der Bürgerkrieg führte zu einem tiefen Einschnitt in Leben und Werk vieler Südstaatenkünstler. *Winslow Homer* (1836-1910) begleitete wie viele andere Maler (*Alfred Waud, Conrad Wise Chapman, William Aiken Walker*) mit seiner Malerei die Truppen, das Leben der Soldaten, die Kämpfe und das Leiden.

Schwarze, die vorher selten als abbildungswürdig betrachtet worden waren, avancierten mit dem Bürgerkrieg zum **Symbol des *Old South***. Die Darstellung ihres Alltags und charakteristische Landschaftsbilder begründeten ab Mitte des 19. Jahrhunderts (*W.A.Walker*) eine eigenständige Kunstrichtung im Süden. Zwischen 1860 und 1920 wurden die **Landschaften Süd-Louisianas** und am Golf als Motive beliebt (*Joseph Rusing Meeker*), außerdem tauchten Florida

(*M.J. Heade*) und North Carolina (*W.C.A. Frerichs*) neu auf. Viele Jahre nach *Walker* geriet Anfang des 20. Jahrhunderts **der Farbige als Bildthema** stärker in den Vordergrund; mit ***Thomas H. Benton*** (1889-1975) profilierte sich erstmals ein schwarzer Künstler, der das Leben der Schwarzen im tiefen Süden schilderte. Das Alltagsleben griff vor allem der Künstler *John McCrady* mit einer Bildserie »*The Life and Faith of the Southern Negro*« auf.

Anbruch der Moderne

Die Gründung des ***Black Mountain College*** (North Carolina) 1933 und die Entstehung einer Künstlerkolonie um *Gropius, de Kooning, Motherwell* und dem einzigen Südstaatler, *Robert Gwathmey* (analytischer Kubismus, plakative Farbigkeit), brachte internationale Anregungen. *Josef Albers*, Lehrer am *College* und später am Bauhaus tätig, läutete den **Modernismus im Süden** ein.

Ralston Crawford verarbeitete die neuen Ideen in geometrisch-abstrakten Bilderserien über New Orleans, und *Frank Landon* aus North Carolina schuf surrealistisch-symbolistische Bilder.

Nach 1950 prägten und prägen Regionalismus, Abstraktion, Naives und Surrealistisches, Religion, Tradition und Historie das Oeuvre vieler Südstaatenkünstler. Darstellungen von Flora und Fauna lagen in den Händen von Künstlern wie *W.I. Anderson*, der Symbolismus und Abstraktion einsetzte, und *Henry Stevens* mit Pastellbildern der *Southern Woodlands*. Daneben spielen die ***self-taught*** oder ***folk artists*** (z.B. *Minnie Evans*) eine wachsende Rolle in der südlichen Kunstszene.

Zeitgenössische Kunst

Andere Künstler wandten sich der **abstrakten Kunst** zu, so *Ida Kohlmeyer*, eine Vertreterin der **dekorativen Abstraktion**. *Kenneth Noland* (*1924, Asheville/NC) und ***Jasper Johns*** (*1930, Augusta/GA) führten die dekorative Darstellungsweise des Südens auf ihre Weise fort: *Noland*, der am *Black Mountain College* gelernt hatte, wandte sich der **geometrischer Abstraktion** zu. *Johns* hatte mit seinen Flaggen, Schießscheiben und Zahlenkombinationen großen Einfluß auf die Entwicklung der ***Pop Art***, eine Richtung, die auch von *Roger Brown*/Alabama verfolgt wird.

Installation im Birmingham Museum of Art (Alabama)

Literatur

Fast jeder kennt *Faulkner, Wolfe, Capote, Williams, Mitchell, Poe, Haley* oder *Walker* – doch wer weiß schon, dass sie alle aus den Südstaaten stammen? Regionalismus, Lokalkolorit und Rassenproblematik stehen meist im Fokus der Literatur des Südens. Seit jeher spielen auch Autorinnen eine wichtige Rolle: *Alice Walker, Maya Angelou, Zora Neale Hurston* oder, weniger bekannt, *Nikki Giovanni, Toni Cade Bambara* oder *Jamaica Kincaid*. Die hohe Produktivität dieser Südstaatenliteraten verwundert dabei nicht, sind dort doch die ***Storyteller*** zu Hause.

Alles begann mit E.A. Poe

dass der erste eigenständig amerikanische Autor – *Edgar Allen Poe* (1809-49, ➪ Seite 303) aus Richmond/Virginia – ein Südstaatler war, ist kaum bekannt. *Poe* entwickelte sich zu einer der populärsten Gestalten der amerikanische Literatur, besonders was die Gattung der *Short Stories* und des Kriminalromans angeht.

Humoristische Literatur

Die Hauptgattung aber der Südstaatenliteratur des 19. Jahrhunderts bilden humoristische Werke, an erster Stelle von ***George Washington Harris*** (1814-69), der in »*Sut Lovingood's Yarns*« (1867) die Hinterwäldler in den Südstaaten durch volkstümliche Sprache und grotesk-komisch beschrieb. ***Mark Twain*** war sein berühmterer Nachfolger u.a. mit »*Huckleberry Finn*« (1885). Sein Zeitgenosse ***Joel Chandler Harris*** (1848-1908) aus Georgia verfaßte drei große *Uncle-Remus*-Bücher, die auf mündlich tradierten afro-amerikanischen Sagen fußen – seinen ***Frer Fox*** und ***Frer Rabbit*** kennt jedes amerikanische Kind.

Black Fiction

Die Anfänge der *Black Fiction* gehen zurück auf die Mitte des 19. Jahrhunderts und auf *William Wells Brown*. Bekannter sind *George Washington Cables*` (1844-1925) Romane und Kurzgeschichten-Sammlungen, die überwiegend in Louisiana und New Orleans spielen. Sie handeln von den Kreolen, den Nachkommen der französischen und spanischen Einwanderer (»*Old Creole Days*«,1879). *Cables* stellte dabei den Süden nach dem Bürgerkrieg dar, erklärte sich vehement gegen Sklaverei und Rassismus, kämpfte für *Civil Rights* und mokierte sich in seinem Meisterwerk von 1880 »*The Grandissimes*« über die rassistische Arroganz der Kreolen.

In den 1920er-Jahren sorgte die ***Harlem Renaissance*** mit Schriftstellern wie *Langston Hughes, J. Weldon Johnson, Frank Yerby, Jean Toomer* oder *Gwendolyn Brooks* für Aufsehen; der große Durchbruch schwarzer Autoren gelang aber erst ***Alex Haley*** mit dem Roman »***Roots***« (1976). Er und *Ernest Gaines* bereiteten afro-amerikanischen Schriftstellern wie *Giovanni, Angelou* u.a. den Weg.

Alex Haley als Skulptur

Blüte der Südstaaten-literatur

William Faulkner (1897-1962, ➪ Seite 607), »*A Shakespeare in Southern Homespun*« (frei übersetzt etwa »Ein Shakespeare des provinziellen Südens«) genannt, und Nobelpreisträger von 1950, leitete Anfang des 20. Jahrhunderts eine literarisch überaus fruchtbare Periode ein. Zeitgenossen *Faulkners*, allerdings immer in dessen Schatten, waren *Erskine Caldwell* (1903-87) aus Georgia mit seinem berühmtesten Roman »*Tobacco Road*« (1932) und *Carson McCullers* (»*The Heart is a Lonely Hunter*«, 1940). Ähnlich wie Faulkners Werke sind auch die von *Thomas Wolfe* (1900-38, Asheville/North Carolina, ➪ Seite 250) nicht gerade leichte Bettlektüre (»*Look Homeward Angel*«, 1929), und dennoch nehmen sie einen wichtigen Platz in der amerikanischen Literaturgeschichte ein.

Das humoristische Genre war eines, Stücke und **Dramen** das andere Metier, das sich gerade im Süden bis zur Meisterschaft entwickelte. Dazu trugen in erster Linie ***Tennessee Williams*** (1911-1983) mit »*The Glass Menagerie*« (1945), »*A Streetcar Named Desire*« (1947) oder »*Cat on a hot tin roof*« (1955, Pulitzer Preis und Verfilmung) und ***Truman Capote*** (1924-84) bei. Letzterem, der ursprünglich aus New Orleans stammte, gelang mit »*Breakfast at Tiffany's*« (1958) der große Durchbruch.

Südstaaten-autorinnen

Nur ***Margaret Mitchell*** (➪ Seite 505) aus Atlanta übertraf *Faulkner* an Verkaufszahlen und Popularität. Als sie 1936 »*Gone with the Wind*« veröffentlichte, ihren ersten und einzigen Roman, ahnte sie nicht, dass er über Nacht zum Bestseller werden würde. *Katherine Anne Porter* (1890-1980), mit Kurzgeschichten und autobiographisch gehaltenen Schilderungen des aristokratischen Plantagenlebens, und *Eudora Welty* schildern auf ihre jeweils spezifische Weise die Südstaaten-Gesellschaft. Eine starke Religiosität und ein gewisser zynischer Humor (»*A good man is hard to find*«, 1955, oder »*Wise Blood*«, 1952) prägen ***Flannery O´Connors*** (1925-1964) Werk. ***Harper Lee*** wurde berühmt durch ihren Roman »*To kill a mockingbird*« (1960, zu deutsch: »Wer die Nachtigall stört«). Zu den bekanntesten modernen Autorinnen gehören ***Alice Walker*** und ***Rita Mae Brown***, die in Richmond lebt. Einflußreichste Südstaatenautorin dürfte jedoch ***Zora Neale Hurston*** (1891-1960) gewesen sein, in deren Romanen schwarze Frauenschicksale im Vordergrund stehen.

Moderne Südstaaten-literatur

Auf eine Generation moderner Schriftsteller, bei denen das Erbe und die Tradition der Südstaaten zugunsten sozialer und persönlicher Themen in den Hintergrund trat, folgen nun Autoren, die typisch südliche Aspekte wieder stärker betonen. Afro-amerikanische Romanschriftsteller wie *Robert Dean Pharr* und ***Alex Haley*** gehören dazu. Letzterer wurde 1976 durch seine verfilmte Familiensaga »Roots« berühmt. Lesenswerte moderne Literatur liefern in jüngster Zeit Autoren wie ***Pat Conroy*** (»*The Great Santini*«, 1976 – ein Familienepos und eine Parodie auf das Militär), *Gail Godwin* und die erwähnte *Alice Walker*. ***Bobbie Ann Mason*** wurde insbesondere durch ihre heiteren *Short Stories* bekannt.

Derzeit populärster Schriftsteller aus dem Süden dürfte ***John Grisham*** sein, der in seinen in Millionenauflagen verbreiteten Romanen immer wieder brisante Themen aus dem Süden aufgreift. ***Anne Rice*** aus New Orleans machte sich einen Namen als Verfasserin von populären Vampirromanen. Spannende Krimis, die im tiefen Süden spielen, schrieben *Julie Smith* (New Orleans) oder *James Lee Burke*, dessen Held im *Cajun Country* beheimatet ist. Der neueste Topautor aus dem Süden heißt ***Larry Brown***, ein ehemaliger Feuerwehrmann aus Oxford/Mississippi. Mit seinen Romanen knüpft er an die Tradition Faulkners an.

Musik

Ist schon die amerikanische Literatur ohne Südstaaten nicht vorstellbar, was wäre erst die moderne Musik ohne die Einflüsse aus dieser Region? Der ***Blues***, der die Popmusik so entscheidend beeinflußte, ist genauso im Süden der USA zu Hause, wie es ***Elvis Presley***, der ***King of Rock'n Roll***, war. Die aktuelle Musikszene reicht von ***Bluegrass*** über die in den USA allgegenwärtige ***Country Music*** bis zum ***Blues***, vom ***Jazz***, der in New Orleans seine Wurzeln hat, bis hin zur ***Cajun Music*** und zum ***Zydeco*** – letzteres eine Mixtur aus *Cajun*, *Blues*, karibischer und afrikanischer Musik, praktiziert von den schwarzen Kreolen des südlichen Louisiana und südöstlichen Texas`.

Die Südstaaten sind auch **Wiege der modernen Popmusik**. Dazu trugen Rockbands wie *Lynard Skynard* oder die unvergessenen *Allman Brothers* bei. Die Musik aus dem *Deep South* ist vielseitig, voller Leben, traditionsbewußt und dennoch innovativ. So waren und präg(t)en die meisten großen Namen aus den Südstaaten die Musikszene über Jahrzehnte, man denke nur an die »Blues-Opas« ***B.B. King*** oder ***John Lee Hooker***.

Es ginge zu weit, im Rahmen dieses Buches auf die unterschiedlichen Musikrichtungen des Südens hier noch ausführlicher einzugehen. Im Reiseteil finden sich Hinweise und Essays zu einzelnen Künstlern und ihren musikalischen Leistungen.

When the Saints go marchin' in – die Geschichte des Jazz

Wer verbände diese Zeile nicht sofort mit Louis Armstrong, der Personifikation des Jazz? Eigentlich verweist der Liedtext auf eine um die Jahrhundertwende übliche Tradition, nämlich die Begleitung eines Trauerzugs durch eine zusammengewürfelte »Marching Band«, eine Blaskapelle, die zum Angedenken an den Toten aufspielte.

Ragtime und Dixieland waren zwei wichtige Elemente, die zur Entwicklung des Jazz beitrugen, Bestandteile einer bunten Mixtur musikalischer Traditionen, die vor allem in New Orleans fußten, wo verschiedene Völker und Kulturen ihre jeweils eigene Musik einbrachten, westliche Harmonie und afrikanische Rhythmen verschmolzen und Musik zum Lebensstil erhoben wurde.

Bereits in der Mitte des 19. Jahrhunderts waren Blaskapellen deutscher und italienischen Einwanderer populär, und in den Bars und Kneipen, die über ein Piano verfügten, erschallte der Ragtime, von dem man sagt, er sei in Kansas City entstanden und durch Scott Joplin berühmt geworden.

Der Jazz in seiner frei-improvisierenden Form entstand nach dem 1.Weltkrieg und schuf eine Nische, die maßgeschneidert für afro-amerikanische Musiker war. Angeführt wurde diese frühe Jazzgeneration allerdings vom weißen Hornisten Charles Buddy Bolden, der sich mit vier anderen Musikern aus New Orleans zur »Original Dixieland Jazz Band« zusammenschloß, die 1917 die erste Jazzplatte überhaupt aufnahm. In New Orleans verdrängte der Jazz bald den Blues, der eher im Mississippi Delta, in Memphis und Chicago für Furore sorgte. Louis Armstrong (1900-1971) war ein Vertreter der zweiten Jazzgeneration in New Orleans. Dazu gehörte auch sein Lehrer Joseph »King Oliver« (Horn), zu dessen 1923 ins Leben gerufener Band »King Oliver's Creole Jazz Band« auch Satchmo zeitweise gehörte, Edward Kid Ory (Posaune), Jelly Roll Morton (Piano – bekannt durch seine anstößigen Liedtexte und seine Band, die »Red Hot Peppers«), Sidney Bechet (Klarinette, Sopransax), Johnny Dodds (Klarinette) und Warren Baby Dodds (Schlagzeug).

Die Schließung des Rotlichtbezirks Storyville in New Orleans, 1917, bedeutete nicht nur das offizielle Ende für die Prostituierten, sondern auch für die Jazz-Musiker. Die Mehrzahl wanderte in den Norden ab und formierte neue Jazz-Hochburgen in Chicago und New York. Dort erlebte der Jazz in den 1920er/30er-Jahren eine Blüte. In Chicago füllten die »New Orleans Rhythm Kings« und die »Wolverines« die Clubs, in New York Sidney Bechet, Jelly Roll Morton, Coleman Hawkins und eben Armstrong.

Duke Ellington machte in den 1920er-Jahren den Jazz im New Yorker Cotton Club berühmt. Er wurde in der folgenden Dekade von einer neuen Musikrichtung abgelöst: dem Swing. Big Bands füllten fortan die Tanzflächen und Benny Goodman, Glen Miller, Tommy und Jimmy Dorsey eroberten die Musikszene. Count Basie und Lester Young begründeten daraufhin den Kansas City Swing.

In den 1940er-Jahren eroberte Bebop die Charts, und Charlie Parker, Dizzy Gillespie oder Thelonious Monk sorgten für eine Abkehr von den Bigbands zu kleineren Gruppen und weniger Instrumenten. Mit einer neuen Rhythm & Blues-Variante trugen Champion Jack Dupree, Fats Domino, Ray Charles und Little Richard schließlich zur wachsenden Popularität des Jazz in den 1950er- und 1960er-Jahren bei. Der Cool Jazz (Miles Davis) und Third Stream (Modern Jazz Quartet) waren Übergangsstadien hin zum Free Jazz (Cecila Taylor, John Coltrane) mit seinen atonalen Improvisationen.

Mit Count Basie und anderen folgte in den 1970er-Jahren ein Jazz-Revival einerseits, eine Verschmelzung mit anderen Musikrichtungen, vor allem mit der Rockmusik andererseits (Miles Davis, Herbie Hancock, Chick Corea, George Benson). Mit Musikern wie dem Marsalis-Clan, Al Hirt und Pete Fountain kehrte der Jazz wieder zum Traditionalismus und nach New Orleans zurück, wo auch die Brass Bands eine Wiedergeburt erlebten (Dirty Dozen oder Trème Brass Band).

2. STAATEN UND TOURIST INFORMATION

Alabama

Bevölkerung:	ca. 4,4 Mio Einwohner
Fläche:	135.775 km²
Hauptstadt:	Montgomery
US-Staat seit:	1819
Tourist Information in den USA:	*Alabama Bureau of Tourism & Travel*, 401 Adams Ave, Suite 126, PO Box 4927, Montgomery, AL 36103-4927, ✆ 334/242-4169 oder ✆ 1-800-ALABAMA, www.touralabama.org, www.alabama.com
in D/A/CH:	Fremdenverkehrsbüro Alabama, Horstheider Weg 106a, D-33613 Bielefeld, ✆ 0521/9860414, Fax 0521/9860411

Florida

Bevölkerung:	ca. 16 Mio Einwohner
Fläche:	170.312 km²
Hauptstadt:	Tallahassee
US-Staat seit:	1845
Tourist Information in den USA:	*Visit Florida*, 661 E Jefferson Street, Suite 300, Tallahassee, FL 32301, ✆ 850/488-5607, www.flausa.com
in D/A/CH:	*Visit Florida*, Schillerstr.10, D-60313 Frankfurt/Main, ✆ 069/1310731, Fax 069/1310647, http://international.visitflorida.com/deutsch

Georgia

Bevölkerung:	ca. 8,2 Mio Einwohner
Fläche:	153952 km²
Hauptstadt:	Atlanta
US-Staat seit:	1788 als einer der 13 Gründerstaaten der USA
Tourist Information in den USA:	*Department of Economic Development*, 75 5th Street, Suite 1200, Atlanta, GA 30308, ✆ 404/962-4089 oder ✆ 1-800-422-9244, www.georgia.org, www.destinations2discover.com
in D/A/CH:	*Georgia Tourism* c/o *Travel Marketing*, Schwarzbachstr. 32, D-40822 Mettmann, ✆ 02104/286672, Fax 02104/912673, www.georgiaonmymind.de

Louisiana

Bevölkerung: ca. 4,5 Mio Einwohner
Fläche: 134.272 km^2
Hauptstadt: Baton Rouge
US-Staat seit: 1812
Tourist Information
in den USA: *Louisiana Office of Tourism*, 1051 North 3rd Street, Baton Rouge, LA 70804, ✆ 225/342-8100, www.louisianatravel.com, http://crt.state.la.us/tourism
in D/A/CH: *Wiechmann Tourism Service*, Scheidswaldstr. 73, D-60385 Frankfurt, ✆ 069/25538-270, Fax 069/25538-100, www.wiechmann.de, www.deep-south-usa.de, www.neworleans.de

Mississippi

Bevölkerung: ca. 2,8 Mio Einwohner
Fläche: 125.444 km^2
Hauptstadt: Jackson
US-Staat seit: 1817
Tourist Information
in den USA: *Division of Tourism Development*, PO Box 849, Jackson, MS 39205, ✆ 601/359-3297 oder ✆ 1-866-SEE-MISS, www.visitmississippi.org
in D/A/CH: *Memphis & Mississippi*, Horstheider Weg 106a, D-33613 Bielefeld, ✆ 0521/9860420, Fax 0521/9860411, www.memphis-mississippi.de, www.deep-south-usa.de

North Carolina

Bevölkerung: ca. 8 Mio Einwohner
Fläche: 139.396 km^2
Hauptstadt: Raleigh
US-Staat seit: 1789 als einer der 13 Gründerstaaten der USA
Tourist Information
in den USA: *North Carolina Division of Tourism*, 301 N Wilmington Street, Raleigh, NC 27699-4301, ✆ 919/733-4171 oder ✆ 1-800-847-4862, www.visitnc.com, www.nccommerce.com
in D/A/CH: *North Carolina Division of Tourism c/o Aviareps Mangum Business Development*, Sonnenstr. 9, D-80331 München, ✆ 089/236621-0, Fax 089/23662199, www.visitnc.de

South Carolina

Bevölkerung:	ca. 4 Mio Einwohner
Fläche:	82.897 km²
Hauptstadt:	Columbia
US-Staat seit:	1788 als einer der 13 Gründerstaaten der USA
Tourist Information in den USA:	*South Carolina Department of Parks, Recreation & Tourism*, 1205 Pendleton Street, Columbia, SC 29201, ✆ 803/734-1700 oder ✆ 1-866-224-9339, www.scprt.com, www.discoversouthcarolina.com
in D/A/CH:	*South Carolina Tourism Office*, c/o *Sommer Tourismus Marketing*, Postfach 1425, D-61284 Bad Homburg, ✆ 06172/921604, Fax 06172/921605, http://southcarolinausa.de

Tennessee

Bevölkerung:	ca. 5,7 Mio Einwohner
Fläche:	109.158 km²
Hauptstadt:	Nashville
US-Staat seit:	1796
Tourist Information in den USA:	*Tennessee Department of Tourist Development*, 312 8th Ave N, 25th Floor, Nashville, TN 37243, ✆ 615/741-2159 oder ✆ 1-800-836-6200, www.tnvacation.com
in D/A/CH:	*Tennessee Tourism*, Horstheider Weg 106a, 33613 Bielefeld, ✆ 0521/9860415, Fax 9860411, www.deep-south-usa.de, www.tennesseetourism.de

Virginia

Bevölkerung:	ca. 7,1 Mio Einwohner
Fläche:	110.771 km²
Hauptstadt:	Richmond
US-Staat seit:	1788 als einer der 13 Gründerstaaten der USA
Tourist Information in den USA:	*Virginia Tourism Corporation*, 901 E Byrd Street, Richmond, VA 23219, ✆ 804/545-5500 oder ✆ 1-800-VISIT-VA, www.virginia.org, www.vatc.org
in D/A/CH:	Fremdenverkehrsamt Virginia, Steinweg 3, D-60313 Frankfurt/Main, ✆ 069/291923 oder ✆ 0-800-96534264

Washington DC (District of Columbia)

Bevölkerung:	ca. 572.000 Einwohner in DC, ca. 5,4 Mio Einwohner im Großraum
Kein US-Staat,	sondern seit 1800 offiziell Hauptstadt der USA mit einer adminstrativen Sonderstellung unter Aufsicht des Kongresses. Mehr dazu steht auf Seite 180.
Fläche:	176 km^2
Tourist Information in den USA:	*Washington DC Convention & Tourism Corporation*, 901 7th Street NW, 4th Floor, Washington DC 20001-3719, ✆ 202/789-7000, Fax 202/789-7037 www.washington.org, auf deutsch: www.capitalregionusa.de Keine spezifische Vertretung für Touristen aus deutschsprachigen Ländern

Alle US-Staaten

Wer mehr Fakten zu den einzelnen Staaten sucht, findet solche schnell und in überwältigender Detailfülle einschließlich Durchklickmöglichkeit zu weiteren Spezialseiten unter der Webadresse: www.50states.com.

Fotonachweis

Margit Brinke/Peter Kränzle, Augsburg: Seiten 27, 31, 32, 37, 49, 89, 92, 118, 144, 148, 193, 194, 197, 232, 249, 272, 274, 281, 299, 303, 304, 312, 315, 316, 318, 320, 324, 325, 340, 405, 412, 413, 417, 443, 472, 473, 478, 505, 519, 544, 563, 604, 607, 608, 609, 624, 625, 629, 635, 647, 660, 665, 670, 671, 673, 674

David Dolder, Lustmühle/Schweiz, www.daviddolder.ch: Seiten 400/01, 430, 446, 447, 454, 462

Edith Kölzer, Bielefeld: Seiten 432, 433, 396

Jörg Vaas, Steinheim: Seiten 352, 356, 538, 610/11, 617, 637

Alfred Vollmer, Neubiberg: Seiten 22, 223, 240, 254, 260, 307, 327, 329, 333, 339, 341, 346, 361, 363, 367, 368, 369, 668

Ute Ritzenhofen, Mainz: Seiten 28, 191, 196, 201, 296, 407, 411, 423, 428, 442, 450, 458, 574, 614, 616, 620, 621, 626, 642

Hans-R. Grundmann, Westerstede: alle anderen Fotos

Alle Reiseführer von Reise

Reisehandbücher
Urlaubshandbücher
Reisesachbücher
Rad & Bike

Afrika, Bike-Abenteuer
Afrika, Durch, 2 Bde.
Agadir, Marrak./Südmarok.
Ägypten individuell
Alaska ⇗ Canada
Algarve
Algerische Sahara
Amrum
Amsterdam
Andalusien
Äqua-Tour
Argentinien, Urug./Parag.
Athen
Äthiopien
Auf nach Asien!

Bahrain
Bali und Lombok
Bali, die Trauminsel
Bali: Ein Paradies ...
Bangkok
Barbados
Barcelona
Berlin
Borkum
Botswana
Bretagne
Budapest
Bulgarien
Burgund

Cabo Verde
Canada West, Alaska
Canada Ost, USA NO
Chile, Osterinseln
China Manual
Chinas Norden
Chinas Osten
Cornwall
Costa Blanca
Costa Brava
Costa de la Luz
Costa del Sol
Costa Dorada
Costa Rica
Cuba

Dalmatien
Dänemarks Nordseek.
Dominik. Republik
Dubai, Emirat

Ecuador, Galapagos
El Hierro
Elsass, Vogesen
England – Süden
Erste Hilfe unterwegs
Europa BikeBuch

Fahrrad-Weltführer
Fehmarn
Florida
Föhr
Fuerteventura

Gardasee
Golf v. Neapel, Kampanien
Gomera
Gran Canaria
Großbritannien
Guatemala

Hamburg
Hawaii
Hollands Nordseeins.
Honduras
Hongkong, Macau, Kanton

Ibiza, Formentera
Indien – Norden
Indien – Süden
Iran
Irland
Island
Israel, palästinens. Gebiete, Ostsinai
Istrien, Velebit

Jemen
Jordanien
Juist

Kairo, Luxor, Assuan
Kalabrien, Basilikata
Kalifornien, USA SW
Kambodscha
Kamerun
Kanada ⇗ Canada
Kap-Provinz (Südafr.)
Kapverdische Inseln
Kenia
Kerala
Korfu, Ionische Inseln
Krakau, Warschau
Kreta
Kreuzfahrtführer

Ladakh, Zanskar
Langeoog
Lanzarote
La Palma
Laos
Lateinamerika BikeB.
Libyen
Ligurien
Litauen
Loire, Das Tal der
London

Madagaskar
Madeira
Madrid
Malaysia, Singap., Brunei
Mallorca
Mallorca, Leben/Arbeiten
Mallorca, Wandern auf
Malta
Marokko
Mecklenb./Brandenb.: Wasserwandern
Mecklenburg-Vorp. Binnenland
Mexiko
Mongolei
Motorradreisen
München
Myanmar

Namibia
Nepal
Neuseeland BikeBuch
New Orleans
New York City
Norderney
Nordfriesische Inseln
Nordseeküste NDS
Nordseeküste SLH
Nordseeinseln, Deutsche
Nordspanien
Normandie

Oman
Ostfriesische Inseln
Ostseeküste MVP
Ostseeküste SLH
Outdoor-Praxis

Panama
Panamericana, Rad-Abenteuer
Paris
Peru, Bolivien
Phuket
Polens Norden
Prag
Provence
Pyrenäen

Qatar

Rajasthan
Rhodos
Rom
Rügen, Hiddensee

Sächsische Schweiz
Salzburg
San Francisco
Sansibar
Sardinien
Schottland
Schwarzwald – Nord
Schwarzwald – Süd
Schweiz, Liechtenstein
Senegal, Gambia
Singapur
Sizilien
Skandinavien – Norden
Slowenien, Triest
Spaniens Mittelmeerküste
Spiekeroog
Sporaden, Nördliche
Sri Lanka
St. Lucia, St. Vincent, Grenada
Südafrika
Südnorwegen, Lofoten
Sydney

Australien
Osten und Zentrum

Mit diesem Reisehandbuch Australiens Osten und das Zentrum entdecken: Die schönsten Routen durch New South Wales, Queensland, Northern Territory, South Australia und Victoria sowie Tipps für Tasmanien.

- Städte und Metropolen mit allen wichtigen Sehenswürdigkeiten
- Nationalparks und Naturschutzgebiete mit Wanderempfehlungen
- Tiere und Pflanzen unterwegs entdecken. Tipps zur Beobachtung und Identifizierung.
- Aktivitäten unterwegs: Tauchen, Segeln, Wandern, Reiten, Ballonfahren, Angeln, Rundflüge und mehr. Das Great Barrier Reef und seine Inseln für Taucher und Badeurlauber.
- Alle Informationen für Planung, Vorbereitung und Durchführung.
- Kurzübersicht und Reisevorschläge Tasmanien.
- Ausführliche Infos zum Anmieten von Pkw und Campmobilen, für Bus- und Bahnfahrer, zu Unterkünften von preiswert bis luxuriös.
- Alles Wissenswerte zu Geographie und Klima, zu Kultur, Geschichte und Gegenwart. Interessante und unterhaltsame Exkurse zu vielen Aspekten rund um das Reiseabenteuer Australien.

528 Seiten · strapazierfähige PUR-Bindung · 83 Karten u. Stadtpläne, mehr als 150 Farbfotos · Griffmarken, Seiten- und Kartenverweise, Register

Veronika Pavel
Australien
Osten & Zentrum
3. Auflage 2007
ISBN 3-89662-231-5
€ 22,50 [D]

Westen und Zentrum

Australien auf dem neuesten Stand: Ein Reisehandbuch konzipiert für Reisende, die den Westen und das Zentrum des Kontinents auf eigene Faust mit Camper oder Mietwagen entdecken wollen. Ausführliche Kapitel zur allen Aspekten der Reisevorbereitung, -planung und -organisation. Mit vielen praxisbezogenen Tipps, Exkursen und Internet-Adressen. Alles, was man über Geschichte, Kultur und Alltagsleben in Australien wissen muss. Populäre und weniger bekannte Sehenswürdigkeiten, Nationalparks und die schönsten Strände. Detaillierte Routenvorschläge und ausführliche Streckenbeschreibungen mit Kilometerangaben und Hinweisen zur Zeiteinteilung:

- Westküste Perth – Broome – Darwin
- Top End mit Kakadu-Nationalpark
- Rotes Zentrum mit Ayers Rock und Umgebung
- Südaustralisches Outback
- Adelaide und Kangaroo Island
- Durch die Nullarbor Plain in den Südwesten

Alle Kapitel mit Vorschlägen für lohnende Abstecher und Allrad-Touren.

516 Seiten · strapazierfähige PUR-Bindung · 70 Karten und Stadtpläne, mehr als 100 Farbfotos · Griffmarken, Seiten- und Kartenverweise, Register

Veronika Pavel
Australien
Westen & Zentrum
1. Auflage 2007
ISBN 3-89662-391-5
€ 22,50 [D]

... zwei optimale Reisebegleiter für Australien

17. Auflage
Juni 2006

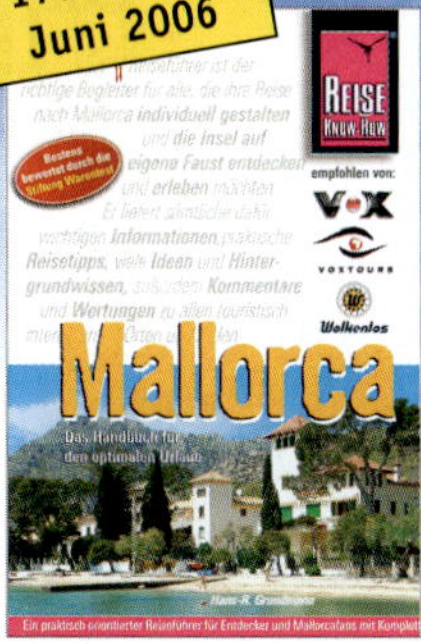

Abbildung Auflage 2006

Hans-R. Grundmann

Mallorca

Handbuch für den optimalen Urlaub

bestens beurteilt von der Stiftung Warentest

17. Auflage 6/2006

ISBN 3-89662-225-0 · € 19,90

476 + 48 + 48 Seiten mit 55 eigens für dieses Buch angefertigten Farbkarten, davon 8 Wanderkarten, und über 250 Fotos. Unterkunftsempfehlungen für 48 Ferienorte mit aktuellen Kostenbeispielen 2005.

Separate Straßenkarte mit Stadtplan Palma und kulinarischem Lexikon. Mit 2 Beilegern - je 48 Seiten:

- **Wandern und Natur**
- **Optimal unterkommen auf Mallorca**
- **Jedes Jahr neu**

2. Auflage
9/2005

Marc Schichor, Kirsten Elsner

Wandern auf Mallorca

Tramuntana Gebirge – Gipfel, Schluchten und Täler

- 50 Tourenvorschläge in der zentralen Tramuntana
- die meisten Wege auch in Gegenrichtung
- alle Routen in Kurzfassung und en Detail
- Vorschläge für mehrtägige Wanderungen
- Genaue Karten von alle Orten in der Wanderregion
- Kleines Pflanzenlexikon mit zahlreichen Fotos
- Unterkunftsverzeichnis von der Berghütte bis ****Hotel

Der Clou des Buches ist die von den Autoren **für speziell diese Routen angefertigte separate Karte** mit Höhenlinien und -schichten im **Maßstab 1:35.000**, die keine Zweifel mehr über den richtigen Weg aufkommen lassen.

360 Seiten vierfarbig mit zahlreichen exakten Karten, Skizzen und über 400 Fotos, **ISBN 3-89662-216-1; € 22,50**

Ganz neu
seit 3/2006

Hans-R. Grundmann, Hartmut Ihnenfeldt

Auf Mallorca leben und arbeiten

Ein Ratgeber für alle, die sich auf Mallorca zu Hause fühlen wollen

Wer spielte nicht gelegentlich mit dem Gedanken, auszusteigen, Routine und allzu Bekanntes hinter sich zu lassen? Um zum Beispiel auf Mallorca ein neues, anderes Leben zu beginnen?

Viele erfüllen sich diesen Traum, stellen aber fest, daß auch auf einer Ferieninsel der ganz normale Alltag gemeistert sein will. Dieses Buch liefert Know-How zur Bewältigung von Fragen und Problemen, mit denen Mallorca-Einsteiger unweigerlich konfrontiert werden.

288 Seiten, 39 Illustrationen und über 100 Farbfotos, 43 Themenkästen, zahlreiche Internetadressen; ISBN 3-89662-193-9 · € 17,50

Hans-R. Grundmann

USA, der ganze Westen

Seit Erscheinen hat sich dieses Buch zu einem Standardwerk für alle entwickelt, die den US-Westen auf eigene Faust kennenlernen wollen. Die Kapitel zu Reiseplanung und -vorbereitung und zum »touristischen Alltag« unterwegs lassen keine Frage offen.

Der Reiseteil führt über ein dichtes Routennetz zu allen populären Zielen und unzähligen, auch weniger bekannten Kleinoden in allen elf Weststaaten.

Reise Know-How Bestseller

740 Seiten, 77 Karten, ca. 300 Farbfotos
Separate Straßenkarte Weststaaten der USA mit 18 Detailkarten der wichtigsten Nationalparks

15. Aufl. 2/2007 ISBN 978-3-89662-232-1 €23.50

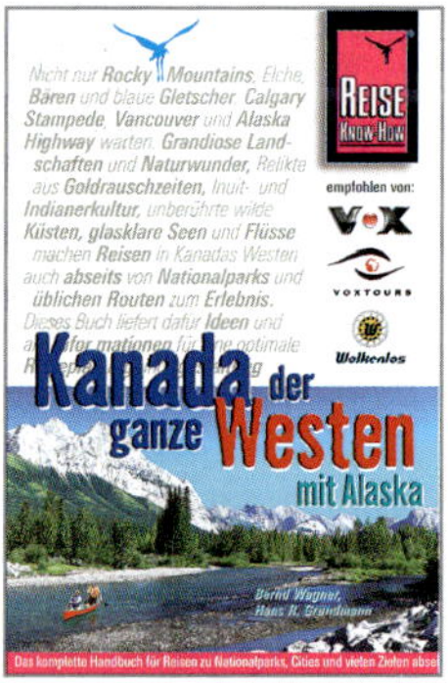

Heike und Bernd Wagner, Hans-R. Grundmann

Kanadas großer Westen mit Alaska

Detaillierter und praxisnaher Reiseführer für Reisen im Campmobil oder Pkw (Übernachtung im Zelt oder Motel) durch den Westen Canadas und hohen Norden samt Alaska. Zusätzlich auf Trans Canada Highway durch Ontario, Manitoba, Saskatchewan und Alberta. Allgemeiner Teil mit allen Aspekten und Informationen zu Reisevorbereitung, -planung und -durchführung.

620 Seiten, 59 Karten, 230 Farbfotos
Mit Unterkunfts- und Campingführer für Alberta & BC (96 Seiten, rund 1000 Einträge) und eine **Straßenkarte** für Canadas Westprovinzen und Alaska.

8. Aufl. 7/2006: ISBN 978-3-89662-219-8 €23,50

P. Thomas, E. Berghahn, H-R. Grundmann

Kanadas Osten/ USA Nordosten

Dieser grenzüberschreitende Reiseführer behandelt auf kanadischer Seite Ontario, Québec, New Brunswick, Nova Scotia und Newfoundland, in den USA die Neu-England-Staaten mit Boston und New York und State City sowie Michigan mit Chicago und Detroit. Ideal für Reisen auf eigene Faust per Pkw oder Campmobil.

720 Seiten, 56 Karten, vierfarbig. Mit sep. Karte der Gesamtregion und New York City Extra (48 Seiten).

6. Auflage 4/2006 ISBN 978-3-89662-224-2 €23,50

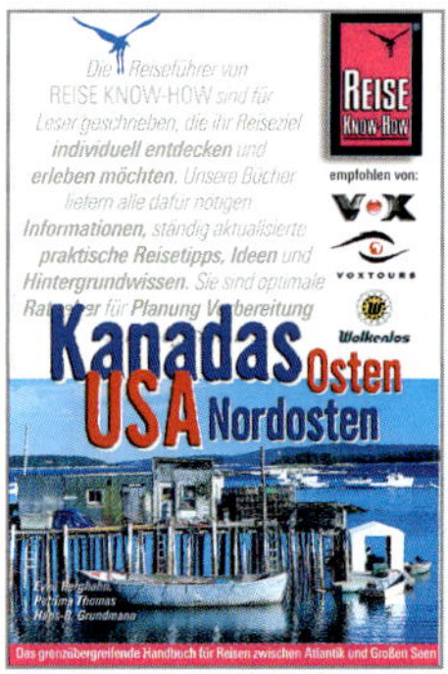

Heinz Staffelbach, Magda Rüegg

USA Südwesten Natur und Wandern

Ein Reiseführer für die schönsten Nationalparks zwischen Pazifik und Rocky Mountains (Arches, Bryce Canyon, Canyonlands, Grand Canyon, Grand Staircase-Escalante, Great Basin, Joshua Tree, Point Reyes, Redwoods, Rocky Mountain, Saguaro, Weminuche Wilderness, Yosemite, Zion)

Intensivabhandlungen zu Geologie, Vegetation und Tierwelt, Ökologie, Biodiversität

Jetzt neu bearbeitet und vierfarbig in zweiter Auflage 2005 mit über 200 brillanten Fotos.
576 Seiten, über 50 Karten und Höhenprofile.

2. Auflage 4/2005
ISBN 978-3-89662-202-0 € 23,50

Ute Ritzenhofen, Hans-R. Grundmann

Florida

Von Key West bis New Orleans

Florida auf neuestem Stand: Nicht nur Strände, High-Life, Disney- und Amusementparks, sondern auch Natur satt mit exotischer Flora und Fauna in Mangrovensümpfen, an glasklaren Quellflüssen und am sagenumwobenen Suwanee River. Dazu alte Historie, Multikulti, Architektur und Musentempel. Als Kontrapunkt Weltraum- und Militärtechnik hautnah.

Landeskunde und ausführlicher Serviceteil mit jeder Menge Unterkunfts- und Restauranttipps.

416 Seiten, 37 Karten, über 200 Farbfotos
2. Auflage 9/2005
ISBN 978-3-89662-221-1 € 19,90 (D)

ALPHABETISCHES REGISTER – INDEX

Im Register finden sich alle Ortsnamen, Sehenswürdigkeiten und geographischen Bezeichnungen ebenso wie alle wichtigen Sachbegriffe. Egal, wonach man sucht, seien es Informationen zur Automiete, zu einer Stadt oder einem Nationalpark, alles ist unterschiedslos alphabetisch eingeordnet.

Abkürzungen:
S/NHS=State/Nat'l Historic Site; **NP**=Nat'l Park; **SP**=State Park, **NSS**=Nat'l Sea Shore

USA-Kanada Newsletter Oktober 2006

Thema des Monats: Was kostet die USA-/Kanada-Reise?

Diesen Newsletter kostenlos bestellen

USA/Kanada Newsletter Ausgabe Oktober 2006

Inhalt

- Editorial
- Feedback
- Travelnews und Links
- Special des Monats
  Schneeweiße Strände in Floridas Norden
- Auszug des Monats
  Was kostet die USA-/Kanada-Reise?
- TV-Tipps

Editorial *Liebe Newsletter-Abonnenten!*
die meisten von Ihnen sind doch erfahrene USA- bzw. Kanada-Traveller. Viele von Ihnen sind bereits etliche Male über den nordamerikanischen Kontinent gefahren, wobei Sie Ihre ganz persönlichen Eindrücke und Erfahrungen gesammelt haben. Einige von Ihnen haben diese auch schriftlich fixiert oder bereits im Web auf einer privaten Homepage veröffentlicht. Wenn Sie sich zu diesen „Nordamerika-Experten" zählen und der Meinung sind, dass andere von Ihrem über Jahre erworbenen Wissen profitieren könnten, dann schreiben Sie uns. Wir geben Ihnen im Rahmen unseres Newsletters ein Forum für Ihren Reisebeitrag. Die interessantesten und best geschriebenen Artikel belohnen wir mit einem aktuellen Reiseführer aus unserem Nordamerika-Programm. Darüber hinaus können Sie im Rahmen Ihres Beitrags Ihre Homepage über einen Link bewerben. Schreiben Sie an feedback@reisebuch.de - wir freuen uns auf Ihre Mitwirkung an unserem Nordamerika-Newsletter.

Viel Spaß mit unserem Newsletter wünscht Ihnen
Ihr Team von reisebuch.de

reisebuch.de

Hinweis

Alle "alten" Newsletters mit vielen immer noch aktuellen Auszügen aus unseren Reiseführern finden Sie in unserem **Newsletter-Archiv** unter reisebuch.de/nordamerika/newsletter/.

Bitte nutzen Sie auch unser beliebtes **Nordamerika-Forum** unter reisebuch.de/forum/Nordamerika-USA-und-Kanada.

Beachten Sie unseren neuen Reisebuch.de-**Währungsrechner** unter reisebuch.de/shop_and_service/specials/waehrungsrechner.html!

Abonnieren Sie kostenlos unseren Nordamerika Newsletter unter http://reisebuch.de/nordamerika. Er erscheint einmal monatlich mit aktuellen Themen rund ums Reisen in den USA und Kanada.
Aber es lohnt sich ohnehin, einmal unsere Website zu besuchen, z.B., um die eine oder andere der in diesem Buch genannten Webadressen zur Vorinformation anzuklicken. Das macht meist viel weniger Mühe, als lange Wortkombinationen selbst einzugeben.